TEMAS DE DIREITO DOS TRANSPORTES V

CENTRO DE DIREITO MARÍTIMO E DOS TRANSPORTES
DA FACULDADE DE DIREITO DA UNIVERSIDADE DE LISBOA

TEMAS DE DIREITO DOS TRANSPORTES V

Coordenação de

M. JANUÁRIO DA COSTA GOMES

com a colaboração do

CENTRO DE INVESTIGAÇÃO DE DIREITO PRIVADO
DA FACULDADE DE DIREITO DA UNIVERSIDADE DE LISBOA

ALMEDINA

TEMAS DE DIREITO DOS TRANSPORTES V

COORDENADOR
M. Januário da Costa Gomes

EDITOR
EDIÇÕES ALMEDINA, S.A.
Rua Fernandes Tomás, n.os 76-80
3000-167 Coimbra
Tel.: 239 851 904 · Fax: 239 851 901
www.almedina.net · editora@almedina.net

DESIGN DE CAPA
FBA.

PRÉ-IMPRESSÃO
João Jegundo

IMPRESSÃO E ACABAMENTO
ACD Print, S.A.

Novembro, 2020

DEPÓSITO LEGAL
477392/20

ALMEDINA | GRUPOALMEDINA

BIBLIOTECA NACIONAL DE PORTUGAL – CATALOGAÇÃO NA PUBLICAÇÃO

TEMAS DE DIREITO DOS TRANSPORTES

Temas de direito dos transportes / coord. M. Januário
da Costa Gomes. – (Direito marítimo e dos transportes)
5º v.: p. – ISBN 978-972-40-8905-8

I – GOMES, M. Januário da Costa, 1954-

CDU 347

NOTA PRÉVIA

Mantendo o propósito de incentivar o estudo do Direito dos Transportes em Portugal e, em geral, nos países de fala portuguesa, apresenta-se o volume V de "Temas de Direito dos Transportes".

Conforme é característica destes volumes, incluem-se estudos relativos aos diversos modos de transporte, tendo este volume, à semelhança dos anteriores, a honra de contar com contributos de prestigiados autores nacionais e estrangeiros.

Em língua portuguesa, incluem-se nove estudos de autores portugueses e dois de autores brasileiros. Contamos poder ter, no próximo volume, contributos de autores de outros países lusófonos. Dentre os autores não falantes do português, enquanto língua oficial, somos honrados com três estudos de autores italianos e um de uma autora de Espanha.

Conforme é usual nos "Temas de Direito dos Transportes", os estudos são publicados nas línguas de escolha dos autores.

Destaque-se a diversidade de áreas de Direito dos Transportes aqui representada. Encontramos, assim:

(*i*) Estudos atentos às novas realidades dos veículos autónomos, quer no meio terrestre quer no marítimo. Assim, o estudo de Marco Lopez de Gonzalo (*Le navi autonome e le Hague-Visby Rules. Spunti per una interpretazione evolutiva*) e o estudo de Jones Figueirêdo Alves (*Diálogos do Direito com os desafios tecnológicos do uso e circulação de veículos autônomos. Do "dilema do bonde" às decisões (des)funcionais de autodireção*).

(*ii*) Estudos centrados no Direito Aéreo e Aeroportuário. Assim, os estudos de Massimiliano Piras (*La responsabilità del gestore aeroportuale nel trasporto delle persone disabili e con mobilità ridotta*), de Maria Jesús Guerrero Lebrón (*La visión del TJUE sobre el "accidente aéreo" como presupuesto de la responsabilidad del transportista por daños personales. ¿Para cuando su supresión?*), de Hugo Ramos Alves (*A disciplina europeia *da sobrereserva: entre o dever de proteção e a pena legal*), de Catarina Salgado (*Tempos de trabalho e de repouso do pessoal móvel da aviação civil*) e de Alessandro Carlo Meliso Rodrigues (*O regime da responsabilidade civil no contrato de transporte aéreo de passageiros no sistema jurídico brasileiro*).

(*iii*) Estudos centrados nos modos de transporte terrestre, rodoviário e ferroviário. Assim o estudo de Francisco Costeira da Rocha (*Algumas considerações sobre o art. 29.º da Convenção relativa ao contrato de transporte internacional de mercadorias por estrada (CMR)*) e o de Guilherme Waldemar d'Oliveira Martins (*Direito dos transportes ferroviários em Portugal à luz do novo contrato de serviço público*).

(*iv*) Estudos centrados no universo do Direito Marítimo e Portuário, como são os de Valentina V. Cuocci / Alessia P. Mangiacotti (*Vendita internazionale di beni e Incoterms 2020: Osservazioni a margine della Clausola CIF*), M. Januário da Costa Gomes (*Sobre a relação entre as Regras da Haia e o Decreto-Lei 352/86, relativo ao contrato de transporte de mercadoras por mar*) e de José Luís Moreira da Silva (*Concessões portuárias e PPP: mais diferenças que semelhanças*).

(*v*) Estudos que cruzam o Direito dos Seguros com o Direito dos Transportes; o de Luís Poças, sobre *A delimitação do risco coberto no seguro de mercadorias transportadas*, e o de Francisco Rodrigues Rocha, intitulado *As Institute Cargo Clauses de 2009. Introdução e texto.*

(*vi*) *Last not least*, o estudo de Catarina Baptista Gomes, sobre um tema nobre do Direito dos Transportes de mercadorias, independentemente do modo: *As reservas do transportador no contrato de transporte de mercadorias.*

Os estudos falam por si. É manifesto o interesse de todos eles, cabendo-me agradecer vivamente a cada um dos autores.

Faculdade de Direito da Universidade de Lisboa, 30 de outubro de 2020

MANUEL JANUÁRIO DA COSTA GOMES
Professor da Faculdade de Direito da Universidade de Lisboa
Coordenador do Centro de Direito Marítimo e dos Transportes
e da Coleção de Direito Marítimo e dos Transportes

O REGIME DA RESPONSABILIDADE CIVIL NO CONTRATO DE TRANSPORTE AÉREO DE PASSAGEIROS NO SISTEMA JURÍDICO BRASILEIRO

Alessandro Carlo Meliso Rodrigues*

Sumário: 1. Questão de ordem. 2. Definição de contrato de transporte. 2.1. Elementos essenciais do contrato de transporte. 2.2. Análise dos elementos essenciais do contrato de transporte. 3. Transporte aéreo de pessoas. 3.1. Arco temporal do transporte aéreo de pessoas. 3.2. Breve escorço sobre a legislação aplicável no ordenamento jurídico brasileiro ao contrato de transporte aéreo. 3.3. O Código de Defesa do Consumidor brasileiro. 3.4. O convívio dos regimes jurídicos pós CDC. 4. A tese fixada em repercussão geral pelo Supremo Tribunal Federal. 5. O dano moral na responsabilidade civil decorrente do contrato de transporte e o julgamento do Recurso Especial n.º 1.584.465-MG. 6. Conclusões. 7. Referências.

1. Questão de ordem

O avanço tecnológico e o aumento do poder de compra de um modo geral, têm resultado em um número expressivo de deslocamentos nacionais e internacionais para fins comerciais, negociais e turísticos, alçando o contrato de transporte aéreo a uma importância jamais vista.

---

* Mestre em Ciências Jurídicas pela Faculdade de Direito da Universidade Clássica de Lisboa – Portugal (FDUL). Pós Graduado em Direito Processual Civil pela Pontifícia Universidade Católica do Rio de Janeiro (PUC-RJ). Pós Graduado em Direito Civil pela Unisul – Universidade do Sul de Santa Catarina. Membro Acadêmico Efetivo da Academia de Direito Processual de Mato Grosso do Sul (ADPMS). Professor de Direito Civil e Processual Civil na Escola da Magistratura de Mato Grosso do Sul (ESMAGIS) e Professor de Direito Civil na Faculdade Unigran Capital (UNIGRAN). *Diretor de Ensino da Escola da Magistratura de Mato Grosso do Sul (ESMAGIS). Juiz de Direito no Estado de Mato Grosso do Sul.*

Com o aumento das relações jurídicas decorrentes dessa modalidade de contrato, tem sido cada vez maior a demanda pela intervenção do Poder Judiciário com o objetivo de solucionar os conflitos surgidos em razão de falhas na prestação desses serviços, ambicionando a proteção dos passageiros e garantindo-lhes o direito de serem reparados pelos danos suportados.

O presente estudo tem como objetivo analisar o regime da responsabilidade civil no contrato de transporte aéreo de passageiros no regime jurídico brasileiro. Para tanto, imprescindível pontuar, de início, a definição do contrato de transporte adotada pelo Código Civil e, em seguida, verificar a incidência dos seus elementos essenciais necessários para caracterizar a atividade de transporte no âmbito nacional, qual seja, o deslocamento de pessoas ou mercadorias de um local para outro, o fato da atividade ser exercida pelo transportador de forma organizacional, com autonomia e controle da atividade operativa, de forma a garantir a incolumidade da pessoa ou coisa transportada e mediante a devida contraprestação pela remuneração devida.

Por consequência, entre todas as modalidades de transporte, o contrato de transporte aéreo adquire importância em razão das suas próprias peculiaridades e pela sua notória relevância no cenário econômico global, sendo, juntamente com o contrato de transporte marítimo de mercadorias, os principais meios de deslocamento de pessoas e mercadorias em âmbito intercontinental.

Daí a razão de analisar, na sequência do presente estudo, as peculiaridades do contrato de transporte aéreo de pessoas e realizar um breve escorço sobre a legislação e o regime aplicável para as indenizações decorrentes deste tipo de contrato em razão do advento do Código de Defesa do Consumidor e, em seguida, definir como a jurisprudência tratou a questão da responsabilidade civil no contrato de transporte aéreo de forma pacífica até o julgamento do Recurso Extraordinário n. 636-331-RJ, oportunidade em que foi modificado o entendimento até então consolidado quanto ao regime jurídico da responsabilidade por danos materiais decorrentes do contrato de transporte aéreo internacional de passageiros, notadamente pelo fato de restar assentado que, doravante, as Convenções de Varsóvia e de Montreal sobrepõem-se ao Código de Defesa do Consumidor.

Por fim, é analisado especificamente o regime da responsabilidade civil pelo dano moral alegado pelo passageiro e os efeitos do julgamento extraído do Recurso Especial 1.584.4565-MG, que considerou que o dano moral não pode ser presumido com o simples atraso do voo pela companhia aérea transportadora, devendo, no caso, incidir outras condicionantes cuja prova é de incumbência do passageiro consumidor, sob pena de não gerar em desfavor das companhias aéreas o dever reparatório.

2. Definição de contrato de transporte

O contrato de transporte é uma prestação de serviço que tem como finalidade a colocação da pessoa ou do bem, de forma íntegra, no local de destino.

António Menezes Cordeiro[1] define o contrato de transporte, em sentido técnico jurídico, como a deslocação voluntária e promovida por terceiros, em termos organizados, de pessoas ou de bens, de um local para outro.

Na definição exposta, extrai-se, como aspecto estruturante do contrato de transporte, o fato de a atividade desenvolvida ser realizada pelo transportador em termos organizacionais, acrescida do necessário deslocamento de pessoas ou coisas de um lugar para outro, de forma incólume.

Nuno Manuel Castello-Branco Bastos, por sua vez, ensina que "o contrato de transporte pode ser definido como o contrato mediante o qual uma das partes (transportador) se compromete/obriga perante outrem (passageiro ou carregador/expedidor) a fazer deslocar fisicamente (por si ou recorrendo aos serviços de outrem, por cuja actuação responderá) de um lugar para o outro pessoas ou coisas".[2]

O artigo 730 do Código Civil brasileiro preceitua o seguinte:

> Art. 730. Pelo contrato de transporte alguém se obriga, mediante retribuição, a transportar, de um lugar para outro, pessoas ou coisas.

Embora exista a afirmação de que o deslocamento da pessoa ou da coisa seja de um local para outro, na verdade, o que é imprescindível é que haja uma transferência física e material no âmbito espacial, não sendo

---

[1] Cordeiro, António Menezes. *Manual de direito comercial.* I Volume. Coimbra: Editora Almedina, 2001, p. 527.

[2] Bastos, Nuno Manuel Castello-Branco. *Direito dos Transportes.* 1. ed. Coimbra: Editora Almedina, 2004, p. 47-49. Em sentido idêntico: Alves, Hugo Ramos. *Da limitação da responsabilidade do transportador na convenção de Bruxelas de 1924.* 1. ed. Lisboa: Editora Almedina, 2008, p. 12.

essencial que, necessariamente, as pessoas ou coisas sejam deslocadas de um sítio diferente do local de partida.[3]

A doutrina autorizada de Gustavo Tepedino,[4] em relação ao conceito de contrato de transporte, é no seguinte sentido: aquele pelo qual alguém se obriga, mediante retribuição, a receber pessoas e coisas, animadas ou inanimadas, e levá-las até o local de destino, com segurança e presteza, por meio aéreo, marítimo ou terrestre.

Diante do exposto, pode-se afirmar que o contrato de transporte é um negócio jurídico representativo de uma prestação de serviços por meio dos quais o transportador compromete-se a deslocar, de forma organizada e mediante o controle da atividade, pessoas ou mercadorias de um lugar para outro, em favor de outrem (passageiro ou expedidor) ou de terceiros (destinatário), mediante uma vantagem econômica.

A partir da definição jurídica do contrato de transporte, torna-se possível analisar os elementos essenciais que estruturam e caracterizam o instituto. É o que se segue.

2.1. Elementos essenciais do contrato de transporte

Nos termos da lição de Fernando Abranches Ferrão, são elementos essenciais do contrato de transporte:[5] a deslocação de pessoas ou coisas de um local para outro (tendo, como elementos acessórios, o local do embarque, o local da descarga, itinerário, meio de transporte e a velocidade) e a remuneração (contraprestação: bilhete ou frete).

Ocorre que, para a caracterização do contrato de transporte, conquanto representativo de uma atividade de prestação de serviço,[6] exige-se a pre-

---

[3] Rocha, Francisco Costeira da. *O contrato de transporte de mercadorias*: Contributo para o estudo da posição jurídica do destinatário no contrato de transporte de mercadorias. 1. ed. Coimbra: Editora Almedina, 2000, p. 31.

[4] Tepedino, Gustavo. Das várias espécies de contrato: Do mandato. Da comissão. Da agência e distribuição. Da corretagem. Do transporte. Arts. 653 a 756. In: Teixeira, Salvo de Figueiredo (Coord.). *Comentários ao novo código civil*. Volume X. 1. ed. Rio de Janeiro: Editora Forense, 2008.

[5] Ferrão. Fernando de Abranches. *A avaria da mercadoria como causa de pedir*: Um caso de competência internacional. Lisboa: [s.n], 1964, p. 10-11.

[6] Almeida, Carlos Alberto Ferreira de. O contrato de transporte no Código Civil. *Revista dos Tribunais*, n. 1840, a. 87, abr. 1969, p. 150.

sença de outros elementos estruturantes que lhe conferem um perfil de atividade organizacional, cujo efeito principal é deslocar pessoas ou coisas.

Ainda, na prestação de um contrato de transporte, a parte prestadora do serviço assume uma obrigação de resultado. O transportador compromete-se a colocar a pessoa ou a mercadoria em determinado local previamente ajustado entre as partes. O objeto essencial do negócio, portanto, sua finalidade principal, é a colocação da pessoa ou da coisa, de forma íntegra, no local do destino.[7] A não obtenção desse resultado importa em inadimplemento das obrigações assumidas e responsabilidade do transportador pelo dano ocasionado, forte no disposto pelos artigos 389 e 734 do Código Civil brasileiro.

A questão de se tratar de obrigação de resultado a atividade de transporte de pessoas e coisas, que está ligada à indivisibilidade da prestação, impõe que não pode haver qualquer lesão ao passageiro e seus pertences, até final destino[8]. Não se eximirá o transportador da responsabilidade provando apenas ausência de culpa. Incumbe-lhe o ônus de demonstrar que o evento danoso aconteceu por culpa exclusiva da vítima, força maior ou fato exclusivo de terceiro.[9]

Assim, exige-se, para o cumprimento da obrigação, a produção de um resultado, que é o núcleo central da prestação assumida, qual seja: a entrega incólume da pessoa ou da coisa (mercadoria) no local de destino, sob pena de responsabilidade civil.

E assim sendo, consideram-se, como elementos essenciais do contrato de transporte: a deslocação do passageiro ou da mercadoria; o exercício de uma atividade organizacional; a autonomia e controle da atividade operativa de deslocação do passageiro ou da mercadoria por parte do transportador; a incolumidade e a remuneração.

Sem a pretensão de esgotar a análise desta matéria, seguem algumas considerações pertinentes sobre esses elementos essenciais do contrato de transporte.

---

[7] Cordeiro, António Menezes. *Manual de direito comercial*, I Volume. Coimbra: Editora Almedina, 2001, p. 537.

[8] Lotufo, Renan. O contrato de transporte de pessoas no Novo Código Civil. In Nery Júnior, Nelson; Nery, Rosa Maria de Andrade (org.). *Doutrinas Essenciais. Responsabilidade Civil.* São Paulo: Revista dos Tribunais, v. II., 2010.

[9] Gonçalves, Carlos Roberto. *Direito civil brasileiro*: Contratos e atos unilaterais. Volume 3. 7. ed. São Paulo: Editora Saraiva, 2010, p. 478.

2.2. Análise dos elementos essenciais do contrato de transporte

O primeiro elemento essencial do contrato de transporte é o deslocamento, pois o objeto característico do negócio é a obrigação do transportador em deslocar, com segurança e exatidão, pessoas, animais, bagagens e mercadorias.[10] Esse é o elemento dominante, que permite diferenciá-lo e também atribuir-lhe qualificação jurídica adequada à luz dos fins econômicos e sociais. O elemento principal da prestação do transportador é a deslocação da pessoa ou da mercadoria de um local para outro.

Como é exigido o deslocamento da pessoa ou da mercadoria para a configuração do contrato de transporte, por consequência, assenta-se a ideia de distância e de tempo como incidentes necessários na relação contratual.

A execução do contrato de transporte pressupõe, assim, o decurso do tempo necessário para o deslocamento da pessoa ou da mercadoria entre um ponto de partida e outro de chegada.

A atividade exercida pelo transportador é realizada de forma organizacional para que haja o cumprimento da prestação do transportador de providenciar o deslocamento de pessoas ou mercadorias de um lugar de partida para outro de chegada, no limite do tempo necessário e vinculado entre as partes, sendo esse o segundo elemento essencial deste tipo de contrato. Logo, surge a necessidade de que toda a operação de transporte seja realizada pelo transportador de forma organizada e sistemática, com uma engenharia pré-definida para o seu cumprimento. Isso caracteriza a atividade empresarial de prestação de serviços.

Com isso, se quer dizer que o contrato de transporte, ao ser executado, deve ser realizado de forma organizacional pelo transportador, o que reflete uma gestão efetiva do empresário para o bom desempenho da atividade profissional, em todos os níveis de atuação.

A autonomia e o controle da atividade operativa para a execução da prestação assumida pelo transportador é o terceiro elemento essencial para configurar o contrato de transporte, pois esta atividade não pode ser caracterizada como um trabalho subordinado. O transporte é resultado de uma atividade exercida com autonomia. O transportador não pode, em regra, para execução de sua obrigação contratual, submeter-se à interferência operativa do transportado.

---

[10] ALMEIDA, Carlos Alberto Ferreira de. O contrato de transporte no Código Civil. *Revista dos Tribunais*, n. 1840, a. 87, abr. 1969, p. 148-149.

Nesse sentido, é o escólio de Francisco Costeira da Rocha,[11] que, ao definir o contrato de transporte como o "contrato pelo qual uma das partes, o transportador, se obriga a deslocar determinadas pessoas ou coisas de um local para outro, mediante retribuição", afirma que o "núcleo definido do instituto" é a obrigação de deslocar, sendo que o transportador, ainda, deve exercer o controle da atividade de modo a não permitir qualquer interferência operativa pelos demais intervenientes, ou seja, o transportador deve ter a exclusiva gestão comercial e técnica da execução material da operação de deslocamento da pessoa ou da coisa.

O contrato de transporte já foi entendido como um misto de prestação de serviço, locação e depósito. Hoje, está consolidada sua autonomia conceitual e substancial. Trata-se de tipo contratual bem caracterizado,[12] que dispõe de autonomia em relação aos negócios jurídicos subjacentes, de modo que subsistem suas vinculações, independentemente do negócio jurídico que deu origem à sua realização.

Referido tipo de contrato, normalmente, está atrelado a algum outro negócio jurídico subjacente,[13] que constitui a causa primária responsável por fazer surgir uma necessidade de deslocação da pessoa ou da mercadoria de um local para outro.

Entretanto, o contrato de transporte é totalmente autônomo em relação ao negócio jurídico subjacente que lhe deu causa, tendo como objeto exclusivamente a deslocação da mercadoria de um local para outro, de modo que qualquer vício ou circunstância do negócio jurídico primitivo não tem o condão de macular a regularidade e os efeitos do contrato de transporte subsequente.

Da mesma forma, o transportador não pode ser responsável por qualquer defeito na prestação do contrato principal antecedente, de modo que inexiste qualquer vinculação de subordinação ou de causa e efeito entre o tipo contratual primitivo e o contrato de transporte sucessivo. Portanto, são esferas de atuação distintas, sem qualquer vínculo ou conexão jurídica entre si.

---

[11] Rocha, Francisco Costeira da. *O contrato de transporte de mercadorias*: Contributo para o estudo da posição jurídica do destinatário no contrato de transporte de mercadorias. 1. ed. Coimbra: Editora Almedina, 2000, p. 25-29.

[12] Cordeiro, António Menezes. *Manual de direito comercial.* I Volume. Coimbra: Editora Almedina, 2001, p. 535.

[13] Pinheiro, Luís de Lima. Temas de direito marítimo: I. Direito aplicável ao contrato de transporte marítimo de mercadorias. *Revista da Ordem dos Advogados*, Lisboa, a. 68, jan. 2008, p. 177.

Outro elemento essencial para a configuração do negócio de transporte é a incolumidade, ou seja, não basta que o transportador providencie o deslocamento dos passageiros e das mercadorias de um local para outro. Há necessidade de que esse deslocamento seja operado de modo a propiciar que cheguem incólumes ao local de destino.

Dessa forma, resta implícita uma obrigação por parte do transportador, que é o dever de segurança (vigilância) em relação ao passageiro e de custódia em relação à mercadoria transportada. Como alhures exposto, o contrato de transporte representa uma obrigação de resultado para o transportador prestador do serviço em que se exige, como núcleo central da prestação, a entrega da pessoa ou da mercadoria no local de destino de maneira íntegra.

Por fim, a remuneração pela atividade exercida é o quarto elemento essencial do contrato de transporte e consiste na contrapartida da prestação do transporte, ou seja, o preço que deverá ser pago pela prestação do serviço, denominado de tarifa, para o transporte de passageiro, e de frete, para o transporte de mercadoria.

A retribuição é elemento essencial do contrato de transporte.

Parte da doutrina,[14] entretanto, perfilha do entendimento de que o pagamento da contraprestação, apesar de constituir elemento natural do contrato, por estar presente na grande maioria dos casos, não constitui elemento essencial para a configuração do negócio. É o caso do transportador auferir vantagens indiretas, nas situações em que é mantido um caráter econômico em favor do transportador ao prestar o serviço de deslocamento. O próprio Código Civil prevê essa possibilidade no parágrafo único do artigo 736 do Código Civil.

Analisados os elementos estruturantes do contrato de transporte, constitutivos do núcleo objetivo da atividade, torna-se necessário o ingresso na abordagem específica do contrato de transporte aéreo de passageiros, portanto, no eixo central deste estudo.

---

[14] A doutrina mais tradicional está assentada na afirmação de que a retribuição é elemento essencial do contrato de transporte. Em sentido contrário, ver: ROCHA, Francisco Costeira da. *O contrato de transporte de mercadorias*: Contributo para o estudo da posição jurídica do destinatário no contrato de transporte de mercadorias. 1. ed. Coimbra: Editora Almedina, 2000, p. 32-33, em especial o disposto na nota de rodapé n.º 45.

3. Transporte aéreo de pessoas

Transporte aéreo de pessoas é a prestação de serviços por meio dos quais o transportador compromete-se a deslocar, de forma organizada e mediante o controle da atividade, pessoas e suas bagagens, de um lugar para outro, de forma incólume e mediante retribuição, por intermédio de aeronaves, pelo espaço aéreo[15].

Constituem elementos específicos deste contrato o meio em que se faz o transporte, isto é, o espaço aéreo e o instrumento ou veículo do transporte que voa nesse espaço, que é a aeronave[16].

A pessoa transportada é o passageiro, e o serviço de transporte é remunerado mediante o pagamento de um preço denominado passagem.

A obrigação assumida pelo transportador é sempre de resultado: deslocamento de pessoa e suas bagagens de um lugar para o outro de forma incólume. Qualquer prejuízo sofrido pelo passageiro e sua bagagem durante o trajeto de deslocamento faz presumir a responsabilidade do transportador.

3.1. Arco temporal do transporte aéreo de pessoas

A simples manifestação de vontade formaliza a existência do contrato de transporte, por ser consensual. Entretanto, a responsabilidade pela integridade física da pessoa do passageiro e sua bagagem somente se inicia com a execução do contrato de transporte, quer dizer, a partir do momento em que o passageiro incide na esfera de disponibilidade e de direção do transportador. Considera-se, portanto, o arco temporal compreendido entre o embarque e o desembarque do passageiro.

A execução do contrato de transporte aéreo inicia-se no aeroporto, com a operação de embarque[17], ocorrida após o despacho da bagagem e o

---

[15] Pacheco, José da Silva. Alguns aspectos jurídicos do transporte aéreo. In Tepedino, Gustavo; Fachin, Luiz Edson (org.). Doutrinas Essenciais. Contratos em espécie: serviços e circulação. São Paulo: Revista dos Tribunais, v. VI., 2011.

[16] O conceito de aeronave é estabelecido pelo artigo 106 do Código Brasileiro de Aeronáutica – Lei 7.565, de 19 de dezembro de 1986, que a define como todo aparelho manobrável em voo, que possa sustentar-se e circular no espaço aéreo, mediante reações aerodinâmicas, apto a transportar pessoas ou coisas.

[17] Código Brasileiro de Aeronáutica: "Art. 233. A execução do contrato de transporte aéreo de passageiro compreende as operações de embarque e desembarque, além das

rotineiro *check-in*, consistente na transposição do limite da área destinada ao público em geral e entrada na aeronave. Destarte, após o despacho, o passageiro transpõe o limite destinado ao público em geral e entra em uma área interna de espera coletiva, exclusiva de passageiros, funcionários do aeroporto e das empresas.

A partir daí começa a operação de embarque, que é iniciado com a chamada do voo por algum funcionário da empresa, oportunidade em que o público usuário daquele voo passa a se distinguir dos demais transportados do local (teoria do agrupamento específico). A operação de embarque se estende até a efetiva entrada na aeronave, compreendendo a permanência nessa área interna destinada aos passageiros, seu trajeto até a aeronave, quer seja feito a pé, por meios mecânicos ou viaturas de apoio.

Persiste a execução do contrato de transporte durante as operações a bordo da aeronave, no período de manobras, decolagem e voo até o pouso, manobras e desembarque[18].

O fim do contrato dá-se com o desembarque, que ocorre com a saída do passageiro da aeronave e a transposição da linha divisória da área interna do aeroporto e da área franqueada ao público em geral (art. 233, parágrafo segundo do CBA).

O transporte aéreo regular é aquele feito mediante horários e tarifas aprovadas pela autoridade pública e é considerado um serviço público que deve ser prestado diretamente pela União ou indiretamente, através das concessionárias.

Como o transporte aéreo envolve delegação da execução do serviço de deslocamento de pessoas ou mercadorias por empresas concessionárias ou permissionárias de serviço público, evidenciam-se quatro interesses a considerar: o interesse público (melhor execução possível dos serviços públicos); o interesse dos passageiros (destinatário final do serviço – voltado à

---

efetuadas a bordo da aeronave. § 1° Considera-se operação de embarque a que se realiza desde quando o passageiro, já despachado no aeroporto, transpõe o limite da área destinada ao público em geral e entra na respectiva aeronave, abrangendo o percurso feito a pé, por meios mecânicos ou com a utilização de viaturas. § 2° A operação de desembarque inicia-se com a saída de bordo da aeronave e termina no ponto de intersecção da área interna do aeroporto e da área aberta ao público em geral".

[18] Col, Helder Martinez Dal. Os contratos de transporte de pessoas à luz da responsabilidade civil e do Novo Código Civil Brasileiro. In Nery Júnior, Nelson; Nery, Rosa Maria de Andrade (org.). Doutrinas Essenciais. Responsabilidade Civil. São Paulo: Revista dos Tribunais, v. II., 2010, p. 1153.

maior e mais cômoda oferta possível de transportes), o interesse dos concessionários ou permissionários do serviço público (fornecedores do serviço – dirigido a uma maior lucratividade) e o interesse dos empregados utilizados no desenvolvimento dessa atividade (manutenção dos seus empregos)[19].

Diante disso, o Poder Público fixa as regras gerais que deverão direcionar a necessária relação contratual dos concessionários e permissionários com o público, mediante normas cogentes, portanto, inafastáveis pela vontade das partes (autonomia privada).

O serviço de transporte aéreo pode ser nacional ou internacional e em todo caso, no Brasil, será sempre fiscalizado pela Agência Nacional de Aviação Civil (ANAC).

O transporte aéreo doméstico é aquele em que os pontos de partida, intermediários e destinos estejam situados no território nacional (art. 81 do Código Brasileiro do Ar, revogado pelo Decreto-Lei n. 32/1966 que, por sua vez, foi revogado pelo Código Brasileiro da Aeronáutica, que repetiu o conceito de transporte doméstico no parágrafo único do artigo 215).

No transporte aéreo internacional o ponto de partida e o de destino estão situados em países diversos, haja ou não interrupção ou baldeação (art. 1.º da Convenção de Varsóvia, 1929).

Nos termos do artigo 739 do Código Civil, o transportador não pode recusar passageiros, salvo os casos previstos nos regulamentos, ou se as condições de higiene ou de saúde do interessado o justificarem.

3.2. Breve escorço sobre a legislação aplicável no ordenamento jurídico brasileiro ao contrato de transporte aéreo

Questão que sempre foi objeto de discussão no ordenamento jurídico brasileiro refere-se sobre qual legislação é aplicável à responsabilidade civil do transportador aéreo em decorrência do inadimplemento contratual ou em caso de seu cumprimento defeituoso e ineficiente.

A responsabilidade civil no transporte aéreo, no plano nacional, de 1925 a 1938, encontrava-se disciplinada pelo primeiro Regulamento para os Serviços Civis de Navegação Aérea, (Decreto 16.983/25, de 22.07.1925, que

---

[19] LOTUFO, Renan. O contrato de transporte de pessoas no Novo Código Civil. In NERY JÚNIOR, Nelson; NERY, Rosa Maria de Andrade (org.). Doutrinas Essenciais. Responsabilidade Civil. São Paulo: Revista dos Tribunais, v. II., 2010, p. 1131.

determinava, no seu artigo 84, aplicar o Código Civil, portanto, responsabilidade civil subjetiva por força do disposto pelos artigos 159 (responsabilidade civil por ato ilícito), 1056 (perdas e danos pelo descumprimento da obrigação) e 1059 (lucros cessantes), do Código Civil de 1916.

O primeiro Código Brasileiro do Ar veio em 08.07.1938 (Decreto Lei 483/38), que no seu artigo 83 previa a responsabilidade civil do transportador por qualquer dano resultante de morte ou lesão corporal do viajante, desde que houvesse ou defeito na aeronave ou culpa da tripulação (alíneas a e b, do art. 83). O artigo 88, ainda, dispunha que *Em qualquer dos casos acima previstos, ficará o transportador exonerado de responsabilidade se provar que por si só ou por seus prepostos foram tomadas, de maneira satisfatória, as medidas necessárias para que não se produzisse o dano, ou que se tornou impossível fazê-lo.* Resta claro, portanto, o critério de responsabilidade civil subjetiva do transportador e o viés de proteção em favor do transportador.

Essa legislação vigeu até 18.11.1966, quando foi editado o segundo Código Brasileiro de Ar (Decreto Lei 32/1966). A responsabilidade contratual estava disciplinada nos artigos 97 e seguintes e a responsabilidade para com terceiros nos artigos 109 e seguintes. Tanto em um, quanto em outro, a responsabilidade era limitada, logo, também com finalidade protetiva em favor do transportador.

Posteriormente, com o advento do Código Brasileiro de Aeronáutica (Lei 7.565/86, de 19 de dezembro de 1986), a responsabilidade civil, no caso de transporte aéreo nacional, passou a ser tratada a partir do artigo 246, estabelecendo também limites à indenização, que só poderão ser desconsiderados havendo dolo ou culpa grave do transportador ou de seus prepostos, havendo limite por dano a passageiro (art. 257), por dano à bagagem (art. 260), por dano à carga (art. 262), por dano a terceiro na superfície (art. 269) e por danos decorrentes do abalroamento (art. 277).

No plano internacional, o artigo 287, do Código Brasileiro de Aeronáutica, dispõe que no caso de transporte aéreo internacional *as quantias estabelecidas nas Convenções Internacionais de que o Brasil faça parte serão convertidas em moeda nacional, na forma do regulamento expedido pelo Poder Executivo.*

A Convenção Internacional de que o Brasil é signatário é a de Varsóvia, de 1929, que foi recepcionada pelo ordenamento por intermédio do Decreto 20.704, de 24 de novembro de 1931, posteriormente alterada pelos Protocolos de Haia, que foi introduzido no país pelo Decreto 56.436, de

15.06.1965, culminando na Convenção de Montreal, de 28 de maio de 1999, que a modernizou, consolidando-a em um único texto.

A responsabilidade civil disciplinada pela Convenção de Varsóvia é limitada e de natureza subjetiva, com presunção de culpa (inversão do ônus da prova).

Destarte, a Convenção, estabelece a fixação de indenização limitada para as mais variadas situações: morte, ferimento ou qualquer outra lesão ocorrida a bordo, ou nas operações de embarque e desembarque (artigo 17); perda, destruição ou avaria de carga ou bagagem, ocorridas durante o transporte (artigo 18); atrasos no transporte de coisas ou pessoas (artigo 19). Além disso, a empresa de transporte pode se eximir do dever indenizatório mediante a prova de que observou todas as medidas necessárias para evitar o dano (artigos 20 e 21).

A Convenção de Montreal estabelece que os países que a promulgaram têm o dever de impor aos transportadores aéreos a celebração de contratos de seguro para garantir a cobertura dos danos, de modo efetivo (artigo 50). Também, abandona-se o sistema da culpa presumida, adotando-se a teoria do risco, portanto, objetiva. No entanto, a responsabilidade objetiva é até certo valor, passando a ser subjetiva, na modalidade de culpa presumida, para valores superiores a determinado padrão monetário (pouco mais de 100 mil dólares)[20], conforme artigos 21 a 25.

No Brasil, a Convenção de Montreal passou a ter efeitos a partir do Decreto 5.910, de 27.09.2006.

Não se olvida que a função de padronização da responsabilidade civil das empresas aéreas, mediante o regulamento Convencional do serviço de transporte aéreo internacional, é uma medida de segurança ao empreendedor que pratica esse tipo de atividade.

O caráter protecionista em favor do transportador (previsto na Convenção de Varsóvia, antes de suas alterações), se justificava nos idos da década de 1920 porque o início das operações de transporte aéreo internacional ainda era muito recente, não havia tecnologia que justificasse uma maior segurança e a comunicação era precária[21].

---

[20] FARIAS, Cristiano Chaves de; ROSENVALD, Nelson; BRAGA NETTO, Felipe Peixoto. Curso de direito civil: responsabilidade civil. 4 ed. rev. e. atual. Salvador. Ed. JusPodivm, 2017, pp. 904-905.

[21] BERALDO, Leonardo de Faria. "A responsabilidade civil das companhias aéreas no transporte aéreo internacional: Breves comentários acerca da inconstitucionalidade do acórdão do Recurso Extraordinário 636.331/RJ, do Supremo Tribunal Federal, no qual se

Essa disposição legal (Convenção de Varsóvia) vigeu até 1998, com a promulgação da Constituição Federal, que elencou entre os seus princípios fundamentais a proteção nas relações de consumo.

3.3. O Código de Defesa do Consumidor Brasileiro

O fundamento constitucional do Código de Defesa do Consumidor brasileiro está amparado pelo disposto no artigo 5.º, inciso XXXII, da Constituição Federal, ao determinar que o Estado preste a tutela da defesa do consumidor, na forma da lei. Também, é importante considerar que os valores sociais do trabalho e os valores sociais da livre iniciativa constituem fundamento constitucional da República Federativa do Brasil[22]. Assim, qualquer pessoa tem o direito, respeitados os limites legais, de ir ao mercado empreender alguma atividade econômica que tenha por objeto a constituição de lucro.

A ordem econômica[23] é fundada na valorização do trabalho humano e na livre iniciativa, sendo o lucro uma decorrência lógica e natural desta exploração permitida. A constituição do lucro, portanto, é legítima. Em contrapartida, o risco do negócio é totalmente do empreendedor.

O empreendimento, por conseguinte, faz parte do mercado de consumo, o qual, por sua vez, pertence, de forma geral, a toda a sociedade. O livre mercado é composto por fornecedores e consumidores, sendo que estes são, reconhecidamente, vulneráveis, ou seja, o elo fraco desta relação estabelecida, razão pela qual necessitam, designadamente, de proteção estatal.

A vulnerabilidade do consumidor, conforme lição de Rizzato Nunes[24], não é econômica ou financeira. A vulnerabilidade é eminentemente técnica, por ser o consumidor *espectador no espetáculo da produção.* Por isso, a necessidade de proteção estatal em seu favor. O consumidor é mero receptor do modelo de produção que é definido e imposto unilateralmente pelo

---

decidiu que as Convenções de Varsóvia e de Montreal sobrepõem-se ao Código de Defesa do Consumidor", Revista de Direito do Consumidor, vol 115. São Paulo: RT, jan.-fev. 2018, p. 605-634.

[22] Nos termos do artigo 1.º, inciso IV, da Constituição Federal.

[23] Artigo 170, da Constituição Federal.

[24] NUNES, Rizzatto. *Comentários ao código de defesa do consumidor*, 3.ª edição, São Paulo, Editora Saraiva, 2007, pp. 62-65.

fornecedor do produto ou serviço. O consumidor não tem acesso e não participa do ciclo de produção do produto ou do serviço, razão pela qual não exerce nenhum controle sobre aquilo que adquire como produto ou serviço.

Disso tudo, resulta sua necessidade de proteção.

A proteção do consumidor no ordenamento jurídico brasileiro, determinada pela Constituição Federal, foi estabelecida com a edição da Lei 8.078/90, conhecida como Código de Defesa do Consumidor, que entrou em vigor no dia 11 de março de 1991.

Trata-se de um microssistema jurídico próprio, que abrange normas de direito civil, processual civil, administrativo e penal, com autonomia em relação às demais normas. Tem um caráter geral e caracteriza-se por ser de ordem pública (normas que se impõem contra a vontade dos participantes da relação do consumo e que podem ser aplicadas pelo magistrado oficiosamente) e de interesse social e principiológico, segundo a doutrina consumerista, ou seja, de prevalência sobre todas as demais normas colidentes.

Nos termos do Código de Defesa do Consumidor, a relação de consumo tem como ponto de partida a definição das partes que compõem o sistema, sendo certo que, de um lado, encontra-se o fornecedor, ou seja, aquele que oferece, de modo geral, um produto ou serviço no mercado de consumo e, de outro lado, o consumidor, que é aquele que adquire o produto ou serviço para a satisfação de uma necessidade privada sua.

Como o consumidor não tem controle da produção dos bens de consumo ou dos serviços oferecidos pelo fornecedor, ele submete-se às condições impostas por aquele.

O consumidor, regra geral, é definido pelo Código como toda pessoa física ou jurídica que adquire ou utiliza produtos ou serviços como destinatário final[25]. A aquisição do produto ou serviço como destinatário final exige que exista total desvinculação entre o produto ou serviço adquirido

---

[25] O Código de Defesa do Consumidor define quatro modalidades de consumidor, todas elas protegidas por seus princípios e disposições legais: a primeira é a do consumidor comum, prevista no artigo 2.º, *caput*, do Código, que define o consumidor como "toda pessoa física ou jurídica que adquire ou utiliza produtos ou serviços como destinatário final". O parágrafo único do mesmo artigo 2 .º define a figura do consumidor por equiparação, como sendo "coletividade de pessoas, ainda que indetermináveis, que haja intervindo na relação de consumo". O artigo 17, por sua vez, define, como consumidor, "todas as vítimas do evento" e, por fim, o artigo 29 prevê o seguinte: "Para os fins deste capítulo e do seguinte, equiparam-se aos consumidores todas as pessoas determináveis ou não, expostas às práticas nele previstas".

e qualquer atividade desempenhada pelo adquirente ou utente. Ou seja, o produto ou serviço adquirido não pode incrementar a atividade produtiva ou profissional daquela pessoa que o adquiriu, sendo, portanto, consumidor, o destinatário fático e econômico do produto ou serviço[26].

Na outra ponta dessa relação, encontra-se a figura do fornecedor[27], que é a pessoa empreendedora que oferece o produto ou serviço ao mercado consumidor, mediante o desempenho de atividade mercantil ou civil, de forma habitual e mediante retribuição.

Produtos e serviços são os objetos da relação de consumo. Entende-se produto[28] como qualquer bem móvel ou imóvel, material ou imaterial. Serviço[29] é qualquer atividade fornecida no mercado de consumo mediante remuneração, inclusive as de natureza bancária, financeira, de crédito e securitárias, salvo as relações de trabalho.

O Código de Defesa do Consumidor dispõe de uma série de direitos básicos[30] e de princípios gerais estabelecidos entre os artigos 1.º e 7.º, que funcionam como alicerces de toda sua estrutura normativa, constituindo-se as referidas disposições fundamento de apoio para a normatização de toda a defesa específica do consumidor, prevista e disciplinada a partir do seu artigo 8.º.

Assim, a estrutura das disposições legais do Código está dividida em uma primeira fase, considerada como parte geral, índole de direitos básicos e predominantemente principiológica, e a fase seguinte, a partir do artigo 8.º, na qual o Código disciplina os institutos de defesa do consumidor de

---

[26] Esta interpretação foi adotada recentemente pelo Superior Tribunal de Justiça. Antes, prevalecia para o conceito de consumidor a teoria denominada maximalista: bastava adquirir o produto ou serviço como destinatário final. Atualmente, a posição jurisprudencial dominante sobre a matéria consagra a teoria subjetiva ou finalista do consumidor, ao exigir que o produto ou serviço adquirido tenha destinação final fática e econômica em favor do adquirente ou utente. Significa, em outras palavras, que a circulação econômica do produto ou serviço seja encerrada em poder do adquirente ou utente, não integrando de nenhuma forma sua cadeia produtiva ou profissional. Nesses termos, os seguintes precedentes paradigmas deste novo entendimento jurisprudencial: *Recurso Especial n.º 541.867-BA,* julgamento em 16.05.2005, Relator Ministro Barros Monteiro; *Recurso Especial n.º 1.014.960-RS*, julgamento em 02.09.2008, Relator Ministro Aldir Passarinho Júnior. Fonte: www.stj.jus.br.

[27] Artigo 3.º, do Código de Defesa do Consumidor.

[28] Artigo 3.º, § 1.º, do Código de Defesa do Consumidor.

[29] Artigo 3.º, § 2.º, do Código de Defesa do Consumidor: "Serviço é qualquer atividade fornecida no mercado de consumo, mediante remuneração, inclusive as de natureza bancária, financeira, de crédito e securitária, salvo as decorrentes das relações de caráter trabalhista".

[30] Previstos no artigo 6.º, do Código de Defesa do Consumidor.

forma específica e pormenorizada, de modo a garantir plena eficácia em defesa do consumidor.

É importante consignar, como medida de apoio para uma visão sistemática de todas as disposições normativas protetivas do consumidor, que o Código dispõe, em sua parte geral, sobre os direitos básicos e os princípios que fundamentam todas as suas disposições legais específicas previstas na parte especial, sendo destacados os seguintes: princípio da vulnerabilidade do consumidor (artigo 4.º, inciso I); princípio da boa-fé objetiva (artigo 4.º, inciso III); princípio da equivalência (artigo 4.º, inciso III e artigo 6.º, inciso II); princípio da transparência (artigo 4.º); princípio da solidariedade (artigo 7.º, parágrafo único); dever de informar (artigo 6.º, inciso III); revisão das cláusulas contratuais (artigo 6.º, inciso V); inversão do ônus da prova (artigo 6.º, inciso VIII); proteção da vida, saúde e segurança (artigo 6.º, inciso I); publicidade enganosa e abusiva como práticas comerciais condenáveis (artigo 6.º, inciso IV); cláusulas contratuais abusivas (artigo 6.º, inciso IV) e, em especial, a efetiva prevenção e reparação de danos patrimoniais e morais, individuais, coletivos e difusos (artigo 6.º, inciso VI).

A responsabilidade civil prevista no regime jurídico do Código de Defesa do Consumidor é objetiva. O artigo 6.º, inciso VI, ao fixar o dever de indenização por qualquer dano sofrido pelo consumidor, não disciplinou nenhuma condição específica referente à conduta do agente causador do dano, de modo que não se exige a presença do elemento culpa como pressuposto legal da responsabilidade no âmbito de aplicação do Código.

A base da responsabilidade civil objetiva no campo do Código de Defesa do Consumidor está amparada pela teoria do risco do negócio. No mercado de consumo, o risco faz parte de todo negócio.

Assim sendo, o fornecedor, para empreender seu negócio no mercado de consumo deve, necessariamente, analisar o binômio custo-benefício.

Como se presume que o fornecedor analisou os riscos do mercado e, ainda assim, diante da livre iniciativa, empreendeu neste mercado o seu negócio, conclui-se que, de sua atividade, extrai-se lucros. Como aufere lucros com a exploração do mercado de consumo, o risco do negócio é integral e sua responsabilidade é objetiva.

Na exploração do mercado, o fornecedor, ao empreender, produz em série ou presta serviços de forma padronizada. O mercado é de consumo de massa. A sistemática do Código de Defesa do Consumidor é voltada para a avaliação da qualidade do produto ou serviço oferecido ao mercado.

A produção em série, independentemente da vontade do fornecedor ou de qualquer conduta culposa sua, tem como consequência involuntária o surgimento de produtos ou serviços que apresentem defeitos ou vícios.

A doutrina majoritária brasileira faz a distinção entre defeitos e vícios do produto ou serviço[31].

Nessa esteira, defeitos são falhas do produto ou serviço que afetam a segurança legitimamente esperada pelo consumidor, causando danos patrimoniais e pessoais em desfavor do consumidor. Os defeitos provocam danos extrínsecos, que extrapolam o âmbito interno de bom ou mau funcionamento do produto ou serviço. O bem jurídico tutelado é a segurança do próprio consumidor, no seu aspecto físico e patrimonial. Não há necessidade da existência de um vínculo contratual prévio entre o fornecedor responsável e o consumidor prejudicado. O defeito tem como consequência a reparação total dos danos provocados pelo acidente. A responsabilidade gerada é pelo acidente de consumo.

Vícios do produto ou serviço são falhas que afetam o bom funcionamento do produto ou serviço, tornando-os inadequados ao uso a que se destinam. Os vícios guardam relação direta com a qualidade ou quantidade esperada do produto ou serviço oferecido. O bem jurídico tutelado é a adequação do produto ou serviço ao fim a que se destinam. Há necessidade de um prévio vínculo contratual entre as partes. Quando o produto ou serviço são inadequados para o fim natural esperado de suas normais utilizações, opera-se a presença do vício e surge a responsabilidade do fornecedor em substituir o produto ou fazer a reexecução do serviço, podendo, ainda, gerar rescisão do contrato, abatimento do preço e perdas e danos. A responsabilidade gerada é pelo vício do produto ou serviço.

O Código de Defesa do Consumidor trata da responsabilidade civil pelo fato do produto ou serviço nos artigos 12 e 14, respectivamente. A responsabilidade por vício do produto ou serviço é tratada, respectivamente, nos artigos 18 e 20.

Como o Código de Defesa do Consumidor atribuiu responsabilidade objetiva a todos os prestadores de serviço pelos danos causados aos consu-

---

[31] Nunes, Rizzato. *Comentários ao código de defesa do consumidor*, 3.ª edição, São Paulo, Editora Saraiva, 2007, pp. 290-293; Sanseverino, Paulo de Tarso Vieira, *Responsabilidade civil no código do consumidor e a defesa do fornecedor*, 2ª edição, São Paulo, Editora Saraiva, 2007, pp.122-126; Nery Júnior, Nelson; Nery, Rosa Maria de Andrade, *Leis civis comentadas*, 1.ª edição, São Paulo, Editora Revista dos Tribunais, 2006, pp. 181-185.

midores, a exigir, para sua configuração, apenas a demonstração do nexo de causalidade entre a atividade exercida e o prejuízo sofrido, sendo vedada a estipulação de cláusula contratual destinada a excluir a responsabilidade do fornecedor do serviço, sendo inadmissível, no sistema protetivo do consumidor, a exoneração total da reparação no transporte de pessoas[32], quer se trata de relação de consumo ou paritária.

O transporte aéreo de passageiros representa uma prestação de serviço[33] e o transportador aéreo pode perfeitamente ser enquadrado no conceito legal de fornecedor (artigo 3.º), porque é a pessoa jurídica pública ou privada, nacional ou estrangeira, que desenvolve de forma habitual a prestação de serviço de transporte e, o passageiro, conquanto destinatário final deste serviço, é considerado consumidor, portanto, merecedor de proteção pelo sistema legal.

Logo, existindo uma relação de consumo, o Código de Defesa do Consumidor (Lei n.º 8.078/90) também se apresenta como regime jurídico a ser aplicado, em diálogo de complementaridade com o Código Civil (diálogo das fontes) e com a legislação pertinente sobre a matéria. Assim, também incidem sobre o contrato de transporte aéreo o Código de Defesa do Consumidor em harmonia com as demais leis específicas que o regulamentam, Código Brasileiro de Aeronáutica (Lei n.º 7.565/86) no plano nacional e os Tratados dos quais o Brasil é signatário, no plano internacional, ou seja, Convenção de Varsóvia e Convenção de Montreal.

Portanto, sendo a relação jurídica regida no contrato de transporte aéreo pelo Código de Defesa do Consumidor, a responsabilidade civil das empresas transportadoras prestadoras de serviço em relação aos danos causados aos passageiros consumidores é fundada na teoria do risco. A simples existência da atividade econômica de transporte no mercado, exercida pelo

---

[32] Art. 25. É vedada a estipulação contratual de cláusula que impossibilite, exonere ou atenue a obrigação de indenizar prevista nesta e nas Seções anteriores. Art. 51. São nulas de pleno direito, entre outras, as cláusulas relativas ao fornecimento de produtos e serviços que: I – impossibilitem, exonerem ou atenuem a responsabilidade do fornecedor por vícios de qualquer natureza dos produtos e serviços ou impliquem renúncia ou disposições de direitos. Nas relações de consumo entre fornecedor e o consumidor-pessoa jurídica, a indenização poderá ser limitada, em situações justificáveis;

[33] A Constituição Federal Brasileira, em seu artigo 21, inciso XII, "c", dispôs que o transporte aéreo é uma concessão de serviço público. O artigo 178, *caput,* da Constituição Federal estabelece que a ordenação do transporte aéreo nacional será ser sistematizada por meio de lei e, quanto à ordenação do transporte aéreo internacional, deverão ser observados os acordos firmados pela União, atendido o princípio da reciprocidade.

transportador fornecedor de serviço, já lhe confere a obrigação de reparar o dano causado por essa atividade. Por ser objetiva, torna-se irrelevante a conduta do fornecedor, tampouco que haja agido com dolo ou culpa[34].

Importante destacar que a excludente de responsabilidade civil do transportador somente é possível pela força maior e, em extensão, o caso fortuito.[35] Não se admite cláusula contratual que exclua a responsabilidade civil do transportador. Aliás, regra importante referente à responsabilidade civil do transportador de passageiros é a constante no artigo 735 do Código Civil, nos seguintes termos: *A responsabilidade civil do transportador por acidente com o passageiro não é elidida por culpa de terceiro, contra o qual tem ação regressiva.*

Pelo referido dispositivo legal, a culpa de terceiro não afasta a responsabilidade civil do transportador. Deve o passageiro, primeiramente, ser indenizado pelo transportador, para, depois, discutir a culpa em ação de regresso contra os responsáveis. Nos termos da doutrina de Carlos Roberto Gonçalves,[36] o fato de terceiro somente exonera o transportador quando efetivamente constitui causa estranha ao transporte, ou seja, quando elimina, totalmente, a relação de causalidade entre o dano e o desempenho do contrato.

Assim sendo, por força do disposto pelo artigo 6.º, inciso VI, do Código de Defesa do Consumidor, é direito básico do consumidor a prevenção e a efetiva reparação dos danos por ele sofridos, patrimoniais e morais (de forma cumulativa), individuais, coletivos ou difusos. Ainda, a indenização do consumidor pelos danos sofridos é sempre integral[37], sejam derivados de ilícito contratual ou extracontratual.

Importante mencionar ainda que as normas do Código de Defesa do Consumidor assumem no ordenamento jurídico brasileiro um protagonismo

---

[34] ALVIM, Eduardo Arruda; JORGE, Flávio Cheim. Responsabilidade civil no CDC e o transporte aéreo. In Responsabilidade civil, v.2 – Direito de obrigações e direito negocial. Nelson Nery Júnior, Rosa Maria de Andrade Nery (organizadores). São Paulo: Editora Revista dos Tribunais, 2010, p. 1233.

[35] Em sentido contrário, considerando a excludente da responsabilidade civil somente a força maior: GONÇALVES, Carlos Roberto. *Direito civil brasileiro*: Contratos e atos unilaterais. Volume 3. 7. ed. São Paulo: Editora Saraiva, 2010, p. 486.

[36] GONÇALVES, Carlos Roberto. *Direito civil brasileiro*: Contratos e atos unilaterais. Volume 3. 7. ed. São Paulo: Editora Saraiva, 2010, p. 487.

[37] O valor da indenização com função de reparar o dano sofrido pelo consumidor não poderá ser limitado (art. 6, inciso VI e 25, do CDC)

que decorre da própria Constituição Federal[38]. A proteção do consumidor é norma de ordem pública e interesse social (art. 1.º, do CDC), de aplicação cogente, sendo que a autonomia de vontade foi relegada para um segundo plano, uma vez que a incidência das normas do Código protetivo não pode ser afastada por vontade das partes.

Dessa forma, como consequência, qualquer norma que possa constituir óbice à defesa do consumidor deverá ser declarada inconstitucional no sistema jurídico brasileiro.

Diante disso, por ser o serviço de transporte aéreo também regido no Brasil pelo Código Brasileiro de Aeronáutica, no plano nacional, e pelas Convenções de Varsóvia e Montreal, no plano internacional, bem como por serem referidos diplomas legais limitativos da responsabilidade civil em favor dos passageiros surgiu, num primeiro momento, pós Código de Defesa do Consumidor, a questão de analisar sua aplicabilidade para o contrato de transporte aéreo e sua eventual antinomia com as normas limitativas mencionadas.

3.4. O convívio dos regimes jurídicos pós Código de Defesa do Consumidor

Após o advento do Código de Defesa do Consumidor no sistema jurídico brasileiro prevaleceu o entendimento de que havia uma convivência harmoniosa entre este instituto protetivo e o Código Brasileiro de Aeronáutica e a Convenção de Varsóvia, que permaneceram plenamente em vigor, não havendo conflito integral, mas, sim, uma antinomia patente.

O conflito aparente entre referidas legislações que disciplinam o transporte aéreo refere-se apenas à responsabilidade civil do transportador. Em relação a outros temas pertinentes que não são tratados especificamente pelo Código Brasileiro de Aeronáutica e pelas Convenções, como práticas abusivas, controle de cláusulas contratuais, publicidades, inversão do ônus da prova, entre outras, prevalece o sistema protetivo do consumidor.

Quanto às relações específicas não abrangidas pelo Código de Defesa do Consumidor, por outro lado, continuam a ser regidas pelo Código

[38] Art. 5, inciso XXXII: "O Estado promoverá, na forma da lei, a defesa do consumidor". A defesa do consumidor foi erigida, também, ao espectro de princípio geral da atividade econômica, nos termos do art. 170, V, da CF.

Brasileiro de Aeronáutica e pela Convenção de Varsóvia e Convenção de Montreal.

No tocante ao sistema de responsabilidade civil do transportador aéreo pós Código de Defesa do Consumidor, prevaleceu, num primeiro momento, o entendimento consolidado pela doutrina[39] e pela jurisprudência[40] no sentido de que existindo relação de consumo, aplicam-se integralmente as regras e o sistema do Código de Defesa do Consumidor, tanto para o contrato de transporte aéreo nacional quanto para o internacional.

Logo, ficou afastada em qualquer situação as regras limitativas indenizatórias e a presunção de culpa contida nas legislações aeronáuticas, ficando, portanto, referidos diplomas derrogados pelo Código de Defesa do Consumidor.

Destarte, prevaleceu o entendimento que o sistema indenizatório dos consumidores passageiros de transporte aéreo é o da reparação integral do dano material e moral, não comportando limitações, bem como que as excludentes do dever indenizatório só seriam viáveis quando provado pelo transportador que o serviço não tem defeito ou tem como causa a culpa

[39] ALVIM, Eduardo Arruda; JORGE, Flávio Cheim. Responsabilidade civil no CDC e o transporte aéreo. In Responsabilidade civil, v.2 – Direito de obrigações e direito negocial. Nelson Nery Júnior, Rosa Maria de Andrade Nery (organizadores). São Paulo: Editora Revista dos Tribunais, 2010, p. 1251; FARIAS, Cristiano Chaves de; ROSENVALD, Nelson; NETTO, Felipe Peixoto Braga. Curso de direito civil: responsabilidade civil. 4 ed. Salvador: Ed Jus Podvm, 2017, p. 904; BERALDO, Leonardo de Faria. "A responsabilidade civil das companhias aéreas no transporte aéreo internacional: Breves comentários acerca da inconstitucionalidade do acórdão do Recurso Extraordinário 636.331/RJ, do Supremo Tribunal Federal, no qual se decidiu que as Convenções de Varsóvia e de Montreal sobrepõem-se ao Código de Defesa do Consumidor", *Revista de Direito do Consumidor*, vol 115. São Paulo: RT, jan.-fev. 2018, p. 605-634; COL, Helder Martinez Dal. Contratos de transporte de pessoas – responsabilidade civil. Vol II, p. 1153; LOTUFO, Renan. O contrato de transporte de pessoas no Novo Código Civil. In NERY JÚNIOR, Nelson; NERY, Rosa Maria de Andrade (org.). Doutrinas Essenciais. Responsabilidade Civil. São Paulo: Revista dos Tribunais, v. II., 2010, p. 1131; MORSELLO, Marco Fábio. Responsabilidade civil no transporte aéreo. São Paulo: Atlas, 2007, p. 433-434; TEPEDINO, Gustavo. Comentários ao novo código civil. Rio de Janeiro: Forense, 2008, vol. X, p. 464.

[40] Indenizações tarifadas previstas em Convenções internacionais (Varsóvia, Haia e Montreal) não se aplicam ao pedido de danos morais, prevalecendo o CDC – (STJ, AgRg no AREsp 83.338, Relator Ministro Carlos Ferreira, 4 Turma, DJE 04.10.2012). No sentido de que no contrato de transporte aéreo de passageiro o Código de Defesa do Consumidor prevalece em relação ao Código Brasileiro Aeronáutica e à Convenção de Varsóvia, veja: STF, RE 351750-RJ, 1 Turma, relator para acórdão Ministro Carlos Britto, DJ 25.09.2009; STJ, AgRg no REsp 1060792-RJ, 3 Turma, Relatora Ministra Nancy Andrighi, DJ 24.11.2011.

exclusiva do consumidor ou terceiros. Da mesma forma, a responsabilidade civil do transportador não pode ser elidida por caso fortuito ou força maior, o que é permitido no sistema do Código Brasileiro de Aeronáutica e pela Convenção de Varsóvia.

Nos problemas mais comuns decorrentes da prestação de serviços de transporte aéreo, como acidentes aéreos, atrasos de voos, venda de bilhetes acima dos números disponíveis de assentos (*overbooking*), cancelamentos de voos, extravio ou avaria de bagagens e ainda o não cumprimento aos programas de fidelização ou milhagens oferecidos pelas empresas de transporte, passou-se a aplicar as regras protetivas do Código de Defesa do Consumidor para as indenizações devidas em favor dos consumidores passageiros[41].

Nesse sentido, curial transcrever as seguintes ementas de alguns acórdãos do Superior Tribunal de Justiça, que reconheceram a aplicação integral do sistema de responsabilidade civil do Código de Defesa do Consumidor para o transporte aéreo nacional ou internacional, prevalecendo-se sobre as regras limitativas do Código Brasileiro de Aeronáutica e da Convenção de Varsóvia[42]:

> A responsabilidade civil do transportador aéreo pelo extravio ou perda de bagagem regula-se pelo Código de Defesa do Consumidor, ficando, pois, elidida a aplicação dos parâmetros tarifados da Convenção de Varsóvia. Precedentes da Segunda Seção (STJ, REsp. 347.449, 4 Turma, Relator Ministro Fernando Gonçalves, DJE 29.11.2004)
>
> É firme a jurisprudência desta Corte no sentido de que, após a edição do Código de Defesa do Consumidor, não mais prevalece a tarifação prevista na Convenção de Varsóvia (STJ, AgRg no REsp. 262.687, 4 Turma, Relator Ministro Fernando Gonçalves, DJE 22.02.2010)

Esse entendimento vigorou de forma pacífica na jurisprudência brasileira até o ano de 2017[43], oportunidade em que aconteceu a primeira quebra

---

[41] Gregori, Maria Stella. A responsabilidade civil do transportador aéreo nas relações de consumo Fonte: <http://www.oabsp.org.br/comissoes2010/gestoes-anteriores/defesa-consumidor/artigos/responsabilidade_civil.pdf>

[42] No mesmo sentido: STJ, REsp. 257.297, 3 Turma, Relator Ministro Humberto Gomes de Barros, DJE 14.03.2005 e STJ, AgRg no Ag 959.403, 4 Turma, Relator Ministro Aldir Passarinho Júnior, DJE 30.06.2008.

[43] Até o ano de 2016 era pacífica a jurisprudência do Superior Tribunal de Justiça no sentido de aplicação do Código de Defesa do Consumidor para os casos de responsabilidade civil no contrato de transporte aéreo internacional. Nesse sentido: STJ, AgInt no AREsp.

dos paradigmas até então consolidados em razão do julgamento do Recurso Extraordinário 636.332-RJ, do Supremo Tribunal Federal, que decidiu que as Convenções de Varsóvia e de Montreal sobrepõem-se ao Código de Defesa do Consumidor[44].

4. A Tese Fixada em Repercussão Geral pelo Supremo Tribunal Federal

Por intermédio do Recurso Extraordinário 636.331-RJ, de relatoria do Ministro Gilmar Mendes, o Supremo Tribunal Federal, por maioria de votos, entendeu que as Convenções de Varsóvia e de Montreal devem ser aplicadas aos processos decorrentes de responsabilidade civil nos contratos de transporte aéreo internacional, sobrepondo-se ao Código de Defesa do Consumidor.

Este entendimento, inclusive, contrariou outro julgado anterior do próprio Supremo Tribunal Federal[45], que já tinha reconhecido que o Código de Defesa do Consumidor também se aplicava para a responsabilidade civil decorrente dos contratos de transporte aéreo internacional.

O caso concreto submetido a julgamento era em relação ao limite indenizatório da reparação de danos materiais em caso de extravio de bagagem no transporte aéreo internacional.

O fundamento central para o reconhecimento da inaplicabilidade do Código de Defesa do Consumidor, segundo o entendimento do Supremo Tribunal Federal, é a disposição da norma prevista no artigo 178, da Constituição Federal[46]. Nesse sentido, ficou assentado que *"a teleologia da norma*

874.427-SP, 4 Turma, Relator Ministro Luis Felipe Salomão, DJe. 07.10.2016; STJ, AgRg no AREsp. 607.388-RJ, 3 Turma, Relator Ministro Moura Ribeiro, DJe 23.06.2016.

[44] Para uma análise crítica completa deste julgamento, veja: BERALDO, Leonardo de Faria. "A responsabilidade civil das companhias aéreas no transporte aéreo internacional: Breves comentários acerca da inconstitucionalidade do acórdão do Recurso Extraordinário 636.331/RJ, do Supremo Tribunal Federal, no qual se decidiu que as Convenções de Varsóvia e de Montreal sobrepõem-se ao Código de Defesa do Consumidor", *Revista de Direito do Consumidor*, vol 115. São Paulo: RT, jan.-fev. 2018, p. 605-634. Este estudo é a base para o que segue em sequência.

[45] STF, RE 351.750-RJ, 1 Turma, Relator Ministro Marco Aurélio, Relator para acórdão Ministro Carlos Britto, DJe 25.09.2009.

[46] Art. 178, da CF-88: *"A lei disporá sobre a ordenação dos transportes aéreo, aquático e terrestre, devendo, quanto à ordenação do transporte internacional, observar os acordos firmados pela União, atendido o princípio da reciprocidade".*

constitucional é perfeitamente legítima: ela se volta ao interesse de se uniformizarem as regras no transporte aéreo internacional – o que, em última análise, traz não só isonomia entre todos os consumidores desse serviço, como também impõe ao Brasil o respeito aos compromissos internacionais que tenha assumido[47]*".*

Foi decidido que não há prejuízo ou retrocesso na responsabilidade civil dos passageiros e consumidores com a aplicação das normas das Convenções, bem como, que o afastamento das regras protetivas do Código de Defesa do Consumidor também não implica em ofensa ao princípio constitucional da reparação integral do dano.

De início, convém consignar que referido julgamento do Supremo Tribunal Federal ratificou o entendimento já então consolidado no ordenamento jurídico brasileiro no sentido de que os tratados e convenções internacionais, que não disciplinam direitos humanos, ingressam no nosso ordenamento jurídico no mesmo plano de validade, de eficácia e de autoridade em que estão as leis ordinárias. Logo, ficou assentado que os diplomas normativos internacionais que tratam da matéria (Convenção de Varsóvia e Montreal) não gozam de estrutura normativa supralegal, uma vez que seus conteúdos não versam sobre a disciplina dos direitos humanos, consoante orientação pretérita firmada no Recurso Extraordinário 466.343-SP[48].

O fundamento para o entendimento firmado pelo Supremo Tribunal Federal está centrado, pois, em outra razão. Segundo exposto no acórdão, os tratados internacionais devem prevalecer em face do Código de Defesa do Consumidor em razão dos critérios cronológico e especialidade.

Pelo critério cronológico, a última atualização do tratado é do ano de 1998 e, o Código de Defesa do Consumidor é do ano de 1990. Pelo critério da especialidade, os tratados disciplinam especificamente o transporte aéreo internacional. O Código de Defesa do Consumidor regula toda a relação de consumo, portanto, com espectro muito mais amplo[49].

---

[47] Trecho do voto do Ministro Roberto Barroso no RE 636.331-RJ, p.20 do acórdão.

[48] STF, Recurso Extraordinário 466.343/SP, de 03.12.2008, Relator Ministro Cezar Peluso. Fonte: <http://portal.stf.jus.br/>.

[49] O Ministro Celso de Melo foi voto vencido no julgamento do RE 636.331-RJ. Em seu voto, página 104 do acórdão, critica a adoção do critério da especialidade da norma em razão do disposto no artigo 5, XXXII, da CF, pois tal entendimento tem o condão de nulificar um direito fundamental do consumidor. Ainda, que no caso, deve incidir o critério hierárquico para a solução de antinomia entre as normas, portanto, deve prevalecer a cláusula geral de proteção ao consumidor inserida no artigo 5.º, que é cláusula

Um outro fundamento utilizado para afastar a aplicação do Código de Defesa do Consumidor nos casos de responsabilidade civil por dano material decorrente do contrato de transporte aéreo internacional foi a constatação, pela Ministra Rosa Weber[50], de que os consumidores não são prejudicados por este entendimento porque o valor do teto indenizatório das convenções (limitações) é proporcional e razoável, bem como, que há possibilidade legal da indenização ser irrestrita, desde que o passageiro tenha feito declaração apartada antes de despachar a sua bagagem (art. 22.2, da Convenção de Montreal), ou, então, se o transportador incorrer em dolo ou culpa grave no incidente (art. 22.5, da Convenção de Montreal)[51]. Ocorre que, na prática, diante dos critérios limitativos impostos pelas Convenções há sim efetivo prejuízo aos consumidores passageiros em relação à integral reparação do dano[52].

Importante asseverar também, que referido julgamento deixou consignado de forma expressa que os tratados internacionais mencionados regulam apenas o transporte aéreo internacional e, de forma implícita, que sua disciplina incide somente sobre indenização pelo dano material, excluindo-se o dano moral por não existir sua previsão expressa entre as normas reguladoras e porque a imposição de limites quantitativos preestabelecidos não é condizente com a própria natureza do bem jurídico tutelado, qual seja, o direito de personalidade do passageiro, portanto, de natureza intangível.

---

pétrea, portanto, fundamento do reconhecimento da aplicabilidade do Código de Defesa do Consumidor e não das mencionadas Convenções internacionais, pois, do contrário, o direito constitucional de proteção do consumidor restará violado.

[50] Página 67 do acórdão, extraído do julgamento do RE 636.331-RJ.

[51] Conclui a Ministra Rosa Weber este capítulo do seu voto da seguinte forma: "*feitas essas breves digressões, concluo, circunscrita ao exame das regras veiculadas, na Convenção de Varsóvia, para a indenização de danos materiais decorrentes de perda, destruição, avaria ou atraso de bagagem, que estas são razoáveis e proporcionais, por compatibilizarem o direito de propriedade do passageiro com a necessidade de conferir a segurança jurídica imprescindível para a atuação do transportador aéreo internacional*".

[52] Nesse sentido, Beraldo, Leonardo de Faria. "A responsabilidade civil das companhias aéreas no transporte aéreo internacional: Breves comentários acerca da inconstitucionalidade do acórdão do Recurso Extraordinário 636.331/RJ, do Supremo Tribunal Federal, no qual se decidiu que as Convenções de Varsóvia e de Montreal sobrepõem-se ao Código de Defesa do Consumidor", *Revista de Direito do Consumidor*, vol 115. São Paulo: RT, jan.-fev. 2018, p. 605-634.O autor demonstra, ao analisar as regras legais limitativas, que os tetos indenizatórios impostos são prejudiciais aos consumidores passageiros.

Diante disso, no final do julgamento, no dia 25 de maio de 2017, foi firmada a Tese 210, de repercussão geral no seguinte sentido: *"nos termos do art. 178 da Constituição da República, as normas e os tratados internacionais limitadores da responsabilidade das transportadoras aéreas de passageiros, especialmente as Convenções de Varsóvia e Montreal, têm prevalência em relação ao Código de Defesa do Consumidor"*.

A ementa do julgamento foi assim redigida:

> Recurso extraordinário com repercussão geral. 2. Extravio de bagagem. Dano material. Limitação. Antinomia. Convenção de Varsóvia. Código de Defesa do Consumidor. 3. Julgamento de mérito. É aplicável o limite indenizatório estabelecido na Convenção de Varsóvia e demais acordos internacionais subscritos pelo Brasil, em relação às condenações por dano material decorrente de extravio de bagagem, em voos internacionais. 5. Repercussão geral. Tema 210. Fixação da tese: 'nos termos do art. 178 da Constituição da República, as normas e os tratados internacionais limitadores da responsabilidade das transportadoras aéreas de passageiros, especialmente as Convenções de Varsóvia e Montreal, têm prevalência em relação ao Código de Defesa do Consumidor'. 6. Caso concreto. Acórdão que aplicou o Código de Defesa do Consumidor. Indenização superior ao limite previsto no art. 22 da Convenção de Varsóvia, com as modificações efetuadas pelos acordos internacionais posteriores. Decisão recorrida reformada, para reduzir o valor da condenação por danos materiais, limitando-o ao patamar estabelecido na legislação internacional. 7. Recurso a que se dá provimento (STF, Pleno, RE n. 636.331-RJ, Relator Ministro Gilmar Mendes, j. 25.05.2017, DJe 13.11.2017).

Pela disposição do acórdão e da tese firmada, a aplicação das convenções internacionais está limitada ao transporte aéreo internacional de passageiros e à responsabilidade civil decorrente de dano material, excluindo-se, portanto, para os voos domésticos (transporte aéreo nacional de passageiros e mercadorias) e para as indenizações por danos morais[53], que deverão ser

[53] A não aplicabilidade das Convenções para indenização pelo dano moral decorrente do contrato de transporte internacional foi posteriormente ratificada por julgamentos posteriores do Supremo Tribunal Federal, entre os quais: *"Agravo Regimental no Recurso Extraordinário. Consumidor. Transporte aéreo internacional. Atraso. Danos morais. Convenções internacionais de Varsóvia e de Montreal. Recurso Extraordinário n. 636.331-RJ. Tema 210. Inaplicabilidade. Código de Defesa do Consumidor. Quantum indenizatório: ausência de repercussão geral. ARE n. 743.771. Tema 655. Alegação de inobservância dos incisos XXXV e LIV do art. 5.º da Constituição da República. Ausência de repercussão*

reguladas pelas regras estabelecidas pela própria Constituição Federal (art. 5.º, inciso V e X), pelo Código de Defesa do Consumidor (art. 6.º, inciso VI) e pelo Código Civil (art. 186).

A Tese firmada pelo julgamento foi objeto de severas críticas pela doutrina[54] e pelos operadores do Direito por constituir, na prática, em um retrocesso quanto aos direitos dos consumidores porque o Código de Defesa lhes é muito mais favorável em comparação com as normas das legislações internacionais. Ainda, porque a prevalecer o entendimento firmado pelo Supremo Tribunal Federal, violado estaria o princípio da reparação integral do dano, também de índole constitucional e natureza fundamental, de modo que toda a vítima tem o direito de ser ressarcida de todos os danos sofridos de forma integral, sejam eles materiais, morais ou estéticos.

Por fim, a crítica a referido entendimento firmado pelo Supremo Tribunal Federal também encontra guarida no fato de existir, doravante, diferença de tratamento entre os consumidores que fazem voos internacionais em comparação com os que fazem voos domésticos, o que viola o princípio da isonomia, também de índole constitucional[55], sem que exista uma desigualdade substancial que justifique o tratamento diverso.

Não obstante tais considerações, este entendimento agora firmado, diante do efeito vinculativo decorrente da repercussão geral, proporcionou uma quebra de paradigma em relação a todas as instâncias e uma pacificação em relação ao tema[56], ou seja, no sistema jurídico brasileiro para

---

geral. Temas 660 e 895. Agravo Regimental a qual se nega provimento". (STF, Ag.Reg no RE 1221934-RJ, Segunda Turma, Relatora Ministra Cármen Lúcia, j. 25.10.2019).

54 Beraldo, Leonardo de Faria. "A responsabilidade civil das companhias aéreas no transporte aéreo internacional: Breves comentários acerca da inconstitucionalidade do acórdão do Recurso Extraordinário 636.331/RJ, do Supremo Tribunal Federal, no qual se decidiu que as Convenções de Varsóvia e de Montreal sobrepõem-se ao Código de Defesa do Consumidor", *Revista de Direito do Consumidor*, vol 115. São Paulo: RT, jan.-fev. 2018, p. 605-634; Tartuce, Flávio; Silva, Bruno Casagrande e."A aplicação das Convenções Internacionais de Varsóvia e Montreal em detrimento do Código de Defesa do Consumidor: uma crítica à decisão do Supremo Tribunal Federal em face do princípio da proibição do retrocesso". Revista de Direito do Consumidor, vol. 115. São Paulo: RT, jan.-fev. 2018, p. 41-68; Marques, Cláudia Lima; Squeff, Tatiana. As regras da Convenção de Montreal e o necessário diálogo das fontes com o CDC. Fonte: <https://www.conjur.com.br/2017-jun-21/regras-convencao-montreal-dialogo-fontes-cdc>.

55 Art. 5.º, *caput*, da CF.

56 AGRAVO INTERNO NO RECURSO ESPECIAL. CIVIL E PROCESSUAL CIVIL. TRANSPORTE AÉREO INTERNACIONAL. EXTRAVIO DE CARGA. INCIDÊNCIA DAS CONVENÇÕES DE VARSÓVIA E MONTREAL. 1. No caso concreto,

indenização do dano material decorrente do contrato de transporte aéreo internacional incidem os regimes limitativos previstos nas Convenções de Varsóvia e Montreal, afastando-se o Código de Defesa do Consumidor.

Independentemente ao entendimento padrão agora utilizado pelo sistema jurídico brasileiro para tratar a questão da indenização dos danos materiais no contrato de transporte aéreo internacional, a questão que surge é indagar se a posição firmada pelo Supremo Tribunal Federal é justa em relação aos passageiros consumidores do serviço prestado.

A resposta, por óbvio, é negativa. O passageiro vítima de um dano material deveria ter o seu direito ao ressarcimento do prejuízo de forma integral em relação aos prejuízos que efetivamente sofreu e provou, em decorrência da ocorrência de um ato ilícito praticado pela companhia aérea, por força do direito fundamental de proteção nas relações de consumo (art. 5.º, XXXII, da CF) e da reparação integral do dano (art. 5.º, V e X, da CF), nada justificando uma proteção às companhias aéreas nesse sentido.

Ainda, o julgamento do Supremo Tribunal Federal não excluiu integralmente a aplicabilidade do Código de Defesa do Consumidor em relação ao transporte aéreo internacional de passageiros, mas, sim, somente naquilo que for colidente com as Convenções mencionadas. Logo, quanto a inversão do ônus da prova, por não existir regulação na legislação internacional específica, aplica-se a regra do Código de Defesa do Consumidor prevista no artigo 6.º, inciso VIII.

---

aplica-se o entendimento do Supremo Tribunal Federal, consolidado com o julgamento do RE 636.331/RJ, sob a sistemática da repercussão geral, no sentido de que "nos termos do art. 178 da Constituição da República, as normas e os tratados internacionais limitadores da responsabilidade das transportadoras aéreas de passageiros, especialmente as Convenções de Varsóvia e Montreal, têm prevalência em relação ao Código de Defesa do Consumidor" (Tema 210). 2. Dessa forma, devem ser aplicadas, na hipótese vertente, as Convenções de Varsóvia e Montreal, inclusive no que tange à limitação das indenizações pleiteadas. 3. Agravo interno não provido. (STJ, AgInt no REsp 1782487 / SP, 4 Turma, Relator Ministro Luis Felipe Salomão, j. 18.6.2019, DJe 25.06.2019). No mesmo sentido: STJ, AgRg no Ag 957245-RJ, 4 Turma, Relator Ministro Antonio Carlos Ferreira, j. 10.09.2019, DJe 17.09.2019; STJ, AgInt no REsp. 1548248-RJ, 3 Turma, Relator Ministro Moura Ribeiro, j. 16.12.2019, DJe. 18.12.2019 e STF, AgRg no RE 1133572, Primeira Turma, Relator Ministro Roberto Barroso, j. 30.08.2019.

5. O dano moral na responsabilidade civil decorrente do contrato de transporte

Como alhures exposto, o julgamento do Recurso Extraordinário 636.331-RJ, ao prever que as normas das convenções que regem o transporte aéreo internacional prevalecem sobre as normas do Código de Defesa do Consumidor, não excluiu a possibilidade de indenizar os passageiros por danos morais, aplicando-se, à hipótese, a legislação consumerista.

Portanto, num primeiro momento pós julgamento do Recurso Extraordinário, manteve-se o entendimento de que seria cabível a indenização por dano moral aos passageiros de transporte aéreo nacional e internacional e, que no caso, aplicava-se a inversão do ônus da prova em favor do passageiro consumidor, nos termos do artigo 6.º, inciso VIII, do Código de Defesa do Consumidor.

Logo, em situações decorrentes da prática de um ato ilícito pelas transportadoras aéreas, caracterizado pela prestação de um serviço defeituoso ou inexistente, capaz de violar um direito da personalidade do passageiro, configurado estará o dano moral passível de indenização de forma integral (arbitramento judicial) e sem necessidade de comprovação do dolo ou da culpa por parte das empresas áreas, vez que a responsabilidade civil é objetiva.

Diante desse quadro, quanto ao dano moral, o sistema jurídico brasileiro sempre foi integralmente protetivo em relação ao passageiro consumidor. Há, ainda, possibilidade de considerar presumido o dano moral com a comprovação da situação fática ensejadora da situação, cabendo às empresas aéreas a demonstração de alguma causa legal excludente do dever reparatório, ou seja, inversão do ônus da prova para provar a inexistência do defeito na prestação do serviço, a culpa exclusiva dos consumidores passageiros ou caso fortuito ou força maior, sendo que nesse caso, a análise da incidência desta excludente deve ser feita com maior rigor, porquanto os riscos participam da atividade desenvolvida pelo autor do dano[57].

Várias situações relacionadas ao transporte aéreo são capazes de gerar violação ao direito da personalidade dos passageiros consumidores e, por consequência, caracterizar o dano moral indenizável, sendo as mais corri-

---

[57] Farias, Cristiano Chaves de; Rosenvald, Nelson; Braga Netto, Felipe Peixoto. Curso de direito civil: responsabilidade civil. 4 ed. rev. e. atual. Salvador. Ed. JusPodivm, 2017, pp. 906-907.

queiras o cancelamento de voo[58], atraso de voo[59] e a venda de bilhetes em número superior aos de assentos na aeronave, o chamado "overbooking[60]", cancelamento unilateral da passagem de volta, em razão do não comparecimento para embarque no trecho de ida[61] (*no show*); extravio e perda de bagagens[62] etc.

O dano moral decorrente destas situações sempre foi entendido no ordenamento jurídico brasileiro como sendo automático diante da comprovação da situação ensejadora, prescindindo-se de prova por parte do passageiro, pois a responsabilidade opera-se *in re ipsa*[63], presumindo-se o desconforto, a aflição e os transtornos suportados pelos passageiros, ou seja, a violação da sua integridade psíquica.

Esse entendimento pacífico, no entanto, foi alterado pelo Superior Tribunal de Justiça por força do Recurso Especial n. 1.584.465-MG, de relatoria da Ministra Nancy Andrighi.

O julgamento tratou da questão dos danos morais alegados pelo passageiro em razão de dois eventos: atraso do voo e extravio da bagagem em contrato de transporte aéreo internacional. Era incontroverso nos autos que houve atraso na partida da primeira aeronave, que fez o percurso Belo Horizonte-MG a Lisboa-PT, ocasionando, por consequência, atraso na conexão

---

[58] STJ, AgRg nos EDcl no AREsp 165.515, Relator Ministro Sidnei Beneti, 3 Turma, DJ 08.10.2012; STJ, REsp 1728068/SP, Rel. Ministro Marco Aurélio Bellizze, Terceira Turma, julgado em 05/06/2018, DJe 08/06/2018; STJ, AgRg no REsp 1317768/SP, Rel. Ministro Paulo de Tarso Sanseverino, Terceira Turma, julgado em 28/04/2015, DJe 07/05/2015.

[59] STJ, AgRg no AREsp 661.046/RJ, Rel. Ministro Antônio Carlos Ferreira, Quarta Turma, julgado em 17/09/2015, DJe 24/09/2015; STJ, AgRg no AREsp 616.295/RJ, Rel. Ministro Ricardo Villas Bôas Cueva, Terceira Turma, julgado em 12/05/2015, DJe 15/05/2015.

[60] STJ, AgRg no REsp 1453129/RO, Rel. Ministro Raul Araújo, Quarta Turma, julgado em 24/06/2014, DJe 01/08/2014; STJ, AgRg no AREsp 478.454/RJ, Rel. Ministro Luis Felipe Salomão, Quarta Turma, julgado em 08/04/2014, DJe 25/04/2014.

[61] STJ, AgInt no AREsp 1447599/RJ, Rel. Ministro Marco Aurélio Bellizze, Terceira Turma, julgado em 24/06/2019, DJe 27/06/2019; STJ, AgInt no AREsp 1336618/RJ, Rel. Ministro Moura Ribeiro, Terceira Turma, julgado em 29/04/2019, DJe 02/05/2019; STJ, REsp 1595731/RO, Rel. Ministro Luis Felipe Salomão, Quarta Turma, julgado em 14/11/2017, DJe 01/02/2018.

[62] AgInt no AREsp 1041888/SP, Rel. Ministro Antônio Carlos Ferreira, Quarta Turma, julgado em 19/06/2018, DJe 29/06/2018; AgRg no AREsp 261.339/RS, Rel. Ministro Marco Buzzi, Quarta Turma, julgado em 17/11/2015, DJe 24/11/2015.

[63] Nesse sentido: STJ, AgRg no Ag 1.410.645, Relator Ministro Paulo de Tarso Sanseverino, 3 Turma, DJ 07.11.2011; STJ, REsp.299.532-SP, 4 Turma, DJe 23.11.2009; STJ, AgRg no Ag 1.306.693-RJ, 4 Turma, DJe 06.09.2011.

por aproximadamente 3 (três) horas e, também, atraso no horário de chegada ao destino, Paris.

Quanto aos danos morais alegados em razão do atraso do voo, o acórdão considerou a aplicação do Código de Defesa do Consumidor, ratificando o entendimento de que a responsabilidade da empresa aérea, fornecedora de serviços de transporte, por atraso ou cancelamento de voo, é objetiva, com fundamento ao disposto no artigo 14, do Código de Defesa do Consumidor e artigos 186, 187, 927 e 944, do Código Civil brasileiro.

No entanto, quanto a presunção de dano moral pelo atraso do voo, independentemente da duração do atraso e das demais circunstâncias envolvidas, ou seja, quanto ao fato do dano existir no próprio fato violador, impondo necessidade de resposta, que se efetiva, justamente, com sua reparação, dispensando o lesado da demonstração de que realmente sofreu o dano moral alegado, o acórdão considerou que esta situação não pode ser alargada a ponto de afastar a necessidade de sua efetiva demonstração no caso concreto.

Assim, na específica hipótese de atraso de voo operado por companhia aérea, entendeu-se que o dano moral não pode ser presumido em decorrência da demora e eventual desconforto, aflição e transtornos suportados pelos passageiros.

Destarte, por referido julgamento, ficou assentado que vários outros fatores devem ser considerados no caso concreto para ensejar o dever reparatório, a fim de que se possa investigar acerca da real ocorrência do dano moral alegado pelo passageiro, exigindo-se, por conseguinte, a prova efetiva da lesão extrapatrimonial sofrida.

Esta prova efetiva da lesão extrapatrimonial sofrida, segundo o julgamento mencionado, é de responsabilidade do passageiro, de acordo com as circunstâncias do caso concreto, citando-se, como exemplo: I – a averiguação acerca do tempo que se levou para a solução do problema, isto é, a real duração do atraso; II – se a companhia aérea ofertou alternativas para melhor atender os passageiros; III – se foram prestadas a tempo e modo informações claras e precisas por parte da companhia aérea a fim de amenizar os desconfortos inerentes à ocasião; IV – se foi oferecido suporte material (alimentação, hospedagem, etc.) quando o atraso for considerável; V – se o passageiro, devido ao atraso da aeronave, acabou por perder compromisso inadiável no destino, dentre outros.

No caso concreto submetido a julgamento, o Superior Tribunal de Justiça considerou que o voo inicial partiu na data agendada e que o atraso foi somente de três horas, sendo que o autor, um menor de sete anos, estava na companhia de seus pais e chegou no mesmo dia na cidade de destino, não tendo sido invocado nenhum fato extraordinário que tenha ofendido o âmago da sua personalidade; por consequência, negou qualquer compensação pelo dano moral alegado. Quanto ao extravio da bagagem, manteve-se a condenação fixada pelo Tribunal de origem.

Ao final, a ementa foi prolatada nos seguintes termos:

> DIREITO DO CONSUMIDOR E CIVIL. RECURSO ESPECIAL. AÇÃO DE REPARAÇÃO DE DANOS MATERIAIS E COMPENSAÇÃO DE DANOS MORAIS. PREQUESTIONAMENTO. AUSÊNCIA. SÚMULA 282-STF. ATRASO EM VOO INTERNACIONAL. DANO MORAL NÃO CONFIGURADO. EXTRAVIO DE BAGAGEM. ALTERAÇÃO DO VALOR FIXADO A TÍTULO DE DANO MORAIS. INCIDÊNCIA DA SÚMULA 7-STJ.
>
> 1. Ação de reparação de danos materiais e compensação de danos morais, tendo em vista falha na prestação de serviços aéreos, decorrentes de atraso de voo internacional e extravio de bagagem.
>
> 2. Ação ajuizada em 03.06.2011. Recurso especial concluso ao gabinete em 26.08.2016. Julgamento: CPC-73.
>
> 3. O propósito recursal é definir i) se a companhia aérea recorrida deve ser condenada a compensar os danos morais supostamente sofridos pelos recorrente, em razão de atraso de voo internacional; e ii) se o valor arbitrado a título de danos morais em virtude do extravio da bagagem deve ser majorado.
>
> 4. A ausência de decisão acerca dos argumentos invocados pelo recorrente em suas razões recursais impede o reconhecimento do recurso especial.
>
> 5. Na específica hipótese de atraso de voo operado por companhia aérea, não se vislumbra que o dano moral possa ser presumido em decorrência da mera demora e eventual desconforto, aflição e transtornos suportados pelo passageiro. Isso porque vários outros fatores devem ser considerados a fim de que se possa investigar acerca da real ocorrência do dano moral, exigindo-se, por conseguinte, a prova, por parte do passageiro, da lesão extrapatrimonial sofrida.
>
> 6. Sem dúvida, as circunstâncias que envolvem o caso concreto servirão de baliza para a possível comprovação e a consequente constatação da ocorrência do dano moral. A exemplo, pode-se citar particularidades a serem observadas: I – a averiguação acerca do tempo que se levou para a solução do problema, isto é, a real duração do atraso; II – se a companhia aérea ofertou alternativas para melhor atender os passageiros; III – se foram prestadas a tempo e modo informações claras e precisas por parte da companhia aérea

a fim de amenizar os desconfortos inerentes à ocasião; IV – se foi oferecido suporte material (alimentação, hospedagem, etc) quando o atraso for considerável; V – se o passageiro, devido ao atraso da aeronave, acabou por perder compromisso inadiável no destino, dentre outros.

7. Na hipótese, não foi invocado nenhum fato extraordinário que tenha ofendido o âmago da personalidade do recorrente. Via de consequência, não há que se falar em abalo moral indenizável.

8. Quanto ao pleito de majoração do valor a título de danos morais, arbitrado em virtude do extravio da bagagem, tem-se que a alteração do valor fixado a título de compensação dos danos morais somente é possível, em recurso especial, nas hipóteses em que a quantia estipulada pelo Tribunal de origem revela-se irrisória ou exagerada, o que não ocorreu na espécie, tendo em vista que foi fixado em R$ 5.000,00 (cinco mil reais).

9. Recurso especial parcialmente conhecido e, nessa extensão, não provido. (STJ, REsp. 1.584.465-MG, 3 Turma, Relatora Ministra Nancy Andrighi, julgamento 13.11.2018).

Resta claro que o julgamento se limitou a desconsiderar a presunção do dano moral para os casos específicos de atraso de voo. Destarte, quanto às outras situações fáticas consideradas ensejadoras do dano moral permanece o entendimento jurisprudencial no sentido de existir uma presunção do dano moral com a simples comprovação da situação fática.

Importante mencionar que, de uma forma geral, as comprovações das condicionantes exemplificativas expostas não podem recair sobre o ônus do passageiro consumidor, primeiro por força da citada inversão do ônus da prova e, depois, em decorrência da impossibilidade de se exigir a prova de um fato negativo.

Para tanto, basta atentar-se que sob a regência do Código de Defesa do Consumidor e em razão da evidente situação de hipossuficiência do passageiro, incide a inversão do ônus da prova por força do disposto pelo artigo 6.º, inciso VIII. Logo, no caso concreto, é a companhia aérea transportadora que deverá comprovar em juízo que o tempo de atraso não foi relevante, que ofertou alternativas para o atendimento dos passageiros, bem como que disponibilizou informações claras e precisas e proporcionou suporte material, como alimentação e hospedagem, quando o atraso for considerável.

Para além da inversão do ônus da prova, é a companhia aérea que detém o controle operativo de suas ações de forma organizada e sistemática, com uma engenharia pré-definida para o seu cumprimento e para o registro de suas condutas, portanto, é detentora das condições materiais necessárias para demonstrar pelos meios de provas legais todos os atos praticados para minimizar o transtorno do passageiro consumidor em decorrência do atraso do voo.

Ainda sobre as condicionantes exemplificadas, também deve ser analisado com cautela o fato de se exigir que o passageiro demonstre, diante do atraso da aeronave, que existiu a perda de um compromisso inadiável no destino.

Quem faz a opção pelo serviço de transporte aéreo, entre outras razões, considera o fator tempo como elemento determinante para a realização do contrato. As consequências do atraso do voo incidem justamente sobre este bem escasso na vida moderna, o tempo.

Hodiernamente, tudo que se faz ou deixa de fazer está condicionado ao tempo que se dispõe. O atraso do voo viola justamente esta expectativa quanto a programação do tempo disponível e isto certamente é suficiente para gerar o dever indenizatório em favor do passageiro independentemente da existência ou não de um compromisso inadiável no destino, notadamente pelo fato da obrigação assumida pelo transportador ser considerada de resultado, comprometendo-se a efetivar o deslocamento de pessoas e seus pertences de um local para outro, de forma incólume.

Logo, pelas razões expostas e para finalizar a análise do regime jurídico da responsabilidade civil nos contratos de transporte aéreo, espera-se que este recente julgamento do Superior Tribunal de Justiça não se converta em mais uma tendência de proteção das companhias aéreas transportadoras em detrimento dos passageiros consumidores, uma vez que nada justifica, nos dias atuais, a manutenção de um sistema de responsabilidade civil que privilegie o fornecedor de um serviço considerado essencial e altamente seguro em prejuízo aos direitos dos consumidores, notadamente, quando o não cumprimento da obrigação de deslocar a pessoa de um lugar para outro no tempo necessário e comprometido constitui evidente inadimplemento contratual, portanto, fonte de responsabilidade civil do transportador.

Também deve ser enaltecido que o julgamento mencionado não tem força obrigatória em relação a julgamento de outros casos semelhantes por outras instâncias julgadoras, uma vez que não tem efeito vinculante por não ser decorrente de recurso repetitivo ou incidente de resolução de demandas repetitivas, nos termos dos artigos 926 e 927, do Código de Processo Civil.

Destarte, referido entendimento extraído do mencionado julgamento só pode ser considerado pelos operadores como uma tendência da 3.º Turma do Superior Tribunal de Justiça, sem que isso signifique, num primeiro momento, mudança de entendimento paradigmático em relação ao tema.

6. Conclusões

Neste estudo discutiu-se a responsabilidade civil decorrente do contrato de transporte aéreo de passageiros, à luz dos regimes jurídicos vigentes no ordenamento pátrio.

O contrato de transporte, regulamentado pelo Código Civil, não exclui a incidência de outras normas jurídicas vigentes, como o Código Brasileiro de Aeronáutica, o Código de Defesa do Consumidor e as Convenções de Varsóvia e Montreal, sendo necessária a análise do caso concreto para aplicação da legislação correspondente, realizando uma interpretação sistêmica das leis vigentes com a Constituição Federal.

Não se pode ignorar os tratados internacionais firmados pelo Brasil, contudo, a sua aplicação deve estar em consonância com o ordenamento jurídico vigente.

A decisão proferida pelo Supremo Tribunal Federal, por ocasião do julgamento do RE 636.331-RJ, em regime de repercussão geral e, portanto, com efeitos vinculativos, que afastou a aplicação do Código de Defesa do Consumidor, prevalecendo os limites de reparação por danos materiais previstos nas Convenções de Varsóvia e Montreal, embora esteja em consonância com o artigo 178 da Constituição Federal, viola frontalmente o disposto no artigo 5.º, V, X e XXXII da Carta Política, que tratam sobre a proteção dos consumidores e o direito à reparação integral pelo dano suportado. Ainda, viola o princípio da isonomia, previsto no *caput,* do artigo 5.º da Constituição Federal, de modo que trata de maneira diferente os passageiros de voos domésticos e internacionais sem qualquer razão aparente.

Por outro lado, o entendimento da 3.ª Turma do Superior Tribunal de Justiça, no julgamento do Recurso Especial n. 1.584.465-MG, sem efeitos vinculativos, que decidiu que não há dano moral presumido em atraso de voos, exceto se comprovado pelo passageiro lesado, deixou de considerar um dos princípios básicos da defesa do consumidor, que é o direito a inversão ao ônus da prova, previsto no artigo 6.º, VIII, do Código Protetivo, além de ignorar o acordo de vontades firmado entre as partes, no qual o passageiro considera o tempo de deslocamento quando da aquisição de passagens aéreas, independentemente do motivo da viagem, existindo ou não compromisso inadiável. Frise-se que o atraso de voo faz parte do risco da atividade da empresa de transporte aéreo e o contrato de transporte trata-se de atividade de resultado, não havendo, portanto, justificativa para atribuir ao passageiro lesado o ônus da prova para demonstrar o dano moral suportado em razão do atraso de voo.

Diante da legislação pátria, as decisões se mostram precipitadas, merecendo ser objeto de reavaliação.

De toda forma, o direito é dinâmico e a velocidade das relações jurídicas, que tem se tornado cada vez mais complexas, demonstram que a matéria não está esgotada.

7. Referências

Almeida, Carlos Alberto Ferreira de. O contrato de transporte no Código Civil. Revista dos Tribunais, n. 1840, a. 87, abr. 1969.

Alvim, Eduardo Arruda; Jorge, Flávio Cheim. Responsabilidade civil no CDC e o transporte aéreo. In Nery Júnior, Nelson; Nery, Rosa Maria de Andrade (org). *Responsabilidade civil, v.2. Direito de obrigações e direito negocial.* São Paulo: Editora Revista dos Tribunais, 2010.

Bastos, Nuno Manuel Castello-Branco. Direito dos Transportes. 1. ed. Coimbra: Editora Almedina, 2004, p. 47-49. Em sentido idêntico: ALVES, Hugo Ramos. *Da limitação da responsabilidade do transportador na convenção de Bruxelas de 1924.* 1. ed. Lisboa: Editora Almedina, 2008.

Beraldo, Leonardo de Faria. "A responsabilidade civil das companhias aéreas no transporte aéreo internacional: Breves comentários acerca da inconstitucionalidade do acórdão do Recurso Extraordinário 636.331/RJ, do Supremo Tribunal Federal, no qual se decidiu que as Convenções de Varsóvia e de Montreal sobrepõem-se ao Código de Defesa do Consumidor", Revista de Direito do Consumidor, vol 115. São Paulo: RT, jan.-fev. 2018.

BRASIL. **Código Brasileiro de Aeronáutica. Lei n.º 7.565, de 19 de dezembro de 1986.** Brasília, DF. Fonte: < http://www.planalto.gov.br/ccivil_03/leis/l7565.htm>. Acesso em 26 mar 2020.

BRASIL. **Código Civil. Lei n.º 10.406, de 10 de janeiro de 2002.** Brasília, DF. Fonte: <http://www.planalto.gov.br/ccivil_03/leis/2002/l10406.htm>. Acesso em 26 mar 2020.

BRASIL. **Código de Defesa do Consumidor. Lei n.º 8.078, de 11 de setembro de 1990.** Brasília, DF. Fonte: < http://www.planalto.gov.br/ccivil_03/leis/l8078.htm>. Acesso em 25 mar 2020.

BRASIL. **Constituição (1988). Constituição da República Federativa do Brasil**. Brasília, DF. Fonte: < http://www.planalto.gov.br/ccivil_03/constituicao/constituicao.htm>. Acesso em 26 mar 202020.

BRASIL. **Convenção de Montreal. Decreto n.º 5.910, de 27 de setembro de 2006.** Brasília, DF. Fonte: <http://www.planalto.gov.br/ccivil_03/_ato2004-2006/2006/decreto/D5910.htm>. Acesso em 25 mar 2020.

BRASIL. **Convenção de Varsóvia. Decreto n.º 20.704, de 24 de novembro de 1931.** Brasília, DF. Fonte: http://www.planalto.gov.br/ccivil_03/decreto/1930-1949/D20704.htm>. Acesso em 26 mar 2020.

Chaves, Antônio. Responsabilidade do transportador por via terrestre. In Nery Júnior, Nelson; Nery, Rosa Maria de Andrade (org.). *Doutrinas Essenciais. Responsabilidade Civil.* São Paulo: Revista dos Tribunais, v. II., 2010.

Col, Helder Martinez Dal. Os contratos de transporte de pessoas à luz da responsabilidade civil e do Novo Código Civil Brasileiro. In Nery Júnior, Nelson; Nery, Rosa Maria de Andrade (org.). *Doutrinas Essenciais. Responsabilidade Civil.* São Paulo: Revista dos Tribunais, v. II., 2010.

Cordeiro, António Menezes. Manual de direito comercial. I Volume. Coimbra: Editora Almedina, 2001.

Farias, Cristiano Chaves de; Rosenvald, Nelson; Braga Netto, Felipe Peixoto. Curso de direito civil: responsabilidade civil. 4 ed. rev. e. atual. Salvador. Ed. JusPodivm, 2017.

Ferrão, Fernando de Abranches. A avaria da mercadoria como causa de pedir: Um caso de competência internacional. Lisboa: [s.n.], 1964.

Gonçalves, Carlos Roberto. Direito civil brasileiro: Contratos e atos unilaterais. Volume 3. 7. ed. São Paulo: Editora Saraiva, 2010.

Gregori, Maria Stella. A responsabilidade civil do transportador aéreo nas relações de consumo. Fonte: <http://www.oabsp.org.br/comissoes2010/gestoes-anteriores/defesa-consumidor/artigos/responsabilidade_civil.pdf>. Acesso em 28 mar 2020.

Lotufo, Renan. O contrato de transporte de pessoas no Novo Código Civil. In Nery Júnior, Nelson; Nery, Rosa Maria de Andrade (org.). *Doutrinas Essenciais. Responsabilidade Civil.* São Paulo: Revista dos Tribunais, v. II., 2010.

Marques, Cláudia Lima; Squeff, Tatiana. As regras da Convenção de Montreal e o necessário diálogo das fontes com o CDC. Fonte: https://www.conjur.com.br/2017-jun-21/regras-convencao-montreal-dialogo-fontes-cdc> Acesso em 28 mar 2020.

Morsello, Marco Fábio. Responsabilidade civil no transporte aéreo. São Paulo: Atlas, 2007.

Nery Júnior, Nelson; Nery, Rosa Maria de Andrade. Leis civis comentadas. São Paulo. Editora Revista dos Tribunais, 2006.

NORONHA, Fernando. A responsabilidade civil do transportador aéreo por danos a pessoas, bagagens e cargas (caso recente de criação jurisprudencial de direito). In NERY JÚNIOR, Nelson; NERY, Rosa Maria de Andrade (org.). *Doutrinas Essenciais. Responsabilidade civil.* São Paulo: Revista dos Tribunais, v. II., 2010.

NUNES, Rizzatto. Comentários ao código de defesa do consumidor, 3.ª edição, São Paulo, Editora Saraiva, 2007.

PACHECO, José da Silva. Alguns aspectos jurídicos do transporte aéreo. In TEPEDINO, Gustavo; FACHIN, Luiz Edson (org.). *Doutrinas Essenciais. Contratos em espécie: serviços e circulação.* São Paulo: Revista dos Tribunais, v. VI., 2011.

PINHEIRO, Luís de Lima. Temas de direito marítimo: I. Direito aplicável ao contrato de transporte marítimo de mercadorias. Revista da Ordem dos Advogados, Lisboa, a. 68, jan. 2008.

ROCHA, Francisco Costeira da. O contrato de transporte de mercadorias: Contributo para o estudo da posição jurídica do destinatário no contrato de transporte de mercadorias. 1. ed. Coimbra: Editora Almedina, 2000.

SANSEVERINO, Paulo de Tarso Vieira. Responsabilidade civil no código do consumidor e a defesa do fornecedor. 2ª ed. São Paulo, Editora Saraiva, 2007.

SOUSA, Álvaro Couri Antunes. *Overbooking:* responsabilidade civil do transportador aéreo à luz do Código de Defesa do Consumidor. In NERY JÚNIOR, Nelson; NERY, Rosa Maria de Andrade (org.). *Doutrinas Essenciais. Responsabilidade Civil.* São Paulo: Revista dos Tribunais, v. II., 2010.

TARTUCE, Flávio; SILVA, Bruno Casagrande e. "A aplicação das Convenções Internacionais de Varsóvia e Montreal em detrimento do Código de Defesa do Consumidor: uma crítica à decisão do Supremo Tribunal Federal em face do princípio da proibição do retrocesso". Revista de Direito do Consumidor, vol. 115. São Paulo: RT, jan.-fev. 2018.

TEPEDINO, Gustavo. Das várias espécies de contrato, do mandato, da comissão, da agência e distribuição, da corretagem, do transporte. Arts. 653 a 756. In: TEIXEIRA, Sálvio de Figueiredo (coord). *Comentários ao Novo Código Civil.* Volume X. Rio de Janeiro. Editora Forense, 2008.

8. Jurisprudências

8.1. Superior Tribunal de Justiça

Agravo Interno no Agravo em Recurso Especial 874.427/SP, julgado em 04.10.2016, Relator Ministro Luis Felipe Salomão.

Agravo Interno no Agravo em Recurso Especial 1.447.599/RJ, julgado em 24.06.2019, Relator Ministro Maro Aurélio Bellizze.

Agravo Interno no Agravo em Recurso Especial 1.336.618/RJ, julgado em 29.04.2019, Relator Ministro Moura Ribeiro.

Agravo Interno no Agravo em Recurso Especial 1.041.888/SP, julgado em 19.06.2018, Relator Ministro Antônio Carlos Ferreira.

Agravo Interno no Recurso Especial 1.548.248/RJ, julgado em 16.12.2009, Relator Ministro Moura Ribeiro.

Agravo Interno no Recurso Especial 1.782.487/SP, julgado em 18.06.2019, Relator Ministro Luis Felipe Salomão.

Agravo Regimental no Agravo de Instrumento 959.403/RJ, julgado em 10.06.2008, Relator Ministro Aldir Passarinho Júnior.

Agravo Regimental no Agravo de Instrumento 957.245/RJ, julgado em 10.09.2019, Relator Ministro Antônio Carlos Ferreira.

Agravo Regimental no Agravo de Instrumento 1.410.645/BA, julgado em 25.10.2011, Relator Ministro Paulo de Tarso Sanseverino.

Agravo Regimental no Agravo de Instrumento 1.306.693/RJ, julgado em 16.08.2011, Relator Ministro Raul Araújo.

Agravo Regimental no Agravo em Recurso Especial 83.338/RJ, julgado em 20.09.2012, Relator Ministro Antônio Carlos Ferreira.

Agravo Regimental no Agravo em Recurso Especial 607.388/RJ, julgado em 16.06.2016, Relator Ministro Moura Ribeiro.

Agravo Regimental no Agravo em Recurso Especial 661.046/RJ, julgado em 17.09.2015, Relato Ministro Antônio Carlos Ferreira.

Agravo Regimental no Agravo em Recurso Especial 616.295/RJ, julgado em 12.05.2015, Relator Ministro Ricardo Villas Bôas Cuevas.

Agravo Regimental no Agravo em Recurso Especial 478.454/RJ, julgado em 08.04.2014, Relator Ministro Luis Felipe Salomão.

Agravo Regimental no Agravo em Recurso Especial 261.339/RS, julgado em 17.11.2015, Relator Ministro Marco Buzzi.

Agravo Regimental nos Embargos de Declaração no Agravo em Recurso Especial 165.515/RJ, Relator Ministro Sidnei Beneti.

Agravo Regimental no Recurso Especial 1.060.792/RJ, julgado em 14.11.2011, Relatora Ministra Nancy Andrigui.

Agravo Regimental no Recurso Especial 262.687/SP, julgado em 16.05.2019, Relator Ministro Antônio Carlos Ferreira.

Agravo Regimental no Recurso Especial 1.317.768/SP, julgado em 28.04.2015, Relator Ministro Paulo de Tarso Sanseverino.

Agravo Regimental no Recurso Especial 1.453.129/RO, julgado em 24.06.2014, Relator Ministro Raul Araújo.

Recurso Especial 347.449/RJ, julgado em 26.10.2004, Relator Ministro Fernando Gonçalves.

Recurso Especial 257.297/SP, julgado em 15.02.205, Relato Ministro Humberto Gomes de Barros.

Recurso Especial 1.728.068/SP, julgado em 05.06.2018, Relator Ministro Marco Aurélio Bellizze.

Recurso Especial 1.595.731/RO, julgado em 14.11.2017, Relator Ministro Luis Felipe Salomão.

Recurso Especial 299.532/SP, julgado em 27.10.2009, Relator Ministro Honildo Amaral de Mello Castro (Desembargador Convocado do Tribunal de Justiça do Amapá).

Recurso Especial 1.014.960/RS, julgado em 02.09.2008, Relator Ministro Aldir Passarinho Júnior.

Recurso Especial 1.584.465/MG, julgado em 13.11.2018, Relatora Ministra Nancy Andrigui,

8.2. Supremo Tribunal Federal

Agravo Regimental no Recurso Extraordinário 1.221.934/RJ, julgado em 25.10.2019, Relatora Ministra Carmem Lúcia.

Recurso Extraordinário 351.750/RJ, julgado em 17.03.2009, Relator Ministro Marco Aurélio.

Recurso Extraordinário 466.343/SP, julgado em 03.12.2008, Relator Ministro Cezar Peluso.

Recurso Extraordinário 636.331/RJ, julgado em 25.05.2017, Relator Ministro Gilmar Mendes.

AS RESERVAS DO TRANSPORTADOR NO CONTRATO DE TRANSPORTE DE MERCADORIAS*

CATARINA BAPTISTA GOMES**

Sumário: 1. Delimitação do objeto de estudo; 2. Enquadramento; 2.1. O contrato de transporte de mercadorias: breves notas; 2.2. As reservas e os documentos de transporte; 2.3. Conceito e modalidades de reservas; 3. O regime das reservas nos vários modos de transporte; 3.1. Nota histórica; 3.2. Transporte marítimo; 3.2.1. Convenção de Bruxelas e Regras de Hamburgo; 3.2.2. Direito interno; 3.3. Transporte rodoviário; 3.4. Transporte ferroviário; 3.5. Transporte aéreo; 3.6. Regras de Roterdão; 4. Dogmática comum das reservas;

* Abreviaturas mais utilizadas: Ac. – Acórdão; Al. – Alínea; Als. – Alíneas; Convenção de Bruxelas/CB 1924 – Convenção de Bruxelas de 25 de agosto de 1924 relativa à unificação de certas regras em matéria de conhecimentos de carga; CC – Código Civil português; CCom – Código Comercial português; Cf. – Conferir; Cit. – citado; CMR – Convenção relativa ao contrato de transporte internacional de mercadorias por estrada de 18 de maio de 1956; Convenção de Montreal/CM 1999 – Convenção para a unificação de certas regras relativas ao transporte aéreo internacional de 28 de maio de 1999; Convenção de Varsóvia/CV 1929 – Convenção para a unificação de certas regras relativas ao transporte aéreo internacional de 12 de outubro de 1929; COTIF/CIM – Regras uniformes relativas ao contrato de transporte internacional ferroviário de mercadorias (CIM), que constituem o Apêndice B à Convenção relativa aos transportes internacionais ferroviários (COTIF) de 9 de maio de 1980; DL – Decreto-Lei; Ed. – Edição; HGB – *Handelsgesetzbuch*; N.º – número; P. – Página; PBL – *Promerene Bills of Lading Act* de 1916; PP. – Páginas; Proc. – Processo; I.e. – Isto é; Reimp. – reimpressão; Regras de Hamburgo/RH 1978 – Convenção das Nações Unidas sobre o transporte de mercadorias por mar de 31 de março de 1978; Regras de Roterdão/RR – Convenção das Nações Unidas sobre contratos de transporte internacional de mercadorias total ou parcialmente por mar de 11 de dezembro de 2008; Rel. – Relator; RUU – Regras e Usos Uniformes relativos aos Créditos Documentários adotadas em 1933 pela Câmara de Comércio Internacional; Sec. – Secção; SS. – seguintes; STJ – Supremo Tribunal de Justiça; TRC – Tribunal da Relação de Coimbra; TRL – Tribunal da Relação de Lisboa; Vol. – Volume.

** Advogada.

1. Delimitação do objeto de estudo

O presente excurso tem como objeto o estudo das reservas do transportador no contrato de transporte de mercadorias[1], que podem sinteticamente ser definidas como declarações deste relativamente às mercadorias objeto do transporte e que têm como objetivo atestar as características (qualidade e quantidade), estado e condição aparentes das mercadorias antes de se iniciar a viagem de transporte.

Inicialmente surgidas na *praxis* contratual (marítima), as reservas encontram, hoje, alguma regulação jurídica ao nível interno e internacional. Ainda assim, vislumbram-se lacunas por resolver e que apelam à necessidade da sua integração. Não é, por isso, de somenos importância o seu estudo, urgindo interpretar os preceitos normativos em matéria de reservas sem perder como pano de fundo toda a sistemática normativa – *maxime* legislação nacional e internacional.

Propomos, nesta senda, fazer uma abordagem de regime nos vários modos de transporte – *maxime*, marítimo, rodoviário, ferroviário e aéreo –, e, com base nos pontos de contacto existentes, tentaremos construir uma dogmática comum das reservas, visando essencialmente problematizar aspetos relativos à sua validade, efeitos e natureza e tendo também presente determinadas figuras negociais estreitamente conexas com as reservas, tais como as cartas de garantia e os créditos documentários.

[1] Agradeço em especial ao Senhor Professor Manuel Januário da Costa Gomes a oportunidade de publicação deste estudo, assim como pela possibilidade de desenvolvimento e problematização mais aprofundada deste tema cuja investigação se iniciou já no Mestrado Científico de Direito Comercial da Faculdade de Direito da Universidade de Lisboa.

2. Enquadramento

2.1. O contrato de transporte de mercadorias: breves notas

I. A compreensão das reservas pressupõe um enquadramento prévio sobre a caracterização do contrato de transporte de mercadorias. Este contrato pode ser definido como o contrato mediante o qual uma das partes (o transportador) se compromete/obriga perante outrem (o carregador/expedidor) a fazer descolar fisicamente de um lugar para outro coisas ou mercadorias em contrapartida de uma retribuição pecuniária[2-3].

A obrigação de deslocação das mercadorias constitui o cerne ou objeto principal deste tipo contratual. Se não assumir este caráter essencial, não se tratará, em rigor, de um contrato de transporte[4].

Trata-se, também, de um contrato de resultado, de onde deriva uma obrigação de resultado, na medida em que a entrega das mercadorias, que deve ser feita a um destinatário determinado, é essencial para que a obrigação do transportador se tenha por cumprida[5].

---

[2] Sobre a noção de contrato de transporte de mercadorias vd., v.g., Costeira da Rocha, *O contrato de transporte de mercadorias – contributo para o estudo da posição jurídica do destinatário no contrato de transporte de mercadorias*, Almedina, 2000, pp. 25-26; Hugo Ramos Alves, *Da limitação da responsabilidade do transportador na Convenção de Bruxelas de 1924*, Almedina, 2008, p. 12. Vd., na jurisprudência portuguesa, v.g., Ac. do TRL de 03-03-2016 (Rel. Regina Almeida), Proc. 293-07.2TNLSB.L1-6; Ac. do TRC de 30-03-2004 (Rel. António Piçarra), Proc. 957/03.

[3] Sobre o âmbito espacial, o contrato de transporte de mercadorias pode ter natureza interna ou internacional: é interno se o local de partida e de destino se situam no mesmo país ou na mesma jurisdição. Ao invés, é internacional se o local de partida e de destino se situam em países diferentes – e, por isso, apresentam contacto com, pelo menos, duas ordens jurídicas distintas. Cf., por todos, o Acórdão do STJ de 15-05-2013 (Rel. Granja da Fonseca), Proc. 9268/07.0TBMAI.P1.S1.

[4] Aí reside, como afirma Costeira da Rocha, *O contrato de transporte de mercadorias*, cit., pp. 26-27, o "*núcleo definidor do instituto*". A mercadoria é, pois, na terminologia de Januário da Costa Gomes, "Sobre o sistema próprio de responsabilidade do transportador de mercadorias", *Temas de direito dos transportes*, Vol. IV, Almedina, 2019, pp. 464 e ss., um elemento objetivo essencial do contrato de transporte.

[5] Cf. Ac. do STJ de 06-07-2006 (Rel. Oliveira Barros), Proc. 06B1679. No mesmo sentido vd., quanto ao transporte aéreo, Hugo Ramos Alves, *Direito aéreo – uma introdução*, AAFDL, 2019, p. 503. Sobre a destrinça entre obrigações de meios e obrigações de resultado vd. Lucas Ribeiro, *Obrigações de meios e obrigações de resultado*, Coimbra Editora, 2010, pp. 19-20.

É, no geral, um contrato consensual, valendo neste âmbito o princípio da liberdade de forma[6]-[7]. Não obstante, o mesmo surge quase sempre ligado a um documento de transporte, o que já levou a doutrina e a jurisprudência a concluir pela existência de uma "*paradoxal consensualidade*"[8].

II. De um ponto de vista subjetivo, para além das típicas partes do contrato de transporte (carregador/expedidor e transportador), surge também como sujeito principal o destinatário das mercadorias – que tem o direito à entrega das mercadorias[9] –, e que pode ou não ser terceiro ao contrato de transporte (o mais comum é que o seja, mas não tem de o ser necessariamente)[10].

Neste âmbito, discute-se qual a natureza jurídica do contrato de transporte, sendo comum a sua qualificação como contrato a favor de terceiro – *rectius*, a favor do destinatário das mercadorias[11]. Não obstante, esta tese – bem como a da trilateralidade/estrutura triangular[12] – são incapazes de

---

[6] Porém, no contrato de transporte marítimo interno de mercadorias (diferentemente do internacional) exige-se a forma escrita (cf. artigo 3.º do DL n.º 352/86, de 21 de outubro). Criticando a rigidez do legislador nacional quanto à exigência de forma solene, vd. Januário da Costa Gomes, *O ensino do direito marítimo*, Almedina, 2004, p. 232.

[7] É, ainda, nos termos do CCom e na esteira de Pais de Vasconcelos, *Direito comercial*, Vol. I, Almedina, 2015, pp. 228-229, um ato objetivamente comercial na medida em que se trate de uma atividade comercial exercida profissionalmente e de forma empresarial, uma vez que o artigo 230.º, n.º 7, do CCom assim o qualifica expressamente.

[8] Cf. Costeira da Rocha, *O contrato de transporte de mercadorias*, cit., p. 121 e Ac. do STJ de 04-11-2010 (Rel. Gonçalo Silvano), Proc. 3219/04.1TVLSB.S.

[9] Qualificando expressamente estes três sujeitos como "*sujeitos principais*", vd. Januário da Costa Gomes, "Sobre o sistema próprio de responsabilidade do transportador de mercadorias", cit., pp. 451 e ss. O autor identifica, depois, "*sujeitos secundários*" associados à complexidade subjetiva deste contrato (v.g., transitário).

[10] Como nota Januário da Costa Gomes, "Sobre o sistema próprio de responsabilidade do transportador de mercadorias", cit., p. 458, "*Não há, na verdade, qualquer impedimento a que a pessoa do expedidor coincida com a do destinatário. Se for esse o caso, o expedidor terá celebrado com o transportador um contrato de transporte para que este desloque e entregue a mercadoria, num outro local, ao próprio sujeito que celebrou o contrato como expedidor ou a um seu representante*".

[11] Cf., neste sentido, embora reconhecendo especificidades face ao regime do Código Civil constante dos seus artigos 443.º e ss., Menezes Cordeiro, "Introdução ao direito dos transportes", *I Jornadas de Lisboa de direito marítimo. O contrato de transporte marítimo de mercadorias*, Almedina, 2008, pp. 35-36 e Lacerda Barata, "Contratos de transporte terrestre: formação e conclusão", *Revista da Ordem dos Advogados*, Ano 73, n.º 2-3 (abr.-set. 2013), pp. 625-627.

[12] Entre nós defendida por Costeira da Rocha, *O contrato de transporte de mercadorias*, cit., pp. 66-68 e 196 e ss..

dar resposta às situações em que o destinatário coincide fisicamente com a pessoa do expedidor[13]. Parece-nos, por isso, mais adequada a defesa da tese do contrato bilateral, com especificidades próprias advenientes da lógica documental que norteia este tipo de contrato, porquanto o documento de transporte irá investir o destinatário ou "legitimá-lo" no direito à entrega das mercadorias, seja por via da função representativa (se o documento for negociável) seja por via da função de legitimação (no caso de documento não negociável)[14].

III. Neste tipo contratual, temporalmente, a execução material da prestação de facto a que o transportador se obriga desdobra-se em três operações: *(i)* a receção da mercadoria por parte do transportador, *(ii)* a sua deslocação (ou transporte em sentido estrito) e *(iii)* a sua entrega ao destinatário no local de destino[15].

Uma vez que o transportador apenas é responsável pelos danos que surjam dentro do arco temporal do transporte abrangido por estas distintas fases e por atos que lhe sejam imputáveis, poderá, desde logo, na primeira fase (receção da mercadoria), inscrever no documento de transporte certas menções relativas às características das mercadorias a transportar, bem como ao estado e condição aparentes em que as mesmas se encontram (i.e., reservas)[16]. Tais reservas constituem, como veremos, uma importante

---

[13] Cf., neste sentido, Januário da Costa Gomes, "Sobre o sistema próprio de responsabilidade do transportador de mercadorias", cit., p. 459. Costeira da Rocha, *O contrato de transporte de mercadorias*, cit., p. 68, reconhece que a tese da estrutura triangular apenas vale para as situações em que as pessoas do carregador e destinatário não coincidam.

[14] Sobre estas funções vd. ponto 2.2 *infra*. Pais de Vasconcelos, *Direito comercial*, cit., pp. 238-239, entende a construção do contrato a favor de terceiro desnecessária atento o facto de, no seu entender, sendo emitido o título de transporte (como deverá ser) se aplica o regime jurídico dos títulos de crédito representativos das mercadorias que ditará os direitos do terceiro legítimo portador do título. O autor alude, assim, a um "*falso carácter trilateral do contrato de transporte*". Todavia, cumpre ter presente que nem sempre o documento de transporte será título representativo de mercadorias.

[15] Aludindo expressamente a estas três fases vd., v.g., Hugo Ramos Alves, *Direito aéreo – uma introdução*, cit., p. 521 e, quanto ao transporte rodoviário, Ac. do STJ de 06-07-2006 (Rel. Oliveira Barros), Proc. 06B1679.

[16] Acentuando a importância das reservas no seio da responsabilidade do transportador no que respeita ao transporte rodoviário de mercadorias, vd. José Luís Saragoça, "El nuevo régimen jurídico del contrato de transporte nacional de mercancias por carretera en Portugal: asunción de las reglas CMR", *Actualidad jurídica del transporte por carretera – in memoriam F. M. Sánchez Gamborino*, Fundación Francisco Corell, 2005, p. 338.

"arma" de defesa probatória do transportador se vier a ser demandado numa ação de responsabilidade civil.

2.2. As reservas e os documentos de transporte

I. As reservas são apostas em documentos de transporte, o que se deve à lógica documental que caracteriza proeminentemente o contrato de transporte de mercadorias. Normalmente, cada modo de transporte tem, para cada viagem, associado um determinado documento de transporte[17]. A sua emissão encontra-se prevista (direta ou indiretamente) e uniformemente nos vários regimes[18].

As reservas são declaradas pelo transportador num documento de transporte e o seu valor (mormente probatório) dependerá do valor desse mesmo documento. Como tal, é importante frisar as suas características e funções. Só desta forma será possível identificar os traços de regime das reservas (ou ausência delas).

Daqui por diante, e atenta a legislação especial vigente, o nosso excurso irá referir-se aos conceitos próprios dos documentos de transporte nos seus vários modos, em particular: *(i)* conhecimento de carga, no transporte marítimo; *(ii)* declaração de expedição ou guia de transporte, nos transportes rodoviário e ferroviário, e *(iii)* carta de porte aéreo ou guia de transporte aéreo, no transporte aéreo.

As funções dos documentos de transporte não são idênticas em todos os contratos de transporte: são distintas as funções de um conhecimento de carga, emitido na sequência de um contrato de transporte de mercadorias por mar, das funções de um documento emitido na sequência da celebração de um contrato de transporte de mercadorias rodoviário, ferroviário ou aéreo.

---

[17] Ou, no caso de o transporte ser multimodal, um documento de transporte multimodal.

[18] Cf., no transporte marítimo, artigo 8.º, n.º 1 do DL n.º 352/86, de 21 de outubro, artigo 3.º, n.º 3 da CB 1924 e artigo 14.º, n.º 1 das RH 1978; no transporte rodoviário, artigos 4.º do DL n.º 239/2003, de 4 de outubro e 4.º-6.º da CMR; no transporte ferroviário, artigo 6.º da CIM; no transporte aéreo, artigos 5.º da CV 1929 e 4.º da CM 1999. Cf., ainda, artigo 35.º das Regras de Roterdão – que ainda não entraram em vigor, mas que visam aplicar-se ao transporte total ou parcialmente por mar –, embora as Regras de Roterdão não estabeleçam este dever como absoluto, permitindo que em determinados casos não seja emitido um documento de transporte (nomeadamente quando haja acordo das partes nesse sentido ou quando de acordo com os usos e prática do comércio não seja usual a sua emissão).

Entre estes, destaca-se o conhecimento de carga, que, pode dizer-se, constitui a "rainha-mãe"[19]. É em seu torno que se tem desenvolvido doutrina e jurisprudência mais profícua, ou não fosse este o mais rico dogmaticamente entre os demais documentos de transporte, tendo em conta a sua natureza negociável que os outros documentos não revestem[20]. Mas todos têm, pelo menos, duas funções em comum: a probatória e a de recibo de entrega das mercadorias. São estas que ditarão os efeitos das reservas.

II. A função probatória significa que o documento de transporte documenta (e, logo, prova): *(i)* a existência/celebração do contrato e respetivas condições contratuais; *(ii)* a receção das mercadorias por parte do transportador; e, ainda, *(iii)* as condições e as características das mercadorias no momento em que o transportador as rececionou[21].

---

[19] JANUÁRIO DA COSTA GOMES, *O ensino do direito marítimo*, cit., p. 231, alude, neste particular, ao "*paradigma dos documentos de transporte*". Também COSTEIRA DA ROCHA, *O contrato de transporte de mercadorias*, cit., p. 122, se refere à "*matriz dos documentos de transporte*".

[20] Sobre as funções do conhecimento de carga vd., v.g., na doutrina portuguesa, CALVÃO DA SILVA, "Crédito documentário e conhecimento de embarque", *Estudos de direito comercial (pareceres)*, Almedina, 1999, pp. 53-55; COSTEIRA DA ROCHA, *O Contrato de transporte de mercadorias*, cit., pp. 124-125; CASTELLO-BRANCO BASTOS, *Direito dos transportes*, Almedina, 2004, p. 272; HUGO RAMOS ALVES, *Da limitação da responsabilidade do transportador na Convenção de Bruxelas de 1924*, cit., pp. 49-54 e AZEVEDO MATOS, *Princípios de direito marítimo*, Vol. I, Edições Ática, 1955, p. 58. Na doutrina estrangeira, vd., v.g., IGNACIO ARROYO, *Curso de derecho marítimo*, 2ª ed., Thomson-Civitas, 2005, pp. 525 e ss.; GABALDÓN GARCÍA e RUIZ SOROA, *Manual de derecho de la navegación marítima*, Marcial Pons, 2002, pp. 511-516; PENDON MELENDEZ, *Los títulos representativos de la mercancia,* Marcial Pons, 1994, pp. 60-66, 127 e ss. e 186-187; THOMAS GILBERT CARVER, *Carver's carriage by sea*, 13ª ed., British shipping laws, 1982, pp. 59-89; JOHN F. WILSON, *Carriage goods by sea*, 4ª ed., Pearson Longman, 2001, pp. 121 e ss.; NICHOLAS GASKELL, REGINA ASARIOTIS e YVONE BAATZ, *Bills of lading: law and contracts*, LLP, 2000, pp. 1-3 e ANTONIO FEFEBVRE D'OVIDIO, GABRIELE PESCATORE e LEOPOLDO TULLIO, *Manuale di diritto della navegazione*, 9.ª ed., Giuffrè, 2000, pp. 602-605.

[21] Cf., quanto aos transportes rodoviário e ferroviário, LACERDA BARATA, "Contratos de transporte terrestre: formação e conclusão", cit., pp. 457 e 649. Quando ao transporte rodoviário, vd. CASTELLO-BRANCO BASTOS, *Direito dos transportes*, cit., p. 133. Quanto ao transporte ferroviário, vd. RECALDE CASTELLS, "El contrato de transporte internacional de mercancías por ferrocarril: concepto, naturaleza e caracteres. La documentación del contrato", *El contrato de transporte internacional de mercancías por ferrocarril*, Thomson Civitas, 2008, pp. 52 e 62-63; quanto aos documentos de transporte nas Regras de Roterdão, vd. SOVERAL MARTINS, "Os documentos de transporte nas Regras da Haia e nas Regras de

O documento é, neste contexto, formalidade *ab probationem* e não *ad substantiam*, porquanto a sua falta, irregularidade ou insuficiência não acarreta a invalidade do contrato nem obsta à aplicação dos respetivos regimes[22].

A função probatória não se desprende, claro está, do valor probatório que os diversos regimes atribuem ao respetivo documento de transporte, mormente quanto ao seu regime presuntivo, quer nas relações entre carregador/expedidor e transportador, quer nas relações entre este e terceiros. Por ora, em jeito perfunctório, e porque analisaremos em sede própria cada um destes regimes, fica apenas a nota de que, no geral, têm sido consagrados dois regimes quanto ao valor probatório do que neles fica descrito: *(i)* presunção *iuris tantum*; *(ii)* presunção *iure et de iure*. A primeira (*iuris tantum*) tem sido, no geral (e sem prejuízo das especificidades existentes em cada regime, que *infra* analisaremos), defendida nas relações entre carregador e transportador, ao passo que a segunda (*iure et de iure*) tem sido defendida nas relações entre transportador e terceiros de boa fé.

III. A função de recibo de entrega das mercadorias tem como finalidade atestar a receção das mercadorias por parte do transportador, mas também as características e o estado/condição em que as mesmas foram recebidas[23]. Esta função, aliada à probatória, coincidindo com o momento

---

Roterdão", *III Jornadas de Lisboa de direito marítimo. Das Regras da Haia às Regras de Roterdão*, Almedina, 2014, p. 143.

[22] Cf. artigos 4.º, 2ª parte da CMR e 3.º, n.º 2 do DL n.º 239/2003, aplicáveis ao transporte rodoviário; artigo 6.º, n.º 2, da CIM, aplicável ao transporte ferroviário; artigos 9.º das CV 1929 e CM 1999, no transporte aéreo. Cf., na doutrina, a respeito do conhecimento de carga, Ignacio Arroyo, *Curso de derecho marítimo*, cit., pp. 525-526. No sentido da consensualidade do contrato de transporte rodoviário de mercadorias vd., v.g., José Luís Saragoça, "El nuevo régimen jurídico del contrato de transporte nacional de mercancias por carretera en Portugal: asunción de las reglas CMR", cit., p. 338 e na jurisprudência o Ac. do STJ de 01-06-2004 (Rel. Afonso de Melo), Proc. 04A1767. Vd., no transporte aéreo, Neves Almeida, *Do contrato de transporte aéreo e da responsabilidade civil do transportador aéreo*, Almedina, 2010, pp. 285 e 292.

[23] Cf., quanto ao conhecimento de carga, Clavero Ternero, "Conocimientos de embarque limpios y cartas de garantía", *Anuario de derecho marítimo*, Vol. XVIII, 2001, pp. 142-143. Por sua vez, nos termos da CMR "*A declaração de expedição faz fé, até prova em contrário, das condições do contrato e da receção da mercadoria pelo transportador*" (artigo 9.º, n.º 1 da CMR). O DL n.º 239/2003 aplicável ao transporte interno rodoviário não contém uma norma semelhante, mas implicitamente ter-se-á de admitir a similitude de regimes dos transportes nacional e internacional. Com efeito, prevê-se a possibilidade de aposição de reservas com a consequência de que, se as mesmas não forem apostas, presume-

inicial da execução do contrato de transporte[24], permite documentar que o transportador recebeu as mercadorias nos termos descritos no documento.

IV. Como terceiras funções identificamos a função representativa – quando o documento seja um título de crédito negociável – ou, ainda, a função de legitimação, no caso contrário.

A função representativa é (praticamente) exclusiva dos documentos de transporte marítimos. Neste âmbito, diz-se que o conhecimento de carga é um título de crédito que funciona como título representativo de mercadorias, estando, por conseguinte, sujeito ao regime geral dos títulos de crédito – podendo ser nominativo, à ordem ou ao portador[25]. Da função representativa decorre que com a circulação do documento transmite-se quer o direito de crédito à entrega das mercadorias quer o direito real sobre as mesmas ao novo detentor do título[26]. Por isso, diz-se, este documento apresenta uma fisionomia bifronte: *(i)* fisionomia real, enquanto representa a mercadoria; *(ii)* fisionomia pessoal, enquanto investe o seu possuidor no direito à entrega da mercadoria representada[27-28].

Poderá levantar-se a questão teórica de saber se a carta de porte aéreo poderá revestir esta função[29]. Contudo, a rapidez típica deste transporte pra-

---

se que a mercadoria/embalagem estava em bom estado quando o transportador as recebeu e que as indicações da guia eram exatas (artigo 9.º, n.º 3 do DL n.º 239/2003). Quanto à carta de porte aéreo, cf. artigos 11.º, n.º 1 da CV 1929 e da CM 1999 e Castello-Branco Bastos, *Direito dos transportes*, cit., p. 334. Por fim, no transporte ferroviário, cf. artigo 12.º da CIM e Recalde Castells, "El contrato de transporte internacional de mercancías por ferrocarril: concepto, naturaleza e caracteres. La documentación del contrato", cit., p. 69.

[24] Cf., quanto ao transporte marítimo, Ignacio Arroyo, *Curso de derecho marítimo*, cit., p. 528.

[25] O artigo 11.º do DL n.º 352/86, no que respeita ao transporte marítimo interno, assim o reconhece expressamente, quanto à sua natureza e modo de operar a transmissão.

[26] Vd., neste sentido, Calvão da Silva, "Crédito documentário e conhecimento de embarque", cit., p. 55 e Recalde Castells, *El conocimiento de embarque y otros documentos del transporte – función representativa*, Editorial Civitas, 1992, pp. 108-109.

[27] Cf. Calvão da Silva, "Crédito documentário e conhecimento de embarque", cit., p. 55.

[28] É, por isso, da maior importância para o tráfego comercial marítimo que os conhecimentos de carga descrevam com exatidão e veracidade as mercadorias que representam, pois através dos mesmos adquirem-se direitos ou poder-se-ão ver defraudados uma multiplicidade de interesses – cf. Clavero Ternero, "Conocimientos de embarque limpios y cartas de garantía", cit., p. 142.

[29] O artigo 15.º, n.º 3, do Protocolo de Haia de 1955 que modificou a CV 1929 veio possibilitar, em teoria, a emissão de uma carta de porte aéreo negociável. Todavia, refere

ticamente eliminou a relevância dos documentos de transporte aéreos negociáveis[30]. Efetivamente, no tráfego aéreo, a emissão de um documento não negociável (*airwaybill*) justifica-se por causa da velocidade do transporte[31].

A declaração de expedição nos transportes rodoviário e ferroviário e também a carta de porte aéreo não revestem, portanto, esta função. Todavia, é possível falar de uma função de legitimação, porquanto habilitam o destinatário identificado no documento a reclamar a entrega das mercadorias[32]. Esta função está intimamente ligada ao direito de disposição da mercadoria, pois enquanto o destinatário não adquirir o direito à entrega da mercadoria assiste ao expedidor o direito de contraordem ou *ius variandi*, podendo ordenar, nas condições previstas nos respetivos regimes aplicáveis, que a mercadoria seja entregue a destinatário diverso do inicialmente indicado[33].

Castello-Branco Bastos, *Direito dos transportes*, cit., pp. 332-334, que a prática demonstrou não ser este um documento com esta característica, sendo o seu caráter negociável meramente eventual. Ademais, prossegue, esta possibilidade deixou de estar prevista no Protocolo n.º 4 de Montreal e o correspondente artigo 15.º da nova Convenção continua a não prever tal faculdade. Por isso, refere, segundo um entendimento que diz ser unânime, essas omissões têm por fim impedir a emissão de uma carta de porte aéreo negociável.

[30] Cf. Wanda d'Alessio, *Diritto dei trasporti*, Giuffrè, 2003, pp. 282-283.

[31] Cf. Antonio Fefebvre d'Ovidio, Gabriele Pescatore e Leopoldo Tullio, *Manuale di diritto della navegazione*, cit., pp. 606-607. Estes autores referem, assim, que a disciplina do documento de transporte aéreo constante do *Codice della Navigazione* italiano como título representativo torna-se, na prática, inaplicável. Em sentido semelhante e por referência à norma do *Codice della Navigazione*, vd., Wanda d'Alessio, *Diritto dei trasporti*, cit., p. 282. Defendendo inequivocamente que se trata de um documento não negociável, vd. Hugo Ramos Alves, *Direito aéreo – uma introdução*, cit., p. 492.

[32] Cf., quanto à guia de transporte rodoviário, Lacerda Barata, "Contratos de transporte terrestre: formação e conclusão", cit., p. 650 e, quanto à carta de porte aéreo, Hugo Ramos Alves, *Direito aéreo – uma introdução*, cit., p. 492 ("*legitimação essa não fundada na abstração e na literalidade informadoras da disciplina dos títulos de crédito*").

[33] Cf., no que concerne à carta de porte aéreo, Hugo Ramos Alves, *Direito aéreo – uma introdução*, cit., pp. 495-499. O *ius variandi* vem previsto nos artigos 12.º da CMR, 12.º da CV 1929, 12.º da CM 1999 e 18.º da CIM. Sobre o *ius variandi* no transporte de mercadorias em geral, vd. Januário da Costa Gomes, "O direito de variação ou de controlo no transporte de mercadorias", *Temas de direito dos transportes*, Vol. II, Almedina, 2013, pp. 7-96. Em particular quanto ao direito da disposição da mercadoria no transporte ferroviário, vd. Recalde Castells, "El derecho a disponer de la mercancia", *El contrato de transporte internacional de mercancías por ferrocarril*, Thomson Civitas, 2008, pp. 140-159.

2.3. Conceito e modalidades de reservas

I. Sem prejuízo de a elaboração dos conceitos dever partir da análise dos normativos existentes, justifica-se nesta fase, por questões de clareza, ter presente o conceito e modalidades de reservas.

A distinção mais ampla que cabe efetuar é entre os conceitos de reservas do transportador (à partida) e reservas do destinatário (à chegada): as primeiras são apostas pelo transportador antes do início da viagem de transporte, ao passo que as segundas são apostas pelo destinatário da mercadoria após a viagem e a entrega da mercadoria[34]. O nosso estudo irá, como referido inicialmente, debruçar-se, apenas, sobre as primeiras[35]. Quanto a estas, seguimos neste campo a definição de COSTEIRA DA ROCHA: são ressalvas formuladas pelo transportador quanto à caracterização da mercadoria (nomeadamente sobre a natureza, quantidade e qualidade da mercadoria, o número de volumes ou respetivas marcas de identificação), seja por constatar avarias ou faltas que não provocou, seja por não ser possível a verificação, contagem, pesagem ou medição[36].

As reservas do transportador (à partida) podem ainda ser classificadas em *(i)* reservas específicas e reservas genéricas; e *(ii)* reservas sobre marcas, número, quantidade ou peso das mercadorias e reservas sobre o estado e condição aparente das mercadorias.

Várias combinações são possíveis: assim, podem existir reservas específicas sobre marcas, número, quantidade ou peso da mercadoria e reservas genéricas que versem, também, sobre estas menções. O mesmo sucede com as reservas sobre o estado e condição aparentes das mercadorias, que podem ser específicas ou genéricas.

Vejamos, de modo mais detalhado, cada um destes conceitos.

II. As reservas sobre marcas, número, quantidade ou peso das mercadorias são efetuadas tomando como base as declarações do carregador/expedidor, mediante um exame comparativo entre tais declarações e a rea-

---

[34] Nas reservas à chegada, o destinatário faz declarações relativamente à mercadoria aquando ou após a sua chegada ao destino, declarando a existência de danos na mercadoria por entender existirem desconformidades face ao documento de transporte ou defeitos.

[35] Portanto, daqui por diante, sempre que nos referirmos a "reservas" tal pretende significar reservas à partida, i.e., do transportador.

[36] Cf. COSTEIRA DA ROCHA, *O contrato de transporte de mercadorias,* cit., p. 130.

lidade observada pelo transportador[37]. I.e., o transportador tece declarações a respeito do afirmado pelo carregador/expedidor quanto a marcas, número, quantidade e peso das mercadorias, no sentido de delas discordar.

Diferentemente, as reservas sobre o estado e condição aparentes da mercadoria resultam de um exame próprio do transportador ou de uma declaração direta deste em relação àquilo que observe sobre o estado e condição aparentes das mercadorias que recebeu. I.e., o transportador não se socorre de quaisquer declarações do carregador/expedidor, antes fazendo, livremente, o seu próprio juízo mediante uma declaração de ciência[38]. Para o efeito, não necessita de efetuar um exame a fundo às mercadorias, mas tão só declarar o estado e condição que a aparência das mercadorias evidencia[39].

São, pois, reservas ao "presumido" bom estado e condição das mercadorias. A sua qualificação como reservas (pelo menos num sentido autêntico ou estrito) não é, todavia, pacífica[40]. Neste sentido, uma cláusula onde se mencione, v.g., "*mercadoria embarcada em aparente bom estado e con-*

---

[37] Cf., no transporte marítimo, artigo 3.º, n.º 3, als. a) e b) da CB 1924, utilizando a expressão "*tais quais foram indicadas por escrito pelo carregador*" e "*tais quais foram indicados por escrito pelo carregador*", respetivamente quanto à identificação das marcas e número de volumes ou de objetos, ou a quantidade ou o peso. Vd., também, Clavero Ternero, "Conocimientos de embarque limpios y cartas de garantía", cit., pp. 146-147.

[38] Assim, v.g., o artigo 3.º, n.º 3, al. c) da CB 1924, quando afirma que o transportador deve fazer menção ao "*estado e acondicionamento aparentes das mercadorias*", ao contrário das als. a) e b), não faz referência a "*tais quais foram indicados pelo carregador*". Vd., neste sentido, Ruiz Soroa, Zabaleta Sarasúa e González Rodriguez, *Manual de derecho del transporte marítimo*, Vistoria-Gasteiz, 1997, p. 425; Clavero Ternero, "Conocimientos de embarque limpios y cartas de garantia", cit., pp. 146-147; Sanchéz Calero, *El contrato de transporte marítimo de mercancías (Regras de la Haya-Visby, Hamburgo y Rotterdam)*, Thomson Reuteurs, 2010, p. 261.

[39] Cf., quanto ao transporte marítimo, Sanchéz Calero, *El contrato de transporte marítimo de mercancías*, cit., p. 261.

[40] Clavero Ternero, "Conocimientos de embarque limpios y cartas de garantia", cit., pp. 146-147, fazendo a destrinça entre as reservas sobre marcas, número, quantidade e peso das mercadorias e reservas sobre o estado e condição aparentes das mercadorias observa que umas e outras estão sujeitas a regimes distintos e que, em rigor, só as primeiras se podem considerar "autênticas" ou no seu sentido estrito, muito embora na prática o termo "reservas" seja utilizado indistintamente em ambos os casos. Por sua vez, Mário Raposo, "As reservas ao conhecimento em direito marítimo", *Livros & Temas. Temas de direito marítimo*, 1999, disponível em http://www.oa.pt/upl/%7B4fd8676e-5fe5-458b-925c-d23efa3d2e94%7D.pdf, p. 572, refere que estas reservas, sendo verificáveis sem qualquer dificuldade pelo transportador, não podem ser qualificadas, pelo menos em sentido meramente rigoroso, como reservas.

dição" será livre de reservas. Ao invés, uma cláusula do tipo "*embalagem defeituosa*" ou "*mercadoria deteriorada*", consubstanciará uma reserva[41].

III. Podemos, ainda, classificar as reservas em específicas ou genéricas. As reservas específicas referem-se a características concretas das mercadorias. Nestas, o transportador identifica especificamente as desconformidades existentes face às declarações do carregador/expedidor, detetadas mediante o seu exame ou verificação/inspeção das mercadorias[42]. São, precisamente, aquelas reservas que, nos dizeres de CASTELLO-BRANCO BASTOS, são dirigidas especificamente para o carregamento em causa que, de algum modo, deverá no seu conteúdo ser individualizado[43].

Estas são as típicas reservas específicas. Cremos, todavia, ser possível ir mais além e incluir neste conceito as reservas sobre o estado e condição aparentes das mercadorias que concretizem, precisamente, este estado/condição. Com efeito, se o transportador inscrever no conhecimento, v.g., uma menção referindo "*aparentemente em estado de decomposição*", está a especificar aquilo que, mediante o seu exame de verificação, conseguiu detetar.

Ao invés, as reservas genéricas não identificam desconformidades em concreto. Refere, neste âmbito, MÁRIO RAPOSO que estas são "*as mais características reservas*" por serem apostas, precisamente, em virtude de o transportador não poder inspecioná-las, apondo expressões como "*disse essere*", "*said to contain*", "*quantidade desconhecida*", "*peso desconhecido*", "*marcas e volumes desconhecidos*", ou similares[44]. São, no fundo, "*cláusulas de desconhecimento*"[45-46].

---

[41] Estes exemplos são-nos dados por SANCHÉZ CALERO, *El contrato de transporte marítimo de mercancías*, cit., p. 262. Normalmente, como referido por este autor (cit., p. 256), quando os conhecimentos não têm reservas é comum o documento conter cláusulas como "*shipped in good order and conditon*" ou "*in apparent good order and condition*", sendo que alguns autores consideram que esta prática tem pouca relevância na medida em que a falta de referência expressa à "má" condição das mercadorias, como veremos a respeito dos vários regimes normativos, faz presumir o seu bom estado/condição.

[42] Aludindo ao conceito de reservas específicas vd., v.g., ANTONIO FEFEBVRE D'OVIDIO, GABRIELE PESCATORE e LEOPOLDO TULLIO, *Manuale di diritto della navegazione*, cit., p. 617.

[43] Cf. CASTELLO-BRANCO BASTOS, *Da disciplina do contrato de transporte internacional*, Almedina, 2004, p. 267.

[44] Cf. MÁRIO RAPOSO, "As reservas ao conhecimento em Direito Marítimo", cit., p. 573. Sobre estas expressões típicas das reservas genéricas vd., também, CARBONE, *Contrato di trasporto marittimo di cose*, 2ª ed., Giuffrè, 2010, pp. 520-522.

Também aqui achamos ser possível ir mais além e incluir no conceito de reservas genéricas aquelas sobre o estado e condição aparentes das mercadorias (v.g., se o transportador não tiver meios para verificar ou inspecionar a mercadoria em virtude de a mesma estar dentro de um contentor, não conseguirá, em princípio, detetar se a mercadoria estará ou não em bom estado)[47].

3. O regime das reservas nos vários modos de transporte

3.1. Nota histórica

I. As reservas têm origem na *praxis* comercial marítima e remontam a finais do século XVIII, tendo começado a constituir prática corrente com a generalização dos conhecimentos de carga impressos no século XIX[48]. Pode dizer-se, neste particular, que a evolução das reservas acompanhou o ritmo da "massificação" dos conhecimentos de carga no comércio marítimo internacional, tendo, então, passado a ser prática usual[49].

Não obstante a ausência de regulação à data, os tribunais já atribuíam relevância às reservas no sentido de desresponsabilizar o transportador quanto ao peso e quantidade das mercadorias declaradas no conhecimento, na medida em que as reservas incidissem sobre estas menções[50].

---

[45] Expressão de MÁRIO RAPOSO, "Transporte marítimo de mercadorias. Os problemas", *I Jornadas de Lisboa de direito marítimo – O contrato de transporte marítimo de mercadorias*, Almedina, 2008, p. 72.

[46] Na base destas reservas (genéricas) está, não raras vezes, subjacente o fenómeno da contentorização, desde logo porque tais reservas (tal como todas as demais) devem ter uma sustentação ou uma motivação fundada, sendo comummente utilizadas quando o transportador não pode verificar o conteúdo do contentor selado – cf. COSTEIRA DA ROCHA, *O contrato de transporte de mercadorias*, cit., p. 131.

[47] Há doutrina contra a admissibilidade destas reservas com fundamento no facto de ser sempre verificável o estado e condição aparentes. Neste sentido, vd. CLAVERO TERNERO, "Conocimientos de embarque limpios y cartas de garantia", cit., p. 149; CASTELLO-BRANCO BASTOS, *Da disciplina do contrato de transporte internacional de mercadorias por mar*, cit., p. 267 e GABALDÓN GARCÍA e RUIZ SOROA, *Manual de derecho de la navegación marítima*, cit., p. 517.

[48] Cf. MÁRIO RAPOSO, "As reservas ao conhecimento em direito marítimo", cit., pp. 567-568.

[49] Cf. MÁRIO RAPOSO, "As reservas ao conhecimento em direito marítimo", cit., pp. 567-568.

[50] Cf. MÁRIO RAPOSO, "As reservas ao conhecimento em direito marítimo", cit., p. 568.

De seguida, far-se-á uma breve referência ao Código Comercial português e a outros atos normativos que, a nosso ver, desempenharam um papel evolutivo importante no regime das reservas, tais como o *Harter Act* e o *Promerene Bills of Lading Act*[51].

II. O Código Comercial português de 1888 (CCom), também conhecido por Código Veiga Beirão, contém um Título[52] dedicado ao transporte (sob a denominação "Do Transporte"). Este Título – já revogado no que respeita ao transporte rodoviário[53] –, alude ao conceito de "guia de transporte" para designar o documento de transporte a emitir no âmbito de um contrato de transporte de mercadorias[54].

Quanto ao conteúdo da guia, estipula que esta "*deve conter o que nos regulamentos especiais do trânsito for prescrito*" e que, na falta deles, deve conter, *inter alia*, a "*Designação da natureza, peso, medida ou número de objectos a transportar ou, achando-se estes enfardados ou emalados, da qualidade dos fardos ou malas e do número, sinais ou marca dos invólucros*" (artigo 370.º, § 2.º do CCom).

Faz-se, depois, no seu artigo 376.º, uma referência breve às reservas, com a seguinte redação: "*Se o transportador aceitar sem reserva os objectos a transportar, presumir-se-á não terem vícios aparentes*". Mais: "*Os transportadores subsequentes terão direito de fazer declarar no duplicado da guia de transporte o estado em que se acharem os objectos a transportar, ao tempo em que lhes forem entregues, presumindo-se, na falta de qualquer declaração, que os receberam em bom estado e na conformidade das indicações do duplicado*" (artigo 377.º).

O CCom tinha um regime autónomo para o "Conhecimento", relativo ao transporte marítimo de mercadorias (à época designado fretamento),

---

[51] Quanto aos outros atos normativos existentes e sua evolução no seio do direito dos transportes – *maxime* regimes internos e internacionais do transporte –, os mesmos serão analisados em sede própria, pois justifica-se que, quanto a estes, se faça uma análise desenvolvida dos respetivos regimes.

[52] Título X do Livro Segundo.

[53] Com efeito, os artigos 366.º a 393.º que integram o Título X do Livro II do CCom, na parte aplicável ao contrato de transporte rodoviário nacional de mercadorias, foram revogados pelo artigo 26.º do DL n.º 239/2003, de 4 de outubro.

[54] Cf. artigo 369.º do CCom. Estaria em causa o transporte "*por terra, canais ou rios*" (cf. artigo 366.º), não abrangendo, todavia, o transporte marítimo que, à data, era regulado pelo Livro III, Capítulo V, do CCom mas que entretanto foi revogado pelo artigo 32.º do DL n.º 352/86, de 21 de outubro. Não se contemplava o transporte aéreo.

prevendo-se no artigo 538.º que o conhecimento devia conter, *inter alia*, a "*Designação da natureza, qualidade e quantidade dos objectos carregados, suas marcas, contra-marcas e números*" e, quanto ao seu valor probatório, o artigo 540.º dispunha que "*O conhecimento regular faz fé entre os interessados no carregamento e entre estes e os seguradores e o carregador, salvo provando-se dolo*"[55].

Se tentarmos esmiuçar o significado destas normas percebemos que, ainda que em geral de forma menos densa, as mesmas vão de encontro ao que se encontra estabelecido nos regimes atuais vigentes para cada tipo de transporte, como teremos ocasião de ver.

III. O *Harter Act* de 1893 foi aprovado nos Estados Unidos e veio estabelecer um regime imperativo, para vigorar nesse país, com vista a estabelecer um equilíbrio entre as partes no contrato de transporte de mercadorias por mar[56-57].

---

[55] Sobre a menção da qualidade, Palma Carlos, *O contrato de fretamento no Código Comercial Português*, Livraria Morais, 1931, pp. 98 e ss., defendia que o que se exigia era a referência a uma "*qualidade genérica*" e não "*qualidade específica*", pois seria "*impossível exigir dos capitães conhecimentos tam profundos que lhes permit*[issem] *com segurança especificar a qualidade das mercadorias*", defendendo assim que a qualidade específica só seria exigível quando nisso as partes expressamente acordassem. Quanto à quantidade, o autor atribui-lhe particular relevo (em termos de indispensabilidade) nos casos em que o frete fosse calculado por referência ao número de volumes. Por fim, a indicação das marcas, contramarcas e números dos objetos carregados justifica-se, para o autor, atenta "*a necessidade que tem o destinatário das mercadorias de verificar se lhe são entregues as que lhe foram enviadas, pois só essas tem obrigação de receber*". Para Mário Raposo, "As cartas de garantia e o seguro marítimo", *Scientia Ivridica, Revista de direito comparado português e brasileiro*, Tomo XX, 1971, p. 505, este preceito terá sido revogado tácita ou indiretamente pela CB 1924, na medida em que o governo português aderiu a essa Convenção.

[56] Os Estados Unidos eram, nessa época, um país de carregadores, pelo que esta reação aparece neste contexto face à necessidade de protegê-los contra o poder negocial dos transportadores – cf. Hugo Ramos Alves, *Da limitação da responsabilidade do transportador na Convenção de Bruxelas de 1924*, cit., p. 28.

[57] Cf. Hugo Ramos Alves, *Da limitação da responsabilidade do transportador na Convenção de Bruxelas de 1924*, cit., p. 28. Sobre o *Harter Act* em geral vd. I. L. Evans "The Harter Act and its limitations", *Michigan Law Review*, Vol. 8, n.º 8, jun. 1910, pp. 637-655, disponível em http://www.jstor.org/stable/1274905. Refere este autor que, na verdade, as normas positivadas no *Harter Act* vão de encontro a anteriores decisões dos tribunais americanos, que, mesmo sem um normativo existente, demonstravam já as mesmas preocupações que desembocaram na aprovação deste instrumento normativo (p. 638).

Este instrumento normativo surgiu como reação a comportamentos abusivos por parte dos transportadores que, então, se faziam sentir devido ao seu forte poder negocial. Com efeito, até à época era recorrente, sobretudo no séc. XIX, a inserção de cláusulas de exclusão e de limitação da responsabilidade do transportador no conhecimento de carga[58]. De entre tais cláusulas, eram muito frequentes (as mais frequentes) aquelas que exoneravam o transportador de responsabilidade pelas indicações relativas ao peso, ao conteúdo e ao valor das mercadorias a transportar[59]. Esta realidade existia numa altura em que o princípio da liberdade contratual se assumia, praticamente, na sua plenitude, e, portanto, era absolutizado e propício a exageros[60].

Por força do *Harter Act*, deixou de ser possível a exclusão da responsabilidade do transportador relativamente ao bom estado de navegabilidade do navio, passando a prever-se a obrigação dos transportadores atuarem em termos diligentes no sentido de armar, equipar, aprovisionar e preparar convenientemente o navio, de modo a que este pudesse concluir a viagem com sucesso[61]. Previram-se, também, as situações em que o transportador não seria responsável, como nos casos de força maior ou nos casos não imputáveis ao transportador (por ex., por vícios ocultos ou vícios próprios da mercadoria ou por factos imputáveis ao carregador)[62].

O transportador seria, ao invés, responsável por factos que lhe fossem imputáveis, mormente quanto a vícios da mercadoria. De facto, se pensarmos no caso das reservas, a mera exoneração da responsabilidade do transportador apenas pela aposição de menções relativas ao peso, conteúdo ou valor das mercadorias, era impulsionadora de comportamentos abusivos por parte dos transportadores, em prejuízo dos carregadores.

[58] Cf. Hugo Ramos Alves, *Da limitação da responsabilidade do transportador na Convenção de Bruxelas de 1924*, cit., p. 47.

[59] Cf. Hugo Ramos Alves, *Da limitação da responsabilidade do transportador na Convenção de Bruxelas de 1924*, cit., p. 47.

[60] Cf. Januário da Costa Gomes, "Sobre o sistema próprio de responsabilidade do transportador de mercadorias", cit., p. 449 e Hugo Ramos Alves, *Da limitação da responsabilidade do transportador na Convenção de Bruxelas de 1924*, cit., pp. 25-26.

[61] Cf. Sec. 2 do *Harter Act*. Vd., também, Hugo Ramos Alves, *Da limitação da responsabilidade do transportador na Convenção de Bruxelas de 1924*, cit., pp. 28-29.

[62] Cf. Sec. 3 do *Harter Act*. A aprovação do *Harter Act* traduz-se, assim, numa solução de compromisso entre os interesses dos carregadores e transportadores, já que, por um lado, preveem-se algumas causas que poderão determinar a exclusão da sua responsabilidade (faltas náuticas) e, por outro lado, preveem-se situações que não poderão determinar a exclusão desta responsabilidade (faltas comerciais). Cf. Hugo Ramos Alves, *Da limitação da responsabilidade do transportador na Convenção de Bruxelas de 1924*, cit., p. 30.

O *Harter Act* não fazia, é certo, nenhuma referência expressa às reservas. No entanto, mencionava, quanto ao conteúdo do conhecimento de carga, que constituía dever do transportador indicar neste documento, entre outras coisas[63]: *(i)* as marcas necessárias à identificação das mercadorias; *(ii)* o número de embalagens ou quantidade das mercadorias; *(iii)* se o peso foi determinado pelo transportador ou pelo carregador/expedidor; *(iv)* o estado ou condição aparentes das mercadorias. Previa-se, ademais, quanto ao seu valor probatório, que este documento constituía *prima facie evidence* do recebimento da mercadoria nas condições e com as características nele descritas[64].

Pode assim concluir-se, no tocante ao *Harter Act*, que, não obstante este não aludir expressamente às reservas, previa o dever de o transportador mencionar no conhecimento as marcas, quantidade ou número de embalagens, peso (se determinado pelo carregador ou transportador) e estado e condição aparente das mercadorias. Esta obrigação, associada ao efeito presuntivo do conteúdo do documento de transporte, está indissociavelmente ligada às reservas e constitui, nos regimes atuais, uma questão central do seu regime.

IV. Nos Estados Unidos, a positivação das reservas ocorreu pela primeira vez com o *Promerene Bills of Lading Act* de 1916 (PBL), que reconheceu a eficácia desta prática ao prever a possibilidade de o transportador fazer menção ao peso, estado ou quantidade de mercadorias face às menções declaradas pelo carregador[65].

Entre as normas do PBL, destacamos em primeiro lugar a que prevê que o transportador que emite um conhecimento de carga é responsável *(i)* pelos danos causados em virtude da não correspondência das mercadorias com o descrito no conhecimento; *(ii)* perante o proprietário das mercadorias transportadas no caso de ter sido emitido um documento não negociável ou perante o detentor de um conhecimento negociável, se o proprietário

---

[63] Cf. Sec. 4 do *Harter Act*.

[64] Cf. Sec. 4 do *Harter Act*.

[65] Cf. Mário Raposo, "As reservas ao conhecimento em direito marítimo", cit., p. 568. O PBL é uma lei federal deste país que estabelece os direitos e obrigações dos carregadores e transportadores emergentes de conhecimentos de carga emitidos na sequência da celebração de um contrato de transporte. Sobre o PBL, vd. Henry Hull, "The Federal Uniform Bills of Lading Act", *The Virginia Law Register*, Vol. 3, N.º 5, 1917, pp. 329-340, disponível em http://www.jstor.org/stable/1105999.

ou o detentor estiverem de boa fé relativamente à descrição das mercadorias no conhecimento ou quanto ao não carregamento conforme descrito no conhecimento[66].

Ao invés, e em segundo lugar, o transportador não será responsável quando: *(i)* as mercadorias são carregadas pelo carregador; *(ii)* o conhecimento descreve as mercadorias quanto às marcas de identificação, ou contém uma declaração sobre o tipo, quantidade ou condição das mercadorias, ou nele são feitas menções como, v.g., "*contents or condition of contents of packages unknown*", "'*said to contain*", "*shipper's weight, load, and count*", ou palavras com o mesmo significado, e na medida em que o transportador não sabe se alguma parte da mercadoria foi recebida ou está em conformidade com a descrição do carregador[67]. Está aqui contemplado o que a doutrina tem apelidado de reservas genéricas, com a consequência de que, sendo estas apostas, as mesmas têm a virtualidade de excluir a responsabilidade quanto às concretas menções das mercadorias que visam abranger[68].

Em terceiro lugar, quanto à "responsabilidade por carregamento impróprio", o PBL dispõe que o transportador que emite um conhecimento de carga não é responsável pelos danos causados por carregamento impróprio se: *(i)* foi o carregador quem carregou as mercadorias e *(ii)* o conhecimento contém as palavras "*shipper's weight, load, and count*" ou menções equivalentes indicando que o carregador é que procedeu ao carregamento[69].

Por fim, releva o facto de o PBL consagrar também o dever, por parte do transportador, de determinar o tipo, quantidade e número de mercadoria nas seguintes situações:

a) quando a mercadoria é carregada por um carregador deixando as mercadorias nas instalações apropriadas do transportador para pesar a mercadoria, o mesmo deve determinar o tipo e a quantidade das mercadorias, dentro de um prazo razoável, depois de receber o pedido por escrito do carregador para proceder a essa determinação – nesta situação, se o transportador fizer menção

[66] Cf. Secção 80113, a) do PBL.

[67] Cf. Secção 80113, b) do PBL.

[68] Mário Raposo, "As reservas ao conhecimento em direito marítimo", cit., p. 568, refere que com o PBL atribuiu-se expressamente eficácia às reservas: o transportador poderia fazer constar dos conhecimentos menções como "*shipper's weight, load and count*", ou outras equivalentes.

[69] Cf. Secção 80113, c) do PBL.

a "*peso do carregador*" ou utilizar expressões equivalentes, tais menções são destituídas de efeito[70];

b) quando o carregamento é a cargo do transportador, o mesmo tem de contar as embalagens (se as mercadorias vierem embaladas) e determinar o tipo e a quantidade se as mesmas constituírem carga a granel – nesta situação, inserir a expressão "*peso do carregador, carga e contagem*" ("*shipper's weight, load, and count*") ou palavras que indicam que o carregador descreveu e carregou a mercadoria, não tem qualquer efeito[71].

Eis, aqui, uma nota de regime essencial que deve reter-se: nem todas as reservas são admissíveis. Só o serão aquelas que apresentarem algum fundamento legítimo.

Como se vê, o regime do PBL é denso no que respeita às reservas, espelhando uma preocupação especial com as genéricas. No entanto, enuncia-o em sede de responsabilidade do transportador. Parece assim que, à luz do PBL, as reservas validamente apostas têm o efeito de determinar a exclusão da sua responsabilidade. Pelo menos, a letra do preceito vai nesse sentido[72].

3.2. Transporte marítimo

Entre os vários subtipos do contrato de transporte de mercadorias, merece uma referência especial o marítimo. Foi, com efeito, neste que surgiu a prática das reservas. Neste ponto, iremos debruçar-nos sobre os instrumentos internacionais do transporte marítimo – *maxime* Convenção de Bruxelas de 1924 (CB 1924) e Regras de Hamburgo de 1978 (RH 1978) –, bem como sobre o regime interno[73].

---

[70] Cf. Secção 80113, d) do PBL. Compreende-se porquê: se é o transportador quem tem, neste caso, o dever de proceder à determinação, tendo meios ou devendo ter meios para o fazer, então de nada vale fazer menção ao declarado pelo carregador, como se pretendesse eximir-se da sua obrigação.

[71] Cf. Secção 80113, d) do PBL.

[72] Este ponto afigura-se criticável, desde logo face ao princípio geral vigente no direito dos transportes sobre a imperatividade (na maioria das vezes mínima a favor do carregador) das regras de responsabilidade civil do transportador.

[73] DL n.º 352/86.

3.2.1. *Convenção de Bruxelas e Regras de Hamburgo*

I. Em 1924, foi aprovada a Convenção de Bruxelas de 1924 relativa à unificação de certas regras em matéria de conhecimentos de carga (CB 1924)[74]. O conhecimento de carga dá nome ao regime imperativo do contrato de transporte previsto nesta Convenção[75], aplicável, no geral, a contratos de transporte em que o documento de transporte seja um conhecimento de carga ou similar[76], ou haja o dever de emiti-lo (v.g., por via do costume ou dos usos comerciais, ou por acordo prévio das partes nesse sentido)[77].

As Regras de Hamburgo, por sua vez, foram adotadas pela Conferência das Nações Unidas sobre o transporte por mar em 1978[78], aplicável a todos os contratos de transporte marítimo internacionais, quer haja ou não efetiva emissão de conhecimento de carga[79].

Apesar de não ser aplicável a países com relevância acentuada no mundo do *shipping*[80], o seu regime encontra-se mais maduro no que con-

---

[74] Portugal aderiu à CB 1924 através do Decreto n.º 19 857, de 18 de maio de 1931, tendo a adesão passado a produzir efeitos em 1932. Esta Convenção já sofreu duas modificações, tendo sido aprovados dois protocolos adicionais: o Protocolo adicional de Visby de 1968 e o Protocolo adicional de 1979. Estes Protocolos, no entanto, não chegaram a ser ratificados por Portugal.

[75] A CB 1924, em termos semelhantes ao *Harter Act*, contém um regime imperativo a favor dos carregadores – *one way mandatory*.

[76] Cf. artigo 1.º, al. b) da CB 1924. O artigo 5.º da CB 1924, estendendo o seu âmbito de aplicação para além dos casos compreendidos no artigo 1.º, dispõe, por sua vez, que "*Nenhuma disposição da presente Convenção se aplica às cartas-partidas; mas, se no caso de um navio regido por uma carta-partida forem emitidos conhecimentos, ficarão estes sujeitos aos termos da presente convenção*".

[77] Cf. Castello-Branco Bastos, *Da disciplina do contrato de transporte internacional de mercadorias por mar*, cit., pp. 220-222.

[78] Para Lima Pinheiro, "Temas de direito marítimo – I. Direito aplicável ao contrato de transporte marítimo de mercadorias", *Revista da Ordem dos Advogados,* Ano 68, Vol. I, 2008, disponível em https://portal.oa.pt/comunicacao/publicacoes/revista/, esta Convenção representa uma rutura radical face à CB 1924, que se destina a substituir (nos termos do artigo 31.º, a ratificação das RH 1978 obriga à denúncia da CB 1924). Esta Convenção entrou em vigor em novembro de 1992, mas Portugal não aderiu à mesma, não tendo denunciado a CB 1924.

[79] Cf. artigos 1.º, n.º 6 e 2.º, n.º 1. No mesmo sentido, vd. Lima Pinheiro, "Temas de direito marítimo – I. Direito aplicável ao contrato de transporte marítimo de mercadorias", cit. e Gabaldón García e Ruiz Soroa, *Manual de Derecho de la Navegación Marítima*, cit., p. 505.

[80] Na expressão de Mário Raposo, "*apenas dela fazem parte, como regra, países de escasso significado no shipping*" – cf. "Transporte marítimo de mercadorias: hoje e

cerne às reservas, constituindo um importante auxiliar interpretativo na resolução de questões práticas que poderão não se encontrar claras na CB 1924, mas cujo escopo a isso determine[81].

II. A emissão do conhecimento de carga constitui uma importante obrigação do transportador. Com efeito, depois de receber as mercadorias e a pedido do carregador, o transportador marítimo deverá, nos termos da CB 1924 (pessoalmente ou através do capitão ou do destinatário no porto em que este se encontre) expedir e entregar àquele um conhecimento de carga que descreva a mercadoria e o seu estado[82]. Ademais, depois de receber e carregar as mercadorias, o transportador deverá, a pedido do carregador, entregar a este um conhecimento contendo, entre outros elementos:

a) as marcas necessárias à identificação das mercadorias, "*tais quais foram indicadas por escrito pelo carregador antes de começar o embarque dessas mercadorias, contanto que essas marcas estejam impressas ou apostas claramente, ou qualquer outra maneira, sobre as mercadorias não embaladas ou sobre as caixas ou embalagens que as contêm, de tal sorte que se conservem legíveis até ao fim da viagem*"[83];
b) o número de volumes, ou de objetos, ou a quantidade, ou o peso, segundo os casos, "*tais como foram indicados por escrito do carregador*"[84];
c) o estado e a acondicionamento aparentes das mercadorias[85].

---

amanhã", *III Jornadas de Lisboa de direito marítimo – Das Regras da Haia às Regras de Roterdão*, Almedina, 2014, p. 17.

[81] Carbone, *Contrato di trasporto marittimo di cose*, cit., pp. 528-530, afirma que as Regras de Hamburgo (tal como as Regras de Roterdão) precisaram normativamente as incertezas (nomeadamente na jurisprudência) que a prática das reservas vinha gerando à luz da CB 1924, mormente quanto à sua admissibilidade e efeitos. Considera, ademais, que constituindo as Regras de Hamburgo a codificação da prática jurisprudencial antes seguida ao abrigo da CB 1924, aquelas influenciam a interpretação desta convenção.

[82] Cf. Clavero Ternero, "Conocimientos de embarque limpios y cartas de garantía", cit., p. 143.

[83] Cf. artigo 3.º, n.º 3, al. a) da CB 1924.

[84] Cf. artigo 3.º, n.º 3, al. b) da CB 1924.

[85] Cf. artigo 3.º, n.º 3, al. c) da CB 1924.

Como se vê, com exceção desta última menção, as demais têm por base a declaração (ou "escrito", como lhe chama a CB 1924) do carregador, o que significa que, neste último caso, o tranpostador deve apenas limitar-se a concordar ou discordar de tal declaração.

Quanto à obrigatoriedade de descrever o "*número de volumes, ou de objectos, ou a quantidade, ou o peso*", poderá questionar-se se estas constituem obrigações alternativas, dada a utilização do vocábulo disjuntivo "*ou*"[86]. Clavero Ternero defende neste contexto que o transportador apenas tem de fazer obrigatoriamente menção a um destes aspetos face à formulação legal[87]. Parece, efetivamente, que assim é: está sempre em causa, seja qual for o elemento que em concreto seja mencionado, um aspeto quantitativo (*quantum*) das mercadorias, pelo que uma ou outra indicação satisfaz o desiderato legal[88].

Note-se que não há nenhuma indicação, na formulação legal, quanto a saber sobre quem deverá recair a escolha, mas a redação do preceito sugere que o carregador só pode exigir uma das três menções, mesmo que forneça mais elementos[89]. Se o carregador fornecer dados relativamente a qualquer um destes elementos, a escolha recairá, em princípio e se não for convencionado o contrário, sobre o transportador, por ser este o destinatário da obrigação aí prevista[90].

Quanto ao estado e acondicionamento aparentes das mercadorias, esta menção refere-se apenas à condição aparente verificável mediante um exame razoável[91]. Não se exige a menção à condição interna das mercadorias nem à sua qualidade, mas se o transportador estiver ciente desta condição (interna), deverá fazer referência à mesma, com a cominação de que, se o não fizer,

[86] I.e., uma obrigação que compreende duas ou mais prestações, mas em que o devedor se exonera efetuando aquela que, por escolha, vier a ser designada (cf. a noção do artigo 543.º, n.º 1 do Código Civil português).

[87] Cf. Clavero Ternero, "Conocimientos de embarque limpios y cartas de garantía", cit., p. 148.

[88] Isto sem prejuízo de a escolha do transportador quanto a um destes elementos poder, depois, influir com o regime de limitação legal de responsabilidade, na medida em que o artigo 4.º, n.º 5 da CB 1924 prevê este direito ou benefício tendo como referência o número de volumes ou unidades de mercadorias transportadas.

[89] Cf. Treitel e Reynolds, *Carver on bills of lading*, Sweet & Maxwell, 2001, p. 483.

[90] Esta é a solução que resulta, v.g., do artigo 543.º, n.º 2 do Código Civil português, que, quanto às obrigações alternativas, prevê que "*Na falta de determinação em contrário, a escolha pertence ao devedor*".

[91] Cf. Treitel e Reynolds, *Carver on bills of lading*, cit., p. 483.

não poderá alegar mais tarde essa condição[92]. Além disso, se o transportador, mediante este exame externo e razoável, ficar na dúvida sobre o bom estado ou condição, não deverá resolver essa dúvida pendendo para o lado da boa condição ou bom estado[93].

Ao abrigo das RH 1978, o conhecimento de carga deve incluir, *inter alia*, as seguintes menções particulares (artigo 15.º, n.º 1):

a) a natureza geral das mercadorias, as marcas necessárias à sua identificação, uma expressa menção (se aplicável) ao caráter perigoso das mercadorias, o número de embalagens ou unidades, e o peso das mercadorias ou a sua quantidade expressa de outro modo, sendo estas informações fornecidas pelo carregador[94];

b) a condição aparente das mercadorias[95].

Também aqui se divide, à semelhança da CB 1924, entre as características das mercadorias no que respeita à informação fornecida pelo carregador e a que não é fornecida por este. Nos aspetos relativos à quantidade consagram-se, também, obrigações alternativas (peso ou quantidade expressa doutro modo). Note-se que a ausência de qualquer destas menções não afeta a validade do conhecimento de carga[96].

III. Sem prejuízo da obrigatoriedade de fazer as menções *supra* descritas, a CB 1924 prevê que nenhum armador, capitão ou agente do armador é obrigado a declarar ou mencionar, no conhecimento, marcas, números, quantidade ou peso que, por motivos sérios, suspeite não representarem exatamente as mercadorias por ele recebidas, ou que por meios suficientes não pôde verificar (artigo 3.º, n.º 3, último parágrafo). Alude-se, assim, à faculdade de omitir estas indicações (pela negativa), sem que se afirme expressamente a admissibilidade de reservas (pela positiva)[97].

Todavia, não terá ambicionado o legislador internacional, certamente, que se fizesse uma pura interpretação literal do preceito, sendo difícil imagi-

---

[92] Cf. Treitel e Reynolds, *Carver on bills of lading*, cit. p. 483.

[93] Cf. Treitel e Reynolds, *Carver on bills of lading*, cit., p. 483.

[94] Cf. artigo 15.º, n.º 1, al. a) das RH 1978.

[95] Cf. artigo 15.º, n.º 1, al. b) das RH 1978.

[96] Cf. artigo 15.º, n.º 3 das RH 1978.

[97] Nos dizeres de Mário Raposo, "As reservas ao conhecimento em direito marítimo", cit., p. 568, constituiu a CB 1924 um evidente "*volte-face*", por não se fazer nela, pelo menos diretamente, qualquer alusão a reservas.

nar que se tenha pretendido que o transportador emitisse conhecimentos de carga sem menções particulares concernentes às marcas, número, quantidade ou peso das mercadorias, que fazem parte da essência deste documento[98].

Por isso, no essencial, e bem, a doutrina e jurisprudência têm extraído da redação desta norma, pelo menos, a possibilidade de o transportador apor reservas, e não de apenas omitir aquelas indicações, considerando que tal admissibilidade decorre, ainda que não expressamente, pelo menos implicitamente e *a contrario* do citado artigo 3.º, n.º 3[99-100]. Quando, na verdade, este preceito refere que nenhum armador é obrigado a mencionar coisas que não correspondam àquelas características está, afinal, a querer dizer que, nestas situações, o transportador tem, pelo menos, a faculdade de colocar menções distintas do referido pelo carregador pois, se não o fizer, corre o risco de lhe ser aplicável um regime probatório mais exigente. De resto, a prática tem, efetivamente, demonstrado que, nestes casos, tais menções são feitas na mesma, embora acompanhadas de reservas[101].

---

[98] Cf. Časlav Pejović, "Clean bill of lading in contract of carriage and documentary credit: when clean may not be clean", *The Penn State Journal of Law & International Affairs*, Vol. 4, n.º 1, dez. 2015, p. 131, disponível em http://elibrary.law.psu.edu/jlia/vol4/iss1/8.

[99] Neste sentido, vd. Januário da Costa Gomes, *O ensino do direito marítimo*, cit., p. 246; Hugo Ramos Alves, *Direito aéreo – uma introdução*, cit, pp. 493-494; Yves Tassel, "Les reformes apportees par les regles de hambourg au regime juridique du connaissement", *Il diritto marittimo,* II, 1993, p. 297 e Časlav Pejović, "Clean bill of lading in contract of carriage and documentary credit: when clean may not be clean", cit., pp. 131-132. Por este motivo, não concordamos com Castello-Branco Bastos, *Da disciplina do contrato de transporte internacional de mercadorias por mar*, cit., p. 265, quando afirma que "*a idêntico resultado material – que se produz no regime de prova do estado da mercadoria no momento do embarque – desde que se aceite as consequências deduzidas do princípio da literalidade – se chegará ora omitindo tout court a indicação em causa, ora apondo uma reserva, ainda que, in hoc sensu, genérica ou de estilo*". Com efeito, uma coisa é o transportador nada dizer e outra, bem diferente e com distintos efeitos, é o transportador apor reservas (desde que validamente apostas).

[100] Refere Righetti, *Trattato di diritto marittimo*, Parte Seconda, Giuffrè, 1990, p. 1000, que o artigo 462.º do *Codice della Navigazione* italiano segue os traços do artigo 3.º, n.º 3 da CB de 1924 apresentando, no entanto, uma diferença estrutural: o artigo 462.º do *Codice della Navigazione* alude à faculdade de apor reservas (pela positiva); a CB 1924, contrariamente, alude à faculdade de omitir as indicações respeitantes à quantidade, peso, número ou marcas das mercadorias (pela negativa). Mas esta diferença, como conclui, acaba por ser mais estrutural do que substancial. Também Carbone, *Contrato di trasporto marittimo di cose*, cit., p. 519 sustenta que de ambos os preceitos (da CB 1924 e do *Codice della Navigazione*) decorre a admissibilidade de reservas.

[101] Cf. Soveral Martins, "Os documentos de transporte nas Regras da Haia e nas Regras de Roterdão", cit., p. 145.

Porém, suscita-se a questão de saber se em relação ao estado e condição/acondicionamento aparentes das mercadorias serão admissíveis reservas à luz da CB 1924. É que, se bem atentarmos no conteúdo do artigo 3.º, n.º 3 apenas se diz que o transportador não é obrigado a declarar as menções a que se referem as als. a) e b), e já não as respeitantes à al. c) sobre o estado e o acondicionamento aparentes das mercadorias[102]. Essa omissão, parece-nos, no entanto, meramente aparente, senão vejamos: se, nos termos do artigo 3.º, n.º 3, al. c) o transportador deve mencionar no conhecimento o "*estado e o acondicionamento aparentes das mercadorias*", naturalmente que se as mercadorias estiveram num "*mau estado*" ou aparentarem defeitos, esta norma dita que o transportador deve fazer referência a tais defeitos aparentes. A CB 1924 impõe que sejam feitas estas menções, "para o bem e para o mal", obrigando-o a precisar essa condição ou estado, tanto quanto lhe seja possível[103], não sendo em princípio suficiente que o mesmo indique "*em aparente mau estado e condição*"[104].

Em suma: umas e outras reservas são, à luz da CB 1924, admissíveis. Umas e outras devem, também, ser fundamentadas e assentar num motivo sério, exigindo-se um fundamento bastante que deverá assentar numa justificação objetiva relativamente às condições da mercadoria e/ou aos meios técnicos de carregamento[105].

Da alternatividade das menções referenciadas no artigo 3.º, n.º 3, al. b) da CB (número de volumes, objetos, quantidade ou peso), tem-se também considerado que, tendo o transportador apenas o dever de indicar apenas um destes aspetos, poderá, validamente e legitimamente, apor reservas face aos demais elementos[106]. Esta solução tem toda a razão de ser: não existe, face aos demais, o dever de verificação, e onde não existe o dever de verificação poderão ser legitimamente apostas reservas.

---

[102] Cf. Januário da Costa Gomes, *O ensino do direito marítimo*, cit., p. 246.

[103] Cf. Treitel e Reynolds, *Carver on bills of lading*, cit., p. 483, que dão como exemplo a inserção de uma cláusula do tipo "*bags torn and stained*".

[104] Entende alguma doutrina que, não estando abrangidas pelo regime do artigo 3.º, n.º 3, da CB 1924, estas reservas são válidas mesmo que falte o requisito da indicação de motivo justificativo suficiente. Cf., v.g., Ruiz Soroa, Zabaleta Sarasúa e González Rodriguez, *Manual de derecho del transporte marítimo*, cit., p. 425.

[105] Cf. Januário da Costa Gomes, *O ensino do direito marítimo*, cit., p. 246 e Carbone, *Contrato di trasporto marittimo di cose*, cit., pp. 519-520.

[106] Cf., neste sentido, Clavero Ternero, "Conocimientos de embarque limpios y cartas de garantía", cit., p. 148; Treitel e Reynolds, *Carver on bills of lading*, cit., p. 483.

Refira-se ainda que a doutrina e a jurisprudência têm admitido, face à CB 1924, a aposição de reservas genéricas ao abrigo do citado artigo 3.º, n.º 3, mediante a aposição de cláusulas tais como (recorde-se) "*said to contain*", "*weight measure quality quantity condition content and value unknown*", ou a referência à expressão "FCL" ("*full container load*") – indicando que o contentor foi entregue ao transportador já selado e que o transportador não está por isso ciente do seu conteúdo[107]. A sua validade, como se verá, estará dependente da existência ou não do dever de verificação do transportador *in concreto* e da aferição da razoabilidade de meios para o efeito[108].

As RH 1978, diferentemente da CB 1924, aludem já pela positiva à faculdade de inserir reservas no artigo 16.º, n.º 1 (com a epígrafe "*Bills of lading: reservations and evidentiary effect*")[109] – de acordo com o qual o transportador pode incluir no conhecimento reservas no sentido de declarar a existência de inexatidões, motivos de suspeita ou a falta de meios razoáveis para verificar os dados relativos à natureza geral, às marcas principais, número de volumes ou unidades, peso ou quantidade das mercadorias (elementos estes fornecidos pelo carregador).

No que respeita ao estado e condição aparentes das mercadorias, prescreve-se no artigo 16.º, n.º 2 das RH 1978, à semelhança da CB 1924, que tal deve também constar do conhecimento de carga. Porém, indo além desta, prevê-se especificamente como efeito decorrente da falta desta menção a presunção de que as mercadorias estavam em bom estado/condição aparentes aquando do carregamento[110].

---

[107] Cf., v.g., Treitel e Reynolds, *Carver on bills of lading*, cit., p. 483.

[108] Cf. Treitel e Reynolds, *Carver on bills of lading*, cit., p. 483. Com efeito, em determinados casos estas serão admissíveis atenta a falta de meios razoáveis a que alude este preceito da CB 1924; noutras não o serão, se existirem meios razoáveis.

[109] A norma tem a seguinte redação: "*If the bill of lading contains particulars concerning the general nature, leading marks, number of packages of pieces, weight or quantity of the goods which the carrier or other person issuing the bill of lading on his behalf knows or has reasonable grounds to suspect do not accurately represent the goods actually taken over or, where a "shipped" bill of lading is issued, loaded, or if he had no reasonable means of checking such particulars, the carrier or such other person must insert in the bill of lading a reservation specifying these inaccuracies, grounds of suspicion or the absence of reasonable means of checking.*"

[110] A redação é a seguinte: "*If the carrier or other person issuing the bill of lading on his behalf fails to note on the bill of lading the apparent condition of the goods, he is deemed to have noted on the bill of lading that the goods were in apparent good condition*".

Note-se que as RH 1978 exigem que o transportador indique os motivos da aposição de reservas, ao contrário da CB 1924 que não o exige, pelo menos, em termos literais.

IV. Ao abrigo da CB 1924 (na sua versão originária), o conteúdo do conhecimento relativamente às características e estado das mercadorias *supra* referenciadas constituirá presunção, salvo prova em contrário, da receção pelo transportador das mercadorias tais como nele descritas[111]. Vale o princípio geral da presunção de veracidade do conhecimento, salvo prova em contrário (presunção *iuris tantum*)[112].

Na sequência das alterações efetuadas pelo Protocolo adicional de Visby de 1968, o legislador veio prever expressamente que se o conhecimento de carga for transmitido a terceiros, não se admitirá prova em contrário. I.e., ao abrigo da CB 1924 e na medida em que se aplique o Protocolo adicional de Visby, não se admitirá prova em contrário, perante o terceiro destinatário da mercadoria (presunção *iure et de iure*), relativamente ao que ficou descrito no conhecimento, sendo tal prova admissível apenas perante o carregador (*inter partes*)[113].

Bem se vê, assim, que é de manifesta importância aquilo que o transportador mencione neste documento, face aos efeitos probatórios presuntivos associados. Por isso, e na esteira do afirmado por CLAVERO TERNERO, pode afirmar-se que as reservas aos conhecimentos de carga servem para "amenizar" os seus efeitos probatórios[114]. Funcionam como uma advertência aos interessados no tráfego comercial de que a mercadoria descrita no conhecimento não está isenta de defeitos (v.g., peso, quantidade, danos) e que quem a adquirir poderá confrontar-se com um carregamento de valor

---

[111] Cf. artigo 3.º, n.º 4 da CB 1924.

[112] Cf. RUIZ SOROA, ZABALETA SARASÚA e GONZÁLEZ RODRIGUEZ, *Manual de derecho del transporte marítimo*, cit., p. 422.

[113] O anterior artigo 540.º do CCom, revogado expressamente pelo DL n.º 352/86, previa que o conhecimento fazia fé entre os interessados no carregamento e entre estes e os seguradores e o carregador, salvo provando-se dolo. Atento o teor desta formulação legal, considerava PALMA CARLOS, *O contrato de fretamento no Código Comercial Português,* cit., que o conhecimento constituía "*prova plena*" em relação ao seu conteúdo e às obrigações e direitos dos interessados nele inscritas, não podendo os seus dizeres ser atacados por qualquer espécie de prova, salvo dolo de qualquer um dos interessados.

[114] Cf. CLAVERO TERNERO, "Conocimientos de embarque limpios y cartas de garantía", cit., pp. 144-145.

inferior ao que se pretendeu evitar[115]. O autor caracteriza, por isso, o conhecimento de carga como um meio de prova qualificado, em virtude do qual interessará ao transportador "destruir" o seu valor probatório com a finalidade de "excluir" o mais possível a sua responsabilidade[116].

Não existe controvérsia quanto ao regime da CB 1924 na medida em que seja aplicável o Protocolo adicional de Visby, que é claro no que respeita à diferença de soluções *inter partes* e relativamente a terceiros: *(i)* nas relações entre carregador e transportador a presunção relativamente ao teor do conhecimento é *iuris tantum*[117]; *(ii)* nas relações entre transportador e terceiros (*maxime* destinatário das mercadorias) a presunção é *iure et de iure*[118]. No entanto, se não for aplicável o Protocolo de Visby, poderá discutir-se se idêntica solução haverá que ser aplicável dada a ausência de consagração expressa.

Outra questão que se coloca é a de saber se a ausência de menção ao estado e condição aparentes da mercadoria poderá fazer operar estas presunções, na medida em que o preceito apenas prevê que o conhecimento constituirá presunção quanto ao que esteja nele descrito. Dado que o transportador tem também o dever de fazer esta menção (a par das outras baseadas nos dados fornecidos pelo carregador) e tendo em conta o específico papel do conhecimento de carga enquanto título de crédito (nomeadamente atendendo à característica da circulabilidade e à necessidade de proteger os vários intervenientes do comércio que com ele contactem), entendemos que uma correta interpretação passa por defender a existência desta presunção também neste caso – *rectius*, presunção do bom estado/condição. Acresce que os demais instrumentos normativos de direito dos transportes a preveem expressamente, jogando também a favor desta interpretação a sistemática normativa.

As RH 1978, tal como a CB 1924, preveem, no artigo 16.º, n.º 3, al. a) que, com exceção dos casos em que tenham sido feitas reservas nos termos

---

[115] Cf. CLAVERO TERNERO, "Conocimientos de embarque limpios y cartas de garantía", cit., p. 144.

[116] O vocábulo é propositadamente colocado entre aspas uma vez que, como se analisará adiante, as mesmas não constituem uma causa de exclusão da responsabilidade do transportador.

[117] RUIZ SOROA, ZABALETA SARASÚA e GONZÁLEZ RODRIGUEZ, *Manual de derecho del transporte marítimo*, cit., p. 422, afirmam a este respeito que rege o princípio geral da presunção da exatidão do conhecimento salvo prova em contrário, isto é, uma presunção *iuris tantum* que equivale à *prima facie* no direito inglês.

[118] Cf., v.g., IGNACIO ARROYO, *Curso de derecho marítimo*, cit, p. 528.

e nos limites do artigo 16.º, n.º 1, o conhecimento constitui presunção, salvo prova em contrário, de que o transportador tomou a mercadoria a seu cargo (ou, no caso de se tratar de "*shipped bill of lading*", a carregou) tal como surge descrito no conhecimento.

Esta prova em contrário só se admite, porém, se o documento não tiver sido transmitido a terceiro de boa fé, pois se o tiver sido a presunção é *iure et de iure* e não *iuris tantum* (artigo 16.º, n.º 3, al. b) das RH 1978). Quando seja emitido um documento similar ao conhecimento de carga em vez deste, que desempenhe as funções de recibo de entrega das mercadorias e probatória, tal documento constituirá presunção *iuris tantum* relativamente à conclusão do contrato e à receção da mercadoria nos termos nele descritos (artigo 18.º das RH 1978)[119].

V. Por fim, o carregador é responsável pela informação que presta quanto às características das mercadorias, garantindo ao transportador a exatidão da natureza geral das mercadorias (se aplicável)[120], das marcas, do número, da quantidade e do peso, tais quais por ele foram indicados, e indemnizando-o por quaisquer danos provenientes da inexatidão de tais informações[121].

3.2.2. *Direito interno*

I. O transporte marítimo interno de mercadorias é regulado pelo DL n.º 352/86, de 21 de outubro. Os artigos 1.º a 8.º da CB 1924 – onde se incluem os preceitos relativos às reservas – aplicam-se também ao transporte interno, *ex vi* DL n.º 37:748, que procedeu à incorporação daquelas normas no direito interno.

---

119 Naturalmente que, aqui, não se verificando a função representativa, o documento não poderá circular, pelo que não se faz qualquer menção, pela natureza das coisas, ao efeito probatório perante terceiros de boa fé que adquiram o documento.

120 A referência à natureza geral das mercadorias aparece apenas nas RH 1978 e não na CB 1924.

121 Cf. artigos 3.º, n.º 5 da CB 1924 e 17.º, n.º 1 das RH 1978. O direito a essa indemnização não limitará, de modo nenhum, a responsabilidade e compromissos do transportador, derivados do contrato de transporte, para com qualquer pessoa diversa do carregador.

II. O artigo 25.º do DL n.º 352/86 é expressamente dedicado às reservas. Começa o n.º 1 desta norma por prever que "*As reservas apostas pelo transportador no conhecimento de carga devem ser claras, precisas e susceptíveis de motivação*", prosseguindo o n.º 2 nos seguintes termos: "*O transportador pode não incluir no conhecimento os elementos a que se referem as alíneas b) e c) do n.º 1 do artigo 4.º se, pela prática usual no tipo de transporte considerado e face às específicas condições da mercadoria e aos meios técnicos das operações de carga, as declarações prestadas pelo carregador não forem verificáveis, em termos de razoabilidade*".

Tais menções – as do artigo 4.º, n.º 1, als. b) e c) – vêm inseridas sistematicamente a respeito do que deve conter a declaração de carga (emitida pelo carregador e não pelo transportador)[122] e são as seguintes: *(i)* marcas principais necessárias à identificação das mercadorias; *(ii)* número de volumes ou objetos e a quantidade ou peso das mercadorias. Não obstante, as mesmas devem também ser articuladas com o que se dispõe na CB 1924 a respeito do conteúdo do conhecimento de carga, dado que: *(i)* o artigo 8.º do DL n.º 352/86, sob a epígrafe "*Emissão do conhecimento de carga*", determina que, após o início do transporte marítimo, o transportador deve entregar ao carregador um conhecimento de carga, de acordo com o que determinarem os tratados e convenções internacionais referidos no artigo 2.º; *(ii)* os artigos 1.º a 8.º da CB 1924 aplicam-se também ao transporte interno.

A admissibilidade e regime das reservas no transporte marítimo interno de mercadorias terá, por isso, de ser também analisada tendo em conta as normas estabelecidas naquela Convenção – *maxime* artigos 3.º, n.º 3, als. a) a c) e n.º 4[123].

Retomando o citado artigo 25.º, estabelecem-se, em primeiro lugar, como requisitos cumulativos os seguintes: *(i)* clareza; *(ii)* precisão; e *(iii)* motivação. Tudo conceitos indeterminados cujo significado há que determinar.

O n.º 2, por sua vez, alude a um outro requisito: a razoabilidade da não verificação em virtude das condições específicas da mercadoria e/ou dos meios técnicos das operações de carga. O sentido do n.º 2 do artigo 25.º, di-lo o legislador, é o de validar as chamadas reservas "quantitativas"

---

[122] Cf. artigo 4.º, n.º 1 do DL n.º 352/86.

[123] Ademais, as reservas têm que ver com o próprio teor do conhecimento, não sendo suficiente ter em conta apenas as menções contantes da declaração de carga a que se refere o diploma interno.

(de que é característico exemplo a cláusula *said to contain*) naqueles casos concretos em que as declarações do carregador não sejam controláveis[124].

III. Como acabado de expor, a admissibilidade das reservas à luz deste diploma pressupõe que as mesmas sejam claras, precisas e suscetíveis de motivação. Isto significa que o transportador deverá mencionar de forma clara e tão precisa/específica quanto lhe for possível as desconformidades em relação à declaração de carga ou, então, os defeitos que detete relativamente ao estado e condição da mercadoria (clareza e precisão) – não poderá socorrer-se de expressões ambíguas que não permitam descortinar o real alcance dessas desconformidades ou estado e condição. Significa também que tais reservas deverão ter um fundamento bastante (suscetíveis de motivação) – v.g., o caso característico da impossibilidade de meios de verificação.

A razoabilidade prevista no artigo 25.º, n.º 2 não pode desprender-se dos requisitos constantes no n.º 1, mormente quando se exige que as reservas sejam suscetíveis de motivação. Assim, v.g., quando existe razoabilidade de meios para a verificação da mercadoria não se poderá considerar existir uma reserva suscetível de motivação e vice-versa. Por outras palavras, se é verificável em termos de razoabilidade não poderá existir reserva suscetível de motivação.

Prevendo embora os requisitos das reservas, o legislador não determinou as consequências para o caso de os mesmos não se verificarem. Não obstante, apenas se pode chegar a uma conclusão lógica: tais reservas são destituídas de efeitos e tudo funciona como se não tivessem sido apostas[125].

---

[124] Cf. Preambulo do DL n.º 352/86. E prossegue: "*A situação, perspetivada já no n.º 3 do artigo 3.º da Convenção de 1924, passou a assumir especial relevo com a utilização dos contentores. Realmente, sob pena de desorganizar por completo a sequência do transporte, eliminando as vantagens que advêm da contentorização, não será dado ao transportador, muitas vezes, verificar o conteúdo dos contentores; terá de aceitar as indicações prestadas pelo carregador ou por quem o substitua. A validade da reserva dependerá, no entanto, da «verificabilidade» de tais indicações, em termos de razoabilidade*".

[125] Cf., neste sentido, Januário da Costa Gomes, *O ensino do direito marítimo*, cit., p. 248, o qual defende que estamos "*perante situações em que, por razões atinentes à segurança e lealdade das transações há que irrelevar a letra – rectius, as específicas letras das reservas do título, numa justificada inflexão ao princípio da literalidade*". Vd., também, Costeira da Rocha, *O contrato de transporte de mercadorias*, cit., p. 131.

3.3. Transporte rodoviário

I. O transporte rodoviário é regulado, a nível internacional, pela formalmente designada Convenção relativa ao contrato de transporte internacional de mercadorias por estrada (CMR)[126] e, a nível interno, pelo DL n.º 239/2003, de 4 de outubro[127]. Iremos abordar conjuntamente os regimes interno e internacional, pois, dada a similitude de soluções, não se justifica uma análise em separado[128].

II. Entre outras, a declaração de expedição deve conter, nos termos da CMR, a indicação do número de volumes, marcas especiais e números, peso bruto da mercadoria ou quantidade expressa de outro modo[129]. A nível interno, o DL n.º 239/2003 refere-se, de forma idêntica, à "*denominação da mercadoria e tipo de embalagem*" e ao "*peso bruto da mercadoria, número de volumes ou quantidade expressa de outro modo*"[130].

No transporte internacional, o artigo 8.º da CMR ocupa-se da verificação das mercadorias, prevendo-se, no n.º 1, que, ao tomar conta da mercadoria, o transportador verifica *(i)* a exatidão das indicações da declaração de expedição acerca do número de volumes, marcas e números e *(ii)* o estado aparente da mercadoria e da sua embalagem.

O transportador não tem, contudo, de verificar a exatidão das indicações da declaração de expedição se não tiver meios razoáveis de o fazer, mas, neste caso, "inscreverá" na declaração de expedição reservas que devem ser

---

[126] A CMR foi assinada em maio de 1956, em Genebra, e aprovada em Portugal pelo DL n.º 46 235, de 18 de março de 1965, que entrou em vigor em dezembro de 1969, tendo sido objeto de alteração através do Protocolo de Emenda, aprovado pelo Decreto n.º 28/88, de 6 de setembro. Esta Convenção aplica-se a todos os contratos de transporte de mercadorias por estrada a título oneroso por meio de veículos, quando o lugar do carregamento da mercadoria e o lugar da entrega previsto, tais como são indicados no contrato, estão situados em dois países diferentes, sendo um destes, pelo menos, país contratante e independentemente do domicílio e nacionalidade das partes.

[127] Este diploma estabelece o regime jurídico do contrato de transporte rodoviário nacional de mercadorias e aplica-se aos contratos de transporte rodoviário nacional de mercadorias, celebrado entre transportador e expedidor, nos termos do qual o primeiro se obriga a deslocar mercadorias, por meio de veículos rodoviários, entre locais situados no território nacional e a entregá-las ao destinatário.

[128] Pontualmente, identificaremos as diferenças existentes, caso se justifique.

[129] Cf. artigo 6.º da CMR.

[130] Cf. artigo 4.º, n.º 1 do DL n.º 239/2003.

fundamentadas[131]. Do mesmo modo, deverá fundamentar todas as reservas que fizer acerca do estado aparente da mercadoria e da sua embalagem[132]. Em termos semelhantes, embora com algumas diferenças de redação, o artigo 9.º do DL n.º 239/2003 (com a epígrafe "*reservas do transportador*") prevê que o transportador "pode" formular reservas se, no momento da receção da mercadoria, constatar que esta ou a embalagem apresentam defeito aparente, bem como quando não tiver meios razoáveis de verificar a exatidão das indicações constantes da guia de transporte[133].

Nota CASTELLO-BRANCO BASTOS que, em qualquer dos casos, as reservas haverão de ser fundamentadas, competindo ao transportador oferecer as causas de impossibilidade de verificação[134].

Nos termos da CMR, as reservas formuladas pelo transportador não obrigam o expedidor se este as não tiver aceitado expressamente na declaração de expedição (artigo 8.º, n.º 2). Distintamente, para o transporte interno prevê-se que as reservas do transportador são descritas na guia de transporte e carecem de aceitação expressa do expedidor (artigo 9.º, n.º 2 do DL n.º 239/2003).

Quererá isto dizer que as reservas têm natureza bilateral e que são destituídas de efeitos se não existir aceitação? A resposta é negativa, pois a natureza das reservas não se coaduna com a bilateralidade. Impõe-se, pois, interpretar a referência à "*aceitação expressa do expedidor*" nos mesmos termos em que vem previsto no regime internacional. Daqui decorre que os efeitos das reservas em relação ao expedidor podem ser de dois tipos: *(i)* se este não as tiver aceitado expressamente, o mesmo poderá discutir a "veracidade" do seu conteúdo, contestando-o (v.g. em tribunal); *(ii)* se, ao invés, as tiver aceitado expressamente, as afirmações que consubstanciem reservas vinculam-no também a ele[135].

---

[131] Cf. artigo 8.º, n.º 2 da CMR.

[132] Cf. artigo 8.º, n.º 2 da CMR.

[133] JOSÉ LUÍS SARAGOÇA, "El nuevo régimen jurídico del contrato de transporte nacional de mercancias por carretera en Portugal: asunción de las reglas CMR", cit., p. 339, pelo menos aparentemente, vislumbra uma diferença de natureza entre o diploma português e a CMR, considerando que o artigo 9.º do DL n.º 239/2003 configura as reservas como uma "faculdade" e não como um "dever" ao modo da CMR.

[134] Cf. CASTELLO-BRANCO BASTOS, *Direito dos transportes*, cit., p. 133.

[135] Cf. MALCOLM CLARKE, *International carriage of goods by road: CMR*, Informa Law, 6ª ed., 2014, p. 68. LOEWE, "Commentary on the Convention of 19 May 1956 on the Contract for the International Carriage of Goods by Road (CMR)", *European transport law*, 1976, p. 347, defende que as reservas aceites pelo expedidor admitem prova em contrário, mas tal prova revelar-se-á assaz difícil.

A este respeito, tem sido defendido que a assinatura do expedidor na declaração de expedição exigida no artigo 5.º, n.º 1 da CMR não pode ser interpretada como um acordo expresso a eventuais reservas apostas no documento, exigindo-se uma "entrada" autónoma[136]. Com efeito, a assinatura do expedidor na declaração de expedição é exigida pelo artigo 5.º, n.º 1 da CMR independentemente da existência ou não de reservas.

Do exposto decorre que a não aceitação das reservas por parte do expedidor não compromete nem a validade nem os efeitos das reservas (que, por natureza, são unilaterais), pois *(i)* o artigo 8.º, n.º 2 da CMR não determina que as reservas não aceites pelo expedidor são destituídas de efeitos e *(ii)* o artigo 9.º, n.º 2 da CMR, que se ocupa dos efeitos das reservas (e que iremos analisar de seguida) não restringe a sua aplicabilidade às reservas que foram aceites pelo expedidor[137].

O expedidor tem, ainda, o direito de exigir que o transportador verifique o peso bruto da mercadoria ou sua quantidade expressa de outro modo, bem como exigir a verificação do conteúdo dos volumes, devendo o resultado dessa verificação ser mencionado no documento de transporte[138], resultado esse que admitirá, no entanto, prova em contrário[139].

Por fim, o expedidor será responsável para com o transportador pelos danos causados por defeito da mercadoria, a não ser que o transportador, sendo o defeito aparente ou tendo dele conhecimento no momento em que recebe a mercadoria, não tenha feito as devidas reservas a seu respeito[140].

III. A vantagem da aposição de reservas prende-se, também no transporte rodoviário, com o valor probatório do documento de transporte.

Concretamente, a declaração de expedição provoca três presunções a favor do carregador[141]: *(i)* em primeiro lugar, o artigo 9.º, n.º 1 da CMR, que

---

[136] Cf. Loewe, "Commentary on the Convention of 19 May 1956 on the Contract for the International Carriage of Goods by Road (CMR)", cit., p. 347 e Malcolm Clarke, *International carriage of goods by road: CMR*, cit., pp. 68-69.

[137] Cf. Loewe, "Commentary on the Convention of 19 May 1956 on the Contract for the International Carriage of Goods by Road (CMR)", cit., p. 347.

[138] Cf. artigos 8.º, n.º 3 da CMR e 5.º, n.º 1 do DL n.º 239/2003. Vd., também, Martín Castro, "El régimen de responsabilidade del porteador en el transporte internacional rodado (CMR)", *Temas de direito dos transportes*, Vol. IV, Almedina, 2019, p. 528.

[139] Cf. Loewe, "Commentary on the Convention of 19 May 1956 on the Contract for the International Carriage of Goods by Road (CMR)", cit., pp. 344-345.

[140] Cf. artigos 10.º da CMR e 16.º do DL n.º 239/2003.

[141] Cf. Castello-Branco Bastos, *Direito dos transportes*, cit., p. 133.

deve ser lido em conjugação com o citado artigo 8.º, n.º 1, consagra uma presunção da veracidade da declaração de expedição; *(ii)* em segundo lugar, na falta de reservas, presume-se que a mercadoria e embalagem estavam em bom estado aparente no momento em que o transportador as tomou a seu cargo[142]; *(iii)* por fim, na falta de reservas, presume-se que o número de volumes, as marcas e os números estavam em conformidade com as indicações da declaração de expedição[143].

Estas presunções têm natureza *iuris tantum*, admitindo prova em contrário, como defendido pela doutrina[144] e pela jurisprudência[145]. Note-se que as presunções operam caso o transportador tenha ou não cumprido o seu dever de verificação: o que sucede é que o transportador, não apondo reservas, "perde" uma oportunidade para salvaguardar a sua posição[146]. Com efeito, o transportador, em princípio, pode afastar a presunção relativa ao bom estado aparente da mercadoria e da embalagem, bem como aquela relativa ao número de volumes, às marcas e aos números, formulando reservas sempre que estas se justifiquem[147].

Mas essas reservas, como refere Castello-Branco Bastos, para serem admissíveis, deverão ser "regulares", isto é, razoáveis e suficientemente precisas e fundamentadas[148].

---

[142] Cf. artigos 9.º, n.º 2, 1ª parte da CMR e 9.º, n.º 3,1ª parte do DL n.º 239/2003.

[143] Cf. artigos 9.º, n.º 2, 2ª parte da CMR e 9.º, n.º 3, 2ª parte do DL n.º 239/2003. Esta presunção, em rigor, não é distinta da primeira – a da veracidade da declaração de expedição, pois esta contém estas indicações.

[144] Cf., na doutrina portuguesa, Castello-Branco Bastos, *Direito dos transportes*, cit., p. 133 e José Luís Saragoça, "El nuevo régimen jurídico del contrato de transporte nacional de mercancias por carretera en Portugal: asunción de las reglas CMR", cit., p. 338. Este autor chama, no entanto, a atenção de que o diploma interno, contrariamente ao internacional, não prevê em termos expressos se a presunção é ilidível ou inilidível. Não obstante, considera que se trata de uma lacuna que deve ser integrada por analogia com o previsto no artigo 9.º da CMR, por ser a norma mais próxima e que mais se adequa ao processo de integração. Vd., na doutrina estrangeira, Loewe, "Commentary on the Convention of 19 May 1956 on the Contract for the International Carriage of Goods by Road (CMR)", cit., pp. 347-348; Malcolm Clarke, *International carriage of goods by road: CMR*, cit., pp. 64-65; Martín Castro, "El régimen de responsabilidade del porteador en el transporte internacional rodado (CMR)", cit., pp. 527-528.

[145] Cf., v.g., Ac. do TRC de 27-05-2015 (Rel. Fernando Monteiro), Proc. 587/11.2TBPMS.C.

[146] Cf. Malcolm Clarke e David Yates, *Contracts of carriage by land and air*, Informa Law, 2004, p. 12.

[147] Cf. Castello-Branco Bastos, *Direito dos transportes*, cit., p. 134.

[148] Cf. Castello-Branco Bastos, *Direito dos transportes*, cit., p. 134.

3.4. Transporte ferroviário

I. O transporte ferroviário internacional de mercadorias é regulado pela Regras Uniformes relativas ao contrato de transporte internacional ferroviário de mercadorias (CIM), que constituem o Apêndice B à Convenção relativa aos transportes internacionais ferroviários (COTIF), de 9 de maio de 1980[149].

O regime do transporte interno é o que consta do Código Comercial português descrito *supra* – e que, quanto a este específico modo de transporte, não foi ainda revogado, para o qual ora se remete[150-151]. Por esse motivo, vamos aqui debruçar-nos apenas sobre o regime internacional.

II. O documento que titula este contrato tem o mesmo nome que o do transporte rodoviário: declaração de expedição[152]. Esta deve conter, nos termos da CIM, *inter alia, (i)* a denominação da natureza da mercadoria e do seu modo de embalagem, *(ii)* a quantidade de volumes, sinais e números especiais necessários à identificação das remessas de detalhe, e *(iii)*

---

[149] Esta Convenção foi aprovada para ratificação pelo Decreto do Governo n.º 50/85, de 27 de novembro. O Aviso n.º 275/96, de 6 de setembro, da Direcção-Geral dos Assuntos Multilaterais, procedeu à publicação dos apêndices A e B à COTIF, tais como alterados pela comissão de revisão instituída pelo artigo 8.º da mesma, e o Decreto do Governo n.º 10/97, de 19 de fevereiro, aprovou, para adesão, o Protocolo de 1990 à COTIF, que introduziu modificações na Convenção e nos seus apêndices A e B. Por fim, o Decreto n.º 3/2004, de 25 de março, aprovou o Protocolo de 3 de junho de 1999 que modificou a COTIF, nomeadamente desenvolvendo as Regras Uniformes CIV e CIM, adaptando-a às novas necessidades dos transportes internacionais ferroviários.

[150] Sobre o tema, fazendo um resumo dos aspetos essenciais de regime no transporte ferroviário de mercadorias nacional e internacional, vd. Lacerda Barata, "Contratos de transporte terrestre: formação e conclusão", cit., pp. 655-659.

[151] Cf. ponto 3.1 *supra* – Nota histórica. Deverá ainda ter-se em conta, para o transporte interno, o Decreto-lei n.º 39.780, de 21 de agosto de 1954, que aprovou o Regulamento para exploração e Polícia dos Caminhos de Ferro, ainda parcialmente em vigor.

[152] A este respeito, o artigo 6.º, n.º 2 da CIM prescreve que "*O contrato de transporte deve constar numa declaração de expedição de acordo com um modelo uniforme. Todavia, a ausência, a irregularidade ou a perda da declaração de expedição não afecta nem a existência nem a validade do contrato que permanece sujeito às presentes Regras Uniformes*". Esta é assinada pelo expedidor e pelo transportador, podendo, todavia, a assinatura "*ser substituída por um carimbo, uma indicação da máquina registadora ou por qualquer outro modo adequado*" (cf. artigo 6.º, n.º 3, da CIM). No CCom, o conceito utilizado é *guia de transporte* (cf. artigo 369.º).

o peso bruto da mercadoria ou a quantidade da mercadoria expressa por outras formas[153].

III. O transportador tem o direito de verificar, em qualquer momento, se as condições de transporte foram respeitadas e se a remessa corresponde ao mencionado pelo expedidor na declaração de expedição, sendo que *(i)* se a verificação incidir no conteúdo da remessa, esta ocorre tanto quanto possível na presença do interessado; *(ii)* caso não seja possível, o transportador solicita duas testemunhas independentes, na falta de outras disposições nas leis e prescrições do Estado onde a verificação ocorra (artigo 11.º, n.º 1 da CIM).

Se a remessa não corresponder às indicações contidas na declaração de expedição, prescreve o artigo 11.º, n.º 2 da CIM que o resultado da verificação deve ser mencionado na folha da declaração de expedição que acompanha a mercadoria e, se o transportador ainda tiver na sua posse o duplicado da declaração de expedição, tal resultado deverá ser igualmente mencionado no mesmo[154].

Prossegue o artigo 11.º, n.º 3 da CIM: *(i)* sempre que efetuar o carregamento, o expedidor tem o direito de exigir a verificação pelo transportador quanto ao estado da mercadoria e da sua embalagem e quanto à exatidão das indicações constantes da declaração de expedição no que se refere à quantidade de volumes e aos respetivos números e marcas, bem como ao peso bruto ou à quantidade diversamente indicada; *(ii)* o transportador só é obrigado a proceder à verificação se dispuser de meios apropriados para o fazer; *(iii)* o transportador pode reclamar o pagamento das despesas de verificação; *(iv)* o resultado das verificações consta da declaração de expedição.

IV. A declaração de expedição no transporte ferroviário não constitui título de crédito[155] mas a mesma faz fé, até prova em contrário, da celebra-

[153] Isto sem prejuízo de as partes poderem mencionar na declaração de expedição qualquer outra indicação que considerem útil (artigo 7.º, n.º 3 da CIM).

[154] Neste caso, as despesas ocasionadas pela verificação oneram a mercadoria, a não ser que tenham sido pagas imediatamente.

[155] O artigo 6.º, n. 5 da CIM prescreve expressamente que "*A declaração de expedição não tem o valor de um conhecimento*", pretendendo esta expressão clarificar, como defende Recalde Castells, "El contrato de transporte internacional de mercancías por ferrocarril: concepto, naturaleza e caracteres. La documentación del contrato", cit., pp. 52-53, que esta não tem valor de título negociável. Todavia, esta referência expressa, prossegue, era

ção e das condições do contrato de transporte ferroviário de mercadorias, bem como da tomada da mercadoria pelo transportador (artigo 12.º, n.º 1 da CIM). Estabelece-se, também aqui, uma presunção *iuris tantum* ou *prima facie evidence*[156].

O legislador distingue, depois, duas situações importantes em matéria de reservas e seus efeitos:

a) sempre que o transportador efetuar o carregamento, a declaração de expedição faz fé, até prova em contrário, do estado da mercadoria e da sua embalagem mencionado na declaração de expedição ou, na falta de tais indicações, do bom estado aparente da mercadoria no momento em que dela se encarregou o transportador e da exatidão do conteúdo da declaração de expedição quanto à quantidade de volumes e aos respetivos números e marcas, bem como ao peso bruto ou à quantidade diversamente indicada (artigo 12.º, n.º 2 da CIM);

b) se, por sua vez, for o expedidor a efetuar o carregamento, a declaração de expedição faz fé, até prova em contrário, do estado da mercadoria e da sua embalagem mencionado na declaração de expedição ou, na falta de tais indicações, do bom estado aparente e da exatidão das referências constantes do n.º 2 unicamente no caso em que tenham sido verificadas pelo transportador e este tenha registado os resultados da verificação na declaração de expedição (artigo 12.º, n.º 3 da CIM).

Daqui resulta, como regra, que o transportador não tem o dever de verificar as mercadorias (trata-se, antes, de um ónus, atentos os efeitos probatórios *supra* enunciados)[157]. Porém, na situação prevista no artigo 11.º, n.º 3 – i.e., sempre que *(i)* o expedidor efetuar o carregamento *(ii)* o expedidor exigir a verificação e *(iii)* na medida em que o transportador dispo-

---

dispensável, pois a tal conclusão chegaríamos pelo facto de a entrega das mercadorias poder ser reclamada sem necessidade de apresentação do documento (o direito à entrega das mercadorias é independente da posse do documento). Negando também a natureza de título de crédito, vd. Wanda d'Alessio, *Diritto dei trasporti*, cit., p. 333.

[156] Cf. Recalde Castells, "El contrato de transporte internacional de mercancías por ferrocarril: concepto, naturaleza e caracteres. La documentación del contrato", cit., pp. 67-68.

[157] Cf. Recalde Castells, "El contrato de transporte internacional de mercancías por ferrocarril: concepto, naturaleza e caracteres. La documentación del contrato", cit., p. 66.

nha de meios apropriados para o fazer – existe um dever ou obrigação em sentido estrito[158]. Nesta situação, a obrigação do transportador estende-se ao dever de mencionar no documento o resultado do exame[159]. E também resulta, quanto aos efeitos probatórios, que o transportador só estará "vinculado" (salvo prova em contrário) às indicações contidas no documento quando procedeu voluntariamente ao exame ou quando tal lhe foi exigido legitimamente pelo expedidor[160].

V. Todavia, a declaração de expedição não faz fé no caso de incluir uma reserva fundamentada. Nas palavras da CIM, "*Uma reserva pode ser fundamentada nomeadamente pelo facto de o transportador não dispor de meios apropriados para verificar se a remessa corresponde às indicações mencionadas na declaração de expedição*" (artigo 12.º, n.º 4).

Como se vê, e à semelhança da CMR, a CIM também admite expressamente a possibilidade de o transportador apor reservas, desde que fundamentadas, adiantando que constitui fundamento bastante a falta de meios apropriados para verificar as mercadorias. Nesta situação, o efeito presuntivo *iurius tantum* da declaração de expedição previsto nos n.os 2 e 3 do artigo 12.º da CIM não se verifica.

Para Recalde Castells, a validade e eficácia das reservas no transporte ferroviário depende da sua inserção no documento de transporte – devendo as reservas ser opostas no duplicado entregue ao expedidor, não sendo suficiente que as mesmas constem dos outros exemplares – e da sua motivação (no sentido de o transportador não dispor de meios adequados e razoáveis para proceder à verificação)[161]. Por isso, prossegue, a sua vali-

---

[158] Cf. Recalde Castells, "El contrato de transporte internacional de mercancías por ferrocarril: concepto, naturaleza e caracteres. La documentación del contrato", cit., pp. 66-67. Como refere este autor, normalmente, o expedidor terá interesse em exigir do transportador esta verificação quando precisa de comprovar perante um terceiro o estado/dados relativos à mercadoria na sequência da celebração de um contrato de compra e venda com esse terceiro ou de um crédito documentário.

[159] Cf. Recalde Castells, "El contrato de transporte internacional de mercancías por ferrocarril: concepto, naturaleza e caracteres. La documentación del contrato", cit., p. 67.

[160] Cf. Recalde Castells, "El contrato de transporte internacional de mercancías por ferrocarril: concepto, naturaleza e caracteres. La documentación del contrato", cit., p. 70. O autor alude neste contexto à declaração de expedição como sendo um instrumento probatório privilegiado.

[161] Cf. Recalde Castells, "El contrato de transporte internacional de mercancías por ferrocarril: concepto, naturaleza e caracteres. La documentación del contrato", cit., p. 73.

dade deve analisar-se de um prisma formal – no sentido de dever ser inscrita no documento a reserva e os motivos que a justificam – e material – estando aqui em causa os pressupostos substantivos que condicionam a validade da reserva[162]. Note-se, porém, que o artigo 12.º, n.º 4 da CIM não exige (pelo menos em termos expressos) que sejam escritos no documento os motivos justificativos.

Do artigo 14.º da CIM decorre, ainda, outra referência às reservas, desta feita com consequências em sede de responsabilidade do expedidor perante o transportador: "*O expedidor é responsável perante o transportador por todos os danos e despesas originados pela falta ou deficiência da embalagem da mercadoria, a menos que, sendo o defeito aparente ou conhecido do transportador no momento em que tomou a seu cargo a mercadoria, o transportador não tenha feito reservas sobre esse assunto*"[163].

O expedidor é ainda responsável perante o transportador pelas despesas suportadas por este devido a indicações, incluídas pelo expedidor na declaração de expedição, de referências irregulares, inexatas, incompletas ou mencionadas fora do espaço reservado para cada uma delas[164].

3.5. Transporte aéreo

I. No que respeita ao transporte aéreo internacional de mercadorias, iremos, ao longo do texto, socorrer-nos de vários elementos normativos, concretamente *(i)* Convenção de Varsóvia de 1929 (CV 1929) – designada formalmente por Convenção para a unificação de certas regras relativas ao transporte aéreo internacional[165]; e *(ii)* Convenção de Montreal de 1999

---

[162] Cf. Recalde Castells, "El contrato de transporte internacional de mercancías por ferrocarril: concepto, naturaleza e caracteres. La documentación del contrato", cit., p. 73.

[163] Esta solução é idêntica à que consta dos artigos 10.º da CMR e 16.º do DL n.º 239/2003.

[164] Cf. artigo 8.º, n.º 1, al. a) da CIM.

[165] Esta convenção foi assinada em Varsóvia em 12 de outubro de 1929 e foi modificada pelo Protocolo de Haia, assinado em Haia em 28 de setembro de 1955, e alterada pelo Protocolo n.º 4 de Montreal de 1975. A CV 1929 foi aprovada por Portugal, para ratificação ou adesão, pelo DL n.º 26706, de 20 de junho de 1936, tendo aderido à mesma ao depositar o respetivo instrumento de adesão em 20 de março de 1947 (pelo Aviso n.º 185, da I Série do DR, de 10 de agosto de 1948).

(CM 1999) – também designada por Convenção para a unificação de certas regras relativas ao transporte aéreo internacional[166-167].

Internamente, o regime aplicável é o que consta do DL n.º 321/89, de 25 de setembro que, no tocante ao transporte de mercadorias, se aplica apenas a propósito da responsabilidade do transportador aéreo de mercadorias em voos internos[168]. Não obstante, o mesmo não regula o regime documental e é omisso quanto às reservas do transportador.

II. Atualmente, a CV 1929, na sua versão mais recente tal como alterada pelos sucessivos protocolos adicionais, prevê que a carta de porte aéreo e o recibo da mercadoria devem conter a menção relativa ao peso das mercadorias – artigo 8.º, al. c). Esta é a única menção que, no que concerne às características da mercadoria, é obrigatória quando seja aplicável aquela Convenção modificada pelos protocolos. Também à luz da CM 1999 a indicação do peso constitui o único elemento obrigatório[169].

---

[166] Esta Convenção entrou em vigor na ordem jurídica internacional a 4 de novembro de 2003. Como refere NEVES ALMEIDA, *Do contrato de transporte aéreo e da responsabilidade civil do transportador aéreo*, cit., pp. 78-79, a CM 1999 "*procurou condensar, num único texto e de forma sistematizada, as principais modificações aos longo dos anos introduzidas à Convenção de Varsóvia de 1929 e seus vários instrumentos conexos ("Sistema de Varsóvia").*"

[167] Sendo ambas as Convenções aplicáveis ao transporte aéreo internacional de mercadorias, há que clarificar o seu âmbito de aplicação quando, num mesmo país (como sucede em Portugal), estejam ambas em vigor. Seguindo, neste ponto, a interpretação de NEVES DE ALMEIDA, *Do contrato de transporte aéreo e da responsabilidade civil do transportador aéreo*, cit., pp. 78-79, dir-se-á que "[...] *embora a entrada em vigor da Convenção de Montreal de 1999 não possa ter como efeito automático a substituição ou revogação da Convenção de Varsóvia e a sua imediata erradicação do plano da regulamentação internacional, nomeadamente, quanto à sua aplicação entre Estados não contratantes do texto de Montreal de 1999 – sob pena disso não fazer qualquer sentido no domínio das relações internacionais entre Estados soberanos e vir criar o absurdo dum vazio legislativo na matéria –, sempre se dirá que quando, em função dos Estados envolvidos, esteja em causa o concurso de aplicação dos textos constantes do Sistema de Varsóvia e o texto modernizado e consolidado estabelecido em Montreal em 1999, será este último que deverá prevalecer na sua aplicação*". Esta é, de resto, a solução que resulta expressamente do artigo 55.º da CM 1999 que, sob a epígrafe "Relação com outros instrumentos da Convenção de Varsóvia", prescreve que a mesma prevalece sobre quaisquer regras aplicáveis ao transporte aéreo internacional entre Estados Partes na CM 1999 que sejam igualmente Estados Partes na CV 1929 bem como dos respetivos Protocolos modificativos ou adicionais.

[168] Cf. HUGO RAMOS ALVES, *Direito aéreo – uma introdução*, cit., p. 463.

[169] Cf. artigo 5.º, al. c) da CM 1999.

Neste contexto, a referência ao peso, quantidade, volume ou dimensões da mercadoria não é obrigatória quando seja aplicável a versão da CV 1929 alterada pelo Protocolo de Haia de 1955, tendo o protocolo de Montreal adicional n.º 4 de 1975 passado apenas a incluir a indicação do peso das mercadorias[170]. Quando seja aplicável a versão originária da CV 1929, deve ainda fazer-se menção *(i)* à natureza da mercadoria e *(ii)* ao número, forma de embalagem, marcas particulares ou numeração de volumes[171].

A indicação do estado aparente da mercadoria e da embalagem deixa de ser obrigatória quando seja aplicável a versão da CV 1929 alterada quer na Haia pelo Protocolo de 1955, quer em Montreal pelo Protocolo adicional n.º 4 de 1975[172].

III. No transporte aéreo, a carta de porte aéreo (ou o recibo da mercadoria) constituem, salvo prova em contrário, presunção *(i)* da celebração do contrato, *(ii)* da aceitação/recebimento da mercadoria e *(iii)* das condições de transporte aí referidas[173].

Concretamente quanto às menções das características das mercadorias, o regime probatório é o seguinte:

a) as declarações constantes da carta de porte aéreo ou do recibo da mercadoria relativas ao peso, dimensões e embalagem desta, assim como as declarações relativas ao número de volumes, fazem fé até prova em contrário[174];

[170] Cf. Neves Almeida, *Do contrato de transporte aéreo e da responsabilidade civil do transportador aéreo*, cit., p. 290 (nota de rodapé 305). No entanto, como realça, continuou a prever-se e a estabelecer-se no teor do artigo 11.º, n.º 2, da Convenção, alterada quer em 1955 quer pelos protocolos *supra* aludidos, que *(i)* as indicações relativas ao peso e dimensões da mercadoria fazem fé até prova em contrário *(ii)* a indicação relativa à quantidade da mercadoria não faz prova contra o transportador senão quando a verificação foi por ele feita na presença do expedidor e anotada na respetiva guia de transporte.

[171] Estas menções não são obrigatórias quando seja aplicável a CV 1929 alterada pelo Protocolo de Haia de 1955 e pelo Protocolo adicional n.º 4 de 1975. No entanto, como esclarece Neves Almeida, *Do contrato de transporte aéreo e da responsabilidade civil do transportador aéreo*, cit., p. 290 (nota de rodapé 304), continuou a prever-se e a estabelecer-se no teor do artigo 11.º, n.º 2 da Convenção que as indicações da carta de porte aéreo relativas ao número de volumes e embalagem fazem fé até prova em contrário.

[172] Não obstante, também com respeito a essa menção o artigo 11.º, n.º 2 da Convenção tal como recebido à luz das modificações operadas pelos protocolos, continuaria a fazer-lhe referência como um dos elementos possíveis a constar da carta de porte aéreo.

[173] Cf. artigos 11.º, n.º 1 da CV 1929 e 11.º, n.º 1 da CM 1999.

[174] Cf. artigos 11.º, n.º 2, 1ª parte da CV 1929 e 11.º, n.º 2, 1ª parte da CM 1999.

b) as declarações referentes à quantidade, volume e estado da mercadoria não constituem meios de prova contra a transportadora (i.e., não fazem fé contra esta), salvo na medida em que tenham sido verificadas por esta em presença do expedidor e essa verificação anotada na carta de porte aéreo ou no recibo da mercadoria, ou se se tratar de indicações relativas ao estado aparente da mercadoria[175].

Assim, para além da menção ao peso (que é obrigatória), a CV 1929 (na sua última versão) e a CM 1999, referindo-se, ademais, quanto ao valor probatório da carta de porte aéreo, às dimensões e embalagem desta, assim como às declarações relativas ao número de volumes, bem como à quantidade, volume e estado da mercadoria, admitem, pelo menos, que sejam apostas estas específicas menções neste documento de transporte, sob pena de estes preceitos constituírem "letra morta". O que parece resultar desta sistemática é que estas, ao invés do peso, não são obrigatórias.

Mas, por outro lado, inscrevendo-se tais menções:

a) existirá necessariamente um efeito presuntivo (*prima facie evidence*) relativamente ao peso, dimensões e embalagem da mercadoria, bem como ao número de volumes;

b) existirá eventualmente um efeito presuntivo relativamente à quantidade, volume e estado da mercadoria na medida em que estas só fazem prova contra a transportadora se forem verificadas na presença do expedidor e essa verificação anotada no documento, ou se se tratar de indicações relativas ao estado aparente da mercadoria.

IV. Acrescentam, ainda, estes regimes, no que concerne à responsabilidade a respeito das indicações e declarações irregulares ou inexatas, o seguinte:

a) o expedidor é responsável pela exatidão das indicações e declarações relativas à mercadoria inscritas por ele ou em seu nome no documento de transporte[176]; o expedidor assume a responsabilidade por qualquer prejuízo sofrido pelo transportador ou por qualquer outra pessoa em relação à qual o transportador seja responsável,

[175] Cf. artigo 11.º, n.º 2, 2ª parte da CM 1999.

[176] Cf. artigos 10.º, n.º 1 da CV 1929 e 10.º, n.º 1 da CM 1999.

em consequência das indicações e declarações irregulares, inexatas ou incompletas feitas por ele ou em seu nome[177]-[178];

b) sem prejuízo do *supra* referido, o transportador assume a responsabilidade por qualquer prejuízo sofrido pelo expedidor ou por qualquer outra pessoa em relação à qual o expedidor seja responsável, em consequência das indicações e declarações irregulares, inexatas ou incompletas inscritas por ele ou em seu nome no documento de transporte[179].

V. Como se vê, não se consagra em termos expressos a figura das reservas. No entanto, isso não significa que esta figura seja, aqui, de excluir, desde logo porque se estabelece que aquilo que vem descrito no documento de transporte aéreo faz, em princípio, fé, até prova em contrário.

Além disso, dispondo-se que as declarações referentes à quantidade, volume e estado da mercadoria não constituem meios de prova contra a transportadora (i.e., não fazem fé contra esta), "*salvo na medida em que tenham sido verificadas por esta em presença do expedidor e essa verificação anotada na carta de porte aéreo ou no recibo da mercadoria, ou se se tratar de indicações relativas ao estado aparente da mercadoria*", está-se a admitir, implicitamente, que o transportador possa formular reservas[180].

Com efeito *(i)* se houver uma verificação na presença do expedidor, o resultado dessa verificação pode ser anotado na carta de porte aéreo (o que, na prática, significa que poderão ser detetadas desconformidades e mencionadas essas desconformidades nesse documento); *(ii)* por outro lado, admitindo-se indicações relativas ao estado aparente da mercadoria, e podendo esse estado aparente ser um "mau estado", então, também aqui, o legislador está a admitir a possibilidade de inscrever reservas.

Acresce que, constituindo estas indicações presunções que podem operar em desfavor do transportador, o modo como este poderá "proteger-se" será, precisamente, por via das reservas. É que, relativamente ao resultado

---

[177] Cf. artigos 10.º, n.º 2 da CV 1929 e 10.º, n.º 2 da CM 1999.

[178] Estas normas são similares ao prescrito nos artigos 3.º, n.º 5 da CB 1924 e 17.º, n.º 1 das RH 1978.

[179] Cf. artigos 10.º, n.º 3 da CV 1929 e 10.º, n.º 3 da CM 1999.

[180] No mesmo sentido, vd. HUGO RAMOS ALVES, *Direito aéreo – uma introdução*, cit., p. 494.

dessa verificação ou ao estado aparente da mercadoria, o mesmo não será obrigado a mencionar dados que não correspondam à realidade dos factos[181].

3.6. Regras de Roterdão

I. O grupo de trabalho III da Comissão das Nações Unidas para o Direito Comercial Internacional (UNCITRAL) levou a cabo uma importante função que desembocou na aprovação, em 11 de dezembro de 2008, da Convenção das Nações Unidas sobre transporte internacional de mercadorias, total ou parcialmente por mar – também conhecida por Regras de Roterdão (RR)[182].

Embora não esteja ainda em vigor, este instrumento normativo constitui uma referência de regime que não deve ser descurado, principalmente tendo em conta que as RR não constituem, no geral, uma mudança de paradigma, mas outrossim uma evolução face aos seus precedentes normativos, representando um compromisso entre tradição e modernidade[183]. No que respeita às reservas, as mesmas preveem já um quadro normativo desenvolvido que reflete, à semelhança das RH 1978, a evolução da *praxis* do comércio, reduzindo algumas das incertezas que se têm suscitado[184].

---

[181] Neste sentido, vd., também, Hugo Ramos Alves, *Direito aéreo – uma introdução*, cit., pp. 493-494, que, fazendo o paralelismo da CM 1999 com a CB 1924 – em que também não se prevê, explicitamente, a figura das reservas –, afirma que, mediante um raciocínio *a contrario*, deparamo-nos na CB 1924 com um indício de que nada obsta à sua inserção, "*em virtude de não existir qualquer obrigação de declarar factos que não sejam verdadeiros*".

[182] Aberta a ratificação a 23 de setembro de 2009, a vigência das RR depende de 20 ratificações, entrando em vigor no primeiro dia do mês após ter decorrido o prazo de um ano após a data do depósito do vigésimo instrumento de ratificação, aceitação, aprovação ou adesão (cf. artigo 94.º das RR). Como o próprio nome indica, esta convenção será aplicável a contratos de transporte internacionais de mercadorias que sejam realizados totalmente ou parcialmente por via marítima (quando o transporte seja efetuado com recurso a vários modos exige-se obrigatoriamente que pelo menos um deles seja o marítimo). Veja-se, a este respeito, a seguinte definição de contrato de transporte nas RR: "*«Contract of carriage» means a contract in which a carrier, against the payment of freight, undertakes to carry goods from one place to another. The contract shall provide for carriage by sea and other modes of transport in addition to the sea carriage*".

[183] Cf. Carbone, *Contrato di trasporto marittimo di cose*, cit., p. 294 e Januário da Costa Gomes, "Sobre o sistema próprio de responsabilidade do transportador de mercadorias", cit., p. 481.

[184] Cf. Carbone, *Contrato di trasporto marittimo di cose*, cit., pp. 531-532.

II. As RR identificam quais os elementos que deverão constar no documento de transporte (ou documento eletrónico de transporte)[185], entre os quais, para o que aqui releva, os seguintes (artigo 36.º, n.º 1): *(i)* a descrição das mercadorias apropriadas para transporte; *(ii)* as marcas necessárias à identificação das mercadorias; *(iii)* o número de embalagens ou unidades, ou quantidade das mercadorias; *(iv)* peso das mercadorias, se fornecido pelo carregador.

Também aqui estão em causa declarações tecidas pelo transportador no seguimento do seu exame comparativo relativamente à informação transmitida pelo carregador, sendo que: *(i)* quanto à descrição das mercadorias apropriadas para transporte, o carregador não tem a obrigação de mencionar detalhadamente a respetiva descrição técnica, sendo suficiente uma descrição abreviada e sendo apenas obrigatório mencionar a informação relevante para o transporte[186]; *(ii)* quanto às marcas necessárias à identificação das

[185] O artigo 1.º, n.º 14 das RR define documento de transporte como aquele que é emitido ao abrigo de um contrato de transporte pelo transportador que *(i)* prove que o transportador ou parte executante recebeu as mercadorias ao abrigo do contrato de transporte e *(ii)* prove ou incorpore um contrato de transporte. O artigo 1.º, n.º 18 das RR definem documento eletrónico de transporte prevendo uma equivalência funcional de regimes. Face a esta noção, como refere Januário da Costa Gomes, "Introdução às Regras de Roterdão – A Convenção "Marítima-Plus" sobre transporte internacional de mercadorias", *Temas de direito dos transportes*, Vol. I, Almedina, 2010, p. 35, o "paralelismo" com o conhecimento de carga e com as suas funções de recibo e de prova do contrato de transporte é evidente, embora, de acordo com esta noção, falte a função representativa. Esta omissão é propositada, uma vez que, ao abrigo das RR o documento pode ou não assumir esta última função, decompondo as RR o conceito de documento de transporte em documento negociável ou não negociável (cf. artigo 1.º, n.os 15 e 16).

[186] A menção relativa à "descrição das mercadorias apropriadas para transporte" foi objeto de discussão nos trabalhos preparatórios das RR (a descrição deve conter apenas os elementos relevantes, "*as appropriate for transport*"). Neste contexto, nos trabalhos preparatórios, a UNCITRAL rejeitou a proposta que exigia apenas a "descrição em geral das mercadorias", por se ter entendido que essa expressão seria demasiado vaga, tendo ao invés decidido optar pela expressão "*as appropriate for transport*" para alcançar o mesmo objetivo. Visa-se evitar que o transportador coloque no documento informação pormenorizada e extensa sem utilidade para o contrato de transporte. I.e., do modo como está concebida esta expressão ("*as appropriate for transport*"), e tal como resulta dos trabalhos preparatórios das RR, pode dizer-se que se pretende dar mais flexibilidade ao transportador dispensando-o de mencionar no documento informações detalhadas, descrições técnicas das mercadorias, tendo em conta o aumento da tendência (verificada) para os carregadores descreverem de forma detalhada e longa tais características para inclusão no documento de transporte. Cf., sobre este tema, Michael F. Sturley, Tomotaka Fugita, Gertjan van der Ziel, *The Rotterdam Rules – The UN Convention on Contracts*

mercadorias, número de embalagens, unidades ou quantidade e peso das mercadorias (se fornecido pelo carregador)[187], é patente a similitude com o previsto nas demais convenções internacionais, nomeadamente quanto ao facto de as declarações atinentes ao "*número de embalagens ou unidades, ou quantidade das mercadorias*" virem previstas em moldes que permitem concluir estarmos perante obrigações alternativas.

O documento de transporte ou documento eletrónico de transporte deve também conter o estado e condição aparentes das mercadorias a transportar (artigo 36.º, n.º 2, al. a) das RR). Contrariamente à informação precedente a que se refere o artigo 36.º, n.º 1, esta já não resulta de um exame comparativo.

Face à ambiguidade deste preceito, sentiu o legislador a necessidade de proceder à sua clarificação, considerando que o estado e condição aparentes serão aqueles que sejam revelados mediante uma *(i)* inspeção externa razoável da mercadoria embalada na altura da entrega pelo carregador ao transportador ou a uma parte executante, e *(ii)* qualquer inspeção adicional antes da emissão do documento realizada pelo transportador ou por uma parte executante (artigo 36.º, n.º 4 das RR).

III. O artigo 40.º das RR encarrega-se, de modo explícito, das reservas, estabelecendo-lhe um regime substantivamente mais rico e desenvolvido por comparação com os outros instrumentos normativos.

Em particular, as RR procedem a uma importante distinção (que não é feita nos outros regimes), a saber: *(i)* por um lado, e pelo menos em termos literais, aludem, em determinadas situações, às reservas como um "dever" ("*the carrier shall qualify the information*"); *(ii)* noutras, aludem à "possi-

for the International Carriage of Goods Wholly or Partly by Sea, Thomson Reuters, 2010, pp. 214-215; Tomotaka Fujita, "Transport documents and electronic transport records", *The Rotterdam Rules 2008 – Comentary to the United Nations Convention on Contracts for the International Carriage of Goods Wholly or Partly by Sea,* Kluwer Law International, 2010, pp. 168-169 e Soveral Martins, "Os documentos de transporte nas Regras da Haia e nas Regras de Roterdão", cit., p. 155.

[187] Sobre o elemento peso, prevê-se que esta indicação só é obrigatória se a informação referente ao peso for fornecida pelo carregador. Tal previsão normativa é, porém, desnecessária na medida em que toda a informação que o transportador deve declarar ao abrigo do artigo 36.º, n.º 1 das RR, reporta-se apenas à informação fornecida pelo carregador. Cf. Michael F. Sturley, Tomotaka Fugita, Gertjan van der Ziel, *The Rotterdam Rules*, cit., p. 215.

bilidade" de apor reservas ("*the carrier may qualify the information*"). Distinguem, ainda, a carga contentorizada da não contentorizada.

Na primeira hipótese, o artigo 40.º, n.º 1 das RR, prevê que o transportador "deve" formular reservas relativamente à informação mencionada no artigo 36.º, n.º 1 por forma a não responder pela exatidão das informações tal como transmitidas pelo carregador, sempre e quando *(i)* saiba efetivamente que qualquer declaração contida no documento de transporte ou no documento eletrónico de transporte é falsa ou enganosa, ou, *(ii)* tenha motivos razoáveis para crer que alguma declaração contida no documento de transporte ou documento eletrónico de transporte é falsa ou enganosa.

Carbone entende que daqui resulta a existência de uma obrigação do transportador em apor reservas específicas nestas situações, sob pena de o mesmo ficar exposto à responsabilidade perante os terceiros portadores do documento[188]. Considera, ademais, que esta solução possibilitará amenizar as disputas frequentes entre transportadores (interessados em não assumir responsabilidades decorrentes das informações falsas ou imprecisas fornecidas pelo carregador) e os carregadores (interessados na emissão de um documento sem reservas)[189]. Tomotaka Fujita, por sua vez, refere que, nestes casos, para evitar uma possível responsabilização decorrente da informação transmitida pelo carregador, o transportador deve formular reservas – não sendo, pois, suficiente a não inclusão dessa informação no documento[190].

Na segunda hipótese, o n.º 2 do artigo 40.º das RR prescreve que o transportador "pode" formular reservas relativamente à informação mencionada artigo 36.º, n.º 1 (informação fornecida pelo carregador) nas circunstâncias e na forma estabelecidas nos n.os 3 e 4 do artigo 40.º, para que não responda pela exatidão da informação fornecida pelo carregador. Nestas circunstâncias, como nota Carbone, diferentemente da situação anterior, não existirá uma obrigação de formular reservas[191]. Tais circunstâncias são as que se passam a expor.

De acordo com o n.º 3 do artigo 40.º, quando as mercadorias não hajam sido entregues ao transportador ou parte executante dentro de um conten-

---

[188] Cf. Carbone, *Contrato di trasporto marittimo di cose*, cit., p. 532.

[189] Cf. Carbone, *Contrato di trasporto marittimo di cose*, cit., p. 532.

[190] Cf. Tomotaka Fujita, "Transport documents and electronic transport records", cit., pp. 179-180. Nesta situação, prossegue, "*a qualifying clause is mandatory* [...] *The carrier can be liable under applicable national law.*"

[191] Cf. Carbone, *Contrato di trasporto marittimo di cose*, cit., p. 532.

tor ou veículo fechado, ou quando hajam sido entregues num contentor ou veículo fechado e o transportador ou uma parte executante as hajam inspecionado efetivamente, o transportador poderá formular reservas de acordo com o previsto no parágrafo 36.º, sempre e quando:

a) não disponha de nenhum meio materialmente praticável ou comercialmente razoável para verificar a informação disponibilizada pelo carregador, devendo nesse caso indicar qual a informação que não pôde verificar; ou
b) tenha motivos razoáveis para crer que a informação disponibilizada pelo carregador poderá ser inexata, caso em que poderá inscrever uma cláusula indicando o que razoavelmente entenda por informação exata/correta;

Prevê, por sua vez, o n.º 4 do artigo 40.º que quando as mercadorias sejam entregues ao transportador ou a uma parte executante dentro de um contentor ou veículo fechado, o transportador poderá formular reservas relativamente à informação indicada:

a) nas als. a), b) e c) do artigo 36.º, n.º 1 das RR (descrição das mercadorias apropriadas para transporte, marcas e número de embalagens ou unidades ou quantidade das mercadorias), sempre e quando *(i)* nem o transportador nem uma parte executante hajam inspecionado efetivamente as mercadorias dentro do contentor do veículo; e *(ii)* nem o transportador nem uma parte executante tenham de outro modo conhecimento efetivo do seu conteúdo antes de emitir o documento de transporte ou documento eletrónico de transporte;
b) na al. d) artigo 36.º, n.º 1 das RR (peso da mercadoria), sempre e quando: *(i)* nem o transportador nem uma parte executante hajam pesado o contentor do veículo e o carregador ou transportador não houvessem acordado que esse contentor ou veículo seria pesado e o seu peso seria mencionado nos dados do contrato; ou *(ii)* o transportador não disponha de meio algum materialmente praticável ou comercialmente razoável para verificar o peso do contentor ou veículo[192].

[192] Nota Tomotaka Fujita, "Transport documents and electronic transport records", cit., p. 182, o seguinte: "*It is easier for the carrier to qualify the information about the weight of the goods*".

Com CARBONE, podemos concluir que ressalta à vista um regime extremamente articulado, onde, pela primeira vez, se codificam as soluções jurisprudenciais "mais avançadas", ficando claro (ainda mais do que nas RH 1978) em que casos serão admissíveis as reservas genéricas e em que situações o transportador têm a obrigação de apor reservas específicas[193].

IV. Às menções contidas no documento de transporte ou documento eletrónico de transporte (ou a falta de menções, consoante o caso) está associado um efeito presuntivo, concretamente:

a) se o transportador não fizer menção ao estado e condição aparentes das mercadorias, presume-se que as recebeu em aparente bom estado e condição (artigo 39.º, n.º 3 das RR);
b) se o transportador não fizer reservas sobre a informação transmitida pelo carregador ao abrigo do artigo 40.º, presume-se que o transportador recebeu as mercadorias tal como descritas no documento (artigo 41.º das RR).

Neste particular, cumpre distinguir as relações entre o carregador e o transportador das relações entre o transportador e terceiros. Vejamos.

O artigo 41.º das RR ocupa-se do valor probatório da informação contida no documento de transporte ou documento eletrónico de transporte, dispondo-se que, salvo na medida em que tenham sido formuladas reservas nos termos do artigo 40.º, todo o documento de transporte ou documento eletrónico de transporte constituirá presunção, salvo prova em contrário, de que o transportador recebeu as mercadorias conforme descrito nesses documentos[194]. I.e., nas relações entre o carregador e o transportador a informação contida no documento constitui *prima facie evidence*[195].

Por sua vez, nas relações entre transportador e terceiros, o valor probatório difere consoante a natureza negociável ou não negociável do documento. De acordo com o artigo 41.º, al. b) das RR não se admitirá prova alguma em contrário por parte do transportador relativamente à informação

[193] Cf. CARBONE, *Contratto di trasporto marittimo di cose*, cit., p. 533.

[194] Cf. artigo 41.º, al. a) das RR.

[195] Cf. MICHAEL F. STURLEY, TOMOTAKA FUGITA, GERTJAN VAN DER ZIEL, *The Rotterdam Rules*, cit., p. 235. Os autores socorrem-se do seguinte exemplo: quando no documento se menciona "40 contentores" e afinal foram recebidos 30, o transportador pode provar que, ao invés de 40, recebeu 30 contentores.

contida no documento quando esteja em causa *(i)* um documento negociável que haja sido transferido para um terceiro de boa fé, ou *(ii)* um documento não negociável que indica que tem de ser devolvido para obter a entrega das mercadorias e que haja sido transferido a um destinatário de boa fé.

Se o documento for negociável, o terceiro legítimo portador que esteja de boa fé tem a seu favor uma presunção inilidível relativamente às informações nele contidas. Exigem-se, assim, três requisitos: *(i)* que se trate de um terceiro[196]; *(ii)* que esse terceiro seja o legítimo portador do documento (porque o mesmo lhe foi transmitido validamente, por endosso ou entrega); *(iii)* que esse terceiro esteja de boa fé – visa-se a boa fé em sentido subjetivo, ou seja, o terceiro não pode ter conhecimento, *a priori*, de que a informação contida no documento está incorreta[197], mas não se exige qualquer investimento de confiança da sua parte[198]. Este ponto difere do regime previsto para os documentos não negociáveis, conforme se passa a enunciar.

Se o documento for não negociável, há duas hipóteses. A primeira verifica-se no caso de se estar perante um documento de transporte não negociável que indica que tem de ser devolvido para obter a entrega das mercadorias e que haja sido transferido a um destinatário de boa fé. Neste caso, o regime aplicável é o mesmo que o dos documentos negociáveis frente a terceiro de boa fé que seja legítimo portador do documento, conforme *supra* exposto.

A segunda verifica-se quando existe um destinatário de boa fé merecedor de tutela, não obstante o documento não indicar que deve ser devolvido. Esta situação vem prevista no artigo 41.º, al. c) das RR, de acordo com o qual não se admitirá prova alguma em contrário por parte do transportador frente a um destinatário de boa fé que atuou confiando na informação

---

[196] I.e., que não seja parte no contrato (que não seja o carregador nem o transportador, portanto).

[197] Cf. Michael F. Sturley, Tomotaka Fugita, Gertjan van der Ziel, *The Rotterdam Rules*, cit., p. 236 e Berlingieri, "An analysis of two recent commentaries of the Rotterdam Rules", *Il diritto marittimo*, Fasc. I – 2012, pp. 35-36: "*Good faith means in this connection that the holder of the document was unaware that the goods were at loading in conditions different from those describe in the transport document and that the paid for the goods their full price, without any discount for a minor quantity or inferior quality or other conditions different from those described in the transport document.*"

[198] Cf. Michael F. Sturley, Tomotaka Fugita, Gertjan van der Ziel, *The Rotterdam Rules*, cit., p. 236. V.g., não se exige que o terceiro tenha pagado o preço das mercadorias no âmbito do contrato subjacente (compra e venda, fornecimento, entre outros).

do documento relativamente às seguintes informações que figurem num documento não negociável:

a) as informações a que se refere o artigo 36.º, n.º 1 quando hajam sido fornecidas pelo transportador, i.e., marcas necessárias à identificação das mercadorias, número de embalagens, unidades ou quantidade e peso das mercadorias;
b) o número, tipo e números de identificação dos contentores (mas não a identificação dos números do selo do contentor);
c) a informação a que se refere o artigo 36.º, n.º 2, i.e., estado e condição aparentes da mercadoria.

O valor probatório dos documentos não negociáveis perante terceiros – mormente a presunção *iure et de iure* – foi alvo de discussão nos trabalhados preparatórios das RR. Houve quem afirmasse que, pelo facto de serem não negociáveis, a sua natureza não se coadunaria com a atribuição de um efeito presuntivo *iure et de iure* frente a terceiros, mesmo de boa fé[199].

Chegou-se, então, a uma solução de compromisso. Nem toda a informação contida num documento não negociável constituirá presunção inilidível frente a um destinatário de boa fé, sendo que: *(i)* a mais importante de todas é a respeitante ao estado e condição aparentes das mercadorias prevista no artigo 36.º, n.º 2 das RR, que, como vimos, é informação fornecida pelo próprio transportador; *(ii)* no que concerne à informação prevista no artigo 36.º, n.º 1 das RR, tipicamente e usualmente fornecida pelo carregador, o transportador não pode ilidir esta presunção na hipótese, pouco frequente, em que seja ele próprio a fornecer essa informação, optando voluntariamente por incluí-la no documento; *(iii)* por fim, a informação relativa ao número, tipo e identificação de contentores dá origem a uma presunção inilidível mesmo que o carregador originalmente tenha fornecido essa informação[200].

---

[199] Neste contexto, e como afirmado por Michael F. Sturley, Tomotaka Fugita e Gertjan van der Ziel, *The Rotterdam Rules*, cit., p. 236, existe, é certo, no direito internacional dos transportes, presunção semelhante na *CMI Uniform Rules for Seaybills*, mas este normativo constitui direito uniforme voluntário e não imperativo, sendo apenas aplicável se as partes do contrato para ele remeterem, incorporando tais cláusulas no contrato. Por isso, este argumento não deve valer, de *per si*, para, sem mais, constituir fundamento da consagração de um regime idêntico em normativos imperativos, como as RR.

[200] Cf. Michael F. Sturley, Tomotaka Fugita, Gertjan van der Ziel, *The Rotterdam Rules*, cit., p. 237.

Acresce, ainda, como entende BERLINGIERI, que à presunção sobre o bom estado e condição aparente das mercadorias, a que se refere o artigo 39.º, n.º 3 das RR, deve ser igualmente aplicável a seguinte regra constante do artigo 41.º das RR: a presunção é inilidível no que respeita a terceiros a quem o documento seja transferido, sendo permitida a prova em contrário apenas nas relações entre o transportador e o carregador[201].

4. Dogmática comum das reservas

Aqui chegados, e uma vez analisados os vários regimes nacionais e internacionais individualmente considerados, estamos já em condições de tentar construir uma dogmática comum das reservas. Tal construção deverá partir dos pontos de contacto existentes entre os vários regimes e basear-se em importantes princípios de direito. É o que nos propomos fazer de seguida.

4.1. Forma e conteúdo

As reservas estão ligadas à literalidade dos documentos de transporte – documento este que, como vimos, prova a receção da mercadoria pelo transportador e o estado em que este as recebeu bem como os termos ou condições do contrato de transporte. Decorre daqui uma conclusão lógica: a sua forma é escrita[202]. Dessa literalidade decorre, também, que não existem reservas por omissão, não tendo o silêncio do transportador o alcance de constituir qualquer reserva.

Quanto ao conteúdo, as reservas podem ser mais ou menos específicas (ou mais ou menos genéricas, conforme se preferir). Não rejeitamos, à partida e por princípio, a admissibilidade de quaisquer reservas. I.e., poderá haver fundamento para vários tipos: específicas, genéricas, sobre as menções declaradas pelo carregador/expedidor e sobre o estado e condição aparentes das mercadorias. Todas elas poderão ser, em teoria, validamente apostas desde que verificados os correspondentes fundamentos *in concreto*.

---

[201] Cf. BERLINGIERI, "An analysis of two recent commentaries of the Rotterdam Rules", cit., p. 34.

[202] Uma reserva verbal é, pois, destituída de qualquer efeito, estando, pela sua própria natureza, sujeita a forma escrita, mediante a inscrição no respetivo documento de transporte.

4.2. Validade

As reservas não são admitidas de forma indiscriminada. Existem requisitos de validade, como já tivemos ocasião de ver a respeito dos vários regimes. Neste particular, defendemos que a validade das reservas dependerá da verificabilidade, em termos de razoabilidade, das características das mercadorias que ao transportador caiba inspecionar[203].

Além disso, as reservas deverão ser tão precisas e claras quanto possível em relação a uma determinada carga em concreto – precisamente até onde o cumprimento do dever de verificação (razoavelmente exigível) o permita[204].

Assente que as reservas devem ter um fundamento material bastante, exigir-se-á, ademais, a indicação expressa, no documento de transporte, do motivo justificativo? Terá, decerto, o transportador, todo o interesse em o fazer, por questões probatórias. Se não o fizer, corre o risco de não conseguir ilidir a presunção que contra si incorre.

Na opinião de Castello-Branco Bastos (a respeito do transporte rodoviário), não basta, na verdade, uma mera reserva para inverter o ónus da prova. Exigir-se-á, outrossim, que do documento de transporte conste o respetivo motivo ou fundamento[205]. Neste ponto, o autor distingue entre[206]:

a) fundamentação *ad hoc*: aqui, o transportador deve mencionar concretamente os motivos da impossibilidade de verificação;

b) fundamentação *in re ipsa*: resulta do óbvio, sem necessidade de uma referência expressa, por escrito (v.g., contentor FCL – *full container load*).

---

[203] Cf., v.g., Costeira da Rocha, *O contrato de transporte de mercadorias*, cit., p. 131.

[204] Vd., a respeito do transporte marítimo, Sanchéz Calero, *El contrato de transporte marítimo de mercancías*, cit., pp. 260-261.

[205] Neste sentido, vd. Castello-Branco Bastos, *Direito dos transportes*, cit., p. 136, defendendo que o afastamento da presunção do artigo 9.º, n.º 2 dependerá do caráter fundamentado das reservas (seja essa fundamentação *ad hoc*, ou resulte ela *in re ipsa*). No mesmo sentido, Loewe, “Commentary on the Convention of 19 May 1956 on the Contract for the International Carriage of Goods by Road (CMR)”, cit., p. 346, considera que a falta de indicação dos fundamentos determinará que as reservas sejam destituídas de efeito, a não ser que o expedidor as haja aceitado.

[206] Cf. Castello-Branco Bastos, *Direito dos transportes*, cit., pp. 135-136.

Quanto a nós, parece-nos que a indicação do motivo justificativo não constitui *conditio sine qua non* da validade das reservas, embora tal tenha consequências probatórias. Com efeito, na medida em que as reservas só são válidas se existir motivo justificativo, deverá o transportador, ao abrigo das normas gerais do ónus da prova, provar esse motivo justificativo. Provado este fundamento, operarão os efeitos das reservas. Note-se que isto é diferente do que exigir a indicação do motivo justificativo no próprio documento de transporte para que as reservas sejam válidas: o transportador pode provar por outros meios, sem que seja por via do documento de transporte, o motivo justificativo e, neste caso, havendo reservas validamente apostas, as mesmas produzirão os seus típicos efeitos[207]. Ainda que os regimes jurídicos respetivos exijam a indicação expressa do motivo justificativo, tratar-se-á, nestes casos, a nosso ver, de formalidade *ad probationem* e não *ad substantiam. Contition sine qua non* é, isso sim, a existência, de *per si*, do motivo justificativo, pelo que, sendo este provado, verificar-se-ão os efeitos das reservas.

4.2.1. *Dever de verificação e impossibilidade de controlo*

A validade de uma reserva dependerá da existência ou não do dever de verificação *in concreto*. Tal dever de verificação só existirá, como vimos, na medida da verificabilidade, em termos de razoabilidade, das características das mercadorias objeto do transporte.

No que concerne ao dever de verificação sobre os dados fornecidos pelo carregador/expedidor, quem tem o "controlo" desta informação é, precisamente, o carregador/expedidor[208], ficando o transportador limitado às seguintes opções na sequência do cumprimento do seu dever de verificação: *(i)* ou chega à conclusão que as mercadorias estão de acordo com a informação transmitida pelo carregador/expedidor e corrobora essa informação; *(ii)* ou chega à conclusão que as mercadorias estão desconformes com a informação transmitida pelo carregador/expedidor e menciona, expressa-

[207] Diferentemente, a respeito da Lei do Transporte Marítimo espanhola (LTM), Sanchéz Calero, *El contrato de transporte marítimo de mercancías*, cit., p. 260, considera que o sistema da LTM, exigindo a expressa indicação no documento de transporte do motivo justificativo, faz depender a validade das reservas desta indicação expressa.

[208] Cf., a respeito das RR, Michael F. Sturley, Tomotaka Fugita, Gertjan van der Ziel, *The Rotterdam Rules*, cit., 2010, p. 214.

mente, essas desconformidades (apondo reservas); *(iii)* ou chega à conclusão que as mercadorias estão desconformes com a informação transmitida pelo carregador/expedidor e não menciona essas desconformidades (não apondo reservas não obstante a existência de fundamento)[209].

Quanto às reservas sobre o estado e condição aparentes das mercadorias, diferentemente, é o transportador quem assume o "controlo" sobre essa informação – i.e., esta obrigação baseia-se num exame próprio do transportador, e não na informação transmitida ou fornecida pelo carregador/expedidor[210].

As RR, como exposto[211], aludem ao conceito de "inspeção externa razoável" para concretizar este dever (i.e., só é exigível ao transportador uma inspeção dessa natureza). Também LOEWE, no tocante à CMR, considera que a expressão "*estado aparente da mercadoria e da sua embalagem*" cobre todos os aspetos que podem ser verificados mediante uma inspeção externa cuidadosa ou, se necessário, "*by touching*", não prevendo a CMR o uso de aparelhos específicos para o efeito[212].

Entendemos que estas considerações valem de forma transversal em relação aos vários modos de transporte e, neste sentido, podemos concluir, *grosso modo*, o seguinte:

a) uma inspeção externa razoável é aquela que tem em conta aspetos visuais, mas não só, podendo também ser verificáveis outros aspetos mediante a apreensão por outros sentidos, tais como cheiros e sons peculiares que permitam revelar informação pertinente sobre as mercadorias[213];

---

[209] Sendo que, naturalmente, nesta situação, as consequências jurídicas associadas, já se antevê, não podem ter correspondência com as consequências das duas situações anteriores.

[210] Cf., a respeito das RR, MICHAEL F. STURLEY, TOMOTAKA FUGITA, GERTJAN VAN DER ZIEL, *The Rotterdam Rules*, cit., p. 215.

[211] Cf. ponto 3.6. *supra* – Regras de Roterdão.

[212] Cf. LOEWE, "Commentary on the Convention of 19 May 1956 on the Contract for the International Carriage of Goods by Road (CMR)", cit., p. 345.

[213] Cf., a respeito das RR, MICHAEL F. STURLEY, TOMOTAKA FUGITA, GERTJAN VAN DER ZIEL, *The Rotterdam Rules,* cit., p. 216 e TOMOTAKA FUJITA, "Transport documents and electronic transport records", cit., pp. 169-170. Em termos semelhantes, no que concerne ao transporte rodoviário, MARTÍN CASTRO, "El régimen de responsabilidade del porteador en el transporte internacional rodado (CMR)", cit., p. 528, entende que decorre do artigo 8.º, n.º 1 da CMR um dever de verificação que apenas requer uma inspeção externa e superficial ("[...] *inspeccionar de manera externa o superficial el estado aparente de la mercancia y*

b) uma inspeção externa razoável não exige, em princípio, que o transportador tenha de abrir contentores para verificar as mercadorias[214];

c) mesmo não tendo o transportador o dever de ir para além de uma inspeção externa razoável, se optar por tomar diligências adicionais de verificação para além daquilo que lhe é exigível e se essas diligências adicionais (inspeção adicional) revelarem algo a respeito do estado e condição aparentes das mercadorias, deve incluir essa informação no documento de transporte[215].

Pode também suceder que o transportador não disponha de meios razoáveis para proceder à verificação (quer dos dados fornecidos pelo transportador quer do estado/condição aparentes da mercadoria)[216]. Nesta senda, cumpre determinar o conceito de "meios razoáveis".

Em primeiro lugar, estes devem ser compatíveis com a finalidade do transporte – que é a deslocação das mercadorias de forma eficiente e que não comprometa a fluidez do comércio[217]. Em segundo lugar, de entre os meios compatíveis com a finalidade do transporte, apenas são exigíveis aqueles que não acarretem custos excessivos para a operação, atendendo às circunstâncias normais e, designadamente, aos usos do comércio. Fatores como o custo ou o tempo despendido deverão, em particular, ser tidos em conta para a aferição daquilo que constitui ou não um meio razoável.

Neste particular, surge também à colação o conceito de impossibilidade de controlo associada à falta de meios razoáveis para o transportador proceder à verificação ou a uma inspeção das mercadorias. A impossibilidade de controlo pode ser, fundamentalmente, entendida em dois senti-

---

de su embalaje así como la exactitud de los dados consignados en la carta de porte acerca del número de paquetas, sus marcas y sus números").

214 Cf., a respeito das RR, Michael F. Sturley, Tomotaka Fugita, Gertjan van der Ziel, *The Rotterdam Rules*, cit., p. 216 e Tomotaka Fujita, "Transport documents and electronic transport records", cit., p. 170.

215 Esta é a solução que resulta expressamente do artigo 36.º, n.º 4, al. b) das RR e que se deve aplicar ao abrigo de qualquer regime do transporte de mercadorias, porque constitui uma decorrência da boa fé (dever de informação).

216 Cf. Wanda d'Alessio, *Diritto dei trasporti*, cit., p. 258.

217 Vd., neste sentido, a respeito do transporte rodoviário, Adriano Marteleto Godinho, "A responsabilidade do transportador rodoviário de mercadorias", *Temas de direito dos transportes*, Vol. I, Almedina, p. 128, que alude a uma deslocação ágil e eficiente das mercadorias.

dos: impossibilidade física ou material e impossibilidade comercial[218]. A primeira aceção está ligada, como o próprio nome indica, à falta de meios físicos ou materiais para proceder à inspeção ou verificação (impossibilidade de facto). A segunda é já uma aceção mais jurídica associada àquilo que é exigível ao transportador não obstante o mesmo poder dispor de meios físicos.

In casu, está fundamentalmente em causa uma impossibilidade comercial: falta de meios que razoavelmente sejam exigíveis ao transportador numa determinada situação. Como afirmado por YVES TASSEL a respeito da posição da jurisprudência francesa, o transportador não pode concentrar todos os seus esforços e meios a todo o tempo no exercício da sua função de controlo[219]. Na mesma linha de pensamento, CASTELLO-BRANCO BASTOS alude, no transporte rodoviário, ao conceito de meios razoáveis como aqueles meios que não se revelem, v.g., excessivamente demorados ou dispendiosos. Por sua vez, LOEWE, também no seio do transporte rodoviário, considera que os meios são razoáveis se for de exigir a um transportador diligente que os tenha à sua disposição[220]. No transporte ferroviário, RECALDE CASTELLS refere, similarmente, que são meios adequados os que se encontram à disposição de um transportador ordenado/organizado[221].

Deve, aqui, fazer-se um juízo de proporcionalidade, averiguando-se se um transportador diligente, colocado numa determinada situação em concreto, teria meios razoáveis ao seu dispor para verificar as mercadorias em causa ou se, pelo contrário, tal verificação exigiria um esforço irrazoável ou desmedido atendendo às circunstâncias do caso concreto. No fundo, está em causa aquilo que é possível apreender pelos sentidos exter-

---

[218] Aludindo expressamente estes conceitos com base na jurisprudência francesa, vd. YVES TASSEL, "*Les reformes apportees par les Regles de Hambourg au regime juridique du connaissement*", cit., p. 298.

[219] Cf. YVES TASSEL, "*Les reformes apportees par les Regles de Hambourg au regime juridique du connaissement*", cit., p. 298.

[220] Cf. LOEWE, "Commentary on the Convention of 19 May 1956 on the Contract for the International Carriage of Goods by Road (CMR)", cit., p. 346: "*Means are reasonable when they are such that a diligent carrier may be required to have them at this disposal and make use of them. Thus, a carrier cannot be required to count several thousand small packages of identical appearance and to examine their marks and numbers, particularly when the loading is carried out by several persons simultaneously in order to save time*".

[221] Cf. RECALDE CASTELLS, "El contrato de transporte internacional de mercancías por ferrocarril: concepto, naturaleza e caracteres. La documentación del contrato", cit., pp. 73-74.

namente e razoavelmente – i.e., sem custos desmesurados ou excessivos para o transportador[222].

4.2.2. *Da (in)admissibilidade das reservas genéricas*

Em consonância com as conclusões a que chegámos nos pontos anteriores, a admissibilidade de reservas genéricas decorre do facto de o dever de verificação do transportador quanto às mercadorias apenas existir na medida da razoabilidade. Assim, a fronteira entre a admissibilidade ou não admissibilidade das reservas genéricas deve ser traçada com recurso ao critério da existência ou não, em concreto, deste dever[223], nos seguintes termos:

a) se não existir o dever de verificação em concreto, o transportador encontra-se legitimado quanto à aposição de reservas genéricas;
b) se existir o dever de verificação em concreto, o transportador não poderá apor tais reservas.

Note-se que a aferição da existência deste dever não deverá ser feita em bloco, mas individualmente em relação a cada elemento/menção que deve ser feita no documento. Assim, v.g., poderá ser exigível a verificação do peso e não ser exigível, quanto à mesma mercadoria, a verificação do número de embalagens que estão dentro do contentor (no caso de o contentor ser arrumado pelo carregador e o mesmo se encontrar selado). Neste exemplo, o transportador poderá fazer reservas genéricas quanto à quantidade das mercadorias (número de embalagens) mas já não quanto ao seu peso

---

[222] Neste sentido, pode concluir-se, no que concerne ao estado e condição aparentes da mercadoria, que está em causa somente o que é discernível por meio de um exame externo e razoável, "*so far as meets the eye*" – cf., a respeito do transporte rodoviário, Malcolm Clarke, *International carriage of goods by road: CMR*, cit., p. 65 e Malcolm Clarke e David Yates, *Contracts of carriage by land and air*, cit., p. 14.

[223] Neste sentido, vd., também, Antonio Lefebvre d'Ovidio, Gabriele Pescatore e Leopoldo Tullio, *Manuale di diritto della navigazione*, Giuffrè, 9ª ed., 2000, p. 619. Os autores afirmam que as reservas genéricas estão sujeitas a um limite de validade: a aferição da razoabilidade da verificação ou controlo das mercadorias, i.e., só pode concluir-se pela inexistência desse dever de verificação mediante um teste de razoabilidade, através da análise, em concreto, das condições da mercadoria e dos meios técnicos utilizados na operação de carregamento.

(quanto a este só poderá fazer reservas específicas se verificar que o mesmo é desconforme em relação ao declarado pelo carregador/expedidor)[224].

Em geral, tem a doutrina entendido que as reservas genéricas sobre o estado e condição aparentes das mercadorias não são válidas, por se considerar que existe sempre a possibilidade de verificação, em termos de razoabilidade, pelo transportador[225].

Entre a doutrina espanhola, IGNACIO ARROYO defende não serem admissíveis omissões ou declarações de teor "*ignoro*", na medida em que o estado aparente é externamente verificável pelo transportador, sem necessidade da colaboração do carregador, defendendo que tais reservas só serão admissíveis quando as mercadorias se encontrem em contentores selados[226]. De forma idêntica, JOSÉ MARÍA RUIZ SOROA, S. ZABALETA SARASÚA e M. GONZÁLEZ RODRIGUEZ consideram que são nulas e sem valor as cláusulas do tipo "*ignoro estado y condición aparente*", pois sempre poderá o transportador, através do capitão e seus agentes, comprovar algo que é aparente/ /exterior. Isto da mesma forma em que será válida a claúsula "*ignoro condición interna*", pois nada obriga o transportador a mencionar a qualidade intrínseca da mercadoria a transportar[227]. De forma idêntica, no que respeita ao transporte ferroviário, RECALDE CASTELLS defende que, estando em causa contentores selados, dificilmente poderá admitir-se a premissa de que existe uma verificabilidade *in re ipsa* do estado aparente da mercadoria e sua emba-

---

[224] No caso *Mata K*, disponível em *Lloyd's Law Reports*, 1998, Vol. 2, pp. 614-621, considerou-se que se um conhecimento de carga contém a claúsula "*weight...number... quantity unkown*" não se pode considerar que o conhecimento "mostra" esse número e peso. Entendeu-se que não se "mostra" nada quanto a estes dados porque o armador (*rectius*, transportador) não está preparado (porque não tem conhecimento) para mencionar qual o peso ou quantidade. Considerou-se, ademais, nesta decisão, que não existe fundamento para considerar que tal cláusula poderia ser tratada como sendo nula, de nenhum efeito e como se nunca tivesse existido ao abrigo do artigo 3.º, n.º 8 da CB 1924. Desde logo porque tal cláusula (que, tecnicamente, é uma reserva genérica), não constitui uma causa de exclusão da responsabilidade do transportador, tendo apenas efeitos no regime probatório no sentido de deixar de se verificar o efeito preclusivo previsto no artigo 3.º, n.º 4 da CB 1924.

[225] Cf. ANTONIO LEFEBVRE D'OVIDIO, GABRIELE PESCATORE e LEOPOLDO TULLIO, *Manuale di diritto della navigazione*, cit., pp. 619-620; RIGHETTI, *Trattato di diritto marittimo*, Parte Seconda, cit., p. 1002.

[226] Cf. IGNACIO ARROYO, *Curso de derecho marítimo*, cit., p. 527.

[227] Cf. RUIZ SOROA, ZABALETA SARASÚA e GONZÁLEZ RODRIGUEZ, *Manual de derecho del transporte marítimo*, cit., p. 425.

lagem[228]. Na doutrina portuguesa, MÁRIO RAPOSO considera que as reservas sobre o estado e acondicionamento aparentes das mercadorias, sendo exteriores e verificáveis sem qualquer dificuldade pelo transportador (ou por quem o represente) "*não podem ser qualificadas, pelo menos em sentido mediamente rigoroso, como reservas*"[229]. CASTELLO-BRANCO BASTOS, por sua vez, considera que não são permitidas reservas sobre o estado e acondicionamento aparentes das mercadorias ao abrigo da CB 1924, pois relativamente a estes factos, segundo entende, existe uma verificabilidade *in re ipsa*[230].

Quanto a nós, dir-se-á que dificilmente conseguiremos conceber que essa verificação seja possível se o transportador receber um contentor selado e arrumado pelo expedidor/carregador.

4.2.3. *O caso específico da contentorização*

A contentorização possibilitou uma maior agilização e celeridade das operações de carregamento e descarregamento, bem como uma redução drástica dos custos de transporte. Impõe-se, nesta senda, uma interpretação do regime das reservas que tenha em conta esta realidade – que, de resto, já se encontra plasmada nas RR.

Em nosso entender, mesmo em relação aos instrumentos normativos que não a regulam, uma correta interpretação das suas normas – nomeadamente dos conceitos indeterminados relacionados com a razoabilidade dos meios de verificação das mercadorias – permite-nos chegar a conclusões idênticas ao previsto nas RR.

Neste contexto, cumpre distinguir os seguintes tipos de contentores[231]:

a) contentores FCL (*full container load*) – estes contentores são arrumados pelo expedidor/carregador e entregues ao transportador já fechados e selados;

---

[228] Cf. RECALDE CASTELLS, "El contrato de transporte internacional de mercancías por ferrocarril: concepto, naturaleza e caracteres. La documentación del contrato", cit., p. 71.

[229] Cf. MÁRIO RAPOSO, "As reservas ao conhecimento em direito marítimo", cit., p. 572.

[230] Cf. CASTELLO-BRANCO BASTOS, *Da disciplina do contrato de transporte internacional*, cit., p. 267.

[231] Cf., v.g., MÁRIO RAPOSO, "As reservas ao conhecimento em direito marítimo", cit., 575 e, do mesmo autor, "Transporte marítimo de mercadorias. Os problemas", cit., p. 72; JANUÁRIO DA COSTA GOMES, *O ensino do direito marítimo*, cit., pp. 228-229.

b) contentores LCL (*less than full container load*) – estes contentores são arrumados pelo transportador (a estiva é feita pelo próprio transportador).

Sobre estes últimos (LCL), não se vislumbram especificidades que justifiquem considerações especiais quanto à admissibilidade das reservas, pois neste caso o transportador terá, em princípio, meios para proceder a uma verificação razoável das mercadorias que lhe permita identificar as marcas, quantidade e peso das mercadorias, bem como verificar a sua condição e estado aparentes.

Os primeiros (FCL), porém, merecem considerações especiais. Em primeiro lugar, deverá considerar-se que nestas situações são, em princípio, admissíveis reservas genéricas[232]. Ao abrigo da CB 1924, há autores que aludem à possibilidade de o transportador escolher uma de duas vias: *(i)* pode, simplesmente, não mencionar no documento os dados não verificáveis; ou, *(ii)* pode inserir reservas genéricas utilizando expressões como "*dice essere*" ("*said to be*"), "*ignoro peso*" ("*weight unkown*"), "*dice contenere*" ("*said do contain*")[233]. Em segundo lugar, dever-se-á questionar se o efeito presuntivo *prima facie* se poderá verificar quando a mercadoria tenha sido arrumada pelo carregador e entregue ao transportador em contentores FCL, tendo o transportador aposto reservas genéricas (v.g., "*said to contain*"). A resposta será, em princípio, negativa[234].

---

[232] Cf., neste sentido, Antonio Lefebvre d'Ovidio, Gabriele Pescatore e Leopoldo Tullio, *Manuale di diritto della navigazione*, cit., p. 619.

[233] Cf., neste sentido, Antonio Lefebvre d'Ovidio, Gabriele Pescatore e Leopoldo Tullio, *Manuale di diritto della navigazione*, cit., p. 619.

[234] Cf., neste sentido, a Decisão do *Supreme Court of New South Wales Commercial Division*, de 12 de agosto de 1987, a respeito do Caso *Esmeralda 1*, in *Lloyd's Law Reports*, 1988, Vol. 1, pp. 206-211, em que se considerou que, tendo a mercadoria sido arrumada pelo carregador e entregue ao transportador em contentores FCL e tendo o transportador aposto as cláusulas "*said to contain – packed by shippers*", "*particulars furnished by shipper of goods*", não se poderia verificar o efeito presuntivo *prima facie* quanto à quantidade das mercadorias constante do conhecimento (no caso, haviam chegado ao destino menos unidades do que o devido contratualmente). Sobre esta problemática vd., também, Malcolm Clarke, *International carriage of goods by road: CMR*, cit., p. 69, onde se afirma que os tribunais franceses, no que respeita ao transporte marítimo, têm considerado que, em princípio, as puras reservas "*said to contain*" são insuficientemente motivadas que não podem afastar o efeito presuntivo e que, na mesma linha de pensamento, um tribunal belga decidiu de forma idêntica no que respeita à interpretação do artigo 8.º, n.º 2 da CMR.

Por outro lado, o facto de o documento de transporte conter, v.g., uma cláusula que permita ao transportador abrir o contentor e proceder à inspeção das mercadorias não afeta esta posição[235]. Isto porque, não obstante o poder fazer, não lhe é, em princípio, exigível, em termos de razoabilidade, que assim proceda se se tratar de um contentor FCL[236]. O valor probatório dos documentos de transporte nestas situações em que são apostas reservas genéricas é, assim, bastante limitado[237].

Podemos, por isso, concluir que:

a) tratando-se de um contentor FCL, por regra, serão de admitir este tipo de reservas, por existir motivação[238];

b) no caso de um contentor LCL, por regra, não serão admissíveis este tipo de reservas, por ser possível a verificação do estado e condição aparentes da mercadoria[239]. Apenas em casos excecionais e devidamente fundados em que, não obstante a natureza do contentor permitir a verificação do estado e condições aparentes da mercadoria e demais características da mercadoria, se conclua que não deva de se exigir ao transportador esta verificação, se admitirão reservas desta natureza.

Ainda assim, cabe esclarecer, nem todas as reservas "*said to contain*" são admissíveis perante um contentor FCL, porquanto normalmente o transportador tem ainda a capacidade de verificar o peso[240-241]. Isto sem

---

[235] Cf., neste sentido, a Decisão do *Supreme Court of New South Wales Commercial Division*, de 12 de agosto de 1987, a respeito do Caso *Esmeralda 1*, in *Lloyd's Law Reports*, cit..

[236] De facto, perante esta realidade, um transportador não tem, realisticamente, meios (razoáveis) de proceder à verificação da mercadoria. Daí que, ao abrigo de muitas leis nacionais, seja permitido ao transportador inserir reservas genéricas neste caso – cf. Lars Gorton, Patrick Hillenius, Rolf Ihre e Arne Sandevärn, *Shipbroking and chartering practice*, London Singapure, 6ª ed., 2004, p. 80.

[237] Cf. Lars Gorton, Patrick Hillenius, Rolf Ihre e Arne Sandevärn, *Shipbroking and chartering practice*, cit., p. 81.

[238] Cf. Mário Raposo, "As reservas ao conhecimento em Direito Marítimo", cit., p. 575.

[239] Cf. Mário Raposo, "As reservas ao conhecimento em Direito Marítimo", cit., p. 575.

[240] Cf. Mário Raposo, "Transporte marítimo de mercadorias. Os problemas", cit., p. 73. Vd., também, do mesmo autor, Mário Raposo, "As reservas ao conhecimento em Direito Marítimo", cit., pp. 575-577. O autor afirma que a "*não verificabilidade*" pelo transportador

prejuízo de, *in concreto*, se poderem invocar, caso existam, outros motivos que determinem a impossibilidade de verificação[242].

4.3. Efeitos

I. Partindo do princípio de que determinada reserva é aposta validamente, a questão fundamental que seguidamente se irá colocar é a dos seus efeitos – efeitos esses a que já aludimos *supra* e que, aqui, cumpre apenas rematar. Os vários instrumentos normativos analisados atribuem um efeito presuntivo ou fazem-no precludir consoante sejam ou não inseridas reservas pelo transportador nos documentos de transporte. Concretamente, a não aposição de reservas tem como efeito a verificação de um efeito presuntivo probatório relativamente ao descrito no documento quanto às mercadorias e ao bom estado e condição aparentes destas.

II. Caso opere a presunção por não terem sido formuladas reservas esta será, em princípio, *iuris tantum*. No entanto, verificámos que na maio-

---

não abrange a característica "*peso*" porque o peso do contentor e, consequentemente, das mercadorias nele arrumadas, poderá ser determinado pelo transportador aquando do embarque e no momento da entrega. Carbone, *Contrato di trasporto marittimo di cose*, cit., p. 527, considera também que o controlo relativo ao peso pode ser facilmente determinado pelo transportador.

[241] Porém, no transporte rodoviário de mercadorias, como vimos, nem sempre é exigível ao transportador a verificação dos elementos "peso ou quantidade expressa de outro modo", bem como o "conteúdo dos volumes", como decorre do artigo 8.º, n.º 3 da CMR, o qual dispõe que "*O expedidor tem o direito de exigir que o transportador verifique o peso bruto da mercadoria ou a sua quantidade expressa de outro modo. Pode, também, exigir a verificação do conteúdo dos volumes*". Por isso, é, em geral, duvidoso que possa ser exigível ao transportador que este verifique o peso ou proceda à abertura de um contentor e examine as mercadorias, a não ser que tal seja exigido pelo expedidor ao abrigo do citado artigo 8.º, n.º 3 da CMR – cf. Malcolm Clarke, *International carriage of goods by road: CMR*, cit., pp. 66-67.

[242] Simplesmente, o facto de o contentor se encontrar selado não constituirá, *per se*, fundamento para a aposição destas reservas. Neste particular, Carbone, *Contrato di trasporto marittimo di cose*, cit., p. 527 conclui que somente no caso de o peso não poder ser verificado pelo transportador por razões que fujam ao seu controlo, e apenas se tais razões forem invocadas expressamente, será possível evitar a "imputabilidade" da informação relativa ao peso mencionado no conhecimento de carga ao transportador, mediante a aposição da respetiva reserva.

ria dos regimes do transporte marítimo a presunção será *iure et de iure* se o documento for transmitido a terceiro de boa fé[243].

Que dizer quando não seja expressamente consagrada esta presunção *iure et de iure* frente a terceiros (como, de resto, sucede com a versão original da CB 1924)? Admitir-se-á prova em contrário?

Quando estejam em causa títulos de crédito (dotados, portanto, da característica da negociabilidade), em nosso entender, deve considerar-se que a presunção será, na mesma, *iure et de iure* frente ao terceiro portador legítimo do documento de transporte que esteja investido no direito à entrega das mercadorias e que esteja de boa fé. As específicas características destes documentos impõem esta solução – *maxime* a literalidade e autonomia dos títulos de crédito, bem como o facto de ser um título representativo de mercadorias que investe o seu possuidor no direito à entrega das mesmas (o que ficou descrito no documento é, portanto, aquilo a que tem direito, pelo que fará sentido que a presunção seja, aqui, absoluta)[244].

Se o documento de transporte não tiver a natureza de título de crédito, ao invés, a solução não poderá ser a mesma, na medida em que o direito adquirido pelo destinatário não o é pelo documento de transporte *per se*, mas pelo contrato de transporte. A presunção será, por isso, *iuris tantum*[245].

4.4. Natureza jurídica

I. As reservas constituem declarações do transportador sobre as mercadorias objeto do transporte. A sua natureza é unilateral (por oposição a bilateral)[246].

[243] É o caso da CB 1924 alterada pelo Protocolo adicional de Visby e das RH 1978.

[244] O conceito de boa fé do terceiro legítimo portador do título deve ser entendido como boa fé em sentido subjetivo, no sentido de desconhecimento relativamente às características das mercadorias e ao seu estado no momento em que o transportador as recebeu. Só desta forma a confiança deste terceiro será merecedora de tutela. Sobre os conceitos de boa fé em sentido subjetivo e objetivo vd. Menezes Cordeiro, *Tratado de direito civil Português*, I, Parte Geral, Tomo I, 3ª ed., 2007, p. 405.

[245] Esta é, de resto, a solução acolhida pelos regimes do transporte rodoviário, ferroviário e aéreo em que, como vimos, os documentos de transporte não são títulos de crédito representativos de mercadorias.

[246] Como afirmado, no que concerne ao transporte marítimo, por Mário Raposo, "As reservas ao conhecimento em direito marítimo", cit., p. 572, não tem o carregador de aceitar as reservas apostas no conhecimento.

Neste contexto, recorde-se, a sua eventual aceitação por parte do carregador/expedidor vincula-o ao seu conteúdo[247]. Tal não compromete, porém, a unilateralidade, assim como a circunstância de o documento de transporte ser assinado pelo expedidor não prejudica este entendimento, nem essa assinatura é suficiente para se concluir pela aceitação de reservas, que deve ser expressa e inequívoca em "entrada" autónoma[248].

II. As reservas não constituem causa de exclusão da responsabilidade do transportador. Isto, não obstante, historicamente terem surgido associadas a este efeito de exclusão. A rejeição da natureza de causa de exclusão da responsabilidade não oferece, hoje, praticamente resistência[249]. Aliás, se tivessem este enquadramento dogmático-jurídico, teria forçosamente de se concluir pela sua invalidade face aos regimes imperativos do transporte a este respeito (a maioria deles *one way mandatory*)[250].

---

[247] Vejam-se, a este respeito, as conclusões a que chegámos sobre o regime do DL n.º 239/2003 e da CMR, em que concluímos que os efeitos das reservas em relação ao expedidor podem ser de dois tipos: *(i)* se este não as tiver aceitado expressamente, o mesmo poderá discutir a "veracidade" do seu conteúdo, contestando-o (v.g. em tribunal); *(ii)* se, ao invés, as tiver aceitado expressamente, as reservas vinculam-no também a ele.

[248] A este respeito, vimos que, em relação ao transporte rodoviário, tem sido defendido que a assinatura do expedidor na declaração de expedição exigida no artigo 5.º, n.º 1 da CMR não pode ser interpretada como um acordo expresso a eventuais reservas apostas no documento e que, assim sendo, o mero silêncio do expedidor quanto às reservas não pode também considerar-se uma aceitação expressa para efeitos desse acordo.

[249] Cf., v.g., a respeito do transporte marítimo, MÁRIO RAPOSO, "As reservas ao conhecimento em direito marítimo", cit., p. 170; SANCHÉZ CALERO, *El contrato de transporte marítimo de mercancías*, cit., p. 259. Em sentido aparentemente contrário vd., por referência ao transporte rodoviário, JOSÉ LUÍS SARAGOÇA, "El nuevo régimen jurídico del contrato de transporte nacional de mercancias por carretera en Portugal: asunción de las reglas CMR", cit., p. 339. O autor sustenta que as reservas do transportador, como constatação de verificações quantitativas ou qualitativas, permitem excluir a sua responsabilidade porquanto estas reservas situam estes "defeitos" ou "avarias" das mercadorias em momento anterior à da receção da mercadoria por parte do transportador, momento a partir do qual começa a sua responsabilidade.

[250] Neste sentido, a respeito do transporte marítimo, vd. MÁRIO RAPOSO, "As reservas ao conhecimento em direito marítimo", cit., p. 570; SANCHÉZ CALERO, *El contrato de transporte marítimo de mercancías*, cit., p. 259. GABALDON GARCÍA e RUIZ SOROA, *Manual de derecho de la navegación marítima*, cit., p. 516, partilham a mesma opinião, muito embora afirmem que, não sendo tecnicamente dotadas dessa natureza, o efeito prático, muitas vezes, tem esse alcance de excluir a responsabilidade.

Claro está que, nesta ordem de ideias, como refere MÁRIO RAPOSO, a falta de reservas não priva o transportador, designadamente, de invocar quaisquer causas legais de exoneração da sua responsabilidade[251] e, quanto a estas, poderá ver facilitada a sua prova se fizer reservas.

III. A solução maioritária e que, aqui, também seguimos, é a de que as reservas afetam a função probatória do documento, tendo o alcance de inverter o ónus da prova, i.e., anula-se o valor probatório do documento relativamente às características da mercadoria nele descritas sendo certo que, em caso de reservas sobre o estado e condição aparentes da mercadoria, deixa também de se verificar a presunção de que a mesma foi recebida em bom estado e condição aparentes pelo transportador[252].

IV. Poderá, ainda, perguntar-se se as reservas constituirão um mero ónus[253] ou, se, em certos casos, poderão constituir um dever[254]– *rectius*,

---

[251] Cf. MÁRIO RAPOSO, "As reservas ao conhecimento em Direito Marítimo", cit., p. 571.

[252] Cf. CLAVERO TERNERO, "Conocimientos de embarque limpios y cartas de garantía", cit., p. 146. Para ANTONIO LEFEBVRE D'OVIDIO, GABRIELE PESCATORE e LEOPOLDO TULLIO, *Manuale di diritto della navigazione*, cit., p. 620, as reservas tornam mais difícil, em benefício do transportador, a prova da existência e da extensão do dano por parte do destinatário das mercadorias. Vd., também, COSTEIRA DA ROCHA, *O contrato de transporte de mercadorias*, cit., pp. 130-131 ("as reservas advertem o portador do título que "*toda a matéria objeto de reservas é apenas imputável ao carregador pois a formulação de reservas retira eficácia probatória ao conhecimento. Em caso de contencioso terá de ser o portador do conhecimento a provar a desconformidade entre a mercadoria entregue ao transportador e a mercadoria entregue por este no destino*". Contra esta posição parece ir MÁRIO RAPOSO, "As reservas ao conhecimento em direito marítimo", cit., pp. 569-571, que rejeita expressamente a natureza de mecanismo de inversão do ónus da prova sobre o momento em que as avarias na carga ocorrem. Quanto às reservas sobre o estado e acondicionamento das mercadorias, o autor defende que estas não são verdadeiras reservas, mas *contra-indicações* de sentido diverso ao referido pelo carregador. Assim, refere, "*constituem dados observáveis por um sumário exame externo do transportador; são dotadas de uma verificabilidade in re ipsa*" e que "*a sua função útil será a de excluir que as menções se presumam controladas pelo transportador, ou mesmo por ele suscitadas*".

[253] Por ónus entenda-se, nos dizeres de INOCÊNCIO GALVÃO TELLES, *Direito das obrigações*, Coimbra Editora, 2014, 7ª ed. (reimp.), p. 11, a "*necessidade imposta pelo ordenamento jurídico de observar certa conduta a fim de alcançar para si (ou manter) certa vantagem. Não se confunde com o dever, porque este é objecto de um imperativo absoluto (deves fazer isto ou aquilo, ainda que não o queiras), ao passo que o ónus é objecto de um imperativo hipotético (tens de fazer isto ou aquilo, se queres obter certo resultado): o*

dever de prestar[255], mais concretamente dever acessório de informação, enquanto concretização do princípio da boa fé nas relações obrigacionais[256].

Realce-se que os deveres acessórios podem ter como titular ativo "*pessoas estranhas à relação donde nasce o dever de prestação*"[257]. A sua violação não poderá dar azo a qualquer ação judicial de cumprimento, mas poderá dar azo à obrigação de indemnização por eventuais danos causados[258].

Na doutrina, há quem reconduza as reservas a um mero ónus[259] e há quem, pelo menos aparentemente, defenda a existência de um dever – ou aluda à palavra "dever"[260] –, muito embora, na maioria das vezes, recondu-

---

dever visa o interesse de outros, o ónus o interesse próprio". Em jeito idêntico, ANTUNES VARELA, *Das obrigações em geral*, Vol. I, Almedina, 2018, 10ª ed., pp. 57-58 define ónus como a "*necessidade de observância de certo comportamento, não por imposição da lei, mas como meio de obtenção ou de manutenção de uma vantagem para o próprio onerado*" podendo, assim, retirar-se desta noção duas ilações: *(i)* o ato a que o ónus se refere não é imposto como um dever; *(ii)* o ato não visa satisfazer o interesse de outrem, sendo estabelecido, pelo contrário, no interesse exclusivo ou também no interesse do próprio onerado, sendo um meio deste alcançar uma vantagem ou, pelo menos, de evitar uma desvantagem.

254 Por sua vez, o dever jurídico (em sentido amplo) é, como ensina CARVALHO FERNANDES, *Teoria geral do direito civil*, Vol. II, UCE, 2017, 5ª ed., p. 644, "*a necessidade normativa de adoptar certo comportamento*", o "*ter de adoptar uma conduta*", envolvendo a sua violação ilicitude, com as consequentes sanções.

255 O dever de prestar – obrigações em sentido técnico –, compreendido no conceito mais amplo de dever, é, na esteira de ANTUNES VARELA, *Das obrigações em geral*, cit., pp. 118-119, "*a necessidade imposta (pelo direito) ao devedor de realizar a prestação* [...] *Trata-se de um dever e não de um ónus. A prestação não é o meio de obter uma vantagem, cuja realização se deixe ao puro alvedrio do devedor; é o instrumento de satisfação de um interesse alheio, a que o devedor fica adstrito por força da lei, sob pena de incorrer em determinadas sanções*".

256 Que, no direito interno, se encontra proclamado no artigo 762.º do Código Civil.

257 Cf. ANTUNES VARELA, *Das obrigações em geral*, cit., p. 127.

258 Cf. ANTUNES VARELA, *Das obrigações em geral*, cit., p. 127.

259 HUGO RAMOS ALVES, *Direito aéreo – uma introdução*, cit., p. 495, no que respeita às reservas no transporte aéreo de mercadorias, refere expressamente que "*impende sobre o transportador o ónus de emitir reservas, de modo a poder alterar o jogo probatório resultante da emissão de uma carta de porte aéreo sem reservas*".

260 Cf., quanto à CMR, LOEWE, "Commentary on the Convention of 19 May 1956 on the Contract for the International Carriage of Goods by Road (CMR)", cit., p. 345: "*Article 8, paragraph 1, does not enunciate a recommendation, but, rather, an obligation for the carrier. The only penalties provided for are, however, that the carrier who does not comply with the obligation will be bound by the presumption in article 9, paragraph 2, and that he might lose his right to compensation by the sender, in accordance with article 10*". Vd., também, RODIÈRE, "La C.M.R. Deuxième étude: le contrat de transport. La C.M.R., Etude théorique et pratique", *Bulletin des transports*, 1974, pp. 207-208. MARTÍN CASTRO, "El

zam as consequências da não observância de tal "dever" apenas aos efeitos presuntivos. Ao abrigo das RR e atenta a sua letra, alguns autores defendem que em determinadas situações a aposição de reservas constitui um dever[261].

Já sabemos que as reservas têm o alcance de eliminar o efeito presuntivo do documento de transporte e do bom estado e condição aparentes e que, assim, terá o transportador todo o interesse em apor reservas, porque aproveitará de uma vantagem jurídica que, de outro modo, não aproveitaria (será, portanto, e pelo menos, um ónus). Contudo, tal não significa que, em determinadas situações, as mesmas não devam ser configuradas como um verdadeiro dever em sentido técnico-jurídico.

Neste particular, como tivemos ocasião de analisar, as RR fazem a distinção entre situações em que as reservas constituirão um "dever" do transportador e outras que apenas constituem uma mera "possibilidade" (tecnicamente, um ónus). Esta distinção deverá, também, ser efetuada no seio da construção de uma dogmática comum das reservas, porque constitui uma decorrência de normas e princípios de ordem pública – *maxime* da boa fé.

A este respeito, atente-se também na solução alemã do § 523 do HGB, que reconhece a possibilidade de o transportador poder ser responsabilizado por inexatidão das informações do conhecimento de carga – *Haftung für unrichtige Konnossementsangaben* ("*Liability for innacurate information in the bill of lading*"):

> "*(1) The carrier shall be liable for resulting damages that the person entitled by virtue of a bill of lading may suffer due to a failure to set out the information and reservations in the bill of lading required by section 515 and*

régimen de responsabilidade del porteador en el transporte internacional rodado (CMR)", cit., pp. 526-528, parece igualmente defender a existência de um dever no tocante à CMR. A este respeito, considera que *(i)* para que opere a causa de exoneração relativa à entrega da mercadoria não embalada ou defeituosamente embalada prevista no artigo 17.º, n.º 4, al. b), o transportador deve, atento o seu dever de diligência, informar o expedidor que a mercadoria se encontra defeituosamente embalada, fazendo a respetiva reserva *(ii)* o transportador está obrigado, por via do artigo 8.º, n.º 1 da CMR, a verificar a mercadoria e se não dispuser de meios para o fazer deverá anotar na declaração as correspondentes reservas. Não obstante, considera que o efeito do incumprimento deste "dever" é a verificação do efeito presuntivo. Em sentido diverso parece ir Mário Raposo, "As reservas ao conhecimento em direito marítimo", cit., p. 571, que, a respeito da CB 1924, defende que o transportador não está vinculado a apor reservas no conhecimento: fá-lo no seu interesse.

[261] Cf. Carbone, *Contrato di trasporto marittimo di cose*, cit., p. 532 e Tomotaka Fujita, "Transport documents and electronic transport records", cit., pp. 179-180.

section 517 (2), or due to the inaccuracy of the information and reservations provided in the bill of lading. This shall specifically apply if the goods' externally apparent condition was not satisfactory at the time of their being taken over by the carrier, and if the bill of lading includes neither any information in this regard pursuant to section 515 (1) number 7, nor any reservation pursuant to section 517 (2). However, the liability pursuant to the first and second sentences shall not apply unless the carrier knew – or should have known, had it exercised the due care of a prudent carrier – that the information was missing or was inaccurate or incomplete."[262]

Este preceito, ao admitir a responsabilização do transportador, reconhece que em determinadas situações há um dever de formular reservas – quando o transportador marítimo conheça ou deva conhecer (enquanto transportador diligente), que existe informação em falta ou incorreta/incompleta e não o reflita no documento de transporte.

Acresce, ainda, que mesmo em relação aos documentos que não sejam negociáveis ou representativos de mercadorias, é equacionável a hipótese de os destinatários ou outros sujeitos atuarem confiando na informação neles contida. Tanto assim é que os regimes *supra* analisados dos diversos modos de transporte preveem *(i)* por um lado, que o carregador/expedidor é responsável perante o transportador relativamente às informações que lhe forneça e, por sua vez *(ii)* que o transportador é responsável pelos danos causados a terceiros em virtude de informações inexatas contidas no documento[263].

---

[262] Cf. http://www.gesetze-im-internet.de/englisch_hgb/englisch_hgb.html#p0946. O texto original pode ser confrontado em https://www.gesetze-im-internet.de/hgb/__523.html.

[263] Pense-se, por exemplo, no exercício do direito de disposição das mercadorias por parte do destinatário a favor de um terceiro, em que o destinatário tem em sua posse o documento e confia na informação nele contida. V.g., o artigo 19.º, n.º 1 da CIM prevê que "*Sempre que o* [...] *destinatário quiser modificar, mediante ordens posteriores, o contrato de transporte deve apresentar ao transportador o duplicado da declaração de expedição no qual devem estar mencionadas as modificações*"; o artigo 12.º, n.º 2 da CMR prevê que o direito de disposição do expedidor cessa quando o segundo exemplar da declaração da expedição é entregue ao destinatário, sendo que a partir desse momento o transportador tem de confrontar-se com as ordens do destinatário; o artigo 12.º, n.º 5, da CMR prevê que se o destinatário quiser exercer o seu direito de disposição, tem de apresentar o primeiro exemplar da declaração de expedição, no qual devem estar inscritas as novas instruções dadas ao transportador. Estes exemplos denotam a importância comercial do documento e tornam evidente a possibilidade de confiança num documento de transporte não obstante a falta de negociabilidade (vislumbrando-se, consequentemente, a hipótese de danos em virtude da informação nele contida).

Defendemos, nesta senda, a seguinte solução:

a) existirá um dever do transportador sempre que este saiba (ou deva saber) que as declarações do carregador/expedidor não correspondem à realidade dos factos ou que a mercadoria não se encontra em bom estado/condição aparentes[264];

b) existirá um dever do transportador sempre que este tenha fundadas suspeitas de que as declarações do carregador/expedidor não correspondem à realidade dos factos ou que a mercadoria não se encontra em bom estado/condição aparentes;

c) nas restantes situações, existirá um ónus, na medida em que, apondo reservas, este poderá beneficiar da preclusão do efeito presuntivo da informação contida no documento e do bom estado e condição aparentes.

Esta solução decorre do facto de o transportador ou um seu representante, sabendo de antemão que está perante uma informação falsa ou enganosa ou que a mercadoria está em mau estado, ou tendo motivos sérios para suspeitar disso, não dever deixar passar "em branco" esse facto ou suspeita. Tal constituiria um "atentado" à confiança do comércio, desde logo porque o transportador sabe *a priori* que a eventual circulação do documento e todos os negócios que girem em torno dele serão fundados numa falsa representação da realidade quanto à descrição das mercadorias que, com elevado grau de probabilidade, não teriam sido efetivados, ou não teriam sido efetivados do mesmo modo e nas mesmas condições, caso no documento estivesse contida a informação correta[265].

---

[264] RODIÈRE, "La C.M.R. Deuxième étude: le contrat de transport. La C.M.R., Etude théorique et pratique", cit., pp. 207-208 parece concluir do mesmo modo a respeito da CMR: " [...] *il est tenu de verifier*" [...] *Si le transporteur trouve l'une indication est fausse ou s'il détecte quelque défaut dans l'état apparent des colis (ou dans leur intérieur, si cette verification particulière est requise) il doit le mentioner sur la lettre de voiture. Celle-ci doit exprimer la verité*".

[265] A respeito dos efeitos probatórios da declaração de expedição no transporte ferroviário, RECALDE CASTELLS, "El contrato de transporte internacional de mercancías por ferrocarril: concepto, naturaleza e caracteres. La documentación del contrato", cit, p. 68 refere que o transportador pode provar que as mercadorias que recebeu não são exatamente como mencionadas no documento tanto perante o expedidor como perante o terceiro destinatário que adquiriu (de boa fé) os direitos derivados do contrato e o direito de crédito sobre as mercadorias, confiando nas indicações no documento. Não obstante, prossegue, eventualmente o transportador poderá ter de responder por culpa *in contrahendo* pela apa-

Assim, sem prejuízo de operarem os efeitos normais das reservas (preclusão do efeito presuntivo probatório), nos casos em que existe um dever de as formular o incumprimento de tal dever poderá, adicionalmente a esses efeitos, dar azo a responsabilidade do transportador por informações inexatas, se tiver agido dolosamente ou com negligência grosseira/culpa grave.

Rejeitamos, por isso, aqueles que sustentam que as reservas visam apenas atender (exclusivamente) aos interesses do transportador e que, por isso, devem reconduzir-se sempre à figura do ónus. Para além dos interesses deste, estão também em causa interesses do destinatário ou de eventuais terceiros ligados funcionalmente ao contrato de transporte (v.g., bancos e seguradoras) pelo que a probabilidade de surgir um lesado em consequência da prestação de informações inexatas não constitui uma mera hipótese teórica, probabilidade essa que aumenta se o documento de transporte revestir a natureza de título de crédito negociável ou representativo das mercadorias (devido à sua circulabilidade).

4.5. A não aposição de reservas e a preclusão da limitação da responsabilidade do transportador

I. Neste ponto, iremos problematizar acerca das situações em que a não aposição de reservas poderá dar azo à preclusão da limitação da responsabilidade civil do transportador. Pretendemos referir-nos à limitação legal do *quantum* indemnizatório (*quantum respondeatur*) derivado da responsabilidade civil do transportador, que vem prevista nos vários regimes analisados[266-267].

---

rência criada pelo documento. Cremos, todavia, que não se tratará rigorosamente de culpa *in contrahendo*, dado que o documento é emitido já em fase de execução desse contrato, estando em causa um dever acessório contratual e não pré-contratual.

[266] Cf. artigo 4.º, n.º 5 da CB 1924; artigo 6.º das RH 1978; artigo 59.º das RR; artigo 23.º da CMR; artigos 30.º e 32.º-35.º da CIM; artigo 22.º, n.º 2, al. b) da CV 1929 e artigo 22.º, n.º 3 da CM 1999.

[267] Como é sabido, na expressão "*limitação da responsabilidade civil do transportador*" cabem situações de limitação qualitativa (v.g., limitação relativamente à categoria de danos a indemnizar) e quantitativa (limitação do *quantum* indemnizatório). Cf. Januário da Costa Gomes, *Limitação da responsabilidade por créditos marítimos*, Almedina, 2010, pp. 13-15.

II. A limitação da responsabilidade é, quanto à sua natureza, um direito, i.e., uma posição jurídica subjetiva (ativa)[268] – ou um direito traduzido num benefício[269]. Este direito ou benefício é erigido, no direito dos transportes, à categoria de princípio geral, percorrendo diversos regimes nacionais e internacionais (*hard law* e *soft law*). Ou seja, no direito dos transportes, contrariamente ao que sucede no direito civil e comercial em geral em que vigora o princípio da reparação integral dos danos, o princípio-regra traduz-se na limitação da responsabilidade do transportador[270].

Porém, este direito não é absoluto. Como é característica dos princípios gerais de direito, admitem-se – e, mais do que isso, impõem-se – exceções. Exceções essas que, normalmente, têm por fundamento outros princípios que, em concreto e mediante um juízo de ponderação relativa, devam considerar-se prevalecentes. Concretamente, a par da limitação da responsabilidade, os vários regimes preveem a perda do benefício da limitação da responsabilidade nos casos em que o transportador pratica atos dolosos ou com culpa grave/negligência grosseira[271]. Acresce que, mesmo nos casos em que não esteja expressamente previsto[272], esta solução deverá aplicar-se enquanto manifestação de um princípio geral, pois a par do princípio geral

---

[268] Cf., neste sentido, v.g., Januário da Costa Gomes, *Limitação da responsabilidade por créditos marítimos*, cit., pp. 481-482.

[269] Aludindo expressamente ao conceito de um direito traduzido num benefício vd., v.g., Januário da Costa Gomes, *Limitação da responsabilidade por créditos marítimos*, cit., pp. 90 e 481 e ss.; Hugo Ramos Alves, *Da limitação da responsabilidade do transportador na Convenção de Bruxelas de 1924*, cit., pp. 115 e ss..

[270] Como afirmado por João Ricardo Branco, "A conduta antijurídica do transportador e a preclusão da limitação da responsabilidade", *Temas de direito dos transportes*, Vol. I, Almedina, 2010, pp. 295-297, "*trata-se de uma realidade comum às distintas modalidades de transporte, de tal modo que pode mesmo vislumbrar-se a existência de um princípio fundamental da limitação da responsabilidade do transportador, que constitui um dado estrutural e uma característica do direito dos transportes*". Por outro lado, como prossegue, este princípio não deixa de ser uma exceção ao princípio geral da reparação integral dos danos sofridos pelo lesado (p. 298). Por referência ao transporte aéreo, Maria da Graça Trigo, "Responsabilidade civil do transportador aéreo: a Convenção de Montreal de 1999 constitui um marco histórico", *Estudos em homenagem ao Prof. Doutor Inocêncio Galvão Telles*, Vol. IV, Almedina, 2003, pp. 819-820, quando se refere à "*responsabilidade civil ilimitada se o lesado fizer prova da verificação de dolo ou culpa grave do transportador*", alude à existência de um princípio estruturante.

[271] Cf., v.g., Protocolo adicional de Visby à CB 1924; artigo 8.º das RH 1978; artigo 61.º das RR; artigo 29.º da CMR e artigo 36.º da CIM.

[272] Como sucede com a versão originária da CB 1924 (na medida em que não seja aplicável o Protocolo adicional de Visby), que é omissa quanto a este ponto.

da limitação da responsabilidade do transportador, vigora também um princípio geral de preclusão deste direito nos casos de dolo ou culpa grave[273].

Seguimos, neste particular, a tese de JOÃO RICARDO BRANCO quanto ao enquadramento da conduta antijurídica do transportador e respetiva preclusão da limitação da responsabilidade em sede de abuso de direito, nos seguintes termos: a preclusão do direito do transportador limitar a sua responsabilidade configura um corolário de um exercício inadmissível de uma posição jurídica, por ocorrer, neste caso, uma disfuncionalidade – tal disfuncionalidade vislumbra-se no facto de ser, *prima facie*, apto a integrar a previsão da norma que permite a limitação bem como, por outro lado, na existência de uma colisão com um sistema onde tal norma se integra[274].

III. Como decorrência das considerações tecidas, deve concluir-se que o incumprimento do dever de formular reservas – quando estas consubstanciem, precisamente, um dever – dá azo à preclusão do benefício da limitação da responsabilidade do transportador, porquanto as situações em que existe a violação de um dever coincide com a prática de atos dolosos ou gravemente culposos[275].

---

[273] Cf., neste sentido, HUGO RAMOS ALVES *Da limitação da responsabilidade do transportador na Convenção de Bruxelas de 1924*, cit., pp. 124-125. O autor afirma, a respeito da CB 1924, que deve entender-se que o limite indemnizatório ficará precludido em caso de comportamentos dolosos – como será o caso de falsas declarações ou de expedientes levados a cabo com o fito de enganar o carregador, como nas situações em que haja lugar ao incumprimento de obrigações do transportador, desde que tais situações sejam caracterizadas por uma atuação de má fé deste. AZEVEDO MATOS, *Princípios de direito marítimo,* Vol. I, Edições Ática, 1955, p. 152, a respeito da CB 1924, afirma também como princípio que esta limitação pode existir "*salvo se houve fraude*".

[274] Cf. JOÃO RICARDO BRANCO, "A conduta antijurídica do transportador e a preclusão da limitação da responsabilidade", cit., p. 369.

[275] Esta solução é defendida, a respeito do regime das RR, por TOMOTAKA FUJITA, "Transport documents and electronic transport records", cit., p. 180: "*However, is quite likely to lose its right of limitation of liability pursuant to Article 61 when it intencionally omitted a qualifying clause with the knowledge that the material statement in the contract particulars was false*".

5. Reservas, cartas de garantia e créditos documentários

5.1. Conceito e *ratio* das cartas de garantia

I. Por via de uma carta de garantia, um transportador aceita emitir um conhecimento de carga "limpo" (i.e., sem reservas) e um carregador, em contrapartida, obriga-se a indemnizar aquele pelos eventuais danos decorrentes da emissão de um conhecimento de carga sem reservas[276-277].

A não aposição de reservas surge, portanto, como *conditio sine qua non* ou causa justificativa da emissão de uma carta de garantia, dando maiores possibilidades de circulação ao documento de transporte[278].

II. A importância das cartas de garantia surge num contexto de multiplicidade de sujeitos e relações obrigacionais complexas ligadas funcionalmente ao contrato de transporte, o que se deve ao facto de na sua génese se encontrarem os ditos contratos subjacentes (*maxime* compra e venda ou fornecimento). Com vista a cumprir com todos os termos destes negócios subjacentes, é também frequente o recurso a créditos documentários para

---

[276] Sobre o conceito de carta de garantia, vd., v.g., Januário da Costa Gomes, *O ensino do direito marítimo*, cit., p. 224; Costeira da Rocha, *O contrato de transporte de mercadorias*, cit., p. 132; Azevedo Matos, *Princípios de direito marítimo. Do transporte marítimo*, Vol. II, 1956, Edições Ática, p. 56; Palma Carlos, *O contrato de fretamento no Código Comercial Português*, cit., pp. 120-121; Carbone, *Contrato di trasporto marittimo di cose*, cit., pp. 534-535; Clavero Ternero, "Conocimientos de embarque limpios y cartas de garantía", cit., p. 150; Antonio Lefebvre d'Ovidio, Gabriele Pescatore e Leopoldo Tullio, *Manuale di diritto della navigazione*, cit., p. 621; William Tetley, "Letters of indemnity at shipment and letters of guarantee at discharge", 2004, disponível em https://pt.scribd.com/document/31723971/Letters.

[277] Estas não devem confundir-se com as cartas de garantia à chegada – que podem ser definidas como aquelas que são emitidas pelo destinatário das mercadorias ao transportador para obter a entrega da mercadoria mesmo antes de (ou sem) ter na sua posse o conhecimento de carga, que ainda não chegou ao destino. Estas cartas de garantia "à chegada" vieram também a constituir prática comum pelo facto de, muitas vezes, devido à "*morosidade provocada pela articulação entre os conhecimentos de carga e o crédito documentário – as mercadorias chegarem ao porto de destino antes dos conhecimentos*" – cf. Clavero Ternero, "Conocimientos de embarque limpios y cartas de garantía", cit., p. 150; Januário da Costa Gomes, *O ensino do direito marítimo*, cit., p. 229; Andrea Arena, *La polliza di carico e gli altri titolo rappresentativi di trasporto*, I, Giuffrè, 1951, p. 229; William Tetley, "Letters of indemnity at shipment and letters of guarantee at discharge", cit..

[278] Cf. Azevedo Matos, *Princípios de direito marítimo. Do transporte marítimo*, Vol. II, cit., p. 57.

agilizar os pagamentos devidos pelo comprador ao vendedor/fornecedor. Existirão, também, contratos de seguro para cobrir os riscos do transporte.

O carregador, naturalmente, terá todo o interesse em apresentar ao destinatário ou ao banco com quem celebre um contrato de crédito documentário um documento que descreva as mercadorias em inteira conformidade com os termos do contrato subjacente e sem reservas[279]. Se assim não for, podem surgir obstáculos à sua circulação e/ou conclusão destes negócios[280]. Por outro lado, o transportador, confrontado com o risco de ser responsabilizado caso as mercadorias não cheguem ao destino em conformidade com o descrito no documento, não irá arriscar, só para "não prejudicar" o carregador/expedidor, fazer menções no documento de que não tenha a certeza sobre a sua exatidão[281]. Para amenizar esse risco, pode, como vimos, socorrer-se de reservas, as quais visam, nomeadamente, "*acautelar o atendível interesse do transportador de evitar uma caracterização incorrecta e comprometedora das mercadorias a transportar*"[282].

Precisamente para obviar a estes obstáculos nas várias transações comerciais surgem as cartas de garantia[283] que, a par das reservas, constituem uma prática já antiga e comum no tráfego marítimo, ou não fossem as reservas a sua *ratio*. É que, repita-se, um documento de transporte com reservas é dificilmente negociável[284].

---

[279] Cf. Lars Gorton, Patrick Hillenius, Rolf Ihre e Arne Sandevärn, *Shipbroking and chartering practice*, cit., p. 81.

[280] De facto, como afirmado por Antonio Lefebvre d'Ovidio, Gabriele Pescatore e Leopoldo Tullio, *Manuale di diritto della navigazione*, cit., p. 621, um documento com reservas, específicas ou genéricas, é dificilmente negociável. E, por isso mesmo, nesta ordem de ideias, Treitel e Reynolds, *Carver on bills of lading*, cit., p. 484, referem-se às reservas com recurso à seguinte expressão: "*Reservations not incorrect but incovenient commercially*".

[281] Cf. Palma Carlos, *O contrato de fretamento no Código Comercial Português*, cit., pp. 121-122.

[282] Cf. Costeira da Rocha, *O contrato de transporte de mercadorias*, cit., p. 131.

[283] Cf., v.g., Lars Gorton, Patrick Hillenius, Rolf Ihre e Arne Sandevärn, *Shipbroking and chartering practice*, cit., p. 80 e Palma Carlos, *O contrato de fretamento no Código Comercial Português*, cit., p. 121 ("*Compreende-se facilmente a vantagem que têm os carregadores em obter sempre conhecimentos sem reservas. Efectivamente, a enunciação de dúvidas no conhecimento àcêrca do estado das mercadorias, é por si só suficiente para opor os maiores obstáculos a qualquer transacção que o carregador queira efectuar sôbre tal conhecimento*").

[284] Cf. Wanda d'Alessio, *Diritto dei trasporti*, cit., p. 258. Nas palavras de Azevedo Matos, *Princípios de direito marítimo. Do transporte marítimo*, Vol. II, cit., p. 56, dir-se-á,

Neste contexto, sublinhe-se, o desenvolvimento dos créditos documentários foi acompanhado, paralelamente, pelo incremento acelerado das cartas de garantia[285]. Isto porque é comum os bancos rejeitarem conhecimento de carga "sujos" (i.e., com reservas) na sequência da celebração de um contrato de crédito documentário[286]. Ora, um dos propósitos de uma carta de garantia é, precisamente, obter o pagamento relativo ao preço das mercadorias ou um crédito documentário no imediato[287].

5.2. Documento de transporte limpo nas RUU relativas aos créditos documentários

I. O crédito documentário pode ser definido como a situação jurídica pela qual um banqueiro se compromete, perante um seu cliente, a pagar uma certa quantia a um terceiro mediante a entrega, por este, de determinados documentos[288].

Trata-se de um contrato que se foi desenvolvendo na prática, mas que carece de um regime legal imperativo. Não obstante, existe um normativo internacional que o regula: as Regras e Usos Uniformes relativos aos Cré-

---

então, que "[p]*ara evitar discussões, dificuldades e reservas* [o transportador] *passa a carta de garantia, e isto por causa da responsabilidade do armador* [...] *para assegurar o crédito bancário e o segurador*". Vd., também, Mário Raposo, "As cartas de garantia e o seguro marítimo", cit., p. 504 e Palma Carlos, *O contrato de fretamento no Código Comercial português*, cit., p. 121.

[285] Cf. Mário Raposo, "As cartas de garantia e o seguro marítimo", cit., p. 504. Refere o autor que o grande incremento se dá depois da Primeira Grande Guerra. Mas, como também refere, já em 1853 era doutrinalmente debatido o problema das cartas de garantia, e, além disso, a primeira decisão judicial conhecida sobre esta temática é uma sentença do Tribunal do Comércio de Dieppe de 7 de outubro de 1892. Situando também historicamente o surgimento das cartas de garantia antes da Primeira Guerra Mundial, mas aludindo a um crescimento exponencial depois desta, vd. Palma Carlos, *O contrato de fretamento no Código Comercial Português*, cit., p. 122.

[286] Cf. Časlav Pejović, "Clean bill of lading in contract of carriage and documentary credit: when clean may not be clean", cit., p. 128.

[287] Cf. William Tetley, "Letters of indemnity at shipment and letters of guarantee at discharge", cit..

[288] Seguimos, aqui, a noção de Menezes Cordeiro, "Créditos documentários", Revista da Ordem dos Advogados, Ano 67, Vol. I, 2007, disponível em https://portal.oa.pt/comunicacao/publicacoes/revista/ano-2007/ano-67-vol-i-jan-2007/doutrina/antonio-menezes-cordeiro-creditos-documentarios/.

ditos Documentários (RUU), adotadas em 1933 pela Câmara de Comércio Internacional[289], embora se discuta qual a sua natureza e grau de vinculação das partes a estas regras, atento o facto de não constituírem uma fonte legal[290]. Independentemente da sua natureza jurídica, importa aqui reter que os bancos têm bem sedimentada a prática de remeter para as RUU e, por isso, quando isso sucede, assumem a configuração de cláusulas contratuais gerais[291].

II. Um documento de transporte que contenha reservas afeta o seu valor comercial, uma vez que o documento já não poderá ser considerado "limpo" e causará problemas ao carregador/expedidor que pretenda celebrar um crédito documentário com o banco[292].

Por isso, as RUU preveem expressamente no seu artigo 27.º que os bancos apenas aceitarão "documentos de transporte limpos", sendo estes definidos como aqueles que não contêm nenhuma cláusula ou anotação expressa sobre o estado defeituoso das mercadorias ou sua embalagem[293]. Para o efeito, não é necessário que a expressão "limpo" apareça no documento de transporte[294].

Face a esta noção, alertam alguns autores para a existência de uma desarmonia de regimes entre o conceito das RUU e o que resulta dos normativos internacionais que regulam o contrato de transporte, pois, no seu

---

[289] Revistas em 1951, 1962, 1974/5, 1983, 1993 e 2007.

[290] Essencialmente, está em causa saber qual o fundamento da positividade das RUU, mormente se poderão ter aplicação quando as partes não façam qualquer remissão.

[291] Cf., neste sentido, Menezes Cordeiro, "Créditos documentários", cit.. A questão que se coloca é a de saber se podemos ir mais além e procurar a essência da positividade nos usos do comércio internacional enquanto fonte do direito comercial e reflexo da relevância da denominada *lex mercatoria*. Poderá, ainda que difícil de compaginar na prática, surgir a hipótese de as partes não remeterem para as RUU, impondo-se proceder à integração de lacunas (*rectius*, lacuna legal e contratual), sendo certo que um dos instrumentos determinantes para o efeito será este normativo internacional. Não cabe, aqui, esmiuçar esta questão porque tal extravasa já o objeto deste estudo.

[292] Cf. Lars Gorton, Patrick Hillenius, Rolf Ihre e Arne Sandevärn, *Shipbroking and chartering practice*, cit., p. 80.

[293] Cf. artigo 27.º, n.º 1, 1ª parte das RUU.

[294] Cf. artigo 27.º, n.º 1, 2ª parte das RUU. Este preceito, na revisão de 2007 (UCP 600), pôs termo a alguma ambiguidade gerada anteriormente (na versão UCP 500), pois havia quem entendesse que a palavra "clean" deveria constar necessariamente do documento. Cf. anotação ao artigo 28.º in *Comentary on UCP 600 – Article-by-article analysis by the UCP 600 Drafting Group,* ICC, 2007, p. 127.

sentido meramente literal, o conceito das RUU não só não é totalmente coincidente como pode afigurar-se contraditório com o conceito que é possível extrapolar daqueles normativos[295]. Especificamente, poderá suceder que certas menções contidas no documento constituam reservas ao abrigo do contrato de transporte e que, assim, levem a concluir estar-se perante um documento de transporte "sujo" ao seu abrigo e, ao invés, tais menções não constituírem um documento "sujo" ao abrigo das RUU[296]. Note-se, ainda, que o artigo 26.º, al. b) das RUU, prevê que um documento de transporte com expressões tais como "*shipper's load and count*" e "*said by shipper to contain*" são aceitáveis[297]. Parece, pois, que para efeito destas Regras (pelo menos literalmente) tais expressões – relativas à informação transmitida pelo carregador/expedidor e não ao estado e condição aparentes da mercadoria – são sempre aceitáveis, independentemente da sua validade *in concreto*[298].

A noção de documento de transporte "limpo" nas RUU é, por isso, mais restrita do que a de documento de transporte "limpo" (*rectius*, sem reservas) no seio de um contrato de transporte, já que apenas se refere, literalmente, às reservas sobre o estado e condição aparentes da mercadoria e não às que incidam sobre os dados fornecidos pelo carregador/expedidor. Por este motivo, o conceito de documento de transporte "limpo" ao abrigo das RUU apresenta-se deficitário, impondo-se uma revisão que apele à uniformidade de regimes[299].

---

[295] Cf. Časlav Pejović, "Clean bill of lading in contract of carriage and documentary credit: when clean may not be clean", cit., p. 128.

[296] Cf. Časlav Pejović, "Clean bill of lading in contract of carriage and documentary credit: when clean may not be clean", cit., p. 128.

[297] A redação do preceito é a seguinte: "*a transport document bearing a clause such as "shipper's load and count" and "said by shipper to contain" is acceptable.*" Da expressão "*such as*" podemos concluir que o preceito enuncia expressões exemplificativas – cf. *Comentary on UCP 600*, cit., p. 126.

[298] Časlav Pejović, "Clean bill of lading in contract of carriage and documentary credit: when clean may not be clean", cit., p. 148 afirma que as principais controvérsias surgirão, precisamente, nos casos de reservas relacionadas com a quantidade e com a aposição de expressões do tipo "*said to contain*".

[299] Esta necessidade de revisão é assumidamente defendida por Časlav Pejović, "Clean bill of lading in contract of carriage and documentary credit: when clean may not be clean", cit., pp. 149-150.

5.3. Cartas de garantia: validade e efeitos

I. A nível do transporte marítimo interno, o artigo 26.º, n.º 1 do DL n.º 252/86 define as cartas de garantia como "*cartas ou acordos em que o carregador se compromete a indemnizar o transportador pelos danos resultantes da emissão de conhecimento de carga sem reservas*".

No plano dos efeitos, decorre deste preceito que as cartas de garantia são apenas dotadas de eficácia *inter partes*, pois "*não são oponíveis a terceiros, designadamente ao destinatário e ao segurador, mas estes podem prevalecer-se delas contra o carregador*". Portanto, esta eficácia *inter partes*, é, aqui, parcial, em nome da tutela de terceiros de boa fé que hajam legitimamente confiado no documento de transporte.

Porém, prossegue o artigo 26.º, n.º 2 do DL n.º 252/86 que, no caso de as "*reservas omitidas se referirem a defeitos da mercadoria que o transportador conhecia ou devia conhecer no momento da assinatura do conhecimento de carga, o transportador não pode prevalecer-se de tais defeitos para exoneração ou limitação da sua responsabilidade*".

II. No direito internacional, encontramos uma referência nas RH 1978[300] que, no artigo 17.º, n.º 2, em termos similares, admite a validade das cartas de garantia, mas estabelece que estas não terão nenhum efeito contra terceiros, incluindo o destinatário a quem o conhecimento de carga haja sido transferido[301]. Na verdade, esta norma tem um alcance mais amplo do que aparenta, pois constitui o reflexo da codificação do já antes defendido pela doutrina e jurisprudência "maturada" por referência ao regime da CB 1924 e dos respetivos regimes nacionais a propósito da limitação dos efeitos das cartas de garantia (*inter partes*)[302].

---

[300] Estas são o primeiro instrumento internacional a regular especificamente as cartas de garantia, com inspiração no regime previsto na lei francesa sobre fretamentos e transportes, de 18 de junho de 1966 (lei n.º 66-420) – cf. CALDERALE, "Le lettre di garanzia nel trasporto marittimo di merci", *I Jornadas de Lisboa de direito marítimo. O contrato de transporte marítimo de mercadorias*, Almedina, 2008, p. 218; CLAVERO TERNERO, "Conocimientos de embarque limpios y cartas de garantía", cit., p. 156.

[301] A redação original do preceito é a seguinte: "*Any letter of guarantee or agreement by which the shipper undertakes to indemnify the carrier against loss resulting from the issuance of the bill of lading by the carrier, or by a person acting on his behalf, without entering a reservation relating to particulars furnished by the shipper for insertion in the bill of lading, or to the apparent condition of the goods, is void and of no effect as against any third party, including a consignee, to whom the bill of lading has been transferred.*"

[302] Cf. CARBONE, *Contratto di trasporto marittimo di cose*, cit., p. 541.

O artigo 17.º, n.º 3 das RH 1978 vem depois prever quando é que este instrumento não pode considerar-se válido: a carta de garantia é válida contra o carregador a menos que o transportador, ao omitir reservas, tenha tido a intenção de prejudicar terceiros, incluindo o destinatário[303]. Neste caso, o transportador será responsável sem que possa invocar o benefício da limitação da responsabilidade previsto naquela Convenção (artigo 17.º, n.º 4 das RH 1978)[304].

Atento este quadro legal, pode dizer-se que as RH 1978 preveem a admissibilidade das cartas de garantia salvo se, ao omitir a reserva, existir a intenção de prejudicar terceiros através da emissão de um conhecimento de carga limpo[305]. Ademais, parece que unicamente se contempla a intenção de prejudicar do transportador, sendo indiferente a do carregador[306]. Pode também deduzir-se que a invalidade do acordo unicamente se produz no caso de o transportador ter a intenção de prejudicar o terceiro[307] e, neste caso, as RH 1978 prescrevem a preclusão do direito à limitação da sua responsabilidade. Exigir-se-á, para o efeito, dolo ou culpa grave, pois só em situações especialmente gravosas poderá operar esta preclusão[308].

---

[303] A redação original do preceito é a seguinte "*Such letter of guarantee or agreement is valid as against the shipper unless the carrier or the person acting on his behalf, by omitting the reservation referred to in paragraph 2 of this article, intends to defraud a third party, including a consignee, who acts in reliance on the description of the goods in the bill of lading. In the latter case, if the reservation omitted relates to particulars furnished by the shipper for insertion in the bill of lading, the carrier has no right of indemnity from the shipper pursuant to paragraph 1 of this article.*"

[304] A redação original é a seguinte: "*In the case of intended fraud referred to in paragraph 3 of this article, the carrier is liable, without the benefit of the limitation of liability provided for in this Convention, for the loss incurred by a third party, including a consignee, because he has acted in reliance on the description of the goods in the bill of lading*".

[305] Cf. Clavero Ternero, "Conocimientos de embarque limpios y cartas de garantía", cit., p. 157.

[306] Cf. Clavero Ternero, "Conocimientos de embarque limpios y cartas de garantía", cit., p. 158.

[307] Cf. Clavero Ternero, "Conocimientos de embarque limpios y cartas de garantía", cit., p. 158. Note-se que, sob pena de se incorrer numa *diabolica probatio*, entendemos que a intenção de prejudicar o terceiro não deve, aqui, ser entendida, em termos puramente literais. Ao invés, estão aqui compreendidas as situações, a que alude o legislador português, que o transportador "*conhecia ou devia conhecer no momento da assinatura do conhecimento de carga*".

[308] Cf. Clavero Ternero, "Conocimientos de embarque limpios y cartas de garantía", cit., p. 159.

As Regras de Roterdão não contêm uma previsão expressa das cartas de garantia. Contudo, como defende CARBONE, a sua admissibilidade resulta implícita do regime das reservas, por se distinguirem as situações em que as mesmas constituem uma "obrigação" do transportador das que constituem uma mera "faculdade" – neste último caso, não sendo o transportador obrigado a formular reservas, surgirá o campo de atuação legítimo das cartas de garantia – obrigando-se, por via desta e legitimamente, a não formular reservas[309].

III. Não obstante alguns instrumentos normativos consagrarem expressamente a figura das cartas de garantia, a sua admissibilidade tem sido objeto de discussão na doutrina, sobretudo tendo em conta o intuito fraudulento que pode estar na sua base, associado à necessidade de tutelar os terceiros de boa fé.

Pode, neste contexto, suceder que um transportador, ainda que saiba ou tenha motivos sérios para desconfiar que a mercadoria não se encontra em bom estado ou que não está conforme aos dados fornecidos pelo carregador, aceite na mesma emitir um documento sem reservas em contrapartida da emissão de uma carta de garantia[310]. Estas situações são tratadas nas RH 1978 e no DL n.º 352/86, mas em termos distintos: no primeiro caso comina-se a carta de garantia com o desvalor da nulidade; no segundo, com o desvalor da ineficácia.

Estando em causa um documento negociável e que, ademais, se caracteriza pela literalidade, o terceiro de boa fé confiará legitimamente nesse título e tomará as suas opções de negócio com base no que nele vem descrito, podendo mesmo, sendo esse o caso, vir a pagar um preço desajustado da realidade ou inflacionado se as mercadorias nele descritas não corresponderem à realidade[311].

---

[309] Cf. CARBONE, *Contratto di trasporto marittimo di cose*, cit., p. 536.

[310] Afirma AZEVEDO MATOS, *Princípios de direito marítimo. Do transporte marítimo*, Vol. II, cit., p. 57, que, "[t]*endo como consequência a passagem do conhecimento limpo, dá a este maiores possibilidades de circulação. Mas tem inconvenientes graves. Garantido pelo carregador, o capitão não hesita em passar um conhecimento sem reservas, conhecimento limpo, ainda que as mercadorias não estejam em bom estado, e isso pode, mesmo que não haja má-fé, enganar terceiros e, sobretudo, os seguradores, contra quem o conhecimento regular faz prova (art. 540.º)*".

[311] Cf. CLAVERO TERNERO, "Conocimientos de embarque limpios y cartas de garantía", cit., p. 151.

Pense-se no caso típico do conhecimento de carga ser emitido sem reservas, diretamente em nome de um destinatário distinto do carregador, em que é, em contrapartida, emitida uma carta de garantia que descreve as desconformidades das mercadorias no embarque, responsabilizando-se o carregador perante o transportador se este vier a ser responsabilizado perante terceiro em virtude dessas desconformidades[312]. Este acordo será "colusivo" ou prejudicial ao destinatário e outros terceiros (potencialmente) envolvidos – *maxime* bancos e seguradoras[313]. A não aposição de reservas, por se fundar numa atitude dolosa, obstará, assim, à validade do acordo.

Especialmente crítico em relação às cartas de garantia, TETLEY defende que estas criam uma falsa representação da realidade (*misrepresentation*), considerando que ao emitir uma carta de garantia, o transportador emite um documento que sabe, à partida, ser incorreto e enganoso[314]. E, por isso, considera que estas não deveriam ser toleradas pelos tribunais e pelo comércio[315].

Em sentido idêntico, MÁRIO RAPOSO, estabelecendo a relação com o contrato de seguro, já afirmou que "*um conhecimento limpo emitido contra uma carta de garantia cria uma aparência contrária à realidade, que tem sempre como corolário induzir em erro o segurador*"[316]. Defende que as

---

[312] Cf. CLAVERO TERNERO, "Conocimientos de embarque limpios y cartas de garantía", cit., p. 151.

[313] Cf. CLAVERO TERNERO, "Conocimientos de embarque limpios y cartas de garantía", cit., p. 151.

[314] Cf. WILLIAM TETLEY, "Letters of indemnity at shipment and letters of guarantee at discharge", cit.

[315] Cf. WILLIAM TETLEY, "Letters of indemnity at shipment and letters of guarantee at discharge", cit.

[316] Cf. MÁRIO RAPOSO, "As cartas de garantia e o seguro marítimo", cit., p. 506. Também para PALMA CARLOS, *O contrato de fretamento no Código Comercial Português*, cit., p. 129 "*parece preferível a solução propugnada por aqueles que entendem que as cartas de garantia devem ser, em todos os casos, absolutamente proibidas e feridas de nulidade*". Isto porque, no seu entender, não deverá a (in)validade de uma carta de garantia estar dependente da aferição de boa fé ou da má fé do carregador/transportador, na medida em que considera que a boa fé, sendo um conceito eminentemente subjetivo, é difícil de determinar em concreto e, além disso, "*o facto de se declararem nulas apenas em certos casos as cartas de garantia, não obsta à fraude que sempre representa a circunstância de se pôrem em circulação títulos de crédito com falsas enunciações, mesmo quando estas possam não causar prejuízo a nenhum dos possuidores do título.*" Este entendimento de PALMA CARLOS deverá, no entanto, ser devidamente contextualizado. Com efeito, o autor fá-lo no contexto das anteriores disposições do CCom português, em que vigorava o regime

cartas de garantia devem considerar-se nulas (mesmo nas relações internas entre o transportador e carregador) ao entender que as mesmas, por definição, têm um escopo ilegal e contrário aos princípios de ordem pública: o de enganar terceiros[317]. Ainda assim, não deixa de abrir uma válvula de escape ao admitir que, nalguns casos (ainda que, na sua expressão, sejam "*raríssimos casos*") poderão as cartas de garantia não ter este escopo ilegal, quando a sua emissão advenha da "*completa impossibilidade de o transportador controlar com exactidão, no momento do embarque, as indicações fornecidas pelo carregador*"[318]. Não obstante, prossegue, "*as diferenças entre essas duas situações e as determinadas pelo intuito de enganar surgirão sempre tão difusas que a virtual ocorrência de tais casos não poderá contribuir para as legitimar de plano*"[319].

Yves Tassel, por sua vez, é da opinião de que a validade das cartas de garantia é criticável dado que: *(i)* a venda marítima "participa" na economia geral do comércio e não é de interesse puramente privado (argumento falível); *(ii)* a representatividade do conhecimento deveria superar a eficácia relativa dos contratos (argumento mais forte); *(iii)* o transportador contraria o regime do contrato de transporte, porque ele deve apor reservas (argumento decisivo)[320]. Refere, ademais, que parece que a carta de garantia revela um "conflito de lógica jurídica" ("*conflit de logiques juridiques*"): a lógica de que o contrato de transporte legitima ou valida esta prática, ao passo que a venda marítima e a natureza do conhecimento a tornariam insustentável ou inadmissível – o que constitui uma contraverdade ("*contre-validité*") intencionalmente e bilateralmente organizada[321].

Não pode, porém, concordar-se com a posição de que toda e qualquer carta de garantia dá azo a uma falta representação. Por vezes, e não raras

---

da prova plena do conteúdo do conhecimento de carga. Tanto assim que, conforme por si afirmado, "*face à Convenção de Bruxelas as cartas de garantia podem ser consideradas válidas*", já que, aqui, "*o conhecimento de carga constitui mera presunção da entrega das mercadorias no estado em que nêle são descritas; e presunção iuris tantum, admitindo em contrário qualquer prova, designadamente a que se fizer pela exibição de uma carta de garantia*".

[317] Cf. Mário Raposo, "As cartas de garantia e o seguro marítimo", cit., pp. 512-513.

[318] Cf. Mário Raposo, "As cartas de garantia e o seguro marítimo", cit., p. 513.

[319] Cf. Mário Raposo, "As cartas de garantia e o seguro marítimo", cit., p. 513.

[320] Cf. Yves Tassel, "*Les reformes apportees par les Regles de Hambourg au regime juridique du connaissement*", cit., p. 300.

[321] Cf. Yves Tassel, "*Les reformes apportees par les Regles de Hambourg au regime juridique du connaissement*", cit., p. 300.

vezes, as cartas de garantia não criam qualquer deturpação da realidade[322]. Assim sucede "nas cartas de garantias próprias", para utilizar a expressão de Clavero Ternero, que distingue as cartas de garantia em próprias e impróprias[323]. As próprias têm como finalidade evitar que o transportador inclua no conhecimento reservas sobre a mercadoria nos casos em que não disponha de meios para proceder à sua verificação, permitindo ao carregador obter um documento facilmente negociável no tráfego comercial[324]. Por sua vez, as impróprias são emitidas não obstante a existência de meios por parte do transportador para proceder à verificação das mercadorias ou a constatação, por parte deste *(i)* da sua desconformidade em relação ao descrito na declaração do carregador ou *(ii)* de que as mercadorias não se apresentam em bom estado ou condição aparentes[325].

Sustenta Clavero Ternero que as cartas de garantia impróprias são contra a moral e os bons costumes, por serem contrárias a uma conduta considerada normal ou exigível a um transportador honesto, para além de estar em causa a violação das normas legais que obrigam o transportador a emitir um conhecimento "exato". Isto é, o resultado prático deste acordo, no seu entendimento, repugna na consciência social, que o considera indigno de tutela jurídica[326]. Servem para fazer circular o documento e podem servir de instrumento para defraudar terceiros, visando atribuir uma indemnização ao transportador por incumprir as suas próprias obrigações. Por isso, o autor comina-as expressamente com o desvalor da nulidade[327].

---

[322] Como afirmado por Azevedo Matos, *Princípios de direito marítimo. Do transporte marítimo*, Vol. II, cit., p. 58, salva a hipótese de fraude na qual o transportador diretamente intervenha, ele apenas pretende cobrir-se contra as indicações dadas pelo carregador, não podendo, na maioria dos casos, "*verificar as fazendas*".

[323] Cf. Clavero Ternero, "Conocimientos de embarque limpios y cartas de garantía", cit., pp. 150-151.

[324] Cf. Clavero Ternero, "Conocimientos de embarque limpios y cartas de garantía", cit., p. 150.

[325] Cf. Clavero Ternero, "Conocimientos de embarque limpios y cartas de garantía", cit., pp. 150-151.

[326] A consequência de tudo isso, para o autor, à luz da lei espanhola, é que nos encontramos perante um contrato com causa ilícita, contrária à lei e moral, com o resultado de o acordo em causa não produzir quaisquer efeitos. O autor invoca que a destituição de quaisquer efeitos, neste caso, deriva do artigo 1276.º do Código Civil espanhol (em virtude da ilicitude da sua causa). Cf. Clavero Ternero, "Conocimientos de embarque limpios y cartas de garantía", cit., p. 153.

[327] Cf. Clavero Ternero, "Conocimientos de embarque limpios y cartas de garantía", cit., p. 152.

As cartas de garantia próprias, por sua vez, como vimos, apenas são emitidas porque o transportador não dispõe de meios razoáveis (nem tal lhe é exigível) para verificar as mercadorias. O seu desígnio é evitar que o transportador aponha reservas de desconhecimento/genéricas (v.g. "*said to contain*"), favorecendo a rapidez do tráfego comercial ao mesmo tempo que protegem o transportador das consequências desfavoráveis associadas à responsabilização, perante terceiros, relacionada com as discrepâncias entre a mercadoria descrita no conhecimento de carga e a mercadoria entregue no destino[328]. Ademais, atuando as partes de boa fé, trata-se, na verdade, de uma decorrência da obrigação do carregador garantir ao transportador a exatidão da sua declaração de carga com as mercadorias e, deste ponto de vista, não deve duvidar-se da sua validade[329].

De resto, a prática tem, efetivamente, demonstrado que as cartas de garantia, frequentemente, não têm subjacente qualquer escopo fraudulento[330], podendo revelar-se extremamente úteis para "*lubrificar as rodas do comércio*" ("*may oil the wheels of commerce*"), para utilizar a expressão de Felipe Arizon e David Semark[331].

De tudo quanto exposto, parece poder concluir-se que as cartas de garantia apenas são admissíveis na medida em que não seja incumprido o dever de formular reservas[332].

Mais: por maioria de razão com os regimes *supra* analisados, entendemos que, mesmo quando não seja emitida uma carta de garantia mas o transportador tenha incumprido o seu dever de formular reservas por saber

---

[328] Cf. Clavero Ternero, "Conocimientos de embarque limpios y cartas de garantía", cit., pp. 150-152.

[329] Cf. Clavero Ternero, "Conocimientos de embarque limpios y cartas de garantía", cit., p. 151.

[330] Cf. Januário da Costa Gomes, *O ensino do direito marítimo*, cit., p. 227.

[331] Cf. Felipe Arizon e David Semark, *Maritime letters of indemnity*, Informa Law, 2014, p. 9.

[332] A conclusão idêntica, por referência ao regime das Regras de Roterdão, parece chegar Carbone, *Contrato di trasporto marittimo di cose*, cit., p. 538: "*Ad analoghe conclusioni si giunge – sai puré indiretamente – anche attraverso la disciplina delle riserve specifiche di cui alle Regole di Rotterdam: nei cai in cui il vettore abbia «actual knowledge» o «reasonable ground to believe», che il caricatore gli ha consegnato una lettera di garanzia «fraudulenta», non soltanto non dovrà accettare la lettera di garanzia, ma dovrà altresì segnalare tale circostanze in polizza di carico; altrimenti sarà considerato responsible nei confronti dei destinatari della difformità e/o della mancanza delle merci alla consigna rispetto alla descrizione in polizza*".

(ou dever saber) ou, ainda, ter fundadas suspeitas de que as mercadorias não correspondem às características tal como informado pelo carregador/expedidor ou que as mesmas não se encontram em bom estado e condição aparentes, ver-se-á também precludido o seu benefício de limitação da responsabilidade[333]. Do ponto de vista da valoração jurídica, não há motivos para distinguir. Havendo ou não emissão de uma carta de garantia (ilícita), está sempre em causa uma conduta antijurídica (dolosa ou gravemente culposa) consubstanciada na não formulação de reservas. Simplesmente, quando há uma carta de garantia tal resulta mais evidente e poderá facilitar a prova da sua conduta antijurídica em caso de litígio.

6. Conclusões

Atentas as considerações *supra* expostas, advêm as seguintes conclusões principais:

1.ª As reservas constituem declarações unilaterais do transportador indissociavelmente ligadas à literalidade dos documentos de transporte, bem como às suas específicas funções probatória e de recibo de entrega das mercadorias. Estão sujeitas, pela sua própria natureza, a forma escrita, devendo ser incorporadas no próprio documento de transporte, não sendo compagináveis reservas por omissão.

2.ª São de admitir, à partida e por princípio, todas as modalidades de reservas (específicas ou genéricas, sobre as menções declaradas pelo carregador/expedidor ou sobre o estado e condição aparentes das mercadorias), porquanto todas elas poderão ser, em teoria, validamente apostas desde que verificados os respetivos fundamentos.

3.ª A validade das reservas dependerá da verificabilidade, em termos de razoabilidade, das características das mercadorias que ao transportador caiba inspecionar, devendo ainda ser claras e tão precisas quanto possível.

4.ª A não aposição de reservas tem como efeito a verificação de um efeito presuntivo probatório relativamente ao descrito no docu-

[333] Esta foi a conclusão a que chegámos *supra* (cf. ponto 4.5 – A não aposição de reservas e a preclusão da limitação da responsabilidade do transportador).

mento e ao bom estado e condição aparentes das mercadorias, podendo este efeito probatório ser relativo (*iuris tantum*) ou absoluto (*iure et de iure*). Por sua vez, a aposição de reservas válidas tem o alcance de fazer cessar esse efeito presuntivo.

5.ª As reservas não constituem causa de exclusão de responsabilidade do transportador, sendo antes um mecanismo de inversão do ónus da prova, anulando-se o valor probatório do documento relativamente às características da mercadoria nele descritas sendo certo que, em caso de reservas sobre o estado e condição aparentes, deixa também de se verificar a presunção de que a mercadoria foi recebida em bom estado e condição aparentes pelo transportador.

6.ª A aposição de reservas constitui um dever nos casos em que o transportador saiba (ou deva saber) ou tenha fundadas suspeitas da existência de desconformidades das mercadorias face aos dados fornecidos pelo carregador/expedidor ou de que a mercadoria não se encontra em bom estado ou condição aparentes. Nos demais casos, constituirá um mero ónus.

7.ª As cartas de garantia são um instrumento negocial no qual os transportadores aceitam emitir um conhecimento de carga "limpo" (i.e., sem reservas) e os carregadores, em contrapartida, obrigam-se a indemnizar aqueles pelos eventuais danos decorrentes da emissão de um conhecimento de carga sem reservas. Surgiram para obviar aos inconvenientes causados pelas reservas no tráfego comercial, mormente quando esteja em causa a emissão de documentos de transporte negociáveis associados a operações de crédito documentário.

8.ª As cartas de garantia apenas são válidas na medida em que não seja incumprido o dever de formular reservas, sendo dotadas de eficácia *inter partes,* pois não são oponíveis a terceiros.

9.ª Quando seja incumprido o dever de formular reservas (haja ou não emissão efetiva de uma carta de garantia em contrapartida) preclude-se o direito de o transportador limitar a sua responsabilidade, atenta a sua conduta dolosa ou gravemente culposa.

TEMPOS DE TRABALHO E DE REPOUSO DO PESSOAL MÓVEL DA AVIAÇÃO CIVIL

CATARINA SALGADO*

Sumário: 1. Aspetos gerais; 2. Impacto dos tempos de trabalho e de repouso na aviação civil; 3. Legislação aplicável; 4. Análise comparativa de algumas definições básicas; 5. Análise comparativa entre os Regulamentos (EU) n.º 859/2008 e n.º 83/2014; 6. O Decreto-Lei n.º 139/2004, de 5 de junho; 7. As OPS CAT com helicópteros – particularidades e regime aplicável; 8. Conclusões.

1. Aspetos Gerais

A matéria dos tempos de trabalho e de repouso de um trabalhador reveste, em geral, de suma importância, tendo em conta que o trabalho consiste numa atividade de natureza contínua e com tendencial necessidade de articulação entre todos os trabalhadores, já que, na maioria das situações, o produto final do trabalho resulta não apenas da prestação de um trabalhador, mas sim da prestação articulada de vários trabalhadores. [1]

Com efeito, a delimitação temporal da prestação de trabalho, que integra o conteúdo do contrato de trabalho, importa para delimitar o tempo durante o qual o trabalhador se encontra subordinado ao empregador, seja

---

* Professora Auxiliar da Faculdade de Direito da Universidade de Lisboa

[1] Acerca dos tempos de trabalho e de não trabalho, veja-se, a título de exemplo, Maria do Rosário Palma Ramalho, *Tratado de Direito do Trabalho*, Parte II, Almedina, 4.ª ed., 2012, pp.445 e ss.; Pedro Romano Martinez, *Direito do Trabalho*, Almedina, 6.ª ed., 2013, pp.499 e ss.; Luís Menezes Leitão, *Direito do Trabalho*, Almedina, 2016, pp.287 e ss.; António Menezes Cordeiro, *Direito do Trabalho II – Direito individual*, Almedina, 2019, pp.499 e ss.. Sobre a definição do conceito de tempo de trabalho, veja-se Francisco Liberal Fernandes, *Sobre o conceito de tempo de trabalho no Código do Trabalho*, Questões Laborais 13 (2006), n.º 27, pp. 135-137.

efetivamente a prestar o seu trabalho, seja por estar à sua disposição, ao mesmo tempo que acautela e previne as consequências nefastas do excesso de trabalho, quer para o próprio trabalhador quer para o resultado da prestação de trabalho.

De facto, a delimitação do tempo de trabalho constitui uma das condições para que o trabalho se considere verdadeiramente livre, afastando assim situações como as de trabalho ininterrupto, em que não se preveem períodos de descanso.

Por outro lado, essa mesma delimitação permite zelar pela saúde do trabalhador, potenciando a sua recuperação, quer física quer psicológica, nos tempos de descanso e minimizando assim a probabilidade de erro ou falha humana na prestação de trabalho, cujas consequências podem ser extremamente complicadas, dependendo do tipo de trabalho em causa, como é o caso do trabalho do pessoal móvel da aviação civil.

Porém, não podemos olvidar os contornos de natureza política e económica que a matéria acarreta.

Assim, do ponto de vista do legislador e das suas opções políticas quanto à matéria do tempo de trabalho, haverá uma tendência para não tomar decisões particularmente nefastas no que toca à classe trabalhadora, nomeadamente permitindo a existência de um tempo de trabalho demasiado extenso, já que a mesma constitui, em última análise, a maioria do eleitorado.

Ademais, a decisão legislativa de limitação da duração do tempo de trabalho contribui em larga medida para a redução da taxa do desemprego, já que quanto menor for o limite máximo de trabalho diário e semanal, maior será o número de trabalhadores que o empregador terá que contratar para realizar o mesmo trabalho, diminuindo assim o número de desempregados.

Por outro lado, do ponto de vista económico esta medida tem um enorme ponto fraco, uma vez que, quanto maior número de trabalhadores o empregador tiver que contratar, em virtude da limitação do tempo de trabalho, maior investimento financeiro terá o mesmo que fazer, o que inevitavelmente originará um aumento do preço do produto final, cujo valor será custeado pelo respetivo consumidor.

Ou seja, quanto maior número de trabalhadores for necessário para realizar o mesmo trabalho, maior será a despesa do empregador, cujo valor se refletirá no preço do produto final, recaindo, portanto, no consumidor.

No plano da aviação civil, tal significará que quanto mais limitativo for o tempo de trabalho, maior número de tripulações serão necessárias empregar e utilizar pelo empregador para realizar o mesmo número de voos, originando custos de operação mais elevados e, por conseguinte, preços de bilhetes também eles mais elevados.

2. Impacto dos tempos de trabalho e de repouso na aviação civil

Se em termos genéricos a matéria de tempos de trabalho tem uma importância fulcral, como já vimos, a discussão em torno dos tempos de trabalho e de repouso do pessoal móvel da aviação civil ou, como se tem denominado, de *Flight Time Limitations* (FTL), tem sido igualmente ao longo dos tempos bastante acesa e mesmo atualmente mantém-se longe de ser pacífica.

Na aviação comercial, os horários da tripulação têm sido regulamentados ao longo do tempo através da definição de limites máximos de tempo de serviço, limites de tempo de voo ou períodos mínimos de descanso entre outras restrições. Essas regras e limites, têm sido designados de Limitações de tempo de voo ou FTL's, na sua versão em língua inglesa, tendo sido criados como uma forma de prevenir, limitar e contabilizar a fadiga, com vista à não diminuição da segurança do voo.

As diferenças entre as regulamentações das FTL entre os vários países, mesmo entre os Estados contratantes da Organização da Aviação Civil Internacional (OACI / ICAO)[2] ou entre os Estados Membros da União Europeia são significativas, podendo, por isso, afetar, em diferentes graus, a produtividade das tripulações, os respetivos níveis de alerta e, consequentemente, a produtividade e a margem de lucro dos próprios operadores aéreos.

Ao nível da União Europeia, se é certo que o Regulamento (CEE) n.º3922/91, de 16/12, na Subparte Q do Anexo III, já fazia referências à FTL, foi em 2000 que, considerando o grau de integração do setor da aviação civil no mercado comunitário, bem como as condições relativas à concorrência nele existentes, surgiu uma intervenção a nível legislativo, por parte do Conselho, no sentido de garantir a proteção na saúde e segurança dos trabalhadores móveis da aviação civil. Assim, foi publicada a Diretiva 2000/79/CE do Conselho, de 27 de novembro de 2000, onde se estabelece-

[2] Ainda assim, note-se que, no âmbito da ICAO, foi aprovado um guia destinado aos operadores aéreos relativo à gestão da fadiga.

Cfr.https://www.icao.int/safety/fatiguemanagement/FRMS%20Tools/FMG%20for%20Airline%20Operators%202nd%20Ed%20(Final)%20EN.pdf

ram normas mínimas sobre a organização do tempo de trabalho do pessoal móvel da aviação civil, transposta para os ordenamentos jurídicos internos de todos os 28 países membros da União.

Esta Diretiva resultou de um complexo acordo alcançado entre a Associação das Companhias Aéreas Europeias (AEA), a Federação Europeia dos Trabalhadores dos Transportes (ETF), a Associação Europeia do Pessoal Navegante (ECA), a Associação das Companhias Aéreas das Regiões da Europa (ERA) e a Associação Internacional de Chárteres Aéreos (AICA), sobre a organização do tempo de trabalho do pessoal móvel da aviação civil.

E compreende-se a dificuldade na tomada de posição sobre este tema por parte da União Europeia em geral e da EASA / AESA – Agência Europeia de Aviação Civil, em particular.

Quanto à ICAO, a opção foi a da publicação de vários Manuais em matéria de gestão da fadiga: o Manual para Supervisão de Abordagens de Gestão da Fadiga, cuja última revisão data de 2019, o Guia de Gestão da Fadiga para Operadores de Linha Aérea, de 2015, o Guia de Gestão da Fadiga para Operadores Gerais de Aviação de Aviões de Grande Porte e Turbojato e o Guia de Gestão da Fadiga para Prestadores de Serviços de Tráfego Aéreo, ambos de 2016, definindo o sistema de gestão de risco de fadiga (FRMS) como um meio orientado para dados que monitoram e gerem continuamente os riscos de segurança contra a fadiga, com base em princípios e conhecimentos científicos, bem como na experiência operacional, visando garantir que o pessoal envolvido cumpra seus deveres com um nível satisfatório de vigilância.

Os impactos são de diversa ordem: impactos na segurança, sociais, económicos e na harmonização regulamentar.

Ao nível da segurança, na sua vertente *safety*, os acidentes e incidentes graves são indicadores importantes, já que uma alteração ao regime jurídico aplicável pode contribuir para mitigar ou acentuar os riscos associados à fadiga e, consequentemente, reduzir ou aumentar o número de acidentes e incidentes graves no futuro[3], reduzindo ou aumentando por sua vez, os fatores que contribuem para os mesmos, como é o caso do mau desempenho e do erro humano.

[3] Sobre a relação entre as FTL e os acidentes aéreos, veja-se Jeffrey H. Goode, *Are pilots at risk of accidents due to fatigue ?*, *in* Journal of Safety Research, 34 (2003), pp. 309–313.

E bem assim, no contexto da investigação de acidentes e incidentes aéreos, note-se que são avaliados essencialmente três fatores: o humano, o técnico e o meio ambiente.[4]

No que concerne aos impactos sociais, os mesmos prendem-se com as condições de trabalho, que direta ou indiretamente têm implicações na saúde dos tripulantes.

Quanto aos impactos económicos, os regimes das FTL obrigam as transportadoras aéreas a distribuírem as suas tripulações através de escalas de serviço, com vista a reduzir os riscos de fadiga. As medidas de mitigação incluem as limitações do período de serviço de voo e do período de trabalho, regras de repouso mínimo, entre outras.

Naturalmente que estas medidas afetam a produtividade das tripulações e o número de tripulantes necessários para executar as operações, o que implica questões de capacidade financeira das empresas, bem como de competitividade entre elas, ainda que os "danos colaterais" dependam em larga medida do tipo de transporte, rotas e escalas de serviço de cada empresa.

Com efeito, as preocupações mais relevantes, bem como o impacto de certas medidas, não serão os mesmos no caso de uma transportadora que realiza predominantemente transporte regular, utilizando rotas de médio e longo curso e de uma outra que se ocupe sobretudo de transporte não regular, ou ainda que realize transporte regular mas em rotas de duração muito curta.

De facto, é inegável a dificuldade de medição adequada da fadiga no tempo de trabalho da tripulação, com recurso a regras que apenas limitam o horário de trabalho e garantem o descanso, sendo por isso necessário usar outros parâmetros, requisitos e condicionantes.

Neste sentido, Helmreich defende que, tendo em conta que os seres humanos operam sistemas complexos, é natural a ocorrência de erros e que, sob situações de stress ou de sobrecarga de trabalho, trabalho monótono ou até mesmo em casos de subcarga de trabalho, a probabilidade de ocorrência de um erro aumenta[5].

Desta forma, devemos entender as FTL como meros modelos de fadiga, constituídos por um conjunto de várias regras, limitações, requisitos ou con-

---

[4] Cfr. Lina María Sánchez Rubio, *El estudio del factor humano en accidentes de aviación*, *in* Revista Pensamiento Psicológico, vol. 7, N.º 14, 2010, pp. 141-154.

[5] Cfr, R.L. Helmreich, *Error management as organizational strategy*, *in* Proceedings of the IATA Human Factors Seminar. Bangkok, Tailândia, April 20-22, 1998, pp. 1-7.

dições que tentam chegar a um estádio de uniformização e, por essa razão, podem tornar-se simplificadas demais e, consequentemente, perigosas, se forem aplicadas individualmente, isoladamente ou, ainda que combinadas, se forem seguidas de tal forma rígida que a tentativa de se tornarem tão precisas quanto as regras científicas perde-se perante a diversidade de situações que a realidade apresenta.

Esse desalinhamento apresenta uma grande oportunidade de melhoria para o setor aéreo. Ao realocar recursos e despesas para o fator mais importante, podemos criar melhores cronogramas de tripulação com menor risco e sem aumento de custos. Para conseguir alcançar esse objetivo, é necessária uma abordagem ligeiramente diferente, reconhecendo que as regras não resolverão a situação na totalidade.

Com efeito, as FTL que regulam o horário de trabalho são adequadas para limitar o horário de trabalho, embora nunca sejam realmente apropriadas para reduzir o risco de fadiga[6].

Isto porque, num primeiro plano, a fadiga está intimamente relacionada com o modelo de negócio do operador, com o seu tipo característico de operação, duração dos setores, horário dos voos, entre outros.

Desta forma, mesmo que fosse possível criar um conjunto de FTL's perfeitas, totalmente alinhadas com a ciência, proibindo, por isso, as ope-

[6] Acerca dos fatores que contribuem para o risco de fadiga dos pilotos, concluindo que os principais fatores que aumentam a fadiga do piloto, reduzindo o desempenho operacional dos voos, são as operações de programação inadequadas, as diferentes direções de voo, considerando as diferentes zonas horárias e a necessidade de aclimatização, ambientes inadequados de aeronaves, como a velocidade, o ruído, a temperatura, a humidade e a iluminação da aeronave, as atribuições de trabalho inadequadas e ambientes inadequados de hotel, e que as variáveis dependentes são a saúde física e mental, as necessidades de sono, as dívidas do sono, influência circadiana, a resistência, a genética, a idade, o sexo, a raça, o estado nutricional e os traços de personalidade, entre outros, cfr. Seungyoung Leea e Jin Ki Kim, *Factors contributing to the risk of airline pilot fatigue*, *in* Journal of Air Transport Management, 67 (2018), pp. 197-207. Sobre a questão específica do estado mental dos pilotos como fator fulcral do seu desempenho, veja-se Ying Li, Hongyu Chen, Xiaoyang Xin e Ming Ji, *The influence of mindfulness on mental state with regard to safety among civil pilots*, *in* Journal of Air Transport Management, 84 (2020). Sobre as manifestações objetivas da fadiga, tais como os lapsos cada vez mais frequentes no desempenho, a lentidão cognitiva geral, incluindo uma diminuição das capacidades ideais de desempenho, problemas de memória, diminuição do tempo dedicado a cada tarefa e uma crescente incapacidade de manter a vigilância necessária para executar as tarefas necessárias, bem como um aumento na propensão ao sono, veja-se Christopher B. Jones, Jillian Dorrian, Shantha M.W. Rajaratnam e Drew Dawson, *Working hours regulations and fatigue in transportation: A comparative analysis*, *in* Safety Science, 43 (2005), pp. 225–252.

rações que se posicionassem abaixo de um determinado nível de alerta, o que se afigura um cenário ideal mas irreal, o certo é que, tendo em conta a diversidade da realidade ao nível dos operadores de transporte aéreo, o nível de alerta também não poderia ser o mesmo para todos os operadores sem que tal trouxesse consequências drásticas para seus modelos de negócios, já que o que seria aceitável e adequado para um modelo negócio, não o seria para outro tipo de modelo de negócio.[7]

Ora, se atendermos ao processo de liberalização e privatização do transporte aéreo[8], o mesmo aumentou a concorrência entre os operadores aéreos, o que originou uma tendência natural para um aproveitamento ao máximo da capacidade laboral dos seus tripulantes.

Perante a ausência de normas internacionais de trabalho aplicadas ao pessoal móvel da aviação civil[9] [10], afigura-se fundamental a intervenção legislativa ao nível do setor da aviação civil.

Desta forma, a preocupação da União Europeia prende-se sobretudo com o facto de a segurança de voo (*safety*), bem como a segurança jurídica, pensadas num quadro jurídico europeu, contribuírem, na maioria das situações, para um maior grau de proteção do que os limites impostos pela regulamentação nacional de cada Estado Membro, sem prejuízo, natural-

---

[7] Veja-se, a título de exemplo, e no plano nacional, as diferenças substanciais entre os modelos de negócio da TAP, centrado sobretudo no médio e longo curso, e da SATA, com inúmeras operações com setores curtíssimos e dependentes de condições meteorológicas nem sempre favoráveis.

[8] Sobre a evolução da regulamentação e desregulamentação no transporte aéreo e o papel da política de concorrência num mercado liberalizado da aviação, cfr. Alain Lumbroso, *Aviation liberalisation: What headwinds do we still face ?*, *in* Journal of Transport Management, 74 (2019), pp. 22-29.

[9] A este propósito, veja-se Rosa María Rodríguez Romero, *La promoción del trabajo decente en la industria aeronáutica a través del diálogo social: mito o realidad?*, *in* Revista de derecho del transporte: Terrestre, marítimo, aéreo y multimodal, Nº. 24, 2019, págs. 267-300.

[10] Não obstante, veja-se *La aviación civil y los cambios en su entorno laboral*, documento temático para o debate no Foro do diálogo mundial sobre os efeitos da crise económica mundial na indústria da aviação civil, OIT, Genebra, 2013, disponível em https://www.google.pt/search?sxsrf=ALeKk02BE7xbTMM84EMjzAxnm7-sYpaptQ%3A1586011780733&source=hp&ei=hJ6IXojYKsPTgwfCp5O4BA&q=La+aviaci%C3%B3n+civil+y+los+cambios+en+su+entorno+laboral&oq=La+aviaci%C3%B3n+civil+y+los+cambios+en+su+entorno+laboral&gs_lcp=CgZwc3ktYWIQA0oKCBcSBjEyLTEzOEoICBgSBDEyLTFQthFYthFgrhpoAXAAeACAAYcBiAGHAZIBAzAuMZgBAKABAqABAaoBB2d3cyl3aXo&sclient=psy-ab&ved=0ahUKEwiIqrGmgs_oAhXD6eAKHcLTBEcQ4dUDCAY&uact=5

mente, de existirem convenções coletivas de trabalho que prevejam condições mais favoráveis e, por essa razão, serem aplicáveis tendo em conta o Princípio do tratamento mais favorável ao trabalhador[11], desde que, nomeadamente não contrariem normas imperativas.

Por outro lado, a paulatina eliminação das diferenças nacionais em matéria de FTL permitirá evitar a tentação de *forum shopping* em matéria de legislação aplicável.

Com efeito, tem-se colocado frequentemente a questão de saber qual a lei reguladora do contrato de trabalho celebrado pelo pessoal móvel da aviação civil, já que se por um lado a Convenção de Chicago aponta para a jurisdição do Estado de matrícula da aeronave, o certo é que a diversidade das legislações laborais nacionais, a por vezes diversidade das legislações laborais nacionais específicas em matéria de aviação, o facto de o trabalho ser prestado a bordo de um meio de transporte internacional, bem como a plurilocalização das relações de trabalho em causa levam-nos a questionar qual a lei aplicável a tais relações contratuais.[12]

De facto, cumpre notar que, não obstante a existência de legislação laboral específica aplicável ao pessoal móvel da aviação civil, não podemos esquecer que a demais legislação laboral que não seja incompatível com aquela bem como com as características essenciais da atividade em causa, se afigura aplicável.

Trata-se, por exemplo, do regime jurídico relativo à matéria da negociação coletiva ou aos conflitos coletivos de trabalho, como é o caso da greve, entre outros.

Ora, o Regulamento (CE) n.º 593/2008 do Parlamento Europeu e do Conselho, de 17/6/2008, sobre a lei aplicável às obrigações contratuais («Roma I»), prevê, no seu artigo 3.º, o princípio da liberdade de escolha pelas partes da lei aplicável ao contrato, e no seu artigo 8.º/1 o mesmo princípio da liberdade de escolha pelas partes da lei aplicável ao contrato de trabalho, ainda que acautele que tal escolha não pode, porém, ter como consequência privar o trabalhador da proteção que lhe proporcionam as disposições não derrogáveis por acordo, ao abrigo da lei que, na falta de

---

[11] Sobre o Princípio do tratamento mais favorável ao trabalhador, veja-se, nomeadamente, Maria do Rosário Palma Ramalho, *Tratado de Direito do Trabalho*, Parte I, Almedina, 3.ª ed., 2012, pp.273-315; Pedro Romano Martinez, *Direito do Trabalho*, Almedina, 6.ª ed., 2013, pp.205-209; Luís Menezes Leitão, *Direito do Trabalho*, Almedina, 2016, pp.93-95.

[12] Sobre esta questão veja-se Hugo Ramos Alves, *Direito aéreo – Uma introdução*, AAFDL, 2019, pp.286-287.

escolha, seria aplicável. Na falta de escolha, o artigo 8.º/2 do Regulamento prevê a aplicação subsidiária da lei do país de prestação habitual do trabalho. É de notar, contudo, a existência de uma cláusula de exceção, prevista no número 4 do artigo 8.º, nos termos da qual, se resultar do conjunto das circunstâncias que o contrato apresenta uma conexão mais estreita com um país diferente, é aplicável a lei desse outro país.

Ora, resulta desta forma, que o princípio da liberdade de escolha pelas partes da lei aplicável permitirá a tentação de *forum shopping*, o qual será minimizado com a eliminação das diferenças nacionais em matéria de FTL, ainda que se mantenham diferenças ao nível da legislação laboral geral.

E bem assim, caminhar-se-á para um ambiente mais equitativo, com uma concorrência saudável, prosseguindo desta forma objetivos básicos europeus.

3. Legislação aplicável

Ao nível da legislação existente em matéria de FTL, e tal como já foi referido, o Regulamento (CEE) n.º 3922/91, de 16 de dezembro, na sua Subparte Q do Anexo III, veio prever inicialmente a matéria.

Por outro lado, ao nível nacional, foi entretanto aprovada a Portaria n.º 238-A/98, de 15 de abril.

Com a Diretiva n.º 2000/79/CE, de 27 de novembro, a Portaria n.º 238-A/98 foi revogada pelo Decreto Lei n.º 139/2004, de 5 de junho, que transpôs a referida Diretiva.

Entretanto, ao nível europeu, os Regulamentos UE n.º 1899/2006, de 12 de dezembro de 2006, n.º 8/2008, de 11 de dezembro de 2007 e n.º 859/2008, de 20 de setembro de 2008 vieram alterar o Regulamento (CEE) n.º 3922/91, relativo à harmonização das normas técnicas e dos procedimentos administrativos no setor da aviação civil, na sua Subparte Q do Anexo III.

Foram, assim, estabelecidos os primeiros limites relativamente ao repouso das tripulações, com o objetivo de garantir que os membros das tripulações mantivessem os níveis de atenção e descanso adequados para garantir a segurança do transporte aéreo de passageiros. Consequentemente, foram igualmente impostos limites de tempo de voo aplicáveis aos referidos trabalhadores, os quais eram compatíveis com os limites já estabelecidos pela Diretiva.

Relativamente ao período de serviço de voo e ao período de trabalho, a Subparte Q do Anexo III deste Regulamento, prevê, ao nível dos períodos totais de voo, o limite de 190 horas num período de 28 dias consecutivos, distribuídas tão regularmente quanto possível ao longo de todo esse período e de 60 horas num período de sete dias consecutivos. Estabelece-se ainda que o operador deve assegurar que o tempo de voo real para o qual cada um dos membros da tripulação é escalado na qualidade de membro da tripulação em funções não exceda 900 horas num ano civil e 100 horas de voo num período de 28 dias consecutivos. Quanto ao limite máximo diário de base de serviço de voo é de 13 horas, podendo ser prolongado mediante a verificação de determinados critérios constantes na Subparte Q do Anexo III.

Por outro lado, o Regulamento (UE) n.º 965/2012, de 5 de outubro, alterou o Regulamento (CEE) n.º 3922/91, mas não a Subparte Q e, finalmente, o Regulamento (UE) n.º 83/2014, de 29 de janeiro, veio alterar o Regulamento. n.º 965/2012 e criar um novo regime de FTL.

Este último Regulamento (UE) n.º 83/2014 foi aprovado na sequência do Parecer nº 04/2012[13], emitido em 2012 pela Agência Europeia para a Segurança da Aviação (EASA / AESA), com o objetivo de propor à Comissão uma atualização dos Regulamentos existentes sobre limitações do período de serviço de voo, do período de trabalho e requisitos de repouso no domínio dos aviões de transporte aéreo comercial. Tal Parecer foi emitido ao abrigo do disposto no Regulamento (CE) n.º 216/2008 do Parlamento Europeu e do Conselho, o qual previa que a Agência Europeia para a Segurança da Aviação efetuasse, até 18 de fevereiro de 2019, uma avaliação sobre a eficácia das disposições relativas às limitações do tempo de voo e de serviço e aos requisitos de repouso do pessoal móvel da aviação civil em vigor.

Perante esta panóplia legislativa, importa aferir qual a legislação aplicável a cada tipo de situação.

Assim, atualmente existem três regimes jurídicos: as OPS CAT com aviões multi-piloto, as OPS táxi aéreo, serviços médicos de emergência e CAT com aviões mono-piloto, e as OPS CAT com helicópteros.

---

[13] Parecer da EASA n.º4/2012, de 28/9/2012, sobre o Regulamento que estabelece regras de execução sobre as limitações do período de serviço de voo, do período de trabalho e requisitos de repouso (FTL) no domínio dos aviões de transporte aéreo comercial (CAT) e sobre o Regulamento que altera o Regulamento (CE) n.º XXX/2012 da Comissão de dd Mês Ano que estabelece requisitos técnicos e procedimentos administrativos relacionados com as operações aéreas, «Regras de execução sobre as limitações do período de serviço de voo, do período de trabalho e requisitos de repouso (FTL) no domínio dos aviões de transporte aéreo comercial(CAT)»,Disponível em https://www.easa.europa.eu/sites/default/files/dfu/EASA_2012_00120000_PT_TRA.pdf.

Para que se compreenda a diferença de regimes, cumpre, antes de mais, definir brevemente cada um deste tipo de operações.

Nos termos do art.2.º/1 do Regulamento (UE) n.º 965/2012 da Comissão, de 5/10/2012, a operação de transporte aéreo comercial (CAT) consiste numa operação realizada por uma aeronave para transportar passageiros, carga ou correio, mediante remuneração ou contra outra retribuição.

Já a operação de táxi aéreo, para efeitos das limitações dos tempos de voo e de serviço, é definida no art.1.º/1 do Regulamento (UE) n.º 83/2014 como a operação de transporte aéreo comercial não regular realizada a pedido com avião de configuração operacional máxima (MOPSC) até 19 lugares de passageiros, inclusive.

Finalmente, nos termos do art. 5.º/2 f) do Regulamento (UE) n.º 965/2012, os serviços de emergência médica realizados com helicópteros (HEMS) consideram-se incluídos nas operações de transporte aéreo comercial – CAT.

Deste modo, quanto às OPS CAT com aviões multi-piloto, aplicam-se as FTL do Anexo III, previstas no Regulamento (UE) n.º 83/2014 [14].

Ainda assim, nos termos dos Considerandos (4) e (5), o Regulamento não prejudica os limites, nem as normas mínimas já estabelecidas pela Diretiva 2000/79/CE, nomeadamente as disposições relativas ao tempo de trabalho e dias de folgas, que devem ser sempre respeitadas no caso do pessoal móvel da aviação civil, já que as disposições constantes do Regulamento (UE) n.º 83/2014, e outras que tenham sido aprovadas em aplicação do mesmo, não têm por objetivo justificar quaisquer reduções dos atuais níveis de proteção do pessoal móvel.

Por outro lado, os Estados Membros podem derrogar ou desviar-se do disposto no Regulamento (UE) n.º 83/2014, aplicando disposições com um nível de segurança pelo menos equivalente ao previsto no regulamento, a fim de melhor responderem a circunstâncias ou práticas operacionais nacionais particulares. Porém, as derrogações e os desvios ao disposto no presente regulamento devem ser notificados e tratados em conformidade com os artigos 14.º e 22.º do Regulamento (CE) n.º 216/2008, que prevêem decisões transparentes e não discriminatórias, baseadas em critérios objetivos.

Neste pressuposto, tendo em conta o ambiente altamente competitivo com custos de mão de obra, combustível e tarifas de aeroportos, os opera-

[14] *V.g.* art.8.º/1 do Regulamento (UE) n.º 965/2012, alterado pelo Regulamento (UE) n.º 83/2014.

dores tentam cada vez mais operacionalizar sistemas de gestão de risco de fadiga (FRMS), de acordo com as diretrizes da ICAO, os quais contribuem para otimizar a "utilização" da tripulação através de desvios e derrogações dos limites europeus relativos aos tempos de trabalho e de repouso. Com efeito, através da implementação de uma estratégia híbrida, que combina regras prescritivas de tempos de trabalho e de repouso, por um lado, e um sistema de gestão de risco de fadiga (FRMS), por outro, os operadores tentam minimizar os efeitos nefastos da crescente regulamentação ao nível do setor.

Porém, o preço a pagar por tal flexibilidade traduz-se numa complexidade ao nível interno com vista à deteção dos riscos associados aos membros da tripulação.[15]

Isto porque qualquer operador que trabalhe com o FRMS tem que acompanhar, analisar e mitigar os riscos associados à fadiga dos seus tripulantes, o que exige a existência de um processo interno complexo, um elevado nível de responsabilidade e o uso de indicadores de desempenho de segurança contra a fadiga.

Quanto às OPS táxi aéreo, serviços médicos de emergência e CAT com aviões mono-piloto, aplica-se o art.8.º/4 e a Subparte Q do Anexo III do Regulamento (CEE) n.º 3922/91, com as alterações previstas no Regulamento (UE) n.º 859/2008.[16]

O art.8.º/4 prevê que os Estados Membros possam aprovar ou manter disposições sobre *split duty* – serviço de voo repartido (OPS 1.1105, ponto 6), repouso (OPS 1.1110) (repouso), repouso complementar para compensar diferenças horárias e períodos de repouso reduzidos (pontos 1.3 e 1.41), prolongamento do PSV por motivo de repouso a bordo (OPS 1.1115), bem como modalidades de assistência – *stand by* – para além da feita no aeroporto, e incluindo a assistência em hotel (OPS 1.1125, ponto 2.1).

Aplicam-se ainda as derrogações nacionais correspondentes baseadas em avaliações dos riscos para a segurança efetuadas pelas autoridades competentes.

Ora, quanto a este regime, coexistem, portanto, dois níveis legislativos, sendo um comunitário e outro nacional, muito embora, atento o Prin-

[15] Sobre este trabalho de gestão por parte dos operadores, veja-se S. Bourgeois-Bougrine, *The illusion of aircrews' fatigue risk control*, Transportation Research Interdisciplinary Perspectives, http://dx.doi.org/10.1016/j.trip.2020.100104

[16] V.g. art.8.º/2 do Regulamento (UE) n.º 965/2012, alterado pelo Regulamento (UE) n.º 83/2014.

cípio do primado do direito comunitário, a legislação comunitária prevaleça sobre a legislação nacional.[17]

Não obstante, o Decreto Lei n.º 139/2004, de 5 de junho aplica-se nas matérias compatíveis com a legislação comunitária ou aí omissas, contribuindo para a criação de uma verdadeira manta de retalhos no que respeita à matéria de FTL.

O trabalho de comparação entre os diplomas legislativos concorrentes não é todo tarefa fácil, o que levou o então Instituto Nacional de Aviação Civil, atual ANAC – Autoridade Nacional de Aviação Civil – a emitir a Circular de Informação Aeronáutica n.º 5/2010, de 8 de fevereiro, com vista a clarificar o regime jurídico existente.

Finalmente, quanto às OPS CAT com helicópteros, as mesmas devem cumprir os requisitos nacionais de cada Estado Membro[18] sendo, no caso português, aplicável o Decreto-Lei n.º 139/2004.

Note-se, porém, que no contexto atual de pandemia causado pelo Covid-19, foram concedidas várias isenções temporárias de FTL, sem pre-

---

[17] Quanto a este Princípio, veja-se que a própria Declaração n.º 17 anexada à Ata Final que aprovou o Tratado de Lisboa, que tem por epígrafe "Declaração sobre o primado do direito comunitário", refere o seguinte: "A Conferência lembra que, em conformidade com a jurisprudência constante do Tribunal de Justiça da União Europeia, os Tratados e o direito adoptado pela União com base nos Tratados primam sobre o direito dos Estados-Membros, nas condições estabelecidas pela referida jurisprudência". Naturalmente, não olvidamos a ideia de que o princípio do primado do direito da União sobre o direito dos Estados-Membros só pode ser efetivo no respeito dos limites da competência da União e no respeito dos princípios e direitos fundamentais comuns aos Estados-Membros, mas o certo é que tal situação não está em causa na questão que agora se aprecia.

A propósito deste Princípio, veja-se a título de exemplo, Francisco Paes Marques, *O primado do Direito da União Europeia: Fundamento e Limites*, *in Constitucionalismo Europeu em Crise? Estudos sobre a Constituição Europeia*, AAFDL, Lisboa, 2006, pp. 199-208; Patrícia Fragoso Martins, *O princípio do primado do direito comunitário sobre as normas constitucionais dos Estados-Membros*, Principia, 2006, pp.142 e ss.; Nuno Andrade Piçarra, *Normas de aplicação imediata e direito comunitário in Normas de Aplicação Imediata, Ordem Pública Internacional e Direito Comunitário*, Almedina, 2004, pp. 114- 115; Diogo Freitas do Amaral e Nuno Piçarra, *O Tratado de Lisboa e o princípio do primado do direito da União Europeia: uma "evolução na continuidade"*, Revista de Mestrado em Direito, Ano 9, n.º1, pp 187-222, disponível em https://biblat.unam.mx/pt/revista/revista-mestrado-em-direito/articulo/o-tratado-de-lisboa-e-o-principio-do-primado-do-direito-da-uniao-europeia-uma-evolucao-na-continuidade; Ana Maria Guerra Martins, *O Projecto de Constituição Europeia - Contribuição para o Debate sobre o Futuro da União*, Almedina, 2004, pp.61 e ss.; Fausto de Quadros, Direito da União Europeia, Almedina, 2004, p. 421.

[18] *V.g.* art.8.º/3 do Regulamento (UE) n.º 965/2012, alterado pelo Regulamento (UE) n.º 83/2014.

juízo da necessária avaliação de risco e aplicação de medidas adequadas a reduzir o perigo do impacto de tais isenções.[19]

4. Análise comparativa de algumas definições básicas

Por forma a permitir a compreensão da relevância da matéria em causa e da legislação aplicável, consideramos essencial abordar algumas definições relevantes para o efeito.

Assim, nos termos da Diretiva 2000/79/CE, entende-se por tempo de trabalho, qualquer período durante o qual o trabalhador está a trabalhar ou se encontra à disposição da entidade patronal e no exercício da sua atividade ou das suas funções, de acordo com as legislações e/ou práticas nacionais, e por pessoal móvel da aviação civil, os membros da tripulação a bordo de uma aeronave civil empregues por uma empresa estabelecida num Estado-Membro. Além disso, a Diretiva define o "tempo de voo real", também conhecido como "*block time*", como o tempo decorrido entre o momento em que a aeronave se desloca do local onde se encontra estacionada com o objetivo de levantar voo até ao momento em que estaciona no local de destino designado para o efeito e os motores são desligados.

Em termos de organização do tempo de trabalho, a Diretiva estabelece 2000 horas como limite máximo anual de tempo de trabalho e 900 horas de tempo de voo real, devendo as mesmas ser repartidas uniformemente ao longo do ano.

O pessoal móvel da aviação civil tem ainda direito a férias anuais remuneradas de pelo menos quatro semanas, de acordo com as condições de obtenção e de concessão previstas nas legislações e/ou práticas nacionais, sendo que o período mínimo de férias anuais remuneradas não pode ser substituído por retribuição financeira, exceto nos casos de cessação da relação de trabalho.

Finalmente, a Diretiva prevê a possibilidade de os Estados Membros manterem ou introduzirem disposições mais favoráveis do que as nela previstas.

Por outro lado, os Regulamentos (UE) n.º 859/2008 e n.º 83/2014 dão-nos entre várias, outras definições importantes.

Assim, considera-se Período de serviço de voo (PSV), um período que começa quando um tripulante se deve apresentar ao serviço, que inclui um

[19] A propósito desta matéria, veja-se o nosso estudo *O impacto da pandemia na aviação civil – um novo 11/9?*, in Revista da FDUL, 2020, n.º 1, pp. 117-148.

setor ou série de setores, e que termina quando a aeronave fica finalmente imobilizada e os motores são desligados, no final do último setor em que o tripulante desempenha funções[20], sendo setor o segmento de um período de serviço de voo compreendido entre o primeiro movimento de uma aeronave para efeitos de descolagem e a sua imobilização após a aterragem na posição de estacionamento designada[21].

Quanto ao serviço noturno, a definição constante do Regulamento (UE) n.º83/2014 não coincide com a prevista no Decreto-Lei n.º139/2004, porquanto a primeira refere que se trata de um período de serviço que se sobrepõe a parte do período entre as 02H00 e as 04H59 no fuso horário em que a tripulação está aclimatada[22], ao passo que a legislação nacional refere que consiste no período de serviço compreendido entre as 23 e as 6 horas e 29 minutos locais[23].

Já o período crítico do ritmo circadiano (WOCL), vê a sua definição divergir ligeiramente entre os três diplomas. Trata-se de um período de baixa, mais propício a estados de sonolência, em que pode ser particularmente difícil o estado de alerta e, por isso, os reflexos são menores e o cansaço revela-se em maior grau.

Deste modo, se nos termos do Regulamento (UE) n.º859/2008, trata-se do período compreendido entre as 02H00 e as 05H59, sendo que numa faixa de 3 zonas horárias o período refere-se à hora local da base e, ultrapassadas as 3 zonas horárias, o período refere-se à hora local da base nas primeiras 48 horas posteriores à partida da zona horária da base e, daí em diante, à hora local[24], já o Regulamento (UE) n.º 83/2014 prevê apenas o

[20] Cfr. Regulamento (UE) n.º 83/2014, Subparte FTL, ORO.FTL.105, 12). Esta definição não é igual à que consta do Regulamento (UE) n.º859/2008, OPS 1.1095, 1.6., mas o seu conteúdo é idêntico.

[21] Cfr. Regulamento (UE) n.º 83/2014, Subparte FTL, ORO.FTL.105, 24).

[22] Cfr. Regulamento (UE) n.º 83/2014, Subparte FTL, ORO.FTL.105, 9). Quanto à noção de "aclimatado", a mesma consta do ponto 1), sendo o estado de um tripulante cujo relógio biológico circadiano (WOCL) está sincronizado com o fuso horário do local em que se encontra. Considera-se que um tripulante está aclimatado a um fuso horário com uma diferença de até duas horas em relação à hora local no ponto de partida. Quando a hora local no lugar de entrada ao serviço tem uma diferença superior a 2 horas em relação à hora local no lugar de início do serviço seguinte, o tripulante, para efeitos de cálculo do período de serviço de voo máximo diário, considera-se aclimatado de acordo com os valores constantes do quadro 1.

[23] Cfr. Decreto-Lei n.º 139/2004, art.2.º s).

[24] Cfr. Regulamento (UE) n.º 859/2008, OPS 1.1095, 1.15.

mesmo período horário, fazendo referência ao fuso horário em que o tripulante está aclimatado[25]. Ao nível nacional, o Decreto-Lei n.º 139/2004 prevê, no seu art.2.º p), que se trata do período compreendido entre as 2 e as 6 horas locais.

Não deixa de ser curioso que, tendo em conta que o período crítico do ritmo circadiano se reporta àquele com maior probabilidade de transtornos de sono e cansaço, ambos os diplomas comunitários não façam incluir a totalidade desse período dentro do período noturno, como acontece com o diploma nacional.

De facto, a pressão sanguínea, a alimentação, o estado de alerta, a temperatura do corpo, ou o horário em que sentimos mais sono são ditados pelo ritmo circadiano, sendo que o ciclo circadiano se encontra associado à ideia de um relógio de vários ponteiros e, ao longo do dia, o corpo vai-se adaptando a vários fatores externos.

Ora, uma vez que um dos fatores é precisamente a luz, afigura-se diferente o trabalho realizado à noite e o trabalho realizado de dia, já que diferente é a dificuldade de alguém em manter-se acordado à noite e de dormir durante o dia e o inverso.

Assim, ambos os Regulamentos comunitários fazem associam o período noturno ao período entre as 02H00 e as 04H59 e o período crítico do ritmo circadiano ao período compreendido entre as 02H00 e as 05H59, podendo por isso um tripulante estar em funções no período crítico do ritmo circadiano sem que esteja a exercer serviço noturno.

Quanto ao serviço de voo repartido, ou "*split duty*", a sua definição consta apenas do Decreto-Lei n.º 139/2004, já que o Reg (UE) n.º 859/2008 prevê apenas que os Estados Membros possam aprovar ou manter disposições sobre a matéria e o Regulamento (UE) n.º 83/2014 impõe reduzidas condições de regime.

Assim, o artigo 2.º u) do Decreto-Lei n.º 139/2004 estabelece que período de serviço de voo repartido é o período de serviço de voo constituído por dois ou mais setores separados por um intervalo, sendo que o artigo 11.º prevê o respetivo regime, nomeadamente a forma de contabilização desse

[25] Cfr. Regulamento (UE) n.º 83/2014, Subparte FTL, ORO.FTL.105, 28). Note-se porém, que, como já vimos, o Regulamento (UE) n.º 83/2014 considera que um tripulante está aclimatado a um fuso horário com uma diferença de até duas horas em relação à hora local no ponto de partida, ao passo que o Regulamento (UE) n.º 859/2008 prevê que essa aclimatização se mantém numa faixa de 3 zonas horárias em relação à hora local no ponto de partida.

período para efeitos de tempo de voo total ("*block time*") e de período de serviço de voo, bem como os limites à realização deste mesmo tipo de serviço.

Por outro lado, o Regulamento (UE) n.º 83/2014 prevê que para prolongar o PSV máximo diário de base, em caso de realização de um intervalo em terra, os planos que especificam os tempos de voo devem definir a duração mínima dos intervalos em terra e a possibilidade de prolongar o PSV tendo em conta a duração do intervalo em terra, as instalações disponibilizadas para o tripulante poder descansar e outros fatores pertinentes, em conformidade com as especificações de certificação aplicáveis ao tipo de operação. Por outro lado, o intervalo em terra deve contar todo como PSV e após um repouso reduzido não pode ser prestado serviço de voo repartido.[26]

Ora, como o próprio dispositivo legal indica, tais condições só serão aplicáveis no caso de se pretender prolongar o PSV máximo diário de base, com base na existência de um serviço de voo repartido.

Isto significa que, no caso de haver um serviço de voo repartido que não implique um prolongamento do PSV diário de base, o Regulamento (UE) n.º 83/2014 não impõe quaisquer condicionamentos que não sejam os próprios do PSV máximo diário, cujos termos de referência são por um lado a hora de início do período de serviço de voo e por outro o número de setores efetuados.

De modo diverso, o Decreto-Lei n.º 139/2004 impõe diversos condicionalismos à realização do serviço de voo repartido, independentemente da possibilidade ou não do prolongamento de PSV.

Quanto ao período de repouso, o seu conceito é similar nos Regulamentos (UE) n.º 859/2008 e n.º 83/2014, já que o primeiro define-o como o período ininterrupto e definido no tempo durante o qual o membro da tripulação fica desobrigado de todo e qualquer trabalho, incluindo a assistência no aeroporto, e o segundo define-o como o período de tempo contínuo, ininterrupto e definido, antes ou depois de um serviço, durante o qual um tripulante é libertado de todas as tarefas, incluindo os serviços de assistência e reserva.[27]

Quanto à duração mínima desse mesmo período de repouso, ambos os Regulamentos vão igualmente no mesmo sentido, sendo que se o mesmo for gozado na base, deve ser pelo menos igual ao período de serviço precedente,

---

[26] Cfr. Regulamento (UE) n.º 83/2014, Subparte FTL, ORO.FTL.220

[27] Cfr. Regulamento (UE) n.º 859/2008, OPS 1.1095, 1.13 e Regulamento (UE) n.º 83/2014, Subparte FTL, ORO.FTL.105, 21).

ou de 12 horas, conforme o período que for mais longo; e se o mesmo for gozado fora da base, deve ser pelo menos igual ao período de serviço precedente, ou de 10 horas, conforme o período que for mais longo, devendo incluir a possibilidade de 8 horas de sono para além do tempo necessário para a deslocação e a satisfação de necessidades fisiológicas.

Esta última previsão significa, na prática, que se o tempo de deslocação entre o aeroporto e o alojamento providenciado pelo operador for, por exemplo, de 1 hora ou mais, como será na maioria das situações, o período de repouso aplicável não poderá ser apenas de 10 horas, já que o mesmo não possibilita ao tripulante que tenha 8 horas de sono consecutivas, descontado o tempo de deslocação nos dois sentidos entre o aeroporto e o alojamento, bem como o tempo destinado à satisfação de necessidades fisiológicas, como é o caso da alimentação.

Ambos os Regulamentos permitem ainda a possibilidade de os planos dos operadores preverem a redução do período mínimo de repouso, desde que cumpridas certas condições, a existência de períodos de repouso de recuperação prolongados recorrentes como forma de compensação da fadiga acumulada, bem como períodos de repouso adicionais ou complementares de modo a compensar nomeadamente as diferenças de fuso horário.

Já ao nível nacional, o Decreto-Lei n.º 139/2004 prevê, no seu artigo 18.º, que, em regra, o período de repouso tem a duração de onze horas, salvo autorização expressa da Autoridade, não fazendo, porém, qualquer distinção entre o mesmo ser gozado na base ou fora dela, desde que assegure as 8 horas de descanso consecutivas.

Esta possibilidade de ter um período de repouso mais reduzido prende-se com a hipótese de o aeroporto e o local de descanso distarem pouco, não sendo necessária a plenitude das 3 horas adicionais às 8 horas de descanso consecutivas.

Se é certo que o legislador nacional não faz distinção para efeitos do período mínimo de repouso se o mesmo é gozado na base ou fora dela, cumpre notar que também prevê que se o tripulante estiver fora da base, e se a soma do tempo de transporte gasto nos dois sentidos, de e para o local de repouso, exceder duas horas, o período de repouso é acrescentado da diferença.

O diploma nacional prevê ainda que, no caso em que o tripulante efetue um período de serviço de voo de duração superior à do período de repouso, o operador apenas pode planear e o tripulante só pode aceitar um novo período de serviço de voo depois de o tripulante ter gozado um período de repouso de duração igual à do período de serviço de voo anterior.

Prevê-se igualmente que quando a diferença de longitude entre os pontos de início e fim do período de serviço de voo for igual ou superior a três zonas horárias, o período de repouso é aumentado progressivamente.

Por outro lado, o período de repouso pode ser reduzido pelo comandante, num máximo de duas horas, mas para não menos de onze horas, desde que o período de repouso anterior não tenha sido reduzido e o tempo de redução seja acrescentado ao período de repouso seguinte, o qual não pode ser reduzido.

No que concerne ao período de serviço de assistência, também conhecido por "*stand by*", as definições ao nível comunitário são similares, variando um pouco ao nível nacional.

Com efeito, o Regulamento (UE) n.º 859/2008 define-o como o período durante o qual um membro da tripulação deve estar disponível, por ordem do operador, para ser escalado para um serviço de voo, posicionamento ou outro trabalho, sem que entretanto ocorra um período de repouso[28], enquanto que o Regulamento (UE) n.º 83/2014 o prevê como o período de tempo definido e previamente comunicado durante o qual, por ordem do operador, um tripulante deve estar disponível para ser escalado para um voo, um posicionamento ou outro serviço sem período de repouso intermédio.

Finalmente, o Decreto-Lei n.º 139/2004 define-o como o período de serviço em que o tripulante está contactável, a uma distância equivalente à existente entre o seu domicílio e a base, com vista a, por ordem do operador, executar um período de serviço de voo.

Em ambos os Regulamentos comunitários são previstas as possibilidades de assistência no aeroporto, no hotel ou no domicílio, embora sendo diferentes as respetivas contabilizações para efeitos de período de serviço de voo.

5. Análise comparativa entre os Regulamentos (EU) n.º 859/2008 e n.º 83/2014

O Regulamento (UE) n.º 83/2014 apresenta diferenças e semelhanças com a Subparte Q do Regulamento (UE) n.º 859/2008, sendo que muitas delas já tivemos oportunidade de evidenciar.

Assim, procedendo uma breve análise comparativa entre ambos os Regulamentos, podemos constatar que, em primeiro lugar, houve aquilo

[28] Cfr. Regulamento (UE) n.º 859/2008, OPS 1.1095, 1.14.

que podemos chamar de melhorias de segurança ("*safety improvements*"), mormente no que respeita à aprovação, por parte da Autoridade, dos planos individuais que especificam os tempos de voo propostos pelos operadores (ARO.OPS.235), à gestão dos riscos associados à fadiga (ORO.FTL.120), aos planos que especificam os tempos de voo (ORO.FTL.125), aos deveres do operador nos planeamentos dos PSV (ORO.FTL.205 a)), e à formação em gestão da fadiga (ORO.FTL.250).

Por outro lado, o Regulamento (UE) n.º 83/2014 vem estabelecer a determinação, por parte da Autoridade, dos horários irregulares, decidindo se se aplica o "tipo matinal" ou o "tipo tardio", de acordo com as definições do Regulamento[29].

Quanto à definição de "aclimatado", como já referimos *supra*, a mesma passou a abranger a diferença de 2 horas (e não de 3) em relação à hora local no ponto de partida, surgindo ainda a figura do estado de aclimatação desconhecido.

No que respeita à definição de serviço noturno, a mesma não consta do Regulamento (UE) n.º 859/2008, mas tão só do Regulamento (UE) n.º 83/2014, prevendo o horário entre as 2H e as 4H59.

O Regulamento (UE) n.º 83/2014 veio incluir a definição de "reserva", diferente de "serviço de assistência", e que consiste no período de tempo durante o qual um tripulante deve estar disponível, por ordem do operador, para ser escalado para um período de serviço de voo, um posicionamento ou outro serviço, comunicado com pelo menos 10 horas de antecedência.[30]

Finalmente, o Regulamento (UE) n.º 83/2014 veio ainda introduzir alguns requisitos para o *split duty*[31] que não constavam do Regulamento (UE) n.º 859/2008, já que este último remetia para a legislação nacional de cada Estado Membro.

Não obstante, ambos os Regulamentos Comunitários também apresentam algumas semelhanças. Elas respeitam a algumas definições, ao período de serviço de voo máximo diário para tripulantes aclimatados com recurso a prolongamentos sem repouso a bordo, ao regime das circunstâncias imprevistas nas operações de voo (prerrogativas do comandante), a alguns limites de tempos de voo e de período de trabalho, ao posicionamento, aos períodos de repouso de recuperação prolongados recorrentes, à alimentação e à obrigação de registos relativos aos PSV, trabalho e repouso.

[29] Cfr. ARO.OPS.230 e ORO.FTL.105, 8).

[30] Cfr. Subparte FTL, ORO.FTL.105, 20).

[31] Cfr. ORO.FTL.220.

6. O Decreto-Lei n.º 139/2004, de 5 de junho

Como já foi referido *supra*, o Decreto-Lei n.º 139/2004, que à data da sua criação consistia numa fonte fundamental de direito no que às FTL nacionais concerne, o certo é que, com o Regulamento UE) n.º 859/2008 num primeiro momento, mas sobretudo com o Regulamento (UE) n.º 83/2014, a sua aplicação prática foi perdendo robustez quanto a várias partes do regime.

Com efeito, nos termos do Regulamento UE) n.º 859/2008 aplicam-se ainda quanto a várias matérias as derrogações nacionais correspondentes baseadas em avaliações dos riscos para a segurança efetuadas pelas autoridades competentes, sendo que o Regulamento (UE) n.º 83/2014, embora ainda permita alguma margem aos Estados Membros, é mais incisiva quanto à generalidade dos pontos ou pelo menos quanto a algumas condições ou requisitos de regime.

E desta forma, não podemos, portanto, olvidar a coexistência de dois níveis legislativos, o comunitário e o nacional, muito embora, e como já se disse, nos termos do Princípio do primado do direito comunitário, a legislação comunitária prevaleça sobre a legislação nacional.

O Decreto Lei n.º 139/2004, de 5 de junho aplica-se, assim, nas matérias compatíveis com a legislação comunitária ou aí omissas, mantendo por isso a sua classificação como fonte de direito da matéria em causa.

Não obstante, e tendo em conta a diferença de regimes em função do tipo de operações em causa, as OPS CAT com aviões multi-piloto, as OPS táxi aéreo, serviços médicos de emergência e CAT com aviões mono-piloto, e as OPS CAT com helicópteros, consideramos ser de considerar proceder igualmente à criação de três regimes de FTL no transporte aéreo ao nível nacional.

Com efeito, no caso das OPS CAT com aviões multi-piloto, aplicam-se as FTL do Anexo III, previstas no Regulamento (UE) n.º83/2014, permitindo-se aos Estados Membros a derrogação ou desvio relativamente às suas normas aplicando disposições com um nível de segurança pelo menos equivalente ao previsto no regulamento, a fim de melhor responderem a circunstâncias ou práticas operacionais nacionais particulares e permitindo-se ainda o estabelecimento de mais normas que não sejam incompatíveis com o regime comunitário, preenchendo assim de forma mais consistente o regime jurídico aplicável.

Nesta medida, faria todo o sentido a criação, ao nível nacional de um regime jurídico que preenchesse as omissões e as permissões da legislação comunitária.

Sempre se poderia dizer que, quanto às normas imperativas, quer mínimas quer máximas, previstas no Regulamento (UE) n.º 83/2014, deveria ser deixado espaço de negociação ao nível das convenções coletivas de trabalho entre as empresas operadoras aéreas e as estruturas sindicais representativas dos pilotos e dos tripulantes de cabina.

Porém, dada a sensibilidade da matéria em causa e a ainda relativamente elevada margem de atuação que é permitida pelo Regulamento (UE) n.º 83/2014, consideramos ser prudente que a maioria do regime seja imposto ao nível legislativo.

Quanto às OPS táxi aéreo, serviços médicos de emergência e CAT com aviões mono-piloto, sabemos que se aplica o art.8.º/4 e a Subparte Q do Anexo III do Regulamento (CEE) n.º 3922/91, com as alterações previstas no Regulamento (UE) n.º 859/2008.

Relembramos que o art.8.º/4 prevê que os Estados Membros possam aprovar ou manter disposições sobre *split duty* – serviço de voo repartido (OPS 1.1105, ponto 6), repouso (OPS 1.1110) (repouso), repouso complementar para compensar diferenças horárias e períodos de repouso reduzidos (pontos 1.3 e 1.41), prolongamento do PSV por motivo de repouso a bordo (OPS 1.1115), bem como modalidades de assistência – *stand by* – para além da feita no aeroporto, e incluindo a assistência em hotel (OPS 1.1125, ponto 2.1) aplicando-se ainda as derrogações nacionais correspondentes baseadas em avaliações dos riscos para a segurança efetuadas pelas autoridades competentes.

Nestes tipos de operações, a margem deixada pelo legislador comunitário aos Estados Membros é ainda maior do que no grupo de operações anterior, o que justifica, por maioria de razão, a instituição de um regime sólido ao nível nacional.

Finalmente, quanto às OPS CAT com helicópteros, o legislador comunitário prevê que as mesmas devem cumprir os requisitos nacionais de cada Estado Membro, o que legitima integralmente a criação, ao nível nacional, de um regime específico para estes tipos de operação.

Desta forma, consideramos ao nível nacional, o legislador deveria adotar três regimes diferentes de FTL no transporte aéreo, ao invés de um regime que, na realidade atual, tem mais de confuso do que clarificador.

Não obstante, e tendo em conta o regime retalhado que subsiste atualmente, cumpre tecer algumas considerações relativamente ao mesmo, sejam elas com vista à correção de lapsos, ao ajustamento de algumas matérias ou até à clarificação legislativa evitando interpretações divergentes.

Antes de mais, deveriam ser expurgadas todas as disposições que claramente são contrárias ao regime comunitário.

Tal tarefa, já sabemos, afigura-se de extrema complexidade porquanto a opção de manter um único regime nacional para todas as operações cujo regime é distinto a nível comunitário dificulta a destrinça do que é que é o limite em cada situação e, consequentemente, do que é que é permitido e o que é que é proibido em cada tipo de operação.

Acresce ainda que tal acentua a existência de regimes pouco adaptados à realidade, às preocupações, às fragilidades e vantagens de cada situação.

Isto porque, se temos a consciência de que no âmbito de uma mesma categoria, como é o caso das OPS CAT com aviões multi-piloto, as preocupações podem ser muito díspares, por maioria de razão, as diferenças serão ainda maiores entre os diferentes grupos de operações.

Com efeito, e a título de exemplo, tendo em conta a existência de operadores aéreos que se ocupam sobretudo com voos de curto e médio curso, cujos setores são por definição mais curtos, e outros que se ocupam sobretudo com voos de longo curso, naturalmente que as preocupações ao nível do serviço de voo repartido e das excedências dos limites máximos de PSV não são idênticas.

Por outro lado, no que respeita ao conteúdo de algumas normas em concreto do diploma legal em análise, importa referir o seguinte:

Quanto ao regime do serviço de voo repartido, detetamos, desde logo, um lapso no número 3 do artigo 11.º, já que o mesmo remete para os limites semanais, mensais, trimestrais e anuais previstos no artigo 15.º, quando efetivamente tais limites se encontram previstos no artigo 16.º.

Por outro lado, cremos ser de alterar, quer a definição quer a previsão do artigo 11.º/5, substituindo a expressão "separados por" por "seguidos de";

Recordamos que o artigo 2.º u) do Decreto-Lei n.º 139/2004 estabelece que período de serviço de voo repartido é o período de serviço de voo constituído por dois ou mais setores separados por um intervalo e o número 5 do artigo 11.º estabelece que quando o tripulante se encontre em funções, não pode efetuar mais de dois setores, separados por um intervalo.

Ora, tal previsão parece ser tão limitativa, apenas permitindo ao tripulante em funções fazer dois setores separados por um intervalo, que tendo em conta a *ratio* do regime, o que o legislador deveria ter querido dizer era que quando o tripulante se encontre em funções, não pode efetuar mais de dois setores, seguidos de um intervalo, permitindo assim a possibilidade de o tripulante efetuar um máximo de três setores em funções, dois deles antes e um após o intervalo.

Além disso, e atentas as situações, não tão residuais assim, em que cada setor tem uma duração bastante reduzida, admite-se a hipótese de alterar a limitação de dois para três setores a efetuar em funções antes do intervalo. Poderá igualmente prever-se a possibilidade de o tripulante que já não se encontre em funções após a aterragem planeada posterior ao intervalo, poder fazer mais um setor, com vista, nomeadamente, ao regresso à base.

Quanto ao regime do período de serviço noturno, previsto no artigo 12.º, deverá, sem qualquer sombra de dúvida ser corrigida a redação do seu número 4 que prevê que um tripulante não pode efetuar mais de três períodos de serviço noturno numa semana, dos quais dois podem ser consecutivos se forem antecedidos ou precedidos de uma folga semanal. Com efeito, tendo em conta que "antecedidos" e "precedidos" têm igual significado, e o que se pretendia dizer era "precedidos ou prosseguidos de uma folga semanal", deverá a redação respetiva ser corrigida em conformidade.

Por outro lado, cremos que existe a possibilidade de aumentar o limite máximo de 3 para 4 períodos noturnos semanais, desde que sejam cumpridos determinados requisitos, já que o importante a acautelar é o ritmo do "turno" noturno, para evitar choques abruptos entre PSV diurno e PSV noturno, tal como é clarificado na OPS 1.1090 3.3 do Regulamento (UE) n.º 859/2008 e na ORO.FTL.110 e) do Regulamento (UE) n.º 83/2014.

Quanto ao regime do período de serviço de assistência, ou "*stand by*", previsto no artigo 13.º, deverá ser feita a previsão das várias modalidades de assistência: no aeroporto, no hotel ou outro local designado pelo operador, no domicílio ou em outro local de repouso.

Deverá ainda ser estabelecida a diferenciação da contabilização para efeitos de PSV e para efeitos de tempos de serviço/trabalho, em função das modalidades de assistência e em função da hora da nomeação para o voo, ressalvando-se apenas que esta última já consta do art.13.º/2 e deve manter-se, mas ter em conta as diferentes modalidades de assistência.

Por outro lado, deverá ser prevista a contabilização, para efeitos de PSV e para efeitos de tempos de serviço/trabalho, no caso em que da assistência não resulta a atribuição de nenhum serviço de voo, devendo a solução ser diferenciada em função das modalidades de assistência.

Ou seja, poderá acontecer que um tripulante se encontre em situação de assistência, mas não chegue a ser efetivamente chamado pelo operador para efetuar um voo. Nesta situação, se é um facto que o tripulante não chegou a efetuar qualquer voo, também é um facto que ele não esteve durante o período de assistência numa situação de repouso, já que esteve ao serviço do operador, sujeito a ser chamado a qualquer momento.

De igual forma, deverá ser diferenciada a situação em que o operador, estando de assistência, cumpre-a na sua casa, no aeroporto ou noutro local, já que a situação de conforto do tripulante não é, de todo, similar.

Finalmente, deverá ser definido o período de repouso subsequente a uma assistência no aeroporto da qual não resulta a atribuição de nenhum serviço de voo, já que nessa situação, e como já dissemos, apesar de o tripulante não ter chegado a efetuar nenhum voo, não terá os seus níveis de repouso repostos uma vez que esteve numa situação de disponibilidade perante o operador, em que a qualquer momento poderia ter sido chamado.

7. As OPS CAT com helicópteros – particularidades e regime aplicável

Como já foi *supra* referido, o regime aplicável às OPS CAT com helicópteros consiste nos requisitos nacionais de cada Estado Membro sendo, no caso português, aplicável o Decreto-Lei n.º 139/2004, por ser a única legislação nacional existente em matéria de FTL no transporte aéreo.

Relembramos igualmente que, nos termos do artigo 5.º/2 f) do Regulamento (UE) n.º 965/2012, os serviços de emergência médica realizados com helicópteros (HEMS) consideram-se incluídos nas operações de transporte aéreo comercial – CAT.

Trata-se, portanto, do único tipo de operação em que o legislador comunitário, seja em maior seja em menor escala, não quis intervir, deixando essa tarefa a cada Estado Membro.

E bem se compreende tal opção, já que as OPS CAT com helicópteros constituem um tipo de operação específica que deve evidenciar as especificidades de cada Estado Membro.

Com efeito, os tipos de operações possíveis, ao nível do transporte aéreo, com helicópteros, são os voos comerciais, os voos de emergência médica, os voos realizados em base offshore ou operações em lugares remotos, e os voos de emergência.

Os voos comerciais efetuados por helicópteros são por natureza de curta duração e não regulares, os voos de emergência médica destinam-se a efetuar evacuações de doentes para hospitais e para transplantes, os voos realizados em bases offshore estão associados às atividades de exploração do petróleo e gás, e os voos de emergência são os demais voos destinados a salvar vidas que não se incluam na categoria de emergência médica.

Caracterizadas que estão os tipos de OPS CAT com helicópteros, cumpre agora identificar as particularidades de tais operações em Portugal.

Assim, tais operações são, na sua maioria, voos não regulares e são confinadas a uma área restrita em que o fuso horário não varia mais do que 1 hora.

Por outro lado, por se tratarem de voos cujos setores, por regra, são de curta duração, é invulgar a utilização do "*in-flight relief*" ("alívio em voo") para obter a extensão de PSV.

Além disso, no caso dos voos de emergência médica e voos de emergência, os voos são de número reduzido face à disponibilidade, apesar da necessidade de *stand by*, sendo, portanto, mais frequente a disponibilidade do que o serviço efetivo.

Ora, todas estas particularidades apontadas e que caracterizam as OPS CAT com helicópteros em Portugal fundamentam, pois, a necessidade, clara e inequívoca de criação de uma legislação específica ao nível nacional.

Tal legislação passaria, a nosso ver, pela previsão da organização do trabalho por turnos, do regime do período de serviço de prevenção, devendo entender-se como tal o período de trabalho em que o tripulante nomeado pelo operador se apresenta ao serviço para iniciar um turno, está disponível e pronto a executar, as missões que lhe forem conferidas, podendo ou não ser designado para efetuar um voo[32].

Deveria ser previsto, ainda, um regime específico de situações operacionais imprevistas ou intrínsecas à missão relativamente às quais compete ao comandante da aeronave decidir, dentro de algumas limitações, nomeadamente no que se refere à possibilidade de exceder, por decisão do piloto comandante, até um certo limite e sob certas condições, os limites máximos de PSV diários, dependendo inclusive se a situação imprevista ou intrínseca ocorreu no último voo, após a descolagem, ou antes da descolagem do último voo e, obviamente, tendo sempre em conta que o piloto comandante se certifica de que toda a tripulação se encontra capaz, do ponto de vista físico e psíquico, para a realização ou finalização da operação.

[32] Note-se que o período de serviço de prevenção distingue-se do período de serviço de assistência, já que no primeiro o tripulante apresenta-se na base para iniciar um turno de serviço, mas como as missões ou operações são incertas e irregulares na sua maioria, ele não sabe se irá efetuar algum voo, podendo até em inúmeros casos não efetuar qualquer missão, enquanto que no segundo caso o o tripulante está contactável, com vista a, por ordem do operador, executar um período de serviço de voo, no âmbito das suas qualificações.

Quanto ao que se deveria entender por situações operacionais imprevistas, estas deveriam consistir em situações ocorridas a partir da apresentação da tripulação para o serviço e que configurem problemas técnicos da aeronave ou equipamento dos serviços de terra imprescindíveis à movimentação da mesma, situações e fenómenos meteorológicos, atrasos provenientes dos serviços de gestão de tráfego aéreo, situações de conflito laboral e acontecimentos de origem política ou militar que afetem o espaço aéreo ao sobrevoar ou os aeroportos de origem e destino.

Já as razões intrínsecas à missão seriam situações supervenientes específicas e inerentes à essência da missão em causa, como poderá ser o caso do atraso no transporte de um órgão destinado a transplante no caso de uma operação de emergência médica.

8. Conclusões

Após todo o exposto, cumpre-nos concluir o seguinte:

A matéria dos tempos de trabalho e de repouso consiste numa matéria crucial do direito do trabalho, tendo implicações sociais, políticas e económicas de extrema relevância.

No contexto do pessoal móvel da aviação civil ou FTL, a mesma não tem sido pacífica, por maioria de razão, atentos os vários fatores implicados, de diversa ordem, bem como os próprios avanços da ciência e do estudo dos fatores humanos.

As diferenças entre as regulamentações das FTL entre os vários países, mesmo entre os Estados contratantes da ICAO ou entre os Estados Membros da União Europeia são significativas, podendo afetar a produtividade das tripulações, os respetivos níveis de alerta e, consequentemente, a produtividade e a margem de lucro dos próprios operadores aéreos.

Ao nível da União Europeia, o Regulamento (CEE) n.º3922/91, de 16/12, na Subparte Q do Anexo III, começou por fazer algumas referências às FTL, mas foi em 2000 que foi publicada a Diretiva 2000/79/CE do Conselho, onde se estabeleceram normas mínimas sobre a organização do tempo de trabalho do pessoal móvel da aviação civil, transposta para os ordenamentos jurídicos internos de todos os Estados Membros.

No âmbito da ICAO, foram publicados vários Manuais em matéria de gestão da fadiga: o Manual para Supervisão de Abordagens de Gestão da Fadiga, o Guia de Gestão da Fadiga para Operadores de Linha Aérea, o

Guia de Gestão da Fadiga para Operadores Gerais de Aviação de Aviões de Grande Porte e Turbojato e o Guia de Gestão da Fadiga para Prestadores de Serviços de Tráfego Aéreo.

Tem sido consentâneo que os impactos da fadiga são de diversa ordem: impactos na segurança de voo, sociais, económicos e na harmonização regulamentar.

Quanto à segurança de voo, é inegável a associação da fadiga à probabilidade de ocorrência de acidentes e incidentes aéreos. Do ponto de vista social, atende-se às condições de trabalho, que direta ou indiretamente têm implicações na saúde dos tripulantes. Do ponto de vista económico, conclui-se que as regras de FTL, bem como as medidas de implementação e de mitigação das mesmas por parte dos operadores, através do sistema de gestão dos riscos de fadiga, afetam a produtividade das tripulações e o número de tripulantes necessários para executar as operações, o que coloca à prova a capacidade financeira das empresas, bem como de competitividade entre elas. Finalmente, a necessidade de harmonização regulamentar existe precisamente devido a todos os impactos da fadiga e que já foram referidos.

Porém, devemos entender as FTL como meros modelos de fadiga, constituídos por um conjunto de várias regras, limitações, requisitos ou condições que tentam chegar a um estádio de uniformização e não como uma verdade absoluta ou a única solução possível para todo o tipo de casos.

Com efeito, a fadiga está totalmente relacionada com o modelo de negócio do operador pelo que, mesmo que fosse possível criar um conjunto de FTL's perfeitas, o que é irreal, os diferentes modelos de negócio dos operadores, as diferentes realidades existentes ao nível dos operadores de transporte aéreo, não permitem de forma séria e justa a uniformização total deste tipo de regras.

No que concerne à legislação atualmente existente em matéria de FTL, mantém-se, com algumas fragilidades, ao nível nacional, Decreto Lei n.º 139/2004, de 5 de junho, que transpôs a Diretiva n.º 2000/79/CE, de 27 de novembro, para o ordenamento jurídico nacional.

No contexto europeu, os Regulamentos UE n.º 1899/2006, de 12 de dezembro de 2006, n.º 8/2008, de 11 de dezembro de 2007 e n.º 859/2008, de 20 de setembro de 2008 vieram alterar o Regulamento (CEE) n.º 3922/91, relativo à harmonização das normas técnicas e dos procedimentos administrativos no setor da aviação civil, na sua Subparte Q do Anexo III.

Por outro lado, o Regulamento (UE) n.º 965/2012, de 5 de outubro, alterou o Regulamento (CEE) n.º 3922/91, mas não a Subparte Q e, finalmente, o Regulamento (UE) n.º 83/2014, de 29 de janeiro, veio alterar o Regulamento. n.º 965/2012 e criar um novo regime de FTL.

Assim, e tal como estabelece o Regulamento (UE) n.º 83/2014, atualmente existem três regimes jurídicos: as OPS CAT com aviões multi-piloto, as OPS táxi aéreo, serviços médicos de emergência e CAT com aviões mono-piloto, e as OPS CAT com helicópteros.

Quanto às OPS CAT com aviões multi-piloto, aplicam-se as FTL do Anexo III, previstas no Regulamento (UE) n.º 83/2014, ainda que, nos termos dos Considerandos (4) e (5), o Regulamento não prejudique os limites, nem as normas mínimas já estabelecidas pela Diretiva 2000/79/CE.

Por outro lado, os Estados Membros podem derrogar ou desviar-se do disposto no Regulamento (UE) n.º 83/2014, aplicando disposições com um nível de segurança pelo menos equivalente ao previsto no regulamento, a fim de melhor responderem a circunstâncias ou práticas operacionais nacionais particulares. Porém, as derrogações e os desvios ao disposto no presente regulamento devem ser notificados e tratados em conformidade com os artigos 14.º e 22.º do Regulamento (CE) n.º 216/2008, que prevêem decisões transparentes e não discriminatórias, baseadas em critérios objetivos.

Neste pressuposto, tendo em conta o ambiente altamente competitivo em que vivem, os operadores tentam cada vez mais operacionalizar sistemas de gestão de risco de fadiga (FRMS), de acordo com as diretrizes da ICAO, os quais contribuem para otimizar a "utilização" da tripulação através de desvios e derrogações dos limites europeus relativos aos tempos de trabalho e de repouso. Desta forma, os operadores utilizam uma estratégia híbrida, que combina regras prescritivas de tempos de trabalho e de repouso, por um lado, e por outro um sistema de gestão de risco de fadiga (FRMS), por forma a minimizar os efeitos colaterais da crescente regulamentação ao nível do setor.

Quanto às OPS táxi aéreo, serviços médicos de emergência e CAT com aviões mono-piloto, aplica-se o art.8.º/4 e a Subparte Q do Anexo III do Regulamento (CEE) n.º 3922/91, com as alterações previstas no Regulamento (UE) n.º 859/2008.

O art.8.º/4 prevê que os Estados Membros possam aprovar ou manter disposições sobre *split duty* – serviço de voo repartido, repouso, repouso complementar para compensar diferenças horárias e períodos de repouso reduzidos, prolongamento do PSV por motivo de repouso a bordo, bem como modalidades de assistência – *stand by* – para além da feita no aeroporto, e incluindo a assistência em hotel.

Aplicam-se ainda as derrogações nacionais correspondentes baseadas em avaliações dos riscos para a segurança efetuadas pelas autoridades competentes.

Ora, quanto a este regime, coexistem, portanto, dois níveis legislativos, sendo um comunitário e outro nacional, muito embora, atento o Princípio do primado do direito comunitário, a legislação comunitária prevaleça sobre a legislação nacional.

Não obstante, o Decreto Lei n.º 139/2004, de 5 de junho aplica-se nas matérias compatíveis com a legislação comunitária ou aí omissas, contribuindo para a criação de uma verdadeira manta de retalhos no que respeita à matéria de FTL.

Finalmente, quanto às OPS CAT com helicópteros, as mesmas devem cumprir os requisitos nacionais de cada Estado Membro sendo, no caso português, aplicável o Decreto-Lei n.º 139/2004.

No que concerne às definições, são várias aquelas que se retiram dos vários instrumentos legislativos aplicáveis à matéria e, por vezes, notam-se divergências quanto às mesmas.

Assim, a Diretiva 2000/79/CE define tempo de trabalho e por pessoal móvel da aviação civil, assim como tempo de voo real, ou *block time*.

Em termos de organização do tempo de trabalho, a Diretiva estabelece 2000 horas como limite máximo anual de tempo de trabalho e 900 horas de tempo de voo real, devendo as mesmas ser repartidas uniformemente ao longo do ano.

O pessoal móvel da aviação civil tem ainda direito a férias anuais remuneradas de pelo menos quatro semanas, de acordo com as condições de obtenção e de concessão previstas nas legislações e/ou práticas nacionais, sendo que o período mínimo de férias anuais remuneradas não pode ser substituído por retribuição financeira, exceto nos casos de cessação da relação de trabalho.

Finalmente, a Diretiva prevê a possibilidade de os Estados Membros manterem ou introduzirem disposições mais favoráveis do que as nela previstas.

Por outro lado, os Regulamentos (UE) n.º 859/2008 e n.º 83/2014 dão-nos entre várias, outras definições importantes, tais como Período de serviço de voo (PSV), serviço noturno, período crítico do ritmo circadiano (WOCL), serviço de voo repartido, ou *split duty*, período de repouso, ou período de serviço de assistência, ou *stand by*.

Entre o Regulamento (UE) n.º 83/2014 e a Subparte Q do Regulamento (UE) n.º 859/2008 evidenciam-se várias diferenças e semelhanças.

A título de exemplo, Regulamento (UE) n.º 83/2014 trouxe melhorias de segurança, *safety improvements*, em consonância com a tendência para a implementação de um sistema de gestão de risco de fadiga (FRMS), mormente no que respeita à aprovação, por parte da Autoridade, dos planos individuais que especificam os tempos de voo propostos pelos operadores, à gestão dos riscos associados à fadiga, aos planos que especificam os tempos de voo, aos deveres do operador nos planeamentos dos PSV e à formação em gestão da fadiga.

Note-se ainda que o Regulamento (UE) n.º 83/2014 veio ainda introduzir alguns requisitos para o *split duty* que não constavam do Regulamento (UE) n.º 859/2008, já que este último remetia para a legislação nacional de cada Estado Membro.

Quanto às semelhanças, elas respeitam a algumas definições, ao período de serviço de voo máximo diário para tripulantes aclimatados com recurso a prolongamentos sem repouso a bordo, ao regime das circunstâncias imprevistas nas operações de voo (prerrogativas do comandante), a alguns limites de tempos de voo e de período de trabalho, ao posicionamento, aos períodos de repouso de recuperação prolongados recorrentes, à alimentação e à obrigação de registos relativos aos PSV, trabalho e repouso.

Já quanto ao Decreto-Lei n.º 139/2004, o mesmo foi perdendo robustez quanto a várias partes do regime à medida que o legislador comunitário foi sendo cada vez mais incisivo.

Com efeito, nos termos do Regulamento UE) n.º 859/2008 aplicam-se ainda quanto a várias matérias as derrogações nacionais correspondentes baseadas em avaliações dos riscos para a segurança efetuadas pelas autoridades competentes, sendo que o Regulamento (UE) n.º 83/2014, embora ainda permita alguma margem aos Estados Membros, é mais incisiva quanto à generalidade dos pontos ou pelo menos quanto a algumas condições ou requisitos de regime.

E desta forma coexistem dois níveis legislativos, o comunitário e o nacional, muito embora, nos termos do Princípio do primado do direito comunitário, a legislação comunitária prevaleça sobre a legislação nacional.

O Decreto Lei n.º 139/2004, de 5 de junho aplica-se, assim, nas matérias compatíveis com a legislação comunitária ou aí omissas, mantendo por isso a sua classificação como fonte de direito da matéria em causa.

Não obstante, e tendo em conta a diferença de regimes em função do tipo de operações em causa, as OPS CAT com aviões multi-piloto, as OPS táxi aéreo, serviços médicos de emergência e CAT com aviões mono-piloto, e as OPS CAT com helicópteros, concluímos pela necessidade de proceder igualmente à criação de três regimes de FTL no transporte aéreo ao nível nacional, ao invés de um regime que, na realidade atual, tem mais de confuso do que clarificador.

Não obstante, e tendo em conta o regime retalhado que subsiste atualmente, identificaram-se na legislação nacional algumas situações suscetíveis de correção ou de clarificação.

Finalmente, quanto às OPS CAT com helicópteros, atentas as características específicas destes tipos de operação, concluímos pela criação de um regime também ele muito específico, consentâneo com a realidade dos mesmos.

Bibliografia

ALVES, Hugo Ramos, *Direito aéreo – Uma introdução*, AAFDL, 2019.

BOURGEOIS-BOUGRINE, S., *The illusion of aircrews' fatigue risk control*, Transportation Research Interdisciplinary Perspectives, http://dx.doi.org/10.1016/j.trip.2020.100104.

CORDEIRO, António Menezes, *Direito do Trabalho II – Direito individual*, Almedina, 2019.

FAUSTO DE QUADROS, *Direito da União Europeia*, Almedina, 2004.

FERNANDES, Francisco Liberal, *Sobre o conceito de tempo de trabalho no Código do Trabalho*, Questões Laborais 13, n.º 27, 2006.

FREITAS DO AMARAL, Diogo e PIÇARRA, Nuno, *O Tratado de Lisboa e o princípio do primado do direito da União Europeia: uma "evolução na continuidade"*, Revista de Mestrado em Direito, Ano 9, n.º1, pp 187-222, disponível em https://biblat.unam.mx/pt/revista/revista-mestrado-em-direito/articulo/o-tratado-de-lisboa-e-o-principio-do-primado-do-direito-da-uniao-europeia-uma-evolucao-na-continuidade.

GOODE, Jeffrey H., *Are pilots at risk of accidents due to fatigue ?*, *in* Journal of Safety Research, 34 (2003).

HELMREICH, R. L., *Error management as organizational strategy*, *in* Proceedings of the IATA Human Factors Seminar. Bangkok, Tailândia, April 20-22, 1998.

JONES, Christopher B., Jillian Dorrian, Shantha M.W. Rajaratnam e Drew Dawson, *Working hours regulations and fatigue in transportation: A comparative analysis*, *in* Safety Science, 43 (2005).

LEEA, Seungyoung e Jin Ki Kim, *Factors contributing to the risk of airline pilot fatigue*, *in* Journal of Air Transport Management, 67 (2018).

LEITÃO, Luís Menezes, *Direito do Trabalho*, Almedina, 2016.

Li, Ying, Hongyu Chen, Xiaoyang Xin e Ming Ji, *The influence of mindfulness on mental state with regard to safety among civil pilots*, *in* Journal of Air Transport Management, 84 (2020).

Lumbroso, Alain, *Aviation liberalisation: What headwinds do we still face ?*, *in* Journal of Transport Management, 74 (2019).

Marques, Francisco Paes, *O primado do Direito da União Europeia: Fundamento e Limites, in Constitucionalismo Europeu em Crise? Estudos sobre a Constituição Europeia*, AAFDL, Lisboa, 2006.

Martinez, Pedro Romano, *Direito do Trabalho*, Almedina, 6.ª ed., 2013.

Martins, Ana Maria Guerra, *O Projecto de Constituição Europeia – Contribuição para o Debate sobre o Futuro da União*, Almedina, 2004, pp.61 e ss.

Martins, Patrícia Fragoso, *O princípio do primado do direito comunitário sobre as normas constitucionais dos Estados-Membros*, Principia, 2006.

ORGANIZAÇÃO INTERNACIONAL DE TRABALHO, *La aviación civil y los cambios en su entorno laboral, documento temático para o debate no Foro do diálogo mundial sobre os efeitos da crise económica mundial na indústria da aviação civil*, OIT, Genebra, 2013, disponível em https://www.google.pt/search?sxsrf=ALeKk02BE7xbTMM84EMjzAxnm7-sYpaptQ%3A1586011780733&source=hp&ei=hJ6IXojYKsPTgwfCp5O4BA&q=La+aviaci%C3%B3n+civil+y+los+cambios+en+su+entorno+laboral&oq=La+aviaci%C3%B3n+civil+y+los+cambios+en+su+entorno+laboral&gs_lcp=CgZwc3ktYWIQA0oKCBcSBjEyLTEzOEoICBgSBDEyLTFQthFYthFgrhpoAXAAeACAAYc-BiAGHAZIBAzAuMZgBAKABAqABAaoBB2d3cyl3aXo&sclient=psy-ab&ved=0ahUKEwiIqrGmgs_oAhXD6eAKHcLTBEcQ4dUDCAY&uact=5.

Piçarra, Nuno Andrade, *Normas de aplicação imediata e direito comunitário in Normas de Aplicação Imediata, Ordem Pública Internacional e Direito Comunitário*, Almedina, 2004.

Ramalho, Maria do Rosário Palma, *Tratado de Direito do Trabalho*, Parte I, Almedina, 3.ª ed., 2012.

Romero, Rosa María Rodríguez, *La promoción del trabajo decente en la industria aeronáutica a través del diálogo social: mito o realidad?*, *in* Revista de derecho del transporte: Terrestre, marítimo, aéreo y multimodal, N.º 24, 2019.

Rubio, Lina María Sánchez, *El estudio del factor humano en accidentes de aviación*, in Revista Pensamiento Psicológico, vol. 7, N.º 14, 2010.

Salgado, Catarina, *O impacto da pandemia na aviação civil – um novo 11/9?*, in Revista da FDUL, 2020, n.º 1.

ALGUMAS CONSIDERAÇÕES SOBRE O ART. 29.º DA CONVENÇÃO RELATIVA AO CONTRATO DE TRANSPORTE INTERNACIONAL DE MERCADORIAS POR ESTRADA (CMR)

Francisco Costeira da Rocha*

Sumário: 1. Introdução; 2. O art. 29.º da CMR no contexto do sistema de responsabilidade civil do transportador consagrado nessa Convenção; 2.1. Caracterização geral da CMR; 2.2. A responsabilidade civil do transportador internacional de mercadorias por estrada na CMR – uma síntese; 2.3. O escopo do art. 29.º da CMR; 3. Análise crítica do teor do art. 29.º da CMR; 3.1. Considerações gerais; 3.2. As divergências entre as duas versões oficiais do art. 29.º da CMR; 3.3. Remissão para a *lex fori*, Direito uniforme e *forum shopping*; 3.4. Sobre a necessidade de uma nova redação para o art. 29.º da CMR; 4. Pressupostos de aplicação do art. 29.º da CMR; 4.1. Dolo; 4.2. A culpa equivalente ao dolo; 4.2.1. Breve referência ao Direito comparado; 4.2.2. A culpa equivalente ao dolo no Direito português; 4.2.3. A jurisprudência portuguesa; 5. O ónus da prova do dolo ou da culpa equivalente ao dolo; 6. Efeitos da aplicação do art. 29.º da CMR.

1. Introdução

A grande importância prática do transporte internacional rodoviário de mercadorias tem sido acompanhada de inevitável ligiosidade e de intenso debate doutrinal a propósito, nomeadamente, da responsabilidade civil do transportador internacional rodoviário de mercadorias.

De entre as diversas questões que suscita esta vasta área temática, faremos incidir a nossa atenção sobre o regime estabelecido no art. 29.º da

* Juiz de Direito.

Convenção Relativa ao Contrato de Transporte Internacional de Mercadorias por Estrada (CMR). Trata-se do preceito que prevê o afastamento da aplicação das disposições que excluem ou limitam a responsabilidade do transportador ou que transferem o ónus da prova quando a ocorrência do dano resultar de um comportamento gravemente censurável do transportador.

O recrudescimento da litigiosidade centrada no art. 29.º da CMR obriga a refletir sobre esta norma.

Neste trabalho, apresentaremos algumas reflexões que visam contribuir para tentar superar as dificuldades inerentes à interpretação e aplicação desse artigo, sublinhando a incontornável necessidade de contextualizar o art. 29.º da CMR no sistema de responsabilidade do transportador consagrado na Convenção.

O presente texto centra-se no regime estabelecido na CMR, mas sem perder de vista as diversas convenções internacionais sobre o contrato de transporte, bem como o direito interno português, nomeadamente o regime jurídico do contrato de transporte rodoviário nacional de mercadorias, aprovado pelo Decreto-Lei n.º 239/2003, de 04 de outubro.

2. O art. 29.º da CMR no contexto do sistema de responsabilidade civil do transportador consagrado nessa Convenção

2.1. Caraterização geral da CMR

Ao longo do século XX, nomeadamente a partir do final da II Guerra Mundial, o transporte de mercadorias por estrada veio a assumir um papel de grande relevo na economia europeia e mundial. A importância crescente do transporte rodoviário de mercadorias, conjugada com a diversidade de legislações e procedimentos nacionais sobre o contrato de transporte e matérias afins (com inevitáveis entraves à circulação de mercadorias), levou a que, na senda das convenções relativas a outros meios de transporte[1], tenham

[1] No que diz respeito ao contrato de transporte de mercadorias, o moderno movimento de harmonização remonta a finais do século XIX, tendo-se iniciado pelo transporte ferroviário com a Convenção de Berna (Convenção internacional relativa ao transporte internacional de mercadorias por caminho de ferro, conhecida pelo acrónimo CIM), assinada em 14 de outubro de 1890 e entrada em vigor em 1 de janeiro de 1893. Seguidamente, surgiram a Convenção de Bruxelas de 1924 sobre o transporte marítimo (Convenção internacional relativa à unificação de certas regras em matéria de conhecimentos de embarque) e

sido desenvolvidos esforços no sentido de uniformizar a regulamentação do transporte internacional de mercadorias por estrada.

Em 19 de maio de 1956, depois de concluídos os trabalhos preparatórios realizados sob a égide da Comissão Económica das Nações Unidas para a Europa, foi assinada em Genebra a *Convenção Relativa ao Contrato de Transporte Internacional de Mercadorias por Estrada*. Esta Convenção, conhecida pela sigla CMR[2], entrou em vigor no dia 2 de julho de 1961, depois de cinco Estados europeus[3] terem depositado os seus instrumentos de adesão junto do Secretário-Geral das Nações Unidas[4]. O texto autêntico da CMR está redigido em língua francesa e em língua inglesa[5-6].

---

a Convenção de Varsóvia de 1929 relativa ao transporte aéreo (Convenção para a unificação de certas regras relativas ao transporte aéreo internacional).

Sobre as dificuldades inerentes à harmonização do regime jurídico do transporte de mercadorias, cfr., *inter alia*, RAMBERG, Jan, *The law of carriage of goods – Attempts at harmonization*, in *Scandinavian Studies in Law*, 1973, pp. 211 e segs..

[2] A sigla CMR foi criada a partir da denominação em francês da Convenção: ***C***onvention relative au contrat de transport international de ***M***archandises par ***R***oute.

Salvo indicação em contrário, todos os artigos a seguir citados pertencem à CMR.

[3] Áustria, França, Itália, Jugoslávia e Países Baixos.

[4] Em conformidade com o estabelecido no art. 43.º, n.º 1 e, também, no art. 42.º.

[5] Uma cópia certificada da versão autêntica da CMR pode ser consultada em https://treaties.un.org/doc/Treaties/1961/07/19610702%2001-56%20AM/Ch_XI_B_11.pdf

[6] A utilização desta técnica bilingue – com as inevitáveis discrepâncias entre os textos francês e inglês –, bem como as divergências entre os textos oficiais e as suas múltiplas traduções (algumas das quais publicadas nos jornais oficiais dos Estados que são partes da Convenção) têm dado origem a diversos problemas na aplicação da CMR, comprometendo a uniformidade visada pela Convenção. Cfr., por exemplo, WIJFFELS, Robert, *La Convention CMR et la securité juridique*, in *Études Offertes à Barthélemy Mercadal*, Éditions Francis Lefebvre, Levallois-Perret, 2002, p. 549.

Resulta da última frase do texto da Convenção que os textos em língua inglesa e em língua francesa têm o mesmo valor («each text being equally authentic» / «les deux textes faisant également foi»).

Como bem adverte CZAPSKI: «il ne convient donc pas d'essayer d'expliquer le sens d'une disposition de la CMR en recourant aux concepts juridiques de l'un ou l'autre pays dont la langue a été choisie pour la rédaction de la CMR. S'il était effectivement permis de chercher la signification des termes de la CMR sur cette base, nous aurions non pas une Convention CMR mais plusieurs, étant donné les différences entre les ordres juridiques des pays francophones et anglophones» (*Application et interprétation de la Convention CMR à la lumière du droit international*, in *Uniform Law Review,* 2006, 11, 3, p. 563; cfr., também, o exposto pelo autor ora citado a pp. 564 e segs.).

Os problemas inerentes ao plurilinguismo manifestam-se de maneira ainda mais intensa na Convenção de Montreal de 1999 – relativa ao transporte aéreo – que foi redigida em seis textos autênticos, nas seis línguas oficiais da Organização das Nações Unidas.

A CMR apenas sofreu duas alterações pontuais, a primeira em 1978 e a segunda em 2008. Em 1978 e 2008, respetivamente, foram subscritos o *Protocolo à Convenção Relativa ao Contrato de Transporte Internacional de Mercadorias por Estrada (CMR)*, assinado em Genebra, em 5 de julho de 1978, e o *Protocolo Adicional à Convenção Relativa ao Contrato de Transporte Internacional de Mercadorias por Estrada (CMR) sobre a Declaração de Expedição Electrónica*, assinado em Genebra, em 20 de fevereiro de 2008[7]. Também o texto autêntico destes Protocolos está redigido em língua francesa e em língua inglesa.

Apesar da abrangência da sua denominação, a CMR não regula – nem pretendeu, assumidamente, regular – todas as matérias relativas ao contrato de transporte internacional de mercadorias por estrada. O Preâmbulo da Convenção é, a este propósito, esclarecedor ao afirmar que o seu objectivo é, principalmente, regular de maneira uniforme a matéria dos documentos de transporte e a matéria da responsabilidade do transportador. Mesmo em relação a estes temas, a CMR não esgota a regulamentação de todas as questões deles emergentes[8].

Em termos gerais, pode afirmar-se que a Convenção se aplica a todos os contratos de transporte rodoviário de mercadorias por meio de veículos, a título oneroso, quando o lugar de receção da mercadoria pelo transportador e o lugar da entrega, tais como são indicados no contrato, estão situados em dois países diferentes, sendo pelo menos um deles parte na Convenção[9].

Trata-se de uma convenção internacional de Direito uniforme material, pelo que quando uma situação caia no âmbito de aplicação da CMR, o regime aplicável é definido pelas normas desta. Quanto às matérias não

---

Sobre o tema, cfr. PINTO, Michele M. Comenale, *La responsabilità del vettore aereo dalla Convenzione di Varsavia del 1929 alla Convenzione di Montreal del 1999*, in *Diritto@Storia*, n.º 2, Marzo, 2003, pp. 7-8.

[7] Uma cópia certificada destes Protocolos pode ser consultada, respetivamente, em https://treaties.un.org/doc/Treaties/1978/07/19780705%2007-38%20PM/CTC_XI-B-11-a.pdf e em https://treaties.un.org/doc/Treaties/2008/03/20080303%2006-53%20PM/CTC-xi-B-11b.pdf.

O Protocolo de 1978 entrou em vigor em 28 dezembro de 1980.

Quanto ao Protocolo de 2008, o mesmo entrou em vigor em 5 de junho 2011.

[8] A título meramente exemplificativo, pode referir-se que a CMR nada estabelece sobre a responsabilidade do transportador por inexecução do transporte, isto é, quando o transportador não procede sequer ao recebimento da mercadoria que se comprometera a transportar.

[9] Cfr. art. 1.º, n.º 1.

reguladas pela Convenção, é necessário ter em consideração as normas do Direito nacional que seja aplicável, determinado de acordo com o Direito de Conflitos da *lex fori*[10].

A CMR está em vigor há quase 60 anos, tendo sofrido apenas as duas alterações pontuais já mencionadas, pelos referidos Protocolos de 5 de julho de 1978 e de 20 de fevereiro de 2008, e a ela já aderiram 56 Estados[11]-[12], o que é bem demonstrativo da sua ampla aceitação e indício seguro do equilíbrio do regime nela instituído[13].

Além disso, é de sublinhar que a CMR constitui um documento normativo da máxima importância, não só para a regulamentação do contrato de transporte internacional rodoviário de mercadorias (o que, por si só, seria já muito significativo), mas também para a regulamentação do transporte nacional, pois em diversos países, de forma directa ou indirecta, o contrato de transporte rodoviário nacional de mercadorias é regulado com base na CMR[14]. Pode, por isso, afirmar-se que a CMR constitui um importante *modelo legislativo*[15].

---

[10] Cfr., por exemplo, LLORENTE GÓMEZ DE SEGURA, Carlos, *El contrato de transporte terrestre de mercancías*, in CUESTA RUTE, José María de la (director) / VALPUESTA GASTAMINZA, Eduardo (coordinador), *Contratos Mercantiles*, tomo II, Bosch, Barcelona, 2.ª edición, 2009, p. 1040.

Sobre a questão da lei aplicável, cfr. o Regulamento (CE) n.º 593/2008 do Parlamento Europeu e do Conselho, de 17 de junho de 2008, sobre a lei aplicável às obrigações contratuais (Roma I).

[11] Cfr. https://treaties.un.org/pages/ViewDetails.aspx?src=TREATY&mtdsg_no=XI-B-11&chapter=11&lang=en.

[12] Apesar de a CMR estar vocacionada para a Europa (tal como a CIM. Cfr., por exemplo, RAMBERG, *The law of carriage of goods – Attempts at harmonization*, cit., pp. 221-222), é significativo verificar que são partes na CMR não só Estados europeus, mas também da Ásia e do norte de África.

[13] MARTÍNEZ SANZ afirma textualmente que «el texto del CMR ofrece uno de los mejores ejemplos de textos de Derecho uniforme actualmente existentes» (*La responsabilidad del porteador en el transporte internacional de mercancías por carretera (CMR)*, Comares, Granada, 2002, p. 2). Na opinião de ROLF HERBER, «CMR is one of the few great achievments of international unification in the field of commercial law» (*CMR: UNIDROIT Should Not Let This Child Go!*, in *Uniform Law Review*, volume 3, n.ºs 2-3, abril de 1998, p. 475).

[14] A doutrina tem vindo a defender, desde há muito tempo, a conveniência da aplicação do regime estabelecido na CMR ao transporte nacional, caminho que foi seguido por diversos países europeus. Refira-se que, por exemplo, na Áustria e na Bélgica, a CMR foi *adoptada em bloco*, cfr., nomeadamente, PUTZEYS, Jacques, *El CMR como modelo de política legislativa para la regulación del transporte interno. El caso Belga*, in I Congresso Internacional de Transporte: Los Retos del Trasporte en el Siglo XXI, Tomo II,

Tirant lo Blanch, Valencia, 2005, pp. 869-878 e SÁNCHEZ-GAMBORINO, Francisco José, *La CMR en tant que loi applicable au transport national*, in *Études Offertes à Barthélemy Mercadal*, Éditions Francis Lefebvre, Levallois-Perret, 2002, pp. 513-521. A concluir o seu estudo, afirma SÁNCHEZ-GAMBORINO: «quelle que soit la voie, il faut attendre que tôt ou tard, la CMR régira le transport national» – e, depois, citando BARTHÉLEMY MERCADAL, acrescenta –, «sûrement et de façon irrémédiable», car «il n'y a donc nulle part d'obstacle insurmontable». Cfr, também, SIDERA LEAL, Emilio, *Apuntes para una modificación de la regulación mercantil del contrato de transporte de mercancías*, in *Actualidad jurídica del transporte por carretera: in memoriam F.M. Sánchez Gamborino*, Fundación Francisco Corell, Madrid, 2005, p. 282; LLORENTE GÓMEZ DE SEGURA, Carlos, *Transporte marítimo de mercancías de corta distancia y responsabilidad del transportista. Una aproximación jurídico-internacional en el contexto de su promoción en el ámbito comunitario*, in *Estudios de Deusto*, Vol. 54/2, Bilbao, julio-diciembre 2006, p. 263, n. 22, bem como a doutrina aí citada. Já há cerca de 20 anos, JOSÉ LUÍS SARAGOÇA defendia que «*la adopción de la Convención CMR por vía legal para los contratos de transporte nacionales parece sin ninguna duda la mejor solución*» (*La aplicación de la Convención CMR a los contratos de transporte nacional de mercancías por carretera en Portugal*, in *RGD*, núm 612, 1995, p. 10227).

Todavia, importa chamar a atenção para a circunstância de, em alguns aspetos, as adaptações da CMR realizadas nos ordenamentos de diversos países não serem inteiramente coincidentes, o que tem contribuído para «una uniformità "a pelle di leopardo"» (GONZALO, Marco Lopez de, *Operatività e limiti delle regole di diritto uniforme relative al trasporto marittimo*, in *I Jornadas de Lisboa de Direito Marítimo. O contrato de transporte marítimo de mercadorias*, Almedina, Coimbra, 2008, p. 80. A observação do autor é dirigida aos textos normativos relativos ao transporte marítimo de mercadorias, mas tem pleno cabimento face aos textos normativos relativos ao transporte rodoviário de mercadorias). Sobre os problemas da «*incorporação* das regras convencionais na legislação interna», cfr. PINHEIRO, Luís de Lima, *Direito aplicável ao contrato de transporte marítimo de mercadorias*, in *I Jornadas de Lisboa de Direito Marítimo. O contrato de transporte marítimo de mercadorias*, Almedina, Coimbra, 2008, pp. 181-182.

[15] Importa, também, referir que a CMR foi «a fonte de inspiração directa» do Acto Uniforme da Organização para a Harmonização em África do Direito dos Negócios relativo ao transporte rodoviário de mercadorias, «reproduzindo este, no geral, as soluções daquela» – cfr. GOMES, Manuel Januário da Costa, *A Responsabilidade do Transportador no Acto Uniforme da OHADA relativo ao Transporte Rodoviário de Mercadorias*, 2006, disponível em: http://www.fd.ulisboa.pt/portals/0/docs/institutos/icj/luscommune/januariocostagomes.pdf, p. 2 e *passim*. Por isso, há quem fale na «CMR africaine» (CZAPSKI, Waldemar, *Application et interprétation de la Convention CMR à la lumière du droit international*, in Unif. Law Rev., 2006, 11, 3, p. 547). Sobre este Acto Uniforme, cfr. LACASSE, Nicole / PUTZEYS, Jacques, *L'acte uniforme de l'OHADA relatif aux contrats de transport de marchandises par route*, in European transport law, vol. 38, n.º 6, pp. 673-729; KABLAN, A. Serge, *L'uniformisation regionale du droit: Processus comparés et projet de l'OHADA en transport routier*, Faculté du Droit, Université Laval, 2000, disponível em: http://www.giersa.ulaval.ca/sites/giersa.ulaval.ca/files/memoires/document_122.pdf.

Em Portugal, a CMR foi aprovada para adesão pelo Decreto-Lei n.º 46 235, de 18 de março de 1965[16]. Em anexo a esse Decreto-Lei encontra--se publicado o texto original francês e a respetiva tradução para português[17]. Conforme Aviso da Direcção Geral dos Negócios Económicos do Ministério dos Negócios Estrangeiros de 19 de maio de 1970[18], Portugal depositou em 22 de setembro de 1969 o instrumento da sua adesão. Assim, a CMR entrou em vigor, relativamente a Portugal, a partir de 21 de dezembro de 1969.

O Protocolo de 5 de julho de 1978 foi aprovado para adesão pelo Decreto n.º 28/88, de 6 de setembro[19]. Em anexo a esse Decreto encontra--se publicado o texto original francês do Protocolo e a respectiva tradução para português. Conforme Aviso de 23 de agosto de 1989, Portugal depositou em 17 de agosto de 1989 o respectivo instrumento de confirmação e adesão ao Protocolo[20]. O Protocolo entrou em vigor, em relação a Portugal, em 15 de novembro de 1989.

---

[16] O Decreto-Lei n.º 46 235 foi publicado no Diário do Governo, I.ª Série, n.º 65, de 18 de março de 1965, pp. 308-324. Cfr. https://dre.pt/application/file/238539.

[17] A tradução *oficial* portuguesa da CMR publicada no Diário do Governo contém várias incorrecções, que têm dado origem a deficientes e erradas interpretações e aplicações das normas da Convenção.

A este propósito, na jurisprudência, cfr., nomeadamente, os paradigmáticos Acórdão do Tribunal da Relação do Porto de 04/05/1992 (in *CJ*, 1992, III, pp. 277-279) – onde é destacada e corrigida a incorreta tradução do art. 21.º da CMR – e Acórdão do Supremo Tribunal de Justiça de 26/11/1981 (in *BMJ*, n.º 311, pp. 296 e segs.) – em que se analisa o erro de tradução do art. 18.º, n.º 1 da CMR.

Também a doutrina tem vindo a assinalar incorreções na tradução *oficial* portuguesa. Cfr., Saragoça, José Luís, *Convenção Relativa ao Contrato de Transporte Internacional de Mercadorias por Estrada, C.M.R.*, ANTRAM/CET, Lisboa, 1993, p. 18, n. 1, p. 45, n. 1, p. 66, n. 1 e p. 79; Gomes, Manuel Januário da Costa, *A Responsabilidade do Transportador no Acto Uniforme da OHADA relativo ao Transporte Rodoviário de Mercadorias*, cit., p. 23; Barata, Carlos Lacerda, *Contratos de transporte terrestre: formação e conclusão*, in *ROA*, ano 73, 2013, II/III, pp. 644-645.

Não obstante, utilizaremos a mencionada tradução *oficial* portuguesa, atendendo à sua divulgação e utilização generalizada em Portugal (nomeadamente pelos Tribunais), mas chamando a atenção para aqueles aspectos que, em nosso entender, deveriam merecer diferente tradução.

[18] Publicado no Diário do Governo, I.ª Série, n.º 129, de 3 de junho de 1970, p. 726. Cfr. https://dre.pt/application/file/142469.

[19] Publicado no Diário da República, I.ª Série, n.º 206, de 6 de setembro de 1989, pp. 3681-3686. Cfr. https://dre.pt/application/file/370174.

[20] Publicado no Diário da República, I.ª Série, n.º 206, de 7 de setembro de 1989, p. 3854. Cfr. https://dre.pt/application/file/547082.

Portugal ainda não é parte no Protocolo de 20 de fevereiro de 2008.

Como já referimos, a importância da CMR decorre, também, do facto de ter servido de modelo para os legisladores de diversos países[21].

Assim sucedeu em Portugal, onde o regime jurídico do contrato de transporte rodoviário de mercadorias consagrado no Direito nacional teve como principal fonte de inspiração o regime estabelecido na CMR.

A nível interno, em Portugal, o contrato de transporte rodoviário de mercadorias foi regulado, até há poucos anos, no essencial, pelos arts. 366.º e segs. do Código Comercial de 1888.

Em 2003, foi publicado o Decreto-Lei n.º 239/2003, de 04 de outubro, pelo qual se aprovou o regime jurídico do contrato de transporte rodoviário nacional de mercadorias[22]. Esse diploma procurou, assumidamente, seguir o regime estatuído pela CMR[23].

---

[21] Cfr. Bastos, Nuno Manuel Castello-Branco, *Direito dos Transportes*, Almedina, Coimbra, 2004, p. 16; BRANCO, João Ricardo, *A conduta antijurídica do transportador e a preclusão da limitação da responsabilidade*, in GOMES, Manuel Januário da Costa (coord.), *Temas de Direito dos Transportes I*, Almedina, Coimbra, 2010, pp. 309-310.

[22] Publicado no Diário da República, I.ª Série, n.º 230, de 4 de outubro de 2003, pp. 6546-6550. Cfr. https://dre.pt/application/file/483332.

O Decreto-Lei n.º 145/2008, de 27 de julho aditou o artigo 4.º-A ao Decreto-Lei n.º 239/2003, artigo que versa sobre a remuneração no contrato de transporte. O Decreto-Lei n.º 145/2008 foi publicado no Diário da República, I.ª Série, n.º 144, de 28 de julho de 2008, pp. 4763-4764. Cfr. https://dre.pt/application/file/454627.

O regime jurídico do contrato de transporte rodoviário nacional de mercadorias, aprovado pelo Decreto-Lei n.º 239/2003, de 04 de outubro, será identificado pela sigla LTR.

Sobre a LTR, cfr. Saragoça, José Luís, *El nuevo regimen jurídico del contrato de transporte nacional de mercancías por carretera en Portugal: asunción de las reglas CMR*, in *Actualidad jurídica del transporte por carretera: in memoriam F.M. Sánchez Gamborino*, Fundación Francisco Corell, Madrid, 2005, pp. 331-349.

[23] Diz-se no preâmbulo do Decreto-Lei n.º 239/2003: «Esta Convenção [CMR] consagra um regime jurídico que, sem ferir o equilíbrio necessário das relações contratuais, assegura mecanismos de protecção do transportador e, pese embora a evolução verificada nos processos técnicos de prestação de serviços de transporte desde a sua conclusão, mantém um grau satisfatório de correspondência com as realidades deste sector.

Sendo conveniente proceder a uma actualização do normativo regulador do contrato de transporte de mercadorias, justifica-se proceder à sua harmonização com o regime da Convenção, não só por este se revelar mais adequado às modernas condições de exploração dos transportes de mercadorias como para promover a uniformização da disciplina jurídica dos contratos de transporte por estrada».

2.2. A responsabilidade civil do transportador internacional de mercadorias por estrada na CMR – uma síntese

A CMR dedica à responsabilidade civil do transportador internacional de mercadorias por estrada a parte central do seu articulado, *maxime* os arts. 17.º a 29.º, reunidos no capítulo IV da Convenção, o qual tem a reveladora epígrafe «responsabilidade do transportador».

Esta Convenção não regula – nem pretendeu regular – de forma exaustiva todas as questões relativas à responsabilidade civil do transportador. Sendo de destacar que a CMR visou criar um regime uniforme para a responsabilidade do transportador por perda, avaria ou atraso, circunscrito ao período compreendido entre o recebimento da mercadoria pelo transportador e a entrega da mesma[24] (período que a doutrina designa por *arco temporal do transporte*[25] e ao qual se reporta a maior parte do contencioso no âmbito do contrato de transporte internacional de mercadorias por estrada). Assim, a responsabilidade do transportador relativa ao período anterior à receção da mercadoria e ao período posterior à sua entrega não é abrangida pela CMR, sendo regida pelo Direito nacional[26]. Não é, por isso, abrangida

---

[24] Cfr. Martínez Sanz, *La responsabilidad del porteador en el transporte internacional de mercancías por carretera (CMR)*, cit., pp. 37 e segs..

[25] Na doutrina portuguesa, embora referindo-se ao contrato de transporte marítimo de mercadorias, cfr., por todos, Castello-Branco Bastos, *Da Disciplina do Contrato de Transporte Internacional de Mercadorias por Mar. Apontamento sobre as regras internacionais uniformes da responsabilidade do transportador marítimo e sobre o seu âmbito de aplicabilidade*, Almedina, Coimbra, 2004, pp. 225 e segs.; e M. Januário da Costa Gomes, *Introdução às Regras de Roterdão – A Convenção "Marítima-Plus" sobre transporte internacional de mercadorias*, in Gomes, Manuel Januário da Costa (coord.), *Temas de Direito dos Transportes I*, Almedina, Coimbra, 2010, pp. 54 e segs..

[26] Cfr. Clarke, *International carriage of goods by road: CMR*, cit., pp. 295-298; e Martínez Sanz, *La responsabilidad del porteador en el transporte internacional de mercancías por carretera (CMR)*, cit., pp. 159 e segs..

Cfr., também, a interessante síntese apresentada por CLARKE, *International carriage of goods by road: CMR*, cit, pp. 327 e segs., sobre diversas questões passíveis de serem suscitadas no âmbito da responsabilidade do transportador e que não são reguladas pela CMR.

A CMR também não incide sobre a responsabilidade por incumprimento de deveres acessórios à obrigação principal, embora haja referências dispersas à responsabilidade em que pode incorrer o transportador em determinadas situações que envolvem o incumprimento desses deveres. Ao longo do articulado da CMR, encontramos menções à responsabilidade do transportador por não ter incluído na declaração de expedição a cláusula de aplicação da CMR (art. 7.º, n.º 3); pela perda ou mau uso dos documentos mencionados na

pela CMR, por exemplo, a *responsabilidade do transportador por inexecução do transporte*[27] (ou seja, no caso em que o transportador não procede sequer ao recebimento da mercadoria que se comprometera a transportar) ou a *responsabilidade pré-contratual do transportador*[28].

Radicando os danos num evento ocorrido no *arco temporal do transporte*[29] «o transportador é responsável», como estatui com veemência o art. 17.º, n.º 1 da Convenção. Quer dizer, há «um claro direcionamento para a consagração jurídica da responsabilidade do transportador»[30], decorrendo dessa norma uma manifesta facilidade de imputação da responsabilidade ao transportador.

Da conjugação da regra do n.º 1 do art. 17.º com os demais preceitos que integram esse artigo, verificamos que o transportador poderá afastar a imputação da responsabilidade resultante da aplicação do art. 17.º, n.º 1 invocando determinadas causas de exclusão da responsabilidade (art. 17.º, n.º 2 e n.º 4). A possibilidade de o transportador excluir a responsabilidade que provisoriamente lhe é imputada contrabalança a facilidade de imputação.

---

declaração de expedição e que a acompanhem ou que lhe tenham sido entregues (art. 11.º, n.º 3); por não executar as disposições indicadas pelo titular do direito de disposição (art. 12.º, n.º 7) e por ter procedido à entrega da mercadoria ao destinatário sem ter cobrado deste o reembolso devido (art. 21.º). Para além dos casos especificamente previstos na Convenção e acabados de referir, outros casos de responsabilidade por incumprimento de deveres acessórios poderão ocorrer, mas para estes haverá que ter em consideração o Direito nacional e não a CMR.

[27] Do silêncio da CMR a este propósito não resulta que, no âmbito do contrato de transporte rodoviário de mercadorias a que se aplique a CMR, o transportador não será responsável no caso de não proceder ao recebimento da mercadoria. Trata-se de matéria que deverá ser analisada e decidida à luz do Direito nacional. Neste sentido, Clarke, *International carriage of goods by road: CMR*, cit., pp. 14-17 e 330-333.

[28] Cfr. Martínez Sanz, *La responsabilidad del porteador en el transporte internacional de mercancías por carretera (CMR)*, cit., p. 160.

[29] Como refere M. Januário da Costa Gomes, o arco temporal do transporte «marca, por inerência, o arco temporal da responsabilidade do transportador»; sendo que, «do que se trata [...] é da determinação do princípio e do fim do período do transporte juridicamente relevante de acordo com um determinado instrumento normativo e, consequentemente, da parametrização temporal dos eventos geradores de responsabilidade civil do transportador» (cfr. *Sobre o sistema próprio de responsabilidade do transportador de mercadorias*, in Gomes, Manuel Januário da Costa (coord.), *Temas de Direito dos Transportes IV*, Almedina, Coimbra, 2019, p. 492).

[30] Na doutrina portuguesa, cfr., por exemplo, o recente estudo de M. Januário da Costa Gomes, *Sobre o sistema próprio de responsabilidade do transportador de mercadorias*, cit., pp. 495-496.

Caso o transportador não consiga excluir a sua responsabilidade, surge então a limitação da responsabilidade, através da limitação do montante indemnizatório que lhe pode ser exigido (arts. 23.º e 25.º).

A limitação da responsabilidade do transportador poderá ser afastada seja através de modificações convencionais (arts. 24.º e 26.º), seja quando o «o dano provier de dolo seu ou de falta que lhe seja imputável e que segundo a lei da jurisdição que julgar o caso, seja considerada equivalente ao dolo» (art. 29.º).

Resulta do sucintamente exposto que o regime da responsabilidade do transportador vertido na CMR, apesar das críticas que lhe podem ser dirigidas, é um regime equilibrado, pois compensa o rigor na imputação da responsabilidade ao transportador com mecanismos de exclusão e de limitação de tal responsabilidade, podendo a limitação da responsabilidade ser afastada em determinados casos, designadamente, na hipótese prevista no art. 29.º, *i. e.*, quando a conduta do transportador é incompatível com a razão de ser da limitação. Para evitar distorções no regime traçado, a fim de garantir a manutenção do seu equilíbrio e a uniformização visada pela Convenção, esse regime é imperativo, pelo que qualquer acordo entre as partes que altere esse regime será nulo (art. 41.º)[31_32].

---

[31] De acordo com o art. 41.º, n.º 1, «é nula e sem efeito qualquer estipulação que, directa ou indirectamente, modifique as disposições da presente Convenção», com ressalva para os casos em que a própria CMR admite desvios sobre certos aspetos do regime estabelecido na Convenção – cfr., nomeadamente, os arts. 23.º, n.º 6, 24.º e 26.º (prevendo a *declaração de valor da mercadoria* transportada e a *declaração de interesse especial na entrega* da mercadoria transportada) e os arts. 37.º e 38.º (que versam sobre a repartição da indemnização no transporte com pluralidade de transportadores).

A utilização de um preceito semelhante ao art. 41.º, n.º 1 da CMR é uma técnica comum aos textos de Direito uniforme sobre o contrato de transporte. Assim, por exemplo, quanto ao direito marítimo, área onde os desequilíbrios entre a posição dos transportadores e dos carregadores se faziam sentir de modo intenso na viragem do séc. XIX para o séc. XX, conduzindo à celebração da Convenção de Bruxelas, cfr. o art. 3.º, n.º 8 desta Convenção. Resulta desta importante norma, entre o mais, que «é nula, de nenhum efeito e como se nunca tivesse existido toda a cláusula, convenção ou acordo num contrato de transporte [...] atenuando essa responsabilidade [do transportador] por modo diverso do preceituado na presente Convenção». No mesmo sentido, cfr. o art. 23.º, n.º 1 das Regras de Hamburgo e o art. 79.º das Regras de Roterdão.

Na jurisprudência portuguesa encontramos várias decisões que consideram nulas as cláusulas contratuais de exclusão ou limitação da responsabilidade do transportador: Acórdão do Tribunal da Relação do Porto de 09/03/1989, in CJ, 1989, II, pp. 199 e ss.; Acórdão do Supremo Tribunal de Justiça de 09/07/1991, in BMJ, n.º 409, pp. 759 e ss.; Acórdão do

Em seguida, serão apresentados os traços caraterizadores do sistema de responsabilidade do transportador internacional rodoviário de mercadorias através das quatro fases em que, de forma esquemática, se estrutura o sistema de responsabilidade civil do transportador de mercadorias[33].

A primeira fase diz respeito à imputação, de princípio, da responsabilidade ao transportador.

O art. 17.º, n.º 1 – que abre o capítulo IV da Convenção e constitui o ponto de partida para analisar o regime da responsabilidade do transportador estabelecido na CMR – determina o seguinte: «o transportador é responsável pela perda total ou parcial, ou pela avaria que se produzir entre o momento do carregamento da mercadoria e o da entrega, assim como pela demora na entrega»[34_35].

Supremo Tribunal de Justiça de 10/11/1993, in CJ-STJ, 1993, III, pp. 118 e ss.; Acórdão do Tribunal da Relação de Lisboa de 14/03/1996, in CJ, 1996, II, pp. 81 e ss..

[32] A imperatividade do estipulado na CMR não impede que, depois de surgir um litígio (tenha ou não sido instaurada uma ação em juízo), as partes possam pôr termo a esse litígio «mediante recíprocas concessões» (art. 1248.º, n.º 1 do Código Civil português), ou seja, através de um contrato de transação.

O contrato de transação, que é um contrato típico no Direito civil português, encontra-se previsto nos arts. 1248.º a 1250.º do Código Civil. Cfr., *inter alia*, Pires De Lima, / Antunes Varela, *Código Civil Anotado*, vol. II, cit., pp. 855 e segs..

[33] Sem negar certas especificidades que ocorrem nos diversos modos de transporte, tem vindo a ser defendida a existência de um sistema próprio de responsabilidade civil do transportador de mercadorias. Na doutrina portuguesa, cfr., por todos, M. Januário da Costa Gomes, *Sobre o sistema próprio de responsabilidade do transportador de mercadorias*, cit., *passim* e, principalmente, pp. 484-507.

Para identificar as quatro fases do sistema de responsabilidade civil do transportador internacional rodoviário de mercadorias, utilizaremos as expressões empregues no estudo acabado de citar.

[34] A versão transcrita do art. 17.º, n.º 1 da CMR é a que consta do Decreto-Lei n.º 46.235, de 18 de março de 1965. Trata-se, pois, em certo sentido, da tradução *oficial* portuguesa. No entanto, importa chamar a atenção para a circunstância de a expressão «carregamento da mercadoria» – empregue no art. 17.º, n.º 1 e, também, no art. 1.º, n.º 1 – não constituir uma tradução correta das expressões «la prise en charge de la marchandise»/«taking over of the goods». O que está aqui em causa é o início da execução do contrato de transporte (o respetivo *lugar*, no caso do art. 1.º, n.º 1; e o *momento* em que ocorre, no que respeita ao art. 17.º, n.º 1) que não se reconduz apenas à operação material do carregamento e poderá não coincidir com esta (cfr., por exemplo, Costeira da Rocha, *O contrato de transporte, Contributo para o estudo da posição jurídica do destinatário no contrato de transporte de mercadorias*, Almedina, Coimbra, 2000, pp. 63 e segs.). Em vez de «carregamento da mercadoria», parece-nos mais correta a expressão «receção da mercadoria pelo transportador». José Luís Saragoça também discorda da tradução oficial portuguesa e sugere

Face ao estabelecido no art. 17.º, n.º 1 da CMR, demonstrando o interessado na carga a ocorrência de danos (em conformidade com as exigências para o efeito estabelecidas na Convenção), «o transportador é responsável», ou seja, há «um direcionamento para a responsabilidade do transportador»[36].

Independentemente da resposta que seja dada à questão da qualificação da responsabilidade civil do transportador internacional de mercadorias por estrada, pode afirmar-se que o transportador rodoviário de mercadorias, tanto internacional, como nacional, e em geral o transportador de mercadorias, está sujeito a um regime de responsabilidade agravado por comparação com o regime normal da responsabilidade contratual[37].

---

como mais corretas as expressões «tomada da mercadoria a cargo do transportador» ou «confiança da mercadoria ao transportador» (*Convenção Relativa ao Contrato de Transporte Internacional de Mercadorias por Estrada, C.M.R.*, cit., p. 18, n. 1).

[35] O art. 17.º, n.º 1 da LTR reproduz, com ligeiras alterações, o art. 17.º, n.º 1 da CMR.

[36] Cfr. M. Januário da Costa Gomes, *Sobre o sistema próprio de responsabilidade do transportador de mercadorias*, cit., p. 493.

[37] Nas palavras de Rodière: «La règle de base est simple: tout dommage qui s'est produit entre la prise en charge et la livraison est réputé dû au transporteur et cette présomption de responsabilité qui pèse sur lui est très lourde» (*Droit des transports*, Sirey, Paris, 1977, p. 554).

No sentido referido no texto, cfr., *inter alia*, Puetz, Achim, *Supuestos de responsabilidad*, in Duque Domínguez, J. / Martínez Sanz, F. (Directores), Emparanza Sobejano, Alberto / Petit Lavall, Maria Victoria (Coordinadores), *Comentarios a la Ley de Transporte Terrestre*, Aranzadi-Thomson Reuters, Cizur Menor, 2010, pp. 554 e segs.; Martínez Balmaseda, Arantza, *Presunciones de exoneración de responsabilidad en el Anteproyecto de Ley del contrato de transporte*, in Martínez Sanz, Fernando / Petit Lavall, Maria Victoria (Dirección), Juan y Mateu, Juan (Coordinación), *Estudios sobre Derecho y Economia del Transporte: reforma y liberalización*, Tecnos, Madrid, 2009, pp. 322-323; Martín Osante, José Manuel / Martínez Balmaseda, Arantza, *Responsabilidad del porteador ferroviário por incumplimiento: fundamento y supuestos*, in *El contrato de transporte internacional de mercancías por ferrocarril*, Recalde Castells, Andrés / Emparanza Sobejano, Alberto (Directores), Civitas, Madrid, 2008, pp. 177 e segs.; Costeira da Rocha, *Limitação da responsabilidade do transportador marítimo de mercadorias*, in *I Jornadas de Lisboa de Direito Marítimo. O contrato de transporte marítimo de mercadorias*, coordenação de M. Januário da Costa Gomes, Almedina, Coimbra, 2008, pp. 250-251; Petit Lavall, María Victoria, *La responsabilidad por daños en el transporte aéreo internacional de mercancías*, Comares, Granada, 2007, pp. 73 e segs.; Escuín Ibáñez, Irene, *La limitación de la deuda indemnizatoria del porteador marítimo*, Comares, Granada, 2006, p. 4; Castello-Branco Bastos, *Da Disciplina do Contrato de Transporte Internacional de Mercadorias por Mar*, cit., pp. 48 e ss.; Martínez Sanz, *La responsabilidad del porteador en el transporte internacional de mercancías por carretera (CMR)*, cit., pp. 9 e ss.; Proença, José Carlos Brandão, *Do dever de guarda do depositário*

O citado art. 17.º, n.º 1 da CMR é paradigmático, neste âmbito, pois revela com clareza a facilidade de imputação da responsabilidade ao transportador, imputação que ocorrerá independentemente de qualquer referência à culpa[38]. Resulta desta norma, segundo a doutrina portuguesa atual, uma *presunção de responsabilidade* do transportador[39].

Este regime agravado visa a protecção do interessado na carga (seja do carregador, seja do destinatário; tradicionalmente considerados como a parte economicamente mais débil) e é motivado pelas especificidades da atividade transportadora, em especial, pela circunstância de o transportador passar a deter a custódia das mercadorias transportadas, não tendo o carregador/destinatário o controlo físico das mercadorias e, muitas vezes, estando a grande distância e impossibilitado de acompanhar a realização material da operação de transporte.

Mas, a imputação da responsabilidade ao transportador, por aplicação do regime do art. 17.º, n.º 1 da CMR, é provisória, porque o transportador

---

e de outros detentores precários: âmbito e função, critério de apreciação da culpa e impossibilidade de restituição, separata de *DJ*, volume IX, tomo I, 1995, pp. 66 e ss..

[38] Cfr., por exemplo, Martínez Balmaseda, *Régimen de responsabilidad del porteador: fundamento, supuestos y causas de exoneración*, cit., p. 260; e Martínez Sanz, *Transporte de mercancías por carretera (I) Transporte interno*, cit., p. 181. Este autor afirma, claramente, que o sistema de responsabilidade vertido na CMR «no es un sistema basado en la culpa» (*La responsabilidad del porteador en el transporte internacional de mercancías por carretera (CMR)*, cit., p. 22).

Em sentido contrário, cfr., por exemplo, Martín Castro, María de la Paz, *El régimen de la responsabilidad del porteador en el transporte internacional rodado (CMR)*, in *Temas de Direito dos Transportes IV*, Almedina, Coimbra, 2019, p. 535.

Veja-se, também, o Acórdão do Tribunal da Relação de Guimarães de 01/10/2015 (processo n.º 3381/11.7TBGMR.G1, disponível em www.dgsi.pt) que considerou o transportador responsável pela perda de parte das mercadorias transportadas, num caso em que não se provou «qual o circunstancialismo que rodeou, ou a que ficou a dever-se, o extravio e perda das mercadorias».

[39] Cfr., nomeadamente, M. Januário da Costa Gomes, *O Acórdão de 12.10.2017 ou o persistente alheamento do STJ relativamente ao regime específico da CMR*, cit., p. 612; do mesmo autor, *Sobre o sistema próprio de responsabilidade do transportador de mercadorias*, cit., pp. 493-497, *maxime* pp. 495-496; Castello-Branco Bastos, *Direito dos Transportes*, cit., pp. 93 e segs..

Cfr., também, Ferreira de Almeida, Contratos II – Conteúdo. Contratos de Troca, Almedina, Coimbra, 4.ª edição – reimpressão, 2020, p. 169; e Marteleto Godinho, *A responsabilidade do transportador rodoviário de mercadorias*, in Gomes, Manuel Januário da Costa (coord.), *Temas de Direito dos Transportes I*, Almedina, Coimbra, 2010, pp. 85-170, *passim*, *maxime* pp. 92-96.

pode afastá-la, lançando mão das chamadas *causas de exclusão da responsabilidade*. Ou seja, a responsabilidade imputada ao transportador só se consolidará se, numa segunda fase, o transportador não a lograr excluir[40 41].

A possibilidade de exclusão da responsabilidade constitui, de certo modo, uma espécie de compensação pela facilidade de imputação da responsabilidade que incide sobre o transportador[42].

Depois de declarar que «o transportador é responsável pela perda total ou parcial, ou pela avaria que se produzir entre o momento de carregamento da mercadoria e o da entrega, assim como pela demora da entrega» (art. 17.º, n.º 1), a CMR enuncia, no n.º 2 do art. 17.º, a primeira regra em matéria de exclusão da responsabilidade do transportador: «o transportador fica desobrigado desta responsabilidade se a perda, avaria ou demora teve por causa uma falta do interessado, uma ordem deste que não resulte de falta do transportador, um vício próprio da mercadoria, ou circunstâncias que o transportador não podia evitar e a cujas consequências não podia obviar»[43].

O preceito acabado de transcrever reúne um grupo de causas de exclusão da responsabilidade que não são específicas do contrato de transporte e, por outro lado, quanto à repartição do ónus da prova, do ponto de vista do transportador, o regime relativo a estas causas é menos favorável do que o regime ligado a um outro grupo de causas de exclusão apresentado no n.º 4 do art. 17.º. Enquanto no âmbito das causas de exclusão do art. 17.º, n.º 2 o transportador terá de alegar e provar tanto a factualidade excludente da sua responsabilidade, como o nexo de causalidade entre essa factualidade e o dano (art. 18.º, n.º 1); já para afastar a sua responsabilidade com base nas causas de exclusão do n.º 4 do art. 17.º, o transportador terá apenas, em regra, de alegar e provar o facto relevante e a possibilidade razo-

---

[40] Cfr., M. Januário da Costa Gomes, *Sobre o sistema próprio de responsabilidade do transportador de mercadorias*, cit., pp. 493-495; e, do mesmo autor, *Introdução às Regras de Roterdão – A Convenção "Marítima-Plus" sobre transporte internacional de mercadorias*, cit., p. 59.

[41] Por isso, em certo sentido, pode afirmar-se que o art. 17.º, n.º 1 da CMR não é uma norma completa, tendo de ser conjugado, com as causas de exclusão da responsabilidade previstas nos n.ºs 2 e 4 do art. 17.º e com o disposto no art. 18.º quanto ao respetivo ónus da prova.

[42] Cfr., por exemplo, Sánchez-Gamborino, *El contrato de transporte internacional. CMR*, cit, p. 157; Martínez Sanz, *La responsabilidad del porteador en el transporte internacional de mercancías por carretera (CMR)*, cit., pp. 183-184.

[43] Seguindo de perto a CMR, a LTR apresenta normas semelhantes nos arts. 17.º, n.º 1 e 18.º, n.º 1, respetivamente.

ável de os danos resultarem de tal facto, beneficiando de uma presunção da ocorrência do mencionado nexo de causalidade (art. 18.º, n.º 2, primeira parte)[44].

Pelas duas razões apontadas na primeira frase do parágrafo precedente, a doutrina reúne as causas de exclusão da responsabilidade apresentadas no n.º 2 do art. 17.º sob as denominações «causas ordinárias», «causas liberatórias» ou «causas gerais»[45], por contraposição às causas de exclusão enuncia-

---

[44] Esta presunção poderá ser ilidida (art. 18.º, n.º 2, *in fine*).

Refira-se que o regime traçado na CMR a este propósito é mais linear do que o vertido nas Regras de Roterdão onde encontramos, no art. 17.º, «um intrincado sistema de ónus da prova» (cfr. Januário da Costa Gomes, *Sobre a responsabilidade do transportador nas Regras de Roterdão. Breves notas*, in José Luis García-Pita y Lastres (Director), María do Rocío Quintáns Eiras / Angélica Días de la Rosa (Editoras), *Estudios de Derecho Marítimo*, Aranzadi, Cizur Menor, 2012, p. 105). O sistema de ónus da prova das Regras de Roterdão foi já qualificado como «complejo e caótico» (cfr. Valpuesta Gastaminza, Eduardo / Radiola Coca, Silvia, *El fundamento de la responsabilidad del porteador marítimo y la carga de la prueba (derecho español, vigente y proyectado, e internacional)*, in José Luis García-Pita y Lastres (Director), María do Rocío Quintáns Eiras / Angélica Días de la Rosa (Editoras), *Estudios de Derecho Marítimo*, Aranzadi, Cizur Menor, 2012, p. 682).

[45] Na doutrina espanhola costuma ser empregue a expressão «causas ordinárias». Cfr., por exemplo, Martínez Sanz, *La responsabilidad del porteador en el transporte internacional de mercancías por carretera (CMR)*, cit., p. 187. Mas Sánchez-Gamborino refere-se a «causas gerais», *El contrato de transporte internacional. CMR*, cit, p. 158.

As duas últimas expressões são utilizadas na doutrina de língua portuguesa. Cfr., Adriano Marteleto Godinho, *A responsabilidade do transportador rodoviário de mercadorias*, cit., pp. 100-101 e José Luís Saragoça, *Convenção Relativa ao Contrato de Transporte Internacional de Mercadorias por Estrada, C.M.R.*, cit., p. 60.

Na LCTTM, ao art. 48.º, onde estão reunidas as situações elencadas no art. 17.º, n.º 2 da CMR, foi atribuída a epígrafe «causas de exoneración». No parágrafo quarto, da parte III, do preâmbulo da LCTTM pode ler-se: «una vez más, la influencia de los textos internacionales, fundamentalmente del CMR, se deja sentir muy profundamente en los preceptos dedicados a la responsabilidad del porteador por pérdidas, averías o retraso. Y es que, ciertamente, no se aprecian razones de peso para regular en términos muy distintos la responsabilidad del porteador en el ámbito internacional y en el nacional. Así, se acoge el mismo régimen de causas de exoneración, con la ya clásica distinción entre causas privilegiadas y ordinarias en atención a la existencia o no de facilidades probatorias».

O legislador português, na LTR, regula no art. 18.º as causas de exclusão da responsabilidade do transportador, atribuindo a tal preceito a epígrafe «causas de exclusão da responsabilidade do transportador» e dedicando o n.º 1 às causas gerais e o n.º 2 às causas privilegiadas. Todavia, para além desse tratamento em dois números diferentes do art. 18.º, o legislador nada refere quanto à tradicional distinção entre os dois grupos de causas de exclusão da responsabilidade do transportador.

das no art. 17.º, n.º 4, causas estas que costumam ser denominadas «causas privilegiadas», «causas particulares» ou «fatos liberatórios»[46].

De acordo com o art. 17.º, n.º 4, «tendo em conta o artigo 18.º, parágrafos 2 a 5, o transportador fica isento da sua responsabilidade quando a perda ou avaria resultar dos riscos particulares inerentes a um ou mais dos factos seguintes:

a) Uso de veículos abertos e não cobertos com encerado, quando este uso foi ajustado de maneira expressa e mencionado na declaração de expedição;
b) Falta ou defeito da embalagem quanto às mercadorias que, pela sua natureza, estão sujeitas a perdas ou avarias quando não estão embaladas ou são mal embaladas;
c) Manutenção, carga, arrumação ou descarga da mercadoria pelo expedidor ou pelo destinatário ou por pessoas que actuem por conta do expedidor ou do destinatário;
d) Natureza de certas mercadorias, sujeitas, por causas inerentes a essa própria natureza, quer a perda total ou parcial, quer a avaria, especialmente por fractura, ferrugem, deterioração interna e espontânea, secagem, derramamento, quebra normal ou acção de bicharia e dos roedores;
e) Insuficiência ou imperfeição das marcas ou dos números dos volumes;
f) Transporte de animais vivos».

Refira-se que estas causas privilegiadas de exclusão da responsabilidade elencadas no art. 17.º, n.º 4 apenas são aplicáveis quando ocorre perda ou avaria da mercadoria, não sendo relevantes quando ocorre, tão só, atraso na entrega. Diversamente, as causas gerais de exclusão da responsabilidade

[46] A expressão «causas privilegiadas» é utilizada, por exemplo, por Martínez Sanz (*op. ult. cit.*, pp. 249-251), por José Luís Saragoça (*op. ult cit.*, pp. 66-67) e por Adriano Marteleto Godinho (*op. ult. cit.*, p. 100). No entanto, Putzeys discorda (sem razão, segundo Martínez Sanz, *op. ult. cit.*, p. 184, n. 6) da utilização da expressão «causes privilégiées» e utiliza a fórmula «faits libératoires» (Putzeys, *Le contrat de transport routier de marchandises*, cit., p. 224). Já a expressão «causas particulares» também é empregue por José Luís Saragoça (*ibidem*), bem como por Adriano Marteleto Godinho (*op. ult. cit.*, pp. 111-116). Este último autor utiliza, também, a expressão «fatos liberatórios» (*ibidem*). Na LCTTM, o art. 49.º – cujo n.º 1 corresponde ao n.º 4 do art. 17.º da CMR – tem por epígrafe «presunciones de exoneración».

previstas no art. 17.º, n.º 2 são aplicáveis tanto nos casos de perda ou avaria da mercadoria, como no caso de atraso na entrega.

Para afastar a responsabilidade que lhe é provisoriamente imputada, o transportador terá de provar qual a concreta causa do dano[47], terá de provar a ocorrência de factos que configurem uma das *concretas* causas de exclusão previstas no n.º 2 (causas gerais) ou no n.º 4 (causas privilegiadas) do art. 17.º[48]. Incidindo sobre o transportador o ónus da prova de conteúdo positivo da verificação das causas de exclusão e do respetivo nexo de causalidade. A simples prova (*hoc sensu*) da atuação diligente do transportador, não basta para afastar a sua responsabilidade[49]. Diferentemente, no regime regra da responsabilidade contratual, ao devedor incumbe apenas (*hoc sensu*) provar que a falta de cumprimento ou o cumprimento defeituoso não procede de culpa sua[50].

Se o transportador não conseguir provar qual a causa do dano – nomeadamente quando tal causa for desconhecida –, subsiste a sua responsabilidade[51].

---

[47] Cfr. Martínez Sanz, *La responsabilidad del porteador en el transporte internacional de mercancías por carretera (CMR)*, cit., pp. 27 e segs..

Na jurisprudência portuguesa, cfr. Ac. STJ de 15/10/1998, in www.dgsi.pt; Ac. STJ de 15/01/1985, in www.dgsi.pt.

[48] Ou seja, terá de provar factualidade subsumível a uma das causas de exclusão legalmente previstas. Cfr. Castello-Branco Bastos, *Da Disciplina do Contrato de Transporte Internacional de Mercadorias por Mar*, cit., pp. 283 e ss..

[49] No sistema de responsabilidade do transportador estabelecido na CMR, não basta que o transportador prove que a falta de cumprimento ou o cumprimento defeituoso não procede de culpa sua, não basta que prove que adotou um comportamento diligente.

[50] Cfr., por exemplo, o art. 799.º, n.º 1 do Código Civil português. Este preceito faz incidir sobre o devedor contratual uma presunção de culpa, incumbindo a este – para afastar tal presunção – provar que a falta de cumprimento ou o cumprimento defeituoso da obrigação não procede de culpa sua.

[51] Cfr. Marteleto Godinho, *A responsabilidade do transportador rodoviário de mercadorias*, cit., p. 96; Castello-Branco Bastos, *Direito dos Transportes*, cit., p. 101.

Por aqui se vê que a responsabilidade do transportador não tem fundamento na sua culpa, provada ou presumida, pois, se assim fosse, o transportador poderia afastar a sua responsabilidade demonstrando que atuou de forma diligente, que o incumprimento ou cumprimento defeituoso não procedem de culpa sua. Cfr., *inter alia*, Martínez Balmaseda, *Régimen de responsabilidad del porteador: fundamento, supuestos y causas de exoneración*, cit., pp. 260-261; Martín Osante, *Causas (no privilegiadas) de exoneración de responsabilidad del porteador en el Anteproyecto de Ley de contrato de transporte terrestre de 2007*, cit., p. 301.

Depois de consolidada a imputação da responsabilidade ao transportador (ou, dito de outro modo, caso o transportador não consiga afastar a imputação provisória da responsabilidade), entramos numa terceira fase que costuma ser designada como a fase da limitação da responsabilidade.

Nos ordenamentos jurídicos contemporâneos, a consequência fundamental do não cumprimento imputável ao devedor é a obrigação de indemnizar os prejuízos causados ao credor[52]. E, «quem estiver obrigado a reparar um dano deve reconstituir a situação que existiria, se não se tivesse verificado o evento que obriga à reparação»[53].

Sucede que, desde há muito tempo[54], costuma ser reconhecida ao transportador de mercadorias a possibilidade de limitar o montante da indemnização destinada a ressarcir o lesado pelos danos sofridos. Este desvio ao regime regra da responsabilidade surgiu no transporte marítimo, alargando-se depois às demais modalidades de transporte. Pode afirmar-se que a limitação da responsabilidade do transportador de mercadorias está sedimentada e (embora seja um desvio ao regime regra da responsabilidade civil) neste setor da atividade económica é a regra. A limitação da responsabilidade do transportador – que não se manifesta apenas na limitação do *quantum* indemnizatório, antes se desdobra em várias outras vertentes – constitui uma «característica natural do universo do Direito dos Transportes»[55].

---

[52] Cfr., por exemplo, ANTUNES VARELA, *Das obrigações em geral, volume I*, pp. 833 e segs. e *Das obrigações em geral, volume II*, cit., pp. 88 e segs.; DIEZ-PICAZO, Luis, *Fundamentos del derecho civil patrimonial, Volumen II, Las relaciones obligatorias*, cit., pp. 682 e segs..

A propósito da responsabilidade do transportador, cfr. GARCÍA-PITA Y LASTRES, José Luis, *Fletamento, Transporte Marítimo y Responsabilidad Contractual*, in *III Jornadas de Lisboa de Direito Marítimo. Das Regras da Haia às Regras de Roterdão. As perspectivas para o transporte marítimo e para o transporte multimodal no século XXI*, Almedina, Coimbra, 2013, pp. 415 e segs..

[53] Art. 562.º do Código Civil português.

[54] Cfr. ESCUÍN IBÁÑEZ, *La limitación de la deuda indemnizatoria del porteador marítimo*, cit., pp. 6 e segs..

[55] Cfr. M. JANUÁRIO DA COSTA GOMES, *O regime europeu do transporte marítimo de passageiros. Entre o Regulamento "marítimo" da responsabilidade do transportador e o Regulamento "consumerista" dos direitos dos passageiros*, cit., 2015, p. 32.

Cfr., também, *inter alia*, e apenas na doutrina portuguesa, M. JANUÁRIO DA COSTA GOMES, *O Acórdão de 12.10.2017 ou o persistente alheamento do STJ relativamente ao regime específico da CMR*, in *Revista de Direito das Sociedades*, X (2018), n.º 3, p. 614; CAETANO, Sónia Isabel, *A responsabilidade do transportador nas Regras de Roterdão*, in GOMES, Manuel Januário da Costa (coord.), *Temas de Direito dos Transportes III*, Almedina,

Basta percorrer os vários textos normativos que regulam o contrato de transporte de mercadorias – sejam as diversas convenções internacionais relativas ao contrato de transporte de mercadorias[56], seja a legislação

Coimbra, 2015, p. 560; João Ricardo Branco, *A conduta antijurídica do transportador e a preclusão da limitação da responsabilidade*, cit., pp. 294-297, 303; Hugo Ramos Alves, *Da Limitação da Responsabilidade do Transportador na Convenção de Bruxelas de 1924*, cit., p. 116.

[56] Cfr., por exemplo, o art. 4.º, n.º 5 da Convenção de Bruxelas de 1924 (*Convenção Internacional para a Unificação de Certas Regras em Matéria de Conhecimentos de Carga*, assinada em Bruxelas, em 25 de agosto de 1924); o art. 6.º das Regras de Hamburgo (*Convenção das Nações Unidas sobre o transporte marítimo de mercadorias*, assinada em Hamburgo, a 31 de março de 1978); os arts. 59.º e 60.º das Regras de Roterdão (*Convenção das Nações Unidas sobre o contrato de transporte internacional de mercadorias total ou parcialmente por mar*, assinada em 23 de setembro de 2009, em Roterdão); os arts. 23.º, 25.º e 29.º da CMR (*Convenção Relativa ao Contrato de Transporte Internacional de Mercadorias por Estrada*, assinada em Genebra, em 19 de Maio de 1956); os arts. 40.º, 42.º, 43.º e 44.º das RU-CIM (*Regras Uniformes Relativas ao Contrato de Transporte Internacional Ferroviário de Mercadorias*, que constituem o apêndice B à *Convenção Relativa aos Transportes Internacionais Ferroviários* (COTIF), assinada em Berna, em 9 de Maio de 1980). Cfr., também, quanto ao transporte aéreo de mercadorias, os arts. 22.º, nºs 3 e 4, 25.º e 26.º da Convenção de Montreal (*Convenção para a Unificação de Certas Regras Relativas ao Transporte Aéreo Internacional*, assinada em Montreal, em 28 de Maio de 1999).

No que respeita ao transporte de pessoas – *maxime* no transporte aéreo –, a limitação de responsabilidade tem suscitado intensa discussão. Cfr., *inter alia*, Lourenço, Nuno Calaim, *A limitação da responsabilidade do transportador aéreo internacional no transporte de pessoas – De Varsóvia a Montreal*, in Gomes, Manuel Januário da Costa (coord.), *Temas de Direito dos Transportes I*, Almedina, Coimbra, 2010, pp. 385-534. Relativamente ao transporte terrestre de pessoas, cfr., *inter alia*, Álvarez-Manzaneda, Carmen Rojo, *La responsabilidad civil por servicios de trasporte terrestre que afectan a la seguridad de las personas*, in *RDM*, 2006, n.º 259, pp. 55 e segs..

É de sublinhar que, nomeadamente, quanto ao transporte de pessoas, a proteção do consumidor tem vindo a ganhar terreno sobre as soluções tradicionais do Direito dos Transportes. Neste sentido, cfr. M. Januário da Costa Gomes, *Sobre o sistema próprio de responsabilidade do transportador de mercadorias*, cit., pp. 484-485; Ibidem, *O regime europeu do transporte marítimo de passageiros. Entre o Regulamento "marítimo" da responsabilidade do transportador e o Regulamento "consumerista" dos direitos dos passageiros*, in Gomes, Manuel Januário da Costa (coord.), *Temas de Direito dos Transportes III*, Almedina, Coimbra, 2015, pp. 7-61; Pulido Benignes, Juan L., *Cruise ship contracts: transport or package tour?*, in GOMES, Manuel Januário da Costa (coord.), *Temas de Direito dos Transportes III*, Almedina, Coimbra, 2015, pp. 63-83; Zuribi de Salinas, Mercedes, *La protección del consumidor en la Ley de Navegación Marítima: los contratos de passaje, crucero y arrendamiento náutico*, in *El Derecho Marítimo de los Nuevos Tempos*, coordenação de J. L. García-Pita y Lastres, María Rocío Quitáns Eiras e Angélica Díaz de la Rosa, Civitas, Cizur Menor, 2018, pp. 789-818.

nacional[57] – para constatar, de imediato, que a limitação da responsabilidade civil do transportador está presente nas várias modalidades de transporte (incluindo no transporte multimodal), bem como o relevo concedido a esta temática.

A possibilidade de limitação da responsabilidade do transportador vem compensar (suavizar) o regime de responsabilidade mais rigoroso que incide sobre o transportador, visando garantir condições de viabilidade económica ao transportador, não desencorajar a actividade transportadora e ponderar os riscos naturais e as dificuldades técnicas a que (ainda hoje) a realização material da operação de transporte está sujeita.

Os preceitos que regulam a limitação da responsabilidade do transportador não podem ser valorados de forma isolada face aos demais preceitos que regem a responsabilidade do transportador, pois a limitação da responsabilidade é parte integrante do sistema de responsabilidade do transportador, sistema que procura equilibrar os riscos, os interesses, as posições dos diversos intervenientes no contrato de transporte.

Quanto ao transporte de bagagens – matéria que costuma ser tratada no âmbito do contrato de transporte de pessoas (o que bem se compreende, pois a bagagem acompanha o passageiro) -, a responsabilidade pela sua perda ou avaria, bem como pelo atraso na entrega, costuma estar sujeita a limitações. Cfr., no âmbito do transporte aéreo (modo de transporte onde mais questões se têm suscitado sobre este assunto), *inter alia*, Hernández Rodríguez, Aurora, *La responsabilidad por incidências en el equipaje en el trasporte aéreo internacional*, in *RDM*, 2006, n.º 262, pp. 1509 e segs.; Pereira, Lidiane, *Da responsabilidade civil do transportador aéreo por extravio de bagagem*, in *Estudos de Direito Aéreo*, coordenação de Jorge Bacelar Gouveia, Almedina, Coimbra, 2007, pp. 427 e segs.. Sobre a responsabilidade civil do transportador aéreo, cfr., *inter alia*, Trigo, Maria da Graça, *Responsabilidade civil do transportador aéreo*, in *Direito e Justiça*, Lisboa, Volume XII, tomo 2, 1998, pp. 71 e segs.; *Responsabilidade civil do comitente (ou responsabilidade por facto de terceiro)*, in *Comemoração dos 35 anos do Código Civil e dos 25 anos da Reforma de 1977, Volume III – Direito das Obrigações*, Coimbra Editora, Coimbra, 2007, pp. 153 e segs.; *Responsabilidade civil do transportador aéreo: a Convenção de Montreal constitui um marco histórico*, in *Estudos em Homenagem ao Prof. Doutor Inocêncio Galvão Telles*, Volume IV, Almedina, Coimbra, 2003, pp. 817 e segs..

[57] Cfr., por exemplo, em Portugal, os arts. 383.º e 393.º do CCom, normas que ainda estão em vigor quanto ao transporte ferroviário; o art. 1.º, § 1 do Decreto-Lei n.º 37.748, de 01 de fevereiro de 1950 (que introduz em direito interno português os preceitos da Convenção de Bruxelas de 1924) e os arts. 24.º e 31.º do Decreto-Lei n.º 352/86, de 21 de outubro (que regula o contrato de transporte de mercadorias por mar); os arts. 5.º e 6.º do Decreto-Lei n.º 321/89, de 25 de setembro (com a redacção introduzida pelo Decreto-Lei n.º 279/95, de 26 de outubro; diploma que estabelece o regime jurídico da responsabilidade do transportador, do proprietário e do explorador de aeronaves); o art. 20.º da LTR, que tem como epígrafe "limitação da responsabilidade".

O regime de limitação da responsabilidade vertido na CMR – que nos seus traços gerais acompanha o regime de limitação da responsabilidade consagrado nas restantes convenções sobre o contrato de transporte internacional de mercadorias – desvia-se do regime regra da responsabilidade contratual em vários aspetos.

Desde logo, aplicando-se a CMR, o leque de danos indemnizáveis é muito restrito, pois apenas são indemnizáveis os danos materiais diretos causados nas mercadorias transportadas[58]. Excluem-se os danos indiretos ou consequenciais[59], designadamente o chamado *lucro cessante*, bem como os danos causados noutros bens do expedidor ou do destinatário que não sejam as mercadorias transportadas[60].

Depois, na CMR a regra é a indemnização em dinheiro[61], não sendo admitida a reconstituição natural (ao invés, o regime regra na responsabilidade contratual é a reconstituição *in natura*[62]).

---

[58] Art. 23.º, n.º 1.

[59] Em termos gerais, sobre os *danos económicos puros*, cfr., entre muitos outros, Silva, Marta Lívia dos Santos, *A ressarcibilidade dos danos económicos puros no âmbito da responsabilidade civil extracontratual do código civil português*, in *Revista Júridica da FADIP: Verba Volant, Scripta Manent*, vol. 4, n.º 1, 2008; *The compensation of pure economic loss in tort law in portuguese legal scholarship*, in Internationale Juristenvereinigung Osnabrück, 16, 52-62, 2009; Portuguese casenote, in European Review of Private Law, vol. 14, n.º 5/6. Utrecht: Kluwer Law International, 2006; Frada, Manuel Carneiro da / Vasconcelos, Maria João Pestana de, *Danos Económicos Puros – Ilustração de uma problemática*, in Estudos em homenagem ao Professor Doutor Marcello Caetano no centenário do seu nascimento, coordenação de Jorge Miranda, Coimbra Editora, Coimbra, 2006, pp. 151-176; Gómez Pomar, Fernando, *Las fronteras del daño indemnizable, Recensión a Pure Economic Loss, de Willem van Boom, Helmut Koziol y Christian Witting (editores)*, Springer, Wien-New York, 2004, in InDret 3/2004, disponível em http://www.indret.com/pdf/236_es.pdf; Palmer, Vernon Valentine / Bussani, Mauro, *Pure Economic Loss: The Ways to Recovery*, in *Electronic Journal of Comparative Law*, vol. 11.3 (December 2007), disponível em http://www.ejcl.org/113/article113-9.pdf. Para mais desenvolvimentos, cfr. a doutrina citada nos trabalhos acabados de referir.

[60] Em algumas circunstâncias, estes danos poderão ser ressarcidos por força do direito nacional que seja aplicável.

[61] Assim resulta dos artigos 23.º, n.º 1 e 25.º, n.º 1 da Convenção onde se prevê que a indemnização consistirá no valor da mercadoria perdida ou avaria, valor esse que é expresso em dinheiro.

[62] Nas palavras do art. 566.º, n.º 1 do Código Civil português, «a indemnização é fixada em dinheiro, sempre que a reconstituição natural não seja possível, não repare integralmente os danos ou seja excessivamente onerosa para o devedor».

Além disso, a indemnização é calculada tendo em conta o valor da mercadoria na origem («no lugar e época em que for aceite para transporte»[63]), não no destino. Trata-se, também, de uma limitação, pois ao calcular a indemnização com base no valor da mercadoria na origem, não é tido em consideração o valor que o transporte acrescenta à mercadoria, nem a circunstância de, normalmente, a mercadoria, no destino, ter um valor superior ao valor na origem.

Finalmente, encontramos a mais conhecida vertente em que se desdobra a limitação de responsabilidade do transportador: a limitação do montante da indemnização. Segundo o art. 23.º, n.º 3 da Convenção, o valor que pode ser exigido do transportador está sujeito a um teto: «a indemnização não poderá, porém, ultrapassar 8,33 unidades de conta por quilograma de peso bruto em falta». Mediante o estabelecimento deste limite, as partes quando contratam o transporte podem calcular o valor máximo da indemnização que poderá ser exigida do transportador, em caso de incumprimento do contrato de transporte[64].

A limitação de responsabilidade do transportador rodoviário de mercadorias, designadamente na sua vertente de limitação do quantitativo indemnizatório, é parte de um todo, integra-se no sistema de responsabilidade do transportador estabelecido na CMR e emerge do próprio texto da Convenção. Entendemos, por isso, que para ser aplicada tal limitação, não é necessária qualquer manifestação de vontade do transportador nesse sentido, pois é o próprio normativo da Convenção que a impõe (*maxime*, art. 23.º, n.º 3 e art. 25.º, n.º 5). Além disso, é irrelevante a circunstância de o interessado na carga desconhecer a existência dessa limitação legal, bem como que tenha ou não sido informado da possibilidade de a afastar[65] [66].

---

[63] Art. 23.º, n.º 1.

[64] Embora este limite seja aplicável, também, para a responsabilidade extracontratual, nos termos do art. 28.º da CMR. Cfr., *inter alia*, Januário da Costa Gomes, *Sobre o sistema próprio de responsabilidade do transportador de mercadorias*, cit., p. 510; e Martín Castro, *El régimen de la responsabilidad del porteador en el transporte internacional rodado (CMR)*, cit., p. 544.

[65] Neste sentido, de forma expressa, cfr. Martínez Sanz, *La responsabilidad del porteador en el transporte internacional de mercancías por carretera (CMR)*, cit., p. 324.

Relembre-se que – nas palavras do art. 6.º do Código Civil português – «a ignorância ou má interpretação da lei não justifica a falta do seu cumprimento nem isenta as pessoas das sanções nela estabelecidas».

[66] No âmbito da CMR, não é aceitável a doutrina jurisprudencial da *fair opportunity*, desenvolvida no seio da jurisprudência norte-americana quanto ao transporte marítimo,

A jurisprudência portuguesa teve já ocasião de afirmar que a aplicação do art. 23.º, n.º 3 da CMR – ou seja, a aplicação do limite do montante da indemnização que pode ser exigido do transportador –, porque se trata de «um normativo definidor do direito de indemnização», é de conhecimento oficioso pelo Tribunal «independentemente da sua arguição pela parte beneficiária, atento o princípio da oficiosidade que consta do art. 664.º do CPC»[67].

No *iter* que conduz à definição da responsabilidade civil do transportador rodoviário de mercadorias, após as fases da imputação provisória da responsabilidade ao transportador, da exclusão da responsabilidade e da limitação da responsabilidade, poderá ocorrer uma quarta fase, a fase da preclusão da limitação da responsabilidade.

Trata-se de uma fase estreitamente ligada à fase anterior, de ocorrência eventual e que diz respeito ao afastamento da limitação da responsabilidade.

O afastamento da limitação da responsabilidade pode ocorrer *ex voluntate* ou *ex lege*. Por um lado, a CMR admite a possibilidade de ocorrer um afastamento convencional do limite do montante indemnizatório (arts. 24.º e 26.º); por outro lado, a Convenção determina que a limitação de responsabilidade do transportador seja afastada «se o dano provier de dolo seu ou

---

segundo a qual a limitação da responsabilidade só pode ser invocada se a contra-parte do transportador foi informada da possibilidade de declarar o valor das mercadorias e se lhe for dada oportunidade para apresentar uma declaração de valor.

Na síntese de Sturley, "a carrier loses the benefit of the package limitation unless it has given the shipper a «fair opportunity» to declare a higher value for the cargo before shipment" (*apud* Kamdem, Innocent Fetze, *La responsabilité du transporteur maritime de marchandises au niveau international*, Université Laval, 1999, pp. 16-17). Sobre este tema, cfr. Kamdem, *op. cit.*, pp. 16-17 e p. 90, n. 372; Chapman Iv / Voyles, *est. cit.*, pp. 37-39 (quanto à aplicação desta orientação jurisprudencial no âmbito do COGSA), bem como a jurisprudência aí citada.

[67] Acórdão do Tribunal da Relação de Lisboa de 16/05/2006 (processo n.º 3529/2006-7). No mesmo sentido, pronunciou-se o Acórdão do Tribunal da Relação de Lisboa de 24/06/2010 (processo n.º 7298/05.6TCLRS.L1-2), invocando em seu apoio o Acórdão anteriormente citado; e o Acórdão do Tribunal da Relação de Coimbra de 15/11/2011 (processo n.º 3303/05.4TBVIS.C2), invocando em seu apoio o Acórdão do Tribunal da Relação de Lisboa de 24/06/2010.

O mencionado art. 664.º do CPC corresponde ao atual art. 5.º, n.º 3 do *novo* Código de Processo Civil português, onde se estabelece: «o juiz não está sujeito às alegações das partes no tocante à indagação, interpretação e aplicação das regras de direito».

Mas a jurisprudência não é unânime. Em sentido contrário ao que defendemos no texto, cfr. Acórdão do Tribunal da Relação de Coimbra de 04/04/2006 (processo n.º 4296/05); Acórdão do Supremo Tribunal de Justiça de 18/12/2008 (processo n.º 08B3828), que confirma o Acórdão do Tribunal da Relação de Lisboa de 05/06/2008 (processo n.º 3255/2008-6).

de falta que lhe seja imputável e que segundo a lei da jurisdição que julgar o caso, seja considerada equivalente ao dolo» (art. 29.º).

A CMR admite – *expressis verbis*[68]-[69] – que as partes se afastem do regime nela estabelecido quanto à limitação da responsabilidade do transportador e convencionem uma *declaração de valor* da mercadoria transportada ou uma *declaração de interesse especial na entrega* da mercadoria transportada. Porém, em coerência com o propósito da Convenção em assegurar um equilíbrio entre os interesses conflituantes de carregadores/interessados na carga e de transportadores, garantindo àqueles um padrão mínimo de proteção quanto aos tetos indemnizatórios que limitam a responsabilidade dos transportadores, a *declaração de valor* ou a *declaração de interesse especial na entrega* não poderão colocar os carregadores/interessados na carga em situação pior do que aquela que resulta do regime legal[70]. O regime da limitação da responsabilidade do transportador previsto na CMR tem de ser respeitado pelas partes (constitui um mínimo imperativo), mas a CMR não veda a possibilidade de as partes acordarem valores ou tetos indemnizatórios mais elevados, e, por isso, mais favoráveis para o carregador do que os resultantes do regime legal (ou seja, valores e tetos indemnizatórios que não colidam com o regime mínimo imperativo consagrado pela Convenção)[71].

---

[68] Cfr. art. 23.º, n.º 6, art. 24.º e art. 26.º.

Como a CMR consagra um regime imperativo (cfr. art. 41.º), importa ter presente que estas modificações por acordo das partes só são admitadas nos casos expressamente previstos pela própria Convenção.

[69] Trata-se de uma situação semelhante ao que sucede noutras convenções sobre o contrato de transporte internacional.

Por exemplo, quanto ao transporte marítimo, cfr. o art. 4.º, n.º 5, parágrafos primeiro e terceiro, da Convenção de Bruxelas na sua redacção original, e o art. 4.º, n.º 5, alíneas *a)* e *g)*, da Convenção de Bruxelas na redação introduzida pelo Protocolo de 1968; o art. 6.º, n.º 4 das Regras de Hamburgo e o art. 59.º, n.º 1, *in fine*, das Regras de Roterdão.

[70] Não é demais sublinhar que a CMR – bem como as demais convenções de direito internacional sobre o contrato de transporte de mercadorias – visa estabelecer um regime, na medida do possível, imune às assimetrias que possam existir entre carregadores e transportadores, reagindo contra a proliferação de cláusulas de exoneração e de limitação da responsabilidade dos transportadores (*i. e.*, protegendo os carregadores) e procurando alcançar um equilíbrio entre os interesses e a posição jurídica de carregadores e transportadores.

[71] A este propósito, pela sua clareza, *vide* o art. 23.º, n.º 2 das Regras de Hamburgo, onde se estabelece: «[...] le transporteur peut assumer une responsabilité et des obligations plus lourdes que celles qui sont prevues par la présent Convention».

Esta ressalva não é mencionada, de forma expressa, no art. 41.º da CMR, mas resulta, implicitamente, do disposto nos arts. 24.º e 26.º.

Nos termos do art. 24.º, tendo sido acordada uma *declaração de valor* (tendo como contrapartida um suplemento do preço do transporte), o valor declarado substitui o limite estabelecido no art. 23.º, n.º 3. Além disso, o art. 26.º prevê que, se as partes convencionarem uma *declaração de interesse especial na entrega* (também mediante um suplemento do preço do transporte), pode ser exigida ao transportador, para além da indemnização calculada nos termos dos arts. 23.º, 24.º e 25.º, «uma indemnização igual ao dano suplementar de que seja apresentada prova» «até ao valor do interesse declarado».

As modificações convencionais ao regime de quantificação da indemnização e de limitação do montante da indemnização estão em consonância com a ideia de previsibilidade que subjaz ao regime de limitação da responsabilidade do transportador consagrado na CMR[72].

Sobre a utilização prática da *declaração de valor* e da *declaração de interesse especial na entrega* (*maxime* quanto à *declaração de valor*), a doutrina vem afirmando que a limitação convencional tem escassa utilização prática, pois ao implicar – necessariamente – o agravamento da responsabilidade do transportador (tendo por referência o regime legalmente estabelecido), em contrapartida, o preço do transporte também será mais elevado[73].

---

[72] Cfr. GEI, Federica, *Linee evolutive uniformi della disciplina del vettore stradale*, in *Trasporti – diritto, economia, politica*, 2002, n.º 86, p. 289.

[73] «[...] Secondo parametri abitualmente assai elevati», cfr. CARBONE, *Contratto di trasporto marittimo di cose*, cit., p. 288 e jurisprudência aí citada.

Também se pode questionar se o carregador dispõe de uma efetiva possibilidade de realizar uma declaração de valor, pois o transportador poderá não estar interessado em vincular-se nesses termos. A este propósito, cfr. RIGUZZI, Maurizio, *Brevi note sulla legittimità Costituzionale del limite del debito del vettore stradale di cose*, in *Dir. trasp.*, 1993, pp. 378 e ss..

Como o valor das mercadorias transportadas por estrada é, normalmente, superior ao montante que resulta da aplicação da fórmula estabelecida no art. 23.º, n.º 3, compreende-se que a estipulação de uma cláusula nos termos do art. 24.º ou do art. 26.º teria interesse para o carregador. Já no âmbito do transporte marítimo, a utilidade da *declaração de valor* será menor, atendendo ao valor relativamente mais reduzido das mercadorias transportadas. De acordo com a UNCITRAL, «even under the liability limits set out in the Hague-Visby Rules, about 90 per cent of cargo loss was fully compensated, since the value of most cargo carried by sea was lower than the Hague-Visby limits» (*Report of Working Group III (Transport Law) on the work of its twenty-first session (Vienna, 14-25 January 2008)*, A/CN.9/645, p. 39). Em sentido diferente, afirma CARBONE: «il sistema di diritto uniforme relativo al trasporto marittimo contiene, quindi, una disciplina della limitazione della responsabilità del vettore che, di fatto, rappresenta anche il più rapido ed il più usato criterio di liquidazione dei danni provocati alla merce essendo, nella maggior parte dei casi,

Em vez de utilizarem estas figuras, os carregadores e destinatários preferem acautelar os seus interesses através da celebração de contratos de seguro que lhes permitam receber das companhias de seguros as quantias acordadas, mesmo quando ocorra uma causa de exoneração da responsabilidade do transportador[74].

A diminuta utilização prática da *declaração de valor* e da *declaração de interesse especial na entrega* é revelada pela escassez da jurisprudência proferida sobre as mesmas. Aliás, no que diz respeito ao transporte rodoviário, não encontrámos qualquer decisão dos tribunais portugueses incidindo sobre esta matéria.

Para além dos referidos mecanismos convencionais, a CMR – à semelhança de outras Convenções sobre o contrato de transporte[75] – prevê que a limitação de responsabilidade do transportador será afastada «se o dano provier de dolo seu ou de falta que lhe seja imputável e que, segundo a lei da jurisdição que julgar o caso, seja considerada equivalente ao dolo» (art. 29.º).

Neste âmbito, trata-se de afastar a aplicação dos mecanismos de limitação de responsabilidade (*lato sensu*) de que beneficiava o transportador, por este ter adotado um comportamento que o tornou desmerecedor dessa vantagem. Em certo sentido, estamos perante uma sanção que incide sobre o transportador que rompeu o equilíbrio do regime de responsabilidade consagrado na CMR. Tal sanção constitui uma via para reestabelecer o equilíbrio, mediante o afastamento das disposições que excluem ou limitam a responsabilidade ou que transferem o ónus da prova.

---

il danno effective superiore a tale limite» (*Contratto di trasporto marittimo di cose*, cit., pp. 327). Do outro lado do Atlântico, sublinha Kamdem que «il est facile de constater que les montants qui matérialisent les seuils de la responsabilité du transporteur ne reflètent que sporadiquement, sinon rarement, la valeur économique des merchandises transportées par mer» (Kamdem, *La responsabilité du transporteur maritime de marchandises au niveau international*, cit., p. 74).

[74] Cfr. Martínez Sanz, *La responsabilidad del porteador en el transporte internacional de mercancías por carretera (CMR)*, cit., pp. 480-481; e Carbone, *Contratto di trasporto marittimo di cose, cit.*, pp. 288-289.

[75] «A previsão da perda do direito à limitação de responsabilidade acompanha, estreita e naturalmente, as próprias previsões de limitação. Isto é assim, não apenas nas diversas convenções internacionais sobre limitação de responsabilidade do proprietário do navio, mas também nas convenções relativas ao transporte, quer de passageiros, quer de mercadorias» (Januário da Costa Gomes, *Limitação de responsabilidade por créditos marítimos*, cit., pp. 253-254).

2.3. O escopo do art. 29.º da CMR

De acordo com o regime de responsabilidade do transportador consagrado na CMR, este beneficia de determinadas causas de exclusão da responsabilidade (art. 17.º, n.ºs 2 e 4), de mecanismos de limitação da responsabilidade (nomeadamente, arts. 23.º e 25.º) e de certos preceitos relativos à distribuição do ónus da prova (art. 18.º, n.º 2).

Acontece que o acervo de disposições onde se encontra vertida essa parte do regime de responsabilidade favorável – *hoc sensu* – ao transportador[76] pode e deve ser afastado na sequência de uma conduta gravemente censurável do transportador[77], nomeadamente, quando este atue de forma dolosa[78].

---

[76] Bem como os limites indemnizatórios convencionados entre as partes, nos termos dos arts. 24.º e 26.º.

[77] Por facilidade de exposição, vamos referir apenas o comportamento subjetivo do transportador. No entanto, o que será dito sobre a conduta do transportador também é aplicável à atuação dos auxiliares do transportador, pois a atuação dolosa ou com *culpa equivalente ao dolo* seja do transportador, seja dos seus auxiliares, provoca a mesma repercussão sobre a responsabilidade do transportador: afasta a aplicação das disposições vertidas no Capítulo IV da CMR (capítulo dedicado à responsabilidade do transportador) que excluam ou limitem a responsabilidade do transportador. Assim resulta, de forma expressa do art. 29.º, n.º 2 da CMR, em consonância com o já estabelecido no art. 3.º da Convenção.

Impõe-se sublinhar que, de um ponto de vista prático, na maior parte dos casos em que é suscitada a aplicação do art. 29.º da CMR está em causa a atuação dos auxiliares do transportador (*maxime*, do condutor do veículo onde são transportadas as mercadorias).

[78] Não se trata de analisar a culpa como critério de imputação da responsabilidade, mas de apurar a influência da culpa *que revista certa gravidade* sobre o afastamento da limitação da responsabilidade do transportador (cfr., por exemplo, João Ricardo Branco, *A conduta antijurídica do transportador e a preclusão da limitação da responsabilidade*, cit., pp. 350-351; e Escuín Ibáñez, *La limitación de la deuda indemnizatoria del porteador marítimo*, cit., p. 84).

Dir-se-ia, tendo presente o título das duas partes em que Seriaux dividiu o seu clássico trabalho sobre a culpa do transportador, que não vamos refletir sobre «faute et attribution de la responsabilité au transporteur», mas sim sobre «faute et aggravation de la responsabilité du transporteur» (*La faute du transporteur*, pp. 13 e segs e pp. 169 e segs.).

No entanto, como destaca M. Januário da Costa Gomes, Seriaux inverte, de algum modo, os termos da questão, pois «a conduta antijurídica do transportador – a *faute inexcusable* de que fala a doutrina francesa – não determina, assim, em rigor, um agravamento da responsabilidade, como sustenta Alain Sériaux, mas, antes, um não benefício da limitação ou perda do direito à limitação» (*Sobre o sistema próprio de responsabilidade do transportador de mercadorias*, cit., p. 505; e, do mesmo autor, *O Acórdão de 12.10.2017 ou o persistente alheamento do STJ relativamente ao regime específico da CMR*, cit., p. 617).

Em termos gerais, a questão acabada de enunciar recebe na CMR a mesma resposta que lhe é dada na maioria das convenções[79] e dos normativos de Direito nacional[80] que regulam o contrato de transporte[81]. A saber:

---

[79] Cfr., por exemplo, cingindo-nos apenas ao transporte de mercadorias, o art. 4.º, n.º 5, alínea *e)* da Convenção de Bruxelas de 1924 (*Convenção internacional para a unificação de certas regras em matéria de conhecimentos de carga*, assinada em Bruxelas, em 25 de Agosto de 1924), na redação introduzida pelo Protocolo de 1968; o art. 8.º das Regras de Hamburgo (*Convenção das Nações Unidas sobre o transporte marítimo de mercadorias*, assinada em Hamburgo, a 31 de março de 1978); o art. 61.º das Regras de Roterdão (*Convenção das Nações Unidas sobre o contrato de transporte internacional de mercadorias total ou parcialmente por mar*, assinada em 23 de setembro de 2009, em Roterdão); o art. 36.º das RU-CIM (*Regras uniformes relativas ao contrato de transporte internacional ferroviário de mercadorias* (CIM), que constituem o apêndice B à *Convenção relativa aos transportes internacionais ferroviários*, convenção esta conhecida por COTIF); o art. 25.º da Convenção de Varsóvia (*Convenção para a unificação de certas regras relativas ao transporte aéreo internacional*, assinada em Varsóvia, em 12 de outubro de 1929), seja na redação originária, seja na redação introduzida pelo Protocolo de Haia de 1955; e o art. 21.º da Convenção de Genebra de 1980 (*Convenção das Nações Unidas sobre o transporte internacional multimodal de mercadorias*, assinada em Genebra, em 24 de maio de 1980).

Destaca-se, por ter consagrado solução diversa quanto ao transporte de mercadorias, a Convenção de Montreal de 1999 (*Convenção para a Unificação de Certas Regras Relativas ao Transporte Aéreo Internacional*, assinada em Montreal, em 28 de maio de 1999). Resulta dos arts. 22.º, n.º 5 e 30.º, n.º 3 que os limites de responsabilidade do transportador aéreo internacional de mercadorias são intransponíveis. Neste sentido, na jurisprudência portuguesa, Acórdão do Tribunal da Relação do Porto de 22/09/2014 (processo n.º 2265/12.6TBMAI.P1).

[80] Assim, por exemplo, em Portugal, quanto ao transporte rodoviário, cfr. o 21.º da LTR.

No que diz respeito ao transporte ferroviário, continua a ser-lhe aplicável o Código Comercial, onde não há norma equivalente ao art. 29.º da CMR.

O Decreto-Lei n.º 352/86 de 21 de outubro, que regula o contrato de transporte de mercadorias por mar não contém qualquer disposição sobre a responsabilidade do transportador em caso de dolo ou de culpa equivalente ao dolo.

Outrotanto sucede no Decreto-Lei n.º 321/89 de 25 de setembro, que regula a responsabilidade do transportador, do proprietário e do explorador de aeronaves.

Em Espanha, quanto ao transporte rodoviário e ferroviário, cfr. o art. 62 da Ley 15/209, de 11 de noviembre, del contrato de transporte terrestre de mercancias (LCTTM). Esta Lei está publicada no BOE, n.º 273, de 12 de novembro de 2011, pp. 94903-94930, disponível em http://www.boe.es/boe/dias/2009/11/12/pdfs/BOE-A-2009-18004.pdf.

No que diz respeito ao transporte aéreo, cfr. o art. 121 da Ley 48/1960, de 21 de julio, sobre navegación aérea, publicada no BOE, n.º 176, de 23/07/1960, pp. 10291 a 10299, disponível em http://www.boe.es/buscar/doc.php?id=BOE-A-1960-10905.

Veja-se, também, a recente Ley 14/2014, de 24 de julio, de navegación marítima, publicada no BOE, n.º 180, de 25/07/2014, pp. 59193 a 59311, disponível em https://www.boe.es/boe/dias/2014/07/25/pdfs/BOE-A-2014-7877.pdf. Mais concretamente, cfr. o art. 282, caso a conduta subjetiva do transportador atinja determinado grau de censurabilidade, abrangendo, pelo menos, o patamar de uma atuação dolosa, não são aplicáveis as disposições que excluem ou limitem a responsabilidade do transportador ou que invertem o ónus da prova[82]_[83].

---

n.º 4 e o art. 283, n.º 4 que se referem, respetivamente, à responsabilidade por perda ou dano e à responsabilidade por atraso.

A Ley 14/2014, de 24 de julio, de navegación marítima entrou em vigor no dia 25/09/2014. Entretanto, foi modificada pela Ley 9/2015, de 25 de mayo, de medidas urgentes en materia concursal, publicada no BOE, n.º 125, de 26/05/2015, pp. 43874 a 43909, disponível em http://www.boe.es/boe/dias/2015/05/26/pdfs/BOE-A-2015-5744.pdf. A Disposición Final Sexta da Ley 9/2015 aditou novos parágrafos ao n.º 3 do art. 69.º e modificou os arts. 109.º, 118.º e 128.º da Ley 14/2014, de 24 de julio, de navegación marítima.

[81] Dissemos «em termos gerais», porquanto a diferente verbalização utilizada nos vários textos normativos conduz a que, apesar do sentido da resposta ser o mesmo, o seu alcance nem sempre coincida.

[82] Neste sentido, «malgré la diversité des textes» das convenções internacionais relativas ao contrato de transporte, cfr. PUTZEYS, *Le contrat de transport routier de marchandises*, cit., p. 312. Na opinião de MARTÍNEZ SANZ, parece lógico que o sistema de limitação da responsabilidade do transportador (em sentido amplo) consagrado na CMR não seja aplicado «cegamente», ou seja, sem ter em conta as circunstâncias em que o dano é produzido (*op. ult. cit.*, p. 514).

[83] Pode afirmar-se que o Direito dos Transportes enquanto ramo de Direito dotado de um espaço de autonomia revela-se, de maneira particular, no sistema de limitação da responsabilidade do transportador. Cfr., *inter alia*, ZAMPONE, *La "wilful misconduct" del transportador y su incidencia en el régimen de responsabilidad*, cit., p. 149.

Sobre a especificidade e autonomia do Direito dos Transportes, na doutrina portuguesa, cfr. CORDEIRO, António Menezes, *Introdução ao direito dos transportes*, cit., pp. 8-9; JOÃO RICARDO BRANCO, *A conduta antijurídica do transportador e a preclusão da limitação da responsabilidade*, cit., pp. 306-307; e o recente estudo de M. JANUÁRIO DA COSTA GOMES, *Sobre o sistema próprio de responsabilidade do transportador de mercadorias*, cit., pp. 449 e segs..

Já anteriormente, na doutrina portuguesa, defendendo o «tratamento unitário inicial» do contrato de transporte, sublinhando a existência de núcleo comum caraterizador das diversas modalidades do contrato de transporte, «apesar das inúmeras variantes do contrato de transporte e da correlativa diversidade de regimes jurídicos aplicáveis», cfr. COSTEIRA DA ROCHA, *O contrato de transporte, Contributo para o estudo da posição jurídica do destinatário no contrato de transporte de mercadorias*, cit., p. 25-26.

E, dentro desta temática da limitação da responsabilidade do transportador, não pode ignorar-se que, quanto à matéria da perda do benefício da limitação da responsabilidade do transportador, ocorreu uma verdadeira osmose entre as fórmulas normativas consagradas para as várias modalidades do contrato de transporte, o que reforça a autonomia do Direito dos Transportes e impõe que no tratamento da matéria seja tomado em consideração o vertido sobre a mesma nos diversos textos normativos. Cfr., *inter alia*, ZAMPONE, *La "wilful misconduct" del transportador y su incidencia en el régimen de responsabilidad*, cit., p. 150.

No que diz respeito à CMR, a possibilidade de preclusão das normas de exclusão e limitação da responsabilidade do transportador está expressamente prevista no art. 29.º, onde se pode ler o seguinte[84]:

> *«1. O transportador não tem o direito de aproveitar-se das disposições do presente capítulo que excluem ou limitam a sua responsabilidade ou que transferem o encargo da prova se o dano provier de dolo seu ou de falta que lhe seja imputável e que segundo a lei da jurisdição que julgar o caso, seja considerada equivalente ao dolo.*
>
> ***2.** Sucede o mesmo se o dolo ou a falta for ato dos agentes do transportador ou de quaisquer outras pessoas a cujos serviços aquele recorre para a execução do transporte, quando esses agentes ou essas outras pessoas atuarem no exercício das suas funções. Neste caso, esses agentes ou essas outras pessoas também não têm o direito de aproveitar-se, quanto à sua responsabilidade pessoal, das disposições do presente capítulo indicadas no parágrafo 1».*

A doutrina tem afirmado repetidamente que o sistema de responsabilidade consagrado na CMR é equilibrado quando considerado no seu conjunto[85].

Justifica-se, por isso, a perspetiva adotada por João Ricardo Branco quanto ao tratamento unitário da matéria da conduta antijurídica do transportador e da preclusão da limitação da responsabilidade (cfr. *A conduta antijurídica do transportador e a preclusão da limitação da responsabilidade*, cit., pp. 306-309, onde o Autor apresenta as razões para esse tratamento unitário).

[84] Reproduzimos o texto da tradução *oficial* portuguesa que consta do anexo ao Decreto-Lei n.º 46235, publicado no Diário do Governo n.º 65, de 18 de março de 1965.

Na tradução *oficial* portuguesa do art. 29.º é utilizado o vocábulo «falta». Trata-se de uma tradução literal do termo «faute» da versão oficial francesa. Em França o termo «faute» aglutina a *culpa* e a *ilicitude* (cfr. Antunes Varela, *Das Obrigações em Geral*, I, cit., pp. 546-547). Sucede que o vocábulo «falta» não tem correspondência no direito civil português, não tem um significado técnico-jurídico. Além disso, o que está em causa no art. 29.º são *graus de culpa*. Pelo exposto, entendemos que seria preferível traduzir o termo «faute» («default» na versão oficial inglesa) por «culpa».

Refira-se que na tradução *oficial* portuguesa da Convenção de Varsóvia (Convenção para a unificação de certas regras relativas ao transporte aéreo internacional, assinada em Varsóvia em 12 de outubro de 1929), o termo «faute» do art. 25.º – que é semelhante ao art. 29.º da CMR – foi traduzido por «culpa» (cfr. Aviso publicado no Diário do Governo n.º 185, de 10 de agosto de 1948 onde se transcreve o texto oficial em francês da Convenção e a respectiva tradução *oficial* para a língua portuguesa).

[85] Cfr., *inter alia*, pela sua exemplar clareza TUMA, Otmar J., *The degree of default under article 29 CMR*, in *Uniform Law Review*, vol. XI, 2006-3, p. 591.

Neste contexto, o art. 29.º desempenha um papel de relevo, pois funciona como válvula de segurança do sistema[86], defendendo a posição do interessado na carga[87] ao reintroduzir o equilíbrio numa fase patológica do contrato de transporte que radica num particular incumprimento do transportador.

O regime regra vertido na CMR carateriza-se pela facilidade de imputação da responsabilidade ao transportador[88]. Ora, é certo que o acervo de disposições favoráveis a este – designadamente, a limitação da responsabilidade (*lato sensu*) – é aceite porquanto permite estabelecer algum equilíbrio no regime de *responsabilidade agravada* que incide sobre o transportador. Mas também é verdade que, perante uma conduta gravemente censurável do transportador, este não poderá beneficiar da parte do regime que lhe é favorável (pois ao agir desse modo quebra o equilíbrio do regime regra do sistema de responsabilidade do transportador, tornou-se desmerecedor do benefício da limitação da responsabilidade). Esta é a posição maioritariamente seguida na doutrina, mesmo quando os textos normativos não contêm qualquer referência expressa à possibilidade de preclusão das normas de exclusão e limitação da responsabilidade do transportador[89].

---

[86] Cfr. Arias Varona, Francisco Javier, *El comportamiento subjetivo del porteador como causa para la pérdida de los beneficios de responsabilidad*, in *RDT*, 2010, núm. 6, p. 284.

[87] Cfr. Putzeys, *Le contrat de transport routier de marchandises*, cit., p. 312.

[88] Cfr., por todos, Martínez Sanz, *La responsabilidad del porteador en el transporte internacional de mercancías por carretera (CMR)*, cit., p. 514.

[89] O texto originário da Convenção de Bruxelas de 1924 (*Convenção internacional para a unificação de certas regras em matéria de conhecimentos de carga*, assinada em Bruxelas, em 25 de agosto de 1924) costuma ser apresentado como exemplo paradigmático de um diploma normativo que não trata expressamente esta questão.

Face ao texto originário dessa Convenção, a orientação dominante da doutrina era – e continua a ser – no sentido de que a limitação da responsabilidade do transportador teria de ser afastada, pelo menos, em caso de dolo do transportador.

Neste sentido, cfr., *inter alia*, Ripert, *Droit Maritime*, II, Rousseau, 4 ed., Paris, 1952, p. 713; Fraikin, *Traité de la Responsabilité du Transporteur Maritime*, L.G.D.J., Paris, 1957, p. 311; Rodière, René, *Traité Générale de Droit Maritime, Affrètements et transports, vol. II, Les contrats de transport de marchandises,* Dalloz, Paris, 1968, p. 422; Carbone, *Contratto di trasporto marittimo di cose*, cit., pp. 327 e ss.; bem como a jurisprudência aí citada. Na doutrina espanhola, cfr., por todos, Sánchez Calero, Fernando, *El contrato de transporte marítimo de mercancías (Reglas de La Haya-Visby)*, cit., pp. 430 e segs. e Górriz Lopez, *La responsabilidad en el contrato de transporte de mercancías*, cit., pp. 777 e segs.. Na doutrina portuguesa, cfr. Mário Raposo, *Perda do direito à limitação legal da responsabilidade do transportador marítimo de mercadorias*, cit., pp. 10-13; Castello-Branco Bastos, *Da Disciplina do Contrato de Transporte Internacional de Mercadorias por Mar*,

Seria absurdo, no sentido em que seria contrário à boa fé e à ordem pública, admitir que, quem não cumpre um contrato intencionalmente ou de

---

cit., p. 366 e ss.; *Direito dos Transportes*, cit., pp. 269-270; COSTEIRA DA ROCHA, *Limitação da responsabilidade do transportador marítimo de mercadorias*, cit., pp. 286-287; HUGO RAMOS ALVES, *Da Limitação da Responsabilidade do Transportador na Convenção de Bruxelas de 1924*, cit., pp. 124 e segs.; JOÃO RICARDO BRANCO, *A conduta antijurídica do transportador e a preclusão da limitação da responsabilidade*, cit., pp. 316-319.

De entre as alterações trazidas pelo Protocolo de 1968 ao art. 4.º, n.º 5 da Convenção de Bruxelas de 1924 (Portugal não ratificou, nem aderiu ao Protocolo de 1968) conta-se a introdução de uma alínea – a alínea *e)* –, prevendo expressamente a perda do benefício da limitação da responsabilidade do transportador.

Estabelece esta alínea o seguinte: «nem o transportador nem o navio terão direito a beneficiar (dessa) limitação de responsabilidade se for provado que o dano resulta de um ato ou de uma omissão do transportador que ocorrer, quer com a intenção de provocar um dano, quer temerariamente e com a consciência que um dano provavelmente resultaria desse ato ou omissão» (esta tradução é a proposta por MÁRIO RAPOSO no seu estudo *Perda do direito à limitação legal da responsabilidade do transportador marítimo de mercadorias*, cit., p. 8).

Cumpre destacar que a transcrita alínea *e)* veio clarificar – sem margem para dúvidas – que a expressão «em caso algum» (que está presente no texto original da CB – art. 4.º, n.º 5 – e que ainda se mantém no texto da CB – agora no art. 4.º, n.º 5, alínea *a)* –, mesmo após as alterações introduzidas pelo Protocolo de 1968 e pelo Protocolo de 1979) não significa que a limitação da responsabilidade do transportador opere sempre, em qualquer caso, designadamente quando o dano se fique a dever a uma conduta dolosa do transportador. Nesta parte, o Protocolo de 1968 não *inovou*, apenas *completou interpretativamente* a redação originária da Convenção, pelo que deverá ser tomado em consideração ao interpretar a redação originária da CB (cfr. MÁRIO RAPOSO, *est. ult. cit.*, pp. 8 e segs., *máxime* p. 11; CASTELLO-BRANCO BASTOS, *Direito dos Transportes*, cit., pp. 269-270). Neste âmbito, adverte M. JANUÁRIO DA COSTA GOMES que a clarificação trazida pela alínea *e)* do n.º 5 do art. 4.º da CB não permite resolver a questão de saber «quais são as situações em que a perda do direito à limitação pode ser invocada, seguro que é, por um lado, que a alíena *e)* do número 5 do artigo 4.º das Regras da Haia-Visby não tem aplicação aos Estados, como Portugal, que se não vincularam ao Protocolo de Visby, e, por outro lado, que a perda do direito á limitação não pode deixar de ser admitida (*Sobre o sistema próprio de responsabilidade do transportador de mercadorias*, cit., pp. 490-491).

Refira-se que tanto a Convenção de Hamburgo (art. 8.º, n.º 1), como as Regras de Roterdão (art. 61.º) contêm disposições similares à mencionada alínea *e)*.

Na Convenção de Montreal de 1999, a perda do benefício da limitação da responsabilidade só é admitida para a situação de atraso no transporte de pessoas e quanto aos danos sofridos no âmbito do transporte de bagagens (arts. 22.º, n.º 5 e 30.º, n.º 3). Quanto ao transporte de mercadorias, com ressalva para a menção verbalizada na primeira parte do art. 30.º, n.º 3, nada é dito expressamente sobre a matéria. Todavia, esse silêncio (que contrasta com a redação do art. 24.º, n.º 2 da Convenção de Varsóvia, introduzida pelo IV Protocolo de Montreal de 1975, onde se pode ler que, no transporte de mercadorias, os limites de responsabilidade «constituent un maximum et sont infranchissables quelles

forma gravemente censurável, pudesse continuar a beneficiar da limitação da sua responsabilidade. Subjaz ao benefício da limitação da responsabilidade que o obrigado a indemnizar e beneficiário da limitação seja merecedor desse benefício – subjaz à ideia de equilíbrio. Se o transportador atuou com intenção de não cumprir, não faz sentido que esse comportamento seja irrelevante em matéria de responsabilidade por incumprimento – o dolo quebra o equilíbrio: *«fraus omnia corrumpit»*.

---

que soient les circonstances qui sont à l'origine de la responsabilité») não configura uma lacuna. Esse silêncio, conjugado com os termos em que é consagrada a perda do benefício da limitação da responsabilidade do transportador aéreo, corresponde a uma tomada de posição do legislador internacional no sentido de que o limite do *quantum* indemnizatório é intransponível quanto ao transporte aéreo de mercadorias. Esta opção tem sido criticada pela doutrina (cfr., por exemplo, Rosafio, Elisabetta G., *Il trasporto aereo di cose: riflessioni sul nuovo regime legale*, Giuffrè, Milano, 2007, pp. 151-160. Sobre a responsabilidade civil do transportador aéreo de mercadorias, cfr. a doutrina italiana citada na obra acabada de referir a p. 130, n. 138). Independentemente da análise crítica da solução adotada na Convenção de Montreal, importa ter presente que essa convenção constitui um marco na evolução do regime do transporte aéreo internacional (cfr., *inter alia*, na doutrina portuguesa, Almeida, Carlos Alberto Neves, *Da responsabilidade civil das companhias de aviação face ao novo Regulamento (CE) n.º 2027/97 do Conselho de 17.10*, in *ROA*, ano 58, 1998, III, pp. 1133-1176; do mesmo autor, *Do contrato de transporte aéreo e da responsabilidade civil do transportador aéreo*, Almedina, Coimbra, 2010; ainda do mesmo autor, *Linhas gerais da evolução do Direito Aéreo*, in Estudos de Direito Aéreo, Dário Moura Vicente (Coordenador), Coimbra Editora, Coimbra, 2012, pp. 11-93). Sendo certo que, atualmente, o regime de responsabilidade do transportador aéreo, na sequência – *maxime* – da Convenção de Montreal de 1999, se carateriza, entre o mais, pela objetivação da responsabilidade e pela elevação dos limites de responsabilidade (neste sentido, Neves Almeida, *Linhas gerais da evolução do Direito Aéreo*, cit., pp. 87-88 e, do mesmo Autor, *Do contrato de transporte aéreo e da responsabilidade civil do* transportador aéreo, cit., p. 665). Ora, a circunstância de a Convenção de Montreal ter consagrado inequivocamente, quanto ao transporte de mercadorias, um regime de responsabilidade objetiva, assume aqui particular relevo (Pinto, Michele M. Comenale, *La responsabilità del vettore aereo dalla Convenzione di Varsavia del 1929 alla Convenzione di Montreal del 1999*, in *Diritto@Storia*, n.º 2, Marzo, 2003, § 6.3).

Em síntese e invocando o impressivo (e de algum modo desconcertante) exemplo apresentado por Von Ziegler, a limitação da responsabilidade do transportador aéreo de mercadorias não é afastada «em caso algum», «mesmo que o presidente do conselho de administração da companhia de aviação roube o ouro que lhe foi entregue para transportar» («even if the CEO stole the gold cargo», cfr. Von Ziegler, Alexander, *Compensation for damage: The Rotterdam Rules appraised*, in *European Journal of Commercial Contract Law*, 2010, 1-2, p. 58).

Para além da sua importância teórico-dogmática, o art. 29.º da CMR tem, também, grande importância prática[90], pois podendo conduzir ao afastamento da limitação de responsabilidade do transportador, permitirá ao interessado na carga exigir do transportador o ressarcimento integral dos danos sofridos.

Compreende-se, por isso, que seja frequente o apelo ao art. 29.º. Situação estimulada por alguma jurisprudência que admite a aplicação do art. 29.º com grande amplitude (como tem sucedido com a recente jurisprudência portuguesa[91]), porventura sensível ao valor relativamente diminuto dos tetos indemnizatórios consagrados na CMR e à discrepância entre esses tetos indemnizatórios e o valor das mercadorias transportadas[92]; mas esquecendo que também o preço do transporte é relativamente diminuto face ao preço que seria cobrado caso os limites de responsabilidade fossem mais elevados e os prémios dos seguros que os trasportadores suportam também fossem mais elevados. E também se verifica, às vezes, que a jurisprudência ao invocar este preceito nem sempre tem em conta (ou não tem na devida conta) dois aspetos fulcrais. Por um lado, no momento de aplicação do art. 29.º da CMR já não está em causa a imputação da responsabilidade, mas o afastamento (do benefício – *hoc sensu*) da limitação da responsabilidade. Por outro lado, o afastamento da limitação da responsabilidade pressupõe

---

[90] Como afirmam Jean Lecaroz / Nicolas Michon, para os que lidam com a CMR, «é uma evidência que a matéria regulada pelo art. 29.º nada tem de abstrato» (*L'article 29 de la CMR en pratique*, in *Uniform Law Review*, Volume 21, Issue 4, 1 December 2016, p. 551.

[91] Cfr. os Acórdãos do Supremo Tribunal de Justiça de 14/06/2011 (processo n.º 437/05.9TBANG.C1.S1),de 05/06/2012 (processo n.º 3303/05.4TBVIS.C2.S1), de 15/05/2013 (processo n.º 9268/07.0TBMAI.P1.S1) e de 12-10-2017 (processo n.º 4858/12.2TBMAI.P1.S1); bem como os Acórdãos do Tribunal da Relação de Coimbra de 27/05/2014 (processo n.º 1168/13.1TBGRD.C1) e de 14/04/2015 (processo n.º 266/11.0TBLMG.C1); o Acórdão do Tribunal da Relação de Guimarães de 21/04/2016 (processo n.º 4057/13.4TBVCT); e os Acórdãos do Tribunal da Relação do Porto de 15/10/2012 (processo n.º 3471/07.0TJVNF.P1), de 26/06/2014 (processo n.º 5403/11.2TBMAI.P1), de 10/03/2015 (processo n.º 4562/13.4TBMAI.P1), de 11/10/2016 (processo n.º 4757/15.6T8VNG.P1) e de 07/12/2018 (processo n.º 4012/17.7T8MTS.P1 – embora se trate de um caso de transporte nacional, ao qual não é aplicável a CMR, mas sim a LTR). Salvo indicação em contrário, as decisões jurisprudênciais acabadas de referir, bem como todas as decisões a seguir citadas, proferidas por Tribunais portugueses, estão disponíveis em www.dgsi.pt.

[92] Cfr. Arias Varona, *El comportamiento subjetivo del porteador como causa para la pérdida de los beneficios de responsabilidad*, cit., pp. 289-290; Martínez Sanz, *La responsabilidad del porteador en el transporte internacional de mercancías por carretera (CMR)*, cit., p. 514.

um grau elevado de culpa (dolo ou *culpa equivalente ao dolo*). Assim, como adiante será explicado, entendemos que não é correta a afirmação segundo a qual *«uma "falta... que, segundo a lei da jurisdição que julgar o caso, seja considerada equivalente ao dolo", a que se reporta o artigo 29º, nº 1, da Convenção CMR, não pode deixar de ser, manifestamente, face à legislação nacional e ao disposto pelo artigo 483º, nº 1, do Código Civil, isto é, "aquele que, com dolo ou mera culpa...", enquanto elemento do nexo de imputação do facto ao agente, a negligência ou mera culpa que, conjuntamente com o dolo, faz parte da culpa «lato sensu»*. Sublinhe-se que esta é a afirmação fulcral do Acórdão do Supremo Tribunal de Justiça de 14/06/2011 (processo n.º 437/05.9TBANG.C1.S1) que marcou o recente *revirement* da jurisprudência portuguesa em matéria de aplicação do art. 29.º da CMR[93].

Importa referir, também, que da maior ou menor amplitude na aplicação do art. 29.º da CMR resultam consequências práticas gravosas para o transportador. Não se trata apenas do ressarcimento integral dos danos causados, mas também do aumento dos prémios dos seguros que terá de pagar. Nesta perspetiva, a doutrina tem sublinhado que o preceito em análise tem uma importância capital, não apenas sancionatória, mas também preventiva[94]. Por isso, o regime do art. 29.º da CMR constitui um estímulo para que o transportador atue de forma diligente no cumprimento das suas obrigações emergentes do contrato de transporte e que escolha criteriosamente os auxiliares aos quais recorre.

---

[93] Defende Arroyo Martínez (referindo-se ao Direito Marítimo, mas exprimindo ideias válidas no âmbito da CMR) que «la ley, aunque sea uniforme, no resuelve el problema de la justicia uniforme. Porque sostengo, coincidiendo com otros juristas, que el derecho no es lo que dice la ley, sino lo que escribe el juez en la sentencia»; «por tanto, el problema de la uniformidad no será nunca resuelto satisfactoriamente si no somos capazes de construir una jurisprudencia supranacional y uniforme» (*Por qué me he dedicado al Derecho Marítimo y su uniformidad*, cit., p. 33).

[94] Cfr. Martínez Sanz, *La responsabilidad del porteador en el transporte internacional de mercancías por carretera (CMR)*, cit., p. 514.

Sobre as finalidades da responsabilidade civil, cfr., na doutrina portuguesa recente, por exemplo, Barbosa, Ana Mafalda Castanheira Neves de Miranda, *Lições de Responsabilidade Civil*, Principia, Cascais, 2017, pp. 41 e segs..

3. Análise crítica do teor do art. 29.º da CMR

3.1. Considerações gerais

Sem pôr em causa a importância da finalidade visada pelo art. 29.º da CMR[95] – tanto do ponto de vista dogmático, como do ponto de vista prático –, a doutrina tem vindo a criticar a redação que foi dada a este preceito. Trata-se do «único erro sério»[96] da CMR e que ensombra a história de sucesso da Convenção[97].

Apesar de a CMR ter como modelo a CIM 1952, o art. 37.º da CIM 1952[98], relativo ao afastamento da limitação da responsabilidade «no caso de dolo ou de culpa grave», não foi transposto para a CMR. Nos trabalhos preparatórios desta Convenção, os representantes de alguns países chamaram a atenção para o facto de nos seus ordenamentos jurídicos serem desconhecidos vários graus de negligência, receando-se que a menção a *culpa grave* (*faute lourde*) pudesse dificultar a subscrição da CMR[99].

A fórmula vertida no art. 29.º da CMR inspirou-se no art. 25.º da Convenção de Varsóvia de 1929[100], na sua redação originária[101]. Todavia, essa fonte de inspiração era já um preceito obsoleto quando a CMR foi assinada

[95] Ou, dito de outro modo, apesar de destacar o relevo das finalidades que se pretendem atingir com o art. 29.º da CMR.

[96] Cfr. LOEWE, *La CMR a 40 ans*, in *ULR*, 1, 1996, p. 439.

[97] Nas palavras da doutrina, o art. 29.º constitui «a drop of bitterness [that] spoils the CMR "success story"» (TUMA, *The degree of default under article 29 CMR*, cit., p. 585); um «*testimonium paupertatis* dos relatores da CMR» (SMEELE, *Dutch case law on Art. 29 CMR*, in *ETL*, 35 (2000-3), p. 329); «o ponto mais fraco do edifício da CMR» (HAAK, *Haftungsbegrenzungen und ihre Durchbrechung nach der CMR in den Niederlanden*, in TransportR 3 (2004), p. 104, *apud* TUMA, *op. loc. ult. cits.*).

[98] Ao qual corresponde a epígrafe «quantitativo da indemnização no caso de dolo ou de culpa grave imputável ao caminho de ferro» e onde se estabelecia o seguinte: «em todos os casos em que o atraso na entrega, a perda total ou parcial ou a avaria sofridas pela mercadoria tiverem por causa dolo ou culpa grave imputável ao caminho de ferro, o interessado deverá ser competamente indemnizado pelo prejuízo provado até uma importância igual ao dobro dos valores máximos previstos nos artigos 31.º, 33.º, 34.º35.º e 36.º, conforme o caso».

[99] Cfr. LOEWE, *Commentary on the Convention of 19 May 1956 on the Contract for the International Carriage of Goods by Road (CMR)*, cit., p. 60, § 217.

[100] Convenção para a unificação de certas regras relativas ao transporte aéreo internacional, assinada em Varsóvia, em 12 de outubro de 1929.

[101] Nas palavras de CLARKE: «This seems a curious choice of model for a drafstman at a time when the model itself was under review, a review wich soon led to change by a Protocol of 1955» (*International carriage of goods by road: CMR*, cit., p. 499).

(em 1956), pois o art. XIII do Protocolo de Haia de 28 de setembro de 1955 tinha dado uma nova redação ao art. 25.º da Convenção de Varsóvia[102]. A redação originária do art. 25.º da Convenção de Varsóvia foi abandonada porque criou grandes divergências na jurisprudência, nomeadamente entre a jurisprudência dos países da *common law* e os tribunais dos países de tradição romano-germânica[103].

Não surpreende, por isso, que o texto adotado no art. 29.º da CMR não volte a ser encontrado em qualquer outra convenção internacional ulterior. Ao invés, o texto introduzido pelo Protocolo de Haia de 28 de setembro de 1955 foi utilizado pouco depois, no âmbito do transporte marítimo, pelo Protocolo de Visby de 23 de fevereiro de 1968 que alterou a Convenção de Bruxelas de 1924, e tornou-se a fórmula de referência em matéria de preclusão da limitação da responsabilidade do transportador quando este atua de forma gravemente censurável, «podendo mesmo considerar-se que estamos perante uma solução plenamente consolidada no Direito internacional dos transportes»[104].

Apesar da opacidade dos trabalhos preparatórios na parte relativa à redação do art. 29.º da CMR, é sabido que uma versão similar ao texto introduzido pelo art. XIII do Protocolo de Haia de 28 de setembro de 1955 chegou a ser proposta pela delegação inglesa, mas foi recusada por várias delegações[105].

Em todo o caso, houve uma opção deliberada pela redação que subsiste no art. 29.º, pelo que não pode ser ignorado o teor desse artigo, do qual parece resultar uma renúncia à uniformização[106], o que é (surpreendentemente) contraditório com o próprio fito da Convenção[107].

---

[102] O art. XIII do Protocolo de Haia de 28 de setembro de 1955 deu uma nova redação ao art. 25.º da Convenção de Varsóvia e, além disso, trouxe pela primeira vez para um texto de Direito uniforme a fórmula que depois passou a ser utilizada nesta matéria, de forma generalizada. Cfr. KATSIVELA, Marel, *Loss of the carrier's limitation of liability under the Hague-Visby Rules and the Warsaw Convention: common law and civil law views*, in A&NZ Mar LJ, (2012) 26, pp. 118-135; e DAMAR, *Wilful Misconduct in International Transport Law*, Springer, Berlim, 2011, p. 119.

[103] Cfr. CLARKE, *op. loc. ult. cits.*; e NUNO CALAIM LOURENÇO, *A limitação da responsabilidade do transportador aéreo internacional no transporte de pessoas – De Varsóvia a Montreal*, cit., pp. 469-475.

[104] Cfr. JOÃO RICARDO BRANCO, *A conduta antijurídica do transportador e a preclusão da limitação da responsabilidade*, cit., p. 332.

[105] Cfr. MARTÍNEZ SANZ, *La responsabilidad del porteador en el transporte internacional de mercancías por carretera (CMR)*, cit., p. 516.

[106] Cfr. MARTÍNEZ SANZ, *La responsabilidad del porteador en el transporte internacional de mercancías por carretera (CMR)*, cit., p. 525.

A infeliz redação do art. 29.º da CMR abriu caminho para grandes divergências na jurisprudência dos diversos países onde são interpostas acções relativas ao ressarcimento de danos por incumprimento do contrato de transporte, comprometendo a uniformização do regime aplicável à responsabilidade do transportador rodoviário internacional de mercadorias. Como tem realçado a doutrina, o que verdadeiramente merece crítica não são as divergências na jurisprudência, se tais divergências resultarem da aplicação consequente dos diferentes regimes vigentes nos vários ordenamentos jurídicos nacionais, mas sim o próprio texto do art. 29.º da CMR, onde se encontra a origem dessa fragmentação ao remeter para a *lex fori*[108].

3.2. As divergências entre as duas versões oficiais do art. 29.º da CMR

O art. 29.º da CMR tem por finalidade impedir a aplicação das disposições que excluem ou limitem a responsabilidade do transportador ou que invertem o ónus da prova, quando a conduta subjetiva do transportador atinja um elevado grau de censurabilidade.

Para exprimir esse elevado grau de censurabilidade, na versão oficial em língua francesa, utilizou-se o termo «dol» e pretendeu-se, também, acrescentar o conceito de «faute lourde», pois em diversos ordenamentos jurídicos a *culpa grave* é equiparada ao dolo quanto aos seus efeitos (seguindo o brocardo *culpa lata dolo aequiparatur*)[109]. Ao redigir a CMR procurou-se um texto que acautelasse essa equiparação, de modo a que as condutas gravemente culposas, que em rigor não integram o conceito de dolo, tivessem o mesmo efeito preclusivo. Acontece que a expressão «faute lourde» não foi utilizada, porquanto há países onde não se diferenciam graus de negligência e outros onde é desconhecido o conceito de «faute lourde», e essa expressão poderia criar resistências à adesão à CMR. Optou-se, por isso, em fazer «uma referência encoberta»[110] à «faute lourde» através da

---

[107] Cfr. Arias Varona, *El comportamiento subjetivo del porteador como causa para la pérdida de los beneficios de responsabilidad*, cit., p. 287.

[108] Cfr. Martínez Sanz, *La responsabilidad del porteador en el transporte internacional de mercancías por carretera (CMR)*, cit., pp. 521-522.

[109] Seguimos a exposição de Martínez Sanz, *La responsabilidad del porteador en el transporte internacional de mercancías por carretera (CMR)*, cit., pp. 517-518.

[110] A expressão é de Martínez Sanz, *op. ult. cit.*, p. 518.

locução «faute qui [...], d'après la loi de la jurisdiction saisie, est considérée comme équivalente au dol».

Na versão oficial em língua inglesa, encontramos, em primeira linha, a expressão «wilful misconduct» que é complementada por uma locução equivalente à locução francesa acabada de transcrever, nos seguintes termos: «or by such default [...] as, in accordance with the law of the court or tribunal seized of the case, is considered as equivalent to wilful misconduct».

Apesar de alguma aproximação que tem acontecido entre os ordenamentos jurídicos dos países da *common law* e dos países de tradição romano-germânica, no âmbito da responsabilidade civil e, em particular, no que diz respeito ao conceito de culpa as diferenças continuam a subsistir.

Assim, a noção de «wilful misconduct» não é equivalente à noção de «dol»[111].

A «wilful misconduct» abrange as condutas dolosas, aí se incluindo o dolo direto, o dolo necessário e o dolo eventual. Além disso, também abrange condutas negligentes de elevada gravidade.

Estaremos perante uma conduta subsumível ao conceito de «wilful misconduct» quando o agente, sabendo que age ou omite uma atuação erradamente, persiste nessa ação ou omissão, independentemente das consequências ou manifestando indiferença ou desprezo perante tais consequências[112]. O conceito de «wilful misconduct» pode ser preenchido através da presença de uma temeridade consciente e com um aumento do risco da produção do dano, independentemente de o agente estar consciente de que o dano provavelmente poderá produzir-se.

Não coincidindo os conceitos de «wilful misconduct» e de «dol», houve necessidade de ampliar a versão francesa, de modo a abranger o mesmo tipo de condutas; razão pela qual se adotou a locução «faute qui [...], d'après la loi de la jurisdiction saisie, est considérée comme équivalente au dol»[113].

---

[111] Para uma detalhada análise do conceito de «wilful misconduct», seja face à Common Law, seja perante o Direito europeu continental, cfr. DAMAR, *Wilful Misconduct in International Transport Law*, cit., pp. 269 e segs.. Na doutrina portuguesa, cfr. JOÃO RICARDO BRANCO, *A conduta antijurídica do transportador e a preclusão da limitação da responsabilidade*, cit., pp. 338-341.

[112] Cfr. CLARKE, *International carriage of goods by road: CMR*, cit., pp. 498 e segs., nomeadamente, pp. 507-508; e JOÃO RICARDO BRANCO, *A conduta antijurídica do transportador e a preclusão da limitação da responsabilidade*, cit., p. 340.

[113] Sublinhe-se que tanto a versão em língua inglesa, como a versão em língua francesa são oficiais, «ambos os textos fazendo fé», como se diz na frase que encerra a Convenção. Por isso, nada impede que os Tribunais de um país da Europa continental apliquem a CMR

Sendo assim, a utilização na versão oficial em língua inglesa de uma fórmula («or by such default [...] as, in accordance with the law of the court or tribunal seized of the case, is considered as equivalent to wilful misconduct») semelhante à transcrita no parágrafo anterior, carece de adequada justificação[114].

A redação do art. 29.º, nas duas versões oficiais, revela a dificuldade e a incapacidade em conseguir um consenso em torno de uma fórmula aceitável por todos os países envolvidos na redação da CMR.

Mas, a nosso ver, ainda assim, resulta deste preceito, nas duas versões oficiais, uma ideia importante e que deve ser sublinhada. Tanto da versão oficial em língua francesa, como da versão oficial em língua inglesa, e do confronto das duas versões, resulta que as condutas gravemente culposas podem afastar a limitação de responsabilidade do transportador. Este entendimento encontra apoio na utilização da expressão «wilful misconduct», na versão inglesa, e, quanto à versão francesa, resulta da perífrase «faute qui [...], d'après la loi de la jurisdiction saisie, est considérée comme équivalente au dol»[115].

Aliás, se a CMR pretendesse afastar a aplicação das disposições relativas à exclusão e limitação da responsabilidade do transportador apenas em caso de condutas dolosas (aí se incluindo o dolo eventual), teria sido mais fácil dizê-lo (omitindo a expressão «ou de culpa que lhe seja imputável e que segundo a lei da jurisdição que julgar o caso, seja considerada equivalente ao dolo») e estamos em crer o texto da Convenção refletiria essa opção. Ao adotar uma fórmula complexa e que remete para o Direito nacional, a Convenção não unificou e criou problemas. Mas, ainda assim, deixou claro um ponto: a preclusão do benefício da limitação da responsabilidade não está restringida aos casos de dolo, podendo ocorrer em caso de culpa grave (utilizando terminologia que costuma ser empregue no nosso contexto jurídico). O que os redatores da CMR tentaram, mas não conse-

---

com base na versão oficial inglesa. Aliás, na Grécia, a tradução da CMR foi realizada a partir da versão oficial inglesa e, quanto ao art. 29.º, a expressão «wilful misconduct» foi traduzida literalmente, não sendo utilizado o termo grego «dolos». Cfr. MARTÍNEZ SANZ, *La responsabilidad del porteador en el transporte internacional de mercancías por carretera (CMR)*, cit., p. 520.

[114] Tanto mais que é opinião corrente que no sistema da Common Law não existe um grau de culpa (*default*) equivalente à «wilful misconduct». Cfr. CLARKE, *International carriage of goods by road: CMR*, cit., pp. 510 e segs..

[115] Parece-nos manifesto que a invocação da *culpa equivalente ao dolo* é uma forma diferente de dizer *culpa grave*, pois a *culpa leve* está distante do dolo.

guiram, foi verbalizar com clareza que tipos de comportamentos, para além dos comportamentos dolosos, levam ao afastamento das disposições que excluem ou limitam a responsabilidade do transportador[116].

Ainda a propósito da verbalização do art. 29.º nas suas duas versões oficiais, convém chamar a atenção para a interpretação que deve ser dada ao termo «damage» utilizado na versão inglesa[117]. Entendemos que a palavra «damage» é empregue no art. 29.º com uma conotação ampla, abrangendo o dano resultante seja da perda, seja da avaria, seja do atraso. A questão deve ser mencionada, porque o termo «damage» também pode ser utilizado com uma aceção estrita referindo-se apenas ao dano resultante da avaria das mercadorias transportadas[118].

No que diz respeito à versão francesa, a questão não se coloca, pois nesta versão é utilizado o termo «dommage» que tem uma conotação mais ampla e abrangente e é distinto dos termos que em língua francesa identificam as situações de perda («perte»), avaria («avarie») ou atraso («retard»).

3.3. Remissão para a *lex fori*, Direito uniforme e *forum shopping*

Uma das principais críticas dirigidas ao art. 29.º tem a ver com a circunstância de este artigo remeter para a *lei da jurisdição que julgar o caso* o critério para aferir se a conduta do transportador é ou não suficientemente reprovável para afastar a aplicação das disposições que excluem ou limitam a sua responsabilidade.

Tendo a CMR por objetivo, assumidamente, «regular de maneira uniforme as condições do contrato de transporte internacional de mercadorias por estrada, em particular no que diz respeito [...] à responsabilidade do transportador»[119], surpreende que numa questão ínsita ao regime de responsabilidade do transportador e de tão grande relevo[120] – está em causa saber se, *grosso modo*, o transportador responde de forma limitada ou se

[116] Cfr. Damar, *Wilful Misconduct in International Transport Law*, cit., p. 227.

[117] Sobre esta questão, cfr. Damar, *Wilful Misconduct in International Transport Law*, cit., p. 229.

[118] Assim sucede, por exemplo, no art. 17.º, n.º 1 da CMR.

[119] Cfr. o preâmbulo da Convenção.

[120] Trata-se de uma questão «crucial em matéria de responsabilidade do transportador» (Grignon-Dumoulin, Stéphanie, *Forum shopping* – Article 31 de la CMR, in *Unif. Law Rev.*, 2006, 11, 3, p. 610).

responde ilimitadamente – a Convenção não a regule no seu seio, sendo necessário, por força do expressamente estabelecido no art. 29.º, recorrer ao Direito nacional.

Facilmente se percebe que a redação do art. 29.º põe em causa o objetivo de uniformização visado pela CMR (isto é, a própria CMR compromete, de forma assumida, o seu objetivo), porquanto não consagra uma norma de direito material *completa* (*hoc sensu*) que permita responder à questão de saber qual o tipo de condutas subjetivas do transportador que precludem a possibilidade de invocar as disposições da CMR que lhe são favoráveis. Tem, pois, pleno sentido esta crítica dirigida ao art. 29.º.

Acresce que as soluções apresentadas pelo direito substantivo dos diversos países onde poderão ser instauradas ações com vista a exigir do transportador o ressarcimento dos danos causados no âmbito do contrato de transporte, nomeadamente dos países que são partes da Convenção, podem não ser e não são coincidentes.

Mas a fragmentação é ainda ampliada pela diversidade na interpretação e aplicação do art. 29.º pelos tribunais perante os quais a questão é suscitada.

Face à técnica legislativa seguida no art. 29.º da CMR e à diversidade de tendências jurisprudenciais nos vários países é inevitável que as partes pratiquem *forum shopping*[121], ou seja que procurem a jurisdição onde, provavelmente, a decisão será mais favorável aos seus interesses.

Independentemente de se poder discutir sobre a inconveniência deste fenómeno[122], pensamos que se trata do exercício de uma escolha lícita, pois,

---

[121] Cfr. *inter alia*, THEUNIS, Jan / PETERS, Jean-François, *L'article 29 de la Convention CMR et le "forum shopping"*, in *Études Offertes à Barthélemy Mercadal*, Éditions Francis Lefebvre, Levallois-Perret, 2002, pp. 523 e segs.; GRIGNON-DUMOULIN, *Forum shopping* – Article 31 de la CMR, cit., pp. 609 e segs.; LOPEZ DE GONZALO, Marco, *Forum shopping, litispendenza e clausole di scelta del foro: il caso del trasporto marittimo*, in *Dir. comm.*, 2002, vol. 16, fasc. 1, pp. 163 e segs.; do mesmo autor, *Diritto uniforme dei trasporti e «forum shopping»*, in *Dir. mar.*, 2010, pp. 234 ss.. Cfr., também, FERRARI, Franco, *«Forum shopping» despite international uniform contract law conventions*, in *International and Comparative Law Quarterly*, vol. 51, n.º 03, 2002, pp. 689 e segs.; RENNERT, Guido, *Is Elimination of Forum Shopping by Means of International Uniform Law an «Impossible Mission»?*, in *Macquarie Journal of Business Law*, 2005, pp. 119 e segs..

No caso do *truque holandês* (cfr. infra), estamos perante uma forma *mais* sofisticada de *forum shopping*, pois além do *forum shopping* propriamente dito, há uma antecipação do devedor quanto à iniciativa processual. Mas estamos perante uma atuação lícita (em termos genéricos), porque o possível devedor tem o direito de instaurar uma ação de declaração negativa.

[122] Sobre a problemática do «forum shopping» (que alguns qualificam como «dirty word»), cfr., por exemplo, FERRARI, Franco, *Forum Shopping in the International*

em matéria de competência internacional, o art. 31.º da CMR não impõe que todas as causas em que se discuta a responsabilidade do transportador tenham de ser intentadas num só tribunal, antes permite que o demandante possa escolher entre os tribunais dos vários países referidos nesse artigo[123]. Como é óbvio, o demandante escolherá o foro que do seu ponto de vista lhe será mais vantajoso e, ao fazê-lo, estará a exercer uma possibilidade que lhe é conferida pela própria CMR.

A propósito do *forum shopping* é interessante – e sintomático – referir uma prática que começa a ser conhecida como o *truque holandês* («the dutch trick»). Conhecedores de que a jurisprudência holandesa tem vindo a ser condescendente para com os transportadores (*carrier friendly*), estes, agindo por antecipação, instauram ações de declaração negativa (*i. e.*, ações visando «unicamente a declaração da [...] inexistência de um direito ou de um facto»[124]), por forma a criarem uma situação de litispendência (e, depois, de caso julgado), neutralizando a iniciativa processual dos lesados, impedindo que os lesados instaurem ações noutra jurisdição mais sensível às pretensões do interessado na carga (*shipper friendly*), por exemplo, na Alemanha. Aliás, foi no âmbito de um pedido de decisão prejudicial[125], apresentado pelo Landgericht Krefeld (Alemanha) por ter sido confrontado com uma sentença declarativa negativa, já transitada em julgado, proferida pelo Rechtbank te Haarlem (Países Baixos), que o Tribunal de Justiça da União Europeia veio afirmar que «o artigo 71.º do Regulamento n.º 44/2001 deve ser interpretado

---

Commercial Arbitration Context: Setting the Stage, disponível em http://blogs.law.nyu.edu/transnational/wp-content/uploads/2013/10/Forum-Shopping-in-the-International-Commercial-Arbitration-Context-with-Index.pdf. Quanto ao «forum shopping» na área do transporte marítimo, cfr. Svensson, *Forum Shopping in the Carriage of Goods by Sea*, cit., *passim*.

[123] As partes no contrato de transporte poderão designar um foro convencional. Inexistindo cláusula convencional do foro (pacto de competência), o demandante (que não terá de ser, necessariamente, o lesado) poderá escolher entre a jurisdição do país onde se situar o domicílio da contraparte, do país do lugar de carregamento da mercadoria ou do país do lugar previsto para a entrega da mercadoria. Cfr. Grignon-Dumoulin, *Forum shopping* – Article 31 de la CMR, cit., p. 612.

Além disso, as partes do contrato de transporte poderão atribuir competência a um Tribunal arbitral, nos termos do art. 33.º da Convenção. Sobre o recurso à arbitragem para a resolução de conflitos relativos ao contrato de transporte, cfr. Sánchez-Gamborino, *El Contrato de transporte internacional CMR*, cit., pp. 306 e segs..

[124] Trata-se da expressão utilizada no art. 10.º, n.º 3, alínea *a)* do Código de Processo Civil português.

[125] Nos termos do artigo 267.º do Tratado sobre o Funcionamento da União Europeia.

no sentido de que se opõe a uma interpretação do artigo 31.º, n.º 2, da Convenção relativa ao contrato de transporte internacional de mercadorias por estrada, assinada em Genebra, em 19 de maio de 1956, alterada pelo Protocolo assinado em Genebra, em 5 de julho de 1978, segundo a qual uma ação de declaração negativa ou uma sentença declarativa negativa num Estado-Membro não tem o mesmo objeto e a mesma causa de pedir que uma ação de regresso intentada a título do mesmo dano e entre as mesmas partes ou os seus sucessores noutro Estado-Membro»[126]. Ou seja, decorre do decidido pelo TJUE o entendimento de que a existência de uma ação de declaração negativa intentada pelo devedor contra o credor num tribunal internacionalmente competente, que visa fazer declarar que esse presumível devedor não é responsável por um prejuízo, obsta à propositura ulterior pelo credor (ou do seu sucessor, *i. e.*, da respetiva companhia de seguros) de uma outra ação no órgão jurisdicional competente de outro Estado parte na CMR[127].

---

[126] Acórdão Nipponka Insurance Co. (Europa), C-452/12, ECLI:EU:C:2013:858, n.º 50.

A compatibilidade entre a CMR e o Direito da União Europeia também já foi sucitada perante os tribunais portugueses, mas quanto a uma situação que nada tem a ver com *forum shopping*. Tratou-se de um caso em que o autor (carregador e destinatário da mercadoria) instaurou a ação com vista a exigir o ressarcimento dos danos sofridos pela mercadoria durante o transporte, depois de esgotado o prazo de um ano estabelecido no art. 32.º, n.º 1, primeira parte, da CMR, sem invocar, por qualquer forma, uma atuação dolosa do transportador ou com *culpa equivalente ao dolo*. Para defender que o prazo aplicável deveria ser o prazo ordinário de prescrição de 20 anos estabelecido no art. 309.º do Código Civil português, o interessado na carga argumentou que «o transporte rodoviário de mercadorias dentro do Espaço da União Europeia é regulado pelas normas jurídicas da União, nomeadamente os art.ºs 26.º, 1 e 2 e 28.º, 1 do Tratado sobre o Funcionamento da União Europeia, e as disposições da Directiva 98/76/CE, de 1.10.1998, alterado pela Directiva 1.10.1998, ambas do Conselho, transpostas para a ordem interna pelo Dec.-Lei n.º 38/99, de 6.2.»; «e por isso, como é o caso dos autos, a Convenção CMR não se aplica às relações ou situações de transporte rodoviário que ocorram entre pessoas domiciliadas no mesmo espaço, e em casos que ocorram em qualquer ponto desse espaço». Em seu entender, «a situação dos autos configura um contrato de transporte rodoviário, que foi imperfeitamente cumprido» pelo transportador, que deve responder pelo dano causado nos termos do art. 799.º, n.º 1 do Código Civil. E conclui: «como a responsabilidade é contratual e não extracontratual, a prescrição do direito da recorrente só prescreve ao fim do decurso do prazo de 20 anos (art.º 309.º do CC)».

Contrariando a argumentação do autor da demanda, o Acórdão do Tribunal da Relação do Porto de 02/03/2015 (processo n.º 39/13.6TBRSD.P1) decidiu que a CMR é aplicável, por estarem preenchidos os requisitos do art. 1.º da Convenção, e que a primeira parte do n.º 1, do art. 32.º da CMR (onde se estabelece o prazo prescricional de um ano) não colide com o Direito da União Europeia.

[127] Cfr o exposto nos n.ºs 42, 43 e 44 do citado Acórdão Nipponka Insurance Co. (Europa).

A utilização do *truque holandês* («the dutch trick») revela de forma clara que o *forum shopping* no âmbito do art. 29.º da CMR é real. E, por outro lado, ilustra bem o alcance prático da questão, pois instaurar uma ação em que se suscite a responsabilidade do transportador invocando a aplicação do art. 29.º perante os tribunais de um país ou perante os tribunais de um país vizinho, pode ser a diferença entre poder exigir do transportador o ressarcimento integral dos danos ou ficar a indemnização contida dentro do sistema de limitação consagrado na CMR.

3.4. Sobre a necessidade de uma nova redação para o art. 29.º da CMR

Decorridos mais de 60 anos sobre a assinatura da CMR, depois de a doutrina ter analisado (e criticado) exaustivamente o art. 29.º da CMR e de a jurisprudência ter proferido decisões *para todos os gostos* com base nesse preceito, cabe procurar uma solução que permita superar as dificuldades criadas por esse artigo.

O caminho a seguir – visando alcançar a proclamada intenção de *regular de maneira uniforme as condições do contrato de transporte internacional de mercadorias por estrada, em particular no que diz respeito à responsabilidade do transportador*[128] – passa pela introdução de uma *norma materialmente uniforme e completa em si mesma*, ou seja, passível de interpretação e de aplicação sem necessidade de ser complementada pela *lei da jurisdição que julgar o caso*[129].

Em nosso entender, os *amargos* trazidos pelo art. 29.º à *história de sucesso* da CMR[130] (*v. g.*, tratamento não uniforme do regime de responsabilidade do transportador, diversidade das decisões jurisprudenciais, *forum shopping*) deverão ser superados alterando o teor desse artigo, de modo a introduzir na CMR uma norma semelhante ao art. 25.º da Conven-

---

[128] Cfr. o preâmbulo da CMR.

[129] Cfr. MARTÍNEZ SANZ, *La responsabilidad del porteador en el transporte internacional de mercancías por carretera (CMR)*, cit., pp. 524-525. Uma disposição legal que pode ser «autointerpretada», não carecendo – na medida do possível – do direito nacional (*ibidem*).

[130] Estamos a utilizar as expressões empregues por TUMA, *The degree of default under article 29 CMR*, cit., p. 585.

ção de Varsóvia, na redação que lhe foi dada pelo Protocolo de Haia de 1955[131_132].

A preclusão da exclusão ou limitação da responsabilidade em caso de ato ou omissão com a intenção de provocar o dano ou temerariamente e com a consciência da probabilidade da ocorrência desse dano encontra-se vertida numa fórmula conhecida e utilizada desde há várias décadas[133], que se tornou o *standard* nesta matéria, sendo incorporada nas mais recentes convenções onde é regulada a responsabilidade do transportador[134].

---

[131] MARTÍNEZ SANZ partilha plenamente o desejo de ver modificado o art. 29.º CMR (*op. ult. cit.*, p. 527), defendendo que a redação do art. 25.º da Convenção de Varsóvia, na redação introduzida pelo Protocolo de Haia de 1955, poderá ser um modelo adequado para tal alteração (*op. ult. cit.*, p. 525).

Veja-se, também, o referido no *Anteproyecto de Ley de Contrato de Transporte Terrestre*, na «memoria justificativa» a p. 20 e na «exposición de motivos» a pp. 33-34 (último parágrafo da parte III). A redação deste último parágrafo da parte III da «exposición de motivos» foi mantida no *Proyecto de Ley*. Mas na LCTTM, na sequência das alterações introduzidas no art. 62.º da Ley, o último parágrafo da parte III do preâmbulo deste diploma passou a ter uma redação inócua, limitando-se, praticamente, a reproduzir o texto do art. 62.º da LCTTM.

[132] Nos termos do art. 49.º, n.º 1 da CMR, qualquer Parte Contratante poderá espoletar a convocação de uma conferência destinada a rever a Convenção, por meio de notificação dirigida ao Secretário-Geral da Organização das Nações Unidas. Perante esta notificação, o Secretário-Geral comunicará o pedido a todas as Partes Contratantes e convocará a conferência de revisão se, no prazo de quatro meses, a contar da comunicação enviada, pelo menos um quarto das Partes Contratantes lhe comunicar o seu assentimento a esse pedido.

THEUNIS / PETERS afirmam que é praticamente impossível proceder à revisão da CMR, sugerindo que a solução para as debilidades da CMR poderá ser uma nova Convenção (*L'article 29 de la Convention CMR et le "forum shopping"*, cit., p. 530). No mesmo sentido, CAPEL FERRER, José, *La Convention CMR – Pilier du transport international par route*, in *Unif. Law Rev.*, 2006, 11, 3, p. 520. Também GRIGNON-DUMOULIN chama a atenção, expressamente, para a dificuldade de revisão da CMR (*Forum shopping* – Article 31 de la CMR, cit. p. 617). Ainda a este propósito, cfr. LOEWE, *Commentary on the Convention of 19 May 1956 on the Contract for the International Carriage of Goods by Road (CMR)*, cit., pp. 76-79, § 299.

[133] Por isso, em certo sentido, não se trata de uma *nova* resposta para a questão que nos ocupa.

[134] Assim, no que respeita ao contrato de transporte de mercadorias, para além do citado art. 25.º da Convenção de Varsóvia, na redação introduzida pelo Protocolo de Haia de 1955, cfr., quanto ao transporte marítimo, o art. 4.º, n.º 5 da Convenção de Bruxelas de 25 de agosto de 1924, na redação introduzida pelo Protocolo de 23 de fevereiro de 1968; o art. 8.º das Regras de Hamburgo; o art. 61.º das Regras de Roterdão; quanto ao transporte em águas interiores, o art. 21.º da Convenção de Budapeste de 22 de junho de 2001, relativa ao transporte de mercadorias em navegação interior («Convenção CMNI»); quanto ao

A adoção de uma fórmula nos termos sugeridos poderia contribuir para a uniformidade não só ao nível do contrato de transporte internacional de mercadorias por estrada, mas também quanto ao contrato de transporte em geral, constituindo um passo importante no sentido de evitar a fragmentação das regras aplicáveis às várias modalidades de transporte.

Como é evidente, a alteração da redação do art. 29.º não constitui – por si só – uma panaceia para toda a problemática conexa com a definição do ponto a partir do qual o transportador responde ilimitadamente. A redação aperfeiçoada do art. 29.º não permite dar resposta a todas as questões que se colocam no seu âmbito, por exemplo, em matéria de direito probatório.

Para além da alteração da redação do art. 29.º da CMR, encontramos outras propostas sugeridas pela doutrina. Mas, diga-se, desde já, que tais propostas não nos parecem adequadas.

Há quem defenda que «a solução mais eficaz e radical para atingir a segurança jurídica [quanto ao art. 29.º] seria confiar a interpretação a uma jurisdição supranacional»[135]. Encontramos também sugestões no sentido de se procurar a uniformização através da *uniformização* do Direito nacional quanto à *culpa equivalente ao dolo* (a «uniformização de sentido inverso»)[136].

Estas sugestões partem de um equívoco, o equívoco de que o problema reside na interpretação do art. 29.º da CMR e de que é necessário encontrar uma interpretação uniforme do mesmo na parte em que se refere à *falta equivalente ao dolo*. Mas esse não é o problema primordial, pois parece claro que o art. 29.º deve ser interpretado no sentido de que a própria Con-

---

transporte ferroviário, o art. 36.º das Regras Uniformes relativas ao transporte internacional ferroviário de mercadorias; e o art. 21.º da Convenção das Nações Unidas relativa ao transporte multimodal, assinada em Genebra a 24 de maio de 1980. Mas a mencionada fórmula verbal não é só utilizada nas convenções relativas ao contrato de transporte. Por exemplo, solução idêntica foi consagrada no art. 8.º da Convenção das Nações Unidas relativa à responsabilidade dos operadores de terminais de transporte no comércio internacional e no art. V, n.º 2 da Convenção Internacional sobre responsabilidade civil pelos prejuízos devidos à poluição por hidrocarbonetos. Cfr. Januário da Costa Gomes, *Limitação de responsabilidade por créditos marítimos*, cit., p. 418.

135 Cfr. Grignon-Dumoulin, *Forum shopping* – Article 31 de la CMR, cit., p. 617. Cfr., também, Loewe, *La CMR a 40 ans*, cit., p. 429.

136 Expressão utilizada por Martínez Sanz, *La responsabilidad del porteador en el transporte internacional de mercancías por carretera (CMR)*, cit., pp. 526-527.

Sobre as várias propostas apresentadas a este propósito, cfr., *inter alia*, Smeele, *Dutch case law on Art. 29 CMR*, cit., p. 330; e Tuma, *The degree of default under article 29 CMR*, cit., pp. 604-606, bem como a doutrina citada por estes autores.

venção determina que o grau de culpa relevante para a sua aplicação deve ser encontrado na *«lei da jurisdição que julgar o caso»*.

O problema é prévio, digamos assim, à interpretação do art. 29.º, o problema reside na própria solução consagrada no art. 29.º, na opção aí vertida de remeter a determinação do grau de culpa que conduz à preclusão da limitação da responsabilidade *lato sensu* para o Direito nacional do país onde foi instaurada a demanda. A solução consagrada no art. 29.º é que convoca as divergências que resultam do Direito nacional dos vários países e dos entendimentos da jurisprudência[137].

Relativamente à «uniformização de sentido inverso», para que tal sucedesse seria necessário que os diversos países adotassem no seu Direito interno soluções idênticas. Ora isso não tem vindo a suceder, como revelam, por exemplo a LTR e a LCTTM, em Portugal e Espanha, respetivamente. Sublinhe-se que estes regimes de Direito nacional relativos ao contrato de transporte foram aprovados já no presente século, isto é, sendo bem conhecidas as dificuldades criadas pelo art. 29.º da CMR.

A LTR e a LCTTM, em vez de contribuírem para a «uniformização de sentido inverso», estabeleceram regimes de sentido inverso à uniformização, pois o teor do art. 21.º da LTR e do art. 62.º da LCTTM divergem um do outro e do texto que se tornou padrão no direito internacional sobre o contrato de transporte, contribuindo para a fragmentação na aplicação do art. 29.º da CMR. Veremos mais adiante a repercussão que tais artigos poderão ter nesta matéria. Pode afirmar-se que a LCTTM foi uma ocasião perdida, tal como anteriormente também já o havia sido a LTR, para consagrar *em letra de lei* uma redação semelhante à que tem sido acolhida nas convenções mais recentes, quando o dano resulte de uma ação ou omissão do transportador cometida com a intenção de causar tal dano, ou temerariamente e com a consciência da probabilidade da ocorrência do dano[138].

---

[137] Dito de outro modo, o problema radica no próprio art. 29.º, mas não está (ou não está só) aí, também contende com o Direito nacional e com a jurisprudência de cada país.

[138] Solução que foi adotada, nomeadamente, no direito alemão e no direito holandês. Referindo-se ao art. 21.º da LTR, afirma João Ricardo Branco: «trata-se de uma norma criada em evidente contraciclo, afastando-se das soluções consagradas nos mais recentes textos normativos internacionais» (*A conduta antijurídica do transportador e a preclusão da limitação da responsabilidade*, cit., p. 365).

4. Pressupostos de aplicação do art. 29.º da CMR

4.1. O dolo

O art. 29.º começa por estabelecer que as disposições que excluem ou limitam a responsabilidade do transportador não serão aplicáveis se o dano resultar de uma atuação dolosa do transportador, *rectius*: «dol» na versão francesa, «wilful misconduct» na versão inglesa. E, nesta parte, a Convenção não faz qualquer remissão expressa para a *lei da jurisdição que julgar o caso*.

No entanto, a CMR não apresenta uma definição do que seja dolo, nem elementos que permitam construir de forma autónoma um conceito de dolo. Pode mesmo afirmar-se que a CMR renunciou a estabelecer um conceito *uniforme* de dolo, como resulta – de forma indireta, mas significativa – da remissão para a *lex fori* quanto à *culpa equivalente ao dolo*, das discrepâncias entre os termos utilizados nas duas versões oficiais da Convenção e, também, do que se conhece dos trabalhos preparatórios (de onde resulta a intenção de não *afrontar* as diversas conceções nacionais em matéria de dolo e de *culpa equivalente ao dolo*). Além disso, tendo em consideração o art. 29.º no seu todo, seria incongruente, apurar o conceito de culpa equivalente ao dolo com base na *lex fori* e o conceito de dolo apelando a uma diferente base.

No Código Civil português encontramos diversas referências ao dolo[139], mas este Código não apresenta qualquer definição de dolo[140].

O dolo é a modalidade mais grave de culpa e, por isso, é mais fortemente censurável. Compreende um *elemento volitivo* e um *elemento intelectual*.

O *elemento volitivo* do dolo consiste na adesão da vontade do agente ao comportamento ilícito, ou seja na intenção de não cumprir a obrigação assumida. O que é essencial ao conceito de dolo é a consciência e vontade

---

[139] Destaque-se o art. 483.º, n.º 1 do Código Civil português.

[140] Diversamente, no art. 14.º do Código Penal português estão elencadas e definidas as três categorias de dolo: o dolo direto (art. 14.º, n.º 1: «age com dolo quem, representando um facto que preenche um tipo de crime, atuar com intenção de o realizar»), o dolo necessário (art. 14.º, n.º 2: «age ainda com dolo quem representar a realização de um facto que preenche um tipo de crime como consequência necessária da sua conduta») e o dolo eventual (art. 14.º, n.º 3: «quando a realização de um facto que preenche um tipo de crime for representada como consequência possível da conduta, há dolo se o agente actuar conformando-se com aquela realização»).

de não cumprir a obrigação, não sendo necessária a intenção de causar dano ao credor[141].

Tendo em consideração o nexo – mais ou menos intenso – entre o facto ilícito do incumprimento e a vontade do lesante, entende-se que o conceito de dolo abrange, para além do dolo direto (em primeiro grau e em segundo grau, este também designado por dolo necessário), o dolo eventual[142].

Assim[143], estaremos perante o *dolo direto* nos «casos em que o agente quis *diretamente* realizar o facto ilícito»; «o agente representa ou *prefigura* no seu espírito determinado *efeito* da sua conduta e *quer* esse efeito como fim da sua atuação, apesar de conhecer a ilicitude dele». Ocorre o *dolo necessário*, nos «casos em que, não querendo diretamente o facto ilícito, o agente todavia o previu como uma consequência *necessária, segura*, da sua conduta. O efeito ilícito e o resultado querido estavam indissoluvelmente ligados, o agente conhecia esse nexo de causalidade, e nem por isso deixou de agir». Haverá *dolo eventual* nos «casos em que o agente previu a produção do facto ilícito, não como uma consequência *necessária* da sua conduta, mas como um efeito apenas *possível* ou *eventual*» e, «ao actuar, não confiou em que o tal efeito possível se não verificaria».

Quanto ao *elemento intelectual do dolo*, o que aqui está em causa é a essencialidade do «conhecimento das circunstâncias de facto que integram a violação do direito ou da norma tuteladora de interesses alheios e a consciência da ilicitude do facto».

Estando o dolo eventual perto do limiar entre o dolo e a negligência, tem-se questionado se a *culpa equivalente ao dolo* a que alude o art. 29.º constitui uma referência ao *dolo eventual* ou se constitui uma referência a uma outra categoria de culpa, a uma *negligência grave* – à «faute lourde» do Direito francês, ou à «grobe Fahrlässigkeit» do Direito alemão. Esta segunda posição, que é maioritária na doutrina e que acabou por se impor na jurisprudência, é a que nos parece correta. Seja porque está de acordo

---

[141] A intenção de causar dano a outrem, o *animus nocendi* que é próprio do *dolus malus*, não é essencial ao conceito de dolo no direito civil; bastando a consciência do caráter danoso do facto. Sobre este concreto ponto, cfr. ANTUNES VARELA, *Das Obrigações em Geral*, I, cit., p. 525.

[142] Na doutrina portuguesa, cfr., *inter alia*, ANTUNES VARELA, *Das Obrigações em Geral*, I, cit., pp. 521 e segs. e *Das Obrigações em Geral*, II, cit., pp. 92 e segs..

Esta divisão tripartida em dolo direto, dolo necessário e dolo eventual é comummente aceite pela doutrina e pela jurisprudência portuguesas.

[143] Seguiremos a clássica e consolidada exposição de ANTUNES VARELA, *Das Obrigações em Geral*, I, cit., pp. 522-524.

com o conceito de dolo que integra o dolo eventual, desdobrando-se em três modalidades: dolo direto, dolo necessário e dolo eventual. Seja porque resulta do teor do art. 29.º, apesar de não ser inteiramente esclarecedor e embora remeta para o Direito nacional, que se pretendeu aplicar o efeito preclusivo aí previsto a condutas (atos e omissões) não só intencionais, mas também a outras condutas localizadas já na área da negligência.

4.2. A culpa equivalente ao dolo

O efeito preclusivo do art. 29.º da CMR aplica-se havendo dolo do transportador ou «culpa que lhe seja imputável e que segundo a lei da jurisdição que julgar o caso, seja considerada equivalente ao dolo».

Assim, o exato alcance deste preceito exigirá a análise dos ordenamentos jurídicos da Albânia, da Alemanha, da Arménia, da Áustria, do Azerbeijão, da Bélgica, da Bielorrússia, da Bósnia-Herzegovina, da Bulgária, do Chipre, da Croácia, da Dinamarca, de Espanha, da Estónia, da Federação Russa, da Finlândia, da França, da Geórgia, da Grécia, da Hungria, da Irlanda, da Itália, da Jordânia, do Kazakistão, do Kyrgistão, da Letónia, do Líbano, da Lituânia, do Luxemburgo, de Malta, de Marrocos, da Mongólia, de Montenegro, da Noruega, dos Países Baixos, do Paquistão, da Polónia, de Portugal, do Irão (República Islâmica do), da Antiga República Jugoslava da Macedónia, da República da Moldávia, da República Checa, da Roménia, do Reino Unido, da Eslováquia, da Eslovénia, da Sérvia, da Síria, da Suécia, da Suíça, do Tajaquistão, da Tunísia, do Turkmenistão, da Turquia, da Ucrânia e do Uzbequistão. Ou seja, dos ordenamentos de todos os 56 países que são partes na CMR.

O elenco de tais países é revelador do sucesso da CMR. Mas, quanto ao tema que nos ocupa, também demonstra que o intento de uniformidade da Convenção ficou comprometido no art. 29.º.

Se tivermos em consideração que são partes na CMR mais de meia centena de países, bem como a sua dispersão geográfica e heterogeneidade jurídica, facilmente se compreende que a referência que iremos fazer ao Direito comparado será uma referência breve. É praticamente impossível analisar os ordenamentos jurídicos de todos os países partes na CMR[144].

---

[144] Pense-se nas dificuldades (de difícil transposição) que a análise do Direito nacional, por exemplo, do Irão, do Paquistão, do Kazakistão, do Kyrgistão, da Mongólia, do

Por isso, depois de uma brevíssima referência ao Direito comparado, circunscrita apenas aos ordenamentos dos dois países europeus geograficamente mais próximos de Portugal e que são partes na CMR (Espanha e França), faremos incidir a nossa atenção sobre a *culpa equivalente ao dolo* no Direito português e sobre a jurisprudência portuguesa que se tem pronunciado sobre o art. 29.º da CMR.

4.2.1. *Breve referência ao Direito comparado*

Em França, no contexto do Direito dos Transportes, a equiparação entre o dolo e a negligência grave (*«faute lourde»*) foi aceite pacificamente, durante muito tempo, tanto pela doutrina[145], como pela jurisprudência[146]. A *Cour de cassation* vinha reafirmando, desde meados do séc. XX, que a *«faute lourde»* deverá ser fundada numa análise concreta do comportamento do transportador e consiste numa «negligência de uma gravidade extrema, a raiar os confins do dolo, que denota a falta de capacidade e aptidão do transportador para o cumprimento da missão contratual que assumiu»[147].

Tajaquistão, do Turkmenistão ou do Uzbequistão coloca a um jurista da Península Ibérica, desde logo ao nível da língua.

[145] Cfr., nomeadamente, RODIÈRE, *Droit des transports,* cit., pp. 597 e segs.; SERIAUX, *La faute du transporteur*, cit., pp. 219 e segs..

[146] Cfr. a abundante jurisprudência citada em MARTÍNEZ SANZ, *La responsabilidad del porteador en el transporte internacional de mercancías por carretera (CMR)*, cit., pp. 537-545. E, mais recentemente, *inter alia*, para além dos conhecidos «arrêts *Chronopost*» (designadamente, o acórdão da *Cour de cassation* (Chambre mixte) de 22/04/2005, in Recueil Dalloz 2007, p. 1864 e o acórdão da *Cour de cassation* (Chambre commerciale) de 13/06/2006, in Recueil Dalloz 2007, p. 1680), os acórdãos da *Cour de cassation* de 27/02/2007 (n.º 05-17.265, in Recueil Dalloz 2007, p. 1013) e de 16/10/2012 (disponível em http://www.dalloz-actualite.fr/sites/dalloz-actualite.fr/files/resources/2012/10/fl2310xd1610-1007.pdf).

[147] De acordo com a fórmula tradicionalmente empregue pela jurisprudência francesa, a *«faute lourde»* é uma «négligence d'une extrême gravité confinant au dol et dénotant l'inaptitude du transporteur à l'accomplissement de la mission contractuelle qu'il a acceptée». Esta fórmula foi cunhada pela *Cour de cassation* (Chambre commerciale) em acórdão proferido em 17/12/1951, in BT, 1952, p. 234.

Nas palavras de MAZEAUD, a ideia que aqui está subjacente é a seguinte: «on ne peut pas se prévaloir d'un contrat auquel on a gravemente manqué» (*Clauses limitatives de réparation, la fin de la saga?*, disponível em http://actu.dalloz-etudiant.fr/fileadmin/actualites/pdfs/SEPTEMBRE_2010/D2010-1832.pdf).

Analisando a abundante jurisprudência francesa proferida no âmbito do contrato de transporte de mercadorias por estrada, verifica-se, com facilidade, o rigor com que o comportamento do transportador é avaliado e que a equiparação entre o dolo e a *«faute lourde»* acaba por conduzir a uma frequente aplicação do art. 29.º da CMR. Ou seja, em França, sendo invocado o art. 29.º da CMR, é muito elevada a probabilidade de o transportador ter de responder *ilimitadamente* na sequência do incumprimento do contrato de transporte, por aplicação daquele preceito[148].

A diversidade de situações apreciadas pelos tribunais franceses é grande[149], sendo frequentes as decisões que consideram verificada a ocorrência de *«faute lourde»* no comportamento do transportador em casos de furto ou de roubo das mercadorias transportadas. Por exemplo, nos casos em que o furto acontece quando o veículo é deixado sem vigilância em zonas consideradas de alto risco (como sucede com o norte de Itália); quando não são acionados mecanismos anti-roubo do veículo, nomeadamente não é ligado o alarme do veículo; quando o veículo está coberto apenas com uma lona e, por isso, a carga está vulnerável, podendo ser facilmente subtraída; ou quando são deixadas as portas abertas. Como sintetiza a doutrina, em caso de furto ou de roubo, com ressalva para as situações em que o veículo se encontra estacionado num parque fechado e vigiado, há uma grande probabilidade de que seja aplicado o art. 29.º da CMR, por se considerar que o transportador agiu com *«faute lourde»*[150].

---

[148] Mas, apesar do rigor da jurisprudência francesa, há situações em que foi decidido não aplicar o art. 29.º. Tal ocorre, nomeadamente, quando o demandante não logra provar a factualidade de onde resulte a *«faute lourde»* (sobre o ónus da prova, cfr. *infra*) ou nas situações em que a factualidade alegada como estando na origem da produção dos danos não é clara (as chamadas situações de incumprimento por *causa ignota*. Sobre tais situações, cfr. Bianca, *Perdita delle cose trasportate per causa ignota e limiti di responsabilità del vettore stradale internazionale*, cit., pp. 251 e segs.). Cfr. Martínez Sanz, *La responsabilidad del porteador en el transporte internacional de mercancías por carretera (CMR)*, cit., p. 545, bem como a jurisprudência aí citada.

[149] O que se compreende, pois os lesados privilegiam a instauração de ações judiciais neste país, sabendo que aí terão maior probabilidade de obter o ressarcimento integral dos danos sofridos.

[150] Cfr. Martínez Sanz, *La responsabilidad del porteador en el transporte internacional de mercancías por carretera (CMR)*, cit., p. 542. Cfr., nomeadamente, as seguintes decisões: Cour de cassation de 26/02/1985, in BT, 1985, p. 270; Cour d'appel Paris de 03/07/1996, in BTL, 1997, p. 65. Mas, ainda assim, a referida medida de precaução nem sempre é considerada suficiente para afastar a *«faute lourde»* do transportador. Há decisões que condenam o transportador a responder ilimitadamente tendo o veículo sido estacionado

Um outro grupo de casos em que também são frequentes as decisões jurisprudenciais no sentido de qualificar como *«faute lourde»* o comportamento do transportador, com a consequente aplicação do art. 29.º, diz respeito a danos provocados por acidentes de viação ou de violação de regras de circulação rodoviária. Por exemplo, quando a mercadoria é colocada em cima do veículo excedendo as dimensões permitidas pelo *Código da Estrada* e ocorre o embate com uma ponte, quando o veículo passa por baixo da mesma; quando os danos sofridos pelas mercadorias são devidos a excesso de velocidade, com ou sem acidente; quando o motorista conduz sob o efeito do álcool e ocorre um acidente; ou quando o veículo transportador embate na traseira do veículo que circula à sua frente, por não se respeitar a distância de segurança.

Para além dos dois grandes grupos de situações acabados de referir, a jurisprudência francesa incidiu sobre litígios emergentes de situações de incumprimento do contrato de transporte com enquadramentos fáticos muito variados (por exemplo, quando o transportador não comunica os impedimentos que surgem durante o transporte e não solicita as respetivas instruções; quando entrega a mercadoria a quem não é o destinatário, ou sem exigir a entrega de certos documentos ou a entrega do reembolso, apesar de expressa indicação nesse sentido). Apesar da heterogeneidade das situações fáticas, resulta das decisões proferidas o rigor com que a jurisprudência francesa analisa o comportamento do transportador e, por isso, a frequência com que entende reconduzir tal comportamento à *«faute lourde»* e à aplicação do art. 29.º.

Já no corrente século, a *Loi n.º 2009-1503*, de 8 de dezembro de 2009, criou o art. L 133-8 do *Code de commerce*, onde se establece que «só é equiparável ao dolo a *faute inexcusable* do transportador ou do comissionista de transporte. É *inexcusable* a *faute* deliberada que implica a consciência da probabilidade do dano e a sua aceitação temerária sem razão aceitável. Toda a cláusula em contrário será considerada não escrita»[151].

---

em parque fechado com vigilância efectuada por rondas: cfr. Cour d'appel de Versailles de 10/11/1988 e Cour d'appel de Paris de 30/06/1989, decisões referidas in Lamy Transport 1999, p. 650, n. 1443.

[151] Segundo o art. L133-8 do Code de commerce francês (norma criada pelo art. 34 da Loi nº 2009-1503, de 08/12/2009), «seule est équipollente au dol la faute inexcusable du voiturier ou du commissionnaire de transport. Est inexcusable la faute délibérée qui implique la conscience de la probabilité du dommage et son acceptation téméraire sans raison valable. Toute clause contraire est réputée non écrite».

Esta norma, aplicável ao transporte terrestre, consagra a solução introduzida décadas antes no *Code de l'aviation civile* (art. L 321-4) e na *Loi n.° 66-420 du 18 juin 1966 sur les contrats d'affrètement et de transport maritimes* (art. 40.°, quanto aos passageiros e art. 44.° quanto às bagagens)[152]. Além disso, como decorre da flagrante proximidade entre o texto do art. XIII do Protocolo de Haia de 28 de setembro de 1955, que deu nova redação ao art. 25.° da Convenção de Varsóvia, e a verbalização utilizada pelo legislador francês, verifica-se que foi adotado no direito interno francês o texto que se tornou a referência em matéria de preclusão da limitação da responsabilidade do transportador[153] – e que, para este efeito, não restringe os comportamentos relevantes do transportador aos comportamentos dolosos, abrangendo também uma modalidade grave de negligência, a *faute inexcusable.*

Para o tema que agora nos ocupa, a alteração legislativa corporizada na da *Loi n.° 2009-1503* é relevante, pois reafirma que, em França, a responsabilidade do transportador pode ser afastada não só quando o transportador atua com dolo, mas também quando atua com negligência de elevada gravidade. Em todo o caso, deve ser sublinhado que a *faute inexcusable* é um grau de negligência mais grave que a *faute lourde*; ou seja, aplicando o conceito de *faute inexcusable* torna-se mais difícil afastar a limitação de responsabilidade do transportador[154].

---

[152] Os artigos ora citados foram, entretanto, revogados pela *Ordonnance n.° 2010-1307*, de 28 de outubro de 2010, que criou o *Code des transports*. No entanto, encontramos no *Code des transports* o art. L6422-3, o art. L5421-5 e o art. L5421-10 que correspondem (reproduzindo a solução já anteriormente consagrada), respetivamente, ao art. L 321-4 do *Code de l'aviation civile* e aos arts. 40.° e 44.° da *Loi n.° 66-420.*

[153] Nas palavras de Seriaux, «le parallélisme avec la définition international est frappant. Même si la définition française comporte deus éléments supplémentaires ("la faute délibérée" et l'absence de "raison valable"), il apparaît qu'en fait ces deux précisions pourraient três bien s'induire respectivement des deux autres éléments comuns, à savoir d'une part "la conscience de la probabilité du dommage" et "la témérité". Quoiqu'il en soit, la jurisprudence n'établit aucune différence notable entre les compréhensions nationale et internationale de la notion de faute inexcusable» (*La faute du transporteur*, cit., p. 206).

[154] A este propósito, é reveladora a circunstância de só em finais de 2018 ter sido proferida a primeira decisão da *Cour de cassation* reconhecendo uma atuação de um transportador rodoviário de mercadorias com *faute inexcusable.* (cfr. https://www.courdecassation.fr/jurisprudence_2/arrets_publies_2986/chambre_commerciale_financiere_economique_3172/2018_8502/novembre_9032/932_21_40771.html). O rigor colocado pela *Cour de cassation* no preenchimento dos requisitos da *faute inexcusable*, no âmbito do transportador rodoviário de mercadorias, levou alguma doutrina a referir-se à *faute*

A questão da existência de *culpa equivalente ao dolo* no Direito espanhol, para efeitos de aplicação do art. 29.º da CMR, tem dividido a doutrina e a jurisprudência.

Como ponto de partida, é aceite que o Código Civil não contém qualquer preceito do qual resulte, em termos genéricos, a equiparação entre o dolo e a culpa grave.

Por isso, contra tal equiparação invocam-se razões de ordem histórica. O brocardo *«culpa lata dolo aequiparatur»* manteve-se vigente ao longo de vários séculos. No entanto, não tem consagração expressa no Código Civil espanhol. Além disso, está ausente deste Código o conceito de *culpa lata* e não se encontra no mesmo qualquer referência à tradicional divisão da culpa em vários graus. Perante tal situação, a doutrina contrária à equiparação afirma que se trata de um silêncio eloquente[155] do qual resulta que o Código Civil espanhol pretendeu afastar a regra *«culpa lata dolo aequiparatur»*[156].

Por outro lado, *de iure condito*, há quem encontre apoio para negar a aludida equiparação. Assim, confrontando o art. 1102 do Código Civil espanhol com o art. 1229.º, n.º 1 do *Codice Civile* italiano (preceito que, em Itália, costuma ser apresentado como um dos principais argumentos para defender a equiparação entre o dolo e a *«colpa grave»*), verifica-se que o primeiro estabelece que é nula a renúncia antecipada à ação para exigir a *«responsabilidad procedente de dolo»*, não havendo qualquer referência à culpa grave. Já no preceito equivalente do *Codice Civile* italiano é consagrada a nulidade das cláusulas que excluem ou limitem a responsabilidade do devedor por *«dolo o colpa grave»*. Mas, o acabado de referir não pode ser considerado decisivo, pois no Direito alemão, encontramos o § 276, 2 do BGB, que tem uma redação próxima do art. 1102 do Código Civil espanhol e, ainda assim, na Alemanha sempre foi dominante a posição de que há uma negligência de grau elevado (culpa grave) equiparável ao dolo.

No que diz respeito ao direito positivo especificamente dirigido ao transporte rodoviário, também não encontramos qualquer norma (desig-

inexcusable como *«faute introuvable»* (cfr., por exemplo, Delpech, Xavier, *La faute inexcusable du transporteur existe: la Cour de cassation l'a consacrée*, in *Dalloz Actualités*, de 04-12-2018, disponível em https://www.dalloz-actualite.fr/flash/faute-inexcusable-du-transporteur-existe-cour-de-cassation-l-consacree#.XsKuPWhKjIU.

[155] Cfr. Castán, J., *Derecho civil español, común y foral*, tomo III, *Derecho de Obligaciones*, 11 ed. (rev. Por G. García Cantero), Madrid, 1974, p. 193.

[156] Cfr. Diez-Picazo, *Fundamentos del derecho civil patrimonial, Volumen I,* cit., p. 723; e Rueda Martínez, *La limitación de la responsabilidad del porteador en el transporte marítimo de mercancías*, cit., p. 77.

nadamente uma norma equivalente ao art. 29.º da CMR) que estabeleça a equiparação entre dolo e culpa grave. Assim, de acordo com o art. 23, 1 da LOTT (na redação anterior à Ley 9/2013, de 4 de julio), «salvo para *el caso de dolo* el Gobierno podrá establecer límites máximos en relación con la responsabilidad de los transportistas derivada del contrato de transporte [...]» (itálico nosso) e, por seu turno, o art. 3.4 da ROTT estabelece que «las limitaciones de responsabilidad previstas en los dos primeros apartados de este artículo no serán de aplicación cuando el daño se produzca mediando *dolo* del transportista» (itálico nosso). Como é manifesto, os preceitos transcritos apenas se referem ao dolo do transportador, pelo que poderia parecer que no Direito espanhol estava encontrada a base para negar a equiparação entre dolo e culpa grave. Todavia, esta argumentação não é considerada suficientemente convincente, pois a Ley de Ordenación de los Transportes Terrestres e o respetivo regulamento contêm normas de caráter essencialmente público-administrativo, não visando responder à questão de saber se no Direito espanhol do transporte terrestre a culpa grave é equiparável ao dolo. Acresce que tem sido entendido que a remissão do art. 29.º da CMR para *a lei da jurisdição que julgar o caso* está dirigida ao Direito nacional do país onde é julgada a causa e não especificamente ao regime jurídico do transporte interno desse país[157].

Ainda ao nível do direito positivo, encontramos disposições de onde resulta a equiparação em análise. Assim, no âmbito do transporte aéreo, o art. 121 da *Ley 48/1960, de 21 de julio, sobre navegación aérea* onde é referido o *«dolo o culpa grave»* do transportador. Também no art. 48.2 da *Ley de Contrato de Seguro*, ou nos arts. 10.2, 10.3 e 16.3 da mesma *Ley*, encontramos menção ao *«dolo o culpa grave»*. No art. 52 dessa *Ley* é feita referência à *«negligencia grave del assegurado»* para exonerar a seguradora no seguro contra roubo[158].

Quanto ao transporte rodoviário de mercadorias, perante a redação final do art. 62 da LCTTM[159] (ou seja, tendo presente tal redação face à pro-

[157] Sobre esta questão, cfr. *infra*.

[158] No entanto, como adverte a doutrina, a *Ley de Contrato de Seguro* é terminologicamente imprecisa e incoerente, pelo que as citadas normas deverão ser tidas em consideração *cum grano salis*. Cfr. SÁNCHEZ CALERO, *Ley de Contrato de Seguro. Comentarios a la Ley 50/1980, de 8 de octubre, y a sus modificaciones*, 2.ª ed., Pamplona, 1999, pp. 287 e segs..

[159] De acordo com o art. 62 da LCTTM (sob a epígrafe «pérdida del beneficio de limitación»): «no se aplicarán las normas del presente capítulo que excluyan o limiten la responsabilidad del porteador o que inviertan la carga de la prueba, cuando el daño o perjuicio haya sido causado por él o por sus auxiliares, dependientes o independientes, con

posta que constava, seja do Anteproyecto de Ley, seja do Proyecto de Ley, e face às alterações introduzidas durante a tramitação no Parlamento), a doutrina afirma, de forma inequívoca que, essa norma não admite a equiparação da culpa grave ao dolo[160]. Em contrapartida, quanto à repercussão que o disposto no art. 62 da LCTTM poderá ter sobre a interpretação do art. 29.º da CMR, a doutrina e a jurisprudência têm sido cautelosas nas afirmações que têm proferido sobre a matéria, evitando comprometer-se. Aliás, os autores que enunciam essa questão, deixam-na sem resposta[161].

Podemos concluir que não é possível encontrar no direito positivo uma resposta clara à questão em análise.

Analisando a jurisprudência também aí não se encontram contributos sólidos para responder à questão da equiparação entre dolo e culpa grave no Direito espanhol para efeitos de aplicação do art. 29.º da CMR. Há decisões que expressamente afirmam a vigência do brocardo *culpa lata dolo aequiparatur* no Direito espanhol, enquanto outras o negam. Há decisões que contornam o problema, limitando-se a referir, sem qualquer explicação complementar, a *«culpa muy grave»*, *«dolo o culpa equiparable»* e *«culpa lata o dolo eventual»*.

Na doutrina, as opiniões dividem-se. Por um lado, há autores que defendem que no ordenamento jurídico civil espanhol, designadamente no Código Civil, não se encontram elementos que permitam considerar vigente a regra *culpa lata dolo aequiparatur*. Por isso, com ressalva para os casos em que a lei expressamente equipare dolo e culpa grave – o que não sucede

---

actuación dolosa o con una infracción consciente y voluntaria del deber jurídico asumido que produzca daños que, sin ser directamente queridos, sean consecuencia necesaria de la acción».

A redação final deste preceito gera perplexidade e tem merecido a crítica da doutrina. Partilhamos a opinião e o vaticínio de Arias Varona quando afirma que a redação da norma «no es muy afortunada y será fuente de problemas en su aplicación» (*El comportamiento subjetivo del porteador como causa para la pérdida de los beneficios de responsabilidad*, cit., p. 287).

[160] Cfr. Arias Varona, *El comportamiento subjetivo del porteador como causa para la pérdida de los beneficios de responsabilidad*, pp. 286-291; Díaz Moreno, Alberto, *El contrato de transporte terrestre nacional de mercancías*, cit., pp. 298-299; Martínez Sanz/Achim Puetz, *Pérdida del beneficio de limitación*, cit., pp. 738-741; e Muñoz Paredes, *La infracción consciente y voluntaria del deber jurídico asumido como conducta equiparable al dolo en la nueva Ley del Contrato de Transporte Terrestre de Mercancías*, cit., pp. 18-19.

[161] Cfr. Arias Varona, *El comportamiento subjetivo del porteador como causa para la pérdida de los beneficios de responsabilidad*, p. 289; e Martínez Sanz/Achim Puetz, *Pérdida del beneficio de limitación*, cit., pp. 741-742.

quanto ao contrato de transporte rodoviário de mercadorias por estrada –, estes autores afirmam que não pode defender-se a equiparação entre dolo e culpa grave[162].

Para outra corrente doutrinal, no Direito espanhol, a culpa grave é equiparável ao dolo[163]. Em defesa desta posição, invoca-se, designadamente, que a equiparação corresponde a um princípio básico que ainda perdura, mesmo na vigência do Código Civil, sendo que o silêncio do Código quanto a esta matéria não pode ser considerado um silêncio significativo ou eloquente no sentido de negar a equiparação; de acordo com estes autores, estamos perante um princípio geral de Direito[164]. Invocam-se, também, razões práticas que têm a ver com a dificuldade em provar a ocorrência do dolo.

4.2.2. A culpa *equivalente ao dolo* no Direito português

Vejamos agora se no ordenamento jurídico português existe *culpa equivalente ao dolo* e, em caso afirmativo, qual o grau de culpa que releva neste âmbito.

---

[162] No que respeita ao contrato de transporte marítimo, cfr. Rueda Martínez, *La limitación de la responsabilidad del porteador en el transporte marítimo de mercancías*, cit., pp. 77-78; Ruiz Soroa / Zabaleta Sarasua / González Rodríguez, *Manual del Derecho del Transporte Marítimo*, cit., p. 438; e Escuín Ibáñez, *La limitación de la deuda indemnizatoria del porteador marítimo*, cit., p. 84.

A propósito do art. 29.º da CMR, cfr. Sánchez-Gamborino, *La llamada culpa equiparable a dolo y sus consequencias en el contrato de transporte*, cit., pp. 728 e segs.; *El Contrato de transporte internacional. CMR*, cit., pp. 249 e segs.; e, sobretudo, *La llamada culpa grave en el transporte de mercancías por carretera*, cit., *passim* e pp. 295 e segs., bem como *Article 29 of the CMR Convention concerns nothing but wilful misconduct of the carrier*, in *Uniform Law Review*, Volume 21, Issue 4, 2016, pp. 561–573; e Górriz Lopez, *La responsabilidad en el contrato de transporte de mercancías*, cit., pp. 675, 720 e 745.

[163] Cfr. Jordano Fraga, F., *La responsabilidad contractual*, Madrid, 1987, pp. 338 e segs. e 362 e segs.; id., *La responsabilidad del deudor por los auxiliares que utiliza en el cumplimiento*, Madrid, 1994, p. 590; Morales Moreno, A. M., *El dolo como critério de imputación de responsabilidad al deudor por los vicios de la cosa*, in *ADC*, 1982, pp. 608-609; García-Amigo, M., *Cláusulas limitativas de la responsabilidad contractual*, Madrid, 1965; e González Porras, J. M., *Modificaciones convencionales de la responsabilidad civil (Contribución al estudio de tales pactos en el contrato de transporte y su conexión con el seguro de la responsabilidad civil general)*, in *RDM*, 1978, pp. 503, 548 e 559.

[164] Cfr. Morales Moreno, *El dolo como critério de imputación de responsabilidad al deudor por los vicios de la cosa*, cit., pp. 608-609; e Jordano Fraga, *La responsabilidad contractual*, cit., p. 340.

O Código Civil português refere-se ao *dolo* e à *negligência*, *i. e.*, às duas modalidades de culpa admitidas no nosso sistema jurídico, logo no art. 483.º, n.º 1[165] que constitui a pedra angular do instituto da responsabilidade civil no ordenamento jurídico nacional[166]. Mas não define *dolo* ou *negligência*, nem apresenta um elenco dos diversos graus de culpa em que *dolo* e *negligência* se podem desdobrar[167]. E também não encontramos expressamente vertida no Código Civil uma equiparação de princípio entre o *dolo* e a *culpa grave*[168], expressão esta que identifica um elevado grau de negligência que se aproxima do dolo.

---

[165] O legislador utilizou a expressão *mera culpa*, para identificar a *negligência*. Apesar da terminologia legal, não há qualquer dúvida que o legislador se está a referir à *negligência*.

[166] Cfr. Antunes Varela, *Das Obrigações em Geral*, I, cit., p. 521.

[167] Diversamente, no âmbito do direito penal, o Código Penal português esclarece o que deve ser entendido por atuação dolosa, distinguindo o *dolo direto*, o *dolo necessário* e o *dolo eventual* (art. 14.º) e por atuação negligente, destrinçando entre *negligência consciente* e *negligência inconsciente* («age com negligência quem, por não proceder com o cuidado a que, segundo as circunstâncias, está obrigado e de que é capaz: *a)* Representar como possível a realização de um facto que preenche um tipo de crime mas atuar sem se conformar com essa realização; ou *b)* Não chegar sequer a representar a possibilidade de realização do facto» (art. 15.º). A referência à *negligência consciente* e *inconsciente* não pode ser vista como a apresentação de um elenco exaustivo dos graus de culpa admissíveis no nosso ordenamento, como revela, com clareza, a jurisprudência, referindo-se, por exemplo, à *negligência grosseira* (ou *culpa grave*).

Quanto aos comportamentos negligentes, a doutrina civilista distingue entre *negligência consciente* e *negligência inconsciente*; e, noutra ordem de ideias, entre *culpa lata* (*grave* ou *grosseira*; ou *negligência grosseira*), *culpa leve* e *culpa levíssima*.

Há *negligência consciente* quando «o autor prevê a produção do facto ilícito como possível, mas por *leviandade*, *precipitação*, *desleixo* ou *incúria* crê na sua não verificação, e só por isso não toma as providências necessárias para o evitar» (Antunes Varela, *Das obrigações em geral*, I, cit., p. 525). E diz-se que há *negligência inconsciente* quando «o agente não chega sequer, por *imprevidência*, *descuido*, *imperícia* ou *inaptidão*, a conceber a possibilidade de o facto se verificar, podendo e devendo prevê-lo e evitar a sua verificação, se usasse da diligência devida» (*ibidem*).

Segundo outra terminologia, a negligência (culpa em sentido restrito) pode ser *levíssima*, *leve* ou *grave*. Será *levíssima* quando o agente tenha omitido os deveres de cuidado que só uma pessoa excepcionalmente diligente e prudente teria observado; será *leve* quando o agente deixar de observar os deveres de cuidado que uma pessoa normalmente diligente teria adotado; será *grave* (também designada por *culpa lata*) quando tiverem sido omitidos os deveres de cuidado a omissão que só uma pessoa especialmente descuidada e incauta deixaria de respeitar (Antunes Varela, *Das obrigações em geral*, I, cit., p. 530).

[168] No Código Civil português, a única equiparação expressa entre *dolo* e *culpa grave* encontra-se no art. 1323.º, n.º 6, integrado no regime da ocupação de animais e coisas móveis perdidas. Estabelece o preceito ora citado: «o achador goza do direito de retenção

Como realça a doutrina, a distinção entre *dolo* e *negligência* teve e continua a ter uma importância essencial no âmbito do direito criminal[169], mas na área do direito civil, e em particular quanto à responsabilidade civil, durante muito tempo, não foi atribuído relevo a essa distinção, nem aos diversos graus da culpa dentro de cada uma das duas referidas modalidades, porque se entendia que a responsabilidade civil tinha uma função exclusivamente reparadora dos danos causados[170]. Entendia-se que havendo *culpa* do agente, este seria civilmente responsável e teria de ressarcir o lesado de todos os danos sofridos, sendo irrelevante a modalidade ou o grau de culpa com que agiu. É certo que a função reparadora dos danos constitui a principal função da responsabilidade civil. No entanto, atualmente, sem postergar essa função, admite-se que também estão presentes neste instituto jurídico uma vertente de *sanção* da conduta do agente e uma vertente de *prevenção* (tanto geral, como especial) do ilícito civil[171]. Claro que tais vertentes não assumem aqui o destaque que lhes deve ser atribuído (*mutatis mutandis*) no domínio da responsabilidade criminal, mas são reconhecidas e foram consagradas no atual Código Civil português em diversos preceitos, nos quais é atribuída – *expressis verbis* – relevância à modalidade e ao grau de culpa do agente[172].

---

e não responde, no caso de perda ou deterioração do animal ou da coisa, senão havendo da sua parte dolo ou culpa grave».

[169] Pois, em princípio, apenas são punidas as infrações dolosas (art. 13.º do Código Penal). E, entre o mais, o grau de culpa do agente é da máxima relevância para determinar *em concreto* a pena aplicável dentro da *moldura penal* respetiva (art. 71.º do Código Penal).

No direito penal a distinção entre dolo e negligência releva para efeitos de imputação, pois, em regra, «só é punível o facto praticado com dolo» (art. 13.º do Código Penal). Mas, no âmbito do direito civil, a imputação resulta, em regra, quer do dolo quer da negligência. Quer dizer, o grau de culpa é irrelevante para efeitos de imputação, para efeito de preenchimento dos pressupostos da responsabilidade civil.

[170] Cfr. Antunes Varela, *Das Obrigações em Geral*, I, cit., pp. 519-520.

[171] No que diz respeito à responsabilidade do transportador, no âmbito do transporte terrestre de mercadorias, cfr. por exemplo, Escuin Ibáñez, *Valoración del daño y de la suma indemnizatória: la limitación de responsabilidad del porteador ferroviario*, cit., p. 277; e Martínez Sanz, *La responsabilidad del porteador en el transporte internacional de mercancías por carretera (CMR)*, cit., p. 515.

Sobre as finalidades da responsabilidade civil, cfr., na doutrina portuguesa recente, por exemplo, Mafalda Miranda Barbosa, *Lições de Responsabilidade Civil*, cit., pp. 41 e segs.

[172] Não deve ser descontextualizada a afirmação de Antunes Varela segundo a qual «uma vez apurada a culpa do agente, este é obrigado a indemnizar, devendo o montante da indemnização corresponder, em princípio, ao prejuízo causado. Não se atende, para

Assim, no que diz respeito à fixação do montante da indemnização quanto à responsabilidade extracontratual, estabelece o art. 494.º[173] que em caso de *mera culpa* (*i. e.*, de *negligência*) a indemnização pode ser fixada «em montante inferior ao que corresponderia aos danos causados» se, entre outros factores, «o grau de culpabilidade do agente» o justificar.

Também na fixação do montante da indemnização relativa aos danos não patrimoniais, o Código Civil manda atender «às circunstâncias referidas no artigo 494.º», incluindo, por isso, «o grau de culpabilidade do agente» (art. 496.º, n.º 2 *ex vi* art. 494.º).

Além disso, o grau de culpa releva em matéria de direito de regresso entre os responsáveis. A responsabilidade das pessoas responsáveis pelos danos é solidária (art. 497.º, n.º 1). E o direito de regresso entre elas «existe na *medida das respetivas culpas* e das consequências que delas advieram» (art. 497.º, n.º 2).

No art. 570.º, relativo à «culpa do lesado», estabelece-se que se o próprio lesado tiver contribuído para a produção ou agravamento dos danos, a concessão e o montante da indemnização dependerá da «gravidade das culpas de ambas as partes» e das «consequências que delas resultaram».

Quanto à responsabilidade contratual a distinção entre dolo e negligência assume relevo para alguns efeitos, cfr., por exemplo, os arts. 814.º, 815.º, 957.º, 1134.º e 1681.º, n.º 1.

Na área do direito laboral e, mais especificamente dos acidentes de trabalho, desde há muito que a Lei estabelece que os acidentes devidos a *dolo* ou *culpa grave* do trabalhador excluem a responsabilidade patronal[174].

---

o efeito, às distinções de sabor escolástico que os autores costumavam estabelecer entre *culpa lata* (*grave* ou *grosseira*), *culpa leve* e *culpa levíssima*» (*Das obrigações em geral*, I, cit., pp. 529-530). A análise do Autor incide sobre a culpa como critério de imputação. Essas frases surgem a propósito da questão de saber se a apreciação da culpa deverá ser feita em abstrato ou em concreto; e não se deve ignorar que o Autor logo adverte, faz a ressalva, «em princípio». Acresce que nos parágrafos seguintes, o Autor chama a atenção para o relevo que pode assumir o *grau de culpa* do agente.

[173] Dispõe o artigo 494.º do Código Civil (ao qual corresponde a epígrafe «limitação da indemnização no caso de mera culpa»): «quando a responsabilidade se fundar na mera culpa, poderá a indemnização ser fixada, equitativamente, em montante inferior ao que corresponderia aos danos causados, desde que o grau de culpabilidade do agente, a situação económica deste e do lesado e as demais circunstâncias do caso o justifiquem».

Sobre esta norma, cfr., por todos, Brandão Proença, *A Conduta do Lesado como Pressuposto e Critério de Imputação do Dano Extracontratual*, cit., pp. 154 e segs..

[174] Cfr. Base VI da Lei n.º 2127, de 03/08/1965; Lei n.º 1942, 27/07/1936, com as alterações introduzidas pelos Decretos-Lei n.º 27165, de 10/11/1936 e n.º 38539, de 24/11/1951.

Encontramos referência à equiparação entre *dolo* e *culpa grave* no regime jurídico das cláusulas contratuais gerais, aprovado pelo Decreto-Lei n.º 446/85, de 25 de outubro, mais concretamente nas alíneas *c)* e *d)* do art. 18.º.

No art. 8.º do regime da responsabilidade civil extracontratual do Estado e demais entidades públicas, aprovado pela Lei n.º 67/2007, de 31 de dezembro, é consagrada a responsabilidade solidária do Estado e das demais pessoas coletivas de direito público em caso de *dolo* ou *culpa grave* dos titulares de órgãos, funcionários e agentes.

O Código de Processo Civil considera litigante de má-fé o sujeito processual que «com dolo ou negligência grave» tiver adotado um dos comportamentos elencados no art. 542.º, n.º 2.

Das referências legislativas enunciadas resulta que a expressão *culpa grave* e o respetivo conceito não são estranhos ao ordenamento jurídico civil português. Todavia, o legislador não consagrou expressamente uma equiparação de princípio entre *dolo* e *culpa grave*.

Perante o quadro apresentado pelo Direito nacional português, a doutrina divide-se. Há quem defenda a inexistência da equiparação, em geral, da *culpa grave* ao *dolo*[175]. Por outro lado, segundo outros autores: «a culpa grave, sabemo-lo, é, em princípio, equiparável ao dolo ou má-fé. É-o no sentido de que, se a lei na sua letra só der relevância ao dolo ou má-fé, a sua estatuição deverá considerar-se extensiva à culpa grave, salvo se em relação a determinado preceito legal houver porventura razões ponderosas para entendimento contrário»[176].

Atualmente, de acordo com o art. 14.º da Lei n.º 98/2009, de 4 de setembro, o empregador não tem de reparar os danos decorrentes do acidente de trabalho – nomeadamente – se este for dolosamente provocado pelo sinistrado ou se provier exclusivamente de negligência grosseira do sinistrado.

[175] Cfr., por exemplo, MENEZES LEITÃO, *Direito das Obrigações, I*, cit., p. 319, que afirma: «não parece, porém, que se justifique estabelecer uma equiparação geral do ilícito negligente com culpa grave ao ilícito intencional, uma vez que o brocardo latino *culpa lata dolo aequiparatur* não se mantém vigente no direito actual».

[176] Cfr. GALVÃO TELLES, *Direito das Obrigações*, cit., p. 277.

Há autores que fizeram incidir a sua atenção sobre o Direito dos Transportes e que se pronunciam no sentido da equiparação da *culpa grave* ao *dolo*. ALFREDO PROENÇA / J. ESPANHA PROENÇA, *Transporte de mercadorias*, cit., pp. 46, 47 e 126. Referindo-se ao art. 21.º da LTR, dizem estes autores: «o art. 21.º exclui apenas a perda, avaria ou demora devidas a atuação dolosa do transportador, o que significa que ficam de fora as situações decorrentes de mera culpa ou simples negligência. Todavia, como se referiu, ao dolo do transportador assimila-se tradicionalmente a falta grave, como será a de deixar o camião ou a galera com a mercadoria estacionada sem vigilância num lugar público durante um fim

Independentemente da existência ou inexistência de uma equiparação do dolo à culpa grave em termos gerais, para o tema que nos ocupa, a questão desta equiparação deve ser equacionada no contexto da matéria da exclusão e limitação da responsabilidade do devedor. Neste âmbito, a problemática tem sido centrada no art. 809.º do Código Civil, a propósito da admissibilidade das cláusulas de exclusão e de limitação da responsabilidade[177]. Também neste âmbito, há opiniões divergentes. Para parte da doutrina, face ao disposto no art. 809.º do Código Civil, as cláusulas de exclusão e de limitação da responsabilidade do devedor seriam nulas por violarem aquele artigo[178]. Segundo outros autores, apenas são proibidas tais cláusulas em caso de dolo ou de culpa grave do devedor[179].

---

de semana, propiciando o seu furto. Ao proceder assim, o transportador infringiu de forma intolerável o seu dever acessório da custódia da mercadoria» (p. 47). Depois, a propósito da limitação da responsabilidade no âmbito da CMR, afirmam que tal limitação apenas será aplicável aos «casos de perdas não imputáveis ao transportador a título de dolo ou negligência grosseira (*faute lourde*). Se a perda lhe for imputável ou no caso de extravio, não se justificariam tais limites, pois que isso representaria um estímulo ao não cumprimento do contrato pelo transportador e a entrega da mercadoria só quando lhe conviesse» (p. 126). Castello-Branco Bastos, *Direito dos Transportes*, cit., pp. 112-113 «à luz do sistema português e considerando, seja o art. 494.º do Código Civil, seja quanto vem sendo defendido na doutrina pátria a propósito da interpretação dos arts. 800.º e 809.º, também do Código Civil, parecerá de sustentar o tradicional brocardo culpa *lata dolo aequiparatur (comparatur)*, à semelhança do que sucede em vários países signatários (motivo este que nos levará a expandir o grau de uniformidade normativa, mesmo neste ponto, em que a CMR não decidiu). Destarte, segundo a nossa lei interna uma conduta do transportador praticada com culpa grave faria também decair o limite indemnizatório, além de lhe barrar o acesso às demais normas sobre responsabilidade e sobre o regime probatório».

[177] A propósito da *fixação contratual dos direitos do credor*, o art. 809.º do Código Civil português (sob a epígrafe «renúncia do credor aos seus direitos») estabelece o seguinte: «é nula a cláusula pela qual o credor renuncia antecipadamente a qualquer dos direitos que lhe são facultados nas divisões anteriores nos casos de não cumprimento ou mora do devedor, salvo o disposto no n.º 2 do artigo 800.º».

O art. 800.º, n.º 2, por seu turno, admite que a responsabilidade do devedor pelos atos dos seus representantes legais ou dos seus auxiliares «pode ser convencionalmente excluída ou limitada, mediante acordo prévio dos interessados, desde que a exclusão ou limitação não compreenda atos que representem a violação de deveres impostos por normas de ordem pública».

[178] Cfr., Antunes Varela, *Das Obrigações em geral*, Volume II, cit., pp. 128 e segs.; Menezes Leitão, *Direito das Obrigações*, Volume II, cit., p. 286; Ribeiro de Faria, *Direito das Obrigações*, Volume II, Almedina, Coimbra, 1987, p. 404, nota 2.

[179] Cfr. Pinto Monteiro, *Cláusulas limitativas e de exclusão de responsabilidade civil*, cit., pp. 217 e segs.; do mesmo autor, *Contratos de adesão: o regime jurídico das*

Na senda da doutrina portuguesa que mais atenção dedicou a esta problemática[180], entendemos que, no nosso ordenamento jurídico, em matéria de exclusão e limitação da responsabilidade, deve ser defendida a equiparação do dolo à culpa grave. Essa equiparação impõe-se seja por razões de ordem prática, ligadas à dificuldade em provar a intenção dolosa e a exigências de prevenção geral («impedir "le méchant de jouer l'imbécile"»), seja «fundamentalmente, por respeito pelos valores que o princípio da boa fé encerra, incompatível com o benefício da isenção da responsabilidade no caso de o devedor não observar regras elementares de prudência, ou de revelar, pelo seu comportamento não ter adotado aquele esforço e diligência mínimamente exigíveis, nas circunstâncias concretas»[181]. Além disso, invocam-se exigências de índole económica e social, pois a proibição da exclusão e da limitação da responsabilidade do devedor nos casos em que este agiu com culpa grave constitui um desincentivo à incúria e negligência no tráfico jurídico, as quais se fossem consentidas teriam repercussões prejudiciais a nível económico e social[182]. Os desenvolvimentos económicos e sociais das últimas décadas (que conduziram ao que se tem chamado *sociedade de consumo*) implicaram, entre o mais, o «renascimento da culpa grave, tendo em conta que vivemos na "era do acidente", fruto do desenvolvimento técnico e tecnológico, onde a fronteira entre a mera culpa e o caso fortuito se esbate cada vez mais».

Subinhe-se que a equiparação do dolo à culpa grave não de deverá restringir às cláusulas limitativas ou de exclusão; pois, quanto às «exclusões ou limitações *legais* de responsabilidade [...], apesar de a sua fonte legal lhes conferir a natureza de normas jurídicas, a sua função corresponde à das cláusulas limitativas e de exclusão convencionais, pelo que deverão

---

cláusulas contratuais gerais instituído pelo Decreto-Lei nº 446/85, de 25 de Outubro, in *ROA*, III, 1986, pp. 756 e segs. e *Cláusula penal e indemnização*, Livraria Almedina, Coimbra, 1990, pp. 235 e segs.; Mota Pinto, *Teoria geral do Direito civil*, 3.ª edição, Coimbra, Coimbra Editora, 1985, p. 595; Galvão Telles, *Direito das Obrigações*, cit., p. 432, n. 1; Almeida Costa, *Direito das Obrigações*, cit., pp. 787 e segs.; Mafalda Miranda Barbosa, *Lições de Responsabilidade Civil*, cit., p. 238.

180 Referimo-nos aos já citados trabalhos de Pinto Monteiro.

Também neste sentido, na área do Direito dos transportes, cfr. João Ricardo Branco, *A conduta antijurídica do transportador e a preclusão da limitação da responsabilidade*, cit., pp. 362 e segs..

181 Estamos a seguir a argumentação de Pinto Monteiro, *Cláusulas limitativas e de exclusão de responsabilidade civil*, cit., p. 236, cfr., também, pp. 232-237.

182 *Op. ult. cit.*, p. 237.

aplicar-se-lhes, em regra, as mesmas restrições, só produzindo efeitos se não houver dolo ou culpa grave, designadamente»[183].

A equiparação do dolo à culpa grave em matéria de exclusão e limitação de responsabilidade veio a ser expressamente consagrada no Decreto-Lei n.º 446/85, de 25 de outubro[184], que, em Portugal, aprovou o *regime jurídico das cláusulas contratuais gerais*. Assim, por exemplo, de acordo com o art. 18.º, alínea *c)* deste diploma, são absolutamente proibidas as cláusulas contratuais gerais que «excluam ou limitem, de modo direto ou indireto, a responsabilidade por não cumprimento definitivo, mora ou cumprimento defeituoso, em caso de dolo ou de culpa grave».

Pode afirmar-se que o postulado hermenêutico da unidade do sistema permite e até impõe que a solução legal vertida no art. 18.º do *regime jurídico das cláusulas contratuais gerais* seja tomada em consideração ao interpretar o art. 809.º do Código Civil e, de um modo mais amplo, quanto à equiparação do dolo à culpa grave em matéria de exclusão e de limitação da responsabilidade, seja no âmbito de cláusulas contratuais, seja no âmbito de exclusões e limitações legais[185].

Aqui chegados, impõe-se analisar o que estabelece neste âmbito o *regime jurídico do contrato de transporte rodoviário nacional de mercadorias* (LTR), consagrado no Decreto-Lei n.º 239/2003, de 4 de outubro; e, responder à questão de saber se a remissão estabelecida no art. 29.º da CMR é para o regime do contrato de transporte interno rodoviário de mercadorias ou para a *lex fori* no seu conjunto. Sublinhe-se que a resposta a esta questão poderá assumir relevo decisivo, pois caso se entenda que a remissão é dirigida especificamente à legislação nacional em matéria de transporte rodoviário de mercadorias (*in casu* à LTR), a solução que em tal

---

[183] Cfr. PINTO MONTEIRO, *Cláusulas limitativas e de exclusão de responsabilidade civil,* cit., pp. 243-244, n. 561. Sobre a equiparação do comportamento gravemente culposo ao dolo, no âmbito da limitação e exclusão da responsabilidade, cfr., também, ANA PRATA, *Cláusulas de Exclusão e Limitação da Responsabilidade Contratual*, Almedina, Coimbra, 2005 (reimpressão), pp. 289 e ss..

[184] O Decreto-Lei n.º 446/85, de 25 de outubro foi, entretanto, alterado pelo Decreto-Lei n.º 220/95, de 31 de agosto (tenha-se, também em consideração, a Declaração de Rectificação n.º 114-B/95, de 31 de agosto), pelo Decreto-Lei n.º 249/99, de 7 de julho e pelo Decreto-Lei n.º 323/2001, de 17 de dezembro.

[185] Cfr. PINTO MONTEIRO, *Les clauses limitatives et exonératoires de responsabilité et la protection du consommateur*, in *BFDUC*, 1993, p. 167.

legislação for dada à matéria em análise será determinante quanto à aplicação do art. 29.º da CMR[186].

De acordo com o art. 21.º da LTR, que tem por epígrafe «responsabilidade do transportador em caso de dolo», «sempre que a perda, avaria ou demora resultem de atuação dolosa do transportador, este não pode prevalecer-se das disposições que excluem ou limitam a sua responsabilidade».

É manifesto que este artigo apenas se refere à «responsabilidade do transportador em caso de dolo». Além disso, analisado a LTR, verifica-se que não se encontra aí referência expressa à *culpa equivalente ao dolo*, seja através desta fórmula, seja através de expressões próximas, por exemplo *culpa grave*. Conjugando estes elementos parece resultar do art. 21.º da LTR que as disposições da lei nacional que excluem ou limitam a responsabilidade do transportador rodoviário de mercadorias apenas serão afastadas em caso de dolo do transportador[187].

Todavia, na interpretação desta norma importa ter presente que foi intenção do legislador nacional estabelecer um regime em conformidade com a CMR (o legislador português assume que pretendeu, com a LTR, proceder à harmonização do normativo regulador do contrato de transporte nacional de mercadorias com o regime da CMR, tendo em vista, para além do mais, «promover a uniformização da disciplina jurídica dos contratos de transporte por estrada»[188]). Ora, o art. 29.º da CMR, apesar das críticas

---

[186] Cfr. Martínez Sanz/Achim Puetz, *Pérdida del beneficio de limitación*, cit., p. 741-742.

[187] Cfr. Castello-Branco Bastos refere-se ao «carácter aparentemente exclusivo da norma» (*Direito dos Transportes*, cit., p. 115).

Januário da Costa Gomes afirma que no art. 21.º da LTR consta uma «solução de dolo» (*O Acórdão de 12.10.2017 ou o persistente alheamento do STJ relativamente ao regime específico da CMR*, cit., p. 610) e que no «regime específico interno do transporte rodoviário de mercadorias, no qual (artigo 21.º do DL 239/2003) não se levantam dúvidas sobre a não perda do direito à limitação pelo transportador quando o seu comportamento tenha sido "meramente negligente"» (*est. cit.*, p. 616).

[188] Cfr., nomeadamente, o 4.º parágrafo do preâmbulo do Decreto-Lei n.º 239/2003, de 04 de outubro, que aprovou o regime jurídico do contrato de transporte rodoviário nacional de mercadorias. No preâmbulo é dito que foram estabelecidas «regras de limitação de responsabilidade e estabelecido um regime de prazos para efeitos de mora ou de resolução do contrato» que não reproduzem «exatamente o constante da CMR», sendo apresentada como justificação para esse desvio «o espaço geográfico em que se realizam os transportes a que se aplica o presente diploma». Quer dizer, os desvios face ao regime da CMR são justificados por referência ao *espaço geográfico em que se realizam os transportes* aí regulados: o território português. Esta justificação não pode ser considerada relevante

de que merecidamente é passível, deixou claro um ponto: a preclusão do benefício da limitação da responsabilidade não está restringida aos casos de dolo, de condutas intencionais, podendo, também, ocorrer em caso de culpa grave (utilizando terminologia que costuma ser empregue no nosso contexto)[189].

Assim, quanto à matéria ora em análise (determinar o limite a partir do qual o transportador não poderá benefíciar da limitação da responsabilidade), uma interpretação do art. 21.º da LTR conforme à CMR leva a concluir que o legislador português deixou parte da questão em aberto[190]. Poder-se-á dizer que deixou *a questão* em aberto, pois *a questão* não tem a ver com as condutas intencionais (*i. e.*, dolosas), *a questão* diz respeito à *culpa equivalente ao dolo*.

O preceito diz-nos que o benefício da limitação da responsabilidade é afastado em caso de dolo. Mas não diz que é ou que não é afastado em caso de *culpa grave*. Se era intenção do legislador estabelecer que tal limitação *apenas* pode ser afastada em caso de dolo, poderia ter utilizado um advérbio de exclusão, tal como «só», «apenas» ou outro semelhante[191]. E também nada é dito no preâmbulo do Decreto-Lei n.º 239/2003 que aprovou a LTR[192] no sentido de clarificar a posição do legislador.

---

quanto à matéria que nos ocupa. Neste sentido, cfr. Castello-Branco Bastos, *Direito dos Transportes*, cit., p. 116, nota 121.

[189] Como refere Januário da Costa Gomes, «a remissão feita no artigo 29.º da CMR não é para os regimes internos no que tange à admissibilidade de limitação: se assim fosse, a própria uniformização que é pretendida pela CMR sofreria um rude golpe, para mais numa das matérias mais sensíveis como é a da perda do direito à limitação. O artigo 29.º não abre mão da nevrálgica definição das situações em que o transportador "perde o direito de aproveitar-se" da limitação e não as remete para a *lex fori*, diversamente do que parece sustentar o STJ [no Acórdão de 12-10-2017]: essa perda só acontece no *caso de dolo* ou, então, de uma "falta" que, no direito interno, *esteja ao nível do dolo* em termos de gravidade» (*O Acórdão de 12.10.2017 ou o persistente alheamento do STJ relativamente ao regime específico da CMR*, cit., p. 616).

[190] Seja como for, o que parece seguro é que o art. 21.º do LTR «poderá ser um ensejo para divergentes interpretações» (cfr. Castello-Branco Bastos, *Direito dos Transportes*, cit., p. 116), contribuindo para a manutenção do problema, em vez de ser solução para o mesmo.

[191] Por exemplo, adaptando o texto do art. 21.º do LTR: «o transportador só não poderá prevalecer-se das disposições que excluem ou limitam a sua responsabilidade, se a perda, avaria ou demora resultarem de atuação dolosa deste».

[192] Ao contrário, por exemplo, do que acontece no preâmbulo da LCTTM. Cfr. o último parágrafo do ponto III do preâmbulo desta Ley.

Neste contexto e porque se trata de matéria intensamente controvertida, conexa com o art. 29.º da CMR que é considerado o ponto mais fraco da CMR, entendemos que não há indicadores seguros de que o legislador quis resolver em definitivo esta controvérsia e não pode afirmar-se que resulta *a contrario* do art. 21.º da LTR que a culpa grave não releva para afastar as disposições que excluem ou limitam a responsabilidade do transportador[193].

Quanto à matéria regulada neste artigo, a LTR, tal como a LCTTM, foram ocasiões perdidas[194] no sentido de se conseguir, ou melhor de se contribuir para a uniformização[195] não alcançada pela CMR ou, pelo menos, de clarificar a resposta dada pelo legislador, ao nível do direito nacional, à questão de saber o grau de culpa a partir do qual o transportador não poderá invocar as disposições relativas à exclusão e limitação da responsabilidade[196].

De todo o modo, entendemos que o art. 29.º da CMR ao remeter para *a lei da jurisdição que julgar o caso*, até pela redação utilizada, não está a convocar, unicamente, o regime do contrato de transporte rodoviário nacional de mercadorias, mas a *lex fori* no seu conjunto[197]. Sendo assim, é certo

---

[193] Segundo Marteleto Godinho, «a omissão exposta, contudo, não pode ser interpretada como uma tomada de posição diversa daquela consagrada na CMR. Cabe entender que não é necessária uma referência expressa à possibilidade de serem validamente suscitadas as condutas culposas equivalentes ao dolo, por ser este o entendimento prevalecente em relação à generalidade das questões que envolvem o instituto da responsabilidade civil em Portugal, apesar das dissensões já assinaladas» (*A responsabilidade do transportador rodoviário de mercadorias*, cit., pp. 142-143).

[194] Como foi já referido, o art. 21.º do LTR apresenta «uma norma criada em evidente contraciclo, afastando-se das soluções consagradas nos mais recentes textos normativos internacionais, das reformas encetadas em diversos sistemas nacionais e da própria interpretação dominante da CMR» (cfr. João Ricardo Branco, *A conduta antijurídica do transportador e a preclusão da limitação da responsabilidade*, cit., p. 365).

[195] A «uniformização de sentido inverso» a que se refere Martínez Sanz, *La responsabilidad del porteador en el transporte internacional de mercancías por carretera (CMR)*, cit., pp. 526, *maxime* p. 527.

[196] Na clássica afirmação de Manuel de Andrade, «o ideal seria que o direito fosse sumamente certo sem deixar de ser também sumamente recto» (*Ensaio sobre a teoria da interpretação das leis*, cit., p. 56).

[197] Neste sentido, em Portugal, cfr. João Ricardo Branco, *A conduta antijurídica do transportador e a preclusão da limitação da responsabilidade*, cit., p. 366; em Espanha, cfr. Martínez Sanz, *La responsabilidad del porteador en el transporte internacional de mercancías por carretera (CMR)*, cit., pp. 580 e segs..

José Luís Saragoça afirma que «o segmento final do artigo 29.º que se refere a "falta equivalente ao dolo" só é de aplicar nas jurisdições em que a noção de dolo não seja

que a LTR deverá ser tido em consideração. No entanto, também é certo que não deve olvidar-se o já referido quanto ao ordenamento jurídico português no seu conjunto. Designadamente que a equiparação entre o dolo e a culpa grave é dominante entre nós, mesmo em matéria de Direito dos transportes, quanto à exclusão e limitação da responsabilidade[198].

Na análise do problema e, designadamente, na interpretação e aplicação do art. 21.º da LTR, deverá ser tido na devida conta o *princípio da boa fé no cumprimento das obrigações* (art. 762.º, n.º 2 do Código Civil), bem como ter presente o instituto do *abuso do direito* (art. 334.º do Código Civil)[199].

Como referimos, o princípio da boa fé é um dos pontos fortes em que se apoiam os defensores da equiparação da culpa grave ao dolo em matéria de exclusão e de limitação da responsabilidade. Postula este princípio que, tanto no *cumprimento da obrigação*, como no *exercício do direito* correspondente, devem as partes proceder de boa fé (art. 762.º, n.º 2 do Código Civil). Trata-se de reconhecer e garantir que ao exercício de um direito está inerente uma conduta ética, que o titular do direito está limitado pela fun-

---

conhecida», «o que não é manifestamente o caso de Portugal, onde o dolo, como modalidade da *"culpa latu sensu"* obtém um amplíssimo reconhecimento na lei, na doutrina e na jurisprudência civil» (*A responsabilidade do transportador rodoviário de mercadorias e o dolo ou falta equivalente ao dolo*, in Gomes, Manuel Januário da Costa (coord.), *Temas de Direito dos Transportes III*, Almedina, Coimbra, 2015, p. 428 e pp. 432-433).

Segundo este autor, atendendo ao estabelecido no art. 21.º da LTR, «ainda que por absurdo se defendesse a posição contrária, no sentido do alargamento ao dolo da *"falta equivalente ao dolo"*, uma eventual remissão para a lei nacional relativa ao contrato de transporte de mercadorias, sempre imporá, sem margem para qualquer dúvida que o transportador rodoviário só possa ser privado do benefício da exclusão e limitação de responsabilidade em caso de dolo nem sequer relevando, para o efeito, a "falta grave"» (*op. ult cit.*, p. 439).

Sobre a questão das consequências que o art. 62 da LCTTM poderá ter para a aplicação do art. 29.º em Espanha, cfr. Martínez Sanz / Achim Puetz, *Pérdida del beneficio de limitación*, cit., p. 741-742.

[198] Cfr. João Ricardo Branco, *est. loc. ult. cits.*.

[199] Em termos gerais, cfr., *inter alia*, Diez-Picazo, *Fundamentos del derecho civil patrimonial, Volumen II, Las relaciones obligatorias*, cit., pp. 108-109; Antunes Varela, *Das Obrigações em Geral*, II, cit., pp. 10 e segs.; Pires de Lima / Antunes Varela, *Código Civil Anotado*, volume I, cit., p. 298 e segs..

Ricardo Bernardes defende, de forma clara e desenvolvida, que «a regra da preclusão do benefício da limitação da responsabilidade é, afinal, uma manifestação do princípio da boa fé» (*A conduta do transportador impeditiva da limitação de responsabilidade no Direito Marítimo*, in Gomes, Manuel Januário da Costa (coord.), *Temas de Direito dos Transportes II*, Almedina, Coimbra, 2013, pp. 489 e segs.).

ção e finalidade do direito[200]. A boa fé é um «arquétipo de conduta social: a lealdade nas relações, o proceder honesto, esmerado, diligente»[201].

O credor age em abuso do direito quando «no se cumple la finalidad o interés para cuya satisfacción el derecho fue establecido»[202]; ou, dito de outro modo (de acordo com o art. 334.º do Código Civil português), «é ilegítimo o exercício de um direito, quando o titular exceda manifestamente os limites impostos pela boa fé, pelos bons costumes ou pelo fim social ou económico desse direito». Assim, age em abuso do direito o transportador que voluntariamente cria ou se expõe a uma situação de perigo e depois, ocorrendo danos que radicam em tal situação de perigo, pretende beneficiar da limitação da sua responsabilidade.

A jurisprudência portuguesa chamada a decidir sobre a aplicação do art. 29.º da CMR tem oscilado nas respostas apresentadas e, em muitos casos, a fundamentação apresentada não é convincente. Como teremos ocasião de analisar em seguida, a jurisprudência que foi maioritária até há alguns anos, afirmava reiteradamente que «no nosso ordenamento jurídico, a equiparação da negligência grosseira ao dolo surgiu, pontualmente, como novidade, com a reforma processual civil operada em 1995/96, para o restrito efeito de condenação por litigância de má fé (cfr. art. 456.º CPC)»[203]. No entanto, a propósito da equiparação da culpa grave/negligência grosseira ao dolo no âmbito do artigo 29.º, alguma jurisprudência admitia que *a* «culpa grosseira [é] equiparável ao dolo»[204_205]. Atualmente (desde junho de 2011), a maio-

---

[200] Cfr. Diez-Picazo, *op. loc. ult. cits.*.

[201] Cfr. Diez-Picazo *apud* Antunes Varela, *Das Obrigações em Geral*, II, cit., p. 13.

[202] Cfr. Diez-Picazo, *op. ult. cit.*, p. 109.

[203] Cfr., por exemplo, o mais recente (*i. e.*, o último) dos acórdãos conhecidos que sufragou esse entendimento: o Acórdão do Tribunal da Relação do Porto 25/10/2012 (processo n.º 9268/07.0TBMAI.P1). A decisão contida nesse aresto foi revogada pelo Acórdão do Supremo Tribunal de Justiça de 15/05/2013 (processo n.º 9268/07.0TBMAI.P1.S1), a que a seguir será feita referência.

[204] Cfr. o Acórdão do Supremo Tribunal de Justiça de 25/11/1998 (processo n.º 98A566, só o sumário está disponível em www.dgsi.pt). De acordo com este Acórdão: «é culposo, mas não integra culpa grosseira equiparável ao dolo, o comportamento do motorista que, depois de carregado o veículo, o deixa estacionado em local onde os furtos são frequentes com o duplicado da chave de ignição no exterior da cabina».

Face ao artigo 25.º da Convenção de Varsóvia, afirmava o Acórdão do Tribunal da Relação do Porto de 03/07/2003 que «para ter direito a indemnização não sujeita aos limites a que se refere o artigo 22º, é necessário alegar e provar "factos que integrem actuação dolosa ou negligência grosseira da transportadora» (processo n.º 0320620, disponível em www.dgsi.pt).

ria da jurisprudência portuguesa, designadamente do Supremo Tribunal de Justiça, entende que *«uma "falta [...] que, segundo a lei da jurisdição que julgar o caso, seja considerada equivalente ao dolo", a que se reporta o artigo 29.º, n.º 1, da Convenção CMR, não pode deixar de ser, manifestamente, face à legislação nacional [...], a negligência ou mera culpa que, conjuntamente com o dolo, faz parte da culpa «lato sensu»*[206].

4.2.3. *A jurisprudência portuguesa face ao art. 29.º da CMR*

Até aos primeiros anos do presente século, era voz corrente na doutrina que, para os Tribunais portugueses, a aplicação do artigo 29.º da CMR só era possível havendo uma atuação dolosa do transportador[207].

Na verdade, de acordo com a orientação tradicional da jurisprudência portugesa, no ordenamento jurídico português, para efeito de aplicação do artigo 29.º, não há *culpa equivalente ao dolo*; por isso, um comportamento negligente do transportador, ainda que pudesse ser qualificado como negligência grosseira, como culpa grave, não implicaria o afastamento das limitações do *quantum* indemnizatório e das demais disposições que excluem ou limitam a responsabilidade do transportador[208].

---

[205] Num outro contexto, a propósito do art. 494.º do Código Civil português, encontramos várias decisões jurisprudenciais nas quais é feito apelo ao brocardo *culpa lata dolo aequiparatur* para não aplicar a diminuição equitativa do montante indemnizatório em casos de culpa grave. Cfr., por exemplo, o Acórdão do Tribunal da Relação de Guimarães de 12/03/2003 (processo n.º 2035/03-1).

[206] Cfr. o Acórdão do Supremo Tribunal de Justiça de 14/06/2011 (processo n.º 437/05.9TBANG.C1.S1), que inaugurou esta tendência jurisprudencial.

[207] Cfr. Saragoça, José Luis, *Convenção Relativa ao Contrato de Transporte Internacional de Mercadorias por Estrada*, C.M.R., ANTRAM/CET, Lisboa, 1993, p. 82; Martínez Sanz, *La responsabilidad del porteador en el transporte internacional de mercancías por carretera (CMR)*, cit., p. 574; Wijffels, Robert, *La convention CMR et la securité juridique*, in *Études Offertes à Barthélemy Mercadal*, Éditions Francis Lefebvre, Levallois-Perret, 2002, p. 551; Bon-Garcin, Isabelle, *Les 50 ans de la Convention CMR – Avenir et perspectives du transport international par route*, in *Revue de Droit Uniforme*, 2006, vol. XI, 2006-3, p. 711, n. 25; TUMA, Otmar J., *The degree of default under article 29 CMR*, in *Revue de Droit Uniforme*, vol. XI, 2006-3, pp. 603-604. Damar, *Wilful Misconduct in International Transport Law*, cit., p. 232.

[208] Neste sentido, cfr., os Acórdãos do Supremo Tribunal de Justiça de 17/05/2001 (processo n.º 1267/01, in CJ-STJ, 2001, tomo II, pp. 91-92), de 25/09/2003 (processo n.º 03B2370, disponível em www.dgsi.pt), de 29/11/2005 (processo n.º 05A3383, disponível

Esta foi a orientação dominante na jurisprudência portuguesa até há poucos anos.

Recentemente, em Acórdão proferido em junho de 2011, o Supremo Tribunal de Justiça afastou-se da tradicional orientação da jurisprudência portuguesa e decidiu que *«uma "falta [...] que, segundo a lei da jurisdição que julgar o caso, seja considerada equivalente ao dolo", a que se reporta o artigo 29.º, n.º 1, da Convenção CMR, não pode deixar de ser, manifestamente, face à legislação nacional [...], a negligência ou mera culpa que, conjuntamente com o dolo, faz parte da culpa «lato sensu»*[209].

---

em www.dgsi.pt) e de 06/07/2006 (processo n.º 06B1679, disponível em www.dgsi.pt); os Acórdãos do Tribunal da Relação de Coimbra de 04/11/2008 (processo n.º 381/2002.C1, in CJ, ano XXXIII, tomo V, novembro/dezembro 2008, n.º 210, p. 12) e de 28/09/2010 (processo n.º 6/06.6TBAGN.C1, disponível em www.dgsi.pt); os Acórdãos do Tribunal da Relação de Lisboa de 19/03/2009 (processo n.º 8183/2007-6, disponível em www.dgsi.pt) e de 24/06/2010 (processo n.º 7298/05.6TCLRS.L1-2, disponível em www.dgsi.pt); e os Acórdãos do Tribunal da Relação do Porto de 05/01/2009 (processo n.º 0856797, disponível em www.dgsi.pt), de 29/10/2009 (processo n.º 982/07.1TVPRT.P1, disponível em www.dgsi.pt) e de 25/10/2012 (processo n.º 9268/07.0TBMAI.P1, disponível em www.dgsi.pt). Este último aresto veio a ser revogado pelo Acórdão do Supremo Tribunal de Justiça de 15/05/2013 (processo n.º 9268/07.0TBMAI.P1.S1), a que a seguir será feita referência.

Já anteriormente, no Acórdão do Supremo Tribunal de Justiça de 03/11/1993 (recurso n.º 84.098, in CJ-STJ, 1993, III, pp. 86-88; também publicado no BMJ, n.º 430, 1993, pp. 455-461) foi afirmado que «o transportador só responde, mesmo no âmbito da responsabilidade extracontratual, com referência aos prejuízos resultantes da demora por uma indemnização que não poderá ultrapassar o preço do transporte, salvo se procedeu com dolo».

A propósito da não equiparação da negligência ao dolo no âmbito do artigo 29.º, a jurisprudência maioritária afirmava, reiteradamente, que «no nosso ordenamento jurídico, a equiparação da negligência grosseira ao dolo surgiu, pontualmente, como novidade, com a reforma processual civil operada em 1995/96, para o restrito efeito de condenação por litigância de má fé (cfr. art. 456.º CPC)».

Todavia, importa assinalar que alguma jurisprudência admitia, em matéria de aplicação da CMR, que *a* «culpa grosseira [é] equiparável ao dolo» (cfr. o já citado Acórdão do Supremo Tribunal de Justiça de 25/11/1998 (processo n.º 98A566, só o sumário está disponível em www.dgsi.pt). Foi aí decidido que «é culposo, mas não integra culpa grosseira equiparável ao dolo, o comportamento do motorista que, depois de carregado o veículo, o deixa estacionado em local onde os furtos são frequentes com o duplicado da chave de ignição no exterior da cabina». Face ao artigo 25.º da Convenção de Varsóvia, afirmava o Acórdão do Tribunal da Relação do Porto de 03/07/2003 que «para ter direito a indemnização não sujeita aos limites a que se refere o artigo 22º, é necessário alegar e provar "factos que integrem actuação dolosa ou negligência grosseira da transportadora» (processo n.º 0320620, disponível em www.dgsi.pt).

[209] Acórdão do Supremo Tribunal de Justiça de 14/06/2011 (processo n.º 437/05.9TBANG.C1.S1), disponível em www.dgsi.pt.

A decisão foi proferida num caso de furto das mercadorias transportadas, em que não se provou a ocorrência de uma atuação dolosa do transportador, e baseia-se na seguinte argumentação:

> *«[...] Importa reter que a ré [transportadora] não tomou as providências que se revelaram as mais apropriadas para cumprir o encargo que lhe fora cometido de efectuar a deslocação incólume da mercadoria para o destinatário, em condições de integral satisfação, omitindo os esforços exigíveis de que, também, não se absteria um bom pai de família, mas admitindo como possível o desaparecimento da mesma pelo furto, embora tenha confiado, levianamente, de que tal não se verificaria.*
>
> *Assim sendo, tendo a ré agido com negligência consciente, aplica-se à situação vertente não o princípio da limitação da indemnização, consagrado pelo n.º 3, mas antes o princípio da reparação integral dos danos verificados, de acordo com a teoria da diferença, previsto no n.º 5, ambos do artigo 23.º, da Convenção CMR.*
>
> *Na verdade, a culpa é um conceito que designa, indistintamente, o género como uma das espécies (a culpa «stricto sensu), sendo certo que enquanto género abrange o dolo, embora enquanto espécie se contraponha a ele.*
>
> *Com efeito, sendo o desaparecimento parcial da mercadoria transportada imputável à ré, a título de negligência consciente, enquanto mera decorrência da presunção de culpa que não ilidiu, não se justificaria a aludida limitação indemnizatória, consagrado pelo artigo 23º, nº 3, da Convenção CMR, porque, então, a mesma representaria um incentivo ao não cumprimento do contrato pelo transportador e à entrega da mercadoria só quando lhe conviesse.*
>
> *E uma "falta...que, segundo a lei da jurisdição que julgar o caso, seja considerada equivalente ao dolo", a que se reporta o artigo 29º, nº 1, da Convenção CMR, não pode de deixar de ser, manifestamente, face à legislação nacional e ao disposto pelo artigo 483º, nº 1, do Código Civil, isto é, "aquele que, com dolo ou mera culpa...", enquanto elemento do nexo de imputação do facto ao agente, a negligência ou mera culpa que, conjuntamente com o dolo, faz parte da culpa «lato sensu».*

Cerca de um ano depois, também num caso relativo ao furto de mercadorias, o Supremo Tribunal português reafirmou esta nova orientação através de um Acórdão proferido em 05/06/2012[210].

---

[210] Acórdão do Supremo Tribunal de Justiça de 05/06/2012 (processo n.º 3303/05.4TB-VIS.C2.S1), disponível em www.dgsi.pt. O Acórdão do Supremo Tribunal de Justiça agora

Neste aresto, quanto ao tema que agora nos ocupa, o Supremo Tribunal de Justiça invoca o artigo 29.º, n.º 1 da CMR e afirma que *«quando houver dolo do transportador ou falta equivalente, a indemnização deve reparar integralmente os danos verificados, de acordo com a teoria da diferença»*. Depois, pronunciou-se, do modo seguinte:

> *«À luz dos factos provados, é manifesto que o réu, pelo menos, agiu com negligência consciente.*
>
> *E, conforme se decidiu no Acórdão do Supremo Tribunal de Justiça de 14-6-2011 (Revista nº 437/05.9TBANG.C1.S1 – www.dgsi.pt), "*uma falta que segundo a lei da jurisdição que julgar o caso seja considerada equivalente ao dolo, *como acontece com a jurisdição nacional, não pode deixar de ser, manifestamente, face à legislação nacional, enquanto elemento do nexo de imputação do facto ao agente,* a negligência ou mera culpa *que, conjuntamente com o dolo, faz parte da culpa* lato sensu*".*
>
> *Daí que o valor a indemnizar, sem qualquer limitação, seja [...] correspondente ao valor dos danos causados [...]».*

Decorrido mais um ano, em Acórdão proferido em 15/05/2013, igualmente num caso relativo ao furto da mercadoria transportada, o Supremo Tribunal de Justiça português voltou a reafirmar (citando os dois Acórdãos acabados de mencionar) que *«uma falta que segundo a lei da jurisdição que julgar o caso seja considerada equivalente ao dolo, como acontece com a jurisdição nacional, não pode deixar de ser, manifestamente, face à legislação nacional, enquanto elemento do nexo de imputação do facto ao agente, a negligência ou mera culpa que, conjuntamente com o dolo, faz parte da culpa lato sensu»*. De acordo com o Supremo Tribunal de Justiça, *«trata-se de duas modalidades de culpa* lato sensu, *sendo certo que tal equivalência a nível contratual flui logo do artigo 798º do Código Civil, em que para existir responsabilidade contratual é indiferente uma conduta dolosa ou negligente, apenas se exigindo como pressuposto a culpa* lato sensu»[211].

---

referido revogou o Acórdão do Tribunal da Relação de Coimbra de 15/11/2011, (processo n.º 3303/05.4TBVIS.C2), também disponível em www.dgsi.pt.

[211] Acórdão do Supremo Tribunal de Justiça de 15/05/2013 (processo n.º 9268/07.0TB-MAI.P1.S1), disponível em www.dgsi.pt.

Refira-se que neste Acórdão também é dito que «à luz dos factos provados é manifesto que a ré, pelo menos, agiu com negligência grosseira».

Este *revirement* da jurisprudência do Supremo Tribunal de Justiça português foi acompanhado pelos Tribunais da Relação[212] e foi reafirmado em decisão recente[213].

De acordo com a orientação atualmente dominante na jurisprudência do Supremo Tribunal de Justiça e dos Tribunais da Relação portugueses, a *culpa equiparável ao dolo*, para efeitos de aplicação do art. 29.º da CMR, é a *negligência*, ou seja, *qualquer negligência*, independentemente da sua gravidade.

Trata-se de uma orientação que não consideramos correta[214].

Desde logo, como foi já referido, a função do art. 29.º da CMR[215] é a de afastar a aplicação das disposições que excluem ou limitam a responsabilidade do transportador ou que invertem o ónus da prova, quando a conduta subjetiva do transportador atinja um elevado grau de censurabilidade – a saber: quando «o dano provier de dolo» do transportador «ou de falta que lhe seja imputável e que segundo a lei da jurisdição que julgar o caso, seja considerada equivalente ao dolo»[216] –, o que foi verbalizado no texto da Convenção da seguinte forma: «si le dommage provient de son dol ou

[212] Acórdãos do Tribunal da Relação do Porto de 15/10/2012 (processo n.º 3471/07.0TJVNF.P1), de 26/06/2014 (processo n.º 5403/11.2TBMAI.P1), de 30/01/2015 (processo n.º 4858/12.2TBMAI.P1) e de 10/03/2015 (processo n.º 4562/13.4TBMAI.P1); e Acórdãos do Tribunal da Relação de Coimbra de 27/05/2014 (processo n.º 1168/13.1TBGRD.C1) e de 14/04/2015 (processo n.º 266/11.0TBLMG.C1), todos disponíveis em www.dgsi.pt.

Contra a orientação da jurisprudência maioritária, cfr. Acórdão do Tribunal da Relação de Guimarães de 01/10/2015 (processo n.º 3381/11.7TBGMR.G1); Acórdãos do Tribunal da Relação do Porto de 12/07/017 (processo n.º 2227/11.0TBMTS.P1) e de 21/02/2018 (processo n.º 613/13.0TVPRT.P1), todos disponíveis em www.dgsi.pt.

[213] Veja-se o Acórdão do Supremo Tribunal de Justiça de 12/10/2017 (processo n.º 4858/12.2TBMAI.P1.S1), disponível em www.dgsi.pt, que se apoia nas três citadas decisões do Supremo Tribunal de Justiça (de 14/06/2011, processo n.º 437/05.9TBANG.C1.S1; de 05/06/2012, processo n.º 3303/05.4TBVIS.C2.S1; e de 15/05/2013, processo n.º 9268/07.0TBMAI.P1.S1) que consolidaram a orientação hoje dominante na jurisprudência portuguesa.

[214] Na doutrina portuguesa, manifestam-se abertamente contra a orientação ora dominante na jurisprudência, embora por razões não inteiramente coincidentes, Saragoça, José Luís, *A responsabilidade do transportador rodoviário de mercadorias e o dolo ou falta equivalente ao dolo*, cit., pp. 425-447, *maxime*, pp. 429-431; e Gomes, M. Januário da Costa, *O Acórdão de 12.10.2017 ou o persistente alheamento do STJ relativamente ao regime específico da CMR*, in *Revista de Direito das Sociedades*, X (2018), n.º 3, pp. 609-620.

[215] Bem como dos preceitos equivalentes que encontramos na maioria das convenções e dos normativos de Direito nacional que regulam o contrato de transporte.

[216] Transcrevemos aqui expressões do art. 29.º da CMR na tradução *oficial* portuguesa que consta do Decreto-Lei n.º 46 235, de 18 de março de 1965.

d'une faute qui lui est imputable et qui, d'apès la loi de la jurisdiction saisie, est considerée comme équivalente au dol» (na versão oficial em língua francesa); «if the damaged was caused by his wilful misconduct or by such default on his part as, in accordance with the law of the court or tribunal seized of the case, is considered as equivalent to wilful misconduct» (na versão oficial em língua inglesa).

Em nosso entender, apesar das divergências das versões autênticas em língua francesa e em língua inglesa quanto ao art. 29.º da CMR e apesar das críticas de que merecidamente é passível esse artigo, importa destacar que o principal ponto de referência para a sua aplicação é o dolo, uma conduta intencional do transportador. E, além disso, decorre da redação do art. 29.º da CMR, em qualquer uma das duas versões autênticas, que a preclusão do benefício da limitação da responsabilidade não está restringida aos casos de dolo, de condutas intencionais, podendo, também, ocorrer nos casos em que o transportador age com culpa grave (utilizando terminologia que costuma ser empregue no nosso contexto). Seja da versão oficial em língua francesa, seja da versão oficial em língua inglesa, seja do confronto dessas duas versões, o entendimento de que, também, as condutas gravemente culposas podem afastar a limitação de responsabilidade do transportador encontra apoio na utilização da expressão «wilful misconduct», na versão inglesa, e, quanto à versão francesa, resulta da perífrase «faute qui [...], d'après la loi de la jurisdiction saisie, est considérée comme équivalente au dol»[217]. Ponderando, por um lado, que a CMR teve como modelo a CIM 1952, sendo que no art. 37.º dessa Convenção foi consagrado o afastamento da limitação da responsabilidade «no caso de dolo ou de falta grave», e, por outro lado, quando a CMR foi redigida eram conhecidos os problemas suscitados pela redação originária do art. 25.º da Convenção de Varsóvia, pode afirmar-se que se a CMR pretendesse afastar a aplicação das disposições relativas à exclusão e limitação da responsabilidade do transportador apenas em caso de condutas dolosas, no sentido de condutas intencionais (aí se incluindo o dolo eventual), teria sido mais fácil dizê-lo e estamos em crer tê-lo-ia dito.

Ora, como sublinha Januário da Costa Gomes, «a remissão feita no artigo 29.º da CMR não é para os regimes internos no que tange à admissibilidade de limitação [...]. O artigo 29.º não abre mão da nevrálgica definição das situações em que o transportador "perde o direito de aproveitar-se"

---

[217] Parece-nos manifesto que a invocação da *culpa equivalente ao dolo* é uma forma diferente de dizer *culpa grave*, pois a *culpa leve* está distante do dolo.

da limitação e não as remete para a *lex fori*» [218]. Quer dizer, não cabe ao Direito nacional ou aos Tribunais dos países que são partes na Convenção definir o elenco das condutas que implicam o afastamento da limitação da responsabilidade do transportador internacional rodoviário de mercadorias.

A interpretação da jurisprudência maioritária, ao defender que «o transportador, com um comportamento meramente negligente, não beneficia da exclusão ou limitação da sua responsabilidade civil prevista na CMR, estando obrigado a reparar integralmente os danos sofridos pelo expedidor»[219], é contrária ao que estabelece o art. 29.º, pois altera (*i. e.*, amplia) o conjunto de situações que a CMR considera pertinentes para afastar a limitação da responsabilidade. O preceito em análise impõe esse afastamento quando o transportador atue com dolo ou com uma negligência, digamos assim, próxima do dolo, uma negligência especialmente censurável[220]. Afastar o acervo de normas favoráveis ao transportador também nos casos em que este age com uma negligência leve, ou melhor, qualquer que seja o grau da negligência do transportador, é ir muito para além do que estabelece o art. 29.º.

Por aqui se vê que a orientação recente da jurisprudência portuguesa põe em causa a função do art. 29.º. Declarar que a *culpa equivalente ao dolo* "não pode deixar de ser, manifestamente, face à legislação nacional [...] a negligência ou mera culpa que, conjuntamente com o dolo, faz parte da culpa *«lato sensu»*", é afirmar que a limitação da responsabilidade deverá ser afastada seja quando o transportador atue com dolo, seja quando atue com negligência, mesmo que esta revista um grau diminuto. Mas, não era isto que se pretendia e pretende com o art. 29.º da CMR. Do que se trata é de afastar a limitação da responsabilidade do transportador quando este adota uma conduta gravemente censurável que não o torna merecedor de benefícios nesta matéria[221]. Ao admitir que o art. 29.º da CMR seja aplicado

[218] Cfr. M. Januário da Costa Gomes, *O Acórdão de 12.10.2017 ou o persistente alheamento do STJ relativamente ao regime específico da CMR*, cit., p. 616.

[219] Estamos a transcrever um segmento do já citado Acórdão do Supremo Tribunal de Justiça de 12/10/2017.

[220] Nas palavras de M. Januário da Costa Gomes (*op. loc ult cits.*): «diversamente do que parece sustentar o STJ: essa perda só acontece no *caso de dolo* ou, então, de uma "falta" que, no direito interno, *esteja ao nível do dolo* em termos de gravidade». Cfr., também, Marteleto Godinho, *A responsabilidade do transportador rodoviário de mercadorias*, cit., p. 140-142.

[221] Cfr., M. Januário da Costa Gomes, *O Acórdão de 12.10.2017 ou o persistente alheamento do STJ relativamente ao regime específico da CMR*, cit., p. 617. Embora não

aos casos em que o transportador atua com *negligência levíssima* ou com *negligência leve*, a jurisprudência alarga de tal maneira o leque das situações em que o transportador perde «o direito de aproveitar-se das disposições [...] que excluem ou limitam a sua responsabilidade ou que transferem o encargo da prova», que – segundo a argumentação jurisprudencial – sempre que o transportador for responsável, terá de ressarcir integralmente os danos.

A afirmação segundo a qual «o transportador, com um comportamento meramente negligente, não beneficia da exclusão ou limitação da sua responsabilidade civil prevista na CMR, estando obrigado a reparar integralmente os danos sofridos pelo expedidor», porque o ordenamento jurídico português «equipara o dolo e a mera culpa, para efeitos de responsabilidade civil contratual»[222], não deverá ser acompanhada.

É certo que no Direito português, no âmbito da imputação da responsabilidade, há equiparação entre dolo e negligência[223]. Havendo culpa do agente (independentemente do grau de culpa) o facto é-lhe imputável. O grau de culpa é, pois, irrelevante para efeitos de imputação.

Mas, no sistema de responsabilidade do transportador consagrado na CMR, por um lado, a imputação da responsabilidade ao transportador não depende de este ter agido com culpa; e, por outro lado, o que está em causa no art. 29.º já não é a imputação da responsabilidade, o art. 29.º diz respeito à questão de saber se a parte do regime relativa à exclusão e à limitação da responsabilidade do transportador deverá ou não ser afastada. O art. 29.º integra a fase da preclusão da limitação da responsabilidade, que é uma fase posterior à imputação da responsabilidade, pressupondo que – num momento anterior – tenha ficado assente que o transportador é responsável. Na fase da preclusão da limitação da responsabilidade, o grau de culpa do

incidindo especificamente sobre a CMR, cfr., também, Ricardo Bernardes, *A conduta do transportador impeditiva da limitação de responsabilidade no Direito Marítimo*, cit., pp. 492 e segs.; e João Ricardo Branco, *A conduta antijurídica do transportador e a preclusão da limitação da responsabilidade*, cit., p. 369.

[222] As expressões transcritas constam do Acórdão do Supremo Tribunal de Justiça de 12/10/2017.

[223] Cfr. Antunes Varela, *Das obrigações em geral, volume I*, pp. 519 e segs. e *Das obrigações em geral, volume II*, cit., p. 93.

Como refere Mafalda Miranda Barbosa, «ao contrário do que sucede ao nível do direito penal, no quadro da responsabilidade civil, o direito á indemnização emerge quer em face de comportamentos dolosos, quer em face de comportamentos negligentes». Mas, logo acrescenta que concluir que a distinção entre dolo e negligência é irrelevante seria uma conclusão apressada (*Lições de Responsabilidade Civil*, cit., p. 237).

agente já não é irrelevante: para que ocorra o afastamento da limitação da responsabilidade, nos termos do art. 29.º, é necessário que o transportador atue com um grau de culpa elevado.

A equiparação em termos amplos entre o dolo e a negligência, invocada pela jurisprudência maioritária, é equívoca, porquanto não toma em consideração que o art. 29.º não tem a ver com a imputação da responsabilidade ao transportador; ou, dito de outro modo, porque não tem em consideração o papel que a culpa desempenha no art. 29.º. A culpa releva neste âmbito não como *critério de imputação da responsabilidade*, mas como pressuposto do *afastamento da limitação da responsabilidade do transportador*, que será preenchido quando a culpa do transportador supere determinado limiar de gravidade.

Percorrendo as decisões dos Tribunais portugueses proferidas sobre o tema em análise, verificamos que a interpretação jurisprudencial dominante relativa ao art. 29.º da CMR não tem na devida consideração o sistema de responsabilidade do transportador internacional rodoviário de mercadorias[224].

Como foi já referido[225], o sistema de responsabilidade do transportador consagrado na CMR é equilibrado quando considerado no seu conjunto, pois compensa o rigor na imputação da responsabilidade ao transportador com mecanismos de exclusão e de limitação de tal responsabilidade, podendo a limitação da responsabilidade ser afastada em determinados casos, designadamente, na hipótese prevista no art. 29.º, *i. e.*, quando a conduta do transportador é incompatível com a razão de ser da limitação. Por isso, o sentido e o alcance do art. 29.º da CMR só poderão ser adequadamente apreendidos interpretando tal preceito no contexto do sistema de responsabilidade do transportador consagrado na Convenção e destrinçando com clareza as várias fases desse sistema de responsabilidade.

Ao aglutinar, acriticamente, as diversas fases em que se desdobra o sistema de responsabilidade do transportador, a jurisprudência maioritária conclui que sobre o transportador incide uma presunção de culpa, e que,

---

[224] Em comentário ao Acórdão do Supremo Tribunal de Justiça de 12/10/2017, afirma M. Januário da Costa Gomes que o Supremo Tribunal de Justiça «não demonstra considerar o complexo sistema próprio de responsabilidade no transporte de mercadorias, sistema esse que, embora com cambiantes, é identificável quer nos regimes uniformes relativos aos diversos modos de transporte, desde o marítimo – o mais rico e complexo – até ao rodoviário, quer nos regimes multimodais da Convenção de Genebra de 1980 e das Regras de Roterdão de 2009 (Convenção *maritime-plus*)» (*O Acórdão de 12.10.2017 ou o persistente alheamento do STJ relativamente ao regime específico da CMR*, cit., pp. 609-610).

[225] Cfr. supra, nomeadamente, 2.2 e 2.3.

caso o transportador não consiga ilidar tal presunção, sem necessidade de se apurar se agiu com dolo ou com negligência em qualquer grau (pois tanto o dolo como a negligência integram o conceito de culpa), responderá por todos os danos causados, não sendo aplicável qualquer limitação de responsabilidade[226].

Desde logo, é questionável que o art. 17.º, n.º 1 da CMR consagre uma *presunção de culpa* do transportador, porque a imputação da responsabilidade ao transportador ocorre independentemente de qualquer referência à culpa[227]. Por esta razão, a doutrina tem vindo a entender que do art. 17.º, n.º 1 resulta uma *presunção de responsabilidade*[228].

---

[226] No Acórdão do Tribunal da Relação de Coimbra de 14/04/2015 (processo n.º 266/11.0TBLMG.C1) é ainda possível identificar uma nuance. Lê-se nessa decisão que «estando demonstrada a culpa (ainda que sob a forma de mera negligência) do transportador na perda ou avaria da mercadoria, não poderá o mesmo invocar as disposições da Convenção que limitam a sua responsabilidade, como é o caso do art. 23.º, n.º 3. A limitação da responsabilidade ali consignada ficará, portanto, reservada para os casos em que o transportador responde por mero efeito da presunção de culpa que sobre si recai, nos termos da aludida Convenção, sem que se demonstre a sua culpa efectiva». Merece crítica esta passagem, porquanto o afastamento da limitação de responsabilidade não decorre automaticamente da prova de que o transportador agiu com culpa, ainda que sob a forma de mera negligência. O que estabelece o art. 29.º é que a limitação da responsabilidade será afastada quando os danos sejam devidos a dolo ou culpa equivalente ao dolo, ou seja a um grau de culpa ao qual possa ser dirigido um juízo de censura equivalente ao dolo, não poderá, pois, ser qualquer culpa. Por isso, para se prevalecer do regime do art. 29.º, o lesado terá de provar que o transportador agiu com dolo ou com culpa equivalente ao dolo, não basta provar que o transportador agiu com uma negligência leve.

[227] É por isso que, ocorrendo o dano devido a *causa ignota* o transportador será responsável, ainda que demonstre que «fez tudo o que era possível, conveniente e necessário para evitar o dano (inclusive tendo adotado a «máxima diligência economicamente exigível»)» (MARTÍNEZ SANZ, *La responsabilidad del porteador en el transporte internacional de mercancías por carretera (CMR)*, cit., p. 28).

Veja-se o já citado Acórdão do Tribunal da Relação de Guimarães de 01/10/2015 (processo n.º 3381/11.7TBGMR.G1) no qual foi julgado um caso em que o dano (perda de parte das mercadorias transportadas) ocorreu devido a *causa ignota* (pois não se provou «qual o circunstancialismo que rodeou, ou a que ficou a dever-se, o extravio e perda das mercadorias»). No entanto, é aí afirmado que o art. 17.º, n.º 1 da CMR consagra «uma presunção de culpa do transportador, que só fica desobrigado desta responsabilidade, nos termos do nº 2 do mesmo artigo 17º da CMR, se a perda, avaria ou demora teve por causa: uma falta do interessado; uma ordem deste que não resulte de falta do transportador; um vício próprio da mercadoria; ou circunstâncias que o transportador não podia evitar e a cujas consequências não podia obviar».

[228] Cfr supra 2.2.

Mas, sobretudo, não é de aceitar a afirmação de que caso o transportador não consiga ilidir a presunção que sobre si incide, responderá por todos os danos causados, sem poder beneficiar da limitação da responsabilidade. Essa afirmação contraria o sistema de responsabilidade do transportador consagrado na CMR.

Referimos já que o *iter* que conduz à definição da responsabilidade do transportador rodoviário de mercadorias pode ser sistematizado em quatro fases. Em primeiro lugar, haverá que responder à questão da imputação da responsabilidade ao transportador. O art. 17.º, n.º 1, que é o ponto de partida, estabelece a imputação, de princípio ou provisória, da responsabilidade ao transportador (primeira fase) que se consolida caso este não logre excluí-la, com base no art. 17.º, n.º 2 ou no art. 17.º, n.º 4, conjugado com o art. 18.º (segunda fase). Consolidada a imputação da responsabilidade ao transportador, entramos numa terceira fase que costuma ser designada por fase da limitação da responsabilidade, na qual relevam os arts 23.º e 25.º. Só depois é que poderá ser questionada a aplicação do art. 29.º, o que ocorrerá numa quarta fase, a fase da preclusão da limitação da responsabilidade.

Tendo presente esta análise faseada, verifica-se que a jurisprudência omite que no sistema de responsabilidade do transportador consagrado na CMR, depois de consolidada a imputação da responsabilidade ao transportador, por regra será aplicável o disposto nos arts 23.º e 25.º, ou seja, a regra é a limitação da responsabilidade. A jurisprudência segue «um raciocínio claramente pautado pela lógica da presunção de culpa consagrado no artigo 799.º/1 do Código Civil, raciocínio esse que, *a priori*, tem o atrativo de parecer coerente: se o transportador não ilide a presunção de culpa, responde pela totalidade dos prejuízos sofridos pelo expedidor ou pelo destinatário»[229]. Mas tal raciocínio está em desconformidade com o sistema de responsabilidade do transportador consagrado na CMR, no qual a circunstância de o transportador não ilidir a presunção do art. 17.º, n.º 1 não implica, por si só, que seja afastada a limitação da responsabilidade. Aliás, existe uma conexão entre a imputação da responsabilidade ao transportador e a limitação da sua responsabilidade, que justifica a aplicação desta: a facilidade da imputação da responsabilidade ao transportador é compensada pela limitação da responsabilidade. A limitação da responsabilidade do transportador é a

[229] Cfr. M. JANUÁRIO DA COSTA GOMES, *O Acórdão de 12.10.2017 ou o persistente alheamento do STJ relativamente ao regime específico da CMR*, cit., p. 613.

regra, constitui – não é demais repeti-lo – uma «característica natural do universo do Direito dos Transportes»[230].

A interpretação jurisprudencial também contraria o sistema de responsabilidade do transportador consagrado na CMR pois não leva em consideração o caráter excecional da preclusão da limitação da responsabilidade do transportador com base no art. 29.º: o afastamento da limitação da responsabilidade só deverá ocorrer quando o transportador atua com um grau de culpa que o torna desmerecedor desse benefício.

A jurisprudência portuguesa estende para o âmbito do art. 29.º a equiparação que pode ser feita, no Direito nacional, entre dolo e negligência em matéria de imputação, de preenchimento dos pressupostos da responsabilidade[231]. Todavia, a questão de saber se o art. 29.º é ou não é aplicável é uma questão que se coloca em momento ulterior à questão da verificação dos pressupostos da responsabilidade, da imputação e só se esta questão tiver resposta afirmativa. Para efeitos de aplicação do art. 29.º não pode afirmar-se em termos amplos, *i. e.*, sem qualquer ressalva, que a negligência é equivalente ao dolo, porque se tratam de graus de culpa diferentes. A afirmação segundo a qual, para efeitos de interpretação e aplicação do art. 29.º da CMR, a negligência (mera culpa) é equivalente ao dolo não pode, pois, ser considerada correta.

Na prática, o entendimento dominante na jurisprudência portuguesa conduz a que o transportador responda quase sempre ilimitadamente, *i. e.*, por todos os danos (não apenas pelos danos diretos causados às mercadorias) e sem o limite quantitativo do art. 23.º, n.º 3. Mas não é essa a finalidade do art. 29.º da CMR. A atual orientação da jurisprudência não nos parece a mais adequada, pois leva a que a limitação de responsabilidade raramente se aplique, pondo em causa o equilíbrio do sistema de responsabilidade do transportador previsto na CMR[232] e comprometendo o objetivo do art. 29.º.

---

[230] Cfr. M. Januário da Costa Gomes, *O regime europeu do transporte marítimo de passageiros. Entre o Regulamento "marítimo" da responsabilidade do transportador e o Regulamento "consumerista" dos direitos dos passageiros*, cit., 2015, p. 32.

[231] Veja-se, também, a afirmação segundo a qual «para existir responsabilidade contratual é indiferente uma conduta dolosa ou negligente, apenas se exigindo como pressuposto a culpa *lato sensu*» vertida no citado Acórdão do Supremo Tribunal de Justiça de 15/05/2013 (processo n.º 9268/07.0TBMAI.P1.S1).

[232] O sistema consagrado na CMR é equilibrado se for tido em consideração no seu conjunto e se for interpretado de forma coerente. Cfr. Tuma, *The degree of default under article 29 CMR*, cit., p. 591.

Como a CMR é uma convenção internacional, na sua interpretação deveriam ser tidos em consideração os parâmetros hermenêuticos vertidos nos arts. 31.º e 32.º da Convenção de Viena sobre o Direito dos Tratados, a que Portugal aderiu[233]. No entanto, a jurisprudência que incidiu sobre o art. 29.º da CMR não invocou e não seguiu as regras de interpretação da Convenção de Viena sobre o Direito dos Tratados[234].

A recente grande amplitude da jurisprudência, na interpretação e aplicação do art. 29.º da CMR, ou seja, na admissão de condutas que afastam a limitação de responsabilidade do transportador, revela uma excessiva e descontextualizada sensibilidade ao valor, porventura diminuto, que resulta da limitação do quantitativo indemnizatório[235].

---

[233] A Convenção de Viena sobre o Direito dos Tratados, assinada em 23 de maio de 1969, foi ratificada através do Decreto do Presidente da República n.º 46/2003, de 7 de agosto.

Sublinhe-se que, de acordo com a *regra geral de interpretação* estabelecida no art. 31.º, n.º 1, «um tratado deve ser interpretado de boa fé, de acordo com o sentido comum a atribuir aos termos do tratado no seu contexto e à luz dos respectivos objecto e fim».

Sobre as regras interpretativas fundamentais que constam da Convenção de Viena sobre o Direito dos Tratados, veja-se a interessante síntese apresentada por João Ricardo Branco, *A conduta antijurídica do transportador e a preclusão da limitação da responsabilidade*, cit., pp. 311 e segs..

[234] Cfr., na doutrina portuguesa, cfr. José Luís Saragoça, *A responsabilidade do transportador rodoviário de mercadorias e o dolo ou falta equivalente ao dolo*, pp. 429-431; e M. Januário da Costa Gomes, *O Acórdão de 12.10.2017 ou o persistente alheamento do STJ relativamente ao regime específico da CMR*, cit., p. 610.

[235] As três decisões do Supremo Tribunal de Justiça que marcaram o *revirement* da orientação da jurisprudência portuguesa (Acórdãos do Supremo Tribunal de Justiça de 14/06/2011, processo n.º 437/05.9TBANG.C1.S1; de 05/06/2012, processo n.º 3303/05.4TBVIS.C2.S1; e de 15/05/2013, processo n.º 9268/07.0TBMAI.P1.S1) incidiram sobre casos de furto de mercadorias de grande valor.

O Acórdão do Supremo Tribunal de Justiça de 09/02/2010 (processo n.º 892/03.1TCGMR.G1.S1, in CJ-STJ, 2010, tomo I, pp. 55-60) foi ainda mais longe, pois numa situação de furto da mercadoria transportada por estrada, apesar de considerar aplicável a CMR, condenou o transportador a pagar integralmente o «valor das mercadorias transportadas», invocando – apenas – o art. 483.º, n.º 1 do Código Civil português (onde se encontra vertido o princípio geral da responsabilidade civil extracontratual por factos ilícitos), sem sequer referir seja o art. 23.º, n.º 3, seja o art. 28.º, n.º 1, seja o art. 29.º da CMR.

A propósito do concurso da responsabilidade contratual e extracontratual no âmbito do Direito dos Transportes, afirma M. Januário da Costa Gomes: «se bem analisamos, o estudo das convenções internacionais permite formular uma conclusão sobre a solução vigente em Direito dos Transportes, solução essa que, se bem vemos, integra também o sistema próprio da responsabilidade do transportador de mercadorias. Essa solução é de *consunção*, com "desconsideração" da "via" da responsabilidade extraobrigacional a favor da obrigacional.

Impõe-se referir, a terminar, um outro aspeto que também abala a argumentação da jurisprudência proferida a propósito da aplicação do art. 29.º da CMR. Apesar de a LTR estar em vigor há mais de década e meia, nas decisões relativas à aplicação do art. 29.º da CMR, entretanto proferidas, é omitida qualquer referência à LTR e só raramente foi suscitada a questão de saber se a remissão do art. 29.º da CMR convoca a *lex fori* no seu conjunto ou só determinada parte desse ordenamento jurídico[236].

Trata-se de, certo modo, de um sistema de "canalização" para o regime da responsabilidade obrigacional emergente dos regimes das convenções internacionais de Direito dos Transportes e dos regimes internos nas mesmas inspirados, evitando-se, assim, que um sistema de responsabilidade tão laboriosamente tecido e que se tem por equilibrado para os vários sujeitos e interesses em presença possa ser "curto-circuitado" pela via "comum" da responsabilidade aquiliana» (*Sobre o sistema próprio de responsabilidade do transportador de mercadorias*, cit., p. 510).

[236] No já citado Acórdão do Tribunal da Relação de Coimbra de 14/04/2015 (processo n.º 266/11.0TBLMG.C1), é afirmado o seguinte: «reportando-se o art. 29.º da aludida Convenção à responsabilidade emergente para o transportador do incumprimento do contrato de transporte, não nos parece que a equivalência ao dolo ali mencionada (segundo a lei da jurisdição que julgar o caso) se deva reportar ao sistema legal no seu conjunto (no sentido de exigir uma equiparação absoluta em todas as situações), devendo antes reportar-se ao regime legal que regula a concreta matéria que está ali em causa: a responsabilidade contratual do transportador pelo incumprimento do contrato. E a verdade é que, nesta matéria e para efeitos de constituição da obrigação de indemnizar, a nossa lei não estabelece distinção entre dolo e negligência e tal não poderá deixar de significar que, para esse efeito e nesta matéria, a negligência (mera culpa) é equivalente ao dolo».

Nesta passagem, o Tribunal da Relação de Coimbra volta a insistir no equívoco de que «para efeitos de constituição da obrigação de indemnizar» e para efeitos de aplicação do art. 29.º «a negligência (mera culpa) é equivalente ao dolo».

Além disso, é aí entendido que para interpretar a expressão *culpa equivalente ao dolo segundo a lei da jurisdição que julgar o caso* deverá ser tido em consideração, não o sistema legal (português) no seu conjunto, mas o «regime legal que regula a concreta matéria que está ali em causa: a responsabilidade contratual do transportador pelo incumprimento do contrato».

Mas, apesar de ter suscitado a questão de saber se a remissão do art. 29.º da CMR visa a *lex fori* no seu conjunto ou convoca antes, especificamente, o regime do contrato de transporte rodoviário nacional de mercadorias, surpreendentemente, não é depois citado qualquer preceito legal relativo à *matéria que está em causa*, ou seja, qualquer preceito da LTR, *maxime* o art. 21.º que se refere à «responsabilidade do transportador em caso de dolo». Trata-se do preceito do Direito nacional equivalente ao art. 29.º da CMR e do qual apenas resulta expressamente o afastamento da limitação da responsabilidade do transportador se este atuar com dolo, nada aí se dizendo quanto à negligência. Ora, ao contrário do que resulta do art. 21.º da LTR, porque não foi tido em consideração a LTR, no acórdão é referido que «nesta matéria e para efeitos de constituição da obrigação de indemnizar, a nossa

5. O ónus da prova do dolo ou da culpa equivalente ao dolo

A questão da repartição do ónus da prova é uma questão de primordial relevância, pois – como lapidarmente afirmaram Pires de Lima / Antunes Varela – «o significado essencial do ónus da prova não está tanto em saber a quem incumbe fazer a prova do facto como em determinar o sentido em que deve o tribunal decidir no caso de se não fazer essa prova»[237].

Assim, se o ónus da prova da conduta antijurídica do transportador incidir sobre o interessado na carga, não se provando que o transportador agiu dolosamente ou com *culpa equivalente ao dolo*, o transportador responderá dentro do quadro do regime regra estabelecido na CMR (nomeadamente, até ao limite do quantitativo indemnizatório estabelecido na CMR). Mas se o ónus da prova incidir sobre o transportador, *i. e.*, se incidir sobre o transportador o ónus de provar que a sua atuação não preenche o tipo de

---

lei não estabelece distinção entre dolo e negligência e tal não poderá deixar de significar que, para esse efeito e nesta matéria, a negligência (mera culpa) é equivalente ao dolo».

A propósito do Acórdão do Supremo Tribunal de Justiça de 12/10/2017, mas em termos que valem para a orientação jurisprudencial atualmente dominante, refere M. Januário da Costa Gomes que «o STJ, pura e simplesmente, desconsiderou o regime específico interno do transporte rodoviário de mercadorias, no qual (artigo 21.º do DL 239/2003) não se levantam dúvidas sobre a não perda do direito à limitação pelo transportador quando o seu comportamento tenha sido "meramente negligente"» (*O Acórdão de 12.10.2017 ou o persistente alheamento do STJ relativamente ao regime específico da CMR*, cit., p. 616).

[237] Cfr. *Código Civil Anotado*, volume I, 4.ª edição, com a colaboração de M. Henrique Mesquita, Coimbra Editora, Coimbra, 1987, p. 306.

Mais recentemente, Damar exprime a mesma ideia, em termos próximos: «a resposta à questão de saber sobre quem incide o ónus da prova geralmente determina o resultado do processo, pois será o onerado a sofrer as consequências de não se ter provado a factualidade em causa» (*Wilful Misconduct in International Transport Law*, cit., p. 245).

No mesmo sentido, cfr. Martínez Sanz, *La responsabilidad del porteador en el transporte internacional de mercancías por carretera (CMR)*, cit., p. 593 (que cita em seu apoio Koller, I., *Zur Aufklärung über die Schadensentstehung im StraBentransportrecht*, p. 553 e Thume, K.-H., *Kommentar zur CMR*, Art. 29, núm. marg. 48); e, referindo-se à questão a propósito do art. 62.º da LCTTM, cfr. Martínez Sanz / Achim Puetz, *Pérdida del beneficio de limitación*, cit., p. 745.

Este aspeto também é sublinhado por João Ricardo Branco, afirmando que «no quadro do sistema de preclusão da limitação da responsabilidade do transportador, a questão da repartição do ónus da prova assume capital importância» (*A conduta antijurídica do transportador e a preclusão da limitação da responsabilidade*, cit., p. 376).

Vide, também, os textos clássicos de Vaz Serra, *Provas (direito probatório material)*, in *BMJ*, n.º 110, 1961, pp. 111 e segs. e de Miguel y Alonso, *Los principios de la carga de la prueba en el proceso civil*, in *BFDUC*, volume XXXIII, 1957, pp. 161-186.

comportamento suscetível de afastar as *disposições que excluem ou limitam a responsabilidade do transportador ou que transferem o encargo da prova* (*maxime* que impedem o funcionamento da limitação da – sua – responsabilidade), então o transportador responderá ilimitadamente – *hoc sensu* – no caso de não ser feita a referida prova.

A CMR nada estabelece em matéria de repartição do ónus da prova quanto às condutas do transportador suscetíveis de afastar a aplicação das *disposições que excluem ou limitam a responsabilidade do transportador ou que transferem o encargo da prova*[238].

Teremos, por isso, que procurar no Direito nacional as regras de *direito probatório material* que regulam a questão do ónus da prova, sendo certo que ao nível do regime do contrato de transporte rodoviário no ordenamento jurídico interno (na LTR) nada é dito sobre a matéria.

---

[238] Na CMR o art. 18.º é dedicado à matéria do ónus da prova. No entanto nada aí é referido sobre o ónus da prova no âmbito da conduta antijurídica do transportador.

Até há pouco tempo, também nas outras convenções sobre o contrato de transporte nada se dizia quanto ao ónus da prova do comportamento preclusivo da exclusão e da limitação da responsabilidade do transportador.

Só recentemente, na *Convenção das Nações Unidas sobre o contrato de transporte internacional de mercadorias total ou parcialmente por mar (Regras de Roterdão)*, encontramos referência expressa a esta matéria. De acordo com o art. 61.º, n.º 1 das Regras de Roterdão (que tem por epígrafe «pérdida del derecho a invocar el límite de la responsabilidad»), «ni el porteador ni ninguna de las personas mencionadas en el artículo 18 podrá limitar su responsabilidad con arreglo a lo dispuesto en el artículo 59, o con arreglo a lo estipulado en el contrato de transporte, *si el reclamante prueba* que la pérdida o el daño resultante del incumplimiento de alguna obligación del porteador con arreglo al presente Convenio es imputable a un acto u omisión personal de la persona que invoque el derecho a limitar su responsabilidad, cometido con la intención de causar dicha pérdida o daño, o temerariamente y a sabiendas de que la pérdida o el daño probablemente se produciría». O n.º 2 do art. 61 contém um preceito paralelo para a responsabilidade por atraso na entrega.

Esta indicação expressa das Regras de Roterdão é muito significativa (cfr. João Ricardo Branco, *A conduta antijurídica do transportador e a preclusão da limitação da responsabilidade*, cit., pp. 377-378), em especial se tivermos em consideração que, se há parte da disciplina da limitação de responsabilidade do transportador «en la que específicamente se llevó a cabo (como ocorre frecuentemente) no una simple extensión de principios e instituciones proprios del transporte marítimo a las demás formas de transporte, sino una auténtica ósmosis de fórmulas normativas de uno a otro sector del transporte, está es la disciplina relativa a la pérdida del beneficio de la limitación de responsabilidad del transportador» (Zampone, *La "wilful misconduct" del transportador y su incidencia en el régimen de responsabilidad*, cit., pp. 149-150).

Sobre a repartição do ónus da prova entre o interessado na carga e o transportador, cfr., também, o referido na segunda parte do anexo à Convenção de Hamburgo.

Decorre do art. 342.º, n.º 1 do Código Civil português que o ónus da prova das condutas suscetíveis de afastar a aplicação das *disposições que excluem ou limitam a responsabilidade do transportador ou que transferem o encargo da prova* incide sobre o demandante que invoca essas condutas e que pretende afastar a aplicação da parte do regime favorável ao transportador, ou seja, o interessado na carga (ou a respetiva seguradora) que demanda o transportador[239].

Trata-se de entendimento pacífico na jurisprudência[240] e na doutrina[241], seja para o transporte rodoviário, seja para os outros tipos de transporte.

---

[239] De acordo com o citado do art. 342.º, n.º 1 do Código Civil português, «àquele que invocar um direito cabe fazer a prova dos factos constitutivos do direito alegado».

No mesmo sentido, cfr. o art. 217.º, n.ºs 2 e 3 da Ley 1/2000, de 7 de enero, de Enjuiciamiento Civil (e já resultava do art. 1214.º do Código Civil espanhol).

Refira-se que a repartição do ónus da prova nos termos referidos é coerente com o sistema de responsabilidade do transportador, no qual «a limitação de responsabilidade do transportador constitui o regime normal ou natural, por razões específicas ou próprias do Direito dos Transportes» (Januário da Costa Gomes, *O Acórdão de 12.10.2017 ou o persistente alheamento do STJ relativamente ao regime específico da CMR*, cit., p. 614), sendo a responsabilidad ilimitada – *hoc sensu* – a exceção (Juan y Mateu, Fernando, *La prueba del dolo o culpa equivalente del porteador en los casos de mercancías robadas o extraviadas*, in *Revista de Derecho del Transporte*, n.º 16, 2015, p. 104).

[240] A jurisprudência portuguesa, de forma quase unânime, segue esta posição.

Cfr. os Acórdãos do Supremo Tribunal de Justiça de 11/03/1999 (processo n.º 99B097, disponível em www.dgsi.pt) e de 06/07/2006 (processo n.º 06B1679, disponível em www.dgsi.pt. Neste aresto (cfr. nota 10) são citados, no mesmo sentido, os Acórdãos do Supremo Tribunal de Justiça de 27/01/2005, proferido no processo n.º 4499/04-6ª, e de 17/03/2005, proferido no processo nº 4657/04-2ª); os Acórdãos do Tribunal da Relação de Coimbra de 09/01/2001 (processo n.º 2940, sumário disponível em www.dgsi.pt), de 04/11/2008 (processo n.º 381/2002.C1, in CJ, ano XXXIII, tomo V, novembro/dezembro 2008, n.º 210, pp. 9-12) e de 28/09/2010 (processo n.º 6/06.6TBAGN.C1, disponível em www.dgsi.pt); os Acórdãos do Tribunal da Relação de Lisboa de 13/05/2004 (processo n.º 2803/2004-2, disponível em www.dgsi.pt. Trata-se de um caso relativo ao transporte aéreo internacional de mercadorias), de 19/03/2009 (processo n.º 8183/2007-6, disponível em www.dgsi.pt) e de 24/06/2010, (processo n.º 7298/05.6TCLRS.L1-2, disponível em www.dgsi.pt); e os Acórdãos do Tribunal da Relação do Porto de 03/07/2003 (processo n.º 0320620, disponível em www.dgsi.pt. Trata-se de um caso relativo ao transporte aéreo internacional de mercadorias), de 05/01/2009 (processo n.º 0856797, disponível em www.dgsi.pt. Trata-se de um caso em que ocorreu avaria da mercadoria transportada, devido a destruição da embalagem pelo transportador) e de 29/10/2009 (processo n.º 982/07.1TVPRT.P1, disponível em www.dgsi.pt. Trata-se de um caso de demora na entrega).

Em sentido contrário, cfr. o Acórdão do Supremo Tribunal de Justiça de 30/09/1997 (recurso n.º 847, in CJ-STJ, tomo III, 1997, pp. 37-41); o Acórdão do Tribunal da Relação de Lisboa de 05/04/2001 (recurso n.º 846/01, in CJ, ano XXVI, tomo II, 2001, pp. 101-103);

e o Acórdão do Tribunal da Relação do Porto de 15/10/2012 (processo n.º 3471/07.0TJVNF.P1, disponível em www.dgsi.pt).

O Acórdão do Supremo Tribunal de Justiça de 30/09/1997 (recurso n.º 847) incidiu sobre um caso em que se discutia a responsabilidade do transportador pela perda de uma mala, no contexto de um contrato de transporte internacional aéreo de passageiros. De acordo com o Supremo Tribunal de Justiça, «assente a responsabilidade da R. [transportador], que não contrariou a presunção de culpa sua na produção do prejuízo (v. art. 799.º do C. Civ.), inexplicavelmente o acórdão recorrido atribuiu ao A. [passageiro/lesado] o ónus de uma prova excepcional, para limitar a responsabilidade que não era dele, mas da parte contrária»; «como acertadamente alegou o recorrente, a R. [transportador] devia ter alegado e provado factos que fossem conducentes no sentido de que ela não actuou com intenção de provocar o dano em causa, nem com negligência grosseira, de forma temerária. E, mais ainda, factos demonstrativos de tudo ter feito, que estava ao seu alcance, com vista a evitar o dano e o extravio da mala». Tendo considerado que «a R. [transportador] não cumpriu por inteiro a obrigação emergente do contrato de transporte aéreo que celebrou com o A. [passageiro/lesado], porquanto, de modo definitivo não lhe restituiu uma mala que aquele lhe confiara», o Supremo Tribunal de Justiça concluiu que «com este incumprimento, constituiu-se a R./recorrida [transportador] na obrigação de indemnizar o A. [passageiro/lesado], sem a limitação prevista no n.º 2 do art. 22.º da Convenção de Varsóvia, por não ter provado qualquer das circunstâncias previstas no seu art. 25.º».

No Acórdão do Tribunal da Relação de Lisboa de 05/04/2001 (recurso n.º 846/01), relativo ao transporte aéreo internacional de mercadorias, foi entendido que «o art. 22.º-2.º a) da Convenção de Varsóvia estabelece um desvio à disciplina geral da responsabilidade contratual, na medida em que fixa um limite indemnizatório no caso de perda da mercadoria» e que «é a ré transportadora que tem o ónus de provar os pressupostos desse limite de responsabilidade (ou seja, que não se verifica qualquer das circunstâncias previstas no art. 25.º da citada Convenção)» (estamos a citar o sumário o Acórdão).

É afirmado no Acórdão do Tribunal da Relação do Porto de 15/10/2012 (processo n.º 3471/07.0TJVNF.P1) que «recaía sobre a recorrida – transportador – o ónus de alegar e provar que tomou as medidas e precauções adequadas a prevenir o furto da mercadoria e que a ocorrência seria de todo imprevista, para beneficiar da redução do valor devido a título de indemnização, prevista no art. 23º/3 CMR (art. 799º/1/2 CC), factos que a recorrida não alegou.

Desta forma, por efeito do disposto no art. 29º CMR, conjugado com os art. 562º a 566º CC, assiste à apelante o direito a ser indemnizada dos prejuízos sofridos sem a limitação prevista no art. 23º/3 CMR, ou seja, a receber o valor dos bens objeto do furto, os quais ascendiam ao montante de € 9 965,40, acrescida de juros à taxa de 5%, desde a citação (por ser esse o pedido formulado), até integral pagamento (art. 27º CMR)».

[241] Quanto ao transporte rodoviário, cfr. Januário da Costa Gomes, *O Acórdão de 12.10.2017 ou o persistente alheamento do STJ relativamente ao regime específico da CMR*, cit., p. 613; João Ricardo Branco, *A conduta antijurídica do transportador e a preclusão da limitação da responsabilidade*, cit., pp. 379-380 (posição defendida pelo Autor relativamente a todas as modalidades de transporte).

No entanto, é evidente que, de um ponto de vista prático, o interessado na carga poderá ter muita dificuldade em provar o dolo ou a *culpa equivalente ao dolo* do transportador. Havendo mesmo quem afirme que se trata de uma *probatio diabolica*, se não mesmo impossível[242]. Desde logo, importa ter presente que estão em causa factos ocorridos durante a execução do transporte, quando a mercadoria está sob a custódia do transportador (aqui se incluindo os *seus agentes* e *todas as outras pessoas a cujos*

JUAN Y MATEU, referindo-se a todas as modalidades de transporte, afirma que «es indudable que el *onus probando* recae sobre el demandante, que habitualmente será el cargador o el destinatario, o una compañía aseguradora» (*La prueba del dolo o culpa equivalente del porteador en los casos de mercancías robadas o extraviadas*, cit., p. 103).

Na doutrina estrangeira, quanto ao transporte rodoviário, cfr., *inter alia*, GÓRRIZ LÓPEZ, *La responsabilidad en el contrato de transporte de mercancías*, cit., pp. 723-724; *Transporte de mercancías, límite de responsabilidad y carga de la prueba (Comentario a la sentencia de la Audiencia Provincial de Barcelona de 15 de mayo de 1988)*, cit., pp. 235-236; MARTÍNEZ SANZ / ACHIM PUETZ, *Pérdida del beneficio de limitación*, cit., pp. 744-745 (embora no âmbito da LCTTM); BON-GARCIN, Isabelle/VILLE, Sandrine J., *La responsabilité du transporteur public routier de marchandises*, in *I Congresso Internacional de Transporte: Los Retos del Trasporte en el Siglo XXI*, Tomo II, Tirant lo Blanch, Valencia, 2005, p. 977; MARTÍNEZ SANZ, *La responsabilidad del porteador en el transporte internacional de mercancías por carretera (CMR)*, pp. 591 e segs.; SÁNCHEZ-GAMBORINO, Francisco José, *La llamada culpa equiparable a dolo y sus consequencias en el contrato de transporte*, in *RDM*, 1995, n.º 216, p. 726, bem como a doutrina e jurisprudência citadas por estes autores; PUTZEYS, *Le contrat de transport routier de marchandises*, cit., p. 321; CLARKE, *International carriage of goods by road: CMR*, cit., p. 499; e, deste mesmo autor, *National judges facing gaps in the CMR: British case-law*, in *Unif. Law Rev.*, 2006, pp. 637-638.

Relativamente aos outros tipos de transporte, cfr., por exemplo, quanto ao transporte marítimo, MÁRIO RAPOSO, *Perda do direito à limitação legal da responsabilidade do transportador marítimo de mercadorias*, cit., p. 13 e doutrina aí citada; SÁNCHEZ CALERO, *El contrato de transporte maritimo de mercancias (Reglas de La Haya-Visby)*, cit., p. 434; TETLEY, William, *The burden and order of proof in marine cargo claims*, in http://www.mcgill.ca/files/maritimelaw/burden.pdf, e, do mesmo autor, *The cause of the loss or damage*, in *Etudes de Droit Maritime à l'aube du XXIe siècle – Mélanges offerts à Pierre Bonassies*, Editions Moreux, Paris, 2001, pp. 357 e segs.. E, quanto ao transporte aéreo, referindo-se ao transporte aéreo internacional de pessoas, mas em termos que consideramos válidos, também, quanto ao transporte de mercadorias, cfr. NUNO CALAIM LOURENÇO, *A limitação da responsabilidade do transportador aéreo internacional no transporte de pessoas – De Varsóvia a Montreal*, cit., pp. 463 e 475.

[242] Cfr., sobre esta questão, DAMAR, *Wilful Misconduct in International Transport Law*, cit., p. 266; JUAN Y MATEU, *La prueba del dolo o culpa equivalente del porteador en los casos de mercancías robadas o extraviadas*, cit., p. 105; JANUÁRIO DA COSTA GOMES, *O Acórdão de 12.10.2017 ou o persistente alheamento do STJ relativamente ao regime específico da CMR*, cit., p. 613, nota 9, bem como a doutrina aí citada.

serviços recorre para a execução do transporte – art. 3.º da CMR), e, normalmente, o interessado na carga não está presente quando ocorrem os factos que originam o dano, podendo mesmo estar a milhares de quilómetros de distância e podendo mesmo desconhecer quais os concretos factos que estão na origem do dano; para além de que, o desfasamento temporal entre a ocorrência dos factos danosos e o momento em que o interessado na carga toma conhecimento do dano poderá comprometer o acesso do lesado a meios de prova eficazes, por exemplo, a realização de uma perícia. Além disso, o interessado na carga terá grandes dificuldades em apurar factos ocorridos na esfera do transportador (aqui se incluindo as pessoas pelas quais o transportador terá que responder – por exemplo, um subtransportador –, nos termos do art. 3.º da CMR) e o acesso do interessado na carga aos meios de prova para demonstrar a sua pretensão encontra-se dificultado[243].

Em suma: em termos práticos, o transportador está em melhores condições para apresentar meios de prova sobre a factualidade da qual emerge o dano e até mesmo para apresentar uma explicação plausível para o sucedido[244].

Estamos, pois, perante situações que constituem um campo adequado para fazer intervir, no âmbito processual, o *dever de cooperação para a descoberta da verdade*[245].

---

[243] Cfr. João Ricardo Branco, *A conduta antijurídica do transportador e a preclusão da limitação da responsabilidade*, cit., p. 379.

[244] Cfr. Martínez Sanz, *La responsabilidad del porteador en el transporte internacional de mercancías por carretera (CMR)*, cit., p. 594 (invocando em seu apoio, Koller, I., *Transportrecht*, Art. 29, núm. marg. 7; Thume, K.-H., *Kommentar zur CMR*, Art. 29, núm. marg. 49; e Basedow, J., *Münchener Kommentar*, Art. 29, núm. marg. 38). Cfr., também, Llácer Matacás, María Rosa, *El asunto Chronopost: cláusulas limitativas de responsabilidad contractual y servicio de transporte. Análisis comparativo de Derecho español y francés,* in *Anuario da Facultade de Dereito da Universidade da Coruña*, nº 12, 2008, pp. 577-578.

[245] Cfr. Damar, *Wilful Misconduct in International Transport Law*, cit., pp. 260-265; Martínez Sanz / Achim Puetz, *Pérdida del beneficio de limitación*, pp. 745-746. Critica esta orientação Górriz López, *Transporte de mercancías, límite de responsabilidad y carga de la prueba (Comentario a la sentencia de la Audiencia Provincial de Barcelona de 15 de mayo de 1988)*, cit., pp. 234 e segs..

Sobre esta e outras vias que podem ser seguidas para flexibilizar a regra segundo a qual incide sobre o interessado na carga o ónus da prova do dolo ou culpa equivalente ao dolo do transportador, cfr., nomeadamente, Juan y Mateu, *La prueba del dolo o culpa equivalente del porteador en los casos de mercancías robadas o extraviadas*, cit., pp. 107-120.

O art. 417.º, n.º 1 do Código de Processo Civil português consagra o *dever de cooperação para a descoberta da verdade* (na sequência do *princípio da cooperação* – estabelecido no art. 7.º – e do *dever de boa fé processual* – plasmado no art. 8.º), nos seguintes termos[246]: «todas as pessoas, sejam ou não partes na causa, têm o dever de prestar a sua colaboração para a descoberta da verdade, respondendo ao que lhes for perguntado, submetendo-se às inspeções necessárias, facultando o que for requisitado e praticando os atos que forem determinados».

O *dever de cooperação para a descoberta da verdade*, para além de estar consagrado de forma clara e ampla no art. 417.º, manifesta-se em diversas disposições do ordenamento processual português. Nomeadamente, no art. 436.º, quanto à necessidade de a parte ou um terceiro facultar o que for determinado, por exemplo, informações, pareceres técnicos, plantas, fotografias, desenhos, objetos ou outros documentos.

Se o transportador recusar a colaboração devida, para além de outras consequências que para aqui não relevam, «o tribunal aprecia livremente o valor da recusa para efeitos probatórios, sem prejuízo da inversão do ónus da prova decorrente do preceituado no n.º 2 do artigo 344.º do Código Civil» (art. 417.º, n.º 2, segunda parte, do Código de Processo Civil português)[247]. Ao contrário do que sucedia anteriormente, em que a recusa de cooperação era sancionada com um efeito de prova legal[248], agora, o valor da recusa é apreciado livremente pelo tribunal, mas se a recusa impossibilitar a prova

---

Na jurisprudência espanhola, referindo-se a casos ocorridos no âmbito do contrato de transporte, cfr., *inter alia*, SAP Almería de 07/11/2008 (ECLI:ES:APAL:2008:996); SAP Barcelona de 14/10/2003 (ECLI:ES:APB:2003:5343); SAP Barcelona de 04/05/2004 (ECLI:ES:AP B:2004:5554), SAP Barcelona de 15/12/2008 (ECLI:ES:APB:2008:12264), SAP Barcelona de 18/06/2009 (ECLI:ES:APB:2009:7459); SAP Burgos de 03/06/2004 (ECLI:ES:APBU:2004:715); SAP Granada de 16/01/2009 (ECLI:ES:APGR:2009:8); SAP Guadalajara de 02/11/2006 (ECLI:ES:APGU:2006:363); SAP Sevilla de 13/11/2003 (ECLI:ES:APSE:2003:4054); SAP Tarragona de 31/07/2001 (ECLI:ES:APT:2001:1461); SAP Madrid de 07/04/2005 (ECLI:ES:APM:2005:3813), SAP Madrid de 05/12/2005 (ECLI:ES:APM:2005:15022). Quanto ao tema que ora nos ocupa, cfr., também, a STS de 25/10/2004 (ECLI:ES:TS:2004:6777).

[246] O *dever de cooperação para a descoberta da verdade* encontra-se solidamente enraizado no ordenamento jurídico processual português. Cfr., *inter alia*, ANTUNES VARELA / J. MIGUEL BEZERRA / SAMPAIO E NORA, *Manual de Processo Civil*, cit., pp. 477 e segs..

[247] Também neste sentido se pronunciam, *inter alia*, MARTÍNEZ SANZ / ACHIM PUETZ, *Pérdida del beneficio de limitación*, p. 746.

[248] No Código de Processo Civil de 1939 (art. 524.º), estabelecia-se que, em caso de recusa «consideram-se provados os factos que se pretendia averiguar».

do facto, daí resulta a «consequência, mais drástica, da inversão do ónus da prova»[249].

Para além do *dever de cooperação para a descoberta da verdade*, há outros princípios e mecanismos processuais que poderão assumir especial relevo neste âmbito. Por exemplo, o chamado *princípio do inquisitório* (que se reconduz ao poder-dever de o juiz determinar a realização de todas as diligências necessárias ao apuramento da verdade e à justa composição do litígio)[250] e a figura das *presunções judiciais* (ilações que o julgador tira de um facto conhecido para considerar demonstrado um facto desconhecido[251]). É de referir que a presunção não interfere com o ónus da prova: não o elimina e não modifica a sua repartição entre as partes. A presunção apenas altera o facto que terá de ser provado por aquele sobre quem incide o ónus

---

[249] Cfr. Lebre de Freitas / A. Montalvão Machado / Rui Pinto, *Código de Processo Civil Anotado*, Volume 2.º, Artigos 381.º a 675.º, Coimbra Editora, Coimbra, 2001, p. 408-409.

[250] Estabelece o art. 411.º do Código de Processo Civil português que «incumbe ao juiz realizar ou ordenar, mesmo oficiosamente, todas as diligências necessárias ao apuramento da verdade e à justa composição do litígio, quanto aos factos de que lhe é lícito conhecer».

[251] Putzeys afirma, de forma inequívoca, que a prova do dolo ou da *culpa equivalente ao dolo* «peut se déduire des circonstances de fait» (*Le contrat de transport routier de marchandises*, cit., p. 321).

As presunções judiciais são expressamente admitidas e referidas nos arts. 349.º e 351.º do Código Civil português.

Como se refere no Acórdão do Tribunal da Relação do Porto de 23/02/1983 (in *BMJ*, n.º 324, pág. 620), cuja jurisprudência se mantém, sem dúvida, atual: «o dolo pertence à vida interior de cada um e é, portanto, de natureza subjectiva, insusceptível de directa apreensão, só é possível captar a sua existência através de factos materiais comuns, de que o mesmo se possa concluir, entre os quais surge, com maior representação, o preenchimento dos elementos integrantes da infracção. Pode de facto, comprovar-se a verificação do dolo por meio de presunções ligadas ao princípio da normalidade ou da regra geral da experiência».

A propósito da prova do dolo (embora se trate de uma decisão no âmbito do Direito penal, as afirmações que se transcrevem também são pertinentes no âmbito do Direito civil), no Acórdão do Tribunal da Relação de Coimbra de 04/03/2015 (processo n.º 4/13.3TBSAT.C1) pode ler-se o seguinte: «no que respeita aos elementos subjectivos do tipo temos por certo que o dolo – ou o nível de representação ou de reconhecimento que a sua afirmação supõe sob um ponto de vista fáctico – pertence, por natureza, ao mundo interior do agente. Por isso ou é revelado pelo próprio, sob a forma de confissão, ou tem de ser extraído dos factos objectivos – isto é, inferido através da consideração de determinado circunstancialismo objectivo com idoneidade suficiente para revelá-lo», ou seja, a prova do dolo será feita através de presunções judiciais.

da prova: em vez de provar o *facto presumido*, o onerado terá de provar o *facto que serve de base à presunção*[252].

A encerrar este tema do ónus da prova quanto à ocorrência de dolo ou de *culpa equivalente ao dolo* do transportador deve chamar-se a atenção uma vez mais, para a circunstância de que não está em causa a imputação, mas o agravamento da responsabilidade. Não se provando que o transportador agiu com dolo ou *culpa equivalente ao dolo*, funciona o regime geral da responsabilidade do transportador consagrado na CMR, *i. e.*, o transportador responde de forma limitada.

6. Efeitos da aplicação do art. 29.º da CMR

Apesar do debate (que continua em aberto) sobre o exato recorte das condutas subjetivas gravemente censuráveis do transportador que podem espoletar o funcionamento do art. 29.º da CMR, o fim visado por este artigo é claro: trata-se de atribuir relevância a essas condutas, no sentido de precludir a aplicação das disposições que excluem ou limitem a responsabilidade do transportador. E, aparentemente, a consequência que desse preceito emerge também não suscita dúvidas: «o transportador não tem o direito de aproveitar-se das disposições do presente capítulo [*i. e.*, do Capítulo IV da CMR] que excluem ou limitam a sua responsabilidade ou que transferem o encargo da prova»[253] [254].

Ainda assim, atendendo ao relevo desta matéria, convém sublinhar alguns aspetos (mesmo quanto às normas do Capítulo IV da CMR) e chamar a atenção para certas questões que se podem suscitar e em relação às quais a clareza é, efetivamente, apenas aparente.

Os arts. 17.º, n.ºs 2 e 4; 23.º, n.ºs 3 e 5 e 25.º, n.º 2; e 18.º, n.º 2 encontram-se no Capítulo IV da CMR e contêm, inquestionavelmente, normas que

---

[252] Cfr. Antunes Varela / J. Miguel Bezerra / Sampaio e Nora, *Manual de Processo Civil*, cit., p. 503.

[253] Os efeitos da aplicação do art. 29.º da CMR seriam ainda mais evidentes caso fosse adotada uma técnica legislativa semelhante à utilizada no art. 36.º das RU CIM. Neste artigo das RU CIM são enumerados taxativamente os preceitos cuja aplicação é afastada caso os danos radiquem numa conduta gravemente censurável do transportador.

[254] No LTR, o art. 21.º não se refere a um capítulo específico desse diploma, estabelecendo que em caso de «atuação dolosa do transportador, este não pode prevalecer-se das disposições que excluem ou limitam a sua responsabilidade».

excluem ou limitam a responsabilidade do transportador ou que invertem o ónus da prova. Por isso, estão abrangidos pelo art. 29.º.

No que diz respeito à *limitação da responsabilidade do transportador*, entendemos que a aplicação do art. 29.º não se restringe ao afastamento dos tetos indemnizatórios consagrados no art. 23.º, n.ºs 3 e 5 e art. 25.º, n.º 2 da CMR. Para além do estabelecimento de *plafonds*, a *limitação da responsabilidade do transportador* desdobra-se em várias outras vertentes[255]. Por exemplo, em termos *qualitativos*, apenas são indemnizáveis os danos materiais diretos causados nas mercadorias transportadas (art. 23.º, n.ºs 1 e 2 e art. 25.º, n.º 1 da CMR), excluindo-se, *v. g.*, o lucro cessante e os danos não patrimoniais. Consequentemente, em caso de dolo ou de *culpa equivalente ao dolo*, não serão aplicados – por efeito do art. 29.º – os arts. 23.º, n.ºs 1 e 2 e 25.º, n.º 1 da CMR[256]. O que se pretende com o art. 29.º da CMR

[255] Embora seja certo que a limitação do quantitativo indemnizatório que pode ser exigido ao transportador é a mais conhecida vertente em que se desdobra a limitação da responsabilidade do transportador.

[256] Cfr., *inter alia*, Putzeys, *Le contrat de transport routier de marchandises*, cit., p. 321; e Martínez Sanz, *La responsabilidad del porteador en el transporte internacional de mercancías por carretera (CMR)*, cit., pp. 599-600. Neste sentido, embora referindo-se à LCTTM, cfr. Arias Varona, *El comportamiento subjetivo del porteador como causa para la pérdida de los beneficios de responsabilidad*, cit., p. 299; e Martínez Sanz / Achim Puetz, *Pérdida del beneficio de limitación*, cit., p. 747.

Na jurisprudência portuguesa, cfr. o já citado Acórdão do Tribunal da Relação de Lisboa de 19/02/2015 (processo n.º 2459/12.4TVLSB.L1-8). Neste caso, provou-se que a perda da mercadoria transportada ficou a dever-se a dolo de um funcionário do transportador. Consequentemente, o transportador foi condenado a ressarcir os danos patrimoniais resultantes da perda da mercadoria, não se aplicando o teto indemnizatório estabelecido na CMR, e, para além disso, o transportador também foi condenado a ressarcir os danos não patrimoniais decorrentes do incumprimento do contrato de transporte.

Em sentido contrário pronunciou-se Sánchez-Gamborino, *La llamada culpa equiparable a dolo y sus consequencias en el contrato de transporte*, cit., p. 725; *El Contrato de transporte internacional.CMR*, cit., p. 249. Para este Autor, «en reclamaciones *por pérdida o avería* de la mercancía transportada, la concurrencia de dolo – o de «culpa equiparable al dolo», cuando sea admitida por el ordenamiento jurídico del Tribunal juzgador – sólo afecta al valor efectivo de la mercancía – daño emergente – indemnizable, en el sentido de hacer saltar los límites de responsabilidad: general (art. 23.3) o declarado (art. 24), pero *no extiende el deber de indemnizar a los perjuicios consecuentes* – lucro cesante. En nuestra opinión, ello se deduce de la propia literalidad del artículo 29, que aparta de aplicación las disposiciones «que excluyen o limitan» la responsabilidad del transportista, no aquellas que la amplían (a los perjuicios distintos del daño material: art. 26)». Nesta matéria, discordamos do Autor acabado de citar, pois o que – verdadeiramente – está em causa é o afastamento do regime do art. 23.º, n.º 1 e 2, não o regime do art. 26.º. Aliás, ainda que

é que o transportador que agiu dolosamente ou com *culpa equivalente ao dolo* indemnize os prejuízos efetivamente causados[257], *i. e.*, que reconstitua «a situação que existiria, se não se tivesse verificado o evento que obriga à reparação» (art. 562.º do Código Civil português). Ou, dito ainda de outro modo, o transportador deverá responder por todos os danos «que conocidamente se deriven de la falta de cumplimiento de la obligación» (art. 1107.2 do Código Civil espanhol).

Em caso de atraso, mesmo que não tenha sido convencionado entre as partes um *interesse especial na entrega*, o interessado na carga poderá exigir do transportador o ressarcimento de todos os danos causados pelo atraso, não sendo aplicável o limite estabelecido no art. 23.º, n.º 5[258].

Ainda no âmbito da responsabilidade por atraso, mas a propósito de uma norma não incluída no Capítulo IV, impõe-se vincar que mesmo que o atraso seja provocado por uma conduta antijurídica do transportador, a reclamação por escrito e no prazo estabelecido no art. 30.º, n.º 3 continua a ser *conditio sine qua non* para poder exigir a indemnização por atraso[259].

---

tenha sido convencionada uma *declaração de interesse especial na entrega* (o que não é usual, na prática), o art. 29.º também acaba por afastar a sua aplicação. Ao contrário do defendido pelo Autor citado, o art. 26.º amplia em relação ao regime regra da responsabilidade do transportador, mas ainda assim constitui uma limitação face ao regime geral da responsabilidade contratual. Ora, em nossa opinião é este regime que constitui o fiel para aferir se certa norma é ou não uma norma que limita a responsabilidade do transportador para efeitos de aplicação do art. 29.º da CMR. No limite, a *declaração de interesse especial na entrega* poderá fazer a responsabilidade do transportador coincidir com o regime geral da responsabilidade contratual. Mesmo neste caso, o regime acabado de mencionar não é excedido e, por isso, a *declaração de interesse especial na entrega* (convencionada ao abrigo do art. 26.º) não amplia a responsabilidade do transportador.

[257] Cfr., *inter alia*, Górriz López, *El contrato de transporte terrestre de mercancías*, cit., p. 826; Martínez Sanz / Achim Puetz, *Pérdida del beneficio de limitación*, cit., p. 747 (referindo-se ao art. 62.º da LCTTM). Na jurisprudência, cfr., nomeadamente, SAP Madrid de 09/03/2006 (ECLI:ES:APM:2006:3726).

[258] Cfr. Putzeys, *Le contrat de transport routier de marchandises*, cit., p. 321, invocando em seu apoio a jurisprudência francesa (p. 321, n. 788); Sánchez-Gamborino, *El Contrato de transporte internacional CMR*, cit., p. 250; Martínez Sanz, *La responsabilidad del porteador en el transporte internacional de mercancías por carretera (CMR)*, cit., p. 601.

[259] Cfr. Martínez Sanz, *La responsabilidad del porteador en el transporte internacional de mercancías por carretera (CMR)*, cit., p. 604 e, quanto à necessidade – em geral – de formular reservas por escrito em caso de atraso, pp. 467 e segs.. No mesmo sentido, Sánchez-Gamborino, *op. loc. ult. cits.*.

Ao contrário do que sucede com o preceito equivalente da CMR (art. 30.º), o artigo que a LCTTM dedica às reservas (art. 60) está incluído no capítulo dedicado à responsabilidade

Com frequência, é acordada com o transportador a *entrega contra cobrança de reembolso*[260] (art. 21.º da CMR[261]). Em tal situação, o transportador obriga-se a não entregar a mercadoria transportada ao destinatário enquanto este não lhe entregar determinada quantia. Caso viole tal obrigação, o transportador terá de «indemnizar o expedidor até ao valor do reembolso». Por força do estabelecido no art. 29.º e estando esta limitação vertida num preceito que integra o Capítulo IV da Convenção, quando a não cobrança do reembolso resultar de dolo ou de *culpa equivalente ao dolo* do transportador, a mencionada limitação não se aplicará e o transportador terá de indemnizar o dano efetivamente causado[262] [263].

---

do transportador. Por isso, ARIAS VARONA defende que em caso de atraso, sendo aplicável a LCTTM, tendo o transportador agido com dolo ou culpa que lhe seja equivalente, o interessado na carga poderá exigir o ressarcimento dos danos causados pelo atraso, mesmo que não tenha apresentado reservas em conformidade com o art. 60.º, n.º 3 da LCTTM (*El comportamiento subjetivo del porteador como causa para la pérdida de los beneficios de responsabilidad*, cit., p. 301).

A LTR não prevê a formulação de reservas em caso de atraso (cfr., nomeadamente, o art. 12.º).

[260] Sobre a *entrega contra cobrança de reembolso*, cfr. *inter alia*, JUAN Y MATEU, Fernando, *Los impedimentos para la entrega en el transporte de mercancías por carretera*, Comares, Granada, 2005, pp. 46 e segs.; EMPARANZA SOBEJANO, Alberto, *Entrega contra reembolso*, in DUQUE DOMÍNGUEZ, J. / MARTÍNEZ SANZ, F. (Directores), EMPARANZA SOBEJANO, ALBERTO / PETIT LAVALL, Maria Victoria (Coordinadores), *Comentarios a la Ley de Transporte Terrestre*, Aranzadi-Thomson Reuters, Cizur Menor, 2010, pp. 511-522.

A jurisprudência portuguesa ilustra a frequência da utilização desta figura, bem como a relativa frequência com que o transportador viola a respetiva obrigação. Cfr., Acórdão do Supremo Tribunal de Justiça de 08/04/1987, in *BMJ*, n.º 366, 1987, pp. 507-512; Acórdão do Tribunal da Relação do Porto de 04/05/1992, recurso n.º 717, in *CJ*, 1992, tomo III, pp. 277-279; Acórdão do Tribunal da Relação do Porto de 01/02/1999, recurso n.º 1499/98, in *CJ*, 1999, tomo I, pp. 208-210; Acórdão do Tribunal da Relação do Porto de 15/01/2002, recurso n.º 1656/01, in *CJ*, 2002, tomo I, pp. 184-186.

[261] Cfr., também, o art. 42.º da LCTTM e o art. 8.º da LTR.

[262] Neste sentido, SÁNCHEZ-GAMBORINO, *El Contrato de transporte internacional CMR*, cit., p. 202; MARTÍNEZ SANZ, *La responsabilidad del porteador en el transporte internacional de mercancías por carretera (CMR)*, cit., p. 603; JUAN Y MATEU, *Los impedimentos para la entrega en el transporte de mercancías por carretera*, cit., p. 54; bem como a doutrina e jurisprudência aí citadas.

[263] A solução exposta no texto é incontroversa no âmbito da CMR (veja-se a doutrina citada na nota precedente).

Também no âmbito da LTR essa solução não oferece dúvidas. Como o art. 21.º da LTR impede, devido à atuação dolosa do transportador, que este invoque as «disposições que excluem ou limitam a sua responsabilidade», o transportador não poderá invocar a

Tem sido entendido que, em caso de dolo do transportador ou de *culpa equivalente ao dolo*, a taxa de juro de 5% estabelecida no art. 27.º, n.º 1 da

---

limitação de responsabilidade do art. 8.º da LTR, pois trata-se de uma *disposição que limita a sua responsabilidade*.

Quanto à LCTTM, face ao estabelecido nos arts. 42.º e 62.º dessa Ley e à circunstância de o art. 42.º da LCTTM não integrar o Capítulo V que a LCTTM dedica à responsabilidade do transportador, a doutrina espanhola não é unânime quanto à resposta a dar à questão enunciada.

É certo que o art. 42.º da LCTTM não integra o Capítulo V que a LCTTM dedica à responsabilidade do transportador e ao qual se refere o art. 62.º da Ley para determinar as disposições cuja aplicação fica precludida em caso de atuação dolosa do transportador ou com culpa equivalente ao dolo. Mas também é certo que o art. 42.º, n.º 3 da LCTTM consagra uma limitação de responsabilidade. Nas palavras de ARIAS VARONA «conceptualmente, la norma es una típica norma de limitación de responsabilidad, que refleja la estructura habitual de las que limitan la cuantía que alcanza ésta («responderá [...] hasta»)» (*El comportamiento subjetivo del porteador como causa para la pérdida de los beneficios de responsabilidad*, cit., p. 301).

Apesar de sublinhar o aspeto acabado de referir e de ter presente a doutrina que sustenta a possibilidade de incluir o art. 42.º, n.º 3 da LCTTM entre as disposições afetadas pelo art. 62.º da LCTTM, o Autor vindo de citar defende que «el texto legal impossibilita tal solución» (*ibidem*). Relativamente ao contrato de transporte internacional ferroviário de mercadorias, JUAN Y MATEU manifesta-se contra o afastamento da limitação da responsabilidade «porque la norma que regula la inaplicabilidad de los límites de responsabilidad (art. 36 RU CIM) omite cualquier referencia al art. 17 § 6 RU CIM» (*Los impedimentos para la ejecución del contrato*, in *El contrato de transporte internacional de mercancías por ferrocarril*, RECALDE CASTELLS, Andrés / EMPARANZA SOBEJANO, Alberto (Coords), Civitas, Madrid, 2008, pp. 137-138).

Em anotação ao art. 42.º da LCTTM, EMPARANZA SOBEJANO afirma que «esta facultad del porteador de limitar su responsabilidad a la suma del reembolso se perderá cuando se demuestre que el porteador actuó dolosamente, o con una infracción consciente del deber jurídico asumido», invocando o art. 62.º da LCTTM (*Entrega contra reembolso*, in DUQUE DOMÍNGUEZ, J. / MARTÍNEZ SANZ, F. (Directores), EMPARANZA SOBEJANO, Alberto / PETIT LAVALL, Maria Victoria (Coordinadores), *Comentarios a la Ley de Transporte Terrestre*, Aranzadi-Thomson Reuters, Cizur Menor, 2010, p. 521).

Pronunciando-se sobre o tema, em comentário ao art. 62.º da LCTTM, MARTÍNEZ SANZ / ACHIM PUETZ (*Pérdida del beneficio de limitación*, cit., pp. 747-748) começam por referir que o art. 42.º da LCTTM, ao contrário do art. 21.º da CMR, não integra o capítulo relativo à responsabilidade do transportador. Em seu entender, devido a essa diferente inserção sistemática, há uma lacuna na LCTTM, porquanto nesta Ley o legislador espanhol não previu a solução a dar ao caso de falta de cobrança do reembolso, quando essa falta de cobrança tenha sido causada pelo transportador ou seus auxiliares «con actuación dolosa o con una infracción consciente y voluntaria del deber jurídico asumido que produzca daños que, sin ser directamente queridos, sean consecuencia necesaria de la acción». Para integrar esta lacuna, advogam a aplicação por *analogia legis* do regime do art. 62.º da LCTTM,

CMR deverá ser afastada, caso a taxa de juros supletiva do Direito nacional seja superior[264] [265]. Como é evidente, a questão não é a de saber se podem ou não ser exigidos juros moratórios ao transportador (pois a obrigação de pagar juros *não é favorável* ao transportador). A questão centra-se na taxa que deve ser utilizada para calcular os juros moratórios devidos pelo transportador, caso este atue dolosamente ou com *culpa equivalente ao dolo*[266].

O art. 27.º, n.º 1 da CMR ao fixar a taxa de juro em 5% visou uniformizar o valor da taxa aplicável, não pretendeu favorecer o transportador[267].

---

ou – solução que entendem ser mais correta – o recurso à *analogia iuris* (com apoio no art. 47.º, n.º 2 da LCTTM), pois «existe un principio general del Derecho, conforme al cual las limitaciones (ni siquiera legales) a la responsabilidad del deudor no pueden invocarse en caso de actuación doloso de éste». Convém referir que tanto Martínez Sanz, como Emparanza Sobejano, foram membros do grupo que elaborou o *Anteproyecto* da que viria a ser a LCTTM, pelo que a sua opinião, relativamente ao ponto em análise, tem especial relevo.

Referindo-se simultaneamente aos arts. 42.3 da LCTTM, 21 da CMR e 17, §6 das RU CIM, Górriz López afirma que nos «casos en que el porteador haya actuado de forma dolosa o temerariamente y con consciencia de que podría producir-se el daño: en esos supuestos decae el límite resarcitorio» (*El contrato de transporte terrestre de mercancías*, cit., p. 777).

[264] Cfr., por todos, Martínez Sanz, *La responsabilidad del porteador en el transporte internacional de mercancías por carretera (CMR)*, cit., pp. 601-602.

[265] A técnica de fixar uma taxa de juro moratória em convenções internacionais – que também foi utilizada, por exemplo, na Lei Uniforme relativa às Letras e Livranças, aprovada pelo Decreto n.º 23721, de 29 de março de 1934 – não parece adequada, pois assenta num pressuposto – a estabilidade – que, designadamente na área da economia e finanças, está demonstrado não persistir por muito tempo. Acresce que o elevado número de países que são partes na CMR agudiza o problema; e quantas mais adesões se vão somando, mais o problema se agrava. A diversidade de países e as vicissitudes que aí vão ocorrendo podem gerar uma desarticulação entre a taxa de juro fixada na Convenção e a realidade desses países. Acresce ainda que não se prevê, nas convenções internacionais, qualquer mecanismo que permita rever, de forma ágil, a taxa de juro aí consagrada.

[266] A doutrina tem entendido que esta questão não se coloca relativamente ao transporte internacional ferroviário de mercadorias regulado pelas RU CIM, pois o art. 36.º das RU CIM enumera as normas legais cuja aplicação é afastada em caso de dolo ou culpa grave do transportador e o art. 37.º, § 2 das RU CIM não integra esse elenco (Achim Puetz, *Cuestiones accesorias a la responsabilidade del transportista*, cit., p. 240).

[267] Neste sentido parece pronunciar-se Loewe, ao afirmar que «five per centum is neither a maximum nor a minimum rate of interest» (*Commentary on the Convention of 19 May 1956 on the Contract for the International Carriage of Goods by Road (CMR)*, cit., p. 57, § 205).

Além disso, afirma Achim Puetz, referindo-se ao art. 37.º, § 2 das RU CIM, que «la razón que subyace a la fijación de un interés determinado es el afán de desincentivar el llamado *forum shopping*, aun a pesar de que así se desestimula también la prontitud en el

Todavia, mais de meio século decorrido após a fixação dessa taxa, tendo presentes as vicissitudes económicas e sociais que ao longo de tão dilatado período de tempo inevitavelmente foram ocorrendo nos diversos países que são partes na CMR e que se refletiram e refletem nas diferentes taxas de juros estabelecidas nos ordenamentos desses países, é pertinente questionar se a taxa de 5% é ou não favorável ao transportador. Ou seja, o art. 27.º, n.º 1 embora não tivesse por objetivo a fixação de uma taxa de juro favorável ao transportador, pode efetivamente constituir uma limitação à responsabilidade do transportador[268].

---

pago cuando el interés nacional es superior al fijado en el Convenio» (*Cuestiones accesorias a la responsabilidade del transportista*, cit., p. 240, n. 12).

Em Portugal, a taxa de juro supletiva legal consagrada no art. 559.º, n.º 1 do Código Civil, na sua redação originária (resultante do Decreto-Lei n.º 47344/66, de 25 de novembro), era de 5% ao ano. E a taxa anteriormente fixada no § único do art. 1640.º do Código Civil de 1867 era de 6% ao ano.

Na anotação ao art. 559.º, n.º 1 do Código Civil, na sua redação originária, informavam Pires de Lima / Antunes Varela: «é também de 5% a taxa supletiva fixada pelos códigos italiano (art. 1284.º) e suíço (art. 73.º); mas já é de 4% a fixada pela legislação francesa e alemã, e de 6% a fixada pelo código brasileiro (art. 1062.º)» (*Código Civil Anotado*, volume I, cit., p. 568).

[268] A título de exemplo, basta ter em consideração o valor das taxas de juro supletivas legalmente fixadas e que vigoraram em Portugal durante a década de oitenta do século passado, na sequência da Revolução de 25 de Abril de 1974. Como é sabido, o período pós-revolucionário foi uma época de grande convulsão social, económica e financeira. Sobre as implicações entre a realidade económica e o direito, cfr., *inter alia*, Pinto Monteiro, *Inflação e direito civil*, separata do número especial do Boletim da Faculdade de Direito de Coimbra – «Estudos em Homenagem ao Prof. Doutor António de Arruda Ferrer Correia», Coimbra, 1984, *passim*.

No início da década de oitenta do séc. XX, perante a crescente e acentuada desvalorização da moeda, o legislador optou por abandonar a técnica de fixar numericamente a taxa de juro legal no Código Civil, passando tal fixação a ser concretizada através de diploma legal avulso. Tratou-se da concretização de uma proposta formulada muito tempo antes por VAZ SERRA (cfr. BMJ, maio de 1955, p. 304). Assim, com a entrada em vigor do Decreto-Lei n.º 200-C/80, de 24 de junho, a taxa legal de juro passou a ser fixada através de portaria.

Até 04/08/1980, inclusive, vigorou entre nós a taxa de 5% ao ano estabelecida no art. 559.º, n.º 1 do Código Civil. Pela Portaria n.º 447/80, de 31 de julho, a taxa de juro supletiva passou a ser de 15% ao ano (taxa que vigorou entre 05/08/1980 e 22/05/1983, inclusive). Depois, pela Portaria n.º 581/83 de 19 de maio, a taxa foi fixada em 23% ao ano (vigorando desde 23/05/1983 até 28/04/1987, inclusive). Posteriormente, foi alterada, de novo, para 15% ao ano (Portaria n.º 339/87, de 24 de abril), taxa que se manteve em vigor entre 29/04/1987 e 29/09/1995, inclusive.

Para alguma doutrina a taxa de juro estabelecida no art. 27.º, n.º 1 da CMR é imperativa, no sentido em que se sobrepõe a qualquer outra taxa de Direito nacional[269].

No entanto, atendendo à finalidade visada pelo art. 29.º (afastar a aplicação das normas do Capítulo IV da CMR favoráveis – *hoc sensu* – ao transportador), entendemos que a solução deve ser outra. Quanto aos juros moratórios, importa verificar *in casu* se a taxa de juro de 5% estabelecida no art. 27.º, n.º 1 da CMR é inferior à taxa de juro do Direito nacional[270]. Em caso afirmativo, o art. 27.º, n.º 1 da CMR será uma norma limitativa e, por isso, deverá ser afastado[271] [272].

Quanto à aplicação da regra vertida no n.º 2 do art. 27.º (segundo a qual os valores relevantes para o cálculo da indemnização que não sejam expressos na moeda do país onde é exigído o pagamento são convertidos de acordo com a «cotação do dia e lugar do pagamento da indemnização») deverá ser adotada uma solução semelhante à acabada de expor quanto à taxa de juro. Haverá que analisar se, no caso concreto, da aplicação do art.

Confrontando as taxas de juro referidas no parágrafo precedente com a taxa estabelecida no art. 27.º, n.º 1 da CMR, é manifesto que esta taxa era *de facto* favorável ao transportador, limitando os termos em que este teria de responder perante o lesado.

[269] LOEWE é, a este propósito, inequívoco, afirmando que a taxa de juro estabelecida no art. 27.º, n.º 1 afasta qualquer preceito da legislação nacional onde se preveja uma taxa de juro diferente (*Commentary on the Convention of 19 May 1956 on the Contract for the International Carriage of Goods by Road (CMR)*, cit., p. 57, § 205).

Também PUTZEYS sublinha que a CMR «impôs, de maneira imperativa, uma taxa de juro de 5%», «taxa esta que se impõe a todos, mesmo estando em causa juros fixados judicialmente» (*Le contrat de transport routier de marchandises*, cit., p. 323).

Mas impõe-se sublinhar que estes autores não se referem ao problema ora em análise, ou seja, se perante uma conduta dolosa ou gravemente negligente do transportador a taxa de 5% fixada no art. 27.º, n.º 1 deve ser afastada para dar lugar à aplicação de uma taxa superior fixada pelo Direito nacional.

[270] Procedendo a uma interpretação teleológica do art. 29.º, ao nível do segmento relativo aos efeitos, deverá ser afastada a taxa de juro de 5% (estabelecida no art. 27.º) se se verificar que, *in casu*, é favorável ao transportador.

[271] O art. 41.º não interfere com a posição ora defendida, porque estamos a analisar a questão do afastamento da taxa do art. 27.º, n.º 1 por força do art. 29.º e não em consequência de qualquer acordo entre as partes do contrato de transporte.

[272] Em sentido contrário ao que defendemos, cfr. a decisão do Supremo Tribunal holandês (*Hoge Raad*) de 20/11/1998, in ETL, 1999, p. 254; bem como a análise desta decisão apresentada por SMEELE, *Dutch case law on Art. 29 CMR*, cit., p. 332, indicando jurisprudência no sentido que defendemos no texto.

27.º, n.º 2 resulta *de facto* uma limitação para a responsabilidade do transportador. Em caso afirmativo, a aplicação desse preceito deverá ser afastada, por força do disposto no art. 29.º da CMR[273].

Também aqui se pode argumentar que a CMR, com o art. 27.º, n.º 2, não pretendeu limitar a responsabilidade do transportador, mas – tão só – estabelecer um critério quanto ao momento e lugar a ter em conta para a conversão de quantias expressas em moeda estrangeira[274]. No entanto, sendo demonstrado que da aplicação do art. 27.º, n.º 2 resulta uma limitação à responsabilidade do transportador, *i. e.*, um cálculo favorável ao transportador que agiu dolosamente ou com *culpa equivalente ao dolo*, a aplicação deverá ser afastada.

No art. 28.º da CMR encontramos consagrada a regra de que, perante uma pretensão indemnizatória baseada na responsabilidade extracontratual, relativa a danos por perda, avaria ou atraso resultantes de um transporte sujeito à Convenção, o transportador[275] poderá «aproveitar-se das disposições da presente Convenção que excluem a sua responsabilidade ou que determinam ou limitam as indemnizações devidas»[276]. Trata-se de um preceito inquestionavelmente abrangido pelo art. 29.º, pois visa – de forma clara – excluir ou limitar a responsabilidade do transportador.

Ainda a propósito da não aplicação das disposições do Capítulo IV favoráveis ao transportador, impõe-se sublinhar que o art. 29.º impede que o transportador invoque a *declaração de valor da mercadoria* ou a *declaração de interesse especial na entrega*, que porventura tenha sido acordada

---

[273] Embora não invoque o art. 29.º da CMR, LOEWE defende esta solução «porque o devedor não pode retirar vantagens do seu próprio atraso em realizar o pagamento» (*Commentary on the Convention of 19 May 1956 on the Contract for the International Carriage of Goods by Road (CMR)*, cit., p. 58, § 210).

CLARKE, que nas duas primeiras edições da sua obra *International carriage of goods by road: CMR* se limitava a expor, sem qualquer comentário, a posição de LOEWE (cfr., por exemplo, a segunda edição dessa obra, de 1991, pp. 493-494), a partir da terceira edição passou a partilhar tal posição (cfr., pp. 378-379, da terceira edição de 1997), invocando a jurisprudência inglesa proferida nesse mesmo sentido (Lacey's Footwear (Wholesale) Ltd. v. Bowler Int. Freight Ltd. – 13/03/1995).

[274] Cfr. MARTÍNEZ SANZ, *La responsabilidad del porteador en el transporte internacional de mercancías por carretera (CMR)*, cit., pp. 602-603. Cfr., também, PUTZEYS *Le contrat de transport routier de marchandises*, cit., pp. 295-296.

[275] Bem como os seus auxiliares, de acordo com o n.º 2 do art. 28.º.

[276] Sobre o art. 28.º, cfr., *inter alia*, CLARKE, *International carriage of goods by road: CMR*, cit., pp. 336 e segs.

com o carregador[277]. Repare-se: estas declarações (ainda) são favoráveis ao transportador[278] e são convencionadas ao abrigo dos arts. 24.º e 26.º da Convenção, ou seja, de preceitos incluídos no capítulo relativo à responsabilidade do transportador. Estão, por isso, abrangidas pelo alcance do art. 29.º. Acresce que tais declarações, porque modificariam o alcance do art. 29.º também seriam nulas por aplicação do art. 41.º da Convenção[279].

A conduta antijurídica do transportador tem inquestionavelmente repercussão sobre o prazo de prescrição aplicável, como resulta *expressis verbis* do art. 32.º da CMR[280]. Todavia, o art. 29.º da CMR não interfere com essa matéria[281]. Desde logo, porque o art. 29.º afasta a aplicação das normas do Capítulo IV da Convenção e o art. 32.º encontra-se no Capítulo V[282]. Por outro lado, o art. 32.º da CMR estabelece diretamente a ampliação do prazo de prescrição ocorrendo dolo ou *culpa equivalente ao dolo*[283].

---

[277] Cfr. MARTÍNEZ SANZ, *La responsabilidad del porteador en el transporte internacional de mercancías por carretera (CMR)*, cit., p. 601.

[278] São favoráveis, porque embora agravem o regime regra da responsabilidade do transportador consagrado na CMR, são menos gravosas para o transportador face ao regime geral da responsabilidade civil contratual.

Poderia pensar-se que deveria ser ressalvada a situação de a *declaração de valor da mercadoria* e a *declaração de interesse especial na entrega* permitirem alcançar um valor correspondente ao prejuízo efetivamente sofrido pelo lesado. Mas, em rigor, havendo dolo ou culpa equivalente ao dolo, o transportador deverá responder de forma *ilimitada* por efeito do estabelecido no art. 29.º e não por ter sido convencionada uma *declaração de valor da mercadoria* e/ou uma *declaração de interesse especial na entrega.*

[279] Cfr. PUTZEYS, *Le contrat de transport routier de marchandises*, cit., p. 322.

[280] Sobre a prescrição do direito a agir contra o transportador e a influência do dolo ou da culpa equivalente ao dolo, cfr. SERIAUX, *La faute du transporteur*, cit., pp. 245 e segs.. Sobre a prescrição, no âmbito da CMR, cfr. DE ÁNGEL YÁGÜEZ, Ricardo, *Interrupción y suspensión de la prescripción. Convenio de Ginebra sobre transportes por carretera*, in *Revista La Ley*, 1985, pp. 356 e segs.. Embora não se trate de obra recente e não se refira à CMR, cfr., pela sua clareza, SÁNCHEZ GAMBORINO, Francisco Miguel, *Doctrina jurisprudencial sobre el contrato de transporte terrestre*, Aguilar, Madrid, 1957, pp. 282 e segs..

[281] Neste sentido, LOEWE, *Commentary on the Convention of 19 May 1956 on the Contract for the International Carriage of Goods by Road (CMR)*, cit., p. 61, § 220; PUTZEYS, *Le contrat de transport routier de marchandises*, cit., p. 321, cfr., também, pp. 388-389; SÁNCHEZ-GAMBORINO, *El Contrato de transporte internacional. CMR*, cit., p. 250; GÓRRIZ LOPEZ, *La responsabilidad en el contrato de transporte de mercancías*, cit., p. 726; MARTÍNEZ SANZ, *La responsabilidad del porteador en el transporte internacional de mercancías por carretera (CMR)*, cit., pp. 603-604.

[282] O Capítulo IV encerra com o art. 29.º.

[283] Solução idêntica encontra-se vertida no art. 79.º, n.º 1 da LCTTM. Nesta Ley o prazo normal é, também, de um ano, mas o prazo ampliado é de dois anos. Cfr. ARIAS VARONA,

Assim, o prazo normal de prescrição no âmbito da CMR é de um ano (art. 32.º, n.º 1, primeira parte). Mas será de três anos «no caso de dolo ou de falta

---

El comportamiento subjetivo del porteador como causa para la pérdida de los beneficios de responsabilidad, cit., p. 301; MARTÍNEZ SANZ / ACHIM PUETZ, *Pérdida del beneficio de limitación*, cit., p. 748; EMPARANZA SOBEJANO, Alberto, *Carácter imperativo y plazos generales*, in DUQUE DOMÍNGUEZ, J. / MARTÍNEZ SANZ, F. (Directores), EMPARANZA SOBEJANO, Alberto / PETIT LAVALL, Maria Victoria (Coordinadores), *Comentarios a la Ley de Transporte Terrestre*, Aranzadi-Thomson Reuters, Cizur Menor, 2010, p. 891.

Na LTR, o art. 24.º, n.º 1 prevê apenas um prazo de prescrição de um ano. De acordo com este preceito, «o direito à indemnização por danos decorrentes de responsabilidade do transportador prescreve no prazo de um ano».

Da simples leitura das normas da CMR, da LCTTM e da LTR onde se prevêm os prazos de prescrição ressaltam, de imediato, duas diferenças entre o estabelecido na CMR e na LCTTM, por um lado, e o vertido na LTR, por outro lado. É que nesta, o prazo de prescrição estabelecido diz respeito apenas (*hoc sensu*) ao «direito à indemnização por danos decorrentes de responsabilidade do transportador», enquanto nos outros dois diplomas, o prazo de prescrição diz respeito a qualquer direito emergente do contrato de transporte (EMPARANZA SOBEJANO, *Carácter imperativo y plazos generales*, cit., pp. 890-891). E, em segundo lugar, o art. 24.º, n.º 1 da LTR nada prevê quanto à repercussão da conduta antijurídica do transportador sobre o prazo de prescrição. Coloca-se, por isso, a questão de saber se, no regime do Direito nacional português, a conduta – pelo menos – dolosa do transportador afasta o art. 24.º, n. 1 da LTR, pois o art. 21.º da LTR estabelece que, em caso de dolo do transportador, «este não pode prevalecer-se das disposições que excluem ou limitam a sua responsabilidade». Não há, como se vê, referência às normas de um capítulo específico do diploma, referência que encontramos seja na CMR, seja na LCTTM. Poderá defender-se que o art. 21.º da LTR afasta a aplicação do art. 24.º da LTR, sendo aplicáveis, nesse caso, os prazos de prescrição do Código Civil.

MARTELETO GODINHO afirma, apenas, que «ao contrário do regime da CMR, não há qualquer distinção, no tocante ao prazo prescricional relativamente às hipóteses em que o transportador causa danos ao atuar mediante dolo ou conduta a ele equiparável» (*A responsabilidade do transportador rodoviário de mercadorias*, cit., p. 155).

Decorre do estabelecido no art. 298.º, n.º 2 do Código Civil português que o critério para qualificar um determinado prazo como de prescrição ou de caducidade é um critério puramente formal, não substantivo. Assim, se a lei qualifica certo prazo como sendo um prazo de prescrição, então não há que pôr em causa que se trata de um prazo de prescrição. A maioria da jurisprudência portuguesa segue este entendimento, considerando que o prazo do art. 32.º da CMR é um prazo de prescrição. Cfr., por exemplo, os Acórdãos do Supremo Tribunal de Justiça de 03/05/1983 (processo n.º 70558), in *BMJ*, n.º 327, 1983, pp. 625-628; de 02/07/1991 (processo n.º 80.428), in *BMJ*, n.º 409, 1991, pp. 828-832; de 17/11/1994 (processo n.º 084309); de 11/03/1999 (processo n.º 98A797); e de 19/11/2002 (processo n.º 02A3445); bem como os Acórdãos do Tribunal da Relação de Lisboa de 09/04/1992 (processo n.º 0048992); e de 18/11/2004 (processo n.º 9066/2004-6).

Em sentido contrário, afirmando que o prazo do art. 32.º da CMR é um prazo de caducidade, cfr. Acórdão do Supremo Tribunal de Justiça de 14/04/1988 (processo n.º 075638);

que a lei da jurisdição a que se recorreu considere equivalente ao dolo» (art. 32.º, n.º 1, segunda parte)[284].

Acórdão do Tribunal da Relação do Porto de 22/06/2004 (processo n.º 0422871). Segundo este aresto, «o prazo é denominado de prescricional, mas no rigor dos princípios deveria ser tratado como de caducidade».

O Acórdão do Supremo Tribunal de Justiça de 30/04/2015 (processo n.º 1583/08.2TCSNT.L1.S1) centra-se na questão processual de saber o que deve ser entendido por «fundamentação essencialmente diferente», a fim de aferir se é ou não admissível recurso para o Supremo Tribunal de Justiça em caso de dupla conforme (art. 671.º, n.º 3 do Código de Processo Civil). Neste caso, o Tribunal de primeira instância decidiu (decisão esta confrmada pelo Tribunal da Relação de Lisboa) que o direito de ação do lesado estava prescrito, nos termos do art. 32.º da CMR, por ter decorrido o prazo de um ano e não se ter provado dolo do motorista do camião. Entendeu-se que, apesar de o despiste do conjunto transportador ter ocorrido quando este circulava a 100 kms/h, num local onde a velocidade máxima permitida era de 40 kms/h, daí não se retira que o comportamento do motorista tenha sido doloso «desde logo porque o motorista seguia dentro da viatura e, havendo acidente, com consequências evidentemente incontroláveis, se o mesmo for premeditado, dificilmente o agente poderia assegurar-se que não sofreria consequências pessoais que poderiam ser muito graves». Além disso, «não se apuraram, em sede de julgamento, quaisquer factos (mesmo instrumentais) constitutivos de uma qualquer razão para que o motorista quisesse sofrer o acidente ou que pretendesse causar qualquer dano na mercadoria pertencente à Autora».

[284] O art. 32.º da CMR, ao invés do art. 29.º, não se refere expressamente à repercussão da actuação dolosa ou com culpa equivalente ao dolo dos auxiliares do transportador. Ainda assim, essa atuação dos auxiliares do transportador deve ser considerada relevante para efeitos de aplicação do art. 32.º, seja por força do estabelecido no art. 3.º da Convenção, seja atendendo à teleologia do preceito. Neste sentido, cfr. DAMAR, *Wilful Misconduct in International Transport Law*, cit., p. 230, bem como a doutrina aí citada.

CLARKE chama a atenção para uma outra diferença entre a redação do art. 29.º e do art. 32.º (*International carriage of goods by road: CMR*, cit., pp. 204-205 e pp. 508-509). Enquanto no art. 29.º é referido que o regime aí estabelecido será aplicado se o «dano provier de dolo» ou de culpa equivalente ao dolo («caused by»); no art. 32.º, o prazo prescricional é ampliado para três anos «no caso de dolo ou de falta que a lei da jurisdição a que se recorreu considere equivalente ao dolo» («in the case of»). Segundo o autor, não foi apresentada razão para tal diferença. O que está em causa é a verbalização do *nexo de causalidade* que terá de estar presente entre a conduta gravemente censurável e o dano para ser aplicável o regime do art. 29.º. Relativamente ao art. 32.º, a fórmula verbal utilizada permite defender que a extensão do prazo de prescrição ocorrerá quando o transportador não cumpre dolosamente ou com culpa equivalente ao dolo o contrato de transporte, bem como quando o transportador, com dolo ou com culpa equivalente ao dolo, atua de forma a obstar à instauração tempestiva do pleito (neste sentido, DAMAR, *Wilful Misconduct in International Transport Law*, cit., pp. 229-230). De acordo com a doutrina portuguesa, há abuso do direito quando o devedor obsta ao exercício tempestivo do direito do credor e, posteriormente, invoca a prescrição de tal direito (PIRES DE LIMA / ANTUNES VARELA, *Código Civil Anotado*, volume I, cit., p. 299, citando em seu apoio VAZ SERRA, in RLJ, ano 107.º).

AS *INSTITUTE CARGO CLAUSES* DE 2009. INTRODUÇÃO E TEXTO

Francisco Rodrigues Rocha[*-**]

Sumário: 1. Introdução; 2. Alterações; 3. Texto.

1. Introdução

I. As ICC constituem um conjunto de clausulados muito conhecido no mercado segurador marítimo[1], que concentram os contributos da experiência jurídica britânica[2].

---

[*] Assistente convidado da Faculdade de Direito da Universidade de Lisboa. Advogado na GPA.

[**] Lista de abreviaturas infra nt. de fim 1.

[1] Vd. bibliografia infra nt. de fim **, donde consta a citação completa dos autores e obras citados.

[2] É óbvia a influência desta no direito dos seguros, no marítimo e no dos transportes, de que ocioso seria, nesta ocasião, aduzir exemplos e cujas causas imediatas (múltiplas: resseguro, clientela estrangeira, conseguradores de nacionalidade diversa) e mediatas (globalização anglicizada) são conhecidas. Em todo o caso, vd., com indicações, A. Cecílio da Costa, *Seguro marítimo* cit., 18 ou 23, J. Mata, *Seguro* cit., 31 ss., J. Alves de Brito, *Seguro marítimo* cit., 38 ou P. Romano Martinez, *Seguro marítimo* cit., 144; em meados do séc. XX nos *Termos e expressões usualmente empregados em seguros, AGS* 4 (1953), 263-290, os termos ingleses aparecem já antes dos franceses; na doutrina italiana, Sergio M. Carbone/Pierangelo Celle/Marco Lopez de Gonzalo, *Il diritto marittimo attraverso i casi e le clausole contrattuali*, 5.ª ed., Giappichelli, Turim, 2015, 466-468. Expressivo a este respeito é também o relatório da UNCTAD n.º TD/B/C.4/ISL/27/Rev.1, intitulado *Legal and documentary legal aspects of the marine insurance contract*, Nações Unidas, 11: "At the current time there are no international uniform policy conditions, as such, for marine insurance. Thus, varied policy forms produced by numerous national marine insurance markets are used (...). However, despite the variety of national marine insurance policy

A última versão, promovida pela IUA[3], datada de Nov.-2008, entrou em vigor em 1-Jan.-2009[4], tendo substituído, 27 anos depois, a precedente de 1982[5]. Esta substituíra, por sua vez, após 19 anos, a versão de 1963[6], na sequência de uma antagónica iniciativa da UNCTAD[7], que motivou uma

conditions, it may be said that the use of the policy forms produced by the British insurance market for both hull and cargo insurance (...) has become so widespread that the policy forms are virtually *de facto* international insurance conditions. Approximately two thirds of the countries in the world utilizing hull or cargo insurance use the British conditions solely, or as an alternative to, or in conjunction with, local policies. When considering only developing countries, this figure rises to about three quarters. In the case of cargo insurance, some countries use British conditions for their export trade and local policies for their import trade [exs. na nt. 22: Dinamarca, Finlândia, Hungria, Noruega e Suécia]".

[3] Associação resultante da fusão, em 31-Dez.-1998, entre o ILU – que promovera as anteriores versões das ICC – e a LIRMA, que juntou os sectores marítimo e não marítimo do mercado segurador empresarial londrino. A ILU remonta a finais do séc. XIX: especialistas de seguradores marítimos reuniam-se informalmente desde meados do séc. XIX no *Jerusalem Coffee House* e no *Jamaica Wine Rooms* perto do *Royal Exchange* para discutir redacções de apólices e outros assuntos de interesse mútuo; em Jul.-1882 propôs-se a constituição duma associação seguradora e dois anos depois a ILU abriu escritório nos edifícios da Royal Exchange. A LIRMA foi constituída em 1991 a partir da fusão de associações de seguros constituídas nos anos 1960 e 1970 do mercado segurador e ressegurador não marítimo.

[4] A revisão levada a cabo pelo *Joint Cargo Committee* abrangeu ainda, além das ICC, as *Institute War Clauses* e as *Institute Strike Clauses*.

[5] Usada com a *Marine Policy Form*, também dita *MAR Form*, de 1982 e revista em 1991, espécie de "condições gerais" de que as ICC são "as especiais".

[6] Constituída pela tríade: ICC *All Risks*, ICC W.A. (*With Average*) e ICC F.P.A. (*Free of Particular Average*). As ICC 1963 eram usadas em conjunto, ainda, com a antiga *Lloyd's SG* [= *Ships and Goods*] *Form (of Policy)*, que surgia e surge apensa ao MIA 1906, cujo primeiro anexo – aí intitulado *First Schedule* – integram a par das *Rules for Construction of Policy*. A *SG Form* constituía, usando uma terminologia corrente nos seguros, as "condições gerais", as ICC "as especiais". Vd. A. Cecílio da Costa, *Seguro* cit., 17, J. Mata, *Seguro marítimo* cit., 19 ss. ou 31 ss., ou J. Alves de Brito, *Seguro* cit., 39-40.

[7] Não sem que na própria literatura jurídica inglesa se levantassem também vozes contra a redacção incoerente e antiquada da *SG Form*, ainda que *com a menção de que fosse ela* bem compreendida na prática e nos tribunais do país.

A iniciativa da UNCTAD de que falávamos – que remonta ao interesse manifestado sobre o tema já na Conferência de Genebra em 1964, fomentado pelos países então ditos em vias de desenvolvimento, em defesa dos seus interesses, à semelhança do que pouco depois em 1978 aconteceria nas RH – concretizou-se no relatório intitulado *Legal and documentary aspects of the marine insurance contract*, já cit. nt. 2, inicialmente entregue em Nov.-1978 e tido em conta na 6.ª Sessão do Grupo de Trabalho em Legislação da Navegação Marítima Internacional do Comité sobre Navegação Marítima do Conselho de Comércio e Desenvolvimento da UNCTAD. O predito Grupo de Trabalho recomendou ao Comité, no parágrafo 3.º da deliberação 3/VI: (*a*) que as condições e práticas das apólices existentes de seguro marítimo usadas nos mercados nacionais com coberturas de comércio internacional deveriam ser examinadas; (*b*) que as diferentes ordens jurídicas que disciplinavam os contratos de seguro marítimo deveria ser analisadas; (*c*) que, à luz de tal análise, e tendo em conta as sugestões contidas nos capítulos V e VI do relatório, deveria ser redigido um conjunto padronizado de cláusula como modelo internacional de natureza facultativa, *i.e.*, não obrigatório. A redacção dos novos clausulados começou na 7.ª sessão do Grupo de Trabalho, tida entre 1 e 19-Dez.-1980, dedicada, por determinação do referido Comité na sua 9.ª sessão de 1 a 12-Set.-1980, ao seguro de casco. No âmbito e em relação com estes trabalhos, foram produzidos documentos vários, além do mencionado relatório, alguns deles disponíveis unctad.org: *Marine cargo insurance. Study by the UNCTAD secretariat* (doc. n.º TD/B/C.3/120, de 9-Mai.-1975, item 7 da agenda provisória da 7.ª sessão de 27-Out.-1975 em Genebra da Comissão sobre *Invisibles and Financing related to Insurance* do Conselho de Comércio e Desenvolvimento da UNCTAD), *Cargo insurance problems in land-locked developing countries. Study by the UNCTAD secretariat* (doc. n.º TD/B/C.3/140, de 22-Jul.-1977, item 7 da agenda provsória da 8.ª sessão de 5-Dez.-1977 em Genebra da citada Comissão), *Liability and Insurance. Value/weight ratios for multimodal cargoes. Note by the UNCTAD secretariat* (doc. n.º TD/AC.15/52, de 30-Nov.-1978, item 2(e) da agenda provisória da 6.ª sessão de 26-Fev.-1979 em Genebra do Grupo Preparatório Intergovernamental sobre uma Convenção em Transporte Multimodal Internacional), L. P. Buol, *UNCTAD Policy in Marine Cargo Insurance*, na *Federation of Afro-Asian Insurers and Reinsurers. Sixth General Meeting. Nairobi, 26-29 June, 1979* (doc. n.º UCTAD/INS/25 GE.79-52621), 8 pp., *id.*, *The Importance of Loss Prevention for Developing Countries*, no *UNCTAD/UNDP/SIDA Afro-Asian Seminar on Loss Prevention in Fire and Marine Cargo Insurance. Madras, India, 3-7 December 1979* (doc. n.º UNCTAD/INS/35 GE.79-55036), 7 pp., T. O. Clark, *About Cargo Loss Prevention in General*, no *UNCTAD/UNDP/SIDA Afro-Asian Seminar* cit. (doc. n.º UNCTAD/INS/39), 19 pp., *Legal and documentary aspects of Latin American marine insurance legal régimes. Report by UNCTAD secretariat* (doc. n.º TD/B/C.4/ISL/51, de 3-Nov.-1980, item 3 da agenda provisória da 7.ª sessão de 1-Dez.-1980 em Genebra do acima citado Grupo de Trabalho em Legislação da Navegação Marítima Internacional), D. K. Afriyie, *Marine cargo claims adjustment and recoveries*, s/d, s/l, 18 pp., Fathy Youssef, *Cargo Loss Prevention – The Egyptian Experience* (doc. UNCTAD/INS/19 GE.78-70212), s/d, s/l, 11 pp., *id.*, *Loss Minimization Measures in Ports*, no *UNCTAD/UNDP/SIDA Afro-Asian Seminar on Loss Prevention in Fire and Marine Insurance. Madras, India, 3-7 December 1979* (doc. n.º UNCTAD/INS/40 GE.79-56163), 15 pp., Mohad Choudhury, *Rating Marine Cargo Risk & International Competition* (doc. n.º UNCTAD/INS/22 GE.78-70388), s/d, s/l, 18 pp., Essam Omar, *Types of Marine Cargo Insurance* (doc. n.º UNCTAD/INS/20 GE.78-70213), s/d, s/l., 18 pp., S. P. Gupta/T. Nityananda, *Cargo loss prevention: Suggestions for a domestic policy in developing countries. Study prepared by Mr. S.P. Gupta and Mr. T. Nityananda, at the request of the UNCTAD secretariat* (doc. n.º TD/B/C.3/162/Supp.1, de 3-Ag.-1982, item 7 da agenda provisória da 10.ª sessão, 2.ª parte, do Comité sobre *Invisibles and Financing related to Trade* do Conselho de Comércio e Desenvolvimento da UNCTAD), 16 + 2 pp.

Aconteceu, todavia, que, entretanto, o mercado segurador, ciente dos trabalhos da UNCTAD, aprovou as ICC 1982. Sobre o tema, entre nós, A. Cecílio da Costa, *Seguro* cit., 17 ss.

célere e comprovadamente muito eficaz reacção do mercado segurador britânico[8]. A história das ICC é, no entanto, anterior: embora com raízes precedentes, foram, na sequência do MIA 1906, introduzidas pela primeira vez no mercado em 1912[9].

A necessidade de actualização das ICC surge óbvia se se tiver em conta que entre 1982 e 2009 várias foram as mudanças no comércio internacional, como na sua regulação. No campo marítimo, assinalem-se a importante aprovação da CL 1989[10], as alterações de 1994[11] e 2004 às RIA[12], as RR 2008, ou os *Incoterms* 1990 e 2000[13], além, entre outros, do protocolo de

---

[8] Através de um *Joint Committee*, com base na experiência adquirida ao longo da vigência dos anteriores clausulados.

[9] Em Portugal, Gago de Medeiros, *O transporte* cit., 77 ss. e sobretudo 276-281, reproduzia já as ICC WA e FPA na versão em circulação à data em que escrevia, 1942, anterior portanto às ICC 1963.

[10] Além das versões entretanto aprovadas do LOF, ainda que a sua repercussão sobre o seguro marítimo de mercadorias seja de menor intensidade que no de cascos: a de 1990 (na sequência da CL 1989), a de 1995 (na sequência da introdução da CL 1989 na ordem jurídica inglesa pelo *Merchant Shipping (Salvage and Pollution) Act* de 1994) ou a de 2000; já depois das ICC 2009, a versão de 2011 e agora a recentemente aprovada versão de 2020, divulgada em 1-Jan. pelo *Lloyd's Salvage Arbitration Branch*. Sobre este clausulado, entre nós, à luz do LOF 2000, Nuno Aureliano, *A salvação marítima*, Almedina, Coimbra, 2006, 171-174.

[11] Em boa parte, na sequência da CL 1989.

[12] E também, mais recentemente, em 2016(/2017), mas sem repercussão sobre as alterações de 2009 às ICC. Vd. sobre o ponto o nosso *Uma tradução das Regras de Iorque-Antuérpia 2016. Texto e notas explicativas*, nos *Temas de Direito dos Transportes*, vol. V, coord. M. Januário da Costa Gomes, Almedina, Coimbra, 2019, 175 ss., *max*. 175-176.

[13] E, depois, os de 2010 e 2020. Nos *Incoterms* 2010 fora já tida em conta a revisão de 2009 das ICC conforme exarado na *Introdução* a *Incoterms 2010. Regras oficiais da CCI para a utilização dos termos dos termos de comércio nacional e internacional*, pref. Rajat Gupta, ICC Services Publications, Paris, 2010, 8 (ponto 6; versão inglesa) e 133 (ponto 6; versão portuguesa): "As regras Incoterms® 2010 são a primeira versão dos Incoterms® desde a revisão das Institute Cargo Clauses e têm em conta as alterações efectuadas a estas cláusulas". Os termos CIF e CIP dos *Incoterms* remetem expressamente para as ICC. Na última versão de 2020, além da alteração formal que consistiu na passagem e autonomização da cláusula sobre o seguro de A3/B3 para A5/B5, assistiu-se a uma alteração do âmbito de cobertura: nos *Incoterms* 2010 a cobertura mínima de seguro no âmbito dos termos CIP e CIF correspondia à do clausulado C das ICC; nos *Incoterms* 2020 a cobertura mínima de seguro no âmbito do termo CIP passa a corresponder à do clausulado A das ICC, o que implica um significativo alargamento com um correspondente aumento de custos da parte do vendedor. A justificação avançada para esta assintonia, que vaticinamos seja no futuro harmonizada – o ponto, aliás, foi objecto de acesa discussão dentro e fora do Grupo de Redacção da nova versão dos *Incoterms* –, está nos diferentes "mercados" ou, doutra perspectiva, nas mercadorias transportadas: no caso do termo CIF, o comércio marítimo

1992 à CLC ou do de 1996 à LLMC, da CG 1993 em matéria de privilégios marítimos e *mortgages* e da CG 1999 sobre o arresto de navios, da HNS 1996 ou da CBancas 2001. Da revisão foi encarregue um Grupo de Trabalho[14] organizado pelo *Joint Cargo Committe*[15], após envio em Fev.-2006 pela LMA a entidades várias de um questionário, cujas respostas serviram de base à elaboração de um documento preliminar, distribuído em Mai.-2008 por representantes do sector do transporte marítimo um pouco por todo o mundo[16]. As versões revistas do documento circularam ainda em Out.-2008 antes de se acertar a versão final, que estava pronta a tempo de ser implementada em 1-Jan.-2009.

Não obstante a coexistência doutros clausulados, de circulação cada vez mais restrita[17], o uso das ICC é hoje[18] a tal ponto generalizado que raramente são outros utilizados e que pouco se recorre aos regimes supletivos

---

de *commodities*, matérias-primas; para o CIP, mercadorias manufacturadas de maior valor. Sobre o ponto, cf. do consultor da CCI, que integrou o Grupo de Redacção dos *Incoterms* 2020, Charles Debattista, *Introdução aos* Incoterms® 2020/*Introduction to* Incoterms® 2020, em *Incoterms 2020. Regras da ICC para a utilização dos termos de comércio nacional e internacional*, pref. John W. H. Denton, ICC Services Publications Department/ICC Portugal, Paris-Lisboa, 2019, 17 (secção ix [c], ponto 70; versão portuguesa) e 211 (secção ix [c], ponto 70; versão inglesa); sobre a maior procura das ICC A em detrimento das B ou C Susanna H. Marsden, *The Institute Cargo Clauses (A) 2009: Recontextualized*, *EILR* 2 (2013), 35-36.

[14] Presidido por Nicholas Gooding.

[15] Comité, criado em 1942, que representa os interesses dos seguradores de carga a transportar por via marítima no mercado londrino, e que é composto por representantes dos mercados *Lloyd's* e da IUA, assessorados por juristas especialistas do sector, peritos em gestão de reclamações e especialistas do mercado de transporte marítimo (cf., para mais informação, a página lmalloyds.com/jointcargo). É este o Comité encarregado da revisão das ICC. Na primeira metade de 2020 é presidido por Andrew Norton secretariado por Phil Norwood.

[16] Com *Guidance Notes* preparadas pela Clyde & Co.

[17] Na Alemanha as *DTV-Güterversicherungsbedingungen* (200/2011), em Itália a *polizza italiana di assicurazione merci trasportate* nas modalidades *merci I (pieno rischio)* e *merci II (rischio base)* (1983, com alterações; a mais geral *polizza italiana di assicurazione delle merci trasportate* de 1998 compreende, além de artigos comuns a todos os seguros de transporte independentemente do meio, artigos ou cláusulas próprias para o seguro de transportes marítimos, precisamente os 15.º a 20.º), em França a *police française d'assurance maritime sur facultés (marchandises)* nas modalidades *tous risques* e *garantie franc d'avaries particulières* (última versão de 1-Jul.-2009), ou na Noruega as *Vilkår for transportforsikring av varer* (em português: termos do seguro de transporte de mercadorias, também conhecidas como clausulado CEFOR; de 2005, mas alteradas em 2004; cf. também o *Nordic Marine Insurance Plan* de 2013, na versão de 2019).

nacionais, em particular, no que nos concerne, o português, ainda hoje constante dos artigos 595.º a 615.º do CCom[19]. É, por isso, pertinente, julgamos, na exposição do tema, socorrermo-nos da divisão entre tipos legais e sociais[20]: sendo estes últimos, neste campo, de longe predominantes.

A adopção disseminada de clausulados uniformes[21] traz consigo evidentes vantagens: acolhe-se, assim, a experiência adquirida num mercado segurador tido por mundialmente (mais) representativo em volume de negócios – designadamente a nível de número de seguros contratados, de percentagem de carga coberta e de prémios cobrados – e historicamente mais experimentado, como é o caso do inglês. Diminui-se desta forma também

---

[18] Não tanto no passado não longínquo. Se no fim dos anos 1970 era notória a predominância dos clausulados britânicos – ainda que em concurso com muitos outros, sobretudo na área francófona, como também na alemã, italiana, etc. –, conforme relatório da UNCITRAL *Legal and documentar aspects* cit., nos anos 1940, Gago de Medeiros, *O transporte* cit., 65, ainda escrevia: "Os termos dos contractos de seguros marítimos foram no seu início inteiramente livres; no entanto, nos primeiros centros seguradores, pouco a pouco aparecerem contratos-tipo, chegando-se ao ponto de que cada pôrto europeu de alguma importância tinha a sua apólice especial, com consideráveis divergências entre elas. Hoje em dia essas fórmulas são menos numerosas, mas, ainda assim, diferem bastante umas das outras" (enunciando depois, "entre as apólices mais usadas universalmente": a apólice de Antuérpia, a apólice do *Lloyd's*, a apólice francesa, a apólice de Roterdão, a apólice alemã).

[19] Vd. a respeito o ponto III do preâmbulo do DL 72/2008, de 16-Abr.: "Quanto aos regimes especiais, incluem-se várias previsões no novo regime (...), com exclusão do regime relativo aos seguros marítimos. De facto, não se justificava a inclusão dos seguros marítimos (com excepção do transporte marítimo) no regime geral, não só pelas várias especificidades, muitas vezes resultantes da evolução histórica, como pelo tratamento internacional".

[20] Vd. *e. g.*, entre nós, Pedro Pais de Vasconcelos, *Contratos atípicos*, 2.ª ed., Almedina, Coimbra, 2009, *passim*, ou Rui Pinto Duarte, *Tipicidade e atipicidade dos contratos*, Almedina, Coimbra, 2000, *passim*.

[21] Ainda que em sentido digamos impróprio ou, melhor, fora do âmbito em que comummente é a expressão clausulados uniformes ou similares usada no direito dos seguros português, o dos seguros obrigatórios, uma vez que em causa estão seguros facultativos. Trata-se este dum campo em que a uniformização de clausulados é, não raro, espontaneamente mais generalizada do que quando imposta por acto normativo (através das chamadas apólices uniformes aprovadas por NR, mas cujo *nomen* foi entretanto posto em crise em razão da relativa liberdade dos seguradores em modelarem os clausulados de harmonia com os artigos 11.º, 13.º/1 e 2 do RJCS, 2.º/6 da NR do ISP n.º 4/2009-R, de 19-Mar., e 2.º/6 da NR do ISP n.º 14/2008-R, de 27-Nov.; cf. porém o artigo 39.º/1 do RJASR e 81.º da LAT: sobre o tema, *e. g.*, Arnaldo da Costa Oliveira, comentários complementares ao artigo 13.º, na *LCSAnot*[4], 72-73, e *id.*, *Nota sobre a evolução recente do regime do seguro obrigatório de acidentes de trabalho por conta de outrem – ou das vantagens das "relações de família"*, *RDES* LIV (2013) 1/3, 121-134).

o risco da cobertura de riscos não desejada pelos seguradores, que doutro modo muito dificilmente teriam sido excluídos num clausulado elaborado de raiz ou em uso em mercados menos "dinâmicos"[22].

Precisamente porque se trata de clausulados com longa tradição, a consideração do texto ocupa um lugar crucial na interpretação[23]. Os termos

---

[22] Ainda que a risco da não despicienda experiência acumulada noutros, de que gradualmente, com a dita uniformização, se perde a consciência e o rasto. A importação de clausulados traz também consigo um esforço acrescido ao intérprete do país receptor, que tem, assim, de entrar e de se adaptar, dentro do possível, aos quadros mentais da experiência jurídica de origem. Integrando-se o direito português na grande "família" romano-germânica, a interpretação e aplicação das ICC, de *Common Law*, constitui, com efeito, a vários níveis, um desafio (recordamos, a título de exemplo, as dificuldades na dilucidação do nexo causal relevante para efeito das ICC: sobre o ponto, *e. g.*, J. M. Alves de Brito, *Seguro marítimo* cit., 41-51).

[23] Ainda que não a ponto da aplicação do artigo 238.º/1 e 2 do CC. Segundo cremos, o artigo 596.º do CCom não sujeita o seguro contra riscos de mar a forma escrita, antes regula as menções que da apólice devam constar, remetendo, aliás, para o hoje revogado artigo 426.º pr. do mesmo código, à luz do qual devia a questão ser analisada, com o seguinte teor: "O contrato de seguro deve ser reduzido a escrito num instrumento, que constituirá a apólice de seguro". À luz deste preceito, muitas foram as discussões, ora no sentido de que o seguro estava sujeito a forma *ad substantiam*, ora *ad probationem*: sobre o ponto, dentre tantos, na jurisprudência, o assento STJ(P) de 22-Jan.-1929 (Arez), *DG* II Série, n.º 29, de 5-Fev.-1929, *Colecção Oficial* 28 (1929), 23-24, e *Dir.* 61, 124, STJ 10-Dez.-1957 (Lencastre da Veiga), *BMJ* 72 (1958), 420-425, *max.* 424, RCb 25-Jan.-1978 (Gama Vieira), *CJ* XIII (1978), 260-262, *max.* 261/1, STJ 22-Fev.-1979 (Rodrigues Bastos), *BMJ* 284 (1979), 257-261, *max.* 260, STJ 15-Jul.-1986 (Moreira da Silva), *BMJ* 359 (1986), 731-735, *max.* 734, RLx 6-Mar.-1996 (Ventura de Carvalho), *CJ* XXII (1996) 2, 161-162, STJ 3-Dez.-2003 (Vítor Mesquita), proc. n.º 03S1070, RLx 24-Nov.-1992 (Reis Figueira), proc. n.º 0032831, REv 18-Jun.-2009 (Bernardo Domingos), proc. n.º 973/07.2TBPTG.E1, STJ 11-Jan.-2017 (Alexandre Reis), proc. n.º 2644/13.1TJVNF.G1.S1; na doutrina, Barbosa de Magalhães, *Apolices de seguros. II*, no *Jornal de Seguros. Revista Internacional* 1, n.º 4, de 15-Mar.-1906, 1/1-2/2, *id.*, *Apolices de seguros. III*, no *Jornal de Seguros. Revista Internacional* 1, n.º 7, de 30-Abr.-1906, 2/1-2 (tratam-se estes dois últimos de artigos não assinados, mas presumivelmente da autoria de José Maria Vilhena Barbosa de Magalhães (filho), identificado na p. 1 da revista como Redactor da Secção Económico-Jurídica), Luiz da Cunha Gonçalves, *Comentário ao Código Comercial português*, vol. II, José Bastos, Lisboa, 1915, 500, Adriano Anthero, *Comentario ao Codigo Commercial portuguez*, vol. I, Artes & Lettras, Porto, 1915, 136, Arnaldo Pinheiro Tôrres, *Ensaio sôbre o contrato de seguro*, pref. Marcello Caetano, Tipografia Sequeira, Porto, 1939, 46, José Gualberto de Sá Carneiro, *Recurso para Tribunal Pleno. Relatório apresentado à Comissão Revisora, sobre o Livro III, Título II, Capítulo VII, Secção VII, artigos 720.º a 726.º do Projecto*, *ROA* 7 (1947) 3/4, 429-430, Marcello Caetano, *Valor da minuta do contrato de seguro*, *Dir.* 64 (1932) 2, 34/1-41/2, Pedro Martínez, *Teoria e prática dos seguros*, 2.ª ed., s/ed (por vezes indicada a Petrony), Lisboa, s/d (umas vezes referido a 1961, outras a 1964),

aí usados foram cuidadosamente pensados por especialistas vários, tendo muitas vezes por referência casos precedentes discutidos no foro, convenções internacionais[24] ou clausulados[25] paralelos.

Pretendemos nesta ocasião dar nota das principais alterações às ICC, com destaque para o clausulado A, e apresentar uma nova tradução em língua portuguesa dos clausulados A, B e C, acompanhada de breves comentá-

---

35-48, José Carlos Moitinho de Almeida, *O contrato de seguro no direito português e comparado*, Sá da Costa (ed. patrocinada pelo Grémio dos Seguradores), Lisboa, 1971, 35 ss., *max.* 36-39, Francisco Guerra da Mota, *O Contrato de Seguro Terrestre*, vol. I, Athena, Porto, s/d (mas 1985), 420-425, José M. Bento, *Direito de Seguros*, s/ed, Lisboa, 2003, 122-127, Mário Raposo, *Regulação legislativa do contrato de seguro. Uma nota sumária*, *ROA* 56 (1996) 3, 827-829, João Calvão da Silva, *Seguro de crédito*, nos *Estudos de Direito Comercial (Pareceres)*, Almedina, Coimbra, 1996 (reimpr.), 104, José Vasques, *Contrato de seguro. Notas para uma teoria geral*, Coimbra Ed., Coimbra, 1999, 106-107 ou 333 ss., *id.*, *Contrato de seguro: elementos essenciais e características*, *SI* LV/307 (2006), 493-525, ou P. Romano Martinez, *Direito dos Seguros. Relatório*, suplemento *RFDUL* (2006), Coimbra Ed., Coimbra, 2006, 47 ou 53 ss., *id.*, *Direito dos Seguros – Apontamentos*, Principia, Cascais, 2006, 72, 81 ss., e, depois da entrada em vigor do RJCS, P. Romano Martinez, comentários complementares ao artigo 32.º, *LCSAnot*[4], 227-228, José Vasques, anotação ao artigo 32.º, *LCSAnot*[4], 208-210, Margarida Lima Rego, *Contrato de seguro e terceiros. Estudo de Direito Civil*, Wolters Kluwer/Coimbra Ed., Coimbra, 2010, 319[805], *ead.*, *O contrato e a apólice de seguro*, nos *Temas de Direito dos Seguros. A propósito da nova Lei do Contrato de Seguro*, coord. Margarida Lima Rego, 2.ª ed., MLGTS/Almedina, Coimbra, 2020 (reimpr.), 15-37, *praec.* 25[29], Margarida Lima Rego/Fernando Peña López, *Regulação do contrato de seguro em Portugal e em Espanha: análise comparada*, [Cuadernos de la Cátedra 3] Fundación Inade/Universidade da Coruña, Santiago de Compostela, 2019, 31-32, António Menezes Cordeiro, *Direito dos Seguros*, 2.ª ed., Almedina, Coimbra, 2017, 714-722, Luís Poças, *O dever de declaração inicial do risco no contrato de seguro*, Almedina, Coimbra, 2013, 64 ss., *max.* 69-70. Ora, parecendo-nos ser a remissão em apreço dinâmica – como é regra – que não estática, o problema deve ser hoje visto em face do RJCS, mais especificamente do artigo 32.º, que, eliminando dúvidas (vd. ponto v do preâmbulo do citado diploma), estabeleceu que: "A validade do contrato de seguro não depende da observância de forma especial" (cf. também o § 3 do VVG 1908 como do VVG 2008; cf. ainda, no sentido da desnecessidade da redução a escrito, o artigo 2:301 dos PEICL; no direito italiano, pelo artigo 1888.º do *Codice civile* é a forma exigida *ad probationem*); constituem-se, todavia, na esfera do segurador as obrigações de formalizar o contrato num instrumento escrito designado apólice e entregá-la ao tomador do seguro (artigos 32.º/2 e 34.º). O seguro é, hoje, portanto um contrato não sujeito a forma especial ou, noutra classificação, consensual (artigo 219.º do CC).

[24] Por ex. a CL 1989, a respeito da cl. 2.ª; a CB 1910, a respeito da cl. 3.ª.

[25] Por ex. redacções frequentes, no comércio marítimo internacional, de cartas-partidas ou conhecimentos de carga, como sucede a respeito da cl. 3.ª; as RIA a respeito da cl. 2.ª.

rios. De fora da análise, como da tradução, ficam, por ora, outras cláusulas também aprovadas em 2009[26].

2. Alterações

I. No seu núcleo, permaneceram as ICC 2009 amplamente iguais às ICC 1982.

Não obstante, procedeu-se em 2009 a uma série de alterações, não despiciendas, à versão de 1982, que podemos dividir entre formais[27] e de conteúdo.

As primeiras consistiram, sobretudo, na actualização de termos[28], passagem de epígrafes marginais para o texto corrido do documento, em esclarecimentos que já resultavam com meridiana clareza do anterior clausulado[29], em diferenças de redacção com o propósito de uma maior inteligibilidade[30].

---

[26] Referimo-nos, cingindo-nos às ditas *Cargo*: às *Institute Strike Clauses (Cargo)* 2009, às *Institute War Clauses (Cargo)* 2009, ou à *Termination of Transit Clause Terrorism* 2009. Foram também em 2009 aprovados outros clausulados para *Air Cargo* e *Sendings by Post*. As várias versões podem ser consultadas em lmalloyds.com.

[27] Também as alterações formais são, em última instância, de conteúdo. Usamos a distinção de forma, digamos, epistemologicamente descomprometida.

[28] Por ex.: "*carriage*" em lugar de "*affreightment*" (de acordo com a mais recente terminologia, consagrada nas RH e nas RR), "*Insurers*" na vez de "*Underwriters*", "*carriers*" na de "*shipowners*", "*employees*" na de "*servants*", "*subject-matter*" na de "*cargo*" e "*goods*" (esta última substituição por "*subject-matter*", também por razões de harmonização do documento e igualmente em linha com a terminologia do MIA 1906; mas não pode deixar de notar-se então uma certa incoerência no título das ICC: eliminaram-se as referências a "*cargo*", mas o documento continua a chamar-se *Institute Cargo Clauses*...). Outros termos foram eliminados, como "*lift-van*" ou "*inures*". Sobre o ponto, realçando, entre outros, o desejo da IUA de granjear assim uma aceitação ainda mais universal das ICC, Claudio Perrella/Alessandro Morelli, *La nuova edizione 2009 delle Institute Cargo Clauses per l'assicurazione delle merci trasportate*, *DM* (2009) IV, 1082 ss., Paola Rodas Paredes, *El seguro marítimo de mercancías después de las* Institute Cargo Clauses *2009 (A): Nuevas propuestas y viejos problemas*, *RDT* 8 (2011), 83, ou S. H. Marsden, *The Institute Cargo Clauses* cit., 34 ou 36 ss. Em todos estes casos, de certa perspectiva, mais rigorosa se se quiser, não pode dizer-se que se trate pura e simplesmente de actualização de termos ("*shipowner*" não é o mesmo que "*carrier*", nem "*goods*" "*subject-matter*", etc.) nem que não tragam consigo consequências a nível de conteúdo, por menores que sejam. Por comodidade de exposição, todavia, considerámo-los como tal.

[29] A título ilustrativo: (*i*) na cl. 1.ª: "*excluded by*" ao invés de "*provided in*", de forma a tornar ainda mais claro que a excepção são as exclusões (claro era-o já: o seguro em apreço cobre *todos* os riscos de perda ou dano do interesse segurado, com excepção das exclusões aí previstas; trata-se do conhecido "sistema" de cobertura de universalidade

As segundas, a que seguidamente nos ateremos, foram de variada ordem, ora no sentido da restrição, ora no do alargamento da cobertura.

II. Um primeiro grupo de inovações verificou-se em matéria de exclusões. Assim:

(i) na cláusula 4.ª/3: (a) foi acrescentado o segmento "*to withstand the ordinary incidents of the insured transit where such packing or preparation is carried out by the Assured or their employees or prior to the attachment of this insurance*" – há agora uma clarificação[31]

---

de riscos, consagrado também no artigo 604.º pr. do CCom; sobre o tema, J. Alves de Brito, *Seguro marítimo* cit., 87 ss., ou os nossos *Algumas notas* cit., 285-286, e *Seguros* cit., 218 ou 237-238); (*ii*) na cl. 2.ª o aditamento de "*below*" e a eliminação de "*elsewhere in this insurance*" (com esta segunda alteração, tornou-se mais clara a sua delimitação negativa: onde antes se excluíam os danos ocorridos no âmbito das cláusulas 4.ª a 7.ª e, genericamente, todos os que fossem excluídos em qualquer parte do clausulado, excluem-se agora somente os que nas cláusulas 3.ª a 7.ª, as ditas cláusulas de exclusão, são descritos – a modificação parece-nos, todavia, mais formal que de conteúdo); (*iii*) na cl. 3.ª "*indemnifies*" em vez de "*is extended to indemnify*" ou o aditamento de "*any*"; (*iv*) na cl. 8.ª/1.1 "*in the contract of insurance*" em vez de "*herein*"; (*v*) na cl. 9.ª "*herein*" por "*in the contract of insurance*" ou "*before delivery*" por "*before unloading*"; (*vi*) na cl. 11.ª o aditamento de "*Clause*" antes de "*11.1*"; (*vii*) na cl. 12.ª o aditamento de "*insured*" depois de "*subject-matter*" ou a eliminação de "*hereunder*"; (*viii*) na cl. 13.ª o aditamento de "*insured*" depois de "*subject-matter*"; (*ix*) na cl. 14.ª "*herein*" por "*under this insurance*".

[30] Como aconteceu na cl. 3.ª em geral (vd. nt. anterior), de que podemos, em específico, dar como ex. a inserção em início de oração de "*in respect of any risk insured herein*" em vez de "*as is in respect of a loss recoverable hereunder*". Similmente, na cl. 5.ª/1, eliminou-se por referência a "*unfitness*" os complementos "*conveyance, container or liftvan*", ficando agora apenas, à imagem da "*unseaworthiness*", "*vessel or craft*" e passando a regulação de "*unfitness of container or conveyance*" para a alínea 2 da cl. 5.ª/1, em 2009 aditada.

[31] Na esteira do aresto *Soya GmbH Kommanditgesellschaft* v. *White*, *LLR* (1982) 1, 136, no qual foi interpretado como vício próprio do objecto seguro a perda por comportamento natural esperado deste no modo como deveria ser transportado. Depois desta decisão, na sua senda, *Global Process Systems Inc and another v. Syarikat Takaful Malaysia Berhad* ("*Cendor Mopu*"), *UKSC* (2011) 5 e *LLR* (2011) 1, 560 (nota de Rupert Banks, *Legal Update: 'The Cendor Mopu' – Inherent Vice and Perils of the Sea*, *Standard Bulletin* (Mar. 2011), 8; vd. também *Noten BV* v. *Harding*, *LLR* (1990) 2, 283. Trata-se esta, como realçam C. Perrella/A. Morelli, *La nuova edizione 2009* cit., 1085 (com indicações de dois significativos arestos: *Mayban General Insurance* vs. *Alston Power Plants Ltd*, *LLR* (2004) 2, 609, e Trib. Verona 30-Set.-2003, *Coop. Vivai Rauscedo* vs. *Cattolica Assicurazioni*, *DM* (2005) 1407 ss.), duma das mais frequentes causas de exclusão da cobertura, que pode

do que se entenda, para efeito desta exclusão[32], por insuficiência ou inadequação da embalagem ou preparação; (b) eliminou-se a referência, na definição de "*packing*", a "*liftvan*", termo tido por pouco claro, e ao facto de a estiva ser efectuada antes da vigência do seguro pelo segurado ou pelos seus empregados; (c) acrescentou-se uma noção de "*employees*";

(ii) na cláusula 4.ª/5, foi eliminado o advérbio "*proximately*", que estava ainda alinhado à secção 55.º/2 *b*) do MIA, de modo a esclarecer que o nexo causal relevante para exclusão de danos devidos a mora não tem de ser avaliado em termos de causa próxima[33];

(iii) cláusula 4.ª/6: (a) substituiu-se "*arising from*" por "*caused by*", com relevância a nível da interpretação do nexo causal; (b) aditou-se o seguinte segmento ao agora primeiro parágrafo: "*where at the time of loading of the subject-matter insured on board the vessel, the Assured are aware, or in the ordinary course of business should be aware, that such insolvency or financial default could prevent the normal prosecution of the voyage*"[34]; (c) acrescentou-se um segundo parágrafo onde é feita uma delimitação negativa da exclusão em apreço – que implica uma redução do seu alcance –, benéfica para o comprador (normalmente CIF ou CIP) de boa fé, com o seguinte teor; "*This exclusion shall not apply where the contract of insurance has been assigned to the*

revelar-se particularmente penalizante para o segurado quando permaneça estranho – como é regra, quando seja o destinatário adquirente – às várias fases da preparação da mercadoria com vista ao transporte.

[32] E, como realça P. Rodas Paredes, *El seguro marítimo* cit., 87, também para distinção entre insuficiência ou inadequação de embalagem e vício próprio ou inerente. Vd. também S. H. Marsden, *The Institute Cargo Clauses* cit., 37 ss., ou o nosso *O transporte de mercadorias* cit., 107 ss.

[33] O propósito da alteração foi evitar controvérsias e dúvidas interpretativas do nexo causal relevante, sem menoscabo de, independentemente da discussão sobre a coincidência do anterior com o actual critério, poder na prática levar a um alargamento da exclusão. Vd. J. Dunt, *International cargo insurance* cit., 64 ss., S. H. Marsden, *The Institute Cargo Clauses* cit., 39, C. Perrella/A. Morelli, *La nuova edizione 2009* cit., 1087, ou P. Rodas Paredes, *El seguro marítimo* cit., 84.

[34] Redacção inspirada nas *Institute Commodity Trade Clauses* de 1983. Vd. também C. Perrella/A. Morelli, *La nuova edizione 2009* cit., 1087.

party claiming hereunder who has bought or agreed to buy the subject-matter insured in good faith under a binding contract"[35];

(iv) na cláusula 4.ª/7: (a) alargou-se o nexo causal relevante – com a consequente diminuição do âmbito de cobertura –, através da introdução, antes e cumulativamente com "*arising from*", de "*directly or indirectly caused by*"; (b) eliminou-se "*of war*" como complemento determinativo de "*weapon*" – com, mais uma vez, a consequente diminuição da cobertura; (c) acrescentou-se "*or device*", novamente para alargamento da exclusão e diminuição da cobertura[36];

(v) na cláusula 5.ª/1: (b) eliminou-se "*or their servants*" por referência ao conhecimento do "*Assured*", restringindo-se a exclusão e, consequentemente, alargando-se a cobertura;

(vi) na cláusula 5.ª/2 e 3: (a) a anterior cl. 5.ª/2 das ICC 1982 passou para o n.º 3 com uma alteração de conteúdo, a eliminação da oração final "*unless the Assured or their servants are privy to such unseaworthiness or unfitness*"; (b) aditou-se a actual cl. 5.ª/2 das ICC 2009, com uma limitação das exclusões e consequentemente alargamento da cobertura do n.º 1 da cl. 5.ª/1, referente ao cessionário;

(vii) na cláusula 7.ª/3 e 4: (a) autonomizaram-se as exclusões por actos de terrorismo e por actuações por motivos políticos ideológicos,

---

[35] Vd., a respeito, à luz das ICC 1982, J. Mata, *Seguro marítimo* cit., 50, ou, à luz das ICC 2009, Maurizio Favaro, *Assicurazione trasporti e Incoterms® 2010. Le principali polizze e il loro uso. Gli 11 termini di resa e i loro collegamenti con le assicurazioni*, Ipso, Milanofiori Assago, 2012, 88, P. Rodas Paredes, *El seguro marítimo* cit., 87-88, S. H. Marsden, *The Institute Cargo Clauses* cit., 39 s., Paolo Lovatti, *Il caso Hanjin. Risvolti assicurativi nella copertura delle merci*, *MATIR* VI (2016) 4, 3 ss., C. Perrella/A. Morelli, *La nuova edizione 2009* cit., 1089, ou Alfredo Dani, *Riflessioni sul "caso Hanjin"*, *MATIR* VI (2016) 4, 14 ss. Com a exclusão da cl. 4.ª/6 visa-se dissuadir o segurado de carregar mercadorias num navio cujo armador se encontre em más condições financeiras ou num navio com deficiente manutenção e segurança, contrariando a natural propensão a procurar fretes mais baratos. Em 2009, num contexto de grave crise económica entre 2007 e 2008, cujos efeitos se fizeram sentir nos anos seguintes, mitigou-se a severidade da cláusula, que a doutrina vinha já criticando: sobre o ponto o nosso *Seguros* cit., 243-244[106].

[36] Um primeiro passo fora já dado pela *Radioactive Contamination Exclusion Clause*, de 10-Nov.-1990, incluída nas IHC de 2003, com o propósito de excluir da cobertura todas e quaisquer formas de contaminação radioactiva. Cf. P. Rodas Paredes, *El seguro marítimo* cit., 88-89, C. Perrella/A. Morelli, *La nuova edizione 2009* cit., 1089, ou S. H. Marsden, *The Institute Cargo Clauses* cit., 40.

antes concentradas na cl. 7.ª/3, agora separadas nas cls. 7.ª/3 e 4 respectivamente; (b) na cl. 7.ª/3 a exclusão passa agora a incidir, objectivamente, sobre "*any act of terrorismo*" e não, subjectivamente, sobre "*any terrorist*"; (c) na cl. 7.ª/3 passa agora a definir acto de terrorismo.

III. Importantes alterações verificaram-se na cláusula 8.ª, intitulada de trânsito:

(viii) na cláusula 8.ª/1: (a) passa a haver expressa subordinação ao disposto na cl. 11.ª relativa ao interesse segurável; (b) em vez da expressão "*leave the warehouse or place of storage at the place named herein for the commencement of the transit*", optou-se em 2009 por expressão mais analítica tendente a excluir situações em que, apesar de movimentado e carregado o objecto seguro, o veículo não inicie ou não tenha iniciado viagem, e com a expressão "*is first moved*" em vez de "*leave*" estende-se, a montante, o período de cobertura, abrangendo assim também todas as manobras de movimentação prévias ao carregamento propriamente dito[37];

(ix) na cláusula 8.ª/1.1: (a) substituiu-se "*on delivery*" por "*on completion of unloading*"; (b) substituiu-se a referência a "*to the Consignee's [warehouse]*" por apenas "*in or at the final warehouse or place of storage*"; (c) aditou-se "*from the carrying vehicle or other conveyance*";

(x) na cláusula 8.ª/1.2: uniu-se a anterior cl. 8.ª/1.2 pr., 1 e 2 e tornou-se mais clara a linguagem;

(xi) na cláusula 8.ª/1.3: aditou-se um novo termo do trânsito;

(xii) a cláusula 8.ª/2 foi alinhada com a nova referência no n.º 1 da cl. 8.ª a "*first moved*" em lugar da referência genérica a "*commencement of transit*".

---

[37] Vd. o nosso *Seguros* cit., 249[128]. Sobre o problema, por resolver, da cobertura quando as mercadorias estão já carregadas no meio de transporte mas aguardam o início da viagem, vd. C. Perrella/A. Morelli, *La nuova edizione 2009* cit., 1089-1090, em observação ao comentário circulado pela *Joint Cargo Committee* em Mai.-2018, onde expressamente é afirmado: "*Cover does not extend to temporary storage prior to transit on vehicles*".

IV. Ainda em sede de duração da cobertura, modificada foi também a cláusula sobre alteração de viagem:

(xiii) cl. 10.ª: mantendo-se o segmento inicial da anterior cl. 10.ª, (a) substituiu-se por nova redacção a segunda parte – a dita "*held covered*" – da mesma cláusula, agora cl. 10.ª/1; (b) aditou-se uma segunda frase à cl. 10.ª/1 para o caso em que o dano ocorra antes da conclusão do acordo; (c) aditou-se a actual cl. 10.ª/2 para os casos de mudança de viagem sem conhecimento do segurado ou dos seus empregados, com vista a resolver o problema dos "navios-fantasma"[38].

V. Por último, no âmbito do chamado benefício do seguro[39], foram também feitas alterações:

(xiv) cl. 15.ª/1 e 2: (a) além da autonomização, dentro da cláusula, de dois números, (b) o óbvio esclarecimento na actual cl. 15.ª/1 de que o seguro cobre o segurado e o menos óbvio esclarecimento – através de uma definição do conceito – de que é também segurado não apenas aquele que concluiu o contrato de seguro ou por cuja conta foi celebrado, como também o cessionário.

VI. No cômputo geral e em síntese, as ICC 2009, além de aspectos formais, preocuparam-se com: a clarificação do nexo causal das exclusões, o esclarecimento dos termos da exclusão por insuficiência ou inadequação de embalagem, a mitigação da exclusão por insolvência do armador do navio, o alargamento da exclusão por actos de terrorismo, o reforço da posição do comprador CIF ou CIP de boa fé, o esclarecimento do funcionamento da cláusula de trânsito, e a resolução do problema dos "navios-fantasma".

---

[38] Tendo por base jurisprudência vária, que pode ser confrontada em S. H. Marsden, *The Institute Cargo Clauses* cit., 41; cf. também C. Perrella/A. Morelli, *La nuova edizione 2009* cit., 1091 ss.

[39] Desenvolvidamente sobre o tema J. M. Alves de Brito, *Sub-rogação no contrato de seguro. Introdução à transmissão de direitos ao segurador: algumas aplicações típicas*, FDUL, Lisboa, 2017.

3. Texto

A penúltima versão das ICC A, B e C, incluindo os clausulados de riscos de guerra, greve e danos maliciosos, foi objecto de tradução pelo ISP[40]. Da última não temos conhecimento de uma tradução oficial, que traria vantagens várias[41]: desde logo, a de uniformização, que hoje não existe[42], da

---

[40] Através da NR 18/83, de 16-Fev., intitulada "Cláusulas de Seguro de Cargas", que aprovou, "com o carácter de recomendadas", as aí ditas cláusulas, diríamos nós clausulados, de seguro de cargas A, B e C, de riscos de guerra (carga), riscos de greves (carga) e de danos maliciosos, "para serem usadas conjuntamente com a apólice uniforme do seguro de cargas". A referida apólice uniforme, que não é de identificar com os ditos clausulados recomendados com ela usados em conjunto dentro da lógica *SG Form* / *MAR* e ICC: vd. suso nt. 6 –, fora aprovada pela Norma do n.º INS 34/79, de 17-Dez., intitulada "Ramo Transportes. Condições Gerais à Apólice Uniforme", e, nem 4 anos depois, alterada pela NR 17/83, de 16-Fev., intitulada "Ramo Transportes – Apólice Uniforme do Seguro de Cargas. Condições Gerais". Apenas 4 anos depois, a NR n.º 152/87, de 19-Nov., intitulada "Ramo: Mercadorias Transportadas", em particular pelo seu n.º 1, revogou a NR 34/79, de 17-Dez. e a NR 17/83, de 16-Fev. Para facilidade de consulta, reproduzimos a NR 152/87: "Prosseguindo na flexibilização que tem vindo a ocorrer, mantendo, no entanto, o princípio da uniformização de clausulados para os seguros obrigatórios, vem o ISP, nos termos do Artº 6º do seu Estatuto, aprovado pelo Decreto Lei 302/82 de 30 de Julho, emitir o seguinte: Norma Regulamentar 1. Revogando a Norma 34/79 de 17 de Dezembro, bem como a Norma 17/83 de 16 de Fevereiro, deixa de ser considerada como "Uniforme" a apólice do seguro de cargas. 2. O n.º de registo constante do anexo à Norma 145/86 de 22 de Agosto, será substituído pelo XXX0700004A enquanto as Seguradoras mantiverem o clausulado anteriormente aprovado. Desde que alterem o clausulado devem submetê-lo previamente a registo de acordo com as disposições normativas em vigor. 3. As Seguradoras que detenham em stock exemplares das actuais Condições Gerais da Apólice uniforme com o registo anterior, poderão utilizá-los o mais tardar até final de 1988. 4. Esta Norma entra em vigor na data da sua divulgação às seguradoras". Vd., sobre o tema, A. Cecílio da Costa, *Seguro marítimo* cit., 26 ss. (a 336-339 pode consultar-se o texto da apólice uniforme do ramo transportes (mercadorias), antes da alteração de 1983), J. Mata, *Seguro marítimo* cit., 33-34 (crítico de que, mesmo depois da NR 152/87, as seguradoras devessem, ainda assim, submeter à aprovação do ISP as suas condições gerais – não as especiais e particulares –, uma vez que com as ICC só deveriam ser usadas com a MAR); também J. M. Alves de Brito, *Seguro marítimo* cit., 43[152] (referindo que a tradução das ICC poderia ter sido acompanhada de uma idêntica tradução da MAR, "de que as cláusulas A, B e C são o natural complemento", consignando, no entanto, "as dificuldades trazidas pela adopção por uma entidade de uma apólice pertença de *outra* entidade".

[41] Muito superiores aos inconvenientes, que, reconheça-se abertamente, uma tradução sempre traz. Obviamente, não defendemos devesse ser uma tal versão imposta aos seguradores, senão apenas recomendada, à imagem do *modus operandi* adoptado pelo ISP em 1983.

[42] Basta para o efeito confrontar o texto das apólices infra cits. nas "Notas à Tradução" da Fidelidade e da AIG que corporizam traduções das ICC 2009. Na tradução subsequente,

redacção das apólices de seguro marítimo de cargas no mercado segurador português; e ainda, além do cumprimento da obrigação de redacção da apólice em língua portuguesa (artigo 36.º/1 do RJCS[43]), a maior inteligibilidade ao tomador e segurado portugueses, senão mesmo mais amplamente lusófonos, com reflexos a nível do dever de informação e esclarecimento a que está o segurador adstrito (artigos 18.º a 22.º do RJCS e 5.º e 6.º da LCCG[44]). Facilita igualmente o labor de quem no e com o sector trabalha e dá a conhecer o texto a um público mais amplo.

A oportunidade do presente estudo é ainda justificada por outra circunstância. Nem sempre foram estes clausulados facilmente acessíveis[45]. Era, por isso, comum, em obras da especialidade, seja de direito dos seguros seja de direito marítimo, transcrever-se, quando não mesmo apresentar-se traduções livres destes ou de similares clausulados[46]. Mesmo em tempos recentes, manuais de referência continuam a apresentar transcrições ou fac-símiles das ICC, para facilidade de consulta[47].

---

tomámos estes por expressivos, sabendo, não obstante, da existência "em circulação" no mercado nacional doutros clausulados traduzidos.

[43] Que constitui norma absolutamente imperativa nos termos do artigo 12.º/1 do mesmo diploma.

[44] Sobre a articulação, nem sempre imediata, em matéria de deveres de informação, entre a LCCG – o problema pode ainda colocar-se em relação a outros diplomas: vd. por ex. o artigo 19.º/1 e 2 do RJCS – e o RJCS, regulada pelo artigo 3.º do RJCS, vd. P. Romano Martinez, anotação ao artigo 3.º, *LCSAnot*[4], 46-47, Arnaldo da Costa Oliveira, *Cláusulas abusivas e o contrato de seguro*, no *Congresso Luso-Hispano de Direito dos Seguros. 17 e 18 de Novembro de 2005*, coord. Secção Portuguesa da AIDA, Almedina, Coimbra, 2009, 223 ss., *id.*, comentários complementares ao artigo 22.º, *LCSAnot*[3], 129-131, ou Joana Galvão Teles, *Deveres de informação das partes*, nos *Temas de Direito dos Seguros*, coord. Margarida Lima Rego, 2.ª ed., MLGTS/Almedina, 2020 (reimpr.), 339 ss., e A. Menezes Cordeiro, *Direito dos seguros* cit., 612-615.

[45] Sobretudo antes da generalização da Internet.

[46] Gago de Medeiros, *Transporte* cit., 68 ss., 220 ss. (apólice de Antuérpia de 1859 com as alterações de 1900 e 1931), 225-226 (a apólice do *Lloyd's – S.G.*), 227 ss. (apólice francesa de casco e máquinas de 1938), 240 ss. (cláusulas especiais inglesas), *passim*, A. Cecílio da Costa, 336 ss. e *passim*, ou J. Mata, *Seguro marítimo* cit., *passim*.

[47] S. M. Carbone/P. Celle/M. Lopez de Gonzalo, *Il diritto marittimo* cit., 486-508 (onde reproduzidos – além doutros vários, embora não respeitantes directamente ao seguro, noutras secções da obra –, os ss. documentos: *polizza italiana di assicurazione merci trasportate* 1983, *clausola merci I (pieno rischio)* 1983, *Lloyd's Marine Policy*, ICC A 2009, ITCH 1995). A prática é também frequente nos tratados britânicos sobre a matéria.

Aliás, em bom rigor, muitos dos hodiernos[48] textos de direito marítimo e dos transportes português – como doutros países – são em apreciável medida constituídos por traduções. Basta pensar que mais de uma convenção internacional foi já objecto de introdução na ordem jurídica interna, ora por via da sua aplicação como direito interno[49], ora pela da sua utilização como fonte quase integral de inspiração, senão mesmo da sua tradução[50], em actos normativos nacionais[51].

Apresentamos em seguida, traduzido para português, seguido de breves notas à tradução, o texto do clausulado A das ICC 2009 e, na parte em que deste difere, o dos clausulados B e C.

Cascais – Lisboa, Junho de 2020

[48] O pretérito também – pensamos sobretudo, mas não só, no CCom –, mas em diversa medida ou tendo por base textos de diversa origem.

[49] Como foi o caso da CB 1924 por força do artigo 1.º pr. do DL 37.748, de 1-Fev.-1950, ou da CB 1957 *ex vi* artigo 1.º do DL 49.028, de 26-Mai.-1969 (vd. M. J. da Costa Gomes, *Limitação* cit., *passim*).

[50] Que não raras vezes suscitam observações críticas da doutrina. O caso do "*transporteur*" por "*armador*" da CB 1924 é conhecido. Existem, porém, muitos outros. Por último, sobre a tradução portuguesa da LLMC, aprovada, para adesão, pelo Decreto n.º 18/2017, de 16-Jun., M. J. da Costa Gomes, *Direito Marítimo Português, 2017, RDS* X (2018) 4, 845 ss., *max.* 847).

[51] É assumidamente, como se pode ler no preâmbulo e facilmente se constata pela comparação dos articulados, o caso da CL 1989 através do DL 203/98, de 10-Jul. Sobre alguns problemas daqui decorrentes, vd., por último, o nosso *Pluralidade de credores do salário de salvação. STJ 5-Jun.-2003, ROA* 77 (2017) III/IV, 965-997, onde ulteriores indicações bibliográficas. Uma tradução portuguesa da CL 1989 – a que ainda hoje, por razões que dificilmente se explicam senão por inércia, Portugal não aderiu – foi publicada por M. Raposo, *Convenção Internacional de 1989 sobre Salvação*, nos *Estudos sobre o Direito marítimo. Realidades internacionais e a situação portuguesa*, Coimbra Ed., Coimbra, 1999, 61-74.

CLAUSULADO (A)[*-**] DE SEGURO DE CARGA[1] DO INSTITUTO DE SEGURADORES[2]

RISCOS COBERTOS

Riscos

1. Este seguro cobre todos os riscos de perdas ou danos sofridos pelo objecto seguro[3], com excepção dos excluídos[4] nas cláusulas 4, 5, 6 e 7.

Avarias grossas[5]

2. O presente seguro cobre avarias grossas e despesas[6] de salvação, reguladas ou determinadas de acordo com o contrato de transporte e ou com o direito[7] e prática aplicáveis[8], efectuadas para evitar perdas ou relativas à prevenção de perdas derivadas de que causa for, com excepção das excluídas nas cláusulas 4, 5, 6 e 7.

Cláusula de abalroação por culpa comum[9]

3. Pelo presente seguro[10] são os segurados[11] indemnizados[12], por referência a qualquer risco coberto neste contrato, pela responsabilidade em que incorram por força de uma cláusula de abalroação por culpa comum no contrato de transporte. Caso surja ao abrigo da referida cláusula[13] uma pretensão por parte dos transportadores[14], obrigam-se os segurados a informar[15] os seguradores, que terão o direito de, a seu custo e despesa, defender os segurados contra tal pretensão.

EXCLUSÕES

4. O presente seguro não cobrirá em caso algum[16]:

4.1. Perdas, danos ou despesas[17] atribuíveis[18] a actuação voluntária[19] dos segurados;

4.2. Derrame normal[20], perda normal de peso ou de volume e desgaste normal[21] devido a uso do objecto seguro;

4.3. Perdas, danos ou despesas causados por insuficiência ou inadequação[22] de embalagem ou preparação do objecto seguro para suportar incidentes ordinários do trânsito seguro, quando tal embalagem ou preparação for efectuada pelos segurados ou pelos seus empregados ou antes do início da cobertura deste seguro (para efeito das presentes cláusulas, "embalagem" abrangerá a estiva num contentor e "empregados" não abrangerá prestadores de serviços independentes[23]).

4.4. Perdas, danos ou despesas causados por vício próprio[24] ou alteração proveniente da natureza intrínseca do objecto seguro;

4.5. Perdas, danos ou despesas causados por demora, ainda que causada por um risco seguro (salvo as despesas devidas nos termos da cláusula 2).

4.6. Perdas, danos ou despesas causados por insolvência ou incumprimento financeiro[25] dos proprietários, gestores[26], fretadores ou operadores[27] do navio quando, ao tempo do carregamento do objecto seguro a bordo do navio, os segurados estiverem cientes, ou no curso ordinário de negócios devessem ter estado cientes[28], de que tal insolvência ou incumprimento financeiro poderiam impedir a normal continuação[29] da viagem;

Esta exclusão não se aplicará quando[30] o contrato de seguro tiver sido transmitido[31] à parte que reclame[32] ao abrigo do presente contrato[33] que tenha comprado ou acordado comprar o objecto seguro de boa fé nos termos de um contrato vinculativo[34].

4.7. Perdas, danos ou despesas directa ou indirectamente causados por ou resultantes do uso de qualquer arma ou dispositivo que empregue fissão e ou fusão atómica ou nuclear ou outra reacção similar ou força ou matéria radioactiva.

5. **5.1.** Este seguro não cobrirá, em caso algum, perdas, danos ou despesas resultantes de[35]:

5.1.1. Inavegabilidade[36] ou ineptidão[37] da embarcação[38] ou do barco[39] para o transporte em segurança[40] do objecto seguro, quando os segurados tiverem conhecimento[41] da referida inavegabilidade ou ineptidão, à data em que o objecto seguro seja naquelas[42] carregado;

5.1.2. Ineptidão do contentor ou meio de transporte[43] para o transporte em segurança[44] do objecto seguro, quando o carregamento naqueles ou sobre aqueles[45] for efectuado[46], antes do início da cobertura ao abrigo do presente seguro[47], pelos segurados ou respectivos empregados e tiverem eles conhecimento da referida inavegabilidade ou ineptidão ao tempo do carregamento[48].

5.2. A exclusão 5.1.1[49] não se aplicará quando o contrato de seguro tiver sido transmitido à parte que reclame ao abrigo do presente contrato que tenha comprado ou acordado comprar o objecto seguro, de boa fé, em virtude de um contrato vinculativo.

5.3. Os seguradores renunciam[50] a declarar qualquer violação das garantias implícitas[51] de navegabilidade e aptidão do navio[52] para o transporte do objecto seguro até ao destino.

6. Em caso nenhum cobrirá o presente seguro perdas, danos ou despesas causados por:

6.1. guerra, guerra civil, revolução, rebelião, insurreição ou conflitos civis que daí resultem, nem actos hostis[53] cometidos por ou contra um poder beligerante;

6.2. captura, apreensão[54], arresto[55], restrição[56] ou imobilização[57] (excepto pirataria), bem como as consequências desses actos ou qualquer tentativa nesse sentido;

6.3. minas abandonadas, torpedos, torpedos ou outras armas de guerra abandonadas.

7. Em caso nenhum cobrirá o presente seguro perdas, danos ou despesas:

7.1. causados por grevistas[58], trabalhadores em *lock-out*[59] ou pessoas que tomem parte em distúrbios laborais, motins ou agitações populares[60];

7.2. resultantes de greves, *lock-outs*, distúrbios laborais, motins ou agitações populares;

7.3. causados por qualquer acto de terrorismo, com o sentido de[61] acto[62] de uma[63] pessoa que aja[64] por conta ou em conexão[65] com qualquer organização que leve a cabo actividades dirigidas à deposição ou influência, pela força ou violência, de qualquer governo, legitimamente[66] constituído ou não;

7.4. causados por qualquer pessoa que aja[67] por motivos políticos, ideológicos ou religiosos.

DURAÇÃO

Cláusula de trânsito[68]

8. 8.1. Sem prejuízo do disposto na cláusula 11, o período de cobertura do presente seguro começa desde que[69] o objecto seguro é primeiramente movimentado[70] no armazém ou no lugar de armazenagem[71] (no lugar designado[72] no contrato de seguro) com vista[73] ao imediato carregamento[74] no veículo de transporte ou noutro meio de transporte[75] para começo de viagem[76], continua[77] durante o percurso normal de viagem e termina no primeiro dos seguintes eventos[78] que ocorrer:

8.1.1. com a conclusão[79] da descarga[80] a partir do[81] veículo ou doutro meio de transporte[82] no[83] ou junto[84] do armazém final ou no lugar de armazenagem no destino designado[85] no contrato de seguro,

8.1.2. com a conclusão da descarga a partir do veículo ou doutro meio de transporte no ou junto de qualquer outro[86] armazém ou lugar de armazenagem, seja antes seja no[87] lugar de destino designado no contrato de seguro, que os segurados ou os seus empregados[88] decidam[89] usar para armazenagem fora[90] do percurso normal da viagem[91] ou para repartição[92] ou distribuição, ou

8.1.3. quando os seguradores ou os seus empregados decidam usar o veículo ou outro meio de transporte ou qualquer contentor para armazenagem fora percurso normal da viagem, ou

8.1.4. no final de 60 dias após o termo da descarga do objecto seguro do lado de lá do navio a partir do navio de mar, no porto final de descarga.

8.2. Se, após a descarga do navio de mar no porto final de descarga, mas antes do termo deste seguro, o objecto seguro dever ser reexpedido para um destino diferente daquele até ao qual se encontra seguro, este seguro, ao mesmo tempo que permanece sujeito aos termos previstos nas cláusulas 8.1.1 a 8.1.4, não cobrirá além do tempo durante o qual é o objecto seguro primeiramente movimentado para efeitos de começo da viagem até essoutro destino.

8.3. Este seguro manter-se-á em vigor (sem prejuízo do seu termo por força das cláusulas 8.1.1 a 8.1.4 e do disposto na cláusula 9) em caso de mora fora do controlo dos segurados, desvio de rota, descarga forçada, reembarque ou transbordo, assim como durante qualquer alteração[93] da viagem resultante do exercício de um direito concedido aos transportadores ao abrigo do contrato de transporte.

Cessação do contrato de transporte

9. Se, devido a circunstâncias fora do controlo dos segurados, o contrato de transporte cessar num porto ou lugar que não o de destino aí designado ou a viagem[94] cessar antes da descarga do objecto seguro conforme acima[95] previsto[96] na cláusula 8, o presente seguro cessará também, *salvo se forem os seguradores prontamente informados*[97] *e for requerida*[98] *a prorrogação da cobertura*[99]*, caso em que o presente seguro manter-se-á em vigor, sujeito a um prémio adicional, se requerido pelos seguradores*, ou

9.1. até ser o objecto seguro vendido ou entregue em tal porto ou lugar[100] ou, salvo se específica e diferentemente acordado, até ao termo dos 60 dias a contar da chegada[101] do objecto seguro a tal porto ou lugar, conforme o que primeiro ocorrer,

ou

9.2. se o objecto seguro for reexpedido dentro do referido prazo de 60 dias[102] (ou de qualquer prorrogação do mesmo que tenha sido acordada[103]) para o destino designado[104] no contrato de seguro ou para qualquer outro destino, até que tenha terminado de acordo com o acima estipulado na cláusula 8[105].

Alteração de viagem[106]

10. 10.1. Quando, após início de cobertura do presente seguro, for o destino alterado pelos segurados, *deve ser tal facto prontamente comunicado*[107] *aos seguradores para serem acordados prémio e condições*[108]. *Caso ocorram perdas antes de concluído tal acordo, a cobertura poderá ser prestada, mas apenas se tal cobertura tivesse sido disponível a um preço de mercado comercial razoável nos termos de um acordo comercial razoável*[109].

10.2. Quando o objecto seguro iniciar o trânsito previsto neste sentido (de acordo com a cláusula 8.1), mas, antes do conhecimento dos segurados ou dos seus empregados o navio navegar para diferente destino, considerar-se-á, todavia, ter o presente seguro iniciado vigência no começo de tal trânsito.

RECLAMAÇÕES[110]

Interesse segurável[111]

11. 11.1. Para receber a prestação devida ao abrigo do presente contrato[112], os segurados devem ter um interesse segurável no objecto seguro ao tempo do sinistro[113].

11.2. Sem prejuízo da cláusula 11.1, os segurados terão direito a receber a prestação devida pelos danos segurados[114] que ocorram durante o período coberto pelo presente seguro, não obstante o sinistro tenha ocorrido antes da conclusão do contrato de seguro, salvo se[115] tivessem do mesmo conhecimento e os seguradores não.

Despesas de reexpedição[116]

12. Quando, em resultado[117] da acção de um risco coberto por este seguro, o trânsito seguro tiver terminado num porto ou lugar diverso daquele até ao[118] qual o objecto seguro está coberto sob este seguro, os seguradores reembolsarão os segurados de quaisquer encargos adicionais adequada[119] e razoavelmente contraídos[120] na descarga, armazenagem e reexpedição do objecto seguro para o destino até ao qual está seguro.

Esta cláusula 12, que não se aplica às avarias grossas nem a encargos de salvação, estará sujeita às exclusões contidas nas cláusulas 4, 5, 6 e 7 acima, e não incluirá encargos resultantes de falta, negligência, insolvência ou incumprimento financeiro dos segurados ou dos seus empregados.

Perda total construtiva

13. Nenhuma pretensão por perda total construtiva será coberta[121] nos termos do presente contrato, salvo se o objecto seguro for justificadamente[122] abandonado, seja porque a sua perda total efectiva parece ser inevitável, seja porque o custo da sua recuperação, reacondicionamento[123] e reexpedição para o local de destino para o qual está seguro excederia o seu valor à chegada a esse local.

Aumento de valor

14. 14.1. Se um seguro de aumento de valor[124] for contratado[125] pelos segurados sobre o objecto segurado neste[126] seguro, o valor acordado[127] do objecto seguro será considerado aumentado até ao montante total segurado no presente seguro e ao de todos os seguros de aumento de valor que cubram a perda, e a responsabilidade nos termos deste seguro será na mesma proporção que a soma segura sob este seguro suporta até tal montante total segurado.

Caso surja uma reclamação, os segurados providenciarão aos seguradores prova dos montantes seguros ao abrigo de quaisquer outros seguros.

14.2. Quando o seguro seja sobre um aumento de valor, aplicar-se-á a seguinte cláusula:

O valor acordado do objecto seguro será considerado igual ao montante total seguro ao abrigo do seguro primário[128] e ao de todos os seguros de valor acrescentado que cubram a perda e efectuados sobre o objecto seguro pelos segurados, e a responsabilidade sob este seguro será na mesma proporção que a soma segura sob este seguro suporta até tal montante total segurado.

Caso surja uma reclamação, os segurados providenciarão aos seguradores prova dos montantes seguros ao abrigo de quaisquer outros seguros.

BENEFÍCIO DO SEGURO

15. O presente seguro

15.1. cobre os segurados, cujo conceito abrange a pessoa que peça a indemnização quer na qualidade daquele por ou em cujo interesse o contrato de seguro foi contratado, quer na qualidade de cessionário;

15.2. não se estenderá nem de outro modo beneficiará o transportador ou outro depositário[129].

MITIGAÇÃO[130] DOS DANOS

Dever dos segurados[131]

16. É dever dos segurados e seus empregados e mandatários em relação às perdas reembolsáveis[132] nos termos do presente contrato:

16.1. Tomar as medidas que sejam razoáveis com o propósito de evitar ou minorar os danos, e

16.2. Assegurar que todos os direitos contra transportadores, depositários[133] ou outros terceiros sejam devidamente conservados e exercidos,

E os seguradores, em acrescento a qualquer perda reembolsável nos termos do presente contrato, reembolsarão os segurados de quaisquer encargos devida e razoavelmente contraídos no cumprimento de tais[134] deveres.

Renúncia[135]

17. As medidas tomadas pelos segurados ou pelos seguradores com o objectivo de salvar, proteger ou recuperar os objectos seguros não serão consideradas renúncia ou aceitação de abandono nem prejudicarão, de outro modo[136], os direitos de cada uma das partes.

PREVENÇÃO[137] DE ATRASOS

18. É condição[138] deste seguro que os segurados ajam com razoável prontidão em todas as situações[139] sob[140] o seu controlo.

DIREITO E PRÁTICA

19. O presente seguro encontra-se sujeito ao direito e prática[141] ingleses.

Nota: Quando for solicitado o prolongamento da cobertura nos termos da cláusula 9, ou for uma mudança de destino comunicada nos termos da cláusula 10, os segurados estão obrigados à sua pronta notificação aos seguradores, ficando o direito a tal cobertura dependente do cumprimento desta obrigação.

CLAUSULADO (B)
DE SEGURO DE CARGA
DO INSTITUTO DE SEGURADORES

RISCOS COBERTOS

Riscos[142]

1. Este seguro cobre, com excepção dos riscos excluídos nas cláusulas 4.ª, 5.ª, 6.ª e 7.ª,

1.1. perdas ou danos sofridos pelo objecto seguro razoavelmente atribuíveis a:

1.1.1. incêndio[143] ou explosão;

1.1.2. varação, encalhe, afundamento ou viragem da embarcação ou barco;

1.1.3. capotamento ou descarrilamento de meio de transporte terrestre;

1.1.4. abalroação ou contacto da embarcação, barco ou meio de transporte com qualquer objecto externo que não seja água;

1.1.5. descarga num porto de arribada[144];

1.1.6. terramoto, erupção vulcânica ou raio;

1.2. perdas ou danos causados ao objecto seguro por:

1.2.1. sacrifício de avaria grossa;

1.2.2. alijamento ou arrebatamento pelas ondas;

1.2.3. entrada de água de mar, lago ou rio na embarcação, barco, porão, meio de transporte, contentor ou lugar de armazenagem;

1.3. perda total de qualquer volume por cima da borda da embarcação ou caído durante os actos de carga ou descarga da embarcação ou barco.

(...)

4.7. dano ou destruição intencionais[145] do objecto seguro ou de qualquer parte dele por acto ilícito de qualquer pessoa[146];

4.8. = **4.7.** das ICC A

(...)

6.2. = **6.2.** das ICC A salvo "(excepto pirataria)", que das ICC B e C não consta

(...)

CLAUSULADO (C)
DE SEGURO DE CARGA
DO INSTITUTO DE SEGURADORES

RISCOS COBERTOS

Riscos[147]

1. Este seguro cobre, com excepção dos riscos excluídos nas cláusulas 4.ª, 5.ª, 6.ª e 7.ª,

1.1. perdas ou danos ao objecto seguro razoavelmente atribuíveis a:

1.1.1. incêndio ou explosão;

1.1.2. varação, encalhe, afundamento ou viragem da embarcação ou barco;

1.1.3. capotamento ou descarrilamento de meio de transporte terrestre;

1.1.4. abalroação ou contacto da embarcação, barco ou meio de transporte com qualquer objecto externo que não seja água;

1.1.5. descarga num porto de arribada;

1.2. perdas ou danos causados ao objecto seguro por:

1.2.1. sacrifício de avaria grossa;

1.2.2. alijamento.

(...)

4.7. dano ou destruição intencionais[148] do objecto seguro ou de qualquer parte dele por acto ilícito de qualquer pessoa[149];

4.8. = **4.7.** das ICC A

(...)

6.2. = 6.2. das ICC A salvo "(excepto pirataria)", que das ICC B e C não consta

(...)

NOTAS À TRADUÇÃO

* Abreviaturas mais usadas: AGS = *Anuário do Grémio dos Seguradores*; ASF = Autoridade de Supervisão de Seguros e Fundos de Pensões; CB 1924 = Convenção Internacional para a Unificação de certas Regras em matéria de Conhecimentos de Carga, assinada em Bruxelas em 25-Ag.-1924; CC = Código Civil, aprovado pelo Decreto-Lei n.º 47.344, de 25-Nov.-1966, sucessivamente alterado até à Lei n.º 85/2019, de 3-Set.; CCom = Código Comercial, aprovado por Carta de Lei de 28-Jun.-1888 e sucessivamente alterado); CCI = Câmara de Comércio Internacional; CDMT-FDUL = Centro de Direito Marítimo e dos Transportes da Faculdade de Direito da Universidade de Lisboa; CIF = *Cost, Insurance and Freight*; CJ = *Colectânea de Jurisprudência*; CM = Código Marítimo de Cabo-Verde, aprovado pelo Decreto-Legislativo n.º 14/2010, de 15-Nov.; CL = Convenção de Londres sobre a limitação da responsabilidade por créditos marítimo, de 1976; CNav = *Codice della Navigazione*; EILR = *European Insurance Law Review*; ICC = *Institute Cargo Clauses*; ILU = *Institute of London Underwriters*; INS = Instituto Nacional de Seguros; ISP = Instituto de Seguros de Portugal, entretanto ASF; IUA = *International Underwriting Association of London*; LCSAnot[4] = Pedro Romano Martinez/Leonor Cunha Torres/Arnaldo da Costa Oliveira/Maria Eduarda Ribeiro/José Pereira Morgado/José Vasques/José Alves de Brito, *Lei do Contrato de Seguro anotada*, 4.ª ed., Almedina, Coimbra, 2020; LIRMA = *London International Insurance and Reinsurance Market Association*; LMA = *Lloyd's Market Association*; LOF = *Lloyd's Standard Form of Salvage Agreement* ou *Lloyd's Open Form*; MATIR = *Marine Aviation & Transport Insurance Review*; MIA = *Marine Insurance Act* britânico de 1906; N/NR = Norma ou Norma Regulamentar; RDT = *Revista de Derecho del Transporte*; RH = *United Nations Convention on the Carriage of Goods by Sea* na versão inglesa, *Convention des Nations Unies sur le transport de marchandises par mar* na francesa, assinada em Hamburgo a 31-Mar.-1978, conhecidas como *Hamburg Rules* ou *Règles d'Hambourg*, em português Regras de Hamburgo; RIA = Regras de Iorque--Antuérpia, última versão de Mai.-2016 rectificada em Set.-2017; RJCS = Regime Jurídico do Contrato de Seguro, também conhecido por Lei do Contrato de Seguro, aprovado pelo e em anexo ao Decreto-Lei n.º 72/2008, de 16-Abr., objecto da Declaração de Rectificação n.º 32-A/2008, 12-Jun., e alterado pela Lei n.º 147/2015, de 9-Set.; RR = *United Nations Convention on Contracts for the International Carriage of Goods Wholly or Partly by Sea* na versão inglesa, *Convention des Nations Unies sur le contrat de transport international de marchandises efectué entièrement ou partiellement par mer*, aprovadas em Nova Iorque a 11-Dez.-2008 e assinadas em Roterdão em 23-Set.-2009, conhecidas como *Rotterdam Rules* ou *Règles de Rotterdam*, em português Regras de Roterdão; CNUCD/UNCTAD = Conferência das Nações Unidas sobre Comércio e Desenvolvimento em português, *United Nations Conference on Trade and Development* em inglês; VC = versão castelhana, de que consultámos duas: uma, das ICC 1982, disponibilizada em linha pela Universidad Pontificia Comillas (VC-UPC), outra, das ICC 2009, não oficial, da autoria de P. Rodas

Paredes, *Institute Cargo Clauses (A) 2009*, *RDT* 8 (2011), 299-306 (VC-PRP); consultámos ainda uma outra versão castelhana "*Cláusulas del Instituto para Cargamentos*" de 1963 reproduzida por Raúl González Hevia, *Manual de seguro marítimo*, 2.ª ed., Ed. Mapfre, Madrid, 1980, 210 ss. (VC63); VI82 = versão italiana de 1982 disponibilizada em linha por F. Artuso; VI09 = versão italiana de 2009 disponibilizada em linha por F. Artuso; VP-ISP = versão portuguesa do ISP de 1982; VP-AIG = versão portuguesa constante da "*Apólice de Seguro. Transporte de Mercadorias*" AIG Europe Limited – Sucursal em Portugal (consultámos exemplar com data de 2015); VP-Fidel. = versão portuguesa constante da apólice da Fidelidade (consultámos exemplar de 2016); VP-Tranq. = versão portuguesa constante da apólice da Tranquilidade, hoje Seguradoras Unidas (consultámos exemplar de 2006).

Na literatura jurídica portuguesa, sobre o seguro de transporte de mercadorias por mar, vd., *e.g.*, antes das ICC 1963, José da Silva Lisboa, *Principios de Direito Mercantil e Leis de Marinha*, t. I, Impressão Régia, Lisboa, 1815, *per totum*, José Ferreira Borges, *Commentarios sobre a legislação portugueza acerca de seguros maritimos*, Typographia da Sociedade Propagadora dos Conhecimentos Uteis, Lisboa, 1841, *per totum*, J. J. M. de Oliveira Valle, *Seguro maritimo. Appellação commercial. Appellantes Ferreira Irmãos como representantes da Companhia de seguros denominada « Segurança ». Appellados Piava Raposo & Santos. Relator O Ex.mo Sr. Augusto Henrique Ribeiro de Carvalho. Escrivão Filippe Carlos da Silveira*, Typographia Universal, Lisboa, 1877, *per totum*, Fernando Emygdio da Silva, *Seguros mutuos*, Imprensa da Universidade, Coimbra, 1911, Francisco Antonio da Veiga Beirão, *Direito Commercial Portuguez. Esboço do Curso*, Imprensa da Universidade, Coimbra, 1912, Adriano Anthero, *Comentario ao Codigo Commercial portuguez*, vol. II, Artes & Lettras, Porto, 1915 = 2.ª ed., Luiz da Cunha Gonçalves, *Comentário ao Código Comercial português*, vol. III, José Bastos, Lisboa, 1918, *id.*, *Livro III do Código Comercial*, Imprensa da Armada, Lisboa/Comissão Permanente de Direito Marítimo Internacional, Lisboa, 1935, 164-200, Guilherme A. Vidal Júnior, *Guia Mercante accomodada ao Codigo Commercial, ao Codigo do processo commercial e Organisação dos serviços dos departamentos maritimos; com diversos commentarios sobre avarias*, Typ. da Costa Braga, Lisboa, 1902, *passim*, *id.*, *Questionário marítimo. Direito marítimo comercial*, 2.ª ed., Moraes, Lisboa, 1927, *passim*, Barbosa de Magalhães, *Nota [ao Acórdão do Supremo Tribunal de Justiça de 17 de Janeiro de 1928]*, *GRL* 44/1, 150, Aureliano Strecht Ribeiro, *Código Comercial Português actualizado e anotado (Legislação, Doutrina, Direito Comparado e Jurisprudência)*, vol. III – *Artigos 425.° a 691.°, contendo a legislação sobre o exercício da indústria de Seguros, as convenções de Bruxelas sobre Abalroação, Assistência e Salvação Marítima, sôbre Privilégios e Hipotecas Marítimas Convenção de Londres, Regulamento das Capitanias, Acto de Navegação e diversa legislação sôbre direito marítimo)*, Procural, Lisboa, 1940, Acácio Furtado, *Direito marítimo. Interpretação do artigo 613.° do Código Comercial*, em *Alguns casos profissionais e alguns conceitos de deontologia da profissão. Seguidos de algumas sugestões de urgentes modificações a introduzir no Novo Código de Processo Civil*, vol. I, ed. autor, Lisboa, 1941, 99-108, Gago de Medeiros (Visconde do Botelho), *O transporte marítimo (contratos de transporte e de seguro marítimo)*, pref. Marcello Caetano, Parceira A. M. Pereira, Lisboa, 1942, *passim*, *max.* 53 ss., Manuel Sá Nogueira, *Noções gerais dos seguros marítimos do casco*, FDL, Lisboa, 1945, *passim* (com referências transversais aos seguros marítimos), João Pedro Collares Pereira, *Do acto de avaria. Contribuição. Seguro*, FDL, Lisboa, 1949, *passim*, *id.*, *Breve crítica à doutrina corrente sobre avarias comuns*, *ROA* 11 (1951) I/II, 213-231, ANDRÉ RAFFI, *Avarias marítimas*, tradução, anotações e adaptação à legislação portuguesa de Eduardo Henrique Serra Brandão e João Pedro Collares Pereira, Livraria Clássica, Lisboa, 1955, *passim*, HUGO DE LACERDA CASTELO BRANCO, *O seguro de mercadorias nas vendas "CIF"*, *JF* 18 (1954), 101-108, AZEVEDO MATOS, *Princípios de Direito Marítimo*, vol. IV – *Do seguro marítimo*, [Colecção Jurídica Portuguesa] Ática, Lisboa, 1958, *passim*, VICTOR AUGUSTO PEREIRA NUNES, *A "fortuna de mar" (caso fortuito ou de força maior) e o seguro marítimo*, *RDM* 1 (1959) 2, 16-21, *id.*, *A barataria e o seguro no Direito marítimo português*, *RDMTTFA* 7 (1961), 17-21, PEDRO MARTÍNEZ, *Teoria e prática dos seguros*, 2.ª ed., s/ed (por vezes indicada a Petrony; da 1.ª ed. a Imprensa Artística), Lisboa, s/d (umas vezes referido a 1961, outras a 1964), 129-240; depois das ICC 1963, JOSÉ CARLOS MOITINHO DE ALMEIDA, *O contrato de seguro no Direito português e comparado*, Sá da Costa, Lisboa, 1971, 428 e *passim*, ANTÓNIO GONÇALVES RAIMUNDO, *O seguro e o transporte marítimo*, no *I Congresso Nacional da Marinha Mercante*, vol. II – *Teses e Comunicações*, organizado pela Junta Nacional da Marinha Mercante e pelo Grémio dos Armadores da Marinha Mercante, Lisboa, 1951, 21-27, RAFAEL RODRIGUES DA SILVA, *Os seguros (elementos de estudo). As bases jurídicas e técnicas do seguro. Seguros de vida – seguros de responsabilidade, seguros de coisas. Organização, fiscalização e contabilidade de um sociedade de seguros*, s/ed, Lisboa, 1963, 181-188 (mas *ut Nota prévia* a p. 7, "[a]lgumas das páginas (...) são simples traduções adaptadas ao meio português e à legislação portuguesa de seguros" da obra *L'assurance – Théorie – Pratique – Contabilité* da *École Nationale d'Assurances* em Paris), EDUARDO CABRAL DE BASTOS MARTINS, *A Marinha Mercante e as suas relações com a indústria seguradora*, no *I Congresso Nacional da Marinha Mercante* cit., 29-35, Consórcio dos Seguradores Marítimos de Portugal [sem discriminação do autor material], *Criação do corpo de peritos de estiva, carga e descarga nos portos do Império*, no *I Congresso Nacional da Marinha Mercante* cit., 85-90, ÁLVARO DE ALENQUER DE OLIVEIRA E CARMO, *As relações entre o segurador marítimo e o armador, perante as responsabilidades emergentes do Código Comercial Português e da Convenção Internacional de Bruxelas de 25 de Agosto de 1924*, no *I Congresso Nacional da Marinha Mercante* cit., 101-110, JOAQUIM SANT'ANA SILVA, *Guia prático de procedimento sobre avarias marítimas*, Ed. Marítimo-Colonial, Lisboa, 1972, *passim*, ADRIANO VAZ SERRA, *Anotação [Acórdão do Supremo Tribunal de Justiça de 29 de Fevereiro de 1972]*, *RLJ* 3491/106, 31-32, *id.*, *Anotação [Acórdão de 30 de Março de 1973]*, *RLJ* 3523/107 (1974), 159/1-2 (com transcrição do acórdão a 150/2-159/1), JÚLIO DE ALMEIDA COSTA, *Seguros*, Banco Nacional de Angola. Formação, CBA Estrangeiro II, elaborado pelo Serviço de Formação do Banco Fonsecas & Burnay (Portugal), 1983 (transcrição de *Créditos documentários*, BPA, 1976, 222-242), 3-16; à luz das ICC 1982, ADELINO CECÍLIO DA COSTA, *Seguro marítimo. Sua problemática actual*, em *Direito marítimo*, vol. IV, coord. José M. P. Vasconcelos Esteves, Petrony, Lisboa, 1987, *passim*, JOÃO MATA, *Seguro marítimo. Mercadorias*, 3.ª ed., Petrony (por vezes indicada a editora Rei dos Livros), Lisboa, 1990, 15 ss. e *passim*, FRANCISCO GUERRA DA MOTA, *Contrato de seguro terrestre* , vol. I, Athena, Porto, s/d (mas 1985), 9 ss., 48 ou 87, MÁRIO RAPOSO, *As cartas de garantia e o seguro marítimo*, *I Congresso Nacional de Seguros (Lisboa 25|29 Outubro 1971)*, promovido pelo Grémio dos Seguradores com o apoio do Centro de Documentação e Informação de Seguros, Lisboa, 1971, 144-148, e *SI* XX/112-113 (1971), 504-513, *id.*, *Sobre o conceito de barataria*, nos *Estudos sobre arbitragem comercial e Direito marítimo*, Almedina, Coimbra, 2006, 149-156 (com muitos outros estudos onde se encontram referências aos seguros marítimos: *e.g. eiusd.*, *A arbitragem e os contratos de seguro*, nos *Estudos sobre o novo Direito marítimo* cit., 295-302, *max.* 296, *Direito marítimo – Uma perspectiva*, *ROA* 43 (1983) II, 359-363 – num processo onde interveio por parte da autora Sagres, companhia seguradora sub-rogada: vd. *JF* 32 (1968), 145-195 –, ou *Perspectiva actual sobre as sociedades de classificação de navios*, nos *Estudos sobre arbitragem comercial* cit., 157-173, *max.* 159-164), José Vasques, *Contrato de seguro. Notas para uma teoria geral*, Coimbra Ed., Coimbra, 1999, 16, 20, 41-46, 63, 122, 129, 156, 158, 174, 232, 287, 290, 293, 304, 210-311 ou 336, João Calvão da Silva, *Anotação [Acórdão de 12 de Outubro de 2000. Venda CIF: Carta-partida, conhecimento de embarque e seguro de carga]*, *RLJ* 3915-3916/133 (2000), 203-224 (transcrição do acórdão a 189-203), José M. Bento, *Direito de Seguros*, s/ed, Lisboa, 2003, 1 ss., 38, 54, 117, 128, 150, 165, 204, 252 ou 260, Pedro Romano Martinez, *Direito dos seguros. Relatório*, FDUL-Coimbra Ed., Lisboa, 2005, 8, 12 15 ou 92-93, *id.*, *Direito dos seguros. Apontamentos*, Principia, Cascais, 2006, 22, 27-28, 34 ou 66, *id.*, *Lei do Contrato de Seguro com remissões para legislação revogada e preceitos relacionados*, Principia, Cascais, 2008, José Miguel Alves de Brito, *Seguro marítimo de mercadorias. Descrição e notas ao seu regime jurídico*, Almedina, Coimbra, 2006, 39-51 e *passim*, *id.*, *Sub-rogação no contrato de seguro. Introdução à transmissão de direitos ao segurador: algumas aplicações típicas*, FDUL, Lisboa, 2017, *passim*, Abílio Neto, *Código Comercial anotado*, 15.ª ed., Ediforum, Lisboa, 2002 (em 2008, já depois da aprovação do RJCS, como pelo prefácio se vê, fundiu o autor esta com a 2.ª ed. de 2004 dos *Contratos comerciais. Legislação, doutrina e jurisprudência*, 2004, numa só intitulada *Código Comercial e Contratos Comerciais anotado*, Ediforum, Lisboa, 2008), Sara Isabel Quelhas Geraldes, *O seguro de transporte de coisas*, [relatório de mestrado em Direito – Ciências Jurídicas] FDUL, Lisboa, 2008, disponível em linha em asf.com.pt (ainda que, como adverte a p. 3, exclua o seguro "pelas suas particularidades e pelo facto de o seu regime ter permanecido intacto apesar da reforma de 2008", encontram-se-lhe, ao respectivo transporte referências e a outros seguros marítimos várias referências ou outras comuns a diferentes tipos de transporte, a pp. 7[15], 8[19-20], 9-10, 11-15, 19-20, 22, 27[101], 30, 32[127], 38-40); já durante a vigência das ICC 2009, P. Romano Martinez, *Seguro marítimo. O transporte marítimo de mercadorias e o contrato de seguro*, nas *I Jornadas de Lisboa de Direito Marítimo. 6 e 7 de Março de 2008. O contrato de transporte marítimo de mercadorias*, coord. M. Januário da Costa Gomes, CDMT-FDUL/Almedina, Coimbra, 2008, 143-162, José Engrácia Antunes, *Direito dos contratos comerciais*, Almedina, Coimbra, 2009, 153, 683, 690, 713 e 716, Manuel Januário da Costa Gomes, *O direito de variação ou de controlo no transporte de mercadorias*, nos *Temas de Direito dos Transportes*, vol. II, coord. M. Januário da Costa Gomes, CDMT-FDUL/Almedina, Coimbra, 2013, 79-81, *id.*, *Sobre o sistema próprio de responsabilidade do transportador de mercadorias*, nos *Temas de Direito dos Transportes*, vol. IV, coord. *eiusd.*, CDMT-FDUL/CIDP/ Almedina, Coimbra, 2019, 463-464 ou 481-484 (mas referências várias a seguros marítimos também noutros seus estudos, ainda que do tema a título principal não cure: por ex. *O ensino do Direito marítimo. O soltar das amarras do Direito da navegação marítima*, Almedina, Coimbra, 2005, *passim*, *id.*, *Direito marítimo*, vol. IV, Almedina, Coimbra, 2008, 25-26 ou 66-70, *id.*, *Da limitação de responsabilidade por créditos marítimos*, Almedina, Coimbra, 2010, *passim*, ou, mas não especificamente aos seguros de cargas, *id.*, *O regime da responsabilidade civil na Convenção Bancas (Bunker Oil). Breves notas*, *RDS* X (2018) 2, 284 ss.), Jorge Sinde Monteiro, *Anotação [S.T.J., Acórdão de 22 de Junho de*

2012. Venda CIF, contrato de transporte marítimo e seguro de carga; sobre a qualidade de "segurado"], *RLJ* 3971/141 (2011), 109/2-132/2 (transcrição do acórdão a 105/1-109/2), *id.*, *Incoterms 2010 (em especial o termo CIF)*, *RFDULP* 6/6 (2015), 2-11 (em linha), António Martins, *As "Institute Cargo Clauses". A evolução até 2009*, s/ed, s/d (mas posterior a 2009; documento este e o próximo gentilmente cedidos ao signatário em Jul.-2020, que serviu de base às aulas ministradas pelo autor no Instituto de Formação Actuarial), s/l, 55 pp., *id.*, *Seguros de transportes*, I/1 – *Mercadorias transportadas*, s/ed, s/d, (mas posterior a 2012 por dele constarem referências pelo menos até esta data; documento que serviu de base às aulas ministradas pelo autor na APS), s/l, 73 pp., ou os nossos *Algumas notas em torno da cláusula CIF e do seguro de transporte de mercadorias*, nos *Temas de Direito dos Transportes*, vol. III, coord. M. Januário da Costa Gomes, CDMT-FDUL/CIDP/Almedina, Coimbra, 2015, 247-315, *Do princípio indemnizatório no seguro de danos*, Almedina, Coimbra, 2015, 106-115 ou 133-134, *Seguros e actividade portuária*, nas *IV Jornadas de Lisboa de Direito Marítimo. 15 e 16 de Outubro de 2015. O porto*, coord. M. Januário da Costa Gomes, CDMT-FDUL/CIDP/Almedina, Coimbra, 2018, 203-294, *max.* 209-251, *Lugares de refúgio*, nas *IV Jornadas de Lisboa de Direito Marítimo* cit., 799-832, *max.* 831-832, *O regime convencional do artigo 131.º do RJCS*, *RDES* LX (2019) 1/4, 281-302, e *O transporte de mercadorias por mar e o respectivo seguro. Exoneração de responsabilidade e exclusão do risco coberto*, em *Direito dos Transportes de Angola*, I, coord. Paulino Lukamba/M. Januário da Costa Gomes, Almedina, Coimbra, 2020, 71-132.

** A tradução foi feita sobre exemplar, em formato electrónico, datado de Nov.-2008, da LMA e da IUA, disponibilizado em linha em lmalloyds.com.

Como notas gerais à tradução:

1. Optou-se por traduzir "*Assured*" e "*Insurers*" por "*segurados*" e "*seguradores*" no plural e sem minúscula inicial, como é regra na prática legislativa portuguesa. Vd. também nt. de fim 11.

2. "*Clause*" é também traduzida por "*cláusula*" com minúscula inicial.

3. Optou-se manter os números ordinais das cláusulas como no original inglês, em detrimento do uso de cardinais, que seria mais consentâneo, parece-nos, com a prática portuguesa, mas que teria a desvantagem de nalguns casos reformular-se todo o sistema de citação das cláusulas, sobretudo nos casos em que têm alíneas ou parágrafos e subalíneas ou subparágrafos e elas são citadas no enunciado das cláusulas. Assim também mantém-se, na forma, uma maior ligação ao original inglês que permite uma maior identificação do texto traduzido com as ICC.

4. Optou-se por manter os avanços nos parágrafos como no original inglês, pela razão já exarada na nt. anterior.

5. Por desnecessário, atento o contexto, optou-se por não traduzir amiúde palavras como "*below*" ou "*above*".

CLAUSULADO (A) DE SEGURO DE CARGA DO INSTITUTO DE SEGURADORES

[1] Optou-se por "*carga*" em lugar de "*mercadorias*" por razões que se exararam em *Uma tradução* cit., 216[104]. Possível teria sido "*cargas*" em lugar de "*carga*", mas a palavra inglesa é singular ("*cargo*", não "*cargoes*").

[2] Optou-se por traduzir "*Institute Cargo Clauses (A)*" (VP-ISP "*Cláusula de Seguro de Cargas – Cláusula A*") por "*Clausulado (A) do Seguro de Cargas do Instituto de Seguradores*", em razão de "*Institute*" ser a abreviatura de "*Institute of London Underwriters*", "*Underwriter*" ser a expressão antiga para segurador (em que vários seguradores "subscreviam" parte do risco; os primeiros seguros modernos foram, na verdade, conseguros), e porque traduzir apenas por "*Instituto*" deixaria o intérprete sem saber de que instituto se trata ou mesmo se se trata por hipótese de uma pessoa colectiva pública (um IP ou, até, o antigo ISP); por outro lado, "*clausulado*" em vez de "*cláusula*" (como na versão do ISP) visto tratar-se de um conjunto de cláusulas (não obstante a possibilidade de se traduzir também por "*cláusulas*" ou, como em italiano, por "*clausulário*"). Juntou-se a expressão "*seguro*", de modo a tornar compreensível, à primeira vista, tratar-se de um clausulado de seguro e porque seria menos exacto e compreensível dizer-se apenas "*Cláusulado[-as] de Carga*".

Cláusula 1.ª

[3] Foi problemática a tradução de "*subject-matter insured*" (VI09 "*merce(i) assicurata(e)*", VC-UPC "*objeto assegurado*", VP-ISP "*objecto seguro*"). Por um lado, seria mais fiel ao texto a opção por "*objecto seguro*" ou "*segurado*", como no CCom (para a 1.ª expressão, cf. artigos 431.º, 434.º pr., 603.º, 618.º pr. do CCom; para a 2.ª, cf. os artigos 431.º, 433.º, § 1.º, 435.º, 439.º pr., 441.º, 442.º/4, 444.º pr., 446.º pr., 452.º, 453.º, 604.º pr. e § 2.º, 605.º, 611.º, 616.º pr. e 4, 618.º § ún., 619.º pr., 623.º pr. e § ún. do CCom; para "*objecto do seguro*": artigo 426.º/3 do CCom, além doutras referências apenas a "*objecto*" que pelo contexto tem como complemento determinativo "*do seguro*" ou similar) ou na versão portuguesa dos PEICL (artigo 8:101 (2)). Por outro lado, parece-nos, duma perspectiva jurídica, mais rigorosa a expressão "*interesse seguro*" adoptada nos artigos 127.º/4 e 130.º/1 do RJCS (apesar de uma referência no artigo 134.º a "*objecto seguro*"). Não sem dúvidas, optámos, a final, por "*objecto seguro*" ou, de acordo com o contexto, "*objecto segurado*" (para evitar cacofonias resultantes do uso seguido de "*seguro*" como adjectivo participal e como substantivo em tradução respectivamente de "*insured*" e "*insurance*", que por vezes surgem próximos na versão inglesa; quanto ao uso de "*seguro*" ou "*segurado*" como particípios passados do verbo "*segurar*", parecem-nos ambas as formas correctas, tendo em conta que se reconhecer ser a primeira forma particípio passado irregular e a segunda regular: vd. MARTA PEREIRA, *Seguro ou segurado?*, em ciberduvidas.iscte-iul.pt). "*Objecto*" tem a vantagem de ser mais fiel ao documento original, de nas ICC "*object*" só aparecer outra vez com um significado muito próprio (cl. 17.ª, ao contrário de "*interest*" que aparece duas outras vezes na ep. da cl. 11.ª e no seu n.º 1, e próximo de "*subject-matter*" em termos tais que resultaria cacofónica a tradução), e de se tratar de uma palavra incolor (também de "*subject-matter insured*" falam C. PERRELLA/A. MORELLI, *La nuova edizione 2009* cit., de "[termo] mais ecléctico e polivalente") que não tem forçosamente de ser associada a uma coisa corpórea, ao contrário da associação que é normalmente feita; tem ainda a vantagem de outras traduções portuguesas terem optado por este vocábulo para "*subject-matter*"

(como a dos PEICL; em matéria de arbitragem cp. o artigo 20.º/1 da LAV "*objecto do litígio*", expressão que em instrumentos normativos internacionais surge frequentemente sob a forma de "*subject-matter of the dispute*", por ex. no artigo 26.º/1 das Regras de Arbitragem da UNCITRAL de 1976). Deixa-se, assim, ao intérprete, como não pode deixar de ser, a tarefa de, passe a redundância, interpretar.

4 Uma vez que se alterou adrede na cl. 1.ª a expressão "*except as provided*" para "*except as excluded*" para reforçar a natureza de exclusões das cls. em questão, optou-se por traduzir por "*com excepção dos* [= *riscos*] *excluídos* [ou *exclusos*]", posto que não seja esta uma redacção frequente na terminologia jurídica portuguesa e em rigor não houvesse necessidade de alterar a redacção da cláusula. Em rigor, porque este particípio passado no inglês não concorda em género e número, é difícil, senão pelo contexto, perceber com que concorda "*excluded*", *i. e.* se com "*risks*" se com "*losses*" ou "*damages*", se pura e simplesmente se reporta àquilo que é excluído em tais cláusulas. Optámos por fazê-lo concordar com "*risks*". Consigna-se, todavia, a possibilidade de em alternativa traduzir por "*com excepção do excluído*".

Cláusula 2.ª

5 Nota comum dos seguros marítimos é a cobertura de danos que constituam avarias grossas (cf. a cl. 2.ª). A razão de ser é imediata, se se tiverem em conta os pressupostos sob os quais são aquelas admitidas à contribuição: um perigo comum ao navio e à carga e um sacrifício voluntário tendente a evitá-lo. Tais sacrifícios, se bem sucedidos (não pretendemos, nesta ocasião, entrar no problema do resultado útil nas avarias grossas, para o que remetemos para M. Januário da Costa Gomes, *Direito marítimo* cit., IV, 27 ss.), evitam danos maiores, nomeadamente a perda do navio e da carga, que seria, em princípio, coberta pelos seguros envolvidos. Cobertos os danos que tenham constituído avarias grossas, previne-se o ressarcimento de danos maiores e, da perspectiva do segurador, o dispêndio de mais avultadas quantias. Vd. também *The Place of General Average in Marine Insurance Today. Report by the UNCTAD Secretariat* (doc. n.º UNCTAD/SDD/LEG/1, de 8-Mar.-1994), e a expressiva afirmação de Júlio de Almeida Costa, *Seguros*, Banco Nacional de Angola. Formação, CBA Estrangeiro II, elaborado pelo Serviço de Formação do Banco Fonsecas & Burnay (Portugal), 1983 (transcrição de *Créditos documentários*, BPA, 1976, 222-242), 6: "A avaria grossa é coberta por todas as apólices de seguros marítimos, mesmo que a não mencionem, visto ser essa responsabilidade o objecto básico de todos os contratos deste género". Concorrem ainda outras razões, digamos, menos imediatas, mas não menos determinantes: duma perspectiva genealógica, a construção jurídica do seguro está, também, indissociavelmente ligada às avarias grossas (a leitura do *Tractatus de assecurationibus et sponsionibus* de Pedro de Santarém, de preferência, se de uma tradução necessidade houver, na versão de M. Pinto de Meneses, corrobora-o: sobre as edições recentes desta obra, a nossa rec. a Ruy de Carvalho, *Uma breve história do seguro. Dos antecedentes ao final do século XVII*, INCM/APS, Lisboa, 2016, *IP* III (2018) 2, 322-334, *max.* 327-328[8]).

As despesas de salvação – que não a compensação especial (aliás, disto mesmo é sintomático o facto de permanecer a redacção da cl. 2.ª, neste particular, idêntica à de 1982, anterior à CL 1989 e, por conseguinte, quando consagrada não estava ainda a compensação especial; as RIA constituem também um importante lugar paralelo: na regra VI, *d*), exclui-se da contribuição em avarias grossas a compensação especial) – são também cobertas pelo seguro das ICC (cl. 2.ª), por razões consímiles: também aqui estamos perante actos ou actividades, segundo a opção terminológica "de largo espectro" da CL 1989 e, na sua esteira, do DL 203/98, empreendidos com o fim de assistir um navio ou qualquer bem em perigo no meio aquático. Também a salvação previne danos patrimoniais de maior monta. Desta perspectiva, salvaguarda de igual modo interesses dos seguradores, que não terão de cobrir a perda do navio e de toda ou parte significativa da carga.

[6] A redacção original inglesa suscita a questão de saber se a palavra "*charges*" se reporta apenas a "*salvage*" se também a "*general average*". Reputamos, contudo, de correcta a primeira hipótese na medida em que o termo "*charges*" é usado quase exclusivamente em relação a salvação (cf. *e. g.* o artigo 65.º/2 do MIA), ao passo que quando se quer restringir as avarias grossas a despesas – extraordinárias – se utiliza preferencialmente o termo "*expenditure*" ou "*expenses*". Vd. *Uma tradução* cit., 278[403].

[7] É sempre problemática a tradução de "*law*" para línguas que, diversamente da inglesa, distingam direito e lei. Optámos por "direito", por nos parecer a expressão, pelo contexto, mais abrangente do que lei.

[8] Optou-se por traduzir "*governing*" por "*aplicáveis*" (assim VP-ISP, Fidel.) em vez de "*vigentes*" (it. "*vigenti*") ou de "*aplicável*" (o adjectivo inglês não flecte em número, como no português, mas é manifesto que "*governing*" tem dois referentes, lei ou direito e prática, de modo que deve congruentemente flectir no plural, sobretudo tendo em conta que o *ou* marca uma disjunção exclusiva).

Cláusula 3.ª

[9] A expressão inglesa "*both to blame collision*" deve ser traduzida por "*abalroação por culpa comum*", locução consagrada na tradução portuguesa da CB 1910 (artigo 4.º/I: "*Se a culpa for comum, a responsabilidade de cada um dos navios* (...)"; na versão francesa "*S'il y a faute commune*"; na inglesa "*If two or more vessels are in fault*") e na literatura da especialidade com significado consonante ao daquela e que, por isso, não vemos necessidade de substituir por "*abalroação*" ou mesmo "*colisão por culpa mútua*" (cf. similarmente VP-IPS "*Responsabilidade mútua em caso de colisão*"; mas "*abalroação*" é o termo correspondente a "*collision*" na CB 1910, além de que tem, de certa perspectiva, a vantagem de, em harmonia com o artigo 13.º *in fine* da citada CB 1910, evitar se associe a abalroação a colisão no sentido de toque), "*recíproca*" ou "*de ambos*" (como no artigo 666.º do CCom: "*de ambos os navios*").

[10] A expressão inglesa é metafórica: "*This insurance indemnifies the Assured*"; obviamente não é o seguro o sujeito da indemnização, mas o segurador. Em português, em lugar duma tradução à letra "*Este seguro indemniza o segurado*", parece-nos mais inteligível e rigorosa a tradução por que se optou, ainda que com a transformação do verbo na voz activa pela passiva, a passagem do sujeito a agente da passiva e do objecto a sujeito).

[11] Optou-se por traduzir "*Assured*" por "*segurado*" com minúscula inicial (diferentemente VP-ISP e Fidel.) e no plural, como no original (diferentemente VP-ISP e Fidel.). Existia ainda a possibilidade de traduzir "*Assured*" por "*tomador ou segurado*" (assim, além do RJCS, VP-Fidel.), mas a cl. 15.ª/1 esclarece e alarga o conceito, e a versão inglesa não opera tal distinção pelo menos com uma diferente terminologia. Deixa-se, por conseguinte, ao intérprete, com base na cl. 15.ª/1, apurar da amplitude do conceito.

[12] Optou-se por traduzir "*indemnifies*" por "*é indemnizado*".

[13] Optou-se por passar o complemento circunstancial "*under the said Clause*", traduzido por "*ao abrigo da referida cláusula*", para imediatamente depois de "*Caso surja*",

no início da oração condicional, por se ter entendido numa segunda leitura ser assim de mais fácil compreensão.

[14] Optou-se por traduzir "*carriers*" por "*transportador*" (cf. os artigos 1.º/6, *a*), e 11.º das RR: "*"Carrier" means a person that enters into a contract of carriage with a shipper*" e "*The carrier shall (...) carry the goods to the place of destination and deliver them to the consignee*") no singular, à imagem de "*Assured*" e de "*Insurers*".

[15] Optou-se por traduzir "*the Assured agree to notify*" por "*obriga-se o segurado a informar*" (VP-ISP = Fidel. "*o Segurado obriga-se a dar imediato conhecimento*", VI "*l'Assicurato si impegna a darne comunicazione*", VC "*el Asegurado conviene en notificarla*") em lugar de "*o segurado aceita notificar*", consignando-se em alternativa "*obriga-se o segurado* [ou *o segurado obriga-se* ou *fica o segurado obrigado*] *a notificar*" (embora o verbo notificar tenha um campo de aplicação marcadamente processual que em parte o desaconselharia neste contexto em favor doutros verbos como informar).

Cláusula 4.ª

[16] Optou-se por traduzir "*In no case shall this insurance cover*" por "*O presente seguro não cobrirá em caso algum*" (VI82 "*Sono espressamente esclusi dalla garanzia prestata dalla presente assicurazione*", VI-AU83 "*Sono esclusi i danni e le perdite dipendenti, totalmente o parzialmente, direttamente o indirettamente da*", VI-09 "*In nessun caso sono compresi nella garanzia prestata in base alla presente assicurazione*", VC82 "*En ningún caso este seguro cubrirá*", VP-ISP, Tranq. e AIG "*Este seguro não cobre, em caso algum*", Fidel. "*esta Condição Especial não garante em caso algum*"), consignando-se em alternativa "*O presente seguro não cobre em caso algum*" (mas entendemos preferível futuro do indicativo, para marcar a diferença entre "*shall cover*" e o presente do indicativo "*covers*" que também aparece nas ICC), "*Em nenhum caso cobrirá este* [ou *o presente*] *seguro*" ou "*Em caso algum cobrirá este* [ou *o presente*] *seguro*" (esta segunda alternativa, que corresponde todavia a um nível cuidado de linguagem, foi descartada por poder causar ambiguidade desacompanhada do advérbio *não*).

[17] Optou-se por traduzir "*loss, damage or expense*" pelo plural "*perdas, danos ou despesas*".

[18] Optou-se por traduzir "*attributable*" (VI82 "*attribuibili*", VI09 "*imputabili*", VC "*atribuibles*", VP-ISP "*atribuível*") por "*atribuíveis*", de forma a manter os matizes, na formulação do nexo causal, do original inglês.

[19] Optou-se por traduzir "*wilful conduct*" (apólice italiana de 1983 "*dolo*", VI82 "*dolo o colpa grave*", VI09 "*dolo o colpa cosciente e con previsione dell'evento*", VC e VC-PRP "*conducta dolosa*", VP-ISP "*actuação dolosa*") por "*actuação voluntária*", preferindo "*actuação*" a "*conduta*" (cf., por ex., artigo 46.º/1 do RJCS: "*actos dolosos*"), consignando-se a possibilidade de, em alternativa, se traduzir por "*conduta intencional*". Apresenta dificuldades a interpretação do conceito de "*wilful misconduct*", designadamente se abranja negligência consciente grosseira, como parece ser o caso, à luz do direito inglês, depondo nesse sentido G. Hudson/T. Madge/K. Sturges, *Marine Insurance*[5] cit., 19. Cf. também o teor do artigo 55.º/2, *a*), do MIA 1906: "*In particular the insurer is not liable for any loss attributable to the wilful misconduct of the assured*". Todavia, *wilful* ou *willful* é literal e etimologicamente acto querido, noutros termos intencional ou deliberado (mas este termo com a desvantagem da associação a decisões colegiais), em termos jurídicos doloso. Saber se abranja ou não negligência consciente grosseira é depois, como tudo, um problema de

interpretação. Para não tolhermos a possibilidade ao intérprete optámos por "*voluntária*" – etimologicamente mais próxima de *wilful* – em lugar de "*dolosa*".

[20] Optou-se por traduzir "*ordinary leakage*" (VI82 "*dispersione naturale*", VI09 "*colaggio ordinario*", VC "*Derrames usuales*", VP-ISP "*derrame normal*") por "*derrame normal*", que há-de ser entendido no sentido de evaporação normal, absorção pelo vasilhame, perda normal de peso, referindo-se à quebra de peso por secagem natural (abrangendo perda de humidade, líquido absorvido por madeiro do barril) (assim, J. MATA, *Seguro marítimo*[3] cit., 48-49); pelo contrário, o derrame fortuito, que não ordinário, encontra-se coberto pelo clausulado A (G. HUDSON/T. MADGE/K. STURGES, *Marine Insurance*[5] cit., 19). Cf. também, em termos paralelos, o artigo 614.º do CCom ("*Recaindo o seguro sobre líquidos ou sobre géneros sujeitos a derramamento e liquefacção, o segurador não responde pelas perdas (...)*"), e a secção 55.º/2 *c*) do MIA.

[21] Optou-se por traduzir "*ordinary wear and tear*" (VI82 e 09 "*deterioramento naturale*", VC "*uso y desgaste normales*", ISP "*desgaste normal devido a uso*") por "*desgaste normal devido a uso*". A exclusão do desgaste normal devido a uso do objecto seguro ("*ordinary wear and tear of the subject-matter insured*") do n.º 2 da cláusula 4.ª do clausulado A não era expressa à luz da versão de 1963 das ICC *All risks*. Pela sua inserção na versão de 1982 excluiu-se apenas o desgaste *normal* ("*ordinary wear and tear*") a que se encontra sujeito o objecto sobre que recai o interesse seguro, que não o desgaste normal doutras coisas, como o veículo de transporte, barcaça ou contentor (assim, GEOFFREY HUDSON/TIM MADGE/KEITH STURGES, *Marine Insurance*[5] cit., 19).

[22] Optou-se por traduzir "*insuitability*" (VI09 "*inadeguatezza*", VC "*inapropiado*", VP-ISP, Fidel., Tranq., AIG "*inadequação*") por "*inadequação*". Cf. também opção de traduzir "*unfitness*" por "*ineptidão*": vd. infra.

[23] Optou-se por traduzir "*independent contractors*" (VI09 "*appaltatori*") por "*prestadores de serviços independentes*".

[24] Optou-se por traduzir "*inherent vice*" (VI82/09 e na apólice italiana de 1983 "*vizio proprio*", VC-UPC "*vicio propio*", VP-ISP "*vício próprio*") por "*vício próprio*". Cf. o artigo 55.º/2, *c*), do MIA 1906: "*In particular (...) (c) unless the policy otherwise provides, the insurer is not liable for (...) inherent vice*". Cf. os artigos 437.º/2 do CCom, 124.º/1 do RJCS e, ainda, 4.º/2, *m*), da CB 1924, 38.º/1 do DL 191/87e 1032.º do CC.

[25] Optou-se por traduzir "*financial default*" (VI82 "*morosità mancato adempimento di obbligazioni pecuniarie o inadempienza finanziaria*", VI09 "*inadempienza finanziaria*", VC-UPC "*incumplimientos financeiros*", VP-ISP "*dificuldades financeiras*") por "*incumprimento financeiro*", porque a expressão constante da anterior tradução oficial portuguesa "*dificuldades financeiras*", embora menos estranha ou anglicizada do que aquela por que se opta, poderia ter um âmbito mais lato de aplicado. Todavia, não sem dúvidas optámos por "*incumprimento financeiro*": com efeito, à letra, é uma expressão muito pouco usada no léxico jurídico português e pouco exacta pois os incumprimentos podem ser e são, na maioria das vezes, "financeiros" no sentido em que acarretam consequências patrimoniais, assim como também não seria possível traduzi-la por "*situação económica difícil*" ou "*situação de insolvência meramente iminente*" (cf. o artigo 17.º-A do CIRE, para efeito do PER) porque se trata de realidades não necessariamente coincidentes.

[26] Optou-se por traduzir "*managers*" por "*gestores*" (cf. preâmbulo do DL 202/98 e DL 50/2012).

[27] Optou-se por traduzir "*operator*" por "*operador*" (cf. DL 52/2012 e 50/2012).

[28] Em alternativa: "*devessem tê-lo estado*".

[29] Optou-se por traduzir "*prossecution*" por "*continuação*", em harmonia com orientação expressa n'*Uma tradução* cit., 185, 233-234[194] e 238[216].

[30] "*Where*" com sentido temporal.

[31] Aqui optámos por traduzir à letra e imprecisamente "*the contract of insurance has been assigned*" por "*o contrato de seguro tiver sido transmitido*". A expressão aponta para uma cessão da posição contratual (não do contrato *qua tale*), mas é discutível se não se tratará antes de uma cessão de créditos.

[32] Optou-se por traduzir "*claiming*" por "*que reclame*". Em alternativa, consigna-se "*reclamante*".

[33] Optou-se por traduzir "*hereunder*" por "*ao abrigo do presente contrato*", consignando-se em alternativa "*a coberto do*".

[34] Optou-se por traduzir "*binding contract*" (VI09 "*valido contratto*", VP-AIG "*contrato vinculativo*") por "*contrato vinculativo*" em lugar de "*contrato eficaz*" ou "*contrato válido*", pois pode não se tratar de eficácia ou de validade do contrato, mas estar antes em causa um problema de contratação mitigada, ou seja, de um contrato que gere não uma obrigação de contratar (contrato-promessa), mas de negociar ou continuar as negociações, típico no comércio internacional (*e. g.* cartas de intenção, acordos de princípio, etc.). A expressão "*contrato vinculativo*", parece-nos, abrange melhor todo este leque de possibilidades (contratos inválidos ou mais amplamente ineficazes, bem como contratos que não geram uma obrigação de contratar).

Cláusula 5.ª

[35] Optou-se por traduzir "*arising from*" por "*resultantes de*".

[36] Optou-se por traduzir "*unseaworthiness*" (VI82 "*inidoneità*", VI09 "*innavigabilità*", VC "*innavegabilidad*", VP-ISP, VP-Tranq., VP-Fidel., VP-AIG, "*inavegabilidade*") por "*inavegabilidade*". Cf. o artigo 4.º/1 da CB 1924 "*estado de navegabilidade*" e "*navegabilidade*", o ponto 2 do preâmbulo do DL 352/86 "*bom estado de navegabilidade*", o artigo 8.º do DL 201/98 "*A navegabilidade do navio depende da verificação das condições relativas a que o mesmo deva obedecer, de acordo com a legislação em vigor, e do preenchimento dos requisitos necessários à viagem que vai empreender e à carga que vai transportar*", VF, VC e VI do artigo 17.º/5 *a*) *i*) das RR "*le navire n'était pas en état de navigabilité*", "*estado de innavigabilidad del buque*", "*the unseaworthiness of the ship*". Sobre o tema, da perspectiva do transporte marítimo, *e.g.*, H. Ramos Alves, *Da limitação* cit., 69 ss.

[37] Optou-se por traduzir "*unfitness*" (VI82 "*inadeguatezza*", VI09 "*inidoneità*", VC "*falta de idoneidad*", VP-ISP, VP-Tranq., VP-Fidel., VP-AIG "*inadequação*", VP-AIG "*inaptidão*" e "*inadequação*") por "*ineptidão*" (mais correcto do que a forma vulgar e etimologicamente incorrecta "*inaptidão*"). Optou-se também por alterar a disposição das palavras na frase evitando repetições desnecessárias que no português são deselegantes: assim "*inavegabilidade ou ineptidão da embarcação ou da barca*" em lugar de "*inavegabilidade da embarcação ou da barca ou ineptidão da embarcação ou da barca*".

[38] Preferimos traduzir "*vessel*" por "*embarcação*", segundo orientação fundamentada n'*Uma tradução* cit., 260[39]. Alternativa seria "*veículo*", mas este termo, pela sua amplitude, usámos para traduzir "*vehicle*".

[39] Optou-se por traduzir "*craft*" (VI09 "*natante*", VP-Tranq., VP-Fidel., VP-AIG "*embarcação*") por "*barco*" (cf. também o *Glossário Marítimo-Comercial*, pref. Luís Aires-Barros, coord. Arlindo Barbosa Henriques/Bento de Assunção Leite/Fernando Castell-Branco/Joaquim Ferreira da Silva, [Memórias 3] Sociedade de Geografia de Lisboa (Secção de Transportes), Lisboa, 2003 34, n.º 117: ""Craft" – Palavra que na linguagem marítima se aplica a qualquer tipo de barco mais especificamente a navios pequenos quando referidos colectivamente. Para efeitos de seguro marítimo, um "craft" é um qualquer batelão, barcaça, embarcação fluvial empregue no transporte, carregamento ou descarga de uma mercadoria segurada") e para traduzir por termo diferente de "*ship*", "*vessel*" e "*vehicle*". Não sem dúvidas, trata-se de uma opção, que preferimos à de "*embarcação*" (cf., além das trads. acima referenciadas, *e. g.* artigo 111.º/4 da CNUDM), em favor da qual também depõem argumentos, ainda que, a nosso ver, menos persuasivos (vd. nt. anterior), e que preferimos à de "*veículo*", que, apesar de mais elegante parecer e de ter inclusive precedentes no direito legislado português (cf. *e. g.* o artigo 3.º a) do COLREG: "*veículo aquático*" em tradução de "*water craft*"), geraria depois o problema de se traduzir "*vehicle*" e "*craft*" da mesma maneira (o termo "*barca*" assim como "*barcaça*" também podiam ter sido usados, evitando que se usasse a mesma palavra para traduzir "*craft*" e "*boat*" – o problema, todavia, não se colocou, e também por isso optámos por traduzir "*craft*" por "*barco*", porque a palavra "*boat*" não aparece nas ICC: vd. ainda, sobre problema correlato, com ulteriores indicações, *Uma tradução* cit., 231[180] e 254[275]).

[40] Preferimos para tradução de "*safe carriage*" a expressão "*transporte em segurança*" a "*transporte seguro*", que tinha a desvantagem de poder ser ambígua.

[41] Optou-se por traduzir "*privy*" (VC "*conoscan*", VC-PRP "*es conocedor*", VI82 "*siano stati a conoscenza*", VI09 "*sia consapevole*", VP-ISP, Fidel., Tranq., AIG "*tenham conhecimento*") por "*tiver conhecimento*", na esteira do artigo 44.º/2 do RJCS, consignando-se em alternativa "*for/estiver/esteja ciente*" (até porque "*privy*" não é a mesma palavra que "*knowledge*"), "*conheça*".

[42] Em rigor até pode neste caso, atento o contexto que torna óbvio ser o carregamento na embarcação e *craft* imediatamente antes mencionados, ser com proveito omissa a tradução de "*therein*".

[43] Optou-se por traduzir "*conveyance*" (que aparece 5 vezes nas ICC: cls. 5.ª/1.2 e 8.ª/1, 1.1, 1.2 e 1.3; VI82 "*mezzo di trasporto terrestre*", VI09 "*mezzo al trasporto*", VC-CAT "*vehículo*", VC-PRP "*vehículo de transporte*", VP-ISP e Tranq. "*outros meios de transporte*", VP-Fidel. "*outro meio de transporte*", VP-AIG "*meio de transporte*") por "*meio de transporte*" (que preferimos a "*modo de transporte*"; em inglês "*conveyance*" é na acepção que para o efeito interessa genericamente "veículo" e vem do francês *convoy* + sufixo).

[44] Deselegante repetição de "*transporte*" em "*ou meio de transporte para transporte em segurança*", que é gerada pela opção de traduzir "*conveyance*" por "*meio de transporte*". Em alternativa, consigna-se trocar "*transporte em segurança*" por "*viagem em segurança*", o que não se fez devido ao facto de viagem e transporte não terem o mesmo significado.

[45] Traduziu-se "*therein*" e "*thereon*" por "*naqueles*" ou "*sobre aqueles*" (atento o significado primeiro de "*on*" como referido a algo que está por cima duma superfície).

[46] Traduziu-se "*is carried out*" por "*for efectuado*", consignando-se em alternativa "*for levado a cabo*".

[47] Optou-se por traduzir "*attachment of this insurance*" (VI09 "*inizio della decorrenza della presente assicurazione*", VC-PRP "*vigencia de este seguro*", VP-Fidel. "*início*

das garantias desta Condição Especial", VP-AIG "*efeito deste seguro*"; cf. também para a cl. 10.ª/1: VI09 "*l'inizio della presente assicurazione*", VC "*la entrada en vigor de este seguro*", VP-ISP "*seguro se ter iniciado*") – a expressão "*attachment of this insurance*" surge 3 vezes nas ICC A: cls. 4.ª/3, 5.ª/1.2 e 10.ª/10 – por "*início da cobertura ao abrigo do presente seguro*" (artigo 42.º/1 do RJCS: "*data de início da cobertura*") em lugar de "*início da vigência do presente seguro*" (cf. o artigo 37.º/2 *i*) do RJCS: "*início de vigência do contrato*"). Para a cl. 8.ª/1 optou-se, em conformidade, por traduzir "*this insurance attaches from the time*" (VI82 "*la presente assicurazione decorre dal momento*", VC-CAT "*Este seguro toma efecto desde el momento*", VP-ISP "*Este seguro inicia-se no momento*", DTV "*Versicherungsschutz (...) beginnt*") por "*o período de cobertura do presente seguro começa*", uma vez que o verbo "*attach*" (2 vezes nas ICC09: cl. 8.ª/1 e 10.ª/2), tal como o substantivo "*attachment*" (3 vezes nas ICC09: cls. 4.ª/3 "*prior to the attachment of this insurance*", 5.ª/1.2 "*prior to attachment of this insurance*", 10.ª/1 "*after attachment of this insurance*"), tem aqui um valor semântico muito próprio, idiomático, que reflecte o início da vigência – enquanto início da cobertura: a cobertura pode não iniciar logo no momento em que o contrato começa a vigorar – do contrato de seguro que em português pode traduzir-se por referência a "período de cobertura do seguro", e porque é a um tempo pouco comum e a outro pouco rigoroso dizer em português que "um seguro começa", assim como parece preferível a locução por que se optou por outras como "o presente seguro começa a sua vigência".

[48] Optou-se por traduzir "*at the time of loading*" por "*ao tempo do carregamento*". Vd., para a tradução da expressão "*at the time of shipment*", *Uma tradução* cit., 192 e 274[369].

[49] Optámos pela tradução literal, mas consigna-se em alternativa: "*A exclusão constante da cláusula 5.1.1*".

[50] Optou-se por traduzir "*waive any breach of the implied warranties*" (VI09 "*rinunciano ad invocare eventuali violazioni della garanzia implicita*", VC-PRP "*renuncian a cualquier reclamación por incumplimiento de las garantías implícitas*", VP-AIG "*renuncia a declarar a sua não responsabilidade no caso de qualquer quebra de garantia implícita*") por "*renuncia a declarar qualquer violação das garantias implícitas*". Uma explicação para esta aparente contradição em John Dunt, *International Cargo Insurance*, Informa, Londres, 2012, 77.

[51] Vd. nt. anterior.

[52] De certa perspectiva, "*navegabilidade do navio*" é redundante. Por fim, optámos, todavia, por mantê-la, em adesão ao original. De todo o modo, suprimimos a repetição "*navegabilidade do navio e aptidão do navio*" em favor de "*navegabilidade e aptidão do navio*".

Cláusula 6.ª

[53] Optou-se por traduzir "*any hostile act*" pelo plural "*actos hostis*" que tem igual valor semântico no português.

[54] Optou-se por traduzir "*seizure*" (VC-CAT "*embargo*", VC-UPC "*incautación*", VI82/09 "*sequestro*", VP-ISP e AIG "*apreensão*") por "*apreensão*" (cf. artigo 105.º da CNUDM "*apresamento de um navio (...) pirata*" por "*seizure of a pirate ship*"; cf. também os artigos 106.º da CNUDM, mas no artigo 179.º "*qualquer outra forma de detenção por acção executiva ou legislativa*" por "*any other form of seizure by executive or legislative action*").

[55] Optou-se por traduzir "*arrest*" (VC-CAT "*arresto*", VC82 "*embargo preventivo*", VI82/09 "*arresto*", VP-ISP e AIG "*arresto*") por "*arresto*". Cf. *passim* versões inglesas

da CB52 e CG99, além dos próprios títulos, a este respeito elucidativos: respectivamente, "*International Convention relating to the Arrest of Seagoing Ships*" e "*International Convention on Arrest of Ships*".

[56] Optou-se por traduzir "*restraint*" por "*restrição*" (assim também VP-ISP, Fidel., Tranq., AIG, VC82; na VI82/09 "*fermo*"), não sem reservas.

[57] Optou-se por traduzir "*detainment*" por "*imobilização*", pelos motivos que se exararam n'*Uma tradução* cit., 241[225] e 246-247[238 e 240], não obstante a nuança, que se entendeu para o efeito não impeditiva, entre "*detention*" (ICC) e "*detainment*" (RIA).

Cláusula 7.ª

[58] Optou-se por traduzir "*strikers*" por "*grevistas*" (VP-ISP, Tranq., AIG, Fidel. "*grevistas*"), por corresponder à palavra usada em todas as traduções portuguesas consultadas e por encontrar arrimo legal (artigo 535.º/1 e ep. do CT), ainda que seja de uso pouco frequente.

[59] A expressão também não é traduzida no artigo 544.º e 545.º do CT, nem nos títulos da secção e capítulo correspondentes (vd. também Jorge Rodrigues Ruivo, *Uma tradução para* lay-off, em ciberduvidas.iscte-iul.pt), assim como não o é também, por ex., no artigo 4.º/2 *j*) da CB24 nem em português nem em francês (sobre o ponto, Hugo Ramos Alves, *Da limitação da responsabilidade do transportador na Convenção de Bruxelas de 1924*, Almedina, Coimbra, 2008, 98-99).

[60] É problemática a tradução de "*civil commotions*" (VI82 e 09 "*disordini civili*", VC82 "*tumultos populares*", VC-PRP "*conmoción civiles*", VP-ISP, Tranq., AIG, Fidel. "*comoções civis*") porque a expressão à letra "*comoções civis*" (que, além das traduções portuguesas das ICC, aparece também no artigo 3.º *e*) da Proposta alterada de Regulamento 2002/0234(COD), de 23-Jul.-2003, em tradução de "*civil commotion*"; mas no artigo 4.º/1 da versão definitiva do referido diploma, o Regulamento (CE) 785/2004, do PE e do Conselho, de 21-Abr., relativo aos requisitos de seguro para transportadores aéreos e operadores de aeronaves, aparece, para o correspondente inglês "*civil commotion*", na versão portuguesa "*distúrbios do foro civil*", na castelhana "*distúrbios sociales*", na alemã "*Aufruhr*", na francesa "*troubles civils*", na italiana "*tumulti popolari*", na holandesa "*ongeregeldheden*") é de uso pouco frequente e induz em erro ("comoção" como substantivo de "comover", que é usado sobretudo noutros contextos; aliás, em confirmação de quanto escrevemos, no dicionário em linha *Priberam* comoção com o significado de agitação dos ânimos, motim ou revolta surge apenas como acepção n.º 6 em 7). No artigo 4.º/2 da CB24, para "*riots and civil commotions*" e "*d'émeutes et de troubles civils*" a tradução portuguesa foi "*motins ou perturbações populares*" (sobre o ponto, entre nós, H. Ramos Alves, *Da limitação* cit., 99-100; a tradução italiana foi "*tumulti e sommosse civili*"; vd. também, com indicações várias, Francesco Berlingieri, *Le Convenzioni internazionali di diritto marittimo e il Codice della navigazione*, [Contratti & Commercio Internazionale] Giuffrè, Milão, 2009, 95-97; a expressão que foi inserta no artigo em apreço da CB24, conforme os autores consensualmente realçam, teve origem no direito dos seguros, ainda que o seu significado neste texto – designadamente o de "*riots*", possa diferir, como advoga F. Berlingieri, do que comummente se considera neste último ramo), e no artigo 17.º/3 *c*) para "*riots, and civil commotions*" optou-se nas traduções castelhana e francesa por "*motines y tumultos*" e "*émeutes et troubles civils*". Por fim, optámos por traduzir "*civil commotions*" por "*agitações populares*" por nos parecer correspondente a "*commotion*" e também em parte em atenção à versão portuguesa da CB24 (além de que algo forçado nos pareceu

neste contexto traduzir à letra "*civil*" em inglês por "*civil*" em português), consignando-se em alternativa "*revoltas populares*" (mas com o inconveniente da possível identificação com um dos termos da cl. 6.ª/1) "*insurreições populares*" (mas com o inconveniente da possível identificação com um dos termos da cl. 6.ª/1) em atenção à definição de Lord Mansfield (em *Langdale v. Mason* (1780): "I think a civil commotion is this: an insurrection of the people for general purposes, though it may not amount to a rebellion, where there is a usurped power") ou ainda "*sublevações populares*". Uma última nota: "*civil*" está no original a concordar com "*commotions*", não com "*riots*" (caso contrário, a ordem das palavras seria algo do género "*civil riots or commotions*", não "*riots or civil commotions*"), de modo que não pode concordar-se com interpretação e tradução VC-PRP cit. supra nesta nt.

[61] Optou-se por traduzir "*being*" por "*com o sentido de*" (mas à letra vd. VP-Fidel. "*sendo este*" e VP-Fidel. "*sendo*"; próxima da opção que tomámos a VI09 "*inteso come*"), consignando-se em alternativa "*sendo-o para o efeito*", "*considerando-se para o efeito*", "*sendo como tal considerado*" ou "*considerando-se como tal*".

[62] Omitimos a tradução do artigo indefinido "*an*": a inexistência de artigo tem idêntico efeito.

[63] Para evitar cacofonia na tradução de "*any... any... any... any...*", optámos aqui por traduzir apenas por "*uma*", sem prejuízo, julgamos, para a tradução.

[64] Preferimos tradução de "*acting*" por "*que aja*" (como também VI82/09 "*che agisca*"), consignando-se em alternativa "*agindo*" ou "*actuando*" (VP-ISP).

[65] Apresentou dificuldades a tradução "*in connection with*" por à letra soar menos bem. A final, manteve-se tradução literal.

[66] A expressão "*government ... legally constituted*" tem aqui um sentido jurídico--constitucional, de modo que traduzimos por "*legitimamente*", consignando em alternativa "*constitucionalmente*" (em lugar de à letra, por inconvenientes vários, "*legalmente*" como VP-AIG ou Fidel. ou VI09).

[67] Vd. 2 nts. acima.

Cláusula 8.ª

[68] Para a tradução desta cláusula seguimos em larga medida a tradução livre, com comentários, que dela já apresentáramos em *Seguros* cit., 248-250.

[69] Optou-se por traduzir "*from the time*" (VI82 "*dal momento in cui*", VC-CAT e UPC "*desde el momento en que*", ISP "*no momento em que*", al. DTV "*sobald*") por "*desde que*" + indicativo (com valor temporal), embora consignando-se em alternativa – por poder parecer estranha a oração iniciar por "*desde que*" e não terminar com uma oração introduzida por "*até*" – a possibilidade de traduzir por "*desde o momento em que*", "*do momento em que*" ou "*a partir do momento em que*" ou, ainda, mas com preposição com semântica ligeiramente diferente de "*from*", por "*no momento em que*" (neste último sentido o nosso *Seguros* cit., 248).

[70] Optou-se por traduzir "*first moved*" (VI09 "*per la prima volta movimentata*", VP-ISP "*movidos pela primeira vez*") por "*primeiramente movimentado*", consignando-se em alternativa "*primeiro movimentado*" (aqui "primeiro" igualmente como advérbio) ou "*pela primeira vez movimentado*".

[71] Optou-se por traduzir "*place of storage*" (VI82/09 "*luogo di deposito*", VC-CAT "*sitio de almacenaje*", VP-ISP e AIG "*local de armazenagem*") por "*lugar de armazena-*

gem" (assim tb. "*storing*" nas RIA para cuja tradução, de modo a diferenciar, optámos por "*armazenamento*": vd. *Uma tradução* cit., 188, 250[261] e 251-252[264]).

[72] Optou-se por traduzir "*place named*" (VC- CAT "*lugar citado*", VC-UPC "*lugar designado*", VI82/09 "*località indicata*", VP-ISP e AIG "*localidade indicada*") por "*lugar designado*" (no mesmo sentido a trad. nas regras A4 dos termos FAS e FOB dos *Incoterms* 2010 de "*named port of shipment*" por "*porto de embarque designado*"), consignando-se, em alternativa "*lugar nominalmente designado*" ou "*lugar nomeado*" (embora "nomear" seja no português corrente e jurídico usado em diferente contexto; outros verbos como "indicar" ou "identificar" reservaríamos para tradução de "*loading point indicated*" e "*ship nominated*" respectivamente, ambas as expressões presentes nos mesmos termos FAS e FOB).

[73] Optou-se por traduzir "*for the purpose*" (VI09 "*al fine di*", VP-AIG "*com o propósito de*") por "*com vista a*", consignando-se em alternativa "*com a intenção de*", "*com o propósito de*", "*com o objectivo de*", em lugar de expressões de fim mais incolores como "*para*" ou "*a fim de*" que não espelham tão bem o original inglês.

[74] Optou-se por traduzir "*loading*" por "*carregamento*" por "*carregamento*", sobretudo pelas razões exaradas n'*Uma tradução* cit., 235-236[200-201] (ainda que nas actuais ICC, salvo no título, não haja o problema acrescido da tradução de "*cargo*").

[75] Optou-se por traduzir "*or other conveyance*" (VI09 "*o altro mezzo di trasporto*", VP-AIG "*ou outro meio de transporte*") por "*ou noutro meio de transporte*".

[76] Optou-se por traduzir "*for the commencement of transit*" (VI09 "*per l'inizio del viaggio*", ISP e AIG "*para o começo da viagem*") por "*para começo de viagem*", consignando-se em alternativa para "*começo de trânsito*".

[77] Optou-se por traduzir "*continues*" por "*continua*", consignando-se em alternativa formar uma oração gerundiva "*continuando*" (cf. o nosso *Seguros* cit., 248).

[78] Optou-se por traduzir "*whichever shall first occur*" (VC-UPC "*lo que en primer lugar suceda*", VI82 "*quale dei precedenti casi sia il primo a verificarsi*", VI09 "*qualunque sia l'ipotesi che si verifichi per prima*", VP-ISP e AIG "*considerando-se destes casos aquele que primeiro ocorrer*") por "*primeiro dos seguintes eventos que eventos que ocorrer*", optando-se por deslocar esta oração relativa para o pr. da cl. 8.ª/1 em lugar do final e por substituir "*whichever*" por "*eventos*" (similar a VI82/09 "*casi*" e "*ipotesi*") que, atento o diferente contexto, vem antecedido por "*seguintes*". Consigna-se ainda, como alternativa à ordem de colocação da oração relativa, "*no primeiro que ocorrer dos seguintes eventos*". Optámos por eliminar da tradução a palavra "*either*", por nos parecer mais inteligível em português e por não ser necessário marcar ainda mais a disjunção.

[79] Optou-se por traduzir "*completion*" por "*conclusão*", à imagem das regras X *d*), XI *b*), *v*), e XVII *c*) das RIA, conforme *Uma tradução* cit., 191.

[80] Optou-se por traduzir "*unloading*" por "*descarga*", consignando-se em alternativa, à imagem de "*loading*" na cl. 8.ª/1, "*descarregamento*".

[81] Optou-se por traduzir "*from the*" por "*a partir de*", embora em português possa servir a indicar complemento de lugar donde a preposição "*de*" que, no entanto, não foi usada para evitar ambiguidade, possível neste contexto por antes o "*de*" ter precisamente esse valor, entre complemento de lugar donde e complemento determinativo.

[82] Optou-se por traduzir "*carrying vehicle or other conveyance*" por "*veículo ou outro meio de transporte*" em lugar de – uma vez assumida a tradução de "*carrying vehicle*" por "*veículo de transporte*" (trad. de "*carrying*" por substantivo como genitivo infinitivo latino) e "*conveyance*" por "*meio de transporte*" – "*veículo de transporte e outro meio*

de transporte" (assim, porém, no nosso *Seguros* cit., 249), de forma a evitar repetições, deselegantes em língua portuguesa, e neste caso desnecessárias por ser óbvio pelo contexto que o complemento determinativo "*de transporte*" se refere a ambos os substantivos.

83 Aqui traduzimos "*in*" por "*no*" com um sentido de complemento de lugar onde existe a dúvida sobre se "*in*" pode aqui ser complemento de lugar aonde ou para onde, como no latim ou no alemão (nesses casos regendo acusativo em lugar de ablativo e dativo respectivamente), que nos parece de arredar na medida em que o inglês para o exprimir usa por norma diferentemente "*into*". Isto significa também que "*at*" tem aqui um sentido de "*junto de*".

84 Aqui traduzimos "*at*" por "*junto de*".

85 Optou-se por traduzir "*named*" por "*designado*" conforme nts. à trad. de "*lugar designado*" suso nesta mesma cláusula.

86 Optou-se por traduzir "*any other*" por "*qualquer outro*", como em *Seguros* cit., 249, consignando-se em alternativa a omissão de "*qualquer*".

87 Aqui traduzimos "*at*" por "*no*" em vez de "*junto de*".

88 Optou-se por traduzir "*employees*" por "*empregados*", como em *Seguros* cit., 249.

89 Optou-se por traduzir "*elect*" por "*decidam*", como em *Seguros* cit., 249, consignando-se em alternativa "*escolham*".

90 Optou-se por traduzir "*other than*" por "*fora*", como em *Seguros* cit., 249, consignando-se como alternativa "*noutro lugar que não*" ou "*noutro sítio que não*".

91 Optou-se por traduzir "*ordinary course of transit*" (VI09 "*ordinario corso del viaggio*", VC-PRP "*curso ordinario de éste* [= *transporte*]", VP-ISP, AIG, Fidel. "*percurso normal desta* [= *viagem*]") por "*percurso normal de viagem*", como em *Seguros* cit., 248[126]-259; harmoniza-se assim a tradução de "*transit*" noutros contextos – por ex. no pr. "*commencement of transit*" por "*começo da viagem*" – com este), consignando-se a possibilidade de, em alternativa, traduzir por "*curso ordinário de trânsito*" ou "*curso normal de trânsito*".

92 Optou-se por traduzir "*allocation*" por "*repartição*", como em *Seguros* cit., 249.

93 Alternativa: "*variação*", que aqui é dos transportadores ("*carriers*").

Cláusula 9.ª

94 Optou-se por traduzir "*transit*" (VC-CAT "*viaje*", VI82/09 "*viaggio*", VP-ISP "*viagem*") – que aparece 10 vezes nas ICC A: cls. 4.3, 8 ep., 8.1 pr., 8.1.2, 8.1.3, 9 pr., 10.2, e 12 – por "*viagem*".

95 Optou-se por traduzir "*as provided for in clause 8 above*" (VC-UPC "*como se estipula en la cláusula 8 anterior*", VC-Hevia "*como se estipula en la Cláusula número 1 citada*", VC09 "*come previsto dalla precedente Clausola 8*", VP-ISP "*de acordo com o que está estabelecido no n.º 8*") por "*conforme acima previsto na cláusula 8.ª*", devido à dificuldade de traduzir "*above*" e de o pospor a "*cláusula 8.ª*", uma vez que o português "*acima*" é um advérbio de lugar, portanto dependente de um verbo (que não dum nome, como sucederia numa tradução literal do inglês) e as locuções "*acima*" e "*em cima*" são prepositivas ("acima de algo", "em cima de algo"), do mesmo modo que o sucedâneo *supra* é uma expressão culta, latina, e pouco frequente neste contexto (mais, por ex., na indicação de trechos da mesma página mais acima ou de página(s) anterior(es)), de modo que optou-se por ligar o "*acima*" (*above*) ao verbo "*provided*" (*previsto*) (semelhantes dificuldades verificam-se nas traduções castelhanas e italianas que optaram por adjectivar

"cláusula"). Em alternativa, consigna-se a supressão de "*acima*", como na tradução de "*above*" noutros passos.

[96] Optou-se por traduzir o "*as provided*" por "*conforme estabelecido*".

[97] Optou-se por traduzir "*unless prompt notice is given to the Insurers*" por "*salvo se os Seguradores forem prontamente informados*".

[98] Optou-se por traduzir "*required*" no proémio da cláusula 9.ª uma vez por "*solicitada*" e outra por "*requerido*", atentos os diversos contextos em causa (no primeiro caso trata-se de o segurado solicitar a prorrogação da cobertura, no seguro trata-se de o segurador requerer o pagamento de prémio adicional – neste segundo contexto quadraria mal o uso do verbo "solicitar", aliás poderia mesmo usar-se o verbo "exigir"), da mesma forma que a VP-ISP.

[99] Optou-se por traduzir "*continuation of cover*" por "*prorrogação da cobertura*", em lugar de "*continuação da cobertura*", por ser tratar da terminologia jurídica mais corrente e generalizada (cf. os artigos 37.º/3 *a*), 41.º e 48.º/4 do RJCS).

[100] Optou-se por traduzir "*place*" por "*lugar*", em vez de "*local*".

[101] Optou-se por traduzir "*60 days after arrival*" por "*60 dias a contar da*".

[102] Optou-se por traduzir "*period of 60 days*" por "*prazo de 60 dias*".

[103] Optou-se por traduzir "*agreed*" na cl. 9.ª/2 por "*que tenha sido acordada*", consignando-se em alternativa "... *convencionada*".

[104] Optou-se por traduzir "*named*" por "*designado[a]*".

[105] Optou-se por traduzir "*in accordance with the provisions of Clause 8 above*" por "*de acordo com o acima estipulado na Cláusula 8.*", consignando-se a possibilidade de, em alternativa, traduzir-se por "*de acordo com as disposições da acima transcrita cláusula 8*" ou "*de acordo com o acima estabelecido na cláusula 8*".

Cláusula 10.ª

[106] Cf. os artigos 608.º do CCom88, 509.º e 680.º do CCom50, 700.º do CM, 217.º do Decreto-Lei n.º 109/99/M. A cláusula em apreço deve ainda ser relacionada com o agravamento do risco, em termos a aprofundar noutra ocasião: vd. hoje artigos 93.º e 94.º do RJCS (na doutrina M. Lima Rego, *Contrato de seguro* cit., 456[1209]).

[107] Optou-se por traduzir "*this must be notified promptly*" (na versão italiana de F. Artuso "*questi deve darne comunicazione tempestiva*") por "*tal facto deve ser prontamente comunicado*", visto "*this*" não se referir a "*Assured*" (em sentido contrário, a versão italiana) mas sim a "*the destination is changed*" (ou seja: "*this [=the destination is changed] must be notified promptly*"; se "*this*" se referisse a "*Assured*" não se compreenderia como poderia o "*Assured*" ser o objecto da "comunicação" ou, por outras palavras, o agente da passiva de "deve ser comunicado": "*this [=the Assured] must be notified promptly*"?).

[108] Optou-se por traduzir "*for rates and terms to be agreed*" (na versão italiana de F. Artuso "*allo scopo di concordare premi e condizioni*", na castelhana à luz da diferente redacção de 1982 "*mediante prima y condiciones*" e na do ISP à luz também das ICC (A) 1982 "*mediante prémio e condições a serem estabelecidas*") por "*para serem acordados prémio e condições*", tendo-se traduzido "*rates*" por "*prémio*" em vez de "*taxas*" ou "*preço*" (mas vd. nt. s. onde se optou por traduzir por "*preço*", atento o contexto) e "*terms*" por "*condições*" em vez de "*termos*". Em alternativa: "*para efeito de serem acordados prémio e condições*" (mas dispensável "*efeito*" se "*para*" já tem valor final).

[109] Optou-se por traduzir "*at a reasonable commercial market rate on reasonable market terms*" (na versão italiana "*ragionevoli premi e condizioni di mercato*") por "*a um preço de mercado comercial razoável nos termos de um acordo comercial razoável*".

Cláusula 11.ª

[110] Optou-se, não sem dúvidas, por traduzir "*claims*" (VI82 "*Danni*", VI09 "*Risarcimento del danno*", VC-UPC "*Reclamaciones*", VP-ISP, Tranq. "*Reclamações*") – que nas ICC aparece como substantivo ou forma verbal do verbo "*claim*" 9 vezes: cls. 3.ª, 4.ª/6, 5.ª/2, 13.ª, 14.ª/1 e 2 e 15.ª/1 – por "*reclamações*" em lugar de "*pretensões*", por se entender que a primeira, embora longe de satisfatória, está cada vez mais enraizada na prática seguradora portuguesa e inclusive na correspondente legislação (no RJCS usou-se "*reclamação*" para traduzir "*claim*" por ex. a respeito da cláusula *claims made*, como é patente pela leitura do preâmbulo e do artigo 139.º/2 e 3; mas vd. também os artigos 18.º *j)* e 108.º/2 *ibid.*), e que a segunda, embora mais próxima do original inglês (e do alemão "*Anspruch*") e rigorosa, corresponde a um *terminus technicus*, com um cunho mais doutrinal que legislativo (por ex. a palavra "*pretensão*" não consta do CC; do RJCS só consta 3 vezes: artigos 142.º/1 e 2 e 165.º/2) e é em todo o caso mais frequente na legislação processual (no CPC ocorre com maior frequência, c. de 30 vezes: artigos 2.º/1, 37.º/2, 314.º, 317.º/2, 326.º/2, 333.º/1, 334.º, 338.º, 339.º, 340.º/1 e 3, 341.º, 344.º/2, 388.º/4, etc.), sendo certo que as "*claims*" referidas nas ICC não têm forçosamente de ser judiciais, além de poder gerar no destinatário médio, sobretudo não jurista, alguma confusão (a palavra tem usos correntes diferentes do jurídico). Noutras cls. onde a palavra surge optou-se por fazer uma apreciação casuística: ora traduzindo por palavras da família de "reclamar", ora por "pretensão", ora por "pedir".

[111] Cf. o artigo 44.º do RJCS. Cf. também os revogados artigos 436.º, 437.º/2 do CCom.

[112] Optou-se por traduzir "*In order to recover under this insurance*" (VC82 "*Para ser indemnizado*", VI82 "*Per ogni reclamo a fronte della presente polizza*", VI09 "*Al fine di ottenere il risarcimento del danno in virtù della presente assicurazione*", VP-ISP "*Para que o reclamante possa receber qualquer indemnização ao abrigo desta apólice*") por "*Para receber a prestação devida ao abrigo do presente contrato*", traduzindo-se "*recover*" por "*receber*" (atenta a diferente semântica do inglês "*recover*" e do português "*recobrar*" / "*recuperar*", também patente no castelhano e no italiano), optando-se por "*prestação devida*" em vez de qualificar como "*indemnização*" (o que, além de juridicamente menos exacto, não decorre do original inglês), na impossibilidade ou, pelo menos, estranheza de traduzir simplesmente por "*receber*", sem complemento directo.

[113] Optou-se por traduzir "*loss*" (VI82 "*momento del danno*", VI09 "*verificarsi del danno*", VC-UPC "*siniestro*", VP-ISP "*perda*") por "*sinistro*", dado "*perdas*" ter o específico significado de perda total de um bem, consignando-se a possibilidade de, em alternativa, traduzir por "*danos*" (embora esta palavra quadre mal com a tradução da cláusula 11.1).

[114] Optou-se por traduzir "*insured loss*" (VI82 "*danno*", VI09 "*danno*", VC-UPC "*pierdas*", VP-ISP "*perdas*") por "*danos segurados*", consignando-se a possibilidade de, em alternativa, traduzir-se por "*riscos seguros / segurados*".

[115] Dispensável em português voltar a repetir o sujeito da oração principal: "*os segurados*".

Cláusula 12.ª

[116] Optou-se por traduzir "*forwarding*" por "*reexpedição*" conforme consta da VP--ISP, Tranq., AIG e Fidel. e VC-UPC ("*reexpedición*"). Na VI09 a opção foi por "*spese di inoltro a destino*". Cf. *Uma tradução* cit., 182 e 214[91].

[117] Versão inglesa "*as result of the operation of a risk covered*". Na VP-ISP = Tranq. = AIG: "*por virtude da ocorrência de um risco coberto*". VP-Fidel.: "*em resultado da ocorrência de um risco coberto*". VI09: "*in conseguenza del verificarsi di un rischio coperto*". VI82: "*in relazione all'operatività della copertura per un rischio garantito*". VC-UPC: "*como resultado de la acción de un riesgo cubierto*".

[118] VP-ISP = Fidel. = AIG = Tranq.: "*para o qual*". VI82: "*per il quale*". VC-UPC: "*al que*". VI09: "*in relazione al quale*".

[119] VP-ISP = Fidelidade 2006 = AIG 2009 = Tranquilidade 2016: "*justificada*". VC--UPC: "*adecuada*". VI82: "*ragionevolmente*". VI09: "*adeguatamente*".

[120] VP-ISP = Fidelidade 2006 = AIG 2009: "*despesas extra ... feitas*"; Tranq. 2016: "*despesas extraordinárias ... incorridas*". VC-UPC: "*gasto extraordinario en que ... se haya incurrido*". VI82: "*spese supplementari ... sostenute*". VI09: "*spese straordinarie ... sostenute*".

Cláusula 13.ª

[121] Optou-se por traduzir "*recoverable*" – termo que aparece 3 vezes nas ICC 2009 (cláusulas 13.ª e 16.ª), a par de 4 vezes que aparece apenas o verbo "*recover*" e "*recovering*" (cláusulas 12.ª, 13.ª, 17.ª) – por "*coberta*", atenta a semântica do verbo "*recover*", neste contexto (cf. a tradução do termo na cláusula 12.ª).

[122] Sobre a opção por "*justificadamente*" em lugar de "*razoavelmente*" vd. *Uma tradução* cit., 203[18].

[123] Optou-se por traduzir "*reconditionning*" por "*reacondicionamento*", não sem dúvidas (mas vd. neste sentido o ponto 4 do Anexo à Recomendação da Comissão de 17-Ag.-2006, relativa à prevenção e à redução de toxinas *Fusarium* em cereais e produtos à base de cereais: "*reconditioning*", "*ricondizionamento*", "*reconditionnement*", "*Rekonditionierung*", "*reacondicionamento*", "*reacondicionándolos*").

Cláusula 14.ª

[124] Apresentou dificuldades a tradução da expressão "*Increased Value insurance*" (VI 1982: "*Nel caso in cui la presente assicurazione è sul Valore in Aumento*"; VI 2009: "*Se una copertura Aumento di Valore è stipulata dall'Assicurato*" e ep. "*Aumento di valore*"; VC 1982: "*Si por parte del Asegurado se hace cualquier otro seguro que aumente el valor de las mercancias*"; VC-PRP "*seguro de aumento de valor*" e ep. "*Aumento de valor*"; VP-ISP = Fidelidade 2006: "*Se o Segurado efectuar qualquer seguro por aumentos de valor sobre os objectos seguros*" e ep. "*Seguros de "valor aumentado""*; VI-AIG 2009: "*Se o Tomador do Seguro ou o Segurado efectuarem qualquer seguro por aumentos de valor sobre os bens seguros*" e ep. "*Seguros de "valor aumentado""*). Em português, "*seguro de valor acrescentado*" ou "*de valor aumentado*" pode levar a pensar que se trata de algo parecido com um valor acordado ou estimado (cf. o artigo 131.º do RJCS), além de ser pouco comum na linguagem jurídica seguradora. A tradução aqui impõe que se aprofunde o sentido do texto. A cláusula tem em mente seguros sobre matérias-primas: não é incomum serem estas, depois de seguradas, vendidas, uma ou mais vezes, em trânsito (por preços tendencialmente

superiores de venda para venda), com o consequente endosso ou tradição da apólice; pode, por isso, acontecer que a soma segura do seguro da mercadoria inicialmente contratado se torne inferior ao valor do interesse correspondente ao último preço de venda (subseguro), o que fará com que o segurado procure um novo seguro (dito complementar: cf. o nosso *Do princípio indemnizatório* cit., 122 ss.), por vezes junto de diferente segurador, para a quantia que passou a ficar, passe a expressão, insegura ou descoberta. Com a cláusula em apreço pretende-se obviar ao inconveniente gerado pelo aresto proferido no caso *Boag* vs. *Standard Marine Insurance Co Ltd.* de 1937: os seguradores iniciais tinham segurado apenas parte do valor do interesse e o resto, o dito aumento de valor, com outros seguradores; durante a viagem, depois dum encalhe, a carga foi alijada para comum salvação e foi feita regulação de avarias grossas; o tribunal julgou terem os seguradores iniciais direito a toda a contribuição em avaria grossa. O propósito da cl. 14.ª é o de garantir que todos os direitos, especialmente em sub-rogação, são proporcionalmente rateados pelos seguradores iniciais e pelos do aumento de valor (vd. sumariamente G. Hudson/T. Madge/K.Sturges, *Marine Insurance* cit., 35; entre nós, vd. J. Mata, *Seguro marítimo* cit., 67: "Os preceitos consignados neste n.º 14 não apareciam nas cláusulas de 1963, mas a sua interpretação é fácil. Funcionam eles, em todas as circunstâncias, como se de um co-seguro se tratasse, e ficam sujeitos à aplicação da regra proporcional, sendo a liquidação dos prejuízos feita *pro rata*"). Em face do exposto, preferimos traduzir por "*seguro de aumento de valor*".

A VP-ISP era *sui generis*: resolveu-se, além da tradução propriamente dita, fazer um acrescento à cl. 14.ª/1: "*sem prejuízo do disposto nos artigos 434 e 435 do Código Comercial*". Crítico, J. Mata, *Seguro marítimo* cit., 67.

[125] Optou-se por traduzir "*effected*" (VI 1982 "*è*", VI 2009 "*è stipulata*", VC 1982 "*se hace*", VP-ISP = VP-Tranq. 2006 = VP-AIG 2009 = VP-Fidel. 2016 "*efectuar[em]*") por "*contratado*", consignando-se em alternativa "*efectuado*".

[126] Melhor "*neste*" do que à letra "*sob este*" (VI 2009 "*con la presente assicurazione*", VP-Fidel. "*por esta Condição Especial*"), para evitar parcial cacofonia: "*sobre ... sob ...*". Em alternativa, "*ao abrigo deste*" ou "*nos termos deste*".

[127] Trata-se a expressão "*agreed value*" de um termo correntemente traduzido por "*acordado*".

[128] Optou-se por traduzir "*primary insurance*" por "*seguro primário*", expressão hoje, por influência anglo-saxónica, usada na prática seguradora portuguesa.

Cláusula 15.ª

[129] Optou-se por tradução "*bailee*" por "*depositário*".

[130] Como alternativa consigna-se "minoração" (assim VC-UPC "*aminoración de daños*"; outra é a orientação da VI09 "*contenimento dei danni*") ou "minimização" (assim VP-ISP, Fidel., Tranq. ou AIG "*minimização de prejuízos*" – mas vd. ao uso do termo na LSM justificadas críticas de M. Raposo, secundadas por M. Januário da Costa Gomes: cf. também o nosso *Uma tradução* cit., 227-228[154]).

Cláusula 16.ª

[131] Para a cláusula 16.ª/1, cf. o n.º 1 do artigo 126.º do RJCS. Para a cl. 16.ª/2, cf. o n.º 2 do artigo 136.º do RJCS e, ainda, os lugares paralelos constituídos pelos artigos 653.º para a fiança e 717.º/1 do CC para a hipoteca.

[132] Optou-se por traduzir "*recoverable*" – que aparece apenas 3 vezes nas ICC09 A, nas cls. 13.ª e 16.ª – por "*reembolsáveis*", em lugar de "*recuperáveis*", na medida em que esta última expressão não é recorrente na terminologia jurídica portuguesa, e porque a tradução por "*cobertas*" não permitiria distinguir este termo inglês de "*covered*" (coberto/a/os/as) ou "*insured*" (segurado/a/os/as). Existe, todavia, depois, o problema de traduzir "*reimburse*" pelo mesmo termo ("*reembolsar*"), de modo que se consigna a possibilidade de se traduzir "*recoverable*" por "*recobráveis*" ou "*recuperáveis*".

[133] Optou-se por traduzir "*bailee*" por "*depositário*" uma vez que, embora a figura do "*bailee*" adquira contornos indefinidos não exactamente correspondentes aos tipos contratuais do direito romano-germânico, aproxima-se mais do depósito (ainda que com fins de garantia, de forma similar ao penhor).

[134] Tradução de "*these*", "*such*" por "*tais*", "*estes*", "*ditos*", "*referidos*", "*mencionados*".

Cláusula 17.ª

[135] Optou-se por traduzir "*waiver*" (VI "*renúncia*", VC82 "*renuncia*", VP-ISP "*renúncia*") por "*renúncia*".

[136] Optou-se por traduzir "*otherwise*" (VI09 "*in altro modo*", VI82 "*comunque*", VP-ISP "*de qualquer forma*") por "*de outro modo*", na medida em que é esse o significado literal do termo inglês e o que corresponde ao sentido da cláusula (o "*de outro modo*" relaciona-se com a oração imediatamente anterior) e na medida em que a respectiva tradução literal não destoa do uso corrente do português.

Cláusula 18.ª

[137] Optou-se por traduzir "*avoidance of delay*" por "*prevenção de atrasos*" (VI82 e 09 "*evitare ritardi*", VC-UPC "*evitación de demoras*", VP-ISP, Tranq., AIG "*evitar demoras*", VP-Fidel. "*evitar demora*").

[138] Optou-se, à imagem das demais traduções consultadas, por não traduzir o artigo indefinido "*a*". Optou-se também por traduzir à letra "*condition*" por "*condição*" (assim também VI82 e 09 "*condizione*", VC-UPC "*condición*" e VP-ISP, Tranq., Fidel. ou AIG), deixando ao intérprete a tarefa de apurar se de verdadeira condição ou não se trata, podendo adiantar-se que, em nossa opinião, não é. Em alternativa, consigna-se "*pressuposto*", mas também com inconvenientes.

[139] Optou-se por traduzir "*circumstances*" por "*situações*" (diversamente VP-ISP, Tranq., AIG, Fidel. "*circunstâncias*", VC82 "*circunstancias*", VI82 "*circostanze*"), porque menos frequente a utilização em língua portuguesa da palavra "circunstâncias" neste tipo de frase e porque esta em português é um termo ainda com semântica próxima da originária (circunstância como aquilo que está à volta), deste modo ligeiramente diferente do significado da palavra no inglês e dos contextos em que é utilizada, segundo cremos.

[140] Optámos por traduzir "*within*" por "*sob*" pois é mais típica e idiomática a expressão "*sob o controlo [dalguém]*" em vez de "*no/dentro do controlo [dalguém]*", que não se usa.

Cláusula 19.ª

[141] Optou-se aqui por traduzir "*law and practice*" por "*direito e prática*" (assim também as VI82 e 09 "*alle leggi ed alla prassi inglesi*", VC82 "*Ley y Práctica Inglesas*",

VC-PRP "*ley y práctica de Inglaterra*"; cf., a respeito da tradução de similar expressão no parágrafo segundo da regra de interpretação das RIA, *Uma tradução* cit., 179 e 201-202[7], por "*lei ou prática*", embora em contexto ligeiramente diverso), consignando-se em alternativa "*direito ou prática*", com a conjunção "*ou*" com valor disjuntivo inclusivo. Não nos parece de traduzir "*law*" por "*lei*", como é orientação das demais traduções consultadas. Direito em sentido objectivo é aqui escrito com minúscula inicial.

CLAUSULADO (B) DE SEGURO DE CARGA DO INSTITUTO DE SEGURADORES

[142] Seguimos em larga medida tradução em *Seguros* cit., 244-247.

[143] Vd. o nosso *Seguros* cit., 245[110].

[144] Consigna-se em alternativa "*porto de refúgio*".

[145] Optou-se por fazer concordar o adjectivo com as duas palavras em lugar de repeti-lo, como no texto original.

[146] Dispensável em português traduzir "*person or persons*" por "*pessoa ou pessoas*".

CLAUSULADO (C) DE SEGURO DE CARGA DO INSTITUTO DE SEGURADORES

[147] Seguimos em larga medida tradução em *Seguros* cit., 247-248.

[148] Vd. nt. de fim 145.

[149] Vd. nt. de fim 146.

DIREITO DOS TRANSPORTES FERROVIÁRIOS EM PORTUGAL À LUZ DO NOVO CONTRATO DE SERVIÇO PÚBLICO

GUILHERME WALDEMAR D'OLIVEIRA MARTINS*

Sumário: 1. O Direito dos transportes ferroviários como parte integrante do Direito dos Transportes; 2. Enquadramento atual da ferrovia em Portugal; 3. Os pacotes ferroviários: da separação entre infraestrutura e operação até à liberalização do transporte ferroviário de passageiros; 4. Gestão da infraestrutura integrante da Rede Ferroviária Nacional (RFN); 5. O novo operador interno nacional; A) Caracterização da CP e sua escolha como operador interno; B) O novo contrato de serviço público com a CP; a. Serviços abrangidos pelo contrato – serviços urbanos e eixos de mobilidade; b. Direitos e obrigações; c. Direitos exclusivos; d. Compensação por obrigações de serviço público; 6. Impacto do contrato de serviço público nas obrigações de transporte – novos parâmetros de qualidade e controlo de cobrança e da fraude; 7. Conclusões: impacto do novo contrato de serviço público no direito ferroviário nacional.

1. O Direito dos transportes ferroviários como parte integrante do Direito dos Transportes

O Direito dos transportes ferroviários insere-se na realidade de modernização do transporte sobre carris, e é baseado no Ecossistema Ferroviário Nacional, que constituiu o principal modo de transporte terrestre aquando do seu aparecimento, em meados do século XIX, veio revolucionar os padrões de mobilidade do país.

---

* Doutor em Direito e Professor Auxiliar da Faculdade de Direito da Universidade de Lisboa.

Contudo foi perdendo gradualmente a preponderância e competitividade, tendo-se tornado necessária a adoção de medidas com o objetivo de melhorar o seu desempenho e atratividade, nomeadamente face à forte concorrência do transporte individual, fundamentalmente a partir de meados do século XX.

O ecossistema ferroviário é um sistema complexo composto pelo serviço de transporte em estradas de ferro abertas ao tráfego público, compreendendo a administração, construção, conservação e remoção das vias férreas e seus edifícios, obras-de-arte, material circulante, instalações complementares e acessórias, bem como o serviço de tráfego, controlo de velocidade, de telegrafia, telefonia (rádio solo) e funcionamento de todas as instalações ferroviárias.

A jusante do ecossistema ferroviário, situa-se o Direito dos transportes ferroviário[1], que assume uma dupla dimensão[2]:

a) Direito Institucional – que se centra da regulação das organizações nacionais e internacionais tendentes a disciplinar ou a normalizar os transportes e os próprios transportadores, na medida em que, pelos valores em jogo, não possam deixar de satisfazer determinados requisitos;
b) Direito Material – que regula os negócios pelos quais o transportador se compromete, perante um interessado, a assegurar o transporte de pessoas ou de bens de um local para outro. O Direito material dos transportes reporta se, essencialmente, ao Direito dos contratos de transporte. Trata se de um capítulo do Direito comercial[3]. É interessante assinalar, neste campo, que no âmbito internacional, a harmonização do Direito dos transportes foi iniciada em 1890, com a Convenção de Berna sobre os transportes ferroviários[4].

---

[1] Como, aliás, qualquer sub-ramo do direito dos transportes.

[2] Seguindo de perto Menezes Cordeiro, A., Introdução ao Direito dos Transportes, ROA 68/I, 2008, cit., 139 e Direito Comercial, 3.ª ed., cit., 787.

[3] Cfr. VII volume do Münchener Kommentar ao HGB, Transportrecht (1997), em 2205 pp. maciças, org. JÜRGEN BASEDOW e com a colaboração de Andreas Blaschczok, Peter Bydlinski, Roland Dubischar, Fritz Frantzioch, Wolf Goette, Herbert Kronke, Gerfried Mutz e Edgar Ruhwedel, actualizado no vol. VIIa (2000), em 330 pp., apud Menezes Cordeiro, A., introdução ao Direito dos Transportes, ROA 68/I, 2008, cit., 139 e Direito Comercial, 3.ª ed., cit., 787.

[4] Costeira da Rocha, F., O contrato de transporte de mercadorias / Contributo para o estudo da posição jurídica do destinatário no contrato de transporte de mercadorias (2000).

O presente estudo enquadra-se, predominantemente, no Direito Institucional do transporte ferroviário, centrando-se no recente contrato de serviço público de transporte de passageiros celebrado entre o Estado e a CP – Comboios de Portugal, doravante CP, no passado dia 28 de novembro de 2019 e nas respetivas implicações em termos de direitos e deveres do operador interno, na sua relação com o Estado e com os respetivos passageiros. Não olvidamos que o direito institucional tem relevância na melhoria da qualidade no contrato de transporte, aqui no campo do direito material do transporte ferroviário, pelo que reservamos um parágrafo sobre as atuais implicações.

2. Enquadramento atual da ferrovia em Portugal

A rede ferroviária portuguesa em exploração tem uma extensão total de 2.546Km. Considerando a área e a população residente de Portugal Continental, a rede apresenta uma densidade de 0,029Km/Km2 e 0,25Km/1000Hab, respetivamente. Por outro lado, existe aproximadamente 7Km de estradas da Rede Rodoviária Nacional por cada quilómetro de via férrea[5].

[5] Conforme resulta do relatório da Autoridade da Mobilidade e Transportes, Ecossistema ferroviário português 2012-2016, disponível em https://www.amt-autoridade.pt/media/1645/relatorio-ecossistema-ferroviario-portugu%C3%AAs_2012_2016.pdf.

"Em termos de tipologia, a rede é maioritariamente em via única (76,1%). No que respeita a via dupla (22,0%), a rede compreende, genericamente, as linhas do Norte, de Braga e de Cascais, bem como alguns troços das linhas de Sintra, de Cintura, do Minho, do Alentejo e do Sul. Quanto à via múltipla (geralmente quádrupla) (1,9%), existe em troços das linhas do Norte (Braço de Prata – Azambuja16), de Sintra (Sete Rios – Cacém), de Cintura (Sete Rios – Roma-Areeiro) e do Minho (Campanhã – Contumil).

No que respeita à bitola da via, a rede envolve na sua quase totalidade (95,6%) via larga (i.e., bitola ibérica, de 1668mm), resumindo-se a via estreita (i.e., bitola métrica, de 1000mm) (4,4%) à Linha do Vouga e ao troço remanescente da Linha do Tua, explorado pelo Metro Ligeiro de Mirandela e, entretanto, desclassificada da Rede Ferroviária Nacional.

No que concerne a eletrificação, cerca de dois terços da rede é eletrificada (64,9%), sendo a alimentação feita por catenária de corrente alterna (25KV, 50Hz) ou, apenas no caso da Linha de Cascais, por catenária de corrente contínua (1.5KV). Da rede não eletrificada (35,1%) – que compreende exclusivamente troços em via única – destacam-se a totalidade da Linha do Leste e troços significativos das linhas do Minho, do Douro, do Oeste e do Algarve. Os dados de 2016 divulgados pelo IRG-Rail apontam para um valor 56% de rede eletrificada para o conjunto de países europeus que fazem parte deste organismo. Em Espanha, França e Alemanha esta proporção era de 63%, 57% e 53%, respetivamente.

Finalmente, a maioria da extensão da rede (76,6%) encontra-se em exploração tanto por serviços regulares de passageiros como de mercadorias, sendo atualmente 14,4% da

A reestruturação orgânica do setor ferroviário em Portugal foi desencadeada em 1997 com a separação das atividades de gestão da infraestrutura e de operação de transporte em duas empresas públicas distintas, com autonomia jurídica, administrativa e financeira.

Assim, é criada a REFER – Rede Ferroviária Nacional, E.P.E[6], como entidade responsável pela gestão da infraestrutura, mantendo a CP – Caminhos de Ferro Portugueses, E.P., apenas, exploração do transporte ferroviário de passageiros e mercadorias.

Em 2009, a CP adota a denominação de CP – Comboios de Portugal, EPE. Quanto à REFER, em 2015, foi fundida com a EP – Estradas de Portugal (o concessionário geral da rede rodoviária nacional), tendo nascido dessa fusão (operada pelo Decreto-Lei n.º 91/2015, de 29 de maio) a IP – Infraestruturas de Portugal, S.A. (empresa do setor empresarial do estado), que passou a integrar a gestão das redes de infraestruturas rodoviária e ferroviária.

Relativamente à gestão da infraestrutura ferroviária e em cumprimento da Resolução de Conselho de Ministros n.º 10-A/2016, de 11 de março de 2016, foi celebrado entre o Estado Português e a IP, o Contrato Programa para o setor ferroviário, que define e regula os termos e condições da prestação das obrigações de serviço público de gestão da infraestrutura integrante da Rede Ferroviária Nacional (RFN), para o período compreendido entre 01/01/2016 e 31/12/2020, bem como das indemnizações compensatórias decorrentes a pagar pelo Estado Português.

---

rede explorada apenas por serviços de passageiros (v.g., as Linhas de Cascais e do Vouga, ou a maior parte da Linha do Algarve). A restante rede (9,0%) compreende linhas/ramais usadas atualmente apenas para transporte de mercadorias (v.g., a linha de Vendas Novas), ou de acesso a zonas portuárias (v.g., as linhas de Leixões, da Matinha ou de Sines), zonas industriais (v.g., ramais do Louriçal ou da SAPEC) ou zonas extrativas (v.g., o ramal de Neves-Corvo).

Algumas das linhas da rede nacional – designadamente, as Linhas do Norte, da Beira Alta, da Beira Baixa, do Leste, de Vendas Novas, do Sul e de Sines – integram, na totalidade ou alguns dos seus troços, o Corredor Atlântico, um dos 9 corredores ferroviários que compõem a rede principal ("core") da Rede Transeuropeia de Transportes (RTE-T). A este propósito, refira-se que, na data atual, a rede nacional ainda não dispõe de nenhum troço equipado com o sistema ERTMS (European Railway Traffic Management System), sendo Portugal um dos poucos países da União Europeia onde se verifica essa realidade.

[6] Decreto-Lei n.º 104/97, de 29 de abril – criação da REFER, E.P., designação alterada para REFER – Rede Ferroviária Nacional, EPE, pelo Decreto-Lei n.º 141/2008, de 22 de julho.

Aquando da separação da gestão da infraestrutura e da operação de transporte por modo ferroviário procedeu-se igualmente à reorganização da CP em unidades de negócio de passageiros: CP Porto, CP Lisboa, CP Longo Curso e CP Regional e CP Carga. De acordo com informação disponibilizada no site da CP, a estrutura de negócio da empresa está atualmente organizada por três Áreas: Comboios Urbanos de Lisboa, Porto e Coimbra; Comboios Alfa Pendular, Intercidades e Internacional; e Comboios Regionais e Inter-regionais.

Sendo reconhecido que a CP, nos termos estatutários, desenvolve atividades inerentes à prestação de um serviço de interesse económico geral, é legítimo, e até obrigatório, face às regras comunitárias e nacionais, que seja celebrado entre o Estado e a CP um contrato de serviço público que defina as condições de exploração do serviço objeto do contrato.

No caso de Portugal, atentas as características geográficas do país, a reduzida dimensão da sua rede ferroviária e o direito da população à mobilidade, foi considerado pelo Estado e pela CP que todos os serviços de transporte ferroviário de passageiros atualmente prestados pela CP são de interesse público, sejam eles do ponto de vista económico-financeiro rentáveis ou não.

Do quadro seguinte verifica-se que a densidade da rede portuguesa, em função da população e do território é, em certos casos, menor em cerca de 2/3 do que a de alguns Países Europeus:

Tabela 1 – Comparação entre vários Países quanto à dimensão, extensão da rede ferroviária e população

	Área total	Extensão Rede*	População	km rede por hab
Portugal	92 212	2 546	10 300 000	0,00025
Áustria	83 879	4 953	8 747 000	0,00057
Reino Unido	242 495	16 253	65 640 000	0,00025
França	643 801	28 422	66 900 000	0,00042
Suíça	41 285	4 062	8 372 000	0,00049
Espanha	505 990	15 854	46 560 000	0,00034

* rede total (afecta a passageiros e mercadorias)

Fonte: UIC e IP

Dada a localização geográfica de Portugal na Europa, o tráfego ferroviário de passageiros é maioritariamente nacional (a procura dos comboios internacionais é residual face ao restante tráfego nacional ou comparativamente com outros países situados no centro da Europa), pelo que, a procura é homogénea, sem grandes eixos diferenciados, como noutros países, que justificassem a criação de modelos de negócio distintos.

Assim, face à dimensão do País, sob o ponto de vista geográfico e demográfico, bem como a situação geográfica na Europa (país periférico) e a dimensão e diversidade da rede ferroviária nacional, afigura-se ser de maior eficácia e eficiência a produção integrada do transporte ferroviário de passageiros.

3. Os pacotes ferroviários: da separação entre infraestrutura e operação até à liberalização do transporte ferroviário de passageiros

As diretivas comunitárias de 1991 e 1995 foram os pilares para a definição de regras de reestruturação do setor ferroviário. Na Diretiva 91/440/CEE do Conselho, de 29 de julho, relativa ao desenvolvimento dos caminhos-de-ferro comunitários, destaca-se a obrigatoriedade da separação, no plano contabilístico, das atividades de gestão da infraestrutura e de operação de transporte. Por sua vez, a Diretiva 95/18/CE do Conselho, de 19 de junho, relativa às licenças das empresas de transporte ferroviário, estabelece, quanto à operação, a obrigatoriedade de emissão de licenças para os operadores ferroviários nacionais e internacionais, estabelecendo critérios para a sua atribuição e a Diretiva 95/19/CE do Conselho, de 19 de junho, relativa à repartição das capacidades de infraestrutura ferroviária e à cobrança de taxas de utilização da infraestrutura, estabelece regras de repartição das capacidades de infraestrutura ferroviária e de cobrança de taxas pela sua utilização. Entre 2001 e 2016, foram adotados quatro "pacotes ferroviários" (conjunto de Diretivas e Regulamentos comunitários), com o objetivo de abrir gradualmente os mercados de serviços de transporte ferroviário à concorrência e definir condições-quadro adequadas ao desenvolvimento do espaço ferroviário europeu único. O designado primeiro pacote ferroviário surge em 2001 e integra três diretivas[7] onde são definidas regras de

[7] Diretiva 2001/12/CE, Diretiva 2001/13/CE e Diretiva 2001/14/CE, do Parlamento Europeu e do Conselho, de 26 de fevereiro, transpostas para o ordenamento jurídico português através do Decreto-Lei n.º 270/2003, de 28 de outubro.

tarifação da infraestrutura e atribuição de capacidade e disposições comuns sobre licenciamento de empresas ferroviárias.

O segundo pacote ferroviário, em 2004, composto por três diretivas e um regulamento[8], visa completar a liberalização preconizada na política de transportes, consagrando a liberdade de acesso à rede transeuropeia de transporte ferroviário, a liberalização do transporte ferroviário de mercadorias em 2007 e altera as Diretivas do primeiro pacote ferroviário, nomeadamente nas questões de interoperabilidade e de segurança. O regulamento institui a Agência Ferroviária Europeia (AFE), organismo especializado criado para a prossecução dos objetivos definidos.

O terceiro pacote ferroviário, em 2007, integra duas Diretivas[9] e dois Regulamentos[10] , visa a liberalização do transporte ferroviário de passageiros em 2010, o aumento da concorrência nos tráfegos nacionais e internacionais e introduz normas comuns de certificação europeia de maquinistas. Reforça os direitos dos passageiros e estabelece regulamentação relativa a serviços públicos de transporte ferroviário. Em 2012, é reformulado o primeiro pacote ferroviário com a publicação da Diretiva 2012/34/EU, de 21 de novembro, que estabelece um espaço ferroviário europeu único substituindo e revogando as diretivas 91/440/CEE e 95/18/CE e 2001/14/CE. Surge com o objetivo de ser um estímulo à concorrência, prevendo uma maior transparência em termos de condições de acesso ao mercado, uma clara separação das contas e a independência e o reforço das entidades reguladoras nacionais.

[8] Diretivas do Parlamento Europeu e do Conselho, de 29 de abril de 2004: Diretiva 2004/49/CE, relativa à segurança dos caminhos de ferro; Diretiva 2004/50/CE, relativa à interoperabilidade; Diretiva 2004/51/CE, relativa ao desenvolvimento dos caminhos de ferro comunitários; e Regulamento (CE) n.º 881/2004, do Parlamento Europeu e do Conselho, de 29 de abril, que institui a Agência Ferroviária Europeia.

[9] Diretivas do Parlamento Europeu e do Conselho, de 23 de outubro: Diretiva 2007/58/CE, que altera a Diretiva 91/440/CEE do Conselho relativa ao desenvolvimento dos caminhos de ferro comunitários e a Diretiva 2001/14/CE relativa à repartição da capacidade da Infraestrutura ferroviária e à aplicação de taxas de utilização; e Diretiva 2007/59/CE relativa à certificação europeia de maquinistas.

[10] Regulamentos do Parlamento Europeu e do Conselho, de 23 de outubro: Regulamento (CE) n.º 1370/2007, relativo aos serviços públicos de transporte ferroviário e rodoviário de passageiros e que revoga os Regulamentos (CEE) n.º 1191/69 e n.º 1107/70 do Conselho; Regulamento (CE) n.º 1371/2007 relativo aos direitos e obrigações dos passageiros dos serviços ferroviários.

O quarto pacote ferroviário, de 2016, integra três Diretivas[11] e três Regulamentos[12], visam revitalizar o setor ferroviário, prestar um serviço de melhor qualidade e oferecer mais opções aos passageiros. Neste pacote, é criada a Agência Ferroviária da União Europeia (AFUE) que substitui e sucede à AFE alterando as suas responsabilidades. Estas diretivas englobam, igualmente, atualizações à legislação em vigor relativa à interoperabilidade, à segurança ferroviária e certificação de maquinistas. No plano económico, também designado pilar do mercado, prevê a adjudicação de contratos de serviço público para a prestação de transporte ferroviário de passageiros, estabelece novos requisitos destinados a garantir a independência do gestor de infraestrutura e altera as regras comuns para a normalização de contas das empresas de caminho de ferro. O 4.º Pacote Ferroviário estabelece a liberalização no transporte ferroviário de passageiros de âmbito nacional, adicionalmente à anterior liberalização do transporte de mercadorias e do transporte internacional de passageiros.

Os anteriores "Pacotes Ferroviários" foram acomodados na ordem jurídica nacional, diretamente ou através de Decretos-lei.

Também agora, a plena implementação das diretrizes europeias depende de intervenção legislativa. Para além da necessária transposição, a intervenção legislativa confere igualmente um referencial claro de atuação dos diversos atores do Ecossistema Ferroviário (incluindo a construção de "balizas seguras" para a necessária e urgente contratualização entre o Estado e a CP, EPE, o seu Operador Interno).

De notar que Decreto-Lei n.º 124-A/2018, de 31 de dezembro, inclui para além da transposição da Diretiva 2016/2370 (Diretiva Governança, do "Pilar Mercado" do 4.º Pacote Ferroviário, cujo prazo de transposição ter-

[11] Diretivas do Parlamento Europeu e do Conselho – Diretiva UE 2016/797, de 11 de maio, relativa à interoperabilidade (reformulação da Diretiva 2008/57/CE); Diretiva UE 2016/798, de 11 de maio, relativa à segurança que revoga a Diretiva 2004/49/CE; Diretiva UE 2016/2370, de 14 de dezembro, que altera a Diretiva 2012/34/UE, relativa à abertura do mercado de serviços nacionais de transporte de passageiros por caminho de ferro e da gestão da infraestrutura ferroviária.

[12] Regulamentos do Parlamento Europeu e do Conselho – Regulamento UE 2016/796, de 11 de maio, relativo a alterações às responsabilidades da AFE e que revoga a Diretiva 2004/49/CE; Regulamento UE 2106/2338, de 14 de dezembro, que altera o Regulamento (CE) 1370/2007 no que respeita à abertura do mercado nacional de serviços de transporte ferroviário de passageiros; Regulamento UE 2016/2337, de 14 de dezembro, que revoga o Regulamento (CEE) 1192/69, relativo às regras comuns para a normalização de contas das empresas de caminho de ferro.

minou no dia 25 de dezembro de 2018), um conjunto de alterações a outros diplomas relacionados com a ferrovia, a saber:

a) Segunda alteração ao Decreto-Lei n.º 58/2008, de 26 de março, alterado pelo Decreto-Lei n.º 35/2015, de 6 de março (diploma que aprova o regime do contrato de transporte ferroviário e regula a matéria de direitos dos passageiros no transporte ferroviário);
b) Segunda alteração ao Decreto-Lei n.º 137-A/2009, de 12 de junho, alterado pelo Decreto-Lei n.º 59/2012, de 14 de março (diploma que aprova os Estatutos da CP, EPE);
c) Primeira alteração ao Decreto-Lei n.º 217/2015, de 7 de outubro (alteração essa que comporta a transposição da Diretiva 2016/2370);
d) Revogação do n.º 3 do Artigo 6.º do Decreto-Lei n.º 91/2015, de 29 de outubro (diploma que aprova os Estatutos da IP, SA).

À luz do direito europeu, os serviços de interesse económico geral, pela sua relevância no funcionamento normal da economia e na vida dos cidadãos, devem respeitar certas condições essenciais (como continuidade, qualidade, segurança no abastecimento, igualdade no acesso, preço razoável e aceitabilidade social, cultural e ambiental), devendo ser ininterruptamente garantidos aos cidadãos a partir do momento em que são colocados ao seu dispor.

São serviços que não dependem da "lei da oferta e da procura" porque fazem parte integrante da vida do consumidor. Logo, fundamentam, por definição, a aplicação de obrigações de serviço público (OSP) e maiores limitações, como sejam a exclusividade e maior intervenção do Estado.

A CP é um "operador interno" – enquanto tal configurar a opção de política pública do Estado, no âmbito da legitimidade que lhe é conferida na escolha de entre os vários "modelos" de provisão de serviços públicos de transporte de passageiros.

Essa conformação como "operador interno" permite, nos termos da legislação europeia aplicável, optar por um modelo de provisão *"in-house"*, que permite a "atribuição direta" desses serviços a esse operador ao invés da sua submissão ao mercado (através de procedimento concorrencial).

De notar que o quarto Pacote Ferroviário estabelece uma dicotomia entre:

a) o modelo de "concorrência regulada", que abrange os serviços de interesse económico geral (que devem ser conformados em contratos de serviço público, que regulam a atribuição de direitos exclusivos e/ou de compensações financeiras que sejam atribuídas em razão de OSP incorridas pelo Operador encarregue da prestação desses serviços);

b) o modelo da "liberalização" – livre acesso às infraestruturas ferroviárias nacionais por Operadores licenciados que o solicitem ao Gestor da Infraestrutura e que cumpram os demais requisitos aplicáveis para operação de serviços ferroviários de transporte de passageiros.

Esses regimes "cruzam-se" precisamente no ponto em que o referido livre acesso em modo liberalizado possa colidir com o equilíbrio económico de contratos de serviço público em vigor – daí que o novo "modelo" prevê a análise pelo Regulador desses pedidos de acesso, na ótica da sua possível colisão com os contratos de serviço público, de acordo com um "teste de equilíbrio económico" padronizado a nível europeu.

Assim, o cenário de "liberalização" pode ser "condicionado", tendo em conta este referencial de enquadramento. No entanto, para que o "modelo" possa funcionar é indispensável que o Estado celebre, com o seu "Operador Interno" (CP, EPE) um contrato de serviço público que defina claramente os serviços abrangidos e os que são sujeitos a OSP, podendo nesses casos ser "compensados" através da atribuição de direitos exclusivos e/ou compensações financeiras. De referir que a atribuição desse contrato deve ser notificada à Comissão Europeia no prazo de 1 ano após adjudicação.

4. Gestão da infraestrutura integrante da Rede Ferroviária Nacional (RFN)

Em 11 de março de 2016 foi celebrado, entre a Infraestruturas de Portugal e o Estado Português, o Contrato Programa para o setor ferroviário, que define e regula os termos e condições da prestação pela Infraestruturas de Portugal das obrigações de serviço público de gestão da infraestrutura integrante da Rede Ferroviária Nacional (RFN), para o período compreendido entre 01/01/2016 e 31/12/2020, bem como das indemnizações compensatórias decorrentes a pagar pelo Estado Português.

A) O diretório da Rede

O Diretório da Rede apresenta as caraterísticas da rede ferroviária nacional e explicita as condições gerais para aquisição, na mesma, de capacidade e dos serviços inerentes.

Para além de apresentar as caraterísticas da rede, enuncia as condições de acesso, descreve os serviços que a Infraestruturas de Portugal presta às empresas de transporte ferroviário que nela pretendam operar serviços de transporte e divulga os princípios de tarifação e o tarifário.

Em cumprimento das disposições do Decreto-Lei n.º217/2015 e do Decreto-Lei n.º270/2003, republicado pelo Decreto-Lei n.º151/2014 (na parte mantida em vigor pelo Decreto-Lei n.º217/2015), o Diretório visa, portanto, fornecer às empresas de transporte ferroviário e outros candidatos a informação essencial de que necessitam para o acesso e utilização da infraestrutura ferroviária nacional, gerida pela Infraestruturas de Portugal.

B) Desenvolvimento da rede

i) ESTRATÉGIA REDE FERROVIÁRIA NACIONAL (RFN) 2014-2050

De acordo com o princípio de co-modalidade, a evolução da rede ferroviária nacional deve perceber e respeitar o papel dos demais modos de transporte e ocupar o espaço onde o caminho-de-ferro é mais eficiente e competitivo.

A rede ferroviária nacional deve desenvolver-se de acordo com os seguintes objetivos estratégicos:

a) Promover o transporte de mercadorias, facilitando a movimentação de cargas entre os principais polos nacionais e internacionais, contribuindo para a competitividade da economia nacional, de modo a:
b) Assegurar a existência de ligações ferroviárias eficientes de/para os principais polos geradores/consumidores;
c) Oferecer capacidade, flexibilidade e fluidez, através de uma rede ferroviária sem estrangulamentos ou constrangimentos;
d) Assegurar a interoperabilidade e a intermodalidade/multimodalidade nos principais corredores internacionais de mercadorias;

e) Criar condições para a agregação de cargas e formação de comboios nos principais nós da rede.
f) Reforçar a acessibilidade e mobilidade urbana assegurando a eficiência das ligações de caráter urbano e suburbano, em articulação com os restantes modos de transporte, individual ou coletivo, de modo a:
g) Favorecer a eficiência e a flexibilização da oferta;
h) Criar condições que permitam a intermodalidade quer com o transporte individual quer com o transporte coletivo;
i) Contribuir para a adaptação dos serviços ferroviários às necessidades de deslocação que resultam do alargamento/expansão das áreas metropolitanas, através do estabelecimento de ligações em falta ou através da eliminação de estrangulamentos ou constrangimentos de exploração existentes;
j) Contribuir para o descongestionamento rodoviário.
k) Reforçar a acessibilidade e mobilidade interurbana, assegurando ligações competitivas ao longo do Eixo Atlântico e contribuindo para a sua coesão e reforço da posição socioeconómica do país no contexto ibérico e para a promoção da coesão social e territorial, com vista à redução das assimetrias regionais, procurando:
l) Estabelecer ligações competitivas do Eixo Atlântico aos principais destinos nacionais e ibéricos: Algarve, Madrid e Galiza;
m) Assegurar adequada acessibilidade a outros polos de reconhecida dimensão e com potencial de captação/geração de viagens.

A RFN tenderá para ser totalmente eletrificada à tensão de 25 kV, dotada de sistemas de controlo-comando e sinalização de acordo com o standard europeu (ERTMS/ETCS) e com os principais corredores de mercadorias com condições integrais de interoperabilidade e preparados para a circulação de comboios com 750m de comprimentos e 1.400 Ton de carga em tração simples.

A materialização da estratégia da RFN, prevendo como horizonte temporal o ano de 2050, incluirá metas intermédias correspondentes aos anos de 2020 e 2030, existindo para cada um dos períodos diferentes prioridades de atuação.

a) PERÍODO 2014-2020: PRIORIDADE MERCADORIAS

Prioridade para o desenvolvimento do tráfego de mercadorias e forte aposta nos investimentos que melhorem e rentabilizem a infraestrutura existente, com alguns investimentos pontuais e muito localizados de ampliação da rede. (e.g. construção da nova linha entre Évora e Caia, visando a continuidade dos corredores que ligam os portos às principais fronteiras; início dos programas de migração de bitola e de implementação dos sistemas ERTMS/ETCS).

b) PERÍODO 2021-2030: PRIORIDADE MERCADORIAS E INTEROPERABILIDADE

Construção das ligações de altas prestações e melhoria das condições do tráfego de mercadorias (e.g. implementação dos sistemas ERTMS/ETCS e de programa de migração de bitola, nos itinerários internacionais de mercadorias).

c) PERÍODO 2031-2050: PRIORIDADE INTEROPERABILIDADE E LIGAÇÕES DE ELEVADO DESEMPENHO

Realização de ações que confiram padrões uniformes de interoperabilidade a toda a rede ferroviária e finalização das ligações de altas prestações (e.g. conclusão da ligação Lisboa-Madrid em bitola UIC e conclusão da interoperabilidade ao nível dos sistemas ERTMS/ETCS).

5. O novo operador interno nacional

A) Caracterização da CP e sua escolha como operador interno

Nos termos do n.º 1, do artigo 5.º da Lei n.º 52/2015, de 9 de junho, o Estado é a "autoridade de transporte competente quanto ao serviço público de passageiros em modo ferroviário pesado".

A contratação da CP como Operador Interno foi uma opção tomada pelo Governo em Conselho de Ministros de 6 de dezembro de 2018 e está plasmada no Decreto-Lei n.º 124-A/2018 de 31 de dezembro.

Para que fosse dado integral cumprimento às diretrizes europeias conducentes à liberalização do setor ferroviário e enquadramento de serviços de interesse económico geral em contrato de serviço público, tendo em conta nomeadamente as opções de política pública relativas à CP, enquanto "Operador Interno", foi considerado essencial que se procedesse à:

a) Adaptação dos diplomas legais nacionais aplicáveis nos termos previstos no DL 441/2018;
e
b) Celebração do contrato de serviço público com a CP, tendo em conta os imperativos de transparência e objetividade na definição de OSP e de cálculo/pagamento de compensações e/ou atribuição de direitos exclusivos, conforme previsto na legislação nacional e europeia aplicável.

A CP é uma entidade pública empresarial com personalidade jurídica, dotada de autonomia administrativa e financeira e de património próprio, estando sujeita à tutela e superintendência dos membros do Governo responsáveis pelas áreas das finanças e dos transportes[13]/[14].

A CP é concessionária do transporte ferroviário na rede ferroviária nacional, tendo como única limitação a concessão da Fertagus (constante do Decreto-Lei n.º 78/2005, de 13 de abril), o que resulta designadamente do n.º 1 do artigo 4.º do Decreto-Lei n. .º137-A/2009, onde se lê:

[13] Conforme decorre do Decreto-Lei n.º 137-A/2009, de 12 de junho, que aprovou os seus Estatutos, com as alterações que lhe foram introduzidas pelo Decreto-Lei n.º 59/2012, de 14 de março e pelo Decreto-Lei n.º124–A/2018, de 31 de dezembro. A CP rege-se pelo Decreto-Lei acima indicado e seus Estatutos e pelo disposto no Decreto-Lei n.º 133/2013, de 3 de outubro, alterado pelas Leis n.º 75-A/2014, de 30 de setembro e n.º 42-A/2016, de 28 de dezembro, que estabelece o regime jurídico do setor público empresarial.

[14] O Conselho de Administração da CP é nomeado por Resolução do Conselho de Ministros, sob proposta dos membros responsáveis pelas áreas das finanças e dos transportes, nos termos do n.º 1 do artigo 6.ºdos Estatutos da CP.A CP, enquanto entidade pública empresarial, está sujeita às orientações estratégicas para as empresas públicas, correspondentes ao exercício da função política do Governo, que por Resolução do Conselho de Ministros define e aprova o conjunto de medidas ou diretrizes relevantes para o equilíbrio económico e financeiro do setor empresarial do Estado, cfr. resulta do artigo 24.º do Decreto-Lei n.º 133/2013.Deste regime resulta, em síntese, que cabe ao Governo a definição dos objetivos e resultados da CP a alcançar em cada ano e triénio, em especial, os económicos e financeiros, por Resolução do Conselho de Ministros ou por despacho do titular da função acionista.

> *"A CP, E. P. E., tem por objeto principal a prestação de serviços de transporte ferroviário de passageiros e de mercadorias em linhas férreas, troços de linha e ramais que integram ou venham a integrar a rede ferroviária nacional."*

Este Decreto-Lei, no seu artigo 6.º, consagra o enquadramento que permite a contratualização dos serviços de transporte público ferroviário de passageiros prestados pela CP, E. P. E., estabelecendo-se que o respetivo instrumento contratual deve incluir disposições específicas sobre os serviços relativamente aos quais se justifica a existência de obrigações de serviço público. Este princípio já se encontra consagrado na Lei de Bases do Sistema de Transportes Terrestres, Lei n.º 10/90, de 17 de março, quanto à exploração do transporte ferroviário, bem como nos artigos 23.º e 24.º, da Lei 52/2015, de 9 de junho, adiante identificada como RJSPTP.

No respeito pelas orientações estratégicas e sectoriais, pelos objetivos financeiros e restrições orçamentais em vigor em cada ano, compete exclusivamente ao Membro do Governo responsável pelo setor de atividade, designadamente: (i) Emitir as orientações específicas de cariz sectorial; (ii) Definir os objetivos a alcançar pela CP no exercício da respetiva atividade operacional; (iii) Definir o nível de serviço público a prestar pela empresa e promover as diligências necessárias para a respetiva contratualização.

Nos termos do artigo 48.º deste diploma, a CP tem a obrigação de:

> *"[...]elaborar e apresentar ao titular da função acionista e ao membro do Governo responsável pelo respetivo setor de atividade, proposta de contratualização da prestação do serviço público que presta, associando metas quantitativas a custos permanentemente auditáveis, modelo de financiamento, prevendo penalizações em caso de incumprimento e critérios de avaliação e revisão contratuais[...]".*

As propostas a apresentar devem integrar parâmetros que permitam garantir níveis adequados de satisfação dos clientes, pelo que, ao abrigo desta disposição, a CP deve celebrar, obrigatoriamente, com a autoridade pública que lhe tenha confiado a prestação desse serviço, contrato respeitante à remuneração da atividade prosseguida, em conformidade com o disposto no Decreto-Lei n.º 167/2008, de 26 de agosto, adotando metodologias que lhe permita melhorar continuamente a qualidade do serviço prestado e o grau de satisfação dos clientes.

A CP opera em todo o território nacional, com exceção do tráfego ferroviário de passageiros entre a estação de Roma-Areeiro e a estação de Setúbal, numa extensão de 54 quilómetros, operado pela sociedade FERTAGUS-Travessia do Tejo, Transportes, S. A., adjudicatária no concurso público internacional regulado pela Portaria n.º565-A/97, de 28 de Julho, concessão essa renegociada em 2005,e prorrogada até 30.09.2024,conforme decorre do Decreto-Lei n.º78/2005 de 13 de Abril, alterado recentemente pelo Decreto-Lei n.º 174-A/2019, de 18 de dezembro.

A CP detém competências técnicas, bem como ativos materiais, humanos e infraestruturais de apoio à operação.

Na área da manutenção ferroviária pesada, a CP incorporou a Empresa de Manutenção de Equipamento Ferroviário, S.A. (EMEF), pelo Decreto-Lei n.º 174-B/2019, de 26 de dezembro e desenvolve a sua atividade nesta área de atuação, detendo mão-de-obra qualificada para o desempenho desta atividade (grande reparação, modernização, reabilitação de material circulante ferroviário e reacondicionamento dos respetivos componentes e equipamentos).

A CP possui licenças para operar, garantindo aprestação de serviço de transporte ferroviário de passageiros internacional e nacional, é detentora do certificado de segurança, partes A e B, válido até 31 de agosto de 2021 e tem aprovado o seu Sistema de Gestão da Segurança pelo Instituto da Mobilidade e dos Transportes, I.P..4.A alínea j),do artigo 2.º, do Regulamento EU n.º 1370/2007, alterado pelo Regulamento UE 2016/2338, bem como a alínea k),do artigo 3.º da Lei n.º 52/2015 de 9 de junho definem o conceito de "operador interno" como "...uma entidade juridicamente distinta sobre a qual a autoridade competente exerce um controlo análogo ao que exerce sobre os seus próprios serviços".

B) O novo contrato de serviço público com a CP

Em 28 de novembro de 2019 foi assinado o contrato de serviço público pelo ajuste direto do operador interno, passando o Estado a ter condições contratuais para exigir à CP, o cumprimento de indicadores de serviço, fixados para os próximos 10 anos.

O prazo contratual de dez anos, suscetível de ser prorrogável por mais cinco, justifica-se em função da perspetiva de aquisição de ativos significativos afetos à prestação do serviço, o que é permitido nos termos do n.º 4, do artigo 4.º, do Regulamento UE 1370/2007, caso essa aquisição se verifique.

O contrato abrange todos os serviços ferroviários: Urbano, Regional e Longo Curso.

Em contrapartida, o Estado assume o compromisso de proceder ao pagamento de compensações à CP no montante que vier a ser apurado anualmente, conforme veremos infra.

a. Serviços abrangidos pelo contrato – serviços urbanos e eixos de mobilidade

"Obrigação de serviço público é a imposição definida ou determinada por uma autoridade de transportes, com vista a assegurar determinado serviço público de transporte de passageiros de interesse geral que um operador, caso considerasse o seu próprio interesse comercial, não assumiria, ou não assumiria na mesma medida ou nas mesmas condições, sem contrapartidas."[15]

São considerados serviços de interesse económico geral, e consequentemente contratualizadas, as obrigações de serviço público neles prestadas, para os

a) serviços Urbanos/Suburbanos, Regionais e de Longo Curso, que são identificados, quer de forma isolada, em função da sua origem e destino:
   a. Lisboa;
   b. Porto;
   c. Coimbra.
b) quer numa perspetiva de serviços integrados por áreas geográficas, agrupados em vários Eixos de Mobilidade, a saber:
   a. Minho e Douro;
   b. Beiras;
   c. Lisboa-Porto/Braga/Guimarães;
   d. Vouga;
   e. Oeste;
   f. Leste;
   g. Alentejo;
   h. Sul.

[15] Lei 52/2015, de 9 de junho.

Para cada tipo de serviço, as obrigações de serviço público consideradas são:

a) Para o serviço Urbano/Suburbano:
   a. Garantir tráfego pendular de casa/trabalho/escola entre as zonas da periferia e os centros das cidades;
   b. Garantir fortes fluxos de passageiros que justificam o modo pesado e reduzem a poluição e congestionamento rodoviário nas cidades;
   c. Oferta de frequência de serviço, principalmente nos períodos de ponta da manhã e da tarde;
   d. Proporcionar rapidez na mobilidade face a outros modos de transporte;
   e. Praticar tarifário a preços acessíveis.
b) Para o serviço Regional
   a. Servir zonas com reduzida dimensão territorial ou com baixa densidade populacional;
   b. Garantir a coesão social e territorial;
   c. Garantir a continuidade dos serviços, pela ligação a outros tráfegos de Longo Curso (efeito de rede);
   d. Servir zonas onde a CP constitui a única alternativa de transporte público;
   e. Praticar tarifário a preços acessíveis;
   f. Disponibilizar bilhética integrada e tarifa a preços acessíveis entre os serviços Regionais e de Longo Curso.

Assim, os principais objetivos para a imposição de obrigações de serviço público aos operadores são a fixação de *standards* de continuidade, regularidade, preço e continuidade das obrigações, para além de assegurar oferta em períodos horários de baixa procura podendo traduzir-se, nomeadamente, em obrigações tarifárias, frequência de serviço, imposição de início/termo de exploração e parâmetros de qualidade.

Há ainda especificidades quanto ao serviço Alfa Pendular, comparativamente com o Intercidades, distingue-se por maior rapidez, menor número de paragens, maior conforto, tipo de serviços a bordo e preço mais elevado. Relativamente a todo o serviço Alfa Pendular, quaisquer que sejam as suas paragens, a CP é livre de definir o tarifário e a sua política comercial, sendo que o serviço de Longo Curso não é objeto de compensação de Obrigações de Serviço Público.

No entanto, dado o reconhecimento pelo Estado da necessidade da sua existência, bem como da sua articulação e complementaridade com os restantes serviços prestados na rede ferroviária nacional, figura no contrato de serviço público a obrigação da CP de realizar Serviços Alfa Pendular em determinados canais horários, o qual pode ser revisto por acordo entre as Partes.

b. Direitos e obrigações

Do contrato constam os direitos e obrigações de cada uma das partes e as características do serviço público a prestar, seguindo a metodologia do n.º 1 do artigo 21.º da Lei n.º 52/2015, *ex vi* Regulamento UE 1370/2007 e alteração posterior.

O conteúdo do contrato contém uma clara definição das obrigações de serviço público e respetivas compensações financeiras pelo serviço prestado, calculadas nos termos do Regulamento UE n.º 1370/2007 e alteração posterior, do RJSPTP e ainda do Decreto-Lei n.º 167/2008, de 26 de agosto, alterado pela Lei 64/2013, de 27 de agosto e do artigo 24.º da citada Lei n.º 52/2015.

As compensações financeiras visam assegurar que a oferta dos serviços definidos no contrato seja financeiramente sustentável, tendo em vista a obtenção de um nível adequado de qualidade e de maior eficiência na gestão do serviço prestado, cuja metodologia e fórmula de cálculo veremos adiante.

Nos termos da regulamentação e jurisprudência comunitárias, não se limitam a cobrir os custos incorridos com a prestação desse serviço, deduzidos das receitas geradas pelas atividades do mesmo e as receitas potenciais geradas na rede explorada, sendo acrescidas de um lucro razoável.

Por sua vez, quando o valor da Compensação calculado de acordo com a metodologia e fórmula de cálculo resultar num valor negativo, o valor absoluto do montante em causa é devido pela CP ao Estado.

O contrato e seus Anexos detalham exaustivamente a cobertura espacial e temporal da oferta, os títulos e tarifas de transporte, assim como os parâmetros de qualidade do serviço a prestar e os investimentos a efetuar no curto, médio e longo prazos, os primeiros já aprovados pelo Estado e outros já identificados pela CP, que serão oportunamente sujeitos aos procedimentos, visando a sua aprovação.

O contrato contém um compromisso explícito da CP no sentido de:

a) Realizar o serviço público de transporte, respeitando os princípios do equilíbrio, eficiência, transparência e rigor na gestão dos recursos públicos, de modo a assegurar a sustentabilidade económica e financeira da empresa;
b) Cumprir com o programa de exploração, incluindo o primeiro e último comboio, leis de paragem, níveis de serviço e parâmetros de qualidade acordados, que permitam a satisfação das necessidades dos clientes, entre as quais, as relacionadas com o transporte de Pessoas com Mobilidade Reduzida (PMR) e com os passageiros com bicicleta;
c) Respeitar os parâmetros de qualidade indicados, estando sujeita a penalidades por incumprimento dos mesmos.
d) Assegurar as obrigações relativamente a:
   i) "Informação ao cliente"
   ii) "Fixação e divulgação de preços"
   iii) "Assistência e informação aos passageiros sobre os seus direitos"
   iv) "Segurança de pessoas e bens"
   v) "Prestação e condições do serviço para Pessoas com Mobilidade Reduzida" nos termos definidos no Decreto-Lei n.º 58/2008, de 26 de março, alterado pelos Decretos-Lei n.º 35/2015, de 6 de março e n.º 124-A/2018, de 31 de dezembro e o Regulamento (CE) n.º 1371/2007, do Parlamento Europeu e do Conselho, de 23 de outubro, sem prejuízo das isenções a esse Regulamento constantes do artigo 4.º deste Decreto-Lei n.º 35/2015, sem prejuízo da responsabilidade do Gestor da Infraestrutura Ferroviária a esse respeito;
e) Assumir, expressa, integral e exclusivamente a responsabilidade por todos os riscos inerentes à exploração dos Serviços Alfa Pendular, exceto quando o contrário resulte expressamente do Contrato;
f) Cumprir com o tarifário fixado no Anexo IV, com as atualizações admitidas no Contrato e com o decorrente da legislação em vigor, assim como efetuar a cobrança das tarifas devidas pela prestação dos Serviços, bem como a fiscalização do cumprimento das obrigações dos utilizadores;
g) Assegurar, nos termos da legislação comunitária, a implementação de sistemas comuns de informação e bilhética integrada para

a venda de bilhetes, de bilhetes únicos e de reservas, com outros operadores ferroviários, quando tal sistema for criado, sendo que os encargos inerentes serão considerados no apuramento das compensações nos termos da cláusula 5.ª do contrato;

h) Cumprir as regras legais e regulamentares aplicáveis às atividades que exerça, bem como as instruções, que nos termos da lei, lhe sejam transmitidas pelas entidades competentes;
i) Realizar anualmente inquéritos aos clientes para avaliação da satisfação dos mesmos relativamente aos serviços prestados;
j) Recolher, tratar e apresentar ao Gestor do Contrato, à Autoridade de Transportes e à Autoridade Reguladora, os dados de tráfego e de exploração, conforme Anexo XI, com periodicidade trimestral, cuja metodologia pode ser fiscalizada por quem o Estado mandate, pela Autoridade de Transportes, pela Autoridade Reguladora ou por entidade terceira por estes formalmente designada;
k) Organizar a informação financeira referente aos Serviços, nos termos legais, de forma a poder ser auditada, mantendo uma contabilidade separada para cada Eixo de Mobilidade e para os Serviços não integrados nos mesmos;
l) Utilizar critérios para a imputação de custos, quando os mesmos sejam repartidos por vários serviços ou linhas, em função de indicadores relevantes da atividade, tais como quilómetros percorridos, comboios-quilómetro, recursos humanos afetos, passageiro-quilómetro, cujas definições constam do Anexo XI ao presente contrato;
m) Apresentar trimestralmente um relatório de gestão que permita a fiscalização e monitorização do presente Contrato por parte das entidades competentes, disponibilizando-o ao Gestor do Contrato;
n) Disponibilizar recursos humanos, em número e qualificação, para a realização da prestação dos serviços objeto do Contrato e a manter a sua frota de material circulante e os restantes meios de exploração em níveis de operacionalidade elevados compatíveis com uma exploração eficiente;
o) Ser responsável pelos prejuízos causados a terceiros, por ação ou omissão, no exercício das atividades inerentes à prestação objeto do Contrato, ainda que emergentes de atuação não culposa, nos termos gerais de direito, sejam eles causados pelos seus colaboradores ou por entidade terceira, singular ou coletiva, por si contratada.

Ressalva-se, todavia, que parte das prestações da CP e a própria satisfação dos clientes estão condicionadas à qualidade da prestação de serviço do gestor da infraestrutura ferroviária, quer no que concerne à disponibilidade e fiabilidade da infraestrutura, quer em todos os serviços que lhe cabe prestar nas estações diretamente aos clientes (iluminação, limpeza das estações, segurança, informação ao público, manutenção de escadas rolantes e elevadores, acessibilidades ao comboio a pessoas com mobilidade reduzida, etc.).

Todavia, embora previsto na lei, nomeadamente no artigo 28.º do Decreto-Lei n.º 217/2015, de 7 de outubro, ainda não existe a desejável contratualização com o gestor de infraestrutura ferroviária das várias matérias relevantes para o relacionamento entre as empresas e que responsabilize devidamente as partes pelo eventual cumprimento defeituoso ou incompleto das suas obrigações, não obstante a Recomendação de 10.09.2009 da Unidade de Regulação Ferroviária do ex-IMTT e das propostas já formalizadas pela CP, que são do conhecimento do regulador.

c. Direitos exclusivos

Tendo em vista uma exploração mais eficiente dos seus recursos, diminuir a compensação financeira do Estado e poder ser concretizado, na sua plenitude, o efeito de rede, com evidentes ganhos para os passageiros ferroviários, ao permitir uma compatibilização na oferta dos vários serviços e a integração tarifária, o contrato prevê a concessão de direitos exclusivos à CP, o que inclui o direito de embarque e desembarque em todas as estações e apeadeiros servidos pela prestação dos serviços contratualizados, com exceção dos serviços de Longo Curso que apenas efetuem paragem nas cidades que sejam capital de distrito.

Tal regime permite equilibrar, otimizar e criar economias de escala na exploração da totalidade da rede ferroviária, ficando apenas excluídos deste regime os direitos exclusivos conferidos pela lei ao outro operador ferroviário (a Fertagus, S.A., à data da entrada em vigor do presente contrato).

Este modelo de organização e exploração maximiza a garantia de ininterruptibilidade na prestação do serviço, minimizando o risco de incumprimento, constituindo garante dos níveis de qualidade do serviço prestado.

Este regime de concessão de direitos exclusivos está previsto na alínea h) do n.º 1 do artigo 21.º da Lei n.º 52/2015, exigindo, quer esse artigo, quer o artigo 4.º do Regulamento UE n.º 1370/2007, que essa condição conste obrigatoriamente do contrato e seja publicitada.

Do ponto de vista doutrinal, a nível europeu, existe o entendimento de que a concessão dos direitos exclusivos não deve ultrapassar o prazo necessário à amortização dos investimentos e uma remuneração razoável dos capitais investidos pelo operador.

O prazo de amortização do material circulante que a CP irá adquirir e que será afeto aos serviços objeto do presente contrato de serviço público é de 30 anos. No entanto, dadas as atuais restrições legais, o prazo do contrato, considerando a possibilidade da sua prorrogação, é no máximo de 15 anos. Sendo a duração do presente contrato insuficiente para assegurar a amortização dos investimentos, é perfeitamente justificável a concessão de direitos exclusivos relativamente a todos os serviços públicos objeto do contrato, para minimizar essa situação de desfavor da CP.

Acresce que existe todo um conjunto de outros investimentos relevantes que importa levar em linha de conta que se encontram devidamente descritos no Anexo V e que impactam de forma decisiva na prestação do serviço público previsto no presente contrato, garantindo a linha de continuidade do nível elevado de qualidade do e no serviço prestado.

Realça-se ainda, que grande parte dos serviços objeto do presente contrato estão sujeitos a preços regulados, pelo que, a atividade comercial da CP está, por isso, condicionada *ab initio* não lhe sendo concedida a liberdade comercial para fixação de preços, não estando, no entanto, colocados em causa os direitos dos cidadãos no acesso ao transporte, pois a acessibilidade ao mesmo pela via tarifária está garantida.

Relativamente aos restantes serviços Regionais e aos serviços de Longo Curso, também objeto do presente contrato de serviço público, existe uma forte concorrência intermodal, o que obriga a CP a colocar em prática uma política comercial tendente a captar fluxos de outros modos de transporte, *in casu* o autocarro e o avião.

Por isso, a aquisição simultânea por parte do passageiro de dois serviços diferentes à CP tem atualmente um preço menor do que o que resultaria da soma unitária das respetivas parcelas, como foi demonstrado e que se propõe seja mantido.

Como acima foi referido, Portugal é um país periférico, de dimensão e rede ferroviária reduzidas, associado ao isolamento da sua rede ferroviária, de bitola ibérica, diferente da bitola padrão europeia, pelo que, a atratividade da exploração da totalidade do serviço ferroviário de passageiros diminui. Sendo benéfico para as populações a compatibilização dos horários dos vários serviços e a integração tarifária, e sendo também essencial para a rentabilização da exploração o efeito de escala, crê-se ser vantajoso para as populações e para o erário público a proposta contratual com obrigações de serviço público, abrangendo uma tipologia de serviços variada (Suburbano/Regional/Longo Curso), com cadências, velocidades e níveis de conforto diferenciados, tal como está delineada.

Contratos de prestação de serviço público ferroviário que preveem obrigações de serviço público relativamente a várias tipologias de serviços são usuais na União Europeia. Aliás, existem em França contratos de serviço público, de âmbito regional, que inclusivamente incluem ligações ferroviárias em alta velocidade, através dos serviços denominados TER-GV, que são os TGV financiados pelas Regiões, por ex. nos trajetos Dijon-Besançon (97km) e Metz-Strasbourg (128km)[16].

d. Compensação por obrigações de serviço público

i. Objetivos

As compensações financeiras visam assegurar que a oferta dos serviços definidos no contrato seja financeiramente sustentável, tendo em vista a obtenção de um nível adequado de qualidade do serviço prestado e de maior eficiência na sua gestão do serviço prestado.

Assim, nos termos da regulamentação e jurisprudência comunitárias, não se limitam a cobrir os custos incorridos com a prestação desse serviço, deduzidos das receitas geradas pelas atividades do mesmo e as receitas potenciais geradas na rede explorada, sendo acrescidas de um lucro razoável.

A compensação pelo cumprimento das obrigações de serviço público constantes do presente contrato tem presente a conjugação das seguintes condições:

a) No que concerne à receita, prevê-se que totalidade da receita ligada à venda de títulos de transporte seja propriedade da CP, salvo:
    a. Nas situações em que haja repartição com outros operadores, e
    b. Nas situações em que haja decisão do Estado, relativamente a novos títulos, dirigida à generalidade dos operadores, que

[16] Fonte: www.arafer.fr/wp-content/uploads/2018/03/ouverture-concurrence_transport-ferroviaire-partie4.pdf

determine alteração da titularidade da receita, situação essa em que será adotado o regime legal respetivo e dará direito a retificação da compensação;

b) Caber em exclusivo à CP a prestação do serviço público de transporte ferroviário de passageiros, o que inclui o direito de embarque e desembarque em todas as estações e apeadeiros servidos pela prestação destes serviços, com exceção dos serviços de Longo Curso que apenas efetuem paragem nas cidades que sejam capital de distrito e dos direitos exclusivos conferidos pela lei à Fertagus, S.A., à data da entrada em vigor do presente contrato;

c) Manutenção das atuais condições de utilização e exploração relativas ao estabelecimento de concessão CP, de acordo com o Despacho Conjunto n.º 261/99, de 5 de março, do Secretário de Estado do Tesouro e Finanças e do Secretário de Estado dos Transportes;

d) Recebimento da compensação financeira pelas obrigações de serviço público calculada nos termos do artigo 24.º da Lei 52/2015 e do Regulamento CE n.º 1370/2007 e alteração posterior, e seu Anexo, segundo a metodologia e fórmula de cálculo, detalhada infra;

A compensação acima referida inclui um lucro razoável que se considerou ser de 5%, em função do risco a suportar pela CP e tendo presentes outros exemplos europeus em contratos da mesma natureza.

A não verificação de alguma destas condições põe em causa o equilíbrio económico-financeiro do contrato e a sustentabilidade do serviço.

ii. Metodologia e fórmula de cálculo

A Compensação, para cada Serviço ou Eixo de Mobilidade, é calculada de acordo com a seguinte fórmula:

Compensaçãon,t=Gastosn,t-[Rendimentosn,t×(1-LR)]

em que:

Compensaçãon,t – é a Compensação devida pelo Serviço ou Eixo de Mobilidade n referente ao ano t;

Gastosn,t – são os gastos, diretos, indiretos e comuns, imputados ao Serviço ou Eixo de Mobilidade n, admitidos no ano t;

Rendimentosn,t – são os rendimentos, diretos, indiretos e comuns, imputados ao Serviço ou Eixo de Mobilidade n, no ano t;

LR – é o Lucro Razoável com o valor fixado no Contrato.

Para efeitos do apuramento da Compensação, o montante de Gastos admitido em cada ano será limitado por um Fator de Eficiência de acordo com a seguinte fórmula:

$$Gastos_{n,t} = Gastos\ exógenos_{n,t} + min[GO_{n,t};GO_{n,t-1} \times (1+\Delta CK_{n,t-1,t}) \times (1+\Delta IPC_{t-1,t} \times (1\text{-}Fator\ X))]$$

em que:

$t \geq 2020$

Gastosn,t – são os Gastos, imputados ao Serviço ou Eixo de Mobilidade n, a considerar no apuramento da Compensação no ano t;

Gastos exógenosn,t – são os gastos, diretos, indiretos e comuns, imputados ao Serviço ou Eixo de Mobilidade n, no ano t, não controláveis pela CP, incluindo gastos com investimentos;

GOn,t – são os gastos operacionais, diretos, indiretos e comuns, imputados ao Serviço ou Eixo de Mobilidade n, no ano t, controláveis pela CP;

ΔCKn,t-1,t – é a variação do volume de comboios × km realizados no Serviço ou Eixo de Mobilidade n , entre o ano t-1 e o ano t;

ΔIPCt-1,t – é a variação do Índice de Preços no Consumidor exceto habitação (Continente), publicado pelo INE, entre o ano t-1 e o ano t;

Fator X – é o Fator de Eficiência que assume o valor de 10%.

A fórmula de compensação anteriormente apresentada tem por objetivos: (i) Assegurar o equilíbrio operacional da operação objeto de obrigações de serviço público; (ii) Incentivar o operador a maximizar a sua receita, ao incidir o lucro razoável sobre a mesma e (iii) Promover a eficiência operacional, ao impor uma limitação ao acréscimo do valor de gastos da operação controláveis pela CP, o qual está traduzido no Fator X.

Tendo em conta os gastos considerados como endógenos, o fator de eficiência proposto comporta uma forte pressão para o aumento de eficiência e um acréscimo relevante do risco para a CP, visto:

a) Incluir uma componente de gastos com pessoal, cuja valorização remuneratória não é totalmente controlável pela empresa. Acresce que no cálculo da fórmula de compensação não se consideram indemnizações por rescisões por mútuo acordo;
b) Incluir a manutenção integral do material, i.e., apesar de se excluírem as grandes reparações (investimento), abrange para além da manutenção programada, as intervenções por acidente, avaria ou vandalismo;
c) Existir uma forte pressão para acréscimo dos restantes gastos operacionais, designadamente, de subcontratos objeto de anteriores e sucessivos cortes substanciais.

O custo do capital alheio não é fixo no tempo, mas variável dependendo não apenas da situação económica e financeira da empresa, mas também da evolução das taxas no mercado financeiro, dos financiadores possíveis e condições em que também estes se conseguem financiar. Tendo por base o anteriormente exposto, i.e., o risco assumido pela Empresa e o custo médio do capital alheio atual e esperado nos próximos anos, bem como as conclusões do exercício de benchmarking, considerou-se como cenário base para a taxa de lucro razoável os 5%.

6. Impacto do contrato de serviço público nas obrigações de transporte – novos parâmetros de qualidade e controlo de cobrança e da fraude

O contrato de transporte ferroviário está tratado em fontes dispersas[17], carecendo de unificação, a saber:

a) Convenção relativa aos transportes internacionais ferroviários (COTIF), de 9 de Maio de 1980, com as regras uniformes CIV, relativas ao transporte de passageiros e bagagens (apêndice A) e CIM, referentes ao transporte de mercadorias (apêndice B). Uma nova versão da convenção surgiu com o Protocolo de 3 de Junho de 1999, aprovado, em Portugal, pelo Decreto n.º 3/2004, de 25 de

[17] Sobre todos, cfr. Lacerda Barata, C., Contratos de transporte terrestre: formação e conclusão, Revista da Ordem dos Advogados, Lisboa : O.A.. – ISSN 0870-8118. – A. 73, n.º 2-3, abr. – set. 2013, p. 619-668.

Março. Relevam, de novo, os apêndices A (regras CIV) e B (regras CIM).

b) Decreto-lei n.º 58/2008, de 26 de Março: contrato de transporte ferroviário de passageiros e bagagens, volumes portáteis, animais de companhia, velocípedes e outros bens.

c) Decreto-lei n.º 39.780, de 21 de Agosto de 1954: aprovou o Regulamento para a exploração e Polícia dos Caminhos de Ferro (RePCF), ainda parcialmente em vigor.

A Organização Intergovernamental para os Transportes Internacionais Ferroviários (OTIF) é a instituição mais antiga relacionada com o transporte internacional ferroviário[18]. O seu principal objetivo é desenvolver leis e convenções internacionais uniformes para o transporte ferroviário, assim como facilitar o transporte ferroviário. O seu texto legal mais importante é a Convenção Internacional relativa aos Transportes Internacionais ferroviários (COTIF) em vigor desde 1999.

Em 2011, a União Europeia (e por tanto todos os seus países membros) entrou na Convenção COTIF. A Convenção COTIF permite o uso do transporte multimodal. Os regulamentos mais importantes da Organização Intergovernamental para os Transportes Internacionais ferroviários (OTIF) são: (i) Convenção Internacional relativa aos Transportes Internacionais Ferroviários (COTIF);(ii) Regras uniformes relativas ao contrato de transporte internacional ferroviário de mercadorias (CIM); (iii) Regulamento relativo ao transporte internacional ferroviário de mercadorias perigosas (RID); (iv) Protocolo ferroviário de Luxemburgo.

Quanto aos restantes diplomas, "é de afirmar que — em matéria de transporte ferroviário de passageiros — valem as normas gerais aplicáveis em sede de formação do contrato, resultando este, em regra, da proposta do operador/transportador, dirigida ao público (oferta ao público) e da aceitação, expressa ou tácita, do utilizador/passageiro"[19].

---

[18] Sobre COTIF, consultar, entre outros, Taghizadeh E., Comparative and analytical review of basis for carrier responsibility of international law with carrier responsibility of railway transport based on the International Carriage by Rail (COTIF) Convention, in Journal of Transportation Research, Spring 2012, p. 29-44.

[19] Lacerda Barata, C., Contratos de transporte terrestre: formação e conclusão, Revista da Ordem dos Advogados, Lisboa : O.A.. – ISSN 0870-8118. – A. 73, n.º 2-3 (abr. – set. 2013), p. 619-668.

No entanto, o contrato de serviço público veio consagrar duas áreas de grande relevância:

a) novos parâmetros de qualidade
b) controlo de cobrança e de fraude.

De facto, a definição da oferta e consequentes níveis de serviço têm como base a oferta atual, que corresponde ao binómio procura/disponibilidade de recursos, nomeadamente material circulante.

Todavia, realça-se que é da responsabilidade do Gestor de Infraestrutura Ferroviária a prestação de assistência às pessoas com mobilidade reduzida no interior das estações até à plataforma de acesso aos comboios tendo-se constatado uma lacuna na prestação deste serviço nalgumas estações ferroviárias, o que se pode traduzir numa limitação à mobilidade das pessoas com mobilidade reduzida no modo ferroviário.

O incumprimento dos objetivos de Pontualidade, Regularidade, facilidade de aquisição de título de transporte nas máquinas de venda automática (MVA), validação e controlo de bilhética e limpeza do material circulante, determina a aplicação de penalidades, quando a CP não os cumprir.

Estes parâmetros são monitorizados e controlados numa base trimestral e essa monitorização poderá suscitar a formulação de recomendações, que a CP avaliará e implementará nos termos do contrato.

Prevê-se que os indicadores da qualidade do serviço, bem como o regime de penalidades sejam ajustados, por acordo entre as partes, durante a execução do contrato, nomeadamente em função da execução das intervenções planeadas para a infraestrutura ferroviária e da disponibilidade de novo material circulante.

Cabe ainda referir, no que concerne à qualidade, que a CP iniciou em 2000 a implementação do sistema de gestão da qualidade (SGQ). Todas as atividades desenvolvidas estão certificadas no âmbito da qualidade de acordo com a ISO 9001:2015. Deste modo, todos os processos são sujeitos anualmente a uma auditoria interna e externa. As auditorias externas são desenvolvidas por uma entidade externa independente acreditada pela APAC – Associação Portuguesa de Acreditação. A certificação vem confirmar que a CP tem políticas, objetivos, processos, metodologias, normas, recursos, competências e sistemas orientados para satisfazer as necessidades dos clientes.

No campo da cobrança e do controlo da fraude, quer o levantamento de autos de notícia por falta de título válido, quer a instauração do processo contraordenacional daí decorrente pela Autoridade Tributária e Aduaneira (AT), nos termos do Decreto-Lei n.º 117/2017, de 12 de Setembro, não permitem que o operador receba o valor do título de transporte por parte do infrator, nem permitem que o operador possa antever qualquer ressarcimento através da sua quota parte do produto da coima, dada a reduzida expectativa da execução de penhoras através da AT.

Não obstante a limitação do regime legal acima referida, o combate à fraude constitui um dos vetores prioritários de atuação da Empresa dado que permite assegurar a cobrança de receita, por via do pagamento voluntário que por vezes essa deteção proporciona, e melhorar acentuadamente a perceção de segurança por parte dos Clientes. Estas medidas são fortemente dissuasoras de atos de natureza antissocial, reforçando o sentimento de segurança dos Clientes, permitindo melhorar o nível de receita dos serviços. A distribuição das ocorrências detetadas de fraude, por tipologia de serviço, evidencia a sua esmagadora concentração nos serviços Urbanos/ Suburbanos, razão pela qual estas ações se dirigem fundamentalmente às grandes zonas suburbanas de Lisboa e do Porto.

7. Conclusões: impacto do novo contrato de serviço público no direito ferroviário nacional

Tendo em conta o contrato de serviço público celebrado entre o Estado e CP, podemos concluir o seguinte com impacto especial no direito do transporte ferroviário nacional:

I) A CP preenche o conceito de Operador Interno, face à definição constante da alínea k) do artigo 3.º da Lei n.º 52/2015 de 9 de junho e da alínea j), do artigo 2.º, do Regulamento CE n.º 1370/2007, assim o tendo considerado o Governo no artigo 6.º do Decreto-Lei n.º 137–A/2009, de 12 de junho, na versão do Decreto-Lei n.º 124–A/2018, de 31 de dezembro.

II) Conjugando estas normas com o disposto no artigo 9.º da referida Lei n.º 52/2015, conclui-se que é permitido o ajuste direto face à lei nacional, bem como face ao Regulamento CE n.º 1370/2007, ao abrigo do n.º 2, do art.º 5.º, do referido Regulamento, dado que a CP pode ser e foi qualificada como um "Operador Interno", sendo o controlo que o Governo tem sobre a Empresa análogo ao que exerce sobre os seus próprios serviços, como é demonstrado pelo disposto no Decreto-Lei n.º 133/2013.

III) O prazo contratual de dez anos, suscetível de ser prorrogável por mais cinco, justifica-se em função da perspetiva de aquisição de ativos significativos afetos à prestação do serviço, o que é permitido nos termos do n.º 4, do artigo 4.º, do Regulamento UE 1370/2007, caso essa aquisição se verifique.

IV) A autonomia de gestão da CP está condicionada às restrições impostas pelo Regime Empresarial do Estado, o que decorre do novo texto do Art.º 3.º do Decreto-Lei n.º 137-A/2009, introduzido pelo Decreto-Lei n.º 124-A/2018, de 31 de dezembro.

V) No caso de Portugal, e dos serviços prestados pela CP, considerou-se que os serviços de interesse económico geral sujeitos a obrigações de serviço público e objeto de compensação pelo Estado, são os serviços Urbanos/Suburbanos, Regionais e de Longo Curso, com especificidades em função da zona geográfica e trajeto, da respetiva procura e da própria tipologia do serviço, os quais, com exceção dos Urbanos/Suburbanos, são agrupados por Eixos de Mobilidade, descritos no Anexo II, pelas razões já aduzidas.

VI) O Contrato de Serviço Público em apreço detalha os direitos e obrigações de cada parte e as características do serviço público de transporte ferroviário a prestar, regulando os dados pertinentes elencados no n.º 1 do artigo 21.º da Lei n.º 52/2015.

VII) Ressalva-se, todavia, que parte das prestações da CP e a própria satisfação dos clientes estão condicionadas à qualidade da prestação de serviço do Gestor da Infraestrutura ferroviária, quer no que concerne à disponibilidade e fiabilidade da infraestrutura, quer em todos os serviços que lhe cabe prestar nas estações diretamente aos clientes (iluminação e limpeza das estações, informação ao público, manutenção de escadas rolantes e elevadores, acessibilidades ao comboio a pessoas com mobilidade reduzida, etc.), o que só é possível com a obrigatória contratualização entre a CP e o Gestor da Infraestrutura.

Bibliografia geral

AUTORIDADE DA MOBILIDADE E TRANSPORTES – Ecossistema ferroviário português 2012-2016, disponível em https://www.amt-autoridade.pt/media/1645/relatorio-ecossistema-ferroviario-portugu%C3%AAs_2012_2016.pdf.

LACERDA BARATA, C., Contratos de transporte terrestre: formação e conclusão, Revista da Ordem dos Advogados, Lisboa: O.A.. – ISSN 0870-8118. – A. 73, n.º 2-3, abr. – set. 2013, p. 619-668.

MENEZES CORDEIRO, A., Introdução ao Direito dos Transportes, ROA 68/I, 2008, cit., 139 e Direito Comercial, 3.ª ed., cit., 787.

COSTEIRA DA ROCHA, F., O contrato de transporte de mercadorias / Contributo para o estudo da posição jurídica do destinatário no contrato de transporte de mercadorias, 2000.

TAGHIZADEH, E., Comparative and analytical review of basis for carrier responsibility of international law with carrier responsibility of railway transport based on the International Carriage by Rail (COTIF) Convention, in Journal of Transportation Research, Spring 2012, p. 29-44.

A DISCIPLINA EUROPEIA DA SOBRERESERVA: ENTRE O DEVER DE PROTEÇÃO E A PENA LEGAL

Hugo Ramos Alves[1]

Sumário: §1. Transporte de passageiros e dever de proteção; §2. A disciplina europeia da sobrereserva; 2.1. Generalidades; 2.2. Antecedentes remotos: o caso Nader; 2.3. Consumerismo e transporte aéreo: o Regulamento 261/2004; §3. As situações abrangidas pelo Regulamento 261/2004; 3.1 Âmbito de aplicação; 3.2 Sobrereserva; 3.3. Recusa de embarque; 3.4. Cancelamento do voo; 3.5. Atraso; 3.6. Compensação pecuniária; 3.7. Exclusões; 3.8. *Ex professo*: o reembolso do bilhete; 3.9. Processamento de reclamações; §4. Perspetivas de futuro; §5. Síntese conclusiva.

---

[1] Professor Auxiliar da Faculdade de Direito da Universidade de Lisboa. Investigador do Centro de Investigação em Direito Privado.

Abreviaturas mais utilizadas: Ac. – Acórdão; BFD – Boletim da Faculdade de Direito (Coimbra); BMJ – Boletim do Ministério da Justiça, CCom – Código Comercial; CM – Convenção para a Unificação de Certas Regras Relativas ao Transporte Aéreo Internacional adotada em 28 de maio de 1999 pela Conferência Internacional de Direito Aeronáutico, celebrada em Montreal no âmbito da Organização Internacional de Aviação Civil; DM – *Il diritto marittimo*, DT – *Diritto dei trasporti*; NssDI – *Novissimo Digesto Italiano*; RDCo – *Rivista del Diritto Commerciale – Diritto Generale delle obbligazioni*; Regulamento 261/2004 – Regulamento (CE) n.° 261/2004 do Parlamento Europeu e do Conselho, de 11 de fevereiro de 2004, que estabelece regras comuns para a indemnização e a assistência aos passageiros dos transportes aéreos em caso de recusa de embarque e de cancelamento ou atraso considerável dos voos; ROA – Revista da Ordem dos Advogados; RTDPC – *Rivista Trimestrale di Diritto e Procedura Civile*; TJUE – Tribunal de Justiça da União Europeia, UE – União Europeia, ZLW – *Zeitschrift fur Luft- und Weltraumrecht.*

§1. Transporte de passageiros e dever de proteção

I. É assaz comum a asserção de que no contrato de transporte de passageiros impende sobre o transportador um dever de proteção relativamente ao passageiro[2].

Grosso modo, este dever de proteção diz respeito ao facto de o transportador ter de zelar pela incolumidade do passageiro, assegurando que este chega ao destino ileso. Todavia, se é relativamente pacífica a asserção acerca da incolumidade do passageiro, afigura-se algo problemático o concreto enquadramento deste dever de proteção, seja porque o mesmo pode ser retirado da obrigação de deslocação a cargo do transportador, seja porque é possível considerá-lo um afloramento do princípio da boa fé, seja, ainda, porque a proliferação de instrumentos legislativos aponta para a existência de uma plêiade de deveres a cargo do transportador, dificultando a identificação da fonte deste dever.

Na verdade, independentemente da existência de um sistema próprio de responsabilidade do transportador[3], tem-se assistido no domínio do transporte aéreo de passageiros à influência de soluções tipicamente consumeristas, num movimento que, aliás, tem influenciado outros meios de transporte[4].

---

[2] Cfr., por exemplo, Romanelli, *Il trasporto aereo di persone – Nozione e disciplina,* Pádua, CEDAM, 1960, p. 47, Righetti, *Trasporto marittimo e aereo*, in NssDI, vol., XIX, Turim, Unione Tipografico-Editrice Torinese, 1973, pp. 599-612 (p. 599, 1.ª coluna), Busti, *Contratto di trasporto aereo,* Milão, Giuffrè, 2002, p. 160, Flamini, *Il trasporto,* in Flamini/Cozzi/Lenzi, *Trasporto, spedizione, deposito, noleggio,* Nápoles, Edizione Scientifiche Italiane, 2008, pp. 3-343 (pp. 51-54),Mastrandrea, *Trasporto aereo di persone,* in Deiana (Coordenação), *Diritto della navigazione,* Milão, Giuffrè, 2010, pp. 466-478 (p. 476, 1.ª coluna), Antonini, *Corso di diritto dei trasporti,* 3.ª ed., Milão, Giuffrè, 2015, pp. 230-231 ou Lefebvre/Pescatore/D'Ovidio, *Manuale di diritto della navigazione*, 14.ª ed., Milão, Giuffrè, 2016, p. 469. *Amplius,* Zampone, *Il rischio dell'impossibilità dela prestazione nel contratto di passagio*, Nápoles, Jovene Editore, 2008, p. 34 e segs., bem como Tullio, *L'obbligazione di protezione nel transporto marittimo e aereo*, in DT 2013, pp. 349-368. Ianuzzi. *Del trasporto,* 2.ª ed., Bolonha, Zanichelli, 1970, p. 7, opta por referir-se a um dever de vigilância face ao passageiro. Esta obrigação de proteção não é ignota da doutrina portuguesa. Cfr., o estudo pioneiro de J. G. Pinto Coelho, *A responsabilidade civil do transportador nos transportes aéreos e a validade das cláusulas de irresponsabilidade por acidentes ocorridos às pessoas,* in BFD X (1926-1928), pp. 554-582 e BFD XI (1929), p. 1-15.

[3] *Maxime,* do transportador de mercadorias. Cfr., por todos, Januário da Costa Gomes, *Sobre o sistema próprio de responsabilidade do transportador de mercadorias,* in *Temas de direito dos transportes IV,* Coimbra, Almedina, 2019, pp. 449-510 (p. 484 e segs).

[4] Cfr., por exemplo, Januário da Costa Gomes, *O regime europeu do transporte marítimo de passageiros. Entre o Regulamento "marítimo" da responsabilidade do trans-*

Independentemente desta interessantíssima "exportação", no presente estudo apenas curaremos das soluções vertidas no Regulamento 261/2004[5].

II. Tendo por base o regime padrão vertido no CCom[6], temos por assente que o contrato de transporte é o contrato mediante o qual uma das partes (transportador) se obriga perante outrem (passageiro ou carregador/expedidor) a fazer deslocar fisicamente (por si ou recorrendo aos serviços de outrem, por cuja atuação responderá) mercadorias ou passageiros de um lugar para o outro.

Desta definição podemos retirar que no transporte intervêm três sujeitos distintos: (i) o *expedidor,* i.e., a parte que contrata o transporte; (ii) o *transportador,* i.e., a parte encarregue de, materialmente, transportar pessoas ou mercadorias e (iii) o *destinatário*, ou seja, a entidade que receberá os objetos transportados. Pese embora esta definição aparentemente estanque dos papéis cometidos a cada um dos intervenientes na operação de transporte, nada impede que destinatário e expedidor sejam a mesma entidade ou que o lugar de destino seja o mesmo que o local de partida[7].

---

portador e o regulamento "consumerista" dos direitos dos passageiros, in *Temas de direito dos transportes III,* Coimbra, Almedina, 2015, pp. 7-61 ou Pulido Beguines, *Cruise ship contracts:ª transporto r package tour?,* in *Temas de direito dos transportes III,* Coimbra, Almedina, 2015, pp. 63-83, bem como Olena Bokareva, *Eu passenger and travel law: regional harmonization and implications for the international regime,* in *Temas de direitos dos transportes IV,* Coimbra, Almedina, 2019, pp. 577-600.

[5] Soluções essas por vezes perspetivadas como um dos temas clássicos de regulação aeronáutica. Assim, por exemplo, Marília Frias, *Regulação da aviação civil: linhas gerais,* in *Garantia de direitos da regulação: perspectivas de direito administrativo,* Lisboa, AAFDL, 2020, pp. 981-1030 (pp. 1017-1019). Conforme decorre do texto, não encaramos o tema sob a perspetiva da regulação, mas outrossim sob o prisma do Direito Privado.

[6] Sobre este, cfr. Costeira da Rocha, *O contrato de transporte de mercadorias – Contributo para o estudo da posição jurídica do destinatário no contrato de transporte de mercadorias,* Coimbra, Almedina, 2000, pp. 25-55, Castello-Branco Bastos, *Direito dos transportes,* Coimbra, Almedina, 2004, pp. 47-69, Menezes Cordeiro, *Introdução ao direito dos transportes,* in *I Jornadas de Lisboa de Direito Marítimo – 6 e 7 de março de 2008,* Coimbra, Almedina, 2008, pp. 7-37, bem como, mais recentemente, Hugo Ramos Alves, *Direito Aéreo – Uma introdução,* Lisboa, AAFDL, 2019, pp. 410-432.

[7] Assim, por exemplo, já Cunha Gonçalves, *Commentario ao Código Commercial Portuguez,* Vol. II, Lisboa, Empresa Editora José Bastos, 1916, p. 396 e Adriano Anthero, *Comentário ao codigo commercial portuguez,* Vol. II, Porto, Typographia "Artes & Letras", 1915, p. 40. Na doutrina recente, cfr., por todos, Januário da Costa Gomes, *Sobre o sistema próprio de responsabilidade do transportador de mercadorias,* cit., pp. 449-510 (pp. 451-459), a propósitos dos sujeitos principais da operação de transporte.

Desta definição é manifesto ser nuclear a obrigação de deslocação a cargo do transportador. Efetivamente, esta surge quer no contrato de transporte de mercadorias, quer no contrato de transporte de passageiros como elemento definidor ou, se se preferir, como prestação característica a cargo do transportador[8]. Com efeito, na economia do contrato, assume relevo preponderante a prestação de *facere* corporizado numa concreta consecução de resultado: a deslocação de pessoas ou mercadorias de um local para o outro[9], sendo indiferente a maior ou menor distância ou a complexidade da deslocação[10]. Trata-se do "núcleo definidor" do contrato[11], *i.e.*, a respetiva essência[12] ou, se se preferir, o dever de prestar primário do transportador[13]: é mister que haja de um local de partida e de um local de chegada, de modo a poder afirmar-se a existência de uma obrigação assente na alteração do lugar, *i.e.* causar o resultado de chegar ao local de chegada[14], ou, noutro prisma, realizar uma deslocação espacial[15], pois o contrato está colimado a uma finalidade: a alteração de lugar do *quid* transportado[16].

III. No contrato de transporte de mercadorias, atento o facto de o transportador apenas poder deslocar as mercadorias logo que estas lhe são con-

---

[8] Sublinhando este aspecto, cfr., por exemplo, FLAMINI, *Il trasporto,* cit., p. 9 ou ARROYO, *Curso de derecho aereo,* Madrid, Thomson-Civitas, 2005, p. 196.

[9] Assim, por exemplo, CAGNASSO/COTTINO, *Contratti commerciali,* Pádua, CEDAM, 2000, p. 229, FLAMINI, *Il trasporto,* cit., pp. 8-9 ou CASANOVA/BRIGNARDELLO, *Diritto dei trasporti,* Vol. II – *La disciplina contrattuale,* 2.ª ed., Milão, Giuffrè, 2012, p. 29.

[10] ROMANELLI, *Il trasporto aereo di persone,* cit., pp. 4-5.

[11] COSTEIRA DA ROCHA, *O contrato de transporte de mercadorias,* cit., p. 26

[12] BON-GARCIN/BERNARDET/ DELEBECQUE, *Droit des transports,* 2.ª ed., Paris, Dalloz, 2018, p. 365.

[13] FERRER TAPIA, *El contrato de transporte aéreo de pasajeros: sujetos, estatuto y responsabilidad,* Madrid, Dykynson, 2013, p. 126 (*"la principal obligación que asume el transportista"*).

[14] Assim, por exemplo, KOLLER, *Transportrecht,* 9.ª ed., Munique, C. H. Beck, 2016, p. 28 ou REUSCHLE, *Montraler Übereikommen – Übereikommen zur Vereinhetlichung bestimmter Vorschriften über die Beförderung im internationalem Luftverkehr – Kommentar,* 2.ª ed., Berlim, Walter de Gruyter, 2011, Artigo 1, Nm. 7.

[15] VALERI, *Manuale del diritto commerciale,* Vol. II, Florença, Carlo Cya, 1946., p. 162.

[16] PASCHKE/FURNELL, *Transportrecht,* Munique, C. H. Beck, 2011, p. 6, asseverando *"Beforderung bedeute die Zielgerichtete Ortsveränderung, also die Verbrindung von einem Augangsort zu einem Bestimmungsort."*. Em termos próximos, THUME, *§ 407,* Nm. 20, in *Münchener Kommentar zum HGB,* 4.ª ed., Munique, Beck, 2020.

fiadas, assinala-se a existência de um dever de custódia[17], tradicionalmente fundado na responsabilidade *ex recepto*[18] do Direito Romano. No contrato de transporte de passageiros não pode ser afirmada a existência de uma obrigação de custódia pelo simples facto de o passageiro não ser inerte. Por este motivo, a obrigação de custódia típica do contrato de transporte de passageiros é metamorfoseada numa obrigação de proteção.

Sem prejuízo de uma configuração unitária da obrigação a cargo do transportador[19], importa sublinhar que, no tocante ao transporte aéreo de passageiros, esta obrigação é uma decorrência natural da obrigação assumida. Estando o regime convencional estribado na deslocação para pontos territoriais distintos (cfr. o artigo 1.º, número 2 da CM), parece ser lícito afirmar a, digamos, acessoriedade da obrigação de proteção em face da obrigação de deslocação[20] ou, se se preferir, a respetiva instrumentalidade[21]. Todavia, conforme tem vindo a ser assinalado pela doutrina transalpina, em rigor, a obrigação de proteção é autónoma, não só porque dispõe de normas tutelando-a especificamente, como sucede no artigo 17.º, número 1 da CM[22], ao determinar que o transportador *"(...) só é responsável pelo dano causado em caso de morte ou lesão corporal de um passageiro se o acidente que causou a morte ou a lesão tiver ocorrido a bordo da aeronave ou durante uma operação de embarque ou desembarque."*[23], mas principalmente porque deste regime concreto resulta um relevo específico da obrigação de proteção[25].

---

[17] Cfr., por exemplo, IANUZZI, *Del trasporto,* 2.ª ed., in *Commentario del Codice Civile a cura di Antonio Scialoja e Giuseppe Branca,* Bolonha, Nichola Zanichelli Editore, 1970, pp. 5-13, PAZ MARTÍN, *La responsabilidad en el transporte aéreo internacional – de Varsóvia (1929) a Montreal (1999),* Madrid, Marcial Pons, p. 386.

[18] O *receptum* era um conjunto de ações intentadas tendo por base as rubricas *ad legem aquiliam* e *de furtis*, representando uma responsabilidade especial que tinha por fundamento a *custodia.* Cfr., por exemplo, FREZZA, *Receptum,* in NssDI, vol. XIV, Turim, Unione Tipografico-Editrice Torinese, 1957, pp. 1026-1027, bem como. SANTOS JUSTO, *Contrato de transporte marítimo (direito romano),* in *Nos 20 anos do Código das Sociedades Comerciais,* Vol. II, Coimbra, Almedina, 2007, p. 11-42. Articulando a custódia com o *receptum,* cfr., por todos, ZAMPONE, *Il rischio dell'impossibilità dela prestazione nel contratto di passagio,* cit., p. 75 e segs., bem como o clássico MAJELLO, *Custodia e deposito,* Nápoles, Jovene, 1958, p. 221 e segs.

[19] Cfr., por exemplo, BUSTI, *Contrato di trasporto aereo,* cit., p. 159.

[20] LEFEBVRE/PESCATORE/D'OVIDIO, *Manuale di diritto della navigazione,* 14.ª ed., cit., p. 470.

[21] CASANOVA/BRIGNARDELLO, *Diritto dei trasporti,* Vol. II, cit., p. 30.

[22] E que, em rigor, não difere do teor do artigo 17.º da Convenção de Varsóvia.

[23] Para uma síntese jurisprudencial ao abrigo do regime da CM, cfr., na doutrina portuguesa, HUGO RAMOS ALVES, *Direito aéreo – uma introdução,* cit., p. 505-516. Na

Com efeito, contrariamente aos comuns deveres de proteção emanados do princípio da boa fé, no contrato de transporte a obrigação de proteção permite qualificar a obrigação a cargo do transportador. *Rectius,* faz parte do núcleo do contrato de transporte, estando, pois, expressamente tutelada pelo regime do incumprimento contratual, *maxime* do dever de prestar primário do transportador[25]. Efetivamente, da obrigação de deslocação a cargo do transportador podemos retirar uma obrigação autónoma, pautada pela essencialidade na economia contratual: a proteção, *rectius* a incolumidade da pessoa transportada. Em rigor, não estamos diante de um dever de vigilância contínuo a cargo do transportador. Trata-se, apenas, da adoção das medidas tendentes a evitar a ocorrência de um acidente[26].

Dando por assente que a pretensão primária do credor resulta do dever de prestar obrigacional, é manifesto que, perante o incumprimento, assiste ao credor a possibilidade de acionar judicialmente o devedor[27]. Neste prisma,

---

doutrina estrangeira, Morillas Jarillo/Petit Lavall/Guerrero Lebrón, *Derecho aéreo y del espacio,* cit., pp. 601-602, Mendes de León, *Introduction to air law,* 10.ª ed., Alpen an den Rijn, Kluwer Law International, 2017, pp. 190-191, bem como Paul Dempsey/Michael Milde, *International air carrier liability: the Montreal Convenvention of 1999,* cit., pp. 134-165 ou Schmid, *Article 17 – Death and injury of passengers – Damage to Baggage,* in *Montreal convention,* Alphen and den Rijn, Wolters Kluwers, 2006, pp. 10-19 ou, para a CV, o clássico Goedhius, *National airlegislations and the Warsaw Convention,* Haia, Martinus Nijhof, 1937, pp. 187-204. Em termos mais amplos, sobre o arco temporal de responsabilidade do transportador, cfr., por exemplo, Mastrandrea, *L'ambito temporale della responsabilità del vettore per morte o lesione del passggero,* in *La nuova disciplina del trasporto aereo – Commento della Convenzione di Montreal del 28 maggio 1999,* Nápoles, Jovene, 2006, pp. 73-79 ou Badagliacca, *L'ambito temporale della responsabilità del vettore aereo nel trasporto di persone: "dall'inizio delle operazioni di embarco al compimento di quelle di sbarco,* in *Il trasporto aereo tra normativa comunitaria ed uniforme,* Milão, Giuffrè, 2011, p. 151-164, bem como a anotação de Reuschle, *Montraler Übereikommen – Übereikommen zur Vereinhetlichung bestimmter Vorschriften über die Beförderung im internationalem Luftverkehr – Kommentar,* 2.ª ed., Berlim, Walter de Gruyter, 2011, Artigo 17.º ou a síntese de Antonini, *Il danno rissacibile nel trasporto di persone,* in *La nuova disciplina del trasporto aereo – Commento della Convenzione di Montreal del 28 maggio 1999,* Nápoles, Jovene, 2006, pp. 81-95.

[24] Seguimos, neste particular, Zampone, *Il rischio dell'impossibilità dela prestazione nel contratto di passagio,* cit., p. 35. Contra, Castello-Branco Bastos, *Direito dos transportes,* cit., p. 49, asseverando estarmos diante de um dever acessório.

[25] Zampone, *Il rischio dell'impossibilità dela prestazione nel contratto di passagio,* cit., p. 37.

[26] Cfr., por exemplo, Casanova/Brignardello, *Diritto dei trasporti,* Vol. II, cit., p. 30.

[27] Fazemos uso da terminologia cunhada por cunhada Unberath, *Die Vertragsverletzung,* Tubinga, Mohr Siebeck, 2007, p. 201 e segs., *maxime,* p. 241 e segs.

a pretensão primária corresponde a um direito subjetivo nascido por via contratual, ao passo que a pretensão indemnizatória derivada de incumprimento é uma pretensão secundária nascida da violação da pretensão primária. *Summo rigore,* uma sorte de substituto[28], nascido por determinação de justiça redistributiva[29]. Caso analisemos o conteúdo da obrigação de deslocação no transporte de passageiros, é facilmente percetível que esta é colimada à integridade do passageiro, motivo pelo qual consideramos que o dever de proteção é inerente à obrigação de deslocação. Com efeito, não estamos perante um dever acessório de conduta, porquanto esta obrigação reporta-se ao interesse creditório, não parecendo ser possível asseverar estarmos diante de uma mera decorrência do princípio da boa fé[30], mas sim perante um dever de prestar primário[31].

Do cotejo da obrigação emergente do contrato de transporte com os deveres acessórios de conduta derivados da boa fé, parece ser manifesta a impossibilidade de operar a recondução desta obrigação ao clássico dever de proteção derivado da boa fé. Não está aqui em causa evitar infligir danos mútuos nas pessoas ou nos patrimónios dos contraentes[32], mas, outrossim, o interesse do credor, traduzido na chegada ileso ao local de destino. Do

---

[28] UNBERATH, *Die Vertragsverletzung,* cit., pp. 287-288.

[29] UNBERATH, *Die Vertragsverletzung,* cit., p. 321: "*(...) einem Gebot der ausgleichenden Gerechtigkeit".*

[30] Seguindo a tripartição de MENEZES CORDEIRO, *Da boa fé no direito civil* (reimp.), Coimbra, Almedina, 2001, p. 604, os deveres acessórios de conduta seriam suscetíveis de ser tripartidos em (i) deveres de proteção, (ii) deveres de esclarecimento e (iii) deveres de lealdade. Cfr. igualmente o conspecto de MENEZES CORDEIRO. *Tratado de direito civil,* Vol VI – *Introdução, Sistemas e direito europeu, Dogmática geral,* 3.ª ed., Coimbra, Almedina, 2019, pp. 516-535.

[31] Nestes termos, mas a propósito da obrigação de custódia no contrato de transporte de mercadorias, PASCHKE/FURNELL, *Transportrecht,* cit., p. 7.

[32] Cfr., por exemplo, a propósito dos deveres "clássicos", LARENZ, *Lehrbuch des Schuldrechts,* Vol. I – *Allgemeiner Teil,* 14.ª ed., Munique, Beck, pp. 9-12, BROX/WALKER, *Allgemeines,« Schuldrecht,* 34.ª ed., Munique, Beck, 2010, pp. 12-14, FIKENTSCHER/HEINEMMAN, *Schuldrecht,* 10.ª ed., Berlim, De Guyter, 2006, pp. 27-30, LOOSCHELDERS, *Schuldrecht – Allgemeiner Teil,* 9.ª ed., Munique, Franz Vahlen, 2011, pp. 6-7, WESTERMANN/BYDLINSKI/WEBER, *BGB – Schuldrecht – Allgemeiner Teil,* 7.ª ed., Heidelberga, C. F. Müller, 2010, pp. 38-40, bem como o conspecto crítico de DORN, *§ 241. Begriff des Schuldverhältnisses und Pflichten aus dem Schuldverhältnis* in HKK – Tomo II, *Schuldrecht Allgemeiner Teill, 1. Teilband: §§vor 2415-304,* Tubinga, Mohr Siebeck, 2007, Nm. 89 e segs.(para os deveres de proteção, cfr. Nm. 93-109). Alguns autores (como, por exemplo, Fikentscher e Heinemmann) autonomizam o dever de proteção dos demais deveres acessórios de conduta, tendo por base o novel § 241 II BGB. Cfr. FIKENTSCHER/HEINEMMAN, *Schuldrecht,* 10.ª ed., cit., p. 26 e p. 30.

prisma do credor, o contrato de transporte é perspetivado em termos finalisticamente orientados (chegada incólume ao destino), ao passo que do prisma do devedor existe a necessidade de conformação do seu comportamento à consecução do resultado contratado e, por sinal, tutelado diretamente por via do disposto no artigo 17.º, número 1 da CM (morte ou lesão corporal)[33]. Estamos, pois, em sede da definição do interesse creditório no contrato de transporte. Como é sabido, foi já assinalada a ambivalência da expressão "interesse do credor": num sentido objetivo, corresponde à produção do resultado da prestação, ao passo que num sentido subjetivo, *i.e.*, como a necessidade especial do credor no que diz respeito ao resultado da prestação[34]. Independentemente da discussão do lugar do interesse do credor no âmbito do Direito das Obrigações[35], temos por assente que a atividade solutória está colimada à produção de um resultado almejado pelo credor, cristalizado na vinculação obrigacional. No caso do contrato de transporte, tal interesse creditório é tutelado, *inter alia,* pela expressa cominação de um regime destinado a tutelar a incolumidade física do passageiro, sendo certo que temos por irrazoável admitir que o passageiro enquanto credor ficaria satisfeito com a mera chegada ao destino, sem curar de zelar pela respetiva integridade física. Com efeito, careceria de sentido afirmar esta tutela expressa da integridade física do passageiro, para, de seguida, negar o lugar central do dever de proteção na economia do contrato de transporte de passageiros[36].

Ante esta concreta tutela específica da integridade do passageiro, somos do entendimento que, em vez de uma perspetivação acessória do dever de proteção, este surge como decorrência natural da obrigação de

---

[33] Ínsito ao texto, está a adesão à construção de HENKE, *Die Leistung: Grundvorgang des sozialen Lebens und Grundbegriff des Schuldrechts,* Berlim: Duncker & Humblot, 1991, p. 41, sustentando que a relação obrigacional deve ser perspetivada como a adoção de um comportamento colimado à produção do resultado. Para maiores desenvolvimentos, cfr. HUGO RAMOS ALVES, *Dação em cumprimento,* Coimbra, Almedina, 2017, pp. 317-330.

[34] BEUTHIEN, *Zweckerreichung und Zweckstörung im Schuldverhältnis,* Tubinga, J. C. B, Mohr, 1969, p. 35.

[35] Cfr., por exemplo, a síntese de HUGO RAMOS ALVES, *Dação em cumprimento,* cit., pp. 246-252. Para maiores desenvolvimentos, CIAN, *L'interesse del creditore alla prestazione,* in *Studi in onore di Gioachino Scaduto,* Vol. I, Pádua, CEDAM, 1970, pp. 241-279, pese embora negue o relevo do interesse creditório na relação obrigacional.

[36] O mesmo vale, *mutatis mutandis,* para o dever de custódia no contrato de transporte de mercadorias.

deslocação, estando, pois, no mesmo plano hierárquico para efeitos de responsabilização do transportador em caso de incumprimento[37].

IV. Posto isto, cabe analisar o regime da disciplina europeia da sobrereserva. Como poderemos verificar, esta disciplina normativa foi influenciada pelas soluções criadas nos Estados Unidos da América, nomeadamente em decorrência do caso Nader.

Uma vez explicitada a *occasio* do Regulamento 261/2004, procuraremos analisar as situações por ele abrangidas, dando conta da interpretação feita pelo TJUE das disposições do Regulamento, as quais estão na base de algumas das propostas de alteração ao mesmo.

A final, elencaremos as principais conclusões.

§2. A disciplina europeia da sobrereserva

2.1. Generalidades

A disciplina da responsabilidade do transportador constitui o centro gravitacional de toda a regulação em matéria de transporte, sendo, também, a disciplina dos documentos de transporte relevante em larga medida, devido à sua incidência sobre a responsabilidade do transportador[38]. A responsabilidade do transportador não é diferente, no seu fundamento, da responsabilidade contratual acolhida pelo nosso ordenamento jurídico, a qual, como é sabido, é uma responsabilidade derivada do incumprimento da obrigação a que o devedor está adstrito[39].

Para além do regime da responsabilidade do transportador, verifica-se, mormente a nível do Direito da União Europeia, uma atenção acrescida

---

[37] Esta afirmação deve ser lida *cum grano salis,* pois estaremos perante bens protegidos diversos: são distintas as situações em que o transporte não é, pura e simplesmente efetuado ou em que, apesar de efetuado o transporte, o passageiro falece por via de defeito ou má manutenção no sistema de climatização da aeronave.

[38] ROMANELLI, *Il regime di responsabilità del vettore,* in DM, 2001, pp. 549-561 (p. 549).

[39] Reportamo-nos a incumprimento em sentido amplo, pois o cumprimento defeituoso também terá de ser considerado como parte integrante da responsabilidade contratual, a par das situações de mora do devedor. Para uma síntese do regime vigente do incumprimento das obrigações, advogando um conceito amplo e unitário de "incumprimento", cfr. PATRÍCIA GUIA PEREIRA, *Nótula sobre a tipologia do incumprimento,* in *Estudos em homenagem ao Professor Doutor Carlos Ferreira de Almeida,* Coimbra, Almedina, 2011, pp. 637-679.

ao passageiro, aspeto manifesto na adoção de um conjunto significativo de medidas legislativas destinadas a reforçar os direitos dos passageiros no contrato de transporte. Como verificaremos de seguida, esta intervenção assenta no reforço de tais direitos, mas, também, na regulação de aspetos lacunares da disciplina material uniforme. Com efeito, o regime europeu surge como uma das "pedras no mosaico"[40] normativo da proteção dos passageiros, ancorado, por um lado, no Direito Material Uniforme, *maxime,* a CM, mas, também, em sede de Direito da União, que obriga à concatenação do regime material uniforme[41], *maxime,* à aferição da eventual incompatibilidade entre o regime internacional e a disciplina vertida no Regulamento 261/2004[42].

Caso cotejemos o teor da CM em sede de responsabilidade do transportador aéreo e o Regulamento 261/2004, pensamos ser impressiva a expressão de Dal Pozzo: o Regulamento cura dos direitos secundários do passageiro, pois este não tutela a integridade física do passageiro, mas, outrossim, as expectativas inerentes a um serviço eficiente por parte do transportador aéreo, traduzidas na partida e chegada atempada do voo[43]. Em suma, está em jogo um arremedo de *magna carta* do passageiro aéreo, pois o núcleo do contrato de transporte, *maxime,* a responsabilidade civil do transportador está vertida na CM, ao passo que o Regulamento 261/2004 densifica aspetos não abordados expressamente pela CM.

---

[40] Maruhn, *Artigo 1.º.,* Nm 2, in *BeckOK Fluggastrechte-Verordnung,* 13.ª ed., Munique, Beck, 2020, asseverando: "*Die Fluggastrechte-VO ist ein Mosaikstein in einem „System von Passagierrechten", das sich zusammen mit dem Montrealer Übereinkommen, das selbst integraler Bestandteil der Unionsrechtsordnung geworden ist (...).* Em termos próximos, sublinhando a complexidade normativa, Morillas Jarillo/Petit Lavall/Guerrero Lebrón, *Derecho aéreo y del espacio,* Madrid, Marcial Pons, 2014, p. 578.

[41] Cfr., por exemplo, o Regulamento (CE) número 2027/1997, o qual visa a unificação de um novo regime de responsabilidade por danos pessoais causados a passageiros no transporte efetuado por "transportador comunitário", bem como o Regulamento CE número 899/2002, destinado a procurar alinhar o respetivo regime de responsabilidade com o da CM.

[42] Pronunciando-se pela compatibilidade, Tonner, *Der Luftbeförderungsvertrag zwischen europäischer und globaler Regulierung,* in NJW 2006, pp. 1854-1856 (p. 1856).

[43] Dal Pozzo, *EU legal framework for safeguarding air passenger rights,* Viena, Springer, p. 139.

2.2. Antecedentes remotos: o caso Nader

I. Previamente à adoção de medidas legislativas, o *leading case* relativo às situações de sobrereserva é o caso *Nader v. Allegheny Airlines, Inc*[44]. No essencial, o caso resume-se ao seguinte: o Advogado Ralph Nader, pouco antes da sua partida de Washington, D.C. para o Connectitut, foi informado aquando do *check-in* que, não obstante ter lugar reservado, não poderia embarcar, pois todos os lugares da aeronave da Allegheny Airlines estavam ocupados. Esta reconheceu a existência de sobrereserva e, apesar de ter oferecido um voo alternativo – chegando 55 minutos depois do inicialmente programado ao destino –, Nader recusou, solicitando a verificação da existência de passageiros embarcados por erro ou, em alternativa, que se atuasse de modo que os demais passageiros manifestassem disponibilidade para ceder o respetivo lugar, o que foi negado pelos funcionários do transportador.

Em face desta conduta, Nader intentou uma ação contra a Allegheny Airlines, asseverando que esta não o informara de práticas intencionais de sobrereserva e, bem assim, alegando o incumprimento das normas emanadas da *Civil Aeronautics Board* relativas à prioridade de embarque.

Analisando a pretensão de Nader, o Tribunal considerou confirmou o direito ao ressarcimento, tendo sustentado igualmente a existência de danos punitivos (*"punitive damages"*), sublinhando o facto de as normas emanadas da *Civil Aeronautics Board* não conterem qualquer dever de efetuar sobrereserva e de o transportador ter plena consciência da situação de sobrereserva por si criada, circunstância agravada por não ter observado os ditames relativos à prioridade de passageiros[45].

II. Na sequência deste caso, o *Federal Aviation Act* viria a ser alterado. Assim, este diploma passou a prever que, em caso de sobrereserva (*"overbooking"*) (i) o transportador deveria solicitar voluntários para ceder

---

[44] *Nader v. Allegheny Airlines, Inc.*, 426 U.S. 290 (1976), disponível *apud* https://supreme.justia.com/cases/federal/us/426/290/

[45] Sobre este caso, cfr., por exemplo, Lee Tice, *Overbooking of Airline Reservations in View of Nader v. Allegheny Airlines, Inc.: The Opening of Pandora's Box*, in *Journal of air law & commerce* 43 (1977), pp. 146, Snow/Weisbrod, *Consumer Interest Litigation: A Case Study of Nader v. Allegheny Airlines,* in *The Journal of Consumer Affairs* 17 (1982), pp. 1-22, bem como Casanovas Ibañez, *El transporte aéreo en la Unión Europea: de la liberalización a la proteccìión de los consumidores,* Barcelona, Atelier, 2017, pp. 104-109.

lugares antes de utilizar quaisquer regras de prioridade (podia ser oferecido dinheiro, bilhetes gratuitos ou melhoria de serviço (*"upgrade"*), (ii) em caso de recusa de embarque, foi fixado um pagamento pecuniário de 200% do preço do bilhete, com um mínimo de 75 dólares norte-americanos e um máximo de 400 dólares norte-americanos, e se (iii) o transportador providenciar transporte alternativo chegado, no máximo, duas horas depois do prazo inicial ou quatro horas caso se tratasse de voo internacional, a compensação seria reduzida para metade, com um mínimo de 37,5 dólares norte-americanos e um máximo de 200 dólares norte-americanos.

Este bloco normativo viria a ser objeto de múltiplas alterações. Atualmente, está plasmado no *Code of Federal Regulations, maxime* no título 14 *Aeronautics and space,* secção 250, onde se mantém a obrigação de encontrar voluntários (250.2b), mantendo-se igualmente um esquema de atribuição de compensações monetárias (250.5), pese embora com tetos mais elevados do que aqueloutros resultantes da alteração suscitada pelo Caso Nader.

III. No espaço europeu, a matéria da sobrereserva seria objeto de regulação por via do Regulamento (CEE) n.º 295/91 do Conselho, de 4 de fevereiro de 1991[46], diploma surgido em pleno processo de liberalização do setor dos transportes[47]. Assim, nos Considerandos deste Regulamento lê-se ser *"(...) necessária uma acção comum no domínio da protecção dos interesses dos utentes dos transportes aéreos, de forma a garantir um desenvolvimento harmonioso de um sector chamado a evoluir num ambiente em plena mutação"* e que *"(...) a prática em matéria de compensação por recusa de embarque varia consideravelmente entre as diferentes transportadoras aéreas"*, motivo pelo qual *"(...) o estabelecimento de determinadas normas mínimas comuns no domínio da compensação por recusa de embarque deverá contribuir para a manutenção da qualidade dos serviços oferecidos pelas companhias aéreas num contexto de crescente concorrência"*.

[46] Para um breve conspecto acerca deste Regulamento, cfr., por exemplo, Casanova Ibañez, *El transporte aéreo en la Unión Europea: de la liberalización a la protección de los consumidores,* cit., pp. 109-112, bem como Busti, *Contratto di trasporto aereo,* cit., pp. 752-783.

[47] Sobre este processo, cfr., por exemplo, Hugo Ramos Alves, *Direito aéreo – Uma introdução,* cit., p. 89-102 ou Morillas Jarillo/Petit Lavall/Guerrero Lebrón *Derecho aéreo y del espacio,* cit., p. 41-52, Bon-Garcin/Bernardet/ Delebecque, *Droit des transports,* 2.ª ed., cit., pp. 261-265. *Amplius,* Giemulla/van Schyndel/Donato, *From regulation to deregulation,* in *International and EU aviation law,* Alphen aan den Rijn, 2011, pp. 129-192.

Este Regulamento foi revogado pelo Regulamento 261/2004, que entrou em vigor em 17 de fevereiro de 2005[48]. Previamente à entrada em vigor destes regulamentos europeus, os transportadores não estavam sujeitos a qualquer disciplina específica, sendo livres para aderir às recomendações da IATA ou da ICAO ou, eventualmente, para adotar medidas próprias. Tendo presente esta situação, aquando da apresentação das medidas do segundo pacote de liberalização do setor aéreo, a União Europeia optou por regular estas situações, em virtude de a sobrereserva ou o cancelamento de voos poderem consubstanciar distorções concorrenciais e, ademais, de se considerar ser necessário tornar transparentes as obrigações a cargo dos transportadores[49].

2.3. Consumerismo e transporte aéreo: o Regulamento 261/2004

I. Conforme pudemos verificar a propósito do seminal caso Nader, para além de (mero) passageiro, o mais das vezes o passageiro é, ainda, consumidor, aspeto que, no ordenamento jurídico europeu resulta com maior clareza pelo facto de esta ser uma das prioridades da política europeia em sede de Direito do Consumo[50], sendo, por conseguinte, de assinalar a intensidade do cruzamento entre as disciplinas do Direito dos Transportes e do Direito do Consumo[51].

Como é sabido, a noção de consumidor abrange vários elementos: (i) o elemento subjetivo (a necessidade de se tratar de uma pessoa em sentido jurídico), (ii) um elemento objetivo (bens e/ou serviços adquiridos pelo consumidor), (iii) um elemento teleológico (finalidade dos bens ou serviços adquiridos pelo consumidor) e (iv) um elemento relacional (referente ao

[48] Cfr. o artigo 17.º do Regulamento 261/2004.

[49] Cfr., por exemplo, Kassim/Stevens, *Air Transport and the European Union – Europeanization and its Limits,* Londres, Palgrave Macmilan, 2010, p. 149.

[50] Cfr. o ponto 5.5. da *Comunicação da Comissão ao Conselho, ao Parlamento Europeu e ao Comité Económico e Social Europeu, de 13 de Março de 2007, intitulada «Estratégia comunitária em matéria de Política dos Consumidores para 2007-2013» – Responsabilizar o consumidor, melhorar o seu bem estar e protegê lo de forma eficaz*, disponível em https://eur-lex.europa.eu/legal-content/PT/TXT/?uri=celex:52007DC0099

[51] Sublinhando este aspeto, Marco Alcalá, *Gran retraso en el transporte aéreo y acceso a la justicia de los consumidores en la UE (reflexiones a vuela pluma sobre las ss TJUE C-145 y 146-/15, de 17 Marzo 2016),* in *El derecho aéreo entre lo público y lo privado – Aeropuertos, acceso al mercado, drones y responsabilidad,* Sevilha, Universidade Internacional de Andalucía, 2017, pp. 327-356 (p. 331).

cocontratante, exigindo-se que seja uma empresa ou entidade profissional)[52]. Ou, se se preferir, podemos assentar numa noção de consumidor em que este corresponde à pessoa singular que atua com fins estranhos ao âmbito da respetiva atividade empresarial, comercial ou profissional [53].

Em rigor, a legislação europeia relativa aos direitos dos passageiros não qualifica o passageiro como consumidor, pois não exige o elemento teleológico. No entanto, o facto de o Regulamento 261/2004 pressupor uma situação de inferioridade do passageiro, demonstra a adoção de postulados consumeristas, motivo pelo qual temos por indesmentível o influxo consumerista neste domínio[54], ao ponto de alguns autores sustentarem a necessidade de interpretar este Regulamento em conformidade com a Diretiva relativa à venda de bens de consumo[55].

O Regulamento 261/2004 não se refere ao passageiro enquanto consumidor, motivo pelo qual, contrariamente ao que sucede em diplomas, passe a expressão, específicos de Direito do Consumo, é de aplicação universal, não exigindo a qualificação do passageiro como consumidor. Não obstante, conforme observa Cachard, o Regulamento é informado pelo *doxa*

---

[52] Tradicionalmente, o consumidor é definido como a pessoa singular que atua com fins estranhos ao âmbito da sua atividade empresarial, comercial ou profissional. Sobre a noção de consumidor, cfr. Calvão da Silva, *Responsabilidade civil do produtor,* Coimbra, Almedina, 1990, p. 58 e segs. ou Ferreira de Almeida, *Os direitos dos consumidores,* Coimbra, Almedina, 1982, pp. 206 e segs,. Na doutrina mais recente, cfr., Jorge Morais Carvalho, *Manual de direito do consumo,* 6ª ed., Coimbra, Almedina, 2019, pp. 28-41 e Engrácia Antunes, *Direito do consumo,* Coimbra, Almedina, 2019, pp. 51-73

[53] Face ao elemento teleológico assinalado ("uso não profissional"), a lei portuguesa, *maxime,* o artigo 2.º, número 1 da Lei número 25/96 é clara no sentido da não inclusão na noção de consumidor das pessoas, físicas ou jurídicas, que atuam no âmbito de uma atividade económica, independentemente de terem conhecimentos específicos no que respeita ao negócio em causa.

[54] Evidência que Daniel Morais, *Recusa de embarque injustificada no transporte aéreo,* in Revista de Direito Comercial 2017, pp. 480-542 (pp. 484-486) parece negar. Apesar de negar a análise consumerista, o autor envereda por uma visão paternalista, centrando a problemática na responsabilidade do transportador pelos danos derivados da recusa injustificada, bem como a sublinhar o fortalecimento da tutela dos passageiros (p. 487). Sobre o paternalismo contractual, Kronman, *Paternalism and the law of contracts,* in Yale L. J. 92 (1982-1983), pp. 763-798, Farnsworth, *Promises and paternalism,* in *William and Mary Law Review* 41 (2000), pp. 385-409, James Gordley, *Morality and contract: The question of paternalism,* in *William and Mary law Review* 2006-2007, pp. 1733-1772, ou Hugo Ramos Alves, *Sobre o ditto paternalismo contratual,* in *Estudos de direito do consumo,* Coimbra, Almedina, 2014, pp. 49-78.

[55] Schaefer, *Recht des Luftverkehrs,* Munique, Beck, 2017, p. 176.

da proteção do consumidor, aspeto visível em vários dos Considerandos do Regulamento, como os Considerandos 1, 4, 14 ou 35[56], aspeto que leva alguns autores a considerar o passageiro como um contraente mais débil no contrato de transporte[57]. Em suma, uma análise ao teor do Regulamento 261/2004 permite demonstrar, *more geommetrico,* um discurso permeável ao consumerismo, seja pelas referências expressas à proteção do consumidor (Considerando 1), seja pela referência à necessidade de reforço do direito dos passageiros. Mais do que uma "análise semântica"[58], o teor material do Regulamento, nomeadamente em sede de atribuição de compensações monetárias, demonstra estarmos diante de um diploma não informado pelas soluções típicas de Direito Privado.

Caso queiramos, de forma necessariamente sumária, procurar classificar os direitos do passageiro no contrato de transporte aéreo, podemos afirmar que lhe assistem direitos relativos ao impedimento e/ou atraso no embarque e, paralelamente, direitos destinados a efetivar a responsabilidade civil do transportador[59]. *Rectius,* a fazer impender sobre o transportador – contanto que verificados os pressupostos vertidos no Regulamento 261/2004 – o dever de pagar uma compensação pecuniária ao passageiro[60]. No tocante aos primeiros, rege o Regulamento, sendo certo que podemos avançar desde já que a plêiade de direitos atribuída pelo Regulamento resume-se, *grosso modo*, a uma compensação pecuniária e ao reembolso do custo do bilhete ou ao embarque num voo alternativo, ao qual se soma o direito de assistência, sendo certo que apenas o passageiro a quem seja negado o embarque terá direito à aplicação integral destes direitos. Trata-se, conforme observam alguns autores, de uma reação à adoção de práticas indesejáveis ou, se se preferir, menos corretas por partes dos transportadores[61]. Noutro prisma,

[56] Cachard, *Le transport intérnational aérien de passagers,* Martinus Nijhoff, 2015, p. 222.

[57] Cfr., por exemplo, o estudo de La Matina, *Il passeggero quale parte debole del contratto di trasporto,* in DM CXIV (2012), pp. 798-811.

[58] Cachard, *Le transport intérnational aérien de passagers,* cit., p. 222.

[59] Direitos subjetivos, pese embora seja discutida a natureza de direitos fundamentais. Cfr. Cachard, *Le transport intérnational aérien de passagers,* cit., pp. 224-227.

[60] Sublinhando o carácter forfetário e parcial desta compensação, cfr., por exemplo, Bon-Garcin/Bernardet/ Delebecque, *Droit des transports,* 2.ª ed., cit., pp. 440-441.

[61] Maggiolo, *Overbooking, ritardo e cancellazione del volo: contratto, compensazione, responsabilità*, in *Trasporto aereo e tutela del passegero nella prospetiva europea,* Milão, Giuffrè, 2006, pp. 123-136 (p. 126), bem como Morillas Jarillo/Petit Lavall/Guerrero Lebrón, *Derecho aéreo y del espacio,* cit., p. 612. Noutro prisma,

sublinha-se que a obrigação de assistência prevista no Regulamento é uma ampliação da obrigação de proteção a cargo do transportador, desta feita por via de cominação legal[62], motivo pelo qual é comum a asserção de que não estamos diante de uma obrigação com natureza ressarcitória, pois, para além de decorrer da lei, prescinde da existência da verificação de um dano[63]. Em suma, trata-se de um alargamento, por via legal, dos deveres cometidos ao transportador, *i.e.,* para além da observância do regime aplicável ao contrato de transporte – regido primacialmente pelo Direito Material Uniforme, *maxime,* pela CM –, será ainda necessário ter presente as disposições vertidas do Regulamento 261/2004, as quais, na prática, procedem à respetiva densificação.

II. A CM trata, no essencial, do núcleo da responsabilidade civil do transportador, estando ancorada num sistema que combina a responsabilidade objetiva e a culpa presumida. Não obstante, a CM não esgota todos os aspetos do contrato do transporte. Assim, tem-se assistido a uma tendência para amplificar a uniformização do Direito material uniforme por via da adoção de instrumentos legislativos de Direito derivado, os quais procuram regular aspetos lacunares da disciplina de Direito material. É esse um dos objetivos do Regulamento 261/2004 do Parlamento Europeu e do Conselho[64].

Tendo presente esta particular *occasio,* podemos sustentar estar diante de uma "plataforma mínima de tutela"[65] ou, se se preferir, de um regime *de minimis,* pois resulta deste complexo normativo que nada obsta à adoção, por parte dos transportadores, de sistemas prevendo uma plêiade de direitos mais

---

SCHAEFER, *Recht des Luftverkehrs,* cit., p. 176, prefere sublinhar o facto de o Regulamento 261/2004 visar um elevado nível de proteção dos passageiros por via da harmonização legislativa.

[62] LEFEBVRE/PESCATORE/D'OVIDIO, *Manuale di diritto della navigazione*, 14.ª ed., cit., p. 482.

[63] Cfr., por exemplo, LEFEBVRE/PESCATORE/D'OVIDIO, *Manuale di diritto della navigazione*, 14.ª ed., cit., p. 481.

[64] Apesar desta louvável finalidade, o Regulamento tem sido objecto de profundas críticas. Cfr. por exemplo a observação de HOBE/MULLER-ROSTIN/RECKER, *Fragwurdiges aus Luxemburg zur Verordnung 261/2004 EC*, in ZLW 149 (2010), pp. 149-166 (p. 153): "*Ein Musterbeispiel guter Gesetzgebung ist die Verordnung nicht, da aufgrund unklarer Formulierung und Begriffsbestimmungen erheblicher Auslegungsbedarf geltend gemacht wird und so Rechtsunsicherheit besteht.*"

[65] MASTRANDREA, *Trasporto aereo di persone (responsabilità del vettore),* cit., p. 493.

generosa do que aqueloutra plasmada no Regulamento[66]. Em suma, decorre do Regulamento 261/2004 um estatuto jurídico do passageiro aéreo, se bem que este estatuto é implícito, fruto do carácter assistemático dos direitos atribuídos, mormente quando analisados os princípios reitores do Direito dos Transportes ou, mais concretamente, do contrato de transporte de passageiros, em que a tutela de um contraente mais débil é uma realidade estranha, pois a economia do contrato gira em torno da obrigação de deslocação[67]_[68].

§ 3. As situações abrangidas pelo Regulamento 261/2004

3.1. Âmbito de aplicação

I. O Regulamento 261/2004 visa garantir os direitos dos passageiros que (i) partem de um aeroporto localizado no território de um Estado-Membro a que o Tratado se aplica e dos passageiros que (ii) partem de um aeroporto localizado num país terceiro com destino a um aeroporto situado no território de um Estado-Membro a que o Tratado se aplica, a menos que tenham recebido benefícios ou uma indemnização e que lhes tenha sido prestada assistência nesse país terceiro, se o transportador aéreo operador do voo em questão for um transportador comunitário. Assim, estão abrangidos pelo Regulamento todos os transportes que partam de um Estado-Membro da União Europeia, bem como os que sejam destinados a um Estado-Membro, contanto que realizados por transportadores munidos de uma licença que permita exercer a atividade transportadora[69].

---

[66] ARROYO, *Curso de derecho aereo,* cit., p. 199, prefere qualificar o sistema do Regulamento 261/2004, como regime preventivo, que não descarta finalidades reparadoras. Em termos similares aos do texto, ROCCO LOBIANCO, *La responsabilità del vettore nel trasporto aereo,* in *Compendio di diritto aeronautico,* Milão, Giuffrè, 2009, pp. 217-244 (p. 221) ou MASTRANDREA, *Trasporto aereo di persone (responsabilità del vettore),* cit., p. 493.

[67] Em termos próximos, CASANOVA IBAÑEZ, *El transporte aéreo en la Unión Europea: de la liberalización a la protección de los consumidores,* cit., p. 149, sublinhando o facto de o Regulamento 261/2004 recolher em termos algo anárquicos os direitos e obrigações dos passageiros aéreos.

[68] Esta asistematicidade leva autores como BON-GARCIN/BERNARDET/ DELEBECQUE, *Droit des transports,* 2.ª ed., cit., pp.439-440 a asseverar que *« Les règles qui en découlent sont (...) indépendantes du droit des transports ».*

[69] MASSIMILIANO PIRAS, *Il Rifiuto e il ritardo del vettore nella nuova disciplina comunitaria,* in MASSIMO DEIANA (organizador), *Studi sui negato imbarco, cancelazione del volo e ritardo nel trasporto aereo,* Cagliari, Edizioni AU, 2005, pp. 155-185 (p. 161).

Os requisitos de delimitação positiva acabados de referir são completados por requisitos de delimitação negativa[70]: o Regulamento não é aplicável aos passageiros com viagens gratuitas ou com tarifa reduzida não disponível, direta ou indiretamente, ao público. No entanto, aplica-se aos passageiros com bilhetes emitidos no âmbito de um programa de passageiro frequente ou de outro programa comercial de um transportador aéreo ou de um operador turístico[71].

II. O artigo 3.º, número 1 do Regulamento assenta em elementos de conexão baseados num critério territorial. Todavia, na segunda hipótese, o elemento territorial é combinado com um elemento de natureza pessoal: a ligação ao território de um Estado membro onde o Direito da União Europeia seja aplicável por força do TFUE[72].

Neste contexto, importa ter presente a noção de "voo consecutivo". É entendimento do TFUE que *"(...) voos sucessivos» deve ser entendido como remetendo para dois ou mais voos que constituem um todo para efeitos do direito a indemnização (...)"*, sendo certo que o Regulamento não *"(...) faz depender a qualificação de voo sucessivo da circunstância de todos os voos que o compõem serem realizados no mesmo aparelho."*. não relevando a eventual troca de aparelho para este efeito. Assim, o Regulamento é aplicável *"(...) a um transporte de passageiros realizado em virtude de uma reserva única e que inclui, entre a sua partida de um aeroporto localizado no território de um Estado-Membro e a sua chegada a um aeroporto localizado no território de um Estado terceiro, uma escala planeada fora da União, com troca de aparelho."*[73].

Todavia, o mesmo TJUE entende que o Regulamento "*(...)deve ser interpretado no sentido de que não é aplicável às situações em que está em causa uma viagem de ida e volta no âmbito da qual os passageiros que partiram inicialmente de um aeroporto situado no território de um Estado-Membro ao qual o Tratado CE se aplica regressam a esse aeroporto num voo com partida de um aeroporto situado num país terceiro. A circunstância de o voo de ida e o voo de regresso serem objecto de uma*

[70] Cfr., por exemplo, FERRER TAPIA, *El contrato de transporte aéreo de pasajeros: sujetos, estatuto y responsabilidad,* cit., p.238.

[71] Artigo 3.º, número 3 do Regulamento 261/2004.

[72] CACHARD, *Le transport intérnational aérien de passagers,* cit., p. 214.

[73] Ac. do TJUE de 31 de maio de 2018 (Caso C-537/17), disponível *apud* http://curia.europa.eu/.

reserva única não é relevante para a interpretação dessa disposição."[74]. Para efeitos de aplicação do Regulamento importa ter sublinhar o facto de a noção de voo "corresponder a uma prestação unitária de transporte", não sendo reconduzível à noção de "viagem"[75], pois esta, em rigor, compreende duas prestações unitárias, relativas, respetivamente, à ida e à volta[76]. Ademais, por via deste *stare decisis,* basta a demonstração de que o passageiro tem um lugar confirmado e se apresenta a registo, não sendo, assim, necessário demonstrar a existência de um voo programado para efeitos de aplicação do Regulamento 261/2004[77].

Finalmente, a aplicação do Regulamento é independente do carácter regular ou não regular do transporte[78] ou do facto de estarmos diante de um transportador contratual ou *de facto,* conforme resulta do artigo 3.º, número 5. No entanto, o TFUE salienta o facto de relevar um conceito, digamos, operacional, de transportador, motivo pelo qual *"(...) no caso de uma transportadora aérea (...) que aluga a outra transportadora aérea a aeronave e a tripulação no âmbito de um contrato de locação em regime de wet lease, mas não assume a responsabilidade operacional dos voos, inclusivamente quando a confirmação da reserva de um lugar num voo entregue aos passageiros menciona que esse voo é assegurado por essa primeira transportadora",* o Regulamento número 261/2004 não é aplicável ao locador[79].

[74] Ac. do TJUE de 11 de julho de 2008 (Caso C-173/07), disponível *apud* http://curia.europa.eu/. Cfr. a anotação de Chatzipanagiotis, *The Notion of 'Flight' under Regulation (EC) No. 261/2004*, in *Air and space law* XXXVII (2012), pp. 245-257.

[75] Bianchini, *Sull'ambito di aplicazione del reg. (CE) 261/2004 su negato imbarco, cancellazione del volo e ritardo prolungato,* in DT 2009, pp. 162-168 (p.166).

[76] Bianchini, *Sull'ambito di aplicazione del reg. (CE) 261/2004 su negato imbarco, cancellazione del volo e ritardo prolungato,* cit., p. 168 ou Chatzipanagiotis, *The Notion of 'Flight' under Regulation (EC) No. 261/2004*, cit., pp. 249-250 e p. 257.

[77] Dal Pozzo, *EU legal framework for safeguarding air passenger rights,* cit., p. 146.

[78] Estão aqui em vista, sobretudo, os casos de *charter* aéreo, *i.e.,* contratos em que um transportador aéreo coloca à disposição de uma agência de viagens uma aeronave e a respetiva tripulação, mediante o pagamento de um correspetivo ao transportador aéreo. Tradicionalmente, avultam os casos em que o contrato é celebrado entre uma agência de viagens e um transportador aéreo. Trata-se, da situação mais comum. Assim, por exemplo, Lefebvre d'Ovidio/Pescatore/Tullio, *Manuale di diritto della navigazione,* 14.ª ed., cit., p. 441. No entanto, existem muitas outras hipóteses testadas pela *praxis.* Cfr. a súmula de Casanova/Brignardello, *Diritto dei trasporti,* Vol. II,, 2.ª ed., cit., pp. 363-365 ou de Bon-Garcin/Bernardet/ Delebecque, *Droit des transports,* 2.ª ed., Paris, Dalloz, 2018, pp. 686-687.

[79] Ac. do TJUE de 31 de maio de 2018 (Caso C-537/17), disponível *apud* http://curia.europa.eu/.

Para além dos requisitos vertidos no artigo 3.º, número 1, exige-se ainda no artigo 3.º. número 2, alínea a) que (i) o passageiro tenha reserva confirmada para o voo em questão e que (ii) o passageiro se apresente a registo nos prazos, local e condições requeridas para o efeito. Não havendo qualquer indicação de hora para apresentação a embarque, o passageiro deve apresentar-se até 45 minutos antes da hora de partida publicada.

III. Conquanto faça, sistematicamente, apelo à noção de passageiros, o Regulamento 261/2004 não cura de definir passageiro[80].

Fazendo apelo, por um lado ao campo de aplicação da CM[81] e, por outro, às pistas interpretativas vertidas no Regulamento, será passageiro, para efeitos de aplicação do Regulamento 261/2004, a pessoa singular, munida de bilhete para um concreto voo. Efetivamente, resulta do artigo 3.º, número 1, alínea a) e do artigo 4.º a necessidade de o passageiro estar fisicamente no aeroporto, ao passo que, *a contrario,* resulta do artigo 2.º, alínea b) que o bilhete apenas pode ser adquirido "*em nome de uma pessoa colectiva*", ficando por conseguinte, afastadas as pessoas coletivas do campo de aplicação do Regulamento, por não serem subsumíveis à noção de passageiro[82].

Adicionalmente tendo presente o teor do artigo 3.º, número 3 do Regulamento 261/2004 – onde se determina a não aplicabilidade aos passageiros com viagens gratuitas ou com tarifa reduzida não disponível, direta ou indiretamente, ao público – é igualmente forçoso concluir que crianças de colo, tal como adultos que paguem uma taxa administrativa, não são passageiros para efeitos de aplicação do Regulamento[83].

---

[80] Para maiores desenvolvimentos, Katja Brecke, "*Der Begriff des „Fluggastes" im Sinne der Verordnung (EG) Nr. 261/2004*, in ZLW 61 (2012), pp. 358-364.

[81] No tocante ao transporte de passageiros, resulta da CM que esta rege o transporte de pessoas (artigo 1.º, número 1), ficando, por exemplo, afastado do respetivo campo de aplicação o transporte de cadáveres.

[82] Neste sentido, Katja Brecke, *Der Begriff des „Fluggastes" im Sinne der Verordnung (EG) Nr. 261/2004,* cit., p. 362: "*Die Auslegung des Begriffs „Fluggast" ergibt somit, dass jedenfalls juristische Personen keine Fluggaste im Sinn der Verordnung sein können.*".

[83] Mendes de León, *Introduction to air law,* 10.ª ed., cit., p. 267.

3.2. Sobrereserva

I. A matéria da sobrereserva ("*overbooking*") foi prevista no Regulamento, cujo artigo 1.º prevê os direitos mínimos dos passageiros, em caso de: (i) recusa de embarque contra sua vontade, (ii) cancelamento de voos e (iii) atraso de voos.

O Regulamento surge na sequência do Livro Branco sobre os transportes, o qual assentava na trave-mestra de procurar incrementar os direitos dos passageiros, através da adequação do quadro normativo comunitário[84].

O diploma não se refere única e exclusivamente à sobrereserva de voos, mas, também, a casos de atraso, o que permite afirmar que o Regulamento é, de certa forma, enganador. Para além disso, confiná-lo à epígrafe "sobrereserva" é igualmente redutor. Cônscios da sinédoque envolvida, e tendo presente o facto de ser comum esta identificação entre o Regulamento e o fenómeno da sobrereserva, reportar-nos-emos, *brevitatis causa,* à figura da sobrereserva.

II. Nas páginas subsequentes a referência a "sobrereserva" refere-se à aceitação consciente, por parte do transportador aéreo, de reservas superiores ao número total de lugares disponíveis no avião. Esta prática é assaz comum, pois os transportadores soem recorrer a este expediente de modo a limitar as consequências económicas negativas da não apresentação dos passageiros a embarque, o que poderia dar azo à imposição de penalidades nos casos de não comparência ou ao próprio aumento das tarifas cobradas[85].

---

[84] Sobre as origens do Regulamento 261/2004, Cfr. MASSIMILIANO PIRAS, *Il rifiuto e il ritardo del vettore nella nuova disciplina comunitária,* cit., pp. 155-161, CASANOVA IBAÑEZ, *El transporte aéreo en la Unión Europea: de la liberalización a la protección de los consumidores,* cit., pp. 121-136, bem como CARLOS NEVES DE ALMEIDA, *Do contrato de transporte aéreo e da responsabilidade civil do transportador aéreo,* Coimbra, Almedina, 2010, p. 593 e segs.

[85] TULLIO, *Overbooking, cancellazione e ritardi* in MASSIMO DEIANA (organizador), *Studi sui negaêncito imbarco, cancelazione del volo e ritardo nel trasporto aereo,* Cagliari, Edizioni AU, 2005, pp. 9-26 (p. 9). Precisamente por estes motivos, os transportadores elaboraram a denominada curva de reservas, a qual indica a correlação estatística entre o número histórico das reservas efetuadas e o número de pessoas que efetuaram reserva e que se apresentaram num determinado voo. Com base nestes números, o transportador aéreo aceita reservas em excesso, em número par relativamente ao do número de prováveis não comparências. A este propósito, salienta DEIANA, *Riflessioni sulla sovraprenotazione nel trasporto aereo,* in MASSIMO DEIANA (organizador), *Studi sui negato imbarco, cancelazione*

Conforme assinala Bugherini, na "sobrereserva" são assaz frequentes os casos em os passageiros reservam o voo e, a final, não se apresentam para efeitos de embarque (passageiro "*no-show*"), facto que obsta à otimização da capacidade da aeronave pelo transportador. Assim, para evitar esta situação, é comum os transportadores, baseados em modelos estatísticos, venderem um número de bilhetes superior ao da real capacidade da aeronave (*"overselling"*)[86]. A prática terá tido início na década de 1940, para fazer face à não comparência de passageiros ou mesmo ao cancelamento ou à modificação de reservas feitas pelos passageiros, situação que, não raras vezes, estava na base de voos sem quaisquer passageiros a bordo[87].

Uma conduta deste teor é configurável como um incumprimento do contrato de transporte aéreo[88], motivo pelo qual é mister aferir das concretas soluções oferecidas pelo ordenamento nestas situações. Efetivamente, a partir do momento em que o transportador, conscientemente, comercializar lugares em número superior ao da capacidade da aeronave e em que um concreto passageiro seja impedido, em virtude da sobrereserva, de aceder à aeronave para realizar a viagem, estaremos perante uma situação de incumprimento contratual, a qual deve ser distinguida daqueloutra em que o passageiro é impedido de aceder à aeronave em virtude de circunstâncias extraordinárias, como, por exemplo, tempestades[89]. Ponto assente é o facto de a sobrereserva (*"overbooking"*) se ter convolado na prática da sobrevenda (*"overselling"*), fruto da adoção de modelos estatísticos assentes na quantidade passageiros que, habitualmente, acabam por não embarcar na aeronave, pese embora tenham adquirido o respetivo bilhete ("*no*

---

del volo e ritardo nel trasporto aereo, Cagliari, Edizioni AV, 2005, pp. 27-54 (p. 28), que o problema do *overbooking* é, acima de tudo, prático-funcional e não téorico-reconstrutivo. Em termos próximos, Morsello, *Responsabilidade civil no transporte aéreo,* São Paulo, Editora Atlas, 2006, pp. 182-183, assinalando que a prática do *overbooking* tem ínsita a natureza competitiva do mercado aeronáutico.

86 Bulgherini, *Evoluzione del negato imbarco, della cancellazione del volo e del ritardo,* in *Il trasporto aereo tra normativa comunitaria ed uniforme,* Milão, Giuffrè, 2011, pp. 383-409 (p. 384).

87 Cfr., por exemplo, Guerrero Lebrón, *La responsabilidad contractual del porteador aéreo en el transporte de pasajeros,* Valencia, Tirant lo Blanch, 2005, p. 384.

88 Questionando esta conclusão, sublinhando o carácter inovador do Direito Aéreo, cfr. o estudo seminal de Mapelli, *Point de vue sur la pratique de l'overbooking,* in *Annals of air and space law* 4 (1979), pp. 213-232.

89 Sublinhando este aspeto, Casanova Ibañez, *El transporte aéreo en la Unión Europea: de la liberalización a la protección de los consumidores,* cit., p. 91.

show passengers")[90]. Trata-se, pois, de decisões de política comercial do transportador[91], tradicionalmente justificada por desistências entre 20% a 25% por voo, sempre que estas sejam desistências não impliquem custos para o passageiro[92]. Em função deste panorama, deu-se a adoção, por parte dos transportadores, da lógica *"first come, first serve"*, de modo a recusar o embarque aos passageiros que realizem o *check-in* em último lugar[93].

III. Conquanto a sobrereserva configure um ilícito contratual, a partir do momento em que o Regulamento se reporta especificamente a esta prática estabelecendo um regime de assistência e de compensações pecuniárias, seria possível sustentar estarmos diante de uma manifestação de "*reconhecimento e admissão legal*"[94], de "*comportamento ilícito admitido pela Lei*"[95] ou mesmo que "*é difícil pensar que o transportador aéreo cometa um ilícito de incumprimento quando adota uma* praxis *conhecida pelo legislador*"[96]. Em qualquer caso, parece ser avisada a asserção de que a aceitação consciente da possibilidade de sobrereserva permite colocar em cheque a bondade da conduta dos transportadores, pois estes não poderão ignorar os sobressaltos dos passageiros, nem a possibilidade de poderem sobrevir danos[97].

Na verdade, atento o facto de o legislador não só reconhecer a existência da *praxis* da sobrereserva como, ademais, lhe atribuir um regime específico, por mais perplexidades que esta postura concite, entendemos que estamos perante um ilícito sancionado por lei, pese embora regido por um

---

[90] Nestes termos, por exemplo, Busti, *Contratto di trasporto aereo,* cit., p. 483 ou Casanova/Brignardello, *Diritto dei trasporti,* Vol. II, 2.ª ed., cit., pp. 189-190.

[91] Magnosi, *Brevi considerazioni in tema di mancata esecuzione del trasporto aereo,* in *Trasporto aereo e tutela del passeggero nella prospetiva europea,* Milão, Giuffrè, 2006, pp. 199-231 (p. 205).

[92] Cfr., por exemplo, Bon-Garcin/Bernardet/ Delebecque, *Droit des transports,* 2.ª ed., cit., p. 440.

[93] Ferrer Tapia, *El contrato de transporte aéreo de pasajeros: sujetos, estatuto y responsabilidad,* cit. p. 293.

[94] Morillas Jarillo/Petit Lavall/Guerrero Lebrón, *Derecho aéreo y del espacio,* cit., p. 620.

[95] Deiana, *Riflessioni sulla sovraprenotazione nel trasporto aereo,* cit., p. 30

[96] Maggiolo, *Overbooking, ritardo e cancellazione del volo: contratto, compensazione, responsabilità,* cit., pp. 129-130.

[97] Guerreri, *Overbooking, overselling and denial of boarding,* in *Annals of air and space law* 14 (1989), pp. 191-202 (p. 193).

regime específico, plasmado no Regulamento. Com efeito, os direitos dos passageiros surgem no âmbito de uma concreta perturbação da prestação, seja pela via da sobrereserva, seja pela via do cancelamento, seja pela via do atraso, motivo pelo qual perspetivamos a disciplina do Regulamento como uma disciplina especial, relativamente ao incumprimento do contrato de transporte aéreo de passageiros[98]. Caso aceitássemos a eventual "*admissão legal*" desta prática, teríamos a singular situação em que o transportador que comercializasse bilhetes para além da capacidade do navio, na eventualidade de não poder cumprir com a respetiva prestação relativamente aos passageiros que se apresentassem atempadamente para efetuar a viagem, não cometeria um ilícito contratual[99].

3.3. Recusa de embarque

I. Estaremos perante recusa de embarque quando o transportador não aceita transportar um dos passageiros que se apresentou devidamente ao embarque[100], salvo se existirem motivos razoáveis para recusar o embarque, como razões de saúde, de segurança ou a falta de documentação necessária para a viagem[101]. A referência do artigo 4.º do Regulamento aos "motivos razoáveis" é lida por alguns autores como uma disposição destinada a proteger o passageiro de práticas comerciais e estratégicas do transportador, motivo pelo qual o legislador exemplifica como razões válidas para a recusa de embarque razões de saúde, de segurança ou a falta da necessária documentação de viagem[102]. No entanto, estão ainda documentadas situações à margem do Regulamento 261/2004, *maxime* a elaboração de listas negras de passageiros por parte dos transportadores aéreos, as quais, poderão dar azo a situações de recusa de embarque justificadas[103].

---

[98] Em termos próximos, SCHAEFER, *Recht des Luftverkehrs,* cit., p. 177.

[99] Sublinhando a relação intrínseca entre o incumprimento e a sobrerserva, MAGNOSI, *Brevi considerazioni in tema di mancata esecuzione del trasporto aereo,* cit., pp. 205-206.

[100] Cfr. o artigo 3.º, número 2 do Regulamento 261/2004.

[101] Conforme refere DAL POZZO, *EU legal framework for safeguarding air passenger rights,* cit., p. 158, a recusa de embarque geralmente é perspetivada tendo por base a noção de sobrereserva, mas esta é assaz mais ampla.

[102] SCHAEFER, *Recht des Luftverkehr,* cit., p. 184.

[103] Sobre este aspeto, GUERRERO LEBRÓN, *La responsabilidad contractual del porteador aéreo en el transporte de pasajeros,* cit., pp. 368-380.

O artigo 4.º, número 1 do Regulamento prevê que um transportador aéreo quando tiver motivos razoáveis para prever que vai recusar o embarque para um voo deve, em primeiro lugar, apelar a voluntários que aceitem ceder as suas reservas a troco de benefícios, em condições a acordar entre o passageiro em causa e o transportador aéreo operador. Se o número de voluntários for insuficiente, o transportador aéreo poderá recusar o embarque de passageiros contra a sua vontade[104]. *A priori,* o apelo a voluntários será, na realidade, de pouca valia: se o benefício oferecido não for superior à compensação a que têm direito os passageiros que consintam ceder as suas reservas dificilmente serão encontrados voluntários[105]. *Ergo,* alguns autores, corretamente, reportam-se a uma "obrigação aparente"[106], fruto do escasso incentivo à adesão de voluntários nas situações de recusa de embarque.

II. A noção de recusa de embarque é ampla: se um passageiro com reserva para um voo específico vir o seu voo remarcado para outro voo

[104] Artigo 4.º, número 2 do Regulamento 261/2004. A este propósito, chama a atenção ZAMPONE, *La responsabilitá del vettore aereo per negato imbarco e cancellazione del volo* in *Studi sui negato imbarco, cancelazione del volo e ritardo nel trasporto aereo,* Cagliari, Edizioni AV, 2005, pp. 55-86, cit, (p.77), para o facto de o legislador regular o *overbooking,* sem ter curado de o abranger na definição do artigo 3.º, número 2 do Regulamento.

[105] TULLIO, *Overbooking, cancellazione e ritardi,* cit., p. 13. Estes passageiros têm direito a uma compensação pecuniária (artigo 7.º do Regulamento 261/2004), (ii) ao reembolso do valor do bilhete (artigo 8.º) e a (iii) assistência (artigo 9.º). Saliente-se que o Regulamento 261/2004 não contém qualquer norma relativa aos casos de viagens organizadas, exceção feita ao artigo 8.º, número 2. Sobre o contrato de viagem organizada, MIGUEL MIRANDA, *O contrato de viagem organizada,* Coimbra, Almedina, 2000, *passim* e LUÍS ESPÍRITO SANTO, *O contrato de viagem organizada,* Coimbra, Almedina, 2016, *passim,* bem como os estudos de SOUSA RIBEIRO, *O contrato de viagem organizada, na lei vigente e no anteprojeto do código do consumidor,* in *Prof. Doutor Inocêncio Galvão Telles: 90 anos – Homenagem da Faculdade de Direito de Lisboa,* Coimbra, Almedina, 2007, pp. 551-583, JANUÁRIO DA COSTA GOMES, *Sobre viagens organizadas e "férias estragadas". Breves notas,* in *Liber amicorum Mário Frota,* Coimbra, Almedina, 2012, pp. 386-407 e ELSA DIAS OLIVEIRA, *A proteção do consumidor nas viagens organizadas. Algumas considerações,* in *Estudos de direito do consumo. Homenagem a Manuel Cabeçadas Ataíde Ferreira,* Lisboa, Deco, 2016, pp. 208-232. Sobre a interconexão entre as viagens organizadas e o transporte aéreo de passageiros, ADELAIDE MENEZES LEITÃO, *O contrato de viagem organizada e a protecção do passageiro aéreo,* in *Estudos de direito aéreo,* Coimbra, Coimbra Editora, 2012, pp. 271-296 e HUGO RAMOS ALVES, *Direito aéreo – uma introdução,* cit., pp. 568-586.

[106] LEFEBVRE/PESCATORE/D'OVIDIO, *Manuale di diritto della navigazione*, 14.ª ed., cit., p. 481.

porque o voo originalmente reservado é menor do que a aeronave afecta ao transporte, estamos perante uma situação de recusa de embarque devida a sobrereserva[107]. Todavia, esta amplitude tem limites: o fecho das portas da aeronave. Efetivamente, se o passageiro, conquanto tenha feito o registo atempadamente, chegar à zona de embarque após o fecho das portas da aeronave, o Regulamento não será aplicável[108].

Se a recusa de embarque for efetuada aleatoriamente, pensamos ser possível requerer a condenação do transportador aéreo. Como estamos no domínio da responsabilidade contratual, impende sobre o transportador uma presunção de culpa, que lhe compete ilidir[109]. Trata-se, aliás, de um aspeto reforçado, *rectius*, colocado em relevo de forma manifesta no artigo 11.º ao prever a prioridade do transporte das pessoas com mobilidade reduzida e de quaisquer pessoas, ou cães-guias devidamente certificados, que os acompanhem, bem como das crianças não acompanhadas, sendo certo que, no caso de recusa de embarque, estas pessoas têm direito a receber, logo que possível, assistência.

Por este motivo, não é despiciendo sublinhar o facto de impender sobre o transportador o dever de ter em consideração as necessidades específicas destes passageiros. Conquanto não exista qualquer sanção específica para a violação do dever de assistência previsto no artigo 11.º, número 2 do Regulamento 261/2004[110], pensamos, se bem que com reservas, ser possível recorrer ao regime da responsabilidade contratual nestes casos.

A prioridade para o embarque deste passageiros sai reforçada pelo facto de o artigo 3.º do Regulamento (CE) n.º 1107/2006 determinar que os transportadores aéreos, os seus agentes ou os operadores turísticos não se recusarão, com fundamento na deficiência ou na mobilidade reduzida (i) a aceitar uma reserva para um voo com partida ou (ii) a embarcar uma pessoa com deficiência ou uma pessoa com mobilidade reduzida, desde que a pessoa em causa tenha um bilhete e uma reserva válidos.

---

[107] Degott, *Artigo 4.º*, Nm 14, in *BeckOK Fluggastrechte-Verordnung,* 13.ª ed., Munique, Beck, 2020.

[108] Cfr., por exemplo, Degott, *Artigo 4.º*, Nm 15, in *BeckOK Fluggastrechte-Verordnung,* 13.ª ed., Munique, Beck, 2020.

[109] Cfr. o Ac. do Tribunal da Relação de Lisboa de 22 de abril de 2010 (Proc. 6817/04.0YXLSB.L1-2), disponível *apud* www.dgsi.pt. Similarmente, Massimiliano Piras, *Il Rifiuto e il ritardo del vettore nella nuova disciplina comunitaria,* cit., p. 166.

[110] Cfr., por exemplo, Hopperdietzel, *Artigo 11.º*, Nm 3, in *BeckOK Fluggastrechte-Verordnung,* 13.ª ed., Munique, Beck, 2020.

III. Fruto do recurso a uma definição assaz ampla de recusa de embarque[111], o Regulamento permite, *a priori*, incluir os casos em que o transportador decida substituir a aeronave inicialmente destinada ao transporte por uma de menor lotação[112]. Com efeito, atendendo ao facto de, por via de regra, os bilhetes identificarem a aeronave, *rectius,* o modelo de aeronave que realizará o transporte, uma alteração unilateral decidida pelo transportador, configura uma situação de incumprimento contratual, motivo pelo qual, em função de sobre si impender a presunção de culpa, terá de demonstrar a não censurabilidade da respetiva conduta. Em abono desta asserção, pode-se igualmente sustentar que o fito do legislador é o de consolidar a posição do passageiro perante o transportador que recusa o embarque em virtude sobrereserva[113].

Na eventualidade de o embarque ser recusado, os passageiros têm direito a (i) receber uma compensação[114], (ii) reembolso do bilhete[115] e (iii) receber do transportador aéreo assistência[116]. No caso do reembolso, *"(...) o preço do bilhete a tomar em consideração para determinar o montante do reembolso devido pela transportadora aérea a um passageiro em caso de cancelamento de um voo inclui a diferença entre o montante pago por esse passageiro e o recebido por essa transportadora aérea, a qual corresponde a uma comissão cobrada por uma pessoa que interveio como intermediário entre estes dois últimos, salvo se essa comissão tiver sido*

---

[111] Sublinhando esta amplitude, cfr., por exemplo, Morillas Jarillo/Petit Lavall/Guerrero Lebrón, *Derecho aéreo y del espacio,* cit., p. 623, , Mendes de León, *Introduction to air law,* 10.ª ed., cit., p. 268 ou, entre nós, Daniel Morais, *Recusa de embarque injustificada no transporte aéreo,* cit., p. 499 e segs.

[112] Zampone, *La responsabilità del vettore aereo per negato imbarco e cancellazione del volo,* cit., p. 78.

[113] Em termos próximos, Degott, *Artigo 4.º.,* Nm 3, in *BeckOK Fluggastrechte-Verordnung,* 13.ª ed., Munique, Beck, 2020.

[114] Cfr. artigo 7.º. A este propósito, Massimiliano Piras, *Il rifiuto e il ritardo del vettore nella nuova disciplina comunitária,* cit., pp. 166-167, salienta que o montante das indemnizações foi substancialmente incrementado face ao anterior quadro normativo, salientando igualmente que se deveria ter aproveitado este ensejo para prever um mecanismo automático de adequação das compensações devidas aos passageiros.

[115] Cfr. artigo 8.º. O passageiro poderá optar entre o reembolso do bilhete no prazo de sete dias a contar da recusa de embarque ou a ser reencaminhado para o seu destino final na primeira oportunidade, ou em condições de transporte equivalentes, para o seu destino final numa data posterior, da sua conveniência, sujeito à disponibilidade de lugares.

[116] Cfr. artigo 9.º.

fixada sem o conhecimento da referida transportadora aérea, o que cabe ao órgão jurisdicional de reenvio verificar."[117].

IV. O passageiro apenas poderá invocar o Regulamento 261/2004 quando a recusa de embarque não tenha por fundamento motivos de saúde, de segurança ou pela falta da necessária documentação de viagem[118]. Tendo em conta a latitude do Regulamento, o TJUE já pôde precisar que a recusa de embarque apenas será válida caso se reporte a uma concreta aeronave numa determinada data. *Ergo,* se for recusado o embarque em virtude de reorganização operacional do transportador na sequência de uma circunstância extraordinária, o Regulamento 261/2004 será aplicável[119].

---

[117] Ac. do TJUE de 12 de setembro de 2018 (Caso C-601/17), disponível *apud* http://curia.europa.eu/

[118] Cfr. artigo 2.º, alínea f) do Regulamento 261/2004. Para maiores desenvolvimentos, Morillas Jarillo/Petit Lavall/Guerrero Lebrón, *Derecho aéreo y del espacio,* cit., pp. 622-627.

[119] Cfr. o Acórdao do TJUE de 4 de outubro de 2012 (Caso C-22/11), disponível *apud* http://curia.europa.eu/, em cujos parágrafos 34. e 35. podemos ler:

"37. Por outro lado, resulta do considerando 15 do Regulamento n.º 261/2004 que as «circunstâncias extraordinárias» só podem ser relativas «a uma determinada aeronave num determinado dia», o que não é o caso de uma recusa de embarque imposta a um passageiro em razão da reorganização dos voos decorrente dessas circunstâncias que afetaram um voo anterior. Com efeito, o conceito de «circunstâncias extraordinárias» visa limitar as obrigações da transportadora aérea, ou mesmo exonerá-la dessas obrigações, quando o acontecimento em causa não poderia ter sido evitado mesmo que tivessem sido tomadas todas as medidas razoáveis. Ora, como observou o advogado-geral no n.º 53 das suas conclusões, se essa transportadora é obrigada a cancelar um voo previsto para o dia de uma greve do pessoal de um aeroporto e decide depois reorganizar os seus voos posteriores, não se pode considerar que essa transportadora foi, de forma alguma, obrigada pela referida greve a recusar o embarque a um passageiro que se apresentou regularmente no embarque dois dias após o cancelamento do referido voo.

38. Consequentemente, devido à exigência de interpretação estrita das exceções às disposições que conferem direitos aos passageiros tal como decorre da jurisprudência assente do Tribunal de Justiça (v., neste sentido, acórdão Wallentin-Hermann, já referido, n.º 17 e jurisprudência referida), não se deve admitir que a transportadora aérea se possa eximir da sua obrigação de indemnização no caso de «recusa de embarque» pelo facto de essa recusa resultar da reorganização dos voos dessa transportadora na sequência de «circunstâncias extraordinárias»."

3.4. Cancelamento do voo

I. No tocante ao cancelamento do voo, a aplicação do regime do Regulamento depende de (i) o passageiro dispor de reserva para o voo em questão ou de (ii) o voo ter sido transferido por outro transportador aéreo ou operador turístico de voo em que aquele possuía reserva[120].

Em caso de cancelamento de voo, os passageiros em causa têm direito a receber do transportador aéreo operador assistência de modo que possam optar pelo reembolso do bilhete ou efetuar a viagem num voo alternativo[121]. Adicionalmente, o passageiro deverá receber do transportador aéreo operador assistência de modo que lhe sejam facultadas refeições e bebidas em proporção razoável com o tempo de espera[122]. Não obstante, nos casos de reencaminhamento em que a hora de partida razoavelmente prevista do novo voo seja, pelo menos, o dia após a partida que estava programada para o voo cancelado, o transportador aéreo deve oferecer aos passageiros alojamento em hotel e transporte entre o aeroporto e o alojamento[123]. Adicionalmente, se o reencaminhamento implicar uma alteração de classe, o Regulamento determina que a melhoria (*"upgrade"*) não permite exigir qualquer pagamento adicional, enquanto a alteração *in pejus* (*"downgrade"*), confere ao passageiro o direito a ser reembolsado parcialmente[124].

II. O passageiro terá direito a uma compensação pecuniária, salvo se (i) tiver sido informado do cancelamento pelo menos duas semanas antes da hora programada de partida, ou (ii) tiver sido informado do cancela-

[120] Cfr. artigo 3.º, número 2 do Regulamento 261/2004.

[121] Cfr. artigo 5.º, número 1 e art.º 8.º, número 1 do Regulamento 261/2004.

[122] Cfr. artigo 5.º, número 1, alínea b), primeira parte e artigo 9.º, número 1, alínea (a) do Regulamento 261/2004.

[123] Cfr. artigo 5.º, número 1, alínea b), segunda parte e artigo 9.º, número 1, alíneas (b) e (c) do Regulamento 261/2004.

[124] Cfr. o artigo 10.º, número 1 e 2 do Regulamento 261/2004, Nos casos de *downgrade,* o regulamento determina o reembolso no prazo de 7 dias de (i) 30 % do preço do bilhete para todos os voos até 1500 quilómetros; ou (ii) 50 % do preço do bilhete para todos os voos intracomunitários com mais de 1500 quilómetros, com exceção dos voos entre o território europeu dos Estados-Membros e os departamentos ultramarinos franceses, e para todos os outros voos entre 1500 e 3500 quilómetros; ou (iii) 75 % do preço do bilhete para todos os voos não abrangidos nas alíneas a) ou b), incluindo os voos entre o território europeu dos Estados-Membros e os departamentos ultramarinos franceses.

mento entre duas semanas e sete dias antes da hora programada de partida e se lhe tiver sido oferecido reencaminhamento que lhe permita partir até duas horas antes da hora programada de partida e chegar ao destino final até quatro horas depois da hora programada de chegada, ou (iii) tiver sido informado do cancelamento menos de sete dias antes da hora programada de partida e se lhe tiver sido oferecido reencaminhamento que lhe permita partir até uma hora antes da hora programada de partida e chegar ao destino final até duas horas depois da hora programada de chegada[125].

Como verificaremos em momento ulterior[126], desempenha um papel fulcral neste regime o artigo 5.º, número 3 do Regulamento, pois permite a exculpação do transportador na eventualidade de demonstrar que o cancelamento se ficou a dever a circunstâncias extraordinárias que não poderiam ter sido evitadas mesmo que tivessem sido tomadas todas as medidas razoáveis.

3.5. Atraso

I. À imagem dos restantes casos previstos no Regulamento, o regime do atraso depende da verificação dos seguintes requisitos: (i) que o passageiro tenha reserva confirmada para o voo em questão e (ii) que o passageiro se apresente a registo no prazos, local e condições requeridas para o efeito.

No entanto, exige-se igualmente que a partida, em relação à hora programada, se vá atrasar: (i) duas horas ou mais, no caso de quaisquer voos até 1 500 quilómetros; ou (ii) três horas ou mais, no caso de quaisquer voos intracomunitários com mais de 1 500 quilómetros e no de quaisquer outros voos entre 1 500 e 3 500 quilómetros; ou (iii) quatro horas ou mais, no caso de quaisquer voos não abrangidos pelos pontos (i) a (iii), o transportador aéreo operador deve oferecer aos passageiros assistência, *maxime*, refeições e bebidas[127].

II. Adicionalmente quando a hora de partida razoavelmente prevista for, pelo menos, o dia após a hora de partida previamente anunciada, deverá

[125] Cfr. art. 5.º, número 1, alínea (c) do Regulamento 261/2004.

[126] Cfr. o ponto 3.7.

[127] Cfr. artigo 9.º, números 1, alínea (a) e número 2 do Regulamento 261/2004 *ex vi* art. 6.º, número 1 do Regulamento 261/2004.

ser fornecido alojamento em hotel e transporte[128]. Finalmente, nos casos em que o atraso for de, pelo menos, quatro horas, deverá fornecer ao passageiro a possibilidade de ser reembolsado pelo valor do bilhete[129].

Contrariamente às situações de recusa de embarque e de cancelamento de voo, o mero atraso não determina o pagamento de compensações pecuniárias ao passageiro, surgindo, assim, dificuldades práticas para distinguir o atraso das situações de sobrereserva[130].

Neste particular, a jurisprudência do TJUE tem afirmado a equiparação do atraso às situações de cancelamento de voo em determinadas circunstâncias. O ponto de partida para esta interpretação parece ser o caso Sturgeon[131]. Neste Acórdão, numa situação em que uma família adquiriu um voo de ida e volta de Frankfurt am Main (Alemanha) para Toronto (Canadá), verificou-se que, aquando do voo de regresso, este chegou atrasado cerca de 25 horas relativamente à hora prevista, na sequência de cancelamento prévio do voo original no dia anterior, motivo pelo qual os passageiros consideraram estar diante de um cancelamento de voo e não de um mero atraso.

O TJUE viria a acolher esta pretensão, sustentando que "(...) *quando o voo inicialmente previsto e atrasado for transferido para outro voo, isto é, quando a programação do voo inicial é abandonada e os passageiros deste se juntam aos passageiros de um voo igualmente programado, independentemente do voo para o qual os passageiros assim transferidos efectuaram as suas reservas.*"[132]. Adicionalmente, o TJUE asseverou

---

[128] Cfr. artigo 9.º, números 1, alíneas (b) e (c) do Regulamento 261/2004 *ex vi* art. 6.º, número 1 do Regulamento 261/2004.

[129] Cfr. artigo 8.º, número 1, alínea a) do Regulamento *ex vi* art. 6.º, número 1 do Regulamento 261/2004. A propósito deste artigo, afigura-se ter presente, conforme salienta ZAMPONE, *La responsabilità del vettore aereo per negato imbarco e cancellazione del volo,* cit., p. 81, que esta norma pressupõe explicitamente uma violação do sinalagma contratual, porquanto determina uma perda do interesse do credor na realização da prestação, situação que ocorrerá igualmente nos casos em que exista um termos essencial (a aposição da data da execução do transporte no bilhete) ou nos casos em que, *ex contractu,* seja reconhecida a possibilidade de decretar a resolução do contrato após a verificação de uma situação de mora.

[130] Assim, por exemplo, SCHWENK/GIEMULLA, *Handbuch des Luftverkehrsrechts,* 4.ª ed., cit., p. 752.

[131] Ac. do TJUE de 19 de novembro de 2009 (casos C-402/07 e C-432/07), disponível *apud* http://curia.europa.eu/.

[132] Cfr. parágrafo 36.

igualmente que *"(...) os passageiros de um voo cancelado e os passageiros de um voo atrasado sofrem um prejuízo análogo, consistente numa perda de tempo, encontrando-se, assim, em situações comparáveis para efeitos da aplicação do direito a indemnização previsto no artigo 7.° do Regulamento n.° 261/2004."*[133]. Perante este *stare decisis,* alguns autores criticaram a postura do tribunal, sustentando que este alargou o âmbito de aplicação do Regulamento, transcendendo a função judicial[134]"ou, em alternativa, que a máxima de decisão do TJUE é pouco convincente, atento o facto de a epígrafe do artigo 6.º do Regulamento e o processo tendente ao seu surgimento não darem cobertura à afirmação da existência de uma lacuna[135].

Na mesma ordem de razões, Cachard sustenta estarmos diante de uma decisão *contra legem,* estribada na empatia para com os passageiros afetados pelo atraso[136]. Conforme assinala acertadamente o jurista francês, a reparação do prejuízo pelo atraso deriva do direito uniforme, pois o Regulamento apenas prevê uma compensação unitária[137]. A este propósito, Cachard sublinha o facto de o TJUE ter podido reverter a decisão, mas de ter optado pela respetiva manutenção no Caso Germanwings[138], pois a interpretação por si

[133] Cfr. parágrafo 54 do Ac. do TJUE de 19 de novembro de 2009. Esta interpretação seria reafirmada no Ac. do TJUE de 23 de outubro de 2012 (casos C-581/10 e C-629/10), disponível *apud* http://curia.europa.eu/.

[134] SCHWENK/GIEMULLA, *Handbuch des Luftverkehrsrechts,* 4.ª ed., cit., p. 753.

[135] SCHAEFER, *Recht des Luftverkehrs,* cit., p. 188. CASANOVA/BRIGNARDELLO, *Diritto dei trasporti,* Vol. II – *La disciplina contrattuale,* 2.ª ed., cit., p. 167, preferem sublinhar que os juízes europeus estavam cônscios da diferença entre voo com atraso e voo cancelado, antes de determinarem a assimilação de regimes.

[136] CACHARD, *Le transport intérnational aérien de passagers,* cit., p. 251.

[137] CACHARD, *Le transport intérnational aérien de passagers,* cit., p. 252.

[138] Caso C-413/11, disponível *apud* http://curia.europa.eu/, onde se decidiu que "*A interpretação do Regulamento (CE) n.º 261/2004 do Parlamento Europeu e do Conselho, de 11 de fevereiro de 2004, que estabelece regras comuns para a indemnização e a assistência aos passageiros dos transportes aéreos em caso de recusa de embarque e de cancelamento ou atraso considerável dos voos e que revoga o Regulamento (CEE) n.º 295/91, dada pelo Tribunal de Justiça no sentido de que os passageiros de voos com atraso têm direito a indemnização quando chegam ao seu destino final três horas ou mais após a hora de chegada inicialmente prevista, ao mesmo tempo que, por um lado, o artigo 6.º deste regulamento, relativo aos atrasos, prevê unicamente a aplicação de medidas de assistência e, por outro, é feita referência ao artigo 7.º do referido regulamento, relativo ao direito a indemnização, somente nas situações de recusa de embarque e de anulação de um voo, não tem relevância em relação ao princípio da separação dos poderes na União Europeia.*"

efetuada foi acolhida na proposta de alteração do Regulamento[139]. Dito de outro modo, parece ser acertada a observação de que a interpretação sancionada pelo TJUE é forçada, pois procura tirar uma analogia entre situações díspares, não acolhidas expressamente pelo Regulamento 261/2004[140].

3.6. Compensação pecuniária

I. Nos casos em que o Regulamento prevê o direito de ser compensado, o passageiro deve receber uma compensação no valor de: (i) 250 euros para todos os voos até 1 500 quilómetros, (ii) 400 euros para todos os voos intracomunitários com mais de 1 500 quilómetros e para todos os outros voos entre 1 500 e 3 500 quilómetros, (iii) 600 euros para todos os voos não abrangidos pelos incisos (i) e (ii)[141].

Esta previsão deve ser articulada com o disposto no artigo 12.º do Regulamento, que determina a respetiva aplicação *"(...) sem prejuízo dos direitos dos passageiros a uma indemnização suplementar. A indemnização concedida ao abrigo do presente regulamento pode ser deduzida dessa indemnização."*. Trata-se, pois, da questão atinente à compatibilidade do Regulamento com a disciplina vertida noutros instrumentos, *maxime,* na CM.

O TJUE pronunciou-se acerca da compatibilidade das disposições do Regulamento com aqueloutras vertidas na CM no Caso Ialta e ELFAA[142], sustentando não resultar da CM, *maxime,* dos artigos 19.º, 22.º ou 29.º, que

---

[139] Cachard, *Le transport intérnational aérien de passagers,* cit., p. 253. Para uma breve panorâmica das decisões acompanhando o caso *Sturgeon,* cfr. Morillas Jarillo/ /Petit Lavall/Guerrero Lebrón, *Derecho aéreo y del espacio,* cit., p. 643-646.

[140] Nestes termos, Lefebvre/Pescatore/D'Ovidio, *Manuale di diritto della navigazione,* 14.ª ed., cit., p. 483.

[141] Cfr. art. 7.º, número 1 do Regulamento 261/2004. Adicionalmente, prevê-se igualmente que na determinação da distância a considerar, deve tomar-se como base o último destino a que o passageiro chegará com atraso em relação à hora programada devido à recusa de embarque ou ao cancelamento.

[142] Ac. do TJUE de 13 de outubro de 2011 (Caso C-83/10), disponível *apud* http://curia.europa.eu/, objeto de anotação por Corona, *Il risarcimento per l'inadempimento degli obblighi di assistenza del vettore aereo,* in DT 2012, pp. 199-206. Cfr. igualmente Hobe/ Muller-Rostin/Recker, *Fragwurdiges aus Luxemburg zur Verordnung 261/2004 EC,* cit., bem como Charlotte Thijssen, *The Montreal Convention, EU Regulation 261/2004 and the Sturgeon – How to Reconcile the Three,* in *Issues in Aviation Law & Policy* 12 (2013), pp. 413-448.

esta pretenda *"(...) subtrair as referidas transportadoras a qualquer outra forma de intervenção, nomeadamente àquela que poderia ser pretendida pelas autoridades públicas para reparar, de forma uniforme e imediata, os prejuízos constituídos pelos inconvenientes devidos aos atrasos no transporte aéreo de passageiros, sem que estes tenham de suportar os inconvenientes inerentes à propositura de acções de indemnização nos tribunais*", de modo a concluir que a CM *"(...) não podia, portanto, obstar à intervenção do legislador comunitário para fixar, no âmbito das competências atribuídas à Comunidade em matéria de transportes e de protecção dos consumidores(...)*"[143]. Ademais, o próprio TJUE asseverou lapidarmente, a propósito dos atrasos, no Caso Nelson[144] que "*a perda de tempo não é um dano causado por um atraso, mas constitui um inconveniente, à semelhança de outros inconvenientes decorrentes de situações de recusa de embarque, de cancelamento de voo ou de atraso considerável*", de modo a concluir que *"(...) a perda de tempo é sofrida de forma idêntica por todos os passageiros de voos atrasados e, por conseguinte, é possível repará-la através de uma medida estandardizada, sem ser necessário proceder a qualquer apreciação da situação individual de cada passageiro em causa. Por isso, tal medida pode aplicar-se imediatamente."*[145].

Pronunciando-se expressamente sobre a máxima de decisão do caso *Sturgeon,* Schwenk e Giemulla, sublinham o facto de o TJUE considerar serem idênticos para todos os passageiros os danos sofridos no aeroporto de partida, legitimando o artigo 6.º do Regulamento que seja peticionada uma indemnização, sendo certo que estes danos são igualmente abrangidos pelo artigo 19.º da CM[146]. Deste modo, na eventualidade de o Regulamento não cobrir todos os danos do passageiro, será possível recorrer à CM de modo que o remanescente do dano seja indemnizado. Noutros termos, resulta desta máxima decisória a compatibilidade entre estes blocos normativos, pois estes primam pela independência e complementariadade[147]. Esta conclusão resulta igualmente da teleologia subjacente ao Regulamento: este

[143] Cfr. os parágrafos 45. e 46. do Ac. do TJUE de 10 de janeiro de 2006 (Caso C-344/04).

[144] Ac. do TJUE de 23 de outubro de 2012 (Casos C-581/10 e C-629/10), disponível *apud* http://curia.europa.eu/.

[145] Cfr. os parágrafos 51. e 52 do Ac. do TJUE de 23 de outubro de 2012.

[146] SCHWENK/GIEMULLA, *Handbuch des Luftverkehrsrechts,* 4.ª ed., cit., p. 756.

[147] Nestes termos, MARUHN, *Artigo 12.º,* Nm 3, in *BeckOK Fluggastrechte-Verordnung,* 13.ª ed., Munique, Beck, 2020.

visa evitar a produção de um dano, ao passo que a CM tem por função o respetivo ressarcimento[148]. Noutro prisma assinala-se, em termos convergentes, que no Regulamento 261/2004 a "perda de tempo" é um inconveniente, enquanto na CM é um dano, relativamente ao qual se exige um nexo causal face ao dano, a par da prova deste[149].

II. O artigo 12.º do Regulamento limita-se a determinar a compatibilidade com uma indemnização suplementar[150]. É ponto assente a diferença de pressupostos da CM, ancorada na reparação do dano, e do Regulamento, impondo direitos mínimos aos passageiros, motivo pelo qual nas situações de eventual cúmulo de pretensões – *maxime,* de atraso – ser necessário verificar se não estamos perante uma situação de concurso aparente, não em sentido técnico, mas em sentido material, atenta a divergência de escopos em sede de atraso do Regulamento e da CM. Efetivamente, o artigo 12.º do Regulamento não faz qualquer destrinça relativamente ao "dano indemnizável", *maxime* se este admite igualmente a ressarcibilidade de danos não patrimoniais. A este propósito, o TJUE sustentou que *"O conceito de «indemnização suplementar» mencionado no artigo 12.° do Regulamento n.° 261/2004 deve ser interpretado no sentido de que permite ao juiz nacional indemnizar, nas condições previstas pela Convenção de Montreal para a unificação de certas regras relativas ao Transporte Aéreo Internacional ou pelo direito nacional, o dano, incluindo o dano moral, resultante do incumprimento do contrato de transporte aéreo. Em contrapartida, este conceito de «indemnização suplementar» não pode servir de fundamento jurídico ao juiz nacional para condenar a transportadora aérea a reembolsar aos passageiros do voo que foi atrasado ou cancelado as despesas que estes tiveram de efectuar devido ao incumprimento, pela referida transportadora, dos seus deveres de assistência.".* Atenta a diversidade de pressupostos da CM e do Regulamento 216/2004, é relativamente comum

---

148 Vincando este aspeto, SCHMID, *Europaischer Verbraucherschutz mit Nachbesserungsbedarf,* in ZLW 54 (2005), pp. 373-385 (p. 375). O autor acrescenta ainda que, mesmo que haja lugar a ressarcimento ao abrigo da CM e compensação pecuniária ao abrigo do Regulamento, está igualmente vedada a compensação (*"Aufrechnung"*) dos montantes devidos.

149 MORILLAS JARILLO/PETIT LAVALL/GUERRERO LEBRÓN, *Derecho aéreo y del espacio,* cit., p. 651.

150 CACHARD, *Le transport intérnational aérien de passagers,* cit., p. 257: *"une clause de compatibilité"*.

a asserção de que o legislador da UE não está impedido de prever regimes que extravasem as soluções do Direito Material Uniforme[151], facto aliás, reconhecido expressamente pela jurisprudência constante do TJUE[152]. Não obstante, parece ser manifesto que o TJUE, por vezes, tem, a coberto do Regulamento, procurado interpretar disposições materiais da CM, numa sorte de avocação de competências dos tribunais internos de cada Estado--membro[153], num processo dificilmente justificável.

Esta contaminação do Direito derivado da União com o direito aplicável nos Estados-membros é visível igualmente na doutrina. Tendo por base o teor literal do Regulamento, sustenta Schaefer a ressarcibilidade de danos patrimoniais e de danos não patrimoniais, mas apenas até aos limites vertidos no Regulamento[154]. Atenta a particularidade do Regulamento, que admite uma compensação forfetária independentemente da verificação de

---

[151] Cfr., por exemplo, TONNER, *Der Luftbeförderungsvertrag zwischen europäischer und globaler Regulierung,* cit., p. 1856.

[152] Cfr., por exemplo, os parágrafos 54. e 55. do Ac. do TJUE de 23 de outubro de 2012: *"54. Com efeito, o dever especial de indemnização, imposto pelo Regulamento n.° 261/2004, não decorre de qualquer atraso efetivo, mas resulta unicamente do atraso que acarrete uma perda de tempo igual ou superior a três horas relativamente à hora de chegada inicialmente prevista. Além disso, enquanto a dimensão do atraso constitui normalmente um facto que aumenta a probabilidade de se produzirem danos mais importantes, a indemnização fixa atribuída ao abrigo do referido regulamento permanece a este respeito inalterada, não sendo tida em conta a duração do atraso efetivo, para além de três horas, para o cálculo do montante da indemnização devida ao abrigo do artigo 7.° do Regulamento n.° 261/2004.*

55. Nestas condições, a perda de tempo subjacente a um atraso de voo, que constitua um inconveniente na aceção do Regulamento n.° 261/2004 e não seja qualificável de «dano que resulte de um atraso», na aceção do artigo 19.° da Convenção de Montreal, não pode entrar no âmbito de aplicação do artigo 29.° da referida Convenção.". Não obstante, assinalam alguns autores que as premissas judicativas do TJUE estão estribadas numa noção artificial de danos cobertos pelo Regulamento e danos cobertos pela CM. Cfr., por exemplo, MENDES DE LEÓN, *Introduction to air law,* 10.ª ed., cit., p. 265.

[153] Cfr. a certeira observação de OLENA BOKAREVA, *Eu passenger and travel law,* cit., pp. 593-594.

[154] SCHAEFER, *Recht des Luftverkehrs,* cit., p. 178. Por seu turno, MARUHN, *Artigo 12.°.,* Nm 10, in *BeckOK Fluggastrechte-Verordnung,* 13.ª ed., Munique, Beck, 2020, assevera que o Regulamento 261/2004 não prima pela clareza neste ponto .Noutro prisma, CORONA, *La natura delle prestazioni di assistenza del vettore in caso di ritardo,* in DT 2006, pp. 866-874 (p. 872), prefere sublinhar que a obrigação de assistência prevista no Regulamento 261/2004 "*nasce como uma prestação de solidariedade social e não como uma obrigação de conteúdo patrimonial com carácter ressarcitório ou sancionatório*", argumentando com o considerando 18 do Regulamento, onde se lê: "*A assistência aos passageiros,*

dano[155], afigura-se preferível a via trilhada por Tullio, sustentando a diversidade de realidades abrangidas pelo Regulamento e pela CM: a assistência prevista pelo Regulamento não tem natureza ressarcitória, motivo pelo qual é oferecida a todos os passageiros abrangidos pelos *Tatbestände* do Regulamento. Assim, para o jurista italiano não há qualquer sobreposição entre o Regulamento e a CM, pois a obrigação de assistência tem natureza legal e integra o contrato de transporte aéreo de passageiros[156]. Por este motivo, entende o autor ser imperioso que o TJUE se afaste de linguagem enganadora, nomeadamente aquela apontando para a natureza ressarcitória da compensação a que o passageiro tem direito na sequência de cancelamento do voo, pois para o autor estaríamos, no caso do Regulamento, perante uma pena privada (*"punitive damages"*)[157].

Em suma, se é certo ser possível afirmar a existência de uma obrigação de proteção ao abrigo da CM, no tocante ao regime europeu lidamos com uma concretização desta obrigação, concretização essa que leva alguns autores a sustentar a tutela do "interesse primário do passageiro", traduzido não apenas no transporte propriamente dito, mas, sobretudo, "*na manutenção da respetiva integridade psico-física*"[158]. Por este motivo, temos igualmente dificuldades em acompanhar a decisão vertida no Caso C-83/10: fruto do carácter, digamos, autónomo da compensação prevista no Regulamento 261/2004. Efetivamente, reputamos apressada a asserção de que o incumprimento do dever de assistência vertido no Regulamento possa ser arbitrado pelo juiz nacional tendo por base a CM, pois os diplomas, conquanto se

---

que aguardam uma alternativa ou de um voo atrasado, poderá ser limitada ou recusada nos casos em que a própria prestação de assistência venha a provocar um atraso maior".

155 Assim, por exemplo, Corona, *Il risarcimento per l'inadempimento degli obblighi di assistenza del vettore aereo*, cit., p. 205.

156 Tullio, *Interventi interpretativi della corte di giustiia europea sul Reg. (CE) N. 261/2004,* in *Estudios de derecho aéreo: aeronaves y liberalización,* Madrid: Marcial Pons, 2009, pp. 303-307 (p. 304). Em termos próximos, Corona, *La compensazione pecuniaria per il ritardo aereo tra diritto positivo e giurisprudenza interpretativa della Corte di giustizia,* in DT 2010, pp. 123-129 (p. 128).

157 Tullio, *Interventi interpretativi della corte di giustiia europea sul Reg. (CE) N. 261/2004,* cit., p. 306. Em termos próximos, Lefebvre/Pescatore/D'Ovidio, *Manuale di diritto della navigazione*, 14.ª ed., cit., p. 484, sublinhando tratar-se de um "instrumento de dissuasão" (*"stumento deterrente"*). Mais cauteloso, Cachard, *Le transport intérnational aérien de passagers,* cit., p. 257, sustenta que a natureza da compensação deve ser efetuada à luz da *lex causae.*

158 Corona, *La natura delle prestazioni di assistenza del vettore in caso di ritardo,* cit., p. 874.

complementem, reportam-se a realidades diversas[159], aspeto manifesto no carácter *de minimis* do Regulamento 261/2004, mas, também, na circunstância de o artigo 12.º do Regulamento apontar para a complementaridade dos dois blocos normativos[160].

Independentemente da possibilidade de no Direito Português ser possível sustentar uma função punitiva da responsabilidade civil[161], as compensações previstas no Regulamento não configuram uma vera indemnização, antes correspondendo a montantes, de carácter fixo, que apenas podem ser afastados em casos excecionais, como é o caso do regime de exclusões[162]. Ademais, estas compensações podem ser reclamadas independentemente da existência, no caso concreto, de culpa do transportador, pois o Regulamento baseia-se em circunstâncias objetivas para atribuir o direito à compensação pecuniária. Por conseguinte, não estamos diante de uma vera reparação do dano emergente do atraso, aspeto igualmente verificável pela circunstância de o *quantum* previsto pelo Regulamento ser fixo. Em suma, havendo (vero e próprio) dano, este deverá ser arbitrado pelo direito uniforme, *maxime* pela CM.

O carácter fixo da compensação pecuniária varia consoante a distância do voo em causa. Esta gradação milita igualmente no sentido do afastamento da qualificação como pena privada[163] [164]. Aliás, esta qualificação

---

[159] Em termos em que acompanhamos, cfr. CORONA, *Il risarcimento per l'inadempimento degli obblighi di assistenza del vettore aereo*, cit., pp. 205-206. Entre nós, DANIEL MORAIS, *Recusa de embarque injustificada no transporte aéreo,* cit., p. 522 e segs. segue esta via, mas descurando a articulação entre a CM e o regime vertido no Regulamento 261/2004.

[160] Cfr. o conspecto de DAL POZZO, *EU legal framework for safeguarding air passenger rights,* cit., pp. 190-198.

[161] Em sentido positivo, que não acompanhamos, PAULA MEIRA LOURENÇO, *A função punitiva da responsabilidade civil,* Coimbra, Coimbra Editora, 2006, *passim.*

[162] Por este motivo, repudiamos o uso de expressões como "*pagamento imediato de indemnização, sob a forma de compensação financeira*", utilizada por CARLOS NEVES DE ALMEIDA, *Do contrato de transporte aéreo e da responsabilidade civil do transportador aéreo,* cit., p. 606, pois a mesma traduz a absoluta inexistência de análise acerca da natureza das compensações pecuniárias previstas pelo Regulamento 261/2004. Aliás, a análise efetuada pelo autor ao Regulamento 261/2004, vertida em *op cit.,* pp. 601-608, é meramente exegética.

[163] MARUHN, *Artigo 7.º*, Nm 1, in *BeckOK Fluggastrechte-Verordnung,* 13.ª ed., Munique, Beck, 2020.

[164] Noutro prisma, SCHMID, *Europaischer Verbraucherschutz mit Nachbesserungsbedarf,* cit., p. 381-382, critica o Regulamento por adotar como critério para a atribuição

deve também ser afastada em virtude de a atribuição de danos punitivos estar dependente de uma conduta censurável do lesante, facto que não é alcandorado a pressuposto de acionamento deste regime legal[165].

III. Comparando os vários direitos atribuídos pelo Regulamento 261/2004, Ferrer Tapia sustenta que apenas nos casos das compensações pecuniárias estamos perante responsabilidade subjetiva[166]. Como pudemos verificar nas páginas antecedentes, esta compensação pecuniária é despoletada pela verificação de circunstâncias objetivamente previstas no Regulamento, sendo certo que, como verificaremos no número seguinte, poderá haver lugar à preclusão desta compensação caso ocorram circunstâncias extraordinárias, motivo pelo qual temos grande dificuldade em acompanhar a jurista espanhola.

Na verdade, atento o facto de o legislador europeu não fazer apelo à culpa aponta para o carácter forfetário da compensação pecuniária, motivo pelo qual temos por avisado negar-lhe carácter ressarcitório[167], mormemente porque o passageiro não tem de demonstrar a existência de qualquer dano de modo a ser compensado financeiramente[168].

3.7. Exclusões

I. O regime do Regulamento não é de aplicação universal. Com efeito, as obrigações que impendem sobre os transportadores aéreos deverão ser

---

de compensações a distância dos voos, pese embora entenda não ser de adotar um critério de compensação assente no valor do bilhete, de modo a não prejudicar o fim "pedagógico" inerente ao Regulamento, pois no caso de voos *low cost,* franquear-se-ia aos transportadores um meio prático para poderem cancelar voos sem grandes custos. Para o autor, deveriam ser adotados tetos compensatórios atentando nos seguintes critérios: (i) voos dentro do território do Estado-membro, (ii) voos entre Estados-membros e (iii) voos com origem ou destinado em Estado não-membro.

[165] Aspeto sublinhado por Maruhn, *Artigo 7.º,* Nm 2, in *BeckOK Fluggastrechte-Verordnung,* 13.ª ed., Munique, Beck, 2020.

[166] Ferrer Tapia, *El contrato de transporte aéreo de pasajeros: sujetos, estatuto y responsabilidad,* cit., p. 301.

[167] Em termos próximos, Morillas Jarillo/Petit Lavall/Guerrero Lebrón, *Derecho aéreo y del espacio,* cit., 651, sustentando que as compensações pecuniárias previstas no Regulamento 261/2004 complementam as indemnizações previstas na CM.

[168] Cfr., por exemplo, Casanova/Brignardello, *Diritto dei trasporti,* Vol. II – *La disciplina contrattuale,* 2.ª ed., cit., p. 179.

limitadas ou eliminadas nos casos em que a ocorrência tenha sido causada por circunstâncias extraordinárias que não poderiam ter sido evitadas mesmo que tivessem sido tomadas todas as medidas razoáveis[169].

Tendo presente a possibilidade de excluir a responsabilidade do transportador, o TJUE tem sublinhado o carácter compromissório do Regulamento, pois o legislador terá pretendido equilibrar os interesses dos passageiros aéreos, por via da adoção de um regime específico de tutela, e dos transportadores aéreos, por via da previsão da exclusão de responsabilidade, contanto que provem que cancelamento ou o atraso considerável são devidos a circunstâncias extraordinárias que não poderiam ter sido evitadas mesmo que tivessem sido tomadas todas as medidas razoáveis[170].

A este propósito, o próprio Regulamento dá pistas interpretativas nos Considerandos 14. e 15. ao referir que *"[e]ssas circunstâncias podem sobrevir, em especial, em caso de instabilidade política, condições meteorológicas incompatíveis com a realização do voo em causa, riscos de segurança, falhas inesperadas para a segurança do voo e greves que afectem o funcionamento da transportadora aérea.*", de modo a concluir que "*Considerar-se-á que existem circunstâncias extraordinárias sempre que o impacto de uma decisão de gestão do tráfego aéreo, relativa a uma determinada aeronave num determinado dia provoque um atraso considerável, um atraso de uma noite ou o cancelamento de um ou mais voos dessa aeronave, não obstante a transportadora aérea em questão ter efectuado todos os esforços razoáveis para evitar atrasos ou cancelamentos.*"

II. O TJUE tem adotado nesta matéria uma interpretação estrita do Regulamento, amparado no facto de entender que *"(...) a determinação do significado e do alcance dos termos para os quais o direito comunitário não fornece nenhuma definição deve fazer-se de acordo com o sentido habitual destes na linguagem comum, tendo em atenção o contexto em que são utilizados e os objectivos prosseguidos pela regulamentação de que fazem parte. Além disso, quando esses termos figuram numa disposição*

---

[169] Cfr. Considerando 14 do Regulamento 261/2004.

[170] Cfr., por exemplo, o parágrafo 39 do Ac. do TJUE de 23 de outubro de 2012 (Casos C-581/10 e C-629/10), disponível *apud* http://curia.europa.eu/. Para uma panorâmica sobre a jurisprudência do TJUE, cfr., por exemplo, Morillas Jarillo/Petit Lavall/Guerrero Lebrón, *Derecho aéreo y del espacio,* cit., pp. 647-650, bem como a síntese de Balfour, *The extraordinary circumstances defence in EC Regulation 261/2004 after Wallentin-Hermann v. Alitalia*, in ZLW 58 (2009), pp. 224-231.

que constitui uma derrogação a um princípio ou, mais especificamente, a normas comunitárias que se destinam a proteger os consumidores, devem ser lidos de modo a permitir uma interpretação estrita dessa disposição (...)." e que "*(...) os objectivos prosseguidos pelo artigo 5.° do Regulamento n.° 261/2004, que fixa as obrigações que incumbem à transportadora aérea operadora nos casos de cancelamento de um voo, resultam claramente do primeiro e segundo considerandos desse regulamento, nos termos dos quais a acção da Comunidade no domínio dos transportes aéreos deve ter, entre outros, o objectivo de garantir um elevado nível de protecção dos passageiros e deve ter em conta as exigências de protecção dos consumidores em geral, porquanto o cancelamento dos voos causa sérios inconvenientes aos passageiros.*"[171]

Tendo por base esta diretriz interpretativa – a qual, naturalmente, pode ser questionada à luz dos critérios geralmente adotados em sede de interpretação das leis[172], mormente em face do teor literal do Regulamento[173] – tem-se entendido que a resolução de um problema técnico originado por uma falha na manutenção de um aparelho deve ser considerada inerente ao exercício normal da atividade do transportador aéreo e, como tal, não configura uma "circunstância extraordinária", salvo se se tratar de defeito de fabrico oculto que afeta a segurança dos voos detetado pelo transportador ou por autoridade competente, ou se estivermos diante de danos causados às aeronaves por atos de sabotagem ou de terrorismo[174]. Tendo presente

[171] Parágrafos 17 e 18 do Ac. do TJUE de 22 de dezembro de 2008 (Caso C-549/07), disponível *apud* http://curia.europa.eu/. Cfr. a anotação de BALFOUR, *Airline Liability for Delays: The Court of Justice of the EU Rewrites EC Regulation 261/2004,* in *Air and space law* XXXV (2010), pp. 71-75.

[172] Cfr., por exemplo, a anotação de CORONA, *Le circonstanze ecezionali e le prestazioni del vettore aereo in caso di cancellazione del volo,* in DT 2009, pp. 808-813.

[173] BALFOUR, *Airline Liability for Delays: The Court of Justice of the EU Rewrites EC Regulation 261/2004,* cit., p. 74, alertando para o facto de o TJUE ter atendido à teleologia em detrimento do teor do Regulamento 261/2004, mas, também, o facto de o Direito da União Europeia ter de ser preciso, sob pena de gerar incerteza na respetiva aplicação.

[174] Cfr. o já referido Ac. do TJUE de 22 de dezembro de 2008 (Caso C-549/07). Cfr. igualmente SCHMID, *May a Technical Fault with an Aircraft be Considered as 'Extraordinary Circumstances' in the Meaning of the Regulation (EC) No 261/2004?,* in *Air and space law* XXII (2007), pp. 376-379 (p. 379), asseverando: "*If technical faults were to be considered as extraordinary circumstances (some) airlines may be tempted to 'create' such a technical defect just to escape from the legal consequences as laid down in the Regulation. This is easily done by selecting a company-minded technician who changes a component although not or not yet necessary and signs up in a work order. In such a case*

este critério interpretativo, o TJUE sustentou recentemente que uma avaria *"(...) provocada pela falha prematura de algumas peças de uma aeronave, constitui, sem dúvida, um evento imprevisível. Por conseguinte, tal avaria permanece intrinsecamente associada ao sistema de funcionamento muito complexo do aparelho, que a transportadora aérea explora em condições, designadamente meteorológicas, muitas vezes difíceis, ou mesmo extremas, entendendo-se, por outro lado, que nenhuma peça de um aeronave é inalterável."*, de modo a concluir que não estamos diante de uma circunstância extraordinária, pois *"(...) a prevenção dessa avaria ou a reparação ocasionada pela mesma, incluindo a substituição de uma peça prematuramente defeituosa, não escapam ao controlo efetivo da transportadora aérea em causa, uma vez que incumbe a esta última assegurar a manutenção e o bom funcionamento das aeronaves que explora para as suas atividades económicas.*"[175]. Em termos análogos a uma situação deste jaez, podemos proceder à equiparação da doença da tripulação, pois estamos diante de um risco de empresa (*"Betriebsrisiko"*) que não assume, por via de regra, o carácter de excecionalidade[176].

III. Tendo como panorama de fundo a jurisprudência do TFUE, verificamos que este tem advogado a existência de uma circunstância extraordinária na eventualidade de estarmos perante situações exteriores ao transportador, como, por exemplo, uma colisão entre uma aeronave e uma ave[177]. Nesta situação, atenta a necessidade de assegurar a segurança dos

a passenger will never manage to obtain evidence that a technical fault has never existed. I think it is out of discussion that this is not in line with the Commission's ideas."

[175] Cfr. os parágrafos 41 e 43. do Ac. do TJUE de 17 de setembro de 2015 (Caso 257/14), disponível *apud* http://curia.europa.eu/. Criticando o entendimento do TJUE, Stuchi, *La corte di giustizia interviene nuovamente in tema di cancellazione del volo,* in DM CXIV (2012), pp. 858-865 (pp. 864-865), alerta para o facto de nem sequer o transportador mais diligente poder adotar todas e quaisquer medidas em situações de circunstâncias excecionais, mas tão somente medidas proporcionais relativamente ao risco de empresa em causa.

[176] Schaefer, *Recht des Lufverkehrs,* cit, p. 186. Para uma panorâmica jurisprudencial acerca das "circunstâncias extraordinárias", cfr. o conspecto de Milner, *Regulation EC 261/2004 and 'Extraordinary Circumstances'*, in *Air and space law* XXXIV (2009), pp. 215-220, bem como Ferrer Tapia, *El contrato de transporte aéreo de pasajeros: sujetos, estatuto y responsabilidad,* cit., pp. 283-288.

[177] Cfr. o parágrafo 24 do Ac. do TJUE de 4 de maio de 2017 (Caso C-315/15), disponível *apud* http://curia.europa.eu/.

passageiros, a ponderação de interesses pende para a prevalência da manutenção da aeronave em detrimento da pontualidade dos voos.

Efetivamente, o TJUE estriba-se numa noção de causa extraordinária como algo fora do controlo do transportador, motivo pelo qual foi igualmente decidido que o encerramento do espaço aéreo europeu na sequência da erupção de um vulcão representa uma circunstância deste jaez[178]. O TJUE, amparado no Considerando 15 do Regulamento, esclarece ainda que as "circunstâncias extraordinárias" apenas podem ser relativas "a uma determinada aeronave num determinado dia", pois "*(...) o conceito de «circunstâncias extraordinárias» visa limitar as obrigações da transportadora aérea, ou mesmo exonerá-la dessas obrigações, quando o acontecimento em causa não poderia ter sido evitado mesmo que tivessem sido tomadas todas as medidas razoáveis*"[179]

Sem prejuízo do critério assente na aeronave, assinala-se igualmente que uma greve pode ser considerada "circunstância anormal", nomeadamente nos casos da própria tripulação técnica e de cabina do transportador, mas também na eventualidade de se tratar de pessoal estranho ao transportador, *maxime* se se tratar do pessoal afeto à segurança do aeroporto[180].

3.8. *Ex professo:* o reembolso do bilhete

I. Conforme referido anteriormente, dentre o feixe de direitos que assistem ao passageiro temos, em caso de cancelamento do voo, a escolha entre o reembolso do bilhete ou o reencaminhamento[181].

Na eventualidade de o passageiro optar pelo reembolso do bilhete, este deve ser processado nos termos do artigo 7.º, número 3, *i.e., "através de transferência bancária electrónica, de ordens de pagamento bancário,*

---

[178] Cfr. o parágrafo 34 do Ac. do TJUE de 31 de janeiro de 2013 (Caso C-12/11), disponível *apud* http://curia.europa.eu/.

[179] Cfr. o parágrafo 37 do Ac. do TJUE de 4 de outubro de 2012 (Caso C-22/11), disponível *apud* http://curia.europa.eu/.

[180] Schaefer, *Recht des Luftverkehrs,* cit., p. 187. Para uma panorâmica da jurisprudência relativa a "circunstâncias extraordinárias", Casanova Ibañez, *El transporte aéreo en la Unión Europea: de la liberalización a la protección de los consumidores,* cit., pp. 192-209.

[181] Cfr. Artigo 8.º, número 1, alínea a), *ex vi* artigo 5.º, número 1, alínea a) do Regulamento 261/2004.

de cheques bancários ou, com o acordo escrito do passageiro, através de vales de viagem e/ou outros serviços."[182].

Recentemente, a propósito do surto de COVID 19, tem-se assistido à proliferação do cancelamento de voos, e, em consequência, muitos transportadores aéreos têm, "oferecido" aos passageiros vales de viagem ("*vouchers*") no valor do bilhete, sem que, o mais faz vezes, curem de informar o passageiro dos direitos que lhe assistem ao abrigo Regulamento 261/2004.

II. Analisando o teor literal do Regulamento 261/2004 e tendo presente a conduta dos transportadores ora exposta, é manifesto estarmos diante de uma realidade que, conquanto a coberto do Regulamento, não é, o mais das vezes, exposta de forma transparente ao passageiro.

De modo que o passageiro possa aderir ao vale de viagem é forçoso que o transportador aéreo explique cabalmente o feixe de direitos que lhe assistem, sob pena de incorrer em responsabilidade civil[183][184]. Estando fixado legalmente o objeto e os termos de processamento reembolso, a substituição deste por vales de viagem configura um *aliud,* motivo pelo qual apenas com o consentimento do credor (o passageiro) este pode ser aceite[185]. Assim, apenas podemos considerar perfeito o consentimento do credor caso o transportador tenha exposto ao passageiro os respetivos direitos, sob pena de estar a validar um eventual consentimento deficiente, por défice informativo.

Não negamos estar diante de uma situação potenciadora da invocação do instituto da alteração das circunstâncias[186]. Todavia, a pretexto de uma

---

[182] Artigo 7.º, número 3 *ex vi* artigo 8.º, número 1, alínea a), primeiro inciso do Regulamento 261/2004.

[183] São comuns notificações deste jaez, erigindo o vale de viagem a única via de reembolso do passageiro: "*Lamentamos informar que, devido ao recente surto de Coronavírus, o seu voo XXX foi cancelado. Dadas as restrições de acesso aos aeroportos, pedimos que não se desloque para o aeroporto. Por favor aceda a XXX para receber o seu voucher de reembolso da viagem. Para que possa decidir tranquilamente para onde e quando quer viajar, este voucher terá a validade de um ano e permitirá a reserva de viagens para qualquer data ou destino em XXX.*".

[184] O incumprimento do dever de assistência a cargo do transportar gera obrigação de indemnizar. Cfr., por exemplo, Lefebvre/Pescatore/D'Ovidio, *Manuale di diritto della navigazione*, 14.ª ed., cit., p. 483.

[185] Trata-se, pois, de uma dação em cumprimento. Sobre esta, monograficamente, Hugo Ramos Alves, *Dação em cumprimento,* cit., *passim.*

[186] Para além da manualística, numa primeira aproximação, cfr. Menezes Cordeiro, *Da alteração das circunstâncias – a concretização do artigo 437.º do Código Civil, à luz da jurisprudência posterior a 1974,* Lisboa, AAFDL, 1987, *passim* e Oliveira Ascensão,

situação deste jaez, temos por abusiva a imposição de vales aos passageiros. Aliás, a este propósito, a própria Comissão Europeia teve a necessidade de emanar diretrizes interpretativas[187], sustentando que nos casos em que o transportador cancele o voo por sua livre iniciativa, não podem os direitos dos passageiros ficar precludidos. Dito de outro modo, não podem ser impostos vales de viagem aos passageiros[188].

Ponto assente é o facto de o *dies a quo* para início do cômputo do prazo de pagamento é a interpelação efetuada pelo passageiro[189].

III. Finalizamos não sem antes sublinhar que, no atual contexto de pandemia, o Regulamento 261/2004 não pode ser interpretado literalmente. Com efeito, o Regulamento não está pensado para uma disrupção sistémica como a vivenciada pela pandemia de COVID-19, mas, tão somente, para disrupções pontuais. Por esse motivo, deverá ser devidamente ponderado o respetivo campo de aplicação, tendo presente a conduta concreta de um transportador que tenha cancelado voos, mormente se este notificou devidamente os passageiros ou se, pelo contrário, se limitou a impor ao passageiro vales de viagem.

3.9. Processamento de reclamações

I. De acordo com o artigo 16.º, número 1 do Regulamento 261/2004, compete a cada Estado-Membro designar o organismo responsável pela execução do presente regulamento no que respeita aos aeroportos situados no seu território e aos voos provenientes de países terceiros com destino a esses aeroportos. Sempre que adequado, esse organismo deve tomar as medidas necessárias para garantir o respeito dos direitos dos passageiros.

Onerosidade da prestação por "alteração das circunstâncias", in ROA 65 (2005), pp. 625-648.

[187] Cfr. *Commission Notice Interpretative Guidelines on EU passenger rights regulations in the context of the developing situation with Covid-19,* C(2020) 1830 final

[188] Cfr.. *Commission Notice Interpretative Guidelines on EU passenger rights regulations in the context of the developing situation with Covid-19* , p. 3: *"This situation has to be distinguished from the situation where the carrier cancels the journey and offers only a voucher instead of the choice between reimbursement and re-routing. If the carrier proposes a voucher, this offer cannot affect the passenger's right to opt for reimbursement instead."*

[189] Cfr., por exemplo, Morillas Jarillo/Petit Lavall/Guerrero Lebrón, *Derecho aéreo y del espacio,* cit., p. 640.

Adicionalmente, os Estados-Membros devem comunicar à Comissão qual o organismo designado para zelar pela execução do Regulamento.

II. Em Portugal, compete à ANAC investigar e dar seguimento às reclamações dos passageiros[190]. Todavia, parece ser igualmente comum o boicote ou, se se preferir, uma atitude sobranceira dos transportadores face a este Regulamento[191], motivo pelo qual é imperioso avaliar criteriosamente a respetiva aplicação.

Esta situação pode ser exponenciada pelo facto de o TJUE entender que *"(...) o artigo 16.° do Regulamento n.° 261/2004 deve ser interpretado no sentido de que o organismo designado por cada Estado-Membro em aplicação do n.° 1 deste artigo, chamado a pronunciar-se sobre uma queixa individual de um passageiro na sequência da recusa de uma transportadora aérea em pagar a este último a indemnização prevista no artigo 7.°, n.° 1, do referido regulamento, não é obrigado a adotar medidas coercivas contra essa transportadora que a forcem a pagar essa indemnização."*[192]. Dito de outro modo, em face do teor literal do artigo 16.º do Regulamento 261/2004, a decisão é logicamente correta. No entanto, materialmente, daqui resulta não só a livre margem de conformação dos Estados para dar consecução ao Regulamento, mas, também, uma grande proliferação de meios de reação – o mais das vezes nem sempre coerentes –, o que, em última análise deixa a descoberto os direitos dos passageiros[193].

Sem prejuízo da reclamação junto da ANAC, importa ainda referir que, o mais das vezes, o passageiro será qualificado como consumidor a montante, sendo-lhe, por conseguinte, franqueado o acesso à resolução alternativa de litígios de consumo, nos termos da Lei número 144/2015, de 8 de setembro, meio que, aliás, já consta expressamente das condições gerais de transporte de muitos transportadores europeus[194] e que,

---

[190] Mediante a remessa de formulário de reclamação, disponível em https://www.anac.pt/vPT/Passageiros/FormReclamacao/Paginas/FormulariodeReclamacao.aspx

[191] Nestes termos, por exemplo, MORILLAS JARILLO/PETIT LAVALL/GUERRERO LEBRÓN, *Derecho aéreo y del espacio,* cit., p. 821.

[192] Cfr. o parágrafo 38 do Ac. to TJUE de 17 de março de 2016 (Casos 145/16 e 146/16), disponível *apud* http://curia.europa.eu/.

[193] Cfr. as considerações de MARCO ALCALÁ, *Gran retraso en el transporte aéreo y acceso a la justicia de los consumidores en la UE,* cit., pp. 343-346.

[194] Cfr., por exemplo, no caso da TAP, as condições gerais, disponíveis em https://www.flytap.com/pt-pt/condicoes-de-transporte?accordionid=5

ademais, é umas das vias de resolução de litígios sugerida pela própria Comissão Europeia[195].

Em face do fito do Regulamento, estamos perante um problema deixado em aberto, o qual carece de resolução uniforme no ordenamento juseuropeu, de modo a evitar tratamentos desiguais, *rectius,* regimes diversos em diferentes Estados-Membros da UE[196]. Também aqui deparamos com uma cisão entre a uniformização legislativa e a aplicação pela *praxis*[197], motivo pelo qual urge rever este preceito, reforçando os poderes da autoridade de regulação para fazer face à atitude sobranceira dos transportadores perante a aplicação do Regulamento 261/2004. Com efeito, parece-nos assaz diminuta a mera divulgação dos direitos dos passageiros no contrato de transporte aéreo[198], sem que tal seja acompanhado de um efetivo reforço dos poderes sancionatórios neste sede da ANAC[199].

§4. Perspetivas de futuro

I. Tem sido assinalado o facto de o Regulamento ser insatisfatório, quer para os consumidores, pois, muitas vezes, não veem os respetivos direitos reconhecidos, quer para os transportadores, pois o cumprimento das obrigações vertidas no Regulamento implica avultados custos[200].

---

[195] Cfr. o ponto 7.2 da *COMUNICAÇÃO DA COMISSÃO Orientações para a Interpretação do Regulamento (CE) n.o 261/2004 do Parlamento Europeu e do Conselho, que estabelece regras comuns para a indemnização e a assistência aos passageiros dos transportes aéreos em caso de recusa de embarque e de cancelamento ou atraso considerável dos voos, e do Regulamento (CE) n.o 2027/97 relativo à responsabilidade das transportadoras aéreas em caso de acidente, com a redação que lhe foi dada pelo Regulamento (CE) n.o 889/2002 do Parlamento Europeu e do Conselho* (2016/C 214/04), disponível em https://eur-lex.europa.eu/legal-content/PT/TXT/PDF/?uri=CELEX:52016XC0615(01)&from=EL

[196] Nestes termos, Marco Alcalá, *Gran retraso en el transporte aéreo y acceso a la justicia de los consumidores en la UE,* cit., 348.

[197] Sublinhando, em geral, esta cisão, Olena Bokareva, *Eu passenger and travel law,* cit., p. 588.

[198] Cfr., por exemplo, https://ec.europa.eu/transport/themes/passengers/air/

[199] Cfr., por exemplo, a diferença face ao Direito italiano, em que a ENAC, para além de ter divulgado uma *Carta dos direitos dos passageiros,* viu reforçados os respetivos poderes para procurar mitigar o incumprimento dos transportadores. Cfr. a síntese de Bulgherini, *Evoluzione del negato imbarco, della cancellazione del volo e del ritardo,* cit., pp. 400-404.

[200] Morillas Jarillo/Petit Lavall/Guerrero Lebrón, *Derecho aéreo y del espacio,* cit., p. 613. Para uma avaliação da necessidade de reforma do Regulamento

Neste contexto, a Comissão Europeia apresentou a "*Comunicação da Comissão ao Parlamento Europeu e ao Conselho em conformidade com o artigo 17.º do Regulamento [CE]261/2004 sobre a aplicação e sobre os resultados do regulamento que estabelece regras comuns para a indemnização e a assistência aos passageiros dos transportes aéreos em caso de recusa de embarque e de cancelamento ou atraso considerável dos voos*", salientando, *inter alia,* a necessidade de clarificar elementos obscuros do Regulamento, mas, também, clarificar a diferença entre "atraso" e "cancelamento", a par da necessidade de densificação do conceito "circunstâncias extraordinárias".

Posteriormente, a Comissão Europeia viria a apresentar a "*Comunicação ao Parlamento Europeu e ao Conselho sobre a aplicação do Regulamento (CE) n.º 261/2004 que estabelece regras comuns para a indemnização e a assistência aos passageiros dos transportes aéreos em caso de recusa de embarque e de cancelamento ou atraso considerável dos voos*", onde se se asseverava ser intenção da Comissão "*Cooperar com os Estados-Membros interessados para identificar e superar os obstáculos do direito nacional que impedem a aplicação adequada e a execução uniforme do Regulamento e avaliar a oportunidade de os suprimir mediante a abertura, se necessário, de processos de infracção*".

Adicionalmente, o Comité Económico e Social Europeu apresentou o parecer sobre as "*Regras comuns para a indemnização e a assistência aos passageiros dos transportes aéreos (programa evolutivo)*", de 27 de outubro de 2011, concluindo pela necessidade de revisão do Regulamento, seja pela definição da noção de "circunstância extraordinária", seja pela limitação da obrigação da transportador fornecer alojamento aos passageiros a um máximo de três noites, bem como dotar o Regulamento da previsão de um limiar de tempo único de 2 horas para que o passageiro tenha direito a assistência, independentemente das distâncias a percorrer pelo voo em causa.

261/2004, cfr. Arnold/Mendes de León, *Regulation (EC) 261/2004 in the Light of the Recent Decisions of the European Court of Justice: Time for a Change?!,* in *Air and space law* XXXV (2010), pp. 91-112. Especificamente sobre os projetos de alteração do Regulamento 261/2004, Cfr. Arnold, *EU Air Passenger Rights: Assessment of the Proposal of the European Commission for the Amendment of Regulation (EC) 261/2004 and of Regulation (EC) 2027/97,* in *Air and space law* XXXVIII (2013), pp. 403-438, bem como Andrew Harrington, *EC 261/2004 and European Commission Reform: A Long and Winding Road to Clarification*, in ZLW 62 (2013), pp. 620-647.

II. Atualmente existe uma "Proposta de Regulamento do Parlamento Europeu e do Conselho que altera o Regulamento (CE) n.º 261/2004 que estabelece regras comuns para a indemnização e a assistência aos passageiros dos transportes aéreos em caso de recusa de embarque e de cancelamento ou atraso considerável dos voos e o Regulamento (CE) n.º 2027/97 relativo à responsabilidade dos transportadores aéreos no transporte de passageiros e respetiva bagagem".

Esta proposta prevê, no Anexo I, um conjunto de situações suscetíveis de ser consideradas "circunstâncias extraordinárias", mas, também, a adoção de normas proibindo o cúmulo da indemnização entre o regime vertido no Regulamento e o regime das viagens organizadas ou, ainda, a limitação da obrigação de disponibilizar alojamento. Com efeito, o Regulamento prevê que nos voo realizados por aeronaves de pequenas dimensões em distâncias curtas, os transportadores aéreos devem ficar isentos da obrigação de pagamento de alojamento, embora devam, ainda assim, ajudar os passageiros a encontrar um alojamento, ao passo que nos demais casos se admite a limitação temporal desta obrigação a três noites[201].

III. Na pendência deste projeto de revisão do Regulamento 261/2004, surgiram as "*Orientações para a Interpretação do Regulamento (CE) n.o 261/2004 do Parlamento Europeu e do Conselho, que estabelece regras comuns para a indemnização e a assistência aos passageiros dos transportes aéreos em caso de recusa de embarque e de cancelamento ou atraso considerável dos voos, e do Regulamento (CE) n.o 2027/97 relativo à responsabilidade das transportadoras aéreas em caso de acidente, com a redação que lhe foi dada pelo Regulamento (CE) n.o 889/2002 do Parlamento Europeu e do Conselho*"[202], o qual está amparado no acervo jurisprudencial da UE.

No essencial, pretende-se "*clarificar uma série de disposições incluídas no regulamento, nomeadamente à luz da jurisprudência do Tribunal, para que as regras atuais possam ser aplicadas de forma mais eficaz e coerente*", sendo certo que "*As orientações destinam-se a resolver as questões mais frequentemente suscitadas pelos organismos nacionais de execução,*

[201] Para maiores desenvolvimentos, cfr. Morillas Jarillo/Petit Lavall/Guerrero Lebrón, *Derecho aéreo y del espacio*, cit., pp. 634-636.

[202] Comunicação da Comissão (2016/C 214/04), disponível em https://eur-lex.europa.eu/legal-content/PT/TXT/HTML/?uri=CELEX:52016XC0615(01)&from=DE

os passageiros e as respetivas associações(...)". Posição similar foi adotada recentemente a propósito do surto de COVID-19 e do *modus operandi* dos transportadores aéreos em sede de reembolso de bilhetes[203], motivo pelo qual se afigura curial acompanhar atentamente a evolução da questão.

§5. Síntese conclusiva

I. O regime do contrato de transporte de passageiros está estribado na deslocação para pontos territoriais distintos.

II. Da obrigação de deslocação a cargo do transportador é possível retirar uma obrigação autónoma, pautada pela essencialidade na economia contratual: a proteção, *rectius* a incolumidade da pessoa transportada, expressamente tutelada no artigo 17.º da CM.

III. O regime do Regulamento 261/2004, conquanto informado pelo *doxa* consumerista, não depende da qualificação do passageiro como consumidor para ser aplicado.

IV. O Regulamento 261/2004 densifica o regime do contrato de transporte de passageiros, prevendo um conjunto de direitos do passageiro; trata-se de direitos *de minimis* nos casos de sobrereserva, recusa de embarque, cancelamento do voo e de atraso.

V. O TJUE, a coberto do Regulamento tem interpretado disposições materiais da CM, numa sorte de avocação de competências dos tribunais internos de cada Estado-membro, contribuindo para a incerteza do regime vigente.

VI. O TJUE tem alargado, sem base literal, o teor do Regulamento, nomeadamente nos casos de atraso, dificultando a articulação deste diploma com o regime vertido na CM.

VII. A CM e o Regulamento – conforme decorre do artigo 12.º deste – são diplomas complementares, devendo ser delimitados com precisão os respetivos campos de aplicação.

VIII. As compensações pecuniárias previstas no Regulamento 261/2004 não são veras indemnizações, pois o Regulamento não faz depender o respetivo pagamento da verificação de dano.

---

[203] Cfr.. *Commission Notice Interpretative Guidelines on EU passenger rights regulations in the context of the developing situation with Covid-19,* cit.

IX. Estas compensações não configuram igualmente penas privadas ou danos punitivos, pois não dependem de conduta censurável do transportador, mas tão-só da verificação de pressupostos objetivamente vertidos no Regulamento 261/2004.

X. A efetiva aplicação uniforme do Regulamento 261/2004 depende da atribuição de poderes sancionatórios à ANAC, enquanto autoridade reguladora do setor aeronáutico, para garantir a aplicação do Regulamento, o que implica a alteração do artigo 16.º do Regulamento, de modo a fazer face à atitude sobranceira dos transportadores relativamente à respetiva aplicação.

DIÁLOGOS DO DIREITO COM OS DESAFIOS TECNOLÓGICOS DO USO E CIRCULAÇÃO DE VEÍCULOS AUTÔNOMOS

Do "dilema do bonde" às decisões (des)funcionais de autodireção

Jones Figueirêdo Alves*

Sumário: 1. § Introdução 2. § "*O dilema do bonde*" e seu significado atual. 3. § As configurações programadas. 4. § Chancela geral e abstrata? 5. § Responsabilidade civil e Inteligência Artificial. 6. § Os sujeitos principais. 7. § Os sujeitos secundários ou eventuais. 8. § Uma legislação em construção. Os normativos pontuais. 9. § Privacidade e automação. 10. § "*e-person*": A personalidade jurídica dos carros autônomos. 11. § O futuro da mobilidade autônoma. 12. § Conclusões.

Resumo: O grande debate jurídico desta nova década situa-se sobre os veículos autônomos de direção e controle inteligentes, capazes de circularem no trânsito urbano ou em rodovias, usando mecanismos de interação através de "softwares" sofisticados. Certo que motoristas ao guiarem seus veículos estão sujeitos a sono, raiva, distração, pressa, falhas mecânicas, imperícia e interferência de terceiros. Ao preferir serem transportados por um VA estarão se colocando como passageiros, e, portanto, limitando as causas de possíveis acidentes às falhas mecânicas e a interferência de terceiros. Partindo desta premissa podemos entender que para um software o "dilema do bonde" estará resolvido, posto que não caberá ao humano no calor da emoção tomar decisões equivocadas, a própria Inteligência Artificial realizará os cálculos

* Desembargador Decano do Tribunal de Justiça de Pernambuco (TJPE). Mestre em Ciências Jurídicas pela Faculdade de Direito da Universidade de Lisboa (FDUL). Membro da Academia Brasileira de Direito Civil (ABDC). Membro Fundador do Instituto Brasileiro de Direito Contratual (IBDCont).

e executará a manobra que causar menor dano considerando a vontade do motorista de sobreviver. Mostra-se necessária atenção aos limites éticos da configuração dos softwares do carro autônomo que poderá ser visto como um terceiro interveniente no sistema viário e, portanto, sujeito de direitos e responsabilidades. Diante desse quadro inevitável é que se propõe o debate acerca da responsabilidade dos diversos personagens envolvidos na construção desse futuro que se vislumbra cada vez mais próximo.

Abstract: The major legal debate of this new decade is about the autonomous vehicles of intelligent direction and control, capable of circulating in urban traffic or on highways, commanded by algorithms through sophisticated "software". It is certain that drivers when in their vehicles are subject to sleep, anger, distraction, haste, mechanical failures, malpractice and interference from others. By choosing to be transported by a VA you will be placing yourself as a passenger, and therefore limiting the causes of possible accidents to mechanical failures and external interferences. Based on this premise, we can understand that for a software, the "trolley problem" will be solved, since it will not be the human emotions in the heat of the moment that will make the wrong decisions. Artificial Intelligence itself will perform the calculations and the maneuver that causes the least damage considering the driver's will to survive. It is necessary to pay attention to the ethical limits of the software configuration of the autonomous car that can be seen as a third party in the road system and, therefore, subject to rights and responsibilities. About this inevitable scenario, the debate about the responsibility of the characters involved in the design of this future closer is proposed.

1. § Introdução

O grande debate jurídico desta nova década situa-se sobre os veículos autônomos de direção e controle inteligentes. Veículos sem necessidade de postura ativa do motorista ou até sem a sua presença, com controle inteiramente automatizado, serão capazes mediante tecnologia avançada, de circularem no trânsito urbano ou em rodovias, usando mecanismos de interação através de "softwares" sofisticados.[1]

[1] Seu protótipo foi concebido pela montadora General Motors (GM) o apresentando na Feira Mundial de Nova York, em 1939: um sistema de automação dos veículos para correção de falhas humanas de direção.

Os "veículos autônomos" (VAs), assumirão, em breve tempo, presença predominante na circulação de pessoas e coisas (cargas), impactando, substancialmente, nas relações jurídicas dos transportes, com reflexos em questões éticas, de responsabilidade civil e de privacidade.

Antes de mais, há quem sustente que "o futuro dos transportes é a ausência do condutor"[2], ou seja, a circulação de veículos sem, sequer, "*um assistente de segurança*" [3] a bordo.

Diversas repercussões jurídicas podem ser colocadas em análise, diante dos novos e futuros modelos de veículos inteligentes que pensarão por si mesmos, dispensando o agir humano e assumindo decisões preordenadas. Muitas dessas suscetíveis de não serem as melhores, porquanto determinadas situações de risco ou de acidentes iminentes exigirem opções decisórias sob o relevo da ponderação humana em trato específico da dinâmica de cada evento, da sensibilidade moral do decisor e dos reclamos ético-jurídicos.

Dessas discussões surgem inúmeras quebras de paradigmas, merecedoras do enfrentamento de uma legislação aperfeiçoada. Uma delas converge na disponibilidade do veículo autônomo ao seu uso e circulação, anotando-se:

> "Veículos autônomos compartilharão muitas características com as atuais empresas transportadoras de passageiros: os fabricantes de VA se envolverão em serviços de transporte, seus serviços estarão amplamente disponíveis ao público e a segurança do passageiro não estará totalmente sob o controle do passageiro. Assim, ao adquirir o veículo (produto) estará também assinando um contrato de transporte´ (serviço)" (Guilherme Chaves e Elisabete Veiga)[4]

Em contraponto, inúmeros acidentes decorrentes de falhas humanas poderão ser evitados, com a mobilidade inteligente e segura no manejo computadorizado dos veículos, adotadas as velocidades compatíveis, a prevenção e o alerta dos riscos e as avaliações técnicas do trânsito.

---

[2] Hannah Fry, matemática britânica da University College London, em sua obra "Hello World – How to Be A Human in the Ae of the Machine" (2018).

[3] A figura do *"assistente de segurança"* será diferente da do motorista, porque ocuparia, caso presente, posição secundária no manuseio da máquina *de* circulação de pessoas. A esse respeito, trataremos adiante por ocasião do exame dos sujeitos principais.

[4] Chaves, Guilherme Veiga. Veiga, Elisabeth. Carros Autônomos: liberdade, privacidade, ética e responsabilidade. Web: https://www.migalhas.com.br/depeso/326687/carros-autonomos-liberdade-privacidade-etica-e-responsabilidade.

2. § "O dilema do bonde" e seu significado atual[5]

O dilema moral do bonde desgovernado ("*trolley problem*") foi referido pela filósofa britânica Philippa Foot (1967)[6] como um experimento clássico de pensamento filosófico da ética, sob inspiração aristotélica, para um debate de intuições éticas a discutir padrões peculiares ou não de como definimos o certo do errado. A expressão ganhou destaque na literatura anglo-saxã.

Antes, porém, no advento da indústria automobilística, em sua primeira fase (início do século XX), situações dilemáticas no tráfego de veículos automotores já impunham discussões sobre a ação do condutor, envolvendo todas as escolhas possíveis e como tratá-las. Então, em 1915, Kohler concepciona o "*caso do condutor*", onde problematiza situação de um motorista que tendo seu veículo a se aproximar de um grupo de pessoas, sem tempo hábil para a frenagem do veículo, terá de optar dentre três soluções, a de seguir em linha reta ou desviar para a esquerda ou para a direita, quando, em todas as escolhas, parte das pessoas do grupo será atingida.[7]

Modernamente, o dilema do bonde desgovernado, em velocidade de quase 100 kms/hora, está entregue à figura do seu motorneiro que, observando cinco operários em pé, nos trilhos, com ferramentas nas mãos, não tem o controle de sua frenagem, mas poderá leva-lo a um desvio, onde há também há um operário, mas apenas um. O dilema será resolvido devendo-se fazer a coisa certa.

A outra versão do dilema aparece na figura de um espectador do bonde desgovernado e não mais do seu condutor, que vendo-o aproximar-se dos cinco operários, sem condições de evitar alcançá-los, percebe ao seu lado, na ponte, um homem corpulento. "Você poderia empurrá-lo sobre os tri-

---

[5] Sobre o dilema ético-filosófico do bonde: 01. HARARI, Yuval Noah. 21 Lições para o século 21. trad. Paulo Geiger. São Paul: Companhia das Letras, 2018, 1.ª ed. 441 p.; pp. 84.; RENDA, Andrea. Ethics, algorithms and sef-driving cars – A CFSI of the "trollet problem". CEPS Policiy Insigts, n. 02, 2018. Disponível em Web: https://www.ceps.eu/ceps-publications/ethics-algorithms-and-self-driving-cars-csi-trolley-problem/pi-2018-02_renda_trolleyproblem/ Acesso em 10.05.2020; 03. SANDEL, Michael J. Justiça. O que é fazer a coisa certa. Trad, de Heloísa Marias e Maria Alce Máximo. Rio de Janeiro: Civilização Brasileira, 2011, 350 p.;

[6] O dilema teve sua introdução na obra de Phillippa Foot, "The Problem of Abortion and the Doctrine of Double Effect." Oxford Review 5 (1967): 5–15.

[7] ENGLÄNDER, Armin. O Veículo autônomo e o tratamento de situações dilemáticas. In: In: ESTELITA, Heloísa. LEITE, Alaor. (Org, e Introdução) Veículos autônomos e direito penal. São Paulo: Marcial Pons. (diversos autores); 2019, pp. 87-108.

lhos, no caminho do bonde que se aproxima", evitando que os cinco operários sejam alcançados, mas o fará na solução do dilema?

Esse dilema tornou-se difundido nas aulas de Michael J. Sandel[8], depois analisado pelos americanos Judith Jarvis Thompson (1976)[9] e Peter Unger (1996)[10], e, agora, ganha sua atualidade tecnológica pelo uso dos veículos autônomos, sob o domínio dos algoritmos[11], com Yuval Noah Harari (2018).

Harari reporta-se ao "*dilema do bonde*" epigrafando o exemplo de um veículo autodirigido que se defronta com dois garotos correndo atrás de uma bola e o algoritmo com base em seus "cálculos instantâneos" conclui que para evitar atingi-los fará desvio para a pista oposta e arriscar colidir com um caminhão em sentido contrário. Dentro de tais cálculos, há também "a probabilidade de que o dono do carro – que dorme no banco traseiro – também morra". E indaga: o que o algoritmo deveria fazer?"[12]

Esse dilema de tomada de decisão, comum aos humanos e que agora, envolve a Inteligência Artificial, constitui, segundo ele, o "*dilema do bonde*", assim chamado nos debates filosóficos modernos que referem a um bonde desgovernado (e não a carros autodirigidos)[13]

De efeito, diante das dificuldades atuais de "codificar a ética em números e estatísticas precisos", resulta claro que os algoritmos filosóficos desse dilema, em seus problemas teóricos e práticos, terão de ser implementados

---

[8] Sandel, Michael J. Justiça. O que é fazer a coisa certa (No original: "Justice"). Trad. de Heloisa Matias e Maria Alce Máximo. Rio de Janeiro: Civilização Brasileira, 2011, 1.ª ed., 350 p.

[9] Thomson, Judith Jarvis. "Killing, Letting Die, and the Trolley Problem." The Monist 59, no. 2 (Abril/1976): 204–17.

[10] Web: http://www2.econ.iastate.edu/classes/econ362/hallam/CaseStudies/Trolleys.pdf

[11] Os algoritmos, em verdade, antecedem a ciência computacional e o vocábulo tem origem no século IX com os estudos e técnicas do matemático al-Khwãrizmi, significando "*Algorismus*", o processo de cálculos numerais hindo-arábicos. Sobre a literatura dos algoritmos avançados: Christian, Brian. Griffiths, Tom. Trad. Paulo Geiger. Algoritmos para viver. A ciência exata das decisões humanas. São Paulo: Companhia das Letra, 2017, 529 p.; e Domingos, Pedro. O Algoritmo Mestre. Como a busca pelo algoritmo de Machine Learning definitivo recriará o nosso mundo ("The Master Algorithm"). São Paulo: Novatec Editora, 2017, 341 p.;

[12] A propósito, apud Harari: Bonefon, Jean-François. Shariff, Azim. Rawhan, Iyad. "The Social Dillemma of Autonomous Vehicles". In: Science, vo. 352, n. 6293, pp. 1573-6, 2016.

[13] A propósito, apud Harari: Bauman, Chritopher W. et al., "Revisiting External Validity: Concerns adout Trolley Problems and Other Sacrificial Dilemmas in Moral Psychology (Social and Personality Psychology Compass, v. 8, n. 9, pp. 536-54, 2014.

pelas montadoras. Retorna HARARI: (...) ao projetar seus carros autodirigidos, a Toyota ou a Tesla vão transformar um problema teórico da filosofia num problema prático de engenharia".[14]

Os algoritmos de decisões dilemáticas ou os denominados "*algoritmos de acidente*" são, em bom rigor, a primeira questão dos atuais desafios tecnológicos para o direito no emprego dos veículos autônomos. Nesse contexto, cumprirá verificar se os "algoritmos" adotaram critérios racionais que tratem de minimizar os resultados mais graves. A esse propósito, a observação feita por Erick Hilgendorf torna-se precisa e definitiva: "já ficou claro que o desenvolvimento de algoritmos de acidente exigirá considerações éticas e legais fundamentais".[15]

Uma plataforma digital está disponibilizada na rede Web para coletar e aferir a perspectiva humana diante de decisões morais adotadas pela inteligência automatizada, como sucede com a empregada pelos carros autônomos. A "*Moral Machine – Human Perspectives on Machine Ethics*"" ou a "*Máquina Moral*", além disso, a) oferece dilemas morais para escolhas do participante da pesquisa, como observador externo, atuando em lugar dos "algoritmos de acidente" existentes; e b) permite que se criem cenários onde diversos usuários possam navegar, compartilhar e discutir os dilemas morais e as soluções.[16]

Induvidoso, portanto, que os algoritmos deverão atender, em todas as hipóteses, diante de situações extremas, os princípios éticos e de mitigação dos riscos e dos danos.

Em resumo: Todo motorista humano quando recebe sua carteira de habilitação deseja nunca se envolver em acidentes e caso se envolva espera que o resultado de suas ações cause o menor dano possível. Certo que motoristas ao guiarem seus veículos estarão sujeitos a sono, raiva, distração, pressa, falhas mecânicas, imperícia e interferência de terceiros. Ao preferirem serem transportados por um VA estarão se colocando como passageiro,

---

[14] HARARI, Yuval Noah. 21 Lições.... pp. 86-87. Anota-se, em oportuno, outra importante reflexão sua: "Pela primeira vez na história, você poderá processar um filósofo pelos infelizes resultados de suas teorias, porque pela primeira vez na história, você poderá provar que há uma ligação causal direta entre ideias filosóficas e eventos da vida real." Eis o "dilema do bonde" atualizado.

[15] HILGENDORF, Eric. Direito e Máquinas Autônomas. Um esboço do problema. In: ESTELITA, Heloísa. LEITE, Alaor. (Org, e Introdução) Veículos autônomos e direito penal. São Paulo: Marcial Pons. (diversos autores); 2019, p. 79

[16] Web: http://moralmachine.mit.edu/hl/pt

e, portanto, limitando as causas de possíveis acidentes às falhas mecânicas e a interferência de terceiros.

Partindo desta premissa podemos entender que para um software o "*dilema do bonde*" estará resolvido, posto que não caberá ao humano no calor da emoção tomar decisões equivocadas, a própria I.A. realizará os cálculos e executará a manobra que causar menor dano. Mais: Não existe humano que em sã consciência execute uma manobra que cause a própria morte ao invés da morte de um transeunte, devido ao instinto de sobrevivência natural. A configuração da I.A. também irá prever essa vontade do motorista de sobreviver.

Realmente. Em termos de automação automotiva plena, a premissa básica incide na confiança ao uso dos novos veículos pela maior segurança que eles oferecem. Com pertinência aludiu James Bridle:

> "A fé na máquina é um pré-requisito para a sua utilização, e isso embasa outros vieses cognitivos que entendem reações automatizadas como inerentemente mais confiáveis que as não automatizadas.
>
> Esse fenômeno é conhecido como viés da automação, que já se observou em vários domínios computacionais, desde softwares de correção ortográfica até pilotos automáticos, em todo tipo de pessoa. O viés da automação garante que daremos mais valor à informação automatizada do que à nossa experiência, mesmo quando ela conflita com outras observações – especialmente quando essas observações são ambígua".[17]

3. § As configurações programadas

3.1. Configurações distintas – Os veículos autônomos poderão ter distintas configurações, atinentes aos níveis do controle direto do usuário sobre eles, desde todas as funções ao usuário reservadas ou a dispensa total de tais funções, com a exclusão total do controle, então conferida aos VAs, quanto às rotas de circulação e às tomadas de decisões.

A direção autônoma para a autocondução dos veículos possui diferentes níveis de seu desenvolvimento tecnológico, cujos padrões se acham definidos pela VDA, associação que congrega os fabricantes de VAs. sedia-

---

[17] BRIDLE, James. A nova idade das trevas. A tecnologia e o fim do futuro. Trad. Érico Assis. São Paulo: Todavia, 2019, 1.ª ed., p. 51

dos na Alemanha. Esses padrões se apresentam em seis níveis e são adotados em diversos países europeus e inclusive nos Estados Unidos. Vejamos, segundo o rol disponível[18]:

> Nível 0: a direção depende 100% do motorista, no máximo com equipamentos que alertam o condutor.
>
> Nível 1: o veículo capaz de fazer algumas funções, mas as principais ações ainda dependem do motorista. Se enquadram nessa categoria os veículos equipados com piloto automático adaptativo e frenagem automática anticolisão.
>
> Nível 2: o padrão no mercado atualmente. Em cenários seguros, o veículo consegue acelerar, frear e se manter dentro de faixas de rodagem. Mas o motorista deve permanecer atento via todo o tempo para assumir a direção em emergências.
>
> Nível 3: mais avançado oferecido atualmente em um carro de produção (Audi A8), o sistema autônomo capaz de guiar efetivamente o veículo em certas condições de tráfego. Mas o condutor deve se manter pronto para assumir o controle do veículo quando solicitado.
>
> Nível 4: atualmente em fase de testes, o sistema autônomo de nível 4 assume praticamente todas as funções do condutor. Mas em situações adversas, como mudanças climáticas, a máquina pode solicitar que o motorista assuma os comandos.
>
> Nível 5: dispensa totalmente os motoristas e os comandos manuais, permitindo dar ordens ao veículo por meio de comando de voz, por exemplo.

Essa variação possível de "*softwares*", para os diversos níveis interativos entre o homem e a máquina (VAs), inclusive alcançando a questão da *customização* de programas envolve diversos problemas jurídicos relevantes, a partir das tomadas de decisão, isoladas ou não, combinadas ou não, para aferição de responsabilidades nos resultados e/ou consequências delas advindos.

3.2. *Tomadas* de decisão. Quando a tomada de decisão é preordenadamente do "*software*", concebe-se, sem maiores esforços da relação de causalidade, que a responsabilidade por acidente envolvendo o veículo autônomo

[18] Web: Carros autônomos: conheça os seis níveis de automação. Disponível em: https://motorshow.com.br/carros-autonomos-conheca-os-seis-niveis-de-automacao/

é do fabricante, imputada diretamente a ele, que concebeu o software com suas configurações e falhas ocasionais.

Caso, entretanto, a programação possa permitir interação de maior ou menor controle da máquina, por parte do usuário, a responsabilidade poderá ser mitigada em face do fabricante ou partilhada entre ambos, tudo a depender dos níveis de intervenção humana.

Em hipótese adversa, no caso de *customização* dos programas, à conta e risco do adquirente do veículo autônomo, percebe-se, com claridade, que a responsabilidade será do proprietário e/ou condutor. A *customização* tem origem no vocábulo inglês *custom,* significando "feito sob a encomenda" ou "elaborado sob a medida", implicando dizer na hipótese em espécie, que a programação do VA será feita de acordo com as preferências pessoais do proprietário.

4. § Chancela geral e abstrata?

4.1. Em linha das variáveis acima referidas, impende refletir, de logo, o questionamento seguinte: deverá haver uma chancela geral e abstrata ao surgimento dos VAs., ou seja, uma concessão livre e irrestrita para a admissibilidade do uso e circulação dos veículos automatizados que confira tal legitimação ao incremento tecnológico, independente de controles prévios?

De saída, percebemos que essas chancelas, abertas ou não, estão atualmente à margem de previsões legais, mais precisamente diante da inexistência legislativa a respeito, no alcance de disciplinar eventuais interesses em conflito: a) o do manejo do bem, produzido e disponível ao transporte, conforme suas configurações e b) o da proteção de terceiros, (inclusive os do passageiro e/ou usuários) em face da circulação dos veículos autônomos.

A necessidade de inibição ou de prevenção de novas causas legitimadoras de danos, suscita a presente problematização, colocando-se a ética como instrumento condutor que deverá reger e harmonizar os interesses, sejam os do transportado, sejam os de terceiros representativos da coletividade. O "*dilema do bonde*", aqui mais uma vez, é lembrado.

4.2. A exigência de diligência máxima por parte do condutor, comum nas codificações civis europeias a estruturar a responsabilidade civil por acidentes de trânsito, ganha maior relevo quando torna obrigatória a seguridade por contratos de seguros privados, a exemplo da Itália, como alude Anderson Shreiber[19]

Não há negar que esse modelo de seguridade italiano, com maior identidade de razões, deve ser aplicado aos veículos autônomos, quando o condutor não dispõe de nenhum ou quase nenhum controle sobre a máquina, a refletir a conveniência reparatória instante por via do seguro.

Em idêntico viés, tem sido defendido um sistema de seguro de responsabilidade civil, daqueles que empreendam os novos inventos, a servir de garantia quanto a consequências lesivas de noveis aplicações tecnológicas, servindo a um só tempo também como garantia do desenvolvimento da atividade de tecnologia , enquanto, de fato, não se identificam os limites dos riscos e dos potenciais danos.

De todo modo, a queda da sinistralidade será um fato de manifesta perspectiva, considerando que os erros humanos na provocação dos acidentes são, significativamente, maiores que as eventuais falhas dos sistemas automatizados.

Enquanto a tecnologia dos VAs não receber o tratamento legal adequado e objetivo, no tocante às normas de transportes e de responsabilidade civil incidentes sobre o fabrico, o uso e a circulação deles, desafios são atualmente lançados à experimentação judiciária, quando os tribunais terão de valer-se, unicamente, das leis atualmente vigentes.

Em outras palavras, as decisões judiciais serão aplicáveis, outrossim, segundo regras de experiência máxima, "com autonomia face aos eventos singulares de cuja observação eles foram retirados e a outros casos a que se pretenda aplicá-los,"[20] com equipotência aos semelhantes fatos resolvidos pela legislação de trânsito vigente e pelas normas gerais de responsabilidade civil.

4.3. Precisamente no ponto, esse novo modelo legal de responsabilidades tecnológicas necessita ser trabalhado, no enquadramento da descoberta e revelação das ilicitudes e/ou dos danos. A um, estando em causa a presunção de culpa imputável à máquina ou ao proprietário, em aferição no plano funcional das configurações do veículo. A dois, destacando-se que as configurações preordenadas devam ser passíveis de auditagem, acerca das

[19] Schreiber, Anderson. Novos Paradigmas da Responsabilidade Civil: da erosão dos filtros da reparação à diluição dos danos. São Paulo: Atlas, 2015, p. 231.

[20] Martins, João Marques. Presunções Judiciais na Responsabilidade Civil Contratual. Cascais: Princípia Editora; 10/2017, 1.ª ed., p. 115-150

tomadas de decisões em tempo real, nos determinados momentos críticos ensejadores da ilicitude ocorrente.

4.4. A auditagem chama a atenção para uma transparência algorítmica, a permitir o devido exame de conformidade dos "algoritmos de acidente", na estruturação dos problemas da circulação dos veículos autônomos, o que exige uma regulação adequada sobre o emprego desses algoritmos dilemáticos em seus modelos de previsão. Segundo Fabiano Hartmann e Roberta Zumblick,

> "é importante a reflexão sobre como regular a aplicação algorítmica em softwares, tanto púbicos quanto privados, e estimular mecanismos de detecção de erros e aplicações inadequadas, numa especialização de sistema de governança".[21]

Como a(s) dinâmica(s) do(s) evento(s) acidente(s) pode(m) ser avaliadas, em uma equação matemática, pelos algoritmos, a solução ali encontrada, por certo estará resolvendo, em tempo futuro, a não ocorrência dele(s). Em tal sentir, a equação seguinte será avaliar se os algoritmos trabalharam, com segurança, o resultado projetado. Esses algoritmos de alta performance oferecem aos veículos autônomos, capacidade preditiva para, em princípio, evitar erros na autocondução.

5. § Responsabilidade civil e Inteligência Artificial[22]

5.1. No direito brasileiro, a responsabilidade civil tem experenciado *novos giros conceituais*, transcendendo a noção clássica e restrita de ilicitude para a noção moderna do dano injusto. Este, ampliado em seu espectro, não apenas decorrente de uma conduta ilícita, mas "de todo e qualquer dano que violar bens jurídicos", ou seja, "diante de dano reputado injusto à luz da tábua axiológica constitucional", em interpretação maior das cláusu-

---

[21] Peixoto, Fabiano Hartmann. Silva, Roberta Zumblick Martins da. Inteligência Artificial e Direito. Coleção Direito, Racionalidade e Inteligência Artificial, vol. 1. Curitiba: Alteridade Editora, 2019, 1.ª ed., pp. 73-74

[22] Sobre responsabilidade civil e inteligência artificial: Antunes, Henrique Sousa. Inteligência Artificial e Responsabilidade Civil. In: Rocha, Manuel Lopes. Pereira, Rui Soares (Coord.). Colaboração: Ana Coimbra Trigo. Edições Almedina, 01/2020, pp. 19-35

las gerais de responsabilidade (art. 927, caput e parágrafo único do Código Civil), como referem Rodrigo da Guia Silva[23] e Anderson Schreiber[24]

No âmbito da Inteligência Artificial, os pressupostos clássicos da responsabilidade civil cedem lugar a novas concepções de aferição de causalidade, de responsabilização solidária e de certezas jurídicas.

Em primeiro momento, tem-se a ponderação feita por Henrique Souza Antunes[25], a dizer quanto aos veículos de circulação terrestres autônomos, que "a conjugação de regimes de responsabilidade sem culpa, aplicáveis ao produtor e ao detentor do veículo, parecem oferecer a mesma garantia de indenização".

Lado outro, a compreensão sobre a autonomização sofisticada dos veículos inteligentes pode coincidir com a dos *robots*, para atendidas as peculiaridades comuns, emprestar-se o mesmo tratamento legal. Isso porque de toda sorte, há de ponderar-se que a situação lesiva do VA ou do *robot*, "pode ser atribuída a um comportamento humano às hipóteses em que a pessoa se apresenta como fabricante, operador, proprietário ou utilizador"[26]

Induvidoso, nesse aspecto, que a regulação da Inteligência Artificial começará, de forma iniludível, pela aplicação da responsabilidade civil para dirimir os conflitos da automação.[27] Novas formulas jurídicas deverão acompanhar a r(evolução) tecnológica que oferece determinados riscos em mesmo compasso dos seus avanços e o esboço dessa incursão da I.A. na esfera da responsabilidade civil já tem presença precursora quando as nanotecnologias, em dimensão dos seus reflexos, também reclamam prioridade regulatória nesse sentido.

Com o devido acerto, leciona Mafalda Miranda Barbosa:

> "A questão da responsabilidade civil é, talvez, uma das questões nucleares (uma das e não a questão nuclear, por não nos podermos esquecer dos

[23] SILVA, Rodrigo da Guia. Privação do Uso e Dever de indenizar; Perspectivas de Configuração do Dano Indenizável à Luz do Paradigma do Dano Injusto. In: Controvérsias Atuais em Responsabilidade Civil. Estudos de Direito Civil-Constitucional. SOUZA, Eduardo Nunes e SILVA, Rodrigo da Guia (coord.). São Paulo: Almeida, 2018, 715 p., pp 221-258

[24] SCHREIBER, Anderson. Novos Paradigmas da Responsabilidade Civil: da erosão dos filtros da reparação à diluição dos danos. São Paulo: Atlas, 2015, pp.153-156.

[25] ANTUNES, Henrique Sousa. artigo citado, pp. 23.

[26] Idem, p. 26

[27] Nesse propósito, a Resolução do Parlamento Europeu, de 16.02.2017, com as suas recomendações.

problemas ético-jurídicos envolvidos em muitos dos desenvolvimentos que se anunciam neste campo, com tentativas de fusão entre o homem e a máquina, que se colocam ao nível da Inteligência Artificial"[28]

Bem a propósito, Hans Jonas estabelece um novo princípio, o da responsabilidade ética para a civilização tecnológica, como uma responsabilidade de precaução pelo futuro do homem.[29]

De fato. As antigas teorias éticas ajustadas às tecnologias emergentes, ganham novos códigos para a gestão de riscos, incluindo, agora, ao lado dos seus princípios clássicos, o "princípio da precaução",[30] com seu liame à responsabilidade nos casos de incerteza ou de probabilidade de falhas nos sistemas de automação.

De todo modo, é manifesta uma lacuna normativa de responsabilidade civil no âmbito da Inteligência Artificial, designada como "*responsibility gap*", com mais ênfase para os veículos autônomos. A esse respeito da "*lacuna de responsabilidade*", leciona Steven S. Gouveia:

> "(...) será que a tecnologia chegou a um ponto em que as nossas concepções tradicionais de responsabilidade não podem ser mantidas? (....) É exatamente este vazio normativo que a nova tecnologia traz ao problema da responsabilidade e que causa o nosso dilema. (...) Iremos buscar a nossa possível solução no conceito de Moralidade Distribuída (MD) (Distributed Morality), de Luciano Floridi (2012). (...) Assim, a Ética deve ter um papel preponderante em fixar na regulamentação jurídica o potencial positivo desta tecnologia, ao mesmo tempo que deve mitigar os seus riscos."[31]

---

[28] Barbosa, Ana Mafalda Castanheira Neves de Miranda. 2020. "Robot advisors e responsabilidade civil". In: *Revista de Direito Comercial* 4: p. 42.
Web: https://www.revistadedireitocomercial.com/robot-advisers

[29] Jonas, Hans. O Princípio responsabilidade. Ensaio de uma ética para a civilização tecnológica. Rio de Janeiro: Contraponto/Editora PUC-Rio; 03/2011, 2.ª ed., 353 p.;

[30] O princípio se tornou norma jurídica na França, depois de inscrito na Charte de L'Environnement da Constituição de 2005, e deve ter sua aplicação, ao nosso entender, em tecnologias avançadas, como a adotada para os veículos autômatos.

[31] Gouveia, Steven S. O Problema da Lacuna da Responsabilidade na Inteligência Artificial. In: Curado, Manuel. Ferreira, Ana Elisabete. Pereira, André Dias (Coordenadores). Vanguardas da Responsabilidade. Direito, Neurociências e Inteligência Artificial, vol. 27. Coimbra: Petrony Editora, 06/2019, pp. 171-184.

6. § Os sujeitos principais

Vejamos, adiante, os personagens de referência a essa apresentação de responsabilidades, aqueles principais na relação do uso e circulação dos VAs.

6.1. O fabricante/programador

A responsabilidade do fabricante do automóvel autônomo deve ser equiparada a da empresa que atualmente faz o transporte de passageiros.

Sustenta Dylan LeValley que a responsabilidade por veículos autônomos deve ser avaliada no âmbito do regime de responsabilidade sobre produtos tradicionais. Contudo, diz ele, porque veículos autônomos compartilham muitas características com transportadoras comuns, e as transportadoras comuns devem o mais alto dever de assistência aos passageiros, fabricantes de veículos autônomos devem manter o mesmo padrão.[32]

Agora, como antes referido, essa responsabilidade estaria equiparada a da empresa que atualmente faz o transporte de passageiros.

Doutra banda, conforme assinalam Chaves e Veiga "o fabricante, como operador de uma transportadora, terá controle exclusivo sobre os recursos e limitações da tecnologia, os processos de tomada de decisão do veículo e as margens de segurança projetadas".[33]

Os veículos autônomos que dispensam totalmente comandos manuais dos seus condutores, atuando em conformidade com os "softwares", impõem responsabilidade civil exclusiva aos seus fabricantes, pelo nível mais elevado de suas configurações.

No tocante ao programador, este age segundo os interesses do fabricante, e com este se confunde para efeito de serem responsabilizados por erros da programação. São prepostos do fabricante, em face de terceiros, na figura do que dispõe o art. 932 do Código Civil brasileiro.[34]

---

[32] LEVALLEY, Dylan, "Autonomous Vehicle Liability—Application of Common Carrier Liability" (2013). Seattle University Law Review SUpra. 5. Disponível em: https://digitalcommons.law.seattleu.edu/sulr_supra/5

[33] CHAVES, Guilherme Veiga. VEIGA, Elisabeth. Carros Autônomos: liberdade, privacidade, ética e responsabilidade. Web: https://www.migalhas.com.br/depeso/326687/carros-autonomos-liberdade-privacidade-etica-e-responsabilidade

[34] "Art.932, CC: São também responsáveis pela reparação civil: (...) III – o empregador ou comitente, por seus empregados, serviçais e prepostos, no exercício do trabalho que lhes competir, ou em razão dele;"

Lecionam os doutrinadores, a exemplo de Sérgio Sérvulo da Cunha[35], para os devidos efeitos jurídicos, que "preponente é quem põe outro em seu lugar; preposto é quem foi posto, pelo preponente, em seu próprio lugar". Ou seja, "o agir do preposto é, para algum, ou para todos os efeitos, o agir do preponente: "*qui mandat, ipse fecisse videtur*". Ora, a saber do seu sentido etimólogo, a dizer que "*prepor* (prae-ponere) é pôr algo, ou alguém, antes (ou à frente) de algo ou alguém", tem-se, portanto, a figura do preposto vinculada à do fabricante, por erros, falhas e insuficiências do "*software*" dos VAs por este colocado no mercado.

Também será da responsabilidade do fabricante, cuja programação automatizada é oferecida, não apenas a satisfatória autocondução do veículo, mas identificadas as situações-limites para as tomadas de decisão pelos algoritmos, estejam elas seguramente inseridas no programa. Nesse compasso, percebe-se a necessidade da atualização dos softwares, pelo fabricante, quando eles próprios não estejam aptos à melhoria dos padrões, de forma automática dos dados, em reprogramação continuada ao melhor desempenho das decisões comuns ou excepcionais.

6.2. O proprietário

A responsabilidade do proprietário difere da do fabricante à medida que uma vez o veículo, saído da fábrica, esteja em seu poder e sob sua gestão. O fabricante não assume, em outras palavras, a responsabilidade de o proprietário manter o veículo adequadamente, conforme o manual. O proprietário que se queda inerte a realizar as manutenções programadas ou não adquirir a atualização do "software", com dispensa de adotar as medidas adequadas à segurança do uso e circulação do veículo, assume a responsabilidade exclusiva sobre os eventos.

Em tais circunstâncias, a "*quebra de padrão*" estará transferida ao proprietário como, igualmente, sucede com a quebra pela empresa de gerenciamento de atualização do software, quando atualiza com defeitos que venham a causar acidentes.

Noutro giro, o proprietário que realiza a manutenção e as demais providências de segurança do veículo autônomo, estará obrigado a descons-

---

[35] Cunha, Sérgio Sérvulo da. Conceito de preposto. Web: http://www.servulo.com.br/pdf/Conceito.pdf

tituir a sua responsabilização, quando venha a adquirir uma atualização defeituosa do "software".

Entretanto, será de sua responsabilidade, quando o programa do "software", atualizado ou não, for corrompido em seus padrões, por atitudes deliberadas dele proprietário e condutor, ante essa intervenção humana fora dos parâmetros e adequações da programação pré-ordenada, ou seja, fora de um *cheklist*[36] de manual.

Em ser assim, tudo estará na absoluta dependência do que dirá o "envelope de segurança" do veículo autônomo, em perfeita equivalência às "caixas-pretas" dos veículos aéreos e, na hipótese, as formas em que esta proteção pode ter sido corrompida.

Em todos casos, porém, a obrigação do proprietário será admitida perante terceiros prejudicados à conta de sinistros, inerente de sua própria condição de proprietário, cumprindo-lhe, conforme a hipótese, demandar por via de regresso o fabricante.

6.3. O assistente de segurança/operador

A figura do *"assistente de segurança"* a reconhecemos como uma figura jurídica nova, em composição do elenco de personagens protagonistas de responsabilidades, quando sua intervenção deva se constituir em uma interferência cabível aos comandos autônomos do veículo, ou seja, quando interfira, com razão fundante, no manejo da máquina durante sua circulação. Esse pormenor fático difere da condução típica do veículo pelo motorista que assume, no modelo clássico, a inteira responsabilidade do controle e da direção. Entretanto, é de atentar quanto às causas de sua "assistência de segurança".

Na hipótese, cuidar-se-ia, em princípio, de uma responsabilidade concorrente do fabricante com o proprietário (diga-se condutor e interveniente), nos eventos de acidentes de VAs, salvo quando este último demonstrar que sua interferência resultou da falha súbita dos comandos do veículo, havendo de se evidenciar, a tanto, que essa interferência a) teve causa mediata e imediata; b) não foi, em si mesma, determinante do acidente; ou ainda, c) inevitável o acidente, mesmo com sua intervenção assistencial.

---

[36] O vocábulo "*checklist*" é a junção de *check* (verificar) e *list* (lista). "Uma *checklist* é um instrumento de controle, composto por um conjunto de condutas, nomes, itens ou tarefas que devem ser lembradas e/ou seguidas".

Questionamento importante, porém, é o de saber se a tecnologia de condução autônoma precisará ou não, necessariamente, de um assistente de segurança. A autonomia do veículo deve prevenir acidentes evitáveis por sua própria tecnologia e, por essa lógica de resultados, o assistente seria desnecessário. Nos acidentes inevitáveis, a mesma lógica indica da não necessidade do assistente, porquanto o programa deve conter os "*algoritmos de acidente*", a eleger a solução menos traumática, com as opções éticas cabíveis, sem interferência humana.

A exigência usual de algumas montadoras (fabricantes) de o proprietário (ou o único passageiro) ter sempre as mãos ao volante, durante os percursos, para (re)assumir o controle e direção do veículo autônomo ao tempo instante de uma colisão iminente, tem sido feita para elas se subtraírem de suas responsabilidades.

Essa exigência não afastará, contudo, a responsabilidade exclusiva ou concorrente do fabricante, quando se observa que a tecnologia empregada deve ser usada, dentro dos parâmetros de razoabilidade, por uma "*autocondução responsável*", ou seja, o programa deve, v.g., contemplar limites de velocidade compatíveis com as regras do trânsito bem como identificar áreas de tráfego onde não sejam de circulação adequada, por questões de segurança, a condução autodirigida dos veículos.

Mas existirão situações de acidentes em que não deve haver culpa? – questiona Steven Gouveia[37], quando, v.g. o acidente não decorrer de qualquer falha do sistema autônomo, mas das condições anormais do tempo. Ora bem. Uma de duas: a) o agente artificial deverá diante das condições anormais, detectáveis pelo sistema, reduzir a velocidade para o controle do veículo[38]; b) admitir a necessidade de intervenção humana para inibir uma situação de acidente, quando, à toda evidência, a tecnologia autônoma restaria insuficiente.

---

[37] GOUVEIA, Steven S. O Problema da Lacuna da Responsabilidade na Inteligência Artificial........; obra citada, p.175

[38] Artigo: "Uber pode não ter tido culpa de acidente, mas estava acima da velocidade". Web: https://tecnologa.uol.com.br/noticias/redacao/2018/03/20/uber-pode-não-ter-tido-culpa-de- acidente-mas-estava-acima-da-velocidade.htm

6.4. O usuário passageiro

Os sistemas de Inteligência Artificial permitirão que os motoristas dos seus carros particulares se tornem simplesmente, muito em breve, "*usuários passageiros*" dos veículos autônomos e não mais seus proprietários. No caso, professa Ricardo Mansur:

> "as frotas de veículos autônomos permitirão que as pessoas tenham acesso a um deles em qualquer lugar. Os motoristas não pagarão IPVA, seguros, manutenções preventivas e corretiva, estacionamentos e garagens. Existem claramente excitantes motivações para avançar no desenvolvimento dos veículos autônomos".[39]

O passageiro, de regra, é o contratante do serviço de transporte, automatizado ou não, nos termos regulados por lei.

7. § Os sujeitos secundários ou eventuais

7.1. O usuário esporádico – *carsharing*

É certo, como sustenta o jurista M. Januário da Costa Gomes[40], que o "usuário esporádico" não será necessariamente um passageiro, no sentido de pessoa ligada por um contrato de transporte.

Na prática, reveste-se, a nosso sentir, a ocorrência do *carsharing* (carro compartilhado) quando, de fato, o usuário eventual se apresenta, em verdade, como coproprietário em um sistema de time-sharing, cuja efetiva utilização jurídica do instituto tem sido mais frequente verificada na multipropriedade imobiliária.

A multipropriedade (ou *time-sharing*), tem presença na ordem jurídica brasileira, pela Lei n.º 13.777 de 20 de dezembro de 2018, denominada "Lei de Multipropriedade Imobiliária", instituindo o regime de condomínio em que cada um dos proprietários de um mesmo imóvel é titular de uma fra-

[39] MANSUR, Ricardo. Inteligência estendida com Inteligência Artificial. Rio de Janeiro, Editôra Ciência Moderna, 2019, p. 23.

[40] GOMES, M. Januário da Costa. Professor da Faculdade de Direito da Universidade de Lisboa. Coordenador do Centro de Direito Marítimos e dos Transportes e da Coleção de Direito Marítimo e dos Transportes.

ção de tempo, à qual corresponde a faculdade de uso e gozo, com exclusividade, da totalidade do imóvel, a ser exercida pelos proprietários de forma alternada (art. 1.358-C, do Código Civil).

Segue-se, então, considerar o *carsharing* como a utilização de um bem móvel em sistema de multipropriedade, destinado ao uso do veículo de forma compartilhada, à medida que o veículo será usado por todos os coproprietários, de acordo com os seus interesses na partilha de horários ou dos dias preordenados.

Anote-se que com o uso da tecnologia avançada, em se tratando de veículos autônomos, este sistema será bastante facilitado, para a multipropriedade de VAs, o que requer tratamento legal específico.

Cumpre referir, a nosso entender, não se tratar, na hipótese, de serviços de aluguel de carros. O sistema de uso dos veículos autônomos, solicitado através da internet, telefone ou por aplicativos de celulares, quando os veículos pertençam a empresas ou a particulares e sejam postos à disponibilidade do usuário, para uso e condução, em verdade, reduz-se à uma operação jurídica normal de locação.

Assim, o usuário esporádico ou eventual, em sistema de "*carsharing*" tem a responsabilidade correlata à do proprietário único, porquanto se apresenta proprietário temporal ou proporcional. Entretanto, resta atribuída prioridade de responsabilização ao fabricante, desde que a autocondução não tenha a interferência humana de quaisquer dos coproprietários condutores, sendo a responsabilidade exclusiva da montadora.

Na hipótese, mesmo que o coproprietário se torne um usuário esporádico, por não usufruir, com maior frequência o bem partilhado, permanecerá ele com a responsabilidade por eventuais danos, na proporção de sua cota-parte.

7.2. O usuário esporádico – *carpooling*

Por outra latitude, a figura do "*usuário inusual*" pode ser enquadrada no sistema do *carpooling (*carona solidária*)* e no caso, o transporte de cortesia, como fato social frequente, não configura também um contrato de transporte.

O Código Civil brasileiro, em seu artigo 736, caput, dispõe que "não se subordina às à normas do contrato de transporte o feito gratuitamente, por amizade ou cortesia". À exata medida de afastada a responsabilidade objetiva do transportador, por não se constituir o contrato em espécie, tem-se, por isso, sob o rigor da Súmula 145 do Superior Tribunal de Justiça (STJ) que "no transporte desinteressado, de simples cortesia, o transportador só será civilmente responsável por danos causados ao transportado quando incorrer em dolo ou culpa grave".

José Fernando Simão, defendendo a reportada Súmula, sustenta pela função social do usuário esporádico, ou da carona, a dizer que a prática social deve ser estimulada, a corrigir o deficiente sistema público de transportes.[41]

Todavia, quanto à Súmula n.º 145/STJ que considera necessário o dolo ou a culpa grave na causação do acidente que vitime o carona, para efeito da responsabilização civil, a doutrina diverge; assinalando Flávio Tartuce o seguinte:

> "há tempos, tenho entendido que parte final da Súmula deve ser revista, pois segundo os artigos 944 e 945 do CC/2002, não se exige como essencial a existência de culpa grave ou dolo para a reparação civil. Na realidade, o dolo ou a culpa grave somente servem como parâmetros para a fixação da indenização"[42]

Lado outro, consoante também adverte Flávio Tartuce, nas formas de transporte compartilhado, como a do Uber, com vantagens indiretas pelo transportador, tem emprego, nesse aspecto, o parágrafo único do art. 736 do Código Civil/BR. "Nesses casos, a responsabilidade daquele que transportou outrem volta a ser contratual objetiva".[43]

Como se observa, as intelecções da súmula e da doutrina divergente, à luz de interpretação de normas da codificação civil, conduzirão seus resultados à hipótese dos acidentes com veículos autônomos, envolvendo o personagem "carona". Ou seja, o carona, embora não figurando em tais situações, como partícipe de contrato de transportes porquanto esse contrato inexistirá, é sujeito de direitos para os fins dos danos causados em sua vitimização, pelo proprietário ou por terceiros.

Afinal, o Projeto de Lei n.º 8.074-B/2004, institui, no Brasil, o Sistema de Carona Legal (SISCARLEG), em âmbito nacional, a ser apoiado

[41] TARTUCE, Flávio. Direto Civil. Direito Civil, Vol. 3: Teoria Geral dos Contratos e Contratos em espécie. São Paulo: GEN/Forense, 15a. ed., 2020, pp. 720-725.

[42] SHREIBER, Anderson. TARTUCE, Flávio. SIMÃO, José Fernando. MELO, Marco Aurélio Bezerra de. DELGADO, Mário Luiz. São Paulo; GEN/Forense, 2020, 2.ª ed. revista e atualizada. Art. – 736. p. 469.

[43] Obra citada, p. 469

pelos órgãos públicos de trânsito, mobilidade urbana, saúde, educação e meio ambiente, em parceria com entidades sem fins lucrativos da sociedade civil organizada. A proposta legislativa incentiva o transporte solidário e à conscientização acerca do uso social de veículos particulares e define o "transporte solidário" como aquele realizado sem fins lucrativos, com a utilização de veículos de passeio particulares.

8. § Uma legislação em construção. Os normativos pontuais

Nos primórdios, temos uma legislação precursora a lidar com o tema, a partir de sua relação dialogal e originária com as máquinas e os transportes. No trespasse do tempo, observamos, adiante, o surgimento de uma legislação em construção, em busca de maior segurança jurídica à operabilidade dos veículos automatizados.

A Alemanha tornou-se um dos primeiros países do mundo a legalizar o automóvel autônomo,[44] com uma legislação, editada pelo Bundesrat, (Conselho das Regiões, que representa os dezesseis estados federados) em 12.05.2017, que autorizou os testes dos veículos estabelecendo exigências ao seu uso, como as a) de um condutor a bordo pronto a assumir o controle, b) de uma "caixa preta" a auxiliar pesquisas na origem de determinados e possíveis problemas: c) de uma prevalência decisória do condutor a decidir sobre a transmissão do uso de dados do seu veículo.

Em diretivas dessa ordem, as legislações deverão atender:

> a) a definição das responsabilidades legais sobre os eventos, envolvendo os veículos autônomos; b) a devida adequação da legislação de trânsito nacional; c) a necessária dispensa ou não de um motorista (que sirva como "assistente de segurança"); d) as exigências técnicas de detectação de obstáculos, mesmo repentinos a curtas distâncias, e) uma simetria legal com a legislação dos aviões comerciais, em tratamento dos crimes ocasionados, porquanto o piloto humano pode ser responsabilizado, mesmo estando a aeronave a funcionar no piloto automático, para os fins de verificar se agiu de forma dolosa ou culposa.

---

[44] Web: https://www.publico.pt/2017/05/12/tecnologia/noticia/alemanha-aprova-lei-para-a-circulacao-de-carros-autonomos-1771941

Web: https://www.bundesrat.de/DE/plenum/bundesrat-kompakt/17/957/957-pk.html#top-27

Afinal, como se resolverá o dilema para a responsabilização de um crime (acidente com vítimas fatais, ou atropelamentos) se o veículo estiver sob autocondução autônoma, sem o seu assistente, ou mesmo, em hipótese possível de sua circulação quando for buscar o usuário, proprietário ou não?

Nos Estados Unidos, os estados da Califórnia, Michigan, Flórida e Nevada foram os primeiros que aprovaram leis que permitiram o teste de carros que dirigem sozinhos em circulação pública.

Curiosamente foi na Florida que, em julho de 2016, aconteceu a primeira morte de um passageiro utilizando veículo autônomo no piloto automático, que colidiu com um caminhão, enquanto ele assistia um filme.

Ao depois, o primeiro atropelamento fatal causado por um carro utilitário autônomo da Uber, vitimou em março de 2018, na cidade de Tempe, Arizona (EUA) uma mulher alcançada fora da faixa de pedestres.

O Conselho Nacional de Segurança em Transporte dos EUA, em Washington, decidiu que a culpa no caso era da Uber (por não dispor, à época, de estudos de avaliação e mitigação de riscos), da motorista de segurança (por desatenção manifesta até segundos antes do acidente), do governo do Arizona (por "políticas insuficientes" para a regulamentação dos carros autônomos em ruas públicas) e da própria vítima (por contribuir com o acidente ao atravessar fora da faixa de pedestres).[45]

Há de se notar que as primeiras análises, de ordem técnica ou legal, estão sendo iniciadas "sobretudo nos países onde há sólida indústria automobilística, como na Alemanha, em Portugal, na Espanha, na França e nos Estados Unidos, dentre outros".[46]

Nessa trajetória, registramos uma sumária linha temporal:

8.1. – 08.11.1968 – Convenção de Viena sobre Tráfego Viário[47]. Esse acordo internacional foi criado entre os setenta e dois países participantes da

---

[45] 01. Web: https://brasil.elpais.com/brasil/2018/03/19/tecnologia/1521479089_032894.html
02. Web: https://www.startse.com/noticia/nova-economia/uber-acidente-carro-autonomo-decisao

[46] Lobo, Flávio Luiz de A. Frazão, Alexandre Costeira. "Carros autônomos: Desafios para a Infraestrutura e para o Modelo Regulatório Brasileiro". In: Saddy, André; Chauvet, Rodrigo da Fonsca. Silva, Priscila Menezes da Silva. Aspectos Jurídicos das Novas Tecnologias (Inovações) Disruptivas. Rio de Janeiro: Lumen Juris, 2019, pp; 121-146.

[47] A Convenção revogou e substituiu, nas relações entre as Partes Contratantes, a Convenção Internacional Relativa à Circulação Automóvel e a Convenção Internacional Relativa à Circulação Rodoviária, ambas assinadas em Paris em 24 de Abril de 1926, a Convenção sobre a Regulamentação da Circulação Automóvel Interamericana, aberta para

convenção, no objetivo de incentivar o trânsito viário nacional e aumentar a segurança nas rodovias. O texto foi atualizado, diante da moderna doutrina de direitos tecnológicos que pode orientar uma compatibilização, pelo direito internacional em espécie, com os veículos autônomos, ainda que minimizada à uma intervenção humana qualificada, onde o motorista poderá exercer o controle do veículo, mesmo condicionado aos novos sistemas. Assim é que em março de 2016, as Nações Unidas aprovaram uma alteração à Convenção, que passou a admitir os carros autónomos na estrada, "desde que possam ser controlados e desativados por um condutor caso necessário".

8.2. – 17.05.2006 – A Diretiva 2006/42/CE do Parlamento Europeu e do Conselho regula os níveis de segurança das máquinas.

8.3. – 16.02.2017 – O Parlamento Europeu edita a Resolução n.º 2015/2103, de 16.02.2017, colocando a regulação da robótica pelo direito civil como uma das prioridades do legislador, a ser discutida pela Comissão de Direito Civil sobre Robótica.

8.4. – 25.04.2018 – Estudos da Comissão Europeia sobre o tema, apresenta sua posição no documento "Liability for emerging digital tenologies – SWD" (2018) 137 final.

9. § Privacidade e automação[48]

Coexiste também a questão relevante da privacidade vs. automação. Com toda evidência, a Inteligência Artificial (I.A.), traduzida em seu sistema especializado de VAs. poderá afetar os direitos de privacidade dos proprietários dos veículos autônomos à exata medida da armazenagem dos dados de sua circulação. Nomeadamente na esfera da catalogação de percursos, permanência nos sítios, e outros dados sensíveis de frequências de tráfego a definir hábitos, locais preferenciais, finalidades de uso, cujas inferências de situações espelharão reflexos na esfera da privacidade, com inúmeros efeitos.

---

assinatura em Washington em 15 de Dezembro de 1943, e a Convenção sobre a Circulação Rodoviária, aberta para assinatura em Genebra em 19 de Setembro de 1949. O Brasil foi signatário da Convenção de Viena e o Decreto n.º 86.174, de 10.08.1821 a promulgou no país. Web: http://www.planalto.gov.br/ccivil_03/decreto/1980-1989/D86714.htm (incluindo o texto da Convenção)

[48] Sobre privacidade e automação: Santos, Lourenço Noronha dos Santos. Inteligência Artificial e Privacidade. In: Rocha, Manuel Lopes. Pereira, Rui Soares (Coord.). Colaboração: Ana Coimbra Trigo. Edições Almedina, 01/2020, pp. 147-159.

Bem é certo que os veículos terão no seu hardware armazenados todos esses dados de circulação, com precisão dos trajetos, datas e horários, distancias, situações rotineiras ou não. O controle desses dados poderá sacrificar a privacidade do seu usuário, seja por informações em tempo real com as monitorações indevidas, sem o conhecimento do titular; seja a qualquer tempo, com a acessibilidade dos dados, por terceiros, inclusive pelo fabricante, para os mais diversos fins.[49]

Em esferas conectadas por tecnologias mais recentes observa-se filtragem de artefatos algorítmicos que servem de práticas de *profiling*, *micro-targenting*, entre outras, com interesses lucrativos de negócios e ofertas de mercado. A circulação de um veículo autônomo, com seus dados de mobilidade, locais e horários, e outras informações, equivale à navegação em espaços virtuais, ao *e-commerce*, à interação em internet; detendo o titular desses dados o direito de sua autodeterminação informacional e a proteção dos seus dados sensíveis.

A *General Data Protection Regulation* (GDPR), Regulamento da União Europeia n.º 2016/679, aplicável desde 25.08.2018 e a lei brasileira de n.º 13.709, de 14 agosto de 2018, a Lei Geral de Proteção de Dados (LGPD), que tem sua vigência, na maioria dos seus dispositivos, a partir de 18.09.2020, se acham harmonizadas por seus princípios comuns e com similaridades protetivas. Servirão como bases legais, induvidosamente, de aplicação no contexto da conectividade dos dados dos veículos autônomos, para a proteção deles.

10. § "*e-person*": A personalidade jurídica dos carros autônomos[50]

Eric Hilgendorf, da Universidade Julius-Maximilians, de Wüzburg, relata que no âmbito da responsabilidade civil, "já se considera a introdução de uma responsabilidade própria de máquinas para os casos em que uma pessoa não pode mais ser responsabilizada por danos causados por sistemas

---

[49] Os fabricantes poderão deter acesso compartilhado em função de determinados dados entendidos como necessários à dinâmica dos próprios veículos, pelo que a definição de perfis (*profiling*) estaria sob fácil disponibilidade.

[50] Sobre a personalidade jurídica dos entes autônomos: Castro Júnior, Marco Aurélio de; Direito e Pós-Humanidade. Quando os robôs serão sujeitos de direito; Curitiba (PR): Juruá Editora; 2013, 266 p.. Anota-se que o vocábulo "robô" foi introduzido por Karel Kapec, escritor tcheco, em sua peça "R.U.R. ("*Rossum's Unversal Robots*"), de 1921, derivando o termo de "robota" que em tcheco significa "trabalho".

semiautônomos." E pondera: "assim como o conceito de pessoa 'natural' foi completado pela figura da 'pessoa jurídica', seria possível ir um passo além e criar uma *'e-person'*, que seria vista como um sujeito autônomo de responsabilidade"[51].

Interessante estudo do jurista português Antônio Pinto Monteiro coloca em análise a recomendação do Parlamento Europeu (Resolução de 16.02.2017) no tocante a ser criado *um estatuto jurídico para os robôs*, com destaque aos robôs autónomos e independentes, "que possam ser determinados como *detentores do estatuto de pessoas electrônicas responsáveis por sanar quaisquer danos que possam causar e, eventualmente, aplicar a personalidade electrónica* a casos em que os robôs tomem decisões autónomas ou em que interagem por qualquer outro modo com terceiros de forma independente" (alínea f, do ponto 59).

E pondera que a se admitir, no futuro, a autonomia robótica suficiente, em termos de responsabilidade civil contratual dos robôs por atos de sua autonomia, tal havendo-se como terceiros, deve se concluir que estes estarão à disposição e proveito de quem os utiliza. Logo, afirma o constitucionalista, "*esse juízo de culpa terá de incidir sobre o devedor que se serve de robôs, só permitindo a sua a sua exoneração se provar que não teve culpa*" (art. 799.º, n.º 1, do CC português).[52]

Em referência, portanto, ao "*e-person*", no trato de um período futuro ou melhor, em um mundo pós-singularidade, humanos e máquinas serão confundidos, assim como as realidades virtual e física, a configurar uma nova civilização homem-máquina, como sustenta Ray Kurzweil em sua obra "The Singularity is Near" (2005).[53]

Defende, ainda, Kurzweil que técnicas de Inteligência Artificial quando funcionalmente aplicadas deixam de ser IA e devem ser desmembradas em campos próprios ("por exemplo, o reconhecimento de caracteres, o reconhecimento da fala, a visão mecânica, a robótica, a prospecção de dados, a informática médica, *os investimentos automatizados"*) (gn). Fácil inferir,

---

[51] Hilgendorf, Eric. Direito e Máquinas Autônomas. Um esboço do problema. In: Estelita, Heloísa. Leite, Alaor. (Org, e Introdução) Veículos autônomos e direito penal. São Paulo: Marcial Pons. (diversos autores); 2019, pp. 64-86

[52] Monteiro, Antônio Pinto. *Qui facit per alium, facit per se*" – será assim na era da robótica?"), Revista de Legislação e Jurisprudência n.º 4015 (março-abril/2019), ano 148.º. Lisboa: Editora Gestlegal, 69 p.; pp. 200-211.

[53] Kurzweil, Ray. A Singularidade está próxima. Quando os humanos tr5anscendem a biologia. Trad. Ana Goldberger. São Paulo: Itaú Cultural/Iluminuras, 2018, 626 p.;

no caso, que a automação dos veículos constituirá um sistema especializado, em campo próprio, cujas regulações não estarão condicionadas à um marco legal mais abrangente da própria Inteligência Artificial.

11. § O futuro da mobilidade autônoma

O estudo da consultora Deloitte "The future of mobility: what"s next?[54] indica que "o ritmo a que as mudanças na área da mobilidade estão a acontecer avassalador, com evoluções significativas de ano para ano. Esse futuro da mobilidade autônoma, impõe-se, portanto, como uma prioridade estratégica nos anos que seguem.

Os impactos da mobilidade autônoma repercutirão, em maior nível de mudanças, no setor de transportes, bem como nas suas infraestruturas inteligentes, a exemplo dos estacionamentos, abastecimento de veículos elétricos, serviços de garagens automatizadas, etc.

A consultora considera, em suas projeções, uma mais imediata introdução de veículos autônomos compartilhados nos meios de transportes, os chamados veículos da economia partilhada, seja na modalidade de *carsharing* (carro compartilhado) ou *carpooling (*carona solidária*).* O compartilhamento implicar em "uma nova era de autonomia acessível.

Mas não só. A autonomia automotiva acessível, pelo compartilhamento dos veculos autônomos, aprimora o atual sistema do *carsharing* j colocado em prática em muitos países.

De acordo com o estudo Whats ahead for carsharing? The New Mobility and its Impact in Vehicle Sales,[55] da Boston Consulting Group (BCG), em 2021, cerca de 35 milhões de pessoas estarão registradas em um serviço de carro compartilhado, sendo 14 milhões na Europa, 6 milhões na América do Norte e aproximadamente 15 milhões de usuários na Ásia-Pacífico. De efeito, esses usuários de serviços de compartilhamento de carros produzirão uma receita global de € 4,7 bilhões em 2021, com uma receita bruta de € 3,2 bilhões, proveniente de usuários ocasionais, que precisam de um

[54] Web: https://www2.deloitte.com/content/dam/insights/us/articles/3367_Future-of-mobility-whats-next/DUP_Future-of-mobility-whats-next.pdf

[55] BERT, Julien. COLLIE, Brian. GERRITS, Marco. XU, Gang. Whats ahead for carsharing? The New Mobility and its Impact in Vehicle Sales Web https://www.bcg.com/publications/2016/automotive-whats-ahead-car-sharing-new-mobility-its-impact-vehicle-sales.aspx

carro apenas para eventuais viagens. A questão aqui posta envolve a multipropriedade dos veículos, com o compartilhamento que poder ser alterado, por sucessivas mudanças da co-propriedade, tornando-se, em maioria dos casos, copropriedades temporais.

Em outra vertente, aproxima-se o uso de veículos autônomos aéreos, mais precisamente dos Veículos Aéreos não Tripulados (VANTs) que diversamente dos *drones* (remotamente pilotados e sem passageiros), farão serviços de transporte de taxis aéreos[56] ou, fora da relação de um contrato de transportes, circularão, em idênticas situações fáticas e jurídicas, como os VAs. terrestres.

Nesse sentido, em agosto de 2019, a empresa chinesa anunciou desenvolver veículos autônomos de passageiros para transportes aéreos. A seguir, em janeiro de 2020, a Uber e a montadora sul-coreana Hyundai Motor anunciaram parceria para desenvolver taxis aéreos elétricos em rede de compartilhamento de viagens e um novo conceito de aeronaves em escala real, durante a Consumer Electronics Show (CES) em Las Vegas, nos EUA. O futuro ganha sua presença diária.

12. § Conclusões

12.1. Ordem jurídica – Não há negar que o uso de novas tecnologias e o controle de veículos por máquinas desafia nosso sistema jurídico. Se, ao invés de humanos, as máquinas controlam veículos e as decisões são tomadas usando algoritmos predefinidos, devemos normatizar o uso dos VAs. com a devida cautela, segurança e efetividade ao direito das partes envolvidas.

12.2. Uma ética como configuração – Tem-se inevitável a relação humano-tecnologia implícita nos debates sobre veículos autônomos. Para esse fim, cuide-se de configurações semelhantes na área de sistemas de *armas autônomas*. Isso cria e perpetua a ideia de "*ética como configuração*". Um debate ético e político sobre Inteligência Artificial deve começar, portanto, nesse tema, porque esse relacionamento humano-tecnologia

[56] Web: https://olhardigital.com.br/noticia/taxis-aereos-autonomos-da-ehang-devem-chegar-em-breve/89024.

Web: https://carros.ig.com.br/2020-01-08/hyundai-e-uber-apresentam-conceito-de-taxi-aereo-na-ces.html

implica em debates éticos e pode provocar formas problemáticas de legitimidade pelas consequências dos danos causados.

12.3. Programação do software e limites éticos – A ponderação de interesses, em pretendida preservação dos envolvidos em acidentes de veículos autônomos, quando o "software" não exercitar a melhor escolha ou a escolha devida, entre outras questões, revela a necessária aferição de sua programação, realizável diante do que razoavelmente se espera por princípios de eticidade. O "software" desenvolveu opção justa e legítima, falhou na execução do que estaria programado ou não atuou com a opção cabível à situação enfrentada, são questões que devem ser respondidas pelo direito.

12.4. Uma colmatação de normas – A urgência da colmatação normativa apresenta-se ao debate, ou seja, a do emprego de uma integração normativa face a lacuna da lei para oferecer, no caso concreto, as soluções pontuais ainda não reguladas. O preenchimento jurisdicional das lacunas normativas, no plano dessa nova realidade tecnológica, servirá de orientação ao legislador que cumprirá dissolver, em definitivo, as lacunas existentes. Enquanto isso, na medida que couber, poderão ser aplicadas por analogia as leis atuais de transporte de pessoas aos carros autônomos e as regras gerais de responsabilidade civil.

12.5. Responsabilidades pontuais – Uma pessoa ainda poderá ser responsabilizada pelo mau funcionamento da máquina que gere danos, quando obrigada se encontre às manutenções preventivas ou corretivas e às atualizações periódicas que o sistema automatizado exigir, conforme os manuais das montadoras. A definição de quem seja responsável por acidentes causados por sistemas de assistência instalados em veículos automatizados e o exame das possíveis consequências legais para proprietários, motoristas, pedestres, fabricantes e desenvolvedores de software de veículos autônomos, situam-se precisamente extraídos do "*envelope de segurança*" do automóvel, dos seus registros de dados de automação e de autocondução. Todavia, sublinhe-se, que a obrigação do proprietário decorre objetivamente da propriedade colocando-se direta em face dos terceiros prejudicados, cabendo a esse o direito de regresso contra o fabricante, nas situações do caso concreto.

12.6. Lógicas e falhas – Dentre as muitas questões novas que surgem no debate jurídico sobre a automação dos veículos, duas reclamam maiores atenções: a) a da "*complacência da automação*", quando os sistemas não garantem ou preservam a atenção necessária dos motoristas (assistentes de segurança), durante a circulação dos veículos, quando eles se tornam "excessivamente confiantes" na tecnologia autônoma; b) a da indução a erros nas inferências de leitura dos sistemas automatizados. Relatório de estudos realizados pelas universidades norte-americanas do Michigan, Washington, Stony Brook e Califórnia indicou (2017) que as inteligências artificiais empregadas nos veículos autônomos "continuam a ser demasiado permeáveis a elementos e influências externas", que poderão influir no normal funcionamento do sistema.[57]

12.7. Atividade segura – De todo modo, credita-se que o uso e circulação dos veículos autônomos não será uma atividade perigosa; para além dos acertos mais aperfeiçoados de programação de consonâncias cognitivas, as regulações administrativas e jurídicas dirão exatamente isso. Por outro lado, não se pode pressupor, em absurdez, uma ideia agônica e futurista de ficção de "algoritmos rebeldes", alterados por invasores tecnológicos com inaceitáveis razões de mercado ou outras razões, em tipologias típicas de um *flash crash*.[58]

12.8. Ser ou não ser? – A autoridade de comando dos veículos repassada dos humanos para os algoritmos, representa e integra espaço de uma nova lógica. Esta constituirá, como vaticina HARARI, um universo inteiro de fluxo de dados sob regência da inteligência artificial, mudando nossos conceitos de humanidade e de vida.[59]

12.9. O futuro aciona o alarme – Conforme aludiu Ulrich Beck, "na nossa sociedade de alto risco, a ciência é ao mesmo tempo (com) causa,

---

[57] https://s3.observador.pt/wp-content/uploads/2017/08/08133934/1707-08945.pdf

[58] Navinder Sarao, comerciante autodidata do mercado de ações trouxe pânico nos mercados dos EUA em 2010 a partir de um quarto na casa de seus pais em Hounslow, oeste de Londres. O flash crash foi uma quebra bilionária nas bolsas norte-americanas por cerca de 36 minutos, quando Sarao lançou ordens milionárias e em ato instante as cancelava, com sofiticados sofswares, enganando robos de investimento, de alta frequencia, que participavam do mercado. Conferir Web: https://www.bloomberg.com/news/articles/2015-04-22/mystery-trader-armed-with-algorithms-rewrites-flash-crash-story

[59] HARARI, Yuval Noah. 21 Lições para o século 21. trad. Paulo Geiger. São Paul: Companhia das Letras, 2018, 1.ª ed. 441 p.; pp. 83-84.;

meio de definição e fonte de resolução de problemas". A notável aceleração tecnológica dos processos de automação é uma realidade constante. O carro do futuro, com seus novos conceitos e sua ciência resolutiva, está a caminho em via de circulação rápida e sua tecnologia desafia o direito a se posicionar, com segurança e acertada contribuição, ao volante de melhores leis.

De Recife para Lisboa, em 17 de maio de 2020

Referências bibliográficas

Obras portuguesas:

BARBOSA, Ana Mafalda Castanheira Neves de Miranda. Danos. Uma leitura personalista da responsabilidade civil. Cascais (PT): Princípia Editora; 09/2018, 1.ª ed., 134 p.

CARAPUÇA, Rogério. Revolução Digital: Quando quase tudo é possível. Lisboa: Edição Glaciar. Lisboa; nov./2018; 144 p.

CURADO, Manuel. FERREIRA, Ana Elisabete. PEREIRA, André Dias (Coordenadores). Vanguardas da Responsabilidade. Direito, Neurociências e Inteligência Artificial, vol. 27. Coimbra: Petrony Editora, 06/2019, 254 p.

ROCHA, Manuel Lopes. PEREIRA, Rui Soares (Coord.). Colaboração: Ana Coimbra Trigo. Edições Almedina, 01/2020, 715 p.

Obras brasileiras:

CASTRO JÚNIOR, Marco Aurélio de; Direito e Pós-Humanidade. Quando os robôs serão sujeitos de direito; Curitiba (PR): Juruá Editora; 2013, 266 p.;

FRAZÃO, Ana. MULHOLLAND, Caitlin (Coord.). Inteligência Artificial e Direito. Ética, Regulação e Responsabilidade. São Paulo: Thompson Reuters Brasil/ Revista dos Tribunais; 08/2019, 716 p.; ver pp. 74-76

FILIPPO, Fernando. As Implicações da Responsabilidade Civil no uso dos veículos autônomos. Rio de Janeiro: Editora Lumen Juris, 2019, 113 p.

ESTELITA, Heloísa. LEITE, Alaor. (Org, e Introdução) Veículos autônomos e direito penal. São Paulo: Marcial Pons. (diversos autores); 2019, 203 pp.;

MANSUR, Ricardo. Inteligência estendida com Inteligência Artificial. Rio de Janeiro, Edi8tôra ciência Moderna, 2019, 191 p.

PEIXOTO, Fabiano Hartmann. SILVA, Roberta Zumblick Martins da. Inteligência Artificial e Direito. Coleção Direito, Racionalidade e Inteligência Artificial, vol. 1. Curitiba: Alteridade Editora, 2019, 1.ª ed., pp.

Obras traduzidas:

Bridle, James. A nova idade das trevas. A tecnologia e o fim do futuro. Trad. Érico Assis. São Paulo: Todavia, 2019, 1.ª ed., 319 p.

Fry, Hannah. Olá, Futuro. Como ser humano na era dos algoritmos. Trad. Rita Carvalho e Guerra. Lisboa: Planeta Manuscrito, 2019, 317 p.

Harari, Yuval Noah. 21 Lições para o século 21. trad. Paulo Geiger. São Paul: Companhia das Letras, 2018, 1.ª ed., 441 p.

Artigos portugueses:

Barbosa, Ana Mafalda Castanheira Neves de Miranda. 2020. "Robot advisors e responsabilidade civil". *Revista de Direito Comercial* 4: 1-67. Web: https://www.revistadedireitocomercial.com/robot-advisers

Barbosa, Ana Mafalda Castanheira Neves de Miranda. 2020. "O futuro da responsabilidade civil desafiada pela inteligência artificial: as dificuldades dos modelos tradicionais e caminhos de solução". *Revista de Direito da Responsabilidade* (2): 280-326.

Gouveia, Steven S. O Problema da Lacuna da Responsabilidade na Inteligência Artificial. In: Curado, Manuel. Ferreira, Ana Elisabete. Pereira, André Dias (Coordenadores). Vanguardas da Responsabilidade. Direito, Neurociências e Inteligência Artificial, vol. 27. Coimbra: Petrony Editora, 06/2019, pp. 171-184

Monteiro, Antônio Pinto. *Qui facit per alium, facit per se*" – será assim na era da robótica?"), Revista de Legislação e Jurisprudência n.º 4015 (março--abril/2019), ano 148.º. Lisboa: Editora Gestlegal, 69 p.; pp. 200-211.

Santos, Lourenço Noronha dos Santos. Inteligência Artificial e Privacidade. In: Rocha, Manuel Lopes. Pereira, Rui Soares (Coord.). Colaboração: Ana Coimbra Trigo. Edições Almedina, 01/2020, pp. 147-159.

Artigos brasileiros:

Lobo, Flávio Luiz de A. Frazão, Alexandre Costeira. "Carros autônomos: Desafios para a Infraestrutura e para o Modelo Regulatório Brasileiro". In: Saddy, André; Chauvet, Rodrigo da Fonsca. Silva, Priscila Menezes da Silva. Aspectos Jurídicos das Novas Tecnologias (Inovações) Disruptivas. Rio de Janeiro: Lumen Juris, 2019, pp; 121-146.

Artigos da U.E.:

González, J. A. González. "Responsabilidade civil por danos e inteligência artificial". In: Revista de Direito Comercial (dirigida pelo Prof. Pais de Vasconcelos);

Greco, Luís. Veículos Autônomos e Situações de Colisão. Trad. de Yuri Correa da Luz. In: Estelita, Heloísa. Leite, Alaor. (Org, e Introdução) Veículos autônomos e direito penal. São Paulo: Marcial Pons. (diversos autores); 2019, pp. 191-201.

Hilgendorf, Eric. Direito e Máquinas Autônomas. Um esboço do problema. In: Estelita, Heloísa. Leite, Alaor. (Org, e Introdução) Veículos autônomos e direito penal. São Paulo: Marcial Pons. (diversos autores); 2019, pp. 64-86

Artigos da U.E./Web:

Lohmann, Melinda Florina. Müller-Chem, Markus. "Selbstlernende Fahrzeuge – eine Haftungsanalyse". Disponível em: https://www.robotics.tu-berlin.de/fileadmin/fg170/Publikationen_pdf/Lohmann/SZW_1-2017_MLMMC.pdf

Lohmann, Melinda Florina e Rusch, Arnold. "Fahrassistenzsysteme und selbstfahrende Fahrzeuge im Lichte von Haftpflicht und Versicherung". Disponível em: https://www.alexandria.unisg.ch/249227/1/HAVE_2015-04_Lohmann_Rusch.pdf

Lohmann, Melinda Florina. "Der Regress des Versicherers im Kontext der Fahrzeug automati sierung". Disponível em: https://www.alexandria.unisg.ch/255042/1/Lohmann_HAVE%203-2018.pdf

Morales, Gonzalo Iturmendi. "Coches conectados y autônomos. Papel de las aseguradoras.

Renda, Andrea. Ethics, algorithms and sef-driving cars – A CFSI of the "trollet problem". CEPS Policiy Insigts, n. 02, 2018. Disponível em Web: https://www.ceps.eu/ceps-publications/ethics-algorithms-and-self-driving-cars-csi-trolley-problem/pi-2018-02_renda_trolleyproblem/ Acesso em 10.05.2020;

Vila, Ivó Coca. "Coches autopilotados em situaciones de necesidad. Una aproximación desde la Teoría de La Justificación Penal". In: Cuadernos de Política Criminal. Número 122, II. Época II, septiembre 2017, pp. 235-275, Barcelona. Disponível em Web: https://www.academia.edu/download/57922311/CPCA-2-43.pdf. Acesso em 09.05.2020

Artigos dos EEUU:

Boeglin, Jack. "The Costs of Self-Driving Cars: Reconciling Freedom and Privacy with Tort Liability in Autonomous Vehicle Regulation" Yale Law School: Yale Journal of Law and Technology, Volume 17, 2015.

Levallery, Dylan. Autonomous Vehicle Liabilit. Application of Common Carrier Liability". Seattle University School of Law Seattle. University School of Law Digital Commons, 2013.

Artigos brasileiros/Web:

Carvalho, Andersson Vieira Carvalho. Giongo, Juliana Leonora Martinelli. Veículos autônomos no Brasil: Situações dilemáticas envolvendo programadores e Estado de Necessidade. Disponível em Web: https://www.ufsm.br/cursos/

pos-graduacao/santa-maria/ppgd/wp-content/uploads/sites/563/2019/09/5.12.pdf Acesso em 03.05.2020;

Chaves, Guilherme Veiga. Veiga, Elisabeth. Carros Autônomos: liberdade, privacidade, ética e responsabilidade. Web: https://www.migalhas.com.br/depeso/326687/carros-autonomos-liberdade-privacidade-etica-e-responsabilidade

Jota. Site Jurídico. Carros autônomos pedem update na legislação. Disponível em Web: https://www.jota.info/justica/carros-autonomos-pedem-update-na-legislacao-07032015

Monografias:

Aarón, Fery Daniel Cure (estudante). Pardo, Jorge Gaitán. (Tutor Acadêmico). "El sistema de Responsabilidade civil para vehículos autónomos em Colombia." Pontificia Universidade Javeriana. Facultad de Ciências Jurídicas. Departamento de Derecho Privado, Bogotá, D.C., 2019, 91 p. Disponível em Web: http://repository.javeriana.edu.co/handle/10554/42361. Acesso em 09.05.2020.

CONCESSÕES PORTUÁRIAS E PPP: MAIS DIFERENÇAS QUE SEMELHANÇAS

José Luís Moreira da Silva*

Sumário: 1. Introdução; 2. Principais características das PPP; 3. O Regime das PPP em Portugal; 4 A concessão e outros tipos contratuais subjacentes a uma PPP; 5. O Modelo Português de PPP; 6. As Concessões de Movimentação de Carga no Sector Portuário; 7. As Concessões de Movimentação de Carga e as PPP; 8. Conclusões

1. Introdução

Nos últimos anos muita tem sido a discussão sobre se o regime das Parcerias Público-Privadas (PPP)[1] se deveria aplicar aos contratos de concessão de serviço público de movimentação de carga nos Portos[2].

O Governo e as Administrações dos Portos não consideravam aplicável à celebração e execução dos seus contratos de concessão de movimentação de carga o regime das PPP. No entanto, o Tribunal de Contas tem vindo a considerar a sua aplicabilidade, pelo menos nos seus princípios estruturan-

---

* Mestre em Direito; Sócio SRS Advogados.

[1] Aprovado pelo Decreto-Lei n.º 111/2012, de 23 de maio, alterado pelo Decreto-Lei n.º 84/2019, de 28 de junho (o Decreto-Lei n.º 170/2019, de 4 de dezembro que também procedeu a alterações ao Regime das PPP viu, entretanto, a sua vigência cessada pela Resolução da Assembleia da República n.º 16/2020, de 19 de março, no seguimento de apreciação parlamentar). Este atual diploma de 2012 substituiu o primeiro a fixar um regime geral de PPP em Portugal, o DL 86/2003, de 26-04, mais tarde alterado pelo DL 141/2006, de 27-07. Como veremos, o regime das PPP tem uma especial limitação de aplicação a PPP lançadas por empresas públicas com caracter comercial ou industrial (art. 24.º), o que poderá ser relevante para as Administrações dos Portos.

[2] Aprovado pela Lei n.º 1/93, de 6 de janeiro e desenvolvido pelo Decreto-Lei n.º 298/93, de 28 de agosto, alterado pelo Decreto-Lei n.º 324/94, de 30 de dezembro, pelo Decreto-Lei n.º 65/95, de 7 de abril e pela Lei n.º 3/2013, de 14 de janeiro.

tes, nas auditorias realizadas aos Portos, desde 2006[3], designadamente para efeitos de acompanhamento e avaliação dos riscos, da exigência de partilha de benefícios e da verificação do *value for money* de cada contrato. Veja-se que no Relatório de Auditoria n.º 07/2016, sobre a *Gestão, monitorização e fiscalização dos contratos de concessão de serviço público das Administrações Portuárias*, o Tribunal de Contas recorrentemente refere que "*foram assumidas as linhas de orientação e procedimentos do TdC para o desenvolvimento de Auditorias a PPP/contratos de concessão e, ainda, as normas de auditoria utilizadas pela INTOSAI no âmbito das concessões/ PPP, em particular a ISSAI 5220*"[4], ou ainda que "*foram tidas em conta as recomendações proferidas pelo TdC no âmbito das auditorias realizadas a concessões/PPP, em particular as constantes dos relatórios de auditoria (2.ª Secção) n.º 10/2008, n.º 26/2009, n.º 26/2010, n.º 3/2014 e n.º 2/2015*", todas relativas a Auditorias às PPP nos setores rodoviário, portuário e das águas, e ainda foram "*também considerados os princípios e pressupostos relativos às boas práticas de gestão e contratação de PPP vertidos no Decreto-Lei n.º 111/2012, de 23 de maio*", o que bem evidência a tendência de equiparação das concessões de movimentação de carga nos Portos ao regime das PPP, constante desse diploma legal[5].

---

[3] Cfr. Relatórios n.º 28/06 (auditoria à Administração dos Portos de Setúbal e Sesimbra, S.A.), n.º 42/06 (auditoria à Administração do Porto de Aveiro, S.A.), n.º 52/2006 (auditoria à Administração do Porto de Douro e Leixões), n.º 19/2007 (auditoria à Administração do Porto de Lisboa), n.º 23/2007 (auditoria às Administrações Portuárias), n.º 26/09 (concessão do Terminal de Contentores de Alcântara – adenda 2008 – Porto de Lisboa), n.º 26/10 (auditoria ao Terminal de contentores XXI – Sines), n.º 06/13 (auditoria à APVC – Administração do Porto de Viana do Castelo, S.A.) e n.º 25/13 (auditoria à APFF – Administração do Porto da Figueira da Foz, S.A.).

[4] Instruções n.º 01/2016 do Tribunal de Contas (*Controlo e acompanhamento dos contratos de concessão e de subconcessão celebrados pelas entidades do setor empresarial do Estado, excluindo o setor empresarial local e os hospitais em PPP ou em EPE)*, publicado no Diário da República, 2.ª série – n.º 71 – 12 de abril de 2016; *Guidelines on Best Practice for the Audit of Public/Private Finance and Concessions*, publicado pela International Organization of Supreme Audit Institutions, 2007. Sobre as auditorias realizadas pelo TdC, pode ver-se Joaquim Miranda Sarmento, *Auditoria nas Parcerias Público-Privadas: o caso do Tribunal de Contas de Portugal*, in "Revista TCEMG", Jan/Fev/Mar 2015, págs. 20 e ss. e Antonio A. Figueiredo B. Pombeiro, *As PPP/PFI Parcerias Público Privadas e a sua Auditoria*, Áreas Editora, Lisboa, 2003.

[5] Diga-se que o Tribunal de Contas entende como participando do regime das PPP as concessões em geral e não apenas as de movimentação de carga nos Portos. Esta tem sido a jurisprudência constante deste Tribunal. Por todos, pode ver-se o recente Acórdão n.º 22/2020, de 22 de abril, onde se sintetiza a jurisprudência que vem integrando as concessões

Pelo contrário, no mesmo sentido do entendimento do Governo e das Administrações dos Portos, podemos verificar que a Direção Geral do Tesouro e Finanças (DGTF), que até 2012 tinha o principal encargo da gestão das PPP, não incluía as concessões dos Portos no portfólio de PPP sob sua gestão, e atualmente a Unidade Técnica de Acompanhamento de

---

no regime das PPP: "*já vimos como se mostra demonstrada a caracterização dogmática desse contrato como um contrato de concessão de obra pública (ou como um contrato de matriz predominantemente concessória), sendo certo que o contrato de concessão de obra pública integra a tipologia de contratos que constituem «*instrumentos de regulação jurídica das relações de colaboração entre entes públicos e entes privados*» (cfr. artigo 2.º, n.º 4, proémio e alínea a), do RJPPP). E, por outro lado, deve também ter-se por seguro o preenchimento dos requisitos de uma PPP, tal como definida no artigo 2.º, n.º 1, do respetivo regime, conforme se sustentou na decisão recorrida, que também aqui se acompanha. Com efeito, estabelecem-se naquela disposição legal um conjunto de elementos fundamentais, que* in casu *são facilmente reconhecíveis: natureza jurídica do contrato como enquadrável na tipologia de contratos abrangidos pelo RJPPP (aqui um contrato de concessão de obra pública); natureza pública e privada dos contraentes (aqui, de um lado, uma empresa municipal como parceiro público e, do outro, um parceiro privado); desenvolvimento de uma atividade tendente à satisfação de uma necessidade coletiva (aqui a reabilitação de património municipal para uso comunitário, sendo certo que, como já se assinalou, o conceito de necessidade coletiva é mais extenso que o de atribuição pública); carácter duradouro (aqui 30 anos); e transferência de risco, total ou parcial, para o parceiro privado (aqui identificável em significativa medida, e independentemente de qualquer juízo sobre a respetiva adequação). Não se suscitará, pois, dúvida relevante sobre a verificação das condições objetivas de aplicação ao presente contrato da versão originária do RJPPP*". Ou seja, para o Tribunal de Contas parece bastar que um contrato preencha os 5 requisitos enunciados, retirados do artigo 2.º/1 do regime das PPP, para que deva ser considerado uma PPP: (i) integre um dos tipos possíveis de contratos de PPP; (ii) seja celebrado entre um parceiro público e um privado; (iii) vise o desenvolvimento de uma necessidade coletiva (iv) tenha caráter duradouro; e (v) implique transferência de risco para o privado. Como veremos não partilhamos deste entendimento, por considerarmos que o regime português das PPP não se basta com estes 5 requisitos, mas exige ainda, pelo menos, a existência de encargos para o Estado (a contrapartida referida também no art. 2.º/1 DL 111/2012, que é omitida pelo Tribunal de Contas no elenco de requisitos de uma PPP), que possam impactar na dívida pública, exigindo assim a intervenção do Ministério das Finanças (cfr. PEDRO SIZA VIEIRA, *Os Tipos Contratuais subjacentes às Parcerias Público-Privadas*, in "Manual Prático de Parcerias Público-Privadas", 2004, Sintra, NPF, pág. 141), o que não sucede em todos os contratos de concessão (ou nos outros enunciados no artigo 2.º/4 do DL 111/2012). A tese aparentemente subscrita pelo Tribunal de Contas, pela sua generalidade, pode incluir também os contratos de fornecimento contínuo, de prestação de serviços, de gestão ou de colaboração, incluídos na tipologia de contratos passiveis de integrar uma PPP (art. 2.º/4 DL 111/2012), mas não vimos ainda a tese jurisprudencial referida ser alargada a todos estes ou, pelo menos, aos de fornecimento e de serviços, como abstratamente poderia pretender, por também corresponderem aos 5 requisitos afirmados.

Projetos (UTAP), que a partir de 2012 substituiu a DGTF nessas competências, continua a não as incluir nos seus relatórios sobre PPP[6].

Esta discussão assistiu, porém, a um recrudescimento mais recente após o lançamento pelo Governo de um programa de negociações com os parceiros privados para a introdução de modificações nos contratos de concessão portuários, que teve inicio a partir de 2014.

O Despacho do Secretário de Estado das Infraestruturas, Transportes e Comunicações (SEITC), de 14 de março de 2014, entendeu, expressa e inovatoriamente, de "*sujeitar a renegociação de todos os contratos visados ao Regime Juridico das Parcerias Público-Privadas, aprovado pelo Decreto-Lei n.º 111/2012, de 23 de maio, por este assegurar a transparência e a melhor defesa do interesse público*". Recorde-se que os contratos visados por este Despacho foram os "*contratos de concessão de terminais portuários para a prestação do serviço público de movimentação de cargas em que sejam partes as Administrações Portuárias dos portos de Leixões, Aveiro, Lisboa e Setúbal e cujo termo ocorra após 31 de dezembro de 2020*". Que veio, mais tarde, a abranger também o Terminal XXI no Porto de Sines. No seguimento, as Comissões de Negociação foram constituídas pelo Coordenador da UTAP e sujeitas ao regime procedimental das PPP[7].

No entanto, em 2017, a então Ministra do Mar, através do seu Despacho n.º 10869/2017, de 28.11.2017, revogou o anterior Despacho do SEITC, passando a afirmar, ao contrário, que ao "*regime de renegociação dos contratos de concessão de terminais portuários não se aplica o disposto pelo Decreto-Lei n.º 111/2012, de 23 de maio, excluindo -se, pois, as Administrações Portuárias do seu âmbito de aplicação.*" No seguimento, foram nomeadas novas Comissões de Negociação, agora diretamente pela Ministra[8].

---

[6] No seu Relatório anual de 2019 inclui 35 PPP, nos setores aeroportuário (2), rodoviário (21), ferroviário (3), saúde (8) e segurança (1). A UTAP também publica Relatórios trimestrais autónomos sobre concessões, onde aí inclui as concessões de movimentação de carga nos Portos, embora esclareça que os mesmos constituem "*um conjunto de contratos de natureza concessória que tradicionalmente vêm sendo reportados pela Tutela Financeira do Estado, independentemente de os mesmos configurarem ou não contratos de parceria público privada para efeitos do disposto no Decreto-Lei n.º 111/2012, de 23 de maio*".

[7] Cfr. Despacho n.º 403/14, de 14-03, do Secretário de Estado das Finanças e Despachos n.º 4550-A/2014, de 26-03, e n.º 9619/2014, de 17-07, ambos do Coordenador da UTAP, a designar as Comissões de Negociação dos Contratos.

[8] Cfr. Despachos n.ºs 10869/2017, de 28-11, 2130/2018, de 21-02, e n.º 8502/2018, de 27-08, todos da Ministra do Mar.

Face a esta querela e à relevância jurídica de saber se os contratos aqui em causa se encontram sujeitos ao Regime das PPP, propomo-nos analisar, brevemente, esse regime em Portugal e o regime das concessões de serviço público de movimentação de carga nos Portos e tentar proceder a uma conclusão sobre se estas últimas se devem integrar no regime daquelas ou se, pelo contrário, têm autonomia suficiente para deterem um regime próprio. Desta recente querela acabada de citar, protagonizada pelos membros do Governo responsáveis pelo setor portuário, podemos intuir que a mesma se cifrou, também, sobre o protagonismo pretendido atribuir ao Ministério das Finanças, que no regime das PPP é central.

A questão é particularmente complexa por se tratarem de contratos de concessão, considerados por muitos o contrato paradigma de PPP[9], e pela existência de um regime legal próprio para as concessões portuárias[10], apesar de continuarem a subsistir vários diplomas concretos a fixar o regime de determinadas concessões[11], mas também pela aplicabilidade do regime das PPP a contratos já em execução (cfr. art. 48.º DL 111/2012).

Como veremos, os regimes jurídicos das concessões incluídas nas PPP é diverso do regime das concessões excluídas das PPP, embora a divergência resida fundamentalmente no que concerne ao papel das Finanças e da tutela setorial, ao procedimento especifico tendente à celebração do contrato, ao seu acompanhamento e às suas alterações e não tanto ao seu regime substantivo[12], no entanto, desde logo por este facto, torna-se relevante apurar da inclusão ou exclusão das concessões de serviço público de movimentação de cargas no regime das PPP.

---

[9] Maria Eduarda Azevedo, *As Parcerias Público-Privadas: Instrumento de uma Nova Governação Pública*, Almedina, Coimbra, 2009, págs. 447 e ss.; Nazaré Costa Cabral, *As Parcerias Público-Privadas*, Cadernos IDEEF n.º 9, Almedina, Coimbra, 2009, pág. 159.

[10] Cfr. nota 2. Embora se possa legitimamente discutir se estes diplomas se devem ter por ainda em vigor, principalmente após o Código dos Contratos Públicos, como veremos, mas a verdade é que até hoje ainda não foram substituídos e diplomas recentes continuam a remeter para a sua regulamentação (cfr. DL 107/2019, de 12-08).

[11] De entre os vários diplomas específicos, citemos, pelo menos, os relativos à concessão da LISCONT (Alcântara, em Lisboa), DL 287/84, de 23-08 e DL 188/2008, de 23-09, e ao Terminal XXI (Sines), DL 384-A/99, de 24-09 e DL 107/2019, de 12-08.

[12] Cfr. Mário Aroso de Almeida, *Parcerias Público-Privadas: A Experiência Portuguesa*, in "VI Colóquio Luso-Espanhol de Direito Administrativo", Direito e Justiça, Vol. Especial, 2005, Universidade Católica, pág. 181.

2. Principais características das PPP

As PPP constituíram, na sua origem e ainda hoje, um importante instrumento estratégico dos programas dos Governos na reforma da Administração Pública e na modernização dos serviços públicos[13]. Através das PPP, numerosos Governos têm expandido a cobertura dos serviços públicos, renovando as suas infraestruturas e melhorando a eficiência da prestação de serviços públicos em termos de sustentabilidade financeira.

As PPP repousam na iniciativa pública e visam, em regra, lançar um novo empreendimento público ou renovar, expandir ou reconverter serviços públicos anteriormente existentes. Assim, as PPP representam primordialmente uma forma de aquisição pelo sector privado da exploração de um serviço público, numa ótica de longo prazo, embora as PPP não se confundam com uma operação de privatização de um serviço público ou com a mera aquisição de um ativo infraestrutural. Envolvendo normalmente o desenvolvimento de um ativo de natureza infraestrutural ou de um conjunto relacionado de ativos, um projecto em PPP dá ênfase à lógica de prestação de um serviço público (de uma necessidade pública) por um operador privado em detrimento da estrita lógica de construção e fornecimento de uma determinada peça infraestrutural.

Uma PPP não constitui, assim, uma mera opção de financiamento ou um simples diferimento no tempo da despesa pública, mas um contrato em que o operador privado assume a responsabilidade do investimento inicial e ao longo da operação, suportado em apoio bancário específico dirigido ao projecto.

Com as PPP visa-se também mobilizar o "*know-how*" do sector privado e apostar nas suas capacidades de eficiência, inovação e gestão, colocando-as ao serviço do interesse público, por forma a gerar valor acrescentado para os fundos públicos aplicados ou para o desenvolvimento de novos projectos e/ou racionalização ou expansão dos serviços existentes[14].

[13] Sobre as PPP, pode ver-se, entre outros que citaremos adiante, as obras gerais de Maria Eduarda Azevedo, *As Parcerias* .... (ob. cit.), Natércia da Costa Cabral, *As Parcerias Público-Privadas*, (ob. cit.), e José Manuel Braz da Silva, *Parcerias Público-Privadas*, Almedina, 2016.

[14] Esta a razão porque o modelo de PPP é fomentado por organizações como o Banco Europeu para a Reconstrução e o Desenvolvimento (BERD), Banco Mundial/International Finance Corporation (BM/IFC), Banco Africano de Desenvolvimento (BAfD), etc., como forma de desenvolvimento de projetos em países em desenvolvimento, em que a iniciativa privada será uma forma de desenvolver os serviços públicos e potenciar a transferência de know-how. Neste sentido, Maria Eduarda Azevedo, *As Parcerias*.... (ob. cit.), págs. 167 e ss.

Deste modo, a estrutura e mecânica do funcionamento do serviço são encarados como um meio e não como um fim em si mesmo, destinando-se a promover uma adequada partilha de gestão dos riscos e a estabelecer os incentivos apropriados à melhor gestão global de cada projecto de parceria.

Um projeto para ser suscetível de execução com recurso a um modelo de PPP tem que preencher os seguintes requisitos básicos:

a) Viabilidade económica para o sector público;
b) Viabilidade financeira para o sector privado;
c) Equilíbrio risco/retribuição apropriado para os sectores público e privado;
d) Optimização dos recursos para o sector público.

Da análise de cada um destes critérios tem que resultar um projecto viável do ponto de vista socioeconómico. Sabendo-se que uma grande parte dos projectos de investimento em serviços públicos não são financeiramente viáveis numa base autónoma, há que encontrar a melhor forma de participação do sector público de modo a garantir que o projecto tenha o equilíbrio risco/retribuição adequado, tornando-o financeiramente viável (e *bancável*) e, deste modo, também apetecível, para o sector privado, assegurando um retorno dos capitais investidos razoável[15].

Um dos elementos cruciais para se encontrar a melhor resposta em termos de modelo PPP adequado ao caso concreto, é a clara identificação e ponderação dos riscos no ciclo do projecto em questão, bem como a sua atribuição à parte – sector público ou sector privado – que melhor os pode gerir[16].

---

[15] O Tribunal de Contas tem vindo a recomendar que as TIR acionistas não devem ser superiores a 10%, no sentido de promover um maior equilíbrio entre os concedentes públicos e os privados (cfr. Relatório n.º 07/2016 – 2.ª Secção, *Gestão, monitorização e fiscalização dos contratos de concessão de serviço público das Administrações Portuárias*, pág. 12).

[16] Como sublinha Jorge Abreu Simões, este é o ponto fundamental *"...que distingue o modelo tradicional de contratação pública (...) do modelo e metodologia de contratação em parceria"*, atingindo-se assim melhores resultados pois, prossegue, *"... a avaliação do risco pelo lado público é historicamente negligenciada ou deficiente e tradicionalmente optimista"*, contrariamente *"na abordagem de contratação em regime de Parceria Público -Privada, o processo de transferência ou afectação dos riscos visa precisamente favorecer a elaboração de orçamentos realistas e a gestão eficaz dos riscos"*, pois evitam-se os defeitos apontados ao comportamento tradicional dos entes públicos, que considera *"acompanhado por duas tendências que lhe estão associadas: (i) orçamentar o melhor cenário possível (menor custo, prazo mais cedo) e não o mais provável; (ii) lançar projectos*

Assim, há que identificar e construir matrizes de risco adequadas ao ciclo de vida do projeto e que podemos identificar como sendo um conjunto de riscos que ocorrem em fases distintas da sua vida[17]. Teremos, normalmente, três grandes grupos de riscos, a saber:

a) Riscos inerentes ao planeamento e conceção.
b) Riscos da fase de construção.
c) Riscos inerentes à gestão e exploração (incluindo o risco de procura e de alteração das circunstâncias).

Quanto mais detalhada e completa for a análise dos riscos e das probabilidades da sua ocorrência em cada uma das fases da vida do projecto, mais fácil se torna avaliar os impactos da atribuição dos riscos, quer para o sector público, quer para o sector privado. Uma correcta distribuição dos riscos que permita atribuir cada risco à parte – sector público ou sector privado – que melhor o pode gerir é, sem dúvida, um dos factores chave no sucesso de uma PPP.

Todas estas operações têm um objectivo primordial – a optimização dos recursos, ou seja, calcular os custos do projecto em termos de *value for money*[18].

Este conceito de *value for money* postula que o que é correcto é o "*melhor valor*" e não apenas o preço mais baixo. Para se estabelecer o *melhor valor* é necessário partir de uma perspectiva muito mais ampla no que respeita à gama de resultados possíveis do projecto e, depois, escolher a opção que oferecer um melhor equilíbrio entre custos globais (ou de ciclo de vida total) e a probabilidade de os custos e prazos previstos serem ultrapassados. Ou seja, o recurso ao conceito de *value for money* permite que não se opte, hoje, pela solução imediatamente mais barata, a qual pode vir

---

sub-orçamentados para ultrapassar as restrições financeiras e criar factos consumados", in A*s Parcerias Público-Privadas no Sector da Saúde*, in "Manual Prático de Parcerias Público-Privadas", 2004, Sintra, NPF, pág. 58 e ss.

[17] Nazaré da Costa Cabral, *As Parcerias...* (ob. cit.), págs. 85 e ss. José Manuel Braz da Silva, *Parcerias* (ob. cit.), págs. 45 e ss.

[18] O mesmo significa "*na melhoria do retorno dos impostos pagos pelos contribuintes*", que se atinge quando, com os mesmos recursos, se consegue prestar um maior leque de serviços públicos de melhor qualidade, como refere João Pontes Amaro, *Modelos de Parceria Público-Privada*, in "Manual Prático de Parcerias Público-Privadas", 2004, Sintra, NPF, pág. 111. Também Nazaré da Costa Cabral, *As Parcerias....* (ob. cit.), págs. 78 e ss.

a ser comprovadamente mais dispendiosa ao longo do tempo, mas sim pela solução mais eficiente[19].

Para termos uma correta apreciação do *value for money* do projecto mostra-se determinante a construção de um *Public Sector Comparator*. O *Public Sector Comparator* consiste num modelo financeiro que permite estimar o custo para o Estado da construção, com recurso ao modelo tradicional de empreitada e da exploração/conservação, por administração directa, durante um período longo de tempo (20 ou mais anos).

A construção deste *Public Sector Comparator* é normalmente uma das tarefas mais importantes e, consequentemente, decisiva do processo de concepção e lançamento do concurso público que antecede a execução de projetos em PPP[20].

Com um *Public Sector Comparator* que permita uma correcta avaliação dos riscos do projecto bem como a determinação do *value for money* pretendido pelo Governo, estaremos em condições de determinar com rigor qual o modelo de PPP mais adequado para cada projeto.

Por outro lado, é com recurso a este *Public Sector Comparator* que os organismos de controlo e fiscalização do Estado (Inspecção Geral de Finanças e Tribunal de Contas) poderão apreciar e validar a realização da despesa pública quer em termos de custo/benefício, quer em termos de legalidade[21].

O *Public Sector Comparator* vai permitir comparar o valor líquido de cada projecto se ele fosse integralmente realizado pelo sector público com o valor líquido do projecto com recurso a PPP.

Todos os trabalhos de análise económica e estudo dos sistemas legais comparados serão normalmente efectuados numa fase inicial do processo de execução do projecto, sempre considerando que o modelo jurídico a

---

[19] Seguindo António Garcia, esta *"assenta basicamente em quatro pilares"* que são: 1.º Definição clara dos objectivos do projecto, 2.º Aplicação de procedimentos de contratação adequados, 3.º Obtenção do melhor contrato possível e 4.º Assegurar a coerência do contrato, (cfr. *Acompanhamento, Avaliação e Controlo das PPP*, "Manual Prático de Parcerias Público-Privadas", 2004, Sintra, NPF, pág. 185 e ss.). O recente artigo 75.º do CCP (revisto em 2017) veio introduzir o conceito de "*custos do ciclo de vida*", como fator de adjudicação, tributário deste *value for money*.

[20] Nazaré da Costa Cabral, *As Parcerias...* (ob. cit.), págs. 83/84, José Manuel Braz da Silva, *Parcerias...* (ob. cit.), págs. 91 e ss.

[21] Cfr. Nazaré da Costa Cabral, *Enquadramento Orçamental e Contabilístico das Parcerias Público-Privadas*, in "Novas Fronteiras da Contratação Pública", Coimbra Editora, 2014, pág. 151.

adoptar e a análise das expectativas do mercado pelo projecto são determinantes para o seu sucesso[22].

Daí que se mostre de crucial interesse a realização de uma análise do mercado que permita determinar qual o nível de interesse do sector privado pelo projecto, bem como a sua capacidade para se organizar e constituir consórcios para a sua concretização. Quando o mercado está preparado, esclarecido e motivado para participar neste tipo de projectos, os riscos inerentes às próprias características do modelo podem ser substancialmente reduzidos.

Finalmente, importa ter em atenção que o modelo de PPP pode ser prosseguido sob a forma de contratos ou sob uma forma institucional de *joint venture.*[23]

Sob a forma de contratos[24], implica a celebração de um ou mais contratos entre o parceiro público e o parceiro privado (eventualmente também com os bancos financiadores) estabelecendo uma relação de colaboração duradoura para a prossecução do fim público contratado. A medida de transferência do risco do sector público para o sector privado dará origem a tipos contratuais distintos, desde uma simples contratação de serviços, até contratos complexos de concepção, construção e exploração em regime de *Project Finance*[25].

Sob a forma de *joint venture,* a colaboração entre o parceiro público e privado ocorre no interior de um modelo societário. Ambos os parceiros resolvem constituir uma sociedade comercial de capitais mistos com o objectivo de prosseguir em conjunto uma actividade, normalmente comercial ou industrial, partilhando riscos de acordo com o capital de cada um na sociedade. É o modelo de sociedades mistas, quer empresas públicas, em que o sector público pode exercer uma influencia dominante, quer empresas meramente participadas, em que esse domínio reside no sector privado[26].

---

[22] PEDRO SILVA, *Fundamentos e Modelos nas Parcerias Público-Privadas na Saúde – o Estudo dos Serviços Clínicos*, Almedina, Coimbra, 2009, págs. 41 e ss.

[23] JOÃO PONTES AMARO, *Modelos...* (ob. cit.), pág. 105.

[24] É o modelo do regime das PPP, do DL 111/2012.

[25] Sobre o *Project Finance* e a sua aplicação a projetos públicos, com uma análise profunda dos seus condicionantes legais, cfr. STEFANO GATTI, *Project Finance in Theory and Practice*, Elsevier, 2008; SCOTT L. HOFFMAN, *The Law and Business of International Project Finance*, Cambridge, 2008.

[26] Cfr. arts. 5.º, 7.º e 9.º DL 133/2013, de 03-10 (com as alterações em vigor) – Regime Juridico do Setor Público Empresarial.

3. O Regime das PPP em Portugal

O Decreto-Lei n.º 86/2003, introduziu, em Portugal, o primeiro regime jurídico geral das parcerias público-privadas[27]. Regime geral, pois as PPP podem ser alvo de regulamentação especifica para determinados sectores, como é o caso da saúde, que contém um regime particular, aliás anterior ao regime geral (DL n.º 185/2002, de 20-08). Mas, ainda antes do Decreto-Lei n.º 86/2003 as PPP ficaram consagradas na Lei do Enquadramento Orçamental (Lei n.º 91/2001, de 20-08, com todas as suas alterações posteriores[28]). O DL 86/2003 foi alvo de alterações significativas pelo Decreto-Lei n.º 141/2006, que o republicou revisto, e foi totalmente revogado pelo atual DL 111/2012, que ainda manteve em vigor, alterado, o regime especial das PPP na saúde (DL 185/2002), que apenas veio a ser revogado pela entrada em vigor do DL 23/2020, de 22-05 (que veio concretizar a Lei de Bases da Saúde, Lei n.º 95/2019, de 04-09, e que contém o atual regime das PPP na Saúde, ainda o único regime setorial em vigor)[29].

O atual regime das PPP de 2012 vem concretizar obrigações assumidas no âmbito do Memorando de Entendimento sobre as Condicionalidades de Política Económica (Memorando da «*Troika*»), cujo ponto 3.20 determinava que o Governo iria *"Pôr em prática um quadro legal e institucional reforçado, no âmbito do Ministério das Finanças e da Administração Pública, para a avaliação dos riscos ex-ante da participação em PPP, concessões e outros investimentos públicos, bem como a monitorização da respectiva execução."*[30]

---

[27] Para uma análise deste diploma, João Canto e Castro, *Uma Apreciação Geral do Regime Juridico Geral Aplicável às Parcerias Público-Privadas*, in "Revista de Ciências Empresariais e Jurídicas", n.º 15, 2009, págs. 151 e ss..

[28] Cfr. arts. 19.º/2 ("*A avaliação da economia, da eficiência e da eficácia de programas com recurso a parcerias dos setores público e privado tomará como base um programa alternativo visando a obtenção dos mesmos objetivos com exclusão de financiamentos ou de exploração a cargo de entidades privadas, devendo incluir, sempre que possível, a estimativa da sua incidência orçamental líquida*") e 37.º/1.c), d) e h) (elementos informativos mínimos a constar da proposta de Lei do Orçamento de Estado: *memória descritiva das razões que justificam o recurso a parcerias dos setores público e privado face a um programa alternativo elaborado nos termos do n.º 2 do artigo 19.º; informação individualizada sobre despesas anuais e plurianuais com parcerias público-privadas; situação do endividamento global (...), das parcerias público-privadas*).

[29] Sobre a evolução da regulamentação legal do regime das PPP, cfr. Maria Eduarda Azevedo, *As Parcerias Público-Privadas: A Evolução do Enquadramento Juridico*, in "Novas Fronteiras da Contratação Pública", Coimbra Editora, 2014, págs. 99 e ss.

[30] Alterados já os pressupostos iniciais,de intervenção da "Troika", o Governo pretendeu alterar significativamente este diploma pelo DL n.º 170/2019, de 04-12, mas a Assembleia da República fez cessar a vigência deste, pela Resolução da AR n.º 16/2020, de 19-03.

Nos termos do diploma legal citado, as PPP são reguladas por contratos a estabelecer entre entidades públicas que a elas recorram e entidades privadas – umas e outras denominadas, no DL n.º 111/2012, como "*parceiros públicos*" e "*parceiros privados*", respetivamente (cfr. art. 2.º/1).

Mais concretamente, o referido diploma tem por objeto a "*definição de normas gerais aplicáveis à intervenção do Estado na definição, conceção, preparação, lançamento, adjudicação, alteração, fiscalização e acompanhamento global das parcerias público-privadas*", além da criação da Unidade Técnica de Acompanhamento de Projetos (UTAP) (*cfr.* artigo 1.º DL 111/2012), entidade que passou desde então *a participar na preparação, desenvolvimento, execução e acompanhamento global de processos de parcerias, bem como prestar apoio técnico ao Ministério das Finanças e, nos termos previstos no presente diploma, a outras entidades em processos daquela natureza* (*cfr.* artigo 35.º/1 DL 111/2012).

O DL 111/2012 consagra um elenco, mais alargado do que o regime de 2003, de entidades consideradas "*parceiros públicos*" para efeitos do regime das parcerias público-privadas. Assim, para além do Estado, entidades públicas estatais e fundos e serviços autónomos, que já estavam sujeitos ao regime das PPP, o novo regime passa a incluir no seu âmbito de aplicação as empresas públicas, e não apenas as entidades públicas empresariais, como decorria do DL 86/2003. Esta alteração é significativa, uma vez que significa que todo o sector empresarial do Estado passa a estar sujeito ao regime das parcerias público-privadas (cfr. art. 2.º/2).

Note-se, contudo, que nos termos do artigo 24.º do DL 111/2012, a aplicabilidade a empresas públicas com carácter comercial e industrial, entendidas como aquelas cuja atividade económica se submete à lógica do mercado e da livre concorrência (cfr. n.º 4 do art. 24.º), são excecionadas da aplicação do regime relativo ao desenvolvimento do processo de contratação de parcerias (Capítulo II do DL 11/2012), bem como das regras sobre execução e modificação das parcerias (Capítulo III do DL 111/2012). A aplicação desta exceção depende, ainda, de se verificar, cumulativamente, que *i)* as contas das empresas em questão não consolidam com as do sector público administrativo, *ii)* a exploração da sua atividade não é, direta ou indiretamente, subsidiada pelo Estado, ainda que mediante indemnizações compensatórias, *iii)* a parceria não carece, nem é objeto, de financiamento, direto ou indireto, pelo Estado, *iv)* a parceria não carece, nem é objeto, direto ou indireto, de prestação de garantias pelo Estado, e que *v)* os custos decorrentes da execução do contrato de parceria não são suscetíveis de, direta ou indiretamente, afetarem ou virem a afetar o montante da dívida pública.

De igual modo, passam a estar incluídas no âmbito de aplicação do regime das PPP, as entidades constituídas por qualquer um dos "*parceiros públicos*", com vista à satisfação de necessidades de interesse geral (cfr. art. 2.º/2e)). Ou seja, são também considerados "*parceiros públicos*", para efeitos de aplicação do DL 111/2012, todas as entidades constituídas pelo Estado, entidades públicas estatais, fundos e serviços autónomos e empresas públicas, para satisfazer necessidades de interesse geral.

A não integração das Regiões Autónomas e das Autarquias Locais no regime do diploma não significa que estas não possam celebrar PPP (o que têm feito), mas apenas que não ficam sujeitas ao regime aqui previsto, em especial à subordinação ao Ministro das Finanças, o que poria em causa a autonomia constitucional destas entidades[31]. Por este motivo o apoio da UTAP a estas entidades é facultativo e a pedido.

---

[31] Mas ver arts. 339.º a 342.º CCP, que já inclui as Regiões Autónomas. E ver a jurisprudência do Tribunal de Contas que aplica o regime geral das PPP aos contratos das autarquias locais e das suas empresas municipais (por todos o Ac. 22/2020, de 22-04, Ponto 55: "(...). *Com efeito, e conforme já sustentado no citado Acórdão n.º 1/2019, é de entender que o elenco de parceiros públicos, constante do n.º 2 do artigo 2.º do RJPPP, não se deve ter por taxativo, pelo que a não referência expressa nele às autarquias locais (ou às empresas municipais, acrescente-se aqui) não deve ser interpretado num sentido excludente. Como ali se demonstrou, existe uma relação de complementaridade normativa entre o RJPPP e o CCP, decorrente da aplicabilidade simultânea dos dois regimes às parcerias por aquele abrangidas, o que, em face da expressa previsão de aplicação do segundo às autarquias locais (cfr. artigo 2.º, n.º 1, alínea c)), tornaria incongruente uma diferenciação quanto ao âmbito subjetivo dos dois diplomas. Também como ali se considerou, deve ter-se como particularmente relevante, no sentido inclusivo das entidades municipais no RJPPP, a já aludida previsão legal expressa, no RFALEI, da existência de parcerias público-privadas em contexto autárquico. E, tal como nesse aresto, deve entender-se que, independentemente dessa previsão, sempre tal incidência do RJPPP se alcançaria por via do artigo 10.º do Código Civil – ou seja, por aplicação analógica desse mesmo regime, quando seja demonstrada a identidade entre as características verificadas num concreto contrato que seja celebrado em contexto autárquico e as que o legislador descreve para as PPP. Adite-se ainda que essa inclusão das autarquias locais no elenco de parceiros públicos para efeitos da aplicação do RJPPP se estende às empresas municipais, por aquelas criadas, seja com base na argumentação expendida na decisão recorrida (com particular ênfase na remissão constante do artigo 21.º do RJAEL para o regime do setor empresarial do Estado), seja por identidade de razões, uma vez que os motivos daquela inclusão dos municípios também valem para as entidades que estes criam – como, aliás, reconhece implicitamente o legislador do RJPPP, ao fazer aflorar esse critério na previsão do artigo 2.º, n.º 2, alínea e), do respetivo diploma (ao considerar como parceiros públicos entidades criadas por outros parceiros públicos «com vista à satisfação de necessidades de interesse geral»)*".

O regime das PPP identifica, no n.º 4 do artigo 2.º, os "*instrumentos de regulação jurídica das relações de colaboração entre entes públicos e privados*", ou seja, os contratos através dos quais podem ser constituídas PPP.

Neste ponto, o atual regime continua a prever todos os tipos contratuais já previstos na anterior legislação – o contrato de *concessão de obras públicas*, de *concessão de serviço público*, de *fornecimento contínuo*, de *prestação de serviços*, de *gestão* e de *colaboração*, neste último caso quando esteja em causa a utilização de um estabelecimento ou infraestrutura já existentes, pertencentes a outras entidades que não o parceiro público – mas acrescenta ao elenco legal as subconcessões de obras públicas e de serviço público.

À semelhança do regime de 2003, o DL 111/2012 continua a prever situações expressas de exclusão do regime das PPP, embora sejam significativas as diferenças entre os dois diplomas.

Assim, em primeiro lugar, mantendo a regra que vinha do regime anterior, continua a prever-se a exclusão das parcerias que envolvam um encargo bruto para o sector público inferior a 10 milhões de euros e, cumulativamente, um investimento inferior a 25 milhões de euros, sempre em termos previsionais e para a duração de toda a parceria (cfr. art. 2.º/5a) DL 111/2012). Mantendo-se inalterados os limites considerados relevantes para este efeito, o atual diploma introduziu, ainda assim, uma novidade nesta matéria, já que passa a considerar como investimento todos os custos ao longo da parceria, incluindo *os custos de manutenção, de conservação, de reparação e de substituição de bens* afetos à parceria (cfr. art. 2.º/6 DL 111/2012).

Em segundo lugar, estão excluídas do regime das PPP as concessões de sistemas multimunicipais de abastecimento de água para consumo humano, de saneamento de águas residuais e de gestão de resíduos sólidos urbanos, hoje previstas no Decreto-Lei n.º 92/2013, de 11-07 (cfr. art. 2.º/5b) DL 111/2012)[32].

O diploma exclui, igualmente, do regime das PPP, de forma inovadora, as concessões atribuídas pelo Estado, através de diploma legal, a entidades de natureza pública ou de capitais exclusivamente públicos. Esclarece-se, todavia, que esta exclusão não prejudica a aplicação do regime às parce-

[32] Sobre estas específicas parcerias entre entidades públicas, pode ver-se Maria Fernanda Maçãs, *As Parcerias Estado/Autarquias Locais: breves considerações sobre o novo modelo de gestão de serviços municipais de águas e resíduos*, in "Revista de Contratos Públicos", n.º 3, 2011, págs. 71 e ss.

rias que estas entidades venham a desenvolver (cfr. art. 2.º/5.c) DL 111/2012 – embora estas parcerias sejam antes parcerias público-públicas)[33].

Estão ainda excluídos os contratos militares (cfr. art. 2.º/8).

A todas as parcerias excluídas nos termos do artigo 2.º, n.º 5, aplicam-se, no entanto, os artigos 4.º a 7.º do DL 111/2012 (que inclui a repartição de responsabilidades, a análise de riscos e a avaliação dos seus pressupostos).

Em matéria de pressupostos do lançamento e adjudicação das parcerias, o artigo 6.º do DL 111/2012 mantém todos os requisitos que já se encontravam legalmente contemplados no diploma anterior, reforçando, contudo, através da inclusão de novas alíneas, os pressupostos ligados ao controlo do impacto orçamental da PPP, bem como à necessidade de identificar os riscos a assumir pelas partes e os resultados a atingir pelo parceiro público.

Quanto ao acentuar do controlo do impacto orçamental das PPP, o DL 111/2012 estabelece como pressuposto, por exemplo, o estudo dos impactes orçamentais previsíveis em termos de receita e de despesa, a sua comportabilidade, bem como as respetivas análises de sensibilidade, quer em termos de procura, quer de evolução macroeconómica (cfr. art. 6.º/1.b) DL 111/2012), assim como a conceção de modelos contratuais que garantam que o esforço financeiro do parceiro público se encontra repartido de forma adequada à comportabilidade orçamental (cfr. art. 6.º/1.j) DL 111/2012).

No que respeita ao reforço da necessidade de identificação dos riscos a assumir pelas partes, bem como dos resultados a atingir com a parceria, o atual regime estabelece, como pressuposto, designadamente, a clara especificação dos resultados pretendidos, numa perspetiva de análise custo-benefício (art. 6.º/1.f)), a enunciação dos resultados que se pretendem do parceiro privado (art. 6.º/1.g)), a identificação discriminada e detalhada dos riscos a assumir por cada um dos parceiros (art. 6.º/1.l)), assim como uma adequada distribuição de responsabilidades entre parceiros públicos e privados (art. 6.º/1.m)).

Tal como previsto no regime anterior de 2003, a iniciativa para lançamento do processo de uma PPP cabe ao membro do Governo responsável pela área da parceria, que para esse efeito, e na sequência da apresentação de uma proposta fundamentada por parte da entidade que representa o (futuro) parceiro público, deve notificar o membro do Governo responsá-

[33] Em geral sobre o regime das parcerias público-públicas, prevendo a aplicabilidade parcial do regime geral das PPP, cfr. Alexandra Leitão, *Parcerias Público-Públicas*, in "Novas Fronteiras da Contratação Pública", Coimbra Editora, 2014, págs. 11 e ss.

vel pela área das finanças, tendo em vista a constituição de uma equipa de projeto (cfr. art. 9.º/1 e 2 do DL 111/2012).

Alteram-se, contudo, os elementos a apresentar pelo membro do Governo responsável pela área da parceria ao membro do Governo responsável pelas finanças, na fase inicial do procedimento.

Com efeito, o regime de 2003 previa que a notificação ao Ministro das Finanças da intenção de iniciar processos de PPP fosse já acompanhada do respetivo estudo estratégico e das minutas dos instrumentos jurídicos para a realização do procedimento prévio à contratação e, com o atual regime do DL 111/2012, o membro do Governo responsável pela área do projeto em causa passa apenas a dever notificar o membro do Governo responsável pelas finanças dessa intenção, indicando apenas os membros para integrar uma equipa de projeto. Quanto aos elementos que anteriormente acompanhavam a notificação ao Ministro das Finanças da intenção de lançar a parceria – o estudo estratégico e as minutas das peças do procedimento pré-contratual a levar a cabo – passam a ser da competência da equipa de projeto, devendo ser apresentados em momento posterior, como veremos. Esta alteração reforça a intervenção do Ministério das Finanças.

Dando-se início a um processo de lançamento de uma parceria, o atual regime das PPP prevê que seja constituída uma equipa de projeto, que veio substituir a anterior comissão de acompanhamento da preparação e da avaliação prévia do projeto.

Em ambos os casos, estamos perante grupos de trabalhos formados especificamente para acompanhar o processo de lançamento de uma determinada parceria e constituídos por elementos designados por membros do governo. Em concreto, contudo, são de realçar algumas diferenças entre as duas estruturas.

Em primeiro lugar, ao contrário da comissão de acompanhamento prevista em 2003, que era nomeada por despacho conjunto dos ministros das Finanças e da tutela do sector, a equipa de projeto do atual regime é nomeada pela UTAP (cfr. art. 10.º/1), só havendo lugar a despacho do Ministro das Finanças nos casos em que se pretenda designar como presidente da equipa o Coordenador da Unidade Técnica (cfr. art. 10.º/2). Ainda nos termos do n.º 1 do artigo 10.º, devem ser integrados na equipa de projeto, na notificação feita ao Ministro das Finanças, os elementos indicados pelo membro do Governo responsável pela área da parceria.

Em segundo lugar, quanto à sua composição, a equipa de projeto passa a ser, em geral, integrada por um maior número de membros efetivos e suplentes do que a anterior comissão de acompanhamento. Com efeito, o regime anterior previa três ou cinco membros efetivos e dois suplentes, passando o novo regime a estipular cinco ou sete membros efetivos – consoante o membro do Governo responsável pela área do projeto em causa tenha indicado dois ou três membros efetivos – e dois ou quatro suplentes, respetivamente.

Em terceiro lugar, em matéria de competências, a equipa de projeto prevista no atual regime passa a ter de (i) elaborar a justificação do modelo a adotar, demonstrando a inexistência de alternativas mais eficientes ou com maior racionalidade económica e financeira, (ii) elaborar o estudo estratégico económico-financeiro de suporte ao lançamento da parceria, (iii) demonstrar a comportabilidade orçamental da parceria, (iv) propor as soluções e medidas consideradas mais consentâneas com a defesa do interesse público, (v) elaborar as minutas dos instrumentos jurídicos para a realização do procedimento prévio à contratação, (vi) promover uma eficaz articulação entre as entidades envolvidas, tendo em vista uma atuação mais célere e (vii) colaborar com as entidades incumbidas da fiscalização e acompanhamento global das parcerias.

Em comparação com a anterior comissão de acompanhamento, as maiores diferenças respeitam à circunstância de, no âmbito do atual regime das PPP, a equipa de projeto ter a incumbência de elaborar o estudo estratégico e as minutas dos instrumentos jurídicos referentes aos procedimentos pré-contratuais, documentos estes que, no anterior regime, eram enviados pelo ministério responsável pela área do projeto logo no momento inicial da notificação ao Ministério das Finanças da intenção de lançar uma parceria, numa evidente deslocalização da responsabilidade por estes documentos para a área das finanças.

Como resultado final do seu trabalho, a equipa de projeto deve elaborar um relatório fundamentado, com uma proposta de decisão quanto ao lançamento da parceria, o qual deve incluir a análise da conformidade do projeto com todos os pressupostos de lançamento da parceria previstos no artigo 6.º, bem como com todas as regras de partilha de riscos do artigo 7.º, e ainda incluir a quantificação dos encargos brutos, diretos e indiretos, para o sector público, bem como o impacte potencial dos riscos, direta ou indiretamente, afetos ao sector público. Este relatório deve fundamentar a decisão dos membros do Governo, das Finanças e da área do projeto, sobre o lançamento da parceria, a proferir através de despacho conjunto, no prazo de 30 dias.

Considerando o Código dos Contratos Públicos (CCP – aprovado pelo Decreto-Lei n.º 18/2008, de 29 de janeiro), um dos aspetos em que o atual regime das PPP inova em relação ao regime de 2003, respeita, justamente, à adaptação da legislação sobre PPP às regras da contratação pública. Deste modo, o CCP passa a ser o regime expressamente aplicável para efeitos de escolha do procedimento para a formação do contrato de parceria, nos termos do n.º 1 do artigo 15.º do DL 111/2012, além de prever algumas regras para a execução e modificação das PPP (arts. 339.º e ss.)[34].

Salientam-se, contudo, algumas especificidades.

Em primeiro lugar, a possibilidade que passa a estar consagrada no n.º 2 do artigo 15.º, de ser autonomizada a componente de financiamento, caso em que na documentação do procedimento deve indicar-se a taxa global de custo de capital alheio a considerar, o nível de fundos próprios exigidos e a maturidade e composição dos fundos alheios, bem como o respetivo serviço da dívida. Esta é uma possibilidade consagrada de forma inovadora no atual regime das PPP.

Em segundo lugar, a previsão de um júri do procedimento para conduzir a formação do contrato, designado por despacho conjunto dos membros do Governo da área das finanças e da área da parceria (cfr. art. 17.º). O referido júri é constituído por três ou cinco membros efetivos e dois suplentes, indicados pelo membro do Governo responsável pela parceria e pela UTAP, sendo o seu presidente escolhido de entre os técnicos que desempenham funções na referida Unidade Técnica, incluindo o seu Coordenador. No seu relatório, o júri deve analisar a conformidade do projeto com todos os pressupostos de lançamento da parceria previstos no artigo 6.º, bem como com todas as regras de partilha de riscos do artigo 7.º, e ser demonstrada a comportabilidade dos custos e riscos decorrentes da parceria em função da programação financeira plurianual.

Em terceiro lugar, mantém-se, à semelhança do regime anterior, a reserva de não adjudicação, nos casos em que as análises e avaliações realizadas ou os resultados das negociações com os concorrentes não correspondam, em termos satisfatórios, aos fins de interesse público subjacentes à constituição da parceria, incluindo a respetiva comportabilidade orçamental[35]. O atual regime configura, contudo, esta reserva de não adjudicação como a possibilidade de *pôr termo* ao procedimento em curso, sem direito

---

[34] Maria Eduarda Azevedo, *As Parcerias...* (ob. cit.), págs. 315 e ss.

[35] Naquilo que é chamado de "gateway clause" (cfr. Rui S. Monteiro, *PPP and Fiscal Risks – Experiences from Portugal*, in International Seminar on Strengthening Public

a qualquer indemnização, e não de o interromper ou anular, como resultava de 2003 e resulta do CCP (art. 79.º).

Embora com alterações face ao que dispunha o regime de 2003 sobre acréscimo de encargos, o DL 111/2012 vem estabelecer, no seu artigo 20.º, o regime a observar nas decisões tomadas pelo parceiro público no âmbito da execução do contrato de parceria, suscetíveis de ter implicações sobre os encargos a ela associados.

Assim, estabelece-se, como regra, quanto a esta matéria, a necessidade de despacho prévio de concordância dos membros do Governo responsáveis pelas áreas das finanças e do projeto em causa quanto a qualquer decisão do parceiro público suscetível de gerar (i) um acréscimo dos encargos previstos para o sector público, exceto se o respetivo valor não exceder, em termos anuais, 1 milhão de euros brutos ou em termos acumulados 10 milhões de euros brutos, ou (ii) uma redução de encargos para o sector privado.

Face ao que dispunha o regime de 2003, os pressupostos de aplicação do atual regime diferem em relação a dois aspetos: em primeiro lugar, quanto ao limite de 10 milhões de euros brutos, em termos acumulados, até ao qual a decisão não carece de despacho prévio de concordância; em segundo lugar, quanto à suscetibilidade das decisões geradoras de redução de encargos para o sector privado poderem também determinar a sua aplicação.

O procedimento a levar a cabo para este efeito mantém-se semelhante ao anterior de 2003, com a especificidade de o pedido do serviço ou entidade que representa o parceiro público dever ser apresentado na UTAP, acompanhado (i) da sua fundamentação, (ii) do orçamento apresentado pelo parceiro privado e (iii) das condições de execução do pagamento, devendo aquela Unidade emitir parecer no prazo de 15 dias sobre a receção dos elementos.

No caso de os membros do Governo a quem cabe decidir sobre a alteração em causa não aceitarem o orçamento apresentado ou as condições de execução e pagamento, mantém-se igualmente a possibilidade de o parceiro público poder, unilateralmente, decidir nos termos que melhor acautelem o interesse público, embora sempre só após parecer da UTAP e correspondente concordância dos membros do Governo competentes.

Assinale-se ainda que, ao contrário do regime de 2003, a falta de decisão dos membros do Governo no prazo concedido para o efeito deixa de ter por efeito o deferimento tácito dessas pretensões, seja quanto à decisão

Investment and Managing Fiscal Risks from Public-Private Partnerships, International Monetary Fund, 2007, págs. 5 e ss.).

do parceiro público suscetível de gerar acréscimo de encargos para o sector público ou redução de encargos para o parceiro privado, seja quanto à possibilidade de o parceiro público passar a decidir unilateralmente nos termos que melhor acautelem o interesse público.

Outra situação de modificação do contrato de PPP prevista no atual regime, decorre do disposto nos artigos 21.º a 23.º do DL 111/2012, e respeita às situações em que se verifiquem ou sejam invocados factos suscetíveis de fundamentar uma partilha de benefícios, ou a sua integral atribuição ao parceiro público, a reposição do equilíbrio financeiro do contrato (nos termos do artigo 282.º do CCP) ou a renegociação do contrato.

Em matéria de acompanhamento das parcerias, o atual regime das PPP prevê dois tipos de acompanhamento, expressamente cometidos à UTAP[36].

Em primeiro lugar, o acompanhamento das matérias económico-financeiras, no âmbito das quais incumbe à UTAP proceder ao registo dos encargos financeiros estimados e assumidos pelo sector público no âmbito das parcerias, bem como acompanhar permanentemente a situação e evolução dos respetivos contratos, devendo para o efeito elaborar trimestralmente um relatório sobre a situação, a submeter à apreciação do membro do Governo responsável pela área das finanças.

Em segundo lugar, o acompanhamento dos processos arbitrais, relativamente ao qual cabe à UTAP disponibilizar todo o apoio técnico solicitado pelos mandatários do parceiro público.

Adicionalmente, a UTAP presta ainda apoio técnico ao Ministério das Finanças, ou a outras entidades envolvidas em processos de parcerias, neste

[36] O DL 111/2012 criou a UTAP com o propósito de concentrar numa única entidade um conjunto assinalável de competências e eliminar a dispersão de uma multiplicidade de tarefas por diferentes entidades públicas, sendo que a UTAP constitui uma entidade administrativa, dotada de mera autonomia administrativa, criada na dependência direta do membro do Governo responsável pelas finanças (cfr. art. 34.º do DL 111/2012). A UTAP tem por missão participar na preparação, desenvolvimento, execução e acompanhamento global de processos de parcerias, bem como prestar apoio técnico ao Ministério das Finanças e a outras entidades em processos dessa natureza (art. 35.º/1), à UTAP podem ainda ser cometidas funções de prestação de apoio técnico no desenvolvimento, contratação e acompanhamento de grandes projetos de infraestruturas não enquadráveis na noção de PPP, suscetíveis de serem financiadas pelo sector público ou de constituírem encargos para este. A prestação de tais funções carece, contudo, de despacho conjunto dos ministros responsáveis pelas finanças e pela área do projeto em causa, considerando-se como grandes projetos os que envolvam, previsionalmente, um encargo bruto para o sector público igual ou superior a 10 milhões de euros ou um investimento igual ou superior a 25 milhões de euros.

último caso na sequência de solicitação nesse sentido do respetivo membro do Governo ao responsável das Finanças[37].

No contexto do regime das PPP afigura-se de especial relevância o tipo contratual a celebrar para implementação da parceria, pelo que veremos de seguida mais em pormenor esses tipos contratuais.

4. A concessão e outros tipos contratuais subjacentes a uma PPP

O DL 111/2012 pretende aplicar-se a um conjunto de relações contratuais, caracterizadas pela realidade económica que lhes está subjacente. Por isso, como referimos *supra*, o artigo 2.º, n.º 4 do DL em causa, contém uma simples enumeração exemplificativa[38] dos tipos contratuais.

Faremos, de seguida, referência aos tipos contratuais nominados na lei[39].

a) Em primeiro lugar, encontram-se os contratos que têm por objecto a realização pelo contraente privado de uma infra-estrutura que será utilizada, directa e imediatamente pelos utentes, contra o direito de receber uma remuneração pela sua utilização a pagar pelos utentes, ou pela entidade pública contratante, ou por ambos. Trata-se de um clássico contrato de concessão de obras públicas[40].
b) Também se encontram compreendidos no DL 111/2012 os contratos que têm por objecto a realização pelos contraentes privados de uma infra-estrutura ou de um equipamento que será utilizado pela entidade pública contratante associada a uma prestação de serviços (*v.g.* serviços de manutenção de um edifício ou equipamento). Estes contratos parecem caber ainda na definição de concessão de

[37] Foi o caso da solicitação do Governo Regional da Madeira, em 2014, para a renegociação das 2 PPP rodoviárias naquela Região (ViaLitoral e ViaExpresso).

[38] O que resulta expressamente da redacção do, *supra citado*, n.º 4 do art.º 2.º do DL 111/2012, que determina constituírem "..., *entre outros, instrumentos de regulamentação jurídica...*" (sublinhado nosso).

[39] Seguimos de perto a tipologia apresentada por Pedro Siza Vieira, *Os Tipos Contratuais...* (ob. cit.), págs. 127 e ss..

[40] Que, acompanhando a definição de Freitas do Amaral, "... *é o contrato administrativo pelo qual um particular se encarrega de executar e explorar uma obra pública, mediante retribuição a obter directamente dos utentes, através do pagamento por estes de taxas de utilização*", in *Direito Administrativo*, Vol. II, Lisboa, 2001, pág. 531. Hoje definido no artigo 407.º/1 CCP.

obras públicas (*cfr.* art. 427.º/1 CCP). Pode também suceder que o edifício/equipamento se mantenha na propriedade do parceiro privado, caso em que estará antes em causa um contrato de arrendamento com prestação de serviços associada[41], ou um contrato de locação operacional.

c) Também se encontram abrangidos os contratos usualmente denominados como contratos de locação operacional em que o bem não tenha sido construído pelo parceiro privado, mas apenas disponibilizado por este, que no diploma referido são denominados de contratos de colaboração (*cfr.* art. 2.º, n.º 4, al. f) do DL 111/2012).
d) São igualmente abrangidos pelo DL 111/2012, os contratos em que o contraente privado presta um serviço directamente aos utentes, sendo por estes remunerado, ou, em conjunto ou alternativamente, pelo ente público contratante. Está em causa o contrato de concessão de serviço público[42], como é o caso de concessões de

[41] Se se tratar de um contrato de arrendamento simples, estará excluído do âmbito de aplicação do DL 111/2012, por força do art. 2.º, n.º 2, al. b). Quando o peso de remuneração de serviços seja inferior ao da renda contratada, pensamos, como Pedro Siza Vieira (*cfr. op. cit. supra, pág. 144*), que deverá prevalecer o regime legal da componente com maior expressão financeira, que se encontra consagrado no artigo 32.º CCP.

[42] Que Freitas do Amaral define como "*...o contrato administrativo pelo qual um particular se encarrega de montar e explorar um serviço público, sendo retribuído pelo pagamento de taxas de utilização a cobrar directamente aos utentes*", *op. cit*, pág. 537. Hoje definido no artigo 407.º/2 CCP.

A utilização de contratos de concessão como instrumentos de gestão de serviços públicos, com origens remotas no direito romano, expandiu-se, acentuadamente, no século XIX, num contexto enformado pelos princípios do liberalismo económico e favorável à contração do papel do Estado. Porém, na segunda metade do século XX, o desenvolvimento e consolidação do Estado social conduziu ao declínio, ou mesmo desaparecimento, da utilização desta forma privilegiada de colaboração do sector público com o privado, através da exclusão do sector privado das atividades económicas que configuravam serviço público, passando estas a ser geridas diretamente pelo Estado ou indiretamente pela figura da Empresa Pública. Porém, no início da década de 80 do século XX, surgiu um novo modelo de Estado que, sem querer demitir-se das suas responsabilidades sociais, pretende reduzir os encargos associados à sua prossecução. Instalou-se, de modo paulatino, uma lógica de separação entre a responsabilidade de execução de tarefas administrativas, a qual se desloca, progressivamente, para a iniciativa privada, e a responsabilidade por garantir os fins prosseguidos por essas tarefas, a qual permanece no Estado. Esta mudança nas tarefas exigíveis à Administração Pública ofereceu um terreno fértil para o reaparecimento da figura dos contratos de concessão. Com efeito, esta fórmula organizatória revelou-se o instrumento idóneo para o Estado transferir a responsabilidade de execução de determi-

transporte[43]. Note-se que o contrato de concessão de serviço público pode abranger uma componente de construção (*v.g.* construção de catenárias, numa concessão de metropolitano ligeiro de superfície, ou de carris). Este tipo de contrato distingue-se do contrato de concessão de obras públicas, porque neste último a componente com maior expressão é a construção/disponibilização de uma infra-estrutura para imediata utilização pelo público; na concessão de serviços públicos o factor/componente "*construção*" é apenas um dos factores necessários (acessório) para a prestação do serviço (factor/componente principal do contrato em causa).[44]
Num *contrato de concessão*, o concessionário assume a responsabilidade global pela gestão do serviço, podendo, para além disso, ser responsabilizado pela realização dos investimentos e obras de expansão e de renovação. As infra-estruturas permanecem propriedade do concedente, são afectadas ao concessionário durante o período da concessão, sendo retomadas pelo concedente gratuitamente, em condições pré-definidas de bom funcionamento, no final da concessão, com todas as benfeitorias realizadas. O concessionário é responsável pela eficiência não só da exploração dos serviços, mas também, eventualmente, pelo investimento, assumindo os correspondentes riscos, mas beneficiando, por outro lado, das economias que conseguir, tanto a nível técnico, como comercial e financeiro.
Concluindo, do ponto de vista estritamente jurídico, a *concessão de serviços públicos* é conferida por meio de um *contrato* (*contrato administrativo*, nos termos do artigo 407.º/2 CCP). Tal contrato configura um instrumento de actuação da Administração, destinado à constituição de uma relação jurídica administrativa –

---

nadas atividades para a iniciativa privada, reservando-se para si, nos termos da lei e do contrato de concessão, suficientes poderes para garantir que o exercício dessa atividade esteja vinculado ao interesse público. Sobre a evolução no tempo do contrato de concessão pode ver-se, Maria João Estorninho, *Concessão de Serviço Público – Que Futuro*, in "VI Colóquio Luso-Espanhol de Direito Administrativo", Direito e Justiça, Vol. Especial, 2005, Universidade Católica, págs. 21 e ss. e *Curso de Direito dos Contratos Públicos*, Almedina, 2012, págs. 141 e ss.

[43] Regime Juridico do Serviço Público de Transporte de Passageiros e seu artigo 20.º, aprovado pela Lei n.º 52/2015, de 09-06.

[44] Neste sentido, Pedro Gonçalves, in "*A Concessão de Serviços Públicos*", Almedina, Coimbra, 1999, págs. 151 e ss..

a relação de concessão de serviço público, entendida como a relação jurídica entre dois sujeitos: o concedente e o concessionário[45].

e) Incluem-se, igualmente, os contratos em que o operador privado presta um serviço directamente aos utentes, gerindo um estabelecimento previamente montado pela entidade pública contratante ou por anterior contratante. Aqui, contrariamente à concessão de serviço público a entidade privada não tem encargos com a construção e equipamento do estabelecimento, sendo o mesmo fornecido pela entidade pública. É aquilo que no Art. 2.º, n.º 2. al. 4) do DL 111/2012 se designa como contrato de gestão.

f) Próxima desta figura, mas dela se distinguindo porque os serviços não são prestados directamente aos utentes/utilizadores, mas sim à Administração que os utiliza para satisfazer as necessidades públicas colectivas – aqui se enquadram os contratos de prestação de serviços para fins de imediata utilidade pública[46] ou de fornecimento contínuo[47].

Os *contratos de prestação de serviços* e os de *fornecimento* constituem a forma mais simples de participação do sector privado, em que a Administração mantém a responsabilidade geral pela exploração do sistema. Por

---

[45] *Cfr.* Pedro Gonçalves, *op. cit*, pág. 223. Pedro Gonçalves igualmente refere que "*uma vez que a lei portuguesa não define o conceito de concessão de serviços públicos (limitando-o a um certo número de elementos essenciais), não vemos nenhuma razão para excluir da figura todos os tipos contratuais que atribuam a um sujeito o direito de, em seu próprio nome, gerir um serviço público – o facto de as remunerações pagas pelos utentes ou da assunção do risco pelo concessionário serem eventualidades normais do regime de concessão não exclui a natureza concessória do contrato em que a Administração assume o dever de remunerar, total ou parcialmente o concessionário, nem mesmo o contrato em que ela assume a álea económico-financeira inerente à gestão do serviço; para que possa falar-se de concessão de um serviço público, essencial é que a gestão (autónoma) do serviço seja transferida para o concessionário por um acto constitutivo de uma relação jurídico-administrativa*" (ob. cit., pág. 147). Embora hoje com definição legal, no artigo 407.º/2 CCP, continua a não ficar afastado este entendimento mais amplo.

[46] O contrato administrativo de prestação de serviços é apenas aquele "*pelo qual um particular se vincula perante a Administração a exercer uma actividade de imediata utilidade pública*", Freitas do Amaral, *op cit.*, pág. 550. Hoje definido no artigo 450.º CCP.

[47] São aqueles em que "... *um particular se encarrega, durante um certo período, de entregar regularmente à administração certos bens necessários ao funcionamento regular de um serviço público*", Freitas do Amaral, *op cit,* pág. 550. Hoje definido no artigo 437.º CCP.

esta razão vemos com dificuldade estes tipos contratuais como tipos de PPP, eventualmente apenas o serão se inseridos numa união de contratos, como previsto no DL 111/2012, em conjunto com outro dos tipos contratuais nominados que transfira o estabelecimento para o privado[48].

PEDRO GONÇALVES[49] sugere alguns critérios para distinguir o *contrato de prestação de serviços* da *concessão*. Refere, desde logo, o *objecto do contrato*: o que está em causa na concessão é atribuir ao concessionário a gestão de um serviço público. O interesse funcional da concessão é proceder à alienação e/ou gestão do serviço público, enquanto actividade da própria Administração – ao concessionário é confiada a gestão do serviço público. De maneira diferente, o contrato de prestação de serviços não altera a responsabilidade pela gestão do serviço, que se mantém na esfera da Administração. PEDRO GONÇALVES termina concluindo que, tendo em conta os níveis de colaboração dos privados na prossecução de tarefas administrativas, a concessão dá origem a uma "*colaboração primária*", enquanto que o contrato de prestação de serviços dará origem a uma "*colaboração secundária*". Nestes casos, a responsabilidade da empresa privada limita-se à gestão do seu pessoal e dos serviços contratados. Os riscos comerciais e de investimento são directamente suportados pela Administração.

Podemos ainda falar de outros contratos de "*gestão delegada*" ou de delegação de serviço público[50], utilizados em outras jurisdições, embora alguns já com alguma expressão em Portugal, reconduzidos aliás em Portugal aos tipos contratuais atrás identificados (*MANAGEMENT CONTRACTS*[51], *LEASE CONTRACTS, AFFERMAGE*[52]).

---

[48] PEDRO GONÇALVES, op cit., pág. 160 e ss, "*A circunstância de a actividade do concessionário se fazer para os cidadãos e não para a Administração parece ser o primeiro indício importante de distinção entre a concessão e outras actividades de prestação de serviços, em que o prestador assume a obrigação de apresentar o resultado do seu trabalho, do seu serviço à Administração pública, não sendo habilitado, nessa qualidade, a estabelecer qualquer tipo de relação jurídica para com terceiros*".

[49] *Cfr.* op.cit, pág. 160.

[50] PAUL LIGNIÈRES, *Partenariats Public-Privé*, Lexis Nexis, 2. Ed., Paris, 2005, págs. 97 e ss.

[51] "*Management contracts may be used as a means to transfer responsibilities for a specific plant, facility or service provided by an infrastructure owner. They may have a more broad reaching scope involving the management of a series of facilities. Nonetheless, responsibility for investment decisions remains with the public authority. Operation and management contracts often provide a good opportunity to encourage greater private sector involvement in the future. They are particularly appropriate in sectors undergoing transition from public ownership where existing regulatory and legal frameworks may not allow*

Finalmente, apenas uma breve referência a algumas *estruturas de projecto*, que aparecem ligadas a vários tipos contratuais e normalmente indicadas em modelos PPP, embora nem todos eles se possam reconduzir a esse conceito. Como veremos estas estruturas de projeto reconduzem-se normalmente a contratos de empreitada, contratos de concessão de obras públicas e contratos de concessão de serviço público: Estruturas "BOT" (Build, Operate, Transfer), "BOOT" (Build, Own, Operate and Transfer) e outros; Estruturas "DB" (Design and Build), "DBO" (Design, Build and Operate), e "DBFO" (Design, Build, Finance and Operate)[53].

De entre todas estas figuras contratuais a concessão assume-se, com todas as suas espécies, como um dos principais contratos tipo de PPP. Foi a relação de parceria mais antiga e com um tipo contratual mais difundido. Sem relembrar as experiências da antiguidade, podemos e devemos recordar as concessões de transporte, de água, de gás e de electricidade dos finais do século XIX e princípios do século XX, todas fruto de um Estado liberal não interventor e meramente regulador da economia, de onde são tributárias as novas iniciativas concessionárias, chamadas de PPP, dos fins do século XX e princípios do século XXI. Aqui ressalta a figura do privado como colaborador do público na prossecução de necessidades coletivas delegadas pelo Estado[54].

Se lermos com atenção os papéis produzidos, por exemplo, em sede da União Europeia, sobre PPP, vemos como todos têm por base as experiências concessionárias e os contratos em PFI[55].

Neste sentido a Comunicação da Comissão sobre as PPP no contexto dos projectos da rede transeuropeia de transportes, datada de Setembro de 1997, emitida no seguimento do relatório do Grupo de Alto Nível (Grupo Kinnock), publicado em maio desse mesmo ano, a Comunicação interpretativa da Comissão sobre as concessões em direito comunitário, de 2000, o Livro Verde da Comissão sobre as PPP e o direito comunitário em matéria de contratos públicos e concessões, de 2004, o texto do Banco Euro-

---

greater private participation." – Cfr. Comissão Europeia – Direcção-Geral de Políticas Regionais, in *Guidelines for Successful Public-Private-Partnerships*, 2003, págs. 20-21.

[52] Christophe Guettier, *Droit des Contrats Administratifs*, PUF, Paris, 2004, págs. 202 e ss.

[53] João Pontes Amaro, "*Modelos*... (ob. cit.), pág. 106-107.

[54] Maria Eduarda Azevedo, *As Parcerias*... (ob. cit.), págs. 31 e ss.

[55] Brian Craig / Colin Wilson, *PPPs in the European Union*, in "Public-Private Partnerships: A Practical Analysis", 2. Ed., Globe Law & Business, London, 2010, págs. 257 e ss..

peu de Investimento sobre o seu papel na fiscalização das PPP, datado de 2004, ou várias intervenções do Comité Económico e Social Europeu sobre a matéria[56].

O mote em todos estes papéis de análise do problema geral das PPP e seu enquadramento no direito da União Europeia, designadamente em sede de procedimento de formação dos contratos, seu controle legal e financeiro, é o da inexistência de um modelo europeu de PPP. Em todos os países os modelos assumem uma identidade própria e individualizadora, fruto da evolução natural do regime contratual público.

De entre as variadas formas contratuais utilizadas nas PPP europeias, a concessão evidencia-se como o tipo mais utilizado, aliás chamado de "*modelo concessivo*" em contraponto ao "*modelo PFI*"[57]. O modelo *de concessão* é caracterizado pela Comissão pela "*relação directa entre o parceiro privado e o utente final: o parceiro privado presta um serviço ao público,* "em vez do parceiro público"*, mas sob o controlo deste. Caracteriza-se igualmente pelo modo de remuneração do co-contratante, que consiste em taxas cobradas aos utentes do serviço, eventualmente acompanhadas de subvenções por parte dos poderes públicos*"[58]. No modelo em PFI a característica diferenciadora reside na forma de remuneração do parceiro privado, fundamentalmente através de pagamentos regulares efectuados pelo parceiro público, caso típico do modelo sem custos ao utilizador (SCUT) para as auto-estradas em Portugal ou as *shadow toll* inglesas[59].

É também sintomático que as leis dos principais países continentais que têm recorrido a modelos de parcerias, datadas dos anos noventa até hoje, tais como a Itália, a Espanha e a França, se incluem nos modelos de concessão. Assim a França, com a "*lei Sapin*", de 1993 e a sua reforma de 2004[60]. Também em Itália com a "*lei Merloni*", de 1994, relativa a concessões de construção e gestão. Igualmente a "*concessão de obras públicas*"

---

[56] Dos quais destacamos o Parecer de 25 de fevereiro de 1998 sobre a Comunicação da Comissão sobre as PPP no contexto dos projetos da rede transeuropeia de transportes, o Parecer de 30 de Abril de 2004 sobre o Livro Verde da Comissão sobre PPP e o direito comunitário e o Parecer de 10 de março de 2005 sobre o papel do BEI nas PPP. Cfr. Maria João Estorninho, *Curso...* (ob. cit.), págs. 143-149.

[57] Livro Verde da Comissão de 30.04.2004, sobre as PPP e o direito comunitário em matéria de contratos públicos e concessões, pág. 9. Nazaré da Costa Cabral, *As Parcerias...* (ob. Cit.), págs. 57 e ss.

[58] Idem. Nazaré da Costa Cabral, *As Parcerias...* (ob. Cit.), págs. 62/63.

[59] Idem. Nazaré da Costa Cabral, *As Parcerias...* (ob. Cit.), págs. 58/60.

[60] Paul Lignières, *Partenariats...* (ob. Cit.).

introduzida na lei dos Contratos da Administração Pública, em 2003, em Espanha[61]_[62].

5. O Modelo Português de PPP

Como vimos pelos estudos realizados por instituições europeias, designadamente pela Comissão e pelo Comité Económico e Social, não existe um modelo unificado europeu de PPP, antes cada país desenvolve um modelo próprio, com base na sua experiência e especificidade.

Importa, por isso, não falar de um "*modelo de PPP*" mas do "*modelo português de PPP*". Esse modelo decorrerá do regime concreto instituído pelo DL n.º 111/2012, que vimos, não de um regime abstrato ou ideal.

Ora, o traço mais marcante do DL n.º 111/2012 é a preocupação prevalecente com a despesa pública. O que já resultava da primeira referência a PPP no ordenamento jurídico português na Lei de Enquadramento Orçamental de 2001.

Também logo no preâmbulo do DL n.º 86/2003 se podiam ler variadíssimas referências a preocupações com a despesa pública, tais como *"um elevado aumento da despesa pública", "níveis incomportáveis de endividamento público", "gerando poupanças consideráveis na utilização dos recursos públicos", "implicam encargos a satisfazer pelos entes públicos envolvidos, afectam e condicionam imperativamente a totalidade ou parte dos respectivos orçamentos futuros", "criam encargos de médio ou longo prazo para o parceiro público", "alteração do perfil e características da despesa pública", "habilite o parceiro público a evidenciar e enquadrar orçamentalmente, em tempo útil e realisticamente, a integralidade dos compromissos financeiros que resultam das parcerias contratadas", "respectiva articulação com as normas de enquadramento orçamental", "racionalidade, previsibilidade e legitimação da realização de despesa pública", "linhas de conexão entre a realização deste novo tipo de despesa pública e a disciplina orçamental",* entre algumas outras referências.

[61] Julio V. González García, *Colaboración público-privada e infraestructuras de transporte – Entre el contrato de colaboración entre el sector público y el sector privado y la atipicidad de la gestión patrimonial*, Marcial Pons, Madrid, 2010.

[62] Parecer do Comité Económico e Social Europeu de 27.04.2004, sobre o Livro Verde da Comissão sobre as PPP, págs. 2 a 5.

Igualmente, o preâmbulo do DL 141/2006 refere que o DL 86/2003 teve por objecto entre outros "*gerar poupanças consideráveis na utilização de recursos públicos*", pretendendo instituir "*princípios gerais de eficiência e economia*". Mas refere que os objectivos do DL 86/2003 necessitam de ser revistos, desde logo no sentido do "*incremento do controlo financeiro*" em geral em "*situações susceptíveis de gerarem um aumento de encargos para o parceiro público*".

Já o atual DL 111/2012 reforça este pendor. Assim é que no seu preâmbulo se diz que "*a experiência adquirida recomenda vivamente que se proceda a uma modificação significativa do regime jurídico aplicável às PPP, designadamente no que diz respeito ao seu âmbito de aplicação, à organização interna do setor público, a um melhor acompanhamento, por parte do Ministério das Finanças*", ou ainda que *a "unidade agora criada, designada Unidade Técnica de Acompanhamento de Projetos, que tem a natureza de entidade administrativa dotada de autonomia administrativa, na dependência direta do membro do Governo responsável pela área das finanças, assume responsabilidades no âmbito da preparação, desenvolvimento, execução e acompanhamento global dos processos de PPP e assegura um apoio técnico especializado ao Governo, e em especial ao Ministério das Finanças, em matérias de natureza económico-financeira"*, e ainda que se pretende *"estatuir um regime especial para as empresas públicas com natureza comercial ou industrial que lancem parcerias sem apoios, diretos ou indiretos, do Estado e cujos custos daí decorrentes não sejam suscetíveis de afetar, direta ou indiretamente, a dívida pública"*. E torna ainda mais evidente este objetivo de controlo orçamental, pois no "*que diz respeito a decisões suscetíveis de gerar encargos, o novo diploma atribui uma assinalável relevância à sua comportabilidade orçamental, quer na vertente de lançamento de novas parcerias, quer na vertente de eventuais determinações unilaterais proferidas pelos parceiros públicos*", "*para além de se passar a exigir uma análise de comportabilidade orçamental e a realização de análises de sensibilidade, com vista à verificação da sustentabilidade de cada parceria face a variações de procura e a alterações macroeconómicas, contempla-se ainda uma análise custo-benefício e a elaboração de uma matriz de partilha de riscos, com uma clara identificação da tipologia de riscos assumidos por cada um dos parceiros, sempre que se prepare um novo projeto de parceria*", a par de um reforço da intervenção do Ministério das Finanças, *"à obrigação do Estado Português de introduzir no ordenamento jurídico um quadro legal e institucional reforçado, no âmbito do*

Ministério das Finanças, que permita um efetivo e rigoroso controlo dos encargos, bem como dos riscos, associados às PPP."

No articulado do atual diploma a preocupação mantém-se, desde logo, pelo permanente enquadramento da parceria, nas suas várias fases, pelo Ministério das Finanças, diretamente ou por via da UTAP (arts. 6.º, 9.º, 10.º a 12.º, 14.º, 16.º a 21.º, 23.º, 26.º a 31.º, 34.º a 36.º, 41.º e 42.º DL n.º 111/2012). Depois, de forma clara na definição dos fins das parcerias, tal como constante do artigo 4.º DL n.º 111/2012 (*"acréscimo de eficiência na afectação de recursos públicos"*). Ainda, no elenco dos seus pressupostos (art. 6.º, alíneas a) a c), j) e o) DL n.º 111/2012).

A preocupação do regime português de PPP, tal como constante do artigo 19.º, n.º 2. da Lei de Enquadramento Orçamental e do DL n.º 111/2012 é assim, sobretudo, uma preocupação de melhoria da eficiência e de enquadramento da despesa pública resultante do contrato de parceria[63]. O modelo das PPP português claramente centra as suas preocupações no controle da divida pública e no conter do esforço orçamental do Estado, fazendo intervir em todas as fases o Ministério das Finanças[64]. Qualquer contrato em que não se verifiquem receios de utilização de recursos do OE relevantes[65] não importará para este modelo especifico.

Este modelo encontra nas PPP anglo-saxónicas, baseadas em modelos de *project finance*, que importavam a utilização de recursos orçamentais públicos[66], uma clara origem e está de acordo com o modelo inicialmente previsto na década de 70 nos EUA e na década de 90 na Grã-Bretanha[67].

Como vimos já, as PPP foram concebidas nos países anglo-saxónicos como uma forma de ultrapassar as dificuldades e ineficiência do modelo tradicional de contratação pública, assente fundamentalmente na aquisição

---

[63] Maria Eduarda Azevedo, *As Parcerias...* (ob. cit.), págs. 319 e ss.

[64] Nazaré da Costa Cabral, *As Parcerias...* (ob. cit.), págs. 198 e ss., Mário Aroso de Almeida, *Parcerias...* (ob. cit.), págs. 181; Pedro Siza Vieira, *Os Tipos...* (ob. cit.), pág. 141.

[65] Nos termos do art. 2.º/5a), "*um encargo bruto para o setor público inferior a 10 milhões de euros e um investimento inferior a 25 milhões de euros, a valores atualizados para o momento anterior à decisão de lançamento da parceria, de acordo com as taxas de atualização fixadas pelo membro do Governo responsável pela área das finanças para efeitos de avaliação deste tipo de projetos.*"

[66] Nazaré da Costa Cabral, *As Parcerias...* (ob. Cit.), págs. 103 e ss.

[67] Gabriela Figueiredo Dias, *Project Finance (Primeiras Notas)*, in "IDET – Miscelâneas" n.º 3, Almedina, Coimbra, 2004, pág. 121; Maria Eduarda Azevedo, *As Parcerias...* (ob. cit.), págs. 135 e ss.

de bens e serviços e empreitadas, onde o sector público assumia todos os riscos da concepção e exploração do serviço público, limitando-se a adquirir um serviço ou bem por si pré-definido ao particular.

Com o modelo de PPP, o sector público transferia o risco da concepção, construção e gestão inteiramente para o particular, limitando-se a pagar um preço previamente acordado. Todas as economias do projecto revertiam para o particular que assumia o risco, bem como sobre ele passaram a caber todos os encargos suplementares da ineficiência, como aumento de custos, má gestão e atrasos do projecto.

O PPP distinguia-se do modelo tradicional de contratação pública e também do modelo de *project finance*, embora pudesse ser considerado uma espécie do género, pois no género *project finance* o financiamento do projecto recaia inteiramente sobre o particular que recorria à banca, oferecendo como garantia os rendimentos do próprio projecto, enquanto na PPP a entidade pública assumia também o pagamento do preço devido pelo serviço prestado em termos a definir contratualmente[68].

O modelo anglo-saxónico de PPP em causa foi o constante do programa *"Private Finance Iniciative"* lançado na Grã-Bretanha em 1992 e sucessivamente remodelado, em 1997 no seguimento das *"Bates Recomendations"*[69], e após 2012 constando da chamada PF2[70].

Com base neste modelo anglo-saxónico *"original"*, o Comité Económico e Social Europeu, em parecer de 2004, sobre o Livro Verde da Comis-

---

[68] Gabriela Figueiredo Dias, *Project...* (ob. cit.), págs, 120 e ss.

[69] Gabriela Figueiredo Dias, *Project...* (ob. cit.), pág. 120, nota 7; Maria Eduarda Azevedo, *As Parcerias...* (ob. cit.), págs. 137 e ss.

[70] Como é anunciado no documento do HM Treasury de dezembro de 2012, "*This document announces the conclusions of our review of PFI and sets out the Government's new approach, PF2, for involving private finance in the delivery of public infrastructure and services. We have sought to provide access to wider sources of equity and debt finance to improve the value for money of financing projects; to increase the transparency of the liabilities created by long term projects and the equity returns achieved by investors; to speed up and reduce the cost of the procurement process; and to provide greater flexibility in the provision of services. The taxpayer will become a shareholder in projects and share in the ongoing investor returns. PF2 addresses the fundamental concerns that have been expressed by Parliament, the public sector and taxpayers.*" Em 2018, o Ministro das Finanças Britânico, P. Hammond, no seu discurso no Parlamento de apresentação do Orçamento veio dizer que mesmo este modelo de PF2 seria revisto, aguardando-se o seu sucessor. Esta posição vem no seguimento do Relatório da Comissão Parlamentar de *Public Administration and Constitucional Affairs*, publicada em julho de 2018, "*After Carillion: Public sector outsourcing and contracting*", onde se pedia um repensar do programa de PF2.

são sobre as PPP, entendeu propor como elemento de distinção entre uma concessão e uma PPP a origem da remuneração do utente. Diz o Comité que se tratará de uma concessão "*quando a empresa é remunerada com um valor pago maioritariamente pelos utilizadores*" e que se tratará de uma PPP "*quando a remuneração é efectuada maioritariamente pela autoridade pública*"[71][72].

Somos assim de opinião, considerando o modelo concreto que se pode retirar do DL 111/2012, que o modelo português de PPP tem na racionalização, eficiência e enquadramento orçamental da despesa pública o seu elemento mais relevante[73].

A principal consequência deste modelo é que se deve considerar um conceito restritivo de PPP, limitado àquelas que envolvam o pagamento da remuneração do particular também pela entidade pública.

Os principais exemplos deste modelo em Portugal são as SCUT e o programa de PPP dos Hospitais[74]. Nestes modelos o particular que constrói e explora o serviço não é pago apenas pelos utentes, mas principalmente através de transferência de verbas da entidade pública contratante.

É esta a razão subjacente ao envolvimento do Ministério das Finanças, diretamente e através da intervenção da UTAP, em todo o processo de PPP.

Assim, entre um modelo concessionário ou de *project finance*, Portugal optou por este último para as suas PPP, utilizando estes termos como acima definidos, ou seja, distinguindo a concessão tradicional do modelo anglo-saxónico de *project finance*, na sua versão *Private Finance Iniciative*. Assim, nem todas as concessões entram no modelo português de PPP[75], mas

---

[71] Parecer do Comité Económico e Social Europeu de 2004, citado, pág. 8.

[72] Maria Eduarda Azevedo, *As Parcerias...* (ob. cit.), págs. 398/399, refere as grandes famílias tipológicas de PPP, distinguindo entre as que representam uma aquisição de serviços de longo prazo do setor publico ao setor privado e as parcerias autossustentáveis, sendo que conclui que ambas têm incidência orçamental, com implicações nas finanças públicas e na gestão orçamental.

[73] Pode discutir-se se esse era o modelo proposto pelo DL 170/2019, que eliminava várias referências ao Ministro das Finanças, atribuindo ao Conselho de Ministros as principais funções, e expressamente excluindo do regime as "*parcerias que não prevejam obrigações de pagamento de encargos pelo parceiro público ao parceiro privado, salvo pagamentos de natureza contingente ou sancionatória*" (novo n.º 5e) ao art. 2.º), mas este diploma cessou a sua vigência precocemente, por vontade do Parlamento.

[74] Nazaré da Costa Cabral, *As Parcerias...* (ob. Cit.), págs. 161 e ss. e 167 e ss.

[75] Nazaré da Costa Cabral, *As Parcerias...* (ob. Cit.), págs. 159/161, onde a Autora aborda exatamente esta questão essencial: *a questão de saber se as concessões, todas*

apenas as que imponham a utilização de recursos do orçamento público, ou seja as não *autossustentáveis*[76]. Ficam de fora do modelo português de PPP as autosustentáveis, que são as que poderemos chamar de *concessões tradicionais*, em que o cocontratante privado assume o risco de exploração e se cobra exclusivamente pelo utente do serviço, sem precisar de qualquer pagamento do cocontratante público, sendo que normalmente, nestas concessões, até tem de remunerar o concedente pelo uso que faz dos bens dominais e pela exploração do serviço. Nestas concessões nem sequer normalmente existe um "*caso base*" financeiro que fixe objetivamente o risco económico e financeiro assumido pelo cocontratante privado, sendo que o concedente apenas poderá ser chamado a intervir num reequilíbrio económico e financeiro da concessão em casos limite de alteração anormal das circunstâncias (a ter de ser muito bem fundamentada, principalmente na razão de se estar para lá da álea própria do contrato) ou em caso de ato de *jus imperii* modificativo[77].

Finalmente, outra característica do modelo português é ser um modelo contratual, ficando por isso afastado um modelo institucional de *joint venture*[78]. Neste sentido é clara a definição constante do artigo 2.º DL n.º 111/2012, quando define PPP como "*o contrato ou união de contratos*".

6. As Concessões de Movimentação de Carga no Sector Portuário

A exploração de actividades portuárias está sujeita a limites legais, não sendo ainda hoje um setor aberto totalmente a privados.

Apesar de a iniciativa económica privada ter sido sempre constitucionalmente admitida desde a versão de 1976 da Constituição, estavam previstas limitações a definir por lei (actual artigo 86.º Constituição). A Lei n.º 46/77, de 8 de julho, veio efetivamente vedar à iniciativa económica privada

---

elas, foram consumidas pelo regime das PPP, e *se conceitualmente uma concessão é hoje sempre uma PPP*, parecendo concluir pela necessidade de continuação de distinguir conceitualmente as concessões tradicionais das concessões PPP, desde logo pelo fator risco.

76 Sobre esta distinção, v. Maria Eduarda Azevedo, *As Parcerias...* (ob. cit.), págs. 398/399.

77 O DL 170/2019, que pretendeu alterar o DL 111/2012, expressamente afastava do seu âmbito as concessões tradicionais ao referir que ficavam excluídas as que *não prevejam obrigações de pagamento de encargos pelo parceiro público ao parceiro privado, salvo pagamentos de natureza contingente ou sancionatória,* mas esta alteração ficou pelo caminho.

78 Muito utilizado em PPP autárquicas, não regidas pelo DL 111/2012.

alguns sectores da actividade económica, de entre os quais a exploração de portos (artigo 4.º, alínea h)).

Até à publicação da Lei n.º 1/93, de 6 de janeiro, que autorizou o Governo a aprovar o novo regime da operação e do trabalho portuário, a exploração de portos marítimos manteve-se vedada à iniciativa económica privada (cfr. DL n.º 406/83, de 19-11, DL n.º 449/88, de 10-12 e DL n.º 339/91, de 10-09, que alteraram a Lei n.º 46/77). Nem a exploração indirecta, através de concessão era admitida. Com a referida Lei n.º 1/93, passou a ser autorizada a exploração de instalações, equipamentos e espaços portuários por empresas privadas, mas apenas em regime de concessão (alínea h) do artigo 1.º). Em desenvolvimento desta Lei 1/93, o Governo aprovou o regime de concessão de movimentação de carga nos portos pelo Decreto-Lei n.º 298/93, de 28 de agosto (artigos 3.º e 26.º e ss.) e as bases das concessões pelo Decreto-Lei n.º 324/94, de 30 de dezembro[79].

A Lei n.º 88-A/97, de 25 de julho, que revogou a Lei n.º 46/77, confirmou o regime das concessões portuárias, prevendo a possibilidade de a exploração de portos ser possível a entidades privadas, através de concessão (n.º 1 do artigo 1.º)[80].

Com a entrada em vigor do CCP, aprovado pelo DL 18/2008, de 29-01, levantaram-se duvidas sobre a manutenção em vigor dos diplomas específicos de 1993 e 1994[81]. Com efeito, o artigo 14.º, n.º 2 refere que fica revogada "*toda a legislação relativa às matérias reguladas pelo Código dos Contratos Públicos, seja ou não com ele incompatível*", sendo que a maté-

[79] PEDRO MELO, *As Concessões Portuárias*, in "Direito Administrativo do Mar", Almedina, Coimbra, 2014, págs. 233 e ss.

[80] Nesta evolução apenas se afigura confuso o regime constante do Decreto-Lei n.º 287/84, de 23 de agosto, que pela primeira vez autorizou a concessão de exploração de um terminal portuário a privados (Terminal de Alcântara, em Lisboa), pois este diploma do Governo não se alicerçou em nenhuma lei da Assembleia da República, apesar de esta matéria estar vedada a privados pela Lei n.º 46/77 e constar no elenco de matérias sob sua reserva relativa de competência. Como também mal se entende que o Decreto-Lei n.º 372/93, de 29 de outubro, último diploma a alterar a Lei n.º 46/77, tenha mantido inalterada a limitação do acesso de privados à exploração de portos, quando, como vimos, este sector já tinha sido aberto, mediante concessão, por Lei da Assembleia da República de janeiro desse mesmo ano. Enfim, incidentes legislativos, sem relevância de maior para a questão agora em estudo.

[81] PEDRO MELO, *As Concessões Portuárias*, (ob. cit.), págs. 247 e ss., que é de opinião que o CCP deve prevalecer, mantendo-se em vigor apenas as disposições que o não contrariem.

ria das concessões de serviço público está regulada no CCP (arts. 407.º e ss.). Seja como for, a verdade é que o próprio legislador continua a remeter para esses diplomas em leis recentes[82], agora até invocando o n.º 2 do artigo 429.º CCP, introduzido pelo DL 111-B/2017, de 31-08, que remete *o regime das concessões de serviços públicos, designadamente o de concessões portuárias,* para legislação especial, que pelos vistos o legislador de 2019 continua a entender ser a dos anos 90.

Importa, por isso, continuar a determo-nos sobre o regime constante dos Decreto-Lei n.º 298/93, de 28 de agosto e Decreto-Lei n.º 324/94, de 30 de dezembro[83]:

a) O primeiro grande princípio a retirar destes diplomas legais é a consagração da concessão de serviço público como o regime regra de exploração de movimentação de cargas nos portos (artigo 3.º, DL 298/93). Como regimes subsidiários ficam o licenciamento e a exploração directa pela Administração Portuária, regimes de utilização claramente restrita (idem e artigo 26.º/2. DL 298/93)[84][85].

---

[82] Cfr. DL 107/2019, de 12-08, relativo à expansão do Terminal XXI em Sines, "*Esta prorrogação do prazo da concessão justifica-se pela necessidade de, em conformidade com o modelo económico-financeiro inicialmente contratualizado, permitir à concessionária a amortização e adequada remuneração dos seus investimentos, tendo em conta os valores estimados de movimentação de contentores, nos termos do regime jurídico aplicável aos contratos de concessão portuários, nomeadamente o Regime Jurídico da Operação Portuária, aprovado pelo Decreto-Lei n.º 298/93, de 28 de agosto, na sua redação atual e as Bases Gerais das Concessões, aprovadas pelo Decreto-Lei n.º 324/94, de 30 de dezembro, conforme remissão feita pelo n.º 2 do artigo 429.º do Código dos Contratos Públicos, aprovado pelo Decreto-Lei n.º 18/2008, de 29 de janeiro, na sua redação atual*". Sendo interessante notar que esta concessão havia já sido atribuída inicialmente por um diploma legal – o DL 384-A/99, de 24-09 – com as suas Bases anexas, o que lhe permitia não seguir o regime geral.

[83] Uma tentativa de aprovação de uma Lei dos Portos, que pretendia substituir também estes diplomas, não chegou a ver a luz do dia, tendo caducado em 2009, com o fim da legislatura (Proposta de Lei n.º 280/X).

[84] Conforme refere a Autoridade de Concorrência, no seu *Estudo sobre a Concorrência no Setor Portuário*, de dezembro de 2018, a págs. 35/37, continuam a coexistir situações de concessão, licenciamento e de administração direta, embora estas duas últimas sejam claramente residuais.

[85] Importa referir que o DL 298/93 também permite a realização de operação de movimentação de carga sem uma concessão de serviço público, mas apenas nos casos restritos de "*serviço privativo*" (cfr. art. 5.º), que vem autorizado apenas "*desde que as mercadorias provenham ou se destinem ao seu próprio estabelecimento industrial e as*

b) Os contratos de concessão de serviço público são outorgados com empresa de estiva (operadores portuários) escolhida mediante um procedimento de concurso, de acordo com as bases da concessão definidas no DL n.º 324/94 (cfr. artigos 27.º e 28.º DL n.º 298/93). O regime do concurso segue, hoje, o previsto no CCP.

c) O prazo da concessão deve ser fixado no contrato em função do período de tempo necessário para a amortização e remuneração, em normais condições de rentabilidade da exploração, do capital investido pelo concessionário (artigo 410.º CCP, prevendo um prazo supletivo de 30 anos na ausência de disposição contratual), embora não possa ser superior a 75 anos, prazo máximo fixado para a utilização por privados de bens do domínio publico marítimo (DPM) do Estado, já que as concessões portuárias implicam sempre essa utilização (art. 25.º/2 DL 226-A/2007, de 31-05), sendo o regime do DPM constitucional e reserva de parlamento (arts. 84.º e 165.º/1.v) CRP)[86].

d) A outorga de contrato de concessão de serviço público de movimentação de cargas implica a atribuição de um direito de exclusividade ao concessionário, com algumas excepções previstas na lei e a prever no contrato (Base I anexa ao DL 324/94 e art. 415.º CCP)).

e) A concessionária será responsável pelas obras de construção, reparação e conservação dos bens que integram o estabelecimento da concessão, cabendo-lhe ainda manter em bom estado de funcionamento todos os equipamentos da concessão, sendo que apenas quanto às dragagens e outras obras marítimas a lei deixa que as partes regulem no contrato a sua responsabilidade (Bases V e VI anexas ao DL 324/94).

---

operações se enquadrem no exercício normal da actividade prevista no respectivo título de uso privativo ou no objecto da concessão".

[86] Esta matéria do prazo do contrato é das que mais polémica tem suscitado, face à disposição inserta nas Bases Gerais do DL 324/94 e a superveniência do CCP, mas também pelas alterações na legislação de outros países europeus, como Espanha, e pelas criticas da Autoridade de Concorrência a prazos muito longos, com potencial de fechar os mercados, o que é a tendência mais recente, face ao volume cada vez maior de investimento que os concedentes exigem aos concessionários. Sobre isto pode ver-se, Pedro Melo, *As Concessões Portuárias* (ob. cit.), págs. 254/256; Autoridade de Concorrência, *Estudo* .... (ob. cit.), págs. 44/47; Tribunal de Contas, Relatório n.º 07/2016, págs. 14/15 (Vol. I).

f) A exploração da concessão é da exclusiva responsabilidade do concessionário, devendo propor ao concedente, para aprovação, o respectivo regulamento de exploração e de tarifas, mas vincula o concessionário a obrigações de serviço público (Bases VI a X anexas ao DL 324/94 e art. 429.º CCP).
g) O concedente pode modificar unilateralmente a concessão, repondo o equilíbrio financeiro da concessão (Base XIV anexa ao DL 324/94 e art. 420.º-A CCP).
h) Finda a concessão os bens do concedente revertem gratuitamente para este e os bens do concessionário revertem nos termos previstos no contrato, sendo indemnizáveis os bens adquiridos nos últimos dez anos de vida da concessão, mediante acordo do concedente (Base XV anexa ao DL 324/94 e art. 425.º CCP). Decorrido um terço do prazo da concessão é lícito o resgate da concessão mediante o pagamento de uma indemnização Base XVII anexa ao DL 324/94 e art. 422.º CCP). Também será devida indemnização ao concessionário se o Governo extinguir o serviço público concessionado por motivo de interesse público (Base XVIII anexo ao DL 324/94).
i) É igualmente possível a suspensão da concessão em caso de emergência grave e o sequestro em caso de cessação da exploração ou perturbação grave do serviço, por facto imputável ao concessionário (Bases XIX e XX anexas ao DL 324/94 e art. 421.º CCP).
j) O concessionário fica obrigado a pagar taxas ao concedente pela utilização dos bens dominiais e equipamentos afetos à concessão e tem igualmente de prestar caução pelo bom cumprimento do contrato (Bases XXII e XXVI anexas ao DL 324/94), além de ficar obrigado a uma partilha equitativa do acréscimo de benefícios financeiros (art. 420.º CCP).
l) O concessionário fica sujeito a fiscalização do concedente, podendo este aplicar multas por violação do contrato. Os poderes do concedente envolvem ainda o de aprovar várias deliberações societárias do concessionário, a cessão da concessão e a oneração de bens afectos à concessão, para além dos já referidos, relativos a regulamentos e aquisição de bens (Bases XXI, XXIII, XXV e XXVIII anexas ao DL 324/94 e art. 420.º CCP).

m) Para resolução de litígios referentes à interpretação e execução do contrato de concessão podem os mesmos ser submetidos a tribunal arbitral (Base XXIX anexa ao DL 324/94).

Como se retira do regime assim descrito, estamos perante uma clássica concessão de serviço público, em que a Administração transfere a exploração de um serviço público para um privado, por um período longo, de acordo com o prazo de amortização dos investimentos a realizar pelo concessionário, cuja responsabilidade em exclusivo pela sua execução, conservação e renovação cabe ao privado, sendo remunerado exclusivamente pelos utentes do serviço. À Administração caberão poderes de fiscalização, de aplicação de sanções e de modificação da exploração por razões de interesse público, recebendo taxas, pelo menos, pelo uso de parcelas do domínio público e de equipamentos de sua propriedade que afetou à concessão (normalmente também recebe taxas ligadas ao volume de negócios da concessão, em termos a fixar no contrato). Estes poderes têm como função a garantia do interesse público e a regularidade e qualidade do serviço prestado (Base VII, anexa ao DL 324/94 e art. 429.º CCP).

Por virtude da lei de delimitação de sectores, como vimos, estamos numa atividade vedada à iniciativa económica privada, a não ser mediante o regime da concessão (Lei n.º 1/93 e Lei n.º 88-A/97). A movimentação de cargas é classificada como de interesse público por lei (artigo 3.º/1. DL 298/93). É atribuído um exclusivo ao operador e um uso privativo de bens do domínio público (Base I e XXII, anexas ao DL 324/94).

Tudo isto tem necessariamente como consequência que a concessionária se torna num colaborador da Administração, passando a estar também obrigada a prosseguir o interesse público definido pelo concedente, não podendo discriminar os utentes, devendo tratá-los de acordo com os princípios que vinculam a Administração, designadamente a imparcialidade, e obrigando-se à continuidade e regularidade do serviço.

Estamos no cerne dos chamados contratos de colaboração subordinada[87], em que o particular é chamado a colaborar na prossecução das atribuições da Administração e em que a Administração mantém certos direitos de conformação da execução do fim público. Destes se distinguem

[87] Esteves de Oliveira, *Direito Administrativo*, Vol. I, Almedina, Coimbra, 1984, pág. 651; Pedro Gonçalves, *O Contrato Administrativo – Uma Instituição do Direito Administrativo do nosso Tempo*, Almedina, Coimbra, 2003, págs. 64 e ss.

os contratos em que o particular se vê apenas na condição de usufruir de um bem público para prosseguir apenas os seus fins egoísticos (contratos de atribuição)[88], os contratos em que o particular colabora de forma paritária com a Administração (contratos de cooperação paritária)[89] ou os contratos em que o particular se encontra totalmente subordinado à vontade da Administração (contratos de subordinação)[90].

Nestes contratos de concessão de serviço público de movimentação de cargas, de acordo com o modelo legal acima descrito, o particular assume a inteira responsabilidade do financiamento da actividade, incluindo dos investimentos necessários à melhoria e atualização do estabelecimento durante o prazo da concessão, e assume inteiramente os riscos da procura.

A Administração deve responsabilizar-se por alterações supervenientes do interesse público, obrigando-se a manter o equilíbrio das prestações contratuais. Ao transferir o exercício da exploração do terminal portuário para privados também deixa de se responsabilizar pelos investimentos necessários à sua manutenção e aos necessários melhoramentos, designadamente nos equipamentos, por todo o prazo da concessão. Embora, em princípio, continue a ser responsável pela infraestrutura pública constante do estabelecimento da concessão, o que inclui os terraplenos, os cais de acostagem e as dragagens necessárias. Passa pelo contrário a receber taxas pela utilização pelo particular dos bens do domínio público e uma percentagem do volume de negócios. Em contrapartida, deverá indemnizar o concessionário, finda a concessão, pelos bens deste (pelo menos os adquiridos nos últimos dez anos da concessão que tenha autorizado), pelo seu valor contabilistico actualizado líquido de amortizações.

Em lugar algum a lei prevê obrigação de pagamentos pelo concedente ao concessionário, a não ser em casos contingentes, por incumprimento do

---

88 Pedro Gonçalves, op. cit., pág. 65.

89 Como refere Mark Kirkby "*a administração posiciona-se no contrato como cliente do particular, o qual lhe fornece a sua actividade mediante remuneração, tendo aquele, nessa medida, um objecto passível de figurar num contrato de direito privado*", in *Contratos Administrativos de Subordinação (Natureza, Funções e Limites)*, AAFDL, Lisboa, 2002, pág. 14.

90 Estes são, escreve o mesmo Autor, "... *contratos que a administração utiliza, não como um instrumento para adquirir os bens e serviços de que necessita para prosseguir as suas tarefas administrativas, mas, sim, como um verdadeiro instrumento do exercício do poder administrativo, no qual o particular não surge já como um mero prestador de serviços ou fornecedor de bens, mas na qualidade de administrado*", (ob. cit.), págs. 14 e 15.

contrato ou por intervenções unilaterais em prol do interesse público (modificações, resgate ou extinção do serviço).

Como dissemos, existem, no entanto, algumas leis especiais que preveem concessões portuárias fora do regime geral de 1993 e 1994, pelo que importa verificar se esta legislação especial contém um regime diverso e mais próximo do regime das PPP. Igualmente, desde os seus contratos originais, algumas concessões sofreram alterações que poderão ter modificado os seus termos de forma a aproximá-los ao regime das PPP. É o que veremos de seguida.

É, desde logo, o caso da concessão do Terminal de Alcântara, em Lisboa, principalmente após a sua primeira grande renegociação, autorizada pelo DL 188/2008, de 23-09[91]. Este contrato é substancialmente diverso dos restantes, não seguindo uma fórmula concessória, mas antes de *project finance*, contendo um *caso base* e uma relação muto direta entre os bancos financiadores e o concedente, que se obrigava a assumir os contratos de financiamento caso o concessionário o não pudesse continuar a fazer. O Tribunal de Contas aponta para a existência de um enorme desequilíbrio no contrato com esta renegociação de 2008, tendo o concedente assumido um risco de procura e o concessionário ficado desobrigado de pagamento de variadas taxas (dominiais e de operação) em troco da obrigação de realização de investimentos avultados, mas também recebendo uma prorrogação do prazo da concessão e a possibilidade de ver aumentada a sua TIR acionista[92].

Outro caso é o do Terminal XXI, em Sines, aprovado pelo DL 384-A/99, de 24-09, já alterado pelo DL 170/2019, de 12-08, que autorizou as

[91] Cfr. Relatório do Tribunal de Contas n.º 26/09 (concessão do Terminal de Contentores de Alcântara – adenda 2008 – Porto de Lisboa) que conclui muito negativamente para a renegociação efetuada: "*Em conclusão, o Tribunal não pode deixar de relevar que este contrato de concessão, celebrado pela APL, não consubstancia nem um bom negócio, nem um bom exemplo, para o Sector Público, em termos de boa gestão financeira e de adequada protecção dos interesses financeiros públicos* (pág. 18)". Este diploma foi alvo de variadas vicissitudes que se prolongaram no tempo: revogado pela Lei 14/2010, de 23-07, que foi declarada inconstitucional pelo Acórdão n.º 202/2014, de 03-03, do Tribunal Constitucional, repondo em vigor o diploma de 2008; superveniência de uma DIA negativa ao projeto, obrigando a substanciais alterações. Tudo fazendo com que fosse necessária uma nova renegociação do contrato, que terminou apenas em meados de 2019 (cfr. Boletim Trimestral de Concessões – 2.º Trimestre de 2019, da UTAP, págs. 8/9).

[92] Cfr. Relatório do Tribunal de Contas n.º 26/09. Na renegociação de 2019 o concedente tentou repor o equilíbrio original do contrato e corresponder a várias recomendações do Tribunal de Contas.

renegociações para a expansão do terminal[93]. Este seguiu o modelo concessório, não tendo o contrato sido feito em regime de *project finance*, pelo que, apesar de tudo, segue, no essencial, o modelo geral dos anos 90 (tanto é assim, que o DL 170/2019 ainda remete para essa regulamentação)[94].

Contratos vários em Setúbal, Lisboa, Leixões e Aveiro, vieram a consignar algumas matérias mais próprias de modelos de *project finance*, como *casos base*, referências a contratos de financiamento, assunção de algum risco de procura por parte do concedente e obrigações de reequilíbrios económicos e financeiros por diminuição da procura, que no entanto foram alvo de revisão recente no conjunto de renegociações de 2014 a 2019[95].

7. As Concessões de Movimentação de Carga e as PPP

Vistos o regime das PPP – especialmente o específico *modelo português de PPP* – e das concessões de serviço público de movimentação de carga nos portos, importa agora verificar se os dois regimes se excluem ou se se podem entrecruzar.

Não será, porém, apenas através da natureza do vínculo contratual que a resposta poderá ser encontrada: nos termos da alínea b) do n.º 4. do artigo 2.º DL 111/2012, as concessões de serviço público são um dos contratos que abstratamente são incluídos nos instrumentos de relação jurídica das relações de parceria; e nos termos da alínea a) do n.º 2. do artigo 3.º e artigos 26.º e ss. DL 298/93, a movimentação de cargas pode ser atribuída a particulares mediante, exatamente, um contrato de concessão de serviço público[96].

---

[93] Cfr. Relatório n.º 26/10 do Tribunal de Contas (auditoria ao Terminal de contentores XXI – Sines), que concluiu de forma positiva: "*O contrato encerra aspectos positivos, tais como a ausência de garantias de receita mínima para a concessionária a suportar pelo concedente, ou a flexibilidade que permite a adaptação dos investimentos às condições de mercado, evitando, assim, a antecipação de investimentos, porventura até desnecessários, com todos os inerentes custos, incluindo os financeiros, para as partes*" (pág. 15), criticando o facto de não ter sido atribuído mediante concurso, mas a verdade é que o concurso aberto ficou deserto.

[94] Remetendo igualmente para o regime geral de 1993/1994 é também a concessão de graneis líquidos à SAPEC em Setúbal (DL n.º 102/2003, de 23-05). Com regime próprio e seguindo o modelo de *project finance* temos ainda a concessão SILOPOR, em Leixões (DL 152/2006, de 03-08).

[95] Conforme conclui o Tribunal de Contas no seu Relatório n.º 07/2016.

[96] Nazaré da Costa Cabral, *As Parcerias...* (ob. Cit.), pág. 160.

Mas o regime das PPP não se aplica de imediato a toda e qualquer concessão de serviço público, como vimos, embora o seu regime tenha sido pensado tendo em vista a experiência das concessões de serviço público, eventualmente na sua versão mais anglo-saxónica de contratos em *Private Finance Iniciative* (PFI)[97], onde uma relação de parceria entre o público e o privado é mais estreita, até pela colaboração e intervenção do parceiro público nos acordos de financiamento do projeto a celebrar pelo parceiro privado com a instituição financeira e pela relação directa entre a remuneração do concessionário – responsabilidade total ou parcial da entidade pública – com o encargo do serviço da dívida assumida pelo privado e eventualmente a transferir para o concedente finda a concessão por qualquer causa[98].

Seja como for, é importante ter em atenção que a alínea a) do n.º 5 do artigo 2.º DL 111/2012 exclui logo do regime das PPP as parcerias que envolvam cumulativamente um encargo acumulado actualizado inferior a 10 milhões de euros e um investimento inferior a 25 milhões de euros. Ou seja, concessões de serviço público que fiquem aquém destes valores, apesar de, por natureza, se poderem enquadrar no conceito de PPP, ficam excluídas do seu regime, em razão do seu valor considerado irrelevante numa óptica de despesa pública.

No mesmo sentido não são considerados relevantes para a aplicação do diploma, acréscimo de encargos inferiores a 1 milhão de euros, em termos acumulados anuais (cfr. art. 20.º/2a) DL 111/2012).

Depois, é ainda importante ter em conta a natureza do parceiro público. Nos termos do n.º 2. do artigo 2.º DL 111/2012, apenas se sujeitam ao regime das PPP: a) o Estado e outras entidades públicas estaduais; b) os fundos e serviços autónomos; c) as empresas públicas (mas limitadamente para as de caracter comercial ou industrial, nos termos do art. 24.º[99]); e d) outras entidades constituídas por aquelas.

---

[97] Como assinalam Paz Ferreira / Marta Rebelo referindo-se à experiência anglo-saxónica, "*a PPP surge na sequência da project finance iniciative (PFI)*", op. cit., pág. 11.

[98] Nazaré da Costa Cabral, *As Parcerias...* (ob. cit.), págs. 91 e ss.; Maria Eduarda Azevedo, *As Parcerias....* (ob. cit.), págs. 136 e ss.

[99] Numa interpretação que deve ser feita de acordo com o conceito de "*organismo de direito publico*" tal como está previsto no artigo 2.º/2a) CCP, por as finalidades nos parecerem idênticas, ou seja, visando as "*falsas empresas*" – comparar com o art. 24.º/4 DL 111/2012. Cfr. Bernardo Azevedo, *Organismo de Direito Público. Uma categoria jurídica autónoma de direito comunitário intencionalmente aberta e flexível*, in "Estudos de Contratação Pública", Vol. III, Coimbra Editora, 2010.

No caso concreto, em que estão em causa sociedades anónimas de capitais 100% públicos – as Administrações dos Portos[100] – sabe-se como estas entidades se enquadram no conceito de empresa pública de natureza privada ou societária, tal como está hoje definido legalmente, por influência do direito europeu, no Decreto-Lei n.º 133/2013, de 03-10 (artigo 5.º/1). Por qualquer um dos requisitos legais do conceito de "*influência dominante*" pública (maioria do capital ou dos direitos de voto; maioria dos administradores ou dos membros do conselho fiscal, influência nas decisões sociais – cfr. art. 9.º DL 133/2013), as Administrações dos Portos são empresas públicas. Assim, só lhes seria aplicável o regime das PPP de forma limitada – arts. 24.º e 25.º DL 111/2012 (que as exceciona de aplicação dos capítulos I e II do regime, com exceção de algumas pequenas partes, mas continuando a aplicar-lhes os restantes capítulos, não excecionados[101]).

Fica assim como essencial o conceito material de PPP e uma análise dos seus elementos, tal como consta do n.º 1 do artigo 2.º DL 111/2012[102].

A que se deve notar o facto de se ter de tratar ainda de uma relação *duradoura*, pois só assim se pode falar de uma *colaboração em parceria* em que os dois parceiros assumem prosseguir uma actividade em conjunto[103].

Não nos dá a lei um prazo a considerar como duradouro[104], mas *a contrario* deve ser pelo menos um conceito mais amplo do que é necessário para classificar um contrato de fornecimento continuo ou de prestação de serviço como administrativo. Para esta finalidade basta que estes contratos não se esgotem numa única prestação, antes assumam uma vigência continuada, embora já forçosamente não limitada a mais de 3 anos[105].

---

[100] Cfr. DDLL 335/98 (APDL), 336/98 (APL), 337/98 (APSS), 338/98 (APS) e 339/98 (APA), todos de 03-11.

[101] Face a este regime especial, continuam a aplicar-se às empresas públicas o regime de acompanhamento, de fiscalização, transparência e publicidade, além de algumas normas relativas a equipas de projeto no lançamento da parceria, júri de procedimento em regra de não adjudicação, no procedimento de contratação da parceria.

[102] Nazaré da Costa Cabral, *As Parcerias...* (ob. cit.), págs. 150 e ss.; Maria Eduarda Azevedo, *As Parcerias....* (ob. cit.), págs. 302 e ss.

[103] Em Espanha assume mesmo o nome de *Colaboración Público-Privada* – cfr. Júlio V. González Garcia, *Colaboración Público-privada...* (ob. cit.), págs. 20 e ss.

[104] O que constava da alínea e) do n.º. 5 do artigo 2.º do DL 86/2003, em que se falava de um mínimo de três anos.

[105] Freitas do Amaral, *Direito Administrativo*, Vol. II, Almedina, Coimbra, 2001, pág. 550. Tenha-se em conta que o contrato de prestação de serviços nos termos do CCP

Só assim estamos em presença da constituição de uma relação jurídica de direito administrativo, com o particular a tornar-se colaborador na prossecução do fim público. Para as PPP é necessário mais do que isso, é forçoso que a relação se constitua de forma duradoura, por prazo proporcional, pelo menos, à amortização do investimento em causa e às necessidades do seu financiamento.

A parceria tem de ter, depois, como objetivo, a satisfação de uma necessidade coletiva[106]. O conceito de necessidade coletiva varia muito entre os vários Autores, mas este elemento incorpora o conceito material de função administrativa e de Administração Pública em sentido material[107]. Tal corresponde à ideia de colaboração ou de parceria na prossecução da função administrativa do Estado. Para que haja uma PPP é assim necessário que a colaboração incida sobre um aspecto da função administrativa.

Cabe, porém, ao legislativo e não ao administrativo definir as necessidades colectivas, essenciais ou instrumentais, a serem prosseguidas em cada momento. No DL 298/93 o legislador entendeu que a movimentação de cargas é uma necessidade colectiva, como tal qualificando-a de interesse público no artigo 3.º. Cabe depois à Administração satisfazer essa necessidade, diretamente ou por intermédio da colaboração de um particular, licenciado ou concessionado para o efeito, nos termos da lei.

Finalmente, e como elemento que se poderá considerar decisivo, exige-se que o financiamento e a responsabilidade pelo investimento e pela exploração incumbam no todo ou em parte ao parceiro privado. Trata-se do elemento mais distintivo de uma PPP e encontra-se ligado à ideia de transferência de risco e de acréscimo de eficiência na afetação dos recursos públicos[108]. É um elemento que transparece ao longo do regime das PPP. São mais de 20 as referências a repartição de risco no DL 111/2012, o que demonstra bem a sua importância.

Com isto não se pretende eliminar todo o risco do sector público, antes se pretende alocar o risco na entidade que melhor o possa e saiba gerir. Como refere o artigo 7.º DL 111/2012, o risco financeiro deve ser transferido para o

---

não deve ter mais de 3 anos, a não ser em casos devidamente fundamentados, o que põe em causa a duração longa de uma PPP a realizar por este tipo de contratos (cfr. atrt. 48.º CCP).

[106] Maria Eduarda Azevedo, *As Parcerias....* (ob. cit.), págs. 304.

[107] Rebelo de Sousa, *Lições de Direito Administrativo*, Vol. I, Lex, Lisboa, 1999, pág. 12 e 13; Freitas do Amaral, *Direito Administrativo*, Vol. I, 4.ª edição, Almedina, Coimbra, 2015, págs. 34 e ss.

[108] Maria Eduarda Azevedo, *As Parcerias....* (ob. cit.), págs. 378 e ss.

parceiro privado, com excepção do derivado de incumprimento ou modificação unilateral do contrato pelo parceiro público ou situação de força maior (cfr. alínea d)). No entanto, sendo as PPP utilizáveis em casos de serviços economicamente viáveis, mas financeiramente inviáveis, o parceiro público pode ser chamado a subvencionar o serviço mediante esquemas contratuais a definir. Será o custo social do serviço, as partes do mesmo que correspondam a obrigações de serviço público, serviços que a racionalidade do mercado levaria à sua não execução, mas que as necessidades colectivas impõem que se realize. Como acontece normalmente no serviço de transporte, para fazer face às necessidades de mobilidade das populações, também uma necessidade colectiva.

Em causa está também o cumprimento dos critérios europeus da dívida pública[109]. Tendo os Estados membros se comprometido a não ultrapassar valores apertados de dívida pública, tornou-se necessário encontrar formas alternativas de financiamento da actividade pública sem recurso ao orçamento público. As PPP foram vistas como uma possível solução[110].

Esta vertente de dívida pública justifica, pela matéria, a intervenção obrigatória do Ministro das Finanças a par do ministro do sector[111]. E é também esta preocupação que permite excluir do regime as PPP de valor reduzido, ou seja, aquelas sem repercussão sensível na dívida pública, que por isso podem prosseguir sem a intervenção do Ministério das Finanças na fase prévia e na fase de acompanhamento, bem como por maioria de razão, também devemos considerar excluídas aquelas que não exigem qualquer despesa pública, antes trazem receita para o sector público.

Ora, são exatamente exemplo deste tipo de contratos as concessões de movimentação de carga previstas no regime geral de 1993/1994 – que não exigem qualquer despesa pública, a não ser eventual e de forma contingente – por serem concessões tradicionais, em que a entidade pública contratante não assume responsabilidades de remuneração do particular,

---

[109] Neste sentido Teodora Cardoso, que aponta como primeira vantagem do recurso às PPP estas assentarem, precisamente nas *"...próprias restrições orçamentais e de endividamento que os estados actualmente enfrentam, de que são exemplos o Pacto de Estabilidade na EU..."*, *Enquadramento Orçamental das PPP*, in "Manual Prático de Parcerias Público-Privadas", 2004, Sintra, NPF, pág. 88. Igualmente Nazaré da Costa Cabral, *Enquadramento...* (ob. cit.), págs. 146 e ss.

[110] Maria Eduarda Azevedo, *As Parcerias....* (ob. cit.), págs. 380 e ss.; Nazaré da Costa Cabral, *As Parcerias...* (ob. cit.), págs. 103 e ss.

[111] Maria Eduarda Azevedo, *As Parcerias....* (ob. cit.), págs. 379.

antes recebe dele taxas pela utilização dominial e pela atribuição de direitos exclusivos de operação portuária. O particular é remunerado exclusivamente pelos utentes.

Claro que se o modelo contratual sofrer alterações substanciais, de tal forma que a remuneração do concessionário for também ou principalmente pela entidade pública, então as alterações contratuais podem passar a estar sujeitas ao regime do DL n.º 111/2012, mesmo que inicialmente o contrato não tenha sido tratado como uma PPP.

Isto evidencia que a submissão de uma concessão ao regime do DL n.º 111/2012 não decorre do tipo contratual[112], mas da relevância do contrato sobre a despesa pública, ou seja, da origem da remuneração do concessionário no orçamento público.

Tal conclusão não resulta do conceito abstrato de PPP, mas do específico modelo de PPP vigente em Portugal.

Pelo conceito abstrato não teríamos dúvidas em incluir todas as concessões de serviço público como tipos contratuais próprios de PPP, no entanto o modelo português afasta do regime das PPP as concessões que não envolvam o pagamento da remuneração do concessionário pela entidade concedente, por o modelo se basear fundamentalmente na relevância do contrato para a despesa pública, critério que justifica a intervenção do Ministério das Finanças[113].

Esta conclusão não altera o regime material do contrato, pois não esqueçamos que o regime das PPP, tal como constante do DL n.º 111/2012, não é um regime substantivo, mas antes um regime procedimental, regulando os procedimentos pré-contratuais, decisórios, concursais, de acompanhamento da execução e fiscalização, não o regime material do contrato celebrado, que continua a ser regido pelo CCP e pelos princípios de direito administrativo aplicáveis[114].

---

[112] Maria Eduarda Azevedo, *As Parcerias....* (ob. cit.), págs. 305, que refere que o direito português, à semelhança de outros ordenamentos, não se propôs criar um novo tipo de contrato de PPP.

[113] Maria Eduarda Azevedo, *As Parcerias....* (ob. cit.), págs. 447 e ss., onde fala em *metamorfose* do contrato de concessão.

[114] Idem.

8. Conclusões

De todo o exposto podem sintetizar-se as seguintes principais conclusões a que se chegou:

a) Embora se possa construir um conceito abstracto de PPP, não existe um regime jurídico universal de PPP, detendo cada ordenamento jurídico um modelo com características próprias, fruto da especificidade da evolução de cada regime jurídico;
b) O modelo português de PPP decorre do DL n.º 111/2012, do CCP e da Lei de Enquadramento Orçamental, caracterizando-se por uma preocupação prevalecente com a despesa pública, tendo na racionalização, eficiência e enquadramento orçamental da despesa pública o seu elemento mais relevante;
c) A principal consequência deste modelo português é que contém um conceito restritivo de PPP, limitado àqueles contratos que envolvam o pagamento da remuneração do particular pela entidade pública, com implicações na divida pública, justificando a intervenção do Ministério das Finanças;
d) As concessões de movimentação de carga, nos termos do seu modelo geral legal, são concessões tradicionais, em que a entidade pública contratante não assume quaisquer responsabilidades de remuneração do particular, antes recebe dele taxas pela utilização dominial e pela atribuição de direitos exclusivos de operação, sendo um modelo económica e financeiramente viável para o privado sem intervenção da entidade pública, libertando esta dos encargos com investimentos na melhoria do serviço, dos equipamentos e infra-estruturas e despesas com o pessoal;
e) O modelo português, ao afastar do regime legal das PPP as concessões que não envolvam o pagamento da remuneração do concessionário pela entidade concedente, por o modelo se basear fundamentalmente na relevância do contrato para a despesa pública, exclui as concessões de movimentação de carga nos portos, enquanto concessões tradicionais, do regime do DL n.º 111/2012, pelo menos enquanto o contrato não se afastar desse modelo.

A DELIMITAÇÃO DO RISCO COBERTO NO SEGURO DE MERCADORIAS TRANSPORTADAS

E se buscando vás mercadoria
Que produze o aurífero levante,
Canela, cravo, ardente especiaria
Ou droga salutífera e prestante;
Ou se queres luzente pedraria,
O rubi fino, o rígido diamante,
Daqui levarás tudo tão sobejo
Com que faças o fim a teu desejo

Luís de Camões, *Os Lusíadas*, II, 4

LUÍS POÇAS*

Sumário: I. INTRODUÇÃO; II. A TÉCNICA SEGURADORA E O RECORTE DA COBERTURA; II.1. Risco coberto, sinistro e objeto do seguro; II.2. Circunscrição do risco coberto; II.3. A dimensão qualitativa da delimitação material do risco; II.3.1. *Os ramos de seguros*; II.3.2. *Categorias de demarcação material*; II.3.3. *O recurso a conceitos*; II.3.4. *A modelação positiva do risco coberto*; II.3.5. *A modelação negativa do risco: as exclusões*; II.3.6. *Balanço*; II.4. A dimensão quantitativa da delimitação material do risco; II.5. As vertentes temporal e espacial da circunscrição do risco; II.6. A demarcação pessoal do risco; III. A MODELAÇÃO MATERIAL DO RISCO: O RAMO DE MERCADORIAS TRANSPORTADAS; IV. CONT.: OS CONTRATOS SUBJACENTES; IV.1. O contrato de transporte de mercadorias; IV.2. O contrato de compra

* Doutor em Direito pela Faculdade de Direito da Universidade de Lisboa (FDUL). Licenciado em Direito (FDUL) e em Sociologia (ISCTE-IUL). Diretor Jurídico, de Compliance e de Recursos Humanos da Una Seguros. Vice-Presidente da AIDA-Portugal (Associação Internacional de Direito dos Seguros). Investigador Doutorado Integrado (e membro do Conselho Científico) do DINÂMIA'CET (ISCTE-IUL).

I. Introdução

I. Um dos temas menos abordadas em Direito dos Seguros respeita à delimitação do risco coberto e às técnicas que lhe subjazem. Sendo do conhecimento geral que o contrato de seguro não cobre a totalidade dos eventos passíveis de afetarem o objeto do seguro, é matéria relevante a forma como o contrato circunscreve – mormente, nos planos material e espácio-temporal – o conjunto de eventos cuja ocorrência, consubstanciando um sinistro, faz nascer na esfera do segurador uma obrigação (pagamento de uma prestação pecuniária).

Sendo um domínio temático de inquestionável relevância, mas raramente objeto da devida atenção pela doutrina, o mesmo é também merecedor de algumas cautelas metodológicas. Com efeito, embora seja passível de ser abordado em abstrato, a sua pertinência só se evidencia em concreto, perante modalidades contratuais específicas, passíveis de análise e de extração de exemplos das referidas técnicas.

II. Um dos ramos de seguros mais fecundos, deste ponto de vista, em termos de plasticidade, diversidade de soluções e de técnicas de delimitação do risco, é o de *mercadorias transportadas*. Este conserva atualmente vários dos traços que o vêm caracterizando desde a sua origem histórica e que permitem distingui-lo claramente de outros ramos de seguros.

Como é sabido, o surgimento do contrato de seguro encontra-se associado a um período de desenvolvimento do comércio internacional e à necessidade de prevenir danos decorrentes dos ponderosos riscos que envolviam o transporte de mercadorias[1], tanto por via marítima como terrestre. Neste contexto, os mais antigos contratos de seguro (marítimo) conhecidos terão sido celebrados em Pisa (1318)[2] e Génova (1343)[3], sem prejuízo de muitos indícios documentados que permitem reconhecer o caráter corrente da prática contratual nas principais cidades italianas, na primeira metade do séc. XIV.

Quanto ao contrato de seguro de transporte terrestre, encontra-se documentada a sua celebração no séc. XIV, embora em muito reduzido número[4]. Se alguns dos primeiros casos conhecidos correspondem a riscos mistos de transporte marítimo e terreste, há exemplos notórios de contratos de seguro de transporte exclusivamente terrestre nos séculos XIV e XV, evidenciando-se, em particular, uma apólice emitida em Florença, em 1488, garantindo o transporte, de Florença para Nápoles, da coroa de D. Fernando I, rei de Nápoles[5].

Se no seguro marítimo o contrato podia cobrir tanto os danos respeitantes ao navio como às mercadorias transportadas (ou a ambos simultaneamente) – garantindo a generalidade dos *riscos de mar* – no seguro de transporte terrestre visava-se fundamentalmente a cobertura de danos nas mercadorias.

III. É este, portanto, o mote para o presente estudo, que, focando-se na circunscrição do risco seguro, considerará as especificidades do seguro de mercadorias transportadas, atenta a respetiva função, particularidades típicas e enquadramento legal. No essencial importa reter que o objeto deste seguro são coisas – mercadorias – que se deslocam no espaço, frequentemente em trajetos internacionais, e por um período de tempo limitado.

---

[1] Embora a noção de mercadorias seja do domínio comum, precise-se, desde já, que estão em causa coisas móveis suscetíveis de serem transportadas, não abrangendo o equipamento acessório do próprio transporte. Albert Badia e Felipe Arizon, *El Seguro de las Mercancías en el Transporte*, Barcelona, Marge Books, 2009, p. 23.

[2] Tratava-se de um seguro de transporte marítimo para a cidade de Cagliari, na Sardenha. Cfr. Ennio de Simone, *Breve Storia delle Assicurazioni*, 2.ª Ed., Milano, Franco Angeli, 2011, p. 16.

[3] Cfr. Antonio La Torre, *L'Assicurazione nella Storia delle Idee*, Firenze, Assicurazioni, 1995, p. 111.

[4] Ennio de Simone, *Breve Storia delle Assicurazioni*, *cit.*, pp. 21-22. Ruy de Carvalho, *Uma Breve História do Seguro – Dos Antecedentes ao Final do Século XVII*, Lisboa, Imprensa Nacional Casa da Moeda, 2016, p. 186.

[5] Ruy de Carvalho, *idem*, p. 185.

Por outro lado, a este contrato de seguro subjazem contratos de outra natureza, que o influenciam e condicionam: desde logo, um contrato de transporte e, em regra, também um contrato de compra e venda incidente sobre as mercadorias transportadas[6]. Em articulação com o principal propósito deste estudo, procuraremos não descurar a caracterização deste subtipo de contrato de seguro – analisando algumas das respetivas especificidades e o sucinto regime particular que a lei lhe dispensa – sem esquecer tais contratos subjacentes.

Verifica-se atualmente uma clara separação de regimes entre o seguro de transporte terreste, lacustre, fluvial ou aéreo – cuja regulação legal tem por fonte principal a LCS –, e o seguro de transporte marítimo de mercadorias, que, atento o disposto no n.º 2 do artigo 155.º da LCS, continua a ser regulado pelo Código Comercial de 1888 (doravante, CCom)[7]. Para evitar a dispersão da análise, tomaremos como referência o regime do seguro de transporte de mercadorias que resulta da LCS[8].

Em virtude do caráter pouco elaborado e meramente supletivo da disciplina específica que o Regime Jurídico do Contrato de Seguro (Lei do Contrato de Seguro, doravante, LCS) dispensa ao correspondente subtipo contratual de seguro – que, no quadro deste regime, assume a designação

---

[6] Esta última circunstância reflete-se, desde logo, no problema da titularidade do interesse segurável, na medida em que, por vezes, a propriedade sobre as coisas transportadas muda sucessivamente de titularidade durante o transporte. Mas reflete-se igualmente no problema da determinação do valor seguro e da sua conjugação com o princípio indemnizatório, na medida em que, como é expectável no comércio (é esse, aliás, o móbil do comerciante), o valor das mercadorias no local de destino haverá de ser superior ao do local de origem. O seguro de transporte de mercadorias comporta, assim, especificidades que, em regra, não são devidamente evidenciadas pela doutrina do Direito dos Seguros. No entanto, atento o objeto que ora nos prende, não nos dispersaremos na análise destas e de outras questões, que ficarão relegadas para momento mais oportuno.

[7] O n.º 2 do artigo 155.º remete também para lei especial a regulação do seguro de envios postais. Note-se, não obstante, que, havendo pluralidade de meios de transporte (transporte combinado ou multimodal), o regime da LCS é, por força do artigo 160.º, aplicável mesmo quando as coisas sejam transportadas predominantemente por meio marítimo. Sobre este preceito, cfr. José Alves de Brito, "Artigo 160.º – Anotação", *in* Pedro Romano Martinez *et al.*, *Lei do Contrato de Seguro – Anotada*, 3.ª Ed., Coimbra, Almedina, 2016, p. 478; e Pedro Romano Martinez, "Artigo 160.º – Comentários Complementares", *idem*, pp. 478-479.

[8] Sobre o seguro de transporte de mercadorias por via marítima, cfr. José Alves de Brito, *Seguro Marítimo de Mercadorias – Descrição e Notas ao Seu Regime Jurídico*, Coimbra, Almedina, 2006.

de *seguro de transporte de coisas* [9]–, o exercício que nos propomos efetuar ficaria, no entanto, incompleto e muito incipiente se não descesse para o patamar das modalidades contratuais concretas e do respetivo clausulado. Para tanto, foram tomadas como exemplo duas modalidades de seguro de mercadorias transportadas (que designámos por modalidade *X* e modalidade *Y*), comercializadas por duas das mais representativas empresas de seguros do mercado português[10].

IV. Em suma, tomando como mote o leque de coberturas e exclusões contratuais mais frequentes em matéria de seguro de mercadorias transportadas, o presente texto focar-se-á na problemática central da delimitação do risco seguro – sobretudo nas suas vertentes material, temporal e geográfica – aprofundando a(s) técnica(s) utilizada(s) nos seguros para tal delimitação e focando-se especialmente em exemplos do ramo de seguros de mercadorias transportadas.

II. A técnica seguradora e o recorte da cobertura

II.1. Risco coberto, sinistro e objeto do seguro

I. Dispõe o artigo 1.º da LCS que «por efeito do contrato de seguro, o segurador cobre um *risco* determinado do tomador do seguro ou de outrem, obrigando-se a realizar a prestação convencionada em caso de ocorrência do *evento aleatório* previsto no contrato, e o tomador do seguro obriga-se a pagar o prémio correspondente». Sem prejuízo de voltarmos adiante a esta disposição, uma primeira leitura da mesma remete-nos de imediato

[9] Por considerarmos mais feliz a designação do ramo de seguros em causa, referir-nos-emos doravante ao subtipo contratual em análise como *seguro de mercadorias transportadas* ou *seguro de transporte de mercadorias*.

[10] Na medida em que estão em causa exemplos de clausulado e de soluções de delimitação do risco, não vimos vantagem metodológica em identificar concretamente quais as modalidades de seguros em causa nem quais as empresas de seguros que as comercializam. Numa abordagem pouco frequente no universo jurídico, os referidos clausulados assumirão o papel de material empírico, sendo submetidos a uma singela – embora adequada aos fins de pesquisa visados – análise de conteúdo. Sobre os cânones metodológicos seguidos, cfr. Luís Poças, *Manual de Investigação em Direito – Metodologia da Preparação de Teses e Artigos Jurídicos*, Coimbra, Almedina, 2020. Sobre a análise de conteúdo, cfr. Laurence Bardin, *L'Analyse de Contenu*, Paris, Presses Universitaires de France, 1977 – trad. port., *Análise de Conteúdo*, Lisboa, Ed. 70, s.d. [DL 1995].

para duas noções de que importa dar conta: (*i*) a de risco; e (*ii*) a de sinistro (o mencionado evento aleatório).

O risco, elemento fundamental de caracterização do tipo contratual *seguro*[11] – embora possa, mesmo em Direito dos Seguros, assumir uma multiplicidade de sentidos[12] – surge indissociável da ideia de incerteza. Neste quadro, o risco qualifica os eventos de produção *possível* (situados, portanto, num eixo que tem por extremos a *impossibilidade* e a *certeza*), quer a respetiva *probabilidade*, quanto à ocorrência ou quanto ao momento desta, seja ou não passível de ser estimada com algum rigor[13]. Por outro lado, o sentido de *risco* pode surgir associado ao de *perigo* (ameaça de um resultado adverso, numa noção de risco em sentido material) ou de simples probabilidade de ocorrência de um evento futuro e incerto (risco em sentido formal)[14].

---

[11] Cfr., por exemplo, Virginia Bado Cardozo, *El Riesgo y la Reticencia en el Contrato de Seguro*, Montevideo, La Ley Uruguay, 2009, p. 6; Joaquín Garrigues, *Contrato de Seguro Terrestre*, 2.ª Ed., Madrid, s. n., 1983, p. 113; Pedro Romano Martinez, *Direito dos Seguros – Apontamentos*, Cascais, Principia, 2006, p. 57; Maurice Picard e André Besson, *Les Assurances Terrestres en Droit Français*, Tomo I, 3.ª Ed., Paris, LGDJ, 1970, pp. 33 ss.; Sergio Sotgia, "Considerazioni sulla 'descrizione del rischio' nel contratto di assicurazione", *Assicurazioni*, Ano XXXVI (1969), Parte I, p. 93; Rodrigo Uría, *Derecho Mercantil*, 13.ª Ed., Madrid, Marcial Pons, 1986, p. 584; José Vasques, *Contrato de Seguro – Notas Para Uma Teoria Geral*, Coimbra, Coimbra Ed., 1999, pp. 127 ss.

[12] Com efeito, o termo pode designar o evento de que depende a prestação do segurador (*risco de incapacidade*, p. ex.); a respetiva causa (*risco de acidente* ou *de incêndio*, p. ex.); o objeto do seguro (*riscos industriais*, p. ex.); a probabilidade de ocorrência desse evento (*baixo risco*, *risco simples* ou *risco agravado*, p. ex.); a possível dimensão do sinistro (*seguro de grandes riscos*, p. ex.) ou o objeto da garantia do segurador (p. ex., "exclusão de risco") – cfr., p. ex., Bernard Beignier, *Droit du Contrat d'Assurance*, Paris, PUF, 1999, p. 87; Fritz Herrmannsdorfer, *Das Versicherungswesen*, Berlin, J. Springer, 1928 – trad. espanhola, *Seguros Privados*, Barcelona, Labor, 1933, p. 15; e Yvonne Lambert-Faivre, *Droit des Assurances*, 11.ª Ed., Paris, Dalloz, 2001, pp. 239 ss.

[13] Atendendo à necessidade de domínio do risco pelo segurador, bem como à base técnico-atuarial, estatística e prudencial que norteia a sua atividade e que a afasta da especulação, os riscos seguráveis são, em regra, passíveis de avaliação probabilística e objeto de outras técnicas de mitigação da incerteza. Cfr. Luís Poças, "Aproximação económica à declaração do risco no contrato de seguro", *in* Luís Poças, *Problemas e Soluções de Direito dos Seguros*, Coimbra, Almedina, 2019, pp. 44 ss.

[14] Sobre a distinção, cfr. Luís Poças, "Os seguros de capitalização", *in* Luís Poças, *Estudos de Direito dos Seguros*, Porto, Almeida & Leitão, 2008, pp. 79 ss. Sobre a noção de risco, cfr., desenvolvidamente, Luís Poças, *O Dever de Declaração Inicial do Risco no Contrato de Seguro*, Coimbra, Almedina, 2013, pp. 86 ss. Cfr. igualmente, por exemplo, Luiza Moreira Petersen, *O Risco no Contrato de Seguro*, São Paulo, Roncarati, 2018, pp. 72 ss.

De harmonia com o disposto no artigo 1.º da LCS, a noção de sinistro é-nos dada pelo artigo 99.º da LCS. Aí se refere que «o sinistro corresponde à verificação, total ou parcial, do evento que desencadeia o acionamento da cobertura do risco prevista no contrato». O sinistro é, portanto, a verificação – ocorrência concreta – do risco coberto ou, na expressão de Arnaldo Pinheiro Torres, «a realização do risco previsto no contrato»[15]. Por vezes, o termo *sinistro*, de significado fluido, é indistintamente reportado à causa (por exemplo, um incêndio) e à consequência (bem destruído pelo fogo). Haverá, porém, que distinguir o evento danoso, que corresponde ao sinistro propriamente dito (no exemplo referido, o incêndio), do dano consequente (o bem destruído)[16].

As duas noções dão bem a ideia da relação entre o risco coberto e o sinistro. O risco coberto corresponde ao leque de eventos, abstratamente definido no contrato e de ocorrência futura e incerta, que, vindo a verifi-

---

[15] Arnaldo Pinheiro Torres, *Ensaio Sobre o Contrato de Seguro*, Porto, Tipografia Sequeira, 1939, p. 133. Sobre a noção de sinistro, cfr., por exemplo, entre a doutrina nacional, António Menezes Cordeiro, *Direito dos Seguros*, Coimbra, Almedina, 2013, pp. 523-524; Maria Inês Oliveira Martins, *Contrato de Seguro e Conduta dos Sujeitos Ligados ao Risco*, Coimbra, Almedina, 2018, pp. 49-59; José Vasques, *Contrato de Seguro – Notas Para Uma Teoria Geral*, *cit.*, pp. 285 ss.

[16] A distinção encontra dificuldades mais sérias noutros ramos de seguros. Assim, por exemplo, nos seguros de vida em caso de morte, esta corresponde simultaneamente ao sinistro (abstraindo-se da respetiva causa) e ao "dano". No Ramo "Doença", a *consulta médica* corresponde ao sinistro, e o respetivo *custo* ao dano (a tentação de qualificar a doença como sinistro esbarraria na circunstância de algumas consultas, no quadro da medicina preventiva, não pressuporem a existência de uma doença, caso em que a prestação do segurador careceria do pressuposto da ocorrência de um sinistro). Também os seguros de responsabilidade civil apresentam especificidades não despiciendas – em síntese, José Vasques, *Contrato de Seguro – Notas Para Uma Teoria Geral*, *cit.*, pp. 285-286. Defendendo uma noção fluida e moldável de sinistro face às dificuldades suscitadas por uma noção rígida, Maria Inês Oliveira Martins, *Contrato de Seguro e Conduta dos Sujeitos Ligados ao Risco*, *cit.*, pp. 49 ss. Nos seguros de responsabilidade civil de base reclamação (*claims made*), por razões de ordem prática, na impossibilidade de determinação do momento em que se produz o sinistro, ou nos casos em que este se produz duradouramente no tempo, convenciona-se que o sinistro se dá por ocorrido no momento da reclamação. Esta circunstância é inócua, do nosso ponto de vista, à noção de sinistro, prendendo-se apenas com a definição do critério de determinação do *momento* da sua ocorrência. Discutindo a noção de sinistro em função dos seguros *claims made*, cfr. Patrícia Assunção Soares, *Os Seguros de Responsabilidade Civil de Base Reclamação (*Claims Made*) e os Desafios da Sua Aplicação: O Caso da Responsabilidade Ambiental* – Dissertação de Mestrado, Lisboa, Faculdade de Direito da Universidade Nova de Lisboa, 2019, pp. 50-54 (polic.).

car-se, faz vencer a prestação garantida pelo segurador. O sinistro, por seu turno, corresponde à ocorrência concreta e factual do risco coberto, na sequência da qual se vence a referida prestação.

Neste contexto, o sinistro só se verifica dentro do recorte do risco coberto, pelo que não há margem conceptual para a configuração de um sinistro não garantido. Fora dos limites do risco coberto, pode haver a expectativa (mero estado subjetivo) do segurado de que um evento seja qualificável como sinistro, mas não há objetivamente sinistro.

II. O risco é frequentemente entrevisto como o objeto do contrato de seguro[17]. Ora, o *objeto* do negócio jurídico (*objeto material*, objeto *stricto sensu*, ou, na terminologia tradicional, *objeto mediato*), constitui o *quid* sobre que recai a disciplina do negócio, ou seja, uma ou várias coisas, corpóreas ou incorpóreas, prestações ou pessoas. Ora, se nas obrigações *de dare* o objeto imediato, ou conteúdo do negócio (entrega), se distingue facilmente do objeto mediato (a coisa que se entrega), nas prestações *de facere*, por exemplo, distinção é menos clara[18] [19].

No contrato de seguro não há, em rigor, uma transferência do risco, do segurado para o segurador, mas uma transferência dos efeitos económicos do risco, que, em virtude do contrato, passam a repercutir-se na esfera do segurador. Assim, o objeto do contrato situa-se, não no risco, mas no meio de eliminação contratual dos seus efeitos sobre a esfera patrimonial do segurado, através da prestação – de *dare* ou de *facere* – convencionada (pagamento de um valor pecuniário).

Embora seja este, do nosso ponto de vista, o objeto do seguro, é indiscutível que o risco, como elemento fundamental deste contrato, se reflete no respetivo objeto. Com efeito, estando a prestação do segurador sujeita à condição suspensiva de ocorrência do sinistro, a relevância do risco reflete-se nesse objeto, condicionando-o.

---

[17] Cfr., p. ex., Yvonne Lambert-Faivre, *Droit des Assurances*, *cit.*, pp. 240-241; Miguel Ruiz Muñoz, *La Nulidad Parcial del Contrato y la Defensa de los Consumidores*, Valladolid, Lex Nova, 1993, p. 217, n. 8; Sergio Sotgia, "Considerazioni sulla 'descrizione del rischio' nel contratto di assicurazione", *cit.*, p. 93. Entre nós, cfr., p. ex., Pedro Romano Martinez, *Direito dos Seguros – Apontamentos*, *cit.*, p. 57; e Luiz Cunha Gonçalves, *Comentário ao Código Comercial Português*, Vol. II, Lisboa, Ed. José Bastos, 1916, p. 526.

[18] Jorge Ribeiro de Faria, *Direito das Obrigações*, Vol. I, Coimbra, Almedina, 1990 (Reimpr., 2001), p. 63.

[19] Sobre a natureza da prestação do segurador, cfr. Luís Poças, *O Dever de Declaração Inicial do Risco no Contrato de Seguro*, *cit.*, pp. 96 ss.

II.2. Circunscrição do risco coberto

I. Como resulta da transcrita disposição do artigo 1.º da LCS – referências a risco *determinado* e a evento aleatório *previsto no contrato* –, a cobertura de riscos proporcionada pelo seguro tem um âmbito delimitado. Essa delimitação é, de algum modo, um elemento caracterizador do risco segurável.

Com efeito, o segurador não está, nem poderia estar, na disposição de cobrir a verificação de todos e quaisquer eventos que pudessem afetar o património do segurado[20]. A extensão de uma tal cobertura do risco, para além de fugir ao controlo do segurador – isto é, à possibilidade de aferição estatística da probabilidade de ocorrência do sinistro e da potencial gravidade das suas consequências – implicaria, se tal aferição fosse exequível, um prémio num montante que o tomador do seguro não estaria em condições de suportar[21].

Desta forma, verifica-se uma delimitação contratual do âmbito dos riscos garantidos, bem como da parcela da esfera patrimonial do segurado que fica contratualmente coberta (identificação, genérica ou específica, dos bens seguros e do respetivo valor). Assim, o risco contratualmente coberto, isto é, o leque de eventos cuja ocorrência, lesiva do património do segurado, provoca o vencimento da prestação indemnizatória do segurador – ou, por outras palavras, o leque de possíveis *sinistros* –, é, por natureza, circunscrito.

II. A referida circunscrição, ou delimitação, assenta, em parte, na lei, mas, sobretudo, no clausulado contratual formalizado na apólice de seguro. Em causa estão as disposições contratuais que podem designar-se por *cláusulas delimitadoras do risco*, e que têm por fim circunscrever o objeto do contrato[22]. Com a exceção de alguns seguros de grandes riscos, essa regu-

---

[20] Abel Veiga Copo, *Condiciones en el Contrato de Seguro*, 2.ª Ed., Granada, Ed. Comares, 2008, pp. 303 ss.

[21] Com efeito, a grandeza do prémio é proporcional à dimensão do risco coberto, como resulta do n.º 2 do artigo 52.º da LCS: «na falta ou insuficiência de determinação do prémio pelas partes, atende-se a que *o prémio deve ser adequado e proporcionado aos riscos a cobrir pelo segurador* e calculado no respeito dos princípios da técnica seguradora, sem prejuízo de eventuais especificidades de certas categorias de seguros *e de circunstâncias concretas dos riscos assumidos*».

[22] Victoria Petit Lavall define as *cláusulas delimitadoras do risco seguro* como «aquelas que contratualmente delimitam o risco objeto de cobertura desde várias perspetivas: material (eventos que estão seguros ou descrição do facto que origina a obrigação indemnizatória), quantitativa (quantia em que se avalia ou cobre o evento ou montante da

lação é estabelecida por cláusulas contratuais gerais pré-elaboradas pelo segurador.

Quanto a estas, cumpre distinguir as chamadas *condições gerais*, aplicáveis a todos os contratos do ramo ou modalidade subscrita pelo tomador do seguro, das *condições especiais*, atinentes apenas às coberturas complementares facultativas e/ou à submodalidade contratada. As condições especiais acrescem às gerais, complementando-as, mas, na medida em que regulam apenas aspetos específicos do contrato, não as substituem.

Às condições gerais (e, eventualmente, especiais), uniformemente aplicáveis a uma generalidade de contratos, acrescem necessariamente as *condições particulares* (n.º 1 do artigo 37.º da LCS), que determinam os elementos do contrato concreto, especificando a identidade das partes, o objeto seguro e todos os aspetos indispensáveis à concretização da relação entre as partes[23].

Ora, a circunscrição do risco, isto é, a determinação das coberturas garantidas pelo segurador, é normalmente efetuada nas cláusulas que constituem as condições gerais e especiais, sem prejuízo de as mesmas serem derrogáveis por convenção em contrário especificamente acordada, e formalizada nas condições particulares (artigo 7.º do Decreto-Lei n.º 446/85, de 25 de outubro – Lei das Cláusulas Contratuais Gerais, doravante LCCG).

O recurso do segurador às cláusulas contratuais gerais, consubstanciadas nas condições gerais e especiais, justifica-se, não só pelo caráter massificado da contratação, mas também por o seguro incidir sobre matérias de alguma complexidade jurídica, o que inviabilizaria que a disciplina de cada

---

indemnização a satisfazer em caso de produção do sinistro), temporal (período durante o qual os eventos estão seguros ou delimitação temporal da cobertura), espacial (âmbito geográfico da cobertura) e pessoal (delimitação pessoal do possível universo de terceiros lesados)» – María Victoria Petit Lavall, "Las cláusulas limitativas y delimitadoras del riesgo en el seguro de transporte de mercancías por carretera", *in* Alberto Emparanza Sobejano e José Manuel Martín Osante (Dirs.), *Seguros de Transporte Terrestre de Mercancías: Situación Jurídica Actual y Perspectivas de Futuro*, Madrid, Marcial Pons, 2013, p. 91 (trad. nossa). No presente texto abstrairemos da delimitação pessoal ou subjetiva, importante nos seguros de pessoas ou nos de responsabilidade civil, mas que, como bem se compreende, carece de relevância no seguro de mercadorias transportadas.

[23] Diversamente do que se afirma em Ana Serra Calmeiro, *Das Cláusulas Abusivas no Contrato de Seguro*, Coimbra, Almedina, 2014, p. 16, as condições particulares são imprescindíveis. Tanto os seguros cujo clausulado é livremente predisposto pelo segurador como aqueles que obedecem a clausulado uniforme estabelecido pela Autoridade de Supervisão de Seguros e Fundos de Pensões (ASF) requerem, para se operacionalizar a sua contratação, a individualização do caso nas condições particulares.

contrato fosse individualmente definida[24]. Acresce que é da delimitação do risco seguro que resulta a determinação da tarifa aplicável. Desta forma, a uniformização tarifária dos prémios, indispensável à gestão mutualizada dos riscos assumidos pelo segurador, requer também a uniformização das cláusulas aplicáveis.

III. A jurisprudência espanhola, segundo critérios nem sempre lineares e frequentemente controversos, distingue as *cláusulas delimitadoras do risco* das *limitativas dos direitos dos segurados*, para as quais o artigo 3.º da LCS espanhola estabelece requisitos especiais (apresentação formal destacada e aceitação específica, por escrito, pelos segurados)[25].

A referida distinção carece de relevância legal e prática em Portugal, onde a LCS valora especialmente as próprias cláusulas delimitadoras do risco. Com efeito, importa atender, entre nós, ao disposto na alínea b) do n.º 3 do artigo 37.º da LCS, segundo a qual, as cláusulas da apólice que estabeleçam o *âmbito das coberturas, designadamente a sua exclusão ou limitação*, devem ser escritas em caracteres destacados (formato de estilo **negrito**) e de maior dimensão do que os restantes[26].

Embora o teor do preceito não seja totalmente transparente, o mesmo deverá abranger todas as cláusulas de delimitação, positiva ou negativa («âmbito») das coberturas, na medida em que a respetiva circunscrição – designadamente, a material – se dá, como melhor veremos, tanto por via da abrangência conceptual (delimitação positiva), como por via da identi-

---

[24] Heinrich Ewald Hörster, *A Parte Geral do Código Civil Português – Teoria Geral do Direito Civil*, Coimbra, Almedina, 1992, p. 469.

[25] Sobre a problemática, cfr. María Victoria Petit Lavall, "Las cláusulas limitativas y delimitadoras del riesgo en el seguro de transporte de mercancías por carretera", *cit.*, pp. 98 ss.; Fernando Sánchez Calero, "Artículo 3. Condiciones generales – Comentario", *in* Fernando Sánchez Calero (Dir.), *Ley de Contrato de Seguro – Comentarios a la Ley 50/1980, de 8 Octubre, y a Sus Modificaciones*, 4.ª Ed., Cizur Menor, Aranzadi, 2010, pp. 134 ss.; e Abel Veiga Copo, *Condiciones en el Contrato de Seguro*, *cit.*, pp. 314 ss. e, sobretudo, 336 ss. Como nota este autor, as cláusulas delimitadoras do risco são anteriores ao próprio contrato concreto e, portanto, ao nascimento de direitos e obrigações dele emergentes – *idem*, pp. 325-326.

[26] A *ratio* do n.º 3 do artigo 37.º consiste na necessidade de alertar especialmente o tomador do seguro para cláusulas de maior relevância na definição dos direitos e deveres *que resultam do contrato* – Luís Poças, *O Dever de Declaração Inicial do Risco no Contrato de Seguro*, *cit.*, p. 455. O âmbito do risco coberto e as exclusões e limitações de cobertura são também, aliás, objeto dos deveres pré-contratuais de informação que incidem sobre o segurador, nos termos das alíneas b) e c) do artigo 18.º da LCS.

ficação de exclusões (delimitação negativa). Aliás, a ressalva «*designadamente*, a sua exclusão ou limitação» suporta precisamente esta interpretação.

IV. O perímetro da cobertura – ou âmbito do contrato[27] – é demarcado em várias vertentes, que analisaremos adiante. Desde logo, a vertente material, onde identificaremos uma dimensão qualitativa (atinente aos riscos cobertos) e outra quantitativa (respeitante aos bens ou interesses seguros e respetivo valor ou limite de capital seguro). Por outro lado, a vertente temporal (circunscrição cronológica do início e do fim da cobertura), a espacial (limites territoriais da cobertura) e a pessoal (sujeitos sobre os quais incide o risco coberto ou que potencialmente beneficiam da prestação do segurador)[28].

Passemos, por ora, a um primeiro patamar de delimitação material do risco.

II.3. A dimensão qualitativa da delimitação material do risco

II.3.1. *Os ramos de seguros*

I. Quanto à vertente material, a mesma assume os contornos mais complexos, sobretudo na sua dimensão qualitativa. Trata-se aqui de definir, de acordo com diferentes técnicas, categorias de eventos que o segurador cobre (ou não cobre) no âmbito do contrato de seguro. Como melhor veremos, essa definição resulta do recurso a conceitos, tão objetivos e precisos quanto possível (para salvaguarda da posição de ambas as partes) e formalizados no clausulado contratual.

A delimitação material do risco obedece, assim, a um recorte conceptual. Do universo indistinto de todos os possíveis riscos (eventos abstratamente passíveis de configurarem *sinistros* no contexto do contrato de seguro), apenas alguns são contratualmente garantidos. Esse recorte conceptual dá-se em vários planos.

II. Um primeiro plano de delimitação conceptual decorre da classificação da atividade seguradora por ramos de seguros, requerendo-se que,

---

[27] José Vasques, *Contrato de Seguro – Notas Para Uma Teoria Geral*, *cit.*, pp. 97-98.

[28] Encontramos, por exemplo, em Abel Veiga Copo uma semelhante tipologia de cláusulas delimitadoras do risco: delimitação objetiva, subjetiva, temporal, quantitativa e espacial ou geográfica. Abel Veiga Copo, *Condiciones en el Contrato de Seguro*, *cit.*, pp. 344 ss.

para o exercício dessa atividade, cada segurador esteja autorizado a explorar os ramos pretendidos. Com efeito, a autorização inicial da empresa de seguros é concedida ramo a ramo, como resulta do n.º 4 do artigo 48.º do Regime Jurídico de Acesso e Exercício da Atividade Seguradora e Resseguradora (doravante, RJASR), aprovado pela Lei n.º 147/2015, de 9 de setembro. Assim, no domínio da regulação do Direito institucional de seguros, enquanto o ramo Vida compreende as modalidades elencadas no artigo 9.º do RJASR, os ramos Não-Vida estão listados no artigo 8.º do mesmo Regime.

Por outro lado, o artigo 10.º do RJASR estabelece um princípio de *exclusividade*, ou de segmentação dos riscos, no sentido de que, sem prejuízo dos desvios estabelecidos no artigo 11.º do mesmo Regime, não podem ser classificados num outro ramo os riscos compreendidos em cada um dos ramos elencados nos artigos 8.º e 9.º.

Ora, a definição de cada ramo comporta já elementos e referências conceptuais que circunscrevem o âmbito dos riscos passíveis de serem suportados pelo segurador na exploração desse ramo. A definição de cada ramo constitui, assim, um primeiro patamar conceptual de delimitação do risco, ao qual haverá de subordinar-se o clausulado contratual, a estabelecer uma delimitação mais fina. Desta subordinação dá nota o n.º 1 do artigo 45.º da LCS, ao estabelecer que as condições especiais e particulares não podem modificar a natureza dos riscos cobertos tendo em conta o tipo de contrato de seguro celebrado.

Veremos mais adiante, em concreto, como opera a circunscrição do risco por efeito da definição do ramo de mercadorias transportadas. Importa, porém, nesta fase, passarmos ao plano seguinte da dimensão qualitativa de delimitação material do risco seguro, o qual, estando subordinado aos limites materiais do ramo em causa, repousa já no clausulado contratual, sendo desenhada pelo respetivo predisponente, o segurador. Antes disso, no entanto, cumpre aclarar noções.

II.3.2. *Categorias de demarcação material*

I. Um dos planos mais evidentes da delimitação material do risco coberto resulta da concretização dos bens ou interesses concretamente seguros. Assim, num seguro de coisas – como é o caso do seguro de mercadorias transportadas – a concretização da natureza, tipo, características das mercadorias, especificando o objeto seguro, é indispensável à realização do contrato.

Para além deste plano, no entanto, um outro, mais fecundo, se divisa: o da própria definição conceptual do âmbito da cobertura. É para esse plano que dirigiremos de seguida a nossa atenção.

II. Relativamente à dimensão qualitativa da delimitação material do risco, alguma literatura recorre à expressão *delimitação causal* do risco coberto[29]. A designação sugere que esta vertente da delimitação do risco opera (apenas) relativamente às causas do sinistro. Porém, trata-se, do nosso ponto de vista, de uma perspetiva redutora, já que a dimensão qualitativa da delimitação material do risco não atua apenas em função das *causas* do sinistro, mas igualmente das *circunstâncias* que o caracterizam[30] ou das suas *consequências* (dano).

Podemos avançar, desde já, com um exemplo concreto – que espelha também as dificuldades que a matéria suscita –, recorrendo, para o efeito, ao seguro obrigatório de incêndio[31]. A cobertura de *incêndio* é definida como *a combustão acidental, com desenvolvimento de chamas, estranha a uma fonte normal de fogo, ainda que nesta possa ter origem, e que se pode propagar pelos seus próprios meios*[32], que cause danos nos bens seguros. Trata-se de uma delimitação de cobertura – adiante, designá-la-emos como delimitação *positiva* (isto é, por inclusão) do risco coberto – que é equacionada em função da *causa do sinistro* (no caso, o incêndio ou fogo)[33].

---

[29] Cfr., por exemplo, Francisco Guerra da Mota, *O Contrato de Seguro Terrestre*, Porto, Athena, s.d., pp. 575 ss.; Ana Serra Calmeiro, *Das Cláusulas Abusivas no Contrato de Seguro*, *cit.*, pp. 20 ss. e 24 ss.

[30] Incluímos aqui as condutas do tomador do seguro ou do segurado tendentes a influenciar o sinistro, mormente a prática de ato doloso. Discutindo a natureza jurídica da previsão de causação dolosa do sinistro, Maria Inês Oliveira Martins, *Contrato de Seguro e Conduta dos Sujeitos Ligados ao Risco*, *cit.*, pp. 339 ss. Do nosso ponto de vista, à determinação dessa natureza não deverá ser estranho o teor da previsão – legal ou contratual – em que se fundam as respetivas consequências, que são, em qualquer caso, as mesmas: o segurador não fica obrigado a efetuar a sua prestação por sinistro. Assim, se alguns preceitos legais (artigos 46.º e 192.º da LCS, por exemplo) apontam para uma qualificação como *pressuposto negativo da prestação*, outros (artigos 148.º e 191.º da LCS, por exemplo), bem como o clausulado contratual, em geral, orientam-se para uma qualificação como *exclusão de cobertura*.

[31] Cfr. a Norma Regulamentar n.º 16/2008-R, de 18 de dezembro, da ASF, que aprova a parte uniforme das condições gerais, e das condições especiais uniformes, da apólice de seguro obrigatório de incêndio (doravante, ASOI).

[32] Cfr. alínea f) da cláusula 1.ª da ASOI.

[33] Nalguns casos, a delimitação da cobertura em função da causa pode suscitar dúvidas. Assim, por exemplo, relativamente à cobertura (ou exclusão, consoante o caso)

Porém, a cobertura deste risco não abrange – porque se verifica uma delimitação *negativa* (ou exclusão) de cobertura[34] – o *incêndio decorrente de fenómenos sísmicos, tremores de terra, terramotos e erupções vulcânicas, maremotos ou fogo subterrâneo*. Neste caso, esta delimitação (negativa) do risco não atende já à causa do sinistro, que continua a ser o incêndio, mas a *circunstâncias caracterizadoras* do mesmo (o facto de o incêndio surgir associado a um fenómeno sísmico).

Finalmente, de novo em sede de delimitação positiva do risco, este abrange *as remoções ou destruições executadas por ordem da autoridade competente ou praticadas com o fim de salvamento*[35]. Ora, esta delimitação positiva da cobertura opera, não já propriamente no quadrante das causas do sinistro (o incêndio) ou das circunstâncias que o caracterizam, mas das *consequências* (o dano produzido, consistente na destruição ou remoção). Outra delimitação (desta feita, negativa) do risco em função das *consequências* do sinistro (dano produzido) consiste na exclusão de *lucros cessantes ou perda semelhante*[36].

Desta forma, a delimitação material qualitativa do risco coberto não opera apenas em função das causas do potencial sinistro, mas também das suas circunstâncias ou consequências. Por outro lado, deixámos já uma primeira ideia da diferença (e da relação) entre o recorte positivo e negativo do risco.

II.3.3. *O recurso a conceitos*

I. A delimitação – positiva e negativa – do risco estabelece, por recurso a conceitos, o universo de fenómenos cuja ocorrência está contratualmente garantida. Verificando-se, portanto, um de tais fenómenos (sinistro), enquadrável na definição do conceito em que assenta a delimitação do risco, e

---

de riscos de guerra, poderá haver sinistros em que a guerra seja um fator condicionante, que induz à ocorrência do evento danoso, mas que – diversamente de casos mais claros, como aqueles em que o dano se produz por efeito de um bombardeamento – não constitui propriamente a causa direta do mesmo. Cfr. alguns exemplos controversos em José Carlos Moitinho de Almeida, *O Contrato de Seguro no Direito Português e Comparado*, Lisboa, Livraria Sá da Costa, 1971, pp. 202 ss.

[34] Cfr. alínea f) da cláusula 3.ª da ASOI.

[35] Cfr. n.º 2 da cláusula 2.ª da ASOI.

[36] Cfr. alínea h) da cláusula 3.ª da ASOI.

causando o mesmo danos nos bens seguros, o segurador deverá efetuar a sua prestação indemnizatória, pagando ao segurado o valor dos danos nos termos contratados.

O termo *conceito* provém do latim *conceptus*, significando "conter de forma integral", "abarcar", "reunir em si". O conceito é uma representação mental, uma ideia abstrata ou um juízo de âmbito universal, formulado através de termos. Cada um destes, por seu turno, comporta um significado traduzível numa definição. A definição é, assim, um enunciado que explica o significado de cada termo e o sentido e alcance do próprio conceito.

O conceito geral e abstrato corresponde a uma construção mental, por indução, que evidencia uma síntese das características comuns aos fenómenos nele compreendidos, abstraindo das características específicas de cada um deles. Por seu turno, o conceito opera através de uma definição e da verificação, no fenómeno concreto, da presença dos elementos que compõem essa definição (elementos definitórios do conceito, que permitem distingui-lo de outros conceitos).

Como nota a doutrina, os conceitos definitórios têm caráter rígido e fechado, obrigando à verificação de um número fixo de notas para haver um juízo de inclusão[37]. Assim, na subsunção ao conceito classificatório haverá que verificar se todos os elementos em que o conceito se decompõe estão presentes no caso concreto (análise comparativa do conceito com o concreto)[38].

II. Concretizando com um exemplo, transcrevemos já acima a definição de incêndio que consta da alínea f) da cláusula 1.ª da ASOI e que está vocacionada precisamente para a clarificação dos limites do risco coberto. Tratando-se de um conceito com um significado do domínio comum, que apela para a experiência da vida corrente, o contrato de seguro poderia – até pela inviabilidade prática de definir todos os conceitos a que recorresse – não ter apresentado uma definição de *incêndio*.

O termo remeter-nos-ia de imediato para a ideia de *fogo*, podendo ser definido como «fogo grande que abrasa edifícios, matas, searas,

[37] Segundo Pais Vasconcelos, «a definição só é necessária quando é preciso estabelecer limites exatos, claros e firmes para um conceito, quando se pretende criar condições para uma subsunção que não deixe lugar para dúvidas, quando interessa possibilitar um juízo binário de sim ou não» – Pedro Pais de Vasconcelos, *Contratos Atípicos*, Coimbra, Almedina, 1995, p. 86.

[38] Rui Pinto Duarte, *Tipicidade e Atipicidade dos Contratos*, Coimbra, Almedina, 2000, p. 99.

navios»[39]; «fogo que lavra com intensidade»[40]; ou «ocorrência de fogo não controlado»[41]. No entanto, estas definições, mais imprecisas e ambíguas, deixariam por clarificar a abrangência de várias situações cuja inclusão (ou não) a definição da ASOI visa clarificar.

Permanecendo no mesmo exemplo, a ASOI fornece-nos também, com o mesmo propósito, uma definição de *ação mecânica de queda de raio* – entendida como «a descarga atmosférica ocorrida entre a nuvem e o solo, consistindo em um ou mais impulsos de corrente que conferem ao fenómeno uma luminosidade característica (raio) e que provoque deformações mecânicas permanentes nos bens seguros»[42] – e outra de *explosão* (a «ação súbita e violenta da pressão ou depressão de gás ou de vapor»)[43].

III. Os conceitos a que o segurador recorre para delimitação material do risco são, por norma, burilados e aperfeiçoados ao longo do tempo. Esse aperfeiçoamento resulta, em regra, da experiência de sinistralidade e contencioso do próprio segurador. Assim, se a formulação inicial de uma cláusula de cobertura vem a revelar fragilidades, porque não afastou do seu âmbito determinadas categorias de sinistros que o segurador pretendia descartar, ou porque a sua interpretação suscitou um litígio (e, eventualmente, uma condenação do segurador), este apressar-se-á a aperfeiçoá-la, ou a estabelecer uma exclusão que a complemente.

Outras circunstâncias que levam ao aperfeiçoamento do clausulado resultam, ou de iniciativa do ressegurador – que, alterando o teor das cláusulas dos tratados de resseguro, influencia, desta forma, a própria alteração do clausulado do seguro –, ou de um efeito mimético de reprodução de soluções adotadas por outros seguradores.

II.3.4. *A modelação positiva do risco coberto*

I. O recorte positivo do risco coberto, que opera por recurso a conceitos e em função, como vimos, das causas, das circunstâncias ou das con-

[39] Francisco de Almeida e Henrique Brunswick, *Dicionário Ilustrado da Língua Portuguesa*, Lisboa, Francisco Pastor, 1898, p. 1025.

[40] J. Almeida Costa e A. Sampaio e Melo, *Dicionário da Língua Portuguesa*, 8.ª Ed., Porto, Porto Editora, 1999, p. 913.

[41] https://pt.wikipedia.org/wiki/Incêndio (consult. 01/04/2020).

[42] Cfr. alínea g) da cláusula 1.ª da ASOI.

[43] Cfr. alínea h) da cláusula 1.ª da ASOI.

sequências do sinistro, indica-nos o que *está incluído* (e, *a contrario*, o que *não está* incluído) no âmbito da cobertura.

Para além da definição da cobertura, poderá o clausulado conter informação complementar que clarifique domínios da cobertura não imediatamente apreensíveis, ou não diretamente decorrentes da definição, os quais, perante o sinistro concreto, deixariam dúvidas interpretativas e fomentariam, portanto, escusadamente, o litígio.

Permanecendo no exemplo acima, o n.º 2 da cláusula 2.ª da ASOI esclarece que o contrato garante também «os danos causados no bem seguro em consequência dos meios empregados para combater o incêndio, assim como os danos derivados de calor, fumo, vapor ou explosão em consequência do incêndio e ainda remoções ou destruições executadas por ordem da autoridade competente ou praticadas com o fim de salvamento, se o forem em razão do incêndio ou de qualquer dos factos anteriormente previstos». Trata-se de uma redação que visa clarificar e precisar com maior rigor o perímetro da cobertura.

II. De algum modo, poder-se-á compreender a delimitação positiva do risco por aproximação à ideia de *regra*: a formulação de uma cláusula que, por remissão para conceitos, define a norma de inclusão de fenómenos ou eventos na esfera de risco coberta pelo segurador. Os fenómenos ou eventos que não preencham os requisitos de inclusão nessa regra, estarão, consequentemente, fora da esfera da cobertura do risco seguro.

Apelando para a *teoria de conjuntos* – ramo da matemática que tem por objeto os conjuntos (entendidos como grupos de elementos) – o recorte positivo do risco consiste na definição do *conjunto de elementos que constituem potenciais sinistros*, isto é, cuja ocorrência faz nascer uma obrigação a cargo do segurador (a de pagamento da prestação pecuniária indemnizatória ou de capital).

III. Ao nível da delimitação positiva do risco coberto, pode identificar-se uma técnica de verificação pouco frequente, que expressa um princípio de *universalidade do risco*, e que se traduz na expressão *todos os riscos*, segundo a qual o contrato cobre a ocorrência de quaisquer eventos não expressamente excluídos. Trata-se de uma técnica tradicional em seguro marítimo, que encontramos, portanto, no artigo 604.º do CCom. No corpo do texto do preceito estabelece-se precisamente que «são a cargo do segurador, salvo estipulação contrária, todas as perdas e danos que aconteceram durante o tempo dos riscos aos objetos segurados por borrasca, naufrágio, varação, abalroação, mudança forçada de rota, de viagem ou de navio, por alijamento, incêndio, violência injusta, explosão, inundação, pilhagem, quarentena superveniente, *e, em geral, por todas as demais fortunas de mar, salvos os casos em que pela natureza da cousa, pela lei ou por cláusula expressa na apólice o segurador deixa de ser responsável*»[44].

Desta técnica se distingue uma outra, mais frequente, traduzida na expressão *named perils*, que é manifestação de um princípio de *individualização dos riscos*, segundo a qual só estão cobertos os eventos especificamente identificados e descritos no contrato de seguro. Como veremos melhor adiante, as duas técnicas assumem especial relevância no seguro de mercadorias transportadas[45].

II.3.5. A modelação negativa do risco: as exclusões

I. Como já aflorámos atrás, o recorte negativo do risco corresponde à identificação do conjunto de eventos ou fenómenos que estariam, de outra forma, incluídos na esfera positiva do risco coberto, mas que dela são expressamente retirados mediante uma cláusula de exclusão. Não se trata de eventos *não incluídos* no recorte positivo do risco, mas que, estando incluídos no mesmo pela cláusula de delimitação positiva, são dele expressamente arredados pela de delimitação negativa (exclusão).

Como as cláusulas de cobertura (recorte positivo), as de exclusão assentam também em conceitos e operam igualmente em função das *causas* do sinistro, das *circunstâncias* em que o mesmo ocorre, ou das respetivas *consequências* (natureza do dano).

Exemplificando, encontramos frequentemente, quanto às coberturas de tempestades, inundações e danos por água, constantes de seguros multirriscos habitação, as seguintes exclusões: (*i*) danos causados pela ação do mar, mesmo que em resultado de temporal (exclusão que atende à *causa* do sinistro); (*ii*) danos causados por água que penetre por portas, janelas ou outras aberturas do edifício deixadas abertas ou cujo isolamento seja defeituoso (exclusão que atende à *circunstância* em que se produz o sinistro); e (*iii*) danos causados em persianas, marquises, jardins, caminhos, muros,

[44] José Alves de Brito, *Seguro Marítimo de Mercadorias – Descrição e Notas ao Seu Regime Jurídico*, *cit.*, pp. 88 ss.

[45] Albert Badia e Felipe Arizon, *El Seguro de las Mercancías en el Transporte*, *cit.*, p. 27.

vedações, portões, e estores exteriores (exclusão que atende à *consequência* ou natureza do dano decorrente do potencial sinistro).

II. A relação entre o recorte positivo e o negativo da cobertura do risco é facilmente entendível por apelo à *teoria dos conjuntos*. Neste contexto, ambos os recortes são configuráveis como *conjuntos*, agregando elementos conceptualmente ligados entre si. Por outro lado, a relação entre eles corresponde a uma *relação de inclusão*.

Com efeito, na teoria dos conjuntos, quando *todos* os elementos de um *conjunto A* são também elementos de um *conjunto B* (mais amplo), diz-se que *A é um subconjunto* ou *uma parte de B* ou que *A está contido em B*. Reflexamente, dizemos que *B contém A* ou *tem A como parte* ou que *B é um superconjunto de A*.

Sem necessidade de maior aprofundamento em sede de teoria dos conjuntos, podemos afirmar que, em termos gerais, as exclusões (recorte negativo do risco) correspondem a *subconjuntos* das coberturas (recorte positivo do risco), ou mais rigorosamente, que *toda a exclusão* corresponde a um *subconjunto* de uma dada *cobertura*.

III. De um outro prisma, a relação entre o recorte positivo e o negativo da cobertura do risco corresponde a uma relação, respetivamente, entre regra e exceção. As noções de *regra* e *exceção* são quase intuitivas, não carecendo de amplo desenvolvimento.

A *regra*, no contexto vertente, traduz uma situação-norma ou regra geral, consubstanciando o conjunto dos casos ou circunstâncias em que o risco está coberto e em que, portanto, ocorrendo o sinistro em tais circunstâncias, o segurador terá de efetuar a sua prestação.

Por seu turno, a *exceção* (ou regra excecional) corresponde a um núcleo mais limitado de casos – subconjunto da regra, como vimos – em que a regra é contrariada e, portanto, afastada ou derrogada. No contexto em análise, trata-se dos casos ou circunstâncias (*exclusões*) que, de outra forma, estariam cobertos, mas que o segurador expressamente retira (exclui) do âmbito da cobertura. Por outras palavras, verificando-se um evento em tais circunstâncias, o mesmo não é qualificável de *sinistro*, não sendo devida a prestação do segurador.

Como vimos na alusão à teoria dos conjuntos, os elementos da exceção (exclusão) estão contidos na regra (cobertura). Verificando-se, porém, as circunstâncias (ou pressupostos) da exclusão, a cobertura é afastada. Por outras palavras, em plena coerência com a lógica da relação regra-exceção, a exclusão prevalece sobre a cobertura.

IV. Com influência na doutrina alemã, encontramos, por vezes, a distinção entre a delimitação primária do risco (correspondente ao que designámos por delimitação positiva) e a delimitação secundária do risco (expressão que traduz o que designámos por delimitação negativa do risco ou exclusões de cobertura)[46].

De relevante, esta distinção coloca em evidência o facto de a delimitação secundária ser, do ponto de vista lógico, posterior à primária. Por outras palavras, só existe delimitação secundária relativamente a uma esfera de cobertura previamente circunscrita (delimitação primária).

V. À semelhança da controvérsia doutrinária e jurisprudencial que referimos existir em Espanha entre cláusulas delimitadoras do risco e cláusulas limitadoras dos direitos dos segurados, em França a controvérsia situa-se na distinção entre a *condição* da garantia e a *exclusão* de garantia. Assim, enquanto a primeira se reporta a «um evento de que depende a garantia»[47], a segunda refere-se a «uma circunstância (respeitante ao sinistro, às suas causas ou consequências) que a afasta»[48].

Esta distinção é relevante no Direito francês, onde há disposições especiais que incidem sobre as exclusões. Assim, o artigo L 112-4 do *Code des Assurances* dispõe que «as cláusulas das apólices estabelecendo [...] exclusões só são válidas se forem mencionadas em caracteres bem visíveis»[49]. Por outro lado, o artigo L 113-1 do mesmo diploma estabelece que o segurador não responde por danos causados por falta intencional ou dolosa do segurado, respondendo por perdas ou danos ocasionados por caso fortuito ou por culpa do segurado, exceto havendo «exclusão formal e limitada contida na apólice»[50]. Este regime, aplicável às exclusões, não abrange as condições, pelo que assume relevância prática a distinção entre ambas.

---

[46] Ana Serra Calmeiro, *Das Cláusulas Abusivas no Contrato de Seguro*, *cit.*, pp. 25 ss.; Maria Inês Oliveira Martins, *Contrato de Seguro e Conduta dos Sujeitos Ligados ao Risco*, *cit.*, pp. 32 ss. Esta perspetiva identifica igualmente uma delimitação terciária do risco (correspondente a exceções à delimitação secundária, que reposicionam certas categorias de eventos na esfera de risco coberto).

[47] Luc Mayaux, *Les Grandes Questions du Droit des Assurances*, Paris, LGDJ, 2011, p. 91 (tradução nossa). Nesta medida, a garantia só opera se a condição se verificar (por exemplo, o segurador só cobre os danos decorrentes de tempestades se a construção segura for feita de materiais resistentes ao vento).

[48] Luc Mayaux, *ibidem* (tradução nossa).

[49] No original «les clauses des polices édictant des [...] exclusions ne sont valables que si elles sont mentionnées en caractères très apparents».

[50] No original francês, «les pertes et les dommages occasionnés par des cas fortuits ou causés par la faute de l'assuré sont à la charge de l'assureur, sauf exclusion formelle et

Se, nuns casos, a distinção entre condição e exclusão é incontroversa[51], noutros torna-se um exercício muito problemático e discutível. Por exemplo, relativamente à cobertura de roubo no seguro de mercadorias transportadas, a jurisprudência francesa tende a considerar que a instalação de um dispositivo antirroubo é uma condição da garantia (porque esta só se verifica *se* o dispositivo for instalado), mas a ativação desse dispositivo será um critério de delimitação da cobertura (já que o segurador não responde por eventos de roubo em que, apesar de colocado, não esteja ativado o dispositivo antirroubo)[52]. Sendo ensaiados vários critérios de distinção, os mesmos afiguram-se, nas situações de fronteira (e porque a delimitação da cobertura é, em substância, uma condição desta[53]) artificiais e discricionários.

Em Portugal, como atrás referimos, a questão carece e relevância, já que o n.º 3 do artigo 37.º da LCS se aplica a todas as cláusulas que delimitem o risco, quer no âmbito do recorte positivo (definição da cobertura), quer do negativo (definição das exclusões). Por outro lado, as consequências do incumprimento não residem na invalidade das cláusulas concretas, mas no direito do tomador à resolução do contrato ou à sua correção (n.º 4 do artigo 37.º).

Em qualquer caso, como mencionámos, não configuramos a verificação de uma *exclusão* como causa do afastamento da garantia e da inerente emergência da obrigação do segurador. Com efeito, do nosso ponto de vista, a delimitação do risco seguro dá-se pelo efeito conjunto dos recortes positivo e negativo. É em função desta delimitação do risco contratualmente coberto que deve equacionar-se a subordinação do dever de prestar do segurador à condição suspensiva de ocorrência de um evento que incida no âmbito circunscrito dessa esfera de cobertura.

---

limitée contenue dans la police. Toutefois, l'assureur ne répond pas des pertes et dommages provenant d'une faute intentionnelle ou dolosive de l'assuré».

[51] Como exemplos de condição, teríamos o pagamento do prémio, ou a assinatura da apólice – Luc Mayaux, *Les Grandes Questions du Droit des Assurances*, *cit.*, respetivamente, pp. 96 e 98. Quando a circunstância em causa seja independente do sinistro e afete o contrato mesmo que o sinistro não se produza, então tratar-se-á de uma condição. Sê-lo-á também se for exterior ao sinistro (por exemplo, o prazo ou termos de participação do mesmo). Por outro lado, enquanto a delimitação do risco se reflete na probabilidade de ocorrência do sinistro (e, logo, no valor do prémio), a condição é indiferente ao prémio – *idem*, p. 96.

[52] Luc Mayaux, *Les Grandes Questions du Droit des Assurances*, *cit.*, p. 100.

[53] Com efeito, o segurador só responde por um evento (isto é, só o qualifica como *sinistro*) na condição de que o mesmo se situe na esfera do risco coberto.

Por outras palavras, o recorte positivo do risco apenas precede o recorte negativo em termos lógicos, mas não cronológicos. A garantia (delimitação do risco seguro) resulta da conjugação de ambos os recortes. Ou seja, a exclusão não afasta o direito à prestação do segurador pelo simples facto de que tal direito só nasce se um evento for qualificado como sinistro, isto é, se incidir dentro dos limites do risco coberto e não excluído.

II.3.6. *Balanço*

I. A construção contratual da delimitação material do risco, na sua dimensão qualitativa, pode não se esgotar na conexão entre recorte positivo e negativo que acima identificámos e que configurámos em várias relações: (*i*) cobertura/exclusão; (*ii*) regra/exceção; e (*iii*) conjunto/subconjunto.

Com efeito, a cláusula de exclusão pode ser formulada de tal forma que comporte, ela própria, exceções. Por exemplo, a cobertura de furto ou roubo em seguros multirriscos habitação, contém frequentemente uma exclusão que pode ser redigida da seguinte forma: «estão excluídas as perdas ou danos que consistam no furto de veículos que tenham sido guardados com as chaves na ignição, *exceto em caso de arrombamento do local onde se encontrem*».

Neste exemplo, é configurada uma situação cuja verificação reintegra o fenómeno excluído na esfera de eventos cobertos. Neste caso, a cláusula de exclusão (exceção à regra da cláusula de cobertura), traduz ela própria uma regra que admite exceção. Esta exceção – subconjunto do subconjunto de eventos excluídos – comporta, portanto, um *alargamento interno* do âmbito material da cobertura.

Em tese, a própria exceção poderá comportar outra exceção, e assim sucessivamente, reintegrando e reexcluindo um dado fenómeno da esfera de riscos cobertos[54].

II. As cláusulas de delimitação da cobertura – e, em especial, as exclusões – podem suscitar várias problemáticas à luz da LCCG. Uma delas, consiste em saber se as exclusões são configuráveis como cláusulas que excluem ou limitam, de modo direto ou indireto, a responsabilidade por danos patrimoniais extracontratuais, causados na esfera da contraparte ou

[54] Trata-se de um fenómeno a que já acima aludimos e que, na doutrina alemã, se traduz pela expressão delimitação *terciária* (quaternária, etc.) do risco coberto.

de terceiros, caso em que seriam proibidas à luz da alínea b) do artigo 18.º da LCCG. A esta questão responde consensualmente a doutrina que as cláusulas visadas na citada disposição não são as delimitadoras do risco seguro, na medida em que esta delimitação é inerente à natureza deste contrato[55].

III. A circunscrição material do risco – por efeito, quer do recorte positivo, quer do negativo – pode conduzir a um perímetro muito reduzido de cobertura, de molde a, no quadro da LCCG, considerar-se abusiva a delimitação do risco[56].

A título de exemplo, cite-se o caso, objeto de ampla análise da jurisprudência, da cláusula delimitadora da cobertura de Invalidez Absoluta e Definitiva (IAD) – cobertura complementar disponível na generalidade dos seguros de vida de puro risco, designadamente sob a forma de seguro de grupo[57] – na medida em que, para além de outros requisitos, a mesma requer, para a qualificação da situação clínica da pessoa segura como IAD, a *necessidade de ajuda de terceira pessoa para a realização dos atos da vida corrente*.

Assim, são vários os arestos dos tribunais superiores que, à luz da LCCG, decidem desaplicar a referida cláusula. Para o efeito, os argumentos são vários, operando, seja por via interpretativa – porque o tribunal a considere uma cláusula ambígua, fazendo prevalecer o sentido mais favorável à pessoa segura (n.ºs 1 e 2 do artigo 11.º da LCCG) –, seja por considerar que se trata de uma "cláusula-surpresa", como tal excluída do contrato singular (alínea c) do artigo 8.º da LCCG).

O argumento mais reiterado, no entanto, é o de que se trata de uma cláusula contratual proibida – e, portanto, nula, como decorre do artigo 12.º da LCCG – por contrária à boa fé, atendendo ao objetivo negocialmente visado à luz do tipo de contrato utilizado (artigo 15.º e alínea b) do artigo 16.º

---

[55] Sobre a problemática, cfr., por todos, Pedro Romano Martinez, "Cláusulas contratuais gerais e cláusulas de limitação ou de exclusão da responsabilidade no contrato de seguro", *Scientia Ivridica*, Tomo LV, n.º 306 (abr.-jun. 2006), pp. 241-261; e Pedro Romano Martinez, *Direito dos Seguros – Apontamentos*, *cit.*, pp. 94-95.

[56] Cfr. Ana Serra Calmeiro, *Das Cláusulas Abusivas no Contrato de Seguro*, *cit.*, pp. 39 ss. Cfr. vários exemplos, na jurisprudência portuguesa e de outros países, de cláusulas delimitadoras do risco consideradas abusivas, em José Carlos Moitinho de Almeida, "Cláusulas contratuais gerais e o contrato de seguro", *in* José Carlos Moitinho de Almeida, *Contrato de Seguro – Estudos*, Coimbra, Coimbra Ed., 2009, pp. 99-100.

[57] Sobre as variantes de seguro de vida, cfr. Luís Poças, "Os seguros de capitalização", *cit.*, pp. 33 ss.

da LCCG)[58][59]. A ideia é, portanto, a de que a redução excessiva do âmbito do risco coberto frustra o fim típico do próprio contrato[60][61].

Não cumprindo aqui aprofundar a matéria, importa referir que uma preocupação perpassa pela generalidade desta jurisprudência: a questão do sinalagma contratual e da relação entre o prémio e o risco ou, por outras palavras, a ideia de que o prémio pago pelo tomador do seguro tem por contrapartida uma cobertura quase inexistente de risco. Ora, cumpre precisar que o prémio correspondente à referida cobertura de IAD é, na verdade, de grandeza idêntica à amplitude do risco por ela coberto, sendo mesmo, nalguns casos, literalmente inexistente[62].

IV. Dada a circunscrição do risco coberto, e verificando-se, como referimos, uma proporcionalidade entre o valor do prémio cobrado e a amplitude do risco coberto, então, *caeteris paribus*, quanto maior o recorte positivo do risco, maior o valor do prémio, e, quanto maior o recorte negativo do risco coberto, menor o valor do prémio.

Sucede que, como é sabido e já sublinhámos, o seguro é um contrato aleatório, assente no elemento *risco* e caracterizando-se, portanto, pela incerteza quanto à eventual ocorrência do sinistro, quanto ao momento deste, quanto às respetivas circunstâncias e quanto ao dano adveniente.

---

[58] Criticamente, quanto à solução da LCCG, José de Oliveira Ascensão, "Cláusulas contratuais gerais, cláusulas abusivas e boa fé", *Revista da Ordem dos Advogados*, Ano 60, II (abr. 2000), pp. 587 ss.

[59] Em certa medida, o mesmo tipo de preocupação – a não frustração, por via do recorte negativo do risco coberto, da natureza da obrigação de segurar, no caso dos seguros obrigatórios – subjaz à solução prevista nos n.ºs 4 e 5 do artigo 146.º da LCS.

[60] A título de exemplo, cfr. o Ac. STJ de 27-05-2010 – Proc. 976/06.4TBOAZ.P1.S1 (Oliveira Vasconcelos), onde se decide que «haveria um desequilíbrio significativo da situação jurídica dos contraentes em detrimento do autor se, apesar dessa incapacidade, para se preencher aquele pressuposto, ainda fosse necessário que o segurado estivesse num estado de "praticamente defunto", ou seja, num estado em que já não se podia lavar, alimentar, vestir-se, deslocar-se na sua residência e depender de terceira pessoa para a realização desses atos. [...] A cobertura ficaria manifestamente aquém daquilo que o autor podia de boa fé contar, tendo em consideração o objeto e a finalidade do contrato. [...] Por isso, as limitações em causa constantes da cláusula em questão não podiam deixar de se consideradas nulas».

[61] Sobre esta problemática, com amplas referências jurisprudenciais, cfr. Arnaldo Oliveira, "Seguro de vida associado ao crédito à habitação: A 'acordadíssima' jurisprudência relativa à cobertura de invalidez, seguida de ponto da situação do quadro regulatório aplicável", *Revista de Direito e de Estudos Sociais*, Ano LVI, n.º 1-3 (jan.-set. 2015), pp. 189-257. Cfr. também Pedro Romano Martinez, *Direito dos Seguros – Apontamentos*, *cit.*, pp. 95-96.

[62] Neste caso, a tarifa correspondente à cobertura-base – a morte da pessoa segura – suporta já, sem custo adicional, a cobertura complementar de IAD.

Neste contexto de incerteza, em que a correspondência (o *match*) entre as características concretas do sinistro e o recorte do risco coberto só é exequível *a posteriori* – ou seja, após a ocorrência do sinistro – o consumidor de seguros não tem, *a priori* (isto é, aquando da opção por um contrato de seguro) uma ideia clara entre o custo que lhe está a ser exigido e a utilidade que retirará do contrato. Por essa razão, e não obstante um perfil de aversão ao risco que, em geral, caracteriza o consumidor de seguros, as escolhas deste são predominantemente orientadas em função do fator custo (o prémio) e não do fator utilidade (a amplitude do risco coberto)[63].

II.4. A dimensão quantitativa da delimitação material do risco

I. A dimensão quantitativa da delimitação material do risco atende aos limites de valor pelos quais o segurador é responsável em caso de sinistro. Neste quadro, cumpre distinguir os seguros de capital convencionado (sobretudo os seguros de vida e de acidentes pessoais), em que o valor da prestação pecuniária do segurador é acordado entre as partes, dos seguros de danos – em que se inserem os de mercadorias transportadas –, aos quais se aplica o princípio indemnizatório, regulado nos artigos 128.º ss. da LCS[64].

Importa considerar, desde logo, que, como decorre do n.º 1 do artigo 49.º da LCS, o capital (ou montante) seguro representa o valor máximo da prestação a pagar pelo segurador por sinistro ou anuidade de seguro, consoante o que esteja estabelecido no contrato, acrescentando o n.º 2 que, salvo quando seja determinado por lei, cabe ao tomador do seguro indicar ao segurador, quer no início, quer durante a vigência do contrato, o valor da

[63] Aflorando a problemática, cfr. Luís Poças, "Aproximação económica à declaração do risco no contrato de seguro", *cit.*, p. 67 ss. No exemplo acima, da cobertura complementar de invalidez em seguro de vida, é frequentemente o consumidor de seguros que, confrontado entre uma cobertura de IAD, com um prémio simbólico ou inexistente, e outra de Incapacidade Total e Permanente (ITP), com um prémio significativo e uma amplitude de risco também mais alargada, opta pela solução mais económica, contando, naturalmente, que o sinistro não se produzirá e que, portanto, não irá ter necessidade de ativar a referida cobertura.

[64] Francisco Rodrigues Rocha, *Do Princípio Indemnizatório no Seguro de Danos*, Coimbra, Almedina, 2015; Pedro Romano Martinez, "Contrato de seguro: Âmbito do dever de indemnizar", *in* António Moreira e M. Costa Martins (Coords.), *I Congresso Nacional de Direito dos Seguros – Memórias*, Coimbra, Almedina, 2000, pp. 155-168.

coisa, direito ou património a que respeita o contrato, para efeito da determinação do capital seguro[65].

No quadro do princípio indemnizatório (artigo 128.º da LCS), o segurador só responde até ao limite do valor do dano ou – como já decorria do citado n.º 1 do artigo 49.º – do capital seguro, consoante o que for mais baixo. Adicionalmente, precisa o n.º 1 do artigo 130.º, aplicável ao seguro de coisas (como é também o caso do de mercadorias transportadas), que o dano a considerar, para efeito da prestação do segurador, é o do valor do interesse seguro ao tempo do sinistro, acrescentando os n.ºs 2 e 3 que o segurador apenas responde pelos lucros cessantes resultantes do sinistro, ou pelo valor de privação de uso do bem, se assim for convencionado.

II. Nos termos do n.º 3 do artigo 49.º da LCS, as partes podem fixar franquias, escalões de indemnização e outras previsões contratuais que condicionem o valor da prestação a realizar pelo segurador.

As franquias, deixando a cargo do segurado uma parte do dano (não coberto, portanto, pelo segurador)[66], contribuem para a mitigação do risco moral (*moral hazard*). Este, como é sabido, é um efeito perverso da transferência do risco para o segurador. Em virtude de se saber coberto por um contrato de seguro, o segurado torna-se menos diligente com a gestão do risco e dos bens seguros, podendo aumentar, com essa conduta, a probabilidade de ocorrência do sinistro ou a intensidade dos danos[67].

Uma outra solução de demarcação quantitativa do risco seguro – que encontramos, com alguma frequência, nos seguros de responsabilidade civil – é a de estipulação de limites de capital por sinistro, por lesado ou por anuidade[68].

---

[65] Sobre o sentido e alcance do preceito, cfr., aprofundadamente, José Pereira Morgado, "Artigo 49.º – Anotação", *in* Pedro Romano Martinez *et al.*, *Lei do Contrato de Seguro – Anotada*, *cit.*, pp. 250-254.

[66] Distinguindo a franquia absoluta (em que o segurador só suporta a parte do dano que exceda o valor da franquia) da franquia simples (em que, se o dano for superior ao valor da franquia, o mesmo é integralmente suportado pelo segurador) e do descoberto obrigatório (em que uma percentagem do interesse seguro não é suportada pelo segurador), José Pereira Morgado, "Artigo 49.º – Anotação", *in* Pedro Romano Martinez *et al.*, *Lei do Contrato de Seguro – Anotada*, *cit.*, p. 254. Sobre o descoberto obrigatório, cfr. Luís Poças, "Seguro financeiro: os ramos «crédito» e «caução»", *in* Luís Poças, *Problemas e Soluções de Direito dos Seguros*, *cit.*, p. 178.

[67] Sobre a problemática, cfr. Luís Poças, "Aproximação económica à declaração do risco no contrato de seguro", *cit.*, pp. 58-61.

[68] Sobre a delimitação quantitativa da cobertura, cfr. Abel Veiga Copo, *Condiciones en el Contrato de Seguro*, *cit.*, pp. 349 ss.

II.5. As vertentes temporal e espacial da circunscrição do risco

I. Como referimos, para além do recorte material do risco coberto, há que atender também às vertentes espacial e temporal da cobertura. Começando pela vertente temporal[69], importa distinguir, no contrato e seguro, o tempo do contrato e o tempo da cobertura[70].

Naturalmente que, em algumas modalidades, os mesmos podem tendencialmente coincidir. Noutras, porém, não será assim, podendo, designadamente, o recorte temporal da cobertura – isto é, o início e termo da mesma – não corresponder ao tempo de vigência da apólice, que pode anteceder e prolongar-se para lá do tempo de cobertura.

Esta distinção resulta, desde logo, para a generalidade dos contratos de seguro, do n.º 2 do artigo 37.º da LCS, que, estabelecendo os elementos que devem constar da apólice de seguro (condições particulares), aí identifica: na alínea *e)*, o âmbito temporal do contrato (*tempo da cobertura* ou *duração material do seguro*); e, na alínea *i)*, o início de vigência do contrato, com indicação do dia e hora, e a sua duração (*tempo do contrato* ou *duração formal do seguro*)[71].

Começando por este último aspeto (a *duração formal do seguro*), a regra geral supletiva quanto à vigência do contrato é a de que, no silêncio das partes, este produz efeitos a partir das zero horas do dia seguinte ao da sua celebração, vigorando pelo período de um ano e prorrogando-se sucessivamente por períodos de um ano (artigos 39.º e 40.º, e n.º 1 do artigo 41.º da LCS).

Já quanto ao *tempo da cobertura*, estabelece-se no artigo 42.º da LCS que a data de início da mesma pode ser estipulada pelas partes, podendo, sob condição do pagamento do prémio (artigo 59.º da LCS), abranger riscos

[69] Sobre a delimitação temporal da cobertura, cfr. Abel Veiga Copo, *La Dimensión Temporal en el Contrato de Seguro*, Cizur Menor, Civitas/Thomson Reuters, 2011, pp. 55 ss.

[70] É possível distinguir-se também entre o tempo da cobertura e o tempo do dano, e entre aquele e o da reclamação do sinistro. Cfr., a propósito, os artigos 139.º e 217.º da LCS. Como se trata de uma problemática de pouca relevância na modalidade contratual que nos ocupa, não lhe dedicaremos, no presente estudo, maior atenção.

[71] Distinguindo, no mesmo sentido, a *duração material* e a *duração formal* do contrato de seguro, Belén García Álvarez, "La duración de la cobertura del seguro de transporte terrestre de mercancías", *in* Alberto Emparanza Sobejano e José Manuel Martín Osante (Dirs.), *Seguros de Transporte Terrestre de Mercancías: Situación Jurídica Actual y Perspectivas de Futuro*, *cit.*, p. 62.

anteriores à data de celebração do contrato (cobertura de riscos putativos, admitida pelo artigo 44.º da LCS)[72].

II. A cobertura do risco apresenta também uma dimensão espacial, isto é, o contrato de seguro pode delimitar a área geográfica em que, verificando-se o risco previsto no contrato, o segurador efetuará a sua prestação por sinistro. No caso de algumas modalidades contratuais, esta dimensão é evidente ou despicienda. É o caso do seguro de incêndio de uma habitação, ou de um seguro de colheitas, em que, pela natureza das coisas, o âmbito geográfico da cobertura não poderá deixar de ser, respetivamente, o da localização da habitação ou da cultura agrícola.

Noutros casos, como, por exemplo, os de seguro de saúde ou de acidentes pessoais, ou na cobertura de danos próprios de seguro automóvel, pode ser da maior relevância a definição da área territorial em que o risco se encontra coberto, na medida em que não seja indiferente para o segurado se essa cobertura abrange apenas o espaço nacional ou outros mais vastos, caso o segurado pretenda neles transitar.

Noutros casos ainda, como nos seguros de viagem ou nos de transporte de mercadorias, o recorte geográfico ou espacial da cobertura surge associado à utilidade típica da modalidade contratual em causa, na medida em que só uma determinada configuração territorial é apta a satisfazer o interesse contratual do segurado. Com efeito, num seguro de transporte de mercadorias, se o recorte espacial da cobertura não corresponder ao trajeto que o trânsito das mercadorias haverá de seguir, o contrato será inapto a preencher a sua função previdencial.

O recorte espacial do risco pode ter pendor universal (por exemplo, em seguros de vida a cobertura é geralmente estendida a todo o mundo) ou ser limitado. Neste último caso, a circunscrição pode ser feita pela positiva (indicação dos países onde se estende a cobertura) ou negativa (indicação dos países não abrangidos pela cobertura).

II.6. A demarcação pessoal do risco

Em certas modalidades de contrato de seguro assume especial relevância a delimitação pessoal do risco, que pode ser analisada em várias vertentes. Desde logo, nos seguros de pessoas, a delimitação pessoal atende à qualidade de *pessoa segura* (aquela sobre cuja vida, saúde ou integridade

---

[72] José Vasques, *Contrato de Seguro – Notas Para Uma Teoria Geral, cit.*, pp. 129-130.

física incide o risco coberto). Nalguns casos – como os seguros de vida ou de saúde – a pessoa segura está contratualmente identificada. Noutros, como os seguros de ocupantes (acidentes pessoais), essa qualidade abrange um conjunto indeterminado de pessoas (quaisquer passageiros de um dado veículo, podendo abranger também o condutor).

Noutros casos ainda – como os do seguro de assistência em viagem –, o risco pode incidir sobre um terceiro, não identificado no contrato. Com efeito, relativamente à cobertura de cancelamento da viagem por morte de familiar, o risco incide sobre várias categorias de familiares da pessoa segura (que não são identificados no contrato).

Em outros ramos – como nos seguros facultativos de responsabilidade civil – pode ser limitada a cobertura, não só em função das pessoas sobre as quais incide o risco (o responsável civil), mas também sobre a esfera dos potenciais lesados[73].

Nos seguros de coisas, a delimitação pessoal do risco perde relevância. Por essa razão, incidindo o presente estudo sobre a modelação do risco no seguro de mercadorias transportadas – subtipo contratual dos seguros de coisas –, não aludiremos a esta vertente da demarcação do risco.

III. A MODELAÇÃO MATERIAL DO RISCO: O RAMO DE MERCADORIAS TRANSPORTADAS

I. Referimos que o primeiro patamar de circunscrição material do risco coberto opera por via da definição do ramo de seguro em causa. Assim, exemplificando, no domínio temático que nos prende, a alínea g) do artigo 8.º do RJASR esclarece que, entre os vários ramos de seguros Não Vida se inclui o ramo de «mercadorias transportadas», que abrange os *danos sofridos por mercadorias, bagagens ou outros bens, qualquer que seja o meio de transporte*. Importa adicionalmente referir que, nos termos da alínea a) do n.º 2 do artigo 5.º do RJASR, os riscos respeitantes ao ramo de mercadorias transportadas são considerados *grandes riscos* (por oposição a riscos de massa).

Por seu turno, já numa vertente de disciplina contratual (Direito material de seguros), o n.º 1 do artigo 155.º da LCS estabelece que o seguro de

---

[73] Cfr. um exemplo de delimitação pessoal da cobertura no seguro D&O em Maria Elisabete Ramos, *O Seguro de Responsabilidade Civil dos Administradores – Entre a Exposição ao Risco e a Delimitação da Cobertura*, Coimbra, Almedina, 2010, pp. 452 ss.

transporte de coisas cobre *riscos relativos ao transporte de coisas por via terrestre, fluvial, lacustre ou aérea, nos termos previstos no contrato.*

Da conjugação das citadas disposições, temos já uma primeira delimitação do risco no contexto da modalidade contratual que nos ocupa, por apelo a noções-chave como as de: (*i*) *danos*; (*ii*) *mercadorias*, *bagagens* ou outros *bens* (*coisas*, na expressão da LCS[74]); (*iii*) *transporte* e *meio de transporte*. Assim, independentemente dos termos estabelecidos no contrato de seguro, a definição do ramo de seguro em causa – e, complementarmente, a descrição dos elementos do subtipo de seguro correspondentes – implica já limites materiais de cobertura do risco que o clausulado não deverá ignorar nem ultrapassar.

II. Com base nos elementos identificados, podemos, desde já, precisar que está em causa um seguro de danos próprios, em que o segurado – titular do interesse seguro – corresponde ao proprietário das mercadorias[75], e não de um seguro de responsabilidade civil do transportador relativamente a danos, causados nas mercadorias transportadas, que lhe sejam imputáveis (caso em que a categoria de segurado seria assumida pelo transportador)[76].

---

[74] O conteúdo desta noção remete-nos para os artigos 202.º ss. do Código Civil (doravante, CC).

[75] Sobre o problema, suscitado ao nível do seguro de mercadorias transportadas, nas situações em que a propriedade das mercadorias se transfere na vigência do contrato de seguro contratado por contra própria, cfr. María Luisa Muñoz Paredes, "La contratación del seguro de transporte terrestre por cuenta propia por el porteador sobre mercancías ajenas, la acción directa del dueño de las mercancías y otras patologías de este seguro", *Revista Española de Seguros*, n.º 167 (jul.-set. 2016), pp. 373 ss.; e Francisco Rodrigues Rocha, "Algumas notas em torno da cláusula CIF e do seguro de transporte de mercadorias", *in* Januário Costa Gomes (Coord.), *Temas de Direito dos Transportes*, Vol. III, Coimbra, Almedina, 2015, pp. 266 ss.

[76] Note-se que a letra do artigo 56.º da LCS espanhola parece albergar também, equivocamente, a possibilidade de contratação do seguro pelo transportador, para cobertura de um interesse próprio (de responsabilidade civil). Sobre esta questão, cfr. María Luisa Muñoz Paredes, "La contratación del seguro de transporte terrestre por cuenta propia por el porteador sobre mercancías ajenas, la acción directa del dueño de las mercancías y otras patologías de este seguro", *cit.*, pp. 352 ss.; Josefina Boquera Matarredona, "El seguro de transporte de mercancías por carretera asegura los daños en las mercancías o la responsabilidade del porteador?", *in* Alberto Emparanza Sobejano e José Manuel Martín Osante (Dirs.), *Seguros de Transporte Terrestre de Mercancías: Situación Jurídica Actual y Perspectivas de Futuro*, *cit.*, pp. 45 ss.; María Rosa Isern Salvat, "La legitimación activa de los aseguradores en las reclamaciones del transporte", *in* Alberto Emparanza Sobejano e José Manuel Martín Osante (Dirs.), *idem*, pp. 129-157; Alberto Emparanza Sobejano, "Acción de reclamación del asegurador en las reclamaciones de transporte terrestre: legitimación,

Cumpre também precisar que o seguro de transporte de mercadorias pode ser celebrado por conta própria (caso em que o segurado e o tomador do seguro coincidem) ou por conta de outrem, caso em que essa circunstância deve constar do contrato, nos termos do n.º 2 do artigo 156.º da LCS, e em que deverá observar-se o disposto no artigo 48.º da LCS.

Se as noções de dano[77] e de coisa são relativamente incontroversas, já a referência específica ao *transporte* merece uma análise mais detida[78], na medida em que a mesma tem por pressuposto, e por nota típica, o recurso a um contrato de transporte de mercadorias e este, em regra, surge associado a um contrato de compra e venda[79]. O próximo capítulo dá precisamente nota de algumas questões suscitadas por estes contratos.

---

contenido e plazos", *in* Alberto Emparanza Sobejano e José Manuel Martín Osante (Dirs.), *idem*, pp. 193-211; Arantza Martínez Balmaseda, "Los intentos de coordinación entre el seguro de transporte terrestre de mercancias y el seguro de responsabilidade civil del porteador: problemas actuales y propuestas de mejora", *in* Alberto Emparanza Sobejano e José Manuel Martín Osante (Dirs.), *idem*, pp. 269-289. Entre nós, cfr. Sara Geraldes, *O Seguros de Transporte de Coisas*, Relatório de Mestrado, Lisboa, Faculdade de Direito da Universidade de Lisboa, 2008 (polic.), pp. 17 ss. Naturalmente que a responsabilidade civil do transportador não impede que o segurador do seguro de mercadorias transportadas que haja indemnizado o seu segurado fique sub-rogado nos direitos deste sobre o transportador civilmente responsável, nos termos do n.º 1 do artigo 136.º da LCS. Sobre a problemática, em geral, cfr. Francisco Rodrigues Rocha, *Do Princípio Indemnizatório no Seguro de Danos*, *cit*., pp. 145 ss.; e Francisco Rodrigues Rocha, "Algumas notas em torno da cláusula CIF e do seguro de transporte de mercadorias", *cit*, pp. 287 ss.

[77] Embora o clausulado das apólices se refira recorrentemente a *perdas* e *danos* – mais por razões de tradição do que de rigor conceptual – assumiremos os dois termos como sinónimos, não havendo, aliás, razões de substância para distingui-los. Aludiremos, portanto, a *danos*, que podem ser parciais ou totais, cobrindo, assim, o leque de consequências que afetem negativamente o valor das mercadorias. Distinguindo – cremos que sem vantagem – as perdas dos danos, Sara Geraldes, *O Seguros de Transporte de Coisas*, *cit*., p. 21.

[78] Adiantemos que a referência ao *transporte* não implica, como melhor veremos, que o risco fique limitado aos danos produzidos quando as mercadorias se encontrarem em movimento, ficando também cobertos os que ocorrerem quando as mesmas estiverem paradas, designadamente em depósitos intermédios contratualmente previstos. Cfr. María Victoria Petit Lavall, "Las cláusulas limitativas y delimitadoras del riesgo en el seguro de transporte de mercancías por carretera", *cit*., p. 90.

[79] Dando conta da autêntica tríade de operações – alienação, transporte e seguro – inerentes ao comércio marítimo internacional e, particularmente, à adoção da cláusula CIF, cfr. Francisco Rodrigues Rocha, "Algumas notas em torno da cláusula CIF e do seguro de transporte de mercadorias", *cit*., pp. 258.

IV. Cont.: os contratos subjacentes

Como vimos suceder a propósito do surgimento do seguro de transporte, a necessidade deste decorre normalmente da *compra e venda* (muitas vezes, em contexto internacional) de mercadorias, as quais são deslocadas da esfera de origem (vendedor) para a de destino (comprador) por efeito de um contrato de *transporte*, acordado com o transportador. E é para a prevenção dos efeitos económicos dos riscos, inerentes a esse transporte, que possam afetar as mercadorias, que é celebrado o seguro de transporte de mercadorias.

Embora o contrato de transporte e o de compra e venda sejam inteiramente autónomos em relação ao de seguro, a plena compreensão do nosso objeto de estudo não dispensa a análise de alguns aspetos relevantes daqueles dois tipos contratuais. Vejamos de seguida, nos seus traços gerais, quais são essas vertentes.

IV.1. O contrato de transporte de mercadorias

I. Como refere a doutrina[80], o seguro de transporte de coisas surge frequentemente associado ao contrato de transporte em que assenta, inter-relacionando-se com o mesmo em vários planos.

O regime aplicável ao contrato de transporte depende do respetivo objeto (transporte de pessoas[81] ou de mercadorias[82], e da natureza perigosa[83] – ou não – destas), do respetivo âmbito territorial (transporte nacional ou

[80] Cfr., por exemplo, António Menezes Cordeiro, *Direito dos Seguros*, *cit.*, p. 774.

[81] Cfr., por exemplo, Januário Costa Gomes, "O regime europeu do transporte marítimo de passageiros. Entre o regulamento "marítimo" da responsabilidade do transportador e o regulamento "consumerista" dos direitos dos passageiros", *in* Januário Costa Gomes (Coord.), *Temas de Direito dos Transportes*, Vol. III, *cit.*, pp. 7-61; Juan Pulido Begines, "Cruise ships contracts: transport or package tour?", *in* Januário Costa Gomes (Coord.), *Temas de Direito dos Transportes*, Vol. III, *cit.*, pp. 63-83.

[82] Cfr., por exemplo, Hugo Ramos Alves, "Em torno do contrato de transporte marítimo de mercadorias", *in* Januário Costa Gomes (Coord.), *Temas de Direito dos Transportes*, Vol. III, *cit.*, pp. 317-374.

[83] Cfr., por exemplo, Jones Figueiredo Alves, "Contrato de transporte de coisas perigosas. Trânsito entre o direito contratual e a responsabilidade civil em diálogo de fontes", *in* Januário Costa Gomes (Coord.), *Temas de Direito dos Transportes*, Vol. III, *cit.*, pp. 375-423.

internacional), do meio de transporte utilizado (terrestre – rodoviário ou ferroviário –, marítimo, fluvial, lacustre, aéreo e espacial)[84], do número de transportadores, etc.[85]. Em função das variáveis identificadas, há diferentes regimes com pretensão de aplicação a cada caso. No que toca ao transporte internacional, haverá que apelar, não apenas ao Direito internacional privado (para identificação do ordenamento competente), mas igualmente a convenções internacionais concretamente aplicáveis[86]. Estando fora do objeto e âmbito deste texto uma análise aprofundada do contrato de transporte de mercadorias, importa, no entanto, identificar os seus principais traços caracterizadores.

Assim, mediante o contrato de transporte de mercadorias, uma das partes (o transportador) obriga-se perante a outra (o expedidor ou o destinatário) a, contra o pagamento de uma retribuição[87], providenciar a deslocação física de determinadas coisas (mercadorias) entre o local de origem e o de destino e a entregá-las incólumes ao destinatário[88] [89].

---

[84] Poderá estar em causa um transporte combinado ou multimodal, quando o mesmo contrato comporte a utilização de meios de transporte diferentes.

[85] Nuno Castello-Branco Bastos, *Direito dos Transportes*, Coimbra, Almedina, 2004, pp. 69 ss.

[86] Cfr., por exemplo, Sara Geraldes, *O Seguros de Transporte de Coisas*, *cit.*, pp. 7 ss.

[87] Referenciando a onerosidade do contrato, António Menezes Cordeiro, "Introdução ao Direito dos Transportes", *Revista da Ordem dos Advogados*, Ano 68 (2008), Vol. I – https://portal.oa.pt/publicacoes/revista/ano-2008/ano-68-vol-i/doutrina/antonio-menezes-cordeiro-introducao-ao-direito-dos-transportes/ (consult. 29/02/2020). Segundo nota Carlos Lacerda Barata, o contrato de transporte é tendencialmente oneroso, embora seja admissível, no quadro da autonomia contratual, a celebração de um contrato de transporte civil a título gratuito. Carlos Lacerda Barata, "Contratos de transporte terrestre: Formação e conclusão", *Revista da Ordem dos Advogados*, Ano 73 (2013), Vol. II/III, p. 622. Cfr. também, neste sentido, Nuno Castello-Branco Bastos, *Direito dos Transportes*, *cit.*, p. 54.

[88] Cfr., por exemplo, Carlos Lacerda Barata, "Contratos de transporte terrestre: Formação e conclusão", *cit.*, p. 620; Nuno Castello-Branco Bastos, *Direito dos Transportes*, *cit.*, pp. 47-48; António Menezes Cordeiro, "Introdução ao Direito dos Transportes", *cit.*; Carlos Alberto Ghersi, *Contrato de Seguro*, Buenos Aires, Astrea, 2007, p. 247; Alfredo Proença e Espanha J. Proença, *Transporte de Mercadorias*, Coimbra, Almedina, 2004, p. 18.

[89] Importa notar que, nalguns casos, o expedidor corresponderá ao destinatário. Nestes casos, a titularidade das mercadorias não sai da esfera do expedidor. Nuno Castello-Branco Bastos assinala que a contraparte do transportador assume sempre a designação de expedidor (ou carregador): «se a contraparte for o próprio destinatário, será ele também o carregador ou expedidor, ainda que haja comprado a um terceiro distante as mercadorias» – *Direito dos Transportes*, *cit.*, p. 60. Porém, para maior clareza do discurso, manteremos a distinção entre o expedidor (quem entrega as mercadorias ao transportador para que dê

Desde logo, podemos estar perante um contrato comercial (artigo 366.º do CCom) quando o transportador desempenhe profissionalmente essa atividade como empresa regular e permanente (cfr. também n.º 7 do artigo 230.º do CCom), ou perante um contrato civil, quando o transportador não assuma caráter profissional[90].

Como referimos, nos seus traços comuns, o contrato de transporte de mercadorias é celebrado entre, por um lado, o transportador, e, por outro lado, o expedidor ou o destinatário[91] (dependendo de qual deles contrate o transporte). Porém, quando o contrato seja celebrado pelo expedidor, o respetivo caráter trilateral é geralmente assinalado pela doutrina[92].

Para além das obrigações principais inerentes ao objeto – a deslocação ou transferência de mercadorias e a respetiva entrega ao destinatário –, cabe ao transportador um dever de segurança e custódia sobre as mesmas, garantindo a respetiva preservação durante o transporte, e evitando, portanto, a superveniência de danos que as afetem[93]. O transportador está igualmente obrigado a um dever de observância das instruções do expedidor.

Quando – como sucederá normalmente – estivermos perante um contrato oneroso, o sinalagma, a cargo do expedidor ou do destinatário (conforme convencionado), traduz-se no pagamento ao transportador de uma prestação pecuniária, que se designa, em regra, por frete[94].

---

seguimento ao transporte) e o destinatário (quem recebe as mercadorias do transportador), com a precisão, já assinalada, de que, não saindo as mercadorias da esfera do expedidor, este coincidirá com o destinatário.

[90] Carlos Lacerda Barata, "Contratos de transporte terrestre: Formação e conclusão", *cit.*, p. 622; Nuno Castello-Branco Bastos, *Direito dos Transportes*, *cit.*, pp. 54 ss.

[91] Respetivamente, o vendedor ou o comprador, se o transporte tiver por base um contrato de compra e venda de mercadorias.

[92] Entendendo que o destinatário é uma parte superveniente do contrato – titular de direitos e sujeito a obrigações – a partir do momento em que a ele adere, isto é, quando toma posse do título que o legitima a reclamar as mercadorias do transportador e a ser indemnizado por perdas e danos ocorridos nas mesmas, Alfredo Proença e Espanha J. Proença, *Transporte de Mercadorias*, *cit.*, p. 15. Configurando a posição do destinatário (quando não seja portador do título de transporte) como terceiro no quadro de um contrato a favor de terceiro, Carlos Lacerda Barata, "Contratos de transporte terrestre: Formação e conclusão", *cit.*, pp. 625-626; Nuno Castello-Branco Bastos, *Direito dos Transportes*, *cit.*, pp. 57-68; António Menezes Cordeiro, "Introdução ao Direito dos Transportes", *cit.*

[93] Carlos Lacerda Barata, "Contratos de transporte terrestre: Formação e conclusão", *cit.*, p. 621 e n. 7; Nuno Castello-Branco Bastos, *Direito dos Transportes*, *cit.*, pp. 48 ss.; Carlos Alberto Ghersi, *Contrato de Seguro*, *cit.*, p. 249.

[94] Cfr. Alfredo Proença e Espanha J. Proença, *Transporte de Mercadorias*, *cit.*, p. 16.

Por fim, o contrato é titulado por uma guia de transporte, de emissão facultativa, que serve de prova do mesmo e de onde constam os elementos fundamentais do contrato: a identificação das partes, a descrição das mercadorias a transportar, reservas inscritas por qualquer das partes, etc. A guia pode ser emitida à ordem (caso em que identifica o proprietário das mercadorias, sendo a transmissão destas feita por endosso) ou ao portador (caso em que a transmissão das mercadorias se faz por simples tradição do título). Para além da referida função probatória (e de funções de controlo por parte das autoridades), a guia de transporte corresponde ao próprio suporte jurídico da transmissão das mercadorias, consubstanciando um título de crédito e legitimando o destinatário ao recebimento das mesmas[95].

O transportador é civilmente responsável (responsabilidade contratual, nos termos dos artigos 798.º ss. do CC) por perdas ou danos que decorram de culpa sua (bem como dos seus empregados, auxiliares que utilize no transporte, ou transportadores subsequentes, como resulta do artigo 377.º do CCom e do artigo 800.º do CC), com limites estabelecidos por lei ou Convenção aplicável (exceto se for acordada declaração especial do valor da mercadoria ou interesse especial na entrega)[96].

II. Tomando como referência, a título exemplificativo, o regime jurídico do contrato de transporte rodoviário nacional de mercadorias, estabelecido pelo Decreto-Lei n.º 239/2003, de 4 de outubro, dispõe-se no n.º 1 do respetivo artigo 2.º que este contrato é o celebrado entre transportador e expedidor[97], nos termos do qual *o primeiro se obriga a deslocar mercadorias, por meio de veículos rodoviários, entre locais situados no território nacional e a entregá-las ao destinatário.*

Embora consensual (a respetiva validade não depende da observância de forma escrita), o referido contrato é formal *ad probationem*, constituindo a guia de transporte o meio de prova da celebração, termos e condições do contrato. Com efeito, estabelece-se nos n.ºs 1 e 2 do artigo 3.º do diploma em análise que a guia de transporte faz prova da celebração, termos e con-

---

[95] Sobre o título (ou guia) de transporte, cfr. Carlos Lacerda Barata, "Contratos de transporte terrestre: Formação e conclusão", *cit.*, pp. 648 ss.; e António Menezes Cordeiro, "Introdução ao Direito dos Transportes", *cit.*

[96] Cfr. António Menezes Cordeiro, "Introdução ao Direito dos Transportes", *cit.*; e Alfredo Proença e Espanha J. Proença, *Transporte de Mercadorias*, *cit.*, p. 19.

[97] Como resulta do n.º 2, *transportador* é a empresa regularmente constituída para o transporte público ou por conta de outrem de mercadorias e *expedidor* é o proprietário, possuidor ou mero detentor das mercadorias.

dições do contrato, embora a existência e a validade deste não seja prejudicada pela falta, irregularidade ou perda da guia. Nos termos do n.º 1 do artigo 4.º, esta deve ser emitida em triplicado, assinada pelo expedidor e pelo transportador ou aceite por forma escrita, por meio de carta, telegrama, telefax ou outros meios informáticos equivalentes.

Quanto ao conteúdo da guia de transporte, prescreve o n.º 1 do artigo 4.º que a mesma deve indicar: (a) o lugar e data em que é preenchida; (b) o nome e endereço do transportador, do expedidor e do destinatário[98]; (c) o lugar e data do carregamento da mercadoria e local previsto para a entrega; (d) a denominação corrente da mercadoria e tipo de embalagem e, quando se trate de mercadorias perigosas ou de outras que careçam de precauções especiais, a sua denominação nos termos da legislação especial aplicável; (e) o peso bruto da mercadoria, número de volumes ou quantidade expressa de outro modo[99]. Ademais, quando seja o caso, estabelece o n.º 2 do mesmo artigo que a guia deve também indicar: (a) o prazo para a realização do transporte; (b) a declaração de valor da mercadoria[100]; (c) a declaração de interesse especial na entrega[101]; (d) a entrega mediante reembolso[102]. Como resulta do n.º 3, as partes podem também inscrever na guia de transporte outras menções, como o preço e outras despesas relativas ao transporte, a lista de documentos entregues ao transportador e instruções do expedidor ou do destinatário.

Mediante aceitação expressa do expedidor, a guia de transporte pode conter reservas do transportador sempre que, no momento da receção da mercadoria, este constate que a mesma ou a embalagem apresentam defeito aparente, bem como quando não tiver meios razoáveis de verificar a exatidão das indicações constantes da guia (n.ºs 1 e 2 do artigo 9.º). Nos termos do n.º 3 do mesmo artigo, na falta de reservas, presume-se que a mercadoria e ou a embalagem estavam em bom estado aparente no momento em que o transportador as recebeu e que as indicações da guia de transporte eram exatas.

Nos termos do n.º 1 do artigo 12.º, o transportador cumpre a sua prestação com a entrega da mercadoria ao destinatário. Como resulta do n.º 2 do mesmo artigo, havendo vício aparente da mercadoria ou defeito da

[98] Este pode corresponder ao expedidor, como decorre do n.º 4 do artigo 5.º.

[99] O expedidor pode exigir que o transportador verifique estes elementos, devendo o resultado da verificação constar da guia (n.º 1 do artigo 5.º).

[100] Esta declaração implica o pagamento de um suplemento de preço (artigo 6.º).

[101] Esta indicação implica o pagamento de um suplemento de preço (artigo 7.º).

[102] Sobre o regime da entrega mediante reembolso, cfr. artigo 8.º.

embalagem, o destinatário deve, aquando da aceitação, formular reservas que indiquem a natureza da perda ou avaria. Por seu turno, em caso de vício não aparente, o destinatário dispõe de oito dias a contar da data da aceitação da mercadoria para formular reservas escritas devidamente fundamentadas e para as comunicar ao transportador (n.º 3), presumindo-se, salvo prova em contrário, que as mercadorias se encontravam em boas condições, se o destinatário as receber sem verificar o seu estado ou sem formular reservas (n.º 4).

Verificando-se a impossibilidade de cumprimento do contrato de transporte, o transportador deve pedir instruções ao expedidor ou, se convencionado, ao destinatário, devendo tomar as medidas mais adequadas à conservação das mercadorias caso não possa obter em tempo útil as referidas instruções e não seja possível a devolução das mercadorias ao expedidor (n.ºs 1 e 2 do artigo 13.º)[103]. Nos termos do n.º 3 do mesmo artigo, tratando-se de mercadorias perecíveis, o transportador pode vendê-las, devendo o produto da venda ser posto à disposição do expedidor. Não obstante, como resulta do n.º 4, o transportador tem direito ao reembolso das despesas causadas pelo pedido de instruções ou pela sua execução, bem como das ocasionadas pela devolução, pelas medidas de conservação ou venda das mercadorias, exceto se estas despesas forem consequência de falta do transportador.

Quanto ao regime da responsabilidade, nos termos dos n.ºs 1, 2 e 4 do artigo 16.º, o expedidor responde pelas despesas e prejuízos resultantes: (*i*) da inexatidão ou insuficiência das indicações contidas na guia de transporte relativas às mercadorias e ao destinatário; (*ii*) da verificação da mercadoria; (*iii*) das alterações ao contrato; (*iv*) de omissão de indicação exata da natureza das mercadorias, quando o contrato tiver por objeto o transporte de mercadorias perigosas (ou que careçam de precauções especiais legalmente previstas). Responde ainda, como resulta do n.º 3 do mesmo artigo, pelos danos causados por defeito da mercadoria ou da embalagem, salvo se o transportador, sendo o defeito aparente ou dele tendo tido conhecimento no momento em que recebeu a mercadoria, não tiver formulado as devidas reservas.

---

[103] Nos termos do n.º 5 do mesmo artigo, presume-se que não é possível a devolução da mercadoria ao expedidor quando o tempo necessário para o efeito puder provocar uma depreciação na mesma de, pelo menos, 30% do respetivo valor, se este estiver determinado, ou do valor calculado nos termos do artigo 23.º.

Como resulta do artigo 17.º, o transportador é responsável pela perda total ou parcial das mercadorias ou pela avaria que se produzir entre o momento do carregamento e o da entrega, assim como pela demora na entrega[104], respondendo objetivamente pelos atos e omissões dos seus empregados, agentes, representantes ou outras pessoas a quem recorra para a execução do contrato, como se fossem por si cometidos.

Porém, nos termos do artigo 18.º, essa responsabilidade fica excluída se a perda, avaria ou demora se dever à natureza ou vício próprio da mercadoria, a culpa do expedidor ou do destinatário, a caso fortuito ou de força maior[105], ou ainda quando a perda ou avaria resultar dos riscos inerentes a qualquer dos seguintes factos: (a) falta ou defeito da embalagem relativamente às mercadorias que, pela sua natureza, estão sujeitas a perdas ou avarias quando não estão devidamente embaladas; (b) manutenção, carga, arrumação ou descarga da mercadoria pelo expedidor ou pelo destinatário ou por pessoas que atuem por conta destes; (c) insuficiência ou imperfeição das marcas ou dos símbolos dos volumes.

O artigo 20.º estabelece limites à responsabilidade do transportador, os quais são derrogados em caso de declaração do valor da mercadoria (artigo 6.º) ou de declaração do interesse especial na entrega (artigo 7.º), sendo, ademais, inaplicáveis em caso de dolo do transportador (artigo 21.º).

III. Em função das variáveis a que acima aludimos, outros regimes poderão ser concretamente aplicáveis. Assim, tratando-se de transporte rodoviário internacional, rege a *Convenção relativa ao contrato de transporte internacional de mercadorias por estrada* (*CMR – Convention Relative au Contrat de Transport International de Marchandises par la Route*), aprovada pelo Decreto-Lei n.º 46.235, de 18 de março de 1965.

Quanto ao transporte marítimo de mercadorias, cumpre atender, designadamente, à *Convenção Internacional para a unificação de certas regras em matéria de conhecimentos de carga*, assinada em Bruxelas em 25 de agosto de 1924 (sendo alguns dos respetivos preceitos introduzidos no direito

---

[104] Nos termos do n.º 1 do artigo 19.º, considera-se que há demora na entrega quando a mercadoria não for entregue ao destinatário no prazo convencionado ou, não havendo prazo, nos sete dias seguintes à aceitação da mercadoria pelo transportador. Por seu turno, nos termos do n.º 2 do mesmo artigo considera-se que há perda total quando a mercadoria não for entregue nos sete dias seguintes ao termo do prazo convencionado ou, não havendo prazo, nos 15 dias seguintes à aceitação da mercadoria pelo transportador.

[105] Em qualquer caso, como resulta do n.º 3 do artigo 18.º, o transportador não pode invocar defeitos do veículo que utiliza no transporte para excluir a sua responsabilidade.

interno através do Decreto n.º 37.748, de 1 de fevereiro de 1950), e subsidiariamente, às disposições do Decreto-Lei n.º 352/86, de 21 de outubro.

Já relativamente ao transporte aéreo, haverá a considerar, designadamente, a *Convenção para a unificação de certas regras relativas ao transporte aéreo internacional* (Convenção de Varsóvia), de 12 de outubro de 1929, modificada pelo Protocolo da Haia, de 28 de setembro de 1955, bem como, na ordem interna, o Decreto-Lei n.º 321/89, de 25 de setembro[106].

IV.2. O contrato de compra e venda

Subjazendo ao seguro de mercadorias, para além de um contrato de transporte, um outro de compra e venda, relevarão os termos contratados, quer quanto ao momento da transmissão da propriedade, quer quanto à incidência dos riscos de perda ou avaria dos bens objeto de venda e transporte, quer mesmo sobre a obrigação de contratação do seguro de transporte. O contrato de compra e venda internacional, em particular, tendo como pressuposto típico a distância entre as partes e entre o local de origem e de destino das mercadorias, é funcionalmente indissociável do de transporte.

Nesta matéria, assumem especial importância os *Incoterms* (*International Commercial Terms*), elaborados pela Câmara de Comércio Internacional (*International Chamber of Commerce*). Trata-se de cláusulas contratuais típicas, que constituem uma referência no comércio internacional e que as partes podem integrar nos contratos de compra e venda que celebrem. Na sua versão mais recente, os *Incoterms* 2020, comportam 11 cláusulas[107].

A função dos *incoterms* é, portanto, a de estabelecer padrões comuns de regulação de determinadas matérias nos contratos de compra e venda internacional, evitando que haja ambiguidades ou divergências interpretativas quanto a aspetos relevantes da disciplina contratual adotada[108]. Desta

[106] Numa resenha mais abrangente e exaustiva das múltiplas convenções internacionais aplicáveis aos transportes, cfr. António Menezes Cordeiro, "Introdução ao Direito dos Transportes", *cit.*

[107] Sobre os Incoterms 2010, cfr. António Menezes Cordeiro, "Introdução ao Direito dos Transportes", *cit.* Sobre os *incoterms* no contexto do seguro de mercadorias transportadas, cfr. Artur Pinto Lucas, *Princípios Gerais do Contrato de Seguro*, s.n., s.d. (2012), pp. 143 ss.

[108] H. Fischer e F. Stabinger, *El Seguro de Transporte de Mercancías*, Zurich, Swiss Re, 1987, p. 21.

forma, as cláusulas regulam o local da entrega das mercadorias (e, inerentemente, a esfera que suporta os riscos de perda ou avaria que afetem as mesmas), bem como os custos a cargo do comprador (custos de exportação, frete do transporte e seguro de mercadorias transportadas).

Os 11 *incoterms* organizam-se em quatro grupos. O Grupo E (*ex* – partida), adequado para qualquer meio de transporte, comporta as obrigações mínimas para o exportador, reportando-se aos casos em que a mercadoria e a fatura ficam à disposição do importador no ponto de partida (fábrica, estabelecimento do exportador, armazém, etc.), recaindo todas as despesas, bem como perdas e danos nas mercadorias, sob a esfera do importador (comprador).

Quanto às cláusulas do Grupo F (*free* – transporte principal não pago), abrangem os casos em que o exportador (vendedor) deve entregar as mercadorias ao transportador, no local indicado pelo importador, com o que cessam todas as responsabilidades do exportador (que não incluem, portanto, o custo de transporte)[109].

Relativamente às cláusulas do Grupo C (*cost* ou *carriage* – transporte principal pago), as mesmas reportam-se aos casos em que o exportador (vendedor) deve entregar as mercadorias ao transportador, no local de origem, ficando as despesas de carga e descarga, seguro e o frete do transporte a cargo do exportador, mas não os riscos posteriores à entrega[110].

Por fim, as cláusulas do Grupo D (*delivery* – chegada ou entrega), abrangem, com algumas divergências entre elas, as situações de responsabilidade máxima do exportador, ficando este responsável por entregar a mercadoria no local de destino designado pelo importador, pagando todas as despesas (frete, seguro, impostos e taxas de importação) e assumindo os riscos até ao local de entrega.

---

[109] Entre as cláusulas do Grupo F mais vulgarizadas conta-se a FOB (*Free On Board*), adequada ao transporte marítimo, fluvial ou lacustre, no quadro da qual o exportador fica responsável por entregar a mercadoria a bordo do navio indicado pelo importador, no porto de embarque estabelecido, recaindo sobre ele os riscos de perda ou dano até à entrega, bem como os custos da mesma.

[110] Uma das cláusulas do Grupo C mais vulgarizadas é a CIF (*Cost, Insurance, Freight*), adequada ao transporte marítimo, fluvial ou lacustre, nos termos da qual o exportador fica responsável por entregar a mercadoria a bordo do navio, no porto de origem, suportando o frete e o seguro, e recaindo sobre ele os riscos de perda ou dano até que a mercadoria cruze a amurada do navio no porto de destino. Sobre esta cláusula, cfr. Francisco Rodrigues Rocha, "Algumas notas em torno da cláusula CIF e do seguro de transporte de mercadorias", *cit.*, pp. 250 ss.

V. O RECORTE MATERIAL DO RISCO NO CLAUSULADO CONTRATUAL

V.1. Principais coberturas e exclusões

V.1.1. *Generalidades*

I. Atendendo às múltiplas variáveis que podem caracterizar, em concreto, o objeto do seguro de transporte de mercadorias, este contrato pode assumir coberturas de âmbito bem diverso. Em termos de regulação do contrato de seguro, não há constrangimentos legais específicos a incidirem sobre o seguro de mercadorias transportadas. Com efeito, as escassas disposições que a LCS consagra ao subtipo contratual em análise assumem caráter meramente supletivo, como resulta, *a contrario*, do n.º 1 dos artigos 12.º e 13.º da LCS, e em harmonia também com o n.º 2 deste último artigo e com a circunstância de estar em causa um seguro de grandes riscos, como se extrai da alínea a) do n.º 2 do artigo 5.º do RJASR.

Em suma, no domínio do seguro de transporte de mercadorias reina o princípio da autonomia da vontade. Cada segurador equaciona, portanto, nos moldes que se propõe segurar, o recorte positivo e negativo do risco que está disposto a assumir, configurando, nesses moldes, o clausulado com que se apresenta no mercado segurador. Ao nível do recorte positivo do risco, variam, de segurador para segurador, os conceitos em que assenta a cobertura do risco. Também ao nível do respetivo recorte negativo, são variáveis os conceitos (e a respetiva definição) que dão suporte às exclusões de cobertura.

Neste panorama de diversidade, encontramos algumas regularidades. Assim, a relevância do Direito inglês no transporte internacional e a necessidade de alguma uniformização de soluções levaram à generalização, no mercado segurador – não sendo Portugal exceção –, de cláusulas preparadas pela *International Underwriting Association* (IUA)[111]: as *Institute Cargo Clauses* (doravante, ICC), das quais a versão mais recente é de 01/01/2009. Entre as ICC destacam-se as cláusulas A, B e C, bem como as cláusulas

[111] A IUA foi formada em janeiro de 1998, resultando da fusão entre a *London International Insurance and Reinsurance Market Association* (LIRMA) e o *Institute of London Underwriters* (ILU). Este era uma associação de seguradores de transportes, tendo sido formado em 1884 por Companhias de seguros marítimos londrinas. Sobre as associações, nacionais e internacionais de seguradores de transportes, cfr. H. Fischer e F. Stabinger, *El Seguro de Transporte de Mercancías*, *cit.*, pp. 12-13.

respeitantes a riscos adicionais de Guerra e de Greves, que abaixo melhor analisaremos[112]. Por outro lado, também os tratados de resseguro – cujo clausulado é, em parte, replicado nos contratos de seguro – proporcionam algum condicionamento e propiciam algumas regularidades nas soluções apresentadas no mercado.

Não sendo propósito deste trabalho a análise de contratos de seguro concretos, mas a exemplificação do modo como o risco se apresenta delimitado no seguro de mercadorias transportadas, tomaremos como referência, para a análise a efetuar, duas modalidades contratuais – ou *produtos de seguros*[113], na linguagem do Regime Jurídico da Distribuição de Seguros e de Resseguros, aprovado pela Lei n.º 7/2019, de 16 de janeiro – comercializadas por dois diferentes seguradores, ambos com forte implantação no mercado português. Embora com diferenças de redação (fruto, em grande medida, de diferenças de tradução das ICC) e de algumas soluções de clausulado concretamente adotadas, as duas modalidades contratuais apresentam muitas semelhanças, a propiciarem um tratamento conjunto. Tratando-se de um exercício meramente exemplificativo, não identificaremos as referidas modalidades (às quais nos referiremos como *X* e *Y*) nem os seguradores que as subscrevem.

II. Neste contexto, e em ambas as modalidades analisadas, o recorte positivo da cobertura não é traçado pelas condições gerais, antes se remetendo para diferentes âmbitos alternativos de delimitação, consoante opção do tomador do seguro. Com efeito, relativamente ao objeto do contrato, as condições gerais apenas adiantam que o mesmo garante o ressarcimento das perdas ou danos sofridos pelos bens seguros (no caso, mercadorias transportadas) em consequência de sinistro ocorrido durante o seu transporte, *desde que tais danos ou perdas estejam abrangidos pelo âmbito das coberturas contratadas.*

Segue-se o elenco das coberturas passíveis de serem contratadas, correspondendo o clausulado de cada uma delas a uma condição especial. Desse

---

[112] Sobre estas cláusulas, cfr. Artur Pinto Lucas, *Princípios Gerais do Contrato de Seguro*, *cit.*, pp. 154 ss. Estas cláusulas foram originariamente pensadas para o seguro de transporte marítimo e não podem ser aplicadas ao seguro de transporte terrestre sem algumas reservas. Certas coberturas – como o abalroamento ou a avaria grossa – só fazem mesmo sentido no quadro do transporte marítimo. Cfr. Belén García Álvarez, "La duración de la cobertura del seguro de transporte terrestre de mercancías", *cit.*, p. 70.

[113] Criticamente, quanto à terminologia e quanto à perspetiva que lhe subjaz, Luís Poças, "Artigo 37.º – Anotação", *in* Pedro Romano Martinez e Filipe de Albuquerque Matos (Orgs.), *Lei da Distribuição de Seguros Anotada*, Coimbra, Almedina, 2019, p. 319.

elenco, algumas coberturas são cumuláveis, enquanto outras são alternativas. Em qualquer caso, a identificação das coberturas concretamente contratadas surge necessariamente efetuada nas condições particulares.

Não cumprindo uma descrição exaustiva das coberturas disponíveis – mas apenas uma análise exemplificativa da forma como a técnica de delimitação material do risco surge plasmada em seguros de mercadorias transportadas – cingir-nos-emos adiante às coberturas mais usuais e relevantes, em linha com as ICC.

III. Se, nas duas modalidades contratuais analisadas, a delimitação positiva do risco coberto é relegada para as condições especiais (mediante opção do tomador do seguro), já ao nível do respetivo recorte negativo as condições gerais adiantam várias *exclusões gerais*[114], isto é, exclusões de cobertura que se aplicam independentemente do recorte positivo da cobertura concreta escolhida pelo tomador do seguro.

Quanto às *exclusões gerais*, podemos identificar duas categorias: as *exclusões absolutas*, isto é, as que são inderrogáveis, subsistindo qualquer que sejam as coberturas contratadas; e as *exclusões convencionais*, que poderão ser derrogadas por acordo das partes.

Entre as *exclusões absolutas* mais relevantes, fica afastada a garantia de danos, perdas ou despesas que decorram, de forma direta ou indireta, de: (*i*) atos ou omissões dolosos do tomador ou do segurado[115]; (*ii*) explosão, libertação de calor e irradiações provenientes de cisão de átomos ou radioatividade, bem como os resultantes de exposição a campos magnéticos ou da utilização de armas químicas, biológicas, bioquímicas ou eletromagnéticas; (*iii*) contrabando, descaminho, comércio proibido ou clandestino; (*iv*) medidas sanitárias ou de desinfeção; (*v*) vício próprio, defeito de fabrico ou alteração decorrente da natureza intrínseca dos bens seguros; (*vi*) atrasos na viagem e sobrestadias, qualquer que seja a causa; (*vii*) diferenças de cota-

[114] Para além destas exclusões gerais, a delimitação material do risco contará ainda com exclusões específicas – definidas em função do âmbito da cobertura que resultar da opção do tomador –, e que analisaremos mais adiante.

[115] Sobre o princípio da exclusão da cobertura de atos dolosos – o qual se prende com as características do risco segurável e, sobretudo, com o caráter previdencial do contrato de seguro, visando banir a fraude e a especulação –, cfr. Luís Poças, "A cominação civil da fraude na execução do contrato de seguro – Ocorrência e participação do sinistro", *in* Luís Poças, *Problemas e Soluções de Direito dos Seguros, cit.*, pp. 117 ss. Cfr. também Filipe de Albuquerque Matos, "Contrato de seguro – A cobertura de atos dolosos", *in* António José Avelãs Nunes, Luís Pedro Cunha e Maria Inês Oliveira Martins (Orgs.) *Estudos em Homenagem ao Prof. Doutor Aníbal de Almeida*, Coimbra, Coimbra Ed., 2012, pp. 677-701.

ção, perda de mercado ou quaisquer outros motivos que obstem, dificultem ou alterem a transação comercial do tomador ou do segurado; (*viii*) mau acondicionamento ou deficiência, insuficiência ou inadequação de embalagem da responsabilidade do tomador ou do segurado; etc.

Já entre as *exclusões convencionais* mais importantes, fica afastada a garantia de danos, perdas ou despesas resultantes de: (*i*) guerra, declarada ou não, invasão ou qualquer ato hostil cometido por ou contra um poder beligerante, guerra civil, insurreição, rebelião ou conflitos civis resultantes desses atos; (*ii*) captura, apreensão, arresto, restrição ou detenção, resultante dos riscos de guerra atrás referidos, bem como as consequências desses atos ou de qualquer tentativa para os executar; (*iii*) minas, torpedos, bombas ou quaisquer outras armas de guerra abandonadas ou à deriva; (*iv*) comportamento violento de grevistas, trabalhadores em "lock-out" ou pessoas que tomem parte em distúrbios de trabalho, tumultos e alterações da ordem pública; (*v*) ausência, falta ou impedimento de trabalho de qualquer natureza, em consequência de greves, "lock-outs", distúrbios de trabalho, tumultos ou comoções civis; (*vi*) pirataria ou qualquer captura ilegal ou exercício ilícito de controle do meio de transporte utilizado; (*vii*) atos de terrorismo ou de sabotagem, como tal considerados pela legislação penal portuguesa vigente; etc[116].

IV. Como dissemos, a técnica de delimitação material do risco presente nas duas modalidades tomadas como referência implica que o recorte positivo do risco seja concretizado por escolha do tomador do seguro, mediante seleção de várias opções disponíveis. Cada uma dessas opções comporta, por seu turno, exclusões específicas, que acrescem às já atrás mencionadas.

Veremos de seguida, exemplificativamente, algumas das alternativas mais relevantes de recorte positivo do risco coberto, as quais nos remetem para as ICC já atrás mencionadas.

V.1.2. *Cláusula A*

I. Como referimos, uma das ICC mais relevantes é a Cláusula A, também conhecida como *all risks*, a qual proporciona o mais amplo recorte positivo do risco. A cláusula obedece à técnica de não nomear os riscos

---

[116] Note-se que, nos termos do n.º 2 do artigo 45.º da LCS, o contrato de seguro pode excluir, designadamente, a cobertura de riscos derivados de guerra, insurreição ou terrorismo.

concretos cobertos, embora estabelecendo um recorte negativo de cobertura (exclusões específicas), que se revela fundamental para a delimitação do risco garantido. Aí se dispõe, portanto, que o seguro *garante todos os riscos de perdas ou danos sofridos pelos bens seguros, com exceção do previsto nas exclusões*[117].

A Cláusula A inclui a garantia, no caso do transporte marítimo, da avaria grossa e das despesas de salvamento, nos termos definidos no contrato de transporte ou na lei, que se verifiquem com o propósito de evitar perdas decorrentes de qualquer causa, com ressalva das exclusões aplicáveis, a que aludiremos abaixo. Garante igualmente a responsabilidade do segurado no âmbito de uma cláusula de *responsabilidade mútua em caso de colisão* estabelecida no contrato de transporte.

II. Quanto às exclusões específicas aplicáveis à Cláusula A, as mesmas, nos casos analisados, repetem, em grande medida, parte das exclusões gerais acima identificadas. Para além destas, fica afastada a cobertura de: (*i*) derrame normal, perda normal de peso ou volume, ou desgaste normal devido a uso dos bens seguros; (*ii*) perdas, danos ou despesas causadas por demora, ainda que essa demora seja resultante de um risco seguro (exceto as despesas que forem indemnizáveis ao abrigo de avaria grossa ou despesas de salvamento); (*iii*) perdas, danos ou despesas causadas por insolvência ou dificuldades financeiras dos proprietários, fretadores, ou operadores quando, no momento do carregamento dos bens seguros, o tomador ou o segurado tenha conhecimento, ou no decurso normal da sua atividade deva ter conhecimento, de que essa insolvência ou dificuldade financeira pode obstar ao prosseguimento normal da viagem (não se aplicando esta exclusão quando os direitos emergentes do contrato de seguro tiverem sido transferidos para a entidade reclamante, que de boa fé comprou ou acordou comprar os bens seguros ao abrigo de um contrato irrevogável).

Há igualmente exclusões por inavegabilidade ou inadequação de navio ou embarcação (quando seja este o meio de transporte) ou por inadequação do contentor ou outro meio de transporte para efetuar o transporte em segurança dos bens seguros, quando o carregamento destes tenha sido efetuado antes do início das garantias, ou pelo tomador ou segurado e estes tenham conhecimento dessa inadequação, no momento do carregamento.

[117] Esta cláusula traduz uma técnica de delimitação do risco que é manifestação do *princípio da universalidade do risco*, tradicional em seguro marítimo. Cfr. Albert Badia e Felipe Arizon, *El Seguro de las Mercancías en el Transporte*, *cit.*, p. 27.

Também excluídos estão os riscos de guerra, bem como os de greves e terrorismo, em termos parcialmente coincidentes com os referenciados a propósito das exclusões gerais.

V.1.3. *Cláusula B*

I – Outra das ICC mais relevantes é a Cláusula B. Esta segue já a técnica de delimitação do risco seguro mediante a discriminação das coberturas (*named perils*). Temos, assim, um recorte positivo do risco que, relativamente aos transportes terrestres, abrange as perdas ou danos sofridos pelos bens seguros razoavelmente atribuíveis a: (*i*) incêndio ou explosão; (*ii*) capotamento ou descarrilamento do meio de transporte terrestre; (*iii*) colisão ou contacto do meio de transporte com qualquer objeto externo que não seja água; (*iv*) terramoto, erupção vulcânica ou raio. Também coberta está a responsabilidade em que o segurado incorrer nos termos de qualquer cláusula de "Responsabilidade Mútua em Caso de Colisão" inserida no contrato de transporte.

II. Quanto às exclusões específicas, elas coincidem com as já referidas a propósito da Cláusula A, apenas lhes acrescendo, de significativo, a exclusão do dano ou destruição deliberada dos bens seguros ou de qualquer parte deles, resultante de um ato ilegal de qualquer pessoa ou pessoas.

V.1.4. *Cláusula C*

I. Não menos importante, entre as ICC, é a Cláusula C, que segue técnica semelhante à B, mas com contornos mais restritivos. Assim, restringindo-nos aos transportes terrestres, o recorte positivo do risco segue os mesmos contornos da Cláusula B, não abrangendo, no entanto, as perdas ou danos sofridos pelos bens seguros razoavelmente atribuíveis a terramoto, erupção vulcânica ou raio.

II. Relativamente às exclusões específicas, elas seguem também o elenco da Cláusula B.

V.1.5. *Cláusula de riscos de Greves*

I. Igualmente relevante no quadro das ICC é a Cláusula de Greves. Como referimos, os riscos de guerra, de greves e de terrorismo encontram-se excluídos, quer pelas *exclusões gerais convencionais* previstas nas condições gerais das duas modalidades analisadas, quer, designadamente, pelas Cláusulas A, B e C que sejam contratadas. Desta forma, a sua cobertura é possível mediante a subscrição da Cláusula de riscos de Greves e/ou da Cláusula de riscos de Guerra, reguladas ao nível das condições especiais.

Começando pela Cláusula de riscos de Greves, nos termos da mesma o recorte positivo da cobertura abrange as perdas ou danos sofridos pelos bens seguros causados por: (*i*) grevistas, trabalhadores em "lock-out" ou pessoas tomando parte em distúrbios de trabalho, tumultos ou comoções civis; (*ii*) qualquer ato de terrorismo enquanto ato praticado por qualquer pessoa em nome de, ou com relação a qualquer organização que desenvolva atividades com o fim de derrubar ou influenciar, através da força ou violência, qualquer governo, quer tenha sido ou não legalmente constituído; (*iii*) qualquer pessoa agindo por um motivo político, ideológico ou religioso. Também coberta está a avaria grossa.

II. Quanto às exclusões específicas que incidem sobre a presente cláusula, as mesmas seguem, em grande medida, as previstas para a Cláusula A, acrescendo-lhes, de relevante: (*i*) as perdas, danos ou despesas resultantes de ausência, falta ou impedimento de trabalho de qualquer natureza, em consequência de greve, *lock-out*, distúrbios de trabalho, tumultos ou comoções civis; e (*ii*) qualquer reclamação baseada na perda ou malogro da viagem.

V.1.6. *Cláusula de riscos de Guerra*

I. Por fim, destacando-se também entre as ICC, encontra-se a Cláusula de Guerra. O respetivo recorte positivo da cobertura inclui as perdas ou danos sofridos pelos bens seguros causados por: (*i*) guerra, guerra civil, revolução, rebelião, insurreição ou conflitos civis resultantes desses atos, ou qualquer ato hostil cometido por ou contra um poder beligerante; (*ii*) captura, apreensão, arresto, restrição ou detenção, resultante dos riscos cobertos sob a alínea anterior, bem como as consequências desses atos ou qualquer tentativa para os executar; (*iii*) minas, torpedos, bombas ou outras armas de guerra abandonadas ou à deriva. Fica igualmente coberta a avaria grossa.

II. Relativamente às exclusões específicas que consubstanciam o recorte negativo do risco quanto a esta cláusula, seguem-se, no essencial, as elencadas relativamente à Cláusula A, adicionando-se a exclusão de qualquer reclamação baseada na perda ou malogro da viagem.

V.1.7. *Balanço*

I. Como vimos, a delimitação material do risco opera de várias formas e por recurso a diferentes estratégias e técnicas. Tomando como referência exemplificativa a informação que vimos de enunciar, cumpre colocar em evidência algumas dessas técnicas.

Desde logo, importa assinalar a solução *all risks*, consubstanciada na Cláusula A. Esta técnica de recorte positivo do risco seguro, que raramente encontramos em outras modalidades contratuais, aponta para uma delimitação muito abrangente do risco, numa sugestão literal e pouco rigorosa de que *tudo está coberto*[118]. Como referimos, a Cláusula enuncia que o seguro garante *todos os riscos* de perdas ou danos sofridos pelos bens seguros, *com exceção do previsto nas exclusões.*

O essencial do recorte do risco opera, assim, sobretudo por via negativa, isto é, por efeito das exclusões. Cabe a estas, portanto, um papel proeminente de delimitação do risco. Não podemos, porém, deixar de sublinhar que, num patamar anterior (e superior) de delimitação do risco se encontra já a própria definição do ramo (e da modalidade contratual) em causa, a balizar previamente a amplitude da cobertura potencial.

II. Outra ideia que importa reiterar é a de que, quer o recorte material positivo, quer o negativo, recorrem a conceitos. Em regra, trata-se de conceitos sem conteúdo jurídico, que apelam para significantes da linguagem corrente e significados que encontram o seu sentido na vida quotidiana. Neste sentido, a cláusula delimitadora do risco tenderá a ser elaborada pelo segurador no sentido da respetiva clareza, precisão e definição de contornos, evitando as ambiguidades e zonas cinzentas.

Com efeito, como é sabido, sendo a delimitação material do risco feita por recurso ao clausulado contratual, a respetiva interpretação obedece ao estabelecido na LCCG. Ora, nos termos dos n.ºs 1 e 2 do respetivo artigo

---

[118] Como notam H. Fischer e F. Stabinger, a própria noção de *risco*, assente na ideia de incerteza e de fortuitidade, é, por si só, delimitadora da cobertura – H. Fischer e F. Stabinger, *El Seguro de Transporte de Mercancías*, *cit.*, p. 89.

11.º, as cláusulas ambíguas têm o sentido que lhes daria o contratante indeterminado normal que se limitasse a subscrevê-las ou a aceitá-las, quando colocado na posição de aderente real, prevalecendo, no entanto, na dúvida, o sentido mais favorável ao aderente.

É, portanto, para evitar a ambiguidade que a Cláusula de riscos de greves estabelece a cobertura de «qualquer ato de terrorismo enquanto ato praticado por qualquer pessoa em nome de, ou com relação a qualquer organização que desenvolva atividades com o fim de derrubar ou influenciar, através da força ou violência, qualquer governo, quer tenha sido ou não legalmente constituído», acrescentando, ademais, a cobertura de danos causados por «qualquer pessoa agindo por um motivo político, ideológico ou religioso».

Note-se, desde logo, que a noção de *ato de terrorismo* não apela para a definição de um tipo de ilícito penal, de acordo com a legislação nacional ou outra, mas para uma noção da vida corrente. A cobertura abrange os atos, quer de indivíduos agindo isoladamente e de moto próprio, quer dos que atuem por conta de organizações terroristas. As motivações – políticas, ideológicas ou religiosas, no caso dos indivíduos isolados, ou de derrube ou influência de qualquer governo, no caso das organizações terroristas – surgem como elemento destacado da definição, assim como a alusão à força ou à violência. O fim de derrube de qualquer governo, *ainda que não tenha sido legalmente constituído*, revela uma especial maturação da definição.

Não obstante, a definição logo deixa antever fragilidades. O que são, por exemplo, motivações *ideológicas*? A expressão *ideologia* alberga sentidos tão amplos que estariam certamente cobertos os danos provocados num carregamento de casacos de peles por um ativista dos direitos dos animais. Mas o não estarão também os danos provocados por um convicto xenófobo (ou por um adepto do protecionismo económico) em mercadorias importadas de outro continente? Em última instância, não haverá, em regra, motivações ideológicas (no sentido amplo que o termo acolhe) por detrás de boa parte das ações dos indivíduos?

III. No sentido da clareza e do rigor, e procurando blindar a sua posição contra a ambiguidade interpretativa, o recorte positivo do risco (e, bem assim, o negativo) recorre frequentemente a termos sinónimos. Esta técnica visa, não só identificar todos os significantes que exprimem o mesmo significado (ou outro de manifesta afinidade ou proximidade), mas também reforçar, pela reiteração sinonímica, a mesma ideia do evento ou circunstância que se pretende cobrir ou excluir.

Encontramos recorrentemente esta técnica na cláusula de guerra, onde se estabelece a cobertura de perdas ou danos sofridos pelos bens seguros causados por *guerra*, *guerra civil*, *revolução*, *rebelião*, *insurreição* ou *conflitos civis* resultantes desses atos, ou qualquer *ato hostil* cometido por ou contra um *poder beligerante*. Por recurso à mesma técnica, a cláusula cobre igualmente a *captura*, *apreensão*, *arresto*, *restrição* ou *detenção*, resultante dos riscos atrás referidos. A sinonímia, que é ainda mais flagrante na versão original inglesa desta cláusula ICC – *capture*, *seizure*, *arrest*, *restraint* or *detainment* – milita sempre no sentido do reforço de uma ideia central, da clareza interpretativa e da prevalência da matéria sobre a forma.

IV. A delimitação do risco por conjugação dos recortes positivo (coberturas) e negativo (exclusões) é também particularmente ilustrada relativamente à Cláusula de Greves. Aqui, o recorte positivo é ainda relativamente amplo, como vimos.

Porém, a referida exclusão de cobertura relativamente a *perdas, danos ou despesas resultantes de ausência, falta ou impedimento de trabalho de qualquer natureza, em consequência de greve,* lock-out*, distúrbios de trabalho, tumultos ou comoções civis*, reduz significativamente o perímetro do risco seguro, afetando mesmo a representação de cobertura gerada pela descrição do recorte positivo.

V.2. A dimensão quantitativa da circunscrição

I. No que respeita concretamente ao regime específico do seguro de mercadorias transportadas, o artigo 159.º da LCS, sob a epígrafe *capital seguro*, estabelece, no seu n.º 1, que, na falta de acordo em sentido diverso, o seguro compreende o valor da coisa transportada no lugar e na data do carregamento, acrescido do custo do transporte até ao local do destino.

Acrescenta o n.º 2 – em plena consonância, aliás, com o disposto no n.º 2 do citado artigo 130.º da LCS – que, quando seja avaliado separadamente no contrato, o seguro cobre ainda o lucro cessante. Embora em Direito dos Seguros a regra seja, como nota Francisco Rodrigues Rocha, a de que o montante do interesse seguro não inclui os lucros cessantes, essa cobertura é frequente no seguro de mercadorias transportadas[119].

[119] Francisco Rodrigues Rocha, *Do Princípio Indemnizatório no Seguro de Danos*, *cit.*, pp. 204-205.

Havendo cobertura do lucro cessante, a soma das várias parcelas previstas no n.º 1 e no n.º 2 do artigo 159.º da LCS (valor da coisa na data e lugar do carregamento + custo do transporte até ao lugar de destino + lucro cessante) corresponde, afinal, ao valor da venda no lugar de destino[120].

II. Focando-nos agora no clausulado das duas modalidades analisadas, as condições gerais da modalidade *X* preveem, relativamente ao valor seguro, que a determinação do mesmo é sempre da responsabilidade do tomador e que a responsabilidade do segurador é limitada à importância máxima fixada nas condições particulares da apólice.

Por outro lado, estabelece-se que o critério de determinação do valor seguro poderá corresponder: (*i*) à soma do preço de custo dos bens seguros no lugar e data do carregamento, com as despesas de transporte até ao destino, incluindo as despesas de carga, descarga e alfandegárias acrescida ou não de uma percentagem, indicada nas condições particulares, até ao limite máximo de 15%, da referida soma a título de lucros esperados, salvo se for acordada outra percentagem superior; ou (*ii*) ao preço corrente dos mesmos bens no lugar de destino, à sua chegada, sem avaria; ou (*iii*) a um valor intermédio entre os referidos nas alíneas anteriores.

Acrescenta-se, por fim, que em caso de subseguro (bens seguros por um valor inferior ao devido), se aplica a regra proporcional prevista no artigo 134.º da LCS, a qual é corolário do princípio indemnizatório.

III. Quanto à modalidade *Y*, estabelece-se nas respetivas condições gerais que o valor seguro deve ser indicado pelo tomador do seguro na proposta e deverá ter como *máximo* o preço corrente dos bens seguros no lugar de destino, à sua chegada, sem avaria; e como *mínimo* o valor dos bens seguros no lugar e data de carregamento acrescido das respetivas

---

[120] Sara Geraldes, *O Seguros de Transporte de Coisas*, *cit.*, p. 32. Note-se que a solução contida no 1.º parágrafo do artigo 62.º da LCS espanhola é semelhante à do n.º 1 do artigo 159.º da LCS portuguesa, com a diferença de que o capital seguro toma ainda em consideração o custo do próprio seguro, se tiver ficado a cargo do segurado. Quanto à solução do 2.º parágrafo do referido preceito da LCS espanhola, o mesmo prevê que, destinando-se a mercadoria a venda, considerar-se-á o valor das mercadorias no lugar de destino. Ora, esta solução corresponde, afinal, em substância, à do n.º 2 do artigo 159.º da LCS portuguesa, com a diferença de que neste a solução não opera de forma automática, implicando que o lucro cessante seja avaliado separadamente no contrato. Sobre o regime espanhol, cfr. Achim Puetz, “El pago de la indemnización del siniestro en el seguro de transporte”, *in* Alberto Emparanza Sobejano e José Manuel Martín Osante (Dirs.), *Seguros de Transporte Terrestre de Mercancías: Situación Jurídica Actual y Perspectivas de Futuro*, *cit.*, pp. 176 ss.

despesas até ao lugar de destino e de uma percentagem de até 15% para os lucros esperados, salvo se outra percentagem tiver sido estabelecida nas condições particulares.

IV. Como referimos, quando haja lugar, nas condições particulares, à estipulação de franquias, estas correspondem a uma exclusão parcial de cobertura de danos. Em ambas as modalidades contratuais analisadas (*X* e *Y*), a franquia surge definida em moldes substancialmente semelhantes, como *a importância que, em caso de sinistro, fica a cargo do segurado e cujo montante ou forma de cálculo consta das condições particulares.*

VI. Formalização das características do risco na apólice

I. Como nota a doutrina, as variáveis que influenciam a aferição, pelo segurador, do risco em que incorrerá contratualmente – e das quais decorre, consequentemente, o quantitativo do prémio aplicável –, consistem, designadamente: (*i*) na natureza das mercadorias (implicando as mais frágeis ou perecíveis um risco mais elevado); (*ii*) no meio de transporte utilizado e, sobretudo quando se trate de navio, as respetivas características (identificação, idade, tipo, material de construção e tonelagem); (*iii*) na identidade do transportador (sendo da maior relevância se o transporte é efetuado pelo segurado ou por um transportador profissional e, neste caso, conhecer-se a reputação do mesmo); (*iv*) no tipo de embalagem, acondicionamento e contentor (na medida em que a insuficiência ou inadequação dos mesmos comportam riscos mais elevados de dano nas mercadorias); (*v*) ou na viagem (trajeto; momento e duração da mesma; se implica várias operações de carga e descarga; pontos de origem e destino; condições de armazenamento)[121].

II. Os elementos que influenciam a apreciação do risco pelo segurador – e dos quais depende a formação da vontade negocial deste, quer quanto à aceitação do risco proposto, quer quanto às condições aplicáveis, designadamente, as tarifárias – constituem objeto do dever de declaração inicial do risco.

Neste quadro, o n.º 1 do artigo 24.º da LCS estabelece um dever pré-contratual, a cargo do tomador do seguro ou segurado, de comunicar ao

[121] Cfr., por exemplo, Francisco Bonet Armengol, *Los Seguros de Mercancías en el Comercio Internacional*, 2.ª Ed., Barcelona, Camara Oficial de Comercio, Industria y Navegación, s.d. (D.L. 1982), pp. 77 ss.; H. Fischer e F. Stabinger, *El Seguro de Transporte de Mercancías*, *cit.*, pp. 132 ss.

segurador, de forma exata e completa, as circunstâncias que conheça e que razoavelmente deva ter por significativas para a apreciação do risco pelo segurador. Para o efeito, o segurador socorre-se frequentemente de um questionário, ao qual o tomador do seguro ou segurado deve responder com verdade, não ficando, porém, o dever de declaração inicial do risco limitado às matérias eventualmente questionadas (n.º 2 do artigo 24.º)[122].

III. Algumas das matérias de que depende a apreciação do risco pelo segurador – já acima identificadas – devem, nos termos do n.º 1 do artigo 158.º da LCS, constar da própria apólice. Com efeito, estabelece o referido artigo que, para além do disposto no artigo 37.º da mesma lei, a apólice do seguro de transporte deve precisar: *a*) o modo de transporte utilizado e a sua natureza pública ou particular; *c*) a data da receção da coisa e a data esperada da sua entrega; *d*) sendo caso disso, a identificação do transportador ou transportadores ou, em alternativa, a entidade a quem caiba a sua determinação; e *e*) os locais onde devam ser recebidas e entregues as coisas seguras.

Esta técnica – formalização na apólice (condições particulares) de informações relativas à descrição do risco – constitui uma solução invulgar, de que raramente o legislador se socorre[123].

IV. A questão que se suscita é a de saber se desta formalização resultará um regime especial de declaração do risco, em derrogação, designadamente, das cominações estabelecidas nos artigos 25.º e 26.º da LCS (respetivamente, incumprimento doloso e negligente do dever estabelecido no artigo 24.º).

Com efeito, a mencionada formalização apresenta afinidades com o instituto das cláusulas "base do contrato" (*basis of the contract clauses*) estabelecido na *common law*, segundo o qual as declarações do proponente são incorporadas no contrato como garantias (*warranties*), cabendo ao segurador, se as mesmas se revelarem inexatas, o direito de resolução do contrato com fundamento em quebra da garantia (*breach of warranty*)[124].

---

[122] Sobre este dever, cfr., desenvolvidamente, Luís Poças, *O Dever de Declaração Inicial do Risco no Contrato de Seguro, cit.*, e, numa perspetiva de síntese, Luís Poças, "O dever de descrição exata e completa do risco a segurar", *in* Luís Poças, *Problemas e Soluções de Direito dos Seguros, cit.*, pp. 9-37.

[123] Angela Solimando, "Disciplina delle dichiarazioni precontrattuali nel contratto di assicurazione. Evoluzione della giurisprudenza", *Assicurazioni*, Ano LXVIII, n.ºs 1-2 (jan.-jun. 2001), pp. 51-52. Encontramos outro exemplo desta técnica no artigo 151.º da LCS (seguro de incêndio). Sobre a análise do preceito, cfr. Luís Poças, *O Dever de Declaração Inicial do Risco no Contrato de Seguro, cit.*, pp. 359-360.

[124] Cfr. Luís Poças, *O Dever de Declaração Inicial do Risco no Contrato de Seguro, cit.*, pp. 241-242.

Tratando-se, porém, de um instituto estranho ao Direito português, e não havendo outro instituto ou regime específico que surja associado à mencionada formalização, no texto da apólice, de circunstâncias objeto da declaração do risco, não haverá fundamento para afastar o regime dos artigos 24.º a 26.º da LCS.

V. Cumpre ressalvar apenas um aspeto relativamente a esta particularidade dos seguros de mercadorias transportadas. É o de que, exigindo a lei que as mencionadas circunstâncias caracterizadoras do risco sejam formalizadas na apólice, não poderá o proponente razoavelmente deixar de tê-las por significativas para a apreciação do risco pelo segurador.

Assim, a relevância (ou essencialidade) das referidas circunstâncias fica legalmente estabelecida e subtraída, portanto, ao juízo subjetivo do tomador do seguro ou segurado. Por outras palavras, quanto às referidas matérias fica derrogado o critério de relevância definido na parte final do n.º 1 do artigo 24.º da LCS, estabelecendo-se uma *presunção legal inilidível* de relevância das circunstâncias do risco cuja formalização na apólice a lei requer.

VI. A concretização das características do risco explicitadas nas condições particulares traduz, assim, um outro patamar de delimitação material do risco coberto[125]. Como dissemos, a desconformidade entre uma dessas características e a realidade, resultando de uma declaração inicial do risco dolosa, terá por efeito a não cobertura do sinistro, nos termos do n.º 3 do artigo 25.º da LCS, e a anulabilidade do contrato, nos termos do mesmo artigo.

A delimitação do risco nas condições particulares dá-se também por outra via. Com efeito, ali se regista igualmente a explicitação de opções – permitidas pelas condições gerais ou Especiais – e cuja sede própria reside nas condições particulares, que, como dissemos, constituem o documento que particulariza e especifica os elementos concretos do contrato de seguro e do risco que lhe subjaz.

[125] Albert Badia e Felipe Arizon, *El Seguro de las Mercancías en el Transporte*, *cit.*, p. 27.

VII. A DEMARCAÇÃO TEMPORAL E ESPACIAL DA COBERTURA

VII.1. Aspetos gerais

No seguro de transporte de mercadorias, como em alguns outros subtipos de seguro, o recorte temporal da cobertura – isto é, o início e termo da mesma – não corresponde ao tempo de vigência da apólice, que pode anteceder ou prolongar-se para lá do tempo de cobertura.

Por outro lado, no seguro de mercadorias transportadas, os recortes temporal e espacial surgem interligados. O elemento temporal da cobertura situa-se dentro de balizas que não obedecem a uma precisão de relógio e calendário, antes remetendo para critérios de determinação que atendem também ao elemento espacial.

No fundo, como melhor veremos, a cobertura do risco (materialmente recortado) acompanha o *trânsito normal* das mercadorias ao longo do tempo e do espaço em que decorre a operação de transporte. O início e o fim (temporal e espacial) da cobertura ocorrem por referência ao momento da entrega (do expedidor ao transportador, e deste ao destinatário) e ao lugar (pontos de origem e destino) em que se considera ter início e fim o transporte.

Vejamos, por referência à lei e aos contratos, em que se traduz esta íntima ligação entre o tempo e o espaço da cobertura.

VII.2. O início e o fim da cobertura na LCS

Com acabamos de referir, no seguro de transporte de mercadorias a cobertura acompanha naturalmente todo o período de duração do transporte, isto é, aquele em que as mercadorias estão em trânsito, deslocando-se, no trajeto territorialmente coberto, do ponto de origem para o de destino. É quanto à determinação das franjas deste período temporal e espacial – isto é, ao momento exato do início e do fim da cobertura e se o mesmo abrange as operações de carga e descarga – e, bem assim, às alterações não culposas do trânsito das mercadorias[126], que existe especial necessidade de clarificação contratual.

[126] Incluindo a paragem ou mudança de meio de transporte, a alteração de itinerário, a devolução das mercadorias ao ponto de origem, ou o seu depósito (temporário ou final) em lugar não previsto. Belén García Álvarez, "La duración de la cobertura del seguro de transporte terrestre de mercancías", *cit.*, p. 64.

Esta matéria é regulada nos artigos 157.º e 158.º da LCS. Começando por esta última disposição, que identifica os elementos específicos que devem constar das apólices (condições particulares) de mercadorias transportadas, aí se refere: (*i*) na alínea c) do n.º 1, que a apólice deve precisar *a data da receção da coisa e a data esperada da sua entrega*; e (*ii*) na alínea e) do mesmo número, que a mesma deve identificar *os locais onde devem ser recebidas e entregues as coisas seguras*.

Quanto ao artigo 157.º, que tem por epígrafe *período da cobertura*, o respetivo n.º 1 estabelece que, salvo convenção em contrário, o segurador assume o risco desde o *recebimento das mercadorias pelo transportador* até *à respetiva entrega no termo do transporte*. Em concreto, poder-se-á suscitar a questão de saber *quando* devem ter-se por recebidas e entregues as mercadorias.

Neste quadro, acrescenta o n.º 2 do mesmo artigo que o contrato *pode*, nomeadamente, fixar o início da cobertura dos riscos de transporte na saída das mercadorias do armazém ou do domicílio do carregador e o respetivo termo na entrega no armazém ou no domicílio do destinatário. Esta cláusula – designada *de armazém a armazém* (*warehouse to warehouse*) – define que a cobertura se inicia no momento de saída das mercadorias do armazém (ou domicílio) indicado na apólice – alínea e) do n.º 1 do artigo 158.º da LCS –, deixando de estar sob a custódia do expedidor, *para iniciar o trânsito* até ao lugar de destino, que corresponderá ao armazém ou domicílio do destinatário, ou a qualquer local, indicado pelo destinatário, onde as mercadorias passem a estar sob a esfera de controlo do mesmo[127]. Esta cláusula pressupõe uma extensão temporal da cobertura de seguro, que abrangerá fases anteriores e posteriores ao transporte propriamente dito[128].

Não se trata aqui sequer de uma cláusula supletiva (já que não se aplica na falta de estipulação contratual), mas da enunciação de uma solução – entre outras possíveis – na disponibilidade das partes[129].

---

[127] O critério de delimitação do início e fim da cobertura corresponderá, assim, à transferência da custódia sobre as mercadorias. Cfr. H. Fischer e F. Stabinger, *El Seguro de Transporte de Mercancías*, *cit.*, pp. 101 ss.; Belén García Álvarez, "La duración de la cobertura del seguro de transporte terrestre de mercancías", *cit.*, p. 67.

[128] Belén García Álvarez, *ibidem*. Isto é particularmente evidente no seguro marítimo, em que a cobertura se inicia antes do carregamento no navio e termina depois da descarga deste – Albert Badia e Felipe Arizon, *El Seguro de las Mercancías en el Transporte*, *cit.*, p. 110.

[129] José Alves de Brito, "Artigo 157.º – Anotação", *in* Pedro Romano Martinez *et al.*, *Lei do Contrato de Seguro – Anotada*, *cit.*, p. 475. Como nota o autor, as soluções que

Como vemos, a determinação, no artigo 157.º, do modo *como* se inicia e cessa a cobertura corresponde à fusão dos elementos espacial (o *onde*) e temporal (o *quando*) da delimitação ou balizamento da cobertura. Vejamos de seguida como essa delimitação ocorre nas duas modalidades contratuais analisadas.

VII.3. A delimitação espácio-temporal da cobertura na modalidade *X*

I. Relativamente a uma das modalidades contratuais analisadas (que designamos por modalidade *X*), uma cláusula das condições gerais, sob a epígrafe *início e duração do contrato*, regula o âmbito temporal da cobertura. Pode aí ler-se, sobre a *vigência do contrato*, que o mesmo produz os seus efeitos a partir das zero horas da data constante das condições particulares da apólice, desde que o prémio seja pago. Acrescenta-se que o contrato pode ser celebrado *por viagem* ou por um *período certo e determinado*, esclarecendo-se que, neste último caso, os seus efeitos cessam às 24 horas do último dia.

Por outro lado, uma cláusula das condições gerais, sob a epígrafe *âmbito territorial*, estipula que as garantias do contrato são válidas em caso de sinistro ocorrido dentro dos *limites geográficos* referidos nas condições particulares.

Nesta modalidade contratual, verifica-se uma definição de *trânsito* como o *trajeto garantido* para as coberturas contratadas, tendo início com o carregamento dos bens seguros num dos *locais* identificados nas condições particulares e no certificado de seguro, na *localidade de início da viagem*, e permanecendo em vigor durante o *percurso normal* desta, desde que não ultrapassados os prazos de armazenagem intermédia definidos e terminando com a sua descarga num dos *locais* identificados nas condições particulares e no certificado de seguro na *localidade identificada para termo da viagem*. Entre as opções de locais para o início e termo do trânsito indicam-se as seguintes possibilidades: aeroporto a aeroporto; aeroporto a armazém; armazém a aeroporto; armazém a armazém; armazém a cais; cais a armazém; cais a cais; porta a porta; "prego-a-prego".

---

vertem do artigo 157.º da LCS não se compatibilizam facilmente com a apólice *a tempo*, em que o período de cobertura é balizado por datas e horas determinadas – *idem*, pp. 475-476.

Por outro lado, estabelece-se que as garantias se iniciam no momento do carregamento dos bens seguros, pelo transportador, na localidade indicada nas condições particulares, para início do trânsito, vigorando durante o percurso normal deste e terminando com a descarga no local previsto para o fim do trânsito, na localidade de destino indicada nas condições particulares ou decorridos 15, 30 ou 60 dias, conforme o transporte seja realizado por via terrestre, aérea ou marítima, após a descarga dos bens seguros em qualquer outro armazém antes do termo do trânsito.

Acrescenta-se, finalmente, que o contrato pode manter-se em vigor após o decurso dos prazos atrás assinalados ou em caso de desvio de rota ou de transbordos não previstos, desde que tal se deva a motivo de força maior não imputável ao tomador do seguro ou ao segurado e estes informem o segurador, por escrito, ou por outro meio do qual fique registo duradouro, logo que deles tomem conhecimento, bem como desde que seja pago o correspondente prémio adicional. Em suma, a cobertura garante o transporte no decurso normal do trajeto previsto, não cobrindo, excetuadas as ressalvas assinaladas, os desvios de rota ou as interrupções de trajeto.

II. Quanto à garantia de danos nas mercadorias ocorridos *durante* as operações de carga e descarga, a modalidade *X* assegura-a por via da delimitação material do risco. Com efeito, essa cobertura pode ser adicionalmente contratada pelo tomador do seguro, acrescendo às já garantidas pelo contrato.

Para o efeito, a subscrição dessa cobertura é regulada numa condição especial própria, que abrange o pagamento das indemnizações devidas ao segurado, pelas perdas ou danos sofridos pelas mercadorias seguras, durante as operações de carga e descarga, nos locais indicados nas condições particulares, para início e termo de risco, realizadas pela entidade com quem foi contratado o seu transporte ou por outra entidade especializada nesse tipo de operações.

VII.4. O recorte espácio-temporal na modalidade *Y*

I. Quanto à outra modalidade analisada (modalidade *Y*), a cláusula das condições gerais que define o objeto alude já à delimitação temporal e espacial da cobertura. Pode aí ler-se que o contrato «garante, de acordo com o estipulado nas condições particulares e nos termos definidos nas Condições da Apólice, as perdas ou danos sofridos pelos bens e/ou interesses patrimoniais devidamente identificados nas condições particulares, *durante* o seu transporte [elemento temporal], *no percurso normal da viagem segura* [elemento espacial], quer este se efetue por via marítima, fluvial, terrestre ou aérea».

II. Quanto à duração do contrato, estabelece-se que a mesma está indicada nas condições particulares, admitindo-se três modalidades: (*i*) celebração por período certo e determinado, caso em que cessa os seus efeitos às 24 horas do último dia; (*ii*) celebração por um ano e seguintes, caso em que se considera sucessivamente renovado por períodos de um ano, exceto se for denunciado por qualquer das partes; (*iii*) celebração por viagem, entendendo-se, na ausência de indicação, que o contrato foi celebrado pela duração da viagem identificada nas condições particulares.

Na modalidade *Y*, é só em função do recorte material do risco (condições especiais atinentes às coberturas contratadas) que é definida a delimitação espácio-temporal da cobertura. Neste quadro, tomando como referência as condições especiais atinentes às Cláusulas de Seguro de Cargas – Cláusulas A, B e C das ICC 2009 –, encontramos a matéria uniformemente regulada. A sua disciplina reside, desde logo, numa cláusula sob a epígrafe *trânsito*. Aí se estabelece que o contrato se inicia no momento em que o objeto seguro é movimentado pela primeira vez no armazém ou no local de armazenamento (indicado na apólice) para efeitos do seu carregamento imediato no veículo transportador para início do trânsito; que o mesmo prossegue durante o curso normal do trânsito; e que, por fim, cessa num de três momentos: (*i*) com o termo da descarga do veículo transportador (ou outro meio de transporte) no armazém final ou local de armazenamento, no destino mencionado na apólice; (*ii*) com o termo da descarga do veículo transportador em qualquer armazém ou local de armazenamento situado na ou antes da localidade de destino indicada na apólice, em qualquer outro armazém que o segurado ou seus empregados decidam utilizar para armazenamento fora do curso normal do trânsito, quer para repartição ou distribuição, ou quando o segurado ou os seus empregados decidam utilizar um veículo de transporte, outro meio de transporte ou qualquer contentor para armazenamento fora do curso normal do trânsito; ou (*iii*) decorridos sessenta dias após conclusão da descarga do objeto seguro no porto de desembarque do objeto seguro do navio oceânico que os transportou até ao porto final de descarga[130].

---

[130] Acrescenta-se que, se após descarregamento do navio oceânico no porto de desembarque, mas antes do termo do seguro, o objeto seguro for expedido para um destino

Acresce que, sem prejuízo dos momentos de cessação indicados, o seguro continua em vigor durante a demora fora do controlo do segurado, desvio de rota, descarga forçada, reembarque ou transbordo assim como durante qualquer alteração da viagem resultante do exercício de um direito concedido ao transportador ao abrigo do contrato de transporte: (*i*) até que os objetos seguros sejam vendidos e entregues nesse porto ou local ou, salvo acordo especial em contrário, até sessenta dias após a chegada do objeto seguro ao referido porto ou local, aplicando-se o que ocorrer primeiro; ou (*ii*) se os objetos seguros forem expedidos dentro do referido período de sessenta dias (ou de qualquer extensão desse prazo que tiver sido acordada) para o destino indicado na apólice (ou para qualquer outro), até que termine a cobertura num dos momentos indicados no parágrafo anterior. Estabelece-se ainda que, se devido a circunstâncias fora do controlo do segurado, o contrato de transporte terminar num porto ou local diferente do de destino nele indicado, ou se a viagem terminar antes da descarga do objeto seguro de acordo com o mencionado no parágrafo anterior, o seguro terminará também, a não ser que o segurador seja prontamente avisado de qualquer desses factos, solicitada a continuação da cobertura e pago o prémio adicional que for requerido, caso em que o seguro se manterá em vigor.

O âmbito da cobertura temporal das ICC 2009 referidas, que segue uma lógica *de armazém a armazém*, alargou-se relativamente às anteriores ICC 1982. Embora não cumpra efetuar aqui uma análise mais detida, o teor das cláusulas suscita, ao nível da circunscrição espácio-temporal do risco, muitas dúvidas interpretativas[131].

III. Relativamente à cobertura de danos ocorridos durante as operações de carga ou descarga, a modalidade *Y* garante parcialmente o respetivo risco, desde que adicionalmente subscrito pelo tomador do seguro, mediante condição especial de *queda ao solo durante as operações de carga ou descarga.*

Nos termos da respetiva cláusula, garantem-se perdas ou danos às mercadorias seguras causados diretamente por queda ao solo nas operações de carga e descarga, incluindo as despesas de reacondicionamento das mercadorias, se existirem. Todavia, a cobertura está sujeita às condições de que, quando as operações de carga e descarga impliquem meios mecânicos, estes

---

diferente do que está abrangido pela apólice, o seguro termina quando se iniciar o transporte para esse outro destino, salvo se, entretanto, já tiver cessado nos termos atrás indicados.

[131] Mais desenvolvidamente, Belén García Álvarez, "La duración de la cobertura del seguro de transporte terrestre de mercancías", *cit.*, pp. 72-73.

tenham as características técnicas adequadas a tais operações e se encontrem em perfeito estado de funcionamento, e o destinatário receba em tempo a mercadoria e faça a reclamação até dez dias após o respetivo recebimento.

VII.5. Modalidades de seguro em função do tempo e do espaço

VII.5.1. *Aspetos gerais*

Os fatores temporal e espacial refletem-se, não só na delimitação da cobertura, mas no próprio âmbito do contrato de seguro.

Exemplificando a relevância destes fatores no desenvolvimento da atividade seguradora, a mesma, no seu início, assentava na garantia dos riscos associados a viagens individuais, cessando a cobertura no termo de cada viagem. Nestes moldes, a atividade seguradora assumia caráter efémero e não profissional, sendo a cobertura de riscos efetuada por comerciantes que, à vez, assumiam o papel de seguradores de empreendimentos alheios e de segurados dos seus próprios empreendimentos.

Só na sequência do grande incêndio de Londres (1666), a necessidade de cobertura permanente de um risco que assumia uma natureza constante levou à celebração de contratos por períodos duradouros de tempo. Esse caráter duradouro, levando à inerente necessidade de cobrança regular de um prémio e de gestão corrente e continuada dos contratos e de regularização de sinistros, exigiu uma organização permanente e profissional, levando à criação das primeiras Companhias de Seguros.

Ora, a dicotomia referida, entre contratos que cobrem empreendimentos (viagens de transporte) pontuais ou atividades de transporte continuadas, encontramo-la igualmente nas modalidades de apólices de seguro de mercadorias transportadas. É neste quadro que a alínea b) do n.º 1 do artigo 158.º da LCS estabelece que, para além do disposto no artigo 37.º da mesma lei, a apólice do seguro de transporte deve precisar a modalidade de seguro contratado, nomeadamente se corresponde a uma apólice "avulso", a uma apólice "aberta" ou "flutuante" ou a uma apólice "a viagem" ou "a tempo". Vejamos em que consistem estas modalidades, aplicáveis tanto a seguros de transporte marítimo, como terrestre ou por outra via.

VII.5.2. *Apólice "avulsa"*

A apólice *avulsa* ou *temporária* titula a cobertura dos riscos de um empreendimento (transporte) concreto, como era prática no início da atividade seguradora[132]. A cobertura contratualmente acordada acompanha, assim, um único empreendimento de transporte, iniciando-se com a entrega da mercadoria do expedidor ao transportador e cessando, por caducidade, com a entrega efetuada por este ao destinatário.

Trata-se, portanto, de uma modalidade adequada a tomadores (segurados) que só pontualmente estão sujeitos aos riscos de transporte. O prémio é único, sendo calculado em função do risco concreto do transporte, dos capitais seguros (valor das mercadorias) e das coberturas contratadas (delimitação material do risco).

VII.5.3. *Apólice "aberta" ou "flutuante"*

I – Diversamente da modalidade anterior, a apólice *aberta* ou *flutuante*[133] vigora por períodos contratuais definidos (em regra, ou na falta de estipulação, períodos de um ano, sucessivamente prorrogáveis[134]). A apólice define o tipo de mercadorias transportadas, o capital máximo por viagem e, naturalmente, o recorte material do risco (coberturas e exclusões), cobrindo os riscos associados a todos os empreendimentos de transporte verificados durante o período de vigência.

Para o efeito, deve o tomador do seguro, antes do início de cada viagem, comunicar ao segurador, em formulário específico, o transporte da mercadoria (o que na gíria seguradora se designa por *aplicação*), cumprindo ao segurador a emissão de um correspondente certificado de seguro. Este assume

---

[132] Esta modalidade pode surgir designada como *apólice especial* ou *por viagem* (Francisco Bonet Armengol, *Los Seguros de Mercancías en el Comercio Internacional*, *cit.*, pp. 71-72) ou por *apólice simples* ou *específica* (H. Fischer e F. Stabinger, *El Seguro de Transporte de Mercancías*, *cit.*, pp. 31-32).

[133] Distinguindo as apólices abertas das flutuantes, Francisco Bonet Armengol, *Los Seguros de Mercancías en el Comercio Internacional*, *cit.*, pp. 72-75; e Albert Badia e Felipe Arizon, *El Seguro de las Mercancías en el Transporte*, *cit.*, pp. 47-52. Cfr. também, sobre esta modalidade, H. Fischer e F. Stabinger, *El Seguro de Transporte de Mercancías*, *cit.*, pp. 32-37. Sobre a distinção entre a mesma e a *floating policy* ou *open policy* inglesa, *idem*, pp. 37-38.

[134] Cfr. artigo 40.º e n.º 1 do artigo 41.º da LCS.

função probatória[135], é numerado e contém todos os elementos relevantes da apólice, concretizando a cobertura da viagem concreta a que se reporta.

Por outro lado, o certificado assume caráter nominativo, à ordem ou ao portador[136]. É certo que, com a aprovação da Lei n.º 147/2015, de 9 de setembro, foi alterado o n.º 1 (e revogado o n.º 3) do artigo 38.º da LCS, onde anteriormente se admitiam as apólices ao portador (aí se abrangendo também os certificados de seguro). Porém, aquele diploma introduziu um n.º 2 ao artigo 158.º da LCS, nos termos do qual, em derrogação do n.º 1 do artigo 38.º, a apólice pode ser ao portador, transferindo nesse caso os direitos contratuais do portador que seja tomador do seguro ou segurado, salvo convenção em contrário.

Nas apólices *abertas* ou *flutuantes*, verificar-se-á o pagamento anual do prémio, caso em que, no início da anuidade, é cobrado um prémio provisório, depois reajustado, no final da mesma (ou de acordo com uma periodicidade estabelecida), em função das várias *aplicações* havidas no período em causa.

Como resulta do que fica exposto, esta modalidade, correspondendo já a um modelo de gestão do contrato típico da fase de maturidade da atividade seguradora, é particularmente adequada a tomadores que efetuam – em regra, profissionalmente – empreendimentos recorrentes de transporte.

II. Uma variante da modalidade que acabamos de referir é a da apólice *anual*, que, sem prejuízo da pré-definição de capitais máximos por viagem e por anuidade, garante os empreendimentos de transporte efetuados durante o período de vigência, sem necessidade de comunicação, pelo tomador, de cada viagem nem de emissão, pelo segurador, de certificados de seguro. Como resulta do artigo 41.º da LCS, o contrato é prorrogável no termo da anuidade.

Proporcionando um menor controlo do risco ao segurador, esta modalidade adequa-se também a tomadores com um recorrente e elevado volume de empreendimentos, em particular no caso de transporte rodoviário nacional de mercadorias[137].

---

[135] Serve, designadamente, para provar a um banco, financiador da operação de comércio internacional, a existência de seguro válido sobre as mercadorias objeto dessa operação. H. Fischer e F. Stabinger, *El Seguro de Transporte de Mercancías*, *cit.*, pp. 40-41.

[136] Artur Pinto Lucas, *Princípios Gerais do Contrato de Seguro*, *cit.*, p. 161.

[137] Artur Pinto Lucas, *ibidem*.

VII.5.4. *Apólice "a viagem" ou "a tempo"*

Relativamente às apólices *a viagem* e *a tempo*, as mesmas assumem uma ou outra designação, como refere José Alves de Brito, «conforme a cobertura do seguro se inicia com o embarque das mercadorias pelo meio de transporte (a viagem) ou tem por objeto uma série de expedições, coincidindo o seu início com a data determinada no contrato (a tempo)»[138].

Estas modalidades, embora legalmente previstas no mesmo plano das que vimos anteriormente, e constituindo uma referência – talvez a mais relevante, relativamente à duração material do seguro[139] – na atividade seguradora, carecem de identidade própria face às supramencionadas. Por outras palavras, estas duas modalidades formam uma tipologia diversa da acima referida, cruzando-se com a mesma. Com efeito, a apólice *a viagem* corresponde, no essencial, à apólice *avulsa*, enquanto a apólice *a tempo* se reconduz, em grande medida, à *aberta* ou *flutuante*. Assim, estão em causa classificações diferentes de idênticas realidades.

VIII. Conclusões

Em tema de delimitação do risco garantido, tomando como referência o seguro de mercadorias transportadas, tivemos oportunidade de distinguir as noções de risco coberto e de sinistro. Verificámos, neste quadro, que a delimitação da cobertura do risco, ou *âmbito do contrato*, é circunscrita nas vertentes material – que comporta uma dimensão qualitativa e outra quantitativa –, temporal, espacial e pessoal (esta última, sem relevância no subtipo de seguro em análise).

A dimensão qualitativa da delimitação material da cobertura decorre da lei (definição do risco coberto e eventuais normas imperativas) e da vontade das partes (clausulado contratual e identificação dos bens ou interesses seguros). Esta delimitação, quando assente no clausulado, opera em função, quer das *causas* do sinistro, quer das *circunstâncias* que o caracterizam ou das suas *consequências* (dano).

[138] José Alves de Brito, "Artigo 158.º – Anotação", *in* Pedro Romano Martinez *et al.*, *Lei do Contrato de Seguro – Anotada*, *cit.*, p. 477. Cfr. também Albert Badia e Felipe Arizon, *El Seguro de las Mercancías en el Transporte*, *cit.*, p. 52; Francisco Bonet Armengol, *Los Seguros de Mercancías en el Comercio Internacional*, *cit.*, p. 26.

[139] Belén García Álvarez, "La duración de la cobertura del seguro de transporte terrestre de mercancías", *cit.*, p. 64.

A delimitação material do risco coberto, na sua dimensão qualitativa, opera através do recurso a conceitos aperfeiçoados ao longo do tempo, mediante um recorte positivo (cobertura por inclusão) ou negativo (por exclusão). A articulação entre estes recortes traduz uma relação de, respetivamente, regra e exceção. Noutra perspetiva, o recorte positivo constitui um conjunto de elementos (cobertura) do qual o recorte negativo (exclusão) é um subconjunto dele expressamente subtraído. O recorte negativo é, portanto, no plano lógico, *posterior* ao positivo.

A definição legal do ramo de mercadorias transportadas confere um primeiro patamar de delimitação material do risco, completado com as cláusulas contratuais que estabelecem as coberturas e exclusões. Relevam, neste contexto, as cláusulas ICC (em particular, as Cláusulas A, B, C, a de riscos de Guerra e a de riscos de Greves), que – não obstante o primado da liberdade contratual das partes – são amplamente adotadas pela generalidade dos seguradores, constituindo uma referência internacional e assegurando a regularidade e homogeneidade da circunscrição material do risco, na sua dimensão qualitativa. Já na dimensão quantitativa encontrámos também soluções de disciplina relativamente homogéneas entre as duas modalidades contratuais concretas (*X* e *Y*) analisadas.

Quanto às vertentes de delimitação temporal e espacial da cobertura do risco, as mesmas surgem interrelacionadas neste subtipo de seguro, acompanhando o início e o fim (cronológico e geográfico) da operação de transporte das mercadorias. Neste contexto, a necessidade de clarificação – a que o clausulado contratual procura atender – coloca-se quanto aos limites inicial e final da cobertura, e quanto às alterações não culposas do trânsito das mercadorias. Os fatores temporal e espacial refletem-se, de resto, não só na delimitação da cobertura, mas no próprio âmbito do contrato de seguro, que pode assumir a modalidade de apólice "avulso" ou "aberta" (ou "flutuante"), ou a modalidade de apólice "a viagem" ou "a tempo".

Bibliografia

Almeida, Francisco de; e Brunswick, Henrique, *Dicionário Ilustrado da Língua Portuguesa*, Lisboa, Francisco Pastor, 1898

Almeida, José Carlos Moitinho de, "Cláusulas contratuais gerais e o contrato de seguro", *in* Almeida, José Carlos Moitinho de, *Contrato de Seguro – Estudos*, Coimbra, Coimbra Ed., 2009, pp. 77-113

— *O Contrato de Seguro no Direito Português e Comparado*, Lisboa, Livraria Sá da Costa, 1971

ALVES, Hugo Ramos, "Em torno do contrato de transporte marítimo de mercadorias", *in* GOMES, Januário Costa (Coord.), *Temas de Direito dos Transportes*, Vol. III, Coimbra, Almedina, 2015, pp. 317-374

ALVES, Jones Figueiredo, "Contrato de transporte de coisas perigosas. Trânsito entre o direito contratual e a responsabilidade civil em diálogo de fontes", *in* GOMES, Januário Costa (Coord.), *Temas de Direito dos Transportes*, Vol. III, Coimbra, Almedina, 2015, pp. 375-423

ASCENSÃO, José de Oliveira, "Cláusulas contratuais gerais, cláusulas abusivas e boa fé", *Revista da Ordem dos Advogados*, Ano 60 (2000), Vol. II, pp. 573-595

BADIA, Albert; e ARIZON, Felipe, *El Seguro de las Mercancías en el Transporte*, Barcelona, Marge Books, 2009

BADO CARDOZO, Virginia, *El Riesgo y la Reticencia en el Contrato de Seguro*, Montevideo, La Ley Uruguay, 2009

BARATA, Carlos Lacerda, "Contratos de transporte terrestre: Formação e conclusão", *Revista da Ordem dos Advogados*, Ano 73 (2013), Vol. II/III, pp. 619-668

BARDIN, Laurence, *L'Analyse de Contenu*, Paris, Presses Universitaires de France, 1977 – trad. port., *Análise de Conteúdo*, Lisboa, Ed. 70, s.d. [DL 1995]

BASTOS, Nuno Castello-Branco, *Direito dos Transportes*, Coimbra, Almedina, 2004

BEGINES, Juan Pulido, "Cruise ships contracts: transport or package tour?", *in* GOMES, Januário Costa (Coord.), *Temas de Direito dos Transportes*, Vol. III, Coimbra, Almedina, 2015, pp. 63-83

BEIGNIER, Bernard, *Droit du Contrat d'Assurance*, Paris, PUF, 1999

BOQUERA MATARREDONA, Josefina, "El seguro de transporte de mercancías por carretera asegura los daños en las mercancías o la responsabilidade del porteador?", *in* EMPARANZA SOBEJANO, Alberto; e MARTÍN OSANTE, José Manuel (Dirs.), *Seguros de Transporte Terrestre de Mercancías: Situación Jurídica Actual y Perspectivas de Futuro*, Madrid, Marcial Pons, 2013, pp. 45-60

BONET ARMENGOL, Francisco, *Los Seguros de Mercancías en el Comercio Internacional*, 2.ª Ed., Barcelona, Camara Oficial de Comercio, Industria y Navegación, s.d. (D.L. 1982)

BRITO, José Alves de, *Seguro Marítimo de Mercadorias – Descrição e Notas ao Seu Regime Jurídico*, Coimbra, Almedina, 2006

CALMEIRO, Ana Serra, *Das Cláusulas Abusivas no Contrato de Seguro*, Coimbra, Almedina, 2014

CARVALHO, Ruy de, *Uma Breve História do Seguro – Dos Antecedentes ao Final do Século XVII*, Lisboa, Imprensa Nacional Casa da Moeda, 2016

CORDEIRO, António Menezes, *Direito dos Seguros*, Coimbra, Almedina, 2013

— "Introdução ao Direito dos Transportes", *Revista da Ordem dos Advogados*, Ano 68 (2008), Vol. I – https://portal.oa.pt/publicacoes/revista/ano-2008/

ano-68-vol-i/doutrina/antonio-menezes-cordeiro-introducao-ao-direito-dos--transportes/ (consult. 29/02/2020)

COSTA, J. Almeida; e MELO, A. Sampaio e, *Dicionário da Língua Portuguesa*, 8.ª Ed., Porto, Porto Editora, 1999

DUARTE, Rui Pinto, *Tipicidade e Atipicidade dos Contratos*, Coimbra, Almedina, 2000

EMPARANZA SOBEJANO, Alberto, "Acción de reclamación del asegurador en las reclamaciones de transporte terrestre: legitimación, contenido e plazos", *in* EMPARANZA SOBEJANO, Alberto; e MARTÍN OSANTE, José Manuel (Dirs.), *Seguros de Transporte Terrestre de Mercancías: Situación Jurídica Actual y Perspectivas de Futuro*, Madrid, Marcial Pons, 2013, pp. 193-211

FARIA, Jorge Ribeiro de, *Direito das Obrigações*, Vol. I, Coimbra, Almedina, 1990 (Reimpr., 2001)

FISCHER, H.; e STABINGER, F., *El Seguro de Transporte de Mercancías*, Zurich, Swiss Re, 1987

GARCÍA ÁLVAREZ, Belén, "La duración de la cobertura del seguro de transporte terrestre de mercancías", *in* EMPARANZA SOBEJANO, Alberto; e MARTÍN OSANTE, José Manuel (Dirs.), *Seguros de Transporte Terrestre de Mercancías: Situación Jurídica Actual y Perspectivas de Futuro*, Madrid, Marcial Pons, 2013, pp. 61-87

GARRIGUES, Joaquín, *Contrato de Seguro Terrestre*, 2.ª Ed., Madrid, s. n., 1983

GERALDES, Sara, *O Seguros de Transporte de Coisas*, Relatório de Mestrado, Lisboa, Faculdade de Direito da Universidade de Lisboa, 2008 (polic.)

GHERSI, Carlos Alberto, *Contrato de Seguro*, Buenos Aires, Astrea, 2007

GOMES, Januário Costa, "O regime europeu do transporte marítimo de passageiros. Entre o regulamento "marítimo" da responsabilidade do transportador e o regulamento "consumerista" dos direitos dos passageiros", *in* GOMES, Januário Costa (Coord.), *Temas de Direito dos Transportes*, Vol. III, Coimbra, Almedina, 2015, pp. 7-61

GONÇALVES, Luiz Cunha, *Comentário ao Código Comercial Português*, Vol. II, Lisboa, Ed. José Bastos, 1916

HERMANNSDORFER, Fritz, *Das Versicherungswesen*, Berlin, J. Springer, 1928 – trad. espanhola, *Seguros Privados*, Barcelona, Labor, 1933

HÖRSTER, Heinrich Ewald, *A Parte Geral do Código Civil Português – Teoria Geral do Direito Civil*, Coimbra, Almedina, 1992

ISERN SALVAT, María Rosa, "La legitimación activa de los aseguradores en las reclamaciones del transporte", *in* EMPARANZA SOBEJANO, Alberto; e MARTÍN OSANTE, José Manuel (Dirs.), *Seguros de Transporte Terrestre de Mercancías: Situación Jurídica Actual y Perspectivas de Futuro*, Madrid, Marcial Pons, 2013, pp. 129-157

LA TORRE, Antonio, *L'Assicurazione nella Storia delle Idee*, Firenze, Assicurazioni, 1995

LAMBERT-FAIVRE, Yvonne, *Droit des Assurances*, 11.ª Ed., Paris, Dalloz, 2001

LUCAS, Artur Pinto, *Princípios Gerais do Contrato de Seguro*, s.n., s.d. (2012)

MARTÍNEZ BALMASEDA, Arantza, "Los intentos de coordinación entre el seguro de transporte terrestre de mercancias y el seguro de responsabilidade civil del porteador: problemas actuales y propuestas de mejora", *in* EMPARANZA SOBEJANO, Alberto; e MARTÍN OSANTE, José Manuel (Dirs.), *Seguros de Transporte Terrestre de Mercancías: Situación Jurídica Actual y Perspectivas de Futuro*, Madrid, Marcial Pons, 2013, pp. 269-289

MARTINEZ, Pedro Romano, "Cláusulas contratuais gerais e cláusulas de limitação ou de exclusão da responsabilidade no contrato de seguro", *Scientia Ivridica*, Tomo LV, n.º 306 (abr.-jun. 2006), pp. 241-261

— "Contrato de seguro: Âmbito do dever de indemnizar", *in* MOREIRA, António; e MARTINS, M. Costa (Coords.), *I Congresso Nacional de Direito dos Seguros – Memórias*, Coimbra, Almedina, 2000, pp. 155-168

— *Direito dos Seguros – Apontamentos*, Cascais, Principia, 2006

MARTINEZ, Pedro Romano, *et al.*, *Lei do Contrato de Seguro – Anotada*, 3.ª Ed., Coimbra, Almedina, 2016

MARTINEZ, Pedro Romano; e MATOS, Filipe de Albuquerque (Orgs.), *Lei da Distribuição de Seguros Anotada*, Coimbra, Almedina, 2019

MARTINS, Maria Inês Oliveira, *Contrato de Seguro e Conduta dos Sujeitos Ligados ao Risco*, Coimbra, Almedina, 2018

MATOS, Filipe de Albuquerque, "Contrato de seguro – A cobertura de atos dolosos", *in* NUNES, António José Avelãs; CUNHA, Luís Pedro; e MARTINS, Maria Inês Oliveira (Orgs.) *Estudos em Homenagem ao Prof. Doutor Aníbal de Almeida*, Coimbra, Coimbra Ed., 2012, pp. 677-701

MAYAUX, Luc, *Les Grandes Questions du Droit des Assurances*, Paris, LGDJ, 2011

MOTA, Francisco Guerra da, *O Contrato de Seguro Terrestre*, Porto, Athena, s.d.

MUÑOZ PAREDES, María Luisa, "La contratación del seguro de transporte terrestre por cuenta propia por el porteador sobre mercancías ajenas, la acción directa del dueño de las mercancías y otras patologías de este seguro", *Revista Española de Seguros*, n.º 167 (jul.-set. 2016), pp. 351-378

OLIVEIRA, Arnaldo, "Seguro de vida associado ao crédito à habitação: A 'acordadíssima' jurisprudência relativa à cobertura de invalidez, seguida de ponto da situação do quadro regulatório aplicável", *Revista de Direito e de Estudos Sociais*, Ano LVI, n.º 1-3 (jan.-set. 2015), pp. 189-257

PETERSEN, Luiza Moreira, *O Risco no Contrato de Seguro*, São Paulo, Roncarati, 2018

PETIT LAVALL, María Victoria, "Las cláusulas limitativas y delimitadoras del riesgo en el seguro de transporte de mercancías por carretera", *in* EMPARANZA SOBEJANO, Alberto; e MARTÍN OSANTE, José Manuel (Dirs.), *Seguros de Trans-*

porte Terrestre de Mercancías: Situación Jurídica Actual y Perspectivas de Futuro, Madrid, Marcial Pons, 2013, pp. 89-105

Picard, Maurice; e Besson, André, *Les Assurances Terrestres en Droit Français*, Tomo I, 3.ª Ed., Paris, LGDJ, 1970

Poças, Luís, "Aproximação económica à declaração do risco no contrato de seguro", *in* Poças, Luís, *Problemas e Soluções de Direito dos Seguros*, Coimbra, Almedina, 2019, pp. 39-79

— "A cominação civil da fraude na execução do contrato de seguro – Ocorrência e participação do sinistro", *in* Poças, Luís, *Problemas e Soluções de Direito dos Seguros*, Coimbra, Almedina, 2019, pp. 81-128

— *O Dever de Declaração Inicial do Risco no Contrato de Seguro*, Coimbra, Almedina, 2013

— "O dever de descrição exata e completa do risco a segurar", *in* Poças, Luís, *Problemas e Soluções de Direito dos Seguros*, Coimbra, Almedina, 2019, pp. 9-37

— *Manual de Investigação em Direito – Metodologia da Preparação de Teses e Artigos Jurídicos*, Coimbra, Almedina, 2020

— "Seguro financeiro: os ramos «crédito» e «caução»", *in* Poças, Luís, *Problemas e Soluções de Direito dos Seguros*, Coimbra, Almedina, 2019, pp. 163-200

— "Os seguros de capitalização", *in* Poças, Luís, *Estudos de Direito dos Seguros*, Porto, Almeida & Leitão, 2008, pp. 13-116

Proença, Alfredo; e Proença, Espanha J., *Transporte de Mercadorias*, Coimbra, Almedina, 2004

Puetz, Achim, "El pago de la indemnización del siniestro en el seguro de transporte", *in* Emparanza Sobejano, Alberto; e Martín Osante, José Manuel (Dirs.), *Seguros de Transporte Terrestre de Mercancías: Situación Jurídica Actual y Perspectivas de Futuro*, Madrid, Marcial Pons, 2013, pp. 159-191

Ramos, Maria Elisabete, *O Seguro de Responsabilidade Civil dos Administradores – Entre a Exposição ao Risco e a Delimitação da Cobertura*, Coimbra, Almedina, 2010

Rocha, Francisco Rodrigues, "Algumas notas em torno da cláusula CIF e do seguro de transporte de mercadorias", *in* Gomes, Januário Costa (Coord.), *Temas de Direito dos Transportes*, Vol. III, Coimbra, Almedina, 2015, pp. 247-315

— *Do Princípio Indemnizatório no Seguro de Danos*, Coimbra, Almedina, 2015

Ruiz Muñoz, Miguel, *La Nulidad Parcial del Contrato y la Defensa de los Consumidores*, Valladolid, Lex Nova, 1993

Sánchez Calero, Fernando (Dir.), *Ley de Contrato de Seguro – Comentarios a la Ley 50/1980, de 8 Octubre, y a Sus Modificaciones*, 4.ª Ed., Cizur Menor, Aranzadi, 2010

Simone, Ennio de, *Breve Storia delle Assicurazioni*, 2.ª Ed., Milano, Franco Angeli, 2011

SOARES, Patrícia Assunção, *Os Seguros de Responsabilidade Civil de Base Reclamação (*Claims Made*) e os Desafios da Sua Aplicação: O Caso da Responsabilidade Ambiental* – Dissertação de Mestrado, Lisboa, Faculdade de Direito da Universidade Nova de Lisboa, 2019 (polic.).

SOLIMANDO, Angela, "Disciplina delle dichiarazioni precontrattuali nel contratto di assicurazione. Evoluzione della giurisprudenza", *Assicurazioni*, Ano LXVIII, n.ºs 1-2 (jan.-jun. 2001), pp. 21-52

SOTGIA, Sergio, "Considerazioni sulla 'descrizione del rischio' nel contratto di assicurazione", *Assicurazioni*, Ano XXXVI (1969), Parte I, pp. 92-115

TORRES, Arnaldo Pinheiro Torres, *Ensaio Sobre o Contrato de Seguro*, Porto, Tipografia Sequeira, 1939

URÍA, Rodrigo, *Derecho Mercantil*, 13.ª Ed., Madrid, Marcial Pons, 1986

VASCONCELOS, Pedro Pais de, *Contratos Atípicos*, Coimbra, Almedina, 1995

VASQUES, José, *Contrato de Seguro – Notas Para Uma Teoria Geral*, Coimbra, Coimbra Ed., 1999

VEIGA COPO, Abel, *Condiciones en el Contrato de Seguro*, 2.ª Ed., Granada, Ed. Comares, 2008

— *La Dimensión Temporal en el Contrato de Seguro*, Cizur Menor, Civitas/Thomson Reuters, 2011

SOBRE A RELAÇÃO ENTRE AS REGRAS DA HAIA E O DECRETO-LEI 352/86, RELATIVO AO CONTRATO DE TRANSPORTE DE MERCADORIAS POR MAR

M. Januário da Costa Gomes*

Sumário: 1. Introdução; 2. Sobre o sentido geral da "subsidiariedade" no domínio da aplicação das leis; 3. Ilustração da interpretação imperialista da Convenção de Bruxelas na jurisprudência portuguesa; 4. O estado do problema na doutrina; 5. Ilustração das consequências da interpretação linear e literal da "subsidiariedade" referida no artigo 2.º do DL 352/86; 6. Exortação a um *revirement*.

1. Introdução[1]

I. Numa aparente clareza que é também singeleza, o artigo 2.º do DL 352/86, de 21 de outubro – diploma que estabelece o regime aplicável ao contrato de transporte de mercadorias por mar – dispõe o seguinte:

"Este contrato é disciplinado pelos tratados e convenções internacionais vigentes em Portugal e, subsidiariamente, pelas disposições do presente diploma".

Uma primeira leitura do artigo 2.º reproduzido, quase quatro décadas volvidas sobre a entrada em vigor do diploma, conduz-nos no sentido

---

* Professor da Faculdade de Direito da Universidade de Lisboa.

[1] Abreviaturas utilizadas: Ac.=Acórdão; BL=*Bill of Lading*; BMJ=Boletim do Ministério da Justiça; CB=Convenção de Bruxelas; CC=Código Civil; CCom=Código Comercial; CDMT=Centro de Direito Marítimo e dos Transportes; CJ/STJ=Colectânea de Jurisprudência. Supremo Tribunal de Justiça; DL=Decreto-Lei; FDUC=Faculdade de Direito da Universidade de Coimbra; FDUL=Faculdade de Direito da Universidade de Lisboa; NN=Navios e Navegação; RE=Relação de Évora; RFDUL=Revista da Faculdade de Direito da Universidade de Lisboa; RL=Relação de Lisboa; RP=Relação do Porto; STJ=Supremo Tribunal de Justiça; TJ=Tribuna da Justiça.

de que, num contrato de transporte marítimo de mercadorias para serem deslocadas de "porto para porto diverso" (artigo 1.º do DL 352/86), mais especificamente, entre dois portos nacionais, o regime a aplicar seria o da Convenção de Bruxelas de 1924, relativa à unificação de certas regras em matéria de conhecimentos de carga (Regras da Haia), a que Portugal está vinculado, ficando a aplicação do regime consagrado no DL 352/86 relegada para o domínio do "subsidiário"[2].

Fora da nossa atenção, *hic et nunc*, está a questão da interpretação da própria Convenção de Bruxelas de 1924, no que tange ao seu perímetro aplicativo, designadamente à luz do seu controvertido artigo 10.º[3]. Não obstante, sempre diremos que a boa interpretação do citado normativo – seguramente reforçada pela "sombra normativa" do Protocolo de Visby[4] – conduz-nos à conclusão de que as Regras da Haia (sem Protocolo de Visby) não são aplicáveis diretamente, por força da citada Convenção, a situações de transporte marítimo direto de mercadorias entre dois portos nacionais.

Tal não obsta, naturalmente, pelo menos em tese, a que – agora por força do artigo 2.º do DL 352/86 – se não *as normas*, pelo menos, *certas normas* da Convenção de Bruxelas possam ser aplicáveis aos transportes marítimos internos, sendo a questão problemática a de saber com que natureza, em que termos e com que limites.

II. Por facilidade, mas também porque a situação de transporte marítimo direto de mercadorias entre portos portugueses se coloca com grande pertinência na jurisprudência[5], vamo-nos centrar – até porque é essa a situação que, com maior frequência, clamará pela aplicação do regime plasmado no DL 352/86 – na situação em que a mercadoria é transportada diretamente de um porto nacional para outro porto nacional, hipotizando-se, neste quadro, também por ser uma situação frequente na jurisprudência, um transporte direto de mercadorias entre os portos de Lisboa e do Funchal. Trata-se

---

[2] Cf., por todos, Nuno Castello-Branco Bastos, *Da disciplina do contrato de transporte internacional de mercadorias por mar*, Almedina, Coimbra, 2004, p. 196 e ss..

[3] Cf., por todos, Sergio Carbone, *Contratto di trasporto marittimo di cose*, 2.ª edição, Giuffrè, Milão, 2010, p. 63 e ss. e R. Rodière / Emmanuel Pontavice, *Droit Maritime*, 12.ª edição, Dalloz, Paris, 1997, p. 374 e ss..

[4] Cf. M. Januário da Costa Gomes, *Sobre o sistema próprio de responsabilidade do transportador de mercadorias*, in "Temas de Direito dos Transportes", IV, CDMT/FDUL, Almedina, Coimbra, 2019 (449-510), p. 487 e ss..

[5] Cf., *infra*, ponto 3.

de uma hipótese que, independentemente, mas também sem prejuízo, das polémicas que o artigo 10.º da CB tem gerado, não estará, frisa-se, no âmbito *direto* de aplicação das Regras da Haia, mormente à luz do seu artigo 10.º, sendo este, de resto, um entendimento comum na doutrina nacional[6].

Escolhemos esta situação específica de um transporte marítimo doméstico, não sem frisarmos que as situações em equação, quando falamos nas potencialidades aplicativas do DL 352/86, são bem mais ricas, considerando também a necessidade de trazermos à colação, designadamente, a Convenção de Roma de 1980 sobre a lei aplicável às obrigações contratuais. Trata-se de um ponto evidenciado, entre nós, em especial, por Luís Lima Pinheiro[7], por Castello-Branco Bastos[8] e por Amândio Canha[9].

Como se disse, sem esquecer que a hipótese em análise não esgota o universo de situações possíveis, centramo-nos numa situação, de algum modo linear, que é a do transporte marítimo de mercadorias entre dois portos nacionais, situação essa em que o intérprete tem necessariamente de considerar o regime do DL 352/86, ainda que seja para o... não considerar, em termos aplicativos.

2. Sobre o sentido geral da "subsidiariedade" no domínio da aplicação das leis

Dando à palavra "subsidiariamente", que encontramos no citado artigo 2.º do DL 352/86, o significado jurídico que, num primeiro momento, não

[6] Cf., por todos, Mário Raposo, *Sobre o contrato de transporte de mercadorias por mar*, in BMJ (1988), pp. 7-8 (5-62): "Só que deverá estar em causa um transporte internacional. Na hipótese contrária, a aplicação da Convenção ficará excluída"; cf. também Nuno Castello-Branco Bastos, *Da disciplina do contrato de transporte internacional de mercadorias por mar*, cit., p. 198 e M. Januário da Costa Gomes, *Sobre o sistema próprio*, cit., p. 489.

[7] Cf. Luís Lima Pinheiro, *Direito aplicável ao contrato de transporte marítimo de mercadorias*, in "I Jornadas de Lisboa de Direito Marítimo. 6 e 7 de Março de 2008. O contrato de transporte marítimo de mercadorias", CDMT/FDUL, Almedina, Coimbra, 2008 (163-202), pp. 196-202.

[8] Cf. Nuno Castello-Branco Bastos, *Da disciplina do contrato de transporte internacional de mercadorias por mar*, cit., p. 166 e ss. e 196 e ss..

[9] Cf. Amândio Canha, *Contrato de transporte marítimo de mercadorias. Contributo para a determinação dos seus sujeitos*, Dissertação de Mestrado em Ciências Jurídico-Empresariais, FDUC, Coimbra, 1996, p. 61 e ss..

pode deixar de ser levado em conta, o regime a aplicar ao contrato de transporte acima hipotizado seria, em primeiro lugar, o das Regras da Haia e, nas "zonas não cobertas" por estas Regras, o regime estatuído no próprio DL 352/86 – "as disposições do presente diploma", como se lê no artigo 2.º.

Entre tais disposições, seria de considerar também, por força do número 1 do artigo 31.º, o § 1.º do artigo 1.º do DL 37.748, de 1 de fevereiro de 1950, cabendo a uma análise subsequente a conclusão, a tirar por interpretação, sobre se a consideração do regime do DL 37.748 estaria circunscrita ao citado § 1.º do artigo 1.º ou se abrangeria outras normas desse mesmo diploma.

Esta, digamos, secundarização das "disposições do presente diploma" face às das Regras da Haia, sempre com referência à hipotizada situação de um transporte de mercadorias entre dois portos portugueses, seria um resultado direto da opção do legislador de 1986 por estabelecer entre as Regras da Haia e o DL 352/86 uma relação de subsidiariedade das normas deste em relação às daquelas.

Ora, sem prejuízo de o conceito de subsidiariedade ser particularmente rico[10], ele não parece suscitar dificuldades relevantes no domínio da aplicação das leis, onde a aplicação subsidiária de um diploma ou de uma norma específica parecem ter um sentido pacífico.

Como ensina José Dias Marques[11], "entre duas normas jurídicas existe uma relação de subsidiariedade quando uma se aplica na falta ou impossibilidade de funcionamento da outra". E ainda, relativamente ao processo técnico-legislativo da subsidiariedade[12]: "Por este processo se evita repetir, a propósito de cada tema particular, os preceitos que regulam a matéria cujo regime mais integrado lhe serve de paradigma, ao mesmo tempo que se assegura, em sectores da ordem jurídica às vezes bastante diferenciados, um paralelismo e uma unidade de soluções que, por outro modo, dificilmente poderiam ser conseguidos".

Entre os exemplos de subsidiariedade – de direito subsidiário, no caso – cita José Dias Marques o Direito Civil como subsidiário relativamente ao Direito Comercial (artigo 3.º CCom).

---

[10] Cf., v. g., M. Januário da Costa Gomes, *Assunção fidejussória de dívida. Sobre o sentido e o âmbito da vinculação como fiador*, Almedina, Coimbra, 2000, pp. 61 e ss., 963 e ss. e 964 e ss..

[11] Cf. José Dias Marques, *Introdução ao Estudo do Direito*, I, 2.ª edição, Lisboa, 1968, p. 305.

[12] Cf. José Dias Marques, *Introdução ao Estudo do Direito*, I^2, cit., p. 307.

De resto, a relação entre o Direito Civil – subsidiário – e o Direito Comercial – especial – está quase invariavelmente presente nas referências dos autores[13]. Lê-se, assim, em Inocêncio Galvão Telles[14]: "O Direito mercantil, na sua qualidade de Direito *especial*, é necessariamente fragmentário, com inúmeras lacunas que se torna necessário preencher com recurso ao Direito Civil, pano de fundo da regulamentação das relações jurídico-privadas, vasto oceano onde aquele Direito especial se destaca e eleva como uma ilha".

Lê-se, por sua vez, em António Menezes Cordeiro[15]: "Estas contraposições têm acentuado relevo prático: em princípio, na falta de normas especiais, que assim funcionam como direito subsidiário; assim sucede com o Direito Civil, subsidiário perante o Direito comercial, que funciona como direito especial".

Miguel Teixeira de Sousa trata da matéria a propósito da diferenciação entre regras gerais e regras especiais, de acordo com o critério do âmbito de aplicação das regras[16]. A especialidade aqui relevante é a especialidade material, assim definida pelo autor: "as regras gerais regulam uma certa situação e as regras especiais regulam uma situação que se insere na categoria da situação prevista na regra geral". Aplicada aos ramos de Direito, o primeiro exemplo apontado pelo autor[17] é o do Direito Comercial, enquanto direito especial perante o Direito Civil.

Na linha do exposto, numa primeira interpretação do artigo 2.º do DL 352/86, o regime das Regras da Haia seria o regime especial aplicável ao contrato de transporte de mercadorias por mar, sendo o regime plasmado no DL 352/86 o regime geral e subsidiário.

---

[13] Cf., na manualística recente, por todos, A. Menezes Cordeiro, *Direito Comercial*, 4.ª edição, Almedina, Coimbra, 2016, pp. 234-235 e J. Coutinho de Abreu, *Curso de Direito Comercial*, I, 12.ª edição, Almedina, Coimbra, 2019, pp. 52-53. Lê-se, sugestivamente, no primeiro autor e obra citados: "Digamos que o recurso à lei civil é natural, por estarmos perante um Direito especial, sendo ela o comum; mas justamente por isso, apurada a "especialidade" do caso que exigiria um tratamento comercial, só perante a falha do sistema se cai no campo civil".

[14] Cf. Inocêncio Galvão Telles, *Aspectos comuns aos vários contratos*, in RFDUL, Vol. VII, 1950, pp. 272-273 (234-315).

[15] Cf. António Menezes Cordeiro, *Norma jurídica*, in "Polis – Enciclopédia Verbo da Sociedade e do Estado", Vol. 4, Verbo, Lisboa, São Paulo, 1986, p. 677 (670-678).

[16] Cfr. Miguel Teixeira de Sousa, *Introdução ao Direito*, Almedina, 2012, p. 224 e ss..

[17] Cfr. Miguel Teixeira de Sousa, *Introdução ao Direito*, cit., p. 225.

Ora, olhando para a natureza e âmbito dos diplomas em causa, é, *a priori*, estranho que o regime do contrato de transporte de mercadorias por mar consagrado no DL 352/86 possa ser o geral e o das Regras da Haia o especial, uma vez que os dois diplomas têm âmbitos materiais de aplicação vocacionalmente muito semelhantes, estando apenas aparentemente em causa a determinação do perímetro aplicativo de cada um deles.

Uma forma de "salvarmos" a afirmação do regime do DL 352/86 como regime subsidiário seria abdicar da tradicional identificação entre geral e especial para caracterizar o subsidiário e admitir outro tipo de relação, *a priori* também possível. De algum modo, é isso que acontece na remissão que encontramos, relativamente ao agente de navegação, no artigo 9.º do DL 202/98 para o regime – caracterizado como "supletivo" – das "disposições respeitantes ao contrato de agência", o qual funciona como falso regime geral relativamente ao do mandato sem representação[18]. Ora, como é patente, o regime do mandato sem representação não é um regime geral de que o do contrato de agência seja especial, desde logo – e sem mais lucubrações – porque o agente comercial não é um mandatário nem é, necessariamente, representante[19].

Dessa relação resulta lógico e natural que o regime subsidiário só é aplicável na medida em que o regime especial não regule a situação específica.

3. Ilustração da interpretação imperialista da Convenção de Bruxelas na jurisprudência portuguesa

I. Numa consulta solta à jurisprudência dos tribunais superiores relativamente à identificação dos contratos de transporte marítimo de mercadorias regulados pelo DL 352/86 e ao relevo das normas – ou de certas normas – da Convenção de Bruxelas nesse regime, é possível identificar uma forte tendência no sentido da relativa desconsideração das normas daquele

[18] Cf., sobre a figura, M. Januário da Costa Gomes, *Sobre o sistema próprio*, cit, p. 460; Ibidem, *O porto e o Direito. Breves notas*, in "IV Jornadas de Lisboa de Direito Marítimo. 15 e 16 de Outubro de 2017. O porto", CDMT/FDUL, Almedina, Coimbra, 2018 (617-662), p. 646.

[19] Cf. M. Januário da Costa Gomes, *Apontamentos sobre o contrato de agência*, in TJ 3 (1990), p. 21 e ss. (9-35) e Pinto Monteiro, *Contrato de agência*, 7.ª edição, Almedina, Coimbra, 2010, p. 60 e ss..

diploma interno, tendência essa espraiada por várias "teses" ou "sub-teses", nem sempre compatíveis entre si.

É relativamente a essa tendência que falamos na interpretação imperialista da Convenção de Bruxelas de 1924, interpretação essa que carrega em si, relativamente ao contrato de transporte acima hipotizado, a sobredita desconsideração relativamente ao DL 352/86 e às suas normas.

II. Vejamos alguns exemplos, primeiro do STJ e depois das Relações.

(*i*) No Ac. STJ de 23.09.1997[20], era discutida a responsabilidade do transportador por danos nas mercadorias durante o período em que as mesmas estavam no porto de Lisboa, sob a responsabilidade da Administração do Porto.

A mercadoria fora carregada num porto belga, sendo o porto de Lisboa o local de descarga e Sacavém o local de entrega. Face à não coincidência entre o local de descarga (um porto) e o local de entrega (no interior), teria sido lógico que a discussão nas instâncias não se tivesse centrado *apenas* na questão de saber se o transportador marítimo poderia ser responsabilizado por danos na mercadoria ocorridos no porto, após a descarga e antes da entrega. Contudo, o Ac. do STJ passou em claro essa particularidade e centrou-se na questão de saber se, face ao regime do transporte marítimo de mercadorias – que não, frisa-se, face ao concreto contrato de transporte celebrado, em que o local de entrega não era o porto, mas um posto que pressuponha uma deslocação rodoviária – o transportador poderia ser responsabilizado por danos ocorridos quando a mercadoria estava à responsabilidade do operador portuário. Este desfoque da questão é suscetível de inquinar a solução.

De qualquer modo, entrando na linha de pensamento do STJ – a de que o caso poderia ser resolvido estritamente à luz do regime do transporte marítimo de mercadorias aplicável –, o acórdão não distingue, quando era suposto não laborar nessa indistinção, os planos de atuação ou de aplicação da CB 1924 e do DL 352/86. Elucidativo o que se lê no ponto 5 da parte decisória do acórdão:

> "Ao contrato de transporte de mercadorias sujeito ao regime do Decreto-Lei n.º 352/86, de 21 de Outubro, aplica-se imperativamente a Convenção de

[20] Processo n.º 96B827, disponível no sítio www.dgsi.pt. O texto do acórdão pode também ser consultado no BMJ 469 (1997), pp. 598-608 e em M. Januário da Costa Gomes / Francisco Rodrigues Rocha, *Direito Marítimo. Jurisprudência para as aulas práticas*, 2.ª edição, AAFDL, Lisboa, 2018, pp. 323-335.

Bruxelas de 25 de Agosto de 1924 no que respeita às operações de carga e descarga, por força do seu artigo 10.º (quanto aos transportes internacionais, a tónica está na nacionalidade das partes, e não na localização dos portos) e, ainda, por força do Decreto-Lei n.º 37.748, de 1 de Fevereiro de 1950, quanto aos transportes internos".

Independentemente da posição que se tome relativamente à questão de saber se a responsabilidade do transportador, à luz das Regras da Haia, abrange também os danos causados às mercadorias no porto – já depois, portanto, da descarga do navio – a parte do acórdão acima transcrita não pode deixar de causar perplexidade[21], já que, para o STJ, um transporte marítimo de mercadorias entre os portos de Antuérpia (Bélgica) e Lisboa está sujeito ao regime do DL 352/86, aplicando-se-lhe a Convenção de Bruxelas de 1924, por via conjugada desse diploma e do DL 37.748.

O sumário do acórdão, tal qual primeiramente divulgado[22], é ainda mais impressivo: "Ao *contrato de transporte de mercadorias por mar, sujeito ao regime do Decreto-Lei n.º 352/86*, de 21 de Outubro, aplica-se, imperativamente, a Convenção de Bruxelas de 25 de Agosto de 1924, *quer se trate de transporte internacional, quer de transporte interno*" (itálicos nossos).

Manifestamente, o aresto distorce o quadro normativo aplicável, aparentemente com o propósito de aplicar a norma mais diretamente "encaixável" no problema em discussão e decisão, que seria a do artigo 7.º do DL 352/86 – que, expressamente, mantém a responsabilidade do transportador, não obstante a "intervenção de operador portuário ou de outro agente em qualquer operação relativa à mercadoria".

Ora, é manifesto que, tratando-se de um transporte marítimo internacional de mercadorias, com emissão de conhecimento de carga num porto

[21] Não se acompanha também a parte transcrita, entre parêntesis, já que, manifestamente, o artigo 10.º da CB 1924 não faz depender a aplicação da Convenção da nacionalidade das partes. Essa não dependência é clara, quer na redação inicial quer na que lhe foi dada pelo Protocolo de Visby; cf., sobre o ponto, vincando a "internacionalidade objetiva", por todos, Sergio Carbone / Pierangelo Celle / Lopez de Gonzalo, *Il Diritto Marittimo attraverso i casi e le clausole contrattuali*, 5.ª edição, Giappichelli Editore, Turim, 2015, p. 318 e ss.; cf. também M. Januário da Costa Gomes, *Sobre o sistema próprio*, cit., p. 487 e ss..

[22] Referimo-nos à publicação feita no BMJ 469 (1997), pp. 598-608; cf. também em M. Januário da Costa Gomes / Francisco Rodrigues Rocha, *Direito Marítimo. Jurisprudência para as aulas práticas*², cit., pp. 323-335.

de um dos Estados contratantes da Convenção de Bruxelas, o regime normativo aplicável não seria o do DL 352/86, mas – em termos *diretos* – o da Convenção de Bruxelas de 1924.

Questão diferente é a de saber se, escrevendo direito por linhas tortas, a solução dada ao caso concreto não estaria, a final, correta, no que tange a *uma* responsabilidade do transportador, recordando-se que, *in casu*, este assumira o compromisso de entregar a mercadoria num local diverso do do porto de descarga. Para tomarmos posição neste ponto, seria, contudo, imperioso entrarmos na, digamos, singularidade do caso concreto, trazendo-se à colação não apenas o transporte marítimo de mercadorias mas, mais complexa e globalmente, o facto de, *in casu*, a prestação a cargo do transportador ser multimodal e não apenas marítima, uma vez que o transporte, tal qual acordado, não era puramente *port to port*[23].

(*ii*) Um claro exemplo de desacerto relativamente ao regime a adotar está no Ac. STJ de 31.05.2001[24], relativamente a um transporte marítimo de mercadorias entre o Funchal e Lisboa. Na situação apreciada, parte da mercadoria transportada no navio fora transportada no convés, com o acordo do carregador. Durante a viagem, a mercadoria caiu ao mar, estando em discussão a responsabilidade do transportador.

O que causa perplexidade no texto do acórdão, independentemente da linha de raciocínio e de argumentação seguidas, é o facto de o mesmo indiciar um desconcertante alheamento relativamente à especificidade da legislação marítima, a qual, no entanto, cita *ex abundantibus*.

Atente-se no seguinte trecho, também colocado no sumário: "Para apreciarmos a responsabilidade por danos causados em mercadorias transportadas por mar no convés, temos de atender ao DL 352/86, à Convenção de Bruxelas de 1924, ao Código Comercial e ao Código Civil".

No final, o acórdão parece resolver o caso através da alínea *q*) do número 2.º do artigo 4.º da Convenção de Bruxelas, embora não se capte inteiramente o caminho seguido para essa aplicação, considerando tratar-se de um transporte interno e tendo a mercadoria sido carregada no convés com o consentimento do carregador.

---

[23] Cf., em geral, M. Januário da Costa Gomes, *Do transporte "port to port" ao transporte "door to door"*, in "I Jornadas de Lisboa de Direito Marítimo". 6 e 7 de Março de 2008. O contrato de transporte marítimo de mercadorias", CDMT/FDUL, Almedina, Coimbra, 2008, pp. 367-405.

[24] Publicado in CJ/STJ IX, tomo II (2001), pp. 115-117.

(*iii*) Na situação que o STJ veio a decidir no Ac. de 18.09.2007[25] – acórdão este referenciado na jurisprudência posterior[26] – estava em causa a responsabilidade de um transportador marítimo de mercadorias, no quadro de um transporte entre Lisboa e Funchal. Mais concretamente, a questão suscitada foi a do prazo para o exercício do direito de indemnização do lado da carga, sendo que a acção de indemnização fora intentada decorridos cerca de quatro meses após o decurso do prazo de um ano, contado a partir da receção da mercadoria.

Algo estranhamente, em função de se tratar de um transporte interno, entre dois portos nacionais, não terá sido sequer invocado, nem por via subsidiária, o prazo de dois anos fixado no número 2 do artigo 27.º do DL 352/86, mas, "tão só", o abuso do direito da parte do transportador, na modalidade de *venire contra factum proprium*.

O acórdão espraia-se na enunciação das modalidades de situações abusivas, com base no ensinamento de A. Menezes Cordeiro, e conclui não ter havido abuso do direito da parte do transportador; contudo, segundo a Autora, o transportador tivera um comportamento abusivo, "entretendo-a habilidosamente com promessas de resolução amigável, e pedindo-lhe um pouco mais de paciência para o pagamento da indemnização, promessas em que a A. acreditou, esgotando-se, entretanto, por via disso, esse prazo de um ano, sem que no entanto algo tivesse recebido".

Seja como for, o STJ considerou, face à prova produzida, não ter ocorrido a verificação dos "indispensáveis pressupostos para poder dar-se como provado o abuso do direito".

Ora, como se disse, não terá sido suscitada ou invocada nas instâncias a aplicação do número 2 do artigo 27.º do DL 352/86, lendo-se no acórdão que os artigos 1.º a 8.º da CB 1924 são aplicáveis, com a entrada em vigor do DL 37.748, a todos os conhecimentos de carga emitidos em Portugal, independentemente da nacionalidade das partes contratantes, pelo que "a relação jurídica configurada na lide terá de reger-se em primeiro lugar pelos normativos constantes da dita Convenção, e só depois, subsidiariamente, pela Lei nacional". Assim, para o STJ, a acção judicial deveria ter sido proposta no prazo de um ano a contar da entrega da mercadoria, sob pena de caducidade do direito de acção".

[25] Processo n.º 07A2649, disponível no sítio www.dgsi.pt.

[26] Assim no Ac. STJ de 09.07.2014, referido *infra*, na sequência.

Acentua-se, mais uma vez, a perplexidade pelo facto de, estando, embora, em causa um transporte marítimo entre dois portos nacionais, o DL 352/86 não ter tido a "honra" de ter sido "introduzido" na discussão e decisão.

(*iv*) No Ac. STJ de 18.12.2007[27], o DL 352/86 é apresentado como um diploma *regulamentador* da CB 1924. O acórdão não tem grande história e não é feliz. Não nos referimos tanto ao facto, objecto de destaque crítico por Mário Raposo[28], de o acórdão designar o "bill of lading" por "bill of landing", o que pode ser imputado a lapso, mas à inexistente fundamentação ou explicação da ideia de que o DL 352/86 seria o diploma que *regulamenta* a Convenção.

Lê-se em sede conclusiva (também no sumário): "Já o transporte internacional de mercadorias por mar (Convenção Internacional para a Unificação de Certas Regras em Matéria de Conhecimento de Carga, assinada em Bruxelas em 28.08.1924 (...) introduzida pelo Decreto-Lei n.º 37.748, de 01.02.1950 e regulamentada pelo Decreto-Lei n.º 352/86, de 21 de Outubro) é de natureza formal, sujeito a escrito particular (bill of landing, conhecimento de embarque ou conhecimento de carga)".

Não estando em causa, no presente estudo, um comentário crítico ao acórdão identificado, na sua totalidade, não pode deixar de assinalar-se o equívoco, se não mesmo o erro, de o aresto tomar o contrato de transporte marítimo internacional à luz das Regras da Haia como um *contrato formal*, o que manifestante não é. Tal qualificação poderia quadrar-se ao contrato de transporte de mercadorias por mar regulado pelo DL 352/86, face ao que dispõe o seu artigo 3.º[29], mas não, seguramente, face ao regime da Convenção de Bruxelas[30].

---

[27] Processo n.º 07A2537, disponível no sítio www.dgsi.pt.

[28] Cf. Mário Raposo, *Transporte marítimo de mercadorias: hoje e amanhã*, in "III Jornadas de Lisboa de Direito Marítimo. 23 e 24 de Maio de 2013. Das Regras da Haia às Regras de Roterdão", CDMT/FDUL, Almedina, Coimbra, 2014 (13-51), p. 16.

[29] Cf., v. g., Luís Costa Diogo / Rui Januário, *Direito Comercial Marítimo*, Quid Juris, Lisboa, 2008, pp. 230-231. Na jurisprudência, pronuncia-se pelo carácter solene ou formal do contrato de transporte o Ac. STJ de 20.04.2006 (Processo 06B628, disponível no sítio www.dgsi.pt), mas identifica o "escrito particular" com o "denominado conhecimento de embarque ou conhecimento de carga", identificação essa que não pode ser aceite sem mais. Tivemos já oportunidade de nos referirmos à "rigidez do legislador nacional" e à natureza "excessiva" do "carácter formal do contrato de transporte de mercadorias", nos termos do artigo 3.º do DL 352/86; cf. M. Januário da Costa Gomes, *O ensino do Direito Marítimo. O soltar das amarras do Direito da Navegação Marítima*, Almedina, Coimbra, 2008, p. 232.

[30] Cf., quanto a esta, por todos, Sergio Carbone, *Contratto di trasporto marittimo di cose*[2], cit., pp. 63 e ss. e 127 e ss.. Entre nós, sobre as funções do conhecimento de carga, à luz das Regras da Haia, cf., por todos, Calvão da Silva, *Crédito documentário e conhecimento*

(*v*) No caso discutido e decidido no Ac. STJ de 14.04.2011[31], a questão central era a do prazo para o exercício de direitos aplicável num pedido de indemnização por danos, na sequência de um transporte de mercadorias entre Ponta Delgada, nos Açores, e Lisboa. Estava em causa saber se era aplicável, no caso, o prazo de caducidade previsto no §6 do artigo 3.º da CB 1924 ou o prazo ordinário de prescrição, conforme sustentava a autora e recorrente.

O que importa aqui destacar, em função do objeto deste estudo, é o facto de não ter sido sequer trazido à colação o regime do número 2 do artigo 27.º do DL 352/86, tendo o STJ tudo resolvido com base no regime das Regras da Haia. Na verdade, o aresto – que permite importantes considerações à volta da figura do transitário – conclui: "O prazo estabelecido no n.º 6 do artigo 3.º da Convenção de Bruxelas é patentemente um prazo de caducidade, na medida em que estabelece que o direito de indemnização aí referido só pode ser exercido dentro de um certo prazo".

No que respeita à articulação entre a CB 1924 e o DL 352/86, o acórdão dá ao DL 352/86 o papel de introduzir no direito interno, subsidiariamente em relação ao DL 37.748, o regime das Regras da Haia. Na verdade, lê-se no texto do acórdão a seguinte "apresentação" da Convenção de Bruxelas de 1924: "(...) Convenção Internacional para a Unificação de Certas Regras em Matéria de Conhecimento de Carga, a que Portugal aderiu (...) e que foi tornada direito interno pelo Decreto-Lei 37.748 (...) e, subsidiariamente, pelas disposições do Decreto-Lei 352/86, de 21.10". Tal como está escrito, o STJ vê o DL 352/86 como o diploma que, *subsidiariamente em relação ao DL 37.748*, introduziu a Convenção de Bruxelas como direito interno português. Não parece ser, *in casu*, um lapso de redação, já que o STJ segue, neste ponto, *ipsis verbis*, o Ac. do STJ de 20.04.2006[32], cujo relator é, de resto, o mesmo.

(*vi*) No Ac. STJ de 09.07.2014[33] estava em discussão o prazo aplicável para o exercício de direitos de indemnização, em consequência de um

---

de embarque, in "Estudos de Direito Comercial (Pareceres)", Almedina, Coimbra (49-51), p. 53 e ss., Alexandre de Soveral Martins, *Os documentos de transporte nas Regras da Haia e nas Regras de Roterdão*, in "III Jornadas de Lisboa de Direito Marítimo. 23 e 24 de Maio de 2013. Das Regras da Haia às Regras de Roterdão", CDMT/FDUL, Almedina, Coimbra, 2014 (141-165), p. 143 e ss. e Maria João Dias, *A função representativa do conhecimento de embarque*, in "Temas de Direito dos Transportes", III, CDMT/FDUL, Almedina, 2015 (459-490), p. 459 e ss..

[31] Processo n.º 283/09.0YFLSB.S1, disponível no sítio www.dgsi.pt.

[32] Processo 06B628, disponível no sítio www.dgsi.pt.

[33] Processo n.º 7347/04.5TBMTS.P2S1, disponível no sítio www.dgsi.pt.

transporte marítimo internacional de mercadorias, de Lomé, no Togo, para Leixões. A determinação de tal prazo cruzava-se, no caso concreto, com o prazo de prescrição consagrado no artigo 16.º do DL 255/99, para agir contra o transitário.

Em função do objecto deste estudo, importa destacar a posição do STJ relativamente ao prazo para o exercício de direitos, no quadro do transporte marítimo de mercadorias, à luz da identificação da relação estabelecida pelo STJ entre o regime da Convenção de Bruxelas e o do DL 352/86. Tal relação revelava-se especialmente importante, uma vez que o acórdão recorrido decidira no sentido de ser aplicável o prazo para o exercício de direitos previsto no número 2 do artigo 27.º do DL 352/86.

O STJ decidiu no sentido de ser aplicável o prazo de caducidade previsto no §6 do artigo 3.º da Convenção de Bruxelas. O que causa, porém, perplexidade é o facto de o STJ ter aplicado o regime da Convenção de Bruxelas, não por via direta, *qua tale* – conforme se imporia, pelo menos, equacionar, já que estávamos perante um transporte marítimo internacional –, mas por via do direito interno português, mais concretamente, pelo facto de, por força do artigo 2.º do DL 352/86, as normas da Convenção prevalecerem, no direito interno português, sobre as normas do DL 352/86.

É, neste particular, elucidativa a seguinte passagem: "No entanto, a Convenção de Bruxelas (....) cujos artigos 1.º a 8.º foram introduzidos no direito interno pelo Decreto-Lei n.º 37.747, de 1 de Fevereiro de 1950, prevalece sobre o Decreto-Lei n.º 352/86, como aliás se diz expressamente no respetivo artigo 2.º (...)".

Revelador do equívoco do acórdão é o facto de o mesmo dar relevo central à "doutrina" do seu anterior aresto de 18.09.2007, acima identificado, não obstante o mesmo respeitar a uma situação jurídica de responsabilidade num transporte marítimo de mercadorias... interno.

(*vii*) No caso apreciado pelo STJ no Ac. de 29.09.2016[34] esteve em discussão o regime de limitação de responsabilidade do transportador marítimo, à luz da CB 1924. A questão estava, naturalmente, centrada no regime do §5 do artigo 4.º da Convenção, tendo o acórdão destacado – e bem – o facto de não ser aplicável a nova redação dada ao citado §5 do artigo 4.º da Convenção pelo Protocolo de Visby.

Refira-se que o transporte marítimo em causa era um transporte interno, mais concretamente entre Lisboa e um porto na ilha da Madeira.

---

[34] Processo n.º 293/07.2TNLSB.L1.S1, disponível no sítio www.dgsi.pt.

O ponto que, em função do objeto deste estudo, importa destacar é o facto de o acórdão ter resolvido a questão à luz da CB 1924, lendo-se, a certo passo, que a CB 1924 "foi tornada direito interno pelo DL 37.748, de 01.02.1950, e, subsidiariamente, pelas disposições do DL n.º 352/86, de 21.10".

Este aresto segue, assim, a linha do anterior Ac. do STJ de 14.04.2011, de ver o DL 352/86 como o diploma que, *subsidiariamente em relação ao DL 37.748*, introduziu no direito interno português a CB 1924.

III. Vejamos, agora, na mesma linha ilustrativa e não exaustiva, alguns arestos das Relações.

(*i*) No caso apreciado e decidido pelo Ac. RP de 10.12.2011[35], estava em causa, num transporte marítimo entre Leixões e Hong-Kong, a determinação do prazo para o exercício de direitos, na sequência de danos ocorridos na mercadoria transportada. A hipótese de aplicação do prazo previsto no número 2 do artigo 27.º do DL 352/86 foi suscitada e afastada. Não se vê, de resto, que pudesse ser de outro modo, em virtude de estarmos perante um transporte marítimo internacional, sujeito ao regime da Convenção de Bruxelas.

Sem prejuízo da bondade da solução de dever ser aplicado o prazo de caducidade do §6 do artigo 3.º da Convenção e não o prazo de dois anos previsto no número 2 do artigo 27.º do DL 352/86, encontramos no fio argumentativo do aresto a seguinte afirmação, que não podemos, *qua tale*, acompanhar:

> "Sendo o aludido DL de aplicação subsidiária, é a Convenção de Bruxelas aplicável ao caso dos autos, já que se trata do transporte marítimo internacional, em contentor, de mercadorias (flanelas) do porto de Leixões para Hong-Kong".

A nossa discordância radica no facto de o trecho reproduzido inculcar a ideia de que a determinação da aplicabilidade da Convenção de Bruxelas a um transporte marítimo internacional passaria pela porta da subsidiariedade dita e consagrada no artigo 2.º do DL 352/86. Ora, como é sabido, a aplicação *direta* da Convenção depende das suas próprias normas[36]. Tão só.

---

[35] Processo n.º 0151125, disponível no sítio www.dgsi.pt.

[36] Cf., por todos, CARBONE, *Contratto di trasporto marittimo di cose*[2], cit., pp. 63 e ss. e 127 e ss..

(*ii*) No Ac. de 06.03.2014[37], a RL foi chamada a decidir numa situação em que, aquando da descarga da mercadoria no porto de destino tinham ocorrido danos na carga.

Estava em causa saber se tais danos estavam ou não a cargo do transportador marítimo, à luz das Regras da Haia, tendo sido trazido à colação o regime do DL 298/93, sobre a responsabilidade das empresas de estiva. Sem entrar na análise da bondade da solução, o que importa aqui destacar – numa situação em que o transporte marítimo era entre um porto argentino e Lisboa, havendo depois, a cargo do mesmo transportador, um segmento terrestre – é o facto de a RL ter concluído que a responsabilidade era do transportador marítimo, *qua tale*, sem prejuízo de este poder, depois, agir contra o operador portuário contratado.

Ora, na linha de raciocínio e decisão do tribunal – que concluíra pela responsabilidade direta do transportador marítimo, ou, se quisermos, do transportador da fase marítima – lê-se, a certo passo, no acórdão (trecho também reproduzido no seu sumário):

> "Nessa medida, a responsabilidade da Ré relativamente ao sinistro não pode ser dissociada da responsabilidade da transportadora, e vice-versa, o que convoca a aplicação ao caso *sub judice* da Convenção de Bruxelas de 1924, sobre certas Regras de Conhecimento de Embarque, atento o disposto no art. 2.º do Dec. Lei n.º 352/86".

Torna-se aqui patente a confusão entre os domínios de aplicação da CB 1924 e da legislação interna. Na verdade, a invocação da cobertura do artigo 2.º do DL 352/86 para justificar a aplicação das Regras da Haia, numa situação em que tinha de ser suscitada a *aplicação direta* da Convenção, não pode ser sufragada.

(*iii*) O Ac. RL 19.10.2017[38] está centrado na figura do contentor e da "demurrage", contendo, porém, tomadas de posição que envolvem o DL 352/86, designadamente no que respeita à sua relação com a Convenção de Bruxelas de 1924.

Destacamos a seguinte passagem (que, em substância, está reproduzida também no ponto 1 do sumário):

> "Com efeito, o contrato de transporte de mercadorias por mar é disciplinado pela Convenção Internacional para a Unificação de certas Regras em

[37] Processo n.º 310/08.OTVLSB.L2-8, disponível no sítio www.dgsi.pt.

[38] Processo n.º 79/12.2TNLSB.L1-2, disponível no sítio www.dgsi.pt.

Matéria de Conhecimento de Carga, assinada em Bruxelas em 25.08.1924, a que Portugal aderiu (...), e que foi tornada direito interno pelo Decreto-Lei n.º 37.748, de 01.02.1950, e, subsidiariamente, pelas disposições do Decreto-Lei n.º 352/86, de 21/10".

Admitindo que o advérbio de modo "subsidiariamente" se refere à CB de 1924 e não ao DL 37.748, causa perplexidade a assunção – que é implícita – de que o DL 352/86 seria aplicável, conquanto subsidiariamente, aos contratos de transporte de mercadorias por mar, sem distinção, incluindo os internacionais – que eram, ao fim e ao cabo, os que estavam presentes na factualidade. De resto, o trecho transcrito surge praticamente *ipsis verbis* no sumário do acórdão, com a diferença de se referir, genérica e indistintamente, aos "contratos de transporte de mercadorias por mar".

Outro ponto que importa aqui destacar é o facto de o texto do acórdão fundar a obrigação do transportador (no contrato de transporte de mercadorias por mar) de "providenciar o deslocamento das mercadorias objeto do contrato de transporte de um lugar para outro, de forma incólume, no local e no tempo convencionado", a um tempo, e por esta ordem, nos artigos 383.º a 385.º do CCom e no número 1 do artigo 4.º da Convenção de Bruxelas.

A singularidade radica, designadamente, no facto de o aresto se estribar em legislação interna claramente inaplicável ao transporte marítimo de mercadorias. Ainda que o aresto quisesse irrelevar o DL 352/86, apesar de em vigor à data dos factos, não podia, no quadro da legislação anterior a este diploma, desconsiderar o §4.º do artigo 366.º do CCom, bem como os artigos desse código revogados pelo artigo 32.º do DL 352/86.

(*iv*) Para a questão em apreciação neste estudo, o Ac. RL de 18.02.2020[39] – cuja importância é manifesta para o tema da limitação de responsabilidade do transportador marítimo de mercadorias e seus limites – faz suas as seguintes considerações, constantes da sentença de primeira instância:

> "O DL n.º 37.748 incorporou, assim, os arts. 1.º a 8.º da Convenção de Bruxelas de 1924, enquanto lei uniforme ou lei modelo, na ordem jurídica portuguesa fazendo com que aqueles normativos começassem a ser aplicados como direito interno nos transportes internos titulados por um conhecimento, embora pondo a tónica na nacionalidade das partes e não na localização dos portos. E juntamente com os arts. 540.º a 558.º do CCom passou a constituir o quadro normativo interno que regulava os conhecimentos de carga.

[39] Processo n.º 97/12.0TNLSB-7, disponível no sítio www.dgsi.pt.

Posteriormente, foi publicado o DL n.º 352/86, de 21-10, o qual manteve a orientação do DL n.º 37.748, ao determinar, no seu art. 2.º, que o contrato de transporte (e, portanto, o transporte interno de mercadorias por mar) – definido nos termos acima fixados – fica sujeito aos tratados e convenções a que Portugal se ache internacionalmente vinculado e só subsidiariamente às normas deste diploma. O DL n.º 352/86 procedeu ainda à revogação dos arts. 497.º, 538.º a 540.º e 559.º a 561.º do CCom.

Tal significa que à fase marítima dos transportes internacionais – como é o dos autos – aplica-se prioritariamente a Convenção de Bruxelas e subsidiariamente o DL n.º 352/86".

Refira-se que o transporte marítimo apreciado nos autos era entre Leixões e o Dubai.

Do trecho transcrito, é possível retirar duas ilações, no que tange ao pensamento da RL, neste particular: *a*) O DL 352/86 insere-se numa solução de continuidade relativamente ao DL 37.748; *b*) À fase marítima do transporte internacional das mercadorias seria aplicável, aparentemente por via do artigo 2.º do DL 352/86, a Convenção de Bruxelas e, subsidiariamente, o DL 352/86.

Não é, porém, claro se, para a RL, a aplicação primeira seria das normas da CB 1924, *qua tale*, ou dos artigos 1.º a 8.º da mesma Convenção, por via do DL 37.748.

IV. Os arestos indicados e sumariamente apresentados permitem-nos formular três conclusões sobre o estado da jurisprudência nacional:

A primeira é a de que a linha de separação entre os domínios de aplicação da CB 1924 e do regime interno não se mostra clara.

A segunda é a de que subsistem grandes indefinições no que respeita aos "lugares", quer do DL 352/86 quer do DL 37.748.

A terceira é a de que, num "conflito" de normas constantes da CB 1924 e do DL 352/86, relativamente a um transporte marítimo interno, a jurisprudência tende a desconsiderar as do diploma de 1986.

4. O estado do problema na doutrina

I. Num estudo vindo a lume pouco tempo volvido após a entrada em vigor do DL 352/83[40], Mário Raposo vincou o, digamos, efeito fundamental

[40] Cf. MÁRIO RAPOSO, *Sobre o contrato de transporte de mercadorias por mar*, cit., *passim*.

daquele diploma: "um arrumar de fronteiras entre o contrato de transporte de mercadorias por mar e o contrato de fretamento"[41].

Não obstante o estudo citado ter uma divisão intitulada "O Decreto--Lei n.º 352/86 e a Convenção de Bruxelas de 1924"[42], Mário Raposo centra-se, sobretudo, na explicação do DL 37.748[43]: "O significado atendível do Decreto-Lei n.º 37.748 (artigo 1.º) não deixará, pois, de ser ele, a par das regras de direito internacional convencional constantes da Convenção, recebidas na ordem interna em 1932, terem passado a valer, como regras de direito interno, os artigos 1.º a 8.º da Convenção".

Vinca o autor, nas mesmas páginas, que, estando o transporte marítimo de mercadorias fora da previsão do artigo 10.º da Convenção, "aplicar-se-ão os artigos 1.º a 8.º da Convenção, mas enquanto *direito interno*". Com referência a esta última hipótese – que o autor exemplifica com "um transporte que diga respeito a contraentes portugueses e a partes portuguesas" – Mário Raposo considera que, nessa hipótese, "o artigo 2.º do Decreto-Lei n.º 352/86 (...) não será, pura e simplesmente, convocável".

Se bem interpretamos[44], o autor pretendia vincar que, na hipótese que identifica – de transporte marítimo não abrangido pela previsão do artigo 10.º da Convenção – o artigo 2.º do Decreto-lei 352/86 não é "convocável" pela estrita razão de não se colocar, então, a hipótese de aplicação *subsidiária*, atenta a clara inaplicação da Convenção de Bruxelas *qua tale*[45].

---

[41] Cf. Mário Raposo, *Sobre o contrato de transporte de mercadorias por mar*, cit., p. 5.

[42] Cf. Mário Raposo, *Sobre o contrato de transporte de mercadorias por mar*, cit., pp. 6-9.

[43] Cf. Mário Raposo, *Sobre o contrato de transporte de mercadorias por mar*, cit., pp. 8-9.

[44] Não parece, de facto, que o autor se pretenda referir à hipótese do transporte marítimo de mercadorias abrangido pela direta previsão do artigo 10.º da Convenção, atento o seguinte trecho, constante da nota de rodapé introduzida no final do texto transcrito, redigido em termos, digamos, "adversativos": "Respeitantemente à Convenção, *ela própria*, enquanto texto de direito internacional, o artigo 2.º do Decreto-lei n.º 352/86, considerando este *subsidiário*, não suscita os problemas postos pelo artigo 4.º do Decreto-Lei n.º 262/83, de 16 de Junho, ao alterar a taxa de juro constante do n.º 2 do artigo 48.º e do n.º 2 do artigo 49.º da Lei Uniforme relativa à Letras e Livranças"; cf. Mário Raposo, *Sobre o contrato de transporte de mercadorias por mar*, cit., p. 9, nota 11.

[45] Esta hipótese tem por si o facto de o autor vincar no texto, através de itálico, o advérbio de modo "subsidiariamente", quando reproduz a redação do artigo 2.º do DL 352/86; cf. Mário Raposo, *Sobre o contrato de transporte de mercadorias por mar*, cit., p. 9.

De qualquer modo, esta aparente falha de clareza é suprida com duas claras referências, que ilustram, *ad abundantiam*, a posição do autor. A primeira é ao regime do artigo 9.º do DL 352/96, diploma que, nas suas palavras, veio "normalizar" o regime do transporte no convés[46]. Essa normalização feita pelo DL 352/86 "surge na sequência da constatação de que da exclusão da alínea *c*) do artigo 1.º da Convenção advêm "consequências desajustadas das realidades actuais, até porque, principalmente no tocante ao transporte no convés, ele é, em muitos casos, o meio normal de transporte". A segunda é ao regime do número 2 do artigo 27.º do DL 352/86, o qual, segundo o autor[47], é aplicável nas "hipóteses de transportes internacionais a que se não aplique a Convenção, como acontece nas situações excluídas pela alínea *c*) do artigo 1.º (....), e ainda nos transportes internos, aos quais também não se aplica a Convenção, *enquanto tal*".

Ficou, assim, clara, nesse estudo, publicado na madrugada de vigência do DL 352/86, a posição de Mário Raposo: no "confronto" entre as normas do DL 352/86 e as dos artigos 1.º a 8.º da Convenção (por via do DL 37.748) – *normas internas* – prevalece aquele regime.

Sobre a questão da articulação entre o regime da CB 1924 e o do DL 352/86, Vasconcelos Esteves[48] – vincando "o carácter subsidiário deste diploma" – sustenta a, digamos, primazia aplicativa das normas da Convenção: "Quer isto dizer que, se por acaso existisse alguma contradição entre as disposições deste diploma e as da Convenção de Bruxelas de 1924, o que, aliás, não parece ser o caso, dever-se-iam aplicar as disposições desta Convenção a que o nosso país se encontra internacionalmente vinculado".

O tema é abordado por Castello-Branco Bastos[49], para quem o DL 352/86 não alterou ("não veio apartar-se consideravelmente"), em substância, a solução que vinha do DL 37.748, de as normas da Convenção de Bruxelas regularem, não apenas, naturalmente, as situações jurídicas definidas na Convenção e integradas no seu âmbito de aplicação, mas também as situações contratuais internas não abrangidas por aquela Convenção.

---

[46] Cf. Mário Raposo, *Sobre o contrato de transporte de mercadorias por mar*, cit., pp. 9-10.

[47] Cf. Mário Raposo, *Sobre o contrato de transporte de mercadorias por mar*, cit., pp. 10-11.

[48] Cf. José Vasconcelos Esteves, *Contratos de utilização do navio*, Livraria Petrony, Lisboa, 1988, p. 85.

[49] Cf. Nuno Castello-Branco Bastos, *Da disciplina do contrato de transporte internacional de mercadorias por mar*, cit., p. 196 e ss..

A vocação aplicativa do regime do DL 352/86 abarca ainda, segundo o autor, as relações jurídicas contratuais internacionais, nas quais a lei portuguesa seja a *lex contractus* ou seja competente ao abrigo das regras de conflito da *lex fori*.

Como pressuposto desta posição, está o reconhecimento, feito pelo autor, de que, diversamente do que uma primeira leitura do artigo 10.º da Convenção de Bruxelas de 1924, na sua "versão primogénita", pudesse sugerir, a Convenção não "anelara a unificação do direito material interno" dos Estados contratantes[50].

Damos a palavra ao autor, no que se refere ao papel do DL 37.748[51]: "Assim, tendo já Portugal aderido à Convenção de Bruxelas de 1924 (...), e, portanto, estando já internacionalmente vinculado à mesma, o art. 1.º daquele diploma de 1950 veio determinar que os arts. 1.º a 8.º da Convenção fossem também direito interno, o que significou que o regime convencional passaria a disciplinar também o transporte marítimo de mercadorias interno". E acrescenta[52]: "Aliás, as restantes normas do diploma não fazem senão confirmar esta vontade remissiva, isto é, a vontade de criar uma disciplina interna não autónoma, *proprio sensu*, para o transporte marítimo de coisas".

E ainda[53]: "O art. 2.º do DL n.º 352/86 manteve aquela orientação de 1950, ao determinar que o contrato de transporte (e, portanto, o transporte interno de mercadorias por mar) ficaria sujeito aos tratados e convenções a que Portugal se ache internacionalmente vinculado, e só subsidiariamente às normas deste diploma interno".

Sobre o âmbito de aplicação do regime plasmado no DL 352/86, importa ainda considerar a posição de Calvão da Silva[54], num parecer de 1993[55]. Embora não aborde diretamente o assunto, a verdade é que, com

---

[50] Cf. Nuno Castello-Branco Bastos, *Da disciplina do contrato de transporte internacional de mercadorias por mar*, cit., p. 198.

[51] Cf. Nuno Castello-Branco Bastos, *Direito dos Transportes*, Almedina, Coimbra, 2004, p. 236.

[52] Cf. Nuno Castello-Branco Bastos, *Direito dos Transportes*, cit., p. 237.

[53] Cf. Nuno Castello-Branco Bastos, *Direito dos Transportes*, cit., pp. 236-237.

[54] Cf. João Calvão da Silva, *Crédito documentário e conhecimento de embarque*, cit., pp. 49-77.

[55] O parecer citado foi emitido no âmbito de um litígio que teve como epílogo o Ac. STJ de 20.01.1994, BMJ 433 (1994), pp. 573-583; o acórdão pode também ser consultado em M. Januário da Costa Gomes / Francisco Rodrigues Rocha, *Direito Marítimo. Jurisprudência*[2], cit., pp. 145-157.

referência a um contrato de transporte de mercadorias com embarque num porto português, com destino a um porto iraniano, o autor não considera o regime das Regras da Haia, mas apenas o do DL 352/86. O autor não explica as razões dessa opção, não obstante nos parecer claro que o regime a aplicar seria o daquelas Regras, uma vez que os conhecimentos tinham sido emitidos em Portugal.

Similar não consideração pelo regime das Regras da Haia, tendo por referência a mesma situação concreta que esteve na origem do parecer de João Calvão da Silva, encontramo-la no parecer conjunto de M. J. Almeida Costa e Evaristo Mendes[56], que dá largo destaque ao regime do DL 352/86, quando confrontado com o da Convenção de Bruxelas de 1924.

Posição de algum modo contra a corrente maioritária, é a de Luís Lima Pinheiro[57], para quem o DL 352/86 – tal como, de resto, o DL 191/87, de 29 de Abril – é aplicável nos contratos internos de transporte de mercadorias, colocando, neste quadro, o regime do DL 37.748 como subsidiário.

Segundo o autor, o DL 352/86 será ainda aplicável aos contratos internacionais de transporte de mercadorias "que, por outra razão, se encontrem excluídos do âmbito material ou espacial de aplicação da Convenção de Bruxelas (...), quando o Direito português for, nos mesmos termos, o competente".

Finalmente, ainda segundo Lima Pinheiro, o DL 352/86 será aplicável subsidiariamente em relação aos contratos internacionais de transporte de mercadorias abrangidos pelo âmbito de aplicação da Convenção de Bruxelas "quando o Direito português for, nos mesmos termos, o competente"; essa subsidiariedade decorre "da superioridade hierárquica das fontes internacionais, reconhecida pelo artigo 2.º do Decreto-Lei 352/86".

Já Francisco Costeira da Rocha não aborda a questão do "concurso" das normas da Regras da Haia com as do DL 352/86, mas deixa vincado – referindo-se à redação saída do Protocolo de Visby – ser a Convenção aplicável ao contrato de transporte marítimo de mercadorias internacional[58].

---

[56] Cf. M. J. ALMEIDA COSTA / EVARISTO MENDES, *Transporte marítimo. Conhecimento de carga (Acórdão do Supremo Tribunal de Justiça de 20 de Janeiro de 1994)*, in "Direito e Justiça", IX (1995), Tomo 1, pp. 171-207.

[57] Cf. LUÍS LIMA PINHEIRO, *Direito aplicável ao contrato de transporte marítimo de mercadorias*, cit., pp. 201-202.

[58] Cf. FRANCISCO COSTEIRA DA ROCHA, *O contrato de transporte de mercadorias. Contributo para o estudo da posição jurídica do destinatário no contrato de transporte de mercadorias*, Almedina, Coimbra, 2000, p. 47 e ss..

Embora não se pronuncie à luz do DL 352/86, uma vez que o texto terá sido escrito antes desse diploma, ainda que vindo a lume depois, importa, ainda assim, atentar naquela que, face aos dizeres do mesmo texto, se intui ser, provavelmente, a posição do autor, no que respeita ao "lugar" do DL 352/86. Referimo-nos a Carlos de Oliveira Coelho[59], cuja posição se "adivinha", em função do relevo que o autor dá à *vis expansiva* da Convenção de Bruxelas[60]; acresce a sustentação, feita pelo autor, de que a "recepção da Convenção de Bruxelas no direito interno português não elimina o seu carácter de Convenção Internacional"; e justifica[61]: "Na verdade, tal Convenção irá vigorar na ordem jurídica portuguesa numa situação hierárquica própria que lhe advém da sua índole factícia jurídico-internacional".

Aparentemente no sentido da prevalência do regime da Convenção de Bruxelas de 1924 face ao regime do DL 352/86, no que respeita à aplicação do prazo para o exercício de direitos, inclinam-se Luís Costa Diogo / Rui Januário[62]. Ainda que com a ressalva de dúvidas, seria, segundo os autores, aplicável o prazo de caducidade do §6 do artigo 3.º da Convenção, atenta "a prevalência das normas de direito internacional – e como tal da Convenção de Bruxelas de 1924 – sobre o ordenamento jurídico interno, no caso, o DL 352/86".

Se bem interpretamos – até porque não faria inteiro sentido trazer à colação o DL 352/86 num transporte marítimo internacional abrangido pelo âmbito de aplicação das Regras da Haia – os autores estarão a referir-se aos transportes marítimos internos.

Pouco conhecida – certamente pelo facto de o trabalho académico do autor não ter sido objeto de publicação – é a posição de Amândio Canha. Para este autor[63], o sentido do artigo 2.º do DL 352/86 é "o de *reconhecer*

---

[59] Cf. Carlos de Oliveira Coelho, *Jurisprudência e Direito Marítimo*, Coimbra Editora, Coimbra, 1987, *passim*. O autor mantém, aparentemente, as mesmas posições num texto posterior ao DL 352/86, cuja análise não estava, porém, no objeto do estudo; referimo-nos a *Três datas, um século de Direito Marítimo*, in "Estudos em Homenagem ao Professor Doutor Inocêncio Galvão Telles", Vol. I "Direito Privado e vária", Almedina, Coimbra, 2002, pp. 629-649.

[60] Cf. Carlos de Oliveira Coelho, *Jurisprudência e Direito Marítimo*, cit., p. 74 e ss..

[61] Cf. Carlos de Oliveira Coelho, *Jurisprudência e Direito Marítimo*, cit., p. 80.

[62] Cf. Luís da Costa Diogo / Rui Januário, *Direito comercial marítimo*, Quid Juris, Lisboa, 2008, p.250 e ss..

[63] Cf. Amândio Canha, *Contrato de transporte marítimo de mercadorias*, cit., p. 77 e ss..

expressamente que continuam em vigor as normas internacionais, estabelecendo-se um regime "nacional" actualizado para o contrato de transporte marítimo de mercadorias que funcionará complementarmente (subsidiariamente) ao regime da Convenção".

Afastando a ideia de que o DL 352/86 possa ser aplicado subsidiariamente aos casos de transporte internacional, ao qual deve ser aplicado o regime da Convenção, Amândio Canha sustenta que, pela via do DL 37.748 – que não foi revogado – o sistema da Convenção de Bruxelas mantém-se enquanto direito interno, "vindo o novo Diploma complementar a sua regulamentação em determinados pontos"[64].

Em substância, para Amândio Canha[65], as Regras da Haia continuaram em vigor por força do artigo 1.º do DL 37.748, "enquanto direito interno".

Tomámos também já posição nesta matéria. Assim quando[66] nos referimos ao "pouco feliz artigo 2.º do Decreto-Lei 352/86" e quando vincámos, com alusão às Regras da Haia, ser "claro que o legislador interno não tem, *qua tale*, poder para determinar o âmbito de aplicação daquele instrumento internacional". Noutro texto[67], apontáramos, em termos tópicos, o seguinte: "O relevo do âmbito de aplicação da CB 1924, à luz do seu artigo 10.º. A aplicação do DL 352/87 ao transporte marítimo interno. A aplicação subsidiária das disposições dos artigos 1 a 8 da CB 1924 como direito interno por via do DL 37.748". Noutro passo, na mesma linha, escrevemos, em sede de conhecimentos de carga[68]: "Cingindo-nos aos clássicos documentos de transporte marítimo de mercadorias, importa analisar fundamentadamente os documentos previstos na CB 1924, convenção a que Portugal está internacionalmente vinculado, e no DL 352/86, de 21 de Outubro, que disciplina o contrato de transporte de mercadorias por mar, curando o art. 2 deste diploma, de forma pouco feliz, da "articulação" entre os "tratados e convenções internacionais vigentes em Portugal" e o próprio regime do DL 352/86. Fora de consideração directa está o DL 37.748, de 1 de Fevereiro de 1950, não porque constitua direito ultrapassado mas porque, ao ter inserido os arts. 1 a 8 da CB como direito interno – que se mantêm em vigor na

---

[64] Cf. Amândio Canha, *Contrato de transporte marítimo de mercadorias*, cit., p. 80.

[65] Cf. Amândio Canha, *Contrato de transporte marítimo de mercadorias*, cit., p. 80.

[66] Cf. M. Januário da Costa Gomes, *Do transporte "port to port" ao transporte "door to door"*, cit., p. 373.

[67] Cf. M. Januário da Costa Gomes, *O ensino do Direito Marítimo*, cit., p. 361.

[68] Cf. M. Januário da Costa Gomes, *O ensino do Direito Marítimo*, cit., p. 230.

medida em que não conflituam com o regime do diploma de 1986 – nada acrescenta neste particular".

Ainda na mesma linha, destacámos também a perplexidade suscitada pela redação do artigo 2.º do DL 352/86, na remissão para os tratados e convenções internacionais vigentes em Portugal[69]: "Esta remissão não deixa de causar perplexidade. Qualquer que seja a posição que se adopte no que concerne à interpretação do art. 2 do DL 352/86, uma conclusão parece ser segura: este diploma tem aplicação aos contratos não disciplinados pela CB (enquanto direito uniforme). Nesta lógica, porquê a remissão para a CB? A perplexidade aumenta quando concluímos que as menções que devem constar do conhecimento, segundo a CB 1924 (art. 3.º/4), estão todas previstas nos arts. 4 e 5 do DL 352/86, disposições estas que são naturalmente aplicáveis ao conhecimento de carga do art. 8/2".

II. Revelador da dificuldade – se não mesmo da melindrosidade – do tema é o modo como Mário Raposo, o grande impulsionador da legislação marítima dos anos 1986-1987, veio interpretar o artigo 2.º do DL 352/86. Sintomático o facto de, para Mário Raposo, o DL 352/86 ser o diploma "menos conseguido" dessa época legislativa[70], mais reconhecendo o facto de que o mesmo "dá, realmente, o flanco a significativos reparos". Dentro desses reparos, o autor destaca:

(*i*) O artigo 2.º do DL 352/86:
(*ii*) O número 2 do artigo 27.º do DL 352/86, o qual sendo, embora, em tese, uma "excelente solução técnica" em sede de responsabilidade extracontratual, "não terá aqui adequado cabimento"[71].
(*iii*) O facto de o DL 352/86 hipertrofiar o relevo do conhecimento de carga.

Ora, com referência ao tema objeto deste estudo, o autor questiona-se[72] "como justificar" o artigo 2.º do DL 352/86, uma vez que a CB 1924

---

[69] Cf. M. Januário da Costa Gomes, *O ensino do Direito Marítimo*, cit., p. 231, nota 970.

[70] Cf. Mário Raposo, *Transporte marítimo de mercadorias. Os problemas*, in "I Jornadas de Lisboa de Direito Marítimo. 6 e 7 de Março de 2008. O Contrato de transporte marítimo de mercadorias", CDMT/FDUL, Almedina, Coimbra, 2008, (pp. 41-78), p. 56.

[71] Cf. Mário Raposo, *Transporte marítimo de mercadorias. Os problemas*, cit., p. 57.

[72] Cf. Mário Raposo, *Transporte marítimo de mercadorias. Os problemas*, cit., p. 56.

não se aplica aos transportes *internos* ou *domésticos*, ou seja aos transportes entre portos portugueses.

Uma, digamos, evidência de que, para Mário Raposo, o regime a aplicar aos transportes marítimos internos é o DL 352/86 e não o da Convenção de Bruxelas é o regime do seu artigo 9.º, relativo ao transporte no convés[73]. Mas talvez mais evidente ainda – até porque, diversamente do artigo 9.º – trata de matéria não excluída das preocupações normativas da Convenção, é o regime do número 2 do artigo 27.º do DL 352/86. Ora, num caso – o do Ac. STJ de 18.09.2007[74] – em que estava em causa um transporte marítimo de mercadorias entre Lisboa e Funchal – "transporte exclusivamente sujeito à lei *nacional*, ou seja (no exacto sentido) à lei *interna*" – o autor critica a solução do acórdão, de aplicar o prazo de caducidade do §6 do artigo 3.º da Convenção, sustentando que – por razões "que são, em nosso entender de total nitidez[75] – o prazo para o exercício de direitos era de dois anos e não de um ano.

Tudo isto demonstra como, para Mário Raposo, o regime primeiro a considerar nas situações de transporte marítimo interno ou doméstico era o do DL 352/86 e não o do §6 do artigo 3.º das Regras da Haia.

Num outro estudo[76], o autor volta ao tema a propósito do regime do número 2 do artigo 27.º do DL 352/86 – "o mais flagrante *casus belli*" – para criticar a solução maioritária na jurisprudência, de aplicar o prazo de caducidade do §6 do artigo 3.º da Convenção a transportes marítimos internos. Mais genericamente, o autor reconhece ser "orientação jurisprudencial largamente dominante" a de aplicar a Convenção aos transportes internos nacionais.

Para Mário Raposo[77], para quem a solução da jurisprudência dominante "não é a mais certa", o advérbio "subsidiariamente" constante do artigo 2.º do DL 352/86 explica-se em função de aquela norma conter "uma regra teórica e universal e não um regime aplicável *in casu*"[78].

---

[73] Cf. Mário Raposo, *Transporte marítimo de mercadorias. Os problemas*, cit., p. 74 e ss., em especial p. 77.

[74] Processo n.º 07A2649, disponível no sítio www.dgsi.pt; cf. *supra*, ponto 3.

[75] Cf. Mário Raposo, *Transporte marítimo de mercadorias. Os problemas*, cit., p. 78.

[76] Cf. Mário Raposo, *Transporte marítimo de mercadorias. Hoje e amanhã*, cit., pp. 15-16.

[77] Cf. Mário Raposo, *Transporte marítimo de mercadorias. Hoje e amanhã*, cit., p. 16.

[78] Cf. Mário Raposo, *Transporte marítimo de mercadorias. Hoje e amanhã*, cit., p. 16, nota 10.

5. Ilustração das consequências da interpretação linear e literal da "subsidiariedade" referida no artigo 2.º do DL 352/86

I. Admitamos, por exercício, a bondade da interpretação linear e literal da subsidiariedade" dita no artigo 2.º do DL 352/86. Aplicando tal interpretação ao hipotizado contrato de transporte de mercadorias[79] entre os portos de Lisboa e do Funchal, teríamos, então, designadamente, as seguintes consequências:

(*i*) O artigo 3.º do DL 352/86 – que, conforme a epígrafe, regula a "Forma" – não seria aplicável ao citado contrato de transporte, uma vez que as Regras da Haia não exigem uma forma específica para o contrato de transporte, bastando-se com o BL e as suas valências, entre as quais está a de constituir prova do contrato de transporte[80].

(*ii*) O artigo 4.º do DL 352/86 – que, conforme a epígrafe, regula a "Declaração de carga" – não seria aplicável ao citado contrato de transporte, uma vez que as Regras da Haia disciplinam, nos §§ 3 e 5 do artigo 3.º, ainda que de modo algo nebuloso, os termos da declaração do carregador e a responsabilidade do mesmo, perante o transportador, pelos "danos e despesas provenientes ou resultantes de inexactidões sobre estes pontos".

(*iii*) O artigo 5.º do DL 352/86 – que, conforme a epígrafe, regula a "Recepção da mercadoria para embarque" – não seria aplicável ao citado contrato de transporte, uma vez que as Regras da Haia disciplinam, nos §§ 3 e 5 do artigo 3.º, tal recepção.

---

[79] É discutível se, para o DL 352/86 – que não define "mercadoria" ou "determinada mercadoria" – valerá o conceito de "mercadorias" do artigo 1.º da CB 1924. Tendemos a pensar que não, conforme, de resto, ilustra, de algum modo, o regime do artigo 9.º sobre o transporte no convés, a que se alude *infra*, na sequência e no ponto 6, o qual aceita como "mercadorias" bens ou situações excluídas pela alínea *c*) do artigo 1.º das Regras da Haia.

[80] Cf., por todos, Carbone, *Contratto di trasporto marittimo di cose*[2], cit., pp. 63 e ss., 69 e ss. e 481 e ss.; entre nós, cf., v. g., Nuno Castello-Branco Bastos, *Da disciplina do contrato de transporte internacional de mercadorias por mar*, cit., pp. 232 e ss., 234 e ss. e 267 e ss., Calvão da Silva, *Crédito documentário e conhecimento de embarque*, cit., p. 53 e ss., Costeira da Rocha, *O contrato de transporte de mercadorias*, cit., p. 122 e ss., Alexandre de Soveral Martins, *Os documentos de transporte nas Regras da Haia e nas Regras de Roterdão*, cit., p. 143 e ss. e Maria João Dias, *A função representativa do conhecimento de embarque*, cit., p. 459 e ss..

(*iv*) O artigo 6.º do DL 352/86 – que, conforme a epígrafe, regula a "Responsabilidade do transportador até ao embarque" – não seria aplicável ao citado contrato de transporte, uma vez que as Regras da Haia optam deliberadamente por não disciplinar a responsabilidade do transportador no período que decorre entre a receção no porto e o carregamento[81], deixando tal matéria – que não cabe no "arco temporal"[82] – para um eventual acordo das partes, conforme decorre do artigo 7.º das Regras[83].

Não nos parece, neste particular, de aceitar a ideia de que o facto de as Regras da Haia não indicarem o específico regime aplicável à fase anterior ao carregamento teria o efeito da automática aplicação do regime do artigo 6.º do DL 352/86 ao contrato de transporte interno de mercadorias acima hipotizado, por via de uma automática sujeição à *lex contractus*[84]. Na verdade, as Regras da Haia têm uma opção – e, neste sentido, um regime –,

---

[81] Sobre o regime *tackle to tackle* das Regras da Haia, cf., v. g., William Tetley, *Marine cargo claims*, I, 4.ª edição, Thomson, Cowansville, 2008, pp. 25-26; entre nós, cf., sobre o tema, Armando Henriques, *O transporte de mercadorias ao abrigo de conhecimento de carga*, in NN, ano I, 1983, n.º 2, p. 27: "Entendemos, por isso, que a responsabilidade do transportador marítimo, nos termos da Convenção de Bruxelas, se inicia no preciso momento em que as mercadorias a transportar entram em contacto com o aparelho de carga quer este seja um pau de carga do navio quer um aparelho de carga situado em terra, no cais ou um aparelho flutuante".

[82] Cf., entre nós, por todos, Mário Raposo, *Sobre o contrato de transporte de mercadorias por mar*, cit., pp. 39-40 e Nuno Castello-Branco Bastos, *Da disciplina do contrato de transporte internacional de mercadorias por mar*, cit., p. 225 e ss.; cotejando com o regime das Regras de Roterdão, cf. M. Januário da Costa Gomes, *Introdução às Regras de Roterdão. A Convenção "marítima-plus" sobre transporte internacional de mercadorias*, in "Temas de Direito dos Transportes", III, CDMT/FDUL, Almedina, Coimbra, 2010 (pp. 7-83), p. 54 e ss.. Sobre a "evolução sem revolução" das Regras de Roterdão relativamente às Regras da Haia e às Regras de Hamburgo, cf. Marco Lopez de Gonzalo, *From the Hague to Rotterdam: revolution or evolution?*, in "III Jornadas de Lisboa de Direito Marítimo. 23 e 24 de Maio de 2013. Das Regras da Haia às Regras de Roterdão", CDMT/FDUL, Almedina, Coimbra, 2014, pp. 85-92.

[83] Damos, neste particular, a palavra a Nuno Castello-Branco Bastos, *Da disciplina do contrato de transporte internacional de mercadorias por mar*, cit., p. 231: "Por outro lado, resulta do art. 7.º, a faculdade de as partes, voluntariamente, estenderem o regime de responsabilidade da Convenção às fases de execução anteriores ou posteriores, respetivamente, ao carregamento e à descarga das mercadorias, desde que, naturalmente, uma tal extensão, entendida como incorporação contratual do regime normativo da Convenção, receba o *placet* da *lex contractus*".

[84] Cf., entre nós, por todos, Luís Lima Pinheiro, *Direito aplicável ao contrato de transporte marítimo de mercadorias*, cit., p. 164 e ss. e Nuno Castello-Branco Bastos, *Da disciplina do contrato de transporte internacional de mercadorias por mar*, cit., p. 231.

que é a de remeter para o acordo dos interessados. Avulta aqui a importância de uma cláusula *Paramount*[85].

Tema diferente, naturalmente não confundível, é o da validade das cláusulas F.I.O. [86], que não cabe aqui analisar, até porque se reportam a uma fase inserta no arco temporal.

Na linha de as Regras da Haia conterem um regime específico, ainda que, porventura, não explícito, tendemos também a considerar não aplicável ao contrato acima hipotizado o disposto no artigo 23.º do DL 352/86, cuja epígrafe é "Mercadoria carregada e descarregada". Similar conclusão é de fazer no que respeita ao regime do artigo 24.º do DL 352/86, sobre "Volumes ou unidades de carga"[87].

(*v*) O artigo 7.º do DL 352/86 – que, conforme a epígrafe, regula a "Intervenção de terceiros" – não seria aplicável às situações ocorridas no porto, uma vez que as Regras da Haia optam deliberadamente por não regular tal matéria, a montante e a jusante do arco temporal, deixando-a, como foi dito a propósito do artigo 6.º do DL 352/86, ao acordo das partes, nos termos do artigo 7.º das mesmas Regras[88].

(*vi*) O artigo 8.º do DL 352/86 – que, conforme a epígrafe, regula a "Emissão do conhecimento de carga" – não seria aplicável ao citado con-

---

[85] Cf., v. g., Carbone, *Contratto di trasporto marittimo di cose*[2], cit., pp. 30 e ss. e 81 e ss. e Martine Remond-Gouilloud, *Droit maritime*, 2.ª edição, Pedone, Paris, 1993, pp. 338-339; entre nós, cf., por todos, Luís Lima Pinheiro, *Direito aplicável ao contrato de transporte marítimo de mercadorias*, cit., p. 187 e ss. e Mário Raposo, *Transporte marítimo de mercadorias. Os problemas*, cit., p. 48.

[86] Refere-se-lhe o ponto 5 do preâmbulo do DL 352/86; cf., sobre tal cláusula, por todos, Sergio Carbone / Pierangelo Celle / Lopez de Gonzalo, *Il Diritto Marittimo attraverso i casi e le clausole contrattuali*[5], cit., pp. 323-324 e Giorgio Filippi, *La clausola FIO*, in "Trattato breve di Diritto Marittimo", II. "I contratti di utilizzazione della nave e la responsabilità del vettore", coordenação de Alfredo Antonini, Giuffrè, Milão, 2008, pp. 317-340; entre nós, cf. o apontamento de Mário Raposo, *Sobre o contrato de transporte de mercadorias por mar*, cit., p. 38.

[87] Ao regime plasmado no artigo 24.º do DL 352/86 refere-se o ponto 4 do preâmbulo do diploma.

[88] Cf., numa perspectiva diversa, Rui Ataíde, *Movimentação de cargas no porto e responsabilidade civil*, in "IV Jornadas de Lisboa de Direito Marítimo. 15 e 16 de Outubro de 2015. O porto", CDMT/FDUL, Almedina, Coimbra, 2018 (pp. 531-557), p. 535 e ss.; cf. também Leopoldo Tullio, *Responsabilità del vettore nel trasporto marittimo di cose*, in "Trattato breve di Diritto Marittimo", II. "I contratti di utilizzazione della nave e la responsabilità del vettore", coordenação de Alfredo Antonini, Giuffrè, Milão, 2008 (pp. 155-208), pp. 165-169.

trato de transporte, uma vez que a emissão do BL está regulada nas Regras da Haia, conforme decorre dos §§ 3 e 7 do artigo 3.º, já citados. Fica, nesta linha, desde já assinalada a perplexidade, a que nos referimos *infra*, na sequência[89], de o regime subsidiário e "geral" remeter (número 1 do artigo 8.º) para o regime "especial" das Regras da Haia. Assim, no hipotizado contrato de transporte, o transportador só estará obrigado a emitir um conhecimento de carga se tal lhe for pedido pelo carregador: não teria, assim, o transportador de, "injuntivamente"[90], emitir um conhecimento de carga, salvo a pedido do carregador.

(*vii*) Diversamente, o artigo 9.º do DL 352/86[91] – que, conforme a epígrafe, regula o "Transporte no convés" – seria, *a priori*, aplicável ao hipotizado contrato de transporte, na medida em que o transporte seja feito no convés e esteja fora do âmbito de aplicação das Regras da Haia. Importa, não obstante, assinalar o facto de estas Regras terem vindo a ser timidamente interpretadas no sentido de abarcarem as mercadorias contentorizadas transportadas em navios destinados a tal transporte[92].

Admite-se, assim, que, face às dúvidas que se podem fundadamente gerar sobre se as Regras da Haia são aplicáveis ao transporte de contentores no convés em navios porta-contentores, o artigo 9.º do DL 352/86 seja, até agora, a única excepção no que tange à aplicação das disposições do DL 352/86 ao contrato de transporte acima hipotizado.

(*viii*) O artigo 10.º do DL 352/86 – que, conforme a epígrafe, regula o "Nulidade do conhecimento de carga" – não seria aplicável ao citado contrato de transporte, uma vez que as Regras da Haia disciplinam nos §§3 e 7 do artigo 3.º a emissão do BL. O aparente alargamento, constante do artigo 10.º, da legitimidade para emitir o BL, em representação do transportador, ao agente deste está previsto nas Regras da Haia, referindo-se o

---

[89] Cf. *infra*, ponto 5/III.

[90] Cf. Mário Raposo, *Sobre o contrato de transporte de mercadorias por mar*, cit., p. 28.

[91] Sobre o número 3 do artigo 9.º, cf. *infra*, ponto 6.

[92] Está em causa saber se o facto de as mercadorias estarem dentro de um contentor as protege relativamente às vicissitudes típicas da aventura marítima quando a mercadoria é transportada no convés. Lê-se em Martine Remond-Gouilloud, *Droit maritime*², cit., p. 365; "Le *conteneur est lui-même une cale amovible*, et la marchandise s'y trouve à l'abri où que le conteneur soit placé". Lê-se, contudo, em William Tetley, *Marine cargo claims*, I⁴, cit., p. 1577: "while the design of modern container carriers may make deck carriage of such "boxes" less risky than previously, the risks have not been totally eliminated, as the case law amply demonstrates".

§7 do artigo 3.º ao "conhecimento que o armador, o capitão ou agente do armador entregar ao carregador"[93].

(*ix*) O artigo 11.º do DL 352/86 – que, conforme a epígrafe, regula a "Natureza, modalidades e transmissão do conhecimento de carga" – não seria aplicável ao citado contrato de transporte, uma vez que a admissibilidade da circulação do BL está, digamos, entranhada nas Regras da Haia, conforme se deduz de expressões como "da sua entrega a pessoa que tem o direito de recebê-las em virtude do contrato de transporte" (§6 do artigo 3.º)[94].

Tal torna-se, de resto, evidente, face ao §4 do artigo 3.º, acrescentado pelo Protocolo de Visby: "However, proof to the contrary shall not be admissible when the bill of lading bas been transferred to a third party, acting in good faith"[95].

(*x*) Numa primeira leitura, os artigos 12.º a 20.º do DL 352/86 – na maioria dos quais é clara a inspiração de normas do CC – teriam potencialidades aplicativas ao contrato de transporte hipotizado, sendo também clara a abordagem contratual deste regime, mais próxima das Regras de Hamburgo, em despique com a abordagem do título, típica das Regras da Haia. Entre esses artigos está também o artigo 18.º, que suscita algumas perplexidades, conforme veremos *infra*[96].

Não obstante, tenderíamos – à exceção dos artigos 19.º ("Recusa de receber a mercadoria") e 20.º ("Várias pretensões de entrega") – a não aplicar as citadas normas do DL 352/86 ao contrato acima hipotizado, atenta, precisamente, a citada primazia da lógica do título face à do contrato, que encontramos na Convenção de Bruxelas.

(*xi*) É deveras duvidoso que o artigo 21.º – que consagra, a favor do transportador, um *direito de retenção* "sobre a mercadoria transportada para garantia de créditos emergentes do transporte" – pudesse ser aplicado, uma vez que o sistema da Convenção é o do conhecimento de carga enquanto

---

[93] Cf., v. g., Sergio Carbone / Pierangelo Celle / Lopez de Gonzalo, *Il Diritto Marittimo attraverso i casi e le clausole contrattuali*[5], cit., p. 327. Sobre o conhecimento de carga e sua circulação, cf., v. g., Ignacio Arroyo Martínez, *Curso de Derecho Marítimo (Ley 14/2014, de Navegación Marítima)*, Civitas, 2015, p. 593 e ss. e Fernando Sánchez Calero, *El contrato de transporte marítimo de mercancias. Reglas de La Haya-Visby, Hamburgo y Rotterdam*, 2.ª edição, Aranzadi, Cizur Menor, 2010, p. 233 e ss..

[94] Cf. v. g., Sergio Carbone / Pierangelo Celle / Lopez de Gonzalo, *Il Diritto Marittimo attraverso i casi e le clausole contrattuali*[5], cit., p. 318 e ss..

[95] Cf. M. Januário da Costa Gomes, *Sobre o sistema próprio*, cit., pp. 489-490.

[96] Cf. *infra*, ponto 5/III.

título de crédito, não se afigurando possível, na falta de menção no título, que o transportador possa opor ao portador legítimo do título, terceiro de boa fé, o não pagamento do frete pelo carregador com coeva retenção da mercadoria transportada.

(*xii*) O artigo 22.º – que, conforme a epígrafe, regula "Mercadorias perecíveis" – teria potencialidades aplicativas na situação de transporte acima hipotizada. Trata-se de uma matéria que não é objeto de atenção pelas Regras da Haia, as quais, dentro das várias espécies de mercadorias, dão específica atenção às de "de natureza inflamável, explosiva ou perigosa" (§6 do artigo 4.º)[97].

(*xiii*) As *reservas do transportador*[98] têm previsão no §3 do artigo 3.º das Regras da Haia, ainda que tal regime não seja tão completo quanto o do artigo 25.º do DL 352/86, regime este que – designadamente na referência à "prática usual no tipo de transporte considerado e face às específicas condições da mercadoria e aos meios técnicos das operações de carga" – beneficiou do labor interpretativo da doutrina e da jurisprudência sobre o normativo de Bruxelas. Nesta linha, sempre com referência ao hipotizado contrato de transporte marítimo de mercadorias entre Lisboa e o Funchal, teria de ser considerado diretamente o normativo uniforme e não o do diploma interno.

(*xiv*) As *cartas de garantia*, reguladas no artigo 26.º do DL 352/86, com clara inspiração das Regras de Hamburgo, não têm previsão específica nas Regras da Haia, pelo que o respectivo regime seria aplicável[99].

(*xv*) O artigo 27.º do DL 352/97 – que contém previsões em sede de "regime da responsabilidade" – não seria aplicável à situação hipotizada.

---

[97] Cf., por todos, CARBONE, *Contratto di trasporto marittimo di cose*², cit., p. 381 e ss. e FRANCESCA SALERNO, *Il trasporto marittimo di merci pericolose*, in "Trattato breve di Diritto Marittimo", II. "I contratti di utilizzazione della nave e la responsabilità del vettore", coordenação de Alfredo Antonini, Giuffrè, Milão, 2008, pp. 379-399.

[98] Cf., sobre a figura, MÁRIO RAPOSO, *Sobre o contrato de transporte de mercadorias por mar*, cit., p. 35 e ss., M. JANUÁRIO DA COSTA GOMES, *O ensino do Direito Marítimo*, cit., p. 245 e ss. e NUNO CASTELLO-BRANCO BASTOS, *Da disciplina do contrato de transporte internacional de mercadorias por mar*, cit., p. 264 e ss..

[99] Cf. ALFREDO CALDERALE, *Le lettere di garanzia nel trasporto marittimo di merci*, in "I Jornadas de Lisboa de Direito Marítimo. 6 e 7 de Março de 2008. O contrato de transporte marítimo de mercadorias", CDMT/FDUL, Almedina, Coimbra, 2008, pp. 203-247 e CARBONE, *Contratto di trasporto marittimo di cose*², cit., p. 518 e ss.; cf. ainda MÁRIO RAPOSO, *Sobre o contrato de transporte de mercadorias por mar*, cit., p. 33 e ss. e M. JANUÁRIO DA COSTA GOMES, *O ensino do Direito Marítimo*, cit., p. 252 e ss..

Não o seria o número 1, na medida em que, conforme acima referido, os artigos 4.º, 5.º. 7.º e 10.º do diploma não fossem aplicáveis ao transporte em equação. Não o seria também o número 2, uma vez que as Regras da Haia têm, no §6 do artigo 3.º, uma disciplina específica em sede de prazo para exercício de direitos[100].

De resto, conforme ilustrado nas referências jurisprudenciais feitas *supra*[101], a determinação do prazo aplicável constitui um dos pontos em que sobressai a diferença entre o regime da CB 1924 e o do DL 352/86[102].

(*xvi*) Também o artigo 28.º do DL 352/86 – que, conforme a epígrafe, regula a "Responsabilidade do navio" – não seria aplicável à situação hipotizada, não obstante não encontrarmos nas Regras da Haia uma "disciplina" da responsabilidade do navio[103], sem prejuízo de encontrarmos algumas referências naquelas Regras a tal responsabilidade – mais para a excluir do que para a afirmar (v. g. §1 do artigo 4.º).

Ademais, o regime do artigo 28.º está "dependente" do regime do artigo 10.º, que considerámos *supr*a não aplicável à situação hipotizada.

(*xvii*) Nenhuma das alíneas do artigo 29.º do DL 352/86 – que, conforme a epígrafe, trata da "Aplicação do presente diploma" – seria aplicável ao contrato de transporte acima hipotizado. Não o seria, desde logo, a alínea *a*), na medida em que as Regras da Haia regulam o âmbito subjetivo de aplicação da Convenção. Não o seria também a alínea *b*), uma vez que a matéria do concurso entre o conhecimento de carga e a carta-partida é objecto de regime na alínea *b*) do artigo 1.º e no segundo parágrafo do artigo 5.º das Regras da Haia[104].

---

[100] Cf., por todos, Carbone, *Contratto di trasporto marittimo di cose*[2], cit., p. 543 e ss. e Leopoldo Tullio, *Responsabilità del vettore nel trasporto marittimo di cose*, cit., p. 205 e ss.; cf. ainda Sergio Carbone / Pierangelo Celle / Lopez de Gonzalo, *Il Diritto Marittimo attraverso i casi e le clausole contrattuali*[5], cit., p. 351 e ss..

[101] Cf., *supra*, ponto 3.

[102] Cf., v. g., Mário Raposo, *Transporte marítimo de mercadorias: hoje e amanhã*, cit., p. 15: "Este é mesmo o mais flagrante *casus belli*", Ibidem, *Sobre o contrato de transporte de mercadorias por mar*, cit., p. 9 e ss., Ibidem, *Transporte marítimo de mercadorias. Os problemas*, cit., pp. 56-57.

[103] Cf., sobre o tema, Mário Raposo, *Sobre o contrato de transporte de mercadorias por mar*, cit., p. 15 e ss. e, especificamente, Costeira da Rocha, *A responsabilidade do navio*, in "II Jornadas de Lisboa de Direito Marítimo. 11 e 12 de Novembro de 2010. O navio", CDMT/FDUL, Almedina, Coimbra, 2012, pp. 263-284.

[104] Cf., v. g., Sergio Carbone / Pierangelo Celle / Lopez de Gonzalo, *Il Diritto Marittimo attraverso i casi e le clausole contrattuali*[5], cit., p. 319 e ss. e M. Januário da Costa Gomes, *O ensino do Direito Marítimo*, cit., p. 238 e ss..

(*xviii*) Já o artigo 30.º do DL 352/86, sobre o "tribunal competente", teria potencialidades aplicativas, na falta de um regime específico na Convenção de Bruxelas.

(*xix*) No que respeita ao artigo 31.º do DL 352/86, – que, conforme a epígrafe, regula a "Limitação legal da responsabilidade" – não seria aplicável à situação hipotizada, uma vez que as Regras da Haia têm um regime de limitação específico[105]. Admite-se, porém, a potencialidade aplicativa no número 3 do artigo, que estende a limitação legal de responsabilidade "ao capitão e às demais pessoas utilizadas pelo transportador para a execução do contrato".

II. A ilustração, norma por norma, das consequências da lógica linear e literal da "subsidiariedade" dita no artigo 2.º do DL 352/86, feita *supra*[106], conduz à conclusão de que seria muito limitada a oportunidade aplicativa das normas do DL 352/86 ao caso hipotizado de um transporte marítimo de mercadorias entre dois portos nacionais, circunscrito que ficaria a algumas situações não "cobertas" pelas Regras da Haia. E tudo isto não obstante ser patente que as normas do DL 352/86 arredadas na sua aplicação ao hipotizado contrato de transporte de mercadorias entre dois portos nacionais, pela sobredita interpretação imperialista da Convenção de Bruxelas, são, na sua maioria, bem mais claras que as, por vezes, labirínticas normas das Regras da Haia.

---

[105] Cf., por todos, Sergio Carbone / Pierangelo Celle / Lopez de Gonzalo, *Il Diritto Marittimo attraverso i casi e le clausole contrattuali*[5], cit., p. 348 e ss. e 319 e ss., Norman Martínez Gutiérrez, *La limitación de la responsabilidad de acuerdo a las Reglas de Róterdam y su relación con la limitación global de la responsabilidade*, in "III Jornadas de Lisboa de Direito Marítimo. 23 e 24 de Maio de 2013. Das Regras da Haia às Regras de Roterdão", CDMT/FDUL, Almedina, Coimbra, 2014, pp. 579-681 e Maurizio Riguzzi / Chiara Tincani, *Il limite risarcitorio nel trasporto marittimo di cose*, in "Trattato breve di Diritto Marittimo", II. "I contratti di utilizzazione della nave e la responsabilità del vettore", coordenação de Alfredo Antonini, Giuffrè, Milão, 2008, pp. 225-251; entre nós, cf., v. g., Nuno Castello-Branco Bastos, *Da disciplina do contrato de transporte internacional de mercadorias por mar*, cit., p. 357 e ss., M. Januário da Costa Gomes, *Sobre o sistema próprio*, cit., p. 501 e ss., Costeira da Rocha, *Limitação da responsabilidade do transportador marítimo de mercadorias*, in "I Jornadas de Lisboa de Direito Marítimo. 6 e 7 de Março de 2008. O contrato de transporte marítimo de mercadorias", CDMT/FDUL, Almedina, Coimbra, 2008, pp. 249-293 e Hugo Ramos Alves, *Da limitação da responsabilidade do transportador na Convenção de Bruxelas de 1924*, Almedina, Coimbra, 2008, *passim*.

[106] Cf. *supra*, ponto 5/I.

Perante tal panorama, seria de perguntar o porquê da iniciativa do legislador de 1986, já que, substancialmente – afora, sobretudo, a previsão do artigo 9.º, que traz claramente para um perímetro normativo específico certas situações literalmente excluídas pela alínea *c*) do artigo 1.º da Regras da Haia –, o regime a aplicar ao hipotizado contrato de transporte marítimo de mercadorias entre Lisboa e Funchal seria o mesmo anterior a 1986, atenta a vigência, no direito interno, dos artigos 1.º a 8.º da Convenção, por força do DL 37.748.

A única diferença – mais formal que substancial, já que não se vislumbra o "ganho" aparentemente obtido – estaria no facto de o artigo 2.º do DL 352/86 não limitar as normas da Convenção de Bruxelas aplicáveis, diversamente do diploma de 1950, que as circunscrevia aos artigos 1.º a 8.º, colocando, assim, e bem, fora do direito interno as normas da Convenção de cariz não material ou substancial.

Não nos parece, porém, aceitável uma tal conclusão, parecendo-nos claro que o legislador de 1986 pretendeu introduzir no quadro jurídico nacional um regime (interno) próprio para o transporte marítimo de mercadorias, embora assumidamente não completo, já que articulado com o regime oriundo das Regras da Haia, mormente no que tange à delicada matéria da responsabilidade do transportador.

Na verdade, o legislador de 1986 – que continuou a reforma da legislação marítima interna num diploma de 1987, o DL 191/87, de 29 de abril, relativo ao contrato de fretamento de navio – optou por não regular em termos completos o contrato de transporte marítimo de mercadorias, por ter considerado preferível não mexer no regime introduzido em 1950, através do DL 37.748, diploma cuja redação, de resto, alterou, no seu artigo 31.º. E optou por manter tal regime, no essencial correspondente ao dos artigos 1.º a 8.º da CB 1924, o qual passou, então, por força da dinâmica temporal das leis, para diploma segundo – subsidiário, digamos – sendo o regime do DL 352/86 o primeiro.

Assim, esta passagem do DL 37.748 de "primeiro para segundo" não briga com a aplicação das normas "importadas" pelo mesmo diploma das Regras da Haia, em matéria de responsabilidade do transportador, pela já assinalada razão de o DL 352/86 ter optado por manter o regime introduzido em 1950.

III. A primeira e impulsiva leitura do artigo 2.º do DL 352/86, que se refuta, deixa por explicar, entre outros pontos, a razão pela qual o DL 352/86 se afadiga em fazer remissões para as Regras da Haia, única Convenção integrável na expressão "tratados e convenções internacionais vigentes em Portugal"[107]. Como explicar, na verdade, que o alegado regime subsidiário geral remeta, nalguns pontos específicos, para o regime especial, regime este naturalmente e *in totum* aplicável, por força da lógica da relação geral--especial? Assim:

(*i*) O número 1 do artigo 8.º dispõe que, após o início do transporte marítimo "o transportador *deve* entregar ao carregador um conhecimento de carga de acordo com o que determinarem os *tratados e convenções internacionais referidos no artigo 2.º*"[108].

(*ii*) O número 3 do artigo 9.º, em sede de "Transporte no convés", dispõe o seguinte: "*O sistema previsto na Convenção de Bruxelas de 1924 em matéria de conhecimentos* é aplicável, quanto às causas de exoneração legal da responsabilidade do transportador e quanto à limitação legal desta, quando o transporte no convés se processe nos termos dos números 1 e 2 deste artigo"[109].

(*iii*) O artigo 18.º, em sede de "Entrega da mercadoria à descarga do navio", dispõe o seguinte: "*Sem prejuízo do disposto nos tratados e convenções internacionais referidos no artigo 2.º*, o transportador deve entregar a mercadoria, no porto de descarga, à entidade a quem, de acordo com os regulamentos locais, caiba recebê-la, sendo a esta aplicáveis as disposições respeitantes ao contrato de depósito regulado na lei civil"[110].

Vejamos, em primeiro lugar, a implícita remissão para as Regras da Haia, feita pelo número 1 do artigo 8.º do DL 352/86, que, como se destacou[111], impõe ao transportador um *dever* de entregar ao carregador um conhecimento de carga, de acordo com o determinado nas Regras da Haia. Ora, a previsão que consta do §3 do artigo 3.º das Regras da Haia faz depender o dever de entrega de um conhecimento de carga, com as menções aí des-

[107] Cf., v. g., Mário Raposo, *Transporte marítimo de mercadorias. Os problemas*, cit., p. 56: "Como é óbvio, a única Convenção internacional que poderia estar em causa seria a de *Bruxelas* (1924)".

[108] Os itálicos são nossos.

[109] O itálico é nosso.

[110] O itálico é nosso.

[111] Cf *supra*, ponto 5/I.

critas, de um "pedido do carregador". A previsão do §7 do artigo 3.º não desdiz esta dependência de um pedido do carregador, conforme decorre do primeiro período: "depois de carregadas as mercadorias, o conhecimento que o armador, o capitão ou o agente do armador entregar ao carregador, será, se este o exigir, um conhecimento com a nota de «embarcado»; mas, se o carregador tiver anteriormente recebido qualquer documento dando direito a essas mercadorias, deverá restituir esse documento em troca do conhecimento com a nota de «embarcado»".

Assim, das duas, uma: ou o número 1 do artigo 8.º do DL 352/86 pretende, para as situações abrangidas pelo âmbito de aplicação do diploma, "substituir" o, digamos, "dever quando pedido", das Regras da Haia, por um "dever mesmo sem pedido" ou, pura e simplesmente, remete *in totum* para aquelas Regras – com a consequência de só haver um "dever quando pedido" –, deixando, então, o intérprete perplexo quanto ao porquê e para quê do citado número 1 do artigo 8.º. A não ser que a *ratio* da norma possa estar no momento, no *quando*, do dever de entrega do conhecimento de carga ao carregador, em função da expressão "Após o início do transporte marítimo".

Não parece, porém, que essa expressão possa ter um sentido diferente da que encontramos no início do §7 do artigo 3.º das Regras da Haia – "Depois de carregadas as mercadorias" –, uma vez que não será provável que o legislador de 1986 tenha pretendido definir um arco temporal do transporte diferente do definido nas Regras da Haia. Demonstra-o, de certo modo, o facto de o legislador interno ter disciplinado, no artigo 6.º, a responsabilidade do transportador entre a receção das mercadorias e o embarque e, no 18.º, a responsabilidade após a descarga do navio, em ambas as situações com base no regime do depósito, que não no do transporte *tout court*.

Quanto à remissão – *rectius*, a ressalva – constante do artigo 18.º do DL 352/86 para os "tratados e convenções internacionais referidos no artigo 2.º", também não se capta inteiramente o seu porquê, quer na interpretação literalista do artigo 2.º do DL 352/86, quer na que se propugna. De resto, as Regras da Haia não contêm, no que à fase da entrega respeita, um regime que afronte o do artigo 18.º do DL 352/86.

IV. É, digamos, curioso o facto de o legislador de 1986 ter concretizado, no número 3 do artigo 9.º[112], a referência às Regras da Haia, divergindo das opções de redação feitas no número 1 do artigo 8.º e no artigo

[112] Cf. também *supra*, ponto 5.

18.º, mais em consentâneo com a redação adotada no artigo 2.º. Na verdade, enquanto nos artigos 2.º, 8.º e 18.º, o legislador remete para os "tratados e convenções vigentes em Portugal", no número 3 do artigo 9.º remete, específica e explicitamente, para as Regras da Haia. A curiosidade tem um significado acrescido se tomarmos em conta o facto de algumas das soluções do diploma de 1986 – com destaque para o número 2 do artigo 27.º – terem sido inspiradas pelas Regras de Hamburgo, conforme reconhece, de resto, o preâmbulo do diploma, o que indicia que o legislador nacional não descartava, à data, a hipótese de Portugal aderir às então jovens, mas ainda não vigentes, Regras[113].

O legislador terá pretendido evidenciar a solução, que crismou no ponto 3 do seu preâmbulo de "abertamente inovadora"[114] do regime do transporte no convés, anelando-o ao regime de responsabilidade constante das Regras da Haia, que, de outro modo, não seria aplicável. Mas é curioso, neste particular, que o diploma de 1986 não remeta diretamente para o regime da Convenção de Bruxelas, preferindo uma redação menos comprometida, quando remete para o "sistema previsto" nessa Convenção.

6. Exortação a um *revirement*

I. Estranhamente, o extenso e rico preâmbulo do DL 352/86 não faz qualquer alusão esclarecedora ao artigo 2.º do diploma e à articulação do

---

[113] À data do DL 352/86 havia, de resto, a ideia – depois não confirmada – de que as Regras de Hamburgo cedo ganhariam larga implantação; lê-se, a propósito, em Mário Raposo, *Prazo de caducidade das acções de transporte marítimo de mercadorias entre portos nacionais*, in "Estudos sobre arbitragem comercial e Direito Marítimo", Almedina, Coimbra, 2006, p. 127, nota 23: "uma vez que havia então a espectativa de esta Convenção se *universalizar* rapidamente (...)"

[114] Tal como noutros passos do preâmbulo, o ponto 3 segue de muito perto o ponto 4 do escrito de Mário Raposo, *Fretamento e transporte marítimo – Algumas questões*, no BMJ 340 e reproduzido em "Direito Comercial Marítimo. Legislação e Doutrina", edição do Ministério da Justiça, 1987, p. 95 e ss., em especial p. 105 e ss.. Realce-se, porém, que o DL 352/86 foi preparado por uma comissão constituída para o efeito; cf. Despacho 7/86, reproduzido no volume "Direito Comercial Marítimo. Legislação e Doutrina", citado, a que se segue, no mesmo volume, o escrito de Mário Raposo *A revisão do Direito Comercial Marítimo*, correspondente a um discurso seu, enquanto Ministro da Justiça. Não terá, assim, base objetivo-documental a imputação da autoria do *próprio diploma* a Mário Raposo, feita por Adelino da Palma Carlos, *O contrato de transporte marítimo*, in "Novas perspectivas do Direito Comercial", Almedina, Coimbra, 1988 (pp. 9-32), p. 11.

seu regime com as Regras da Haia, não obstante as várias referências a esta Convenção.

É certo que no ponto 3 do preâmbulo encontramos uma alusão à "norma genérica do artigo 2.º, quanto à aplicabilidade das convenções internacionais vigentes em Portugal". Mas pensamos que isso é pouco, enquanto alusão esclarecedora da referida articulação.

Não será por acaso que Mário Raposo não tardou a assumir uma crítica de fundo ao DL 352/86 por – infere-se – este não ter clarificado o seu âmbito ou espaço de aplicação. Assim, quando escreve:

(*i*) "E o legislador de 1986, resolvendo, e bem, alguns problemas pontuais, deixou irresolvido este, que, sem dúvida, é fundamental"[115];

(*ii*) "Nunca hesitei em considerar aquele Decreto-Lei o diploma *menos bem conseguido* de uma época (a de 1985-1987) em que se legislou com grande rigor e apuro técnico"[116]. Noutro estudo[117], refere-se-lhe o autor como "um diploma dissonante, em qualidade, com outros por mim promovidos e que são de qualidade excepcional".

Ora, se bem vemos, a confusão provocada pela redação dada ao artigo 2.º do DL 352/86 não se desfez ainda e teima em dissipar-se, qual nevoeiro denso, conforme ilustrámos *supra*[118].

II. Admitamos, intercalarmente, que o regime que ressalta do artigo 2.º do DL 362/86 é o da consagração do regime das Regras da Haia como regime especial e o do próprio DL 352/86 como regime geral ou subsidiário. Admitamo-lo intercalarmente, mas não na medida do inaceitável: não do regime das Regras da Haia enquanto convenção internacional e direito uniforme, mas no seu regime enquanto direito tornado interno e, como tal, sujeito à vontade do legislador interno para o modificar, querendo.

---

[115] Cf. MÁRIO RAPOSO, *O novo Direito Comercial Marítimo português*, in "Estudos sobre o novo Direito Marítimo. Realidades internacionais e situação portuguesa", Coimbra Editora, Coimbra, 1999 (pp. 217-268), p. 222. O autor refere-se, concretamente, à "infixidez com o DL 37.748".

[116] Cf. MARIO RAPOSO, *Transporte marítimo de mercadorias. Os problemas*, in "I Jornadas...", p. 56.

[117] Cf. MÁRIO RAPOSO, *A revisão do Direito Comercial Marítimo português*, in "Estudos em homenagem ao Professor Doutor Pedro Soares Martínez", I, Almedina, Coimbra, 2000 (pp. 677-689), p. 679.

[118] Cf., *supra*, pontos 3 a 5.

As consequências de uma tal opção já as deixámos acima sumariamente expostas.

Em substância, teríamos, de certo modo, a continuação do regime que resultou do DL 37.748, a partir do qual o regime interno sobre o transporte marítimo de mercadorias passou a ser o das normas dos artigos 1.º a 8.º das Regras da Haia, enquanto direito interno, como regime primeiro – ombreado pelo (demais) regime do DL 37.748 – e, então, como regime subsidiário o do Código Comercial. O DL 352/86 teria, assim, operado uma substituição no regime subsidiário, o qual teria passado a ser o do próprio DL 352/86, substituindo o do Código Comercial.

Nesta lógica, teríamos de imputar a infelicidade da redação do legislador de 1986 as normas do número 1 do artigo 8.º e do artigo 18.º do DL 352/86, nas partes em que, respetivamente, remetem e ressalvam o que é disposto nos "tratados e convenções internacionais referidos no artigo 2.º", pela já aludida razão de ser esdrúxulo que o regime geral remeta, em pontos específicos, para pontos específicos do regime especial.

Já a previsão do número 3 do artigo 9.º do DL 352/86 estaria fora desta perplexidade – que não doutras – na parte em que opera uma extensão de regime (do DL 352/86) ao transporte no convés, nos termos do número 2 do artigo 9.º, em matéria de exoneração e de limitação de responsabilidade do transportador. Contudo, não se vê que essa extensão pudesse ficar por aí, já que teriam de ser aplicáveis as normas que "suportam" o regime do artigo 4.º das Regras da Haia, que alberga "as causas de exoneração legal" e a previsão da "limitação legal" de responsabilidade.

Neste cenário hipotético de admissão da primazia de certas normas das Regras da Haia sobre as do DL 352/86, relativamente a um contrato de transporte marítimo interno, tal significa que teríamos, então, de aceitar a primazia daquele regime especial mesmo relativamente a aspetos de regime em que o legislador parece ter pretendido substituir, numa primeira linha aplicativa, o regime (de cariz interno) das Regras da Haia pelo – específico e novo – do DL 352/86.

Uma tal substituição do regime interno é seguramente comportável mas, a nosso ver, numa outra hierarquização, que coloque os artigos 1.º a 8.º das Regras da Haia e o DL 352/86 em termos de algum modo opostos aos que resultam da interpretação linear e literal do artigo 2.º do DL 352/86: ou seja, sendo o do DL 352/86 o regime especial e primeiro e as normas da Convenção (enquanto direito interno) o subsidiário.

III. Centremo-nos, especificamente, no regime do prazo de propositura de ação de indemnização[119].

O regime do §6 do artigo 3.º da Convenção, tal qual vincula o Estado português – antes de Visby, portanto – é o seguinte: "Em todos os casos o armador e o navio ficarão libertados de toda a responsabilidade por perdas e danos, não sendo instaurada a respetiva ação no prazo de um ano a contar da entrega das mercadorias ou da data em que estas deveriam ser entregues".

Ora, o legislador de 1986 adotou uma outra solução, inspirada nas Regras de Hamburgo, no número 2 do seu artigo 27.º/2: "Os direitos de indemnização previstos no presente diploma devem ser exercidos no prazo de dois anos a partir da data em que o lesado teve conhecimento do direito que lhe compete". Tal solução é explicada e, de algum modo, exaltada no ponto 5 do preâmbulo:

> "Alargou-se, aliás numa formulação tecnicamente mais rigorosa, o prazo de propositura de acção do n.º 6 do artigo 3.º da Convenção de um para dois anos; seguiu-se, neste ponto, o regime do n.º 1 do artigo 20.º das Regras de Hamburgo". E ainda: "Embora não tendo ainda entrado em vigor, esta Convenção de 31 de Março de 1978 traduz, sem dúvida, uma visão mais atualizada e realista do que a subjacente à Convenção".

O que é que este texto laudatório revela? Ele revela que, não obstante a redação do artigo 2.º do DL 352/86, que, literalmente, coloca o regime deste diploma como regime segundo, subsidiário, o legislador pretendia, efetivamente, substituir o regime resultante do §6 do artigo 3.º da Convenção, enquanto direito interno.

Simplesmente, esse desiderato foi imperfeitamente expresso na redação do artigo 2.º do DL 352/86. Se bem interpretamos, o legislador terá pretendido um regime exatamente oposto ao que formulou, de modo imperfeito, na letra do artigo 2.º do DL 352/86: colocar o regime do DL 352/86 como regime primeiro – especial, portanto – e o das normas da Convenção de Bruxelas de 1924, enquanto direito interno, consagrado no DL 37.748, como regime subsidiário.

De resto, são ilógicas e incoerentes as consequências da interpretação literal e linear do artigo 2.º do DL 352/86, aplicadas ao acima hipotizado contrato de transporte marítimo de mercadorias entre Lisboa e Funchal:

[119] Cf. *supra*, as várias referências nos pontos 3 a 5.

(*i*) sendo transporte contentorizado[120], uma vez que o mesmo esteja fora do âmbito da aplicação das Regras da Haia – por força da alínea *c*) do seu artigo 1.º – o prazo para exercício de direitos seria de dois anos, por lhe ser aplicável o número 2 do artigo 27.º do DL 352/86[121];

(*ii*) se, diversamente, se tratasse de um transporte "comum", albergado pelas Regras da Haia, o prazo para exercício de direitos contra o transportador seria de um ano, por lhe ser aplicável o §6 do artigo 3.º da Convenção de Bruxelas.

A estranheza desta fragmentação em termos de soluções aumenta exponencialmente se trouxermos à colação o facto de, no regime de algum modo complementar ao do DL 352/86, que é o do DL 191/87, relativo ao contrato de fretamento de navio, o prazo para exercício de direitos ser de dois anos, por força do seu artigo 46.º.

Em suma: o regime de fonte interna relativamente aos prazos para exercício de direitos no transporte de mercadorias e no fretamento – incluindo a modalidade mais próxima, que é o fretamento por viagem – é inteiramente coerente, não se podendo sufragar as soluções fragmentárias para que aponta a interpretação literal e linear do artigo 2.º do DL 352/86.

IV. Na linha interpretativa que propugnamos, o artigo 2.º do DL 352/86 surge como uma norma vazia, como um simples "memo normativo", sobre o quadro normativo geral sobre o transporte marítimo de mercadorias: o internacional, em que vigora o regime dos tratados e das convenções que vinculam o Estado português, e o de raiz interna, corporizado pelo DL 352/86. Simplesmente, no regime interno, há, necessariamente, que considerar o regime, de aplicação subsidiária por ser temporalmente anterior, dos

---

[120] Cf., em geral, v. g., Martine Remond-Gouilloud, *Droit maritime*^{2}, cit., p. 364 e ss. e Silvio Magnosi, *Il trasporto marittimo di merci in container*, in "Trattato breve di Diritto Marittimo", II. "I contratti di utilizzazione della nave e la responsabilità del vettore", coordenação de Alfredo Antonini, Giuffrè, Milão, 2008 (pp. 461-486), pp. 468-473.

[121] Isso não significa que a, digamos, "opção aquiliana" feita pelo legislador na redação do número 2 do artigo 27.º (e na do artigo 46.º do DL 191/87, em matéria de fretamento) seja isenta de reparos, não fazendo sentido que o prazo para o exercício do direito se conte, à semelhança da solução que o legislador civil consagrou no artigo 498.º do CC, a partir "da data em que o lesado teve conhecimento do direito que lhe compete". É que, como bem observou Mário Raposo, *Sobre o contrato de transporte de mercadorias por mar*, cit., p. 11, a "regra de ouro" é a "exata e concreta demarcação do *dies a quo*". E ainda: "o início de qualquer prazo de proposição de ações em direito marítimo tende a ser uma realidade de natureza factual, facilmente configurável e certificável".

artigos 1.º a 8.º das Regras da Haia, por força do DL 37.748, de 1 de fevereiro de 1950, diploma este, de resto, "relembrado", pelo artigo 31.º do DL 352/86.

Vai neste sentido o pensamento de Mário Raposo[122] e também, se bem interpretamos, o de Luís Lima Pinheiro quando, com referência à subsidiariedade dita no artigo 2.º do DL 352/86, escreve[123]: "Esta subsidiariedade decorre da superioridade hierárquica das fontes internacionais, reconhecida pelo artigo 2.º do Decreto-Lei n.º 352/86". Nesta lógica, o advérbio de modo "subsidiariamente", constante do artigo 2.º do DL 352/86 teria sido utilizado com pouco rigor, desde logo porque coloca em confronto textos normativos de diferentes fontes e forças.

Da interpretação exposta não resulta, acentue-se, qualquer menor consideração pelo regime saído das Regras da Haia, cujos equilíbrios e compromissos[124] continuam plenamente presentes: os seus artigos 1.º a 8.º são aplicáveis, naturalmente, como direito interno, por força do DL 37.748, mas em termos subsidiários relativamente às normas do próprio DL 352/86. Nem podia deixar de ser assim, já que o DL 352/86 não contém um regime completo; por outro lado, o DL 352/86 é um diploma posterior ao DL 37.748.

Exorta-se, assim, a um *revirement* da jurisprudência – cativa que está de uma interpretação imperialista da Convenção de Bruxelas –, que ultrapasse a interpretação linear e literal do artigo 2.º do DL 352/86 e que considere a riqueza, conquanto eivada de certa complexidade, das soluções jus-marítimas presentes no diploma.

Faculdade de Direito da Universidade de Lisboa, julho de 2020.

---

[122] Cf. as várias referências feitas *supra*, nos pontos 4 e 5; cf. ainda, do mesmo autor, em certeira crítica ao Ac. RE de 25.10.2001, *Prazo de caducidade das ações de transporte marítimo de mercadorias entre portos nacionais*, cit., pp. 119-129.

[123] Cf. Luís Lima Pinheiro, *Direito aplicável ao contrato de transporte marítimo de mercadorias*, cit., p. 202.

[124] Cf., por todos, Carbone, *Contratto di trasporto marittimo di cose*², cit., pp 1 a 62; cf. ainda Rolf Herber, *Seehandelsrecht. Systematische Darstellung*, 2.ª edição, De Gruyter, Berlim, 2016, p. 267 ("Die HR haben den Charakter eines Kompromisses"), Bonassies / Scapel, *Droit Maritime*, 2.ª edição, LGDJ, Paris, 2010, p. 598 e ss., Stefano Zunarelli / M. Comenale Pinto, *Manuale di Diritto della Navigazione e dei Trasporti*, I, 4.ª edição, Wolters Kluwer, 2020, Milão, p. 374 e ss. e Fernando Sánchez Calero, *El contrato de transporte marítimo de mercancías*², cit., p. 41 e ss.; entre nós, remete-se, por todos, para os estudos de Carlos de Oliveira Coelho, *Três datas, um século de Direito Marítimo*, *passim* e de Mário Raposo, *Transporte internacional de mercadorias por mar. Da Convenção de Bruxelas de 1924 às Regras de Hamburgo de 1978*, in "O Direito", ano 128.º (1996) I-II, pp. 27-44, *passim*.

LE NAVI AUTONOME E LE HAGUE-VISBY RULES (SPUNTI PER UNA INTERPRETAZIONE EVOLUTIVA)

Marco Lopez de Gonzalo*

Sommario: 1. Premessa: i diversi livelli di autonomia; 2. I possibili approcci metodologici; 3. La definizione di "*ship*"; 4. Il concetto di navigabilità; 5. La "*human seaworthiness*"; 6. L'obbligo di cura del carico; 7. La colpa nautica; 8. L'incendio; 9. Il vizio occulto della nave; 10. I pericoli eccettuati atipici; 11. Il comportamento temerario e consapevole del vettore; 12. La responsabilità degli ausiliari del vettore; 13. Considerazioni conclusive.

1. Premessa: i diversi livelli di autonomia

Allo stato attuale di evoluzione della tecnologia, l'esistenza e la concreta possibilità di impiego di navi autonome o navi senza equipaggio ("*unmanned vessels*") non sono più futuribili e sono invece realtà concrete[1].

Come sempre avviene, il diritto si trova quindi a rincorrere l'evoluzione tecnica ed economica della società che dovrebbe regolare. Inevitabilmente, quindi, il diritto marittimo è chiamato ad affrontare la sfida di disciplinare il fenomeno delle navi autonome[2]. Nello specifico[3], in queste

---

* *Università degli Studi di Milano.*

[1] Per un primo approccio al problema, cfr. C. Severoni, Prime considerazioni su un possibile inquadramento giuridico e sul regime di responsabilità nella conduzione dei veicoli a guida autonoma, in Dir. trasp. 2018, p. 331

[2] In questi termini B. EDER, Unmanned vessels: challenges ahead, in Dir. mar. 2018, p. 787

[3] In termini invece più generali, con riferimento anche ad altri settori del diritto marittimo, cfr. tra i molti contributi sul tema delle navi autonome G.M. Boi, Navi-drone: primi interrogativi in tema di disciplina giuridica, in Riv. dir. nav., 2017, p. 175; C. Severoni, Soccorso e mezzi di trasporto autonomo, in Dir. trasp. 2018, p. 67; C. Severoni, Prime osservazioni in tema di responsabilità derivante da urto con navi senza equipaggio, in Dir.

pagine cercherò di esaminare i riflessi che l'impiego di navi autonome può avere sulla disciplina del trasporto marittimo internazionale di cose, oggi soggetto alla normativa delle Hague-Visby Rules.

Prima di proseguire nell'indagine, è bene però chiarire cosa debba intendersi con "nave autonoma", dal momento che sotto questa generica denominazione vengono ricompresi oggetti con caratteristiche differenti. A questo riguardo, sono state proposte diverse classificazioni, più o meno articolate: così, ad esempio, l'IMO ha elaborato quattro livelli di autonomia[4], mentre il Lloyd's Register ne ha individuati sette[5].

Dal punto di vista del giurista, la differenza fondamentale (e, come si vedrà, portatrice di significative conseguenze) è quella tra navi prive di equipaggio, ma governate da personale localizzato a terra ("*remotely operated ships*"), e navi del tutto autonome ("*fully autonomous ships*"), che non prevedono alcun intervento umano.

2. I possibili approcci metodologici

Di fronte al fenomeno delle navi autonome (nelle diverse accezioni appena indicate) si possono adottare, e sono stati suggeriti, approcci metodologici diversi[6].

Il primo è quello che porterebbe alla redazione di un vero e proprio codice della navigazione per unità senza equipaggio, che disciplini in modo completo e organico il fenomeno in tutti i suoi aspetti (sicurezza della navi-

---

trasp. 2018, p. 87; E. Van Hooydonk, The law of unmanned merchant ships – an exploration, in Jour. Int. Mar. Law 2014, p. 403; J. P. Rodriguez Delgado, The legal challenges of unmanned ships in private maritime law: what laws would you change, in Port, Maritime and Transport Law between Legacies of the Past and Modernization (a cura di M. Musi), Bologna 2018, p. 493.

[4] I livelli individuati dell'IMO nel documento "IMO takes first steps to address autonomous ships" (in www.imo.org) sono: i) navi con processi automatizzati e supporto nelle decisioni; ii) navi controllate a distanza con equipaggio a bordo; iii) navi controllate a distanza senza equipaggio a bordo; iv) navi completamente autonome

[5] I livelli di autonomia individuati dal Lloyd's Register nel documento "Lloyd's Register, Cyber enabled ships" (in www.mymaritineblog.files.wordpress.com) sono: i) manual – no autonomous (AL 0), ii) on-ship decision support (AL 1), iii) on and off-ship decision support (AL 2), iv) active human in the loop (AL 3), v) human on the loop-operator supervisory (AL 4), vi) fully autonomous (AL 5), vii) fully autonomous (AL 6)

[6] Cfr. CMI International Working Group Position Paper on Unmanned Ships and International Regulatory Framework

gazione, impiego commerciale della nave, responsabilità verso terzi ecc.). Si tratta però, a mio avviso, di un progetto troppo ambizioso, di difficile realizzazione e forse non necessario, dal momento che non tutti gli aspetti del diritto marittimo richiedono un radicale ripensamento in relazione all'impiego di navi autonome.

Il secondo approccio consiste invece nel porre in essere una serie di interventi puntuali nelle singole normative settoriali, al fine di adeguarle, negli specifici profili in cui questo si riveli necessario, all'impiego di navi autonome. Questa sarebbe di una metodologia più realistica e probabilmente anche più efficace, ma anch'essa non priva di criticità: si pensi al riguardo (per restare nell'ambito del trasporto marittimo internazionale di cose) alle difficoltà che ancora persistono rispetto al raggiungimento di un numero sufficiente di ratifiche per l'entrata in vigore di nuove normative (Rotterdam Rules) o, anche dopo l'entrata in vigore, ad una diffusione sufficientemente rilevante di tali normative (Hamburg Rules).

In conclusione, nell'attuale stato dell'arte, non resta, a mio giudizio, che affidarsi alle capacità dei giuristi per un'interpretazione *evolutiva*[7] della normativa oggi in vigore (Hague-Visby Rules). Compito non facile, in quanto richiede un mix equilibrato di coraggio e prudenza, fantasia e rigore.

3. La definizione di "*ship*"

Il problema di adattare le Hague-Visby Rules all'ipotesi di trasporto mediante navi autonome si pone all'interprete già con l'articolo I e le definizioni ivi contenute. L'art. I.d) fornisce infatti la definizione di "*ship*" come "*any vessel used for the carriage of goods by sea*". La presenza di equipaggio a bordo non sembra quindi essere un elemento costitutivo della definizione di "*ship*". Il legislatore del 1924 non poteva certamente prevedere o immaginare le navi autonome, ma anche in tempi molto più recenti

[7] Sul tema della interpretazione delle convenzioni internazionali di diritto marittimo, con particolare riferimento alla normativa uniforme in materia di trasporto marittimo, cfr. S.M. Carbone, Contratto di trasporto marittimo di cose, Milano, 2010, p. 48 e M. Lopez de Gonzalo, La disciplina internazionale uniforme del trasporto marittimo di cose, in I contratti del trasporto (a cura di F. Morandi), vol. I, Torino, 2013, p. 612. Sui concetti di interpretazione "analogica" ed "evolutiva" con riferimento alle navi autonome, cfr. N. Kampantais, Seaworthiness in unmanned cargo ships, tesi di laurea alla Erasmus University di Rotterdam, 2014

i redattori delle Rotterdam Rules hanno mantenuto (all'art. 1.25) la stessa identica definizione di "*ship*".

Peraltro, sia la definizione di nave nell'art. 136 nel Codice della navigazione italiano[8], sia quelle contenute in numerose convenzioni internazionali[9], sembrano prescindere dalla presenza o meno di equipaggio a bordo.

Se ne deve quindi trarre la conclusione che le Hague-Visby Rules si applicano anche al trasporto internazionale di cose via mare eseguito mediante navi autonome.

Superato questo primo problema (di abbastanza facile soluzione), si pongono però tutti quegli altri interrogativi che derivano dalla necessità di applicare a trasporti eseguiti con navi autonome una normativa certamente concepita avendo in mente navi munite di equipaggio.

4. Il concetto di navigabilità

L'art III.1.a) pone a carico del vettore l'obbligo di esercitare, all'inizio del viaggio, la dovuta diligenza "*to make the ship seaworthy*"[10]. Come noto,

[8] Art. 136 doc. nav.:"Per nave si intende qualsiasi costruzione destinata al trasporto per acqua, anche a scopo di rimorchio, di pesca, di diporto o ad altro scopo"

[9] Cfr. per es. Convenzione di Londra 1989 in tema di soccorso (art. 1.b: "Vessel means any ship or craft, or any structure capable of navigation); Convenzione di Bruxelles 1969 (CLC) in tema di inquinamento marino da idrocarburi (art. 11: "Ship means any sea going vessel and any sea craft of any type whatsoever.."); Regole internazionali per prevenire gli abbordi in mare (COL REG) 1972 (Rule 3.a: "The word <vessel> includes every description of water craft ... used or capable of being used as a mean of transportation on water"); Convenzione MARPOL 1978 (art. 2.4: ... Ship means a vessel of any type whatsoever operating in the marine environment ..."); Convenzione di Nairobi 2007 in tema di rimozione di relitti (art. 1.2: "Ship means a seagoing vessel of any type whatsoever..").

[10] Nella giurisprudenza italiana, tra le affermazioni più risalenti cfr. Cass. 20 marzo 1959, Romano c. Marello & Previdi, in Dir. mar. 1959, p. 359; cfr. anche nella giurisprudenza di merito Trib. Napoli 1 marzo 1071, Nuevo Mundo Seguros Generales c. A. Lauro, in Dir. mar. 1971, p. 103. Nella giurisprudenza inglese i leading cases sono Riverside Meat v. Lancashire Shipping (the Muncaster Castle) in Lloyd's Law Rep. 1961,I,p. 357 e Trader v. Hyundai Merchant Marine (the Eurasian Dream), in Lloyd's Law Rep. 2002,I,p. 719. In argomento cfr. G.M. Boi, Seaworthiness e due diligence nell'assicurazione corpi e nel trasporto marittimo di cose, in Dir. mar. 1974, p. 307 e, più di recente, S.M. Carbone, op. cit., p. 306, F. Berlingieri Le convenzioni internazionali di diritto marittimo e il codice della navigazione, Milano, 2009, p. 37, F. Siccardi, Il regime di responsabilità del vettore nel trasporto marittimo di cose, in La responsabilità degli operatori del trasporto (a cura di A. Antonini), Milano, 2008, p. 6.

il concetto di navigabilità ("*seaworthiness*") indica la capacità di una nave di compiere in sicurezza, per sé stessa e per le persone e cose imbarcate, il viaggio al quale è destinata[11]. Tale concetto può e deve essere applicato anche alle navi autonome[12].

Resta però meno definito quali siano i parametri in base ai quali determinare la navigabilità di una nave autonoma. Mentre per le navi tradizionali la convenzione SOLAS e le altre normative in materia di sicurezza forniscono riferimenti ben precisi, la rilevanza di tali riferimenti anche per le navi autonome può di volta in volta risultare più o meno evidente. A questo riguardo, può essere utile ricordare che la convenzione SOLAS, pur non contenendo norme specificamente dettate per le navi autonome, prevede al suo interno uno strumento di flessibilità, costituito dal concetto di equivalenza[13].

In termini generali, si può immaginare che, anche in funzione dell'evoluzione della normativa tecnica di settore, la determinazione dei parametri di riferimento della navigabilità di navi autonome dovrà tenere conto di elementi come l'idoneità dei software impiegati per il controllo a distanza (o l'auto-controllo) della nave o la capacità di resistenza della nave a *cyber attacks*[14].

5. La "*human seaworthiness*"

L'obbligo del vettore relativo alla navigabilità della nave viene integrato, al successivo art. III.1.b) dall'obbligo di "*properly man, equip and supply the ship*"[15]. In questo modo, la norma pone l'accento sulla componente umana della navigabilità ("*human seaworthiness*") e cioè sulla necessaria adeguatezza, per numero qualifiche e addestramento, del personale di

---

[11] In questi termini cfr. V. Corona, Il contratto di trasporto marittimo di cose, in Codice dei trasporti (a cura di L. Tullio e M. Deiana) Milano, 2011, p. 656

[12] Su questo sembra esservi consenso tra gli Autori citati alla nota 3

[13] Cfr. la Regola 5 della SOLAS; in questo senso cfr. anche G.M. Boi, Le navi-drone, op. cit., p. 185

[14] Cenni in questo senso in E. Van Hooydonk, op. cit., p. 419

[15] Nella giurisprudenza italiana, per un caso di innavigabilità dovuta ad imperizia dell'equipaggio cfr. Trib. Genova 23 aprile 2008, Superbeton c. Panamax Jupiter Maritime, in Dir. mar. 2010, p. 132. Cfr. anche nella giurisprudenza inglese Traders v. Hyundai Merchant Marine (cit. alla nota 10).

bordo. Specifici parametri a questo riguardo si traggono dal Codice ISM e dalla Convenzione SCTW[16].

Le navi autonome impongono un ripensamento del concetto di *human seaworthiness*, con profili diversi a seconda del livello di autonomia.

In una *remotely controlled ship*, la prescrizione relativa alla idoneità del personale può essere trasferita dall'equipaggio a bordo della nave ai soggetti ("*shore based controllers*") che da terra ne dirigono la manovra; anche in relazione a tali soggetti si dovrà infatti valutare se siano sufficienti in numero e adeguatamente qualificati ed addestrati, anche se i parametri cui si è fatto cenno sopra saranno poco o nulla utilizzabili[17].

L'equivalenza tra equipaggio e *shore based controllers* può risultare meno lineare quando questi ultimi siano adibiti alla manovra di più navi contemporaneamente. Non mi sembra però che la mancanza di specifica ed univoca riferibilità ad una nave determinata sia sufficiente a far venire meno l'applicabilità dell'art. III.1.b) anche alle *remotely controlled* ships.

Rispetto alle *fully autonomous ships*, l'obbligo di cui all'art. III.1.b) perde di significato; come visto, sarà invece l'obbligo di cui all'art. III.1.a) ad arricchirsi di nuovi contenuti.

6. L'obbligo di cura del carico

L'art. III.2 delle Hague-Visby Rules pone a carico del vettore l'obbligo di "*properly and carefully load, handle, stow, carry, keep, care for and discharge the goods carried*"[18]. Si tratta di attività che nelle navi tradizionali vengono svolte dall'equipaggio, in alcune fasi (caricazione e scaricazione) con la collaborazione di personale di terra.

Due criticità emergono a questo riguardo. La prima è costituita dalla capacità degli *shore based controllers*, o dei sistemi di intelligenza artificiale ("AI") delle *fully autonomous ships* di interfacciarsi con il personale umano di terra. In secondo luogo, potrebbe risultare problematico per gli *shore based controllers* o per i sistemi di AI intervenire tempestivamente

[16] In questo senso cfr. N. Kampantais, op. cit.

[17] Cfr. al riguardo J.P. Rodriguez Delgado, op. cit., p. 508 e E. Van Hooydonk, op. cit., p. 412

[18] In argomento cfr. F. Berlingieri, op. cit., p. 55 e L. Tullio, Responsabilità del vettore nel trasporto marittimo di cose, in Trattato breve di diritto marittimo (a cura di A. Antonini), vol. II, Milano, 2008, p. 172.

ed in modo adeguato in caso di situazioni impreviste che richiedano interventi di cura del carico[19].

Considerazioni analoghe possono essere svolte anche in relazione all'obbligo di navigabilità, ove si ritenga che, al di là della lettera dell'art. III.1, esso non si esaurisca "*before and at the beginning of the voyage*" e permanga invece per tutta la durata del viaggio[20].

7. La colpa nautica

La disciplina della responsabilità del vettore nelle Hague-Visby Rules si articola su una presunzione di responsabilità, superabile mediante i pericoli eccettuati ("*excepted perils*"), tipici e atipici, dettagliatamente indicati all'art. IV.2.

L'elencazione dei pericoli eccettuati (tipici) si apre all'art. IV.2.a) con la colpa nautica e cioé "*act, neglect or defaultl of the master, mariner, pilot or the servant of the carrier in the navigation or in the management of the ship*"[21]. La mancanza di equipaggio potrebbe a prima vista far sembrare del tutto obsoleta la nozione di colpa nautica ed è sicuramente così per le *fully autonomous ships*, in relazione alle quali la colpa nautica finisce per essere assorbita nella innavigabilità, dal momento che l'errore nella navigazione non sarebbe più riconducibile ad un "*act, neglect or default*" di personale umano, ma ad inadeguatezza o malfunzionamento di software o sistemi di AI.

---

[19] Cfr. G.M. Boi, Le navi-drone, cit., p. 189 e p. 197

[20] L'estensione dell'obbligo del vettore relativo alla navigabilità per l'intera durata del viaggio è prevista dall'art. 14 delle Rotterdam Rules. Nel vigore delle Hague-Visby Rules cfr. nella giurisprudenza italiana App. Genova 17 novembre 1990, Milano Ass. c. Italco, in Dir. mar. 1991, p. 1030 e App. Genova 16 giugno 1993, Milano Ass. c. Italco, in Dir. mar. 1993, p. 733; cfr. anche M. Lopez de Gonzalo, op. cit. p. 624 e S. Zunarelli, Trasporto marittimo di cose (responsabilità del vettore nel), in Dizionari del diritto privato – Diritto della navigazione (a cura di M. Deiana), Milano, 2010, p. 519.

[21] Sulla distinzione tra colpa nautica e colpa commerciale cfr. Cass. 30 dicembre 1959, Romano c. Sorveglianza, in Dir. mar. 1960, p. 184 e, più di recente, Cass. 26 luglio 1983 n. 5121, Traghetti delle Isole c. Cerra, in Dir. mar. 1984, p. 845 e App. Palermo 29 novembre 2003, Conatir c. Patanè, in Dr. mar. 2005, p. 565. Nel senso che la colpa nautica non sia invocabile in presenza di innavigabilità dovuta a imperizia dell'equipaggio cfr. Trib. Genova 23 aprile 2008, cit. alla nota 14. In argomento cfr. S.M. Carbone, op. cit., p. 324, F. Berlingieri, op. cit., p. 70, M. Lopez de Gonzalo, op. cit., p. 630, L. Tullio, op. cit., p. 186, S. Zunarelli, op. cit., p. 517, F. Siccardi, op. cit., p. 12.

Ritengo però che la colpa nautica possa invece restare rilevante in relazione alle *remotely controlled ships*. Gli "*act, neglect or default*" di cui all'art. IV.2.a) possono essere infatti posti in essere, oltre che dal comandante ed equipaggio, anche da ogni altro "*servant of the carrier*", purché adibito alla navigazione; mi sembra del tutto ragionevole ipotizzare che tali "*servants*" comprendano anche, nella misura in cui essi siano impegnati nella conduzione nautica della nave, gli *shore based controllers* di una *remotely operated ship*[22].

8. L'incendio

Il secondo pericolo eccettuato, previsto all'art. IV.2.b) delle Hague-Visby Rules, è costituito dall'incendio, ovvero, più precisamente, "*fire, unless caused by the actual fault or privity of the carrier*"[23].

La nozione di "*actual fault or privity*" può porre qualche difficoltà se riferita a navi autonome. In primo luogo, se, come ritiene la giurisprudenza inglese[24], tale nozione deve essere intesa come colpa *personale* del vettore, sarà necessario individuare il livello, all'interno dell'organizzazione del vettore, ove si possa parlare di colpa *personale*; il tema è comune anche alle navi tradizionali, ma può assumere sfumature particolari in relazione alle navi autonome, chiamando in causa soggetti quali i vertici dell'organizzazione degli *shore based controllers* o i programmatori di software.

In secondo luogo, il concetto di "*privity*" implica un elemento soggettivo di consapevolezza, di assai problematica identificazione rispetto a sistemi di AI.

---

[22] Nello stesso senso del testo E. Van Hooydonk, op. cit., p. 419 e G.M. Boi, Le navi-drone, cit., p. 198. Dubbi al riguardo vengono invece espressi da J.P. Rodriguez Delgado, op. cit., p. 509

[23] In argomento cfr. S.M. Carbone, op. cit., p. 335, F. Berlingieri, op. cit. p. 75, L. Tullio, op. cit., p. 189, V. Corona, op. cit., p. 762

[24] Cfr. di recente Commercial Court 21 dicembre 2017, Glencore Energy c. Freeport Holdings, in Dir. mar. 2018, p. 977. In senso contrario, la giurisprudenza italiana ritiene rilevante, al fine di escludere il pericolo eccettuato anche la colpa di dipendenti e preposti del vettore: cfr. Cass. 13 aprile 1957, Coppola c. Assicurazioni Generali, in Dir. mar. 1959, p. 43. Nella giurisprudenza italiana cfr. anche, nel senso che se il danno è causato dal mancato spegnimento dell'incendio dovuto al non funzionamento dell'impianto antincendio il vettore è responsabile in base all'art. III.1.a delle Hague-Visby Rules, Trib. Trieste 7 maggio 2008, Temel Transport c. U.N. Ro-Ro Islemeteri, in Dir. mar. 2009, p. 835

9. Il vizio occulto della nave

L'art. IV.2.p) delle Hague-Visby Rules esonera il vettore da responsabilità per i danni al carico causati da "*latent defects*"[25]. La norma deve essere letta in collegamento con il già citato art. III.1.a), che pone a carico del vettore l'obbligo di esercitare la dovuta diligenza per rendere la nave navigabile all'inizio del viaggio e con l'art. IV.1 che esonera il vettore da responsabilità per i danni al carico causati da innavigabilità della nave, purché questa non sia dovuta al mancato esercizio della dovuta diligenza.

Torna quindi in rilievo la diversa modulazione del concetto di navigabilità in relazione alle navi autonome e, per converso, andranno ripensati gli standard di diligenza che determinano, da un lato, il corretto adempimento dell'obbligo di cui all'art. III.1.a) e, dall'altro, la soglia oltre la quale un difetto (errore di programmazione, virus, malware) può essere considerato *occulto* [26].

10. I pericoli eccettuati atipici

L'elencazione dell'art. IV.2 delle Hague-Visby Rules si chiude con i pericoli eccettuati atipici[27] previsti dall'art. IV.2.q) e descritti come "*any other cause arising without the actual fault or privity of the carrier or without the fault or neglect of the agents or servants of the carrier*" . Nell'ambito dei pericoli eccettuati atipici potrebbero rientrare tipologie di eventi, quali i *cyber attacks*, configurabili come caso fortuito, ma non riconducibili ai pericoli eccettuati tipici[28].

Aggiungo qui un cenno alla necessità di ridefinire, in relazione alle navi autonome (e quindi in termini non identici a quelli elaborati per le navi tradizionali) il perimetro degli "*agents or servants of the carrier*"[29]. Tale nozione non deve necessariamente essere limitata all'equipaggio e mi sembra ragionevole farvi rientrare gli *shore based controller*. Potrebbe però

[25] Su questo tema cfr. V. CORONA, op. cit., p. 667, L. TULLIO, op. cit., p. 177 e S.M. CARBONE, op. cit., p. 298

[26] Cfr. *supra* il paragrafo 4

[27] Sulla distinzione tra pericoli eccettuati "tipici" e "atipici" cfr. Cass. 30 gennaio 1990 n. 639, Italia Navigazione . Goldoni & Iodio, in Dir. mar. 1991, p. 92

[28] Uno spunto in questo senso in G.M. BOI, Le navi-drone, cit., p. 198

[29] Cfr. *infra* al paragrafo 12

essere più incerta la collocazione all'interno della definizione di figure come i programmatori di software.

11. Il comportamento temerario e consapevole del vettore

Il tema dell'elemento psicologico nelle condotte del vettore emerge in modo ancora più evidente nell'art. IV.5.e) ove vengono definite le circostanze in presenza delle quali il vettore viene privato del beneficio della limitazione di responsabilità. La norma dispone che il diritto alla limitazione venga meno quando il danno sia stato causato da "*an act or omission of the carrier done with intent to cause damage or recklessly and with knowledge that damage would probably result*". I concetti di *intenzionalità*, *temerarietà* e *consapevolezza*, già di per sé di non facile definizione[30], potrebbero risultare di ancor meno agevole inquadramento in relazione a soggetti quali gli *shore based controllers* o i programmatori di software e forse del tutto impraticabili rispetto ai sistemi di AI (a meno che non se ne voglia riscontrare la sussistenza in presenza di sistemi programmati per anteporre sempre e comunque il profitto del vettore agli interessi degli aventi diritto al carico)[31].

12. La responsabilità degli ausiliari del vettore

L'art. IV-bis.2 delle Hague-Visby Rules estende la disciplina propria della responsabilità del vettore anche alle azioni proposte nei confronti di

[30] Nella giurisprudenza italiana cfr. Cass. 19 aprile 2001 n. 8328, Empresa Consolidada Cubana de Aviacion c. Toscano, in Dir. mar. 2002, p. 1288 e App. Genova 6 giugno 2002, Ignazio Messina c. Trombi in Dir. mar. 2004, p. 191. In argomento cfr. anche A. ZAMPONE, La condotta temeraria e consapevole nel diritto uniforme dei trasporti, Milano, 1999, S. ZUNARELLI, La decadenza del vettore dal beneficio della limitazione di responsabilità, in Studi in onore di Antonio Lefebvre d'Ovidio (a cura di E. TURCO BULGHERINI), Milano, 1995, p. 1443, M. RIGUZZI e C. TINCANI, Il limite risarcitorio nel trasporto marittimo di cose, in Trattato breve di diritto marittimo, cit., p. 242, S.M. CARBONE, op. cit., p. 467

[31] Uno spunto in questo senso in App. Genova 12 novembre 2018, Allianz c. Hugo Trumpy, in corso di pubblicazione in Dir. mar., ove si ritiene che nel valutare il requisito della consapevolezza si possa prendere in considerazione il risparmio di tempo e di costi che il vettore tragga dal comportamento gravemente negligente

"*a servant or agent of the carrier (such servant not being an independent contractor)*"[32].

Ho già fatto cenno[33] alla necessità di ridefinire il perimetro di "*servants or agents*" del vettore in relazione alle diverse figure che intervengono nelle operatività delle navi autonome. La precisazione introdotta dall'art. IV-bis.2, che esclude da tale perimetro gli *independent contractors*[34], rende ancora più problematico tale compito, dal momento che soggetti, quali gli *shore based controllers* o i programmatori di software, che occupano ruoli cruciali nell'organizzazione del vettore, potrebbero non essere legati a quest'ultimo da un rapporto di lavoro subordinato[35]. A livello negoziale, una soluzione potrebbe essere trovata in una adeguata formulazione di una Himalaya clause[36].

13. Considerazioni conclusive

Volendo trarre qualche considerazione di sintesi, mi sembra di poter affermare che l'impiego di navi autonome non comporti di per sé la necessità di totale e radicale riscrittura delle regole del trasporto marittimo, ma richieda uno sforzo di interpretazione evolutiva, in particolare in relazione al concetto di *seaworthiness* ed a quello di *servant or agent of the carrier.*

Inoltre, l'erosione dell'elemento psicologico soggettivo (colpa, dolo, colpa con previsione, dolo eventuale) dovrebbe nel medio-lungo periodo spostare il baricentro della disciplina verso sistemi di responsabilità (quasi) oggettiva.

---

[32] In argomento cfr. S.M. CARBONE, op. cit., p. 220, F. BERLINGIERI, op. cit., p. 112, M. LOPEZ DE GONZALO, op. cit., p. 639, L. TULLIO, op. cit., p. 194

[33] Supra, al paragrafo 10

[34] Cfr. però Trib. La Spezia 18 febbraio 2003, Royal Fish c. Ag. Mar. Lardon, in Dir. mar. 2005, p. 1365, ove si è ritenuto che il terminalista rientri nell'ambito dei "servants or agents" di cui all'art. IVbis.2 delle Hague-Visby Rules

[35] Cfr. E. VON HOOYDONK, op. cit., p. 420

[36] Sulla Himalaya clause cfr. nella giurisprudenza italiana Trib. Genova 30 settembre 2015, Groupama c. Ag. Mar. Le Navi, in Dir. mar. 2016, p. 178. In argomento cfr. anche M. PIRAS, La clausola Himalaya, in Trattato breve di diritto marittimo, cit, p. 281, e S.M. CARBONE, op. cit., p. 223.

LA VISIÓN DEL TJUE SOBRE EL "ACCIDENTE AÉREO" COMO PRESUPUESTO DE LA RESPONSABILIDAD DEL TRANSPORTISTA POR DAÑOS PERSONALES ¿PARA CUÁNDO SU SUPRESIÓN?

María Jesús Guerrero Lebrón[1]

1. La falta de definición de accidente en los arts. 17 del Convenio de Varsovia y de Montreal

Según el art. 17 del Convenio de Varsovia *«[e]l porteador es responsable del daño ocasionado, en caso de muerte, herida o cualquier otra lesión corporal sufrida por cualquier viajero, cuando el accidente que ha causado*

---

[1] Catedrática de Derecho mercantil; Universidad Pablo de Olavide, de Sevilla. España. Este trabajo se ha desarrollado en el marco del Proyecto TADTYG "El transporte ante el desarrollo tecnológico y la globalización. Nuevos desafíos jurídicos del sector aéreo" (Ref. PID2019-107204GB-C31), MCIU. II.PP.: Mª.J. Guerrero Lebrón y Dra. Mª. B. González Fernández.

el daño se haya producido a bordo de la aeronave o en el curso de todas las operaciones de embarque y desembarque», y, en parecidos términos, se expresa el art. 17.1 del Convenio de Montreal[2].

La necesidad de que el daño provenga de un accidente sólo se contempla en los mencionados Convenios para los supuestos de muerte, herida y lesiones corporales. En el resto de los casos se omite este presupuesto. Respecto del equipaje, se dice exactamente que el transportista responderá por la sola razón de que el hecho que causó la destrucción, la pérdida o la avería se haya producido a bordo de la aeronave o durante cualquier periodo en que el equipaje facturado se hallare bajo la custodia del transportista. Y en cuanto a la carga, la responsabilidad se imputa al transportista siempre que el daño se haya producido durante el transporte aéreo.

Y, en general, si se compara con los presupuestos que hacen nacer la responsabilidad en otros sectores, la introducción del "accidente" es algo anómalo y singular que sólo está contemplado en el transporte aéreo para los casos de muerte, heridas o lesiones corporales.

Siendo así, sin embargo, en ningún precepto del CV ni del CM se indica qué debe entenderse por tal.

La necesidad de precisar cuál es el ámbito de este concepto parece acrecentarse a la vista de los art. 17.2 y 18 de los Convenios, pues la circunstancia de que los redactores utilizasen distintos términos en un caso y en otro ha sido tomada en consideración por la doctrina, la cual entiende que debe atribuirse un significado más amplio al vocablo *«hecho»*, de los arts. 17.2 y 18, que a la voz *«accidente»*, del art. 17[3].

La diferencia de ambos preceptos con el art. 17 en el Convenio de Varsovia se habría superado de haber entrado en vigor el Protocolo de Guatemala, ya que éste modificaba el art. 17 sustituyendo el concepto *«accidente»* por el de *«hecho»*, unificando así la terminología empleada al referirse a la responsabilidad por daños en los pasajeros, en los equipajes y en la mercancía. Sin embargo, dicho Protocolo no logró el número suficiente de rati-

[2] Hay leves diferencias de redacción que resaltan la responsabilidad objetiva consagrada en el CM para el primer estrato: *«El transportista es responsable del daño causado en caso de muerte o de lesión corporal de un pasajero por la sola razón de que el accidente que causó la muerte o lesión se haya producido a bordo de la aeronave o durante cualquiera de las operaciones de embarque o desembarque»*.

[3] *Vid.* de esta opinión Quintana Carlo, *La responsabilidad del transportista aéreo por daños a los pasajeros*, Salamanca, 1977, pág. 304 y Goldhirsch, Lawrence, «Definition of "accident": Revisiting *Air France v. Saks*», *Air&Space Law*, vol. XXVI/2, abril, 2001, pág. 86.

ficaciones y fue abandonado como solución para adecuar el régimen de la responsabilidad del transportista aéreo a los tiempos presentes. De hecho, los debates durante la tramitación del Convenio de Montreal acabaron manteniendo la misma terminología y, por consiguiente, dejando un presupuesto peculiar carente de definición normativa que pueda servir a estos efectos.

En efecto, la ausencia de definición del término accidente en el CV, en el CM, así como en el Reglamento (CE) n.º 2027/1997, contrasta con la situación existente en otros documentos normativos nacionales e internacionales. Por ejemplo, el anexo n.º 13 que se ocupa de las "Normas y métodos recomendados para encuestas de accidentes de aviación", y que desarrolla el art. 26 del Convenio de Chicago de 7 de diciembre de 1944[4] incluye una definición de accidente; al igual que el Real Decreto 389/1998, de 13 de marzo, sobre investigación de los accidentes e incidentes de aviación civil[5], a través del cual se incorporó a nuestro Ordenamiento la Directiva 94/56/CE del Consejo, de 21 de noviembre de 1994, por la que se establecen los principios fundamentales que rigen la investigación de los accidentes e incidentes de aviación civil y de la cual toma el concepto. Igualmente, el vigente Reglamento 996/2010, del Parlamento Europeo y del Consejo, de 20 de octubre de 2010, sobre investigación y prevención de accidentes e incidentes en la aviación civil y por el que se deroga la Directiva 94/56/CE, se ocupa de definir el accidente en el art. 2.1.

No obstante, de poco nos sirven dichas definiciones pues es una idea generalmente aceptada por la doctrina que los conceptos utilizados en la normativa sobre investigación técnica de accidentes no nos resultan determinantes a la hora de interpretar el art. 17 CV, pues hay que valorar que en ellos se persigue definir el accidente aéreo con el objeto de poder investigarlo y obtener de esa manera datos que permitan incrementar la seguridad de las aeronaves. Se trata, por consiguiente, de cumplir una función preventiva y a ese fin se delimitan los supuestos que caen dentro de la normativa técnica. Es, sin duda, un concepto demasiado restringido para llenar el término empleado por los redactores del CV y el CM, que están pensando en los supuestos que hacen responsable al porteador aéreo frente a los pasajeros.

---

[4] España se adhirió al Convenio de Chicago, mediante instrumento de 21 de febrero de 1947 (BOE n.º 311, de 29 de diciembre de 1969), sin embargo, el Anexo 13, que ha sido actualizado en varias ocasiones desde su primera edición, no ha sido nunca publicado en el BOE. La edición que está en vigor es la undécima edición, de julio de 2016, efectiva desde el 10 de noviembre de 2016.

[5] Cfr. BOE n.º 70, de 23 de marzo de 1998; corrección de errores en n.º 81, de 4 de abril.

Existe, pues, consenso doctrinal en torno a que los conceptos de accidente que aporta la normativa técnica en materia de investigación de accidentes no resultan apropiados por constreñir en exceso el ámbito de la responsabilidad del transportista (al que nos referimos en el apartado primero), lo cual es suficientemente ilustrativo de que el ámbito de situaciones que deben quedar cubiertas por las normas sobre responsabilidad van más allá de las relacionadas con los riesgos aeronáuticos[6].

[6] También MAPELLI es partidario de un concepto de accidente más amplio que el que se desprende de estos textos normativos, cuyos conceptos, para la generalidad de los autores, no pueden trasladarse al Derecho privado aeronáutico (*vid.*, GIEMULLA, Elmar, SCHMID, Ronald, y EHLERS, Nikolai, *Varsaw Convention. Commentary*, Boston, 1995, comentario al art. 1, pág. 16; y GARDINER, Richard, «The Warsaw Convention at Three Score Years and Ten», *Air&Space Law,* vol. XXIV, n.º 3, 1999, págs. 114 a 120, esp. pág. 115). Concretamente MAPELLI considera que la palabra accidente, en la forma en que la emplea el CV, no debe entenderse en relación con la aeronave, ni aun siquiera con el viaje, sino contemplando directamente a la persona del viajero, por lo que para él puede producirse un accidente aun dentro de la mayor normalidad del vuelo y sin necesidad de que la aeronave se vea afectada, es decir, que bajo el concepto de accidente podrá incardinarse cualquier suceso que determine daño derivado de muerte, herida u otra lesión corporal, siempre que se reúnan las restantes condiciones exigidas por el Convenio (*vid.* MAPELLI LÓPEZ, Enrique, *El contrato de transporte aéreo internacional. Comentarios al Convenio de Varsovia*, Madrid, 1968, pág. 160). La misma tendencia se observa en la postura defendida por QUINTANA, quien igualmente llega a la conclusión de que el término accidente debe interpretarse en un sentido amplio (*vid.*, QUINTANA CARLO, Ignacio, *La responsabilidad del transportista..., op. cit.*, págs. 306 y 307). En el otro extremo podemos citar a AREAL LUDEÑA quien, tras realizar una crítica del sector de la jurisprudencia norteamericana que defiende un concepto amplio de accidente, concluye que el término accidente, tal como se utiliza en el Convenio de Varsovia y en el Protocolo de La Haya, se debe interpretar restrictivamente. En su opinión, los eventos que pueden suceder en otras esferas de la vida y que no se encuentran en relación directa con la *operation of the aircraft,* no pueden dar lugar a una acción fundamentada en el art. 17 CV. Esta misma posición partidaria de un concepto restringido es la que, según AREAL, postulan los tribunales y la doctrina alemanes (*vid.* AREAL LUDEÑA, Santiago, «El contrato de transporte aéreo», *Contratos internacionales* (dir. Calvo Caravaca y Fernández de la Gándara), Madrid, 1997, págs. 649 a 731, pág. 668). BOTANA, para quien las turbulencias, los baches, los cambios de presión, la meteorología adversa, y otras circunstancias que pueden considerarse normales o típicas de la navegación aérea no deben considerarse accidentes aunque produzcan miedo o ansiedad en los pasajeros, se sitúa por lo que respecta a las distintas interpretaciones de la palabra accidente en una posición intermedia, pues según sus propias palabras, *«se debe huir de posiciones extremas»* (*vid.* BOTANA AGRA, Manuel, *La ilimitación de la responsabilidad del transportista aéreo comunitario por daños a los pasajeros en caso de accidente: un estudio del Reglamento (CE) 2027/1997*, Madrid, 2001, pág. 44).

En este sentido conviene tener presente que el CV se redactó en 1929 en francés, única lengua oficial del Convenio original (art. 36 CV), por lo que para algunos el uso que a este término se le dé en el idioma indicado será primordial a los efectos de interpretarlo adecuadamente. Hay que decir que, aunque a este respecto suelen citarse como paradigmáticos algunos casos franceses[7], en francés, al igual que en otros idiomas, el término *accident* puede utilizarse en diversos sentidos, y no creemos que a la elección que en un momento determinado realicen los tribunales franceses haya de dársele más valor que a la tendencia que se observe en la jurisprudencia del resto del mundo. Si siguiéramos esta línea argumental, dado que las lenguas oficiales del Convenio se ampliaron al inglés, francés, español, chino, ruso y árabe en el Convenio de Montreal, los pronunciamientos de los Tribunales de todos estos países habrían de tener un valor prevalente frente a lo que dijeran los de otras naciones que también fueran Estados partes del Sistema.

No parece razonable tal propuesta, pues tratándose el término accidente de un concepto empleado en un Convenio internacional, que además persigue entre sus objetivos la unificación del régimen jurídico en materia de responsabilidad del porteador aéreo, habrá que tratar de encontrar cuál es el sentido que predomina en la jurisprudencia de los distintos Tribunales nacionales, pues se trata de una materia en la que no conviene mantener particularismos nacionalistas, sino todo lo contrario, reconducir los esfuerzos hacia un entendimiento lo más uniforme posible.

En definitiva, como se ya han puesto de manifiesto otros autores, parece ser un principio generalmente admitido que los presupuestos establecidos en las Convenciones sobre responsabilidad son "conceptos autónomos", esto es, su significado debe ser determinado examinando la letra de los propios Tratados en sí mismos, más que escudriñando lo que significan bajo cada uno de los sistemas legales[8].

---

[7] GOLDHIRSCH, Lawrence, *op. cit.*, pág. 86 se refiere al caso *Haddad contra Air France*, que resolvió la Corte de Casación en 1982 y en el que el Tribunal sostuvo que el término accidente no puede ser reducido a eventos mecánicos y técnicos relacionados con la aeronave.

[8] HAVEL, Brian F./ SÁNCHEZ, Gabriel S., *The principles and practice of International Aviation Law,* New York, 2014, págs. 283 y 284.

2. Nuestra clasificación de los accidentes sistematizando la casuística jurisprudencial

2.1. Presentación de la metodología adoptada:

2.1.1. *La utilidad de los pronunciamientos de los tribunales nacionales y de organizaciones supranacionales*

El propósito de encontrar una definición uniforme no pasa de ser una utopía, si ésta no viene reflejada en algún tratado. Como no contamos con ella, no queda otra solución que atenerse a la doctrina que se vaya asentando por los Tribunales nacionales, a pesar de que puedan proliferar las diferencias. Y no sólo por los particularismos de cada sistema judicial, sino que, indudablemente, en la aplicación de los Convenios por los jueces nacionales influirán, probablemente de forma subliminal, las singularidades de sus propios sistemas jurídicos.

En cualquier caso, éstos, los Tribunales nacionales, deben interpretar de buena fe conforme al sentido corriente que haya de atribuirse a los términos del Tratado en el contexto de estos y teniendo en cuenta su objeto y fin. Al menos eso es lo prescrito en el art. 31 de la Convención de Viena sobre el Derecho de los Tratados, de 23 de mayo de 1969, que codifica las reglas del Derecho internacional general.

De ahí que, en su momento, en un intento de aportar al menos algunos parámetros al intérprete, me esforzara en recopilar Resoluciones significativas que han abierto varias corrientes interpretativas, y que, si no conducen a una única definición, al menos nos permiten dibujar el mapa de la mayoría de las situaciones que hacen responder al transportista en los distintos Estados partes[9].

Se trata ahora de revisar dicha sistematización, actualizándola e incorporando nuevas Resoluciones que permiten seguir delineando el ámbito de la responsabilidad del transportista, que es una materia jurídica viva.

---

[9] *Vid.,* GUERRERO LEBRÓN, M.J., *La responsabilidad contractual del porteador aéreo en el transporte de pasajeros*, Tirant Lo Blanch, Valencia, 2005, págs. 117-157; y «La aplicación del art. 17 del Convenio de Montreal: el concepto de accidente conforme a la más reciente jurisprudencia», *Estudios de Derecho Aeronáutico y Espacial* (coords. Folchi, Guerrero Lebrón y Madrid Parra), Marcial Pons, 2008, ISBN 978-84-9768-458-3, págs. 43-52.

No obstante, esta materia ha adquirido una nueva dimensión desde el momento en que los Convenios se integraron en el acervo comunitario a través de la técnica del reenvío [en virtud de la remisión que efectúa el Reglamento (CE) n.º 2027/97].

La extensión del ámbito de aplicación del Convenio de Montreal a todo el transporte llevado a cabo por compañías comunitarias no es nueva, y no es la primera vez que se le someten al Tribunal de Justicia de la Unión Europea (TJUE) cuestiones interpretativas de este Convenio[10], pero sí es novedoso su pronunciamiento acerca del concepto de accidente, que es un presupuesto clave para imputar responsabilidad al transportista conforme a la regulación del Convenio de Montreal. De ahí que el pronunciamiento del TJUE al resolver esta cuestión prejudicial, que después comentaremos, puede llegar a tener un gran alcance. Nos referimos a que, además de convertirse en la interpretación autorizada del Convenio dentro del ámbito de la Unión Europea tendrá capacidad para influir fuera, en la medida en que los Tribunales de otros Estados serán testigos de su aplicación generalizada en un área tan extensa y relevante en el tráfico aéreo mundial como el espacio aéreo de la Unión Europea.

2.1.2. *Nuestra propuesta antes de la sentencia del TJUE*

Con la metodología señalada nos hemos esforzado en extraer algunas líneas que nos permitan clasificar distintos tipos de accidente o más bien situaciones que con variadas argumentaciones quedan englobadas bajo dicho término, lo sean o no en puridad, ya que, como venimos comentando, los Convenios conciben el accidente como un presupuesto necesario para poder imputar la responsabilidad al transportista aéreo.

Fuera de toda discusión se encuentran las catástrofes aéreas. Un accidente con consecuencias dramáticas encaja sin ningún género de dudas bajo la definición que ofrece la Real Academia Española en la segunda acepción del término: *"suceso eventual o acción de que resulta daño involuntario para las personas o las cosas"*[11].

[10] *Vid.* Sentencia de 7 de noviembre de 2019, en el asunto C-213-18, Guaitoli y otros. Se trataba de una cuestión prejudicial planteada por un Tribunal de Roma en materia de cooperación judicial, reconocimiento y ejecución de resoluciones judiciales en materia civil y mercantil.

[11] En español, según el *Diccionario de la Lengua Española* de la REAL ACADEMIA ESPAÑOLA la palabra *"accidente"* tiene diez acepciones -*vid.* la actualización de 2019-.

También caen bajo el ámbito de esta definición las turbulencias, si bien, como veremos, precisamente por no ser siempre dramáticas sus consecuencias y ser un suceso frecuente en el transporte aéreo, parte de la jurisprudencia analizada manifiesta sus dudas sobre la idoneidad de este tipo de eventos para hacer nacer la responsabilidad del transportista aéreo.

Además de tales situaciones veremos que de las resoluciones judiciales recaídas en este ámbito puede deducirse que hay otro tipo de situaciones que pueden ocurrir durante el vuelo y que, a pesar de no encajar fácilmente en el habitual sentido del término accidente, se les atribuye tal consideración debido a que por las acciones u omisiones de las aerolíneas o su personal parece razonable hacer responder al transportista por dichas circunstancias. Tal puede ser la explicación de que en ciertas ocasiones el terrorismo aéreo, las enfermedades provocadas o agravadas durante el vuelo, o incluso los altercados entre pasajeros se traten como accidentes[12] a los efectos de poder imputar la responsabilidad al transportista aéreo.

En definitiva, sin pretensiones de exhaustividad, pero aglutinando las situaciones que han dado origen a pronunciamientos judiciales con más frecuencia, hemos organizado los distintos tipos de accidentes en los apartados que presentamos a continuación en los epígrafes del 2.2.1 al 2.2.5, sin perjuicio de que la Sentencia del Tribunal de Justicia de la Unión Europea de 19 de diciembre de 2019, en el asunto C-532/18 nos obligará a revisar la propuesta incorporando un nuevo grupo de accidentes (2.2.6).

2.2. Los distintos tipos de accidentes

2.2.1. *Accidentes en sentido estricto*

Conforme al art. 2.1 del Reglamento (UE) n.º 996/2010, es accidente: *"todo suceso que, en relación con la utilización de una aeronave tenga lugar, en el caso de aeronaves tripuladas, en el período comprendido entre el momento en que cualquier persona embarque en la aeronave con intención de realizar un vuelo y el momento en que cualquiera de esas personas desembarque, o que tenga lugar, en el caso de aeronaves no tripuladas, en*

[12] Así lo entiende, Cobbs, Louise, «The Shifting Meaning of "Accident" under Article 17 of the Warsaw Convention: What did the Airline know and what did it do about it? », *Air&Space Law,* vol. XXIV, n.º 3, 1999, pág. 123.

el período comprendido entre el momento en que la aeronave esté lista para ponerse en movimiento con intención de realizar un vuelo y el momento en que se detenga al final del vuelo[13] *y se apaguen los motores utilizados como fuente primaria de propulsión, y durante el cual:*

> *a) una persona sufra lesiones mortales o graves como consecuencia de:*
> - *hallarse en la aeronave, o*
> - *entrar en contacto directo con alguna parte de la aeronave, entre las que se incluyen las partes que se hayan desprendido de la aeronave, o*
> - *la exposición directa al chorro de un reactor,*

[13] La forma en que se delimita el concepto de accidente en relación con las aeronaves no tripuladas (el concepto se alteró tras la Reunión departamental sobre investigación y prevención de accidentes –AIG- de 2008, que dio lugar a la décima edición del anexo 13), unido a la fase en que se encuentra el desarrollo tecnológico en este área, y la amplia tipología de sistemas no tripulados que existen, exige que el regulador delimite de alguna manera más concreta en qué supuestos tiene interés que se realice una investigación técnica. Debe tenerse en cuenta que muchos de estos vuelos pueden ser experimentales, y que desde luego la cantidad de percances que pueden llegar a producirse llevaría a las autoridades de investigación a dedicar una cantidad de tiempo y de recursos a investigarlos de los que carecen. Por otro lado, precisamente por ser un sector emergente y porque no siempre habrá intereses generales en juego es cuestionable que desde el punto de vista del interés público se destine presupuesto público a la investigación de muchos de estos accidentes e incidentes. Tal necesidad se reclama con urgencia porque deben quedar claro los supuestos de accidentes e incidentes que son de notificación obligatoria. A estos efectos el anexo 13 dispone por un lado en el punto 5.1.2 que los incidentes graves sólo se investigarán cuando la aeronave tenga una masa máxima superior a 2 250 kg, y, por otro, que *"[e]n el caso de una investigación de un sistema de aeronave no tripulada, sólo se considerarán las aeronaves que tengan una aprobación operacional y/o de diseño"* (*nota 3*). Sin embargo, el ámbito al que ha de extenderse la obligación de investigar no está exactamente regulado en el Reglamento (UE) n.º 996/2010, ni en la normativa nacional. En España tal circunstancia ha sido tenido en cuenta, por ello, conforme al art. 26.g del RD 1036/2017, de 15 de diciembre, es obligatorio notificar todos los accidentes e incidentes graves, si bien, la Disposición Adicional 4.ª dispone que será la autoridad encargada de las investigaciones técnicas (la Comisión de Investigación de Accidentes e Incidentes de Aviación Civil), la que tendrá la facultad de decidir cuándo procede abrir una investigación si, según las circunstancias del caso, se puede obtener alguna enseñanza (*vid.*, al respecto, Guerrero Lebrón, "La notificación e investigación de accidentes e incidentes. La responsabilidad del operador y su aseguramiento obligatorio", *La regulación civil y militar de las aeronaves civiles pilotadas por control remoto. Comentario al RD 1036/2017, de 15 de diciembre*, Madrid, 2018, pág. 283).

excepto en caso de que las lesiones obedezcan a causas naturales, hayan sido auto-infligidas o causadas por otras personas, o se trate de lesiones sufridas por polizones escondidos fuera de las áreas destinadas normalmente a los pasajeros y la tripulación, o

b) la aeronave sufra daños o fallos estructurales que alteren de manera adversa sus características de resistencia estructural, su rendimiento o sus características de vuelo, y que exigirían normalmente una reparación importante o el recambio del componente dañado, excepto si se trata de un fallo o avería del motor, cuando el daño se limite a un solo motor (incluidos su capó o accesorios), a las hélices, extremos de alas, antenas, sondas, aletas, neumáticos, frenos, ruedas, carenas, paneles, puertas del tren de aterrizaje, parabrisas, revestimiento de la aeronave (como pequeñas abolladuras o perforaciones en el revestimiento), o a daños menores a las palas del rotor principal, las palas del rotor trasero, el tren de aterrizaje, así como los daños resultantes de granizo o impactos de aves (incluidas perforaciones del radomo), o

c) el avión desaparezca o sea totalmente inaccesible."

La definición reproducida del Reglamento (UE) n.º 996/2010 se encuentra con carácter idéntico en el capítulo 1 del anexo 13, en el que además se incorporan algunas notas que pueden ser útiles para una correcta interpretación de la definición aportada. Se aclara en primer lugar que (para uniformidad estadística únicamente) toda lesión que ocasione la muerte dentro de los 30 días contados a partir de la fecha en que ocurrió el accidente, está clasificada por la OACI como lesión mortal (*nota 1*)[14]. En el apartado de definiciones del capítulo 1 se encuentra también la de "lesión grave", *"cualquier lesión sufrida por una persona en un accidente que tenga una de las consecuencias siguientes:*

a) hospitalización de más de cuarenta y ocho horas, que se inicie en el plazo de siete días a partir de la fecha en que se sufrió la lesión;

b) rotura de cualquier hueso (excepto fracturas simples de dedos de las manos o de los pies, o la nariz);

c) laceraciones que causen hemorragias graves o daños a los nervios, músculos o tendones;

[14] Idéntica definición la encontramos en el art. 2.5 Reglamento (UE) n.º 996/2010.

d) lesiones de cualquier órgano interno;

e) quemaduras de segundo o tercer grado, o quemaduras que afecten a más del 5 % de la superficie corporal;

f) exposición comprobada a sustancias infecciosas o a radiaciones perjudiciales."[15]

También se indica en el anexo 13 que una aeronave se considera desaparecida cuando se da por terminada la búsqueda oficial y no se han localizado los restos *(nota 2)*, y que para determinar los daños sufridos por la aeronave se puede tener en cuenta a efectos orientativos la figura que se incorpora en el Adjunto G (*nota 4*)[16].

---

[15] Idéntico contenido en el art. 2.17 Reglamento (UE) n.º 996/2010.

[16] El adjunto G, bajo el título "Orientaciones para determinar los daños de una aeronave" dispone:

1. Si un motor se separa de la aeronave, el suceso se clasifica como accidente, aunque el daño se limite al motor.

2. La pérdida del capó del motor (soplante o núcleo), o componentes del inversor, que no generen más daños en la aeronave no se considera accidente.

3. Los sucesos en que álabes del compresor o turbina, u otros componentes internos del motor, son eyectados a través de la tobera del motor no se consideran accidentes.

4. Un radomo hundido o faltante, no se considera accidente, a menos que haya un daño sustancial conexo en otras estructuras o sistemas.

5. La falta de flaps, aletas hipersustentadoras y otros dispositivos de aumento de la sustentación, dispositivos de extremo de ala, etc., permitidos para despachar con arreglo a la lista de desviaciones respecto a la configuración (CDL), no se considera accidente.

6. Retracción de una pata del tren de aterrizaje o aterrizaje sin desplegar el tren, que resulte solamente en abrasión del revestimiento de la aeronave. Si la aeronave puede despacharse en condiciones de seguridad después de reparaciones menores, o parchado, y luego se realiza más trabajo para hacer una reparación permanente, el suceso no se clasificaría como accidente.

7. Si el daño estructural es tal que la aeronave se despresuriza, o no puede presurizarse, el suceso se considera accidente.

8. La extracción de componentes para inspección después de un suceso, como la extracción preventiva de una pata del tren de aterrizaje después de una salida de pista a baja velocidad, aunque entrañe considerable trabajo, no se considera accidente a menos que se encuentren daños importantes.

9. Los sucesos que involucren una evacuación de emergencia no se consideran accidentes a menos que alguna persona sufra lesiones graves o la aeronave haya experimentado daños importantes.

Nota 1.— En relación con una aeronave que sufre daños que afectan adversamente a su resistencia estructural, su performance o sus características de vuelo, la aeronave puede

De contenido análogo es el art. 3 del Real Decreto 389/1998, de 13 de marzo, ya mencionado, si bien en él no se precisa que estos sean los criterios que determinan la existencia de un accidente en el caso de las aeronaves tripuladas[17]. Aunque no es algo común, al menos todavía, el transporte de personas en aeronaves no tripuladas, cuando el caso llegue a producirse, el concepto de accidente que habría que tomar en consideración sería el que contiene el Reglamento comunitario.

Todas estas definiciones tienen en común que las situaciones descritas que quedan englobadas bajo el concepto de accidentes describen riesgos aeronáuticos, no obstante, tal como veremos más adelante, podrán producirse accidentes aun cuando los riesgos que los ocasionen no tengan tal carácter.

2.2.2. *Turbulencias*

Las turbulencias ocasionan gran cantidad de heridos y un considerable número de víctimas mortales, representando en la actualidad la principal causa de los accidentes aéreos no mortales. Pueden definirse como

---

haber aterrizado en condiciones de seguridad operacional, pero no puede ser despachada para un nuevo vuelo en condiciones de seguridad operacional sin efectuarse reparaciones.

Nota 2.— Si la aeronave puede despacharse en condiciones de seguridad operacional después de reparaciones menores y posteriormente es objeto de trabajos más amplios para hacer una reparación permanente, el suceso no se clasificaría como accidente. Análogamente, si la aeronave puede despacharse con arreglo a la CDL sin el componente afectado, faltante o fuera de funcionamiento, la reparación no se juzgaría importante y, en consecuencia, el suceso no se consideraría accidente.

Nota 3.— El costo de las reparaciones o pérdidas previstas, con arreglo a lo dispuesto por las compañías aseguradoras, puede proporcionar una indicación del daño sufrido, pero no debería utilizarse como única guía para determinar si el daño es suficiente para considerar el suceso como accidente. Análogamente, una aeronave puede considerarse como "pérdida de casco" porque su reparación no resulta económica, sin que haya sufrido daños suficientes para clasificar el suceso como accidente.

[17] El régimen de la investigación técnica de accidentes se encuentra en el art. 26 del Convenio de Chicago, el anexo 13 a dicho Convenio, el Reglamento (UE) n.º 996/2010, los capítulos II y III del Título II de la Ley de Seguridad Aérea, y el Real Decreto 389/1998. Todas estas disposiciones que acabamos de mencionar recogen en esencia el mismo espíritu, pues están inspiradas en la misma filosofía: la investigación técnica debe servir para prevenir futuros accidentes y debe ser una tarea independiente de la depuración de responsabilidades que corresponde a los Tribunales, a los órganos administrativos competentes o incluso a los departamentos que tramitan los expedientes disciplinarios de cada empresa.

movimientos de aire que provocan sacudidas violentas del avión, los cuales encuentran su origen en un gran número de condiciones diferentes. Los estudios realizados en torno a este "incidente" aéreo permiten clasificarlas en tres grandes grupos que atienden a las causas principales que las motivan[18].

El primer tipo de turbulencia es la debida a ciertas condiciones meteorológicas: por ejemplo, nubes de tormenta, corrientes de aire, frentes fríos o cálidos, lluvia intensa, etc. Estas turbulencias se pueden predecir con mayor o menor dificultad, por lo que permiten adoptar las medidas necesarias en orden a evitarlas o, al menos, a avisar al pasaje de su próxima producción. En segundo lugar, podemos referirnos a las turbulencias de "cielo limpio" (la expresión anglosajona que las identifica es *"clear air turbulence"*), que son las más difíciles de detectar pues no hay, en principio, ninguna señal que alerte acerca de su producción. Pueden originarse en el límite o frontera de una corriente de aire, pero también puede darse un fenómeno de este tipo como consecuencia de la superficie de determinados edificios, puentes, o estructuras geográficas de la naturaleza[19]. Finalmente, cabe reunir en un tercer grupo a las turbulencias provocadas por el propio tráfico aéreo, es decir, las que son consecuencia del vuelo demasiado cercano de otra aeronave (por ejemplo, los helicópteros grandes pueden provocar turbulencias capaces de derribar a otros aviones).

Aún siendo un fenómeno típicamente aéreo o relacionado íntimamente con la utilización de la aeronave, el problema que podemos encontrar al tratar de incardinar los daños derivados de estos sucesos en el concepto de accidente utilizado por los redactores del CV o del CM deriva de que, precisamente, algunos Tribunales exigen que el evento en cuestión sea algo anormal o inesperado, por lo que pueden excluir la responsabilidad del porteador aéreo ante un suceso de este tipo justamente por tratarse de una circunstancia usual en la navegación aérea. Concretamente, de acuerdo con el sistema de valoración de las turbulencias adoptado por la *Federal Authority Aviation*, encontramos casos en que los Tribunales concluyen que las turbulencias ligeras o moderadas no constituyen accidente en los términos

---

[18] En este apartado seguiremos muy de cerca el trabajo de CIMINO, Frank D., «Air Turbulence Liability», *Journal of Air Law and Commerce*, 1999, vol. 64, págs. 1163 a 1200.

[19] Según CIMINO, se ha comprobado que el viento que sopla sobre las montañas de Colorado puede provocar turbulencias sin nubes sobre los llanos de Kansas (*vid.*, *op. cit.*, pág. 1167).

del art. 17 CV, que queda reservado para aquellas que tienen la consideración de severas o extremas[20].

A pesar de la citada corriente jurisprudencial, que no puede considerarse ni mucho menos como consolidada, nosotros partimos de la consideración general de las turbulencias como accidentes aéreos[21], sea cual sea su intensidad, con independencia de que puedan dar lugar o no a la responsabilidad del porteador aéreo, ya que bajo el SV éste podrá exonerarse si consigue demostrar que adoptó todas las medidas posibles para evitar el daño (no así en el CM, en el que la responsabilidad del porteador para las reclamaciones de hasta 128.821 DEG es objetiva). En este sentido, la clasificación antes vista resulta especialmente útil para determinar qué nivel de diligencia ha sido empleada por el porteador aéreo, materia en estrecha conexión con el grado de predicción que pueda tenerse de la turbulencia en cuestión. Obviamente, sólo cabrá adoptar medidas en los casos en que las turbulencias se puedan predecir. Por otro lado, Dicho examen será necesario cuando el transportista alegue como medida de defensa que él o sus comisionados han tomado todas las medidas necesarias para evitar el daño, según permite el art. 20 CV al objeto de exonerarse, o en el resto de los casos en que apliquemos un sistema de responsabilidad subjetiva, como sucede con aquellas reclamaciones que superen los 128.821 DEG y estén sometidas al CM.

2.2.3. *Terrorismo aéreo*

No resulta fácil presentar una definición de lo que ha de entenderse por terrorismo, pues es éste un concepto notablemente influido por cir-

[20] En el caso *Magan v. Lufthansa German Airlines*, resuelto en 2002, el demandante reclamó a la compañía aérea porque resultó herido tras golpearse la cabeza con el techo de la aeronave como consecuencia de unas turbulencias, pero el Tribunal consideró que no se trataba de un accidente porque las pruebas mostraban que no tuvo su origen en una turbulencia severa. Igualmente se exoneró de responsabilidad a la compañía aérea en el caso *Koor v. Air Canada*, de 2001, por entender el Tribunal que se trataba de una turbulencia moderada (*vid.*, IATA, *The Liability Reporter,* February, 2002, pág. 13).

[21] En otra línea más cercana a nuestra postura puede situarse el caso *Brunk v. British Airways, PLC,* (2002), en el que se consideró que si la turbulencia había sido lo suficientemente enérgica como para provocar que el demandante resbalase y cayese al suelo de la aeronave, con independencia de que no tuviese la consideración de severa o extrema, según la *Federal Aviation Act*, habría que entender que constituía por sí un accidente aéreo (*vid.,* IATA, *The Liability Reporter,* February, 2003, pág. 6).

cunstancias político-sociales de ámbito nacional e internacional, pero cualquiera que sea la definición que se maneje, parece que para que un acto delictivo pueda considerarse terrorista es necesario que incluya un elemento subjetivo, la realización por una banda armada o grupo terrorista, y otro teleológico, es decir, que pretenda lograr la subversión del orden político-social constituido[22]. Cuando hablamos de actividades terroristas relacionadas con la aviación civil estamos aludiendo a multitud de actuaciones delictivas que, aun cuando desgraciadamente pueden responder a una amplia tipología, cabe sistematizarlas, tal vez con cierta simplificación, en torno a cinco modalidades básicas: el apoderamiento ilícito de aeronaves; el sabotaje de aeronaves, en tierra o en vuelo; el acto de violencia contra personas o instalaciones en aeropuertos que prestan servicio a la aviación civil internacional; el ataque desde tierra o desde el cielo a aeronaves en vuelo[23]; y la utilización de la aeronave como arma de destrucción (supuesto casi inimaginable antes de que ocurriera el desastre del 11 de septiembre de 2001).

En todas ellas el autor de la acción que ha causado el daño a terceros queda obligado a resarcirlo, si bien en la práctica dicha obligación de responsabilidad suele resultar inefectiva para indemnizar a los pasajeros afectados o a los familiares de las víctimas, pues se presentan con extraordinaria frecuencia situaciones en las que los terroristas no pueden ser identificados, han desaparecido, o incluso, habiendo sido detenidos, son insolventes. Por estas razones, y en aras de una mayor protección de los afectados, desde los años 70 los tribunales de la mayoría de los países vienen imponiendo a los transportistas la responsabilidad por los daños causados a los pasajeros como consecuencia de actividades terroristas relacionadas con la aviación civil, entendiendo que dichas situaciones tienen cabida en el concepto de

---

[22] Nuestro CP (L.O. 10/1995, de 23 de noviembre -BOE n.º 281, de 24 de noviembre-) contempla en la Sección 2.ª del capítulo V los delitos de terrorismo. Según la definición de terrorista, común a todos los delitos de esta sección, éste es un sujeto que actúa al servicio o colabora con bandas armadas, organizaciones o grupos cuya finalidad sea la de subvertir el orden constitucional o alterar gravemente la paz pública. Cabe mencionar que la Ley 209/1964, de 24 de diciembre, Penal y Procesal de la Navegación Aérea (BOE n.º 311, de 28 de diciembre de 1964) no tipifica el terrorismo, aunque los delitos 39 y 40 regulan delitos de apoderamiento de los que normalmente desarrollan este tipo de organizaciones.

[23] Hemos partido de la clasificación propuesta por GONZÁLEZ-LEBRERO, Rodolfo A., «Terrorismo y seguridad aérea», *Estudios Jurídicos en Homenaje al Profesor Aurelio Menéndez,* vol. III, Madrid, 1996, pág. 3801, añadiendo por nuestra parte el último supuesto.

accidente recogido en los Convenios internacionales[24]. En estas decisiones se considera que corresponde a los transportistas la carga de eliminar las circunstancias y condiciones que pueden dar origen a comportamientos subversivos y peligrosos, ya que se encuentran en una posición que les permite garantizar y establecer las medidas de prevención necesarias con el objeto de lograr un clima de seguridad a bordo de la aeronave[25]. Ciertamente, tales tareas están bajo la esfera de control de la compañía aérea. Piénsese en la capacidad que tiene el transportista para someter tanto a los pasajeros como a sus equipajes a examen por rayos X, registros personales, escaneos o cualquier otro sistema de detección de armas o explosivos (perros adiestrados, análisis mediante bombardeo de neutrones, introducción de marcas en los explosivos, etc.). Ahora bien, junto al transportista pueden asumir responsabilidades las autoridades que dirigen los aeropuertos, los organismos públicos encargados de la seguridad o cualquier otra persona física o jurídica que hubiera podido tener alguna participación, por acción u omisión, en los actos terroristas o preparativos de dichas actuaciones, así como cualquiera que intervenga para dificultar su detección, su neutralización, o la reducción de sus efectos nocivos[26].

En cualquier caso, no resulta correcto desde el punto de vista jurídico ampliar el concepto de accidente sobre la base de dicho argumento, pues si la existencia del accidente funciona como un presupuesto autónomo de la

---

[24] En este sentido *vid.*, Karp, Judith R., «Mile High Assaults: Air Carrier Liability under the Warsaw Convention», *Journal of Air Law and Commerce*, Fall, 2001, pág. 1568. La cuestión puede plantearse en distintos términos en España, donde el Estado, como veremos, asume el pago de indemnizaciones a las víctimas de terrorismo.

[25] En 1998 la IATA estableció unas directrices para las compañías de todo el mundo miembros de esta organización dirigidas a evitar, en la medida de lo posible, y a controlar, cuando llegaran a producirse, los comportamientos rebeldes y violentos de los pasajeros que conducen a incidentes y asaltos. Entre las propuestas formuladas la institución internacional sugiere crear una política de empresa que permita identificar a los pasajeros peligrosos, estableciendo mecanismos que sirvan para elaborar informes y clasificar los incidentes que suceden. Aconseja chequear a los pasajeros para impedir que embarquen los que puedan plantear problemas. Asimismo, a la tripulación se le recomienda que cree un clima de calma a bordo y mantenga constantemente la comunicación con los pasajeros. En este sentido, sugiere la creación de programas de formación de la tripulación con el objeto de que desarrollen sus habilidades para detectar con antelación a los pasajeros que puedan crear problemas (*vid.*, Karp, Judith R., *op. cit.*, pág. 1567).

[26] *Vid.,* González-Lebrero, Rodolfo A., *op. cit.*, pág. 3807. En cuanto a la responsabilidad de los sujetos distintos de las compañías aéreas, *vid., infra,* el epígrafe 1.3 *«La responsabilidad de otros sujetos implicados en el transporte aéreo»* de este capítulo.

responsabilidad, no debe confundirse con el criterio de imputación subjetivo (negligencia o dolo del transportista) u objetivo (esfera de control) que haya de seguirse conforme al régimen de responsabilidad que resulte aplicable.

En efecto, hemos de separar ambos planos, por lo que aun cuando un determinado evento pueda considerarse "accidente" (sea cual sea la interpretación que se haga de este término), ello no implica necesariamente que el transportista haya de ser considerado responsable. Conforme al sistema de responsabilidad subjetiva establecido en el CV, si en caso de accidente el porteador consigue probar que él o sus comisionados han tomado todas las medidas necesarias para evitar el daño (es decir, ha actuado con diligencia al tratar de impedir comportamientos subversivos o peligrosos) o que les fue imposible tomarlas, quedará exonerado de responsabilidad (art. 20 CV). Igualmente podrá exonerarse o atenuar su responsabilidad si probare que la persona lesionada ha sido causante del daño o ha contribuido al mismo (art. 21 CV)[27]. En el sistema de doble estrato del CM o del Reglamento (CE) n.º 2027/1997, también podrá exonerarse el transportista de cualquier responsabilidad si consigue probar que el perjuicio fue causado por el pasajero lesionado o fallecido, o de la responsabilidad por un importe superior a 128.821 DEG en el caso de que logre probar su actuación diligente[28].

---

[27] *Vid.*, al respecto, GILMAN, Nicholas, «Symposium on Terrorism and Security Aboard International Airlines. What is Sufficient Proof of Wilful Misconduct for Air Carrier Liability under the Warsaw Convention in a Terrorist Case?», *Albany Law Journal of Science and Technology*, 1993, págs. 217 a 223, donde se comenta el caso de un vuelo de PAN AMERICAN WORLD AIRWAYS ocurrido el 21 de diciembre de 1988 en el que una bomba explotó estando la aeronave en el aire y provocó la muerte de los doscientos cincuenta y ocho pasajeros que había embarcados, de toda la tripulación y de al menos veintidós personas que estaban en tierra, en el lugar en que cayeron los restos de la explosión. Aunque en esta ocasión los demandantes aportaron pruebas de que la compañía aérea había violado intencionadamente los requisitos de seguridad exigidos por la *Federal Aviation Administration* sustituyéndolos por un procedimiento no autorizado de rayos X, sin embargo, la compañía consiguió exonerarse alegando que la bomba fue imposible de detectar.

[28] En esta materia, a la hora de valorar tanto la diligencia del transportista como la de los pasajeros deben tenerse en cuenta una serie de Convenios internacionales que España ha ratificado: Convenio sobre infracciones y ciertos actos cometidos a bordo de aeronaves, concluido en Tokio el 14 de septiembre de 1963 (BOE n.º 308, de 25 de diciembre de 1969); Convenio para la represión del apoderamiento ilícito de aeronaves, hecho en La Haya el 16 de diciembre de 1970 (BOE n.º 13, de 15 de enero de 1973); Convenio para la represión de actos ilícitos contra la seguridad de la aviación civil, hecho en Montreal el 23 de septiembre de 1971 (BOE n.º 9, de 10 de enero de 1974) y Protocolo para la represión de actos ilícitos de violencia en los aeropuertos que presten servicio a la aviación civil internacional, complementario del anterior, hecho en Montreal el 24 de febrero de 1988 (BOE

Además, en el caso español, puesto que el Estado asume el pago de ciertos daños causados a las víctimas de terrorismo, pierde sentido la desvirtuación que los Tribunales de otras naciones realizan del concepto de accidente con el indicado fin tuitivo de los perjudicados por tales actos terroristas. Concretamente, en los casos en que los accidentes aéreos provocados por terroristas queden sometidos a la Ley española, las víctimas cuentan con un doble sistema de ayudas previsto por el Estado. Por una parte, el régimen contenido en el capítulo III del título II de la Ley 13/1996, de 30 de diciembre, de medidas fiscales, administrativas y del orden social[29],

n.º 56, de 5 de marzo de 1992); sin embargo, el Convenio sobre Marcas de los Explosivos Plásticos con el Propósito de su Detección, aprobado en Montreal el 1 de marzo de 1991, que aun no está en vigor (no ha sido ratificado por España) y que contribuyen a delimitar las facultades y deberes de la tripulación y los pasajeros. En tal sentido, el art. 6 del Convenio de Tokio permite que el comandante pueda exigir o autorizar la ayuda de los miembros de la tripulación, y autorizar, pero no exigir, la ayuda de los pasajeros, con el fin de tomar medidas coercitivas contra cualquier persona sobre la que tenga tal derecho, y establece también que *«cualquier miembro de la tripulación o pasajero podrá tomar igualmente medidas preventivas razonables sin tal autorización, cuando tenga razones fundadas para creer que tales medidas son urgentes a fin de proteger la seguridad de la aeronave, de las personas y de los bienes en la misma»*. Destacamos también lo dispuesto en el art. 10 del Convenio de Tokio, según el cual *«[p]or las medidas tomadas con sujeción a lo dispuesto en este Convenio, el comandante de la aeronave, los demás miembros de la tripulación, los pasajeros, el propietario, el operador de la aeronave y la persona en cuyo nombre se realice el vuelo no serán responsables en procedimiento alguno por razón de cualquier trato sufrido por la persona objeto de dichas medidas»*.

Junto a los Convenios mencionados, los cuales se orientan hacia la lucha contra el terrorismo que afecta a la aviación civil, existen numerosos instrumentos internacionales de vocación más amplia. Desde 1927 en Varsovia, hasta 1935 en Copenhague se celebraron multitud de Conferencias Internacionales para la Unificación del Derecho Penal que trataron de definir el terrorismo y los actos terroristas, y cuyos trabajos culminaron en el Convenio para la Prevención y Represión del Terrorismo, firmado en Ginebra el 16 de noviembre de 1937. Posteriormente hemos de resaltar otros textos como el Convenio de Ginebra de 12 de agosto de 1949, el de Washington de 2 de febrero de 1971, adoptado en el seno de la Organización de Estados Americanos, y el de Estrasburgo, de 27 de enero de 1977, conocido como el «Convenio Europeo sobre Represión del Terrorismo».

En España, la Ley 209/1964, de 24 de diciembre, Penal y Procesal de la Navegación Aérea (BOE n.º 311, de 28 de diciembre de 1964), desarrollando lo dispuesto en las bases 21, 22 y 23 de la Ley de Bases para la publicación de un Código de la Navegación, se ocupa, junto a otros, de los delitos contra la seguridad de la aeronave y contra el tráfico aéreo.

[29] Cfr. BOE n.º 315, de 31 de diciembre de 1996. Su desarrollo reglamentario se encuentra en el Real Decreto 288/2003, de 7 de marzo, por el que se aprueba el Reglamento de ayudas y resarcimientos a las víctimas de delitos de terrorismo (BOE n.º 65, de 17 de marzo de 2003).

que contiene la normativa en materia de resarcimientos y ayudas ordinarias a las víctimas del terrorismo, compatibles con cualesquiera otros a que tuvieran derecho las víctimas o sus causahabientes; y, por otro, el régimen extraordinario previsto en la Ley 32/1999, de 8 de octubre, de solidaridad con las víctimas del terrorismo[30].

En la última de las Leyes citadas el Estado asume el pago de indemnizaciones para resarcir daños físicos, o psicofísicos (pero no morales, ni materiales) causados a las víctimas de terrorismo por un principio de solidaridad, que no de responsabilidad subsidiaria ni de otra clase, subrogándose en las posibles acciones presentes o futuras que pudiera tener el beneficiario de estas indemnizaciones. Los beneficiarios de dichas indemnizaciones son las propias víctimas, a no ser que hubiesen fallecido, en cuyo caso las indemnizaciones previstas por la Ley corresponden a las personas que hubiesen sido designadas derechohabientes en la correspondiente Sentencia firme o a sus herederos o, en su defecto, a los sujetos señalados en el art. 3.2.b de la Ley 32/1999[31]. El abono de las indemnizaciones se realizará cuando se hubiese reconocido el derecho a los interesados en virtud de Sentencia firme o cuando, sin mediar tal Sentencia, se hubiesen llevado a cabo las oportunas diligencias judiciales o incoado los procedimientos penales

[30] Cfr. BOE n.º 242, de 9 de octubre de 1999. La Ley exigía que esos daños hubiesen acaecido entre el 1 de enero de 1968 y la fecha de entrada en vigor de la Ley (9 de octubre de 1999), sin embargo, el plazo se prorrogó en la Ley 14/2000, de 29 de diciembre, de Medidas Fiscales, Administrativas y del Orden Social (BOE n.º 313, de 30 de diciembre), que lo amplió hasta el 31 de diciembre de 2001; posteriormente, en el art. 43 de la Ley 24/2001, de 27 de diciembre de Medidas Fiscales, Administrativas y del Orden Social (BOE n.º 313, de 31 de diciembre de 2001), se amplió hasta el 31 de diciembre de 2002, y finalmente en el art. 49 de la Ley 53/2002, de Medidas Fiscales, Administrativas y del Orden Social (BOE n.º 313, de 31 de diciembre de 2002) el plazo se ha extendido hasta el 31 de diciembre de 2003.

Su desarrollo reglamentario lo encontramos en el Real Decreto 1912/1999, de 17 de diciembre (BOE n.º305, de 22 de diciembre de 1999).

[31] Cuando no hubiera recaído Sentencia, el cónyuge no separado legalmente o, en su caso, la persona que hubiera venido conviviendo de forma permanente con análoga relación de afectividad a la del cónyuge, durante al menos los dos años anteriores al momento del fallecimiento, salvo que hubieran tenido descendencia común, en cuyo caso, bastará la mera convivencia, y los hijos, o menores en acogimiento familiar permanente, de la persona fallecida, o de la persona conviviente, siempre que dependieran económicamente de ella, con independencia de su filiación y edad, o de su condición de póstumos. En caso de inexistencia de los anteriores beneficiarios, o de que concurrieran varios de ellos, las reglas a aplicar vienen establecidas en el art. 7 del Reglamento de Ayudas y Resarcimientos a las Víctimas de Delitos de Terrorismo, aprobado por Real Decreto 288/2003, de 7 de marzo (BOE n.º 65, de 17 de marzo de 2003).

para el enjuiciamiento de los delitos (art. 5.1 Ley 32/1999), y su cuantía se ajustará a lo dispuesto en el art. 6 de la Ley 32/1999, siendo compatibles con las ayudas previstas en el art. 7 de la Ley 32/1999[32]. En estos casos, puesto que el art. 9 del Reglamento de ayudas y resarcimientos a las víctimas de delitos de terrorismo tan sólo se refiere a la transmisión al Estado de la acción de responsabilidad civil subsidiaria vinculada al delito de terrorismo, no parece que éste pudiera estar legitimado para reclamar a la compañía aérea en el supuesto de que pudiera imputársele algún tipo de responsabilidad en los hechos acaecidos, a no ser que dicha responsabilidad fuera de naturaleza delictiva.

2.2.4. *Enfermedades agravadas o provocadas como consecuencia del vuelo*

Bajo este epígrafe vamos a comentar, además del síndrome de la clase turista, algunos casos planteados ante los Tribunales en los que de una forma u otra se intenta encuadrar bajo el término accidente enfermedades de los pasajeros originadas o empeoradas como consecuencia de un vuelo. Con la reciente pandemia por la COVID-19, se hace además necesario comentar, aunque sea someramente, el problema del posible contagio a bordo y su posible inclusión en esta categoría de accidentes.

Por lo que respecta a la primera de las cuestiones apuntadas, las embolias relacionadas con viajes aéreos fueron descritas por primera vez en 1946, cuando un hombre de cincuenta y cuatro años desarrolló una tromboflebitis tras haber estado sentado durante catorce horas en un vuelo desde Boston a Venezuela[33]. A raíz de tal suceso, diversos estudios realizados han

[32] Exenciones de todo tipo de tasas académicas en los centros oficiales de estudios de todos los niveles de enseñanza para las víctimas de actos terroristas, así como sus cónyuges y sus hijos; ayudas específicas destinadas a financiar tratamientos médicos, prótesis e intervenciones quirúrgicas, siempre que se acredite la necesidad actual de los mismos y no hubieran sido cubiertos bien por un sistema público o privado de aseguramiento, bien por el régimen público de resarcimiento o ayudas a las víctimas de actos terroristas.

[33] *Vid.*, con mayor detalle, ABEYRATNE, Ruwantissa, «The Economy Class Syndrome and Air Carrier Liability», *Transportation Law Journal,* Spring, 2001, págs. 251 a 284, pág. 252. Para una completa exposición de los principales casos de trombo embolismos venosos en los que se ha intentado obtener compensaciones de las aerolíneas puede verse LUONGO, Norberto E., *La responsabilidad del transportista aéreo y el "síndrome de la clase turista"*, Buenos Aires, 2011.

permitido afirmar que el permanecer confinado durante mucho tiempo en un espacio reducido, con poca movilidad, como sucede en los vuelos de larga duración (y que también pueden producirse en otro tipo de medios de transporte, como el tren, coche, autobús, etc.), puede favorecer este tipo de afecciones. Sin embargo, estas investigaciones concluyen que los vuelos son sólo un factor de riesgo para los trombo embolismos venosos, pero no existen por el momento pruebas médicas concluyentes que demuestren que un viaje prologando sea la causa directa de tal enfermedad[34]. Un caso reciente en el que se consideró que el trombo embolismo originado después de un vuelo de Los Ángeles a Manila no constituye accidente es *Dizon v. Asiana Airlines* (2017).

Ante la falta de un nexo causal directo, la posibilidad de que un transportista pueda resultar responsable ante casos de este tipo está directamente relacionada con la mayor o menor amplitud del concepto de accidente que maneje el Tribunal ante el que sometemos el litigio. Aunque, tal como venimos razonando, incluso considerando tales afecciones como accidente, el transportista podría exonerarse en los sistemas de responsabilidad subjetiva con la prueba de haber adoptado todas las medidas necesarias. Tal es así que, en previsión de que el concepto utilizado por el Tribunal sea lo suficientemente amplio como para acoger este tipo de dolencias, no está de más que las aerolíneas adopten una serie de precauciones, como la de avisar a los pasajeros acerca de qué comportamiento deben mantener en un vuelo de larga duración para minimizar el riesgo comentado[35].

---

[34] Esta es la conclusión que extrae ABEYRATNE de los estudios realizados en este campo (*vid.*, «The Economy Class...», *op. cit.*, pág. 254). Otros factores que también predisponen al padecimiento de trombo embolismos venosos son: ciertas enfermedades sanguíneas (coagulopatías), noeplasias (cánceres), el embarazo, ciertas enfermedades cardíacas, insuficiencia venosa crónica, antecedentes familiares de trombo embolismos venosos, ciertos tratamientos hormonales (incluyendo los anticonceptivos orales), operaciones quirúrgicas recientes y politraumatismos (fracturas óseas), y en opinión de algunos investigadores también el tabaco, la obesidad y las varices.

[35] En este sentido cabe recomendar que no se coloque equipaje en el espacio que queda debajo de los asientos, que se cambie de posición regularmente, que se dé un pequeño paseo por el pasillo de vez en cuando, que se evite dormir en una posición muy apretada, así como que se evite consumir alcohol, tabaco, y por el contrario se beba agua y otros líquidos, en la medida de lo posible (*vid.* ABEYRATNE, Ruwantissa, «The Economy Class...», *op. cit.*, pág. 284). A las anteriores medidas, AIR EUROPA añade algunas más, como viajar con ropa amplia y cómoda, no quedarse dormido en posición de flexión forzada, evitar cruzar las piernas cuando se esté sentado y realizar ejercicios físicos que en posición de sentado estimulan el riego sanguíneo.

Hay que decir que, por lo que al concepto de accidente se refiere no podemos definir cuál es la posición de nuestra jurisprudencia, dada la escasez de resoluciones relacionadas con accidentes de navegación aérea. En cuanto a la jurisprudencia comparada, históricamente podía destacarse a la alemana, como especialmente restrictiva al interpretar el término accidente[36], ya que sólo englobaba bajo este término aquellos acontecimientos que pudieran derivarse de riesgos propiamente aeronáuticos. Esta posición, como veremos más adelante, debe ser revisada a la vista del reciente pronunciamiento del TJUE (*vid.*, epígrafe 2.3). En el otro extremo situamos a la norteamericana, que, con oscilaciones, suele ser partidaria, tal como ahora expondremos, de un concepto inusitadamente extenso.

Son muchos los casos planteados ante los Tribunales de pasajeros que han sufrido enfermedades o han visto empeoradas las que padecían por alguna cuestión relacionada con el vuelo. Tal como venimos diciendo resulta difícil formular una posición general pues dista mucho de existir un criterio uniforme. No obstante, cuando el Tribunal es proclive a hacer responder a la aerolínea por la enfermedad en cuestión, dibuja un concepto de accidente lo suficientemente amplio como para dar cabida a casi cualquier tipo de afección o enfermedad producida o agravada durante el vuelo, incluso en los casos en que el daño provocado por la misma tenga un nexo muy débil con la actuación del transportista. De esta forma se pone nuevamente de manifiesto que el concepto de accidente deja de funcionar como un presupuesto autónomo, y que la jurisprudencia prescinde de él haciendo responsable al transportista siempre que de alguna manera pueda imputársele el daño que resulte de la enfermedad en cuestión.

Cabe citar como ejemplos algunos *leading cases*:

- *Abdulrahman al Zamil v. British Airways Inc.* (1985), que abordó una demanda derivada de una intoxicación alimenticia que sufrieron los pasajeros como consecuencia del *catering* servido durante el vuelo, y que consideró que esto podría calificarse como accidente.
- *O'leary v. American Air lines*, caso en el que la compañía aérea fue condenada porque un pasajero sufrió una intoxicación etílica

[36] Para los Tribunales alemanes sólo son encuadrables en el término accidente los riesgos directamente relacionados con el tráfico aéreo, quedando excluidos cualesquiera otros que se originen durante el contrato de transporte pero que sean comunes a cualquier otra esfera o circunstancia de la vida. Según Areal Ludeña difícilmente puede encontrarse esta opinión en otros foros (*vid.* «El contrato de transporte...», *op. cit.*, pág. 668).

como consecuencia de la cual se atragantó hasta morir. El Tribunal dispuso que correspondía a la aerolínea un deber de no servir bebidas alcohólicas en exceso y de ejercer un cuidado razonable por la seguridad de los pasajeros[37].

- *Olympic Airways v. Husain* (2000): se consideró que el hecho de que las condiciones de salud preexistentes de un pasajero se agravasen al exponerse a las condiciones habituales de un vuelo constituía un accidente (concretamente el paciente padecía asma y falleció tras un vuelo en el que estuvo sometido a respirar humo de cigarrillos de otros pasajeros fumadores)[38].
- *Prescod v. AMR, Inc* (2002), en el que se condenó a la compañía aérea como responsable por la muerte de un pasajero de setenta y cinco años a quien no se dejó llevar como equipaje de mano un dispositivo respiratorio y varios medicamentos. El retraso de dos días del equipaje facturado originó que el pasajero sufriera en ese intervalo problemas respiratorios y fuera hospitalizado.
- *Fulop v. Malev Hungarian Airlines* (2001), en el que la compañía aérea fue declarada responsable del ataque al corazón que sufrió un pasajero a bordo, porque no logró desviar el avión para conseguir un aterrizaje inmediato, lo que agravó considerablemente la salud del pasajero; y más reciente, *Bintz v. Continental Airlines, Inc.* (2016), en el que el pasajero que sufrió el ataque al corazón fue atendido voluntariamente por una enfermera que viajaba a bordo, quien aconsejó que el vuelo se desviara por ese motivo, a pesar de lo cual el comandante decidió no hacerlo, y el paciente quedó con secuelas permanentes de dicho ataque. Por el contrario, en *Baillie v. MedAire Incorporated, et al.* (2017) fue el médico

---

[37] Ambos casos son recogidos por ABEYRATNE, Ruwantissa, «The Economy Class... », *op. cit.*, pág. 262. En el caso *Scarboro v. Swissair* el pasajero se atragantó con unas nueces que fueron servidas por los asistentes de vuelo, y ello le provocó la muerte. Sin embargo, en este supuesto, a pesar de que los causahabientes del pasajero alegaron que la tripulación no respondió adecuadamente a este percance y que el material médico a bordo de la aeronave era inadecuado, el Tribunal entendió que servir nueces durante el vuelo no era ningún evento inusual ni inesperado y que la reacción de la tripulación ante el suceso descrito fue perfectamente diligente (*vid.*, IATA, *The Liability Reporter,* February, 2003, pág. 7 y 8).

[38] En este caso, tres fueron las situaciones que se dieron al bordo del vuelo 417 que podrían considerarse accidente contribuyendo a la muerte del pasajero: en tres ocasiones los asistentes rechazaron cambiar de sitio al pasajero; la tripulación no le proporcionó mascarilla de oxígeno y el comandante no encendió la señal de prohibido fumar.

quien no recomendó el desvío, circunstancia que en opinión del Tribunal no puede considerarse accidente, porque, tal como indicó, fracasar en recomendar el desvío del vuelo no es inusual ni inesperado, y porque el rol del médico es meramente "asesor", ya que quien toma la decisión final es el piloto.

- *Dillon v. United Airlines, Inc.* (2001): la causa de las heridas que sufrió un pasajero como consecuencia de que su silla de ruedas motorizada se estrellara contra una pared se entendió relacionada con los daños que la silla había podido sufrir durante las operaciones de embarque y desembarque de la misma en la aeronave[39].
- *Greig-Powell v. LIAT* (2018): la inacción de la tripulación de vuelo que no proporcionó su comida a una pasajera diabética fue calificada como accidente.
- Y *Palacios v. United Airlines* (2018), en el que una pasajera que padecía cáncer sufrió fatiga y requirió medicación adicional y oxígeno como consecuencia de que tuvo que abandonar la aeronave en unas controvertidas circunstancias. Según se probó, su novio fue expulsado de a bordo por haberse comportado de forma subversiva con la tripulación de vuelo y el piloto. Puesto que tanto él como su equipaje fueron desalojados y dado que entre dicho equipaje se encontraban suministros médicos que necesitaba para su tratamiento contra el cáncer, ella preguntó si también estaba siendo forzada a abandonar el vuelo a lo que no recibió una respuesta clara. Esto desencadenó que tuviera que cambiar su plan de vuelo y sus previsiones de tratamiento. El Tribunal entendió que la pasajera no abandonó de forma voluntaria el vuelo y que esto es lo que le provocó los daños denunciados, por lo que estimó que dichas circunstancias podían considerarse un accidente.

En definitiva, como puede verse, el concepto de accidente que utilizan estas resoluciones no exige que el evento en cuestión esté relacionado de alguna manera con riesgos de la navegación aeronáutica, sino que basta con que tenga cierta conexión con alguna de las prestaciones accesorias que también se incluyen en el contenido obligacional del contrato de transporte, e, incluso, en algunos supuestos, contemplan la obligación de seguridad

[39] Los tres últimos casos los hemos tomado del *Liability Reporter* publicado por la *International Air Transport Association* (IATA) en febrero de 2002.

con un contenido tan amplio que prácticamente convierten al transportista aéreo en un garante de la salud del pasajero.

Por el contrario, los Tribunales manejaron un concepto más restringido de accidente y, por consiguiente, no consideraron accidentes los sucesos acaecidos en los casos:

Air France v. Saks (1985)[40], en el que la pérdida de audición sufrida por un pasajero como consecuencia de la despresurización del avión durante el descenso, fue tratada como una reacción interna del propio pasajero derivada de una operación normal y usual de la aeronave[41].

- *Hipolito v. Norwest Airlines, Inc.*, de 2001: la muerte por asma de un pasajero durante un vuelo internacional no se consideró accidente en los términos del art. 17 CV, afirmándose además que el fracaso de la aerolínea en proporcionar una botella de oxígeno no es el tipo de suceso externo e inusual que puede encuadrarse bajo el concepto de accidente[42].
- *Capacchione v. Qantas Airways* (1996) y *Kleiner v. Qantas Airways* (1990), en estos dos casos, ante las reclamaciones planteadas por pasajeros que sufrieron una reacción alérgica como consecuencia del insecticida que se difuminó por la cabina, el Tribunal consideró que rociar la cabina con insecticida es una medida acorde con las operaciones de rutina exigidas gubernamentalmente a las aerolíneas y que la reacción alérgica era debida a la propia fisiología de los pasajeros[43]. La misma posición se ha mantenido en relación con

[40] DIGIACOMO, D., "The End of an Evolution: From Air France v. Saks to Olympic Airways v. Husain -The Term "Accident" under Article 17 of the Warsaw Convention Has Come Full Circle", 16 *Pace Int'l L. Rev.* 409 (2004).

[41] *Vid.,* GOLDHIRSCH, Lawrence, *op. cit.*, págs. 86 a 89.

[42] Por el contrario, en el caso *Kelmelman v. Delta Air Lines, Inc.,* (2001), se consideró accidente el ataque al corazón sufrido por un pasajero. Durante el vuelo, por un período de al menos cuatro horas, el pasajero estuvo sintiendo un agudo dolor en el pecho lo que le llevó a alertar a la tripulación acerca de que, posiblemente, estaba padeciendo un infarto de miocardio. Los asistentes de vuelo intentaron ayudarle proporcionándole una botella de oxígeno, pero ésta resultó estar vacía e, igualmente, procuraron sin éxito localizar a un médico a bordo. Tras ello se realizó un aterrizaje de emergencia, pero el pasajero falleció poco tiempo después (*vid.,* IATA, *The Liability Reporter,* February, 2003, pág. 7).

[43] Ambos casos los comenta COBBS, Louise, *op. cit.*, pág. 123.

la reacción alérgica a unos cacahuetes servidos en el aperitivo por una Corte de Apelación holandesa[44].

- *Yang v. Air China* (2017): la madre del demandante murió de un colapso, pero no hubo testigos ni del colapso en el *finger*, ni de su posterior muerte. Alegó en la demanda que interpuso la compañía debía responder pues su madre había fallecido como consecuencia de un accidente que tuvo lugar en la aeronave o durante las operaciones de embarque y desembarque, sin embargo, la Corte consideró que no quedó probado que la muerte fuera causada por un evento externo, y que el término accidente no cubre situaciones en las que la muerte ocurre como consecuencia de una reacción interna a las operaciones normales, usuales y esperadas de la aeronave.
- *Greig-Powell v. Liat* (2019) el demandante reclamaba a la compañía heridas físicas sufridas como consecuencia de que no tomó la medicación durante el vuelo y sufrió un desvanecimiento y se golpeó. Antes de embarcar el pasajero había informado a la tripulación que necesitaba comida para tomar su medicación, pero los asistentes de vuelo le informaron que no había comida a bordo. El Tribunal entendió que la ausencia de comida a bordo no es nada inesperado que pueda ser considerado accidente.

La situación, sin embargo, ha evolucionado en los últimos años hacia la generalización de un concepto cada vez más amplio de accidente. A este respecto nos parece especialmente reseñable que en los trabajos preparatorios del Convenio de Montreal se eliminó el inciso que establecía que la compañía no resultaría responsable en la medida en que la muerte o la lesión resultaran del estado de salud del pasajero. Desde luego la lectura que cabe hacer de las tareas preparatorias del convenio es que fue voluntad del legislador que el estado previo del pasajero no fuera motivo suficiente para excluir la responsabilidad del transportista.

Y es que las aerolíneas han de asumir un papel activo en la protección de la salud de los pasajeros. Así, según el art. 14 CCH: *«cada Estado contratante conviene en tomar medidas efectivas para impedir la propagación por medio de la navegación aérea, del cólera, tifus (epidémico), viruela,*

[44] Citada en Condon/Forsyth, *The Liability Reporter*, 2017 Edition, vol. 20. February, 2017, pág. 8.

fiebre amarilla, peste y cualesquiera otras enfermedades contagiosas que los Estados contratantes decidan designar oportunamente. A este fin, los Estados contratantes mantendrán estrecha consulta con los organismos encargados de los reglamentos internacionales relativos a las medidas sanitarias aplicables a las aeronaves. Tales consultas se harán sin perjuicio de la aplicación de cualquier Convenio internacional existente sobre la materia en el que sean partes los Estados contratantes».

Por ello, las compañías aéreas tienen que ser especialmente cuidadosas en la colaboración con las autoridades sanitarias y respetar las instrucciones impartidas por la Organización Mundial de la Salud, extremando sus precauciones con los sistemas de ventilación. Mientras que durante la pasada década el aire de las cabinas de las aeronaves procedía en su totalidad del exterior y se iba renovando continuamente, los sistemas de ventilación que incluyen los aviones actuales utilizan aire reciclado (para ahorrar energía) y eso exige un control mucho más exhaustivo de los filtros de aire. Hemos de aclarar que, no obstante, según manifiesta la propia Organización Mundial de la Salud[45], no hay pruebas de que la recirculación del aire en la cabina de una aeronave facilite la propagación de enfermedades que se transmiten por esta vía[46]. Sí es cierto, en cambio, que el nivel de humedad del aire en las cabinas de los aviones es mucho más reducido que el que se respira en la mayoría de los espacios cerrados (hogares y oficinas) y aunque ello no facilita por sí mismo la transmisión de las bacterias, puede dificultar la respiración, lo que resulta especialmente perjudicial para pasajeros que padecen enfermedades respiratorias como el asma.

Además de los textos normativos aeronáuticos, deben considerarse a estos efectos los elaborados por la Organización Mundial de la Salud. En la actualidad está en vigor el Reglamento Sanitario Internacional (2005),

---

[45] La Organización Mundial de la Salud publicó en 1998 un libro titulado *Tuberculosis y Viajes Aéreos. Guía para su prevención y control* que puede consultarse en la página web de dicha institución (http://www.who.int), donde afirma con rotundidad que no hay pruebas de que la recirculación del aire facilite la transmisión de la tuberculosis a bordo de las aeronaves (*vid.,* pág. 24).

[46] *Vid.* Abeyratne, Ruwantissa, «The Spread of Tuberculosis in the Aircraft Cabin. Issues of Air Carrier», *Transportation Law Journal,* Winter, 2000, pág. 43, quien comenta un supuesto en el que la industria aeronáutica se tuvo que enfrentar al caso de una mujer de 32 años que murió como consecuencia de tuberculosis, enfermedad que se le transmitió durante un vuelo desde Chicago a Hawai. En la misma aeronave, otros seis pasajeros que estaban en la parte trasera del avión, alejados treinta filas de asientos del pasajero inicialmente enfermo, fueron infectados.

adoptado por la 58.ª Asamblea Mundial de la Salud celebrada en Ginebra el 23 de mayo de 2005, cuya última revisión se ha publicado en BOE en 2008[47]. Más reciente y centrada en la pandemia es la *Interim guidance* emitida por la Organización Mundial de la Salud el 18 de marzo de 2020, titulada *Operational considerations for managing COVID-19 cases or outbreak in aviation.* Todas sus prescripciones, así como las correspondientes actualizaciones que esta institución elabora en los momentos de crisis epidémicas deben ser respetados por las aerolíneas[48].

Igualmente, las autoridades aeronáuticas tienen competencias para impartir instrucciones y liderar los protocolos de seguridad que las aerolíneas deben respetar en el desarrollo de sus operaciones. Citamos como documento relevante en relación con la crisis de la pandemia de la COVID-19 el *Safety Information Bulletin* de la *European Union Aviation Safety Agency* (SIB EASA 2020-02R4) titulado *Coronavirus SARS-CoV-2. Infections-Operational Recommendations.*

Finalmente cabe reseñar que, debido a la tendencia jurisprudencial imperante en esta materia, las Condiciones Generales de Transporte que siguen la PR n.º 1724 de la IATA indican en su cláusula 15.1.2.i. que la compañía no responde de ninguna enfermedad, lesión o discapacidad, incluida la muerte, imputable al estado físico del pasajero o al agravamiento de dicho estado, cláusula que puede considerarse abusiva si, conforme a lo antes visto, considerándose la propia enfermedad o el agravamiento de la misma como un accidente aéreo, el transportista aéreo o sus auxiliares han contribuido de alguna manera a su producción o empeoramiento. La propia IATA, en aras a tomar todas las precauciones de las que venimos hablando, ha extendido, con motivo de la pandemia del coronavirus el uso de un nuevo formulario denominado *Passenger Locator Form*, y que, pretende, como su propio nombre hace pensar, recopilar datos precisos que ayuden a localizar al pasajero en caso de que tuvieran que ser avisados del posible contagio de enfermedades al que podrían haber estado expuestos.

---

[47] Cfr. BOE n.º 62, de 12 de marzo de 2008.

[48] Con motivo de la aparición y extensión del coronavirus (así como otras crisis anteriores, como la que se vivió como consecuencia del síndrome respiratorio agudo y severo en 2003), la Organización Mundial de la Salud imparte instrucciones periódicas sobre las precauciones que deben adoptar los viajeros.

2.2.5. *Altercados entre pasajeros*

El último grupo de supuestos que la jurisprudencia en ocasiones ha enmarcado bajo el término accidente es el relativo a altercados de diverso tipo entre los pasajeros.

De justicia resulta la condena de la aerolínea en el caso *Tsevas v. Delta Air Lines, Inc.* (1997), en el que los asistentes de vuelo no sólo se negaron a reubicar a un pasajero que, según las quejas manifestadas por su compañera de asiento, le estaba molestando, sino que le siguieron sirviendo bebidas alcohólicas, lo que provocó que la pasajera ofendida terminara siendo de manera forzada, besada, acariciada y mordida por el pasajero ebrio[49].

Evidentemente no cabe duda de la existencia de un nexo causal existente entre la conducta del pasajero y la actuación del personal de vuelo, y no sólo por las bebidas alcohólicas servidas, sino también porque tal agresión podría haberse evitado si, tal como reclamó el pasajero agredido, se hubiese cambiado de sitio al causante del disturbio. Ahora bien, el caso expuesto abre la puerta para la consideración de los altercados entre pasajeros como accidentes aéreos, lo que, con independencia de que nos lleve a resultados que puedan considerarse más o menos justos (porque entendamos que la aerolínea debe asumir algún tipo de responsabilidad), no es más que una ampliación forzada del significado de este término. Además, aunque no se trate de una tendencia jurisprudencial unánime, lo cierto es que en algunos casos recientes los pronunciamientos judiciales van mucho más allá y sitúan a la aerolínea en la posición de un "monitor" o de un "guardián", de un sujeto que ha de controlar el comportamiento de los pasajeros, lo que, sin duda, contribuye a acrecentar la ambigüedad del concepto de accidente, desvirtuándolo por completo.

Especialmente representativa de la tendencia comentada es la resolución recaída en el caso *Wallace v. Korean Air* (2001), en el que los Tribunales norteamericanos admiten que la agresión sexual sufrida por un pasajero pueda ser subsumida en el concepto de accidente, separándose de lo mantenido con anterioridad por un importante número de decisiones jurisprudenciales, las cuales venían rechazando la aplicación del término accidente a sucesos que consistieran en altercados entre pasajeros en los que la aerolínea no hubiese jugado un papel causal[50]. Los sucesos del aludido caso ocurrieron cuando una pasajera que viajaba desde Corea hacia

---

[49] Cita el caso, Cobbs, Louise, *op. cit.*, pág. 125.

[50] Así sucedió por ejemplo en *Langadinos v. American Airlines*, del año 2000.

Los Ángeles se despertó y encontró que el pasajero de al lado le había desabrochado el cinturón, desabotonado el vestido y, con la mano dentro de su ropa, le acariciaba los órganos genitales. Aunque el propio demandante reconoció que ninguna acción ni omisión de la aerolíneas había causado o contribuido a la agresión, el Tribunal entendió que las características del vuelo aéreo (que implica viajar sentado en un espacio confinado, adyacente a extraños, con una luz tenue y en una localización sin vigilancia) habían incrementado la vulnerabilidad del demandante a un ataque de ese tipo, y tal incremento del riesgo bastaba para la consideración de este incidente como un accidente en los términos del art. 17 CV.

Está claro que una agresión sexual del tipo de la aludida por el demandante no es un riesgo característico de un viaje aéreo, ni está relacionada con las operaciones aeronáuticas, pero, además, y en eso está la diferencia con otros comportamientos que pueden hacer responder a la compañía aérea, ésta no se encuentra en una posición tal que le permita desarrollar medidas defensivas que eviten tales incidentes. Sin embargo, a pesar de lo erróneo (desde nuestro punto de vista) del razonamiento jurisprudencial reproducido, sobre la base del caso expuesto se han resuelto posteriormente otros litigios en el mismo sentido. Así, recientemente, en el caso *KLM Royal Dutch Airlines v. Morris* (2001), la Corte de Apelación británica, fundándose en el caso *Wallace*, sostuvo que la agresión sexual de un pasajero sobre otro pasajero de quince años fue un accidente, ya que, en opinión de este Tribunal, no se exige que el accidente haya de tener relación con las operaciones de la aeronave. También en *Lahey v. Singapore Airlines* (2001), se consideró accidente la disputa entre dos pasajeros en la cual, tras haber discutido por reclinar el asiento, uno de ellos le lanzó una bandeja de comida al otro, hiriéndole.

2.2.6. *Otras situaciones derivadas de riesgos no aeronáuticos*

2.2.6.1. *La Sentencia del Tribunal de Justicia de 19 de diciembre de 2019*

El caso que da lugar a la controversia que se plantea ante el TJUE es el de una niña de 6 años que, en 2015, viajando al lado de su padre, sufrió daños porque se le derramó un vaso de café caliente sobre el muslo y el pecho, lo que le produjo quemaduras de segundo grado.

No pudo determinarse si el vaso de café se volcó debido a un defecto en la bandeja plegable (lo que hubiera desencadenado la responsabilidad del fabricante de la aeronave) o a las vibraciones del avión.

El vuelo tenía lugar entre España (Mallorca) y Austria (Viena) y era operado por *Niki Luftfahrt*, por lo que la responsabilidad del transportista aéreo quedaba sometida a lo dispuesto en el Convenio de Montreal, pero dada la remisión que hace el Reglamento (CE) n.º 2027/97, el Tribunal de Justicia de la Unión resulta el máximo intérprete para resolver las dudas que se plantean en la aplicación de dicho Convenio.

Lo cierto es que la demanda se interpuso ante un Tribunal austríaco: la parte actora ejercitó la demanda sobre la base del art. 17.1 del Convenio de Montreal, solicitando que se condenase a la compañía aérea a reparar el perjuicio causado; no obstante, la demandada alegó que no se le podían exigir responsabilidades porque a su juicio no se había producido un "accidente", ya que, según consideraba, el presupuesto que impone la redacción del precepto exige que se materialice un riesgo típico de la aviación, y ese requisito no se cumplía en el caso de autos.

El 15 de diciembre de 2015, el *Landesgericht Korneuburg* (Tribunal regional de Austria) estimó la demanda de indemnización por daños y perjuicios a la demandante. Dicho órgano consideró que los daños causados a la demandante tenían su origen en un accidente causado por un acontecimiento inhabitual y provocado desde el exterior. Para este órgano, se materializó un riesgo típico de la aviación, porque "desde el punto de vista operativo, una aeronave presenta distintas inclinaciones que pueden provocar que objetos situados sobre una superficie horizontal del avión se deslicen sin que para ello sea necesaria una maniobra especial". También añadió que no existía culpa de la compañía demandada, porque servir bebidas calientes en recipientes sin tapa es una práctica habitual y socialmente aceptada.

El 30 de agosto de 2016, el *Oberlandesgericht Wien* (Tribunal superior regional de Viena) revocó la resolución dictada en primera instancia, argumentando que el art. 17 del Convenio de Montreal solamente se aplicaba a los accidentes causados por un riesgo típico de la aviación y, en el caso sometido a examen, la demandante no pudo demostrar ese extremo.

Ante la disconformidad del demandante, el asunto llegó en casación al *Oberster Gerichtshof* (el máximo tribunal de ese país). El Alto Tribunal esbozó tres posibles formas de enfocar la interpretación de "accidente", como requisito establecido en el art. 17 del Convenio de Montreal:

Conforme a una primera opción hay que considerar que sólo comprende las situaciones en las que se materializa un riesgo típico de la aviación, es decir, derivado de la naturaleza, el estado o la explotación de la aeronave, o de una instalación aeronáutica que se utiliza para el embarque o el desembarque. Siguiendo con esta línea, la voluntad que los Estados quisieron reflejar en el Convenio de Montreal es que los accidentes que no tienen ninguna relación con la actividad del transporte aéreo y que podrían producirse en otras circunstancias no pueden generar la responsabilidad de la compañía aérea. Correspondería, pues, a quien alega haber sufrido el perjuicio la carga de la prueba de que ha sido producido en virtud de un accidente. Aplicada esta teoría al caso que resolvía el Tribunal, nos lleva al resultado de que el recurso habría de ser desestimado puesto que no fue posible determinar la causa del accidente.

La segunda forma de interpretar el término accidente, por el contrario, no exigiría que el riesgo que se materializara con él y que hiciera nacer la responsabilidad de la compañía aérea estuviera conectado con los riesgos de la aviación, sino que podría tratarse de riesgos que se presentaran en cualquier circunstancia de la vida. Esta posición no implica que la compañía hubiera de responder de forma ilimitada, puesto que, si concurriera culpa del perjudicado, la compañía aérea podría quedar eximida de su responsabilidad, de acuerdo con lo establecido en el art. 20 del Convenio de Montreal.

La tercera opción intermedia que plantea el órgano jurisdiccional es que se considerara accidente toda circunstancia siempre que se produjera a bordo de la aeronave o con ocasión de la utilización de las instalaciones de embarque y desembarque, si bien la compañía podría eximirse de responsabilidad si probara que no existe un vínculo con la explotación o la naturaleza de la aeronave. En el caso debatido, dado que estamos ante una causa ignota, también haría nacer la responsabilidad de la compañía.

A la vista de las tres posibilidades expuestas, el *Oberster Gerichtshof* decidió suspender el procedimiento y formular la siguiente cuestión prejudicial: "¿Se trata de un "accidente" del que se deriva la responsabilidad del transportista aéreo, en el sentido del artículo 17.1 del Convenio de Montreal, si un vaso de café caliente situado sobre la bandeja fijada al asiento delantero de un avión en vuelo se desliza y vuelca por causas desconocidas, causando quemaduras a un pasajero?".

El fallo del Tribunal reconoce en primer lugar que el convenio forma parte del Derecho de la Unión y que, por tanto, tiene competencia para pronunciarse con carácter prejudicial sobre su interpretación, y aclara que siguiendo el mandato del art. 31 de la Convención de Viena, los Tratados deben interpretarse de buena fe, conforme al sentido corriente que haya de atribuirse a sus términos y teniendo en cuenta su objeto y fin y no según los diferentes sentidos que se les pueda haber dado en los Derechos internos de los Estados miembros (considerandos 31 y 32).

Respecto al término accidente aclara que del tenor del art. 17.1 del Convenio de Montreal, para que se genere la responsabilidad de la compañía aérea el acontecimiento que ha causado la muerte o la lesión corporal del pasajero debe calificarse como tal y debe haberse producido a bordo de la aeronave o durante cualquiera de las operaciones de embarque o desembarque.

Dado que no aparece definido en el Convenio, hay que partir de su sentido ordinario conforme al cual un accidente es un acontecimiento involuntario perjudicial imprevisto.

Por lo que respecta al objeto y fin del Convenio realiza dos importantes manifestaciones. Por un lado, que lo que persigue el Convenio es asegurar la protección de los intereses de los usuarios del transporte aéreo internacional otorgándoles una indemnización equitativa fundada en el principio de restitución; y, por otro, que es necesario igualmente que se preserve un equilibrio de intereses, al conectar los de las compañías aéreas y los pasajeros.

En cuanto a ese equilibrio de intereses y a la voluntad de los redactores, el TJUE indaga en los trabajos preparatorios del Convenio ya que esa interpretación auténtica es la que permite dilucidar con qué sentido se introdujo este presupuesto anómalo, cual es la necesidad de que se haya producido un accidente para hacer nacer la responsabilidad del transportista aéreo. La conclusión que se extrae al respecto es que se prefirió el término "accidente" (*accident*) a "acontecimiento" (*event*) que se manejó en un proyecto inicial porque este último se consideraba demasiado amplio y podría fomentar la litigiosidad.

No obstante, la sustitución del término *event* por *accident* vino acompañada de un retoque en el texto que buscaba preservar ese equilibrio de intereses. Así, se eliminó el inciso que establecía que la compañía no resultaría responsable en la medida en que la muerte o la lesión resultaran del estado de salud del pasajero (nos remitirnos a los comentarios ya hechos en el apartado 2.2.4).

Y, por otro lado, hay dos elementos más del régimen de responsabilidad diseñado que contribuyen a compensar la situación entre la compañía y los pasajeros. El primer elemento al que se refiere el TJUE es la posibilidad de la compañía aérea de modular o excluir su responsabilidad si se da la concurrencia de culpas o la culpa exclusiva del pasajero, tal como contempla el art. 20 del Convenio de Montreal. Si la compañía prueba que la negligencia u otra acción u omisión indebida del pasajero causó el daño o contribuyó a él, la compañía quedará exonerada total o parcialmente de su responsabilidad con respecto a dicho pasajero. El segundo elemento al que se alude es el establecimiento de dos estratos de responsabilidad, de manera que siendo el primero de responsabilidad cuasi-objetiva, la compañía aérea sólo puede excluir su responsabilidad por encima de ese umbral si demuestra que el daño no ha sido causado por su negligencia o que ha sido causado únicamente por la negligencia de un tercero (art. 21.2 del Convenio de Montreal).

El juego de estos principios hace que, tal como indica el TJUE, *"los pasajeros puedan ser indemnizados fácil y rápidamente sin que, no obstante, se imponga a los transportistas aéreos una carga de reparación muy gravosa, difícilmente identificable, que podría dificultar, incluso paralizar, su actividad económica".*

Siendo esta la esencia del objetivo perseguido por el Convenio de Montreal, el TJUE se pronuncia en el mismo sentido que el Abogado General (punto 60 de sus conclusiones) considerando que ese objetivo puede lograrse sin supeditar la responsabilidad de la compañía aérea al requisito de que el daño producido por el accidente se derive de la materialización de un riesgo típico de la aviación o de la existencia de una relación entre el "accidente" y la explotación o el movimiento de la aeronave. Por lo que a su juicio, *"el concepto de accidente, a efectos de dicha disposición, comprende todas las situaciones que se producen a bordo de una aeronave en las que un objeto utilizado para el servicio a los pasajeros ha causado una lesión corporal a un pasajero, sin que sea necesario dilucidar si estas situaciones derivan de un riesgo típico de la aviación".*

En definitiva, este pronunciamiento del TJUE abre la senda para desvincular el concepto de accidente de los riesgos propios de la aviación. Si bien en esta tarea ya se habían dado pasos de forma individual por Tribunales nacionales de distintos Estados, podemos destacar este como uno de los más decisivos, por lo bien argumentada que está la Resolución y por el alcance geográfico que tiene dicha interpretación, ya que vincula a los Tribunales de todos los Estados miembros de la Unión Europea.

2.2.6.2. *Otros acontecimientos no relacionados con riesgos aeronáuticos considerados accidentes por los Tribunales*

Como veníamos diciendo, la senda "oficialmente" abierta por el TJUE responde en realidad a la tónica general de muchos pronunciamientos nacionales que han venido contribuyendo trazar los límites de un amplísimo concepto de accidente desde hace tiempo. Así, podemos citar algunos recientes en los que los Tribunales han considerado que constituyen accidente las siguientes situaciones:

- *Lynn v. United Airlines* (2017), el demandante se golpeó al intentar cerrar el compartimento superior durante el descenso final del vuelo. Alegó que estuvo esperando a que le ayudara un asistente de vuelo pero nadie vino, así que se desabrochó el cinturón, se levantó e intentó cerrarlo por sí mismo. Mientras intentaba cerrarlo el avión aterrizó y se fracturó el hombro con el golpe. La Corte consideró que este evento constituye un accidente, pues aunque el descenso por sí mismo no puede considerarse un evento inesperado ni inusual, puede haber muchos otros hechos interrelacionados que combinados con él causen heridas. Además la apertura espontánea del compartimento satisface el requisito de ser un hecho externo. Sin embargo, muy parecido es el supuesto planteado en *Salih v. Emirates* (2019) que fue resuelto por el Tribunal en el sentido opuesto. Los ingenieros que informaron y las pruebas aportadas sirvieron para acreditar que la puerta de la cabina no presentaba ningún defecto y que las heridas del demandante no eran resultado de ningún evento externo ni inesperado al pasajero.
- *McKay v. American Airlines* (2017), en este caso, las heridas causadas en la rodilla y en la zona baja de la pierna con un carrito de bebidas durante la fase de ascenso fueron consideradas accidente, pero el Tribunal tuvo en cuenta que el pasajero no trató de mitigar los daños desobedeciendo los consejos médicos que recibió durante su tratamiento (eso fue valorado para reducir la condena al entender el Tribunal que había habido una concurrencia de culpas). Igualmente, en *Shiwbodh v. Caribean Airlines Limited* (2018) se estimó que los daños ocasionados al pasajero durante un aterrizaje de emergencia que le obligó a evacuar la aeronave desde una ventana, deslizándose por el ala, constituyeron un accidente, pero que la falta de seguimiento por parte de la víctima del tratamiento

médico sirvió para mitigar la responsabilidad de la aerolínea, al apreciarse una concurrencia de culpas. En otro supuesto similar, *Abba v. British Airways* (2019), el Tribunal no quiso pronunciarse sobre si existía o no un accidente porque necesitaba datos adicionales. Se trataba de un pasajero que al salir del aseo se encontró el carrito de bebidas en el pasillo y sin decirle nada a la asistente de vuelo intentó pasar rodeándolo, momento en el que la asistente lo movió hiriendo al pasajero.

- *Monaghan v. Aeroflot Russian Airlines* (2018): el pasajero se cortó con una brida que estaba en el asiento frontal mientras trataba de colocar su equipaje. La compañía intentó eludir la reclamación alegando que no había ocurrido ningún accidente, dado que no se había producido ningún hecho externo inesperado o inusual, y aportó pruebas de que se había realizado una inspección del asiento antes y después de que el pasajero sufriera las heridas, sin que hubiera ninguna superficie afilada y que el diseño del asiento cumplía con todos los requisitos regulatorios. No obstante, el Tribunal entendió que para determinar qué constituye accidente bajo el art. 17 del Convenio debe tenerse en consideración el criterio de que "el riesgo debe soportarlo la parte que esté en mejores condiciones de controlarlo", y basándose en este criterio y en las contradicciones entre las pruebas, concluyó que dejar bridas afiladas en un área que está al alcance de los pasajeros resulta inesperado e inusual y, por tanto, puede ser calificado como accidente a estos efectos.
- *Garrett v. Emirates* (2018): un pasajero se cayó de las escalerillas mientras desembarcaba durante una escala. El pasajero demandó a la compañía al entender que la caída, combinada con una serie de circunstancias, constituía un accidente en el sentido del art. 17 del Convenio. El Tribunal estimó la demanda por considerar que efectivamente, la caída por sí no sola no resultaba suficiente para ser calificada como accidente; pero el hecho de que confluyeran una insuficiente iluminación (eran las 4.30 de la mañana), que todos los pasajeros iban juntos y que el rellano estaba alejado de las escaleras, condujeron a que esa caída pudiera ser considerada un evento inesperado e inusual que cumple los requisitos para ser calificado accidente. En parecidos términos *Sensat v. Southwest Airlines* (2019), la compañía trató de eludir su responsabilidad

argumentando que la caída del pasajero provenía de una reacción interna a una actividad rutinaria en el transporte aéreo, cual es la bajada por las escalerillas para desembarcar; sin embargo, el Tribunal consideró que el hueco existente entre el peldaño y la aeronave podía considerarse algo externo al demandante, que además resulta inusual e inesperado al pasajero porque éste no fue advertido.

– *Villamar v. Skywest Airlines* (2018): en este caso el pasajero cayó al tropezar con equipaje que había colocado en el pasillo y el Tribunal consideró que la presencia de equipaje en el pasillo durante el desembarque constituía un accidente del art. 17 del Convenio.

Por el contrario, incrementan la lista de supuestos en los que los tribunales no apreciaron la existencia de un accidente, los siguientes:

– *David v. United Airlines* (2016): daños corporales ocasionados como consecuencia de haber sido degradado a una clase inferior a la contratada. El Tribunal consideró que los daños causados por tal modificación no podían ser considerados un accidente, porque el contrato especificaba que la asignación de asientos estaba sujeta a cambios sin necesidad de previo aviso.
– *Glassman-Blanco v. Delta Airlines, Inc.* (2016), el demandante tuvo un altercado con la tripulación porque según él fue acusado injustamente de fumar en los lavabos, lo que condujo a una discusión, después a una confrontación física con los asistentes de vuelo y uno de los pilotos y, finalmente, llevó a que el pasajero fuera expulsado por un Air Marshall al aterrizar. Aunque trató de reclamar daños por haber sido golpeado y amenazado por la tripulación, el Tribunal consideró que su testimonio carecía de credibilidad. En cualquier caso, dado que la causa que le provocó los daños derivó del propio comportamiento del pasajero, el Tribunal entendió que no se trataba de ninguna circunstancia externa a él, lo cual no podía constituir un accidente conforme al art. 17 del Convenio. Por el contrario, en *Bandary v. Delta Airlines* (2019), donde también hubo un altercado físico entre el demandante y la tripulación, el Tribunal apuntó que un incidente de este tipo se convierte en "accidente" dependiendo de que sea o no usual, y no de su causa. Por ello, conforme a este razonamiento del Tribunal, como una pelea física y una discusión a gritos entre un pasajero y

una asistente de vuelo es un evento inesperado e inusual, constituye un accidente conforme del art. 17 del Convenio de Montreal.

- *Patel v. Singapore Airlines* (2017), se aborda en esta decisión la demanda planteada por un pasajero que volaba sin pasaporte válido y que sufrió heridas como consecuencia de un supuesto "accidente" ocurrido en el mostrador de facturación. El Tribunal no lo considera accidente pues fue elección del pasajero llevar su pasaporte cancelado al aeropuerto y también escogió volar a la India con dicho pasaporte. Dado que fue su propia decisión la que desencadenó supuesto accidente, no puede considerarse que esto sea un hecho externo.

3. Lugar y tiempo del accidente

Dada la amplia interpretación que los Tribunales realizan del término accidente, la necesidad de que la situación que origina la responsabilidad se ubique temporal y geográficamente es un límite importante que hay que considerar, por ello, delimitar qué ha de entenderse por "a bordo de la aeronave o *en el curso de todas* las operaciones de embarque y desembarque", tal como literalmente exige el art. 17 de los Convenios, determinará que algunas situaciones puedan ser o no subsumidas en él.

Por lo que respecta al accidente ocurrido a bordo de la aeronave, bastará con que suceda en el interior del casco, con independencia del lugar concreto en que se produzca, ya sea la zona reservada a la tripulación, las bodegas, el tren de aterrizaje, etc.[51]

Mayores problemas surgen al tratar de interpretar la expresión "en el curso de todas las operaciones de embarque y desembarque", pues sobre su sentido existen distintas opiniones doctrinales y jurisprudenciales. Si tratamos de averiguar cual fue la intención de los autores del CV, hay que partir de que en aquella época los pasajeros no podían trasladarse desde la terminal del aeropuerto hasta la aeronave utilizando los medios que los aeropuertos ponen en la actualidad a su disposición, por lo que durante ese trayecto se exponían a peligros mucho mayores que los que corren hoy. Por esa razón los redactores del Convenio pensaron que los daños que sufriesen

[51] *Vid.*, en este sentido, Botana Agra, Manuel, *La ilimitación de la responsabilidad...*, *op. cit.*, pág. 46.

los pasajeros en ese desplazamiento debían estar comprendidos en el ámbito de aplicación del CV. Inicialmente incluso, uno de los proyectos configuró la responsabilidad del transportista de manera que comenzaba en el mismo momento en que el pasajero llegaba al aeropuerto de salida y no terminaba hasta que abandonaba totalmente el de destino, si bien tal redacción no fue la adoptada finalmente[52]. Dicha ampliación del ámbito de la responsabilidad del transportista carecería hoy, a nuestro modo de ver, de fundamento, pues en las terminales de los aeropuertos hay una serie de servicios (cafeterías, restaurantes, tiendas, etc.) que nada tienen que ver con el transporte aéreo, y de cuyo funcionamiento no cabe hacer responsable al transportista.

Por lo que respecta a las operaciones de embarque y desembarque, que son las que determinan el comienzo y el fin desde un punto de vista temporal de la responsabilidad del transportista, y con independencia de las diversas teorías que en esta materia se defienden[53], lo determinante, a nuestro modo de ver, es el período de tiempo durante el cual el pasajero permanece bajo la responsabilidad del transportista, lo cual, desde luego, no es fácil de concretar[54]. En particular resultan especialmente problemáti-

---

[52] *Vid.*, Areal Ludeña, Santiago, «El contrato de transporte...», *op. cit.*, pág. 671, para quien ese dato no se puede interpretar como un deseo radical de que el tiempo empleado en las respectivas terminales quedase fuera del ámbito de aplicación del art. 17 CV.

[53] Quintana Carlo, Ignacio, clasifica las teorías que se han formulado en torno a lo que debe entenderse por operaciones de embarque y desembarque a efectos de responsabilidad del transportista aéreo y agrupa a los autores que la defienden en cuatro grupos: a) la responsabilidad del transportista comienza desde que el pasajero accede a la pista y termina cuando abandona ésta para entrar en el aeropuerto de destino; b) la responsabilidad del transportista empieza desde el momento en que los pasajeros, dirigidos por los dependientes del transportista abandonan los locales del aeropuerto finalizando cuando, guiados por éstos, entran en los edificios del aeropuerto de destino; c) la responsabilidad del transportista puede nacer desde que el pasajero entra en el área de vuelo y, en consecuencia, está sometido a los riesgos inherentes a la explotación aérea y termina cuando abandona dicha área; y d) la duración del transporte aéreo a efectos de la responsabilidad es una cuestión de hecho que habrá de ser decidida en cada caso (*vid., La responsabilidad..., op. cit.,* pág. 308, nota 19, donde cita abundante bibliografía al respecto).

[54] Esa regla parece seguirse en algunas legislaciones internas que cita Mapelli (*vid.,* – «Consideraciones jurídicas sobre el Convenio de Montreal de 1999», *Revista Brasileira de Direito Aeroespacial,* 2001, n.º 84). El Código Aeronáutico de la República de Chile, aprobado por Decreto n.º 1739, de 23 de diciembre de 1992, establece en el art. 143.2: *«la operación de embarque se entiende desde que el pasajero, bajo las instrucciones del transportador, desde que ingresa a la plataforma de estacionamiento de aeronaves y hasta que aborda la aeronave, y la operación de desembarque, desde que el pasajero del mismo modo abandona la aeronave y sale de la plataforma de estacionamiento de aeronaves. Se*

cos los supuestos en los que el pasajero es trasladado al terminal del aeropuerto, no con ocasión del final del transporte, sino como consecuencia de una parada intermedia. La naturaleza de esa parada puede ser muy diversa, ya que puede tratarse de una parada técnica (por razones de seguridad y operativas, por ejemplo, para repostar combustible), de una parada de cambio o de trasbordo, o de una parada forzosa[55]. En cualquier caso, si durante ese período de tiempo en que se interrumpe el transporte el pasajero permanece en una sala reservada bajo el control del transportista habrá que entender que continúa la responsabilidad de éste. En cambio, si durante tal ínterin el pasajero puede desplazarse y transitar por espacios que están fuera del control del transportista, mezclados con los pasajeros de otros vuelos, en tales circunstancias el transportista no deberá cargar con el peso de un hipotético accidente[56].

Algunos *leading cases* recientes para este apartado son los siguientes:

– *Gersh v. Emirates* (2016): se produjo un resbalón de un pasajero de 77 años en el *finger*. El pasajero reclamó a la compañía aérea por los daños sufridos, alegando que en ese punto el suelo estaba resbaladizo. El demandante, tenía reconstruido con cirugía su pie derecho, había obtenido un permiso especial en el parking debido a su movilidad reducida y también le habían facilitado servicio

entiende por plataforma de estacionamiento de aeronaves cualquier superficie que sea utilizada con este objeto». Lo mismo puede decirse de la Ley n.º 27.261, de Aeronáutica Civil, del Perú, de 8 de abril de 2000, cuyo art. 114.2 dispone: *«Las operaciones de embarque comienzan en el mismo momento en que el pasajero deja las instalaciones del aeródromo para ingresar en la aeronave y las operaciones de desembarque terminan cuando el pasajero, después de salir de la aeronave, ingresa en las instalaciones del aeródromo. En cualquier caso, las operaciones de embarque y desembarque estarán determinadas en función del control que sobre los pasajeros asuma el transportista».*

[55] Sobre los distintos tipos de paradas *vid.* Areal Ludeña, Santiago, «El contrato de transporte...», *op. cit.*, pág. 674.

[56] En este punto hemos seguido la teoría defendida por Botana Agra, Manuel, *La ilimitación de la responsabilidad..., op. cit.,* pág. 48.

Como ejemplos de accidentes ocurridos durante las operaciones de embarque y desembarque resueltos por los Tribunales españoles podemos citar la STS de 17 de diciembre de 1990 (*BDA* RJ 1990\10282), cuyos hechos relatan cómo la demandante cayó al suelo y se produjo graves lesiones al utilizar la cinta transportadora del aeropuerto que desembocaba junto al avión; y la Sentencia de la Audiencia Provincial de Santa Cruz de Tenerife de 20 de febrero de 1998 (*BDA* RJ 1998\3288), que condena a la compañía por los daños sufridos por la demandante como consecuencia del desplazamiento brusco de su silla de ruedas dentro del autobús que la conducía hasta la aeronave.

de silla de ruedas para el acceso. Siguiendo la doctrina que ya se fijó en *Barclays v. British Airways* (2010), no cualquier resbalón o caída que resulte del mero contacto con algún elemento inerte de los equipos instalados para las operaciones típicas de las aeronaves constituyen accidente. Realmente la razón por la que el Tribunal excluyó la existencia de un accidente está más relacionada con otro tipo de factores que con los propiamente geográfico-temporales, si bien está claro que, como parece razonable, no se elimina la posibilidad de que pueda calificarse accidente por ocurrir en el *finger*.

– En el Reino Unido, en *Howells v. British Airways PLC* (2017), entendió el Tribunal, a la hora de definir la expresión "durante el embarque", que el área de control de seguridad donde el pasajero tropezó con una báscula de equipajes no estaba relacionada con ningún vuelo específico, sino que es un nivel de seguridad que todos los pasajeros deben superar para acceder a la aeronave.

4. Conclusiones

La primera vez que escribí sobre el concepto de accidente en cuanto presupuesto de la responsabilidad del transportista aéreo encontré útil y esclarecedor utilizar una metodología inductiva y exponer de forma "simplificada" las tendencias que podían extraerse de un estudio de la casuística.

Quince años después de la edición de mi monografía[57], y veintiuno desde la redacción del Convenio de Montreal (1999), sigue planteándose el debate. No sólo no ha perdido actualidad, ya que como habrá podido comprobarse sigue provocando las mismas discusiones, sino que tiene que seguir abordándose en los mismos términos casuísticos, pues no ha habido cambios normativos.

No obstante, la revisión de la jurisprudencia de los últimos años me ha permitido, además de actualizar los ejemplos que menciono con *leading cases* recientes, ampliar la clasificación creando una nueva categoría; y, adicionalmente, a la vista de la contundencia con la que se pronuncia el Tribunal de la Justicia de la Unión Europea en su reciente pronunciamiento

[57] GUERRERO LEBRÓN, M.J., *La responsabilidad contractual del porteador aéreo en el transporte de pasajeros*, Tirant Lo Blanch, Valencia, 2005.

de diciembre de 2019, y del papel que está llamado a cumplir este órgano en la interpretación uniforme del Convenio en el territorio de la Unión, he podido no sólo reafirmarme en la principal conclusión que ya consideraba suficientemente asentada en aquel momento, sino incluso reclamar la supresión del presupuesto "accidente" sobre la base de la convicción de que no perturbaría el estado de las cosas.

La evolución de la doctrina jurisprudencial sigue constatando que el mantenimiento del accidente como presupuesto independiente para hacer nacer la responsabilidad de las compañías aéreas responde más a su propio temor (el de las aerolíneas) de que se dispare la litigiosidad y se incrementen de forma alarmante el pago de indemnizaciones a las que tuvieran que hacer frente, que a una lógica aplicación de los criterios de imputación de responsabilidad. Ya en aquel momento criticaba que ese presupuesto supone una auténtica anomalía en el mundo de la "responsabilidad civil". Sólo conduce a razonamientos y argumentaciones poco ortodoxas para alcanzar el resultado deseado.

Pues bien, tenemos la impresión de que en el momento actual una modificación normativa eliminando el accidente como presupuesto autónomo apenas alteraría el *statu quo*. La extensa experiencia de los Tribunales al enfrentarse a las múltiples situaciones que pueden hacer nacer la responsabilidad de las aerolíneas lo ponen de manifiesto. En particular, modulando el rigor de la responsabilidad cuasi-objetiva consagrada en el CM con el juego de elementos temporales y geográficos (a bordo de la aeronave y en el curso de todas las operaciones de embarque y desembarque), así como con la concurrencia de culpas: algunos de estos pronunciamientos se han citado en este trabajo. En cualquier caso, lo que está claro es que la inserción del accidente como presupuesto tampoco es garantía para que dejen de producirse (esporádicamente) pronunciamientos poco razonables, pero sí que exige forzar las argumentaciones en muchas ocasiones para que las aerolíneas asuman las consecuencias de daños que no admitirían discusión.

En nuestra opinión la sentencia del TJUE de 19 de diciembre de 2019, constituye, sin duda, un importante respaldo para abogar por la supresión de este presupuesto anómalo, entendiendo que se alcanzaría una mejora técnico-jurídica de la norma, sin perturbar el equilibrio de los intereses protegidos.

5. Bibliografía

ABEYRATNE, Ruwantissa, «The Economy Class Syndrome and Air Carrier Liability», *Transportation Law Journal,* Spring, 2001, págs. 251 a 284.

AREAL LUDEÑA, Santiago, «El contrato de transporte aéreo», *Contratos internacionales* (dir. Calvo Caravaca y Fernández de la Gándara), Madrid, 1997, págs. 649 a 731.

BOTANA AGRA, Manuel, *La ilimitación de la responsabilidad del transportista aéreo comunitario por daños a los pasajeros en caso de accidente: un estudio del Reglamento (CE) 2027/1997,* Madrid, 2001.

CIMINO, Frank D., «Air Turbulence Liability», *Journal of Air Law and Commerce,* 1999, vol. 64, págs. 1163 a 1200.

COBBS, Louise, «The Shifting Meaning of "Accident" under Article 17 of the Warsaw Convention: What did the Airline know and what did it do about it? », *Air&Space Law,* vol. XXIV, n.º 3, 1999, págs. 121 a 127.

CONDON/FORSYTH, *The Liability Reporter,* International Air Transport Association, 2017 Edition, vol. 20, February, 2017.

CONDON/FORSYTH, *The Liability Reporter,* International Air Transport Association, 2018 Edition, vol. 21, February, 2018.

CONDON/FORSYTH, *The Liability Reporter,* International Air Transport Association, 2019 Edition, vol. 22, March, 2019.

CONDON/FORSYTH, *The Liability Reporter,* International Air Transport Association, 2020 Edition, vol. 23, February, 2020.

DEMPSEY, Paul Stephen, "Accidents & Injuries in Air Law: The Clash of the Titans", *Annals os Air & Space Law,* Vol. XXXIV, Institute of Air & Space Law, McGill University, 2009. Disponible en https://ssrn.com/abstract=1948757

GARDINER, Richard, «Revising the Law of Carriage by Air: Mechanisms in Treaties and Contract», *International and Comparative Law Quarterly,* 1998, vol. 47, págs. 278 a 305.

— «The Warsaw Convention at Three Score Years and Ten», *Air&Space Law,* vol. XXIV, n.º 3, 1999, págs. 114 a 120.

GUERRERO LEBRÓN, M.J., *La responsabilidad contractual del porteador aéreo en el transporte de pasajeros,* Tirant Lo Blanch, Valencia, 2005.

DIGIACOMO, D., "The End of an Evolution: From Air France v. Saks to Olympic Airways v. Husain -The Term "Accident" under Article 17 of the Warsaw Convention Has Come Full Circle", 16 *Pace Int'l L. Rev.* 409 (2004).

GIEMULLA, Elmar, SCHMID, Ronald, y EHLERS, Nikolai, *Varsaw Convention. Commentary,* Boston, 1995.

GILMAN, Nicholas, «Symposium on Terrorism and Security Aboard International Airlines. What is Sufficient Proof of Wilful Misconduct for Air Carrier

Liability under the Warsaw Convention in a Terrorist Case?», *Albany Law Journal of Science and Technology*, 1993, págs. 217 y ss.

GOLDHIRSCH, Lawrence, «Definition of "accident": Revisiting *Air France v. Saks*», *Air&Space Law*, vol. XXVI/2, abril, 2001, págs. 86 a 89.

GONZÁLEZ-LEBRERO, Rodolfo A., «Terrorismo y seguridad aérea», *Estudios Jurídicos en Homenaje al Profesor Aurelio Menéndez,* vol. III, Madrid, 1996, págs. 3793 a 3811.

HAVEL, Brian F./ SÁNCHEZ, Gabriel S., *The principles and practice of International Aviation Law,* New York, 2014.

KARP, Judith R., «Mile High Assaults: Air Carrier Liability under the Warsaw Convention», *Journal of Air Law and Commerce,* Fall, 2001, págs. 1551 a 1568.

LUONGO, Norberto E., *La responsabilidad del transportista aéreo y el "síndrome de la clase turista"*, Buenos Aires, 2011.

MAPELLI LÓPEZ, Enrique, *El contrato de transporte aéreo internacional. Comentarios al Convenio de Varsovia*, Madrid, 1968.

— «Consideraciones jurídicas sobre el Convenio de Montreal de 1999», *Revista Brasileira de Direito Aeroespacial,* 2001, n.º 84.

QUINTANA CARLO, I., *La responsabilidad del transportista aéreo por daños a los pasajeros*, Salamanca, 1977.

LA RESPONSABILITÀ DEL GESTORE AEROPORTUALE NEL TRASPORTO DELLE PERSONE DISABILI E CON MOBILITÀ RIDOTTA

MASSIMILIANO PIRAS*

Sumário: 1. Attività aeroportuali e imputazione della responsabilità; 2. Il trasporto delle persone disabili; 3. Disabilità e trasporto aereo; 4. Le responsabilità del gestore aeroportuale per le attività di assistenza ai disabili e alle persone con mobilità ridotta; 5. Le responsabilità dell'ente di gestione per i danni alle attrezzature per la mobilità e per l'assistenza.

1. Attività aeroportuali e imputazione della responsabilità

La complessità delle attività svolte negli aeroporti e la frammentazione delle competenze tra enti che svolgono attività imprenditoriali e funzioni pubbliche non consente di tracciare un quadro unitario delle responsabilità che originano dalla gestione aeroportuale e dei soggetti che ne sono titolari[1].

L'aeroporto si configura come un luogo fisico, costituito dalle piste e dalle altre strutture destinate all'atterraggio, al decollo e alla sosta dell'aeromobile e alla movimentazione dei passeggeri e delle merci, ma l'unitarietà funzionale, sulla quale si può facilmente convenire, è rotta dalla molteplicità degli attribuzioni private e pubbliche che caratterizzano il traffico aereo.

---

* Professore di Diritto della navigazione nell'Università di Cagliari.

[1] Sulle differenti attività e responsabilità aeroportuali si veda l'opera collettanea *Aeroporti e Responsabilità*, a cura di Deiana, Cagliari, 2005; Si veda anche *Le gestioni aeroportuali, Milano*, a cura di Comenale – Morandi – Masala 2005; ORRÙ, *Il ruolo del gestore aeroportuale nell'evoluzione giuridica, economica e tecnologica del settore*, in *Il Diritto marittimo*, 2016, p. 449 ss. CLIVIO, *Istituzioni aeronautiche e gestori aeroportuali nel nuovo codice: profili di responsabilità penale*, in *Il diritto aeronautico fra codificazione e disciplina comunitaria*, a cura di Franchi e Vernizzi, Milano, 2007, p. 83; CAMARDA, *La responsabilità del gestore aeroportuale*, in *Diritto dei trasporti* 2002, p. 763.

Anche a prescindere dall'eterogeneità delle formule gestionali[2], che alternano soggetti pubblici a soggetti privati e modalità miste, in proporzione diversa, conseguenza, almeno in parte, dell'evoluzione storica della struttura aereoportuale, l'esercizio dell'aeroporto raccoglie un complesso di funzioni pubbliche (polizia della navigazione all'arrivo e alla partenza dell'aeromobile, sicurezza del traffico aereo, regime dei beni pubblici della navigazione aerea) e attività imprenditoriali private (servizi di assistenza a terra, attività commerciali, assistenza al volo) che sfuggono a una disciplina unitaria.

Né una differente prospettiva fornisce il diritto dell'Unione Europea, che pure sembra prediligere l'istituzione di una gestione unitaria dell'aeroporto, titolare di gran parte delle funzioni che sono connesse al suo esercizio, tra le quali servizi resi in forma di impresa e attività amministrative e di coordinamento.

Il gestore, infatti, nel disegno comunitario[3] può essere indifferentemente un ente pubblico o privato e costituisce, a un tempo, soggetto di regolazione e controllo di imprenditori che operano nel mercato dell'assistenza ai vettori o fornitore diretto dei servizi aeroportuali.

La gestione dell'aeroporto rileva unitariamente perché si pone in evidenza l'organizzazione finalizzata a garantire il livello qualitativo ottimale

[2] Approfonditamente illustrate da RIGUZZI, *L'impresa aeroportuale*, Padova, 1984. Si veda altresì SALERNO, *Le gestioni aeroportuali, profili pubblicistici e privatistici*, Napoli 2011; AA.VV., *L'impresa aeroportuale a dieci anni dalla riforma del codice della navigazione: stato dell'arte*, a cura di Busti – Signorini – Simoncini, Torino, 2016; TULLIO, *La responsabilità sulla gestione degli aeroporti: l'esperienza italiana (2008), in Scritti inediti di diritto della navigazione*, Napoli, 2016, p. 457.

[3] Direttiva n. 96/67/CE del 15 ottobre 1996, relativa all'accesso al mercato dei servizi di assistenza a terra negli aeroporti della Comunità, art. 2, lettera c: all'ente di gestione le disposizioni legislative nazionali affidano, insieme ad altre attività o in via esclusiva, il compito di amministrare e gestire le infrastrutture aeroportuali e di coordinare e controllare le attività dei vari operatori presenti in aeroporto. Come si vede, la natura e le attività esercitate sono indifferenti, ma l'ente che assume rilievo è il soggetto posto al centro dell'organizzazione aeroportuale. L'art. 3 della direttiva considera anche il caso che gli enti di gestione delle attività aeroportuali siano più d'uno. Sui servizi di assistenza a terra si veda RINALDI BACCELLI, *Per un inquadramento sistematico dell'assistenza aeroportuale*, in *Temi Romana*, 1975, p. 519 ss.; MASUTTI, *Servizi aeroportuali (ground handling)*, in *Digesto delle discpline pubblicistiche*, *Agg.* II/2005, p. 680; AA.VV., L*a liberalizzazione dei servizi di handling aeroportuale*, a cura di MASUTTI, Bologna, 2002. Sulle prospettive e i tentativi di riforma della direttiva si veda DEIANA, *Riflessioni sulla proposta di nuova regolamentazione dei servizi di assistenza a terra,* in *Diritto dei trasporti*, 2014, p. 31 ss.

dei servizi e delle attività forniti ai vettori e agli utenti, non perché ci sia un unico soggetto titolare del suolo o delle strutture, né perché un solo soggetto svolga attività economiche, che al contrario possono essere esercitate da più prestatori in regime di concorrenza[4].

Ma non è necessario assimilare la titolarità della struttura con la gestione delle attività di impresa e lo svolgimento dei servizi pubblici, cosicchè le responsabilità nell'esercizio dell'aeroporto presentano differente natura e si devono imputare a soggetti diversi.

Fatta questa premessa, è inoltre da osservare che ogni attività che si svolge in aeroporto obbliga chi la esercita a prevenire ed evitare i rischi per i terzi secondo i principi e le regole ordinari[5], vale a dire quelli propri di chi assume l'esercizio dell'impresa e di chi assolve funzioni pubbliche.

Il gestore in questo contesto svolge a un tempo una funzione attrattiva e residuale delle attività aeroportuali e può pertanto trovarsi a rispondere delle conseguenze di compiti eterogenei, quali, senza esaurirne l'elenco, possono essere la custodia dei beni e delle strutture, con i danni arrecati agli utenti e agli stessi operatori; la prestazione di servizi aeroportuali, quando li realizzi direttamente; le attività non strettamente legate al volo, quali gli esercizi commerciali e la manutenzione e amministrazione degli spazi comuni, ivi comprese le aree di parcheggio[6].

Alcune delle attività svolte sono imputabili direttamente all'ente di gestione, mentre altre sono di competenza dei vettori aerei e da questi assunte contrattualmente nei confronti dei propri utenti. È questo il caso, che sarà esaminato più a fondo in relazione al trasporto delle persone disabili o a mobilità ridotta, dell'esecuzione di un contratto di *handling*, attraverso il quale il gestore fornisce le attività di assistenza a terra ai vettori. Nella disciplina comunitaria, infatti, il gestore dell'aeroporto, al pari di altre imprese, può offrire, e di fatto offre come redditizia attività commerciale, prestazioni di assistenza ai passeggeri (per esempio il check-in, la riconsegna dei bagagli, ecc.), all'aeromobile (ancora come esempio la pulizia, il

---

[4] VERMIGLIO, *Amministrazione di beni del demanio aeronautico civile tra attività economica ed esercizio di pubblici poteri*, in *Il trasporto aereo tra normativa comunitaria ed uniforme*, a cura di Tranquilli-Leali e Rosafio, Milano, 2011, 544. MASTRANDREA – TULLIO, *Il compimento della revisione della parte aeronautica del codice della navigazione*, in *Il Diritto marittimo*, 2006, p. 699 ss.

[5] ANTONINI, *La responsabilità nella gestione delle infrastrutture della navigazione marittima e aerea*, in Petit Lavall – Puetz, *La eficiencia del transporte como objetivo de la actuacion de los poderes publicos: liberalizacion y responsabilidad*, Madrid, 2015, p. 901 ss.

[6] ANTONINI, op. cit., p. 904 ss.

rifornimento, il ricovero del veicolo) e alle merci (la ricezione e custodia del carico, la riconsegna al destinatario)[7].

Nell'assistenza a terra l'attività del gestore (così come degli altri operatori di *handling*) si realizza all'interno di un rapporto (normalmente un contratto di appalto di servizi), in base al quale l'operatore è incaricato di eseguire una o più prestazioni del vettore e pertanto il suo agire si qualifica come quello dell'ausiliario nell'adempimento del contratto di trasporto di cose o di persone[8].

A queste vicende corrisponde l'articolazione delle responsabilità, che può essere di natura extracontrattuale quando derivi da danni causati dalla struttura e dalle intallazioni aeroportuali, contrattuale, nei confronti del creditore dei servizi aeroportuali, e ancora extracontrattuale, se il soggetto danneggiato ritenga di agire direttamente nei confronti dell'ausiliario del vettore per il danno che abbia subito nel corso dell'esecuzione di un contratto di trasporto. Può verificarsi, in quest'ultima ipotesi, il concorso della responsabilità contrattuale del vettore, a cui sia imputabile l'inadempimento del contratto di trasporto causato dall'infortunio del passeggero o dalla perdita o dall'avaria delle merci trasportate, con quella extracontrattuale, verso il gestore, autore materiale del danno, che non ha nessun legame col danneggiato, se non quello generale istituito dal principio del *neminem laedere*. Se ammesso, così come accade in molti ordinamenti, il concorso (di responsabilità o di azioni) può concedere alcuni vantaggi, dal momento che l'azione extracontrattuale non è, in linea di principio, soggetta ai vincoli ai quali va incontro quella esercitabile nei confronti del vettore, quali, per esempio, i limiti del debito e i ridotti tempi di prescrizione[9].

---

[7] Un elenco non esaustivo è contenuto nell'allegato alla Dir. n. 96/67/CE.

[8] SALERNO, *Le gestioni aeroportuali*, Milano, 2005; FACCO, *Questioni controverse in tema di responsabilità delle imprese di gestione aeroportuale*, in *Resp. civ. prev.*, 2006, p. 763. I rapporti tra gestori aeroportuali e vettori aerei per la presatzione di servizi di *handling* sono di norma disciplinati attraverso lo *Standard Ground Handling Agreement*, un modello contrattuale elaborato dalla *International Air Transport Association* (IATA). Sul tema si veda MORILLAS JARILLO, *El contrato de asistencia en tierra en aeropuertos en la propuesta modificada de reglamento europeo y en la ultima version del "standard ground handling agreement" de IATA, de abril de 2013,* in *Diritto dei trasporti*, 2014, p. 73 ss., DE MARZI, *Lo "standard ground handling agreement" sgha della iata [international air transport association] e le clausole limitative di responsabilità*, in *Diritto dei trasporti*, 2012, p. 511 ss.; SEVERONI, *La responsabilità del prestatore di servizi aeroportuali di assistenza a terra, in Diritto dei trasporti* 2017, p. 421 ss.

[9] Per un'ampia indagine mi permetto di rimandare a PIRAS, *L'assistenza a terra nel trasporto aereo – Profili privatistici,* Torino 1999.

Attualmente la Convenzione di Montreal del 1999 riduce i margini di vantaggio ottenibile col concorso di responsabilità. L'art. 30 stabilisce che, qualora una azione di risarcimento venga proposta nei confronti dei dipendenti o degli ausiliari del vettore, questi potranno opporre le stesse condizioni e limiti di responsabilità che avrebbe potuto invocare il vettore medesimo. Ciò senza che cambi il titolo delle responsabilità, e pertanto chi agisce contro il gestore aeroportuale dovrà provare la colpevolezza di quest'ultimo secondo le regole dell'azione extracontrattuale. Inoltre, si ritiene che per l'infortunio dei passeggeri, il gestore sarà responsabile dei soli danni di natura corporale e, per i danni da ritardo, il risarcimento dovrà essere contenuto nei limiti monetari stabiliti dalla Convenzione. Per i danni ai bagagli e al carico il gestore potrà infine richiedere il rispetto del termine per il reclamo e delle soglie di risarcimento stabilite dagli articoli 22 e 31 della Convenzione.

2. Il trasporto delle persone disabili

Un settore nel quale i confini disegnati faticosamente dalla prassi e dal legislatore circa competenze, obblighi e responsabilità in ambito aeroportuale appaiono particolarmente segnati dall'intento di chiarezza è quello del trasporto dei disabili e dei compiti di assistenza che la legge assegna all'ente di gestione della struttura.

In premessa è da osservare che il contratto di trasporto si palesa come privilegiato ambito di intervento in tema di tutela delle persone disabili, rivelandosi, a un tempo, strumento e oggetto del raggiungimento degli obiettivi che la società e la legge si propongono. Quanto detto si manifesta in modo evidente se si considera che attraverso la proclamazione del diritto a dislocarsi liberamente si realizza la parità di trattamento tra gli individui, e che l'uguaglianza è raggiungibile solo se ai disabili viene garantita la capacità concreta di utilizzare i mezzi di trasporto alle stesse condizioni delle persone normodotate[10].

Il principio di uguaglianza, cardine della Dichiarazione internazionale sui diritti dell'uomo del 10 dicembre 1948, è posto anche alla base

---

[10] Accentua il profilo della pari dignità delle persone BRUZZI, *La discriminazione indiretta: la responsabilità corre su due binari*, in *Responsabilità civile e previdenza*, 2014, 1926. Si veda anche CAMARDA, *Il trasporto dei disabili, profili giuridici pluriordinamentali,* in *Il Diritto marittimo 2011, p. 749 ss.*

della disciplina internazionale sul trasporto dei passeggeri con difficoltà di mobilità. La Convenzione delle Nazioni Unite sui diritti delle persone con disabilità del 13 dicembre 2006, difatti, promuove il superamento della diseguaglianza attraverso il divieto di ogni forma di discriminazione (art. 5)[11], e afferma che le persone disabili hanno il diritto di vivere una vita indipendente all'interno della propria comunità. L'accessibilità ai trasporti (art. 9) così come il diritto alla libertà di movimento e alla mobilità personale (art. 18 e 20) sono considerati un mezzo per consentire ai disabili di condurre liberamente la propria esistenza e partecipare pienamente a tutti gli ambiti della vita.

I servizi di trasporto sono inoltre strumentali al godimento delle attività turistiche, disposto dall'art. 30 della Convenzione, secondo la quale gli Stati contraenti devono riconoscere il diritto delle persone disabili di prendere parte allo stesso modo dei normodotati alla vita culturale e assicurare l'accesso ai servizi turistici, ai monumenti nazionali e ai siti di importanza storica e culturale.

Il Codice Mondiale di Etica del Turismo del 1 ottobre 1999, approvato dall'assemblea delle Nazioni Unite il 21 dicembre 2001, dispone che lo Stato sia chiamato ad assicurare che le persone con disabilità motorie, sensoriali e intellettive e coloro che soffrono di temporanea mobilità ridotta possano fruire dell'offerta turistica in modo completo e in autonomia, ricevendo servizi al medesimo livello di qualità degli altri fruitori e senza aggravi del prezzo. In particolare, l'art. 7, par. 4, statuisce che la possibilità di accedere direttamente e personalmente alla scoperta ed al godimento delle ricchezze del pianeta rappresenta un diritto di cui tutti gli abitanti del mondo devono poter usufruire in modo paritario.

---

[11] La Convenzione è stata ratificata in Italia con la l. 3 marzo 2009 n. 18. Sul tema si veda De Amicis, *La l. 3 marzo 2009, n. 18 di ratifica della Convenzione delle Nazioni Unite sui diritti delle persone con disabilità: i principi e le procedure*, in *Giur. merito* 2009, 2375. I diritti della persona disabile sono stati in precedenza presi in considerazione dalla Dichiarazione ONU dei diritti delle persone affette da ritardo mentale del 1971 e dalla Dichiarazione ONU dei diritti delle persone disabili del 1975. Il divieto di discriminazione finalizzato alla promozione e al riconoscimento dei diritti delle persone disabili è previsto anche dalla Convenzione per la Salvaguardia dei diritti dell'uomo e delle libertà fondamentali, firmata a Roma il 4 novembre 1950 e dall'art. 13 del Trattato istitutivo della Comunità europea. La Carta dei diritti fondamentali dell'Unione Europea del 2000, dispone all'art. 26 che l'Unione riconosce e rispetta il diritto dei disabili di beneficiare di misure intese a garantirne l'autonomia, l'inserimento sociale e professionale e la partecipazione alla vita della comunità.

L'Unione Europea ha attuato gli impegni a favore delle persone disabili nell'esecuzione del contratto di trasporto. Il trasporto aereo è stato appositamente oggetto del regolamento n. 1107/2006[12], che ha ampliato i pochi cenni già contenuti nel regolamento n. 261/2004 sull'assistenza dovuta al passeggero per il negato imbarco, la cancellazione del volo e il ritardo prolungato[13]. Nelle altre modalità di trasporto la disciplina di tutela dei disabili è stata inserita nei regolamenti che stabiliscono il regime di protezione del passeggero nel caso di infortunio e di impedimenti all'esecuzione del trasporto[14].

I regolamenti comunitari si distinguono dalla normativa internazionale per aver introdotto la nozione di persona a mobilità ridotta, con la quale si intende un soggetto che incontri difficoltà nell'uso dei mezzi di trasporto a causa di una disabilità fisica o mentale, anche solo transitoria, o dipendente dall'età o da qualsiasi altra situazione, la cui condizione richieda un'attenzione adeguata o uno speciale adattamento del servizio normalmente offerto agli altri passeggeri. Diventa pertanto destinatario del diritto di assistenza anche il passeggero che non presenti una condizione patologica, quale per esempio l'età o l'obesità[15], o che sia afflitto da una disabilità anche solo temporanea.

---

[12] Regolamento (CE) n. 1107/2006 del 5 luglio 2006 relativo ai diritti delle persone con disabilità e delle persone a mobilità ridotta nel trasporto aereo.

[13] Il Regolamento dispone sinteticamente che il vettore presti particolare attenzione al trattamento dei passeggeri a mobilità ridotta, ai quali deve riservare la precedenza nelle occasioni in cui è necessaria l'assistenza diretta ad attenuare i disagi provocati dal ritardo o dalla mancata esecuzione del trasporto (art. 9 e art. 11). Sull'assistenza ai passeggeri aerei si veda Ancis, *Informazione e assistenza del passeggero nel trasporto aereo, il mutamento dei connotati dell'obbligo di protezione*, Napoli, 2017.

[14] Reg. (CE) n. 1371/2007 del 23 ottobre 2007 per il trasporto ferroviario; Reg. (UE) n. 1177/2010 del 24 novembre 2010 sui diritti dei passeggeri trasportati via mare e per vie navigabili interne, sul quale Reale, *I diritti dell'accompagnatore di passeggero con disabilità nel trasporto marittimo e per vie navigabili interne nel reg. (UE) n. 1177/2010,* in_*Diritto dei trasporti* 2017, p.709 ss.; Erba, *Le barriere infrastrutturali nel trasporto marittimo come ostacolo all'effettività della tutela del passeggero a mobilità ridotta,* in *Rivista del diritto della navigazione*, 2017, p. 861 ss.; Reg. (UE) n. 181/2011 del 16 febbraio 2011 per il trasporto effettuato con autobus, sul quale Capello, *La tutela dei passeggeri di autobus a cinque anni dall'entrata in vigore del reg. (ue) n. 181/2011*, in *Diritto dei trasporti*, 2018, p. 413 ss.

[15] Sui problemi che si sono riscontrati in concreto per l'individuazione della categoria delle persone con mobilità ridotta si veda la Relazione della Commissione sul funzionamento e gli effetti del regolamento n. 1107/2006 dell'11 aprile 2011, COM(2011) 166 def.

Secondo la normativa comunitaria, a tutte le persone disabili e a mobilità ridotta è assicurata la possibilità di stipulare un contratto di trasporto senza discriminazioni[16] dovute alla propria condizione, l'accessibilità ai veicoli e alle stazioni, ai terminali marittimi e agli aeroporti, le informazioni sul servizio e il trattamento dei passeggeri con bisogni particolari, il diritto di assistenza finalizzato all'utilizzazione del trasporto e il risarcimento in caso di perdita o danneggiamento delle attrezzature per la mobilità.

Gli obblighi di informazione, di assistenza e di accessibilità non incidono solo sul vettore ma sono condivisi con i gestori delle infrastrutture ferroviarie, marittime[17], terrestri e aeree, ciascuno per la propria competenza. Al gestore è inoltre espressamente attribuito il dovere di risarcire il passeggero per i danni agli equipaggiamenti che il disabile utilizza per muoversi, quali sedie a rotelle o altri ausili alla mobilità[18].

---

[16] Di Lella , *Dignità della persona disabile e rimedi contro le discriminazioni. il diritto di accedere ai mezzi del trasporto pubblico,* in *Il foro napoletano – nuova serie*, 2016, p. 172.

[17] L'art. 10 della traduzione italiana del Reg. 1177/2010 assegna l'obbligo di assistenza ai vettori e agli operatori turistici. Le versioni inglese e francese menzionano, forse più correttamente, l'operatore del terminal portuale.

[18] Secondo il Reg. n. 1371/2007, capo V, il gestore delle stazioni ferroviarie, insieme al vettore, stabilisce norme di accesso non discriminatorie ai servizi ferroviari, garantisce l'accessibilità delle stazioni e delle banchine e, nelle stazioni dotate di personale, fornisce gratuitamente l'assistenza per la salita e la discesa dal treno o si accerta che siano disponibili le informazioni circa la più vicina stazione dotata di personale. Per il trasporto marittimo il capo II del Reg. n. 1177/2010 dispone che il gestore del terminale stabilisca condizioni di accesso non discriminatorie per le persone con mobilità ridotta e i loro accompagnatori e renda disponibili le relative informazioni in formato accessibile. Gli operatori dei terminali forniscono gratuitamente l'assistenza nei porti affinchè i disabili e le persone a mobilità ridotta possano comunicare l'arrivo in porto, svolgere le formalità di imbarco, recarsi a bordo e sbarcare con i loro bagagli, gestire l'attrezzatura per la mobilità e, qualora questa sia danneggiata, ottenere la sostituzione o il risarcimento dei danni. Il gestore è responsabile dei danni secondo i principi della responsabilità per colpa (art. 15). Il gestore del terminale deve altresì stabilire delle regole di qualità per l'assistenza alle persone disabili, e provvedere a che il proprio personale sia formato in modo adeguato. Secondo il capo III del Reg. n. 181/2011 per il trasporto attraverso autobus, i gestori delle stazioni devono stabilire e rendere pubbliche le condizioni di accesso non discriminatorie al trasporto e prestare gratuitamente l'assistenza necessaria nelle stazioni designate dagli Stati membri con la collaborazione di personale adeguatamente formato. I gestori sono responsabili per la perdita e i danni alle attrezzature personali per la mobilità in misura pari al danno subito per la riparazione o la sostituzione.

L'articolata opera del legislatore comunitario evidenzia la funzione sociale del trasporto e concorre a realizzare una mobilità indiscriminata e accessibile. Sul piano giuridico questo risultato si ottiene attraverso l'estensione o la specificazione degli obblighi accessori del vettore nel corso delle operazioni di imbarco e sbarco, così che il contenuto del contratto risulta arricchito da prestazioni che nel trasferimento delle persone normodotate sono assenti o, in buona parte, costituiscono oneri di cooperazione del passeggero nell'adempimento del trasporto.

I regolamenti si caratterizzano tuttavia anche perchè attribuiscono direttamente ai titolari delle strutture compiti di cura e assistenza delle persone disabili e con mobilità ridotta finalizzati a rendere possibile l'uso dei veicoli e fruibile il trasporto.

In parte si tratta dell'esecuzione di attività a cui è diretto l'esercizio della stazione ferroviaria, della stazione degli autobus, dell'aeroporto o del terminale marittimo, ma alcune delle prestazioni di assistenza che vengono assegnate al gestore si verificano durante le operazioni di imbarco e sbarco dei passeggeri. La legge in questo caso dispone che le responsabilità del vettore e del gestore siano distribuite secondo le rispettive funzioni, ma, in alcune situazioni, la contiguità con l'adempimento del contratto di trasporto delle attività svolte dall'esercente rende incerta la ripartizione accennata.

3. Disabilità e trasporto aereo

La pretesa di distinguere le reponsabilità per il trattamento dei disabili in funzione delle diverse attività dell'esercente delle strutture e del vettore non è del tutto soddisfacente, perché in alcune modalità di trasporto, segnatamente in quello aereo, esigenze di organizzazione e di sicurezza rendono assai intensamente compenetrati i servizi resi dall'ente di gestione dell'aeroporto e del gestore.

In attuazione dei principi della Convenzione sui diritti delle persone con disabilità, L'ICAO ha diffuso nel 2013 il *Manual on access to air transport by persons with disabilities* ([19]), che stabilisce le linee guida da osservarsi per venire incontro ai bisogni delle persone disabili nel trasporto aereo, considerando che l'accessibilità al trasporto, la libertà di mobilità e la libertà di scelta sono strumentali alla inclusione sociale delle persone disabili.

[19] ICAO, Doc. 9984.

Nella nozione di persona disabile, sulla scorta della Convenzione, resta confermato il rilievo dell'età o di ogni altra condizione, anche transitoria, per la quale sia necessario una speciale attenzione o l'adattamento di un servizio reso a tutti i passeggeri.

In generale il *Manual* stabilisce che tutte le procedure di viaggio, inclusi la prenotazione e il check-in, le operazioni di sicurezza, di immigrazione e doganali, l'imbarco e lo sbarco, e il trasporto propriamente detto, debbano essere adattate ai bisogni delle persone disabili (art. 1.1), in modo da garantire l'esecuzione del trasferimento senza interruzioni e ostacoli (art. 1.4). Il vettore contrattuale ha il compito di assicurarsi che il servizio sia reso anche dal vettore effettivo. Gli operatori dell'aeroporto e i vettori si consultano con le associazioni dei disabili per lo sviluppo di servizi e di programmi di formazione, nonché sulla progettazione di strutture e installazione di attrezzature, affinchè le persone disabili abbiano accesso al trasporto in condizioni di uguaglianza.

I principi generali prevedono il divieto di rifiutare il trasporto, eccetto che per ragioni di sicurezza e l'obbligo di fornire assistenza gratuita. In adeguamento alle linee guida, gli aeroporti e i vettori devono informare le persone disabili sulla accessibilità e disponibilità dei servizi che rendono possibile il viaggio. Queste informazioni riguardano gli orari di operatività, i luoghi di raccolta e di parcheggio, la disponibilità di sedie a rotelle, le aree di assistenza per gli animali da accompagnamento, i trasporti terrestri e la possibilità di comunicare la presenza del disabile in aeroporto in partenza e in arrivo. Le informazioni devono essere rese in formato accessibile ai viaggiatori con problemi cognitivi e sensoriali. Nella fase di prenotazione e acquisto del biglietto occorre che il vettore si assicuri di sapere se il passeggero abbia bisogno di assistenza e se gli equipaggiamenti per la mobilità siano trasportabili.

La persona con disabilità deve comunicare le proprie esigenze in anticipo, anche se la mancata comunicazione non esclude che il gestore e il vettore debbano fornire l'assistenza per quanto possibile. Può essere richiesto che la persona disabile viaggi con un accompagnatore. Il vettore dovrebbe riservare dei posti speciali, adatti al trasporto dei disabili ed eventualmente degli animali da accompagnamento.

Il capitolo 4 dispone che in aeroporto i vettori e i gestori si debbano preoccupare che l'assistenza sia puntuale rispetto agli orari del volo, sia fornita cooperazione per l'uso delle strutture, sia disponibile un banco per le informazioni e il check-in sia accessibile e sia prestato aiuto per la consegna e il recupero dei bagagli. Devono altresì essere fornite sedie a rotelle per i transiti interni all'aeroporto. Il personale dell'aeroporto e del vettore deve essere appositamente formato per gestire la disabilità dei passeggeri (capitolo 2).

Una speciale considerazione è attribuita dal capitolo 5 alle infrastrutture aeroportuali, per le quali i gestori, nelle fasi di progettazione o ristrutturazione degli aeroporti, dovrebbero prevedere le esigenze dei viaggiatori disabili, rendendo possibili i transiti in tutte le aree aeroportuali, compresi gli esercizi commerciali e assicurando la comunicazione di informazioni tramite segnalazioni dedicate. Secondo il capitolo 6 i controlli di sicurezza devono essere eseguiti in modo da salvaguardare la dignità della persona.

Il capitolo 7 concerne l'assistenza nelle fasi di imbarco e sbarco dall'aeromobile. In queste operazioni il gestore o il vettore devono, attraverso personale appositamente formato, ricevere il disabile dall'arrivo in aeroporto fino al momento in cui siede nell'aerombile, e fino al termine del trasporto, compresa la cura del bagaglio e degli equipaggiamenti personali per la mobilità.

A bordo (capitolo 8) il vettore, se possibile e se la sicurezza del volo non lo impedisce, deve permettere che siano caricate come bagagli aggiuntivi le sedie a rotelle e altre aiuti per la mobilità. Egli dovrebbe altresì predisporre sedili dedicati e spazi per gli animali da accompagnamento. Il capitolo 10 prevede che in caso di perdita o avaria degli ausili alla mobilità, il vettore o l'operatore debbano rimpiazzarli temporaneamente. La riparazione o il risarcimento del valore sono a carico del vettore secondo le Convenzioni, ma si richiede che i vettori procedano volontariamente a risarcire l'intero valore. Gli operatori o i vettori devono altresì garantire il trasporto all'interno della struttura, o tra diversi aeroporti dello stesso sistema aeroportuale, se necessario.

Infine, i vettori e gli operatori devono apprestare un sistema di reclami sulla qualità del servizio che sia accessibile ai disabili.

Al contrario del *Manual* Icao, vincolante sotto il profilo normativo è il regolamento comunitario n. 1107/2006 del 5 luglio 2006, che ha stabilito le regole per i diritti dei passeggeri disabili e per le persone a mobilità ridotta nel trasporto aereo[20].

---

[20] Il regolamento si applica alle persone disabili che utilizzano i servizi aerei commerciali in partenza, transito o arrivo in un aeroporto di uno Stato membro, o ai passeggeri che partono da un aeroporto di uno Stato terzo e diretti a uno Stato membro,

Il regolamento applica il principio di non discriminazione stabilendo che i vettori non possono rifiutarsi di trasportare una persona a cagione della sua disabilità (art. 3), salvo i casi in cui l'imbarco possa essere escluso per ragioni di sicurezza stabilite dalla legge o dall'autorità che ha concesso la licenza di esercizio, o lo impediscano le caratteristiche dimensionali e tecniche dell'aeromobile (art. 4). La sicurezza del trasporto deve essere valutata in relazione ai possibili rischi per la navigazione aerea, determinata dalle condizioni del disabile o degli ausili alla mobilità, o ai pericoli che il trasporto può causare allo stesso viaggiatore.

La tutela dei passeggeri disabili è offerta in volo dal vettore, secondo le modalità di assistenza indicate nell'allegato I al regolamento, e in aeroporto dall'ente gestore, attraverso le specifiche attività dettagliate nell'allegato II[21].

Il gestore deve adottare le misure necessarie perchè i disabili e le persone a mobilità ridotta, eventualmente con l'aiuto di un accompagnatore, possano comunicare il loro arrivo e la richiesta di assistenza ai punti designati all'aeroporto, registrarsi e imbarcarsi col loro bagaglio, raggiungere il posto a sedere, sbarcare dall'aeromobile, ritirare il bagaglio e raggiungere il punto designato per l'assistenza nell'aeroporto di destinazione. I passeggeri devono essere assistiti anche durante le operazioni di transito e devono poter utilizzare i servizi igienici. Il gestore deve dare informazioni in formato accessibile e offrire assistenza pr i cani da accompagnamento. È imposta la gestione delle attrezzature per la mobilità e la sostituzione temporanea delle sedie a rotelle o altre attrezzature per la mobilità danneggiate o perdute. L'assistenza deve sempre essere commisurata al tipo di inabilità o incapacità. In questo contesto si colloca l'obbligo di formazione del personale, che essere istruito sull'uguaglianza delle persone e deve poter soddifare i bisogni causati dalla disabilità.

Il regolamento, differenza del *Manual* dell'ICAO, dispone obblighi a carico del gestore aeroportuale e, almeno in apparenza, li distingue con chiarezza dai doveri di assistenza del vettore aereo. Quando una persona con disabiltà o a mobilità ridotta si presenta in aeroporto, spetta al gestore fornire l'assistenza perché possa prendere il volo, a condizione che le richieste per le esigenze particolari siano state regolarmente notificate 48 ore prima

---

se il volo è effettuato da un vettore comunitario, limitatamente al divieto di rifiutare il trasporto e ai doveri di assistenza a bordo (art. 1).

[21] La Commissione Europea, col documento SWD 2012 171 final dell'11 giugno 2012, ha pubblicato gli orientamenti interpretativi sull'applicazione del regolamento.

al vettore, a un suo agente o all'operatore turistico. In caso di mancata notifica è obbligo del gestore fare ogni sforzo ragionevole perché il disabile che si presenta in aeroporto possa comunque effettuare il viaggio.

Si tratta di una novità anche per la normativa comunitaria, perché nel regolamento n. 261/2004 i doveri di assistenza in caso di negato imbarco, cancellazione del volo e ritardo prolungato alla partenza, anche quando riguardano le persone disabili e a mobilità ridotta, sono concentrati sul vettore. L'attribuzione di questi compiti all'ente di gestione può essere motivata da ragioni organizzative, essendo il soggetto che più facilmente è in grado di controllare imprese e strumenti attraverso i quali viene resa l'assistenza. Lo stessa soluzione, del resto, è prevista nei regolamenti comunitari che riguardano il trasporto delle persone con disabilità nelle altre modalità di trasporto. La finalità organizzativa emerge con più evidenza se si considera che il regolamento comunitario, istituendo un servizio obbligatorio a carico del soggetto titolare delle funzioni di amministrazione controllo e gestione della struttura, ottiene che questo tipo di assistenza venga sempre prestata, rendendo irrilevanti le eventuali carenze del vettore[22].

4. Le responsabilità del gestore aeroportuale per le attività di assistenza ai disabili e alle persone con mobilità ridotta

Ravvisato il fine essenzialmente pratico nell'imputazione in capo alla gestione aeroportuale dei doveri di assistenza ai disabili operata dal legislatore perchè questi possano fruire di un viaggio in aereomobile senza limitazioni, è da domandarsi se l'assetto stabilito dal regolamento comunitario

---

[22] Anche la figura dell'ente gestore può essere incerta negli Stati membri nei quali la legge distribuisce tra vari enti l'amministrazione dello stesso aeroporto. Per la definizione dell'art. 2, lettera f, del regolamento 1107/2006 il gestore è l'ente incaricato, secondo la normativa nazionale, di amministrare e gestire le infrastrutture e coordinare e controllare le attività dei diversi operatori presenti in aeroporto (nello stesso senso la Direttiva 96/67/CE del 15 ottobre 1996, art. 2, lett. c). Nella varietà delle formule di gestione lo svolgimento delle attività dovrà prevalere sull'amministrazione delle strutture e dei beni dell'aeroporto alla quale corrisponde una funzione pubblica, cosicchè l'obbligo non debba incidere sulll'ente che non svolge attività economica. Per Corte Giust. 24 ottobre 2002, c. 82/01 (in *Diritto dei trasporti* 2003, p. 895 ss., con nota di Tranchida, *La qualificabilità dell'ente di gestione aeroportuale come impresa ai fini dell'applicazione delle norme comunitarie a tutela della concorrenza*), l'ente pubblico che, oltre a svolgere funzioni di polizia, compie attività di gestione e di esercizio dell'aeroporto, svolge attività economica.

incida sulla disciplina della responsabilità così come queste è stabilita dalle regole sul trasporto aereo.

Intorno alla ripartizione dei compiti in materia di assistenza ai disabili e delle relative responsabilità il paragrafo 1.9 del *Manual* ICAO si esprime in termini neutrali, limitandosi ad affermare che gli ordinamenti di alcuni Stati li assegnano alla gestione dell'aeroporto, mentre altri indicano i vettori come titolari del servizio.

Il regolamento n. 1107/2006 (art. 7, commi 1 e 6) stabilisce che quando la persona disabile o con mobilità ridotta si presenta alla partenza o arriva in un aeroporto al quale si applica la disciplina comunitaria, e soddisfa i requisiti[23] previsti per i servizi ai quali ha diritto, spetta al gestore garantire la prestazione di assistenza. Al contrario, e ragionevolmente, l'assistenza durante il volo, illustrata in dettaglio nell'allegato II, è posta a carico del vettore dall'art. 10.

Il principio è ribadito dal primo comma dell'art. 8, dove si aggiunge che l'assistenza deve essere fornita senza oneri aggiuntivi nei confronti del passeggero e può essere erogata dall'aeroporto anche attraverso la stipulazione di contratti con prestatori terzi, quali evidentemente gli operatori aeroportuali di *handling*, o con modalità che coinvolgano gli stessi vettori, che sono pure autorizzati ad operare in autoassistenza[24].

Per i servizi svolti a favore dei disabili o delle persone con mobilità ridotta il gestore può pretendere un corrispettivo proporzionale ai passeggeri trasportati dai vettori aerei, che, secondo il regolamento, deve essere non discriminatorio, ragionevole e commisurato ai costi effettivi. Il prezzo delle prestazioni di assistenza è stabilito d'intesa col comitato degli utenti dell'aeroporto e deve essere contabilizzato separatamente dagli altri proventi del gestore[25].

---

[23] La fornitura dei servizi di assistenza presume una stretta collaborazione col vettore, un suo agente, o un operatore turistico, che, ex art. 7, sono i destinatari della richiesta del disabile.

[24] Ai sensi dell'art. 9, possono essere concordati servizi aggiuntivi o di una qualità superiore a quella standard stabilita con il comitato degli utenti dell'aeroporto e le associazioni dei passeggeri disabili, salvo il pagamento di un maggiore corrispettivo. In generale, secondo l'ultimo comma dell'art. 8, l'assistenza deve essere commisurata, per quanto possibile, alle specifiche esigenze del disabile.

[25] La disposizione riprende i principi sviluppati dalla Direttiva n. 96/67/CE del 15 ottobre 1996 per quanto riguarda la tutela della concorrenza e il rapporto tra gestori aeroportuali e utenti della struttura.

Benchè la rubrica dell'art. 8 dichiari di avere per oggetto la ripartizione delle responsabilità, oltre che delle competenze, tra vettore e ente di gestione dell'aeroporto, la formulazione della norma non pare sufficiente a realizzare questa finalità, e occorre far luogo a una più approfondita indagine.

Si può per prima cosa osservare che alcuni obblighi, descritti dal regolamento, ed estranei alla descrizione delle attività dei due allegati, quali, per esempio, quelli relativi alla designazione dei punti di raccolta all'interno e all'esterno degli aeroporti (art. 5), alla diffusione delle informazioni sull'assistenza e alla formazione del personale (art. 11), appaiono senza dubbio di titolarità esclusiva del gestore, perchè non si distinguono dalle ordinarie attività di organizzazione e di amministrazione della struttura preposta alla partenza e all'arrivo degli aeromobili e al trattamento dei passeggeri. Il corrispettivo per questi servizi deve ritenersi complessivamente ricompreso nei diritti per l'utilizzo dell'aeroporto e l'eventuale responsabilità per l'inadempimento di un dovere posto dalla legge si dovrà misurare secondo i canoni della responsabilità extracontrattuale o di quella amministrativa. Nel primo caso si potrà valutare se il comportamento carente o inesatto abbia inciso sulle posizioni soggettive del disabile, creando disagio o impedendo l'esecuzione del viaggio, mentre nel secondo l'autorità amministrativa potrà valutare il rispetto della carta dei servizi e dei piani operativi dell'aeroporto[26].

Per gli obblighi specifici di assistenza menzionati dall'art. 7 e individuati nella lista dell'allegato I al regolamento, il discorso deve essere maggiormente articolato. In sostanza l'Allegato I prevede, oltre alle misure per l'accoglienza nei punti designati e l'accesso al banco dell'accettazione, che il passeggero disabile sia assistito in tutte le necessità fisiche e le formalità documentali, insieme al suo bagaglio e alle attrezzature per la disabilità, fino a quando non sia seduto a bordo e che, all'arrivo, riceva assistenza dal posto a sedere in aereo fino al punto designato, compresi eventuali spostamenti in aeroporti di transito e il ritiro dei bagagli.

Per alcune attività può essere richiamato quanto detto a proposito delle funzioni generali dell'aeroporto, ma per altre occorre osservare che esse consistono propriamente nelle operazioni di imbarco e sbarco del

---

[26] Per questi profili CAMARDA, *La responsabilità*, cit., p. 763; BELÉN GARCIA ALVAREZ, *La incidencia de la prevision de la normas de calidad en la responsabilidad del operador de handling y del gestor aeroportuario – l'incidenza della previsione di standard di qualità nella responsabilità del gestore aeroportuale*, in *Diritto dei trasporti,* 2014, p. 57 ss.

passeggero[27], che la legge pone come inizio e termine dell'ambito temporale della responsabilità del vettore aereo[28].

È allora utile concentrare l'attenzione su queste ipotesi di contatto tra aeroporto e vettore, perché l'imputazione soggettiva del dovere di assistenza del viaggiatore disabile nel momento in cui utilizza le strutture aeroportuali non è indifferente tanto per ciò che riguarda l'adempimento della prestazione quanto per ciò che riguarda la sua eventuale frustrazione.

Il punto è che la distinzione tra assistenza a bordo e assistenza in aeroporto sembra in contrasto con le regole del trasporto aereo di persone.

Secondo la disciplina della Convenzione di Montreal del 1999, il vettore è responsabile se il passeggero subisce un danno durante le attività di imbarco e sbarco dall'aeromobile, e se queste attività sono affidate, come è frequente, ad un operatore di assistenza a terra, il vettore risponde per il fatto del proprio ausiliario nell'adempimento del contratto, salvo rivalersi nei confronti dell'autore dell'illecito per quanto abbia risarcito al danneggiato.

Se il gestore aeroportuale svolge le operazioni di imbarco e sbarco agisce come preposto del trasporto e risponde dei danni unicamente nei confronti del vettore, se questi, dopo essere stato costretto a risarcire il danno, potrà agire in via di rivalsa[29]. È appena il caso di osservare che l'obbligo

---

[27] In sostanza l'Allegato I al reg. (CE) n. 1107/2006 prevede, oltre alle misure per consentire l'accoglienza nei punti designati e recarsi al banco dell'accettazione, che il passeggero disabile sia assistito in tutte le formalità fisiche e documentali, col suo bagaglio e le attrezzature per la disabilità, fino a quando non sia seduto a bordo e, all'arrivo, dal posto a sedere fino al punto punto designato, compresi eventuali spostamenti in aeroporti di transito e il ritiro dei bagagli.

[28] Art. 17.1 della Convenzione di Montreal del 1999: *The carrier is liable for damage sustained in case of death or bodily injury of a passenger upon condition only that the accident which caused the death or injury took place on board the aircraft or in the course of any of the operations of embarking or disembarking.*

[29] Non è escluso che il passeggero possa utilizzare lo strumento dell'azione extracontrattuale nei confronti del gestore aeroportuale. In questo secondo caso, tuttavia, l'ente di gestione, secondo l'art. 30 della Convenzione di Montreal, potrà opporre al danneggiato le stesse eccezioni e limiti che avrebbe potuto opporre il vettore. Su questi temi si veda Comenale Pinto, *La nozione di servants or agents*, in *La nuova disciplina del trasporto aereo: Commentario della Convenzione di Montreal del 28 maggio 1999* (a cura di Tullio), Napoli, 2006, 70 ss. Piras, *Gli ausiliari del trasporto marittimo e aereo*, Cagliari, 2005, 40 ss. Recentemente nella giurisprudenza italiana la qualifica di preposto del vettore dell'impresa di *handling* è stata affermata, contro un precedente orientamento, da *Cass.*, sez. un., 20 settembre 2017 n. 21850, in Diritto dei trasporti 2018, p. 175 ss.con nota di Piras, *La Cassazione pone termine (forse) alle controversie sulla responsabilità delle imprese aeroportuali di handling*. Sul punto anche ord. Cass. 19 febbraio 2016, n. 3361, in

normativo non esclude il sorgere di un rapporto di preposizione, che sorge attraverso la stipulazione di un contratto che ha per oggetto l'assistenza al disabile, come attesta del resto la presenza di un corrispettivo dovuto al gestore aeroportuale per la prestazione dell'assistenza.

Valorizzare la formulazione della rubrica dell'art. 8 e ritenere che il gestore assuma la responsabilità per i danni durante l'assistenza alla persona disabile o a mobilità ridotta richiede un diverso tipo di ricostruzione della fattispecie. Si deve cioè ammettere che gli obblighi del vettore sorgano e vengano meno quando il passeggero disabile abbia raggiunto o lasci il suo posto per mezzo della collaborazione del personale incaricato dall'ente di gestione aerportuale. Il gestore sarebbe allora responsabile in via diretta dei danni provocati durante le operazioni di imbarco e sbarco, con la conseguenza che non si applicherebbero le norme speciali del contratto di trasporto previste dalla Convenzione di Montreal, ma le regole generali della responsabilità extracontrattuale.

Questa interpretazione non può tuttavia essere accolta, perché la Convenzione attribuisce inderogabilmente al vettore la responsabilità per le operazioni di imbarco e sbarco.

È pur vero che l'art. 17 della Convenzione lascia l'identificazione, e soprattutto l'estensione, delle attività di imbarco e sbarco all'opera dell'interprete e che dubbi sono sorti proprio in relazione alla delimitazione concreta dell'ambito temporale del trasporto, con riferimento particolare a quelle situazioni in cui il passeggero non appare essere sotto il controllo del vettore, quali per esempio la fase dell'ingresso in aeroporto, la fila al check-in e più in genere la sosta e il transito nell'area comune a tutte le persone che frequentano la struttura.

La questione si confonde con quella relativa all'identificazione del momento in cui sorge per il vettore l'obbligo di protezione del passeggero, stabilito dalla legge in modo sintetico con la menzione delle operazioni di imbarco e sbarco, e che alla opinione maggioritaria è parso opportuno identificare, all'inizio, nell'istante in cui viene ritirata la carta d'imbarco, e al termine, quando il passeggero rientra nell'area aeroportuale dopo la discesa dall'aeromobile[30]. Questa delimitazione si fonda su un almeno potenziale

---

Rivista del diritto della navigazione, 2016, p. 342 ss., con nota di GIGLIOTTI, *L'operatore di «handling» è un ausiliario del vettore: anche la Cassazione (finalmente) se ne avvede.*

[30] In questo senso LEFEBVRE-PESCATORE-TULLIO, *Manuale di diritto della navigazione*, XV ed., Milano, 2019, p. 479; Sulle differenti soluzioni della dottrina e della giurisprudenza

esercizio del controllo del vettore sulle operazioni accessorie al trasporto in modo che possano effettivamente essere apprestate misure di tutela del passeggero[31].

In questa logica, la fonte normativa comunitaria può, al contrario, costituire un valido supporto interpretativo per affermare che l'obbligo di protezione del vettore si debba estendere a tutte le attività di assistenza illustrate dall'Allegato I. L'obiettivo della tutela del passeggero disabile o a mobilità ridotta induce infatti a ritenere ampliato il dovere di protezione, che, attribuendo rilievo alle istruzioni dell'Allegato, potrebbe ritenersi esigibile sin dalla presentazione di questi al punto di raccolta, per terminare poi al luogo designato nell'aeroporto d'arrivo. Si tratta di una indubbia estensione dei momenti iniziale e terminale della responsabilità del vettore rispetto all'interpretazione più diffusa, ma che potrebbe ragionevolmente ritenersi assecondata dalla esigenza di adeguare l'esecuzione del contratto alle necessità di garantire l'accesso e la sicurezza del trasporto a una categoria particolare di passeggeri[32].

Anche senza giungere a questo estremo, la menzione della responsabilità attribuita al gestore aeroportuale per le operazioni di imbarco e sbarco deve essere interpretata come sinonimo di assegnazione di doveri e competenze, e deve intendersi come obbligo di predisporre quanto, in termini di mezzi, personale e organizzazione, è funzionale alle attività di assistenza, mentre le regole del contratto di trasporto non devono ritenersi variate in seguito all'entrata in vigore della disciplina comunitaria[33].

---

si veda Mastrandrea, *L'ambito temporale della responsabilità del vettore per morte o lesione del passeggero*, in *La nuova disciplina del trasporto aereo. Commentario della Convenzione di Montreal del 28 maggio 1999*, a cura di Tullio, Napoli, 2006, p. 75 ss.; La Torre, *La responsabilità per le operazioni di imbarco e sbarco nel trasporto aereo di persone*, in *Trasporto aereo e tutela del passeggero nella prospettiva europea*, a cura di Masala e Rosafio, Milano, 2006, p. 160 ss.

[31] La Cassazione italiana del 25 settembre 2001 n. 12015, in *Diritto dei trasporti* 2002, p. 231, con nota di Badagliacca, *L'attività dell'interpista nel sistema di Varsavia*, ritiene che il trasporto interno all'aeroporto non rientri tra le operazioni di imbarco svolte dal vettore.

[32] Sul rilievo primario del dovere di protezione del passeggero si veda Mastrandrea, *L'obbligo di protezione nel trasporto aereo di persone*, Padova, 1994; per la particolare conformazione dell'obbligo di protezione nella prestazione di assistenza si veda Ancis, *Informazione e assistenza,* cit., p. 363 ss.

[33] È appena il caso di ricordare che sul piano pratico il disabile danneggiato trarrebbe il vantaggio di un regime di responsabilità assai favorevole per danni alla persona, in quanto, entro la soglia di 128.821 Diritti speciali di prelievo, il vettore non può dimostrare la propria assenza di colpevolezza. I limiti della Convenzione di Montreal sono stati aggiornati dal

Una diversa soluzione si scontrerebbe d'altronde con la disciplina della responsabilità del vettore, che è stabilita in modo inderogabile dalla Convenzione di Montreal. Anche estendere l'ambito della responsabilità oltre al periodo durante il qual è eseguito il trasporto sarebbe in contrasto con la Convenzione, che il regolamento comunitario non potrebbe derogare, ma, come detto, le operazioni di imbarco e sbarco costituiscono un concetto relativo alla concreta modalità di esplicazione del traffico passeggeri e nulla impedisce di ritenere che la persona disabile debba entrare in modo anticipato (ma coerente con la duttile nozione di imbarco e sbarco) nella sfera di tutela del vettore.

5. Le responsabilità dell'ente di gestione per i danni alle attrezzature per la mobilità e per l'assistenza

Risponde alle regole generali la responsabilità per la perdita o il danneggiamento delle attrezzature per la mobilità, delle sedie a rotelle o degli altri dispositivi di assistenza durante la gestione in aeroporto o a bordo degli aeromobili, che l'art. 12 del regolamento disciplina richiamando quanto stabilito dal diritto internazionale, dal diritto comunitario e dal diritto nazionale. La disposizione, in certo modo pleonastica, è motivata, pare, dall'impossibilità per il regolamento di incidere sulle condizioni e sui limiti imposti dalla Convenzione di Montreal del 1999 per il trasporto dei bagagli.

Si tratta dunque di imputare alternativamente la responsabilità al vettore aereo o all'ente di gestione secondo le rispettive competenze e l'ampiezza degli obblighi del trasporto.

Anche in questo caso si deve ritenere che il gestore abbia l'obbligo di predisporre il servizio relativo al trasporto degli ausili alla mobilità ma la sua posizione di obbligato diretto o di preposto del vettore varia in funzione della estensione che si vuole riconoscere alle operazioni accessorie al trasporto.

Gli equipaggiamenti che servono per la mobilità o che comunque sono utilizzati per l'assistenza sono da considerare come oggetti personali che il passeggero porta con sè, e quindi come bagagli, da distinguersi nella

28 gennaio 2019. Gli ammontari in DSP ed euro sono disponibili in *Diritto dei Trasporti* 2019, p. 1040, pubblicato online sul sito http://www.dirittodeitrasporti.it/rivistadigitale/Diritto%20Trasp%203%202019.pdf

tipologia del bagaglio a mano, se restano nella disponibilità del disabile e dei suoi accompagnatori, o del bagaglio consegnato, se vengono trasportati nella stiva dell'aeromobile o comunque sono sottratti alla disponibilità del viaggiatore. È da osservare che né il regolamento comunitario né la disciplina internazionale hanno raccolto l'indicazione del *Manual* ICAO (art. 8.1), che suggerisce che le attrezzature per la mobilità siano accolte a bordo o in stiva al di là delle prassi riguardanti il peso e il volume dei bagagli e senza corrispettivo (art. 8.1).

Il gestore dell'aeroporto deve compensare in via aquiliana i danni causati nel trattamento degli equipaggiamenti per la mobilità e l'assistenza ma, se li riceve in custodia in esecuzione del trasporto, si deve ritenere che operi per conto del vettore e non sarà responsabile che in via di rivalsa verso quest'ultimo quando abbia risarcito un danno causato durante la fase di imbarco o sbarco delle attrezzature. Risponderà anche verso il passeggero, se questi avrà deciso di procedere con l'azione extracontrattuale, ma nei limiti e alle condizioni della responsabilità del contratto di trasporto, secondo l'art. 30 della Convenzione di Montreal[34].

Se l'equipaggiamento per la mobilità e l'assistenza viaggia col passeggero in cabina, la custodia sarà affidata al disabile o ad un suo accompagnatore e, in caso di danni, si applicherà la disciplina del trasporto del bagaglio a mano, che per la perdita, l'avaria e il ritardo imputa la responsabilità al vettore secondo i principi della colpa e con i limiti previsti dall'ordinamento. Il gestore che procede alle operazioni di caricazione e scaricazione dall'aeromobile, se responsabile, dovrà indennizzare il vettore che abbia risarcito il danno, o il passeggero, se questi avrà esperito l'azione extracontrattuale nei suoi confronti[35].

Quanto alla misura del risarcimento, l'inderogabilità della Convenzione di Montreal impedisce al regolamento di fare proprio il suggerimento del *Manual* ICAO, che raccomanda l'indennizzo integrale delle attrezzature per la mobilità e l'assistenza[36]. La Convenzione però permette che attraverso la

---

[34] Il vettore risponde dei danni ai bagagli quando l'evento si è prodotto a bordo o in altro luogo sotto la sua custodia (art. 17.2), nel limite di 1288 DSP.

[35] Sulla responsabilità del gestore aeroportuale per i danni ai beni del passeggero Vernizzi, *Il trasporto aereo di bagagli: ulteriori profili di responsabilità*, in *Resp. Civ. prev.*, 2009, p. 2620 ss.

[36] Il regolamento (CE) n. 392/2009, art. 4, e il regolamento (UE) n. 181/2011, art. 17, dispongono che il risarcimento corrisponda al valore della sostituzione o della riparazione degli ausili alla mobilità danneggiati. Per il regolamento (CE) n. 1371/2007, art. 25, il risarcimento non incontra limiti finanziari.

dichiarazione speciale di interesse alla riconsegna prevista dall'art. 22.2. si possa ottenere una somma pari al valore dei beni danneggiati.

A carico del gestore sorge l'obbligo di porre a temporanea disposizione del disabile attrezzature per la mobilità in sostituzione di quelle smarrite o danneggiate. Più utile, probabilmente, e certamente più dettagliato era stato il *Manual* ICAO, che, oltre all'intervento volto a soddisfare l'immediato bisogno, dispone, anche a carico del vettore, ulteriori oneri volti a procurare la riparazione degli equipaggiamenti danneggiati (Chapter 10). Tanto nel caso del regolamento quanto nel caso del *Manual* il dovere del gestore si qualifica come risarcimento del danno in forma specifica o, meglio, se si considera che l'obbligo sussiste anche in assenza di responsabilità, e che l'attività del gestore è accessoria all'esecuzione del contratto di trasporto, di un'altra modalità di assistenza come specificazione degli obblighi di protezione del passeggero disabile.

VENDITA INTERNAZIONALE DI BENI E INCOTERMS® 2020: OSSERVAZIONI A MARGINE DELLA CLAUSOLA CIF

VALENTINA V. CUOCCI*
ALESSIA P. MANGIACOTTI*

1. L'evoluzione della prassi commerciale internazionale e le edizioni Incoterms®

Il commercio internazionale ha subito una notevole evoluzione dovuta soprattutto alla spinta data dal fenomeno della globalizzazione. Tale fenomeno è certamente il prodotto dell'intensificazione degli scambi e degli investimenti internazionali su scala mondiale che hanno portato, insieme ad un aumento del volume e della complessità del commercio globale, al fisiologico aumento delle incomprensioni tra *players* e di conseguenza all'au-

* Senza tradire la visione unitaria dello scritto si precisa che i paragrafi 1 e 1.1 sono stati scritti da Alessia P. Mangiacotti (Dottore in Giurisprudenza – Università di Foggia e LLM in Business and Company Law, Luiss – Roma); i paragrafi 2, 3, 4 e 5 sono stati scritti da Valentina V. Cuocci (Professore Associato di Diritto Privato Comparato – Università di Foggia).

mento delle relative controversie[1]. Basti pensare, come si vedrà nelle pagine che seguono, alle problematiche relative al trasferimento del rischio.

La soluzione che ha dato maggiori riscontri positivi in relazione alla vendita internazionale di beni è stata l'opera di sistematizzazione e 'codificazione' delle fonti. Nell'attuale scenario, infatti, coesistono regole, prassi, clausole standard e contratti modello che assurgono a diritto autonomo sostituendosi agli ordinamenti statali[2] con la finalità di eliminare le difformità normative e le lacune proprie delle diverse prassi commerciali.

È esattamente in quest'ottica che si inserisce l'idea di sviluppare delle regole – tra cui appunto le Regole Incoterms® – capaci di uniformare e, nel contempo, semplificare la frammentarietà delle prassi preesistenti e superare la disomogeneità normativa.

Il grande successo delle Regole Incoterms® è, infatti, dovuto principalmente al metodo utilizzato per la loro creazione: tali regole non sono una promanazione di una qualche autorità statale ma un vero e proprio riconoscimento delle prassi utilizzate dagli operatori commerciali. Anche se gli Stati mal sopportavano l'intromissione di regole sovranazionali, per giunta provenienti da enti sostanzialmente privati, all'interno di una delle competenze – quella legislativa – prettamente riservate all'autonomia statale, il punto di forza del lavoro svolto da ICC è stato comprendere tale criticità e sfruttarla a proprio vantaggio trasformando la prassi in norma oggettiva[3]: qualsiasi tentativo di imporre *ex novo* al ceto mercantile delle norme in sostituzione dell'ormai consolidata prassi avrebbe influito negativamente sullo sviluppo del commercio internazionale. La capacità di trovare una soluzione valida a questo problema ha reso le Regole Incoterms® così importanti fino a renderle il punto focale dell'attività della ICC.

Come appena evidenziato, le Regole Incoterms® trovano origine nella prassi e dunque nei cosiddetti *trade terms*[4].

---

[1] ICC Publication No. 723IE, *Incoterms® 2020 by the International Chamber of Commerce*, Roma, 2019, 5.

[2] Si veda F. Bortolotti, *Diritto dei contratti internazionali*, Padova, 2009, 3.

[3] M. J. Bonell, *Le regole oggettive del commercio internazionale*, Milano, 1976, 162.

[4] La nascita dei *trade terms* si colloca a cavallo tra il XVIII e il XIX secolo: con l'intensificarsi degli scambi commerciali oltreoceano alcune categorie professionali iniziarono a predisporre una regolamentazione autonoma che rispondesse alle mutate esigenze del commercio internazionale. La necessità di semplificare l'attività negoziale ha condotto il ceto mercantile a servirsi di clausole e termini tipici – appunto i *trade terms* – i quali definivano gli obblighi delle parti relativi alle spese di trasporto. Tra i termini più risalenti CIF (Cost, Insurance and Freight) e FOB (Free on Board) sono stati sicuramente quelli maggiormente

L'idea di elaborare in modo dettagliato tali *trade terms* si deve alla Camera di Commercio Internazionale[5]. In particolare, durante il secondo congresso della International Chamber of Commerce tenutosi a Londra nel 1921, due dei padri fondatori di ICC, Étienne Clémentel e John H. Fahey[6], affermarono che lo studio dei *trade terms* fosse uno degli elementi chiave sui quali l'organizzazione avrebbe dovuto improntare il proprio cammino[7]. In quell'occasione si decise di creare una commissione *ad hoc*, la ICC Committee on Trade Terms, la quale venne incaricata di condurre uno studio comparato sul significato dei diversi *terms* utilizzati nei vari Paesi[8].

---

utilizzati dagli operatori commerciali; il primo caso inglese nel quale è menzionata la clausola FOB risale al 1812, in *Wackerbarth v Masson*, mentre si pensa che il termine CIF sia nato intorno al 1895. Sul punto vedi: D. M. SASSOON, *Trade Terms and Container Revolution*, in *J. Mar. L. &Com., vol. I, n. 1*, 1969, 73-74 e D. M. SASSOON, *The origin of FOB and CIF Terms and the Factors Influencing their Choice*, in *Journal of business law*, 1967, 32 e ss.

[5] La International Chamber of Commerce – la cui creazione viene discussa per la prima volta in occasione della Conferenza Internazionale del Commercio tenutasi ad Atlantic City tra il 20 e il 24 ottobre 1919 – nasce dall'idea di un gruppo di industriali, finanzieri e imprenditori inglesi, italiani, francesi, americani e belgi che si autodefinivano i Merchant of Peace; il loro scopo era quello di creare un'organizzazione che promuovesse la pace e la cooperazione al fine di favorire lo sviluppo del commercio e degli investimenti a livello globale. Sul punto vedi: G. L. RIDGEWAY, *Merchants of Peace: The History of the International Chamber of Commerce*, Boston, 1959, 29 e ss. Va segnalato che la International Chamber of Commerce non è una vera e propria camera di commercio ma un'organizzazione registrata in Francia come persona giuridica senza fini di lucro che raggruppa diversi Comitati Nazionali (attualmente è presente in più di cento Paesi e rappresenta oltre 45 milioni di aziende) i quali partecipano all'attività di ICC esponendo le proprie considerazioni e necessità per condurre ICC a creare regole, modelli, clausole standard, *guidelines*, codici e *policy*.

[6] Étienne Clèmentel, già membro dell'Assemblea Nazionale Francese, Senatore e Ministro delle Finanze prima (giugno 1914, 1924-1925) e del Commercio poi (1915-1919), è stato il primo Presidente della International Chamber of Commerce ed il primo Presidente della International Court of Arbitration. John H. Fahey è stato il capo della Chamber of Commerce degli Stati Uniti e l'organizzatore del comitato che ha redatto la ICC Constitution. Tra i fondatori di ICC troviamo anche Alberto Pirelli, noto imprenditore italiano, membro dell'ICC Council e della International Finance Committee.

[7] ICC Publication No. 461, *Guide to Incoterms 1990*, Parigi, 1991, 12; Ramberg, presidente del Working Party sui *trade terms* e curatore della seconda Guida ICC sugli Incoterms®, sottolineava come già dal principio si fosse rivelata necessaria un'elaborazione più dettagliata delle clausole commerciali che tenesse conto delle diverse questioni (quali lo sdoganamento, l'import/export, le spese per la caricazione/scaricazione della merce e l'assicurazione contro il rischio di danni o perdite) inizialmente non considerate dai *trade terms*.

[8] È interessante notare che sia il Sale of Goods Act svedese del 1905 che quello norvegese del 1907 contenevano rispettivamente una sezione sull'interpretazione dei *trade terms*.

Il risultato di questo studio è stato funzionale alla creazione degli attuali termini di resa: secondo l'organizzazione, infatti, una definizione uniforme dei *trade terms* avrebbe incentivato lo sviluppo del commercio internazionale.

Il metodo di studio scelto dalla ICC non consisteva nel raggruppare pedissequamente tutti i *trade terms* esistenti ma piuttosto nel valutare quali fossero effettivamente i *terms* più utilizzati. La più grande difficoltà di tale studio risiedeva, dunque, nel comprendere e mettere insieme *trade terms* provenienti da tutto il mondo: infatti, sebbene alcuni *terms* venissero identificati dalla medesima sigla, accadeva spesso che, a seconda del luogo, questi presentassero caratteristiche diverse in quanto la prassi stessa si era sviluppata in modo differente da Paese a Paese o perfino da regione a regione.

Questo primo step, costituito dallo studio comparato dei *trade terms* più utilizzati, ha condotto alla più risalente pubblicazione ICC sui termini di resa, approvata e pubblicata da ICC nel 1923[9]: tale attività comparatistica era stata effettuata su un gruppo di sei *terms* – FOB, FAS, CIF e C & F, Free Delivered e Free Wagon– e limitata a tredici Paesi.

Sulla base di questo primo studio che aveva evidenziato numerose disparità interpretative[10] ne è stato fatto un secondo il cui campo d'azione era stato esteso però a trentatré Paesi. Tale studio è servito ad integrare il precedente – con l'introduzione della prima serie di *trade terms* tra cui EXW, Free Wagon, FAS, FOB, Free Delivered, C & F, CIF, Ex Ship – ed è stato pubblicato nel 1929 in diverse lingue sotto il titolo di "Regole Internazionali per l'interpretazione dei termini commerciali"[11].

Si veda: J. Ramberg, *The Law and Practice of International Commercial Contracts in the 2000s*, in *Scandinavian Studies in Law*, n. 39, 2000, 436; secondo Ramberg gli Incoterms® rappresentano un ritorno alla *lex mercatoria* la quale infatti può essere validamente utilizzata come fonte per la creazione di norme. Non si esclude, pertanto, la possibilità che lo studio fatto da ICC abbia tenuto conto di quanto precedentemente elaborato dai Paesi scandinavi.

[9] ICC Publication No. 43, Parigi, 1923.

[10] W. V. Jr. Roth, W. V. III Roth, *Incoterms: Facilitating Trade in the Asian Pacific*, in *University of Pennsylvania J Int'lEcon L.*, Vol. 18, N. 3, 1997, 733. Nell'articolo si evidenzia che diversi Paesi hanno interpretato in modo differente termini come FOB e CIF e, di conseguenza, l'esito del contenzioso relativo alla vendita internazionale di beni potrebbe variare tra le diverse giurisdizioni applicando significati diversi a termini commerciali apparentemente identici.

[11] ICC Publication No. 68, Parigi, 1929. L'elenco in italiano dei termini presenti nella pubblicazione (Franco Fabbrica, Franco Vagone, Franco Porto di imbarco, FAS, FOB, C &

Pertanto, sulla scorta dei primi due studi condotti dalla ICC Committee on Trade Terms, la International Chamber of Commerce decise di pubblicare nel 1936 la prima edizione delle Regole Incoterms®[12] (acronimo di International Commercial Terms), una raccolta delle più importanti prassi commerciali dell'epoca che includeva sia termini marittimi che termini utilizzabili per qualsiasi modo di trasporto[13]. Questa prima versione delle Regole Incoterms®, oltre a focalizzarsi sul commercio di materie prime e a contenere per la prima volta un termine, EXW (Ex Works), rappresentativo dell'obbligo minimo per il venditore[14], presentava alcuni problemi circa l'individuazione del punto di trasferimento del rischio: mentre nel termine FAS tale punto era situato a lato della nave, nel termine FOB questo corrispondeva al momento in cui le merci venivano messe a bordo della nave. In quest'ultimo caso, il punto critico era stato individuato nel momento in cui le merci avevano superato la murata della nave[15].

La successiva versione delle Regole Incoterms® venne pubblicata solo dopo la fine del secondo dopoguerra, nel 1953[16]. Ad essa seguirono diverse

F, CIF, Ex Ship, Franco Banchina, Reso Franco punto di destinazione, Nolo Pagato) viene riportato anche in: M. Favaro, Guida Ragionata agli Incoterms® 2010, Venezia, 2011, 17.

[12] Il simbolo del marchio registrato "®" è stato introdotto solo con l'edizione 2010 ma per comodità viene spesso utilizzato per indicare le edizioni precedenti o le Regole in generale.

[13] ICC presentò la ICC Brochure No. 92 durante il Congresso tenuto a Parigi nel 1935. Questa prima edizione venne pubblicata l'anno seguente ed era costituita dai seguenti termini: EXW (Ex Works), FOB (Free on Board)(US reference) – named point, Free – named port of shipment, FOB cars (US) – named point on seaboard, FAS (Free Alongside Ship), FOB, C & F (Cost and Freight) – named port of destination, CIF (Cost, Insurance and, Freight), Freight or Carriage Paid to – named port of destination, Free or Free Delivered – named port of destination, Ex Ship – named port. Sul punto vedi: P. Ndlovu, *Incoterms 2010: a consideration of certain implications of the Amendments to the Traditional Incoterms 2000*, in *Comp. Int. Law J. South. Afr.*, Vol. 44, N. 2, 2011, 208-209.

[14] La peculiarità del termine di resa EXW consiste nel fatto che tutti gli oneri e i rischi siano a carico del compratore poiché la merce si considera consegnata, mettendola a disposizione del compratore presso i locali commerciali del venditore, prima ancora che avvenga il trasporto principale.

[15] La cd. *ship's rail* ha creato non pochi problemi pertanto, come si vedrà più avanti, con l'edizione 2010 è stato deciso di trasferire il punto critico dalla murata della nave a "*on board*".

[16] Data la poca simmetria con la prassi anglo-americana si rese necessaria una seconda edizione delle Regole la quale, visto l'imperversare della Seconda Guerra Mondiale, tardò ad arrivare: infatti fu solo nel 1953, grazie alla ripresa economica e alla rinnovata apertura dei traffici commerciali, che debuttarono i nuovi *terms*. Il testo, contenuto nella

edizioni che hanno apportato nel tempo numerose modifiche sia al numero di termini sia alla portata della loro interpretazione, assecondando l'evolvere delle prassi commerciali e inglobando le innovazioni nel campo dei trasporti e della logistica.

Nella terza edizione delle Regole, risalente al 1967, vennero introdotti termini prima inesistenti come DAF (Delivered at Frontier) e DDP (Delivered Duty Paid). In questo caso le Regole Incoterms® non si erano limitate a codificare la prassi preesistente, ma stavano iniziando a introdurre nuovi standard[17].

Sebbene per ICC quella di adottare *terms* completamente svincolati dalla prassi non sia stata una pratica frequente, nel 1976 con l'introduzione del termine FOB Airport (Free on Board Airport) ci si è trovati di fronte ad una regola elaborata in maniera artificiale. Il nuovo termine, specifico per il trasporto aereo, mirava a dissipare la confusione sull'utilizzo della tradizionale regola FOB: questa, nata originariamente per il solo trasporto marittimo, veniva infatti impropriamente utilizzata dagli operatori anche per il trasporto aereo. Malgrado la possibilità di utilizzare ancora oggi tale regola, richiamando nel contratto le edizioni Incoterms® in cui essa è

ICC Brochure No. 166, fu approvato all'unanimità durante il Congresso tenutosi a Vienna nel 1953. In quell'occasione si decise per la prima volta di aggiungere il numero dell'anno di revisione all'edizione delle Regole Incoterms® così da evitare confusione nell'applicazione dei termini. A tal proposito va infatti evidenziato che l'entrata in vigore di una nuova versione degli Incoterms® non abroga le edizioni precedenti: è dunque possibile che le parti decidano liberamente di utilizzare un'edizione che non è aggiornata; per questo motivo è bene che le parti indichino con esattezza l'edizione che desiderano venga applicata al contratto (ciò anche al fine di evitare confusione tra due edizioni diverse in caso di contenzioso). L'edizione del 1953 comprendeva EXW, FOR (Free on Rail), FOT (Free on Truck), FAS, FOB, CIF, C & F, Freight and Carriage Paid to, Ex Ship ed Ex Quay. Sul punto vedi: C. J. Cheng, *Basic Documents on International Trade Law*, Leida, 1990, 37. Sebbene i termini rispondessero perfettamente alla forte impennata del traffico di merci (sia su strada che su rotaia), molti tentarono di esortare ICC ad imporre miglioramenti più invasivi volti a perfezionare la stessa prassi. La International Chamber of Commerce, pur non escludendo la possibilità di miglioramenti futuri, decise di continuare a seguire la propria idea di sviluppare un insieme di regole internazionali "concordate e ampiamente adottate" senza alcun tipo di imposizione, confidando nell'evoluzione della prassi verso ciò che gli è più conveniente. Si veda: ICC Publication No. 166, *Incoterms 1953*, Parigi, 1953, 6.

[17] J. Malfliet, *Incoterms 2010 and the mode of transport: how to choose the right term*, in *Management Challenges in the 21st Century: Transport and Logistics: Opportunity for Slovakia in the Era of Knowledge Economy*, Bratislava, 2011, 176.

presente[18], nel 1990 ICC decise di risolvere la questione mantenendo la sola regola FOB ed eliminando FOB Airport dal *set* di termini.

Una cosa interessante da notare è che a partire dalla quinta edizione – risalente al 1980[19] e contenente per la prima volta la regola FRC (Free Carrier)[20] – la pubblicazione delle Regole Incoterms® ha avuto cadenza sostanzialmente decennale.

Come abbiamo avuto modo di apprendere fin qui, ogni nuova edizione degli Incoterms® è il frutto dell'evoluzione della prassi commerciale, finanziaria, logistica e tecnologica ed è difficile pensare che tali prassi si modifichino esattamente ogni dieci anni. La velocità con cui la prassi si modifica è infatti dettata esclusivamente dalla velocità con cui evolve il commercio internazionale in base alle esigenze degli operatori ma soprattutto in base alle nuove tecniche. Dunque, mentre in passato la rapida evoluzione di questi elementi ha dato modo ad ICC di aggiornare le regole quando necessario e senza limiti temporalmente definiti, allo stato attuale non è necessario un aggiornamento continuo ma è sufficiente che tale aggiornamento avvenga in un arco di tempo non eccessivamente dilatato. Pertanto, la cadenza decennale, sebbene sia una mera coincidenza[21], appare un buon compromesso per

---

[18] La regola FOB Airport è presente sia dell'edizione del 1976 che in quella del 1980. Tuttavia, la International Chamber of Commerce avverte di prestare molta attenzione all'edizione utilizzata. Infatti, nonostante la possibilità di utilizzare l'edizione che più si confà ai bisogni degli operatori, è bene sottolineare che ICC ha sempre cercato di apportare modifiche volte a migliorare la fruibilità delle regole e a plasmarle in base alle reali esigenze del mercato e all'evoluzione della prassi circostante. Pertanto, ICC consiglia comunque di utilizzare le Regole Incoterms® nella loro ultima edizione.

[19] ICC Publication No. 350, *Incoterms 1980*, Parigi, 1980. La quinta edizione delle Regole Incoterms® venne pubblicata a pochissimi anni di distanza dalla precedente e dopo un procedimento di revisione iniziato già nel 1977. In quell'anno ICC affidò a Jan Ramberg, professore presso l'Università di Stoccolma, la successiva revisione che avrebbe avuto come fulcro le nuove tecniche di trasporto delle merci, la pratica comune dello scambio documentario ed il trasferimento elettronico dei documenti; sul punto ICC Doc. No. 460/234, 1978.

[20] L'intento di ICC era quello di rispondere prontamente alle mutate esigenze commerciali: la rapida affermazione dei *container* come sistema per la movimentazione delle merci aveva infatti reso obsolete alcune prassi adatte solo al trasporto da un porto all'altro. Venne perciò introdotta la regola FRC che, insieme ai nuovi processi di documentazione, serviva a favorire una agevole commercializzazione di quei beni che non si trovavano effettivamente su una nave o in stiva, ma in punti diversi del porto (come i container) e meglio aderiva alla nuova logistica e al sistema di trasporto multimodale. Oltre a FRC vennero aggiunti anche i termini CIP (Carriage and Insurance Paid to) e CPT (Carriage Paid to), simili ai termini CIF e CFR ma utilizzabili per il trasporto non marittimo.

[21] J. Ramberg, *Incoterms 2010*, in *Penn St. Int'l L. Rev.*, Vol. 29, No. 3, 2011, 415.

valutare al meglio gli effetti dell'edizione precedente sul commercio internazionale e procedere alle modifiche necessarie al fine di migliorare e adeguare le nuove regole all'evoluzione della prassi commerciale.

A dieci anni dall'edizione del 1980, ICC pubblica la sesta edizione delle Regole Incoterms®[22]. Questa nuova versione rappresenta una revisione completa che mira a riflettere le nuove pratiche del commercio internazionale, soprattutto prendendo in considerazione l'utilizzo del trasporto intermodale e dei messaggi elettronici. Già alla fine degli anni Ottanta il commercio elettronico stava iniziando a crescere a tal punto da rendere necessaria un'integrazione dei termini di resa circa le opzioni relative alla documentazione cartacea e al loro equivalente elettronico[23]. Uno dei principali motivi che ha condotto alle Regole Incoterms® 1990 è stato proprio l'utilizzo del sistema EDI (*Electronic Data Interchange*) il quale, secondo la ICC, avrebbe potuto in futuro sostituire la polizza di carico[24]. L'altra ragione che ha portato alla revisione è stata l'evoluzione delle tecniche di trasporto: il termine FRC dell'edizione 1980 veniva modificato in FCA (Free Carrier – luogo convenuto) e adattato a tutti i tipi di trasporto, compreso quello multimodale e quello marittimo[25]. Ciò ha portato alla conseguente soppressione dei termini relativi a particolari modi di trasporto, come FOR, FOT e FOB Airport. Con l'edizione del 1990, la ICC decise inoltre di raggruppare i termini sia in relazione alle diverse obbligazioni di venditore e compratore (sotto la lettera A erano elencate le obbligazioni del venditore, mentre sotto la lettera B quelle relative al compratore), sia in base al tipo di obbligazione: per i termini del gruppo E, il venditore mette la merce a disposizione del com-

[22] Nell'edizione Incoterms® del 1990 sono presenti i seguenti tredici termini: EXW (Ex Works), FCA (Free Carrier), CPT (Carriage Paid to), CIP (Carriage and Insurance Paid to), DAF (Delivered at Frontier), DDU (Delivered Duty Unpaid), DDP (Delivered Duty Paid), FAS (Free Alongside Ship), FOB (Free on Board), CFR (Cost and Freight), CIF (Cost, Insurance and Freight), DES (Delivered Ex Ship) e DEQ (Delivered Ex Quay).

[23] J. Ramberg, *Incoterms in the Era of Electronic Data Interchange*, Alphen aanden Rijn, 1990, 10 e ss.

[24] ICC Publication No. 460, *Incoterms 1990*, Roma, 1990, 30-31.

[25] Il termine di resa FCA può essere utilizzato ogni qualvolta il contratto preveda che venditore adempie la propria obbligazione rimettendo la merce ad un vettore designato dal compratore. ICC associa espressamente tale termine a qualsiasi modo di trasporto (multimodale, ferroviario e aereo) estendendo la sua applicabilità anche al trasporto marittimo nel caso in cui la merce non venga caricata in modo tradizionale sulla nave ma, ad esempio, attraverso l'uso di container. Nella sezione A 4 della regola FCA sono previste diverse modalità per perfezionare la consegna, una per ogni modo di trasporto elencato.

pratore presso i propri locali; nel gruppo F il venditore consegna la merce rimettendola al vettore scelto dal compratore; nel gruppo C il compratore ha l'obbligo di stipulare il contratto di trasporto senza però sopportare eventuali rischi di perdita o danni alla merce; infine, per i termini del gruppo D il venditore sopporta tutte le spese ed i rischi per il trasporto della merce fino a destinazione[26]. In quest'ultimo gruppo la ICC decise di inserire il termine DDU (Delivered Duty Unpaid – named place of destination) da utilizzare per lo più in quello che allora era il Mercato Comune Europeo.

La successiva edizione delle Regole Incoterms® venne pubblicata nel novembre del 1999 ed entrò in vigore il 1° gennaio 2000 dopo un procedimento di revisione durato circa due anni. Il testo che risultò da tale revisione non sembrava aver apportato cambiamenti: apparentemente l'impianto era lo stesso e anche le regole erano rimaste invariate. Questo poteva probabilmente significare che l'edizione del 1990 avesse raggiunto una stabilità applicativa e interpretativa tale da non richiedere importanti modifiche[27]. In realtà alcuni mutamenti erano stati apportati da ICC ma andavano ricercati nel testo delle regole: questi riguardavano le obbligazioni di caricazione e scaricazione delle merci in FCA e una diversa attribuzione delle obbligazioni doganali in FAS e DEQ. Nel caso di FAS, l'innovazione stava nel fatto che l'obbligo di sdoganamento all'esportazione delle merci ricadeva sul venditore e non più sul compratore, come invece accadeva nella versione del 1990. Quanto al DEQ, la modifica introdotta nel 2000 riguardava l'obbligazione di sdoganamento all'importazione della merce e il pagamento di dazi, tasse e altri oneri: tali obblighi, che nella versione del 1990 erano in capo al venditore, con la nuova edizione passavano al compratore. Si trattava di modifiche che rispecchiavano sostanzialmente le nuove procedure relative alle formalità doganali su merci e documentazioni. L'ultima modifica apportata dall'edizione 2000 e relativa al termine FCA riguardava l'eliminazione delle diverse opzioni di consegna in base al modo di trasporto e la conseguente introduzione di due tipologie di consegna (che differiscono tra loro in base all'obbligo di caricazione e scaricazione) da effettuare presso a) "*the seller's premises*" o b) "*anywhere other then a)*"[28].

---

[26] I termini del gruppo D si dividono a loro volta in due sottogruppi: nel primo, dove troviamo i termini DEQ e DDP, il venditore ha l'obbligo di consegnare la merce sdoganata all'importazione, mentre nel secondo, cioè nei termini DAF, DES e DDU, non sussiste alcun obbligo per il venditore di consegnare la merce sdoganata.

[27] J. V. Guzmán Escobar, *Incoterms 2000. Sus relaciones con los contratos de transporte y de seguro*, in *Revista de Derecho Privado*, No. 7, 2001, 51.

[28] ICC Publication No. 560, *Incoterms 2000*, Roma, 1999, 82.

Quella che, come affermato, sembrava un'edizione stabile dal punto di vista applicativo si rivelò ben presto poco agevole per essere utilizzata dai *traders* internazionali, soprattutto nordamericani[29]. Così, a partire dal 2006 – anno in cui ICC inviò ai propri Comitati nazionali il *survey* per valutare l'idea di una nuova revisione – apparve subito chiaro che per semplificare l'utilizzo delle regole sarebbe stato necessario aggiungere due nuovi termini: DAT (Delivered at Terminal) e DAP (Delivered at Place). Mentre con il termine DAT la consegna avviene quando la merce è messa a disposizione del compratore scaricata dal mezzo di arrivo (così come in DEQ), nel termine DAP la consegna avviene quando la merce è messa a disposizione del compratore pronta per la scaricazione (come in DAF, DES e DDU). Per questo motivo, con l'ottava edizione delle Regole Incoterms® pubblicate nel 2010 ed entrate in vigore il 1° gennaio 2011[30], venne ridotto il numero dei termini di resa da tredici a undici e sostituiti i termini DAF, DES, DEQ e DDU con i nuovi DAP e DAT, da utilizzare indipendentemente dal modo di trasporto concordato[31]. Oltre alle modifiche sostanziali apportate, l'edizione delle Regole Incoterms® 2010 ha avuto il grande merito di riclassificare tutti i termini in base al modo di trasporto: da una parte le regole EXW, FCA, CPT, CIP, DAT, DAP e DDP utilizzabili per qualsiasi modo di trasporto (anche multimodale), dall'altra le regole FAS, FOB, CFR e CIF specifiche per il trasporto marittimo e per vie d'acqua interne. Nelle ultime tre regole menzionate è stato inoltre omesso ogni riferimento alla cosiddetta *ship's rail*: la consegna non avviene più al superamento della linea immaginaria della murata della nave, bensì nel momento in cui la merce è effettivamente *on board.*

[29] J. Ramberg, *Incoterms® 2010*, cit., 418.

[30] ICC Publication No. 715IE, *Incoterms® 2010*, Roma, 2010.

[31] J. Ramberg, *Incoterms® 2010*, cit., 418. Ramberg spiega come il nuovo termine DAP, molto utile perché utilizzabile per indicare qualsiasi luogo, fosse in realtà inappropriato nel caso in cui la merce dovesse essere resa disponibile *unloaded*. Per questo venne introdotto anche il termine DAT, usato quando la scaricazione della merce veniva effettuata a rischio e spese del venditore. Ciò ha portato a sostituire i termini per il trasporto marittimo DES e DEQ con DAP e DAT, in quanto il "*terminal*" in DAT corrisponde al "*quay*" in DEQ quando le merci sono scaricate dalla nave.

1.1. Incoterms® 2020: novità e profili problematici

Il procedimento che ha portato all'ultima edizione delle Regole Incoterms® è iniziato nel 2016 con la costituzione dell'ICC Drafting Group, composto da nove esperti (di cui tre asiatici, due americani e quattro europei) e con la consultazione dei Comitati nazionali che hanno inviato oltre tremila commenti nell'arco di due anni. Il lavoro svolto dal Drafting Group non è stato affatto semplice: è stata necessaria un'opera di sintesi che considerasse le numerose proposte pervenute al fine di creare un corpo di regole capace di contemperare in modo armonico le forti divergenze che le esperienze dei vari paesi presentano. Il risultato di tale lavoro è stato approvato nel 2018 dalla Commissione ICC Diritto e Pratiche del Commercio Internazionale e nel 2019 dall'ICC Executive Board.

Le nuove Regole Incoterms® 2020[32] pubblicate a settembre del 2019[33] sono ufficialmente entrate in vigore il 1° gennaio 2020.

Quest'ultima versione è stata tradotta in più di 30 lingue: l'intento di ICC è proprio quello di fornire agli operatori del commercio internazionale degli strumenti intellegibili che di volta in volta si adattino anche ai più piccoli cambiamenti della prassi. Appunto per questo la nona edizione delle Regole Incoterms® è la versione che meglio rispecchia lo stato dell'arte della prassi commerciale internazionale.

Sebbene l'aggiornamento appaia poco invasivo, l'edizione Incoterms® 2020 riflette la necessità di semplificazione che il mercato globale richiede, senza però sconvolgere l'impianto e le conoscenze accumulate nel corso dell'ultimo secolo.

In quest'ottica è stato risistemato l'ordine interno di ogni termine di resa. Contrariamente a quanto riportato nelle edizioni precedenti, i dieci articoli che compongono ogni termine delle Regole Incoterms® 2020 hanno subíto una riorganizzazione funzionale che ha posto in evidenza, subito dopo la disciplina delle obbligazioni generali, l'articolo dedicato alla consegna e quello relativo al trasferimento dei rischi, da sempre elementi essenziali e caratterizzanti degli Incoterms®.

[32] Le regole contenute nell'edizione 2020 sono le seguenti: EXW, FCA, CPT, CIP, DAP, DPU, DDP, FAS, FOB, CFR e CIF.

[33] La presentazione ufficiale è avvenuta a Stoccolma il 12 settembre 2019, mentre la presentazione dell'edizione bilingue ITA/ENG è avvenuta a Roma il 18 ottobre 2019 in occasione dei festeggiamenti italiani del Centenario della International Chamber of Commerce.

Nella nuova versione è stato poi previsto un articolo apposito, vale a dire A9 / B9, interamente dedicato alle spese. Mentre nelle precedenti versioni, ogni spesa veniva inserita nel relativo articolo, nell'edizione 2020 compratore e venditore hanno la possibilità di vedere raggruppate tutte le voci di spesa di propria competenza all'interno di un unico articolo. Le spese non sono state semplicemente spostate in questo articolo, ma sono state replicate al fine di rendere più facile per le parti la consultazione delle varie voci.

Inoltre, per permettere agli operatori di individuare con maggior rapidità le differenze tra le varie regole, nella nuova edizione 2020 sono stati pubblicati i termini sia nel formato "Obbligazioni del Venditore / Obbligazioni del Compratore", già utilizzato nel 2010, sia secondo una nuova sistematizzazione orizzontale "Articolo per Articolo". In questa nuova sezione posta alla fine del testo, ogni articolo viene raggruppato insieme ai propri omologhi in modo da avere davanti un quadro completo delle obbligazioni presenti nelle diverse clausole che permetta agli operatori di scegliere il termine di resa che meglio si adatta alle proprie esigenze.

Le novità appena descritte hanno sicuramente un rilievo più formale che sostanziale, ciò non toglie che ben si prestano ad una più immediata consultazione da parte degli operatori commerciali.

Tra le novità sostanziali può qui segnalarsi la modifica della regola FCA e delle polizze di carico con annotazione di messa a bordo.

Per la regola FCA, utilizzata solitamente per il trasporto delle merci containerizzate, la nuova edizione 2020 ha introdotto la possibilità per le parti di concordare che il vettore emetta, nel caso di trasporto marittimo, una polizza di carico con annotazione di messa a bordo, una volta caricata la merce sulla nave[34].

Altra modifica riguarda la variazione della regola DAT in DPU (Delivered at Place Unloaded). La modifica operata appare esclusivamente di natura formale ma in realtà è servita a mettere in luce le peculiarità della precedente regola DAT Incoterms® 2010. Se ad un primo sguardo poteva

---

[34] ICC Publication No. 723IE, cit., 24-25. Molte volte accade infatti che il venditore, avendo concordato quale strumento di regolamento del prezzo un credito documentario che preveda tra gli altri documenti anche la polizza di carico, debba presentare tale polizza in banca per poter ottenere il pagamento. Solitamente, però, il vettore è tenuto a consegnare questo documento solo al compratore lasciando così il venditore sfornito del documento principale richiesto dal credito. La novità introdotta con l'edizione 2020, tenta di risolvere tale questione permettendo al venditore, se concordato, di entrare in possesso del documento.

sembrare che l'unica differenza tra le regole DAP e DAT dell'edizione Incoterms® 2010 fosse il luogo di destinazione ("Place" nella prima e "Terminal" nella seconda), andando ad approfondire si poteva notare che la vera differenza tra le due regole risiedeva nella consegna, rispettivamente prima o dopo la scaricazione. Infatti, mentre nella regola DAT l'obbligo di consegnare la merce veniva assolto dal venditore con la scaricazione dal mezzo di arrivo, con la regola DAP l'obbligo di consegnare la merce era assolto nel momento in cui la merce veniva messa a disposizione del compratore, pronta per la scaricazione ma non ancora *unloaded.* Il *distinguishing* tra i due termini era dunque la scaricazione della merce e non il luogo. A conferma di ciò, nella Nota esplicativa DAT del 2010 veniva rimarcata la possibilità di considerare come "Terminal" qualsiasi luogo, coperto o scoperto. Mancando, quindi, una netta divergenza semantica tra i due luoghi ("Place" e "Terminal"), ICC ha deciso di modificare la denominazione della regola DAT trasformandola in DPU per sottolineare il fatto che la consegna avviene quando la merce è *unloaded.*

Inoltre, nonostante le ampie discussioni in merito, non è stato rimosso il termine EXW dalle Regole Incoterms® 2020[35].

In ultimo, ma la questione sarà approfondita nelle pagine che seguono, è stato previsto un diverso livello di copertura assicurativa nelle regole CIF e CIP.

2. Dissonanze e assonanze comparative sul passaggio del rischio e sul trasferimento della proprietà nella vendita internazionale di beni mobili. Dalle discipline nazionali alle regole Incoterms®

Nella vendita internazionale di beni il momento del passaggio del rischio è un aspetto cruciale. Regole certe sul passaggio del rischio sono

[35] Ibid., 27. Già in passato era stata affrontata la medesima questione: il termine EXW, molto caro ai venditori italiani, è scarsamente impiegato nel commercio estero poiché ritenuto troppo protettivo per il venditore, a scapito del compratore. Durante i lavori di revisione dell'edizione 2020 si è dunque discusso della possibilità di espungere tale termine di resa dal novero delle nuove regole Incoterms®, soprattutto su proposta dei paesi scandinavi e nordeuropei. Tuttavia, con grande sorpresa di chi auspicava tale cambiamento, nessuna modifica è avvenuta al riguardo: è prevalsa la considerazione che non vi sia ancora una prassi sufficientemente uniforme a livello globale tale da giustificare l'abbandono definitivo della regola EXW la quale, per questo motivo, è ancora presente nell'ultima edizione 2020.

la chiave di volta nella vendita internazionale in quanto incidono direttamente sull'economia del contratto, sui costi e sono in grado di minimizzare le probabilità di controversie.

È essenziale stabilire chi subirà le conseguenze se la merce perisce prima della consegna.

Gli ordinamenti giuridici presentano regole sensibilmente diverse in tema di passaggio del rischio – e trasferimento della proprietà -. Se si accoglie il principio del consenso traslativo, il rischio sarà a carico dell'acquirente e il venditore sarà liberato dal suo obbligo di consegnare la merce. Se il rischio è a carico del venditore, ai fini dell'adempimento di tale obbligazione, egli, nonostante il sinistro, dovrà consegnare al compratore merci dello stesso genere e della stessa quantità di quelle convenute.

Il passaggio del rischio è tendenzialmente immediato alla conclusione dell'accordo, anche se ricorrono ipotesi in cui tale effetto può essere posticipato all'accordo. Proviamo a circoscrivere con maggiore dettaglio tale affermazione. Il passaggio del rischio può seguire cronologicamente il passaggio di proprietà[36]: un esempio è la vendita obbligatoria dove il venditore ha l'obbligo di far acquistare al compratore il diritto, in questo caso il passaggio del rischio (e anche l'effetto traslativo) non è immediato ma filtrato dal verificarsi di determinati atti o fatti: così, ad esempio, nella vendita alternativa l'effetto reale si realizza con la scelta del bene, nella vendita di cosa futura con l'esistenza del bene e non vi sarà bisogno di una ulteriore

---

[36] Per alcuni riferimenti dottrinali sulla vendita e sul passaggio del rischio, senza nessuna pretesa di esaustività: AA. VV, *Vendita e trasferimento della proprietà nella prospettiva storico-comparatistica*, (a cura di) L. Vacca, Torino, 1997, 1- 281. D. Rubino, *La compravendita*, II ed., in *Trattato di dir. civ. e comm.*, diretto da A. Cicu e F. Messineo, Milano, 1971, 1 e ss; C.M. Bianca, *La vendita e la permuta*, in *Trattato di diritto civile italiano*, fondato da Vassalli F., vol. VII, II ed., 2 tomi, Torino, 1993, 1 e ss; G.B. Ferri, *La vendita in generale*, in *Trattato di diritto privato*, diretto da P. Rescigno, Torino, 1999, 179; A. Musy, S. Ferreri, *La vendita*, in *Trattato di diritto civile* diretto da R. Sacco, Milano, 2006, 1 e ss; P.Greco G.Cottino, *Della vendita (art. 1470-1547)*, in *Commentario del codice civile* (a cura di) Branca G., Bologna, 1981, 1-538.

R. Sacco, G. De Nova, *Il contratto*, Vol.1, in *Trattato Sacco*, Torino, 2004. 905; F. Ferrari, *Principio consensualistico ed Abstraktionprinzip: un'indagine comparativa*, in *Contratto e Impr.*, 1992, 889; C. Camardi, *Principio consensualistico, produzione e differimento dell'effetto reale. I diversi modelli*, in *Contratto e impr*, 1998, 572; P.M. Vecchi, *Il principio consensualistico. Radici storiche e realtà applicative*, Torino, 1999; G. Vettori, *Consenso traslativo e circolazione dei beni*, Milano, 1995, 1-158. E. Russo, *Vendita e consenso traslativo*, Milano, 2010, 1-394. G. Bonfante, *La vendita*, in *Trattato di dir. comm. e di dir. pubbl. dell'economia diretto* da F. Galgano, Vol. XVI, 1991, 7 .

dichiarazione o manifestazione di volontà, come invece accade nella vendita di matrice tedesca[37]. Infatti, nella vendita di matrice tedesca il passaggio del rischio è ancorato alla consegna del bene e non alla semplice conclusione del contratto di vendita.

Se si volge lo sguardo al *common law* inglese, il Sales of Goods Act 1979, Section 20 (1) stabilisce testualmente che: "*Unless other wise agreed, the goods remain at the seller's risk until the property in them is transferred to the buyer, but when the property in* Chapter 5 *them is transferred to the buyer the goods are at the buyer's risk whether the delivery has been made or not"*[38]. Il Sale of Goods Act valorizza l'autonomia privata tanto vero che l'incipit della section 20 è 'in mancanza di accordo tra le parti' la regola di *default* segue il principio res perit domino: il rischio passa con la proprietà.

I sistemi giuridici nazionali, alla luce delle brevi osservazioni sopra formulate, prevedono regole in tema di passaggio del rischio caratterizzate ad un elevato tasso di genericità mal adattandosi al tipo di trasporto utilizzato, alla natura dei beni e non individuano in modo pressoché univoco il momento del trasferimento del rischio[39].

Anzi, v'è da aggiungere che da una analisi della giurisprudenza in tema di vendita internazionale di beni è emerso che la maggior parte delle

---

[37] Per alcune riflessioni comparative sul trasferimento della proprietà e sul trasferimento dei rischi: P.M. Roth, *The passing of risk*, 27 *The American Journal of Comparative Law* 1979, 291-310. F. Galgano, *Il trasferimento della proprietà in* civil law *e in* common law, in *Atlante di Diritto Comparato*, (a cura di) F. Galgano, 2011, 109. P.G. Monateri, *Contratto e trasferimento della proprietà – I sistemi romanisti*, Milano, 2008, 159. H.C. Grigoleit, C. Herresthal, *Schuldrecht AT, Kaufrecht*, Monaco, 2019, 1 e ss. B. Grunewald, *Kaufrecht*, Tübingen, 2006, 1-350; D. Reinicke, K.Tiedtke, *Kaufrecht,* München, 2009, 1-763.*Von Staudinger Kommentarzum Bürgerlichen Gesetzbuch, §§ 433-487,* 2004, Berlin. A. Wacke, *Trasferimento della proprietà in virtù di mero consenso o solo a seguito di tradizione del bene? Sulle divergenze nei processi di recezione e sul possibile superamento delle stesse*, in *Europa e diritto priv.*, 1998, 1035 e ss.

[38] Per alcuni riferimenti: P.Atiyah, J. N Adams,H. Macqueen, *Atiyah's Sale of goods*, (11th edition, pearson education limited, 2005, 324 ed anche la versione più recente, R. Canavan, C. Twigg Flesner, H. Mac Queen, *Atiyah and Adams' Sale of Goods*, 13th Edition, Pearson, 2016, 300. H. Collins, *Good Faith in European Contract Law, Oxford Journal of Legal Studies*, (1994) Vol. 14, No. 2 229-254.

Sulla nozione di rischio nel Sale of Goods Act: L. S. Sealy, *Risk in the Law of Sale*, (Apr., 1972) *The Cambridge Law Journal*, Vol. 31, No. 1, 1972(B): JubileeIssue, 225-247

[39] Horn, *Uniformity and Diversity in the Law of International Commercial Contracts*, in Horn&Schmitthoff (eds) *The Transnational Law of International Commercial Transactions II* (1982) 3 4-5

controversie riguarda appunto il momento del passaggio del rischio e l'individuazione del soggetto – venditore o compratore – che deve sopportare i danni alle merci: danni derivanti da affondamento/incendio della nave, danni causati da terzi durante il carico delle merci sulla nave[40], furto[41],atto negligente o omissione da parte del vettore o dei suoi lavoratori durante il transito o il carico[42]; stivaggio improprio o movimentazione impropria delle merci e stivaggio inadeguato o deterioramento delle merci a seguito della loro uscita all'esterno di una cella frigorifera[43]; danni al carico dovuti all'umidità.

Se guardiamo agli ordinamenti che accolgono il principio del consenso traslativo, a rigore, l'acquirente dovrebbe sopportare il rischio di perimento del bene, anche se ancora non gli è stato consegnato alcunchè e questo sicuramente lo pone in una posizione deteriore rispetto al venditore che consapevole di questa regola potrebbe avere comportamenti opportunistici e non adottare le dovute cautele.

In questo panorama assai eterogeneo e duttile l'autonomia privata ha implementato regole ad hoc per il passaggio del rischio – e non per il passaggio di proprietà – costruite intorno alla specificità del mezzo di trasporto utilizzato e ha superato il caleidoscopio di regole presenti nei sistemi giuridici nazionali al fine promuovere la sicurezza nei traffici commerciali e nella circolazione della ricchezza con lo scopo anche di minimizzare il contenzioso[44].

A causa della natura altamente competitiva del commercio internazionale è importante che le regole che presiedono la vendita internazionale di merci debbano fornire un elevato livello di certezza e prevedibilità per consentire alle parti di strutturare correttamente le loro transazioni commerciali con una precisa ripartizione delle obbligazioni a carico del venditore e del compratore. Di qui la necessità di regole certe ed omogenee.

In questo contesto così fluido e problematico le regole INCOTERMS® servono appunto a calibrare con chirurgica precisione le obbligazioni a

---

40 Sealy, *Risk in the Law of Sale*, cit., 225.

41 C*onway v. Larson Jewelers, Inc.104 Misc. 2d 872, 429 N.Y.S.2d 378 (N.Y. Civ. Ct. 1980).* S M. Spak, *Theft as a casualty loss; the little known remedy.* (Uniform Commercial Code Symposium)' (1990) 21(3) *The University of Toledo Law Review* 757.

42 Il caso è stato affrontato per la prima volta in *Sterns Ltd v VickersLtd[1923] 1 KB 78*

43 *Underwood Ltd v Burgh Castle Brick and Cement Syndicate[1922] 1 KB 123.*

44 AA.VV., *The Law of Open Societies, Private Ordering and Public Regulation in the Conflict of Laws*, (a cura di) J. Basedow, Brill, 2015, 97.

carico del venditore e del compratore ed il momento del passaggio del rischio, lasciando ai diritti nazionali il sensibile problema del passaggio della proprietà.

Le clausole CIF e FOB individuano con rigore le spese a carico del venditore e del compratore e calibrano in modo rigoroso il passaggio del rischio[45], in una logica di certezza del diritto e di sicurezza dei traffici giuridici, legandolo al momento della consegna (e non al trasferimento della proprietà).

La dottrina italiana, contrariamente a quella inglese, ha assunto una posizione tendenzialmente rigida sulle clausole CIF e FOB affermando che queste devono essere intese come clausole di spesa e non come clausole di rischio poiché si limitano a ripartire le spese tra venditore e compratore non incidendo sul momento del passaggio del rischio e non derogando il principio del res perit domino[46]. Altri in dottrina hanno evidenziato che se alle clausole CIF e FOB non fosse riconosciuta la natura derogatoria della disciplina del trasferimento del rischio, le stesse sarebbero private del loro significato intrinseco, in quanto la ripartizione delle spese può anche essere perseguita con altre clausole producenti solo questo effetto[47]. Un orientamento dottrinale minoritario valorizza l'autonomia privata e, facendo leva sulla derogabilità del principio del res perit domino e sull'art. 1510 c.c., ritiene operative le clausole CIF e FOB sulla ripartizione del rischio[48]. Quest'ultima ricostruzione tiene in considerazione che nei rapporti tra imprese è di fondamentale importanza individuare nel dettaglio la ripartizione non solo dei costi ma anche dei rischi di perimento dei beni: le parti grazie a specifiche clausole relative all'accollo dei rischi, e indipendentemente dalla titolarità del diritto di proprietà, riescono effettivamente a dare certezza al rapporto contrattuale minimizzando il rischio di contenzioso[49]. Questa posizione minoritaria si colloca nel solco degli orientamenti dottrinali pre-

---

[45] Si vedano i paragrafi successivi sulle clausole CIF e FOB.

[46] La posizione conservatrice della dottrina civilistica: Bianca, *La vendita e la permuta*, cit., 500, Contursi Lisi, *La compravendita,* Torino, 1985, 482; Greco-Cottino, *Della vendita,* cit., 361.

[47] Rubino, *La compravendita*, cit., 519

[48] M. Lopez de Gonzalo, *L'obbligazione di consegna nella vendita marittima*, Milano, 1997, 130. Si veda anche V. Antonini, *Le clausole di ripartizione del rischio nella vendita con trasporto tra imprese, (dal criterio della proprietà al criterio della consegna)*, in *Diritto dei Trasporti*, 2016, 674.

[49] Lopez de Gonzalo, *L'obbligazione di consegna nella vendita marittima*, cit., 130.

valenti negli altri ordinamenti giuridici, in particolar modo quello inglese, dove senza alcun dubbio si è affermato che le clausole Incoterms® sono idonee ad incidere sul trasferimento del rischio[50].

Anche sul versante del formante giurisprudenziale nazionale si nutre qualche perplessità sulle clausole CIF e FOB e sulla loro attitudine ad incidere sul passaggio del rischio. Lungo questo sentiero la giurisprudenza nazionale ha avuto qualche difficoltà nel superare il principio del res perit domino ed ammettere la separazione tra passaggio del rischio e passaggio della proprietà nell'ambito della clausole CIF e FOB, contrariamente – anche in questo caso – alla giurisprudenza e alla dottrina inglese che non hanno mai nutrito alcun dubbio su tale aspetto[51].

In particolare, la Corte di Cassazione ha affermato in una sentenza non recente che le clausole CIF e FOB devono essere intese come clausole di spesa e non di passaggio del rischio, nel senso che queste si limitano a ripartire le spese tra venditore e compratore non incidendo sul momento del passaggio del rischio[52]. La giurisprudenza italiana ha tendenzialmente snaturato l'essenza della clausola FOB senza tuttavia fornire una argomentazione convincente[53]. Tra l'altro in una più recente sentenza la Corte di Cassazione ha stabilito che in una vendita FOB di beni determinati solo nel genere il trasferimento della proprietà, nel caso in cui si tratti di cose da trasportare, avviene con la consegna al vettore o allo spedizioniere; ai fini dell'adempimento dell'obbligo della consegna della cosa da parte del

---

[50] Si veda: F. LORENZON, *Sassoon's CIF and FOB Contracts*, London, 2020, 212; M. BRIDGE, Benjamin's *Sale of goods*, London, 2019, 1140; BONELL, *Le regole oggettive del commercio internazionale*, cit., 26.

[51] La giurisprudenza inglese ritiene le clausole Incoterms® clausole di rischio e, pertanto, idonee a regolare il trasferimento del rischio: *Colley v. OverseasExporters*[1921] 26 *Com. Cas.*, 325; *Carlos Federspiel& Co., S.A. v. Charles Twigg& Co., Ltd. and another*[1957] *1 Lloyd's Law Rep.*, 240; con particolare riferimento alla clausola FOB, il risalente ma noto caso *Stock v. Inglis*[1884] 12 Q.B.D. 573.

[52] In una vendita sottoposta a Clausola FOB, la Corte di Cassazione ha affermato che: «Nella vendita di cose da trasportare da un luogo ad un altro, in mancanza della preventiva individuazione della merce spettante al compratore, l'effetto traslativo e il passaggio dei rischi si producono con la consegna effettuata all'arrivo; pertanto, il venditore è responsabile del perimento o delle avarie verificatesi durante il trasporto, nonostante la clausola Fob («free on board»), che pone a carico del compratore le spese del trasporto». Cass. 15 gennaio 1985, n. 74, in *Foro it.*, 1985, I, 2312 e in *Giur. it.*, 1985, I, 1, 1049.

[53] Per alcuni spunti critici: G. TELLARINI, L*a vendita marittima*, in *Trattato breve di diritto marittimo*, (a cura di) A. Antonini, Milano 2010, 120 e ss. V. ANTONINI, *Le clausole di ripartizione del rischio nella vendita con trasporto tra imprese,* cit., 674.

venditore, è sufficiente la consegna al vettore, senza che sia di ostacolo a tale conclusione la eventuale stipulazione della clausola «fob» («free on board»), che non integra una fattispecie incidente sul momento determinativo del trasferimento della proprietà, trattandosi di una clausola riferibile, come tutte quelle «franco», unicamente alle spese di trasporto e di carico e scarico, che con essa vengono poste a carico del venditore, il quale, in mancanza di tale pattuizione, ne sarebbe esente[54].

Una isolata giurisprudenza di merito – la Corte di Appello di Genova – invece ha mostrato una maggiore sensibilità e, probabilmente influenzata da orientamenti dottrinali e giurisprudenziali d'oltremanica, ha ritenuto la clausola FOB una clausola di rischio, quindi una clausola tesa ad incidere sul trasferimento del rischio[55].

Sicuramente sarebbe da condividere l'orientamento teso a valorizzare l'autonomia privata: la derogabilità del principio res perit domino e, in particolar modo, il riferimento alle obbligazioni di consegna dei beni che devono essere trasportati – art. 1510 comma 2, c.c., offrirebbero le basi teoriche per qualificare le clausole CIF e FOB come clausole di rischio e ciò anche in una logica di certezza del diritto e sicurezza nella circolazione della ricchezza.

Sicuramente la posizione della giurisprudenza e della dottrina italiana sul punto è alquanto conservatrice e tende a discostarsi dagli orientamenti, pressoché, uniformi presenti in altri ordinamenti che invece sono tesi a valorizzare l'autonomia privata e svincolare il passaggio del rischio dal trasferimento della proprietà e ancorarlo al momento della consegna[56].

Queste brevi osservazioni evidenziano che più le frontiere diventano permeabili più aumentano gli scambi commerciali ed i connessi problemi relativi alla pluralità di giurisdizioni coinvolte e tanto più gli attori privati tendono a superare le barriere giuridiche legate alla disomogeneità normativa degli ordinamenti presi in considerazioni attraverso clausole standard e prassi mercantili omogenee[57].

---

[54] Cass. 4 novembre 2002, n. 15389, in *Diritto Mar.*, 2004, con nota di G. TELLARINI.

[55] App. Genova 24 marzo 1995, in *Dir. mar.* 1995, 1054, con nota adesiva di M. LOPEZ DE GONZALO, *La rilevanza degli usi nella disciplina dell'obbligazione di consegna nella vendita marittima*.

[56] V.ANTONINI, *Le clausole di ripartizione del rischio*, cit., 675.

[57] Sotto questo profilo va evidenziato che il richiamo agli INCOTERMS deve essere espresso e non può desumersi implicitamente. In tal senso: Corte giustizia Unione europea, 09-06-2011, n. 87/10, *Riv. dir. internaz. privato e proc.*, 2011, 1143, con nota di PIRODDI; in

3. Passaggio del rischio, consegna dei beni ed obblighi documentali nella clausola CIF (Incoterms®2020): criticità nell'adempimento e *dual performance*

Le clausole CIF e FOB[58] esistono nella prassi commerciale britannica rispettivamente dal 1895 e dal 1812 anche se poi l'ICC nel corso degli anni ha delineato sempre con maggior rigore gli obblighi che incombono su venditore e compratore[59].

Dir. maritt., 2013, 416; in *Guida al dir.*, 2011, fasc. 29, 92 (m), con nota di Leandro, *Dir. maritt.*, 2013, 416. Il caso in esame verteva sull'interpretazione della clausola EXWORKS: il contratto, concluso presso la sede di una della parti, in Italia, conteneva la clausola «Resa: Franco ns. [nostra] sede» riguardante il luogo di consegna della merce e che, di conseguenza, la competenza a conoscere la controversia spetterebbe ai giudici italiani; la controparte affermava, di contro, che la clausola «Resa: Franco nostra sede» corrisponde all'Incoterm (2000) «EXW» («Ex Works»), punti A4 e B4 di quest'ultimo, i quali indicherebbero il luogo di consegna delle merci. Cass. S.U. 28 giugno 2019, n. 17566, in *Guida al Diritto*, 2019, fascicolo 35, 24, con nota di Pirruccio.

Nella specie, la Suprema Corte, nel richiamare, a supporto dell'affermato principio, la giurisprudenza della Corte di Giustizia Ue – tra le altre, sentenza 9 giugno 2011, in causa C-87/10 – ha ritenuto che il riferimento, contenuto nel contratto, alla clausola Incoterms «FCA Free Carrier ... namedplace», non palesasse la chiara ed univoca volontà delle parti di stabilire il luogo di consegna della merce, in deroga al criterio fattuale del recapito finale, essendo la predetta clausola intesa essenzialmente a regolamentare il profilo del passaggio dei rischi e dei costi del trasporto successivo al compratore.

Cass. civ. [ord.], sez. un., 14-11-2014, n. 24279, in *Riv. dir. internaz. privato e proc.*, 2016, 194: L'applicazione delle clausole Incoterms deve essere frutto di un espresso accordo tra le parti e la giurisprudenza non considera sufficiente l'inserimento unilaterale nelle fatture dalla parte che intende avvalersene, senza che consti una chiara accettazione della clausola stessa ad opera dell'altra parte, onde non vale quale prova di un accordo sul punto.

La giurisprudenza statunitense, invece, ha ritenuto che gli Incoterms devono applicarsi in tutti i contratti di compravendita disciplinati dalla Convenzione di Vienna sulla vendita internazionale di beni mobili sulla base dell'art. 9. St. Paul Guardian Insurance Co. v. NeuromedMedical Systems &Support, US Distr., Lexis. S.D.N.Y. 2002 consultabile sul sito http://cisgw3.law.pace.edu/cases/020326u1.html. A. DiMatteo et al., 34 *Northwestern Journal of International Law & Business* (Winter 2004) 299-440 at 433-434.

[58] Gli INCOTERMS® 2020 disciplinano 11 termini, di cui 7 multimodali (EXW, FCA, CPT, CIP, DAP, DPU, DDP) e 4 marittimi (CIF, FOB, FAS, CFR). Va segnalato che le clausole Incoterms per il trasporto marittimo sono essenzialmente utilizzate per il commercio di materie prime (cereali, petrolio, minerali etc) e non per le merci contenute in container. Anzi, lo stesso ICC ad esempio raccomanda di utilizzare per le merci in container la clausola FCA e non la clausola FOB che mal si adatta alle merci in container.

[59] Sugli INCOTERMS 2020: F. Lorenzon, *Sassoon on CIF and FOB Contracts*, Sweet&Maxwell, 2020, 1 e ss. A. Odeke, *The insurance clause in INCOTERMS 2020:*

La clausola *Cost Insurance e Freight* – CIF –viene inquadrata tra quelle a medio alto rischio in quanto il venditore deve anche provvedere ad assicurare i beni oggetto di compravendita e al pagamento del nolo e non ha subito sensibili modifiche nella nuova versione Incoterms® 2020. Le istanze, non accolte, di modifica riguardavano essenzialmente i profili assicurativi: ma questo aspetto sarà analizzato più avanti[60].

La clausola CIF rientra unitamente alle clausole FAS, FOB E CFR tra le regole del trasporto marittimo e cioè clausole che si applicano esclusivamente ai trasporti via mare e, quindi, disciplinano tutti i casi in cui il venditore mette i beni oggetto del contratto a bordo della nave nel porto indicato.

Il complesso paradigma della clausola CIF è costruito intorno agli obblighi documentali, alla conclusione del contratto di trasporto e alla consegna dei beni e, di conseguenza, l'esatto adempimento del venditore andrà valutato in relazione a tutti questi profili.

In particolare va segnalato che la giurisprudenza inglese[61] ha individuato gli obblighi a carico dell'alienante nella vendita CIF: il venditore, salvo che non sia stato pattuito diversamente, è tenuto a predisporre una ricevuta delle merci vendute, spedire e caricare sulla nave le merci descritte nel contratto, concludere un contratto di trasporto delle merci dal porto di imbarco al porto di destinazione individuato nel contratto, stipulare un contratto di assicurazione a beneficio del compratore contro il perimento delle merci in transito, spedire al compratore la fattura, la polizza di carico, il certificato di assicurazione con cui simbolicamente il venditore consegna i beni al compratore, trasferendo il rischio e autorizzando il pagamento da parte del compratore[62]. Inoltre, la giurisprudenza inglese precisa che ove nel contratto non sia precisato l'indirizzo di spedizione del compratore, i beni devono essere inviati all'indirizzo di residenza o dove ha sede l'impresa del compratore.

The latest stage in itsevolution and a progressive development 1980-2020, in *Eur. Ins. L. Rev*, 2020, 19.

[60] Se le parti intendono applicare gli INCOTERMS® devono necessariamente farne menzione nel contratto precisando anche a quale versione si fa riferimento con l'indicazione precisa anche del porto di consegna o del luogo convenuto. L'individuazione del luogo convenuto, nella clausola C, è fondamentale poiché sta ad indicare il luogo, appunto, fino al quale il venditore deve organizzare il trasporto, che non coincide necessariamente con il porto o il luogo di consegna.

[61] Johnson vs Taylor Bros (1920) A.C. 144 (155). Vedi quanto ampliamente argomentato sul punto da Lorenzon, *CIF and FOB Contracts*, cit., 46.

[62] Lorenzon, *CIF and FOB Contracts*, cit., 47. Odeke, *The insurance clause*, cit., 16.

Non a caso la giurisprudenza ha evidenziato che la vendita CIF ha una 'dual mode performance': la prima relativa appunto alla consegna di beni, la seconda documentale[63].

Procediamo per gradi ed analizziamo il profilo relativo agli obblighi di consegna e successivamente il profilo relativo agli obblighi documentali a carico del venditore.

Con riferimento al profilo della consegna- e del passaggio del rischio – il venditore deve consegnare la merce mettendola a bordo della nave designata per il trasporto nella data concordata o entro il periodo concordato con il compratore, in mancanza di accordo tra le parti dovranno applicarsi gli usi del porto di imbarco.

Se il venditore è tenuto a stipulare una pluralità di contratti di trasporto salvo diverso accordo tra le parti, il rischio passerà con la consegna al primo vettore.

Il venditore è tenuto a concludere un contratto di trasporto dei beni fino al porto di destinazione, ma il passaggio del rischio avviene ben prima e cioè quando nella data concordata i beni sono caricati a bordo della nave designata nel porto di imbarco concordato.

In dottrina si è affermato che la consegna si considera esattamente eseguita da parte del venditore quando egli carica le merci a bordo della nave nel porto di imbarco convenuto: da questo momento il rischio di perimento passa al compratore[64].

Va segnalato che la trama costruttiva della clausola CIF ruota attorno all'indicazione dei due porti: il porto di imbarco che è quello dove la merce viene consegnata – ed il rischio passa al compratore – e il porto di destinazione.

Se la consegna nel porto indicato e il carico sulla nave paiono essere un elemento essenziale nella clausola CIF, proviamo ora ad analizzare le ulteriori obbligazioni a carico del venditore anche al fine di verificare l'esatto adempimento.

---

[63] Parla espressamente di 'dual performance' C. DeBattista, *Sales of Good Carried by Sea*,1998, Tottel Publishing; Lorenzon, *CIF and FOB Contracts*, cit., 46. Per la giurisprudenza: Kwei Tek Chao v British Traders and Shippers[1954] 2 QB 459. Più di recente: Clegg v Olle Andersson (T/A Nordic Marine) CA (Bailii, [2003] EWCA Civ 320, Times 14-Apr-03, Gazette 22-May-03, [2003] 2 Lloyd's Rep 32)

[64] U. Asanwana,U. Efombruh, *Understing CIF and FOB contracts and when property and pass in these transactions*, in https://papers.ssrn.com/sol3/papers.cfm?abstract_id=3278642

La clausola CIF, come anticipato, non si limita solo a stabilire il momento del passaggio del rischio – e cioè consegna delle merci al porto di imbarco con conclusione del contratto di trasporto – ma prevede un quadro assai complesso di obbligazioni a carico del venditore[65] che incidono sulla esatta esecuzione della prestazione: redazione dei documenti di trasporto e assicurazione delle merci fino al porto di destinazione (questo profilo verrà analizzato nel paragrafo che segue).

Il venditore, a proprie spese, deve fornire al compratore i documenti di trasporto per consentire al compratore di esigere poi la merce al porto di destinazione. I documenti, redatti in più originali, devono essere emessi in forma negoziabile e devono essere girati in originale al compratore.

L'enfasi posta sui documenti ha generato un dibattito giurisprudenziale sulla natura giuridica della vendita CIF e sulla possibilità di inquadrarla non come una Sale of Good ma come una vendita di documenti relativi a beni[66]. In realtà, questa ipotesi, emersa nel caso *Arnold Karbergand Co. v. Blythe, Green, Jourdain and Co.*, è stata esclusa dalla Court of Appeal in Banks and Warrington, L.JJ[67] dove si è affermato che la vendita CIF è una vendita di beni che deve essere adempiuta mediante al consegna dei documenti e non una vendita di documenti.

L'esatto adempimento dovrà essere valutato anche in relazione all'esecuzione di tutti gli obblighi documentali previsti dalla clausola in questione. Il venditore sulla base della clausola CIF non si considera liberato dalla propria obbligazione 'caricando' solo le merci sulla nave e stipulando il contratto di trasporto e pagando il relativo nolo, ma dovrà anche trasferire i documenti al compratore, la polizza di carico, nonché la polizza assicurativa sulle merci[68]. Pertanto potrà configurarsi un inadempimento anche quando una delle 'due parti' di cui si compone la prestazione non è stata correttamente eseguita.

Ciò detto, quindi, non è sufficiente, ai fini del corretto adempimento, che siano caricati beni conformi a quanto stabilito nel contratto, che il venditore abbia concluso un contratto di assicurazione sulle merci ed abbia stipulato un contratto di trasporto delle merci fino al porto di destinazione ma

---

[65] Il riferimento a merce già consegnata riguarda le c.d. *string sales* molto comuni nella compra vendita di materie prime.

[66] Lorenzon, *CIF and FOB Contracts*, cit., 52. *Arnold Karberg*and Co. v. Blythe, Green, Jourdain and Co. [1915] 2 KB 379.

[67] G. Tellarini, *La clausola CIF nella vendita internazionale*, Bologna, 2000, 1 e ss.

[68] Arnold g Karberg v Blythe [1916] 1 KB 495 at 510(CA)

è altresì necessario che nella stipula del contratto di trasporto via mare il venditore si sia assicurato che la nave segua la rotta prevista nel contratto o comunque una rotta ragionevole. Non va sottaciuto, inoltre, che se la nave non parte dal porto convenuto nel tempo convenuto questo è considerato *repudiatory breach*[69].

La questione diventa più complessa se il venditore sia tenuto anche a verificare l'idoneità della nave al trasporto. La clausola INCOTERMS® in esame non precisa questo particolare profilo limitandosi a circoscrivere obblighi inerenti alla rotta che la nave dovrebbe ragionevolmente seguire ed ai tempi che la nave deve rispettare.

Non è da escludersi che il venditore possa, come di sovente accade, affidarsi ad un professionista per la stipula del contratto di trasporto e cioè ad uno spedizioniere. Se si volge lo sguardo all'esperienza italiana uno spedizioniere che conclude un contratto di trasporto con un vettore non adatto al trasporto del particolare tipo di merci incorre in responsabilità per *culpa in eligendo*[70].

Un ulteriore elemento di criticità riguarda il problema dell'imballaggio e della marcatura dei beni. La clausola CIF impone al venditore di effettuare tutti i controlli necessari per la consegna dei beni al vettore, ivi compreso l'imballaggio della merce, salvo che secondo gli usi la merce non debba essere imballata, e deve altresì espletare le formalità relative all' esportazione e allo sdoganamento delle merci.

L'analisi sin qui condotta ha mostrato che l'adempimento della prestazione del venditore ha natura complessa e si circonda non soli di obblighi materiali – consegna della merce nel porto convenuto, imballaggio delle merci e marcatura – ma anche di obblighi documentali.

---

[69] Ashmore v Cox [1899] 1 QB 436.

[70] Cass. 21 gennaio 2005, n. 1312, *Foro it.*, Mass, 2005, 93; Trib. Prato, 14 settembre 1982, in *Dir. maritt.*, 1983, 344. Per alcune riflessioni sulla responsabilità dello spedizioniere nella scelta del vettore sia consentito il rinvio a V.V. Cuocci, *Della Spedizione*, in *Commentario Busnelli-Schelisnger*, 2017, 1 e e ss. La giurisprudenza con orientamento costante ed uniforme ha ritenuto che lo spedizioniere deve verificare l'idoneità della nave – o del mezzo di trasporto utilizzato – per il particolare tipo di bene da trasportare e deve informare il vettore della particolare natura dei beni da trasportare, in modo tale che lo stesso vettore sia in grado di individuare una nave adatta allo scopo. La giurisprudenza ha ritenuto responsabile lo spedizioniere nel caso di nave non adatta al trasporto di un particolare tipo di carico, ma anche nel caso in cui la nave, pur astrattamente idonea al trasporto del carico, si presentava in cattive condizioni tali da provocarne la innavigabilità.

Se il quadro delle obbligazioni a carico del venditore è assai complesso ed articolato, così non è per le obbligazioni a carico dell'acquirente che si sostanziano, essenzialmente, nel pagamento del prezzo e nel ritiro delle merci nel porto di destinazione.

L'acquirente dovrà pagare il prezzo e, in particolare, la tecnica più utilizzata è una apertura del credito a favore del venditore e il credito sarà pagabile contro presentazione della polizza di carico e di tutti i documenti previsti dalla clausola CIF. Fermo restando che i contraenti possono stabilire modalità di pagamento diverse, tenuto anche conto del tipo di merci. Ad esempio, se si tratta di merci personalizzate o merci deteriorabili il pagamento con credito documentario risulta poco favorevole per l'acquirente: infatti una volta spedita la merce, il venditore invierà tramite il proprio istituto di credito i documenti alla banca emittente – la banca dell'acquirente – che provvede al pagamento dell'importo una volta verificata la regolarità dei documenti e dovrà consegnare i documenti inviati dal venditore al proprio cliente –l'acquirente – che dovrà utilizzarli per il ritiro della merce. Quindi l'acquirente si troverà nella posizione di aver pagato avendo verificato solo i documenti e non la merce.

4. Alla ricerca di un equilibrio o molto rumore per nulla? L'assicurazione delle merci nella clausola *CIF* (Incoterms® 2020) e le *Institute Cargo Clauses (c)*

Un ulteriore obbligo del venditore è l'assicurazione dei beni oggetto del contratto.

Nella vendita CIF il venditore è tenuto ad assicurare i beni oggetto del contratto conformemente alla copertura di tipo C minima fissata dall'Institute Cargo Clauses[71] e deve concludere un contratto di assicurazione con una compagnia assicurativa di buona reputazione. La polizza deve essere strutturata in modo tale che il compratore o la persona che sia titolare di

[71] Questi i rischi coperti dalla Institute Cargo Clauses (c): This insurance covers, except as excluded by the provisions of Clauses 4, 5, 6 and 7 below, 1.1 loss of or damage to the subject-matter insured reasonably attributable to 1.1.1 fire or explosion 1.1.2 vessel or craft being stranded grounded sunk or capsized 1.1.3 overturning or derailment of land-conveyance 1.1.4 collision or contact of vessel craft or conveyance with any external object other than water 1.1.5 discharge of cargo at a port of distress, 1.2 loss of or damage to the subject-matter insured caused by 1.2.1 general average sacrifice 1.2.2 jettison.

un interesse assicurativo possa agire direttamente verso l'assicuratore[72]. La copertura assicurativa deve coprire il 10% in più del valore dei beni oggetto del contratto.

La mancata conclusione del contratto di assicurazione oppure la conclusione di un contratto di assicurazione che non copre il valore dei beni o la mancata consegna della polizza assicurativa è da considerarsi inadempimento contrattuale[73].

Proviamo ad analizzare alcune implicazioni problematiche.

L'attuale profilo assicurativo della vendita CIF è il frutto di una lunga e complessa evoluzione degli INCOTERMS. Gli obblighi assicurativi a carico del venditore sono divenuti sempre più circoscritti e stringenti anche in relazione alle problematiche emerse nel corso del tempo: il passaggio dal trasporto alla rinfusa a quello in container e l'aumento del *tonnage* delle navi hanno avuto delle ripercussioni dal punto di vista assicurativo basti pensare alle potenziali perdite del carico assicurato.

L'evoluzione degli obblighi assicurativi nella clausola CIF si è mossa lungo due direzioni: copertura assicurativa minima e 'inadeguatezza' della copertura minima per determinate categorie di beni.

Il principio della copertura minima è stato a lungo dibattuto durante la revisione degli Incoterms 1980 e degli Incoterms 1990 tanto vero che si propose di modulare la copertura assicurativa in relazione al tipo di bene: ad esempio, per le merci deteriorabili – e più esposte a danni – una copertura assicurativa più ampia. Questa soluzione venne però rapidamente esclusa – in favore della copertura minima – perché poteva creare incertezza nei traffici giuridici. Rimaneva però insoluto il problema della tutela dell'acquirente poco avvezzo ai traffici commerciali internazionali che non si premurava di richiedere una copertura assicurativa più ampia rispetto a quella minima prevista dalla clausola CIF[74].

Sotto questo profilo va evidenziato che la Institute Cargo Clauses C non è una polizza allrisk, ma è una copertura che prevede dei rischi nominati sottoposti ad alcune specifiche esclusioni e in sede di revisione degli

---

72 J. Katabaro, *The role of shipping documents in CIF and FOB Contracts*, workingpaper,

73 A. Odeke, *Insurance of CIF and Related Contracts under INCOTERMS Anglo-American and Other Common Law Jurisdiction* (Part II), 2016 *Eur. Ins. L. Rev.* 28 (2016)

74 Si vedano le osservazioni di Odeke, *Insurance of CIF*, cit., 28; Odeke, *The Insurance Clause in Incoterms 2020*, cit., 35.

INCOTERMS®2020 si era auspicato il passaggio alla copertura all risks, che esclude solo alcuni rischi nominati (Institute Cargo Clauses A)[75].

Ovviamente il secondo tipo di polizza presenta un premio più elevato in quanto prevede una copertura più ampia ed è più incline a favorire il compratore. Dopo lunghe discussioni all'interno del gruppo di lavoro, anche negli INCOTERMS® 2020, è stata mantenuta nella clausola CIF la regola di default della copertura minima di tipo C, salvo diverso accordo tra le parti che possono optare per una copertura assicurativa più ampia.

In realtà a parere di scrive sarebbe stata auspicabile una copertura di 'default' più ampia per tutelare l'acquirente che è il soggetto sempre più esposto ai rischi di perimento del bene, specie se si tratta di beni deteriorabili o di beni spediti alla rinfusa (c.d *bulk cargos*). Sicuramente una copertura più ampia potrebbe riverberarsi su un costo ben più alto, ma metterebbe al riparo il compratore da rischi[76].

Tra l'altro una copertura di *default* meno ampia potrebbe incentivare comportamenti opportunistici da parte del venditore nella scelta della nave per il trasporto (magari una nave sempre adatta al trasporto delle merci, ma meno sicura e, quindi, meno costosa).

Non va sottaciuto poi che negli INCOTERMS® 2020 la clausola CIP – Cost Insurance Paid to – invece prevede una copertura assicurativa più ampia privilegiando come regola di default le Institute Cargo Clauses (A), salva la possibilità negoziare clausole differenti.

Il differente livello di copertura assicurativa potrebbe essere imputabile al fatto che la clausola CIP si applica a tutti i tipi di trasporto e, quindi, anche al trasporto multimodale dove i rischi di danneggiamento possono essere più elevati.

---

[75] Sulle Institute Cargo Insurance Clauses: N. Petrovic Tomic, *Institute Cargo Insurance Clauses 2009 – Comparison of the InstituteClauses 1982 and 2009 with Commentary,* in *Ins. L. Rev.* 28 (2010). S.H. Marsden, *The Institute Cargo Cluses (A) 2009,* in *Eur. Ins. L. Rev.* 33 (2013). K.S. Vishwanath (2010) *Insuring Cargoes: A Practical Guide to the Law &Practice,* Witherby, London; J. Dunt, *International Cargo Insurance,* Informa, London, 2012.

[76] Marsden, *The Institute Cargo Clauses*, cit., 35. L'A. sul punto afferma: «has been noted that there is now a greater pressure emanating from international consumer markets for high-quality, unblemished goods', and this appears to have driven the demand for increased coverage offered by policies such as the ICC(A) clauses, as opposed to the more limited, 'named perils' terms offered by the B and C clauses as well as the ICTC clauses, all of which have reportedly lost ground to the ICC All Risks policy».

Un elemento di criticità che riguarda le ICC (A) e (C) e che ha dato vita innumerevoli controversie è rappresentato dalle clausole che prevedono l'esclusione dell'indennizzo (clausole 4.3 e 4.4.). La clausola 4.3 esclude l'indennizzo nel caso di imballaggio inadeguato o inadeguata preparazione delle merci assicurate per il viaggio da parte dall'assicurato o dai propri dipendenti con la precisazione che per imballaggio si intende anche il container, mentre per impiegati non si intendono appaltatori indipendenti; la clausola 4.4. esclude l'indennizzo per i danni derivanti da vizio intrinseco delle merci stesse derivanti dalla natura stessa del bene[77].

Il combinato disposto di queste due clausole di esclusione della copertura genera una serie di aspetti problematici derivanti appunto da una area grigia di responsabilità in tutti quei casi in cui l'imballaggio è fatto da appaltatori indipendenti ma sotto precise direttive dell'assicurato.

Non solo. Molte volte la merce può deteriorarsi per un proprio vizio intrinseco e non per un difetto di imballaggio e in questo caso il confine diviene assai sottile e l'assicurato, ad esempio, potrebbe avere gioco facile nel chiedere l'indennizzo assumendo che il danno deriva da un difetto di imballaggio effettuato da terzi appaltatori indipendenti –quindi rientranti nella copertura assicurativa – e non da vizio intrinseco. L'assicuratore, di contro, potrebbe sostenere validamente che il danno è derivante da vizio intrinseco e quindi negare l'indennizzo.

Tra l'altro se si guarda il diritto inglese delle assicurazioni la presenza delle concause determina l'impossibilità di applicare il criterio di causalità prossima[78] (che è appunto lo standard di causalità richiesto nel diritto delle assicurazioni inglese) e, inoltre, ove il deterioramento dei beni è imputabile sia a difetto di imballaggio sia a difetto intrinseco dei beni o ad un solo di essi diventa estremamente complicato verificare se il danno è coperto dalla polizza assicurativa[79].

---

[77] Si precisa che il testo delle clausole 4.3 e 4.4 è identico sia nelle ICC (A) che nelle ICC (C)

[78] Va segnalato che 'la causalità' prossima è la regola di default applicabile così come previsto dal Marine Insurance Act 1906, le parti possono introdurre una regola diversa sulla causalità ed escludere l'applicazione della causalità prossima. In tema: J. Lowry, P J Rawlings, R. Merkin, *Insurance Law. Doctrine and Principles*, 2011, Chapter 9, Marsden, *The Institute Cargo Cluses*, cit., 35.

[79] Per la definizione di vizio intrinseco nell'esperienza inglese: *Soya v White* (1983) 1 Lloyd's Rep 122 dove Lord Diplock afferma che "the risk of deterioration of the goods-shipped as a result of their natural behaviour in the ordinary course of the contemplated

Appare essenziale, quindi, tentare di circoscrivere i confini tra danni derivanti da difetto di imballaggio e danno derivante da vizio intrinseco.

In una sentenza i Giudici della Corte Suprema inglese hanno adottato una definizione restrittiva di vizio intrinseco, quale causa di esclusione dell'indennizzo, rovesciando una giurisprudenza consolidata sul punto[80]. I Giudici della Corte Suprema, in un caso vertente sulla perdita di tre 'pilastri' di un impianto di perforazione ed assicurato per la somma 10 milioni di dollari statunitensi, hanno affermato che la perdita del carico non era stata causata dalla natura intrinseca dell'impianto di perforazione ma da un incidente fortuito in mare e quindi dal moto ondoso cui era sottoposta la chiatta. La perdita del carico era stata causata da 'perils of the sea', rischio coperto nella polizza. La Corte Suprema aderendo all'interpretazione della Corte di Appello ha, quindi, privilegiato una nozione restrittiva di vizio intrinseco che può applicarsi solo in circostanze dove non vi è stato alcun fattore esterno fortuito o un incidente: non importa quanto sia probabile la perdita.

I Giudici inglesi mettono in rilievo che lo scopo dell'assicurazione dei beni trasportati via mare deriva proprio dal fatto che il carico potrebbe essere esposto a situazioni meteo marine avverse e, di conseguenza, danneggiarsi e, pertanto, sarebbe contrario alla ratio della polizza escludere l'indennizzo in caso di danni derivanti da 'perils of the sea'. Mentre clausole di esclusione come il vizio intrinseco o il difetto di imballaggio hanno un senso –e trovano una propria logica nel diritto assicurativo – perché escludono l'indennità per ragioni esterne e non imputabili al trasporto o al caso fortuito.

Questa interpretazione, secondo i Giudici, è dettata dal buon senso ed è ciò che ci aspetterebbe nella prassi del commercio[81].

---

voyagewithout the intervention of any fortuitous externalaccident or casualty." Più di recente si veda: *TheCendorMopu*[2011] UKSC **5** e *European v Chartis* [2012] EWHC 1245 at [138].

[80] *The CendorMopu(Global Process Systems Inc v SyarikatTakafulMalaysiaBerhad) [2011] UKSC 5*2011] UKSC **5** at [18]. La decisione è reperibile sul sito ufficiale della Corte Suprema http://www.supremecourt.gov.uk/decided-cases/docs/UKSC_2010_0006_

[81] Così afferma Lord Saville: «*the risk of deterioration of the goods shipped as a result of their natural behavior in the ordinary course of the contemplated voyage without the intervention of any fortuitous external accident of casualty*". Applying common sense principles, it was considered that the sole proximate cause of the loss was *"an external fortuitous accident or casualty of the seas. This took the form of the rolling and pitching of the barge in the sea conditions encountered catching the first leg at just the right moment to produce stresses sufficient to cause the leg to break off, there by leading to increased stresses on the remaining legs and their subsequent breakage».*

In una decisione più recente, però, i Giudici hanno ribadito invece l'importanza delle concorrenza tra cause nella determinazione del danno: quando vi sono due concause, l'una coperta dalla polizza assicurativa e l'altra esclusa, la causa esclusa prevale su quella coperta nella polizza e l'assicuratore può legittimamente rifiutare il pagamento dell'indennizzo[82]. In questa decisione i Giudici affermano che non è possibile applicare con rigore il precedente CendorMopu, ma il consolidato principio espresso *Wayne Tank &Pump Co Ltd v Employers' Liability Assurance Corpn Ltd perché è diverso appunto il caso di specie. In CendorMopu le condizioni meteo-marine– perils of the sea, rischio coperto dalla polizza – avevano determinato la perdita del carico: i piloni erano caduti in mare a causa delle onde, quindi non si poteva richiamare in causa il vizio intrinseco del bene – rischio escluso dalla polizza -.*

In conclusione, attese anche le complicazioni derivanti dalle concause nella determinazione del danno sarebbe auspicabile che il venditore debba fare particolare attenzione all'imballaggio, che deve essere adatto al tipo di merce e al tipo di nave ma anche alla stessa natura dei beni che non presentino vizi intrinseci tali da escludere la copertura assicurativa.

Le osservazioni sin qui svolte evidenziano la centralità dell'assicurazione nel commercio internazionale e che le clausole di esclusione della copertura giocano un ruolo essenziale, specie nel caso in cui il danno sia imputabile a concause – l'una coperta nella polizza; l'altra esclusa -.

5. CIF vs FOB: allocazione dei rischi, tutela dell'acquirente e profili di criticità

La clausola FOB presenta una struttura duttile, flessibile e meno complessa della clausola CIF analizzata nei paragrafi che precedono, soprattutto per quel che riguarda l'assicurazione della merce[83] e il contratto di trasporto. Va evidenziato che la clausola FOB al pari di tutti gli altri Inco-

---

[82] Si veda il principio consolidato risalente a *Wayne Tank &Pump Co Ltd v Employers' Liability Assurance Corpn Ltd* [1974] QB 57 e ribadito nella più recente Navigators v Atlasnavios [2018] UKSC 26

[83] Sulla clausola FOB: Lorenzon, *CIF and FOB Contracts*, cit., 250. L'A. afferma che la clausola FOB non è usata solamente nella compravendita internazionale di beni e nel trasporto marittimo, ma è anche utilizzata per i contratti 'domestici'.

terms® non inerisce al trasferimento della proprietà dei beni ma ripartisce il trasferimento del rischio, le spese e le obbligazioni a carico del venditore e del compratore.[84].

Nella clausola FOB il rischio si trasferisce quando il venditore consegna la merce caricandola a bordo della nave indicata dal compratore nel punto di caricazione previsto. Il venditore, quindi, non ha alcun obbligo di concludere il contratto di trasporto delle merci, né tantomeno di stipulare un contratto di assicurazione – contrariamente a quanto avviene nella clausola CIF – ma deve soltanto fornire la merce e la fattura commerciale che può essere sia in formato cartaceo che elettronico. Il prezzo nella vendita con clausola FOB comprende, quindi, solo il costo della merce e le spese necessarie per il carico sulla nave e il compratore dovrà pagare il prezzo una volta che è stata eseguita la consegna delle merci -e cioè che siano caricate sulla nave -. Il pagamento del prezzo nell'ambito delle vendite internazionali, salvo diverso accordo tra le parti, avviene con credito documentario. La finalità di questa tipologia di pagamento è quella di consentire al venditore di ottenere immediatamente il corrispettivo senza attendere che la merce sia arrivata a destinazione e che il compratore possa pretestuosamente rifiutare, e al compratore di fornire una garanzia idonea di pagamento al venditore dopo aver controllato la regolarità formale dei documenti[85].

Anche nella formulazione Incoterms® 2020, il termine 'On Board' non è più inteso come trasferimento del rischio quando le merci hanno superato la murata della nave ("across the ship's rail")[86], ma nulla è specificato in modo tale che questo aspetto possa essere lasciato all'autonomia delle parti in relazione al tipo di bene da trasportare. Infatti il criterio 'across the ship's rail' aveva determinato un numero elevato di controversie specie nel caso in cui i beni, pur avendo superato la murata della nave, non erano

---

[84] Cass. civ. [ord.], sez. un., 20-06-2007, n. 14299, in *Dir. maritt*., 2009, 469.

Cass. civ., sez. III, 04-11-2002, n. 15389, in *Dir. maritt*., 2004, 104, con nota di TELLARINI. La giurisprudenza nazionale sul punto è consolidata nell'affermare che clausola «fob» («free on board»), che non integra una fattispecie incidente sul momento determinativo del trasferimento della proprietà, trattandosi di una clausola riferibile, come tutte quelle «franco», unicamente alle spese di trasporto e di carico e scarico, che con essa vengono poste a carico del venditore, il quale, in mancanza di tale pattuizione, ne sarebbe esente

[85] Vedi: S. ZUNARELLI, G. TELLARINI, *La vendita a condizione fob*, Cedam, Padova, 1999, 224. M. LOPEZ DE GONZALO, *La clausola «fob» nelle vendite marittime*, in *Dir. maritt.*, 1988, 1015

[86] R. HEMMINGS, *Is the ship's rail really significant*?, in *Nordic Journal of Commercial Law*, 2005, 2 ess

stati ancora correttamente stivati (ad esempio, beni caricati sulla nave ma poi caduti sul ponte, caduti in acqua o ricaduti sul molo).

Nella sentenza Pyrene& Co v ScindiaSteamNavigation Co sono emerse alcune criticità in relazione al criterio '*across the ship'srail*'. Infatti cosa succede se, ad esempio, le merci durante il posizionamento all'interno della nave ricadono sul molo o in acqua? In un contratto FOB, quando le merci sono danneggiate dopo aver superato la murata della nave e cadono sul ponte della nave il rischio ricade sull'acquirente; quando le merci durante la fase di carico cadono sul molo o in acqua, il rischio cadrà sul venditore che sopporterà le perdite- appunto perché il rischio non si è ancora trasferito non avendo le merci 'superato' la murata della nave -.

In dottrina si è evidenziato che il criterio del superamento della murata della nave è molto specifico e dovrebbe essere utilizzato solo per merce alla rinfusa e non chiusa in container.[87] In altra decisione, la giurisprudenza inglese ha evidenziato che il criterio della superamento della murata della nave, è soddisfatto solo quando il carico della merce è terminato[88]. A conferma della complessità del criterio del superamento della murata della nave, basti pensare al caso ThermoEngineers Ltd v. Ferry Masters Limited riguardante un danno ad uno scambiatore di calore caricato su una nave. In questo caso la Corte ha sancito l'applicabilità delle regole dell'AjaVisby, che sanciscono appunto una responsabilità del vettore nella fase di carico e scarico della merci sulla navi[89].

Il venditore, in virtù della clausola FOB, deve sostenere tutte le spese fino al momento in cui queste sono caricate a bordo. Ciò significa che egli dovrà sostenere le spese di controllo della qualità, di misurazione, di pesatura e ove si tratti di merci che devono essere imballate dovrà procedere all'imballaggio e alla marcatura della merce in modo idoneo al trasporto ed al tipo di merce da trasportare. Inoltre sulla base dell'ordinaria diligenza il venditore deve dare pronta informazione sulla consegna al compratore oppure che la nave – indicata dal compratore – non ha preso in consegna la merce nel luogo convenuto.

---

[87] Hemmnigs, *Is the ship'srail*, cit., 5.

[88] Colley v OverseesExporters [1921] 3 KB 302.

[89] Art. 4 Aja Visby Rules: Subject to the provisions of Article IV, the carrier shall properly and carefully load, handle, stow, carry, keep, care for, and discharge the goods carried.

Come già anticipato, però, la clausola FOB ha una struttura più duttile e flessibile tanto vero che la giurisprudenza inglese ha riconosciuto una pluralità di varianti rispetto al modello Incoterms.

Nella decisione Pyrene Co. Ltd vs Scindia Co Ltd Navigation[90], il Giudice Devlin afferma che la varianti della clausola FOB ruotano attorno a chi deve nominare la nave e chi deve stipulare il contratto di trasporto. Infatti, non è raro nella prassi commerciale che la parti possano stipulare una clausola FOB con obbligazioni addizionali rispetto a quelle previste e cioè che il venditore sia tenuto, sulla base di una esplicita richiesta del compratore, a stipulare il contratto di trasporto delle merci.

A questo punto si è posto il problema di tratteggiare la differenza tra la clausola FOB con obbligo a carico del venditore di concludere il contratto di trasporto e l'assicurazione delle merci e la clausola CIF. Sotto questo profilo la dottrina ha affermato con un orientamento pressoché unanime che il venditore FOB che conclude anche il contratto di trasporto (e anche il contratto di assicurazione) agisce quale mandatario del compratore, mentre il venditore CIF agirà quale parte del contratto adempiendo a specifici obblighi inerenti al contratto di compravendita (CIF, appunto)[91].

L'analisi sin qui condotta ha mostrato le clausole Incoterms® in costante e fluida evoluzione per adattarsi e plasmarsi a quelle che sono le esigenze nascenti dalla prassi del commercio internazionale con l'obiettivo perseguire la certezza del diritto e la sicurezza dei traffici giuridici. Infatti, è fortemente avvertita nell'ambito del commercio internazionale l'esigenza di minimizzare costi e rischi di contenzioso.

L'obiettivo delle clausole Incoterms®, come già evidenziato, è quello di minimizzare i rischi derivanti dalle differenti discipline nazionali in tema di compravendita (normative sul passaggio del rischio, inadempimento, legge applicabile al contratto, perimento dei beni) e calibrare interessi, equilibri, rischi e costi in modo differente per venditore e compratore.

Proviamo ora a declinare le criticità ed i vantaggi derivanti dall'utilizzo delle clausole CIF e FOB.

La clausola FOB presenta vantaggi evidenti per il venditore che deve limitarsi solo a consegnare le merci nel porto convenuto e metterle a bordo della nave e non dovrà assicurare le merci, non dovrà concludere il contratto

---

[90] (1954) 1 Lloyd's Rep. 321.

[91] Zunarelli, Tellarini, *La vendita a condizione fob*, cit. 18. Lopez de Gonzalo, *La clausola «fob» nelle vendite marittime*, cit., 1020.

di trasporto e, quindi, non dovrà adempiere ai complessi obblighi documentali previsti invece dalla clausola CIF.

È anche vero, però, che il venditore potrebbe richiedere un prezzo più alto per includere la clausola CIF e provvedere al trasporto e all'assicurazione lucrando per i servizi aggiuntivi resi al compratore. Non va sottaciuto che il venditore conoscendo anche il mercato assicurativo domestico potrebbe concludere un contratto di assicurazione a condizioni più vantaggiose.

Per altro verso è anche vero, però, che il compratore avrebbe egli stesso interesse a stipulare un'assicurazione con il proprio assicuratore di fiducia e tenendo conto anche del tipo di merce.

È estremamente complesso riuscire a trovare un punto di equilibrio nell'utilizzo delle clausole CIF e FOB. Le variabili sono innumerevoli e dipendono non solo dal tipo di merce compravenduta ma anche dall'assetto dei rapporti intercorrenti tra venditore e compratore. Uno svantaggio, se così può essere inquadrato, per il venditore nella clausola CIF è rappresentato dalla 'dual performance' e cioè dal fatto che l'esatto adempimento dovrà essere valutato non solo in riferimento alla consegna della merce ma anche a tutti gli obblighi documentali ed assicurativi. L'inesatto adempimento anche di una parte degli obblighi documentali darà man forte al compratore per rifiutare la prestazione.

È fin troppo evidente che, tenuto conto della complessità degli obblighi gravanti sul venditore, se il compratore nutre poca fiducia nei confronti del venditore preferirà egli stesso procedere alla scelta del vettore e alla stipula del contratto di assicurazione, individuando il livello di copertura più adatto ai beni compravenduti e, quindi, includere la clausola FOB e non CIF. Di contro se si tratta di rapporti contrattuali consolidati nel tempo e che implicano la compravendita di merce non facilmente deperibile allora le parti saranno più inclini – ed in particolare il compratore – ad utilizzare una clausola CIF con livelli di copertura assicurativi standard.

Alla luce delle considerazioni sopra svolte non è possibile dare una risposta univoca sull'utilizzo della clausola CIF e FOB poiché nell'ambito della vendita internazionali di merci intervengono una serie numerosa di variabili: il contratto internazionale di vendita di beni mobili, e l'utilizzo delle clausole CIF e FOB, dovrebbe essere costruito intorno alle esigenze delle parti, guardando alla natura merceologica del bene venduto e del mezzo di trasporto utilizzato e dovrebbe definire con chirurgica precisione il passaggio del rischio in modo tale da minimizzare i rischi di inadempimento e quindi di contenzioso[92].

[92] Vedi: HEMMINGS, *Is the ship'srail*, cit., 8. L' A. sul punto afferma: «When used correctly, the INCOTERMS allow 'prudent and efficient' allocation of duties and risks in agreement ncorrect use of the terms may bind parties to obligations that are not only beyond their understanding, but also beyond their capabilities».

ÍNDICE

TEMPOS DE TRABALHO E DE REPOUSO DO PESSOAL MÓVEL DA AVIAÇÃO CIVIL

CATARINA SALGADO

ALGUMAS CONSIDERAÇÕES SOBRE O ART. 29.º DA CONVENÇÃO RELATIVA AO CONTRATO DE TRANSPORTE INTERNACIONAL DE MERCADORIAS POR ESTRADA (CMR)

FRANCISCO COSTEIRA DA ROCHA

AS *INSTITUTE CARGO CLAUSES* DE 2009. INTRODUÇÃO E TEXTO

FRANCISCO RODRIGUES ROCHA

DIREITO DOS TRANSPORTES FERROVIÁRIOS EM PORTUGAL À LUZ DO NOVO CONTRATO DE SERVIÇO PÚBLICO

GUILHERME WALDEMAR D'OLIVEIRA MARTINS

A DISCIPLINA EUROPEIA DA SOBRERESERVA: ENTRE O DEVER DE PROTEÇÃO E A PENA LEGAL

Hugo Ramos Alves

DIÁLOGOS DO DIREITO COM OS DESAFIOS TECNOLÓGICOS DO USO E CIRCULAÇÃO DE VEÍCULOS AUTÔNOMOS

Do "dilema do bonde" às decisões (des)funcionais de autodireção

JONES FIGUEIRÊDO ALVES

CONCESSÕES PORTUÁRIAS E PPP: MAIS DIFERENÇAS QUE SEMELHANÇAS

JOSÉ LUÍS MOREIRA DA SILVA

A DELIMITAÇÃO DO RISCO COBERTO NO SEGURO DE MERCADORIAS TRANSPORTADAS

LUÍS POÇAS

SOBRE A RELAÇÃO ENTRE AS REGRAS DA HAIA E O DECRETO-LEI 352/86, RELATIVO AO CONTRATO DE TRANSPORTE DE MERCADORIAS POR MAR

M. JANUÁRIO DA COSTA GOMES

LE NAVI AUTONOME E LE HAGUE-VISBY RULES
(SPUNTI PER UNA INTERPRETAZIONE EVOLUTIVA)

MARCO LOPEZ DE GONZALO

LA VISIÓN DEL TJUE SOBRE EL "ACCIDENTE AÉREO" COMO PRESUPUESTO DE LA RESPONSABILIDAD DEL TRANSPORTISTA POR DAÑOS PERSONALES ¿PARA CUÁNDO SU SUPRESIÓN?

MARÍA JESÚS GUERRERO LEBRÓN

LA RESPONSABILITÀ DEL GESTORE AEROPORTUALE NEL TRASPORTO DELLE PERSONE DISABILI E CON MOBILITÀ RIDOTTA

MASSIMILIANO PIRAS

VENDITA INTERNAZIONALE DI BENI E INCOTERMS® 2020: OSSERVAZIONI A MARGINE DELLA CLAUSOLA CIF

VALENTINA V. CUOCCI
ALESSIA P. MANGIACOTTI